新疆维吾尔自治区地方志丛书

麦盖提县志

1991—2010

中共麦盖提县委员会 主办
麦盖提县人民政府 主办
麦盖提县志编纂委员会办公室 编

方志出版社
Publishing House of Local Records

图书在版编目（CIP）数据

麦盖提县志：1991—2010/ 麦盖提县志编纂委员会办公室编．-- 北京：方志出版社，2020.12
ISBN 978-7-5144-4756-9

Ⅰ．①麦… Ⅱ．①麦… Ⅲ．①麦盖提县－地方志－1991-2010 Ⅳ．①K294.54

中国版本图书馆 CIP 数据核字（2021）第 008653 号

麦盖提县志（1991—2010）

编　　者：麦盖提县志编纂委员会办公室
责任编辑：高孟君
出 版 者：方志出版社
地址　北京市朝阳区潘家园东里9号（国家方志馆4层）
邮编　100021
网址　http://www.zgfzcb.cn
发　　行：方志出版社图书经销中心
电话（010）67110500
经　　销：各地新华书店
印　　刷：山东黄氏印务有限公司
开　　本：889×1194　1/16
印　　张：62.75
字　　数：1610千字
版　　次：2020年12月第1版　2020年12月第1次印刷
印　　数：0001～2000册
ISBN　978-7-5144-4756-9　定价：360.00元

自治区地方志编纂委员会

主　任　雪克来提·扎克尔

副主任　田　文　李邑飞　沙尔合提·阿汗　哈德尔别克·哈木扎（常务）
马宁·再尼勒　张　博　艾乃提·吾买尔　李冀东
托乎提·亚克夫　廖运建（专职）　马文华（专职）
吐尔地·阿西木（专职）

委　员　刘建新　胡开江　李　成　田雷振　盛春寿　牛学兴　周旭勇
彭克诚　许新江　达建民　赵曦峰　买合木提·吾斯曼
白宗青　马旭国　王宗岳　李　琦　刘国防　刘　星　张为民
毕志强　童　鹿

《麦盖提县志（1991—2010）》编纂委员会

主　任　文福来

副主任　艾尼瓦尔·吐尔逊　郑　君（常务副主任）

委　员　吴健强　阿不都艾尼·阿不都瓦依提　艾克拜尔·麦麦提明
戴永刚　韩　飞　孙永东　文海华　王新华　柴天喜　张建忠
刘德奇　董小梅　王战利　张立雪

《麦盖提县志（1991—2010）》编纂领导小组

组　长　郑　君

副组长　王新华　柴天喜　张建忠

成　员　刘德奇　王战利　董小梅　张立雪　张　莉　王松媛　王　潟
位晓波　帕尔海提·依明

《麦盖提县志（1991—2010）》编纂领导小组办公室人员

主　　任　刘德奇
副 主 任　董小梅
工作人员　王战利　张立雪　张　莉　王松媛　王　渴　位晓波　侯生贤
　　　　　　李明强

《麦盖提县志（1991—2010）》编辑人员

总　审　文福来
副总审　郑　君
主　编　刘德奇
副主编　张立雪
总　纂　刘德奇
编　辑　王战利　张　莉　王松媛　王　渴　位晓波　董小梅
　　　　　帕尔海提·依明　侯生贤　李明强

《麦盖提县志（1991—2010）》审定验收单位

喀什地区地方志编纂委员会
新疆维吾尔自治区地方志编纂委员会

序一

《麦盖提县志（1991—2010）》几经寒暑，终于审定出版，这是全县各族人民的一大喜事，也是麦盖提县精神文明建设的巨大成果，更是对20年来全县各族干部群众团结一心艰苦创业的歌颂赞扬。《麦盖提县志（1991—2010）》凝聚着广大干部群众的心血和汗水，承载着一代代人的向往、探索、追求、奉献和智慧，为尘封的历史注入了时代活力。本书是我县继1994年出版的《麦盖提县志》后的第二本志书，是一本非常好的百科全书，具有较高的社会价值和实用价值。

前进道路上，我们不能忘记历史，必须铭记历史，忘记历史意味着背叛。20世纪90年代以来的20年，是麦盖提县稳定改革发展不平凡的20年，在党中央的亲切关怀下，在自治区党委、人民政府和喀什地委、行署的正确领导下，全县各族人民团结一心、斗志昂扬、攻坚克难、砥砺奋进，全县社会大局保持稳定，经济发展迈上新台阶，人民生活水平显著提高，民生持续得到改善，民族团结进步事业开创了新的局面，一个社会稳定、政治安定、民族团结、经济发展、人心归聚、前程似锦的崭新麦盖提县呈现在世人眼前。

素有“刀郎之乡”美称的麦盖提县位于塔克拉玛干大沙漠西南边缘，叶尔羌河中下游，是享誉中外的刀郎之乡，是名副其实的红枣之都，是魅力独具的旅游之城，生活在这片热土上的“刀郎人”用智慧创造了富含民族地域特色的精神瑰宝、这就是以“刀郎木卡姆”“刀郎麦西莱甫”和“刀郎农民画”为代表的刀郎文化，彰显了麦盖提独特的文化底蕴；美丽妖娆、古老沧桑的千年胡杨风光，浩瀚无垠、连绵起伏的塔克拉玛干大沙漠和百万亩人工治沙林，让人叹为观止；植被茂密、万物丛生的东河滩湿地，碧波荡漾、千岛连环的刀郎湖，形成了壮丽秀美的自然景观；热情好客的“刀郎人”，别具一格的特色美食，欢快奔放的刀郎舞，无时无刻不透露出麦盖提浓厚淳朴的民俗民风。在历史长河的浪涛中保留下来的文化精品，在本志里面得以集中展示，成为本志的一大亮点。当然，对各行各业的发展进步也表述得较为精细，用心品读，受益良多。

《麦盖提县志（1991—2010）》以马列主义、毛泽东思想、邓小平理论、“三个代表”重要思想、科学发展观、习近平新时代中国特色社会主义思想为指导，以新时代党的治疆方略为指引，以稳定发展改革为主线，把握时间发展脉络，运用辩证唯物主义与历史唯物主义观点，实事求是详细记录了1991年到2010年以来麦盖提县在政治、经济、文化、教育、卫生等方面的发展变化，是一本历史文献，为我们开展各类研究提供了翔实的资料数据，有助于人们从实际出发、扬长避短、少走弯路、发挥优势、兴利除弊，其“存史、资治、教化”的意义不可估量，是近年来我县社会主义文化建设领域的又一重大成果。

愿麦盖提各族人民以史为鉴、与时俱进、开拓创新，用勤劳和智慧创造更加美好的未来！

中共麦盖提县委书记　文福来

2019年9月

序二

国家有史，地方有志。地方志书是中华民族特有的文化载体，是一个地方历史和文化的积累，是中华文明不断演进的象征。做好新时代地方志工作，就是以“中国之志”资政辅治，记录传承“中国之治”，具有非常重大的现实意义和深远的历史意义。

“治天下者以史为鉴，治郡国者以志为鉴”。续修县志不仅是记述麦盖提县、宣传麦盖提县的需要，更是建设麦盖提、振兴麦盖提的需要。在麦盖提县委、县政府的坚强领导和地区史志办的精心指导下，在全县修志工作者的艰辛努力下，第二轮修志工作扎实推进，特别是完成了第二轮《麦盖提县志》161万字的总纂任务，为付梓出版打下了坚实的基础。麦盖提第二轮志书始于1991年，下限至2010年，这20年，既是我县改革开放和现代化建设的加速推进期，也是全县社会生活领域发生深刻变化的重要阶段，全面反映麦盖提自然、政治、经济、文化、社会的发展变化，记载全县人民在推进历史进程中的重大事件和各个层面的优秀人物，真实生动地再现麦盖提人民建设美好家园的精神风貌，必将为加快建设富裕文明和谐麦盖提提供有益的参考和借鉴。

质量是志书的生命。众所周知，第二轮县志编修工作时间跨度长、工作量大、任务繁重，是一项庞大的系统工程。我认真看了一遍送审稿，《麦盖提县志（1991—2010）》共36编183章，洋洋百万字，思想正确，以经济社会发展为主线，站在对历史负责、对人民负责、对后代负责的高度，严格按照志书编修要求，秉笔直书，编纂成卷。全书文风严谨、语言流畅，内容翔实、特色浓郁，深入挖掘传承麦盖提文化，凝练弘扬麦盖提精神，推动服务麦盖提发展，是一部融区域性、连续性、广泛性、科学性于一体的百科全书。

续修县志，功在当代，利在千秋。《麦盖提县志（1991—2010）》是一部具有存史价值的、科学的资料性著述，殷切希望各族干部群众都来阅读和利用好《麦盖提县志（1991—2010）》，全面了解麦盖提的历史，并从当今实际出发，从中吸取有益的东西，使之为建设和谐、美好、繁荣、富庶的麦盖提发挥重大的作用。

《麦盖提县志（1991—2010）》是众手成书。编纂人员广征博采、辛勤耕耘、用心镌刻、反复审改，其求真务实作风实为可敬。同时，在浩繁复杂的续志编纂过程中，得到自治区、地区志办领导及专家学者的精心指导，得到麦盖提县各级领导、各部门（单位）、各乡镇和社会各界人士的大力支持，尤其得到山东省援疆指挥部、日照援疆指挥部的资金援助，解决了编纂经费。在此，谨向编纂人员和所有关心支持《麦盖提县志（1991—2010）》编纂、出版的朋友们表示诚挚谢意。

留此数语，权以为序。

中共麦盖提县委常委、组织部部长　郑君

2019 年 9 月

凡　例

一、《麦盖提县志（1991—2010）》以马克思列宁主义、毛泽东思想、邓小平理论、“三个代表”重要思想、科学发展观、习近平新时代中国特色社会主义思想为指导，坚持辩证唯物主义和历史唯物主义的立场、观点和方法，记叙 1991—2010 年间麦盖提县社会发展状况。

二、本志以编、章、节、目为基本框架，以记、志、传、图、表、录为主要表现形式，横列门类，纵写历史。为彰显二轮县志的时代特征，结合麦盖提县实际，将“刀郎文化”提升为编，将红枣、核桃、多浪羊提升为章。

三、本志为《麦盖提县志》续编，上限为 1991 年，下限至 2010 年，大事记和人物有所延伸。全书重点记叙 1991—2010 年麦盖提县自然和社会发展情况。

四、以档案、史籍、报刊资料为主，辅以调查资料、影像、实物及口碑。志书中的各种数据以统计局提供的数据为准，有关数据统计缺失的或不在统计范围内的，则采用各业务部门提供的有关数据和资料。

五、中华人民共和国成立前，采用历史纪年，标注公元纪年；中华人民共和国成立后，均采用公元纪年。

六、数字用法、标点符号、计量单位分别执行国家标准《出版物上数字用法》（GB/T15835-2011)、《标点符合用法》（GB/T15834-2011）、《国际单位及其应用》（GB3100-1993）和《有关量、单位、符号的一般原则》（GB3101-1993）。对历史上使用的计量单位，仍按当时的名称照实记载。为方便读者运用，一些计量单位没有采用国际标准。

七、名称、政区、官职、机关名称按现行称谓。地名中属历史地名，沿用史籍中通常写法，并注明现代地名；新地名以《麦盖提县地名图志》为准。历史人物姓名均以史籍上通常写法为依据。文中“自治区”指新疆维吾尔自治区，“地区”指喀什地区，“县”指麦盖提县，“县委”指中共麦盖提县委员会，“政府”指麦盖提县人民政府。志书中有些名称第一次出现时用全称，其后用简称。少数民族人名尽可能记全名，以免混淆。

八、人物传坚持“生不立传”的原则，以本县籍人物为主，入传人物皆为在麦盖提县有一定影响或有突出贡献者。人物表收录的均为获自治区级以上表彰先进个人，按表彰时间和评定先后为序。

九、使用地图经有关部门审定，所示边界不作为划界依据。彩页图片由多部门提供，不再一一署作者姓名。

十、主要收录部分已出版发表过的近体诗、新体诗、散文诗、散文、民歌。

1991—2010年，麦盖提县委坚持中共中央权威和集中领导，坚决服从自治区党委、地委的领导；尊重党章，营造风清气正的良好政治生态；加强党性锻炼，坚定党员干部的理想信念，提高党员干部的政治觉悟和政治能力

2006年8月，中共麦盖提县委召开第九次党代会

2007年11月，县人大召开第十四届人民代表大会

2009年3月，县委召开学习实践科学发展观活动动员大会

1991 年 12 月，县总工会召开第四次代表大会

1998 年 11 月，开展“三学”演讲

1999 年 1 月，县委党校举办第四期读书培训班

1999 年 11 月，举办科级干部“三讲”教育培训班

2000 年 4 月，工会组织“三个代表”重要思想知识竞赛

2001 年 10 月，县委党校举办村级后备干部培训班

2002 年 1 月，召开革命传统教育报告会

2003 年 10 月 1 日，举办中华人民共和国成立 54 周年庆祝活动

2004年6月，县委党校举办乡科级后备干部培训班
保障局

2004年7月5日，人事劳动与社会举办《劳动法》颁布十周年知识竞赛

2006年6月，举办庆“七一”史知识竞赛

2006年7月，麦盖提县被自治区党委评为先进县市区党委

2006 年 10 月，县委党校举办乡科级干部培训班

2007 年 7 月，县委召开乡镇换届选举工作动领
导员大会

2007 年 8 月，召开和
谐组织部门座谈会

2007 年 11 月，安装农村党
员干部远程教育站点设备

2007 年 12 月，麦盖提县举办干部统计培训班

2007 年 12 月，县远程办、县委党校举办党员远程教育操作员培训

2008 年 1 月，麦盖提县被评为自治区平安县

2008 年 3 月，司法局开展送法下乡活动

2008 年 5 月，县委组织部举办党务干部培训班

2008 年 5 月，县委组织部举办入党积极分子培训班

2008 年 11 月，县委召开党建工作研讨会大会

2008 年 12 月，教育系统召开换届选举

2009 年 1 月，公安局召开换届选举大会

2009 年 3 月，妇联开展“春风送岗位”宣传活动

2009 年 3 月，麦盖提县举行赴青岛务工人员光荣返乡欢迎仪式

2009 年 4 月，举办科学发展观“税收杯”知识竞赛

2009 年 6 月，县委党校举办入党积极分子培训班

2010 年 6 月，县委召开创先争优动员部署会议

2010 年 7 月，麦盖提县各族群众在东河滩防洪

2011 年，麦盖提被评为 2006—2010 年全国法制宣传教育先进县（市、区）

1991—2010 年，麦盖提县委、县人民政府坚决落实自治区党委、自治区人民政府各项工作安排部署，坚持以经济建设为中心，从实际出发，有效应对各种风险挑战，全县主要经济指标稳定增长，经济运行中的有利因素和积极变化逐渐增多，经济运行总体平稳

城镇经济

2000 年，新落成的县委机关办公楼

2003 年 10 月，刀郎文化广场落成

2003 年，万盛商厦落成

2005年9月，食用油生产线建成投产泰昆油脂有限责任公司

2005年，大漠坊酒厂竣工投产

2005年，大漠坊酒厂员工在贴商标

2006年2月，麦盖提县玖玖棉业纺织投入生产

2006 年，县青少年活动中心

2007 年，文化馆落成

2008 年，新疆中企宏邦节水集团股份有限公司滴灌带生产线落地麦盖提

2010 年 3 月，刀郎巴扎落成

2010 年 8 月，山东兴邦汽车改装项目开工

2010 年，县城一角

2010 年，建成的刀郎住宅小区

2010 年，实验中学教学楼

2010 年，刀郎公园

2010 年，县城街道

2010 年，玖玖棉业经过初加工的“瀚海”牌棉花

2010 年，天海绿洲枣业有限公司正在进行红枣加工

农村经济

1999 年，引进小麦新冬 20 试验示范

1999 年 9 月，农民正在播种冬小麦

2000 年，昂格特勒克乡麦套大蒜

2002 年，巴扎结米乡大面积圆葱

2004 年，开展人工病虫害防治

2005 年，库木库萨尔乡新新 2 号核桃全面挂果

2005 年 6 月，实施支渠防渗水利基础设施建设

2005 年 11 月，麦盖提县在希依提墩乡建成自治区级再就业基地

2007 年 4 月，富余劳动力赴内地务工

2007 年 6 月，联合收割机收割小麦

2008 年 10 月，种植地膜冬小麦

2008 年，希依提墩乡温室大棚早熟西瓜

2009 年 7 月，麦盖提县召开林果业科技现场会

2009 年，央塔克乡温室大棚辣椒长势喜人

2009 年，实施农村饮水工程建设

2010 年，采用高密度和滴灌栽培技术棉花长势良好

2010年，红枣产业初具规模，大面积挂果

大面积玉米套西瓜

棉枣间作

棉套红枣茴香

玉米青贮饲料加工

瓜菜间作

抗旱机电井建设

抗旱机电井投入使用

宽敞的乡村油路

“瀚海牌”棉花商标

“瀚海牌”棉花

干净整洁
的乡村道路

个大体肥的刀郎羊

刀郎红枣

红枸杞

黑枸杞

沙棘

胡杨蘑菇

杏干

核桃

沙枣

葡萄干

土鸡蛋

鹅蛋

刀郎土瓜

石榴

油桃

杏子

西梅

木纳格葡萄

南瓜

大芸

玉米

1991—2010 年，在麦盖提县委、县人民政府的坚强领导下，坚持弘扬中华文化，落实少数民族文化发展政策，开发刀郎文化，不断丰富刀郎文化的时代内涵；全面贯彻党的教育方针，教育事业持续健康发展；坚持把医疗卫生事业放在优先发展的地位，不断加大经费投入，持续引进项目和人才，加强对外交流与合作，取得显著成就

1991 年 3 月，县总工会组织职工学习迪斯科舞蹈

1992 年，元宵节社火活动腰鼓表演

1993 年 10 月，中美联合探险队穿沙漠壮行仪式越塔克拉玛

1997 年，开展“文艺下乡”活动

2003 年 11 月 29 日，自治区有关部门在麦盖提县举行科技文化节启动仪式

2004 年 3 月 21 日，县上举办诺鲁孜节庆祝活动

2005 年 3 月，刀郎老艺人应邀参加法国举办的文化艺术交流活动

2006 年，刀郎木卡姆艺人参加在吐鲁番举行的世界人类口头与非物质文化遗产展示会

2006年10月25日，举办首届“聚焦刀郎人文化周”活动

2008年4月，刀郎木卡姆艺人与刀郎艺术团员参加中央电视台“隆力奇”杯第十三届CCTV青年歌手大赛

2008年6月，麦盖提镇开展“迎奥运、保稳定、创平安”文艺演出

2008 年 7 月，文化广场万人刀郎麦西莱甫

2010 年 11 月，刀郎艺术团在日照市进行答谢演出

刀郎农民画家现场作画

刀郎葫芦画

刀郎麦西莱甫游戏

刀郎木卡姆演唱

果园麦西莱甫

1995 年，麦盖提县被评为“全国文化模范县”

2002 年 10 月，麦盖提县代表队被新世纪首届自治区农牧区文艺调演组委会授予优秀演员奖

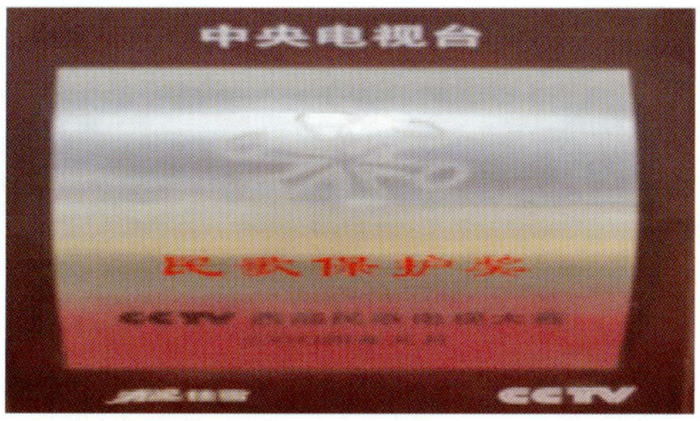

2004 年 1 月，荣获 CCTV 西部民歌电视大赛民歌保护奖

2004 年 1 月，刀郎木卡姆荣获中央电视台“清逸·佳雪杯”西部民歌电视大赛弹唱及自拉自唱金奖

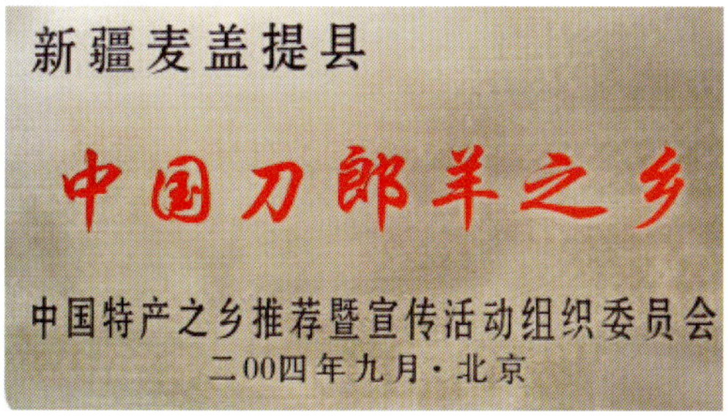

2004 年 9 月，麦盖提县被中国特产之乡推荐宣传组织委员会评为“中国刀郎羊之乡”

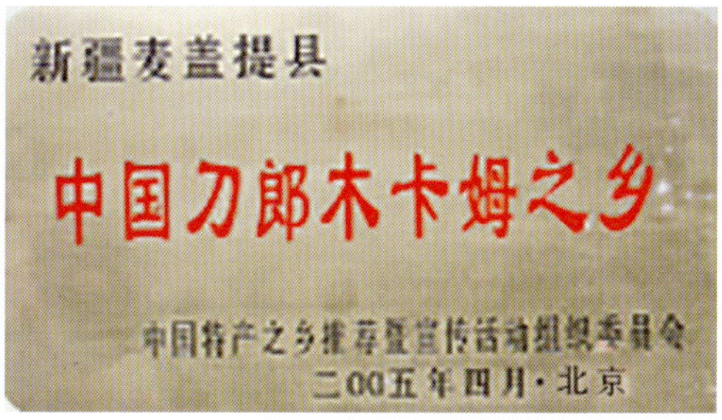

2005 年 4 月，麦盖提县被中国特产之乡推荐宣传组织委员会评为“中国刀郎木卡姆之乡”

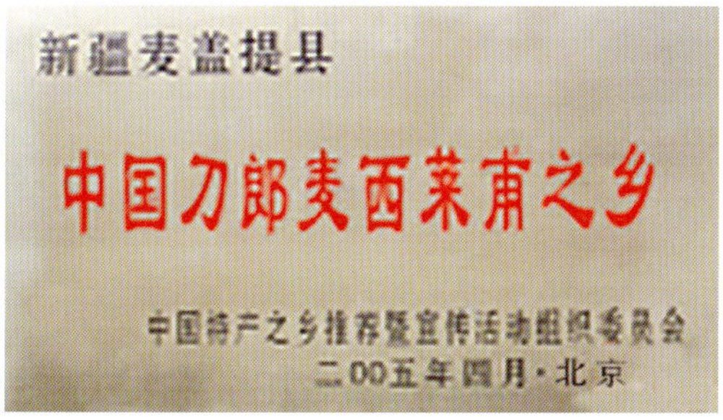

2005 年 4 月，麦盖提县被中国特产之乡推荐宣传组织委员会评为“中国刀郎麦西莱甫之乡”

2006 年 6 月，刀郎木卡姆被文化部列入国家级非物质文化遗产

2006 年 6 月，刀郎麦西莱甫被文化部列入列入国家级非物质文化遗产

2006 年 9 月，刀郎木卡姆获首届新疆民间文化艺术节金手鼓奖

2008 年 4 月，刀郎木卡姆在中央电视台举办的“隆力奇”杯第十三届 CCTV 青年歌手大赛个人荣获原生态银奖

2010 年 6 月，维吾尔刀郎舞被自治区文化厅列入自治区级非物质文化遗产

2010 年 6 月，维吾尔乐器制作技艺被自治区文化厅列入自治区级非物质文化遗产名录

麦盖提县获首届中国原生态民歌盛典中国民族民间歌曲传承贡献奖

体 育

2008 年，迎奥运文体活动

2010 年，中学生运动会

2010 年，全民健身启动仪式

2010 年，环城长跑活动

赛马场面

斗羊

叼羊

斗狗

斗鸡

萨哈迪

帕普孜

摔跤

教 育

2000年5月，县第一小学校长阿布都外力·买买提被评为“全国先进工作者”

2000年9月，“两基”工作复查验收汇报会

2004年7月，山东援建泰山幼儿园剪彩仪式

2006年11月，学校组织消防演练

2007 年 8 月，高一新生军训

2007 年 8 月，教育系统召中小学课程校本培训启动大会

2008 年 3 月，教育系统召开内地新疆高中班区内初中班工作会议

2009 年 4 月，麦盖提县召开法制副校长（辅导员）工作会议

2010 年 4 月 17 日，山东省援建麦盖提县刀郎中学剪彩奠基仪式

2010 年 5 月，举办第一届青少年模拟法庭

2010 年 5 月，教育系统举办民族团结演讲比赛

2010 年，援疆教师徐锡华

2010 年，援疆教师孙善丽

卫 生

1991 年 6 月，防疫人员对冷链管理人员进行指导

1993 年 6 月，医疗机构培训

1995 年 11 月，防疫部门开展 EQA 培训

1996 年 3 月，防疫人员开展结核病筛查

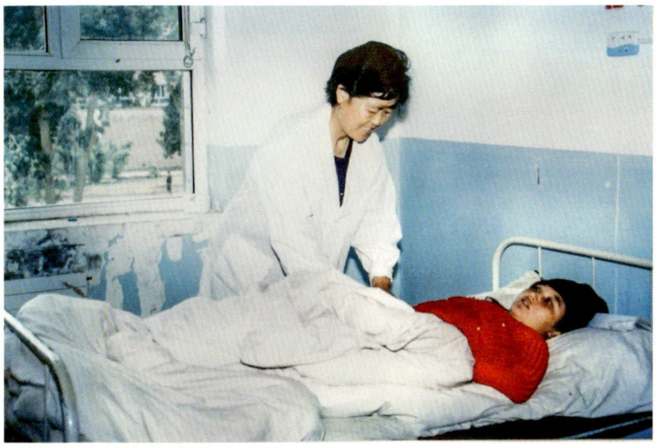

1997 年 9 月，山东援疆医生为病人就诊

2000 年 4 月，县防疫站开展口服碘化油工作

2000 年 8 月，县防疫站开展乡镇检查指导防疫工作

2003 年 9 月，县医院综合楼投入使用

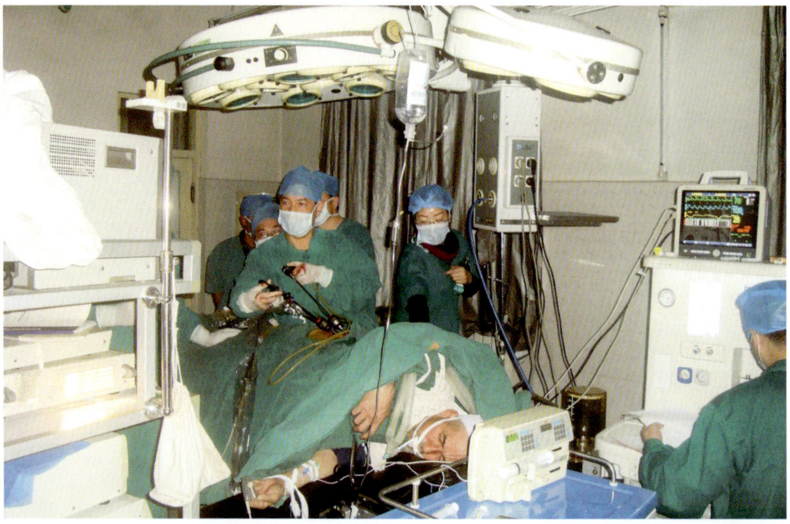

2004 年，县医院成功完成首例腔镜手术

2006 年 10 月，开展
艾滋病防治培训

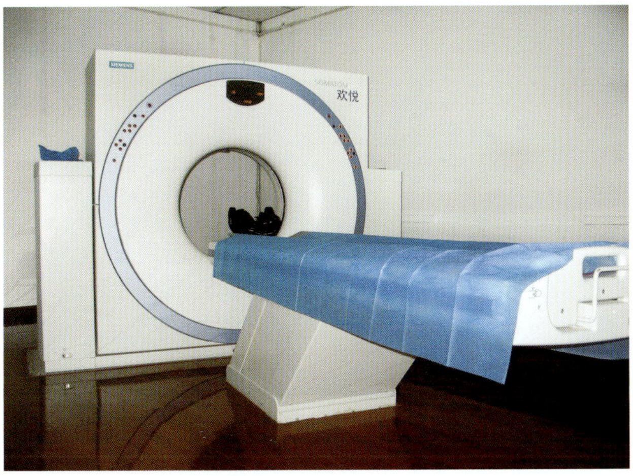

2006 年，西门子 CT 投入使用

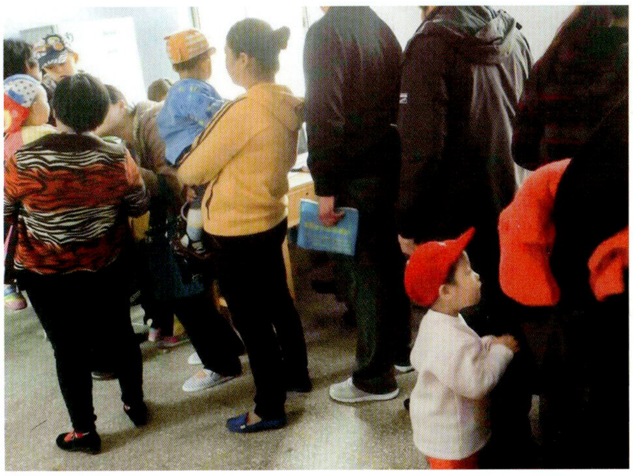

2007 年 3 月，医疗部门开展幼儿疫苗接种

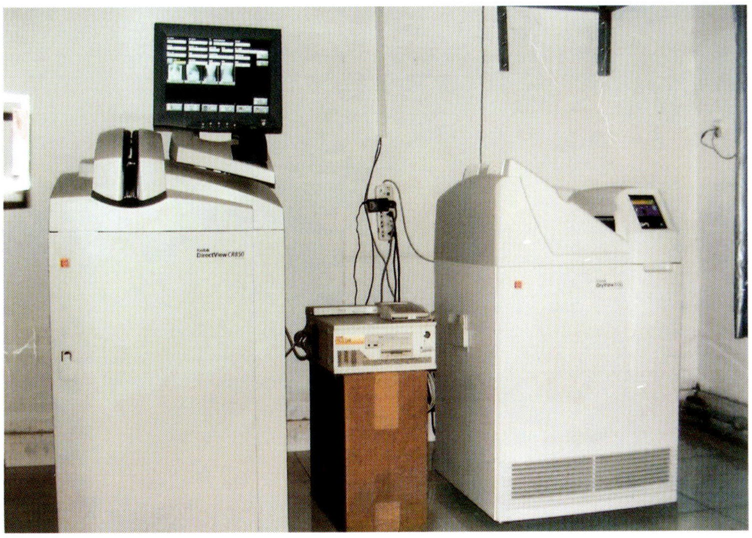

2007 年，CR 投入使用

2008 年 3 月，县医院开展义诊活动

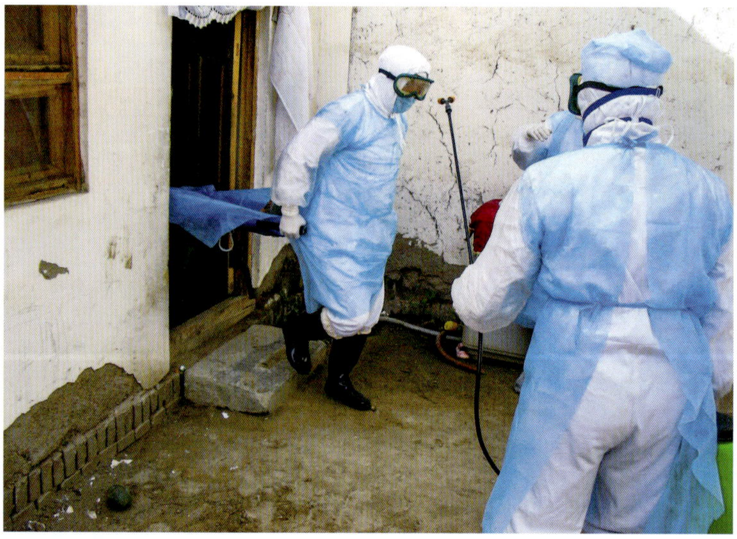

2009 年 5 月，县医院医护人员开展突发公共卫生事件应急演练

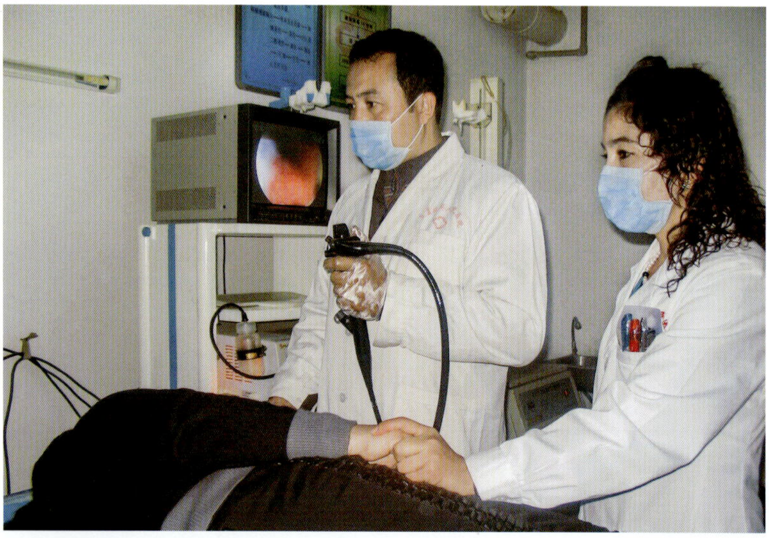

2009 年，胃镜设备投入使用

民 生

2003 年 12 月 4 日，交警讲解交通安全知识

2004 年 4 月，税务部门开展税务服务

2006 年 5 月 27 日，县邮政局开展储蓄现场观摩会

2008 年 3 月，烟草专卖局举办“3·15”打假活动

2008 年 6 月，农业局开展农业生产推广活动

2009 年 5 月，县科技局举办“科技活动周”活动

编修工作剪影

2019 年 6 月 21 日，县委常委、组织部部长郑君指导二轮志编修工作

2020 年 1 月 9 日，自治区地方志编纂委员会地县志工作处杨志虎到麦盖提指导工作

2020 年 2 月 26 日，麦盖提县二轮县志评审会召开，自治区地方志编委会党组书记、副主任廖运建等领导、评审专家 30 余人参加评审会

2020 年 3 月 26 日下午，30 多名史志专家赴麦盖提县百万亩生态林建设基地参与植树活动

2020 年 3 月 26 日，《麦盖提县志（1991—2010）》评审会参评人员留影

书画作品选

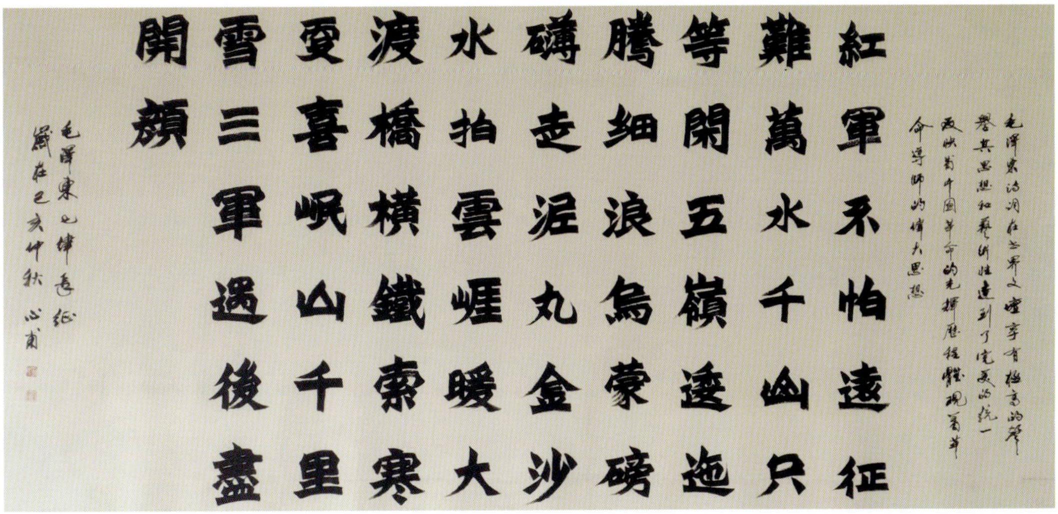
紅軍不怕遠征難萬水千山只等閑五嶺逶迤騰細浪烏蒙磅礴走泥丸金沙水拍雲崖暖大渡橋橫鐵索寒更喜岷山千里雪三軍過後盡開顏
毛澤東七律長征
歲在己亥仲秋 心甫

深入研究黨的歷史認真學習黨的歷史全面宣傳黨的歷史充分發揮黨的歷史以史鑒今資政育人的作用是黨和國家工作大局中一項十分重要的工作
習近平語
己亥秋月 心甫

天山脚下

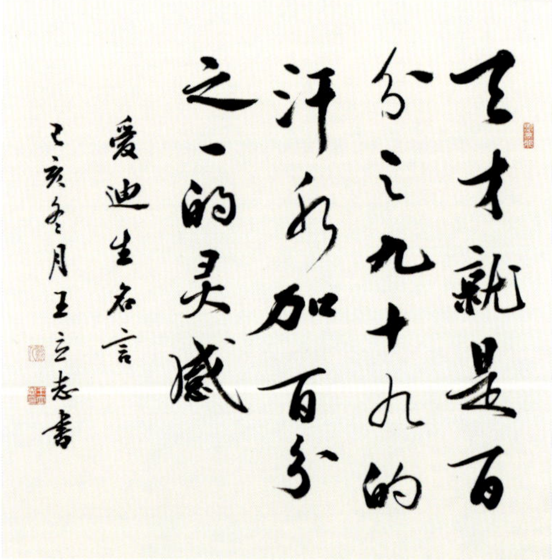
天才就是百
分之九十九的
汗水加百分
之一的灵感
爱迪生名言
己亥冬月王立志书

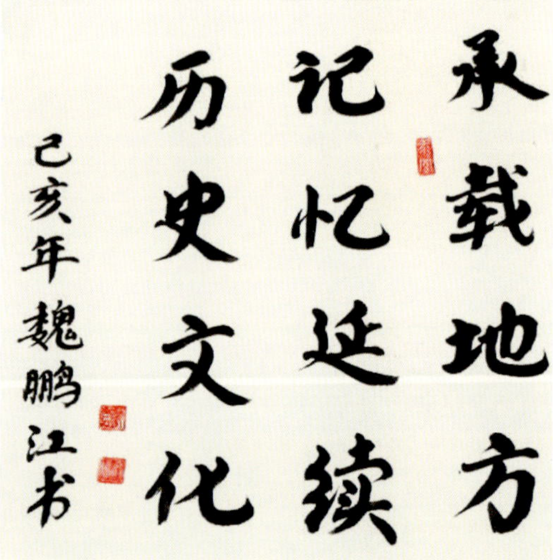
承载地方
记忆延续
历史文化
己亥年魏鹏江书

2012.4.10

编史修志
功在当代
传承文明
利在千秋
二〇一九年冬于麦盖提 王斌

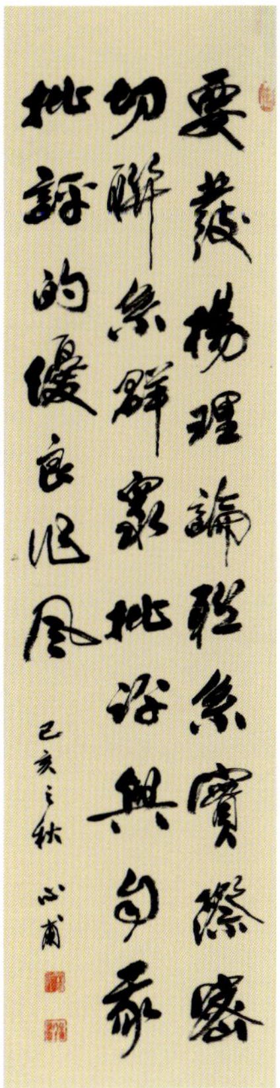
要發揚理論聯系實際密
切聯系群衆批評與自我
批評的優良作風

收获

雨后的彩虹更美丽
磨难的人生更辉煌
己亥秋月

雄風
己亥金秋十月

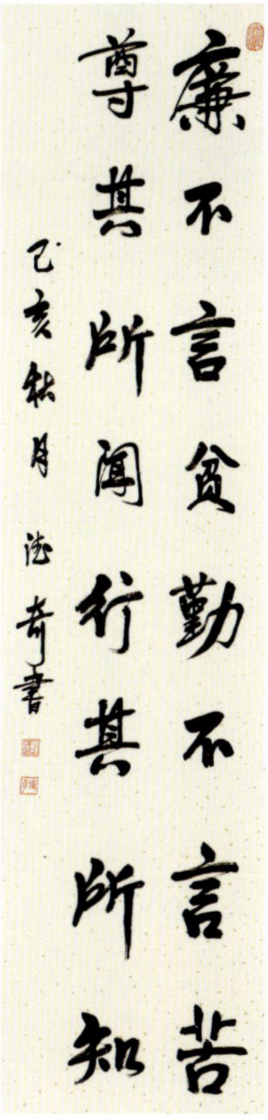
廉不言貧勤不言苦
尊其所聞行其所知
己亥秋月

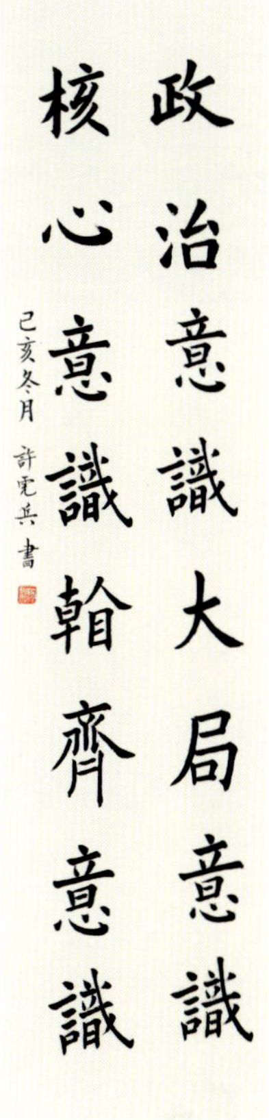
政治意識大局意識
核心意識看齊意識
己亥冬月

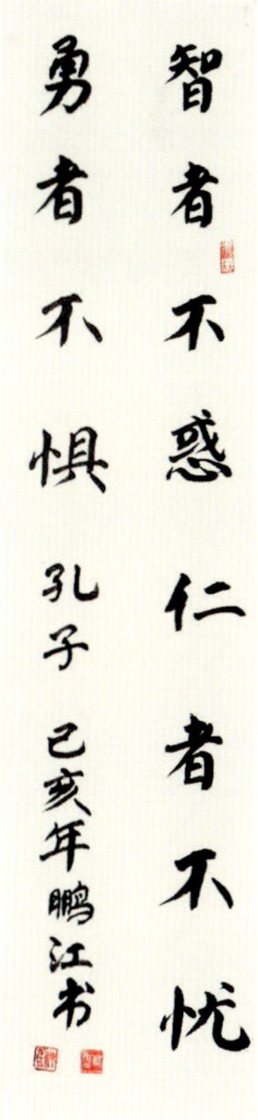
智者不惑仁者不忧
勇者不惧
孔子
己亥年鹏江书

為實現中華民族偉大復興的中國夢而奮鬥
乙亥冬月王立志書

江山多嬌
己亥冬日田樹強寫

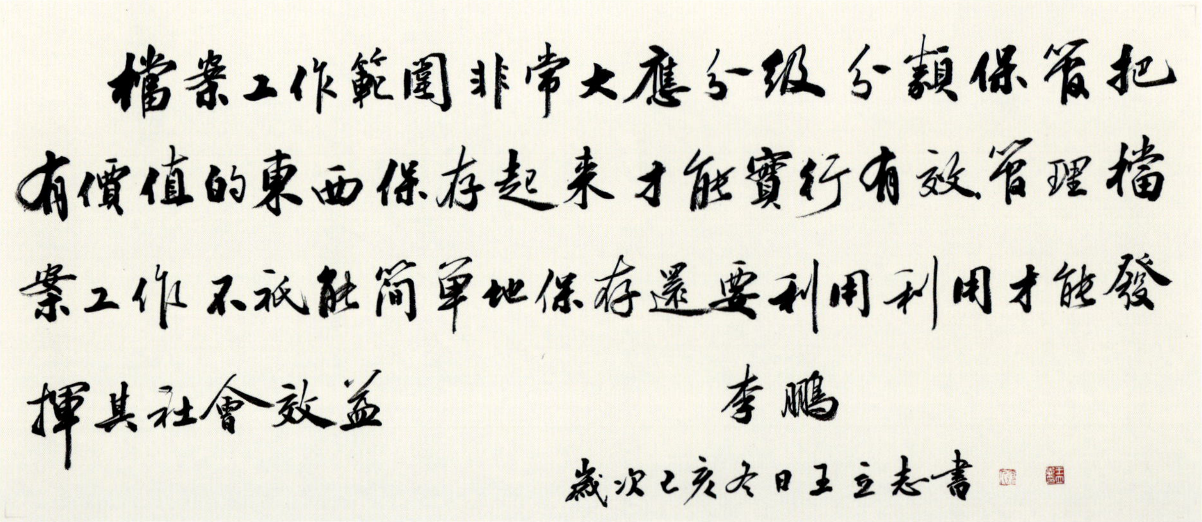
檔案工作範圍非常大應分級分類保管把有價值的東西保存起来才能實行有效管理檔案工作不衹能簡單地保存還要利用利用才能發揮其社會效益
李鹏
歲次乙亥冬日王立志書

1991—2010 年，麦盖提县委、县人民政府领导全县各族人民艰苦奋斗，着力改善民生，通过各种途径，努力提高人民生活水平，使各族人民群众的衣、食、住、行、用发生翻天覆地的可喜变化

生意兴隆的拉面馆

种类繁多的特色馕

牛头肉

薄皮包子

小点心

各类凉食

冰水、冰淇淋

羊肉摊

蔬菜

西瓜

别西克杏（老汉瓜）

无花果

干果

粮食交易市场

牛交易市场

驴交易市场

刀郎羊交易市场

山羊交易市场

家禽交易市场

日用杂货

婴儿小摇床

小家具

农贸市场羊毛毡摊点

农贸市场服装摊点

农贸市场男士小花帽摊点

农贸市场鞋摊

农贸市场艾德莱斯彩绸摊点

农贸市场畜力车用品

农贸市场手工业铁器产品

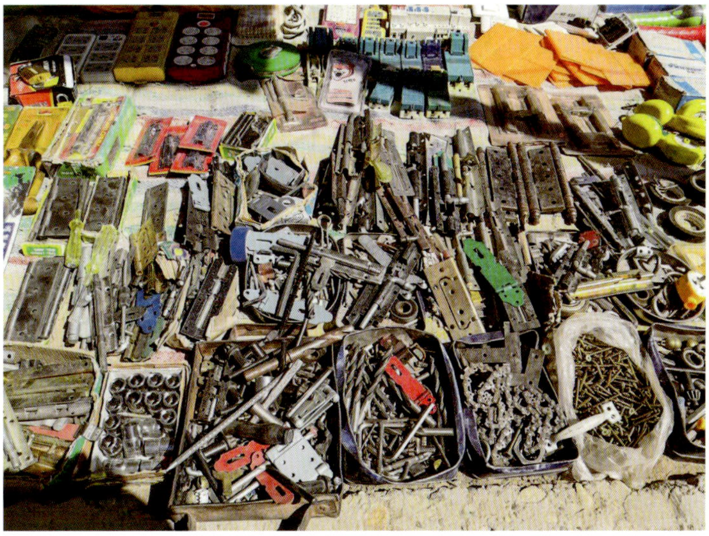

农贸市场家用金属小配件摊点

农贸市场土陶摊点

农贸市场红柳编筐摊点

农贸市场民族乐器销售摊点

农贸市场刀郎民族工艺品摊点

1993 年，政府家属院

2005 年 8 月，农技中心职工住宅楼

2006 年 10 月，经贸局职工住宅楼

传统的维吾尔族婚礼

规划整齐的安居富民房

电信塔

农家小院

广播电视村村通、户户通

广场舞

垂钓

老年健身

特色拉面

抓饭

馓子、糕点

大盘鸡

烤包子

干板凉面

米肠子和面肺子

馄饨

油炸鱼块

刀郎烤鱼

烤全羊

薄片馕

羊蹄子

油塔子

纳仁面

红柳枝烤肉串

1991—2010年，麦盖提县委、县人民政府坚持以邓小平理论和“三个代表”重要思想为指导，深入贯彻落实科学发展观，继续落实国务院建设“三北”防护林体系号召，大力开展植树造林，发展生态经济，不断优化生态环境，努力实现经济社会可持续发展，不断提高各族人民的生活品质

夏季刀郎湖

刀郎湖秋景

刀郎湖荷花

唐王湖湿地

胡杨林鸟瞰图

天然胡杨林

古老胡杨

塔克拉玛干沙漠

叶尔羌河

叶尔羌河大桥

向日葵

红柳滩

杏花待放

梨花绽放

四月桃花

海棠花开

目 录

第三编　人口　民族　宗教

第四编　城乡建设与管理

第五编　环境保护

第六编　交通运输

第七编 邮政 通信

第八编 经济综述

第九编 农 业

第十编　林　业

第十一编　畜牧业

第十二编　水　利

第十三编　农牧机械

第十四编　工　业

第十五编　商业贸易

第十六编　综合经济管理

第十七编 财政 税务

第十八编 金 融

第十九编 中共麦盖提县委员会

第二十编 麦盖提县人民代表大会

第二十一编　麦盖提县人民政府

第二十二编　中国人民政治协商会议麦盖提县委员会

第二十三编　人民团体

第二十四编　法　治

第二十五编　军　事

第二十六编　民　政

第二十七编 民族　宗教事务管理

第二十八编 编制　人事劳动和社会保障

第二十九编　教　育

第三十编　科学技术

第三十一编　文化旅游

第三十二编　刀郎文化

第三十三编 医疗卫生

第三十四编 精神文明建设

第三十五编　人民生活

第三十六编　人　物

附　录

概 述

麦盖提县位于新疆维吾尔自治区西南部，塔里木盆地西部，喀喇昆仑山北麓，喀什地区东部，叶尔羌河中下游和提孜那甫河下游，全境地处北纬 38° 25′～39° 22′、东经 77° 28′～79° 05′。东与塔克拉玛干沙漠相连，东南与和田地区皮山县相接，西临莎车县，南接叶城县，北与巴楚县为邻，全境东西长 160 千米，南北宽 136 千米，总面积 1.52 万平方千米，其中农林区划面积 1196.3 万平方千米，县辖塔克拉玛干沙漠面积 1.4 万平方千米，距自治区首府乌鲁木齐市约 1410 千米，距喀什市约 170 千米，县内驻有新疆生产建设兵团第三师四十五团、四十六团、前进水库管理处、南疆军区农副业基地。

麦盖提县历史悠久，自汉代以来就是中国领土不可分割的一部分。神爵二年（公元前 60 年），西汉设西域都护府作为管理西域的军政机构，县境归其管辖。几千年来，生活在这片土地上的各族人民都是中华民族大家庭中的一员，勤劳勇敢的各族人民在这片沃土上繁衍生息，团结互助，风雨同舟，薪火相传。1928 年，麦盖提县建立。1950 年，麦盖提成立中国共产党领导下的麦盖提县人民政府，属莎车行政督察专员公署管辖。1956 年 6 月，莎车行政督察专员公署撤销，麦盖提县归属喀什地区行署管辖。2010 年年末，全县辖 9 个乡、1 个镇、3 个林场、7 个社区、129 个村民委员会、519 个村民小组。行政区域总面积 1.52 万平方千米，常住人口 21.98 万人，由汉族、维吾尔族、回族、蒙古族等 16 个民族组成。改革开放以来，在中国共产党的正确领导下，全县各族人民高举民族团结的伟大旗帜，和衷共济、和睦相处、和谐发展，携手推进麦盖提县社会主义建设和改革开放事业，建立了“平等、团结、互助、和谐”的社会主义民族关系，形成你中有我、我中有你、交错杂居、共生互补的多元融合的特点，孕育了团结友爱的宝贵传统，开创了民族团结、社会繁荣的新局面，谱写了自强不息，团结奋进的壮丽史诗，麦盖提县的政治、经济、社会、文化、生态文明建设取得较快发展，民生持续得到改善，人民生活水平显著提高。

麦盖提县是享誉中外的刀郎文化发源地，刀郎文化是中华优秀传统文化的重要组成部分，与中华文化骨肉相连，既有中华文化的共性，又有其鲜明的文化个性。千百年来，刀郎文化在历史的长河中形成、鼎盛、衰落、复苏、兴旺，但始终与中华文化保持着血脉相承的联系。新中国成立后，刀郎文化重新焕发了生机，尤其是中共十六大以后，中共中央高度重视民族文化的传承与发展，麦盖提县抢抓刀郎文化发展机遇，积极争取国家支持，加大自身投入和发动各单位、社会各界共同助力，在较短的时期内，让刀郎文化得到了蓬勃发展。1995 年，中华人民共和国文化部、中华人民共和国人事部授予麦盖提县“全国文化模范县”称号。2005 年 4 月，中国特产之乡推荐暨宣传活动组织委员会命名麦盖提县为“中国刀郎木卡姆之乡”“中国刀郎麦西莱甫之乡”“中国刀郎农民画之乡”。2005 年 10 月，麦盖提县央塔克乡、尕孜库勒乡、库木库萨尔乡被中国乡土艺术协会授予“中国特色文化乡镇”。2005 年 11 月，联合国教科文组织将新疆维吾尔木卡姆列入世界非物质文化遗产名录（刀郎木卡姆、刀郎麦西莱甫包含其中）。2006 年 6 月，国务院公布刀郎木卡姆、刀郎麦西莱甫列入国家非物质文化遗产名录。随着刀郎文化传承发展的不断深入，文化事业逐年上台阶，获得了很多荣誉，麦盖提县在国际国内的知名度越来越高。

麦盖提县是刀郎羊的主产地，刀郎羊是麦盖提土种羊与阿富汗瓦尔吉尔肥羊杂交的肉脂兼用型绵羊品种，被誉为“羊中之王”，是国家重点推广的地方优良小畜品种，具有生长发育快，体格大，双胎率高、遗传性稳定，耐粗饲、羔羊早熟性强、增膘快、舍饲适应性强、采食能力强、饲料报酬率高、繁殖率高等优点，是适合农区饲养的优良肉用品种羊。1991 年，麦盖提县提出加快以“麦盖提大尾羊”（刀郎羊）为主的良种畜养殖计划，提高良种畜在整个牲畜中的比重，制定牛羊育肥、开发饲草基地、调整畜种结构、品种改良等发展畜牧业的具体措施。1997 年，“麦盖提大尾羊”（刀郎羊）被确定为喀什地区农区小畜品种改良优良品种，麦盖提县制定了《“刀郎羊”地方优良品种标准》，经自治区质量技术监督局审核颁布。10月，向国家工商行政管理总局申报多浪羊（刀郎羊）商标。1999年，经国家工商局审查，注册“多浪羊（刀郎羊）”商标。2004年8月，麦盖提县种羊场多浪羊（刀郎羊）繁育基地建设项目经农业部批准立项，种羊场更名为麦盖提县多浪羊（刀郎羊）繁育基地。2004年9月，中国特产之乡推荐暨宣传活动组织委员命名麦盖提县为“中国刀郎羊之乡”。2007年，经国家工商行政管理总局批准，成功注册多浪羊（刀郎羊）地理标志集体商标，麦盖提县成立多浪羊（刀郎羊）产业协会。2008年，多浪羊（刀郎羊）种羊场被农业部列为国家级保种场。2010年底，麦盖提县多浪羊（刀郎羊）存栏40.82万只，占牲畜总存栏的69%；多浪羊（刀郎羊）养殖大户、专业户达到3800户；多浪羊（刀郎羊）繁育重点示范户190户，培育多胎多浪羊（刀郎羊）核心群2800只；建立多浪羊（刀郎羊）品种改良服务点175个，改良多浪羊（刀郎羊）32.5万只，农民依靠多浪羊（刀郎羊）产业实现人均收入680元，被农民称为可靠便利又不降利息的“活银行”。

麦盖提县野生“胡杨”蘑菇是胡杨树叶沉积腐烂后的菌类产品，属纯天然绿色食品，含有果氨酸、丙氨酸、酪氨酸等6种人体所需的氨基酸，尤其是具有独特的降血脂、防癌抗癌、延年益寿之功效，被誉为大漠深处的“黑珍珠”，具有味甘、质脆、香嫩三大特点，尤其用其干品炒肉更是餐桌上的特色美味佳肴，深受广大消费者的青睐。

二

麦盖提县位于天山南麓，属叶尔羌河中游冲积平原，主要的地貌组合为沙漠、山地、平原，境内海拔最高点1207米，最低点146米，在靠近沙漠边缘一带，地势起伏不平，荒地、沙丘交错，芦苇草滩、盐碱滩、碱水坑成群。沿叶尔羌河两岸为平原区，土层深厚，平坦肥沃，是本县农牧业区；东北部沿叶尔羌河下游一带为原始胡杨森林区；东部为沙漠区，沙丘广布，多呈垄状。

麦盖提县属温带大陆性干旱气候，四季分明，年温差大，光照充足，无霜期长，降水偏少，蒸发量大，光热资源丰富。年平均日照时数2836.5小时，年平均气温11.9℃，年平均气压值883.2百帕，年平均降雨量56.5毫米，年平均蒸发量2001.8毫米。主要自然灾害有大风、沙尘暴、冰雹、暴雨、洪涝、霜冻、低温、高温、干旱等。

流经县境内河流主要有叶尔羌河和提孜那甫河，其中叶尔羌河全长1165千米，境内流长180千米，河床平均宽1000米左右，夏秋两季水源充沛，可提供农业灌溉面积50余万亩；提孜那甫河全长335千米，境内流长56千米，可提供农业灌溉面积30余万亩。

境内植被类型分为荒漠植物、草甸植物、沼泽植物、沙生植物、田间植物。土壤类型主要有潮土、灌淤土、草甸土和盐土。已探明地下矿藏为砖瓦用黏土矿。野生动植物种类繁多，其中白鹤、叶尔羌河鼓鳔鳅（狗头鱼）属国家一级保护动物，草原斑猫、鹅喉羚、塔里木兔、灰鹤、会腹鸥、小鸥、大雁、翠鸟、鹃鸠、白腹黑啄木鸟、纵纹腹小鸮、猎隼、燕隼、灰嘴隼属国家二级保护动物，野鸭属国家三级保护动物。

随着经济社会发展，麦盖提县人口有计划增长。1990年年末，全县总人口3.36万户14.6万人，平均每平方千米9.6人。2000年年末，全县总人口3.84万户16.68万人，比1990年年末增长1.14倍，平均每平方千米11人。2010年年末，全县总人口5.12万户21.98万人，平均每平方千米14.5人，总人口比2000年年末增长1.31倍，比1990年年末增长1.51倍。

二

1991—2010年，在中共中央、国务院的亲切关怀下，在自治区党委、自治区人民政府和喀什地委、行署的正确领导下，麦盖提县历届县委、人民政府坚决贯彻执行党在不同时期的各项路线、方针、政策，坚决贯彻落实中共中央、国务院、自治区党委、自治区人民政府的施政方略，坚持党的思想建设、组织建设、作风建设、制度建设和反腐倡廉建设。始终把推动科学发展作为解决一切问题的基础，始终把改革开放作为促进发展的强大动力，始终把保障和改善民生作为全部工作的出发点和落脚点，始终把加强民族团结作为长治久安的根本保障，始终把维护社会稳定作为发展进步的基本前提，带领麦盖提县各族人民解放思想、实事求是、开拓创新、团结奋斗，广大干部群众为麦盖提县的社会稳定和经济发展做出了不可磨灭的贡献，城乡面貌发生翻天覆地的变化，人民生活水平显著提高。20年间，麦盖提县国民生产总值增长5.5倍；地方财政收入增长3.43倍；农民人均纯收入增长4.1倍。

中共麦盖提县委员会深入开展“三讲”（讲学习、讲政治、讲正气）、“三个代表”重要思想、科学发展观、核心价值观教育，推进党风廉政建设，着力解决好机关党员干部党性党风方面存在的突出问题，加强基层党组织建设，开展软弱涣散基层党组织整顿，坚持“四化”方针和“德才兼备、任人唯贤”的原则，大胆选拔、培养、使用年轻干部，注重党员发展。在提升执政水平的同时，坚持“一个中心、两个基本点”的基本路线，结合麦盖提县实际制定了“八五”“九五”“十五”计划、“十一五”规划和中长期规划，研究制定下发重要文件28个、规划纲要5个、重大战略2个、重大改革方案4个，建设重大工程10个，统揽全局，协调四方，为全县的政治、经济、文化、社会事业的全面健康发展指明了道路。

麦盖提县人民代表大会及其常委会依照宪法和法律赋予的职权，围绕党在各个时期的中心工作履职尽责，先后听取和审议“一府两院”工作报告和专题汇报200余项，对47部法律、法规的贯彻执行情况进行检查，依法作出决议、决定40项，为促进麦盖提县经济建设、民主法制建设和改革起到良好作用。

麦盖提县人民政府坚持以党委重大决策部署为依据，依法行使政府各项职权，全面履行经济调节、市场监管、社会管理和公共服务职能，统筹协调全县经济社会事务，推进以保障和改善民生为重点的社会建设，全县社会经济得到较快发展。

政协麦盖提县委员会充分发挥政协的参谋助手作用，切实履行政治协商、民主监督、参政议政的职能，收集各族各界政协委员提案建议1518件，确定立案542件，为县委、县政府决策提供参考和依据。

三

20年间，麦盖提县围绕国家、自治区、地区改革开放发展战略部署，突出地缘优势，紧跟时代步伐，坚持农、林、牧产业多元发展，完成实施农村家庭联产承包责任制，完成农村第二轮土地承包期签约，取消“三提五统”、农业特产税、农业税、牧业税和“两工”，推行“三放开”，实行“农作物种子限价”“灌溉用水限价”工程，推进无公害、绿色、有机农产品规范化、标准化、产业化生产，出台粮食收购直补、农资综合补贴、良种补贴、农作物政策性保险、棉花目标价格改革补贴等多项惠农政策。在强有力的政策推动下，麦盖提县农业生产经营规模逐渐扩大，农业经济呈现全方位蓬勃发展的趋势。

种植业发展较快。棉花产业是麦盖提县经济收入的主导产业，是麦盖提县农村经济发展的重要支撑和农民收入的主要来源。2002 年 9 月 14 日，麦盖提县的主要经济作物“瀚海”牌棉花商标注册成功。2004 年 10 月，获国家“中国著名畅销品牌”称号。“瀚海”牌棉花以其色泽白、品级高、质量好，加之先进的加工技术工艺和科学的管理、良好的售后服务而享誉中外，名列全国棉花十大知名品牌之一，深受广大用户欢迎。20 年来，麦盖提县因地制宜地调整优化种植业结构，通过大力引进优良高产新品种和加强投入、管理、病虫害防治，使农作物连年丰产，农民实现多元增收，完成农村第二轮土地承包期签约，土地承包年限延长到 30 年，农民生产积极性得到提高，按照“三取消、一个逐步取消、三调整、一改革”要求，落实减轻农民负担政策，逐步规范农村收费行为。开展农产品质量认证，央塔克乡、尕孜库勒乡、克孜勒阿瓦提乡、吐曼塔勒乡、库木库萨尔乡的葡萄、杏子、甜瓜、番茄、黄瓜、西瓜、辣椒、孜然、红枣、核桃等无公害产品通过中国质量认证中心认证。对家庭承包土地、机动地、荒地等进行全面清理、丈量、登记，规范土地流转管理工作，农业综合开发、农业产业化、农业标准化、农业对外合作等稳步推进，农业机械化程度大幅提高，农村经济持续健康发展。至 2010 年，全县小麦种植面积 17.5 万亩，总产 7.45 万吨，玉米种植面积 15 万亩，总产 6.23 万吨，棉花种植面积 55.42 万亩，总产 7.87 万吨，种植业总产值 5.78 亿元，占农业总产值的 75.07%。

林果业取得较快发展。麦盖提地处塔克拉玛干沙漠西南边缘，林业生态环境脆弱，林果资源丰富，天然林以胡杨、沙棘、红柳为主，人工林以新疆杨、沙枣、红枣、核桃、杏、桃、苹果、梨为主。20 来年，麦盖提县坚决贯彻国务院建设“三北”防护林体系号召，加快叶尔羌河两岸全民植树造林工程建设步伐，按照以工程造林为主体，社会造林和义务植树为补充的原则，大力开展植树造林活动，对全县天然胡杨、红柳采取有效保护措施，生态环境有较大改善，被国家林业局授予“平源绿化达标县”。2005 年，麦盖提县实行产业结构调整，大力发展林果业，实行林农间作模式，将林果业作为全县经济发展的一大支柱产业来抓，形成了以杏子为主，核桃、红枣、开心果、葡萄并重的林果业发展格局，确定希依提墩乡、央塔克乡、吐曼塔勒乡、尕孜库勒乡、克孜勒阿瓦提乡、昂格特勒克乡、库尔玛乡为红枣种植基地，巴扎结米乡和库木库萨尔乡为核桃种植基地。2008 年，县委针对杏子、葡萄效益不明显的实际情况，再次调整林果业产业结构，确立了重点发展红枣、核桃思路，出台多项优惠政策，制定一系列管理措施，规模持续扩大，通过引进红枣加工企业和动员各级干部找销路、开电商等办法，解决了销售渠道不畅问题，实现了林果业增产增效。截至 2010 年年底，全县林地面积 520.27 万亩，其中天然荒漠林 374.6 万亩，人工林 145.67 万亩。特色林果面积 54.19 万亩，其中红枣 35.37 万亩、杏 8.63 万亩、核桃 7.31 万亩、其他各类果树面积 2.88 万亩，以红枣为主、核桃为辅的林果产业格局形成，林果业逐渐成为农民增收的支柱产业。

畜牧业稳步发展。畜牧业是麦盖提县重点培育的农民增收支柱产业。20 年来，麦盖提县委、县人民政府坚持把发展现代畜牧业作为农牧业结构调整的突破口，出台《麦盖提县关于加快畜牧业发展的决定》《麦盖提县关于发展畜牧业的优惠政策》等指导性文件，确定“富裕户养大畜，一般户养小畜，贫困户养家禽，以家禽换小畜，以小畜换大畜”和“以养羊为基础，以养牛为突破口、鸡鸽家禽养殖为补充”的畜牧业发展思路，持续加大牲畜优良品种引进和改良力度，优化畜牧业内部结构，以建设“多浪羊（刀郎羊）”品牌基地为契机，充分发挥现有畜牧业资源优势，大力发展和培育养殖大户、养殖小区和养殖合作社，推广普及科学养殖实用技术，强化动物疫病防治体系建设，提升整体养殖水平，加快传统畜牧业向现代畜牧业发展进程。至2010年，全县有养殖大户297户，牲畜存栏56.69万头（只），出栏牲畜46.02万头（只），家禽存栏88.44万只（羽），出栏家禽370万只（羽），肉类总产1.92万吨，奶类总产8109吨，蛋类总产2346吨，毛产量851吨，皮产量35.67万张，畜牧业总产值3.87亿元，农村人均畜牧业纯收入703元，畜牧业已成为农民收入的重要来源。

水利基础设施基本改善。水利工程是发展现代农业的命脉和基础，麦盖提县作为农业大县，农业灌溉用水主要来源于辖区内的叶尔羌河和提孜那甫河，辖区内的吉仁勒玛水库、罕库勒水库、抗旱机电井作为春冬季节枯水期农业灌溉用水的重要补充。全县分为叶尔羌河灌区和提孜那甫河灌区2个灌溉区，叶尔羌河灌区占地表水的63.7%，提孜那甫河灌区占地表水的36.3%，农业灌溉用水十分紧张。20年来，麦盖提县因地制宜，合理进行水利规划，加大资金投入力度，完善水利配套设施建设，加大“两河”治理工程，修建钢筋砼永久性渠首工程1座（克孜勒阿瓦提渠首）；完成大寨渠、五零渠扩建共26.5千米；新建永久性防洪工程1处（东河滩一期防洪工程），彻底解决了农业灌溉水源不足的问题。至2010年，全县各级水利配套设施达419座，干支斗农四级渠道总长度4996.91千米。其中，干渠10条，长214.2千米；支渠69条，长607.1千米；斗渠长1093.6千米，农渠长3082千米。干支渠防渗总长度289.62千米，全为砼板防渗，防渗率14.62%。主要排水渠48条，总长859.1千米，水利设施的完善为农业经济的发展提供有力支撑和保障。

农业机械化程度逐年提高。20年来，随着国家加大“三农工作”重视力度，麦盖提县着力改善生产条件和耕作方式，农业机械化水平逐年提升。特别是2005年以来，中央一号文件提出农机购置补贴政策，麦盖提县农业机械化普及步伐加快，各类农机具得到更新，逐步淘汰了落后的农机设备，走向以大马力为主、以小型拖拉机为辅的农机化道路。随着农业机械化程度稳步提升，农耕作业逐步摆脱以人力为主的传统耕作方式，实现了农业机械化向农业现代化迈进。截至2010年，全县拥有大、中型拖拉机5039台，小型拖拉机2420台；大中型牵引农具5373台；农用汽车270辆。农业机械总动力16.1万千瓦，种植业机械总动力10.63万千瓦，机具配套比达1∶2.5。全县拖拉机保有量是1991年的5.7倍；农业机械保有量是1991年的3.1倍，机械总动力较1991年翻了4.8番，农业机械化程度提高到95%，劳动力得到充分解放。

四

1991—2010年，麦盖提县抢抓西部大开发和援疆机遇，紧跟时代步伐，在投融资体制改革、财税体制改革、国企改革、社会保障体系建立等领域大刀阔斧，冲破计划经济的束缚，除旧立新，促使麦盖提县经济体制由计划经济向社会主义市场经济转变，也为市场经济体制的建立、发展和壮大提供坚强保障。通过大力实施工业强县战略，促使传统工业向现代工业转变，推动国民经济发展。通过围绕刀郎文化品牌，实施商旅活县战略，制定招商引资优惠政策，改善投资环境，降低门槛，加强放管服，吸引大批有实力的内地客商前来投资开发和旅游。社会经济的多元化发展，带动了财政收入稳步增长，促进人民生活水平的稳步提高。

工业发展由弱变强。麦盖提县围绕国家、自治区改革开放发展战略部署，突出地缘优势，紧跟时代步伐，按照“工业强县”经济发展思路，历经企业改制重组，动员全社会招商引资，逐步摆脱工业发展小而弱，效益低，税收贡献小的困境，带动了第三产业快速发展，使大批待业青年和农村富余劳动力实现了就业。1991年，麦盖提县境内以国有企业、集体企业为主，有电力、粮油加工、轧花、农机修造、印刷等工业企业10家。2004年以后，麦盖提县加大投资环境改善，不断优化招商引资政策，吸引大批客商前来麦盖提县投资创业发展，建成总占地面积1.02万亩的城南、城北两个工业园区，依托本地农业优势资源，引导工业企业落户园区，形成了以棉纺、酿酒、油脂、造纸、供热、新型建材、果蔬加工、农资（滴灌带、农用肥、地膜）等为主新兴工业的产业格局，推进工业制度改革步伐，推动麦盖提县工业发展。至2010年，全县工业企业达到30家，工业总产值从1991年的1.72亿元增长到2010年的5.64亿元，全县工业经济质量、效益和速度得到提升，活力日益增强，总体发展势头强劲。

第三产业发展迅猛。1991—1994年，麦盖提县生产生活资料采购、加工、经营、销售均依赖县供销联社、物资公司、粮食局及下属企业。1995—2000年，个体私营商业迅速崛起，形成激烈的市场竞争，麦盖提县把个体经济纳入当地国民经济发展总体规划，统筹安排，六大国有商业企业相继破产改制。2002年，全县商贸系统有序推进国有商贸产权制度、流通体制改革，逐步建立起现代企业制度、市场化商贸流通体制，初步实现公有制和市场经济的有机结合，扭转国有商贸业亏损的不利局面。2003年后，随着商业流通领域改革不断深入，个体、私营商业呈现蓬勃发展的势头，逐步形成国有、集体、个体等多种经济成分、多种经营方式的经营体制与多渠道、开放式的商品流通网络。至2010年，全县有个体工商户3559家，从业人员4326人，建成大型商场1个、城乡贸易市场9个，社会商品零售总额达4.66亿元。

财政收入稳步增长。20年间，麦盖提县全面贯彻党的“一个中心两个基本点”基本路线，紧紧抓住经济建设这个中心，工、农、交、财、贸、金融稳步增长，财政收入逐年增加。1991年，全县财政收入820万元。2005年，麦盖提县实行“乡财县管乡用、村财乡管村用”的财政管理体制。2009年，税务体制逐步改革、调整，税务部门落实一系列国家优惠政策，全县社会经济取得稳步发展，税收稳步增长。至2010年，全县财政收入达1.17亿元。

人民生活水平逐渐提高。20年间，随着麦盖提县经济跨越式发展，各族群众的衣食住行水平与其收入的增长同步提高，家中生活用品日益丰富，生活质量不断得到改善，各民族积极健康文明的传统习俗得以保留、传承，社会主义新风尚在麦盖提城乡处处开花结果。至2010年，全县国有职工人均年收入2.79万元，是1991年的11.8倍；集体单位职工人均年收入2.21万元，是1991年的11.9倍；城镇居民（职工）人均年支出9007.22元，是1991年的3.5倍。全县农民年均纯收入4951元，是1991年的4.1倍，人均年支出669.71元，是1991年的2.62倍。人民生活水平和社会保障水平全面提升。人民群众物质生活越来越富裕，幸福感进一步增强。

五

20年来，在中共中央的亲切关怀下，在自治区党委、地委的正确领导下，麦盖提县历届党委、政府正确处理改革、发展、稳定的关系，全面贯彻落实国家、自治区和地区一系列路线、方针、政策和战略部署，坚定不移地实施优势资源转换战略，为各族群众谋福祉，促进了教育、文化、科技、医疗卫生、交通、电力、通信、城市建设、饮水安全等各项社会事业的可持续发展，让各族人民群众共享到了改革发展的成果。

教育事业健康发展。“百年大计教育为本”，20年间，麦盖提县全面贯彻党的教育方针及《中华人民共和国义务教育法》，教育体制改革不断深化，积极开展基础教育课程改革，依法坚定推广国家通用语言文字，大力推广“双语”教学，投入大量经费改善教学环境，全县办学条件发生翻天覆地的变化。1991—2000年，麦盖提县实现基本普及九年义务教育和基本扫除青壮年文盲工作目标。

2001—2008年，麦盖提县围绕“两基”巩固提高工作，保证教育经费合法合理使用，全面实施素质教育，基础教育稳步发展，成人教育成效显著，教育资源配置和教育布局日趋合理，不断推进学校正规化建设。2009年，麦盖提县加大从师范院校毕业生中招聘教师力度，教师数量比2008年增加137人，不断为学校注入新鲜血液，教师结构优化，教师队伍壮大，教育教学水平提高，逐步奠定教育均衡化发展的基础。2009—2010年，按照“县办中学、乡办小学、中心村办幼儿园”新思路，优化教育布局，山东日照援建项目刀郎中学破土动工，40个村级“双语”幼儿园建设项目全部竣工投入使用，全县教育事业初步实现均衡化。

文化旅游事业实现跨越式发展。20年来，麦盖提县的文化事业特别是少数民族文化发展在中华文化的引领下不断向前发展，服务社会，服务人民。种类丰富、形式多样的文化活动，满足了人民群众日益增长的精神文化需要。1991—2000年，麦盖提县刀郎文化异军突起，走向全国和世界，电影放映从城镇走向农村，国家农村电影放映“2131”工程启动，农民享受免费看电影。广播、电视、电影的兴起，改善了全县人民文化生活单调的局面，渐至成为不可或缺的精神食粮。1995年，文化部、人事部授予麦盖提县“全国文化模范县”荣誉称号。2001—2010年，麦盖提县进入文化大发展时期，中共中央、国务院加大对文化基础设施的投资力度，基层文化体育广播电视阵地简陋状况有大的改观，刀郎文化向纵深发展。至2010年年底，麦盖提县已形成以文化馆、体育馆、图书馆、文化广场、10个乡镇文化站、135个村（社区）文化室全覆盖的文化网络格局。旅游事业被纳入县委、县人民政府重要工作规划，“刀郎木卡姆”“刀郎麦西莱甫”“刀郎农民画”等丰富的文化旅游资源开始开发，初步打造沙漠、原始胡杨林、湿地、库区等景点。

精神文明建设成果显著。20年来，麦盖提县把精神文明建设作为“一把手工程”，与经济建设同谋划、同部署、同实施，进一步完善机构设置和人员配置，推进以“践行社会公德、树立文明形象”为主题公民道德实践系列活动，全社会讲文明树新风、移风易俗破陋习、学雷锋做好事、民族团结的良风美德蔚然成风，人民素质与城乡文明程度不断提高。不断规范创建工作，强化考核、验收工作，先后创建一大批自治区级、地区级、县级文明单位、文明村、文明社区、文明窗口、文明户（文明家庭）和先进个人，先后2次获得“自治区精神文明建设先进县”荣誉称号。

科技事业取得长足进步。20年间，麦盖提县委、县人民政府积极对上争取项目资金，加强革新技术基础建设，大力开展“三高一优”栽培示范试验、牲畜良繁良育和科技成果运用与推广，粮、棉、瓜、果、菜品质得到大幅度提升，畜禽出栏率、商品率有较大提高。在推进科技兴县战略中，麦盖提县建立科技人才管理机制，尤其是拔尖人才脱颖而出的激励管理机制，科技人才队伍逐年壮大，从1991年的1997人增至2010年的3684人，其中拔尖人才32名。认真制定科技兴麦各时期计划，落实三级干部科技责任制，充分利用“科普宣传日”“科技活动周”“科技之冬”加强科技宣传和实用技术培训，免费向农口部门领导、农牧民发放科技书刊、光盘，每户农牧民掌握了1～3门实用技术，为农民多元增收打下坚实的基础。

卫生事业生机勃勃。20年间，麦盖提县始终坚持把人民健康放在优先发展的战略地位，逐步实行了以公有制卫生机构为主体，社会和个体医疗机构为补充的办医机制，把卫生事业纳入国民经济和社会发展总体规划，全面推行医疗卫生体制改革，建立中国特色基本医疗卫生制度、医疗保障制度和优质高效的医疗卫生服务体系，健全现代医院管理制度。多渠道、多形式筹集卫生发展资金，加强防疫、妇幼、乡镇卫生院房屋、设备、技术“三项建设”“三配套”建设以及县、乡、村三级医疗预防保健服务体系建设。不断加强传染病防治监测工作，逐步建立和完善重大突发疫病的预警、应急机制。不断加大对医疗卫生体系建设的财政资金投入，引进先进医疗技术和设备，培养医疗卫生技术人才，强化医疗卫生服务管理，大力提高医疗卫生服务质量和水平。逐步实现让群众在家门口享受优质医疗资源及保健服务，不断满足群众的基本医疗需求，完善公共卫生服务等惠民目标，让各族群众“病有所医”。至2010年，全县11个乡镇标准化卫生院、村级135个标准化卫生室建设完成，新型农村合作医疗试点工作稳步推进，卫生监督与卫生服务水平明显提高，群众看病难、看病贵问题得到缓解。

交通事业发展迅速。麦盖提县境内没有铁路、航运和空运。1991年，麦盖提县有省道2条，分别为巴莎路（S215线）和麦喀路（S310线），境内全长58.6千米，为砂石路面，县城到各乡镇道路大部分路段为土路，极少路段为砂石路面，交通状态严重滞后，群众出行十分不便。20年间，随着西部大开发战略的实施，麦盖提县经济建设飞速发展，随着城镇化建设项目的实施，促使了全县交通事业的迅速发展。至2010年，麦盖提县通村油路里程达861.23千米。其中，省道3条，全长83千米；县道12条，全长224.61千米；乡村道路404条，全长636.62千米。拥有县级客运站1个，乡镇客运站9个；客货运输企业3家，各类车辆1609辆。其中，客运车辆1120辆（包括城市出租车400辆）；货运车辆489辆。营运线路40条。其中，跨区线路2条；区间线路12条；县乡线路26条。麦盖提县初步形成以县城为中心，各乡镇场为节点，辐射扩大城乡、干支线相连四通八达的公路网和客运网络，极大方便群众出行。

电力设施进一步完善。1991年，麦盖提县无外电输入，居民照明、工业用电靠柴油机发电，因成本高，仅在夜晚进行供电4小时，且电压低、电流小，乡村大多使用煤油灯照明，只对巴扎结米乡的亚胡木丹、博孜、阔什艾肯、乌尔达库勒等村农民和尕孜库勒乡、库木库萨尔乡部分村少数农民供应照明电，极大地限制了麦盖提县的工农业发展。1993年，在麦盖提县文化西路建成第一座35千伏变电站，结束了麦盖提县没有外电输入的历史。2008年8月，全县9个乡、1个镇、128个行政村完成电力改造，2.2万户实现抄表到户，电价按每千瓦时0.6元统一抄表收费。至2010年，全县有供电所10个、110千伏变电站2座、35千伏变电站7座，全县范围内实现村村通电，电视机、洗衣机、电冰箱等家用电器走进千家万户。

通信事业蓬勃发展。1991年，麦盖提县通信行业单位只有麦盖提县邮电局，主要以报刊发行、普通信函、电报、包裹等业务为主，通信基础设施、基础手段较落后，电信市话用户只有431户，服务能力有限。1998年后，随着麦盖提县社会经济的发展，通信需求在人们日常生活、工作中越来越大，为了满足现代社会人们的通信需求以及适应社会主义市场经济的要求，邮政、电信两大领域各自分营，业务也进行了分离，麦盖提县的通信事业迎来大发展时期。20年间，人们的沟通互联方式也发生巨大变化，从1991年传输速率低的传统函件、电报到1994年的无线寻呼，再到1999年8月2G基站在麦盖提建立，实现手机上网零的突破，到2009年3G牌照的发放，麦盖提县正式跨入智能手机3G互联网时代。报纸发行量从1991年的195万份增长到2010年的283万份；普通包裹业务量从1991年的3000件增长到2010年的8804件；市话用户从1991年的431户增长到2010年的1.35万户；移动电话用户从1997年的70户增长到2010年的7.67万户。

通信业在麦盖提县的经济和社会发展中起到基础和命脉作用，为麦盖提县经济社会健康发展提供保障，极大地满足群众生产、生活的需求。

城镇基本建设加快。20年间，麦盖提县积极争取各类扶持资金，加快城市基础设施建设力度，在自治区党委、地委和县委的坚强领导下，拓展城镇空间，不断完善基础设施建设，推进新型城镇化水平，城镇公用基础设施建设不断完善，持续在老城区人行道改造、路灯亮化、供排水管网、垃圾处理、供热、城区绿化、城市环境治理等方面加大投入力度，综合承载力大幅度提升，城镇居民的生活环境质量全面提高。1991 年，麦盖提县有文化路、英买里路、英巴扎路、人民路 4 条主要街道，总长 11 千米，只在主街道设有少量路灯，路灯多为电力杆子上架设的简易路灯，而且数量少。县城绿化树木极少，只有榆树，馒头柳，县城没有集中供排水管网，县城供热为分散供热，能耗高、污染重、热能利用率低。产生的生活垃圾由各单位自行将垃圾运送至远离城镇、水源的荒野全部进行掩埋处理，废固利用率不足 5%。至 2010 年，麦盖提县形成以文化路、英买里路、人民路、英巴扎路、健康路、建设路、刀郎路、幸福路、民生路为主的 24 条街道管网，总长 42.65 千米，总用地 969.6 亩，人均 9.9 平方米；县内主干道两旁的人行道，大部分地段铺设颜色各异的彩砖，安装了色彩斑斓各种亮化路灯、观赏灯，亮化率达 90%以上；街道两旁定植法桐、塔松、大叶白蜡、馒头柳、榆树、合欢、垂柳等 3.8 万棵，苗木成活率达 95%以上，绿化面积覆盖率达到 18.83%，人均绿地面积 6.9 平方米；建成供水管道 101.5 千米，排水管道 73 千米，实现县城集中供排水管网覆盖，污水收集、处置率达到 91%；完成 31.3 万平方米的房地产开发项目，现代化城镇建设力度进一步加强；在县城各单位、街道、居民生活区配备果皮箱 173 个，生活垃圾、医疗废固得到妥善处置，固废综合利用率达 93%；建成集中供热管网总长 3.9 千米，供热面积达到 38.56 万平方米，城镇居民冬季供暖得到保障，空气环境进一步改善；建成一座占地面积 102 亩，集休闲、娱乐、集会为一体的刀郎文化广场，一座占地面积 112 亩的刀郎公园，居民业余文化生活质量进一步提高；完成 4110 套，总面积 21.37 万平方米的保障性住房建设，解决全县低收入家庭住房困难人群住房问题，实现“住有所居”的目标；建设安居富民房 3.56 万套，总面积 285 万平方米，改建卫生厕所 4.3 万座，受益人口达 16.1 万人，农民住房安全得到保障，农村人居环境得到整体性改善。

饮水安全得到保障。“民以食为天，食以水为先”，获得安全饮用水是广大人民群众优质生活的基本需求，饮水安全问题直接关系到广大人民群众的健康。20 年间，麦盖提县历届县委、人民政府高度重视饮水安全工作，以“切实保护好饮用水源、让群众喝上放心水”为目标，把农村安全饮水工程放到农村公共基础设施建设和公共卫生体系建设的重要战略地位，在国家专项资金的支持下陆续实施农村安全饮水工程建设，建立覆盖城乡的饮用水卫生监测网络，在有条件的地方优先采取城镇供水管网延伸或建设跨村、跨乡镇连片集中供水工程，逐年提高农村集中式供水受益人口比例。至 2010 年，全县建成集中供水工程 20 处，水厂 20 座，打机电井 19 眼，铺设管道 1547.84 千米，年供水总量达 390 万立方米，解决了 15.62 万人和 29.81 万头牲畜的安全饮水问题，农村集中式供水人口比例提高到 55% 以上，农村生活饮用水水质卫生监测覆盖 60% 以上。农村安全饮水问题的解决，取得巨大的社会、经济和生态效益，促进全县区域协调发展和城乡基本公共服务均等化，凸显出中共中央、自治区党委、地委、县委对农民群众身体健康的关怀期望，映照出党和政府坚定的民生情怀。

六

自 1997 年中共中央、国务院作出开展对口援疆工作这一重大决策以来，共有山东、天津、中国南方电网有限责任公司先后选派出 6 批 47 名援疆干部支援麦盖提县建设。援疆期间，为麦盖提县的科技、医疗、教育、水利、城镇基础设施、人才培训做出突出贡献，援疆项目在麦盖提的落地生根，给麦盖提县经济、教育、文化的发展注入新鲜血液和活力，提升麦盖提县综合发展、可持续发展能力。1997—2000 年，山东、天津援疆干部分别引进寿光蔬菜大棚技术和大蒜、沾化县冬枣、红薯、天津大闸蟹种苗等新技术、新品种。2004—2005 年，山东肥城、泰安共投入资金 78 万元兴建泰山幼儿园；为乡村学校援助资金，援助实验中学40套语音教学设备，改善全县的教学条件和环境。2006年，中国南方电网公司投资3732万元援建麦盖提县人民医院综合楼、110千伏变电站、现代化体育馆、实验中学综合教学楼等项目；完善体育场塑胶跑道、篮球场、排球场、草坪足球场等体育基础设施建设及场地的硬化、绿化。2007—2008年，山东省为麦盖提县人民医院援助资金27.6万元购买500MAX光机1台、心电图机1台、茶水锅炉（1吨）1台、心电监护仪3台、显微手术镜1部；中国南方电网公司援助麦盖提县农村抗震安居房项目100万元配套建设麦盖提县抗震安居房1000套，援助麦盖提县干部培训项目80万元，分两期为麦盖提县培训乡科级干部83人。向麦盖提县特困户、五保户等捐赠21吋彩色电视机4000台，为县、乡、村学校捐赠课桌椅2000套。2009—2010年，中国南方电网公司援助麦盖提县农业机电井项目800万元建设农业机电井72眼；援助工业园区标准化厂房建设项目300万元修建标准化厂房1.04万平方米。

2010年，中共中央开展新一轮援疆工作，日照市根据上级安排对口援建麦盖提县，日照市委成立日照市援疆工作指挥部。截至2010年年底，山东日照在麦盖提实施的对口援建项目有新城区规划、刀郎中学、职业技能培训实训基地、刀郎农产品加工农民专业合作社、节水滴灌设备工程公司、百地康农业科技开发公司、刀郎农民画、库木库萨尔乡胡木旦买里村核桃基地、多浪羊（刀郎羊）良种繁育基地、央塔克乡玉奇于孜莫村棉花高新节水及红枣嫁接、巴扎结米乡亚胡木丹和英叶尔村新农村建设示范项目、现代农业灌溉百眼机电井项目、山东兴邦汽车改装项目13项。山东日照五征集团按照对口援疆工作要求，启动麦盖提农业示范园建设项目，确定在麦盖提县叶尔羌河岸边近万亩的戈壁滩上建设以企业为主体的农业示范园，规划农业示范园内苗木种植区、设施农业区、农机展示区、畜牧养殖区以及机械研发组装区五大功能板块，为麦盖提县的农业经济发展探索出一条新路子。

七

纵观历史，麦盖提县在中共中央、国务院的亲切关怀下，在自治区党委、人民政府、喀什地委、行署以及援疆省市的大力支持下，勤劳智慧的麦盖提县人民经过艰苦奋斗，迎来了中国特色社会主义新时代，麦盖提县的各项事业发生翻天覆地的变化，各项工作取得新成就，各个领域有了新突破，经济社会发展取得的辉煌业绩已载入史册，麦盖提县这颗沙漠明珠已绽放出绚丽的光芒！

鉴往知今，继往开来。麦盖提县有勤劳勇敢的人民群众，有坚强奋进的领导集体，有民族团结的优良传统，乘借改革开放的春风，阔步迈入21世纪。迎着新世纪的曙光，面对新形势下的挑战和机遇，中共麦盖提县委、县人民政府决心带领全县各族人民，团结一心，众志成城，以习近平新时代中国特色社会主义思想为指导，牢固树牢“四个意识”、坚定“四个自信”、坚决做到“两个维护”，认真贯彻落实习近平关于新疆工作的一系列重要指示批示精神，贯彻落实新时代党的治疆方略和“依法治疆、团结稳疆、文化润疆、富民兴疆、长期建疆”20字方针，紧紧围绕社会稳定和长治久安总目标，贯彻新发展理念，坚持稳中求进总基调，紧紧抓住丝绸之路经济带核心区建设机遇，贯彻落实自治区党委“1+3+3+改革开放”总要求，紧抓新一轮对口援疆工作机遇，统筹推进全县各项事业发展，加快推进新型工业化、农业现代化、现代城镇化和旅游特色化道路，为伟大祖国实现“两个一百年”奋斗目标、中华民族伟大复兴的中国梦做出应有的贡献！

大事记

1991年

2月2—7日　在自治区召开的农业生产会议上，麦盖提荣获自治区棉花“丰收计划”奖。

6月22日　麦盖提县棉麻公司引进美国大陆消化型121型轧花机设备2台，为新疆第一家试用该产品单位。

8月4—6日　喀什地区在麦盖提县召开县（市）委书记会议，参观推广麦盖提县农业生产好经验好做法。

8月17日　麦盖提县实现连续5年财政无赤字，自治区财政厅给予麦盖提县一次性奖励100万元，用于公共设施、生产项目建设和有关人员奖励。

9月12—17日　自治区、地区抽调教育专家24人组成联合督导评估团，对麦盖提县的教育状况进行督导评估，认为麦盖提县的教育环境优良，尤其艺术课的设计极富特色。

1992年

2月27日　在自治区首届“铁牛杯”农机技能竞赛中，麦盖提县荣获铜杯。

5月22日　麦盖提县选送78幅农民画参加地区宣传部等部门联合举办的农民画展览会，其中《享受》《诺鲁孜节》2幅画作被选送法国巴黎展出。

7月20—26日　全国“铁牛杯”竞赛交流会在喀什市召开。其间，来自全国的会议代表参观麦盖提县农机修造厂。

11月4—11日　自治区教育督导评估检查团对麦盖提县教育事业进行为期8天的督导检查，麦盖提县总得分112.64分，被评为较好等次。

12月20日　麦盖提县被地区行署评为“喀什地区计划生育达标县”。

1993年

8月30日　麦盖提县第一栋职工家属楼在麦盖提县棉麻公司建成，结束职工居住平房的历史。

9月23日　中英联合探险队从库木库萨尔乡进入塔克拉玛干大沙漠，探险路线起始点为麦盖提县，终点为且末县，历时86天，完成人类首次自西向东横穿塔克拉玛干沙漠的壮举。

9月27日　县文工团应邀参加在辽宁沈阳举办的第三届国际秧歌节，县文工团表演的“刀郎麦西莱甫”舞蹈获“银玫瑰”奖，县文化局获组织奖，文化局副局长木台力甫·司依提获导演奖，米力姑·阿不都克力木获表演奖。

10月9日　高永瑞主持编写的《麦盖提县国民经济与社会发展总体规划》获自治区计划委员会一等奖、自治区科技进步二等奖。麦盖提县叶尔羌河、提孜那甫河流域“吨粮田”建设论文获自治区科技进步一等奖。

11月16日　在文化西路建成全县第一座35千伏变电站，结束无外电输入的历史。

1994 年

1 月 16 日 为缓解师资队伍紧缺的问题，县人民政府向地区提交《关于放宽乡村中小学教师参加考试年限的请示》，地区给予两项优惠政策，解决民办、代课教师转正问题。当年民办教师转为公办教师 51 人，代课教师转公办教师 24 人。

9 月 17 日 由中国棉花协会、自治区人民政府和喀什地区行署协办的国际棉花研讨会在麦盖提县召开。会议宗旨是进行棉花的国际学术交流和现场观摩，交流经验，增进了解，共同提高棉花生产栽培、管理水平，推动棉花生产的进一步发展。

10 月 5 日 自治区文化厅组织文化专家在麦盖提县召开首届刀郎木卡姆研讨会，对刀郎木卡姆名称、排列秩序、刀郎木卡姆历史、刀郎木卡姆音乐结构等诸项课题进行了重点研讨。

11 月 21 日 叶尔羌河大桥正式通车。大桥于 1991 年 4 月动工修建，桥长 937 米，宽 8.5 米，建设总投资 3600 万元。通车仪式上，自治区人民政府有关领导为大桥通车剪彩并题词。

12 月 21 日 自治区社会经济评价中心授予麦盖提县棉麻公司“新疆最大 50 家批发贸易企业”称号。

1995 年

3 月 麦盖提县获“自治区 1995 年度棉花增产”一等奖，自治区人民政府颁发奖金 15 万元。

4 月 12 日 麦盖提县被文化部、人事部授予“全国文化模范县”。

5 月 22 日 麦盖提县公安局被自治区公安厅评为“民族团结先进集体”。

5 月 27 日 全国人大常委会副委员长铁木尔·达瓦买提及自治区人民政府领导对麦盖提县工农业生产、群众生活、基层组织建设等工作进行考察，并指出要加快经济发展，保持社会稳定，改善人民生活，加快奔小康步伐。

5 月 30 日 麦盖提县被自治区人民政府授予“自治区文化先进县”称号。

7 月 5 日 城镇英巴扎居委会原调解主任吾斯曼·卡德尔因调解邻居家事矛盾，为保护当事人的生命安全被暴徒残忍杀害。自治区党委书记王乐泉对其事迹报道作专题批示，并高度评价。司法部追认吾斯曼·卡德尔为“全国模范人民调解员”，自治区人民政府追认吾斯曼·卡德尔为“革命烈士”，县委、县人民政府号召全县各族党员干部向吾斯曼·卡德尔学习。

7 月 13 日 麦盖提县顺利通过自治区平原绿化验收。

8 月 30 日 县第二中学教师曾坚荣获“全国优秀教师”称号。

9 月 13 日 吐曼塔勒乡、库尔玛乡遭受特大冰雹袭击，受灾棉花 6 万亩、玉米 1.5 万亩，死羊 85 只，伤 37 人，死亡 1 人。

10 月 6 日 中共中央政治局委员、书记处书记、国务院副总理、中央代表团团长姜春云在参加完庆祝自治区成立 40 周年庆典活动后，乘专机到喀什地区视察工作。当天下午到麦盖提县视察，在尕孜库勒乡察看冬小麦播种情况，在央塔克乡察看棉花生产情况。姜春云指出，要切实加强农业基础地位，大力发展粮食和棉花生产，提高人民生活水平，加快地方经济的发展。

1996 年

5 月 15 日　中共中央政治局候补委员、书记处书记温家宝在自治区党委副书记、自治区人民政府副主席章恒等人陪同下到麦盖提视察，要求干部一定要为农民着想，为农民多办实事，团结教育带领群众奔小康。

6 月 3 日　县妇联“双学、双比”协调领导小组被全国妇联评为“先进协调组织”。

8 月 15 日　县职业高中经自治区教委申报，被国家有关部委审定为省级重点职业高中，成为当时自治区内唯一一所少数民族重点职业高中。

9 月 17 日　全国第五届万里边疆文化长廊建设现场会在喀什召开，麦盖提县被确定为重要观摩点。文化部及民族文化司、计财司领导，各省、自治区、直辖市政府及文化厅领导，全疆各地州市政府、行署及文化局领导，全疆各县政府及文化局领导，新疆各媒体等 380 人参会。时逢央塔克乡第 25 届民间艺术节，代表们观看了 5000 人大型麦西莱甫表演，观看了尕孜库勒乡刀郎木卡姆弹唱，观看了库木库萨尔农民画。

9 月 20 日　林业部授予麦盖提县“乡镇林业站标准化建设达标县”称号；麦盖提县城乡建设与环境保护局被自治区建设厅评为“工程质量监督管理先进单位”。

11 月 15 日　自治区文化厅在乌鲁木齐市国际展览中心举办“麦盖提县农民画展”，参展作品 120 幅。

11 月 17 日　自治区文化厅在北京民族文化宫举办“麦盖提县农民画展”，展出农民画作品 120 件，历时 7 天。全国人大常委会副委员长铁木尔・达瓦买提为开展剪彩题词，中央电视台介绍了展出情况，《文化报》《中国农民报》《中国画报》《民族画报》分别作宣传和刊载。布展期间，国家民委赞助 7 万元，自治区农业厅、林业厅、水利厅分别赞助 1 万元。

11 月 19 日　文化部命名央塔克乡为“刀郎麦西莱甫之乡”、库木库萨尔乡为“民间绘画之乡”。

12 月 9 日　库尔玛乡红光村刘向碧、吐曼塔勒乡吐曼塔勒村苏力坦汗・托合提被评为自治区级拾棉女能手，央塔克乡“三八”村胡马汗・艾海提评为自治区级植棉女标兵。

12 月 16 日　麦盖提县修造厂生产的残膜清捡机获自治区科学进步三等奖、喀什地区科学进步一等奖，并申报国家专利。

12 月 30 日　自治区文化厅命名吐曼塔勒乡为“民间诗歌之乡”、尕孜库勒乡为“刀郎木卡姆之乡”。

1997 年

1 月 12 日　自治区人民政府基本扫除青壮年文盲抽查团到县检查扫盲工作，在听取汇报、实地考察和抽样检测后，认为麦盖提县扫盲工作取得了显著成效，达到高标准。

3 月 12 日　麦盖提县“多浪羊（刀郎羊）繁育与提高”项目被列入自治区“九五”科技重点攻关项目。

5 月 29 日　麦盖提县排水一期工程开工建设，排水铺设直径 300 ~ 800 毫米的混凝土排水管道 7.5 千米。此后，麦盖提县城市排水管网逐步形成。

6 月 18 日　自治区教委对麦盖提县中小学实验教学工作进行检查验收，麦盖提县达到“基本普及实验教学工作”要求。

7月9日　麦盖提县高级农艺师高永瑞撰写的论文《麦盖提县连续三年公顷单产皮棉过吨半的经验》在《新疆农业科技》上发表，同年，该论文又在国际棉花学术研讨会上宣读。

8月8日　多浪羊（刀郎羊）被确定为喀什地区农区小畜品种改良优良品种，麦盖提县制定了《“刀郎羊”地方优良品种标准》，经自治区质量技术监督局审核颁布。

11月25日　在美国纽约举办的国际民间绘画展上，县文化馆干部、农民画家吐逊·艾则孜的绘画作品《前辈与后代》获三等奖。

12月5日　《维吾尔刀郎木卡姆》一书获文化部、全国文联、国家民委评定的全国图书奖。

1998年

8月1日　麦盖提县第一座2G通信基站建成，实现了手机上网零的突破。

8月13日　自治区土地管理局到麦盖提县验收土地初始登记工作，麦盖提县被评为“自治区土地管理先进县”。

10月22日　刀郎麦西莱甫大型艺术片获广电总局、文化部、全国文联、国家民委颁发的骏马奖。

10月29日　自治区人民政府“两基”（基本普及九年义务教育、基本扫除青壮年文盲）评估验收团对麦盖提县的“两基”工作进行评估验收。

11月2日　自治区人民政府“两基”评估验收团对麦盖提县的“两基”评估验收工作结束，麦盖提县以“普九”181.9分、“扫盲”工作93分的成绩顺利通过了验收，实现了喀什地区“两基”工作零的突破。

12月22日　自治区人民政府副主席王怀玉一行15人到麦盖提县考察教育工作，并到县第一小学进行实地调研，对该校艺术教育工作给予了充分肯定。

1999年

4月5日　县委常委、常务副县长贺永祥在自治区人民政府召开的表彰大会上被授予“十佳公仆”称号。

7月28—29日　自治区政协副主席、自治区高校“工委”书记、自治区教委党委书记张贵亭一行4人到麦盖提县进行为期2天的教学质量调研。

8月1—11日　麦盖提县先后2次遭受百年不遇的洪水灾害，全县7个乡、21个村受灾，2.6万亩棉花绝收，900亩玉米和1500亩蔬菜不同程度受损。

9月1日　经国家工商行政管理总局审查，麦盖提县成功注册“多浪羊（刀郎羊）”商标，并通过自治区科学技术委员会立项，实施“刀郎羊”提纯复壮项目。

11月19日　麦盖提县被教育部定为全国58个农村学校艺术教育实验县之一。从2000年开始在全县88所中小学实施，到2005年，教育部门投入音乐美术器材达245.85万元。县教育局把“刀郎木卡姆”“刀郎麦西热甫”“刀郎农民画”列为重点艺术教育内容。

2000年

4月20日 县第一小学校长阿布都外力·买买提被评为“全国先进教育工作者”，并应邀出席北京“五一”观礼，受到相关领导接见。

6月4日 自治区学校思想政治建设经验交流会在麦盖提县第一小学召开。自治区党委领导到会并作重要讲话，全疆各地、州、市教育部门领导、大专院校负责人，有关县（市）领导共200余人参加会议。

8月20日 麦盖提县第二中学、第一小学、第二小学建成麦盖提县第一批教学楼，总面积7576平方米，极大地改善了教学环境。

9月26—30日 自治区“两基”工作检查验收团对县“两基教育”（基本普及九年义务教育、基本扫除青壮年文盲）工作进行复查。经复查，麦盖提县“两基教育”率先在全喀什地区通过自治区人民政府的复查验收。

10月15日 麦盖提县5幅农民画在文化部举办的中国农民画联展暨上海金山第三届旅游节展出，其中艾尔肯·司依提的《杂技驯兽》获优秀奖。

12月10日 麦盖提县教育局被教育部评为“全国学校艺术教育工作先进集体”。

2001年

4月2—9日 麦盖提县连续遭受5级以上大风袭击，棉花受灾面积7.32万亩，重灾2.4万亩，受灾大棚、温室17亩，电线杆被吹倒63根，树被吹断180棵，麦套瓜受灾160亩，直接经济损失1010万元。

5月8日 自治区党委、人民政府领导到麦盖提县调研“三农”问题，考察希依提墩乡建设的设施农业大棚基地，自治区党委书记王乐泉、自治区人民政府主席司马义·铁力瓦尔地高度评价县委、县人民政府发展现代农业，拓宽农民增收渠道的思路和做法。

5月10日 自治区电视台摄制组一行3人按照自治区人民政府的安排到麦盖提县拍摄“实施素质教育、民族教育”专题片，该专题片确定于“六一”国际儿童节正式播放。

6月18日 自治区农村群众文化活动现场交流会在麦盖提县召开，麦盖提县被自治区人民政府授予“农村文化活动先进县”称号。

7月9日 麦盖提兴达机动车辆服务有限责任公司引进城市出租车17辆，县城道路上开始有出租车营运。

11月1日 麦盖提县开始实施林业分类经营项目，加强对天然林管护，禁止乱砍滥伐。将天然林6.1万亩纳入国家级公益林，坚持经济效益与生态效益并举，经济林定植2.4万亩、育苗1000亩，改造老果园3000亩，引洪落种发展红柳林4999.5亩。

2002年

4月18日 麦盖提县首次国有土地使用权拍卖会在国土资源局进行，186平方米的土地以1.21万元价格成交，敲响县国有土地使用权拍卖第一锤。

5 月 4 日　麦盖提县农业局被国家环保总局、农业部、科技部和共青团中央授予“秸秆焚烧和综合利用先进集体”。

5 月 24 日　水利部防汛抗旱检查组到麦盖提县东河滩防洪点实地检查。听取县委、县人民政府有关领导有关“防洪抗旱”工作情况的汇报和“关于叶尔羌河各防洪点防洪工程规划”情况的汇报，为争取水利设施项目打下基础。

10 月 5 日　经麦盖提县委、县人民政府研究同意，由劳动人事局与农三师四十三团协商，达成 100 个就业岗位，为麦盖提县未就业大中专毕业生到兵团工作提供双向选择平台。通过洽谈，全县有 87 名大中专毕业生到四十三团就业。

10 月 10 日　麦盖提县被确定为自治区级新型农牧区合作医疗实施试点县，财政设立专户，严格管理合作医疗基金。

10 月 20 日　在阿克苏地区举办的南疆片农民文艺会演中，麦盖提县代表队表演的 11 个节目全部获奖，其中金奖 5 个、银奖 4 个、铜奖 2 个。

11 月 11 日　麦盖提县“瀚海”牌棉花商标注册成功，获得国家“中国著名畅销品牌”称号，名列全国棉花十大知名品牌之一。

2003 年

2 月 24 日　巴楚县琼库恰克乡发生 6.8 级地震，麦盖提县遭遇两次强烈地震影响，受灾群众达 7000 多户、2.22 万人，死亡 1 人，学校、卫生院（所）房屋及居民住房不同程度受损，全县直接经济损失达 4500 万元。震灾发生后，县抗震救灾工作领导小组一方面抽调 137 名副科级以上领导干部、600 多名县直机关和乡镇干部组成 12 个工作组，深入乡村、学校开展抗灾自救；另一方面，发扬“一方有难、八方支援”的社会主义道德风尚，组织人力、物力援助巴楚县琼库恰克乡抗灾救灾工作，县委、县人民政府先后送去爱心款 20.5 万元、衣服 1 万件、被褥 800 套、馕 10 万个、面粉 5 吨、清油 2 吨，两县人民同舟共济，患难相扶，重建家园。

2 月 26 日　国务院副秘书长、自治区党委主要领导、民政部领导、国家地震局领导，以及自治区有关领导等到县人民医院看望慰问在“2・24”地震中部分受伤人员和医护人员，鼓励其安心养伤，尽快恢复和发展生产，重建家园。

3 月 2 日　县人民政府下发《麦盖提县 2003 年度林果业产业化实施方案》，进一步做大做强林果业，扩大林果业在农民收入中的分额和比重，加快全县林果业产业化进程。

3月5日　县妇联被自治区人事厅、自治区妇联联合授予“自治区妇联系统先进集体”荣誉称号，县人民医院 1 名职工被授予“自治区‘五好’文明家庭”荣誉称号；库尔玛乡轧花厂 2 名职工分别被授予“自治区巾帼建功标兵”“自治区‘三学三比’女能手”称号。

3 月 28 日　中共中央政治局常委、国务院副总理温家宝带着中共中央、国务院对地震灾区各族群众的亲切关怀和深情厚谊抵达喀什，再从喀什到巴楚、麦盖提县慰问视察受灾群众，考察灾区重建工作，鼓励麦盖提县广大干部群众齐心协力，艰苦奋斗，生产自救，重建家园，夺取抗震救灾工作的全面胜利。

4 月 19 日　麦盖提县被自治区确定为第二批基础教育课改实验区，将办学条件相对较好的汉语系第二中学、第二小学确立为实验示范学校，秋季首先在汉语系学校起始年级顺利实施。

7 月 30 日　在教育部和自治区教育厅举办的中小学生书画作品比赛中，全县有 224 名学生获奖、

4 名教师获指导奖，县教科局获“组织奖”。

9 月 16 日　全县第一座综合性商场麦盖提县万盛商厦建成投用，总投资 1600 万元，建筑总面积 8000 平方米。

11 月 14 日《麦盖刀郎木卡姆》原生态录音作品在由广州承办的全国录音与科学文化节大赛上获一等奖，是西北五省唯一获奖作品。

11 月 29 日　自治区团委在央塔克乡举行乡村青年科技文化节，自治区团委党组书记张文全出席启动仪式并作重要讲话。

12 月 13 日　在由中国艺术研究院举办的中国民间民族文化保护与当代艺术发展国际学术研讨会上，麦盖提县 8 名民间艺人应邀进行“刀郎木卡姆”艺术表演，深受好评。

2004 年

1 月 22 日　应中央电视台邀请，麦盖提县 12 名民间艺人参加了“清逸·佳雪杯”西部民歌大赛，刀郎艺人弹唱的刀郎民歌《巴西巴雅宛》《孜尔巴雅宛》获弹拉类金奖，县文化体育广播影视局获民歌保护奖。

3 月 1 日　为进一步加强对招商引资工作的领导，健全和规范招商引资工作机制，推动“投资拉动”战略顺利实施，促进县域经济的快速发展，经县委常委会研究，决定成立麦盖提县招商局。县委、县人民政府制定下发《关于加强全县招商引资工作的实施意见》。

3 月 20 日　新华社报道：麦盖提县吐曼塔勒乡吐曼塔勒村刚满三岁的阿迪力·亚森，在 10 米高、50 米长的钢丝上完成“达瓦孜”（走钢丝）绝技表演。

4 月 26 日　麦盖提县被团中央授予“全国农村青年科技文化活动先进县”。

5 月 16 日　国家远程教育试点项目 208 套价值近 100 万元的 TCL 王牌彩电和 DVD 等远程教育设备运至麦盖提县。至此，多媒体教学、远程教学在麦盖提县农村学校广泛运用。

7 月 26 日　麦盖提县建成日处理水 3000 立方米的全自动化控制水厂。改造城市供排水管网 16 千米，城镇供水普及率达到 98%。

9 月 10 日　全国特产之乡推荐宣传组织委员会命名麦盖提县为“中国刀郎羊之乡”。

9 月 30 日　县委、县人民政府为抢救保护少数民族民间文化遗产，制定实施《麦盖提县民间文化传承发展规划》。

10 月 18 日　引进白云热力有限责任公司，新建 30 吨供热站 1 座，集中供热面积达 25 万平方米，实现城市分散供热向集中供热转变。

12 月 3 日　联合国教科文组织非物质文化遗产考察团到麦盖提县对“刀郎木卡姆”“刀郎麦西莱甫”进行实地考察。

2005 年

2 月 16 日　麦盖提县普降大雪，大雪持续了 6 个小时，降雪达 13 厘米。据资料显示，这场大雪是麦盖提县 30 年来最大的一次降雪。县四大班子领导深入各自联系点，组织乡镇领导干部对群众生产生活情况进行调查，转移危房群众，确保人民群众生命财产安全。县直各单位干部职工全部走向街头清扫积雪，消除交通隐患，公安交警部门加大交通监管力度，确保雪后不出现交通事故。

3 月 7 日　中央巡视督导组到麦盖提县督导“共产党员先进性”教育活动，充分肯定麦盖提县党员先进性教育活动所取得的成绩和经验。

4 月 5 日　中国特产之乡推荐暨宣传活动组织委员会授予麦盖提县为“中国刀郎木卡姆之乡”“中国刀郎麦西莱甫之乡”“中国刀郎农民画之乡”。

4 月 11 日　麦盖提镇各社区 17 千米的供排水管网和沥青路面建设项目竣工。

5 月 20 日　中国艺术研究院代表团、自治区人民政府、自治区旅游局领导一行到县考察旅游资源项目，观看了刀郎木卡姆、刀郎麦西莱甫和刀郎农民画，自治区旅游局为麦盖提县解决刀郎木卡姆、刀郎麦西莱甫、刀郎农民画促销专项经费 15 万元。

5 月 23 日　山东肥城市援建的泰山幼儿园教学楼竣工，麦盖提县委、县人民政府举行了剪彩仪式，山东泰安市肥城市领导应邀参加剪彩仪式。

5 月 25 日　在教育部举办的第五届全国中小学美术作品大赛中，麦盖提县 40 名学生获奖，其中 2 人获银奖、1 人获铜奖、37 人获优秀奖，2 名教师获辅导奖。

6 月 5 日　由麦盖提县文化体育广播影视局牵头主办，永昌建筑有限公司协办的麦盖提县首届“永昌杯”刀郎农民画展开幕，参展作品共 202 幅，吸引区内外近百位专业人士观看。

6 月 30 日　18 点，麦盖提县遭遇强降雨及冰雹灾害。全县农作物受灾面积 1.4 万亩，造成直接经济损失 350 万元。县委、县人民政府立即召开抗灾自救动员会，开展抗灾自救工作。

7 月 25 日　中国台北山林国际旅行社有关人员，日本、俄罗斯、英国、埃及、加拿大等国游客，中央电视台《直奔新疆》节目组先后到麦盖提县库木库萨尔乡参观农民画。

9 月 1 日　第一小学（民语系）与第二小学（汉语系）实现民汉合校，校名沿用麦盖提县第一小学，成为麦盖提县第一所民汉合校完全小学。

9 月 16 日　麦盖提县职业中等专业学校开办第一个刀郎木卡姆专业班，招收刀郎木卡姆学员 35 名。

9 月 27 日　应中央电视台邀请，麦盖提县 5 名民间艺人代表新疆维吾尔少数民族赴深圳参加由中央电视台和深圳市委宣传部联合举办的“庆国庆《锦绣中华》”文艺晚会。

9 月 29 日　香港中国通讯社和中国新闻香港分社代表团到麦盖提县库木库萨尔乡参观农民画。

10 月 5 日　中国乡土艺术协会授予央塔克乡、尕孜库勒乡、库木库萨尔乡“中国特色文化乡镇”称号，授予县文化体育广播影视局“中国特色文化保护先进单位”称号。

10 月 19—20 日　国家体育总局体卫艺司、陕西省教育厅体卫艺、辽宁省营口市教育局、自治区教育厅体卫艺以及乌鲁木齐市教研中心等专家一行 8 人对麦盖提县学校艺术教育实验课题进行验收。

11 月 25 日　新疆维吾尔木卡姆被联合国教科文组织评审确定为世界非物质文化遗产，麦盖提县刀郎木卡姆、刀郎麦西莱甫涵盖其中。

12 月 6 日　经喀什地区卫生局批准，麦盖提县成立第一家民营综合医疗服务机构——济民医院。医院占地面积 6000 平方米，住院部 1200 平方米、门诊部 260 平方米，病床 24 张。医院设内科、外科、妇科、产科、骨科、泌尿科、化验室、B 超室、X 光室等科室。

2006 年

4 月 4 日　麦盖提县多浪羊（刀郎羊）繁育基地与新疆畜牧科学院合作，在多浪羊（刀郎羊）繁育基地挂牌“新疆畜牧科学院家畜繁育生物技术重点开放实验室—实验基地”，开展多浪羊（刀郎羊）多胎基因研究。

4月6日　麦盖提县实验中学教学楼破土动工。该教学楼建筑面积1.32万平方米，总投资达1200万元（其中中央拨款800万元、县财政配套400万元），可容纳3500名学生上课。

6月8日　国务院公布刀郎木卡姆、刀郎麦西莱甫列入国家非物质文化遗产名录。

10月1日　麦盖提县实验中学教学楼竣工并交付使用，第一中学与第二中学完成民汉合校。

10月24日　教育部公布全国农村艺术教育实验二级课题研究成果评选结果，麦盖提县承担的“21世纪农村学校艺术教育课程开设研究”实验课题研究成果获一等奖。

12月17日　麦盖提县被自治区评为“自治区城市‘天山杯’竞赛活动先进县”。

12月20日　麦盖提县被自治区评为“招商引资工作先进县”。

12月25日　麦盖提县被自治区人民政府评为“自治区城乡抗震安居工程先进县”。

2007年

1月10日　麦盖提县被评为“自治区基础教育课程改革实验先进实验区”。

6月10日　由吐尔逊·艾则孜创作的农民画《刀郎麦西莱甫》被自治区文化厅确定为自治区第一个文化遗产日首日封面。

8月31日　自治区教育厅及基教处一行5人到麦盖提县考察“实习支教计划”落实情况。地区教育局、县人民政府及教育局领导等陪同。

10月16—17日　自治区农村学校艺术教育改革实验现场会在麦盖提县召开，为获得全国农村学校艺术教育实验成果一、二等奖的麦盖提县、乌鲁木齐县颁发了奖牌和奖金。会议期间，与会代表听取麦盖提县、乌鲁木齐县艺术教育工作经验介绍，观看麦盖提县、乌鲁木齐县艺术教育专题片，实地观摩麦盖提县一小、克孜勒阿瓦提乡中学等6所学校艺术教育开展情况，观看麦盖提县农村学校艺术教育成果汇报演出。自治区教育厅有关领导以及来自全疆各地（州、市）教育局领导和艺术专干共56人参会。

2008年

1月7日　河北省农科院植保所研究员孙茜赴麦盖提县宣讲蔬菜冬春季病虫害防治技术。

1月14日　中共麦盖提县委员会召开第九届七次全委扩大会议，决定以调整农业产业结构为主线，大力实施“四个30万亩”富民工程，即：归并整理土地30万亩，棉花滴灌面积30万亩，新增红枣面积30万亩，发展“多熟制”和“三高田”30万亩。

3月16日　麦盖提县“刀郎木卡姆组合”获中央电视台2008年CCTV第13届青歌赛原生态组银奖。

5月16日　麦盖提县被命名为“自治区精神文明建设先进县”。

6月14日　麦盖提县燃气公司改制，由非公企业收购经营，并投资建成麦盖提县第一座天然气加气站。

12月9日　麦盖提县获“自治区级平安县”称号，也被中央综治委列为喀什地区唯一的全国平安建设验收的先进县。

2009年

2月13日 麦盖提县春季旱情严重，通过平衡分析，全县总体缺水量2.2亿立方米。县委、县人民政府采取抗旱措施，要求主管部门和各乡（镇）严格执行“供水计划”和“五定、七不准”供水规定，有效利用地下水资源，推广沟畦灌与膜上灌农业灌溉模式，加快高新节水工程建设，降低农业灌溉定额，战胜春季旱情。

5月1日 麦盖提县3名教师被自治区人民政府授予“特级教师”称号。至此，麦盖提县特级教师达到8人。

7月18日 麦盖提县建成第1座3G基站，县城部分区域开始有3G网络覆盖，标志着麦盖提县正式跨入3G互联网时代。

12月23日 麦盖提县荣获“自治区婚育新风进万家活动先进县”称号。

2010年

2月1日 中共麦盖提县委员会九届第十一次全委扩大会议召开，会议提出“县办中学、乡办小学、中心村办幼儿园”的教育发展新思路，为进一步优化教育布局、实现教育均衡化发展指明方向。

2月19日 麦盖提县被评为“自治区‘两基’工作先进县、市、区”，获三等奖（奖金20万元）。有6人获“自治区‘两基’工作先进个人”称号。

4月17日 山东省援建试点项目——麦盖提县刀郎中学隆重举行开工剪彩奠基仪式。

4月20日 全县为青海玉树地震灾区捐款20.4万元支援灾后重建工作。

5月15日 经自治区精神文明建设委员会复查验收，麦盖提县保持“自治区精神文明建设先进县”称号。

8月15日 麦盖提县天然气输配工程开工建设，计划两年内完成，送气至各家各户。

8月28日 麦盖提县尕孜库勒乡麦迪尼帕合特勒克村获“全国民主法治示范村”称号。

第一编　建置　区划

麦盖提县历史悠久，自汉代以来就是中国领土不可分割的一部分。1950 年，麦盖提成立中国共产党领导下的麦盖提县人民政府，属莎车行政督察专员公署管辖，全县划为 1、2、3 区，共 32 个乡。1956 年 6 月，莎车行政督察专员公署撤销，麦盖提县归属喀什地区行署管辖。至 2010 年，全县共 9 个乡、1 个镇、7 个社区、129 个村民委员会、519 个村民小组。

从 1950 年到 2010 年间的 60 年间，因为经济发展需要，麦盖提县行政区划历经多次变革，对麦盖提县的改革开放、经济建设和社会事业发展产生了积极意义。改革开放 30 年中，麦盖提县的建制区划经过调整，形成了“9 个乡 1 个镇”的区划格局，全县的行政区划趋向于科学化、合理化，中心城镇的辐射和带动作用得到了更好的发挥，基础设施建设逐步完善，人民生活水平不断提高，民生持续得到改善，乡镇整体面貌焕然一新。

第一章　地理位置

第一节　位置　面积

麦盖提县位于新疆维吾尔自治区西南部，喀什地区东部，塔里木盆地西部，叶尔羌河中下游，全境地处北纬 38° 25′ 00″ ~ 39° 22′ 04″、东经 77° 28′ 23″ ~ 79° 09′ 40″。地势平坦，一般地面坡度为 1/2000 ~ 1/3500，海拔高度为 1180 米，麦盖提县距自治区首府乌鲁木齐市约 1410 千米，距喀什市约 170 千米，全县总面积 1.52 万平方千米。

第二节　境　域

麦盖提县东南与和田地区皮山县相接，西临莎车县，南接叶城县，北与巴楚县为邻，东西长 160 千米，南北宽 136 千米。

第二章　历史沿革　行政区划

第一节　历史沿革

自汉代以来，麦盖提县境就是中国领土不可分割的一部分。西汉初年，麦盖提县境为莎车国辖地。西汉元朔三年（前 126 年），张骞通西域之后，莎车国作为“丝绸之路”中段南道要冲重镇开始与汉朝建立往来关系。元康元年（前 65 年），莎车国归附汉朝。神爵二年（前 60 年），西汉设西域都护府作为管理西域的军政机构，县境归其统辖，当地官史皆佩带汉朝印绶。东汉建武五年（29 年），因莎车王康抗击匈奴有功，光武帝册封康为莎车建功怀德王、西域大都尉。其后莎车王归降匈奴。章和元年（87 年），班超率兵攻破依附匈奴的莎车国，麦盖提县境复归汉朝管辖。延光二年（123 年），东汉改西域都护府为西域长史府，继续行使管理西域的职权，麦盖提境县归西域长史府管辖。

唐贞观二十二年（648 年）与显庆三年（658 年），两度设置疏勒都督府，麦盖提县境归其管辖。贞元六年（790 年）前后，唐朝失去对西域的控制，县境先受吐蕃控制，后为回鹘汗国辖地。开成五年（840 年）后，回鹘大批西迁，其中有一部分至麦盖提境域定居。

北宋咸平四年（1001 年），喀喇汗王朝建立，县境归其统辖。北宋庆历元年（1041 年），喀喇汗王朝分裂为东、西两部，县境为东喀喇汗国属地。喀喇汗王朝与宋朝保持着朝贡关系，多次派使臣向宋朝朝贡。宋代著名历史文献《突厥语大词典》将当时中国分为上秦、中秦、下秦三部分，上秦为北宋，中秦是辽朝，下秦为喀什噶尔一带，三位一体为完整的秦。《突厥语大词典》词条里将回鹘人称为塔特、桃花石，直译为中国回鹘人。在喀喇汗王朝钱币上，常有桃花石布格拉汗、秦之王以及秦与东方之王等称呼，表示是中国的一部分。

南宋嘉定十一年（1218 年），成吉思汗派兵占领天山南麓，县境受蒙古汗国统治。宝庆元年（1225 年）成吉思汗将其占领的土地分封给诸子，县境归察合台汗国管辖。

明正德九年（1514 年），县境归地方政权叶尔羌汗国管辖。

清乾隆二十四年（1759 年），清政府平定大小和卓叛乱之后，设置叶尔羌办事大臣，麦盖提归分理巴尔楚六品阿奇木伯克管辖。清同治九年（1870 年），阿古伯侵占叶尔羌，麦盖提被其占领。清光绪三年（1877 年），清军收复新疆，麦盖提回归清政府管理。清光绪二十八年（1902 年），设玛喇巴什直隶厅为巴楚州，麦盖提为巴楚州八大庄之一。

1928 年，建立麦盖提县，全县划为 6 个乡，实行乡约制（当地人称乡约为伯克），隶属喀什噶尔道。6 个乡分别为提依里克乡（今恰木古鲁克村、昂格特勒克乡、希依提墩乡），设乡约 1 人；央塔克乡（今央塔克乡部分村庄）设乡约 1 人；吾依布袋乡（今央塔克乡部分村庄、吐曼塔勒乡和库尔玛乡的各一部分村庄）设乡约 1 人；哈拉吾依乡（今央塔克乡部分村庄，巴扎结米乡和库木库萨尔乡各一部分村庄）设乡约 1 人；洪湖沙乡（今库木库萨尔乡和尕孜库勒乡的各一部分村庄）设乡约 1 人；上下阿瓦提乡（今巴楚县境内的阿瓦提乡，国民政府于民国 36 年将其划归巴楚县管辖）设乡约 1 人。

1938 年国民政府废乡约制，实行区村制。区设区公所，村设村长。全县设 3 个区、31 个村、1 个街公所。分别为第一区（阿孜坤区）辖 14 个村；第二区（央塔克区）辖 11 个村；第三区（吐满堂区）辖 11 村；街公所称麦盖提巴扎街公所，直属县政府管辖，设主任 1 人，副主任若干人。

1944 年，民国政府成立莎车第十行政长公署（1945 年改称莎车行政督察专员公署），麦盖提县归其管辖。

1946 年民国政府废区村制，实行保甲制。全县设 3 个乡、35 个保、1 个街公所。分别为建新乡（今克孜勒阿瓦提乡原属莎车县黑孜奇村，1945 年 1 月 5 日，民国政府将其划归麦盖提县管辖），辖 14 保。第一保：波斯坎庄；第二保：久里克其庄；第三保：铁米力克庄；第四保：塔瓦克司克庄；第五保：保夏甫鲁克庄；第六保：恰麻坤庄；第七保：阿孜坤庄；第八保：哈太力克庄；第九保：汗坤庄；第十保：洪湖沙庄；第十一保：哈达里克庄；第十二保：库木什买力庄；第十三保：拉依当庄；第十四保：阿瓦克孜勒提庄。文明乡（今央塔克乡），辖九保。第一保：恰木古鲁克庄；第二保：包孜亚红丹庄；第三保：血依提墩庄；第四保：吾塘哈里夏力、哈帕克、阿斯提 3 个小庄；第五保：向夹得力克庄；第六保：霍加阿瓦提庄；第七保：包鲁哈庄；第八保：央塔克庄；第九保：阿提哈什、亚坤两个小庄。振新乡（今吐曼塔勒乡），辖 12 保。第一保：阿哈白力庄；第二保：哈拉吾依庄；第三保：阿合提干阿日郎哈希带郎哈 3 个小庄；第四保：阿日湖塘庄；第五保：吾依布袋庄；第六保：吐格墩庄；第七保：吐满堂庄；第八保：拉力玛庄；第九保：沙其哈克庄；第十保：什依其力克、希依帕塔 2 个小庄；

第十一保：白尔格孜庄；第十二保：恰斯庄。巴扎街公所，直属县政府。

1948年全县设1个镇、2个乡。太和镇辖24保、231甲、4913户、1.81万人。建新乡辖20保、128甲、4433户、1.73万人。振兴乡辖17保、120甲、1.73万人。

1949年9月25日新疆和平解放后，设麦盖提县军事管制委员会，属莎车军区军事管制委员会管辖。

第二节　行政区划

1950年3月，麦盖提县人民政府成立，全县划为1、2、3区，共32个乡。1950年冬，全县划为5个区、24个乡、1个街公所。第一区：辖乌尔达库勒乡；阔什尔肯乡；昂克特勒克乡；恰木古鲁克乡；巴扎结米乡；托万克色克乡；贝勒克乡；吾克乡；英艾买力乡；巴扎乡；巴扎人民街公所。第二区：辖黑孜阿瓦台乡；拉依当乡；库木什乡；洪湖沙乡；帕哈达乡；阿孜坤乡；汗坤乡。第三区：辖央塔克乡；吾依布袋乡；阿合提干乡；吐格墩乡；吐曼塔勒乡；白力克孜乡；血依墩乡。

1951年，麦盖提县人民政府将全县改划为5个区、31个乡、1个巴扎人民街公所。

1953年，麦盖提县人民政府又将全县改划为7个区、34个乡、1个区辖乡级镇人民委员会。7个区为：第一区（城关区）辖7个乡、1个镇人民委员会、32个自然村；第二区（昂克特勒克区）辖4个乡、16个自然村；第三区（央塔克区）辖5个乡、22个自然村；第四区（吐曼塔勒区）辖5个乡、22个自然村；第五区（阿孜坤区）辖4个乡、23个自然村；第六区（克孜勒阿瓦提区）辖5个乡、16个自然村；第七区（库木库萨尔区）辖3个乡、8个自然村。

1955年11月，第七区被撤销，该区8个自然村分别划归一区、五区各4个。

1956年6月，莎车行政督察专员公署撤销，麦盖提县归属喀什地区行署管辖。

1958年9月，全县以区为单位成立人民公社。一区为火箭人民公社；二区为东风人民公社；三区为红旗人民公社；四区为红光人民公社；五区为卫星人民公社；六区为战斗人民公社。通常按顺序称一、二、三、四、五、六公社。镇人民委员会改为城镇管理区，归属火箭公社管辖。

1962年，火箭公社划出一、二、三、五4个生产大队，卫星公社划出四、六、八、十一4个生产大队归并建立向阳公社，按顺序称七公社。

1966年，火箭公社城镇管理区改建为城镇人民公社，届时全县共有8个人民公社。

1978年，各人民公社均以地名及当地群众习惯称呼，按顺序定名为巴扎结米公社、英阿瓦提公社、央塔克公社、吐曼塔勒公社、尕孜库勒公社、克孜勒阿瓦提公社、库木库萨尔公社，城镇人民公社改称为麦盖提镇。

1984年11月，实行政社分开，全县各人民公社均改为乡，经自治区人民政府批准，英阿瓦提公社辖区叶尔羌河东岸七、八、九、十四个大队划出，成立昂格特勒克乡。叶尔羌河西岸成立英阿瓦提乡，其余6个公社均按其原公社名称改称乡，生产大队改称为村，村设村民委员会。此时麦盖提县为8个乡、1个镇，即：巴扎结米乡、英阿瓦提乡、央塔克乡、吐曼塔勒乡、尕孜库勒乡、克孜勒阿瓦提乡、库木库萨尔乡、昂格特勒克乡、麦盖提镇。

1988年，经自治区人民政府批准，麦盖提县英阿瓦提乡改为希依提墩乡，将吐曼塔勒乡划分为吐曼塔勒乡和库尔玛乡2个乡。此时，全县共9个乡、1个镇、6个居民委员会、137个村民委员会、209个自然村、520个村民小组。

1991年，全县共9个乡、1个镇、3个农林场、7个居民委员会、131个村民委员会、511个村民小组。

2001 年，根据 2000 年 11 月中共中央办公厅、国务院办公厅转发《关于在全国推进城市社区建设的意见》，麦盖提县以 7 个居民委员会片区建立 7 个社区。

2010 年，全县共 9 个乡、1 个镇、3 个农林场、7 个社区、129 个村民委员会、519 个村民小组。

第三章　乡镇场概况

第一节　巴扎结米乡

一、概况

巴扎结米乡位于麦盖提县城郊，乡政府驻地为巴扎结米村，东至喀拉玛水库（前进水库），南以提孜那甫河为界，与库木库萨尔乡为邻，西以叶尔羌河为界，与希依提墩乡隔河相望，北接央塔克乡，东西最长 14 千米，南北最宽 5.5 千米，地理坐标为北纬 38°　91′、东经 77°　69′，行政区域总面积 11.2 万亩，耕地总面积 5.83 万亩。平均海拔 1165 ~ 1190 米，自然环境属温带大陆性干燥气候，自然降水年均 42.3 毫米，冬长夏短，没有明显的四季之分，只有冷暖之别，春秋湿润，少有寒冷、多雾、冰雹，年平均温度 11.8℃，年极端最高温度 42.1℃，最低温度 -22.4℃，境内主要气象灾害有冰雹、干旱、寒潮、霜冻、洪水等。全年无霜期平均为 217 天，年平均日照时数为 2806.3 小时。巴扎结米乡境内河流两条，一条为叶尔羌河，从南至北流经巴扎结米乡的博孜村、亚胡木丹村，流经之处大部分为黄沙土壤，土层深厚，盐渍化严重；一条为提孜那甫河，从西南向东北流经巴扎结米村、乌尔达库勒村、库台克勒克村，全长 15 千米，有灌溉干渠 7 条，均为土堤渠道，全长 38 千米，有混凝土水闸 45 座、渠桥 47 座。

2010 年年末，巴扎结米乡辖行政村 16 个，即：巴扎结米村、巴格万村、吾尔曼村、博孜村、亚胡木丹村、恰木古鲁克村、阔什艾肯村、乌尔达库勒村、库台克勒克村、尤勒滚鲁克村、波斯喀木村、乌喀村、苏帕墩村、贝勒克其村、尤汉巴什墩村、英叶尔村。耕地面积 5.83 万亩，共有村民小组 54 个，全乡总人数 6165 户 2.53 万人。有汉族、维吾尔族、回族、藏族、土家族 5 个民族，其中：汉族 3210 人，维吾尔族 2.2 万人，其他少数民族居民 87 人。汉族居民占总人口的 12.67%，维吾尔族占总人口的 86.99%，其他居民占总人口的 0.34%。巴扎结米乡拥有党组织 27 个，其中：党委 1 个，党总支 1 个，党支部 25 个，拥有党员 677 人，团员 480 人，“四老人员”98 人，其中：老干部 21 人，老党员 72 人，老军人 6 人。

二、经济发展

1991—2010 年间，巴扎结米乡党委、政府结合地缘优势和实际，制定了“八五”“九五”“十五”“十一五”经济发展计划，坚持科学种田，坚持调整产业结构，以棉花、粮食种植、畜牧养殖为主，瓜果蔬菜种植为辅，走“双高一优”之路，实现了多元增收。2010 年年末，巴扎结米乡农业总收入达 4863.69 万元，农民人均纯收入 4536.85 元，较 1991 年翻了 4 番，人均收入增长 3543.27 元。

棉花种植　不断引进新品种试验示范，更新品种，合理投入，全面推广地膜种植、高密度栽培、测土配方施肥，加强病虫害防治，通过召开现场会、观摩会、评比检查等配套措施，主攻单产，提高总产，确保了连年增产增收。2010 年，全乡棉花种植 3.59 万亩，总产 4454 吨，皮棉单产 124.83 千克 / 亩，棉花总产比 1991 年增长 2504 吨，单产比 1991 年提高了 11.46 千克 / 亩。

粮食种植 以确保粮食安全为前提，规定人均粮食面积不少于2亩，小麦品种引进了抗倒覆、耐寒品种3种，确保粮食稳步增收。2010年，全乡粮食种植面积2.9万亩，总产1.4万吨，单产482.06千克/亩，其中：种植小麦1.5万亩，小麦总产6420吨，单产428千克/亩，玉米1.4万亩，玉米总产7560吨，单产540千克/亩。

畜牧业 在畜牧业发展生产中，狠抓品种改良、注重疫病防治、提高饲养水平、保证饲草供给，把畜牧业作为农民持续增收的后续产业抓紧抓好。2005年，按照预定目标，全乡成立畜牧养殖专业村2个，养殖小区3个，采取畜禽品种改良、科学饲养等技术的推广和技术跟踪服务，提高了畜禽的科技含量，为全乡畜牧业的发展奠定了基础。2005—2008年，巴扎结米乡先后新建成尤勒滚勒克村蛋鸡养殖示范小区和贝勒克其村鸽子养殖示范小区，实施了“草畜结合富裕示范工程”，基本形成了小规模、大群体的畜禽养殖格局，畜牧业逐步走向规模化。此时全乡规模养殖户已达57户，畜牧业产值达到697万元。2008—2010年，巴扎结米乡利用金融机构发放的畜牧业贷款，再次带动全乡畜牧业的整体发展，达到了“户均增加一头畜”或50只家禽的目标。2010年，巴扎结米乡不断扩大暖棚圈舍建设，鼓励和指导农户用科学的方法扩大养殖规模，加强对畜牧养殖大户、专业户的扶持力度，减免畜禽养殖大户的全年义务工，并与农村信用社联系解决22个养殖户低息贷款30万元，联系商家低价购买鸡笼，免费提供技术服务和防疫服务。年底，全乡拥有养殖大户30户，牲畜存栏5.05万头（只），其中:牛6132头（只）;马192头（只）;驴1878头（只）;猪417头（只）;骆驼3头（只）;山羊4139头（只）；绵羊3.77万头（只）。

林果业 1991—2008年，巴扎结米乡针对全乡林果业品种多、乱、杂、管理粗放，果品单一、产量低等问题，不断加强林果管护以及水肥管理，截至2008年年末，全乡林果业总面积已发展到2.15万亩，挂果面积1万亩，单产200千克/亩，总产2000吨，为发展特色林果业迈出了一大步。2008—2010年，巴扎结米乡通过加大投入与落实各项技术措施，坚定不移地发展以核桃为主的特色林果产业，使得巴扎结米乡成为名副其实的“核桃乡”，核桃产业成为全乡农民经济收入的主要来源之一。截至2010年年末，巴扎结米乡已拥有各种林果面积4.10万亩，其中核桃：3.1万亩，杏子1万亩。挂果面积1.08万亩。林果业收入1595万元，林果业人均纯收入340元，占农民人均纯收入的8.6%，与1991年相比，林果业总收入增长615万元，人均收入增长294元。

1991—2010年巴扎结米乡基本情况一览表

表1-3-1

年份（年）	总户数（户）	总人口（人）	少数民族人口（人）	年末耕地面积（亩）	棉花总产量（吨）	粮食总产量（吨）	年末牲畜存栏（头只）	经济总收入（万元）	农牧民人均纯收入（元）
1991	3161	13151	12735	35800	1950	7013	30350	1392.61	1136.56
1996	3096	12963	12480	38599.95	2175	7760	36000	2163.56	1964.82
2001	3051	14383	13826	44779.05	2209	7467	40720	2968.96	2735.11
2006	5596	22574	19895	52977	3176	8878	43400	3899.62	3864.41
2010	6165	25328	22118	58341	4454	13980	50454	4863.49	4536.85

设施农业 1991—2005年，巴扎结米乡立足走“高起点、高科技、高效益”的路子，依托资源优势，城郊优势，依靠科技投入和科技创新，采取政府投资，把以日光大棚为主的设施农业作为推

进农业结构调整、提高农村收入的关键措施来抓，组织科技人员对全乡103座日光大棚进行了逐棚技术指导，嫁接移栽、吊蔓整枝、扒缝放风等技术的普及应用率达到100%，并推广种植甜瓜、西瓜、黄瓜、西红柿、辣椒、豇豆等蔬菜，实行统一供种、统一指导、个人销售。

2005年，巴扎结米乡对103座日光温室进行了重新改造，实施以通水、通路、通电为主的温室基地“三通”配套工程，使温室大棚的保温性能进一步改善。每亩日光大棚种植蔬菜纯收入3803元，总收入41.65万元，是露地种植同类作物纯收入的2 ~ 3倍。

截至2010年年末，巴扎结米乡特色农作物种植总面积达8800亩，总产达9891.4吨，其中：制酱番茄1500亩，总产6000吨，单产4000千克/亩；茴香5600亩，总产386.4吨，单产69千克/亩；辣椒100亩，总产25吨，单产250千克/亩；花生200亩，总产80吨，单产400千克/亩；小拱棚瓜800亩，总产2000吨，单产2500千克/亩；陆地瓜400亩，总产800吨，单产2000千克/亩；复播番茄套豇豆200亩，总产600吨，单产3000千克/亩。温室大棚由1991年的93座增长到568座，特色种植产业实现创收2636.29万元，人均收入1257.41元，总收入相比1991年增长2018.86万，人均收入增长962.92元，特色种植产业效益凸显，已经成为巴扎结米乡农民增收致富的一个重要来源。

三、社会发展

2005年，巴扎结米乡新建混凝土闸口13座，新打机电深井3眼、浅井20眼，解决了3个村3700人9250亩耕地浇水难问题，为抗旱减灾奠定了坚实的基础。2008年，完成土石方29万立方米，投劳17工日7300人次；投资240万元，完成大型水渠新建、加高、加固、除险9千米；发展节水灌溉面积4437亩；改造中低产田面积5000亩；完成了6个村共4851人的饮水工程，水利设施建设力度进一步加强。2009—2010年，完成水渠新建、加高、加固、除险2.7千米，新打机电井9眼，发展节水灌溉面积2864亩，农业基础设施进一步改善。

新农村建设推进实施以来，巴扎结米乡基础设施建设逐渐完善，结合亚胡木丹村和英叶尔村新农村示范点改建工作，制定有效可行的优惠政策和措施，全面调动农民的建房积极性，截至2010年年末，全乡完成安居富民工程112户，发放资金75万元修建乡村道路17条66千米，其中：通村油路31千米；石子路35千米。16个村委会办公条件得到彻底改善，均实现了“通电、通信、通广播电视、通水”，基础设施进一步完善，村容村貌得到改善，人民生活水平显著提高。

巴扎结米乡严格按照教育体制改革内容推行素质教育，落实九年义务教育阶段的“两免一补”政策，加强了4所学校及未成年人的思想教育，严格落实《中华人民共和国义务教育法》，采取多种形式，从根本上扭转了在校学生因各种原因退学的问题，确保了中学的入学率，不断提高农村学生受教育水平。2010年，巴扎结米乡有小学4所，幼儿园1所，在校学生1974人，在职教职工131人，基础教育普及率达100%，全乡适龄儿童入学率100%，九年义务教育普及率达98%以上，合格率100%。

巴扎结米乡卫生院始建于1950年，占地面积6.8平方千米，建筑面积1.2平方千米，乡卫生院设有X光室、B超室、心电图室等，是一所集预防、保健、医疗、急救、定点医疗为一体的综合性医院，是医疗保险、新型农牧区合作医疗定点机构之一。截至2010年年末，卫生院拥有职工32人，其中：医生7人；护士9人；其他工作人员16人。拥有床位40张，门诊就诊人次达到7402人次，治愈率为35%，好转率为61%。16个行政村育龄夫妇受教育面达到100%，计划生育率达到99%，人口自然增长率控制在12‰以内，综合节育率22%，长效节育率70%。全乡参加新型农村社会养老保险8754人，参保率为89.4%，累计征缴基金77.37万元。筹措资金20.85万元及时缴纳合作医疗经费，补贴合作医疗费启动资金5.5万元，新型农村合作医疗参合率达100%。

全乡积极开展全民健身运动、文化体育活动，广播电视事业发展迅速，截至2010年年末，全乡有文化站1个、村级文化活动室15个，乡村文化站（室）设有图书室、活动室。室外设有篮球场、排球场。乡图书室藏书4803本，各村图书室藏书3.89万本。大喇叭进村，闭路电视入户落实率达100%。党员干部现代远程教育站分布全乡各村，教育设备齐全，极大地丰富了广大农民群众的文化生活。

四、行政村简介

巴扎结米村　该村位于巴扎结米乡西南部，距乡政府5千米，气候冷凉，是以一个以农业为主的行政村，辖3个村民小组。2010年年末，全村总人口238户1323人，由汉族、维吾尔族、回族等民族组成。村级办公阵地新建于2005年8月，村委会院落面积2700平方米，有功能室、办公室8间，总面积270平方米。绿化面积1470平方米，硬化面积960平方米。全村耕地面积610亩，村两委班子成员7人，党员29人。

巴格万村　该村位于巴扎结米乡西南部，距乡政府1.5千米，气候冷凉，是以农业为主的行政村，辖4个村民小组。2010年年末，全村总人口561户2960人，由汉族、维吾尔族、回等民族组成。村级办公阵地新建于2006年6月，村委会院落面积1200平方米，有功能室、办公室8间，总面积200平方米，绿化面积600平方米，硬化面积300平方米。全村耕地面积1687亩，村两委班子成员7人，党员35人，低保户95户。

吾尔曼村　该村位于巴扎结米乡西南面，距乡政府4.6千米，气候冷凉，是以农业为主的行政村，辖2个村民小组。2010年年末，全村总人口115户425人，由汉族、维吾尔族、土家族等民族组成。村级办公阵地新建于2007年5月，村委会院落面积1500平方米，有功能室、办公室10间，总面积234平方米，绿化面积1300平方米，硬化面积500平方米。全村耕地面积1499亩，村两委班子成员6人，党员18人。

博孜村　该村位于巴扎结米乡西南面，距乡政府3千米，气候冷凉，是以一个以农业为主的行政村，辖3个村民小组。2010年年末，全村总人口341户972人，由汉族、维吾尔族、藏族等民族组成。村级办公阵地新建于2007年5月，村委会院落面积3333平方米，有功能室、办公室8间，总面积150平方米。绿化面积500平方米，硬化面积2599平方米。全村耕地面积1050亩、林果业面积1180亩，村级公共积累田530亩。村两委班子成员7人，党员33人，低保户67户，特困户13户，“三老”人员4人。

亚胡木旦村　该村位于巴扎结米乡西北面、距乡政府3.5千米，气候冷凉，是以一个以农业为主的行政村，辖4个村民小组。2010年年末，全村总人口409户1444人，由汉族、维吾尔族等民族组成。村委会院落面积2544平方米，有功能室、办公室9间，总面积367平方米。绿化面积650平方米，硬化面积1470平方米。全村耕地面积2650亩、林果业面积1500亩，村级公共积累田603亩。村两委班子成员7人，党员41人，低保户71户，特困户16户，“三老”人员8人。

恰木古鲁克村　该村位于巴扎结米乡西北面，距乡政府2千米，气候冷凉，是以一个以农业为主的行政村，辖7个村民小组。2010年年末，全村总人口660户2720人，由汉族、维吾尔族等民族组成。村委会院落面积6281平方米，有功能室、办公室12间，总面积270平方米。绿化面积1332平方米，硬化面积700平方米。全村耕地面积4287亩、林果业面积1526亩，村级公共积累田1109亩。村两委班子成员9人，党员46人，低保户121户，特困户7户，“三老”人员10人。

乌尔达库勒村　该村位于乡政府西北面，距乡政府1千米，气候冷凉，是以一个以农业为主的行政村，辖4个村民小组。2010年年末，全村总人口420户1658人，由汉族、维吾尔族、藏族等民族组成。村委会院落面积2664平方米，有功能室、办公室11间，总面积264平方米。绿化面积520平方米，硬化面积322平方米。全村耕地面积3711亩，村干部总数7人，党员36人，低保户83户，特困户15户，“三老”人员5人。

阔什艾肯村 该村位于巴扎结米乡西北面，距乡政府3.5千米，气候冷凉，是以一个以农业为主的行政村，辖3个村民小组。2010年年末，全村总人口504户1818人，村委会院落面积5800平方米，有功能室、办公室6间，总面积210平方米。绿化面积1100平方米，硬化面积700平方米。全村耕地面积3147亩，村两委班子成员8人，党员35人，低保户75户，特困户7户，“三老”人员8人。

库台克勒克村 该村位于巴扎结米乡北面，距乡政府3千米，气候冷凉，是以一个以农业为主的行政村，辖5个村民小组。2010年年末，全村总人口569户1777人，由汉族、维吾尔族等民族组成。村委会院落面积4500平方米，有功能室、办公室12间，总面积600平方米。绿化面积3000平方米，硬化面积490平方米。全村耕地面积4900亩，村级公共积累田700亩，林果业面积3600亩。村两委班子成员7人，党员54人，低保户109户，特困户6户，“三老”人员9人。

尤勒滚勒克村 该村位于巴扎结米乡东北面，距乡政府4千米，气候冷凉，是以一个以农业为主的行政村，辖3个村民小组。2010年年末，全村总人口295户963人，由汉族、维吾尔族等民族组成。村委会院落面积2600平方米，有功能室、办公室7间，总面积290平方米。绿化面积1150平方米，硬化面积1450平方米。全村耕地面积2814亩，村级公共积累田463亩，林果业面积1457亩。村两委班子成员7人，党员45人，低保户61户，特困户7户，“三老”人员9人。

波斯喀木村 该村位于巴扎结米乡东面，距乡政府5.5千米，气候冷凉，是以一个以农业为主的行政村，辖4个村民小组。2010年年末，全村总人口219户960人，由汉族、维吾尔族等民族组成。村委会院落面积2200平方米，有功能室、办公室9间，总面积280平方米。绿化面积1200平方米，硬化面积720平方米。全村耕地面积2600亩，村级公共积累田728亩，林果业面积2600亩。村两委班子成员7人，党员35人，低保户41户，特困户5户，“三老”人员5人。

乌喀村 该村位于巴扎结米乡东面，距乡政府8千米，气候冷凉，是以一个以农业为主的行政村，辖3个村民小组。2010年年末，全村总人口327户1259人，由汉族、维吾尔族等民族组成。村委会院落面积2387平方米，有功能室、办公室10间，总面积305平方米。绿化面积850平方米，硬化面积700平方米。全村耕地面积4200亩，村级公共积累田276亩，林果业面积1725亩。村两委班子成员7人，党员38人，低保户69户，特困户17户，“三老”人员3人。

苏帕墩村 该村位于巴扎结米乡东北面，距乡政府10.5千米，气候冷凉，是以一个以农业为主的行政村，辖2个村民小组。2010年年末，全村总人口101户397人，由汉族、维吾尔族等民族组成。村委会院落面积2550平方米，有功能室、办公室7间，总面积140平方米。绿化面积190平方米，硬化面积386平方米。全村耕地面积2500亩，村级公共积累田750亩，林果业面积600亩。村两委班子成员7人，党员29人，低保户11户，特困户5户，“三老”人员2人。

贝勒克其村 该村位于巴扎结米乡南面，距乡政府3千米，气候冷凉，是以一个以农业为主的行政村，辖3个村民小组。2010年年末，全村人口286户727人，由汉族、维吾尔族等民族组成。村委会院落面积1569平方米，有功能室、办公室7间，总面积140平方米。绿化面积190平方米，硬化面积386平方米。全村耕地面积1956亩，村级公共积累田494亩，林果业面积1050亩。村两委班子成员7人，党员34人，低保户53户，特困户27户，“三老”人员6人。

尤汉巴什墩村 该村位于巴扎结米乡东面，距乡政府1千米，气候冷凉，是以一个以农业为主的行政村，辖2个村民小组。2010年年末，全村总人口441户1200人，由汉族、维吾尔族等民族组成。村委会院落面积2864平方米，有功能室、办公室9间，总面积290平方米。绿化面积230平方米，硬化面积210平方米。全村耕地面积970亩，村级公共积累田200亩，林果业面积370亩。村两委班子成员7人，党员22人，低保户49户，特困户7户，“三老”人员2人。

英叶尔村　该村位于巴扎结米乡西北面，距乡政府5千米，气候冷凉，是以一个以农业为主的行政村，辖2个村民小组。2010年年末，全村总人口106户，总人口数363人，由汉族、维吾尔族等民族组成。村委会院落面积120平方米，有功能室、办公室5间，总面积750平方米。绿化面积40平方米。全村耕地面积608亩，村级公共积累田110亩，林果业面积30亩。村两委班子成员5人，党员21人，低保户22户，“三老”人员1人。

第二节　希依提墩乡

一、概况

希依提墩乡位于麦盖提县城西部，是全县唯一一个位于叶尔羌河西岸的乡，距县城10.5千米，东与昂格特勒乡、巴扎结米乡隔河相望，南与莎车县墩巴格克乡、喀什监狱相邻，北与巴楚县阿瓦提镇相接，省道S215、S310贯穿辖区全境，交通十分便利。南北最长19.4千米，东西最宽13.1千米，全乡行政区域总面积25万亩，耕地面积7.09万亩，地理坐标为北纬38°　93′　、东经77°　54′　，地势较为平缓，平均海拔1177.6米，自然环境属温带大陆性干旱气候，自然降水年均56.5毫米，热量丰富，日照充足，昼夜温差大，降水量极少，夏季炎热，冬季寒冷，春秋温润。年平均温度11.9℃，年极端最高温度42.1℃，最低温度–22.4℃。全年无霜期平均为225 ~ 230天，年平均日照时数为2806.3小时。境内主要气象灾害：冰雹、干旱、霜冻、洪水、沙尘暴等。

2010年末，希依提墩乡辖行政村13个，即：英也尔村、英吾斯塘村、希依提墩村、琼库尔买里村、英买里村、英阿瓦提村、依格孜艾日克村、喀客夏勒村、尤库日喀帕克阿斯提村、托万喀帕克阿斯提村、苏普墩村、艾力克坎土曼村、东风农场村，共有村民小组43个，总户数2940户，总人口1.44万人，有汉族、维吾尔族、回族、哈萨克族4个民族。其中：汉族473人；维吾尔族1.39万人；其他民族4人。分别占总人口的3.28%，96.7%，0.02%。

希依提墩乡拥有党组织25个，其中:党委1个，党总支1个，党支部23个，拥有党员554人，“四老人员”88人。全乡设团委1个，团支部16个，团员241人。设妇女联合会1个，村级妇代会13个，妇联委员15人。

二、经济发展

希依提墩乡紧紧围绕农业增效、农民增收、农村稳定的“三农”目标，制定“八五”计划至“十一五”规划期间经济发展规划，加强种植业产业结构优化调整，实施畜牧品种改良，打造以红枣、核桃为代表的特色林果业，乡域经济实现较快发展。截至2010年年末，全乡拥有农业机具133台，种植大户12户，全乡农业生产总值达到4395.5万元，农民人均纯收入达3832.9元。农民人均纯收入较1990年翻了三番，农民生活水平有所提高。

棉花种植　始终坚持种地养地相结合，大力促进棉秆粉碎还田，培肥地力，引进了扩繁适应性更好的“中棉49号”“中棉43号”“中棉35号”等品种，全面推广六大精准技术的普及与应用，狠抓棉田技术管理，棉花单产、总产不断提高。2010年，全乡棉花播种面积3.26万亩，棉花总产4173吨，皮棉单产128千克/亩。与1991年相比棉花总产翻了3翻，单产提高了25.3千克。

粮食种植　粮食种植种类包括小麦、玉米等作物，按照“稳定面积、提高单产、增加总产”的原则，确保粮食稳步增收。2010年，全乡粮食种植总面积2.44万亩，总产1.15万吨，单产470.3千克/亩，其中：种植小麦1.34万亩，小麦总产5634吨，单产422.02千克/亩；种植玉米1.1万亩，玉米总产5819吨，单产529千克/亩。

畜牧业 在畜牧业发展生产中，鼓励农民发展庭院养殖业，紧抓畜牧品种改良，积极开展牲畜口蹄疫、小反刍等疫苗防疫工作，推行长草短喂，提高饲草料利用率，从而保证了畜牧业健康发展。截至2010年年末，全乡拥有养殖大户19户，牲畜存栏数为4.71万头（只）。其中牛5719头（只）；马179头（只）；毛驴1751头（只）；猪389头（只）；山羊3861头（只）；绵羊3.5万头（只）。家禽5.15万只（羽），其中：鸡1.78万只（羽）；鸭6000只（羽）；鹅4000只（羽）；家鸽3.27万只（羽）。全乡人均占有家畜2头（只）、家禽4.5万只（羽）。

林果业 坚持发展有机绿色林果的原则，以打造精品园为目标，在提质增效上做文章，坚定不移地把发展红枣、核桃产业作为农民增收的主导产业来抓。2010年年末，希依提墩乡拥有各种林果面积2.9万亩，其中：红枣2.2万亩；核桃2025亩；杏子5250亩。自然林2.1万亩，植树面积1845亩，森林覆盖率达10.1%。

1991—2010年希依提墩乡基本情况一览表

表1-3-2

年份（年）	总户数（户）	总人口（人）	少数民族人口（人）	年末耕地面积（万亩）	棉花总产量（吨）	粮食总产量（吨）	年末牲畜存栏（头只）	经济总收入（万元）	农牧民人均纯收入（元）
1991	2471	10985	10903	3.499	1753	5310	40470	786.56	1386.19
1996	2522	11251	11163	3.889	2100	5810	45000	1345.41	1576.63
2001	2104	11991	11632	4.615	2332	7290	48300	1453.85	1611.56
2006	2819	13081	12653	5.664	3030	9044	50200	2235.12	2513.96
2010	2940	14396	13919	7.09	4173	11453	47053	3832.9.56	3832.51

设施农业 2010年年末，建成温室大棚21座，种植奎克拜日陆地瓜220.5亩，复播瓜305.9亩，色素辣椒120亩，马铃薯107亩，茴香327.8亩。深入挖掘温室大棚可以实现果蔬提前、延后、反季节上市的优势，设施农业种植增收效益明显。

三、社会发展

新农村建设推进实施以来，希依提墩乡基础设施建设逐渐完善，在加强推进小城镇建设的过程中，不断改善村容村貌。截至2010年年末，拆除土房165间，拆除土围墙5300米，全乡范围内实现自来水进村入户，通信信号覆盖率达80%。巩固“村村通”成果，有线电视覆盖率达50%。修建防渗渠35千米，完成20千米道路的砂石硬化，客运站开设客运班次5班次，群众出行更加快捷方便。全乡实现通电、通信、通水，基础设施进一步完善，人民生活水平显著提高。

1997年8月，乡政府新办公阵地竣工并投入使用。新办公阵地投资300万元，占地面积400平方米，其中办公楼面积260平方米，宿舍面积100平方米，院落规划800平方米；投入95万元对附属工程设施进行修缮，对院落进行规划和绿化、美化，购买安装广播设备、篮球架，结合社会主义新农村建设、抗震安居工程建设，完成了道路和自来水等配套设施。

严格按照教育体制改革内容推行素质教育，落实九年义务教育阶段的“两免一补”政策，不断提高农村学生受教育水平。2010 年年末，希依提墩乡有初级中学 1 所，小学 5 所，幼儿园 1 所，基础教育普及率达 98%，在校师生共 907 人，其中：学生 743 人，教职工 164 人，中级专业技术职务占 26 人。全乡适龄儿童入学率 100%，九年义务教育普及率达 98% 以上，合格率 100%。

希依提墩乡中心卫生院，是一所集预防、保健、医疗、急救、定点医疗为一体的综合性医院，是医疗保险、新型农牧区合作医疗定点机构之一。全年病床使用率 100%，治愈率 95%，死亡率 1.9%。2010 年，门诊就诊人次达 1.3 万人次，总收入 373.5 万元。集中人力、物力、财力建立卫生防疫网和承包责任制，各种疫苗接种率在 98% 以上，妇幼入保率达 100%。新农合参合率达 100%。新型农村养老保险续保率达 100%。

全乡积极开展全民健身运动，坚持每年组织开展篮球赛等全民健身活动。广播电视事业发展迅速，按照“月月有电影，周周有活动，天天有声音”的目标，先后投入资金 1.2 万元购置演出服饰和音响设备，定做各类乐器以及各类演出道具，每月组织村民看一场电影，每周举办一次以“刀郎文化”为主题的文艺演出活动，每天村级喇叭阵地播报实时新闻、惠民政策等。投入资金 5000 元购置运动装备和比赛服，积极参加全县范围内的各类运动比赛。2010 年，组建 30 名农民群众文艺小分队，组织开展各类活动 109 场次，播放电影 150 余场次，在人员密集处设立文化宣传栏 13 个。

四、行政村简介

英也尔村　该村位于希依提墩乡东南部 6 千米处，气候冷凉，是以一个以农业为主的行政村，辖 3 个村民小组。2010 年年末，全村总人口 187 户 910 人，由汉族、维吾尔族等民族组成。全村耕地面积 3303 亩，村级办公阵地 200 平方米，村两委班子成员 8 人，村民小组长 3 人，党员 23 人，团员 36 人，低保户 102 户 236 人。

英吾斯塘村　该村位于希依提墩乡南部 4.5 千米处，气候冷凉，是以一个以农为本、农商兼营的行政村，辖 4 个村民小组。2010 年年末，全村总人口 349 户 1747 人，由汉族、维吾尔族等民族组成。全村耕地面积 3745 亩，村级办公阵 400 平方米，村两委班子成员 7 人，村民小组长 4 人，党员 32 人，团员 12 人，低保户 123 户 186 人。

月塘村　该村位于希依提墩乡南部 3 千米处，气候冷凉，是以一个以农业为主的行政村，辖 6 个村民小组。2010 年年末，全村总人口 253 户 1549 人，由汉族、维吾尔族等民族组成。全村耕地面积 5905 亩，村级办公阵地 160 平方米，村两委班子成员 9 人，村民小组长 6 人，党员 34 人，团员 42 人，低保户 130 户 197 人。

琼库尔买里村　该村位于希依提墩乡南部 0.5 千米处，气候冷凉，是以一个以农为本、农商兼营的行政村，辖 4 个村民小组。2010 年年末，全村总人口 607 户 1600 人，由汉族、维吾尔族等民族组成，全村耕地面积 4298 亩。村级办公阵地 2797.2 平方米，村两委班子成员 7 人，村民小组长 4 人，党员 32 人，团员 42 人，低保户 62 户 123 人。

英买里村　该村位于希依提墩乡西北部 2 千米处，气候冷凉，是以一个以农业为主的行政村，辖 3 个村民小组。2010 年年末，全村总人口 96 户 518 人，由汉族、维吾尔族、回族等民族组成。全村耕地面积 3581 亩，村级办公阵地 430 平方米，村两委班子成员 7 人，村民小组长 3 人，党员 26 人，团员 32 人，低保户 59 户 116 人。

英阿瓦提村　该村位于希依提墩乡西南部 6 千米处，气候冷凉，是以一个以农业为主的行政村，辖 5 个村民小组。2010 年年末，全村总人口 171 户 1126 人，由汉族、维吾尔族、哈萨克族等民族组成。全村耕地面积 6591 亩，村级办公阵地 230 平方米，村两委班子成员 8 人，村民小组长 5 人，党员 30 人，团员 18 人，低保户 45 户 143 人。

英格孜艾日克村　该村位于希依提墩乡西南部9千米处，气候冷凉，是以一个以农业为主的行政村，辖3个村民小组。2010年年末，全村总人口107户681人，全部由维吾尔族民族组成。全村耕地面积4641亩。村级办公阵地90平方米，村两委班子成员5人，村民小组长3人，党员31人，团员22人，低保户35户64人。

喀克夏勒村　该村位于希依提墩乡东北部7千米处，气候冷凉，是以一个以农业为主的行政村，辖2个村民小组。2010年年末，全村总人口103户445人，由汉族、维吾尔族、哈萨克等民族组成。全村耕地面积3675亩，村级办公阵地1330平方米，村两委班子成员7人，村民小组长2人，党员29人，团员11人，低保户46户67人。

尤库日喀帕克阿斯提村　该村位于希依提墩乡西北部14千米处，气候冷凉，是以一个以农业为主的行政村，辖2个村民小组。2010年年末，全村总人口99户360人，由汉族、维吾尔族等民族组成。全村耕地面积3165亩。村级办公阵地360平方米，村两委班子成员7人，村民小组长2人，党员26人，团员29人，低保户22户45人。

托万喀帕克阿斯提村　该村位于希依提墩乡西北部15千米处，气候冷凉，是以一个以农业为主的行政村，辖3个村民小组。2010年年末，全村总人口108户382人，由汉族、维吾尔族等民族组成。全村耕地面积3994亩，村级办公阵地325平方米，村两委班子成员7人，村民小组长3人，党员21人，团员28人，低保户27户58人。

苏帕墩村　该村位于希依提墩乡西北部15千米处，气候冷凉，是以一个以农业为主的行政村，辖3个村民小组。2010年年末，全村总人口190户563人，由汉族、维吾尔族等民族组成。全村耕地面积5211亩，村级办公阵地460平方米，村两委班子成员7人，村民小组长3人，党员25人，团员32人，低保户54户。

艾力克坎土曼村　该村位于希依提墩乡西北部17千米处，气候冷凉，是以一个以农业为主的行政村，辖2个村民小组。2010年年末，全村总人口85户506人，由汉族、维吾尔族等民族组成。全村耕地面积4676亩，村级办公阵地490平方米，村两委班子成员7人，村民小组长2人，党员17人，团员15人。

东风村　该村位于希依提墩乡西北部13千米处，气候冷凉，是以一个以农业为主的行政村，辖3个村民小组。2010年年末，全村总人口187户1071人，由汉族、维吾尔族、回族等民族组成，全村耕地面积1.022万亩。村办公阵地400平方米，村两委班子成员7人，村民小组长3人，党员33人，团员25人，低保户81户138人。

第三节　央塔克乡

一、概况

央塔克乡位于麦盖提县城北部，距县城10千米，东临新疆生产建设兵团45团，西接昂格特勒克乡，南依巴扎结米乡，北连吐曼塔勒乡，地理坐标为北纬38°　594′、东经77°　396′。东西最长18千米，南北最宽14千米，行政区域总面积36.4万亩，耕地面积15.3万亩。地势较为平缓，南高北低，平均海拔1170米，自然环境属温带大陆性半干旱半湿润冷凉气候，热量丰富，日照充足，昼夜温差大，降水量极少，蒸发量极强，夏季炎热，冬季寒冷，春季多风沙，秋季天气好，年平均温度11.8℃，年极端最高温度41.2℃，最低温度-21.4℃。自然降水年均42.3毫米。境内主要气象灾害：雷暴、冰雹、干旱、寒潮、霜冻、洪水等。

2010 年年末，央塔克乡辖行政村 23 个。即：奥依布格达依村、阿克艾额孜村、央塔克村、乌依鲁克村、结然墩村、霍加阿瓦提村、玉奇于孜莫村、阿恰墩村、克亚克勒克乌依村、包勒喀村、喀拉乌依村、布隆浪喀村、尤库日阿克提坎村、乌尊买里村、托万阿克提坎村、开蒙村、阿尔浪喀村、哈曼阔依地村、科克提坎村、代尔瓦扎格拉克村、罕纳麻孜村、塔立克村、东伟立克村。共有村民小组 79 个，总人口 7070 户 3.15 万人，有汉族、维吾尔族、回族、藏族、蒙古族、壮族、土家族 7 个民族，其中：汉族 2672 人，维吾尔族 2.86 万人，回族 139 人，其他民族 28 人。分别占总人口的 8.48%，90.1%，0.98%，0.44%。央塔克乡拥有党组织 46 个，其中党委 1 个（央塔克乡党委），党总支 1 个（教育党总支），党支部 44 个（机关设党支部 2 个，其中：乡机关干部职工党支部 1 个，人民武装党支部 1 个；村党支部 24 个；站所党支部 7 个；学校党支部 11 个），党员总数 1150 人（农民党员 850 人），团员 421 人，“四老人员” 164 人。

二、经济发展

央塔克乡以种植业为经济发展主体，1991—2010 年，央塔克乡因地制宜，合理布局，不断进行产业结构优化调整，发展壮大种植业、林果业、畜牧业、设施农业，狠抓农业技术措施落实，确保农业增产、农民增收。截至 2010 年年末，全乡拥有农民合作社 30 家，种植大户 129 户，全乡农业生产总值达到 6043.59 万元，农民人均纯收入达 5138.32 元，农民人均纯收入较 1990 年翻了三番。

棉花种植　央塔克乡坚持“主攻单产、增加总产、节本增效、增加农民收入”的棉花生产方针，在保证棉花播种面积的同时，不断施行科学施肥、高精度栽培技术，引进新品种，加强病虫害防治，努力提高单产，增加总产，促进农民增收。2010 年，全乡种植棉花 10.2 万亩，棉花总产 1.32 万吨，皮棉单产 129.4 千克 / 亩。总产较 1990 年翻了两番，单产提高 29 千克，棉花生产总收入较 1990 年增长 6320 万元，人均收入增长 893 元，棉花种植已成为农民收入的主要来源。

粮食种植　央塔克乡的粮食种植以冬小麦为主，兼有其他少量粮食作物种植。1991 年全乡冬小麦品种有唐山 6869、新冬 2 号、喀冬 1 号等，品种较杂。1999 年，引进新品种新冬 20 号。2000 年，大力推广小麦“多熟制”栽培（麦套大蒜、麦套圆葱、麦套花生等模式）。2000—2010 年，按照“稳定面积、提高单产、增加总产”的原则，确保粮食稳步增收。2010 年，全乡粮食种植总面积 5.52 万亩，粮食总产 2.6 万吨，单产 473.2 千克 / 亩，人均占有粮食 2200 千克，总产较 1990 年翻了一番，单产提高了 215.1 千克。

畜牧业　央塔克乡在畜牧业生产发展中，狠抓品种改良、注重疫病防治、提高饲养水平、保证饲草供给，把畜牧业作为农民持续增收的后续产业抓紧抓好。截至 2010 年年末，全乡拥有养殖大户 80 户，牲畜存栏 9.41 万头（只），其中：牛 1.14 万头（只）；马 359 头（只）；驴 3503 头（只），猪 779 头（只），山羊 7719 头（只），绵羊 7.03 万头（只）。家禽 8.16 万只（羽），其中鸡 4.69 万只（羽），鸭 2.33 万只（羽），鹅 5469 只（羽），鸽子 5998 只（羽），人均占有家畜 0.56 头（只），家禽 2 只（羽）。

林果业　央塔克乡通过加大投入与落实各项技术措施，坚定不移地发展以红枣为主的特色林果产业。2008 年央塔克乡大规模种植灰枣、骏枣。2010 年年末，全乡种植红枣 12.35 万亩，梨 160 亩、苹果 1085 亩、杏子 89 亩。全乡拥有自然林 3000 亩，植树面积 1200 亩，森林覆盖率达 4%。红枣总产 3.9 万吨，单产 300 千克 / 亩，红枣产业已成为央塔克乡农民增收后续支柱产业。

1991—2010 年央塔克乡基本情况一览表

表 1-3-3

年份（年）	总户数（户）	总人口（人）	少数民族人口（人）	末耕地面积（万亩）	棉花总产量（吨）	粮食总产量（吨）	年末牲畜存栏（头只）	经济总收入（万元）	农牧民人均纯收入（元）
1991	4560	21393	20284	6.859	2976	11372	84000	2537.5	1456.21
1996	5082	23312	22301	7.17	3850	12810	105000	2916.36	1836.47
2001	5681	26399	25474	12.729	6914	18901	112350	3899.89	2133.85
2006	6350	27433	25794	14.705	11301	19580	101200	4916.86	3763.86
2010	7070	31474	28802	15.306	13204	26120	94105	6043.59	5138.32

设施农业 央塔克乡 1997 年开始种植大棚，发展小拱棚，采取政府补贴和科学种植，帮助村民增加收入，转变传统产业观念。2010 年，种植大棚 286 座、小拱棚 2940 座，种植地瓜 136 亩，复播西瓜 223 亩，种植色素辣椒 140 亩。

三、社会发展

新农村建设推进实施以来，央塔克乡基础设施建设逐渐完善，在加快推进小城镇建设的过程中，不断改善村容村貌。截至 2010 年年末，全乡拆除土房 900 间，拆除土围墙 1.2 万米，全乡范围内实现自来水进村入户，通信信号覆盖率达 100%。巩固“村村通”成果，有线电视覆盖率达 90%，修建村级公路 110 千米、防渗渠 50 千米，完成 65 千米道路的沙石硬化，路灯亮化 44 千米，开通县乡班车，每天往返 5 班次，群众出行更加快捷方便。全乡实现通电、通信、通电视、通水，基础设施进一步完善，人民生活水平显著提高。

央塔克乡农贸市场修建于 1999 年，该农贸市场占地面积 4.5 万平方米，它是集餐饮业、批发零售业、服务业等多种行业为一体的综合性市场。截至 2010 年，该农贸市场拥有商铺 30 家，零售摊位 110 个，年交易额达 500 万元。

2010 年年末，央塔克乡拥有工业企业 24 家，以电器修理，小商品加工，果品加工为主，拥有在岗职工 211 人。新落地企业 4 家，解决就业岗位 56 个，工业年产值达 500 万元。

严格按照教育体制改革内容推行素质教育，落实九年义务教育阶段的“两免一补”政策，不断提高农村学生受教育水平。2010 年，央塔克乡有小学 14 所，幼儿园 12 所，共有在校生 6554 人，其中：在校生幼儿 2618 人；小学生 3936 人。共有教职工 425 人，在岗教师 377 人，其中：中级专业技术职务 61 人。基础教育普及率达 99%，全乡适龄儿童入学率 100%，九年义务教育普及率达 98% 以上，合格率 100%。

央塔克乡中心卫生院，是一所集预防、保健、医疗、急救、定点医疗为一体的综合性医院，是医疗保险、新型农牧区合作医疗定点机构之一。全年病床使用率 93.5%，治愈率 90%。2010 年，医院实行院长负责、职工民主管理制，取得显著的成绩，门诊就诊人次达到 1.83 万人次，总收入 500.36 万元。集中人力、物力、财力建立卫生防疫网和承包责任制，各种疫苗接种率在 90% 以上，妇幼入保率达 100%。23 个行政村全部达到计划生育合格村，新农合参合率达 100%。新型农村养老保险续保率达 100%。

按照“月月有电影，周周有活动，天天有声音”的原则，先后投入资金 10 万元购置演出服饰和音响设备，定做各类乐器以及各类演出道具，每月组织村民看一场电影，每周举办一次以“刀郎文化”为主题的文艺会演活动，每天村级喇叭阵地播报实时新闻、惠民政策等。2010 年，投入资金 2.6 万元，购置运动装备和比赛服，积极参加全县范围内的各类比赛。组建 23 支农民群众文艺小分队，开展演出活动 1300 场次。在重点场所和人员密集处设立文化宣传栏 35 个。依托文化阵地，组织开展篮球赛、排球赛、足球赛等各类活动 300 场次。

四、行政村简介

奥依布格达依村 该村位于央塔克乡东部 2 千米处，气候冷凉，是一个以农业为主的行政村，辖 4 个村民小组。2010 年年末，全村总人数 361 户 1072 人，由汉族、维吾尔族、藏族等民族组成。全村耕地面积 8000 亩，村级办公阵地 900 平方米，村两委班子成员 7 人，党员 28 人，村民小组长 4 人，团员 53 人，低保户 112 户 268 人。

阿克艾额孜村 该村位于央塔克乡东南部 0.6 千米处，气候冷凉，是以一个以农业为主的行政村，辖 2 个村民小组。2010 年年末，全村总人口 295 户 1050 人，由汉族、维吾尔族等民族组成。全村耕地面积 4027 亩，村级办公阵地 134 平方米，村两委班子成员 7 人，党员 38 人，村民小组长 2 人，团员 57 人，低保户 87 户 138 人。

央塔克村 该村紧邻央塔克乡人民政府，气候冷凉，是以一个以农业为主的行政村，辖 4 个村民小组。2010 年年末，全村总人口 380 户 1980 人，由汉族、维吾尔族、蒙古族、壮族、土家族等民族组成。全村耕地面积 8830 亩，村级办公阵地 296 平方米，村两委班子成员 9 人，党员 41 人，村民小组长 4 人，团员 21 人，低保户 153 户 373 人。

乌依鲁克村 该村位于央塔克乡西部 1 千米处，气候冷凉，是以一个以农业为主的行政村，辖 5 个村民小组。2010 年年末，全村总人口 803 户 2987 人，由汉族、维吾尔族等民族组成。全村耕地面积 7181 亩，村级办公阵地 150 平方米，村两委班子成员 8 人，党员 39 人，村民小组长 5 人，团员 68 人，低保户 125 户 375 人。

结然墩村 该村位于央塔克乡西北部 5 千米处，气候冷凉，是以一个以农业为主的行政村，辖 7 个村民小组。2010 年年末，全村总人口 325 户 1548 人，由汉族、维吾尔族等民族组成。全村耕地面积 1.173 万亩，村级办公阵地 130 平方米，村两委班子成员 7 人，党员 38 人，村民小组长 7 人，团员 55 人，低保户 32 户 76 人。

霍加阿瓦提村 该村位于央塔克乡西部 5 千米处，气候冷凉，是以一个以农业为主的行政村，辖 2 个村民小组。2010 年年末，全村总人口 127 户 643 人，由汉族、维吾尔族等民族组成。全村耕地面积 5600 亩，村级办公阵地 205 平方米，村两委班子成员 5 人，党员 26 人，村民小组长 2 人，团员 23 人，低保户 59 户 137 人。

玉奇于孜莫村 该村位于央塔克乡西南部 4.5 千米处，气候冷凉，是以一个以农业为主的行政村，辖 4 个村民小组。2010 年年末，全村总人口 220 户 1170 人，由汉族、维吾尔族等民族组成。全村耕地面积 5150 亩，村办公阵地 150 平方米，村两委班子成员 7 人，党员 31 人，村民小组长 4 人，团员 27 人，低保户 73 户 135 人。

阿恰墩村 该村位于央塔克乡西南部 2 千米处，气候冷凉，是以一个以农业为主的行政村，辖 4 个村民小组。2010 年年末，全村总人口 335 户 1157 人，由汉族、维吾尔族等民族组成，全村耕地面积 5806 亩，村级办公阵地 700 平方米，村两委班子成员 8 人，党员 41 人，村民小组长 4 人，团员 50 人，低保户 68 户 97 人。

克亚克勒克乌依村 该村位于央塔克乡南部 4 千米处，气候冷凉，是以一个以农业为主的行政村，辖 2 个村民小组。2010 年年末，全村总人口 140 户 620 人，由汉族、维吾尔族等民族组成。全村耕地面积 3229 亩，村级办公阵地 200 平方米，村两委班子成员 5 人，党员 22 人，村民小组长 2 人，团员 10 人，低保户 14 户 38 人。

包勒喀村 该村位于央塔克乡南部 4.2 千米处，气候冷凉，是以一个以农业为主的行政村，辖 3 个村民小组。2010 年年末，全村总人口 382 户 1580 人，由汉族、维吾尔族、回族等民族组成、全村耕地面积 8236 亩，村级办公阵地 900 平方米，村两委班子成员 7 人，党员 32 人，村民小组长 3 人，团员 45 人，低保户 78 户 153 人。

喀拉乌依村 该村位于央塔克乡政府以南 12 千米处，气候冷凉，是以一个以农业为主的行政村，辖 3 个村民小组。2010 年年末，全村总人口 208 户 738 人，由汉族、维吾尔族等民族组成。全村耕地面积 5126 亩，村级办公阵地 196 平方米，村两委班子成员 6 人，党员 44 人，村民小组长 3 人，团员 17 人，低保户 80 户 126 人。

布隆浪喀村 该村位于央塔克乡南部 8 千米处，气候冷凉，是以一个以农业为主的行政村，辖 5 个村民小组。2010 年年末，全村总人口 284 户 1392 人，由汉族、维吾尔族、藏族、蒙古族等民族组成，辖 5 个村民小组。全村耕地面积 8500 亩，村级办公阵地 240 平方米，村两委班子成员 7 人，党员 28 人村民小组长 5 人，团员 56 人，低保户 65 户 131 人。

尤库日阿克提坎村 该村位于央塔克乡东南部 6 千米处，气候冷凉，是以一个以农业为主的行政村，辖 4 个村民小组。2010 年年末，全村总人口 239 户 1085 人，由汉族、维吾尔族、壮族、土家族等民族组成。全村耕地面积 9255 亩，村级办公阵地 1500 平方米，村两委班子成员 7 人，党员 38 人大专及以上文化程度 1 人，高中 1 人，初中及以下文化程度 6 人，村民小组长 4 人，团员 45 人，低保户 45 户 165 人。

乌尊买里村 该村位于央塔克乡东南部 15 千米处，气候冷凉。是以一个以农业为主的行政村，辖 4 个村民小组。2010 年年末，全村总人口 356 户 1465 人，由汉族、维吾尔族等民族组成。全村耕地面积 6935 亩，村级办公阵地 450 平方米，村两委班子成员 7 人，党员 22 人，村民小组长 4 人，团员 29 人，低保户 68 户 138 人。

托万阿克提坎村 该村位于央塔克乡东部 9 千米处，气候冷凉，是以一个以农业为主的行政村，辖 3 个村民小组。2010 年年末，全村总人口 282 户 1129 人，由汉族、维吾尔族壮族、土家族等民族组成。全村耕地面积 4983 亩，村级办公阵地 185 平方米，村两委班子成员 7 人，党员 35 人，村民小组长 3 人，团员 31 人，低保户 64 户 86 人。

开蒙村 该村位于央塔克乡东部 7 千米处，气候冷凉，是以一个以农业为主的行政村，辖 2 个村民小组。2010 年年末，全村总人口 282 户 1138 人，由汉族、维吾尔族等民族组成。全村耕地面积 6080 亩，村级办公阵地 380 平方米，村两委班子成员 7 人，党员 28 人，村民小组长 2 人，团员 39 人，低保户 87 户 138 人。

阿尔浪喀村 该村位于央塔克乡东部 11 千米处，气候冷凉，是以一个以农业为主的行政村，辖 4 个村民小组。2010 年年末，全村总人口 522 户 2156 人，由汉族、维吾尔族等民族组成。全村耕地面积 9255 亩，村级办公阵地 1400 平方米，村两委班子成员 9 人，党员 48 人，村民小组长 4 人，团员 20 人，低保户 120 户 178 人。

哈曼阔依地村 该村位于央塔克乡东北部 9 米处，气候冷凉，是以一个以农业为主的行政村，辖 4 个村民小组。2010 年年末，全村总人口 540 户 1820 人，由汉族、维吾尔族等民族组成。全村耕地面积 7414 亩，村级办公阵地 660 平方米，村两委班子成员 9 人，党员 38 人，村民小组长 4 人，团员 26 人，低保户 147 户 201 人。

科克提坎村　该村位于央塔克乡东北部 12 千米处，气候冷凉，是以一个以农业为主的行政村，辖 3 个村民小组。2010 年年末，全村总人口 130 户 724 人，由维吾尔族组成。全村耕地面积 2550 亩。村级办公阵地 180 平方米，村两委班子成员 5 人，党员 21 人，村民小组长 3 人，团员 25 人，低保户 27 户 44 人。

代尔瓦扎托格拉克村　该村位于央塔克乡东北部 10 千米处，气候冷凉，是以一个以农业为主的行政村，辖 2 个村民小组。2010 年年末，全村总人口 220 户 798 人，由汉族、维吾尔族等民族组成。全村耕地面积 5100 亩，村办公阵地 200 平方米，村两委班子成员 5 人，党员 22 人，村民小组长 2 人，团员 18 人，低保户 51 户 81 人。

罕纳麻孜村　该村位于央塔克乡东北部 15 千米处，气候冷凉，是以一个以农业为主的行政村，辖 4 个村民小组。2010 年年末，全村总人口 324 户 1375 人，由汉族、维吾尔族等民族组成。全村耕地面积 7874 亩，村级办公阵地 208 平方米，村两委班子成员 7 人，党员 28 人，村民小组长 4 人，团员 31 人，低保户 76 户 154 人。

塔立克村　该村位于央塔克乡东北部 17 千米处，气候冷凉，是以一个以农业为主的行政村，辖 5 个村民小组。2010 年年末，全村总人口 378 户 1382 人，由汉族、维吾尔族、回族等民族组成。全村耕地面积 5000 亩，村级办公阵地 600 平方米，村两委班子成员 7 人，党员 39 人，村民小组长 5 人，团员 95 人，低保户 124 户 210 人。

东伟立克村　该村位于央塔克乡东北部 19 千米处，气候冷凉，是以一个以农业为主的行政村，辖 2 个村民小组。2010 年年末，全村总人口 168 户 694 人，由汉族、维吾尔族等民族组成。全村耕地面积 6248 亩，村办公阵地 312 平方米，村两委班子成员 5 人，党员 33 人，村民小组长 2 人，团员 51 人，低保户 32 户 60 人。

第四节　吐曼塔勒乡

一、概况

吐曼塔勒乡位于麦盖提县城北部，距县城 35 千米。南北最长 36 千米，东西最宽 24 千米，西北部以叶尔羌河为界，与巴楚县阿瓦提镇相望，北与库尔玛乡相邻，东与新疆生产建设兵团第三师四十五团场、四十三团交界，南与央塔克乡接壤。地理坐标为北纬 39° 16′ 、东经 77° 79′ ，地势平坦，土层深厚水源充沛，草原植被覆盖率高，适合农牧业生产发展。行政区域总面积 69.9 万亩，耕地面积 13.37 万亩，境内热量丰富，光照充足，日照时间长，无霜期 210 ~ 220 天。全年平均气温为 11.8℃，7 月平均最高气温为 25.5℃，极端最高气温达 40℃，1 月平均气温为 –5.9℃，

冬季极端最低气温为 –22.4℃，年平均降水量不足 43.6 毫米，是典型的干旱、半干旱大陆性气候。主要气象灾害：雷暴、冰雹、干旱、寒潮、霜冻、洪水等。

全乡辖 14 个村委会，共有村民小组 64 个，总人口 5470 户 2.62 万人，有汉族、维吾尔族、哈萨克族、回族、蒙古族 5 个民族，其中：汉族 2164 人；维吾尔族 2.4 万人；其他少数民族居民 59 人。分别占总人口的 8.25%、91.53%、0.22%。

2010 年末，吐曼塔勒乡辖行政村 14 个，即：库如克鲁克村、温乌塔克村、吐曼塔勒村、皮力特库木希勒克村、阿亚克塔木村、敏乃克村、农场村、巴格热克村、开外孜力克村、奇热木旦勒克村、托盖墩村、阿吉阿瓦提村、亚库勒村、阿其克塔勒克村，共有村民小组 64 个，拥有党组织 22 个，其

中党委1个，党总支1个，党支部20个。拥有党员685人；团员700人；“四老人员”85人。

二、经济发展

吐曼塔勒乡以农业为经济发展主体，吐曼塔勒乡充分发挥地域特点及优势，坚持科学规划种植，大力发展农业经济，稳定农民增收渠道。截至2010年年末，全乡拥有农业机具231台，农民合作社21家，农业生产总值达6236.14万元，农民人均纯收入达4911.52元。农业生产总值较1991年翻了三番，农民人均收入提高了3247.96元。

棉花种植 通过常规播种、精量播种以及滴灌技术的大面积应用，棉花生产取得了良好局面，栽培技术、新品种示范推广、综合植保等取得了长足进步，棉花单产逐年提高，经济效益稳步增长。2010年，全乡种植棉花8.5万亩，棉花总产1.1万吨，皮棉单产129千克/亩。棉花总产较1991年翻了2.5番，单产提高10千克/亩。

粮食种植 粮食作物主要以小麦、玉米为主，不断引进耐旱、抗病性好的种植品种，加强水肥管理及病虫害防治，确保粮食连年增产。2010年，全乡粮食种植面积达4.83万亩，粮食总产2.25万吨，单产466.46千克/亩。其中：种植小麦2.55万亩，总产1.09万吨，单产425.92千克/亩；种植玉米2.28万亩，总产1.17万吨，单产511.8千克/亩。粮食总产较1991年翻了两番，单产提高211.19千克/亩。

畜牧业 吐曼塔勒乡在畜牧业发展中，狠抓品种改良、提高饲养水平、保证饲草供给，不断加强动物疫病防治体系建设，保证了畜牧业健康快速发展。2010年，全乡有养殖大户48户，牲畜存栏7.6万头（只），其中：牛9233头（只）；马289头（只）；驴2827头（只）；猪628头（只）；山羊6231头（只）；绵羊5.68万头（只）。家禽存栏6.61万只（羽），其中鸡：6.2万只（羽）；鸭1136只（羽）；鹅983只（羽）。

林果业 以红枣种植为主，坚持走“高起点、高投入、高标准、高产出、高效益”的发展路子，按照林果精品园的管理要求，力争把林果业发展壮大，使之成为大幅度提高农民收入造福人民群众的支柱产业。2010年，吐曼塔勒乡拥有各种林果面积5.7万亩，其中：红枣4万亩；杏子1.7万亩。拥有自然林3.5万亩，公益林1.78万亩，森林覆盖率达12.7%。

设施农业 2010年年末，全乡种植西瓜1100亩、甜瓜1600亩、蔬菜3400亩、小茴香4000亩。

1991—2010年吐曼塔勒乡基本情况一览表

表1-3-4

年份（年）	总户数（户）	总人口（人）	少数民族人口（人）	末耕地面积（亩）	棉花总产量（吨）	粮食总产量（吨）	年末牲畜存栏（头只）	经济总收入（万元）	农牧民人均纯收入（元）
1991	3565	16237	15670	55200	4348	10517	63230	2133.65	1663.56
1996	3912	17798	16905	16500	4100	11210	56000	3156.78	2086.56
2001	3892	19543	18339	98764.95	6843	13022	58800	4216.85	3126.88
2006	5432	24200	22311	112756	8776	14600	75700	5466.14	4085.14
2010	5470	26220	24056	133689	10965	22530	75965	6236.14	4911.52

三、社会发展

新农村建设推进实施以来，吐曼塔勒乡基础设施建设逐渐完善，在加强推进小城镇建设的过程中，不断改善村容村貌。截至2010年年末，全乡范围内实现自来水进村入户，通信信号覆盖率达100%，巩固“村村通”成果，有线电视覆盖率达80.56%，修建村级公路11.9千米，防渗渠7.96千米，完成7千米道路的砂石硬化，路灯亮化2千米，开通县乡客运班次，每日往返4班次，群众出行更加快捷方便。全乡实现通电、通信、电视、通水，基础设施进一步完善，人民生活水平大幅提高。

严格按照教育体制改革内容推行素质教育，落实九年义务教育阶段的“两免一补”政策，不断提高农村学生受教育水平。2010年，吐曼塔勒乡有初级中学1所，小学5所，幼儿园7所，基础教育普及率达100%，在校学生共4028人，其中学生3791人，教职工237人。全乡适龄儿童入学率100%，九年义务教育普及率达98%以上，合格率100%。

吐曼塔勒乡中心卫生院总占地面积1.33万平方米，业务用房面积4608.59平方米，地坪总面积3488.01平方米，总绿化地面积5237.4平方米，是一所集预防、保健、医疗、急救、定点医疗为一体的综合性医院，是医疗保险定点机构之一。2010年，门诊就诊人次达到1.56万人次，住院1564人次，各种疫苗接种率在95%以上，妇幼入保率达100%。14个行政村全部达到计划生育合格村，医疗保险参保率达100%。新型农村养老保险续保率达100%。

全乡有文化站1个，村级文化室14个，有各类书籍2.98万册，文体活动室14个，篮球场、排球场共15个。活动室配备了彩电DVD等放映设备。坚持每年组织开展篮球赛等全民健身活动，投入资金2.5万元，购置运动装备和比赛服，积极参加全县范围内的各类体育比赛。组建14支农民群众文艺小分队，开展各类演出活动263场次，丰富了农民群众业余文化生活。

四、行政村简介

库如克鲁克村　该村位于吐曼塔勒乡东北部3千米处，气候冷凉，是一个以农业为主的行政村，辖6个村民小组。2010年年末，全村总人口587户2159人，由汉族、维吾尔族等民族组成。全村耕地面积1.08万亩，村办公阵地400平方米，村两委班子成员9人，党员45人，村民小组长6人，团员78人，低保户121户136人。

温乌塔克村　该村位于吐曼塔勒乡东北部1.2千米处，气候冷凉，是一个以农业为主的行政村，辖5个村小组。2010年年末，全村总人口389户1456人，由汉族、维吾尔族等民族组成。全村耕地面积5200亩，村办公阵地450平方米，村两委班子成员7人，党员43人，村民小组长5人，团员89人，低保户71户174人。

吐曼塔勒村　该村位于吐曼塔勒乡东南部1千米处，气候冷凉，是一个以农业为主的行政村，辖5个村小组。2010年年末，全村总人口381户1667人，由汉族、维吾尔族、哈萨克族等民族组成。全村耕地面积1.75万亩，村办公阵地548平方米，村两委班子成员7人，党员62人，村民小组长5人，团员72人，低保户96户163人。

皮力特库木希勒克村　该村位于吐曼塔勒乡西南部2.5千米处，气候冷凉，是一个以农业为主的行政村，辖6个村小组。2010年年末，全村总人口416户1467人，由汉族、维吾尔族等民族组成。全村耕地面积1.02万亩，村办公阵地506平方米，村两委班子成员9人，党员44人，村民小组长6人，团员54人，低保户129户157人。

阿亚克塔木村　该村位于吐曼塔勒乡东北部4千米处，气候冷凉，是一个以农业为主的行政村，辖4个村小组。2010年年末，全村总人口339户1678人，由汉族、维吾尔族等民族组成。全村耕地面积9200亩。村办公阵地295平方米，村两委班子成员7人，党员38人，村民小组长4人，团员

18 人，低保户 118 户 137 人。

敏乃克村 该村位于吐曼塔勒乡东北部 7 千米处，气候冷凉，是一个以农业为主的行政村，辖 3 个村小组。2010 年年末，全村总人口 221 户 921 人，由汉族、维吾尔族等民族组成。全村耕地面积 8250 亩，村办公阵地 4500 平方米，村两委班子成员 7 人，党员 36 人，村民小组长 3 人，团员 64 人，低保户 78 户 156 人。

其盖勒克村 该村位于吐曼塔勒乡西北部 3 千米处，气候冷凉，是一个以农业为主的行政村，辖 6 个村小组。2010 年年末，全村总户数 381 户，总人口数 1421 人，由汉族、维吾尔族、回族、蒙古族等民族组成。全村耕地面积 5600 亩，村办公阵地 420 平方米，村两委班子成员 7 人，党员 38 人，村民小组长 6 人，团员 15 人，低保户 4 户 7 人。

巴格热克村 该村位于吐曼塔勒乡南部 3 千米处，气候冷凉，是一个以农业为主的行政村，辖 2 个村小组。2010 年年末，全村总人口 136 户 432 人，由汉族、维吾尔族等民族组成，全村耕地面积 1980 亩，村办公阵地 240 平方米，村两委班子成员 5 人，党员 22 人，村民小组长 2 人，团员 32 人，低保户 27 户 56 人。

开外孜力克村 该村位于吐曼塔勒乡西南部 10.4 千米处，气候冷凉，是一个以农业为主的行政村，辖 3 个村小组。2010 年年末，全村总人口 245 户 981 人，由汉族、维吾尔族等民族组成。全村耕地面积 9300 亩，村办公阵地 200 平方米，村两委班子成员 7 人，团员 47 人，村民小组长 3 人，党员 32 人，低保户 71 户 219 人。

奇热木旦勒克村 该位于吐曼塔勒乡西北面 9.5 千米处，气候冷凉，是以农业为主的行政村，辖 6 个村小组。2010 年年末，全村总人 613 户 2469 人，由汉族、维吾尔族等民族组成。全村耕地面积 1.84 万亩，村办公阵地 367 平方米，村两委班子成员 9 人，党员 56 人，村民小组长 6 人，团员 32 人，低保户 90 户 139 人。

托盖墩村 该村位于吐曼塔勒乡西南部 13 千米处，气候冷凉，是以一个以农业为主的行政村，辖 5 个村小组。2010 年年末，全村总人口 428 户 1952 人，由汉族、维吾尔族等民族组成。全村耕地面积 8800 亩。村办公阵地 250 平方米，村两委班子成员 9 人，党员 48 人，村民小组长 5 人，团员 62 人，低保户 95 户 145 人。

阿吉阿瓦提村 该村位于吐曼塔勒乡南部 7 千米处，气候冷凉，是一个以农业为主的行政村，辖 6 个村小组。2010 年年末，全村总人口 427 户 1736 人，由汉族、维吾尔族等民族组成。全村耕地面积 9600 亩，村办公阵地 200 平方米，村两委班子成员 7 人，党员 39 人，村民小组长 6 人，团员 62 人，低保户 84 户 91 人。

亚库勒村 该村位于吐曼塔勒乡西南部 18 千米处，气候温和，光照充足，是以一个以农业为主的行政村，辖 3 个村小组。2010 年年末，全村总人口 265 户 995 人，由汉族、维吾尔族等民族组成。全村耕地面积 1.03 万亩，村办公阵地 1500 平方米，村两委班子成员 7 人，党员 28 人，村民小组长 3 人，团员 31 人，低保户 46 户 156 人。

阿其克塔勒克村 该村位于吐曼塔勒乡东南部 7 千米处，气候冷凉，是一个以农业为主的行政村，辖 4 个村小组。2010 年年末，全村总人口 325 户 1422 人，由汉族、维吾尔族等民族组成。全村耕地面积 9600 亩，村办公阵地 6000 平方米，村两委班子成员 7 人，党员 39 人，村民小组长 4 人，团员 62 人，低保户 90 户 139 人。

第五节　尕孜库勒乡

一、概况

尕孜库勒乡位于麦盖提县城南部，距县城 12 千米，地处叶尔羌河东岸，提孜那甫河北岸。东接库木库萨尔乡，南邻克孜勒阿瓦提乡，北连巴扎结米乡，西以提孜那甫河为界，与莎车县阿扎提巴格乡相望，地理坐标为北纬 38°　47′　、东经 77°　36′　。南北最长 30 千米，东西最宽 12 千米，行政区域总面积 30.9 万亩，耕地面积 12.97 万亩。地势较为平缓，平均海拔 1138 米，自然环境属温带大陆性半干旱半湿润冷凉气候，自然降水年均 38.7 毫米。年平均温度 11.6℃，年极端最高温度 38℃，最低温度 –14℃。全年无霜期平均为 260 天，年平均日照时数为 2813.2 小时。境内主要气象灾害：沙尘、干旱、寒潮、霜冻、沙尘暴、洪水等。

2010 年年末，尕孜库勒乡辖行政村 20 个，即：喀什博依村、也克先拜巴扎村、加拉墩村、尕孜库勒村、喀玛库勒村、吐普硝村、墩买里村、麦迪尼帕合特勒克村、青格勒奥依玛提克村、拉依勒克帕合特勒克村、麦盖提帕合特勒克村、罕库勒村、亚恰克迪村、博孜库木村、塔拉买里村、库木希买里村、先拜巴扎村、巴格艾日克村、喀赞库勒村、巴格阿瓦提村，共有村民小组 84 个，总人口 5729 户 2.6 万人，有汉族、维吾尔族、回族等 7 个民族，其中：汉族 1467 人、维吾尔族 2.45 万人、其他民族 20 人。分别占总人口的 5.64%、94.28%、0.08%。尕孜库勒乡拥有党组织 22 个，其中：党委 1 个，党总支 3 个，党支部 18 个。拥有党员 756 人，团员 243 人，“四老人员”135 人。

二、经济发展

尕孜库勒乡以农业为经济发展主体，1991 年年初，全乡生产总值 1796.63 万元，农民人均纯收入 1103 元。1991—2010 年，尕孜库勒乡按照“增粮、强棉、促牧、兴园”的农业发展思路，以农业增产，农民增收为目标，大力发展农村经济，不断优化产业结构，形成了棉、果、畜“三足鼎立”的良好势头。截至 2010 年年末，全乡拥有农业机具 371 台，农民合作社 4 家，种植大户 136 户，农业生产总值达 4763.14 万元，人均纯收入达 4363.52 元，农业生产总值较 1990 年相比翻了三番。

棉花种植　尕孜库勒乡坚持“主攻单产、增加总产、节本增效、增加农民收入”的棉花生产方针，施行科学施肥、高密度栽培技术，引进新品种，加强病虫害防治，努力提高单产，增加总产，促进农民增收。2010 年，全乡种植棉花 8.5 万亩，棉花总产 1.1 万吨，皮棉单产 128.44 千克 / 亩。总产较 1991 年翻了 6 番，单产提高了 62.44 千克。

粮食种植　粮食种植以小麦、玉米为主。1991—2010 年，通过引进“冀麦 31”“邯郸 5316”“新冬 20”等新的冬小麦品种以及“新玉 9 号”“202 号”“正大 128”“新饲玉 13 号”等优良玉米品种，加强田间管护与病虫害防治，单产不断得到提高。2010 年末，全乡粮食种植总面积 4.92 万亩，粮食总产 2.33 万吨，平均单产 473.23 千克 / 亩。其中：小麦种植面积 2.62 万亩，总产 1.13 万吨，平均单产 430.99 千克 / 亩；玉米种植面积 2.3 万亩，总产 1.2 万吨，平均单产 517.87 千克 / 亩。

畜牧业　尕孜库勒乡在畜牧业发展中，狠抓品种改良、注重疫病防治、提高饲养水平、保证饲草供给，把畜牧业作为农民持续增收的后续产业抓紧抓好。2010 年年末，全乡有养殖大户 11 户，牲畜存栏数 7.94 万头（只），其中：牛 9646 头（只）；马 302 头（只）；驴 2954 头（只）；猪 657 头（只）；山羊 6510 头（只）；绵羊 5.93 万头（只）。家禽存栏 10.36 万只（羽），其中鸡 9.92 万只（羽），鸭 2531 只（羽），鹅 1887 只（羽），人均占有家畜 3 头（只），家禽 4 只（羽）。

林果业　通过加大投入与落实各项技术措施，坚定不移地发展以红枣为主的特色林果产业，并在科学管护、节水灌溉、病虫害防治上发劲用力，产品和质量都有所提高。2010年年末，尕孜库勒乡有各种林果面积9.42万，其中：红枣8.5万亩，核桃7500亩，杏子1785亩，自然林37.9万亩，植树面积21.85万亩，森林覆盖率达24.5%。

1991—2010年尕孜库勒乡基本情况一览表

表1-3-5

年份（年）	总户数（户）	总人口（人）	少数民族人口（人）	年末耕地面积（亩）	棉花总产量（吨）	粮食总产量（吨）	年末牲畜存栏（头只）	经济总收入（万元）	农牧民人均纯收入（元）
1991	3918	16050	15137	68599.5	3064.5	11372	27320	1796.63	1103.45
1996	3727	17326	16305	71700	3550	12810	35000	2036.62	1413.79
2001	4093	18931	18072	90685.5	4033	14383	77700	2537.97	1962.81
2006	5103	23293	22106	113434.5	7080	19542	67600	3816.69	2686.64
2010	5729	25981	24514	129699	10918	23283	79366	4763.14	4363.52

设施农业 2010年年末，尕孜库勒乡种植陆地瓜1800亩，小拱棚瓜200亩，复播瓜3600亩，茴香3.2万亩。

三、社会发展

新农村建设推进实施以来，尕孜库勒乡基础设施建设逐渐完善，在加强推进小城镇建设的过程中，不断改善村容村貌。全乡范围内实现通信信号覆盖率达100%，巩固“村村通”成果，修建村级公路7.2千米，防渗渠2.3千米，完成6千米道路的砂石硬化，路灯亮化1.8千米，开通县乡班车每日往返6班次，群众出行更加快捷方便。全乡实现通电、通信、通电视、通水，基础设施进一步完善，人民生活水平明显提高。

严格按照教育体制改革内容推行素质教育，落实九年义务教育阶段的“两免一补”政策，不断提高农村学生受教育水平。2010年，尕孜库勒乡有初级中学2所，小学12所，幼儿园12所，基础教育普及率达98%，在校学生共3000人，教职工105人，其中：中级专业技术职务75人。全乡适龄儿童入学率100%，九年义务教育普及率达98%以上，合格率100%。

尕孜库勒乡中心卫生院建立于1958年，是一所集预防、保健、医疗、急救、定点医疗为一体的综合性医院，是医疗保险、新型农牧区合作医疗定点机构之一。全年病床使用率为76%，治愈率为98.7%，死亡率为0.03%。2008年，医院实行院长负责、职工民主管理制，取得显著的成绩，门诊就诊人次达到7659人次，总收入19.85万元。集中人力、物力、财力建立卫生防疫网和承包责任制，各种疫苗接种率在96%以上，妇幼入保率达98.3%。20个行政村全部达到计划生育合格村，新农合参合率达100%。新型农村养老保险续保率达100%。

按照“月月有电影，周周有活动，天天有声音”的基本要求，投入资金购置了演出服饰、演出道具和音响设备，组建20个农民群众文艺小分队，组织开展各类活动144场次。在重点场所和人员密集处设立文化宣传栏38个。每月组织村民看一场电影，每天村级喇叭阵地播报实时新闻、惠民政策等。

四、行政村简介

喀什博依村 该村位于尕孜库勒乡北部2.5千米处，气候冷凉，是以一个以农业为主的行政村，辖 3 个村民小组。2010 年年末，全村总人口 168 户 588 人，由汉族、维吾尔族等民族组成。全村耕地面积 2081.8 亩，村级办公阵地 520 平方米，村两委班子成员 7 人，党员 30 人，村民小组长 3 人，团员 25 人。

也克先拜巴扎村 该村位于尕孜库勒乡政府驻地北部 4 千米处，气候冷凉，是以一个以农业为主的行政村，辖 4 个村民小组。2010 年年末，全村总人口 299 户 1034 人，由汉族、维吾尔族等民族组成。全村耕地面积 5395.4 亩，村级办公阵地 650 平方米，村两委班子成员 7 人，党员 35 人，村民小组长 4 人，团员 26 人。

加拉墩村 该村位于尕孜库勒乡政府驻地西部 1 千米处，气候冷凉，是以一个以农业为主的行政村，辖 4 个村民小组。2010 年年末，全村总人口 523 户 1845 人，由汉族、维吾尔族等民族组成。全村耕地面积 3400.7 亩，村级办公阵地 670 平方米，村两委班子成员 9 人，党员 38 人，村民小组长 4 人，团员 19 人。

尕孜库勒村 该村位于尕孜库勒乡政府驻地东部 2 千米处，气候冷凉，是以一个以农业为主的行政村，辖 3 个村民小组。2010 年年末，全村总人口 335 户 1050 人，由汉族、维吾尔族、回族等民族组成，全村耕地面积 3044.5 亩。村级办公阵地 550 平方米，村两委班子成员 7 人，党员 25 人，村民小组长 3 人，团员 17 人。

喀玛库勒村 该村位于尕孜库勒乡政府驻地东北部 4.5 千米处，提孜那甫河西岸，麦沙公路从经村穿过，地势平坦，是以一个以农业为主的行政村，辖 4 个村民小组。2010 年年末，全村总人口 296 户 976 人，由汉族、维吾尔族等民族组成。全村耕地面积 4058.1 亩，村级办公阵地 500 平方米，村两委班子成员 7 人，党员 38 人，村民小组长 4 人，团员 24 人。

吐普硝村 该村位于尕孜库勒乡政府驻地北部 6 千米处，地处叶尔羌河东岸，地势平坦，气候冷凉，是以一个以农业为主的行政村，辖 5 个村民小组。2010 年年末，全村总人口 247 户 1095 人，由汉族、维吾尔族等民族组成。全村耕地面积 6314.8 亩，村级办公阵地 550 平方米，村两委班子成员 7 人，党员 36 人，村民小组长 4 人，团员 16 人。

墩买里村 该村位于尕孜库勒乡政府驻地西北部 5 千米处，紧靠叶尔羌河东岸，地势平坦，气候冷凉，是以一个以农业为主的行政村，辖 3 个村民小组。2010 年年末，全村总人口 245 户 930 人，由汉族、维吾尔族等民族组成。全村耕地面积 9504.2 亩，村级办公阵地 510 平方米，村两委班子成员 7 人，党员 28 人，村民小组长 3 人，团员 20 人。

麦迪尼帕合特勒克村 该村位于尕孜库勒乡政府驻地西北部 3.5 千米处，气候冷凉，是以一个以农业为主的行政村，辖 6 个村民小组。2010 年年末，全村总人口 422 户 1675 人，由汉族、维吾尔族等民族组成。全村耕地面积 6177.9 亩，村级办公阵地 740.5 平方米，村两委班子成员 9 人，党员 36 人，村民小组长 6 人，团员 26 人。

青格勒奥依玛提克村 该村位于尕孜库勒政府驻地东南部 6.5 千米处，气候冷凉，是以一个以农业为主的行政村，辖 3 个村民小组。2010 年年末，全村总人口 226 户 807 人，由汉族、维吾尔族等民族组成。全村耕地面积 3943.5 亩，村级办公阵地 660 平方米，村两委班子成员 7 人，党员 36 人，村民小组长 3 人，团员 23 人。

拉依勒克帕合特勒克村 该村位于尕孜库勒乡政府驻地西北部 4 千米处，气候冷凉，是以一个以农业为主的行政村，辖 5 个村民小组。2010 年年末，全村总人口 247 户 1179 人，由汉族、维吾尔族等民族组成，全村耕地面积 5558.2 亩，村级办公阵地 900 平方米，村两委班子成员 9 人，党员 37 人，村民小组长 5 人，团员 28 人。

麦盖提帕合特勒克村 该村位于尕孜库勒乡政府驻地西部2.5千米处，气候冷凉，是以一个以农业为主的行政村，辖5个村民小组。2010年年末，全村总人口394户1576人，由汉族、维吾尔族等民族组成。全村耕地面积7736亩，村级办公阵地1300平方米，村两委班子成员7人，党员43人，村民小组长5人，团员29人。

罕库勒村 该村位于尕孜库勒乡政府西南部4千米处，紧靠罕库勒水库北提，气候冷凉，是以一个以农业为主的行政村，辖2个村民小组。2010年年末，全村总人口150户538人，由汉族、维吾尔族等民族组成。全村耕地面积5300亩，村级办公阵地1200平方米，村两委班子成员7人，党员23人，村民小组长2人，团员15人。

亚恰克迪村 该村位于乡政府驻地东南部8千米处，与新疆生产建设兵团农三师四十六团相邻，气候冷凉，是以一个以农业为主的行政村，辖4个村民小组。2010年年末，全村总人口252户870人，由汉族、维吾尔族等民族组成。全村耕地面积5326.3亩，村级办公阵地1100平方米，村两委班子成员7人，党员32人，村民小组长4人，团员26人。

博孜库木村 该村位于尕孜库勒乡政府驻地东南部1千米处，气候冷凉，是以一个以农业为主的行政村，辖4个村民小组。2010年年末，全村总人口506户1289人，由汉族、维吾尔族等民族组成，全村耕地面积4634.2亩，村级办公阵地1300平方米，村两委班子成员7人，党员38人，村民小组长4人，团员31人。

塔拉买里村 该村位于乡政府驻地东南部4.5千米处，气候冷凉，是以一个以农业为主的行政村，辖3个村民小组。2010年年末，全村总人口167户649人，由汉族、维吾尔族等民族组成。全村耕地面积2404.9亩，村级办公阵地1180平方米，村两委班子成员9人，党员26人，村民小组长3人，团员20人。

库木希买里村 该村位于乡政府驻地西南部4.5千米处，提孜那甫河东岸，地势平坦，气候冷凉，是以一个以农业为主的行政村，辖4个村民小组。2010年年末，全村总人口310户1068人，由汉族、维吾尔族等民族组成。全村耕地面积4666.2亩，村级办公阵地1400平方米，村两委班子成员7人，党员32人，村民小组长4人，团员26人。

先拜巴扎村 该村位于尕孜库勒乡政府驻地西南部8.5千米处，提孜那甫河东岸，境内拥有农三师前进水库引水渠进水口，是以一个以农业为主的行政村，辖4个村民小组。2010年年末，全村总人口326户895人，由汉族、维吾尔族等民族组成。全村耕地面积4493.4亩，村级办公阵地1100平方米，村两委班子成员7人，党员35人，村民小组长4人，团员28人。

巴格艾日克村 该村位于尕孜库勒乡政府驻地东南部9千米处，气候冷凉，是以一个以农业为主的行政村，辖4个村民小组。2010年年末，全村总人口294户1300人，由汉族、维吾尔族等民族组成。全村耕地面积3599.9亩，村办公阵地1300平方米，村两委班子成员7人，党员36人，村民小组长4人，团员29人。

喀赞库勒村 该村位于尕孜库勒乡政府驻地东南部9千米处，地势平坦。气候冷凉，是以一个以农业为主的行政村，辖4个村民小组。2010年年末，全村总人口261户961人，由汉族、维吾尔族等民族组成。全村耕地面积4131.9亩，村级办公阵地1600平方米，村两委班子成员7人，党员37人，村民小组长4人，团员26人。

巴格阿瓦提村 该村位于尕孜库勒乡政府驻地南部12千米处，麦莎公路从此通过，气候冷凉，是以一个以农业为主的行政村，辖11个村民小组。2010年年末，全村总人口682户3140人，由汉族、维吾尔族等民族组成。全村耕地面积1.1万亩，村办公阵地1500平方米，村两委班子成员5人，党员 86 人，村民小组长 11 人，团员 72 人。

第六节　克孜勒阿瓦提乡

一、概况

克孜勒阿瓦提乡位于麦盖提县城南部，距县城 30 千米，北邻尕孜库勒乡，东与新疆生产建设兵团第三师四十六团 1 连、7 连及塔克拉玛干大沙漠相连，南与莎车县巴格阿瓦提乡相邻，西以提孜那甫河为界，与莎车县阿拉买提乡相望，地理坐标为北纬 38° 65′、东经 77° 64′。南北最长 15 千米，东西最宽 20 千米，行政区域总面积 38.5 万亩，耕地面积 14.03 万亩。地势较为平缓，平均海拔 1195 米，自然环境属温带大陆性干燥气候，其特点是：降水量极少，蒸发量极大，热量丰富，日照充足，昼夜温差大，春季多风，夏季炎热，秋季气爽，冬季寒冷。年平均温度 11.8℃，年极端最高温度 42.1℃，最低温度 -22.4℃。自然降水年均 42.3 毫米，全年无霜期平均为 218 天，年平均日照时数为 2806.3 小时。境内主要气象灾害：洪水、冰雹、干旱、寒潮、霜冻等。

2010 年年末，克孜勒阿瓦提乡辖行政村 19 个，即：克孜勒阿瓦提村、克孜勒吉村、皮依孜勒墩村、奥依巴格村、代尔瓦孜库木村、其格勒克阔坦村、阿都克阿勒迪村、喀赞库勒村、拉依当村、色日克库勒村、喀拉墩村、亚塔库木村、乌库什墩村、塔勒克村、阔什吾斯塘村、塔塔尔吾斯塘村、良种场村、农场村、林场村。共有村民小组 82 个，总人口 5526 户 2.64 万人，有汉族、维吾尔族、回族等 6 个民族，其中：汉族 944 人；维吾尔族 2.54 万人；其他民族 28 人。分别占总人口的 3.58%，96.31%，0.11%。

克孜勒阿瓦提乡有党组织 40 个，其中：党委 1 个；党总支 2 个；党支部 37 个（机关设党支部 2 个；人民武装党支部 1 个；村党支部 19 个；站所联合党支部 1 个；学校党支部 13 个）。拥有党员 676 人（农民党员 524 人）；团员 420 人；“四老人员” 120 人。

二、经济发展

克孜勒阿瓦提乡以农业为经济发展主体，1991—2010 年，克孜勒阿瓦提乡以增加农民收入为根本目标，因地制宜不断调整优化产业结构，推进农村经济持续健康快速发展，壮大种植业、林果业、畜牧业、设施农业，农民增收效益凸显。截至 2010 年年末，全乡拥有农业机具 186 台，农民合作社 14 家，农业生产总值达到 4863.63 万元，农民人均纯收入达 4636.56 元。生产总值较 1991 年翻了三番，农民人均收入较 1991 年增加 3533.13 元。

棉花种植　不断引进新品种进行示范试验，施行科学施肥、高密度栽培技术，加强病虫害防治，通过多次品种更新换代和提纯复壮，以及“六大精准技术”和滴灌，棉花单产、总产稳步提高。2010 年，全乡种植棉花 8.8 亩，棉花总产 1.14 万吨，皮棉单产 129 千克 / 亩。总产较 1991 年翻了三番，单产提高了 19 千克 / 亩。

粮食种植　全乡粮食作物以小麦、玉米为主，按照“稳定面积、提高单产、增加总产”的原则，确保粮食稳步增收，2010 年，全乡粮食种植总面积 5.14 万亩，总产 2.4186 万吨，平均单产 470.27 千克 / 亩。其中：小麦 2.74 万亩，总产 1.17 万吨，单产 425 千克 / 亩；玉米 2.4 万亩，总产 1.25 万吨，单产 522 千克 / 亩。

畜牧业　克孜勒阿瓦提乡在畜牧业发展中，狠抓品种改良，施行长草短喂，积极开展疫病防治，保证饲草料供给，提高饲养水平，畜牧业增收效益凸显。截至 2010 年年末，全乡有养殖大户 13 户，牲畜存栏 9.35 万头（只），其中牛：1.14 万头（只）；山羊 7673 头（只）；绵羊 6.99 万头（只）；马

356头（只）；驴3482头（只）；猪774头（只）。家禽11.36万只（羽），其中鸡10.15万只（羽）；鸭6138只（羽）；鹅5996只（羽），人均占有家畜3.5头（只）、家禽8只（羽）。

林果业 以打造精品林果示范园为目标，注重林果修剪、水肥管理、病虫害防治等各项技术措施，把以红枣为主核桃为辅的林果产业做大做强。2010年年末，克孜勒阿瓦提乡拥有各种林果面积4.2万亩，其中：红枣3.15万亩；核桃5484亩；苹果920亩；杏子3218亩。

1991—2010年克孜勒阿瓦提乡基本情况一览表

表1-3-6

年份（年）	总户数（户）	总人口（人）	少数民族人口（人）	年末耕地面积（亩）	棉花总产量（吨）	粮食总产量（吨）	年末牲畜存栏（头只）	经济总收入（万元）	农牧民人均纯收入（元）
1991	4132	19573	19072	75799.9	3500	12690	65090	1813.56	1103.43
1996	3881	18144	17643	72000	3750	13810	84000	2163.85	1546.62
2001	4081	20772	20121	91327	5318	15307	86100	2874.16	2803.46
2006	4351	23575	22856	118471	7080	18588	106300	3945.75	3726.65
2010	5526	26357	25413	140272	11352	24186	93539	4863.63	4636.56

设施农业 2010年年末，克孜勒阿瓦提乡种植甜瓜1221亩，西瓜420亩，蔬菜3842亩，苜蓿4570亩，茴香2.03万亩。

三、社会发展

1991—2010年间，克孜勒阿瓦提乡不断加快农田水利、教育、卫生、文化、通信、交通、集镇等基础设施建设和重点工程项目建设，在加强推进小城镇建设的过程中，不断改善村容村貌。截至2010年年末，全乡范围内实现自来水进村入户，通信信号覆盖率达100%，巩固“村村通”成果，有线电视覆盖率达100%，修建村级公路52千米，防渗渠57千米，完成43千米道路的砂石硬化，群众出行更加快捷方便。全乡实现通路、通信、通电、通水，基础设施进一步完善，人民生活水平显著提高。

1998年7月，乡政府新办公阵地竣工并投入使用，新办公阵地共占地1.8万平方米，其中：办公楼面积为2237.77平方米；院落规划5530平方米，对附属工程设施进行修缮，对院落进行规划和绿化、美化，结合社会主义新农村建设、抗震安居工程建设，完成道路和自来水等配套设施。

2010年末，克孜勒阿瓦提乡供销合作社占地面积830平方米，集餐饮业、批发零售业、服务业等多种行业为一体的综合性市场。截至2010年，该农贸市场拥有商铺22家，零售摊位20个，年交易额达10.8万元。

2010年末，克孜勒阿瓦提乡拥有工业企业1家，以棉花加工为主，有在岗职工143人，解决就业岗位98个，工业年产值达293万元。

1991—1999年，克孜勒阿瓦提乡办学条件简陋，学校基本设施不完善，学校教学条件较差。1999年，在乡财政非常困难的情况下，给予资金支持，对学校的1650平方米危房拆除新修，并为学校购置桌椅350套，购买煤140吨。2003年，投入资金50万元维修、重建5个村的危房教室，购买教学设备，改善办学条件。2005年，投入资金20余万元修建4所“双语幼儿园”，并为幼儿园购买价值3.5万元的幼儿娱乐器材。2010年年底，克孜勒阿瓦提乡有初级中学3所，小学9所，幼儿园5所，在校师生共4515人，其中：学生4200人；教职工315人。全乡适龄儿童入学率100%，九年义务教育普及率98%以上，合格率100%。

克孜勒阿瓦提乡中心卫生院，总占地面积1.98万平方米，业务用房面积3160平方米，地坪总面积3300平方米，总绿化地面积1.33万平方米，是一所集预防、保健、医疗、急救、定点医疗为一体的综合性医院，是医疗保险、新型农牧区合作医疗定点机构之一。全年病床使用率为72%，治愈率为38%，死亡率为0.3%。医院实行院长负责、职工民主管理制，取得显著的成绩，2010年，门诊就诊人次达到1.14万人次，总收入42.3万元。集中人力、物力、财力建立卫生防疫网和承包责任制，各种疫苗接种率在99.9%以上。19个行政村全部达到计划生育合格村，新农合参合率达100%。新型农村养老保险续保率100%。

1991—1999年，克孜勒阿瓦提乡广播站只有1个有线喇叭和1台扩音器。1999年，建立电视转播台，全乡19个行政村、82个村民小组、18个机关站所都能收听广播和收看无线电视，部分群众开通有线电视，广播覆盖率达95%。2003年，乡党委、政府投入资金为乡广播电视站配备电视转播发射系统1套、摄像设备1套。2005年，乡党委、政府继续投入更新乡广播电视站电视转播发射系统和摄像设备，为广播站购买价值5000元的摄像机1台，购置电视转播设备2套，电视入户率和收视率都有了较大提高。2010年，乡政府划拨专项经费为乡党校购置播放器材等电气设备，更换村电教电视机2台，更换VCD6台。架设贯穿全乡84个村民小组的有线广播网，全乡广播覆盖率100%。

2010年，乡财政先后投入资金20万元购置演出服饰和音响设备，定做各类乐器以及各类演出道具，每月组织村民看一场电影，每周举办一次以“刀郎文化”为主题的文艺演出活动，每天村级喇叭阵地播报实时新闻、惠民政策等。组建20名农民群众文艺小分队，组织开展各类活动38场次。在重点场所和人员密集处设立文化宣传栏32个，依托文化阵地，举办摔跤、叼羊、斗鸡等民俗体育活动58场次，进一步丰富农村文化生活。

四、行政村简介

克孜勒阿瓦提村　该村位于克孜勒阿瓦提乡西南部8.5千米处，麦莎公路从村穿过，地势平坦，是一个以农业为主的行政村，辖4个村民小组。2010年年末，全村总人口334户1564人，由汉族、维吾尔族等民族组成。全村耕地面积6022亩，村级办公阵地1万平方米（含院落），村两委班子成员8人，党员38人，村民小组长4人，团员23人，低保户97户159人。

克孜勒吉村　该村位于克孜勒阿瓦提乡西南6.5千米处，麦莎公路从村穿过，地势平坦，是一个以农业为主的行政村，辖9个村民小组。2010年年末，全村总人口391户1888人，由汉族、维吾尔族等民族组成。全村耕地面积5938亩，村级办公阵地6600平方米（含院落），村两委班子成员7人，党员35人，村民小组长9人，团员29人，低保户144户221人。

皮依孜勒墩村　该村位于克孜勒阿瓦提乡南3千米处，麦莎公路从村穿过，地势平坦，是一个以农业为主的行政村，辖4个村民小组。2010年年末，全村总人口363户1631人，由汉族、维吾尔族等民族组成。全村耕地面积5893亩，村级办公阵地1000平方米（含院落），村两委班子成员7人，党员33人，村民小组长4人，团员22人，低保户98户167人。

奥依巴格村　该村位于克孜勒阿瓦提乡东南6.5千米处，东与塔克拉玛干大沙漠相连，其克勒克农场引水渠从村穿过，地势较平坦，是一个以农业为主的行政村，辖4个村民小组。2010年年末，全村总人口327户1505人，由汉族、维吾尔族等民族组成。全村耕地面积1.83万亩，村级办公阵地2105平方米（含院落），村两委班子成员8人，党员47人，村民小组长4人，团员31人，低保户81户129人。

代尔瓦孜库木村 该村位于克孜勒阿瓦提乡东南6千米处，东与塔克拉玛干大沙漠相连，地势平坦，是一个以农业为主的行政村，辖5个村民小组。2010年年末，全村总人口362户1797人，由汉族、维吾尔族、回族等民族组成。全村耕地面积1.03万亩，村级办公阵地1174平方米（含院落），村两委班子成员8人，党员48人，村民小组长5人，团员24人，低保户82户127人。

其格勒克阔坦村 该村位于克孜勒阿瓦提乡东部8千米处，东与塔克拉玛干大沙漠相连，地势平坦，是一个以农业为主的行政村，辖4个村民小组。2010年年末，全村总人口283户1346人，由汉族、维吾尔族等民族组成。全村耕地面积4953.1亩，村级办公阵地1250平方米（含院落），村两委班子成员8人，党员43人，村民小组长4人，团员20人，低保户102户215人。

阿都克阿勒迪村 该村位于克孜勒阿瓦提乡北部1千米处，麦莎公路从村穿过，地势平坦，是一个以农业为主的行政村，辖6个村民小组。2010年年末，全村总人口470户2040人，由汉族、维吾尔族等民族组成。全村耕地面积3681.6亩，村级办公阵地1601.5平方米（含院落），村两委班子成员8人，党员32人，村民小组长6人，团员29人，低保户115户181人。

喀赞库勒村 该村位于克孜勒阿瓦提乡东北部3.3千米处，地势平坦，是一个以农业为主的行政村，辖4个村民小组。2010年年末，全村总人口232户1130人，由汉族、维吾尔族等民族组成。全村耕地面积4200亩，村级办公阵地740平方米（含院落），村两委班子成员7人，党员35人，村民小组长4人，团员28人，低保户59户99人。

拉依当村 该村位于克孜勒阿瓦提乡西部6千米处，西隔提孜那甫河与莎车县相望，地势平坦，是一个以农业为主的行政村，辖4个村民小组。2010年年末，全村总人口197户977人，由汉族、维吾尔族等民族组成。全村耕地面积12771亩，村级办公阵地3450平方米（含院落），村两委班子成员8人，党员32人，村民小组长4人，团员18人，低保户94户181人。

色日克库勒村 该村位于克孜勒阿瓦提乡南部9.7千米处，是一个以农业为主的行政村，辖4个村民小组。2010年年末，全村总人口270户1327人，由汉族、维吾尔族等民族组成。全村耕地面积1.34万亩，村级办公阵地955平方米（含院落），村两委班子成员8人，党员38人，村民小组长4人，团员16人，低保户88户155人。

喀拉墩村 该村位于克孜勒阿瓦提乡西南部12.7千米处，西隔提孜那甫河与莎车县阿拉买提乡阔纳阿勒买提村相望，地处麦盖提县最南端，地势平坦，是一个以农业为主的行政村，辖4个村民小组。2010年年末，全村总人口213户1101人，由汉族、维吾尔族等民族组成。全村耕地面积5590亩，村级办公阵地968.06平方米（含院落），村两委班子成员7人，党员31人，村民小组长4人，团员24人，低保户75户126人。

亚塔库木村 该村位于克孜勒阿瓦提乡东部7.7千米处，东与塔克拉玛干大沙漠相连，地势平坦，是一个以农业为主的行政村，辖4个村民小组。2010年年末，全村总户数212户，总人口数1063人，由汉族、维吾尔族等民族组成。全村耕地面积6300亩，村级办公阵地850平方米（含院落），村两委班子成员8人，党员28人，村民小组长4人，团员23人，低保户73户141人。

乌库什墩村 该村位于克孜勒阿瓦提乡西南部3千米处，地势平坦，是一个以农业为主的行政村，辖4个村民小组。2010年年末，全村总人口232户1086人，由汉族、维吾尔族等民族组成。全村耕地面积2707亩，村级办公阵地1130平方米（含院落），村两委班子成员8人，党员34人，村民小组长4人，团员20人，低保户90户163人。

塔勒克村 该村位于克孜勒阿瓦提乡西北部4.5千米处，地势平坦，是一个以农业为主的行政村，辖7个村民小组。2010年年末，全村总人口64户2263人，由汉族、维吾尔族等民族组成。全村耕地面积 1.04 万亩，村级办公阵地 1.06 万平方米（含院落），村两委班子成员 7 人，党员 42 人，村民小组长 7 人，团员 24 人，低保户 186 户 366 人。

阔什吾斯塘村　该村位于克孜勒阿瓦提乡北部 2 千米处，麦莎公路从村穿过，地势平坦，是一个以农业为主的行政村，辖 4 个村民小组。2010 年年末，全村总人口 301 户 1461 人，由汉族、维吾尔族等民族组成.全村耕地面积4700亩，村级办公阵地7000平方米（含院落），村两委班子成员7人，党员 32 人，村民小组长 4 人，团员 21 人，低保户 134 户 209 人。

塔塔尔吾斯塘村　该村位于克孜勒阿瓦提乡西北部 3.5 千米处，北与尕孜库勒乡巴格阿瓦提相连，地势平坦，是一个以农业为主的行政村，辖 3 个村民小组。2010 年年末，全村总人口 220 户 1186 人，由汉族、维吾尔族等民族组成。全村耕地面积 3785 亩，村级办公阵地 930 平方米（含院落），村两委班子成员 8 人，党员 32 人村民小组长 3 人，团员 19 人，低保户 96 户 161 人。

阿特库都克村　该村位于克孜勒阿瓦提乡南部 0.5 千米处，麦莎公路从场穿过，是一个以种植业为主的行政村，辖 2 个村民小组。2010 年年末，全村总人口 503 户 2335 人，由汉族、维吾尔族等民族组成，全村耕地面积 2393 亩。村级办公阵地 1430 平方米（含院落），村两委班子成员 8 人，党员 36 人，村民小组长 2 人，团员 18 人，低保户 136 户 226 人。

英阿瓦提村　该村位于克孜勒阿瓦提乡东北 10 千米处，东与塔克拉玛干大沙漠相连，地势平坦，是一个以农场养殖为主的行政村，辖 5 个村民小组。2010 年年末，全村总人口 85 户 362 人，由汉族、维吾尔族等民族组成。全村耕地面积 7085.5 亩，村级办公阵地 2464 平方米（含院落），村两委班子成员 7 人，党员 36 人，村民小组长 5 人，团员 15 人，低保户 22 户 40 人。

古麻托卡依村　该村位于克孜勒阿瓦提乡东部 4.5 千米处，地势平坦，是一个以林业为主的行政村，辖 1 个村民小组。2010 年年末，全村总人口 67 户 295 人，由汉族、维吾尔族等民族组成。全村耕地面积 3750 亩，村级办公阵地 500 平方米（含院落），村两委班子成员 6 人，党员 24 人，村民小组长 1 人，团员 16 人，低保户 27 户 39 人。

第七节　库木库萨尔乡

一、概况

库木库萨尔乡地处塔克拉玛干沙漠西南边缘、叶尔羌河东岸，位于麦盖提县南部，距县城 7 千米，西面、南面均与尕孜库勒乡交界，东接塔克拉玛干沙漠，北与巴扎结米乡相连，地理坐标为北纬 38°　51′、东经 77°　39′。南北最长 12 千米，东西最宽 10 千米，行政区域总面积 12.2 万亩，耕地面积 5.36 万亩。地势较为平缓，平均海拔 1137.5 米，自然环境属温带大陆性半干旱半湿润冷凉气候，年平均气温 11.9°，自然降水年均 56.7 毫米。全年无霜期平均为 248 天，年平均日照时数为 2325.3 ~ 2769.1 小时。境内主要气象灾害：沙尘、干旱、冰雹、霜冻、洪水等。

2010 年年末，库木库萨尔乡辖行政村 12 个，即：夏普鲁克村、库木库都克村、铁米热克村、托万塔瓦尔克斯克村、尤库日塔瓦尔克斯克村、库木库萨尔村、尤库日哈迪勒克村、托万库木库萨尔村、胡木丹买里村、库木博斯坦村、托万哈迪勒克村、吐孜鲁克喀什村，共有村民小组 44 个，总人口 3469 户 1.44 万人，有汉族、维吾尔族、回族等 7 个民族。其中:汉族 1897 人，维吾尔族 1.25 万人，其他少数民族 23 人（回族 9 人、蒙古族 5 人、藏族 2 人、壮族 4 人、土家族 3 人），分别占总人口的 13.17%、86.67%、0.16%。

库木库萨尔乡拥有党组织 25 个，其中党委 1 个，党总支 12 个，党支部 12 个，拥有党员 526 人，团支部 13 个，团员 135 人，“四老人员”78 人。

二、经济发展

库木库萨尔乡以农业为经济主体，1991—2010 年间，库木库萨尔乡充分发挥地缘优势，坚持以农业增效、农民增收为目标，在稳定粮食生产的基础上进行产业结构优化，发展以棉花为主的种植业，做大做强以核桃为主的特色林果业，推行科学化、规模化养殖，农业生产总体水平加速向优质、高效、规模发展靠拢，农民生活水平连年稳步提高。截至 2010 年年末，全乡拥有农业机具 368 台，种植大户 69 户，农业生产总值达到 4132.22 万元，人均纯收入达 4816 元。农业生产总值较 1990 年翻了 6 番，农民人均纯收入较 1990 年，翻了三番，实现了经济快速增长。

棉花种植 全面推广六大精准技术的普及与应用，引进了扩繁适应性更好的“中棉 49 号”“中棉 43 号”“中棉 35 号”等品种，通过多次更新换代和提纯复壮以及“矮、密、早、膜、匀”技术的应用与推广，棉花产量逐年提升。2010 年，种植棉花 3 万亩，皮棉总产 3810 吨，平均单产 127 千克 / 亩，棉花总产较 1990 年翻了三番，单产提高了 33 千克 / 亩。

粮食生产 粮食种植主要包括小麦、玉米等作物，经过“冀麦 31”“新冬 20”等小麦新品种的引进与试验示范推广，以及增加肥料投入、提高水肥管理、化学除草的全面普及，粮食生产始终保持平稳态势。2010 年，全乡粮食种植总面积 2.47 万亩，粮食总产 1.13 万吨，平均单产 457.3 千克 / 亩。其中：小麦 1.42 万亩，总产 5921 吨，单产 416.9 千克 / 亩；玉米 1.05 万亩，总产 5376 吨，单产 512 千克 / 亩。

畜牧业 采取“公司 + 基地 + 农户”的经营模式，积极引导广大养殖户进行健康养殖，推行人畜分离、畜种分群饲养模式，实现规模化养殖和专业化分工，逐步解决养殖规模小而散的局面，形成集中连片的专业化、规模化、标准化生产新格局。推行科学饲喂、长草短喂、短草槽喂、“三贮一化”、饲草料合理搭配、母子分群饲养等技术。截至 2010 年年末，全乡拥有养殖大户 8 户，牲畜存栏数为 4.37 万头（只），其中：牛 5305 头（只），马 166 头（只），毛驴 1625 头（只），猪 361 头（只），山羊 3581 头（只），绵羊 3.26 万头（只）；家禽 19 万只（羽），其中鸡 14.3 万只（羽），鸭 3.1 万只（羽），鹅 1.6 万只（羽），人均占有家畜 1.8 头（只），家禽 19.4 只（羽）。

林果业 集中精力发展核桃、杏子种植，在现有耕地上发展高效果品生产，采用优良品种和矮化密植等先进的栽培技术进行设施栽培、保护地栽培和优质果苗培育，提高新植果树的成活率，实现林果业的规模经营和发展。2010 年年末，库木库萨尔乡拥有各种林果面积 6.98 万亩，其中核桃 4.03 万亩，杏子 2.84 万亩，红枣 1035 亩，其他 98 亩。全乡植树面积达 2.49 万亩，森林覆盖率达 11.4%。

1991—2010 年库木库萨尔乡基本情况一览表

表 1-3-7

年份（年）	总户数（户）	总人口（人）	少数民族人口（人）	年末耕地面积（亩）	棉花总产量（吨）	粮食总产量（吨）	年末牲畜存栏（头只）	经济总收入（万元）	农牧民人均纯收入（元）
1991	2103	9250	9026	39199.5	1513.50	5079	27320	705.6	816
1996	2177	9698	9436	41500.5	1800	5460	35000	1036	1326
2001	2253	10656	10399	46188	2198	6152	37800	2113	2155
2006	2880	11849	9996	52297.5	2974	7210	39600	3156	3363
2010	3469	14399	12502	53578.5	3810	11297	43651	4132.22	4816

设施农业 2010年年末，库木库萨尔乡种植陆地西、甜瓜1800亩，复播瓜500亩，色素辣椒2400亩，茴香380亩，万寿菊120亩，苜蓿800亩。

三、社会发展

新农村建设推进实施以来，库木库萨尔乡基础设施建设逐渐完善，在加强推进小城镇建设的过程中，不断改善村容村貌。截至2010年年末，全乡完成安居富民工程104户，拆除土围墙408米，全乡范围内实现自来水进村入户，通信信号覆盖率达95.4%，巩固"村村通"成果，修建村级公路6千米，防渗渠1.8千米，完成8千米道路的砂石硬化，路灯亮化2千米，开通县乡班车，日往返4班次，群众出行更加快捷方便。全乡实现通电、通信、通路、通水，基础设施进一步完善，人民生活水平显著提高。

严格按照教育体制改革内容推行素质教育，落实九年义务教育阶段的"两免一补"政策，不断提高农村学生受教育水平。2010年，库木库萨尔乡有小学3所，幼儿园1所，基础教育普及率达100%。有在校学生1000人，教职工84人，中级专业技术职务18人。投资300万元修建中心校综合楼。全乡适龄儿童入学率100%，九年义务教育普及率达98%以上，合格率100%。

库木库萨尔乡中心卫生院，是一所集预防、保健、医疗、急救、定点医疗为一体的综合性医院，是医疗保险、新型农牧区合作医疗定点机构之一。全年病床使用率为100%，治愈率为98.7%，死亡率为1.3%。2009年，医院实行院长负责、职工民主管理制，取得显著的成绩，门诊就诊人次达到1.54万人次，总收入137.9万元。集中人力、物力、财力建立卫生防疫网和承包责任制，各种疫苗接种率在99.58%以上，妇幼入保率达98.44%。12个行政村全部达到计划生育合格村，新农合参合率达100%。新型农村养老保险续保率达100%。

开展形式多样、内容丰富的各类活动1400场次，受众人数达27.6万人次，极大地丰富了群众精神文化生活；大力向群众宣传中共十九大和党的政策法规、民族团结好故事，组建乡村流动宣讲队16支，发放宣传单3500张，营造了浓郁的正信传播氛围。依托文化阵地，组织开展"歌颂伟大祖国"文艺会演，"感党恩，跟党走七·一文艺会演"等各类活动23场次，受众64.3万人次。

四、行政村简介

夏普鲁克村 该村位于麦盖提县城西南侧2千米处，距离库木库萨尔乡政府驻地6千米，是以一个以农业为主的行政村，辖4个村民小组。2010年年末，全村总人口345户1276人，由汉族、维吾尔族等民族组成。全村耕地面积2382亩，村级办公阵地350平方米，村两委班子成员8人，党员42人，村民小组长4人，团员10人，低保户112户194人。

库木库都克村 该村位于库木库萨尔乡北部2千米处，气候冷凉，是以一个以农业为主的行政村，辖4个村民小组。2010年年末，全村总人口394户1310人，由汉族、维吾尔族等民族组成。全村耕地面积3618亩，村级办公阵地880平方米，村两委班子成员10人，党员45人，村民小组长4人，团员9人，低保户95户113人。

铁米热克村 该村位于库木库萨尔乡东北部6千米处，气候冷凉，是一个农业为主的行政村，辖区4个村民小组。2010年年末，全村总人数517户1732人，由汉族、维吾尔族、回族，蒙古族等民族组成。全村耕地面积5550亩，村级办公阵地253平方米，村两委班子成员10人，党员54人，村民小组长4人，团员16人，低保户140户218人。

托万塔瓦尔克斯克村 该村位于库木库萨尔乡东部3千米处，气候冷凉，是以一个以农业为主的行政村，辖4个村民小组。2010年年末，全村总人口260户846人，由汉族、维吾尔族等民族组成。全村耕地面积4551亩，村级办公阵地120平方米，村两委班子成员7人，党员46人，村民小组长4

人，团员 11 人，低保户 104 户 163 人。

尤库日塔瓦尔克斯克村 该村位于库木库萨尔乡东北部 3 千米处，气候冷凉，是以一个以农业为主的行政村，辖 4 个村民小组。2010 年年末，全村总人口 313 户 1056 人，由维吾尔族组成。全村耕地面积 4656 亩，村级办公阵地 350 平方米，村两委班子成员 8 人，团员 14 人，村民小组长 4 人，党员 41 人，低保户 154 户 205 人。

库木库萨尔村 该村位于库木库萨尔乡南部 5000 米处，气候冷凉，是以一个以农业为主的行政村，辖 5 个村民小组。2010 年年末，全村总人口 503 户 1780 人，由汉族、维吾尔族，藏族、壮族等民族组成。全村耕地面积 4344 亩，村级办公阵地 400 平方米，村两委班子成员 8 人，党员 51 人，村民小组长 5 人，团员 13 人，低保户 129 户 161 人。

尤库日哈迪勒克村 该村位于库木库萨尔乡西南部 3 千米处，气候冷凉，是以一个以农业为主的行政村，辖4个村民小组。2010年年末，全村总人口 329 户 1153 人，由汉族、维吾尔族等民族组成。全村耕地面积 6324 亩，村级办公阵地 6600 平方米，村两委班子成员 8 人，党员 40 人，村民小组长 4 人，团员 32 人，低保户 112 户 160 人。

托万库木库萨尔村 该村位于库木库萨尔乡东部 3 千米处，气候冷凉，是以一个以农业为主的行政村，辖 4 个村民小组。2010 年年末，全村总人口 376 户 1383 人，由维吾尔族组成。全村耕地面积 5695 亩，村级办公阵地 1.07 万平方米，村两委班子成员 9 人，党员 60 人，村民小组长 4 人，团员 27 人，低保户 126 户 218 人。

胡木旦买里村 该村位于库木库萨尔乡北部 1 千米处，气候冷凉，是以一个以农业为主的行政村，辖 3 个村民小组。2010 年年末，全村总人口 289 户 1141 人，由汉族、维吾尔族土家族等民族组成。全村耕地面积 2836 亩，村级办公阵地 240 平方米，村两委班子成员 8 人，党员 36 人，村民小组长 3 人，团员 16 人，低保户 119 户人。

库木博斯坦村 该村位于库木库萨尔乡北部 5 千米处，气候冷凉，是以一个以农业为主的行政村，辖 3 个村民小组。2010 年年末，全村总人口 250 户 907 人，由汉族、维吾尔族等民族组成。全村耕地面积 2316 亩，村级办公阵地 320 平方米，村两委班子成员 8 人，党员 39 人，村民小组长 3 人，团员 18 人，低保户 97 户 114 人。

托万哈迪勒克村 该村位于库木库萨尔乡南部 4 千米处，气候冷凉，是以一个以农业为主的行政村，辖 3 个村民小组。2010 年年末，全村总人口 198 户 685 人，由汉族、维吾尔族等民族组成。全村耕地面积 4825 亩，村级办公阵地 120 平方米，村两委班子成员 7 人，党员 25 人，村民小组长 3 人，团员 35 人，低保户 42 户 121 人。

吐孜鲁克喀什 该村位于库木库萨尔人乡东部 12 千米处，气候冷凉，是以一个以农业为主的行政村，辖区 2 个村民小组。2018 年年末，全村总人口 94 户 328 人，由汉族、维吾尔族等民族组成。全村耕地面积 6840 亩，村级办公阵地 360 平方米，村两委班子成员 7 人，党员 30 人，村民小组长 2 人，团员 4 人，低保户 18 户 30 人。

第八节　昂格特勒克乡

一、概况

昂格特勒克乡位于叶尔羌河中下游东岸，距县城 6 千米，东北与央塔克乡相接，东南与巴扎结米乡相邻，西隔叶尔羌河与希依提墩乡相望，地理坐标为北纬 38° 945′ 、东经 77° 604′ 。南北长6千米，东西宽3.5千米，行政区域总面积2.8万亩，耕地面积2.81万亩。地势较为平缓，平均海拔1172米，自然环境属温带大陆性半干旱半湿润冷凉气候，热量丰富，日照充足，昼夜温差大，降水量极少，蒸发量极强，夏季炎热，冬季寒冷，春季多风沙，年平均温度12°，年极端最高温度43.5℃，最低温度-21.8℃，全年平均无霜期219天，年平均日照时数36.5小时。辖区内主要气象灾害：冰雹、霜冻、洪水、沙尘暴等。

2010年年末，昂格特勒克乡辖行政村4个。即：阿克布鲁买村、昂格特勒克村、喀什博依村、托万昂格特勒克村，共有村民小组16个，总人口1355户5904人，有汉族、维吾尔族2个民族，其中：汉族282人，维吾尔族5622人；分别占总人口的4.77%，95.23%。

昂格特勒克乡拥有党组织8个，其中：党委1个（昂格特勒克乡党委）；党支部7个（机关设党支部1个、村党支部4个、学校党支部1个、卫生院党支部1个）。拥有党员189人（农民党员148人），“四老人员”18人。团委1个，团支部4个，团员144人。

二、经济发展

昂格特勒克乡以种植业为经济发展主体，1991—2010年，昂格特勒克乡不断发展农业经济，发挥地域优势，始终坚持农业产业调整优化，多渠道促进农民增收。截至2010年年末，全乡拥有农民合作社8家，种植大户15户，全乡农业生产总值达到2441.92元，农民人均纯收入达4135.32元，农业生产总值较1991年翻了8番，农民人均纯收入较1991年翻了四番。

棉花种植　昂格特勒克乡坚持“主攻单产、增加总产、节本增效、增加农民收入”的棉花生产方针，在保证棉花播种面积的同时，不断施行科学施肥、高密度栽培技术，引进新品种，加强病虫害防治，努力提高单产，增加总产，促进农民增收。2010年，全乡种植棉花1.6万亩，棉花总产2048吨，皮棉单产128千克/亩。总产相比1991年翻了三番，单产提高了20.2千克。

粮食种植　昂格特勒克乡粮食种植以冬小麦、玉米为主，兼有其他少量粮食作物种植。不断引进耐旱、抗病性好的种植品种，大力推广小麦“多熟制”栽培，加强水肥管理及病虫害防治，确保粮食稳步增收。2010年，全乡粮食种植总面积1.01万亩，粮食总产4774吨，单产472.67千克/亩，其中：种植小麦6100亩，小麦总产2666吨，平均单产437.05千克/亩；种植玉米5000亩，玉米总产2108吨，平均单产421.6千克/亩。

畜牧业　昂格特勒克乡在畜牧业发展中，狠抓品种改良、提高饲养水平、保证饲草供给，不断加强动物疫病防治体系建设，保证了畜牧业健康快速发展。截至2010年年末，全乡畜存栏数1.47万头（只），其中：牛1791头（只）；马56头（只）；骆驼2头（只）；驴549头（只）；猪122头（只）；山羊1209头（只）；绵羊1.1万头（只）。家禽1.12万只（羽），其中鸡6253只（羽），鸭3106只（羽），鹅824只（羽），鸽子1062只（羽），人均占有家畜2.48头（只）、家禽1.89只（羽）。

林果业　昂格特勒克乡通过加大投入与落实各项技术措施，坚定不移地发展以红枣为主的特色林果产业。2010年年末，全乡套种红枣8600亩、核桃1900亩、苹果127亩、杏子12亩。全乡拥有自然林400.5亩，植树面积165亩，森林覆盖率达40%。

1991—2010年昂格特勒克乡基本情况一览表

表 1-3-8

年份（年）	总户数（户）	总人口（人）	少数民族人口（人）	年末耕地面积（万亩）	棉花总产量（吨）	粮食总产量（吨）	年末牲畜存栏（头只）	经济总收入（万元）	农牧民人均纯收入（元）
1991	1030	4243	4121	20.7	625	2390	10110	371.62	963.8
1996	1042	4253	4193	24.9	800	2790	12000	861.89	1156.85
2001	1046	4817	4590	27.76	964	3876	13645	1218.58	2186.77
2006	1250	4875	4658	33.65	1660	3900	18700	1763.48	3518.63
2010	1355	5940	5622	42.19	2048	4774	14739	2441.92	4738.32

设施农业 2010年年末，全乡种植大棚157座、小拱棚12座，种植地瓜95亩，复播瓜72亩，色素辣椒20亩、金银花63亩。

三、社会发展

新农村建设推进实施以来，昂格特勒克乡基础设施建设逐渐完善，在加快推进小城镇建设的过程中，不断改善村容村貌。截至2010年年末，全乡拆除土房150间，拆除土围墙2150米，全乡范围内实现自来水进村入户，通信信号覆盖率达100%，巩固“村村通”成果，有线电视覆盖率达80%，修建村级公路6千米，完成14千米道路的砂石硬化。全乡实现通电、通信、通路、通水，基础设施进一步完善，人民生活水平显著提高。

严格按照教育体制改革内容推行素质教育，落实九年义务教育阶段的“两免一补”政策，不断提高农村学生受教育水平。2010年，昂格特勒克乡有小学1所，幼儿园1所，共有在校学生1009人，其中：幼儿184人；小学生825人。共有教职工62人，其中：在岗教师57人，有高级专业技术人员14人，全乡基础教育普及率达99%，适龄儿童入学率100%，九年义务教育普及率达98%以上，合格率100%。

昂格特勒克乡卫生院，是一所集预防、保健、医疗、急救、定点医疗为一体的综合性医院，是医疗保险、新型农牧区合作医疗定点机构之一。全年病床使用率为91.6%，治愈率为87%。2010年，医院实行院长负责、职工民主管理制，取得显著的成绩，门诊就诊7630人次。集中人力、物力、财力建立卫生防疫网和承包责任制，各种疫苗接种率在92%以上，妇幼入保率100%。4个行政村全部达到计划生育合格村，新农合参合率100%。新型农村养老保险续保率100%。

2010年，昂格特勒克乡以乡文化站、广播站、大喇叭为载体具体落实宣传，大力宣传党的方针政策、国家法律法规，全年共开展各类政策宣讲256场次，受众2.96万人次；在国庆节、古尔邦节等期间，按照每村每周开展一次文体活动的要求，开展以“歌唱祖国”“勤劳致富”等为主题的各种文艺会演12场次，受众人数达3600人次。开展篮球赛6场、羽毛球赛4场、拔河比赛13场，参赛600人次，受众5900人次，丰富了农民群众的业余文化生活。

四、行政村简介

阿克布鲁买村 该村位于昂格特勒克乡东北部1.9千米处，气候冷凉，是一个以农业为主的行政村，辖5个村民小组。2010年年末，全村总人口423户1870人，由汉族、维吾尔族组成。全村耕地面积5708亩，村级办公阵地389平方米，村两委班子成员9人，党员46人，村民小组长5人，团员

42 人，低保户 185 户 310 人。

昂格特勒克村　该村位于昂格特勒克乡西北部 0.3 千米处，气候冷凉，是以一个以农业为主的行政村，辖 3 个村民小组。2010 年年末，全村总人口 221 户 1044 人，由汉族、维吾尔族组成，全村耕地面积 3216 亩，村级办公阵地 205 平方米，村两委班子成员 7 人，党员 25 人，村民小组长 3 人，团员 32 人，低保户 49 户 100 人。

喀什博依村　该村位于昂格特勒克乡西部 1.1 千米处，气候冷凉，是以一个以农业为主的行政村，辖 3 个村民小组。2010 年年末，全村总人口 295 户 1135 人，由汉族、维吾尔族组成，全村耕地面积 7479.4 亩，村级办公阵地 164 平方米，村两委班子成员 7 人，党员 35 人，村民小组长 3 人，团员 30 人，低保户 96 户 157 人。

托万昂格特勒克村　该村位于昂格特勒克乡西北部 2 千米处。气候冷凉，是以一个以农业为主的行政村，辖 5 个村民小组。2010 年年末，全村人口 530 户 1885 人，由汉族、维吾尔族组成。全村耕地面积 6930 亩，村级办公阵地 370 平方米，村两委班子成员 9 人，党员 43 人，村民小组长 5 人，团员 40 人，低保户 163 户 317 人。

第九节　库尔玛乡

一、概况

库尔玛乡位于麦盖提县城北部，距县城 53 千米，北连胡杨林场，南与吐曼塔勒乡相邻，西隔叶尔羌河与巴楚县色力布亚镇相望，东与新疆生产建设兵团四十五团接壤。地理位置坐标为北纬 39°　22′　、东经 77°　85′　。南北最长 37 千米，东西最宽 18 千米，行政区域总面积 27 万亩，耕地面积 12.29 万亩。地势较为平缓，平均海拔 1178.3 米，自然环境属温带大陆性干旱气候，自然降水年均 53.8 毫米，热量丰富，日照充足，昼夜温差大，降水量极少，夏季炎热，冬季寒冷，春秋温润。年平均温度 12.3℃，年极端最高温度 41.1℃，最低温度 -23.3℃。全年无霜期平均为 221 ~ 228 天，年平均日照时数为 2813.5 小时。境内主要气象灾害：冰雹、干旱、霜冻、沙尘暴等。

2010 年年末，库尔玛乡辖行政村 8 个，即：红光村、恰斯村、铁热木买里斯村、布喀帕塔村、塔木墩村、萨其喀克村、博斯坦村、比尔艾格孜村，共有村民小组 49 个，总户数 3467 户 1.44 万人，有汉族、维吾尔族、回族、壮族、藏族、土家族 6 个民族。其中：汉族 3429 人，维吾尔族 1.08 万人，回族 146 人，其他民族 4 人。分别占总人口的 23.77%、75.1%、1.01%、0.12%。

二、经济发展

库尔玛乡种植业为经济发展主体，1991—2010 年，库尔玛乡以农业增产，农民增收为主要目标，大力发展农村经济，不断调整优化产业结构，实施畜牧品种改良，乡域经济实现较快发展，农民生活水平不断提高。截至 2010 年年末，全乡拥有农业机具 193 台，农民合作社 3 家，种植大户 39 户，农业生产总值达到 4136.12 万元，农民人均纯收入达 4363.98 元，农业生产总值较 1991 年翻了三番，农民人均收入较 1991 年提高了 3048.6 元。

棉花种植　库尔玛乡坚持“主攻单产、增加总产、节本增效、增加农民收入”的棉花生产方针，施行科学施肥、高精度栽培技术，引进新品种，加强病虫害防治，努力提高单产，增加总产，促进农民增收。2010 年，全乡种植棉花 7.05 万亩，棉花总产 9024 吨，皮棉单产 128 千克 / 亩，总产比 1991 年增加 5959.5 吨，单产比 1991 年提高 6.2 千克 / 亩。

粮食种植　库尔玛乡粮食主要作物以小麦为主，玉米为辅，通过引进“冀麦 31”“新冬 20”等冬小麦品种以及优良玉米品种，坚持稳定面积，加强田间管护与病虫害防治，单产不断得到提高。2010年末，全乡粮食种植总面积3.06万亩，粮食总产1.45万吨，平均单产474.47千克/亩。其中：小麦种植面积1.56万亩，总产6599吨，平均单产423.01千克/亩；玉米种植面积1.5万亩，总产7920吨，平均单产528千克/亩。

畜牧业 库尔玛乡在畜牧业发展中，狠抓品种改良、注重疫病防治、提高饲养水平、保证饲草供给，把畜牧业作为农民持续增收的后续产业抓紧抓好。2010年年末，全乡有养殖大户75户，牲畜存栏数4.42万头（只），其中：牛5374头（只）；马168头（只）；驴1646头（只）；猪366头（只）；骡48头（只）；骆驼42头（只）；山羊3627头（只）；绵羊3.2947万头（只）。家禽存栏8.32只（羽），其中鸡7.9万只（羽），鸭2241只（羽），鹅1935只（羽），人均占有家畜3头（只），家禽4只（羽）。

林果业 在科学管护、节水灌溉、病虫害防治上发劲用力。2010年年末，库尔玛乡拥有各种林果面积5.48万亩，其中：红枣4.53万亩，苹果100亩，黄桃2700亩，杏子6700亩。

1991—2010年库尔玛乡基本情况一览表

表1-3-9

年份（年）	总户数（户）	总人口（人）	少数民族人口（人）	年末耕地面积（亩）	棉花总产量（吨）	粮食总产量（吨）	年末牲畜存栏（头、只）	经济总收入（万元）	农牧民人均纯收入（元）
1991	2225	10482	7889	73.5	3064.5	6600	40470	1271.82	1315.38
1996	2020	10527	7908	79.5	3550	7910	45000	1846.63	1896.15
2001	2332	10719	8081	952125	5184	8860	48310	2514.75	2469.63
2006	3127	12382	9163	1337805	6827	10268	49200	3323.61	3219.61
2010	3467	14422	10993	1843245	9024	14519	44218	4136.12	4363.98

设施农业 2010年年末，库尔玛乡种植陆地瓜910亩，小拱棚瓜50亩，复播瓜1100亩，茴香1.9万亩。

三、社会发展

新农村建设推进实施以来，库尔玛乡基础设施建设逐渐完善，在加强推进小城镇建设的过程中，不断改善村容村貌。全乡范围内实现通信信号覆盖率100%，修建村级公路9.1千米，防渗渠6.7千米，完成3.9千米道路的砂石硬化，路灯亮化1.2千米，客运站开设客运班次8次，群众出行更加快捷方便。全乡实现通电、通信、通路、通水，基础设施进一步完善，人民生活水平显著提高。

严格按照教育体制改革内容推行素质教育，落实九年义务教育阶段的"两免一补"政策，不断提高农村学生受教育水平。2010年，库尔玛乡有初级中学2所，小学6所，幼儿园1所，基础教育普及率达98%，在校学生共1988人，教职工179人，全乡适龄儿童入学率100%，九年义务教育普及率98%以上，合格率100%。

库尔玛乡中心卫生院始建于1957年，是一所集预防、保健、医疗、急救、定点医疗为一体的综合性医院，是医疗保险、新型农牧区合作医疗定点机构之一。全年病床使用率91%，治愈率96.3%，死亡率0.02%。2010年，门诊就诊4639人次，各种疫苗接种率96%以上，妇幼入保率97.5%。8个行政村全部达到计划生育合格村，新农合参合率达100%。新型农村养老保险续保率100%。

2010年，库尔玛乡充分利用广播电视、农村大喇叭、微信公众平台等宣传媒体在全乡范围内营造和谐氛围，开展以爱国教育法治等为主题的宣讲 513 场次，受教育群众 9.3 万人次，将党的现行方针传递到每家每户；发放援疆电视 392 台，免费维修卫星接收器 2313 个；依托乡文化站开展形式多样、内容丰富的文体活动，全年举办各类文艺活动 163 场次，举办体育竞赛活动 7 场，受众 8.3 万人次。

四、行政村简介

红光村 该村位于库尔玛乡东南部 5 千米处，气候较冷，是一个以农业为主的行政村，辖 18 个村民小组。2010 年年末，全村总人口 1193 户 3953 人，由汉族、维吾尔族、回族、藏族、土家族等民族组成。全村耕地面积 2.98 万亩，村级办公阵地 1500 平方米（含院落），村两委班子成员 11 人，党员 103 人，村民小组长 18 人，团员 12 人，低保户 182 户 274 人。

恰斯村 该村位于库尔玛乡东北部 9 千米处，气候较冷，是一个以农业为主的行政村，辖 4 个村民小组。2010 年年末，全村总人口 143 户 674 人，由汉族、维吾尔族等民族组成。全村耕地面积 1.16万亩，村级办公阵地9612平方米（含院落），村两委班子成员7人，党员27人，村民小组长5人，团员 21 人，低保户 34 户 78 人。

铁热木买里斯村 该村位于库尔玛乡东北部 1.3 千米处，气候较冷，是一个以农业为主的行政村，辖 4 个村民小组。2010 年年末，全村总人口 625 户 2525 人，由汉族、维吾尔族、回族、壮族等民族组成。全村耕地面积 1.79 万亩，村级办公阵地 1600 平方米（含院落），村两委班子成员 9 人，党员 43 人，村民小组长 5 人，团员 58 人，低保户 201 户 385 人。

布喀帕塔村 该村位于库尔玛乡东南部 7 千米处，气候较冷，是一个以农业为主的行政村，辖 4 个村民小组。2010 年年末，全村总人口 217 户 873 人，由汉族、维吾尔族等民族组成。全村耕地面积7267亩，村级办公阵地800平方米（含院落），村两委班子成员7人，党员23人，村民小组长4人，团员 37 人，低保户 45 户 111 人。

塔木墩村 该村位于库尔玛乡西南部 6 千米处，气候较冷，是一个以农业为主的行政村，辖 4 个村民小组。2010 年年末，全村总人口 316 户 1048 人，由汉族、维吾尔族等民族组成。全村耕地面积 8965 亩，村级办公阵地 2600 平方米（含院落），村两委班子成员 8 人，党员 33 人，村民小组长 4 人，团员 45 人，低保户 101 户 154 人。

萨其喀克村 该村位于库尔玛乡南部 8 千米处，气候较冷，是一个以农业为主的行政村，辖 5 个村民小组。2010 年年末，全村总人口 423 户 1655 人，由汉族、维吾尔族等民族组成。全村耕地面积 1.28 万亩，村级办公阵地 2330 平方米（含院落），村两委班子成员 7 人，党员 42 人，村民小组长 5 人，团员 25 人，低保户 188 户 256 人。

博斯坦村 该村位于库尔玛乡西南部 3 千米处，气候较冷，是一个以农业为主的行政村，辖 5 个村民小组。2010 年年末，全村总人口 462 户 1668 人，由汉族、维吾尔族等民族组成。全村耕地面积 8141 亩，村级办公阵地 2240 平方米（含院落），村两委班子成员 9 人，党员 32 人，村民小组长 5 人，团员 57 人，低保户 78 户 241 人。

比尔艾格孜村 该村位于库尔玛乡北部 3 千米处，气候较冷，是一个以农业为主的行政村，辖 5 个村民小组。2010 年年末，全村总人口 396 户 1396 人，由汉族、维吾尔族等民族组成。全村耕地面积 1.67 万亩，村级办公阵地 7326 平方米（含院落），村两委班子成员 7 人，党员 28 人，村民小组长 4 人，团员 32 人，低保户 74 户 204 人。

第十节　麦盖提镇

一、概况

麦盖提镇地处麦盖提县城西南角，东与巴扎结米乡乌尔达库勒村相邻，南与巴扎结米乡巴扎结米村接壤，西与巴扎结米乡恰木古鲁克村相交，北与巴扎结米乡阔什艾肯村为界，地理坐标为北纬38° 53′、东经77° 38′。行政区域总面积2.34万亩，自然环境属温带大陆性半干旱半湿润冷凉气候，平均海拔1153米，地势较为平缓，冬季寒冷，夏季炎热，光照充足，昼夜温差大，降水量少，蒸发量大，历年平均温度11.8°，极端最高气温达40°，极端最低温 -22.4°，自然降水年均41.8毫米。全年无霜期平均为223 ~ 229天，年平均日照时数为2823.7小时，境内主要气象灾害：雷暴、冰雹、干旱、霜冻、沙尘暴等。

2010年年末，麦盖提镇辖行政社区7个，即：乌尔达库勒社区、古再尔社区、帕合塔巴扎社区、巴扎结米社区、博勒喀吾斯塘博依社区、英巴扎社区、英买里社区。至2010年年底，全镇总人口1万户3.53万人，有汉族、维吾尔族、回族、蒙古族、藏族、满族、壮族、土家族、哈萨克族、乌孜别克族10个民族，其中：汉族7472人，维吾尔族2.76万人，其他少数民族250人，分别占总人口的21.1%、78.2%、0.7%。

2010年年末，麦盖提镇有党组织9个，其中党委1个，党支部8个，拥有党员145人，“四老人员”7人，团委1个，团支部8个，团员185人，妇女联合委员会1个。

二、经济发展

麦盖提镇以个体经济发展为主体，由于地理因素的制约，麦盖镇农业发展不成规模，主要由居民在自家庭院中发展，服务业、批发零售业、住宿和餐饮业等第三产业发展迅猛。截至2010年年末，麦盖提镇生产总值6564.85万元，居民人均纯收入4863.52元。生产总值比1991年翻了五番，居民人均收入提高3647.38元。

三、社会发展

新城镇建设推进实施以来，麦盖提镇基础设施建设逐渐完善，在加强推进小城镇建设的过程中，不断改善社区环境。截至2010年年末，全镇逐步实现范围内实现通电、通信、通水，公路、路灯等基础设施进一步完善，群众出行更加快捷方便，人民生活水平显著提高。持续推进绿化工程，优化人居环境，栽种法桐、胡杨、柳树等累计6000株。有卫生院1座，每季度组织育龄妇女开展孕检，累计体检3.65万人次，发放计生用具1.52万套，做好幼儿防疫，发放糖丸、接种疫苗等，受益儿童8300人。

2010年，麦盖提镇每个社区组建10名居民组成的文艺小分队，组织开展各类活动86场次。在重点场所和人员密集处设立文化宣传栏9个。每个社区均建有文化室、图书室，依托文化阵地，社区开展丰富多彩的图书免费借阅、读书活动等。经常性组织居民开展各类文体活动，如：红歌比赛、足球比赛、篮球比赛、拔河比赛、刀郎舞比赛等，丰富群众文化生活，提高居民的满足感和幸福感。

四、社区简介

乌尔达库勒社区　乌尔达库勒社区位于麦盖提镇东北面，辖区面积2.1平方千米。2010年年末，乌尔达库勒社区总人口1394户4049人，由汉族、维吾尔族、回族、蒙古族、藏族、满族等民族组成。社区办公阵地1452.56平方米，社区两委班子成员7人，党员37人，团员21人，低保户510户1210人。

古再尔社区　古再尔社区位于麦盖提镇东北面，辖区面积 2.7 平方千米。2010 年年末，古再尔社区总人口 2073 户 5771 人，由汉族、维吾尔族、壮族、土家族、哈萨克族、乌孜别克族等民族组成。社区办公阵地 1922.56 平方米，社区两委班子成员 5 人，党员 16 人，团员 33 人，低保户 286 户 917 人。

帕合塔巴扎社区　帕合塔巴扎社区位于麦盖提镇西北面，辖区面积 0.9 平方千米。2010 年年末，帕合塔巴扎社区总人口 1270 户 3623 人，由汉族、维吾尔族、壮族、土家族等民族组成。社区办公阵地 1104 平方米，社区两委班子成员 5 人，党员 28 人，团员 17 人，低保户 167 户 450 人。

巴扎结米社区　巴扎结米社区位于麦盖提镇中心处，辖区面积 9000 平方千米。2010 年年末，巴扎结米社区总人口 1078 户 4218 人，由汉族、维吾尔族等民族组成。社区办公阵地 600 平方米，社区两委班子成员 5 人，党员 9 人，团员 13 人，低保户 137 户 423 人。

博勒喀吾斯塘博依社区　博勒喀吾斯塘博依社区位于麦盖提镇北面，辖区面积 1.1 平方千米。2010 年年末，博勒喀吾斯塘博依社区总人口 1187 户 3077 人，由汉族、维吾尔族等民族组成。社区办公阵地 1452.56 平方米，社区两委班子成员 7 人，党员 11 人，团员 21 人，低保户 637 户 1534 人。

英巴扎社区　英巴扎社区位于麦盖提镇东北面，辖区面积 8000 平方千米。2010 年年末，英巴扎社区总户数 1023 户，总人口数 3220 人，由汉族、维吾尔族等民族组成。社区办公阵地 950 平方米，社区两委班子成员 7 人，党员 11 人，团员 13 人，低保户 346 户 764 人。

英买里社区　英买里社区位于麦盖提镇北面，辖区面积 0.9 平方千米。2010 年年末，英买里社区总人口 936 户 2672 人，由汉族、维吾尔族、哈萨克族、乌孜别克族等民族组成。社区办公阵地 960 平方米，社区两委班子成员 5 人，党员 12 人，团员 22 人，低保户 308 户 709 人。

第十一节　胡杨林场

一、概况

麦盖提县胡杨林场位于县城东北部，与巴楚县交界，地处叶尔羌河下游南岸，距县城 98 千米，东邻塔克拉玛干沙漠，南与新疆生产建设兵团第三师四十五团相接，西与巴楚县色力布亚镇隔河相望，北与新疆生产建设兵团第三师四十八团相邻，地理位置为北纬 43°　64′　、东经 77°　49′　。南北最长 20 千米，东西最宽 160 千米，辖区总面积 43 万亩，耕地面积 1.28 万亩，自然环境属极端干旱少雨的典型的大陆性气候，自然降水年均 40 毫米，冬长夏短，没有明显的四季之分，只有冷暖之别。年平均温度 11.8℃，年极端最高温度 40℃（1966 年 9 月），最低温度 -22.4℃（1967 年 1 月）。全年无霜期平均为 210 ～ 220 天。境内主要气象灾害：沙尘暴、洪水等。

麦盖提县胡杨林场 1963 年建场，属全民所有制国营林场，全额拨款事业单位，主要承担森林管护、老林更新、生态林保护等任务。2010 年，胡杨林场党支部内设党建办、财务、森林防火、社会事务等综合服务办公室。胡杨林场辖护林点 8 个，即：夏勒库都克护林点、检查站、卓尔汗库库勒护林点、喀尔墩护林点、渡口护林点、阔热力勒克护林点、玉寄阿恰勒护林点、艾吉克护林点。林场总人口 75 户 268 人，有汉族、维吾尔族 2 个民族，其中：汉族 508 人；维吾尔族 210 人。分别占总人口的 70.8%、29.2%。有党支部 1 个，党员 3 人。

二、经济发展

胡杨林场以林业为经济发展主体，充分发挥自身优势大力发展林业经济，农民生活水平不断提高。截至 2010 年年末，全场拥有农业机具 24 台，种植大户 19 户，农业生产总值 235.5 万元，人均纯收入 4281.12 元。

棉花种植 加强田间管理，引进耐旱耐病新品种，不断加强病虫害防治，棉花产量不断提高。2010 年，种植棉花 1 万亩，棉花总产 1235.6 吨，皮棉单产 123.56 千克 / 亩。

粮食种植 粮食种植种以小麦、玉米为主，按照“稳定面积、提高单产、增加总产”的原则，增加肥料投入，提高水肥管理，推广应用化学除草，粮食生产始终保持平稳态势。2010 年，粮食播种面积 1543 亩，粮食总产 700 吨，平均单产 453.66 千克 / 亩。

畜牧业 胡杨林场畜牧业生产具有得天独厚的优势，天然饲草胡杨叶、杨树叶丰富，以放养为主，畜产品品质上佳。2010 年年末，全场有养殖大户 6 户，牲畜存栏 1342 头（只），其中：牛 59 头（只）；羊 1258 头（只）；马 25 头（只）。家禽 513 只（羽）；其中鸡 395 只（羽）；鸭 57 只（羽）；鹅 61 只（羽）。

林业 1991 年年初，麦盖提县胡杨林场经营面积为 83.4 万亩，共有 18 个护林点。2000 年，根据喀什地区行署相关要求，将部分护林点划巴楚县管理，只剩下 8 个护林点，护林面积 27.8 万亩，其中：林业用地面积 13.69 万亩；非林业用地面积 14.11 万亩。林区主要有胡杨、柽柳、沙棘等树种，野生动物包括黄羊、野鸡、塔里木兔、野猪等，境内有沙梁、沙包、碱坑。2010 年，胡杨林场拥有国家级公益林面积 12 万亩，一般公益林面积 2.48 万亩，宜林地面积 0.96 万亩。

1991—2010 年胡杨林场基本情况一览表

表 1-3-10

年份（年）	总户数（户）	总人口（人）	少数民族人口（人）	年末耕地面积（亩）	棉花总产量（吨）	粮食总产量（吨）	年末牲畜存栏（头只）	经济总收入（万元）	农牧民人均纯收入（元）
1991	31	113	105	3991.8	212.4	81	1958	29.62	1032.21
1996	43	161	142	6023.1	431.8	215	1742	93.35	2305.74
2001	54	186	181	8989.05	831.7	362	1590	115.54	2463.21
2006	67	201	203	11499.1	1106.5	500	1426	159.74	3040.14
2010	75	268	210	12807.6	1235.6	700	1342	235.5	3281.12

三、社会发展

新农村建设推进实施以来，胡杨林场基础设施建设逐渐完善，在加强推进小城镇建设的过程中，不断改善村容村貌。截至 2010 年年末，拆除土房 14 间，拆除土围墙 324 米，全场范围内实现自来水进点入户，通信信号覆盖率 100%，有线电视覆盖率 98.1%。修建村级公路 2.6 千米，完成 8.1 千米道路的砂石硬化，群众出行更加快捷方便。全场实现通电、通信、通水，基础设施进一步完善，人民生活水平进一步提高。

1991 年，胡杨林场场部位于下夏勒库都克护林点。1999 年 6 月，老场部被洪水淹没，随即投入资金 35.7 万元于渡口护林点区修建场部新办公阵地，并于当年 11 月投入使用，新场部占地面积 1850 平方米，其中：办公用房面积 260 平方米；宿舍面积 214 平方米；院落规划 1376 平方米。

胡杨林场无学校，职工子女就读于附近乡镇或县城学校，做到应入尽入。2010 年，胡杨林场新农合参合率 100%。新型农村养老保险续保率 100%。

2010 年，胡杨林场以“防火救灾”为主题，组织力量深入各护林站进行护林防火宣传，共发放护林防火宣传手册116份，张贴护林防火通告139份，钉挂护林防火牌20块，出动宣传车辆60辆次，受教育群众300人次，干部群众的护林防火意识不断提高，营造全民护林防火氛围；每季度组织群众开展防火演练1次，提高护林人员和干部群众的应急防火能力。

四、护林点简介

夏勒库都克护林点 该护林点1975年设立，夏勒库都克（维吾尔语）意即木板井，因麦盖提县养路队六道班在此挖了一口井，在井周围安装了木板，随后流沙将井淹没，因而得名。2010年年末，该护林点有护林员2人，护林面积3.2万亩，林区特产主要有胡杨蘑菇、甘草，树种主要有胡杨、红柳等。

检查站 该护林点1959年设立，位于场部东南方向6千米处，因林场在此处同时设检查站和护林点因而得名。2010年年末，该护林点护林员2人，护林面积3.4万亩，林区特产主要有肉苁蓉，树种主要有胡杨、红柳、梭梭等。

卓尔汗库库勒护林点 该护林点于1956年设立，位于场部西部14千米处。卓尔汗库库勒（维吾尔语）意即小孩头上一撮毛，约110年前有个叫卓尔汗的牧民，将他房前一颗梧桐树枝砍光，只留顶部一根树条作为标记，人们比作小孩头上的一撮头发，故得名，后成为林区片名。2010年年末，该护林点有护林员2人，护林面积4万亩，特产主要有甘草，树种主要有胡杨、白杨树、红柳、沙枣、梭梭等。

喀尔墩护林点 该护林点于1959年设立，位于场部西部6千米处，喀尔墩（维吾尔语）意为黑色土包，约120年前人们在这里打猎，晚上在大沙包上住宿，因土包表面黑色，故得名，后成为林区片名。2010年年末，该护林点有护林员2人，护林面积3.6万亩。特产主要有肉苁蓉、甘草，树种主要有胡杨、沙枣、白杨树等。

渡口护林点 该护林点1976年设立，位于场部北部1千米处，因该护林点设立在麦巴公路叶尔羌河渡口附近，故得名。2010年年末，该护林点有护林员1人，护林面积3.6万亩，特产主要有甘草，主要有胡杨、沙枣、白杨树等。

阔热力勒克护林点 该护林点1971年设立，位于场部东27千米处。库热力勒克（维吾尔语）意即霜湖，因此处有个大碱湖，湖内生长着茂盛的芦苇，每年冬天芦苇结成白花花的霜花，人们故称此湖为“阔如勒克库勒”，后演变为阔热力勒克，由此而得名，后成为林区片名。2010年年末，该护林点有护林员1人，护林面积5.1万亩，特产主要有胡杨蘑菇、甘草，树种主要有胡杨。

玉寄阿恰勒护林点 该护林点1971年设立，位于场部东8千米处。玉奇阿恰勒（维吾尔语）意即三叉河，因叶尔羌河下游在该处形成两条支流，故得名，因护林点设在叶河分叉地段，故称玉奇阿恰勒护林点。2010年年末，该护林点有护林员1人，护林面积3.7万亩，特产主要有甘草，树种主要有胡杨、沙枣等。

艾吉克护林点 该护林点1977年设立，位于场部西北5千米处。艾吉克（维吾尔语）意即维吾尔民族常用的一种民族乐器，因此处有一个大沙梁，远看好像“艾吉克”故得名。2010年年末，该护林点有护林员1人，护林面积3.7万亩，特产主要有甘草，树种主要有胡杨、沙枣等。

第十二节 五一林场

一、概况

五一林场位于麦盖提县城东北面4.5千米处，北靠第三师前进水库干渠，南接巴扎结米乡尤勒滚鲁克村，东与第三师前进水库管理处接壤，西和巴扎结米乡库台克勒克村为邻，海拔高度1150 ~ 1190米，地理坐标为北纬38° 55'27"、东经77° 41'37"。总面积6.3万亩，耕地面积6678.8亩，天然胡杨林2.45万亩，用材林面积1914.59亩，经济林面积2004.65亩。自然环境属干旱少雨的大陆性气候，热量极为丰富，日照充足，降水很少，蒸发性强，无霜期长，四季气候较为分明，夏季炎热，冬季不寒，春季多风沙，秋季秋高气爽，年平均气温11.8℃，极端最高气温达40℃，极端最低气温为-21.4℃，全年平均无霜期214天，全年太阳照射有效时数2806.3小时。境内主要气象灾害：冰雹、干旱、寒潮、霜冻。

五一林场成立于1959年5月1日，原属全民所有制国营林场，全额拨款事业单位，2004年3月改制为自负盈亏的企业单位。五一林场长期以来是民汉镶嵌式居住式的国营林场，具有民族团结的优良传统，是民族团结模范区。五一林场是以林果业为主，农、牧结合的绿洲灌溉林区，主要盛产以红富士、青香蕉、国光、黄元帅等为主的苹果，还有红枣、冬枣，砀山梨、香蕉梨、库尔勒香梨、冬香梨，油桃、蟠桃、中华寿桃、仙桃、水蜜桃、毛桃、土桃、李光桃等，核桃、海棠果、西梅等各类果品及其他经济作物。2010年年末，五一林场有果园3460亩，果树品种20多种，年产各类干、鲜果品2025吨，是麦盖提县果品产销基地之一。

2010年，五一林场党政机关内设党政办1个、宣传办公室1个、计生办公室1个、民政办1个等综合服务机构。辖生产队3个，即：五一林场一队、二队、三队。总人口302户1010人，有汉族、维吾尔族、回族、藏族4个民族，其中汉族463人，维吾尔族515人，其他民族32人，分别占总人口的45.8%、51%、3.2%。有党员党支部1个，党员17人，“四老人员”26人，退休职工7人。

二、经济发展

五一林场以林果业种植为经济发展主体，1991—2010年间，因地制宜，合理布局，不断进行林果提质增效，确保农民增收。2010年，五一林场总产值614万元，人均收入6080元。较1991年增加5330元，翻了7番。

粮食种植 五一林场粮食种植以冬小麦为主，玉米为辅，兼有其他少量粮食作物种植。1991—2010年，按照“稳定面积、提高单产、增加总产”的原则，确保粮食稳步增收。2010年粮食播种面积770亩，总产294.7吨，平均单产382.72千克/亩，其中：种植小麦420亩，总产151.2吨，单产360千克/亩；种植玉米350亩，总产量143.5吨，单产410千克/亩。

棉花种植 加强水肥管理，推广精准栽培技术，加强病虫害防治，不断提高单产，增加总产，促进农民增收。2010年，种植棉花1.15万亩，总产量1621.5吨，皮棉单产141千克/亩，较1991年增加26.3千克/亩。

林果业 认真落实林果业管护措施，按照改良土壤的要求对林场果树地增施有机肥，减少农药用量，合理拉开打药区间，使果品的品质、产量得到双提高。2010年年末，五一林场种植红枣1578亩，冬枣450亩，植梨480亩，苹果652亩，杏子150亩，桃子550亩，核桃50亩。

畜牧业 鼓励农民群众发展庭院养殖业，注重草料供给，推行长草短喂，提高饲草料利用率，使畜牧业成为农民群众收入的补充。2010年年末，五一林场牲畜存栏860头（只），其中：猪13头（只）；牛68头（只）；马8头（只）；毛驴11头（只）；绵羊760头（只）。

1991—2010 年五一林场基本情况一览表

表 1-3-11

年份（年）	总户数（户）	总人口（人）	少数民族人口（人）	年末耕地面积（亩）	水果产量（吨）	棉花总产量（吨）	粮食总产量（吨）	年末牲畜存栏（头、只）	经济总收入（万元）	农牧民人均纯收入（元）
1991	201	936	515	198	76	71.6	98.63	903	81.21	867.36
1996	216	996	545	1284	639	108.8	132.36	954	235.93	2368.28
2001	248	998	551	3394.5	1178	643.5	168.63	852	319.44	3200.41
2006	273	1001	556	5758.5	1733	1189.3	213.63	786	421.1	4206.16
2010	302	1010	558	6678.8	2025	1897.5	294.7	860	614	6080.96

三、社会发展

新农村建设推进实施以来，五一林场基础设施建设逐渐完善，在加强推进小城镇建设的过程中，不断改善村容村貌。截至 2010 年年末，全场完成安居富民工程 10 户，拆除土房 32 间，拆除土围墙 324 米，全场范围内实现自来水进村入户，通信信号覆盖率 100%，有线电视覆盖率 95.6%，修建村级公路 5.2 千米，完成 6.6 千米道路的砂石硬化，群众出行更加快捷方便。全场实现通电、通信、通水，基础设施进一步完善，人民生活水平显著提高。

2010 年年末，五一林场有小商品店 3 家，拥有一座 200 平方米的果品冷库，拥有在岗职工 16 人。

严格按照教育体制内容改革推行素质教育，落实九年义务教育阶段的“两免一补”政策，不断提高农村学生受教育水平。2010 年，五一林场有小学 1 所，幼儿园 1 所，基础教育普及率 100%，在校师生共计 286 人，其中：学生 268 人；教职工 18 人。中级专业技术职务 6 人。全场适龄儿童入学率 100%，九年义务教育普及率 98% 以上，合格率 100%。

2010 年，五一林场投入资金购买演出服装、道具、音响，建文艺队、体育队大力开展宣传教育、文艺演出等活动，开展各类文体活动 7 场，观众 1 万人次，组织“新风尚、新气象、新秩序”为主题的篮排足及乒乓球、拔河活动 30 场次，参与 1.5 万人次，形成强大的正能量。

四、生产队简介

一队　该生产队位于五一林场场部周围。2010 年年末，全队总人口 179 户 485 人，由汉族、维吾尔族、回族等民族组成，全队耕地面积 2538.8 亩，有党员 10 人，低保户 6 户 13 人。

二队　该生产队位于五一林场东面 3.5 千米。2010 年年末，全队总人口 71 户 325 人，由汉族、维吾尔族、藏族等民族组成，全队耕地面积 1740 亩。有党员 3 人，低保户 4 户 9 人。

三队　该生产队位于五一林场场部西北方向 55 千米。2010 年年末，全队总人口 52 户 200 人，由汉族、维吾尔族、回族等民族组成，全队耕地面积 2400 亩。有党员 4 人，低保户 5 户 14 人。

第十三节　园艺场

一、概况

麦盖提县园艺场位于县城东北部，距县城 6 千米，交通十分便利，南与五一林场相邻，西北与央塔克乡喀拉乌依村交界，东与麦盖提镇农场相邻。海拔高度 1150 ~ 1190 米，地势平坦，属沙性土壤，自然环境属极端干旱少雨的大陆性气候，热量极为丰富，日照充足，降水很少，蒸发性强，无霜期长，四季气候较为分明，夏季炎热，冬季不寒，春季多风沙，秋季秋高气爽，年平均气温13.2℃，极端最高气温达41℃，极端最低气温为-23.8℃，全年平均无霜期208天，全年太阳照射有效时数2706.9小时。境内主要气象灾害：冰雹、干旱、寒潮、霜冻。

麦盖提县园艺场前身为“文化大革命”时期成立的“五七”干校，1970年更名为“五七”农场，1983年更名为园艺场。原来属全民所有制国营林场，全额拨款事业单位，2004年3月改制为自负盈亏的企业单位，是麦盖提县特色林果园艺基地。园艺场总耕地面积1899亩。总人口137户687人，其中：汉族393人；维吾尔族294人。分别占总人口的58%、42%。园艺场下辖2个生产队，有党支部1个，党员8人，入党积极分子5人，退休职工7人。

二、经济发展

园艺场以林果业种植为经济发展主体，1991—2010年间，因地制宜，合理布局，不断进行林果提质增效，确保农民增收。2010年年末，园艺场总产值414.24万元，人均纯收入5616.15元。较1991年增长4836元，翻了7番。

粮食种植　园艺场粮食种植以冬小麦为主，玉米为辅，兼有其他少量粮食作物种植。2010年，粮食播种面积756.38亩，总产281.5吨，平均单产372.16千克/亩，其中：种植小麦406.38亩，总产量145吨，单产356.8千克/亩；种植玉米350亩，总产量136.5吨，单产390千克/亩。

棉花种植　园艺场坚持“主攻单产、增加总产、节本增效、增加农民收入”的棉花生产方针，在保证棉花播种面积的同时，不断施行科学施肥、高精度栽培技术，引进新品种，加强病虫害防治努力提高单产，增加总产，促进农民增收。2010年，种植棉花706.5亩，总产量945.3吨，皮棉单产133.8千克/亩，较1991年增长16.5千克/亩。

林果业　园艺场认真落实林果业管护措施，按照改良土壤的要求对林场果树地增施有机肥，减少农药用量，合理拉开打药区间，使果品的品质、产量得到双提高。2010年年末，园艺场种植红枣408亩，冬枣250亩，梨602亩，苹果601.6亩，杏子32.6亩，桃子130亩，核桃29.8亩。

畜牧业　2010年年末，园艺场牲畜存栏785头（只），其中：猪72头（只）；牛36头（只）；马2头（只）；毛驴3头（只）；绵羊672头（只）。

1991—2010年园艺场基本情况一览表

表1-3-12

年份（年）	总户数（户）	总人口（人）	少数民族人口（人）	末耕地面积（亩）	水果总产量（吨）	棉花总产量（吨）	粮食总产量（吨）	年末牲畜存栏（头只）	经济总收入（万元）	农牧民人均纯收入（元）
1991	116	402	201	1527	1093	152.2	91.6	389	34.56	859.77
1996	122	501	249	1657.5	1156	263.4	113.3	435	106.86	2132.63
2001	128	534	261	1746	1436	413.6	146.8	501	170.22	3187.25
2006	134	623	273	1813.5	1892	634.5	203.7	489	271.14	4350.41
2010	137	687	294	1899	1936	945.3	281.5	793	414.24	5616.15

三、社会发展

新农村建设推进实施以来，园艺场基础设施建设逐渐完善。截至2010年年末，全场完成安居富民工程 3 户，拆除土房 12 间，拆除土围墙 127 米，全乡范围内实现自来水进村入户，通信信号覆盖率达 100%，有线电视覆盖率达 95.6%，修建村级公路 3.4 千米，完成 3.6 千米道路的砂石硬化，群众出行更加快捷方便。全场实现通电、通信、通水，基础设施进一步完善，人民生活水平显著提高。

四、生产队简介

一队　该生产队位于园艺场场部周围。2010 年年末，全队总人口 89 户 401 人，由汉族、维吾尔族组成，全队耕地面积 1020.6 亩，有党员 6 人，低保户 4 户 11 人。

二队　该生产队位于园艺场东面约 600 米处。2010 年年末，全队总人口 48 户 286 人，由汉族、维吾尔族组成，全队耕地面积 878.4 亩，有党员 2 人，低保户 4 户 9 人。

第四章　兵团驻县团场

第一节　四十五团

一、概况

新疆生产建设兵团第三师四十五团位于塔克拉玛干沙漠西缘，叶尔羌河中游，喀什地区麦盖提县境内，东面和东南面为塔克拉玛干沙漠，南面与前进水库接壤，西北面与麦盖提县央塔克乡、吐曼塔勒乡相邻。海拔高度在 1158 ~ 1170.5 米，坡降南北为 1/4000 ~ 1/2000，地势较平坦，属暖温带极端干旱的荒漠气候，历年年平均气温 12.6℃，极端最高气温 39.3℃，极端最低气温 -26.8℃，年日照数在 2319.8 ~ 2732.9 小时，年均无霜期 225 天，1 月平均气温 -7.9℃，7 月平均气温 25.5℃，年平均降水量 61.1 毫米，具有干旱少雨、蒸发量大、光照充足、热量丰富、无霜期长、昼夜温差大等特点。土壤母质为第四纪冲积物，土层深厚，土质良好，适宜农作物种植，甘草、大芸、罗布麻等野生植物资源丰富。境内水源较丰富，洪水期从叶尔羌河引水灌溉，枯水期从前进水库引水灌溉。四十五团交通方便，麦—巴（楚）公路穿过团场境内，向东途经四十八团与巴—莎（车）公路及乌喀公路连接，通往阿克苏、库尔勒至自治区首府乌鲁木齐；向西经麦盖提、岳普湖至南疆古城喀什。“十五”计划期间，团内公路已实现村村相通，团部有长途汽车通往喀什、乌鲁木齐，有中巴车、出租车通往附近各县城、乡镇。相距 120 千米的南疆铁路巴楚站为团场工农业生产和社会经济的发展创造良好条件。

四十五团由原四十三团与原四十五团合并组成。四十三团成立于 1951 年，是由前进三场和团结农场合并而成的。前进三场的前身是中国人民解放军一兵团二军四师十团三营，于 1952 年 3 月进驻麦盖提县英尔曼始建的。团结农场的前身是自治区农垦厅委托麦盖提县于 1953 年 4 月组建的示范农场。1957 年经自治区农垦厅批准命名为团结农场。1968 年 10 月，经兵团党委批准，团结农场并入前进三场，撤销团结农场建制。1969 年 4 月，新疆军区生产建设兵团授予农三师六十三团番号，同年 7 月改授农三师四十三团番号。四十五团成立于 1966 年，是由前进五场、前进六场、前进八场组成。1969 年 4 月，改番号为新疆军区生产建设兵团农业建设第三师六十五团，同年 7 月，改为农三师四十五团。1975 年，撤销农三师建制，改为喀什地区四十五团。1982 年，恢复兵团农三师建制，仍沿用农三师四十五团番号。2004 年 6 月 1 日，根据师党发《关于农三师农牧团场机构改革方案的补充通知》精神，师党委决定以四十五团为中心，成立四十五团（中心团场），四十三团为进入中心团场的团场，番号不变。2005年9月，四十三团正式并入中心团场四十五团。两团合并后，中心团场四十五团规模壮大，人口增加。2005年，中心团场四十五团土地规划面积114.6万亩，可垦土地面积65.85万亩。耕地面积增加到20.25万亩，全团人口由1.19万人增加到2.36万人，从业人员由4400人增加到8200人。2006年，中心团场四十五团下辖单位48个，年末总人口2.39万人，其中少数民族5054人，在岗职工6996人，当年人口出生率5.97‰，人口自然增长率3.1‰。2010年，全团总人口3.2万人，其中：汉族人口占77%，少数民族人口占23%。

2010年，中心团场四十五团全团规划总面积117万亩，可耕地面积72万亩。灌溉总面积28万亩，其中：耕地面积17.8万亩，果园7.8万亩，防护林2.4万亩。全团共有基层单位46个，其中：农业单位23个，即1连、2连、3连、4连、5连、6连、8连、9连、10连、12连、13连、14连、15连、16连、17连、18连、19连、20连、21连、22连、23连、24连、丰达公司。工建、机务、文卫单位和社区有轧花一厂、轧花二厂、砂砖厂、一修厂、建筑公司、第一中学、第二中学、第一小学、第二小学、医院、扎拉提卫生院、机一连、机二连、机三连。其他单位有畜牧兽医站、园林工作站、农科站、水管站、农机工作站、第一社区、第二社区。中心团场四十五团机关部门设置党委工作部门有纪检委办公室、党委办公室、政工办、人武部、综合治理办公室；行政部门有办公室、生产科、财务科、社政科、工交建商科、政策研究室；党委领导的群众团体有工会、共青团。

二、经济发展

“八五”计划时期（1991—1995） 四十三团、四十五团主要种植作物为粮食及棉花。生产力相对低下，劳动力匮乏，职工队伍不稳定，单产低，职工收入微薄，团投入大量资金进行土地整理、开荒、中低产田改造。因棉花市场行情低落，加之自然灾害频繁，团场效益仍旧低迷。职工收入不高，随意流动性大。

“九五”计划时期（1996—2000）“九五”计划期末，四十三团、四十五团完成国民生产总值6364万元，与“八五”计划期末同比增长35.6%，年均增长6.28%，其中，第一产业4191万元，比“八五”计划期末同比增长14.9%，年均增长2.82%；第二产业1102万元，比“八五”计划期末同比增长127.6%，年均增长17.89%，第三产业1071万元，比“八五”计划期末同比增长90.57%，年均增长13.77%。全社会固定资产投资2821万元，比“八五”计划期末同比增长235.8%，年均增长27.42%。职均年纯收入4097元，年均增长7.86%，人均收入2610元，同比增长19.6%。四十三团累计开荒达到2.8万亩，改造中低产田1.5万亩，工程性平地2.2万亩，新建防渗渠80千米，新打机井并配套180眼，实施节水灌溉新技术，完成喷、滴灌面积6700.5亩，新建中小型桥、涵、闸328座，营造防护林4800亩。

完成国民生产总值7427万元，与“八五”计划期末同比增长47.4%，年均增长8.1%；其中：第一产业4680万元，比“八五”计划期末同比增长20.4%，年均增长3.8%；第二产业1500万元，比“八五”计划期末同比增长401.8%，年均增长38%；第三产业1247万元，比“八五”计划期末同比增长46.4%，年均增长7.9%。全社会固定资产投资9555万元，比“八五”计划期末同比增长1275%，年均增长68.9%。职均年纯收入8157元，年均增长25.7%，人均收入2974元，同比增长37.4%。加快水土开发速度，投资3400万元开发增地4.5万亩，全团耕地面积由4.8万亩增加近10万亩。投资1000万元建成柏油路52.2千米。投资387万元接通叶河电力公司水电线路，全团连连户户通电，配合师农电网改造工程完成10千伏线路72千米和0.4千伏线路改造，更换变压器58台。建成日处理棉籽80吨的榨油厂1座，上马年产5000吨饲料用棉仁蛋白生产线、高烹油、轧花厂剥绒车间、种子车间等项目。与麦盖提县电信部门合作，光缆通到连队，全团安装直拨电话1400部。投资2000万元建成功能齐全的文化中心1座、中学教学楼1座和小学教学楼两座。全团调频广播、有线电视覆盖率100%。投资510万元健全生活服务设施，团部实现集中供水供暖，建液化气储配站1座，全团供气户达50%。

“十五”计划时期（2001—2005）“十五”计划期末，四十五团完成国民生产总值1.11亿元，其中，第一产业7549万元，比“九五”计划期末增长74.3%，年均增长12.72%；第二产业1135万元，比“九五”计划期末同比增长80.1%，年均递增12.4%；第三产业2409万元，比“九五”计划期末增长124.9%，年均增长17.89%。“十五”计划期间，全社会固定资产投资1.17亿元，比“九五”计划期末增长10.78%。职均收入1.55万元，比“九五”计划期末增长152%，人均收入6599元，比“九五”计划期末增长137%。“十五”计划期间，四十五团固定资产投资快速增长，全社会累计完成固定资产投资1.17亿元，比“九五”计划期间的增长11%，年均增长0.2%。“十五”计划期间，水土开发和农业基础设施明显改善，新增生态工程4.39万亩，改造中低产田3.5万亩；工程性平地2.1万亩；新建防渗渠19千米；打井并配套182眼，旧机井配套64眼；实施节水灌溉6.9万亩；新建中小型桥、涵、闸440座；营造农田生态防护林4999.5亩，经济林1005亩。2005年，全团种植棉花7.189万亩，皮棉总产4.44万吨，果园面积5100亩，果品产量48.06万吨；造林建园7095亩；年末牲畜存栏2.31万头，肉类产量602吨。“十五”计划期间，四十三团完成危旧房改造工程7.6万平方米，共计1100套；完成团通连、连通连道路70千米；新增教学楼、实验楼、学生公寓楼4500平方米，“两基”教育通过国家验收，在校学生3400人，巩固率98%，失学率控制在0.2%以内。全方位的对职工进行宣传教育，职工思想和科学文化素质得到明显的提高。社会保障水平进一步提高，确保最低生活保障线以下人员全部纳入低保范围。关心老年人生活，满足他们日益增长的文化需求，成立社区劳动保障事务管理站和老年活动中心，使老年人老有所依、老有所乐。成功引进团外资金和社会闲散资金280万元建造团招待所。大力打造商业发展平台，制定优惠政策，吸引内部资金，完成商业区2万平方米商业楼建设。引进外部资金195万元建成三层3204平方米的商业楼。2005年，招商引资1650万元新建图木舒克市温州俊博有限节水公司，有力促进团场生态经济发展。

“十五”计划期末，四十五团完成国民生产总值2.37亿元，完成计划的336.5%，与“九五”计划末相比，增长速度为71.2%，年均增长11.4%；其中：第一产业1.54亿元，比“九五”计划期末增长62.98%，年均增长10.3%；第二产业3375万元，增长速度为38.26%，年均增长6.7%；（工业2232万元、建筑业1143万元）；第三产业4950万元，增长速度为151.4%，年均增长20.2%，三次产业结构调整由“九五”计划末的68：17.6：14.4调整为65：14：21，三产所占比例有较大提高。职均收入1.57万元，比“九五”计划期末增长105.98%，人均收入9500元，比“九五”计划期末增长104.14%。四十五团固定资产投资快速增长，全社会累计完成固定资产投资6248万元，比“九五”计划期间的降低24.3%，年均下降8.2%。“十五”计划期间，实施节水灌溉8.1万亩；新建中小型桥、涵、闸、座；营造农田生态防护林4999.5亩，经济林1005亩。2005年，全团种植棉花9.6万亩，皮棉总产1.44万吨，果园面积7500亩，果品产量9.1万吨；造林建园7830亩；年末牲畜存栏2.53万头，肉类产量470吨。四十五团小城镇建设力度加大，招商引资出现新亮点，投资1378.78万元新建9056.55平方米轧花厂1座；投资594.32万元修建中小学教学楼；投资860万元修建中小学学生公寓楼；投资1750万元修建6栋银花住宅楼；投资595万元改建连队办公室；投资400万元建成1.71万平方米504个摊位的农贸市场彩钢大棚4个。加大招商引资力度，引进节水器材厂、滴灌带厂、滴灌液肥厂、地膜回收厂、招待所等，完成项目总投资7584.32万，招商引资1362万元。

“十一五”规划时期（2006—2010）“十一五”规划时期，是国内外环境发生重大变化、团场经济驶入快速发展轨道的五年，尤其是四十三团与四十五团合并之后，经济发展尤为迅猛。“十一五”规划末，四十五团全团实现生产总值5.57亿元，同比增长131.5%，年均增长18.3%；其中：第一产业3.81亿元，与“十五”计划期末的3.49亿元相比增长9.1%，年均递增1.76%；第二产业1.05亿元，与“十五”计划期末的2177万元相比增长347.8%，年均增长36.9%；第三产业7163万元，与“十五”计划期末5120万元相比，净增2043万元，增长39.9%，年均递增6.9%。“十一五”规划期间，累计完成全社会固定资产投资6.94亿元，比“十五”计划期末1.17亿元增长493%；五年来，累计实现利润3000万元，是“十五”计划末的3.4倍；职均纯收入2.56万元，与“十五”计划末1.55万元相比增长65.9%；人均纯收入9986元，与“十五”计划末6599元相比增长51.3%；全社会消费品零售总额8214万元。以落实“土地承包经营，产权明晰到户，农资集中采供，产品订单收购”为主体基本经营制度和团场综合配套改革稳步推进，管理体制不断创新。全团63个滴灌泵房，437眼机井使用权实行买断经营；完成了撤营并连工作，将基建连、农机站230名职工全部转移到农业生产第一线；加强对职工的管理，全面推进实名制管理。社会保障、文化、教育、卫生配套改革全面推进。经济结构不断优化，三次产业结构比重由2005年的68∶10∶22调整为2010年的68∶19∶13，农业产业化和新型工业化步伐加快，经济结构正在逐步由农业经济为主向一、二、三产协调发展格局的转变；农业结构也逐步由棉花向特色林果业、畜牧养殖业“三足鼎立”的格局转变。团部小城镇建设步伐加快，投融资环境进一步改善。以温州俊博、新疆小白杨水泥制品有限公司为龙头的混合型经济开始在团场落户。“十一五”规划期间，四十五团全团累计投入1.61亿元新建砖混保障性楼房6栋179户，面积1.34万平方米；完成解危解困住房450户，面积2.7万平方米；新建廉租房220套，面积1.1万平方米；新建双语幼儿园1400平方米；新建职工文化活动中心1座；新建底商廉租楼36户，面积6260平方米；启动建设职工休闲广场1个，面积4000平方米。先后投资340万元新建职工住房1100户7.6万平方米，有1350户职工喜迁新居。改造、新修通连道路3条，新增柏油路路40千米，连队通公路率达98%。防渗渠19千米，改造中低产田3.5万亩，工程性平地2.1万亩，打机井并配套382眼，新建桥、涵、闸440座；营造农田生态防护林4.99万亩，经济林1055亩，拥有大中型农业机械近400台套，农业机械总动力2.3万千瓦。“十一五”规划期间，四十五团先后引进温州俊博有限责任公司、新疆小白杨水泥有限责任公司资金1500万元。“十一五”规划期间，四十五团争取国家微型卫星接收设备500套，为偏远连队、牧点、护林点、闸口职工解决看电视难的问题，争取兵团党员远程教育设备19套，为19个农业连队配备了电脑、32～37英寸液晶电视、DVD播放器等配套设备；新增教学楼、实验楼、学生公寓楼4500平方米，“两基”教育通过国家验收。

粮食种植 2004年以前，小麦是四十五团的主要粮食作物，有多年的栽培史，主要适合在沙壤地、土壤有机质含量高、盐碱含量轻、水情有保证的情况下栽培。2005年以后，由于水情的原因（返青—灌浆期，不能缺水），因此小麦种植面积逐年减少，到2008年几乎很少种植小麦，四十五团粮食生产经过新品种的引进与试验示范推广、增加肥料投入、提高水肥管理、化学除草的全面普及，栽培技术和产量不断提高，经过规范管理，统一供种后，扭转了长期品种自留自种、随意购买和“多、乱、杂”、品种退化、产量低的局面，冬小麦品种以“唐山6898”“喀冬5号”系列品种进行扩繁推广，2001年，引进推广“新冬22号”“唐山93—5015”冬麦品种。随着种植结构的调整，小麦、玉米等粮食面积逐年减少。2010年，全团种植粮食3.08万亩，总产1.14万吨，其中：玉米3.08万亩，总产1.14万吨。

棉花种植 四十五团党委采取“稳粮增棉”的发展方针，在努力调高粮食单产的原则下，调整种植结构，棉花生产通过多次新品种的更新换代和提纯复壮，按照高产、高效、优质、低成本的发展思路，大力推广“六大精准技术”和滴灌、杂交棉、黑色地膜等新技术，以及“矮、密、早、膜、匀”技术的应用与推广，棉花单产、总产稳步提高，经济效益不断提高。2001 年，筹资 1600 万元引进世界先进棉种加工和分级精选设备，建成良种加工生产线，加工的种子经过分级后留下的是大小均匀一致的饱满种子，为三师及四十五团推广精量播种奠定了坚实的基础。1997 年，全团播种棉花 4.47 万亩，总产皮棉 5150 吨，单产 115.2 千克 / 亩；2000 年，全团播种棉花 5.61 万亩，总产皮棉 7393 吨，单产 131.8 千克 / 亩；2005 年，全团播种棉花 9 万亩，总产皮棉 1.35 万吨，单产 150 千克 / 亩。总产为 1997 年的 2.62 倍，为 2000 年的 1.83 倍。棉花产量 1997—2000 年平均增长 23.2%；2000—2005 年平均增长 36.6%。2005 年的棉花总产量占三师的 12.9%。截至 2010 年年底，全团种植棉花 17 万亩，皮棉总产 3 万吨，单产 176.47 千克 / 亩；棉花套种小茴香 55.95 万亩，小茴香总产 4480 吨。

林果业 1991 年，四十五团果树种类有梨、苹果、葡萄、桃、李、杏、巴旦木等。其中梨树品种有香梨、河北鸭梨、砀山梨、苹果梨、巴梨和棋盘梨等；苹果有黄元帅、红元帅、槟榔、红玉、青香蕉。葡萄也大面积栽培，主要品种有巨峰、马奶子等。其他还栽培有杏、桃、李、巴旦木等多种干鲜果树。四十五团林果总面积 5225.5 亩，结果面积 1188 亩，水果总产 159.25 吨，其中：苹果 2857 亩，结果面积 505 亩，总产 42.8 吨；梨 1890 亩，结果面积 426 亩，总产 88.45 吨；葡萄 321.5 亩，结果面积 166.5 亩，总产 19.6 吨；桃杏 66 亩，结果面积 4.5 亩，总产 8.3 吨；其他果类 66 亩，结果面积 4.5 亩，总产 100 千克。

1999 年，中心团场四十五团巴旦杏种植面积 504 亩，到 2005 年，发展到 5010 亩，面积增加近 10 倍，产量近百吨，为 1999 年的 20 倍，成为发展最快的品种，职工增收明显。

2005 年，中心团场四十五团果园面积 1.27 万亩，是 1997 年的 2 倍；水果总产 9193 吨，为 1997 年的 23.7 倍。果园面积 1997—2000 年年均增长 49.3%；2000—2005 年，年均增长 27.6%。水果产量 1997—2000 年年均增长 50%；2000—2005 年年均增长 27.3%。

2010 年，中心团场四十五团林果业面积 9.05 万亩，结果面积 3.5073 万亩，水果产量 2.52 万吨。其中，苹果面积 2.13 万亩，产量 9660 吨；香梨面积 1740 亩，产量 4000 吨；砀山梨面积 2611.8 亩，产量 5776 吨；巴旦杏面积 1.85 万亩，产量 700 吨，桃杏面积 365.7 亩，产量 37.4 吨；红枣面积 4.52 万亩，结果面积 2.43 万亩，产量 4903 吨。

畜牧业 四十五团全面执行国家发展畜牧业全民、集体、个人一起上的政策，加强对畜牧业的领导，大力支持私人养畜，发展庭院养殖业，发展青贮玉米、苜蓿等优质饲草、饲料作物，改变传统种植业的二元结构，形成粮食作物、经济作物、饲草作物的三元种植结构。积极落实畜牧业十大主体技术的实施应用，提高科学技术的利用率，促进经济增长，有效解决民生问题，采取“公司 + 基地 + 农户”的经营模式，积极引导广大养殖户进行健康养殖，推行人畜分离、畜种分群饲养模式，大力发展肉羊标准化生产。实现规模化养殖和专业化分工，逐步解决养殖规模小而散的局面，形成集中连片的专业化、规模化、标准化生产新格局。科学饲喂的示范。推广长草短喂、短草槽喂、“三贮一化”、饲草料合理搭配、母子分群饲养等技术，饲草料搭配根据不同品种、不同用途、不同阶段，配制不同的饲草料配方，以满足其生理、生产需求，降低了生产成本，提高了经济效益。

1995—1998 年，四十五团畜牧业以国有经济和私有经济并存，以团场国有畜群为主。主打品种麦盖提刀郎羊。团畜牧公司有纯种麦盖提刀郎羊 23 群，有标准化育肥羊舍 10 栋，大型青贮玉米收获机 1 台，大型苜蓿割草机 1 台，大型秸秆粉碎机 1 台，中型揉草机 5 台，小型粉碎机 100 台左右，饲料粉碎机 50 台。

2000 年，国有畜群及圈舍作价归户，四十五团畜牧公司变更为团畜牧兽医工作站，团场畜牧业转为私人经济实体，团场引导，由私人自发组织，畜牧业生产走向市场化。四十五团将全民畜禽及圈舍、农牧机械全部作价归户，至此取消了全民畜禽，全部私人养殖。

2002 年，四十五团从山西、山东引进黄牛 450 头，建黄牛基地。2006 年，黄牛基地养殖规模达 1500 头。

2004—2005 年，团党委建成黄牛养殖基地，分别从山西运城和山东梁山购入晋南黄牛 327 头、鲁西黄牛 95 头，作示范养殖。

2005 年，中心团场四十五团年末牲畜存栏 4.16 万头（只），为 1997 年的 3.3 倍。其中：年末存栏牛 2700 头，羊 3.37 万只，猪 3600 头。畜牧业产值由 1997 年的 156 万元增加到 2000 年的 320 万元，2005 年达 1435 万元。

2006 年，四十五团确定在 16 连 2 号地建养殖（猪）小区，发展养殖户 16 户，建标准化养猪圈（场）16 栋，2009 年，16 连养猪小区母猪存栏超过 500 头，年出栏仔猪、育肥肉猪 8000 头以上。

2007—2009 年，由于农业产业结构的调整，四十五团职工生活明显得到了提高，土地承包棉花经济效益较好，大量开荒种田，饲草地严重不足，特别是黑白花奶牛、绵羊价格下跌幅度较大，畜牧养殖经济效益亏损较大，大量出售。

2010 年，四十五团牲畜存栏达到 7.43 万头（只），肉类总产 2131 吨，牧业产值 2055 万元。种植玉米 7.05 万亩，总产 2956 吨，按 80% 转化为饲料，仅玉米饲料 2365 吨；全团种植苜蓿 6000 亩，年产苜蓿 3000 吨；全团种植棉花 9 万亩，总产量 1.35 万吨，至少生产棉籽壳 500 吨。种植苜蓿 6750 亩，正复播玉米 1.2 万亩，同时有 15 万亩的作物秸秆及农副产品，充足的草料资源确保肉羊的草料供应。

工业 “十五”计划以来，四十五团加大招商引资力度，先后引进生产塑料滴灌节水器材的天科工程有限责任公司、喀什天益节水灌溉工程有限责任公司、麦盖提县前海滴灌液肥有限责任公司。团招待所实行租赁经营。招商引资 5 家，吸引资金达 1362 万元。经过技术改造，四十五团团办工业发展成为设备比较先进、产品质量良好的生产行业，加工厂于 2000 年开始生产高级烹调油，生产的“圣参”牌高级烹调油畅销南疆地州和周边团场。2002 年，四十五团轧花厂在上年搬迁投资 2258 万元新建机采棉加工厂的基础上，投资 1870 万元引进美国、丹麦国际一流棉种加工设备，建成三师种子加工厂，年产 6000 多吨精选和包衣优质棉种，可供应四十五团、三师其他团场及周边县、乡，完全符合精量播种的要求。1997 年，全团工业总产值为 2188 万元；2000 年为 2646 万元；2005 年，中心团场四十五团工业总产值为 2797 万元，比 1997 年增长 27.83%，比 2000 年增长 5.7%。2010 年，四十五团工业总产值达 1.46 亿元，比 2005 年增长 450%。

三、社会发展

随着国家西部大开发战略的实施，国家加大对西部投资力度，特别是中央新疆工作座谈会以后，四十五团抢抓广东省东莞市对口援建的机遇，加快“一心、二轴、三区、四带”团部小城镇建设，从 1999—2005 年，四十五团小城镇建设累计投入资金达 1.5 亿多元，城镇建设面积达 2527.5 亩。2006—2010 年，中心团场四十五团小城镇建设累计投入资金达 1.5 亿多元，城镇建设面积达 2527.5 亩。团部居民区、工业园区、文化教育区、商业服务区已基本形成，供热、供水、排水、排污日趋完善，成为以农业为主导、棉花为依托、发展现代农业、第二产业和农副产品深加工、大力发展自营经济的生态型休闲小城镇。2003 年 11 月，四十五团城镇基础设施项目列为兵团 10 个重点城镇建设“示范工程”。2010 年，四十五团借广东省东莞市对口援建的东风，相继启动小城镇绿化、亮化、美化工程，实施道路、小区、广场绿化和亮化工程，逐步向生态型城镇发展。至 2010 年，四十五团团部高楼林立，道路宽阔，花木繁茂，市场繁荣，商店、银行、邮局、医院、学校等服务设施齐全，团部成为团场政治、经济、文化中心，成为麦盖提垦区中心城镇。

四十五团教育卫生事业快速发展，团先后投资1300万元修建学生公寓楼、中学综合教学楼、重修了小学逸夫教学楼、中学生公寓楼、新建8连民族逸夫小学，为中小学配置了电脑等多媒体教学设施。各学校现有多媒体教室、学生实验室、计算机房、音乐室、美术室、电脑室、图书室、阅览室、科学室等专用教室。学校图书室拥有丰富的藏书；有400米环形跑道，800平方米的运动场，对校园进行硬化和绿化，硬化场地面积达2000多平方米，并配有部分体育设施，校园绿树成荫，环境幽雅，风格别致。中小学在校学生不断扩大，教学质量不断提高，在校学生由2001年的3437人增加到2010年的5087人，中学生生源辐射周边县、乡和5个团场。适龄儿童入学率100%，巩固率100%。

四十五团医院的前身为四十五团卫生队，1966年，前进五场、六场、八场均成立卫生队。三场合并后，成立了四十五团卫生队，1983年改名为农三师四十五团医院，是一所全民所有制综合性医院。1997年12月，四十五团医院经农三师卫生局及专家小组考核，评审为二级甲等综合医院。随着兵团经济的不断增长，四十五团医疗卫生事业不断得到加强。2001—2010年，由国家配备、团出资配套资金，先后购置有血凝四项、医学影像工作站、半自动生化分析仪、经颅多普勒、12导心电图机、血球电脑分析仪、尿十项、动态心电图分析仪、B超机、全自动生化分析仪、数字X线机、医用干式激光照相机、电子胃镜、纤维宫腔镜、酶标分析仪等医疗设备。截至2010年年底，四十五团医院共拥有医生84人，病床108张；有连队医疗室24个，卫生员26个。连续多年未发生暴发疫情和突发公共卫生事件，传染病发病率由2005年的十万分之四百二十一点零六下降到2010年的十万分之三百三十四点九三。采取全方位孕产妇系统管理、婴幼儿系统管理，坚持保护妇女、儿童健康，产妇住院分娩率极大提高，婴幼儿死亡率明显下降。孕产妇系统管理率由2000年的78%上升到2010年的94%；儿童系统管理率由2000年的82%上升到2010年的95%；孕产妇住院分娩率由2000年的60%上升到2010年的90%以上；5岁以下儿童死亡率由2005年4‰下降到零。

20世纪90年代中后期，四十五团的群众文化蓬勃发展。1994年，团举办首届“银棉艺术节”拉开群众文化日益发展的序幕。1996年，团投资500万元建成农三师一流的职工文化中心，全团各单位相继建起文化活动室和文化活动场所。1997年团场精神文明建设进一步加强，各单位政治工作队伍设立政工员协助指导员加强精神文明建设，各单位建起三室一板一栏一所（图书室、电教室、职工文化活动室、黑板报、宣传栏、体育活动场所）以加强群众文化建设。2004—2010年，文化活动亮相街头巷尾，连队职工载歌载舞庆祝丰收，处处呈现团场社会和谐的氛围。四十五团的群众文化活动已形成庆祝系列、节假日系列、文化系列和经济系列，丰富了精神文明建设的内涵。2006—2010年，每年在各类报刊刊稿1200篇以上，位居全师前列。理论研讨方面：每年都有2～4篇论文获得奖励，其中：2009年丁燕坤的《关于落实农产品收购的几点思考》获得师市“解放思想大学习大讨论”理论研讨鼓励奖。截至2010年，四十五团文联和团委、工会等群众组织协作开展文艺演出80多场次、书画展15场次、笔会8场次，研讨会5场、培训班10场、采风活动30多次。发表诗歌散文270余篇，5年来发表国家级刊物3篇、省级文学刊物作品180余篇。

四、连队简介

一连　又名镇南村。2010年，全连302户1031人，其中：维吾尔族54人，男性469人；在职职工287人。全连有耕地7727.5亩（原四十三团农机站、加工厂土地并入），其中：棉花种植面积5311.95亩，皮棉总产621吨。苹果种植面积690.9亩，总产量1727吨；梨种植面积46.5亩，总产量141吨；红枣种植面积336亩，总产量25.2吨。

二连　又名克依克塔勒克村。2010年，全连135户510人，其中:维吾尔族317人，男性156人；

在职职工 110 人。全连有耕地 5185.2 亩，其中：棉花种植面积 5110.05 亩，皮棉总产 459.69 吨。苹果种植面积 53.55 亩，总产量 96.48 吨；梨种植面积 21.6 亩，总产量 45 吨。

三连 又名顺渠村。2010 年，全连 220 户 680 人，其中：维吾尔族 329 人，男性 310 人，在职职工 178 人。全连有耕地 7050 亩，其中：棉花种植面积 6100.5 亩，皮棉总产 773.85 吨。苹果种植面积 39.9 亩，总产量 65 吨；梨种植面积 78.9 亩，总产量 15.78 吨；红枣种植面积 831 亩，总产量 28 吨。

四连 又名色日克巴西村。2010 年，全连 296 户 956 人，其中：维吾尔族 577 人，其中：男性 452 人，在职职工 284 人。全连有耕地 1.02 万亩，其中：棉花种植面积 8239.5 亩，皮棉总产 993 吨。苹果种植面积 756 亩，总产量 302 吨；梨种植面积 135 亩，总产量 43.2 吨。

五连 是原四十三团 5 连，又名中卫村。位于扎拉提镇西南 4 千米处，是 1963 年四十三团设立的建制，1982 年定名为中卫村。2010 年，全连 100 户 346 人，其中：维吾尔族 214 人，男性 177 人，在职职工 95 人。全连有耕地 4650 亩，其中：棉花种植面积 4545 亩，皮棉总产 663.57 吨。红枣种植面积 3000 亩，总产量 11.45 吨。

六连 2010 年，全连 356 户 1356 人，其中：维吾尔族 988 人，男性 701 人，在职职工 314 人。全连有耕地面积 1.12 万亩，其中：棉花面积 7500 亩，皮棉总产 1166 吨。苹果种植面积 1612.5 亩（其中结果面积 112.5 亩），总产量 170 吨，梨种植面积 127.5 亩，总产量 639 吨；红枣种植面积 4698 亩，总产量 214.9 千克。

八连 又名柳村。2010 年，全连 298 户 1058 人，其中：维吾尔族 260 人，男性 496 人，在职职工 298 人。全连有耕地 1.07 万亩，其中：棉花种植面积 8970 亩，皮棉总产 1251.85 吨。苹果种植面积 379.5 亩，总产量 945 吨；红枣种植面积 1347 亩，总产量 134.8 吨。

九连 又名兴隆村。2010 年，全连 187 户 686 人，其中：维吾尔族 244 人，男性 419 人；在职职工 190 人。全连有耕地 8503.5 亩，其中：棉花种植面积 5659.5 亩，皮棉总产 810.96 吨。苹果种植面积 1578 亩，总产量 86 吨。

十连 是原四十三团园林连，2010 年，全连 71 户 256 人，其中：维吾尔族 20 人，男性 12 人，在职职工 74 人。2010 年，全连有耕地 3990.9 亩，其中：棉花种植面积 1537.8 亩，皮棉总产 217.18 吨。苹果种植面积 1064.7 亩，总产量 1034 吨；梨种植面积 49.95 亩，总产量 218 吨；红枣种植面积 1332 亩，总产量 157.225 吨。

十二连 又名龙岗村。2010 年，全连 157 户 509 人，其中：维吾尔族 2 人，男性 204 人，在职职工 162 人。全连有耕地 1.21 万亩，其中：棉花种植面积 9810 亩，皮棉总产 1322.97 吨。苹果种植面积 34.5 亩，总产量 70 吨；梨种植面积 45 亩，总产量 30 吨；红枣种植面积 2260.5 亩，总产量 27 吨。

十三连 又名三里村。2010 年，全连 511 户 1007 人，其中：维吾尔族 2 人，男性 301 人，在职职工 193 人。全连有耕地 1.4 万亩，其中：棉花种植面积 1.28 万亩，皮棉总产 1763 吨。苹果种植面积 63.9 亩，总产量 160 吨；红枣种植面积 1157.5 亩，总产量 169 吨。

十四连 又名陆柳村。2010 年，全连 124 户 398 人，男性 208 人，在职职工 174 人。全连有耕地 7105.5 亩，其中：棉花种植面积 5590.5 亩，皮棉总产 827 吨。苹果种植面积 154.5 亩，总产量 201 吨；梨种植面积 105 亩，总产量 154.5 吨；红枣种植面积 1255.5 亩，总产量 502 吨。

十五连 又名盐池村。2010 年，全连 114 户 450 人，其中：维吾尔族 3 人，男性 59 人，在职职工 162 人。全连有耕地 2 万亩，其中：棉花种植面积 8895 亩，皮棉总产 2945.47 吨。苹果种植面积 99 亩，总产量 278.2 吨。其他耕地面积 1.1 万亩。

十六连 2010 年，全连 471 户 1400 人，其中：维吾尔族 2 人，男性 718 人，在职职工 480 人。

全连有耕地 8875.5 亩，其中：棉花种植面积 1065 亩，皮棉总产 149 吨。苹果种植面积 553.5 亩，总产量 1165 吨；梨种植面积 1401.9 亩，总产量 3102 吨；红枣种植面积 418.5 亩，总产量 32 吨。

十七连　又名康园村。2010 年，全连 84 户 216 人，其中：男性 136 人，在职职工 77 人。全连有耕地 4605 亩，其中：棉花种植面积 330 亩，皮棉总产 44 吨。当年新植苹果园，面积 49.5 亩，新植红枣园，面积 1095 亩。

十八连　又名友谊村。2010 年，全连 237 户 940 人，其中：维吾尔族 232 人，男性 161 人，在职职工 231 人。全连有耕地 1.08 万亩，其中：棉花种植面积 2655 亩，皮棉总产 357.4 吨。苹果种植面积 1050 亩，总产量 2620 吨；梨种植面积 1065 亩，总产量 3200 吨；红枣种植面积 5010 亩，总产量 2500 吨。

十九连　又名白云村。2010 年，全连 168 户 518 人，男性 312 人，在职职工 220 人。全连有耕地 6439.5 亩，其中:棉花种植面积 4506.9 亩，皮棉总产 635 吨。苹果种植面积 849 亩，总产量 80 吨；梨种植面积 399.9 亩，总产量 45 吨；红枣种植面积 399.9 亩，总产量 25 吨。

二十连　又名苇湖村。2010 年，全连 187 户 659 人，其中：维吾尔族 25 人，男性 331 人，在职职工 249 人。全连有耕地 1.05 万亩，其中：棉花面积 1965 亩，皮棉总产 286.89 吨；苹果种植面积 165 亩，总产量 496 吨；梨种植面积 237 亩，总产量 6426 吨；红枣种植 990 亩，总产量 300 吨。

二十一连　又名上游村。2010 年，全连 177 户 575 人，男性 289 人，在职职工 224 人。全连有耕地 8125.5 亩，其中棉花种植面积 665 亩，皮棉总产量 91.6 吨。苹果种植面积 1342.5 亩，总产量 954 吨；梨种植面积 130.5 亩，总产量 39 吨；红枣种植面积 124.5 亩，总产量 50 吨。

二十二连　又名南湖村。2010 年，全连 110 户 330 人，男性 58 人，在职职工 116 人。全连有耕地 1.03 万亩，其中:棉花种植面积 7380 亩，皮棉总产 1006.6 吨。苹果种植面积 420 亩，总产量 340 吨；梨种植面积 40.5 亩，总产量 8 吨；红枣种植面积 600 亩，总产量 240 吨。

二十三连　又名三水村。2010 年，全连 156 户 220 人，其中：维吾尔族 20 人，在职职工 170 人。全连有耕地 1.42 万亩，其中：棉花种植面积 1.26 万亩，皮棉总产 1160.3 吨。苹果种植面积 84 亩，总产量 237.38 吨；梨种植面积 147 亩，总产量 453.64 吨。

二十四连　又名光明村。2010 年，全连 237 户 638 人，男性 316 人，在职职工 236 人。全连有耕地 1.72 万亩，其中：棉花种植面积 1.64 万亩，皮棉总产 2348.5 吨。苹果种植面积 37.99 亩，总产量 110 吨；梨种植面积 143.25 亩，总产量 4000 吨；红枣种植面积 810 亩，总产量 321 吨。

第二节　四十六团

一、概况

四十六团位于塔克拉玛干沙漠西部边缘，麦盖提县东南部，距麦盖提县城 16.5 千米，东北部与第三师前进水库及麦盖提县库木库萨尔乡毗邻，西与麦盖提县尕孜库勒乡接壤，南与麦盖提县克孜勒阿瓦提乡相邻，东接塔克拉玛干沙漠。四十六团地貌属提孜拉甫河下游冲积平原，土层深厚，经多年的风吹侵蚀，形成大小不同的沙丘，地面略有起伏，总体较为平坦。地面坡度为 1/2000 ~ 1/3500，海拔高度 1183 ~ 1193 米。气候属暖温带极端干旱的荒漠气候，年平均风速 1.9 米 / 秒，主风向是东北向，其次为东向；年平均日照总时数为 3116.4 小时，年均无霜期 228 天，历年平均气温 11.8℃，极端最高气温 40℃，极端最低气温 –22.4℃，1 月平均气温 –5.8℃，7 月平均气温 25.4℃，年平均降水量 39.4 毫米，具有干旱少雨、蒸发量大、光照充足、热量丰富、无霜期长、昼夜温差大等特点。土壤母质为提孜拉甫河冲积平原土，土层深厚，土质良好，适宜农作物种植。甘草、大芸、罗布麻等野生植物资源丰富。境内水源较丰富，农业灌溉主要从叶尔羌河引水灌溉。四十六团交通方便，紧靠麦盖提通往叶城、和田公路6.5千米处，向西经麦盖提、岳普湖至南疆古城喀什，与巴（楚）莎（车）公路及乌喀公路连接，通往阿克苏、库尔勒至自治区首府乌鲁木齐。

第三师四十六团的前身是1966年成立的新疆农业生产建设兵团农三师前进四场和前进七场。1968年，农三师前进四场和前进七场整合成新的前进四场，1969年前进四场搬迁，余下的四个连队由四十三团接管，定名为四十三团一营。1976年1月1日，四十三团一营被移交给麦盖提县管理，更名为其克里克农场。1979年，其克里克农场划归喀什地区农垦局管理。1981年12月，兵团恢复建制后，其克里克农场复归农三师管理，更名为农三师其克里克农场。1998年11月，经新疆生产建设兵团党委批准，改编为第三师四十六团（中心团场）。2002年9月17日，图木舒克市成立，第三师四十六团隶属第三师图木舒克市管理，简称四十六团。

1998年，四十六团（中心团场）下辖单位15个，年末总人口3314人，其中少数民族占21%，在岗职工1269人，年职均收入2450元。

2010年，四十六团（中心团场）全团规划总面积29.6万亩，可开垦地面积10万亩。其中：耕地面积4.93万亩，果园4.57万亩，防护林0.4万亩。全团总人口3465人，其中：少数民族占23%。年职均收入2.1万元;全团共有基层单位15个，其中农业单位9个，即1连、2连、4连、5连、6连、7连、8连、9连、莎车农场。非农单位6个，即：学校、医院、水管站、林业站、畜牧站、社区。第三师四十六团机关部门设置党委工作部门有纪检委办公室、党委办公室、政工办、人武部、综合治理办公室；行政部门有团办公室、生产科、财务科、社政科、工交建商科、政策研究室；党委领导的群众团体有工会（妇联）、共青团、残联。

二、经济发展

“八五”计划时期（1991—1995） 四十六团主要种植作物为棉花及粮食。生产力相对低下，劳动力匮乏，职工队伍不稳定，单产低，职工收入微薄，农场投入资金进行土地整理、开荒、中低产田改造。因棉花市场行情低落，加之自然灾害频繁，生产水平低下，农场效益低迷。职工收入不高。

“九五”计划时期（1996—2000）“九五”计划期末，四十六团完成国民生产总值1947万元，与“八五”计划期末同比增长51.39%，年均增长10.91%；其中：第一产业979万元，比“八五”计划期末同比减少10.83%，年均较少3.1%；第二产业288万元，比“八五”计划期末同比增长234.8%，年均增长35.26%，第三产业680万元，比“八五”计划期末同比增长566%，年均增长60.64%。全社会固定资产投资1195万元，比“八五”计划期末同比增长214.4%，年均增长33.1%。职均年纯收入5612元，年均较少4.19%，人均收入2240元，同比较少18.69%。农场为加快水土开发速度，投资335万元新修防渗渠25千米；投资306万元新建职工住宅120户7374平方米；投资171万元新建排碱渠20千米；投资67万元新建花场3.34万平方米；投资100万元新建商贸楼1084平方米；投资45万元新打机井3眼；投资19万元植树造林285亩；投资10万元改建武器库272平方米；投资82万元低产田改造1万亩。全团调频广播、有线电视覆盖率100%。

“十五”计划时期（2001—2005）“十五”计划期末，四十六团完成国民生产总值4453万元，其中，第一产业3157万元，比“九五”计划期末增长222.47%，年均增长33.99%；第二产业275万元，比“九五”计划期末同比较少4.5%；第三产业1020万元，比“九五”计划期末增长50%，年均增长10.66%。“十五”计划期末，全社会固定资产投资1920万元；比“九五”计划期末同比增长60.66%，年均增长12.57%。“十五”计划期末，职均收入1.54万元，比“九五”计划期末增长173.7%，人均收入 6807 元，比“九五”计划期末增长 203.8%。“十五”计划期间，四十六团固定资产投资快速增长，全社会累计完成固定资产投资 805 万元，比“九五”计划期间的 4342 万元增长 85.42%，年均增长 16.68%。“十五”计划期间，水土开发和农业基础设施明显改善，投资 1226 万元新修（改）防渗渠 54 千米；投资 344 万元新增生态工程 4800 亩；投资 500 万元改造中低产田 2250 亩；投资 318 万元新建中小学教学楼 1 幢 3620 平方米；投资 167 万元新修门诊楼 1 幢 3330 平方米，新（改）扩建职工住宅 7778 平方米；投资 1200 万元新修团部至 8 连通连公路 17 千米；投资 190 万元新修中小学公寓 1900 平方米；投资 1442 万元进行技工农具改造、设备添置；投资 84 万元新建 8 连刀郎羊养殖基地 525 平方米；投资 50 万元新建温室大棚 7 座 4670 平方米；投资 590 万元实施节水灌溉工程；其他投资 1372 万元进行工程性平地 7500 亩。打井并配套 30 眼，旧机井配套 20 眼。实施节水灌溉 2.25 万亩；新建中小型桥、涵、闸 180 座；营造农田生态防护林 2250 亩，经济林（红枣、苹果等）6330 亩。2005 年，全团种植棉花 2.1 万亩，皮棉总产 2970 吨，单产 141.22 千克 / 亩，果园面积 6330 亩，果品产 1058 吨；造林建园 5565 亩；年末牲畜存栏 1.63 万头，肉类产量 337 吨。“十五”计划期间，四十六团完成危旧房改造工程 7895 平方米，共 197 套；完成团通连、连通连道路 17 千米；新增教学楼、实验楼、学生公寓楼 5520 平方米，“两基”教育通过国家验收，在校学生 900 余人，巩固率 98%，失学率控制在 0.2% 以内。全方位的对职工进行宣传教育，职工思想和科学文化素质得到明显的提高。社会保障水平进一步提高，确保最低生活保障线以下人员全部纳入低保范围。关心老年人生活，满足他们日益增长的文化需求，成立社区劳动保障事务管理站和老年活动中心，使老年人老有所依、老有所乐。

“十一五”规划时期（2006—2010）“十一五”规划时期，是国内外环境发生重大变化、团场经济驶入快速发展轨道的五年，经济发展尤为迅猛。“十一五”规划期末，四十六团全团实现生产总值 9777 万元，同比“十五”计划期末增长 119.55%，年均增长 21.71%；其中，第一产业 7667 万元，与“十五”计划期末的 3157 万元相比增长 142.85%，年均递增 24.82%；第二产业 564 万元，与“十五”计划期末的 275 万元相比增长 105.1%，年均增长 19.65%；第三产业 1564 万元，与“十五”计划期末 1020 万元相比，净增 544 万元，增长 53.33%，年均递增 11.27%。

“十一五”规划期间，累计完成全社会固定资产投资 2.18 亿元，比“十五”计划期间 8051 万元增长 170.9%；“十一五”规划末职均收入 2.1 万元，与“十五”计划期末职均收入 1.54 万元相比增长 35.7%；人均收入 9236 元，相比“十五”计划期末人均收入 6807 元增长 35.68%；以落实“土地承包经营，产权明晰到户，农资集中采供，产品订单收购”为主体基本经营制度和团场综合配套改革稳步推进，管理体制不断创新。全团滴灌泵房、机井使用权实行买断经营；完成了将基建连、农机站 50 名职工全部转移到农业生产第一线；加强对职工的管理，全面推进实名制管理。社会保障、文化、教育、卫生配套改革全面推进。经济结构不断优化，三次产业结构比重由 2005 年的 78∶10∶12 调整为 2010 年的 72∶12∶16，农业产业化和新型工业化步伐加快，经济结构正在逐步由农业经济为主向一、二、三产协调发展格局的转变；农业结构棉花、特色林果业、畜牧养殖业“三足鼎立”的格局形成。团部小城镇建设步伐加快，投融资环境进一步改善。

“十一五”规划期间，四十六团全团累计投入 1.2 亿元新建廉租房 500 套，面积 3 万平方米；完成解危解困住房 90 套，面积 5400 平方米；新建双语幼儿园 853 平方米；投资 180 万元新建职工文化活动中心 1 座 1950 平方米；投资 19 万元改造 1 连道路 1 条，连队通公路率达 98%；投资 392 万元，修建莎车农场防渗渠 8 千米；投资 4152 万元农业实施节水灌溉、改造中低产田 2 万亩，工程性平地 3750 亩，新建桥、涵、闸 140 座；投资 1998 万元营造农田生态防护林 1672.5 亩、19.5 千米；投资

280万元修建秸秆气化站1座；投资103万元修建沼气池；引进资金1257万元建立红枣加工厂及配套设施；投资1376万元规范红枣示范基地建设；投资46万元建立连队卫生厕所445平方米。“十一五”规划期间，四十六团争取国家微型卫星接收设备100套，为偏远连队、牧点、护林点、闸口职工解决看电视难的问题，争取兵团党员远程教育设备9套，为9个农业连队配备电脑、32～37英寸液晶电视、DVD播放器等配套设备；新增教学楼、实验楼、学生公寓楼4500平方米，“两基”教育通过国家验收。

棉花种植 四十六团党委采取“稳粮增棉”的发展方针，在努力调高粮食单产的原则下，调整种植结构，棉花生产通过多次新品种更新换代和提纯复壮，按照高产、高效、优质、低成本的发展思路，大力推广“六大精准技术”和滴灌、杂交棉、黑色地膜等新技术，以及“矮、密、早、膜、匀”技术的应用与推广，棉花单产、总产稳步提高，经济效益持续增长。2000年，四十六团多方筹资1000万元引进世界先进棉种加工和分级精选设备，建成良种加工生产线，加工的种子经过分级后留下的是大小均匀一致的饱满种子，为三师及四十六团推广精量播种奠定了坚实的基础，1996年，全团播种棉花1.16万亩，总产皮棉1000.23吨，单产86.2千克/亩；2000年，全团播种棉花1.58万亩，总产皮棉1743吨，单产110.6千克/亩。2005年，全团播种棉花2.1万亩，总产皮棉2970吨，单产141.4千克/亩。总产为1996年的2.97倍，为2000年的1.70倍。棉花产量1996—2000年平均增长14.9%；2000—2005年平均增长14.23%。截至2010年年底，全团种植棉花1万亩，皮棉总产2106吨，单产211千克/亩。

林果业 1991—1996年。团场林果树种类有梨、苹果、葡萄、桃、李、杏、巴旦木等。但由于农民管护水平较低，经济效益不明显。

1996—2000年，团场重视科学技术的引进和推广工作，加强果园管护和病虫害防治，林果业发展迅速，按照一团一品原则发展苹果、梨、葡萄等种植，适当发展红富士、香梨等其他水果品种，以满足本地及周边群众的生活需要。“九五”计划期末，种植红富士苹果630亩，总产量662吨；梨885亩（含新增），总产量28吨。

2001—2005年，全团逐步宣传种植红枣调整种植业结构。面对棉花受市场影响，四十六团党委统一认识，必须改变一花独放、一荣俱荣局面，在发展林果上进行积极地探索，在现有种植苹果、梨、葡萄的基础上，确定大力发展红枣的思路。2004年，四十六团开始退棉种枣的尝试，首先将4连黄枯萎病比较严重的棉田退出，从外地引进红枣成品苗进行移栽，由于路途遥远和移栽不及时，以及后期水肥管理没有及时跟上，职工种植棉花的惯性思维对产业结构调整信心不足，200多亩红枣成活率很低。2005年，团场认真总结移栽经验，并组织干部职工外出学习考察，进行铺膜移栽，并及时浇水，全团1300多亩两用地基本上退出，移栽红枣，从陕西引进红枣、冬枣苗，当年的成活率不错，过冬困难，第二年还是陆续死亡。为保证红枣尽快成园，经过不断实验、研究、学习、调研，于2008年最终确定进行人工铺膜补种酸枣和直播酸枣，然后嫁接品质好的灰枣、冬枣、骏枣等，从此掀起了直播建园初步探索的热潮。这是一次全新的技术革新，从此，四十六团的红枣种植步入正轨。2005年年末，全团种植苹果405亩，总产量805吨；梨45亩，总产量79吨；砀山梨45亩，总产量79吨；葡萄90亩，总产量174吨；新增红枣5565亩。

2010年，四十六团（中心团场）林果业面积4.62万亩，其中：苹果面积520亩，产量1992吨；香梨面积42亩，产量172吨；葡萄面积86亩，产量301吨；杏20亩，产量50吨，红枣面积4.56万亩，结果面积3.53万亩，产量9367吨。

畜牧业 1991—1996年，四十六团畜牧业以庭院养殖为主，规模不大，喂养水平参差不齐，经济效益不高。

1996—2000年，四十六团畜牧业以国有经济和私有经济并存，以团场国有畜群为主。主打品种麦盖提刀郎羊。至2000年年末，牲畜存栏3600头（只），总产肉类53吨，产羊毛4吨，产奶41吨，禽蛋16吨，羊皮180张。其中，牛300头，驴100头，猪200头，刀郎羊3000只。

2001—2005年，国有畜群及圈舍作价归户，四十六团畜牧公司变更为团畜牧兽医工作站，团场畜牧业转为私人经济实体。至2005年末，牲畜存栏1.63万头（只），总产肉类337吨，羊毛22吨，奶345吨，牛皮100张，绵羊皮800张，禽蛋198吨。其中存栏，牛2000头，驴400头，猪1000头，刀郎羊1.29万只，家禽2100只，兔800只。

2006—2010年，由于农业产业结构的调整，四十六团职工生活明显得到提高，土地承包棉花经济效益较好，红枣也初见效益，此期间大量开荒种田，饲草地不足，一定程度影响了畜牧业的发展。到2010年年末，四十六团种植玉米1400亩，总产玉米800吨，按80%转化为饲料，玉米饲料640吨；同时有1.8万亩的作物秸秆及农副产品，充足的草料资源确保肉羊的草料供应。年末牲畜存栏1.84万头（只），肉类总产534吨，产羊毛25吨，奶80吨，羊皮300张，禽蛋8吨。其中存栏：牛300头，猪8500头，刀郎羊9600只。

工业 “十五”计划以来，四十六团加大招商引资力度，团招待所实行租赁经营。团红枣加工厂先后吸引资金达1257万元，经过技术改造，四十六团棉花加工、红枣加工业发展成为设备比较先进、产品质量良好的生产行业。1996年，全团工业总产值为131.2万元；2000年，四十六团工业总产值为262.4万元；2005年为388万元。2010年，四十六团工业总产值达1570.1万元，比2005年增长304.6%，年均增长32.25%。

三、社会发展

从2006年开始，四十六团加快特设小镇团部小城镇建设、绿网工程和现代农业设施建设。2006—2010年，四十六团小城镇建设累计投入资金1.13亿元，城镇建设面积829.5亩。

团部居民区、文化教育区、商业服务区已基本形成，供热、供水、排水、排污日趋完善，成为以农业为主导、红枣为依托、发展现代农业、第二产业和农副产品深加工、大力发展自营经济的生态型休闲小城镇。

2010年，四十六团相继启动小城镇绿化、亮化、美化工程，实施道路、小区、广场绿化和亮化工程，团部职工住宅小高楼林立，道路宽阔，花木繁茂，市场繁荣，商店、银行、邮局、医院、学校等服务设施齐全，团部成为团场政治、经济、文化中心，成为麦盖提垦区特色小镇，逐步向生态型城镇发展。

四十六团教育卫生事业快速发展，团先后投资927万元修建职工文化中心、中小学综合教学楼、学生公寓楼、学生餐厅，为中小学配置了电脑等多媒体教学设施。学校教学设施齐全，布局合理的教学楼、标准化实验室、学生公寓、风雨操场、标准化的学生餐厅、300米的塑胶跑道等现代化建筑设施映衬于绿色之中。校舍建筑面积3656平方米，小学生均8.5平方米，初中生均13.8平方米，绿化面积1.4万平方米。学校建有音乐教室、电子琴房，美术教室、书法教室、物理实验室、化学生物实验室、科学实验室，学生机房，体育器材室、科学器材室、综合实践室、录播教室、校园电视台、图书室、多媒体教室等各功能室齐备。校园绿树成荫，环境幽雅，风格别致。中小学在校人数不断扩大，教学质量不断提高。2006年，四十六团实施“国家西部中小学寄宿制工程”，积极推进教育改革，学生免学杂费、免书本费和生活补贴等“两免一补”落实到位，“两基达标”人口普及率100%，中小学入学率100%。2010年，投资263万元用于巩固“两基”成果，适龄儿童入学率100%，巩固率100%，教育教学质量得到提高，生源辐射周边县3个乡镇。

四十六团医院是一所集医疗、预防、保健、康复、健康教育、计划生育技术指导六位一体的医疗卫生服务机构；为实现资源共享，合理整合了医院、疾病预防控制中心、妇幼保健站、计划生育技术服务站；医院现有彩色多普勒超声诊断仪、多导心电图机、DRx光机、心电监护仪、麻醉机、全自动血生化分析仪、全自动血球分析仪、血电解质分析仪、血流变分析仪、全自动尿液生化分析仪、尿十项机、生殖道臭氧治疗仪、阴道镜、新生儿恒温箱、蓝光治疗仪、微波治疗仪、呼吸机、除颤仪、洗胃机、制氧机等医疗设备；拥有医疗用房2700平方米，能面向社会提供内科、外科、妇产科、儿科、口腔科、五官科、传染科、急诊抢救、医疗卫生保健、疾病预防等综合性医疗卫生服务。医院编制床位20张，分别设有综合医疗科、检验室、放射室、心电图室、B超室等科室。设置有疾病预防控制中心1个、卫生监督协管机构1个、卫生室4个。

2006年，医院完成了3个基层连队卫生室建设，劳动和社会保障完善，全团参保职工1371人，社保支出255.01万元。全年接诊人1.23万人次，住院251人次，床位利用率47%，实现业务收入80万元。2010年，投资281万元建立全覆盖的公共卫生服务体系，实行药品零差价销售，完成居民健康档案3869份，实施免费体检，建立居民健康信息管理系统；连续多年未发生暴发疫情和突发公共卫生事件。

1991年开始，四十六团着力加强群众文化建设。1996年，投资193万元建成四十六团职工文化中心，全团各单位相继建起文化活动室和文化活动场所。1998年团场精神文明建设进一步加强，各单位政治工作队伍设立政工员协助指导员加强精神文明建设，相应建起三室一板一栏一所（图书室、电教室、职工文化活动室、黑板报、宣传栏、体育活动场所）。2009年，团自筹专项投资165万元改造团场宣传文化事业和精神文明建设基础设施。2010年，投资49万元完善广播电视设备，各类党报党刊订阅14万元。2006—2010年，年年举办职工文化艺术节，职工社火、兵地联谊，处处呈现团场社会和谐的氛围。四十六团的群众文化活动已形成庆祝系列、节假日系列、文化系列和经济系列，丰富了精神文明建设的内涵。截至2010年，在国家、自治区、兵团、师市各级刊稿532篇，其中省级423篇（含兵团新闻网）、地市级109篇，外发采用电视新闻81条，撰写各类横幅67条，宣传版面70多块，制作宣传手册、宣传资料、画册，印制“创先争优”“热爱伟大祖国、建设美好家园”“三秋”等各类宣传简报37期。四十六团工会、妇联、团委等群众组织联合举办文艺会演60场次；举办书画展15场次；举办手工展8场次；研讨会5场；座谈会、培训班10场次。

四、连队简介

一连　2010年，全连总人口199户527人。其中：汉族138户333人，维吾尔族61户194人，少数民族占36.8%。在册职工220人，其中：女86人。全连耕地面积6930.29亩。其中：红枣5888.58亩；棉花499.71亩；甘草204.36亩；苗圃地12亩。

二连　2010年，全连总人口148户414人。其中：汉族104户277人，维吾尔族40户122人，藏族2户9人，其他少数民族2户6人，少数民族占33%。在册职工182人，其中：女89人。全连有耕地面积6047.66亩。其中：红枣4990.16亩；棉花904.39亩；甘草153.11亩。

四连　2010年，全连总人口116户307人。其中：汉族113户300人，维吾尔族1户5人，土家族1户1人，彝族1户1人，少数民族占2.3%。在册职工143人，其中：女60人；全连耕地面积4484亩，其中：红枣3554亩；棉花930亩。

五连　2010年，全连总人口46户247人，其中：汉族43户232人，维吾尔族1户7人，其他民族2户8人，少数民族占6%。在册职工102人，其中：女47人；全连耕地面积3521.5亩，其中红枣：2464.4亩；棉花998.74亩；其他农作物58.12亩。

六连　2010年，全连总人口475人170户，其中：汉族133户367人，维吾尔族30户94人，其他少数民族7户14人；在册职工228人，其中：女95人。全连耕地面积6194.18亩，其中：红枣5755.88亩，棉花408.3亩，西梅30亩。

七连　2010年，全连总人口75户227人，其中：汉族67户187人，维吾尔族5户29人，藏族2户10人，少数民族占20%。在册职工100人，其中：女36人；全连耕地面积4167.71亩，其中：红枣3176.76亩；棉花860.53亩；甘草131.42亩。

八连　2010年，全连总人口79户246人。其中：汉族73户233人，维吾尔族6户13人，其他少数民族1户2人。在册职工102人，其中：女41人。全连耕地面积7091.1亩，其中：红枣1422亩；棉花4426.3亩；甘草307.05亩。

九连　全连总人口28户82人。其中：汉族24户71人，维吾尔族7户2人，藏族2户2人，少数民族占10.9%。在册职工82人，其中：女31人。全连耕地面积7341.65亩，其中：红枣736.45亩；棉花4287.2亩；甘草254.69亩；枸杞826.72亩；其他1236.59亩。

第三节　前进水库

一、概况

新疆生产建设兵团第三师前进水库管理处位于塔克拉玛干沙漠西北缘，地理坐标为北纬38° 04′～38° 06′、东经77° 47′～77° 50′之间，东南面紧连塔克拉玛干沙漠，西南面与麦盖提县巴扎结米乡、库木库萨尔乡相邻，东北面和西北面与第三师四十五团接壤。海拔高度1158～1171米，地势平坦，属典型的干旱型大陆性气候，具有降水稀少，昼夜温差大，日照时间长，蒸发强烈等特点。历年平均降水量42.3毫米，受沙漠气候影响，年蒸发量为2250.7毫米，最少年份为1900毫米，蒸发量为降雨的53.57倍，导致库内存水大量蒸发。年平均气温11.7℃，平均日照时数2865.4小时，热源量资源丰富，适合粮、棉、瓜、果等农作物生长。年平均风速1.9米/秒，历年无霜期214天，常有干旱、低温、暴雨、大风等灾害性天气出现。前进水库管理处处部驻地扎拉特镇，距麦盖提县城36千米，距喀什市210千米，距自治区首府乌鲁木齐市1500千米。

1966年1月，农三师成立后开始筹建农三师叶尔羌河流域灌溉管理处，简称农三师前进水库管理处，为正团级单位。1969年4月，农三师前进水库管理处更名为农三师九十团。同年6月，农三师九十团改编为独立营级单位，称农三师水管营。同年10月，哈垃玛水库（即前进水库）竣工，交由水管营管理。1969年12月，农三师水管营交给农三师四十三团管理。1970年4月，四十三团水管营转隶水工团领导，为营级单位，改名为前进水库管理处，哈拉玛水库更名为前进水库。1972年3月，因前进水库距水工团较远，管理指挥不变，前进水库管理处改为独立营建制，名称不变，直属农三师领导。1975年5月，农三师建制撤销，前进水库管理处交喀什地区水电局领导。1976年6月，喀什地委决定将前进水库管理处改为前进水库管理站，划归叶尔羌河流域灌溉管理处领导，单位降格为营级。1979年1月，喀什地委决定将前进水库管理站交喀什地区农垦局管理。1982年4月农三师恢复建制，前进水库管理站仍归属农三师。1988年3月，农三师改前进水库管理站为前进水库管理处，升格为副团级单位，直至2010年12月，名称和级别均未变化。

前进水库（又名哈拉玛水库）为大中型平原水库，兴建于1966年，1969年竣工。最大设计库容量9500万立方米，最大淹没面积为38平方千米，水库堤坝全长19.2千米，坝顶宽3.5米，土坝最高段10米，平均坝高5米。正常年份蓄水6000万立方米，周转库容5000万立方米。2001年，在兵师党委正确领导和支持下，前进水库全面实施除险加固工程，工程竣工后，水库最大汇水面积达到44.43平方千米，库容为1.27亿立方米。水库配套设施有吾依布袋渠，引叶尔羌河水入库，渠道全长40.2千米，其上段25千米过水量为50立方米/秒，与麦盖提县共用；其下段21千米，过水量为25立方米/秒，为前进水库专用。另一条是前进水库引水渠，引提孜那甫河水，全长38千米，最大流量50立方米/秒，直接入库。2009年，前海总干渠开始修建。2010年竣工，完工后的前海总干渠成为连接前进垦区和小海子垦区的绿色生命通道，同时前进水库管理处承担了63.2千米的使用和维护工程任务。

前进水库放水渠全长21.6千米，最大流量13立方米/秒，为前进灌区主干渠，担负着前进垦区防洪、引水、抗旱和四十五团、四十八团、前进水库管理处27.03万亩耕地灌溉，以及前进水库管理处、四十五团3.2万人的饮用水任务。

第三师前进灌区地处叶尔羌河中游的东岸，灌区土地规划总面积190.52万亩，2010年有耕地27.33万亩。灌区的四十八团位于巴楚县境内，四十三团、四十五团、四十六团均在麦盖提县境内。灌区主要引水源是叶尔羌河和提孜那甫河，通过前进引水渠、吾依布袋渠将河水引入前进水库蓄水，通过前进放水渠向各灌区供水。

2010年末，前进水库管理处下辖基层单位有5个，即：水管一站、水管二站、农业队、渔业公司、自来水公司。2010年，全处总户数320户，总人口591人，其中：汉族518人，占总人口的87.7%，维吾尔族60人，占总人口的10.2%，回族8人，占总人口的1.3%，土家族3人，占总人口的0.5%，苗族2人，占总人口的0.3%。前进水库管理处土地总面积17.27万亩。其中：农用地8578亩，占土地总面积的4.97%；建设用地6.31万亩，占土地总面积的36.55%；其他用地面积10.1万亩，占土地总面积的58.49%。

二、经济发展

前进水库管理处是一个以水利工程管理、引、蓄、配水为主，农林牧副渔并举，自收自支、企业化管理的事业单位，土地面积少，零散分布在水库周围，地块不规则，不利于大面积机械化发展，地下水位高，盐碱较重，以传统种植方式为主。1991—2010年期间，前进水库管理处始终坚持“以水为主，多业并举”的方针，在完成水利配套工程建设、引蓄配水任务基础上，不断完善基础设施建设，改善民生，提高职工生活水平，促进了经济社会快速和谐发展，经济运行质量不断提高。从1998年开始，前进水库管理处注重抓好配套改革工作，加大改革力度，实施产业结构调整，积极发展多种经营，取得了一定的经济效益。2010年，全处实现生产总值1533万元，职均收入2.2万元，前进水库管理处的“三个文明”建设均得到长足发展，为垦区社会稳定与经济繁荣发挥了积极作用。

“八五”计划时期（1991—1995）“八五”计划期间，前进水库管理处经济作物以棉花为主，此外还兼有其他少量经济作物，部分饲料作物以紫花苜蓿为主，为渔业提供青饲料，农业生产总体规模较小，加之种植品种良莠不齐、病虫害防治不到位以及农业技术局限性的原因，经济效益一般。1995年之前，渔业总体发展模式为“以捕为主，养殖为辅”，前进水库管理处渔业养殖池的是“大锅饭”，鱼苗投放、饵料、人工工资等均由单位负责，职工的积极性难以得到发挥，鱼苗产量不高，全处总体经济发展缓慢。1995年，全处实现生产总值193.08万元，职均年收入3847元。

“九五”计划时期（1996—2000）“九五”计划期间，前进水库管理处坚持以科学发展观为统领，在“引好水、蓄好水、配好水”的同时，制定多项优惠政策，鼓励职工积极发展多种经营，增加职工收入，取得了一定的经济效益。2000年，全年共引水2.93亿立方米，蓄水1.22亿立方米，抽取水库渗漏水692万立方米，灌区场口配水1.74亿立方米，斗门配水1.22亿立方米，保证了灌区农田用水，为灌区农业丰收做出了贡献。到“九五”计划末，完成固定资产投资1401万元，较1995年增长15%。各项基础设施得到明显改善。1996—2000年，职工年平均总额117.6万元，职均年收入5259元，较1995年增加36.7%；年平均总收入623.8万元，较1995年增加133.6%；年平均耕地面积795亩，与1995年持平；年平均牲畜存栏数600头（只），较1995年增加82%；年平均生产总值296.2万元，较1995年增加53.4%，其中：第一产业73.8万元，第二产业41.8万元，第三产业186万元；年职均收入7476.19元，较1995年分别增加56%。

“十五”计划时期（2001—2005）“十五”计划期间是前进水库管理处经济社会发展变化巨大的时期，经济发展成效显著，职工生活水平明显提高，至2005年，全处完成国民生产总值942万元，较1996年239万元增长了294%，其中：第一产业210万元，同比增长123%，第二产业122万元，同比增长213%，第三产业610万元，同比增长321%；职均年收入1.45万元，人均年收入3625元，同比增长172%；全处耕地面积1428亩，同比增长79.6%；年末牲畜存栏1492头（只），同比增长95.8%。“十五”计划期间，前进水库管理处大力弘扬“三师精神”和“求真、献身、负责”的水利精神，坚持以科学治水、科学管水，最大限度地保证前进灌区工农业用水和居民饮用水，并积极采取各种有效措施，提高引水量和水的综合利用率。“十五”计划期间，总引水量达16.3亿立方米，年均3.3亿立方米，较“九五”时期增长39.5%;水的综合利用率达64%，较“九五”计划时期增长6%;“十五”计划时期每万方水产皮棉1830千克，较“九五”计划时期增长20.4%。不断加大水利基础设施建设力度，改善引灌水条件，完成全社会固定资产投资1.8亿元，集中力量建设成了一批水利工程。如：水库除险加固工程、东河滩防洪堤调水坝、卵石铅丝笼加固工程、提河引水渠工程、水库坝后排水渠工程、放水渠防渗工程、提河西岸防洪堤加固工程、“一块钱”龙口拦河堵坝工程等等，水利设施的完善，极大地提高了引、蓄、配水量，为垦区各团场经济建设和社会发展做出了重要贡献。投资100万元完成农业队低产田改造615亩，使其逐步实现条田标准化，从而实现高产稳产，实现增产增收；投资80万元扶持畜牧业、林果业、旅游业、餐饮业的发展，由于政策得力，措施有效。至2005年年底，牲畜存栏2400头（只）;产商品鱼186吨，特色鱼11.5吨，渔业职均收入突破1.4万元。投资80万元建好扬水站，回收渗漏水，增加配水量；投资80万元对旅游公司、养殖场和农业队居民区安装自来水，并实现自来水公司自动化控制；投资2.5万元对全处内部电网进行了改造，清除居民区用电安全隐患；投资7.5万元改造升级闭路电视，提高清晰度，满足广大职工日益增长的物质、文化、生活需求。

“十一五”规划时期（2006—2010）“十一五”规划期间，前进水库管理处牢固树立科学发展观，转变发展观念，创新发展模式，提高发展质量，全处干部职工一心一意谋发展，聚精会神搞建设，实现了经济建设、政治建设、文化建设、生态建设、社会建设新跨越。五年来，国民经济持续增长，经济实力不断增强，共计完成国民生产总值6013万元，是“十五”计划时期的1.7倍，年平均增长14%。其中：第一产业1356.2万元，是“十五”时期的1.68倍，年平均增长13.6%；第二产业527万元，较“十五”计划时期下降了10%;第三产业4129.8万元，是“十五”计划时期的1.9倍，年均增长18.9%；职均收入1.8万元，是“十五”计划时期的1.8倍，年均增长17%。“十一五”规划时期是水管处全体干部职工经历防汛大险情、大流量和特别天气的严峻考验。在困难面前迎难而上，采取一切措施，确保各个时期、各个引水渠、防洪渠安全度汛，特别是在2010年，水利人见证了“四个历史罕见”：一是大流量洪水持续时间之长历史罕见，二是水位之高历史罕见，三是蓄库日均流量之大历史罕见，四是蓄库之快历史罕见。五年来，水管处实现安全引水、安全蓄水、安全配水三大目标任务。五年共引水15.99亿立方米，蓄库9.55亿立方米，配水11.32亿立方米。保障了灌区农业生产和生活用水。“十一五”规划期间，不断完善水利基础设施建设，完成固定资产投资8417万元，较“九五”计划增长17%，年均增长10.8%。五年来，完成提孜那甫河西岸防洪堤主坝、副坝加固工程、提河引水渠入库导流渠改造工程、吾依布代渠进水口入库导流渠工程、“一块钱”引水龙口整治工程、水库10+000至11+000段的坝后盖重建工程、水库防滚护坡维修工程、前进引水渠清淤工程。新修道路10千米、防渗渠22千米、桥梁7座，打机井60眼，建防护林25千米，共投入资金1653.45万元。新建润泽小区192套，面积1.49万平方米；保障性住房170套，面积1.05万平方米；廉租房90套，面积5547.6平方米；解危解困住房80套，面积4931.2平方米；职工分别享受国家、兵团、师市、处各种购房补助，减轻了职工购房困难，改善了居住条件。坚持不懈地进行产业结构、经济结构调整，低产棉田退出，大力发展特色种植业和水产养殖，鼓励职工群众充分利用地缘优势发展各类种植业与养殖业，发展各种种植业2700亩，水产养殖业42.08万亩，禽畜养殖3户。

粮食种植 前进水库管理处主要经济作物为水稻，种植品种逐渐推广“矮丰2号”、沙交5号、7303、沙丰75、“秋光”等优良品种，采取化学除草、节水栽培、测土施肥等增产措施，除遭受旱灾外，水稻一直保持高产水平。

1996年，种植水稻300亩，总产大米140吨。

1998年，种植水稻450亩，总产大米189吨，单产420千克/亩，实现利润5.38万元。

1999年，因遭受特大旱灾，水稻大幅度减产。

2000年，种植水稻450亩，总产大米158吨，平均单产351千克/亩，水稻亩产值632元，产值28.44万元，实现利润5.8万元。

2002年，种植水稻500亩，总产大米170吨，平均单产340千克/亩。

2005—2006年，进行产业结构调整，以种植长绒棉“新海21号”为主，不再推广种植水稻，水稻种植面积逐年下降，转型至设施农业。2006年种植西、甜瓜35亩，总产250吨，蔬菜35亩，总产42吨。

2008年，少量种植水稻和玉米，全年种植水稻39亩，产大米19.5吨，平均单产500千克/亩。种植玉米50亩，产玉米28吨。

2009—2010年，由于产业结构调整，不再种植粮食作物。

棉花种植 前进水库管理处主要经济作物为棉花，1994年以前，种植的棉花品种为1985年引进的“军棉一号”，该品种不抗枯黄萎病，产量一般，1993年后被淘汰。1994年引进新品种“中棉12号”。全处推广种植450亩，皮棉总产19.6吨，单产43.5千克/亩。

1996—2005年间，实行水稻和棉花轮作，有效减少了棉田枯黄萎病的发生。2000年，种植棉花787亩，皮棉总产77.38吨，平均单产98.32千克/亩，棉花亩产值1067.34元，总产值84万元。

2002年，前进水库管理处对农业队每一位职工划分自用地2亩，不收任何费用，对土地承包100%采取租赁承包、两费自理、自主经营、自负盈亏。2005年，引进长绒棉“新海21号”，播种棉花1800亩，通过进行科学管理，皮棉总产223.3吨，平均单产123.97千克/亩，经济效益大幅提高。

2006年，种植棉花面积1925亩，总产皮棉211.75吨，其中：“新海21号”播种1200亩，总产皮棉129.74吨，平均单产108.18千克/亩；中长棉725亩，总产皮棉82吨，平均单产113.19千克/亩。

2007年，前进水库管理处进行产业结构调整，亩产115千克以下的低产田退出，转入林果业。

2008年，引进精量播种机，实现一穴一粒播种技术，种植密度由原来的1万株/亩提高到1.6万株/亩。全年种植棉花1900亩，皮棉总产261.8吨，平均单产137.79千克/亩，成本有所节约，产量有所提高。

2010年，前进水库管理处与相邻的四十三团携手，请专家帮助技术指导，加大农业科技运用，开展丰产攻关活动，提高规模效益，走“两高一优”的农业发展道路。全年种植棉花1800亩，产出皮棉620吨，平均单产132.59千克/亩，棉花总产值620万元。

畜牧业 畜牧业是前进水库管理处发展多种经济的重点之一，也是一条职工致富有效捷径。在人多地少的情况下，前进水库管理处提出了“发展特色农业，做精做强畜牧业”的发展思路。

1991年，畜牧业以庭院养殖为主，规模不大，全处牲畜存栏192头（只）。

1992年，全处牲畜存栏194头（只）。1993年，全处牲畜存栏196头（只）。

1995年，全处牲畜存栏上升到800头（只），其中猪100只、羊700只。

1996年，畜牧业年产肉8吨。

1997年，畜牧业年产肉30吨。

1998年，实行全奖全罚的大包干责任制，畜牧业年产肉21吨，基本满足职工需求。

2003年，前进水库管理处贯彻兵团“1+3”文件精神，给农工划分两用地，采取立足本处面向社会的方针，大力宣传鼓励职工发展养殖业，并出台配套优惠政策。全年牲畜存栏2332头（只），是2002年同期的233%。处党委从扶贫角度上支持贫困户发展庭院经济，投资4万元扶持13户贫困职工，分别为他们购买72只羊和11头牛。截至2003年年底，全处养殖50只羊的养殖大户有11户。

2004年，出台各种优惠政策调动职工群众发展自营经济积极性和主动性，鼓励职工从事餐饮、运输、特色养殖等行业。同时规定男满50周岁、女满40周岁，养羊60只以上，处提供饲草地6亩，可免交管理费。通过一系列行之有效的措施，全处全年自营经济总产值达到101万元。职均收入1.3万元。处利用水库得天独厚的草资源优势，鼓励职工大力发展畜牧业，为养殖大户按每头标准畜无偿划分2分饲草地。职工武秀江在承包渔业的同时，养羊近1000只，给全处职工发展畜牧业带了好头。

2005年，继续实施优惠政策，鼓励职工利用地缘优势养殖各类牲畜，全年牲畜存栏头数2400头（只），产肉29吨。

2006年，牲畜存栏头数2500头（只），产肉35吨。

2007年，牲畜存栏头数1210头（只），出栏大提高，产肉38吨。

2009年，养殖大户周德忠出栏生猪和猪仔700余头，在生猪养殖上有较大突破。

2010年，全处生猪出栏880头，规模养鸡8000只。

林果业 由于前进水库管理处地处塔克拉玛干沙漠边缘，常年风沙肆虐，植树造林显得尤为重要。1996年，农三师作出《关于加快农林牧业发展的决定》，提出加快防风固沙林建设，扩大优质干鲜果、林面积，提高经济效益。前进水库管理处认真贯彻执行三师党委的文件精神，在条田地块边、公路沿线、住宅区和沙漠边沿，广种新疆杨、沙枣、榆树、柳树、法桐、胡杨树为主的防风林，在植被稀疏的戈壁前沿种植以沙枣树、胡杨树为主的防风林，除种植防风林外，沙枣树还是防洪的好材料。经济林以红枣为主，大力发展红枣直播建园，产生了良好的经济效益。大量种植的防护林，在沙漠前沿建起了一道牢固的防风固沙体系，为保护农作物起到不可估量的作用。

1996年，全处果树种类有梨、苹果、葡萄、桃、杏、巴旦木等。其中：梨树品种有香梨、苹果梨、砀山梨、巴梨等；苹果有黄元帅、红元帅、青香蕉、红富士。葡萄也小面积栽培，主要品种有新疆红、马奶子等。还栽培有杏、桃等果树。全处各类果树面积197亩，年产水果90吨，全年总收入15.15万元。

1998年，林业生产出现滑坡，有果园180亩，年产水果75吨，较上年减产45吨，林果业全年总收入 1.26 万元。

2000 年，处党委在内地购买了枣苗，在四十三团购买了巴旦木苗，于农业队独一支渠下游旁地试种植 40 亩未取得成功。由于受市场的影响，曾经一度出现果园无人愿意承包或被废弃的现象。

2007 年，退出棉花低产田 640 亩，采取酸枣直播建园取得成功。2008—2010 年，前进水库管理处突出特色，注重效益，大力发展特色林果业，并实施农作物套种。

2010 年，新增枣园 200 亩，枣树栽培面积增加到 840 亩，生产红枣 23.52 吨，红枣种植职工的经济效益明显增加。1 万亩封沙育林和 3.02 万亩国家重点公益林项目正式实施。

渔业 前进水管处充分利用水资源优势，大力发展渔业养殖。水库水产品既有传统的草鱼、鲤鱼、鲫鱼、鲢鱼外，又发展了名优特产品，职工自主引进的昆仑雪蟹、武昌鱼、乌鲤等水产品，丰富了周边的水产品市场，水库鱼因为不投喂饲料、自然生长、口感好、品质好而著名。

1996 年之前，水库养殖由处渔场进行管理，每年投入一定数量的鱼苗，每年冬季进行捕捞，以传统鱼种为主，品种少，规模小，以自产自销为主。

1996—2000 年，水库有池塘 142 亩，以常规鱼种养殖为主，品种少，产量低。

2000 年，前进水库管理处成立渔业队，推行高密度科学养殖，配套了投饵机、增氧机、配合饲料，全部实行承包责任制，各项费用完全自理，全年共产商品鱼 90 吨，职均收入 9600 元，渔业生产完成师下达计划的 225%。

2001 年，职工大胆引进中华绒螯蟹 100 万只，试验网箱养殖，面积达到 136 平方米，鱼池特色养殖达到 120 亩。

2003 年，水库渔业养殖迈入新阶段，通过水库除险加固工程，水库养殖面积增加到 2.8 万亩。前进水库管理处确定了“国有民营、五定原则”的基本经营模式。“国有民营”即前进水库管理处不再对渔业经营管理进行经营性资金投入，只进行适当的基础设施投入，承包者有偿使用国有资产，自主投资、独立核算，自主经营、自负盈亏、自我发展，独立承担对内、对外的民事责任，按时依法交纳税金和利费，同时兼顾个人、集体利益；“五定原则”即定上缴指标、定入库鱼种数量、定捕捞规格、定发展特色养殖、围栏养殖、网箱养殖、定管理服务内容。在落实基本经营原则上，推行了“科技兴水、特色强水、旅游富水”市场化运作渔业经济发展的改革方案。前进水库管理处党委对职工承包池塘实行长期固定，买断经营，年限 10 年，并一次性交清 10 年使用费，让利于职工，为每位从事水产养殖职工划分 4 亩自用池塘，各养殖户结合本地实际进行了养殖结构的调整，每年选准重点培育 2 ~ 3 个名优特水产品种进行试养，试养的渔品种有方正鲫、斑点叉尾鱼。2004 年，试养的渔品种有南方大口鲶、乌鲤。2005 年试养的渔品种有白斑狗鱼、五道黑、加州鲈。“固定、自主、自由”的经营方针，充分调动了水产养殖职工的积极性，职工收入有所提高，但因由于池塘养殖规模小，水库捕捞产量低，渔业队仍处在亏损状态。

2006 年，从疆内外引进 10 余种特色鱼种。其中：长江水系蟹 100 万只，南方大口鲶 8000 尾，美国鱼回鱼 3800 尾，乌鲤 1000 尾，同时引进螺丝和河蚌等水产品，开辟出一条特色养殖道路。

2008 年，前进水库管理处以职工增收为中心，不断扩大养殖区域，鼓励发展井田养殖、坑塘养殖，网箱养殖，出台优惠政策鼓励职工发展规模养殖，结合实际，科学发展休闲渔业，积极打造农家乐。

2010 年，全年生产商品鱼 164 吨，其中：名优特水产 9.5 吨，实现产值 207 万元，职均收入突破 2.5 万元，连续 5 年名优特养殖占处年渔业总产值 25% 以上。水库养殖品种上升到 21 种，分别有鲤鱼、草鱼、鲢鱼、鳙鱼、银鲫、方正鲫鱼、武昌鱼、五道黑、加州鲈、南方大口鲶、丁鲑、德国锦鲤、乌鳢、白斑狗鱼、先科巨鲫、湘银鲫、黄腊丁、三道鳞、中科三号、小龙虾及螃蟹等。

旅游业　2000年以前，旅游业发展缓慢，只有周边团场和附近县人员自发到水库游玩，没有娱乐设施，没有餐饮接待。

2000年，前进水库管理处集资建起旅游股份公司，全年完成生产总值7.6万元，接待游客1.1万人次。2001年，完成总产值9万元，实现利润2万元。

2003年除险加固工程结束后，前进水库喀拉玛湖以个人承包经营为主，前进水库管理处收取承包费，进行必要的监督管理。景区自2003年正式开发旅游风景区以来，以“一流服务、一流管理，一流人才、一流业绩”为目标，进一步加大创建工作力度，着力打造“喀拉玛湖”品牌，通过努力发展特色生态旅游，加强建设管理，建成了接待中心、游乐中心、餐饮中心和垂钓中心，实现了一年开发、二年营业、三年赢利的目标。景区外道路交通依托公路、铁路交通干线，在景区整修并硬化了主干道和步行道；修筑码头3座；设陆上出入口一处；同时，附设停车场一处1140平方米；并开通喀拉玛湖旅游区——喀什、喀拉玛湖旅游景区——麦盖提、喀拉玛湖旅游区——莎车、喀拉玛湖旅游区——岳普湖的旅游专线车。2006年8月，喀拉玛沙漠旅游风景区被命名为国家AAA级旅游景区。

2004—2010年，景区年均接待游客7000人次，实现年均营业收入80余万元，餐饮日接待能力500人，水上游乐日容量达到200人，休闲垂钓日容量达到100人，在本地特色生态旅游业发展中独占鳌头。随着喀拉玛沙漠旅游风景区的发展，带动农家乐、渔家乐发展。至2010年，水库周边又建成2户农家乐、2家餐厅。

三、社会发展

1999年，前进水库管理处开办邮政代办所，方便职工群众；投资17万元完成光缆建设，解决了电视、电话的并网；2003年，进行农网改造，供、排水安装，暖气主干管道更换、改建，安装路灯17盏，使全处干部职工群众的生活条件得到进一步改善。2007年，前进水库管理处兴建住宅小区工作开始实施，着力加强住宅区围墙、道路、绿化、照明、文化广场等基础设施建设，努力把住宅区建成生态文明小康示范区。投资1480万元新建住宅楼32幢、商住楼2幢，共152户，建筑面积1.9万平方米。该住宅小区的建设是当时农三师新型团场建设工程中最大的一个示范小区，极大地改善了职工居住环境。投资90万元实施办公楼的维修、装修工程；投资40万元修建办公区附属工程，办公条件也有较大改善。2008年，前进水库管理处机关搬迁至原43团机关办公楼，投资20万元完成新建小区职工群众闭路电视、电话、宽带入户工程建设。

“百年大计教育为本”，前进水库原有学校1所、幼儿园1所。1998年，前进水库管理处投资96万元的新教学楼建成投用，学校占地面积3.53万平方米，校舍建设面积1131平方米，其中：教室面积684平方米，办公室面积147平方米，辅助设置面积300平方米。其中：教室7间；音乐室、体育室、少先队活动室、库房、水房、保管室、图书室、微机室、试验室各1间，教师办公室3间，改善了教学条件。学生入学率、普及率、巩固率100%。1999年，投资3万余元新建托儿所1座，为学校购买鼓乐器材1套，丰富幼儿课余生活。2000年，投资1.1万元为托儿所购置桌凳、婴儿床、玩具、被褥等设备，解决职工后顾之忧。前进水库管理处托儿所只招收处内职工子女，以0～5岁幼儿为主，设有保育员2名，负责幼儿的生活起居，教学内容以教幼儿说话、唱歌、跳舞、看图识字为主。2001年，投资7.3万元为学校修建活动室，购买家庭影院1套，录音机5个。2003年，投入一定资金修建篮球场、新增一批体育设施及图书，购买回塔松、漫头柳、金丝柳等树种，栽种到学校四围，使学校的环境大为改善。2007年7月，由于前进水库管理处整体搬迁至原四十三团扎拉特镇，根据师市教委安排，前进水库管理处学校合并至四十五团二中，前进水库管理处学校撤销。2008 年 5 月，水库整体搬迁至 45 团扎拉特镇，由于幼儿数量少，前进水库管理处托儿所撤销，幼儿转至扎拉特阳光幼儿园或私人托儿所入托，2 名保育员转岗至前进水库管理处社区工作。

1996—2007 年，前进水管处卫生所人员少，设备简单，没有普通的化验和仪器检查，一般重病员均转院治疗。只能做妇科接生、结扎、清宫、上环等妇科手术，治疗常见病、预防接种。2007—2010 年，前进水管处卫生所并入扎拉特卫生院，在润泽小区设卫生所，进行常见病诊治、输液、预防接种等。卫生所坚持预防为主、医疗为中心、质量为重点、计划生育基本国策方针，注重加强内部管理，提高服务质量，做好群众的防病治病工作。利用业余时间在普及卫生知识讲座，提高职工群众的防病意识。人口与计划生育工作得到加强，截至 2010 年，全处计生率和节育率均 100%。

1991—1997 年，前进水库管理处重视对文化设施建设，每年投资对处和基层单位陈旧的文化设施进行改造，建设新的文化活动设施，使各连队文化设施更加完善，每年开展全民健身的文娱活动，春节期间，组织职工开展健身舞表演，猜灯谜、卡拉 OK 演唱会，“十一”举办庆国庆演出等，职工群众业余文化生活更加丰富多彩。1998 年，前进水库管理处开通程控电话和传真业务，修建有线电视站和广播站各 1 个，广播电视覆盖率 98%。有图书阅览室 4 个，各种图书杂志 6000 余册。举办职工文艺演出活动 1 次，演讲比赛 1 次，春节期间举办第八套广播体操比赛“庆新春职工运动会”“亲情、友情、爱情”卡拉 OK 演唱会、“巾帼巧手”手工艺品展览活动等，丰富职工业余文化生活。1999 年，关心老干部生活，投资 17.8 万元对办公楼前进行规划，修建花园，修建 400 平方米门球场 1 个，使老干部们老有所乐。投资 30 多万元将电信传输干线扩容，安装电视功率放大器 31 个，IC 磁卡电话 2 部。2001 年，春节期间举办全民健身趣味运动会、联欢会；“三八”妇女节期间举办卡拉 OK 赛；“七一”期间举办“颂歌献给党”演唱会等 12 项活动；“十一”期间举办职工文艺演出等，同时还举办板报比赛、图片展 1 期，开展“三德”教育月、民族团结教育月、综合治理宣传月、党风廉政建设教育月活动，使广大职工在活动中受教育，在教育中得到提高。2003 年，改建门球场、老年人俱乐部，组织老干部到外地疗养，为异地居住的老干部每人发放疗养补助费 2000 元，为异地居住的老干部每人发放报刊征订费 100 元。加大《公民道德建设实施纲要》的宣传教育，让全处干部职工树立爱祖国、爱人民、爱劳动、爱科学的思想意识，加强社会公德、职业道德、家庭美德教育。2005 年，开展全民健身文娱活动，春节期间，组织职工开展健身舞表演、猜灯谜、卡拉 OK 演唱会等。“十一”举办庆国庆和农三师成立 40 周年文艺会演。2006 年，开展全民健身的文娱活动，春节期间，组织职工开展健身舞表演，猜灯谜、卡拉 OK 演唱会等。3 月，举办职工越野长跑赛；8 月，举办前进灌区第二届游泳比赛。9 月，举办前进水库管理处 40 周年大庆文艺会演。2009 年，投资 30 万元修建职工文化广场，为职工群众提供业余文化活动场所。投资 20 万元在文化广场安装健身器材、篮球架等娱乐设施，为职工群众健身娱乐提供保障。投资 15 万元建设广播中心设备室 100 平方米，提高播出质量。积极开展全民健身文娱活动，节日期间组织职工开展形式多样的群众文化活动，塑造军垦文化，广场文化，举办元旦、春节文体活动、“七一”建党活动、“八一”建军座谈会、“十一”庆祝祖国 60 周年华诞职工文艺会演、“九九”重阳节老人座谈会，举办卡拉 OK 演唱、乒乓球、扑克、象棋、篮球、拔河比赛以及游园、猜灯谜等文化活动。2010 年，完成电视村村通安装调试工程建设 150 套。投资 6 万元修建门球场，进一步完善老年文化活动场所设施建设。完成投资 80 万元修建前进水库管理处综合文化站，丰富职工群众的文化生活和业余生活。完成投资 70 万元开通前进水库管理处卫星广播的安装及接收，让广大职工群众能及时收听党的方针政策。

四、防洪引水

防洪引水工作是前进水库管理处的主要工作，管理着“两堤两枢纽一龙口”，“两堤”是叶尔羌河东河滩防洪堤和提孜那甫河西岸防洪堤。“两枢纽”是亚胡木丹枢纽和罕库勒枢纽。“一龙口”是叶尔羌河“一块钱引水龙口”，属季节性临时土坝拦河引水龙口。防洪引水任务主要是保障防洪堤和水利枢纽和引水渠的安全运行。

防洪抢险 前进水库管理处组织专人编制《前进水库防洪抢险预案》《前进水库安全引水预案》《前进水库安全运行及调度预案》《前进水库冬季安全运行预案》《前进水库处置安全突发事件应急预案》,《前进水库抗旱预案》等。在各项预案中成立灌区为主要成员单位的组织机构，规定了职责，明确工作任务，落实了队伍和物资，以及根据不同预警下采用不同的应急响应方案。

1996年8月9日，叶尔羌河出现2230个流量的洪峰，前进水库管理处全力以赴组织前进灌区职工迎战洪峰。8月10日，叶尔羌河麦盖提县东河滩大桥上游340米处的防洪河堤频频出现险情，麦盖提县组织数十万名民工抢筑起第二道防汛堤坝，确保麦盖提县城安全。前进灌区抢险队员在洪水中抢运树梢到决堤对岸，麦盖提县与农三师前进灌区同心同德，并肩战斗，决堤30个小时后的东河滩防洪大堤终于合拢封堤加固。

1996年8月10日，东河滩防洪堤0+350处丁坝被洪水抄后路，冲毁主堤40米，农三师和地区领导亲临现场指挥抢险，出动劳力1.5万人，耗资51.4万元，苦战5天5夜排除了险情。

1996年10月，农三师勘察设计院完成东河滩防洪堤加固初设，概算总投资384.71万元，工程由农三师前进水库管理处负责实施，于1997年3月14日开工，1997年6月完工。东河滩防洪堤全面加固后，经多年的运行，叶尔羌河主流发生变化，偏向防洪堤根部，造成防洪堤堤岸严重滑坡，2003年5月23日，叶河东河滩水毁修复工程开始施工，工程分为卵石铅丝笼护岸工程、混凝土工程、钻井工程三部分，2003年7月11日竣工。

2003年4月8日，前进水库管理处组织工程技术人员对提孜那甫河西岸10千米防洪堤进行加固施工，5月30日竣工，工程完成土方量4.6万立方米，加固堤防长8千米，工程投入资金8.39万元。

2004年5月21日，前进水库管理处投入资金39.43万元对水毁6处危险断面进行加固，6月5日工程完工，完成工程量卵石铅丝笼2086.04立方米。

2005年4月19日，前进水库管理处投入资金15.99万元实施东河滩防洪堤加固工程，该工程5月4日竣工，完成工程量卵石铅丝笼1444立方米。

2005年5月28日至6月15日，前进水库管理处投入资金8.95万元对提孜那甫河西岸10千米防洪堤进行加固，完成土方量5万立方米。

2005年6月24日，提孜那甫河防洪堤出现决口，6月25日至8月19日进行抢险加固和防洪，期间共发生55.35万元费用（其中人工费1.7万元、机械费53.15万元、材料费0.5万元）出动人工234工日、挖掘机348.5小时、推土机1462小时，完成土方14.85万立方米。

2006年，前进水库管理处投入资金46.73万元对提孜那甫河西岸防洪堤进行加固，工程长度10千米，工程于5月20日开工，6月10日竣工，实际完成土方量13.13万立方米。

2010年7月26日，东河滩防洪堤第四条砼调水坝根部发生冲刷,7月27日前进水库管理处机关、工程队、水管二站、农业队、自来水服务站等117人，四十五团开发区56人先后赶往防洪地点，经过5天的抢险，8月3日险情得到控制，8月28日险情段全面恢复，期间共发生费用23.57万元，其中人工费3.21万元（出动人工499工日），机械费6.11万元（挖掘机、铲车、运输车计52台班），材料费14.25万元（铅丝4.76吨、卵石1195立方米、无纺布500平方米）。

拦河引水　吾依布袋渠上段是麦盖提县和前进水库管理处共用的引水渠系，直接从叶尔羌河引水，引水龙口在亚胡木丹枢纽上游约7千米处，为无坝引水，每年根据河水走势拦河堵水，经上级主管部门协调，确定10年内前进水库管理处筑拦河坝6次（年份为0、1、3、5、7、9）、麦盖提县拦河4次（年份为2、4、6、8）。

1996—1999年，由于叶河在该段河流主河槽导向西岸，导致吾依布袋渠“一块钱”引水龙口淤积，致使1999年8月16日吾依布袋渠断流，严重影响前进灌区农业生产和群众生活，前进水库管理处委托师设计院对引水龙口进行了勘测设计。2001年5月12日，由农三师水利局、前进水库管理处、农三师设计院三方在对引水龙口初步确定方案，具体提出采用疏导、拦截、加固三项措施。工程设计土方20.64万立方米，工程造价96.75万元，工程由农三师前进水库管理处实施。

2003年10月8日，前进水库管理处组织施工机械进入吾依布袋渠“一块钱”龙口进行堵口，开展施工，2003年10月28日竣工，完成土方量9406立方米，工程投入7.74万元。

2004年，大坝安全度汛，前进水库管理处对2003年修建的拦河大坝进行加固。5月9日施工，5月21日竣工，完成土方量7270立方米，工程投入2.62万元。

2005年对吾依布袋渠“一块钱”龙口实施加固，工程由水管处工程队施工，于5月17日开工，设计土方1.1万立方米，预算价2.36万元，工程于6月3日竣工，完成土方量1.1万立方米，结算价2.4万元。

2005年10月2—24日，进行吾依布袋渠“一块钱”龙口冬季拦河堵水工程，开挖导流渠1300米，完成土方量3.3万立方米，拦河加堤1100米，完成土方量挖方9700立方米、拉运方4800立方米，工程决算价34.4万元。

2006年9月，实施吾依布袋渠“一块钱”龙口拦河堵水工程，一期工程采取对外招标，工程长1894米，设计土方4.33万立方米，工程预算价7.61万元。中标价6.6万元，9月29日开工，11月21日竣工，完成土方4.56万立方米。二期工程为拦河工程，工程堵水长度690米，开挖导流渠工程642米，完成土方量3.32万立方米，工程结算费用27.05万元。

2007—2010年，引水渠运行良好，没有进行工程投入。

第二编　自然环境　资源

麦盖提县位于天山南麓，属叶尔羌河中游冲积平原，主要的地貌组合为沙漠、山地、平原，境内海拔最高点1207米、最低点146米，在靠近沙漠边缘一带，地势起伏不平，荒地、沙丘交错，芦苇草滩、盐碱滩、碱水坑成群。沿叶尔羌河两岸为平原区，土层深厚，平坦肥沃，是麦盖提县农牧业区；东北部沿叶尔羌河下游一带为原始胡杨森林区；东部为沙漠区，沙丘广布，多呈垄状。

麦盖提县属温带大陆性干旱气候，四季分明，年温差大，光照充足，无霜期长，降水偏少，蒸发量大，光热资源丰富。年平均日照时数2836.5小时，年平均气温11.9℃，年平均气压值883.2百帕，年平均降雨量56.5毫米，年平均蒸发量2001.8毫米。主要自然灾害有大风、沙尘暴、冰雹、暴雨、洪涝、霜冻、低温、高温、干旱等。

流经县境内河流主要有叶尔羌河和提孜那甫河，其中叶尔羌河全长1165千米，境内流长180千米，河床平均宽1000米左右，麦盖提县灌溉面积近50万亩；提孜那甫河全长335千米，境内流长56千米，麦盖提县灌溉面积30余万亩。

境内植被类型分为荒漠植物、草甸植物、沼泽植物、沙生植物、田间植物。土壤类型主要有潮土、灌淤土、草甸土和盐土。已探明地下矿藏为砖瓦用黏土矿。野生动植物种类繁多，其中白鹤、叶尔羌河鼓鳔鳅（狗头鱼）属国家一级保护动物，草原斑猫、鹅喉羚、塔里木兔、灰鹤、会腹鸥、小鸥、大雁、翠鸟、鹃鸠、白腹黑啄木鸟、纵纹腹小鸮、猎隼、燕隼、灰嘴隼属国家二级保护动物，野鸭属国家三级保护动物。

第一章　地质　地貌

第一节　地质结构

在大地构造分区上，麦盖提县位于塔里木地台西部柯坪断隆和西南坳陷两个次级构造单元的过渡带上。由于受第三纪以来的新构造运动的影响，天山、昆仑山相继断隆褶皱上升，形成高大山系，塔里木地台内部也产生差异性升降，叶尔羌河、提孜那甫河冲积平原的基底呈断块上升，形成麦盖提高地。因此，其上第四系覆盖层厚度较薄，据钻孔揭露，厚度不超过200米。在两河冲积平原区，表层为灰褐色、黄褐色、土黄色亚砂土、亚黏土、粉砂及灌淤质壤土，一般厚3～20米，其时代属于全新世。其下为全新统河流相冲积砂层，以青灰色、灰绿色细砂、粉细砂、粉砂为主，局部夹有灰褐色亚砂土夹层，厚度180～200米。在沙漠区，上部为全新统风积沙层，以土黄色粉细砂为主，一般厚度为20米左右，最厚可达70余米，风积物在冲积平原区也有零星分布，以沙丛、残丘形式为主，厚度5～6米。主要矿物成分，虽有石英、长石、云母等，但构不成矿物资源。风积沙层之下为全新统河流相冲积砂层，以青灰色细砂、粉细砂为主，在一些河间低畦区、盐沼、湿地呈串珠形状沿河流流向分布。其上有全新统沼泽黑色淤泥质亚砂土、粉砂土发育。表层含丰富的植被根系，该层厚0.5～3米。在强烈的蒸发浓缩作用下，沼泽湿地周围及冲积平原区边缘地带，盐霜、盐渍土发育，局部盐壳厚度可达数厘米。200米以下为第三系石膏盐化－冲积湖积相细砂岩、粉砂岩、泥岩。石膏盐化现象普遍，岩层含大量石膏结晶体，总厚度逾1000米。

第二节 地 貌

麦盖提全县主要为西部冲积平原和东部沙漠两大地貌单元。两者大体以新疆生产建设兵团第三师四十五团向阳镇、前进水库、克孜勒阿瓦提乡一线为界。此外，还有小片山区、戈壁地貌。

一、沙漠

县境东部为沙漠，面积占全县总面积的90%，地势相对较高，海拔高度1155～1195米。从克孜勒阿瓦提乡东南至四十五团向阳镇以东，平均坡降1.2‰。以新月形沙丘、复合沙垄、沙山及沙丘间洼地形态出现，边缘为沙垄、丛草沙丘等。沙丘地高3～5米，局部可达10米，一般西北坡缓，东南坡陡，这与长年刮西北风有关。

二、平原

县境西部为冲积平原，由叶尔羌河、提孜那甫河携带的大量泥沙沿河淤积形成，平均宽度15～20千米，占全县面积的10%左右，海拔高度1140～1185米，平均坡降0.7‰，县城及主要居民点和耕地分布其上，河道水渠发育。地面在一定程度上受到侵蚀而遭破坏。土壤类型以冲积灌淤土为主，土层深厚，土质肥沃，局部低洼区长年积水成沼，其上为沼泽淤土，耐碱植被芦苇等生长茂盛。叶尔羌河、提孜那甫河有一级阶地和漫滩发育。阶地高度1～3米，漫滩宽阔，一般宽200～500米，最宽逾1000米。叶尔羌河河面宽阔，水浅，常年流水，水面宽一般800米左右，最宽处3000米，河道变迁改道频繁，沿河道牛轭湖发育，个别被改造成水库，有利农田水利建设。平原与沙漠的过渡地带，受强烈的蒸发作用影响。加之排水不畅，土壤盐渍化程度较高，地表盐渍土分布广泛。

三、山区

乔喀塔格山位于麦盖提镇东北130千米处，叶尔羌河下游南岸，西与麦盖提县胡杨林场相连，北隔叶尔羌河与第三师四十九团相距20千米。乔喀塔格山为西南东北走向，长25千米，宽10千米，占全县面积不足1%，海拔1739.6米，蕴藏石灰石、硝盐、石膏，植物有稀疏杂草和胡杨树，山脚下有盐层，西部15千米处有盐矿。

四、戈壁

奥库勒克萨孜勒克 位于克孜勒阿瓦提乡政府驻地西南4千米处，面积4.3平方千米。奥库勒克萨孜勒克（维吾尔语）意即有马槽的地方。20世纪30年代前该处有部分耕地，种地人用泥巴修了几个马槽，故得名。

其克勒克江尕勒 位于克孜勒阿瓦提乡政府驻地东北7千米，面积约2平方千米，内有3个碱坑，生长有芦苇等，现已栽树1500亩。其克勒克江尕勒（维吾尔语），意为草多的地方，故名。

飞机场 位于库木库萨尔乡政府驻地北5.5千米，距麦盖提镇东南1.5千米。面积约1平方千米，黏质土壤，地势平坦，草皮地。1937年10月，此处降落过飞机，故名。

塔木墩再依 位于吐曼塔勒乡政府驻地东9千米，总面积约17平方千米，常年积水面积约1000亩，最深处6米，生长有芦苇等，因碱滩地处塔木墩村边沿故名。

琼再 位于希依提墩乡政府地西北6千米，总面积24平方千米，有常年积水碱坑10个，有鱼、蒲草、芦苇。琼再（维吾尔语），意为大碱滩。

开兰代尔再依 位于央塔克乡政府驻地东北15.5千米，总面积13平方千米，常年积水面积15万亩。碱水内有鱼、芦苇，县排碱主干渠通过此处。开兰代尔再依（维吾尔语）意为讨饭的碱湖，碱湖长，范围大，多弯，故名。

恰斯　位于麦盖提县库尔玛乡政府驻地东北20千米，总面积约10万亩，生长有胡杨、红柳、沙棘、芨芨草、芦苇、野麻，动物有野兔、野鸡等，范围内有耕地4000亩。恰斯（维吾尔语）意为方形。

阿克塔拉　位于库木库萨尔乡驻地东5千米，东南与塔克拉玛干大沙漠相连，面积约2万余亩，长有芦苇、甘草等，土壤含盐较重，可以放牧。

喀赞库勒　位于麦盖提县城东南20千米，东连塔克拉玛干大沙漠，南与克孜勒阿瓦提乡，西与尕孜库勒乡，北与库木库萨尔乡交界，总面积约40平方千米，生长甘草、芦苇等野生植物。喀赞库勒（维吾尔语）意为锅形湖。因戈壁滩内有许多大大小小像锅形的碱湖而得名。

第二章　气　候

第一节　气候类型

麦盖提县位于塔里木盆地西部边缘，是塔克拉玛干沙漠西部的一片绿洲，西南有喀喇昆仑山阻挡，北面以天山为屏障，地形闭塞，受沙漠气流影响较大，是典型的荒漠、干旱大陆型气候。其特点主要是：光照充足，年温差大，无霜期长，降水偏少，蒸发量大，光热资源丰富。麦盖提县历年平均气温11.9℃，极端最高气温40.4℃，极端最低气温-27.0℃；年平均无霜期214天；年平均日照时数为2836.5小时；年平均降水量56.5毫米，降雨集中在5—9月，其中7月最多；年平均蒸发量2001.8毫米；年平均浮尘日数80天。主要自然灾害有大风、沙尘暴、冰雹、暴雨、洪涝、霜冻、低温、高温、干旱等。

第二节　四季划分及时间表

由于麦盖提县特殊的地理位置，四季分明，春秋季温度变化大，年降水量季节分布不均。

一、春季

春季初日2月18日，终日4月24日，共65天。过程升温迅速但不稳定，风沙天气较多，空气干燥，常发生倒春寒。开春期通常在2月18日，土壤解冻期在2月13日，终霜止在3月13日。春季主要气象灾害是大风、沙尘、降温、春旱等。

二、夏季

夏季初日4月24日，终日9月4日，共133天。高温炎热，傍晚前后多阵性风雨天气。夏季主要气象灾害是大风、冰雹、高温等。

三、秋季

秋季初日9月4日，终日11月26日，共83天。晴空万里，秋高气爽，光照充足，昼夜温差大。初霜期通常在10月20日，土壤冻结期在11月27日。秋季主要气象灾害是霜冻、强降温等。

四、冬季

冬季初日11月26日，终日2月18日，共84天。晴朗寒冷，积雪浅薄，土壤封冻，最大冻土深度为77厘米，出现在2007年2月8日。冬季主要气象灾害是寒潮、降雪、冻害等。

麦盖提县四季分配情况表

表 2-2-1

春季			夏季			秋季			冬季		
初日		天数（天）	初日		天数（天）	初日		天数（天）	初日		天数（天）
月	日		月	日		月	日		月	日	
2	18	65	4	24	133	9	4	83	11	26	84

第三节　日照　辐射

一、日照

麦盖提县全年实际日照时数 2836.5 小时。麦盖提县平均日照率 64%。农作物生长季节每日日照时数长达 10 ~ 12 小时，对作物生长非常有利。

麦盖提县历年各月日照时数和百分率情况表

表 2-2-2

月份	1	2	3	4	5	6	7	8	9	10	11	12	全年
日照时数（小时）	170.0	173.0	196.6	223.3	271.4	308.2	310.4	287.4	261.4	254.5	209.8	170.5	2836.5
百分率（%）	56	56	52	56	61	69	69	69	72	75	71	58	64

二、辐射

根据中国气象局气象测报业务观测相关工作要求，结合新疆维吾尔自治区气象局气象测报业务工作安排，麦盖提县气象局自 1957 年建站成立以来，没有辐射观测的相关设备，不承担本地辐射观测工作任务。

第四节　气温　气压

一、气温

麦盖提县特殊地理位置，致其昼夜温差较大、冬夏温差较大；冬夏寒暑明显，春温不稳定，秋季气温下降快。根据气象观测资料显示，麦盖提县年最低气温出现在 1 月，为一年中最冷时间段；最高气温出现在 7 月，为一年中最热时间段。

麦盖提县历年各月、年平均气温情况表

表 2-2-3

月份	1	2	3	4	5	6	7	8	9	10	11	12	全年	累年较差
平均气温（℃）	-5.1	0.1	8.6	16.0	20.4	23.7	25.0	23.7	18.9	11.4	3.2	-3.4	11.9	30.1

麦盖提县历年极端气温情况表

表 2-2-4

月份	1	2	3	4	5	6	7	8	9	10	11	12	全年
极端最高（℃）	19.0	18.7	30.9	34.3	36.5	39.6	39.1	38.5	35.4	29.6	25.9	19.3	39.1
出现年份	2000	2010	2010	2007	2000	2005	2009	2006	1997	2002	2009	2008	2009
极端最低（℃）	-25.5	-27.0	-5.7	-1.0	3.6	7.4	11.0	9.3	3.5	-4.3	-10.3	-17.0	-27.0
出现年份	2008	2008	1991	2003	1997	2000	1992	1991	2003	1993	2006	2002	2008

二、地温

由于麦盖提县特殊的地理位置，造成土质不同，戈壁沙漠比下潮地温度高，黏土比沙壤土温度低，地面温度变化不大。

麦盖提县历年各月、年地面平均温度情况表

表 2-2-5

月份	1	2	3	4	5	6	7	8	9	10	11	12	全年
地面平均温度（℃）	-5.1	0.8	11.0	20.2	27.2	32.8	34.4	32.1	25.0	14.3	3.2	-4.1	16.0
5 厘米平均温度（℃）	-2.9	-0.3	7.7	15.5	21.8	26.5	28.5	27.4	22.3	14.0	4.7	-1.7	13.6
10 厘米平均温度（℃）	-2.1	-0.2	7.4	15.0	21.2	25.9	28.1	27.2	22.4	14.6	5.7	-0.7	13.7

三、气压

麦盖提县历年平均气压值为 883.2 百帕，年极端最高气压数值为 908.2 百帕，年极端最低气压数值为 860.3 百帕。

麦盖提县历年各月、年平均气压情况表

表 2-2-6

月份	1	2	3	4	5	6	7	8	9	10	11	12	全年
平均气压（hpa）	889.5	886.1	883.0	881.1	879.5	876.8	875.5	877.5	882.2	887.0	889.6	891.0	883.2

四、冻土

因麦盖提县特殊的地理位置，致使地温下降缓慢，冻土一般出现在每年 10 月，次年 3 月结束。

麦盖提县历年各月最大冻土情况表

表 2-2-7

冻土月份	10	11	12	1	2	3
最大冻土深度（厘米）	5	14	60	75	77	8
出现年份	2009	2009	2010	2007	2007	2009

第五节 降水 蒸发

一、降水

麦盖提县降水差异较大。从地域划分：西北偏多，县城居中，东南偏少。从时间划分：夏季最多，春秋居中，冬季偏少。最长连续无降水日数达210天，一日最大降水量为43.4毫米，日期为2002年7月9日。

麦盖提县历年各月降水情况表

表2-2-8

月份	1	2	3	4	5	6	7	8	9	10	11	12	全年
降水量（毫米）	1.4	1.4	3.3	4.8	7.7	9.4	11.9	8.0	5.4	1.0	1.3	0.9	56.5

二、蒸发

麦盖提县处于塔克拉玛干沙漠边缘，其蒸发很强，年平均蒸发量2001.8毫米，一年中5—6月蒸发量最大，12月至1月蒸发量最小，年蒸发量与年降水量差异极大，是造成麦盖提县干燥的重要原因之一。

麦盖提县历年各月蒸发量情况表

表2-2-9

月份	1	2	3	4	5	6	7	8	9	10	11	12	全年
蒸发量（毫米）	26.6	49.8	138.8	234.6	302.9	321.1	297.2	241.7	175.7	123.7	63.6	26.1	2001.8

第六节 霜

麦盖提县年平均无霜期为232天，其中最长无霜期为266天，最短无霜期为194天。初霜一般出现在10月20日前后，终霜一般出现在3月13日前后。

麦盖提县初霜、终霜情况表

表2-2-10

初霜	最早出现时间	10月11日	最晚出现时间	10月31日
终霜	最早出现时间	3月2日	最晚出现时间	4月30日

第七节 湿度

由于麦盖提县特殊的地理位置，长年处于空气干燥状态，近地面空气中水汽含量极少，年平均相对湿度55%。

麦盖提县历年各月、年平均湿度情况表

表 2-2-11

月份	1	2	3	4	5	6	7	8	9	10	11	12	全年
平均湿度（%）	65	56	46	39	43	45	53	58	62	63	61	68	55

第八节　风

一、风速

麦盖提县年平均风速 1.3 米 / 秒，月最大风速为 19.0 米 / 秒。风速的季节变化较大，春季风速最大，平均风速 14.0 米 / 秒。

二、风向

麦盖提县常年以东北偏东风为主要风向，出现频率 12%。

麦盖提县历年各月平均风速情况表

表 2-2-12

月份	1	2	3	4	5	6	7	8	9	10	11	12	全年
平均风速（米 / 秒）	0.8	1.1	1.7	1.9	1.9	1.9	1.7	1.4	1.1	0.9	0.8	0.7	1.3
最大风速（米 / 秒）	8.0	16.0	12.0	14.3	14.0	19.0	17.0	12.3	11.7	12.0	11.3	9.4	19.0
最大风向	NE	NW	WNW	WNW	WNW	WNW	NNW	NNW	WNW	NW	NW	WNW	WNW
极大风速（米 / 秒）	9.9	8.8	18.8	19.2	18.1	21.0	21.5	15.0	12.9	16.5	11.9	15.6	21.5
极大风向	W	NNE	WNW	NW	NNW	NNW	WNW	N	NNW	NW	WNW	W	WNW

第九节　物　候

一、木本植物

物候是指自然环境中植物、动物生命特征在一年中特定时间出现的某些现象，物候现象是生物节律与环境条件的综合反映。从气象条件来说它不仅反映了当地的天气条件，而且反映了过去一段时间气象条件影响的积累情况。麦盖提县根据中国气象局相关农业气象观测工作要求，结合麦盖提县特殊的地理位置及气候条件对生长在此地的主要木本植物生长发育状况进行连续观测，为科学研究提供最基本的观测数据。

麦盖提县木本植物物候情况表

表 2-2-13

名称	学名	芽膨大期		芽开放期		展叶期		花蕾或花序出现期	开花期			果实或种子成熟期	果实或种子脱落期		叶变色期		落叶期	
		花芽	叶芽	花芽	叶芽	始期	盛期		始期	盛期	末期		始期	末期	始变	全变	始期	末期
小叶杨	Populus simonii	2月13日	2月23日	2月28日	3月20日	3月25日	3月27日	3月7日	3月8日	3月13日	3月15日	3月25日	3月28日	4月1日	10月10日	10月18日	10月15日	11月12日
杏	Prunrus armeniaca	2月14日	2月28日	3月13日	3月20日	3月25日	3月30日	3月15日	3月20日	3月24日	3月27日	6月12日	6月16日	6月24日	10月6日	10月18日	10月10日	10月28日
桃	Amygdalus persica Linn	2月17日	2月28日	3月16日	3月25日	3月27日	3月30日	3月20日	3月30日	4月2日	4月7日	6月25日	7月4日	7月10日	10月5日	10月17日	10月12日	10月27日
桑树	Mlrus alba	2月17日	2月28日	3月16日	3月25日	3月27日	3月30日	3月25日	4月2日	4月7日	4月9日	5月9日	5月28日	6月10日	10月5日	10月15日	10月11日	10月27日
苹果	Malus pumila	2月22日	2月28日	3月16日	3月20日	3月25日	3月27日	3月19日	3月29日	4月2日	4月4日	8月20日	9月6日	9月14日	10月5日	10月17日	10月13日	11月10日
白梨	Pyrus bretschneideri	2月22日	2月28日	3月16日	3月20日	3月25日	3月27日	3月19日	3月30日	4月2日	4月4日	7月19日	7月26日	7月31日	10月4日	10月16日	10月10日	10月28日
葡萄	Vitis vinifera	3月19日	3月11日	4月9日	3月30日	4月2日	4月5日	4月14日	4月20日	4月24日	5月1日	8月21日	9月6日	9月14日	10月13日	10月17日	10月17日	11月15日
沙枣	Elaeagnus angustifolia Linn	3月8日	3月13日	4月7日	3月19日	3月25日	3月30日	4月9日	4月26日	4月28日	5月3日	8月20日	8月29日	9月14日	10月10日	10月16日	10月17日	11月15日

二、草本植物

为全面了解和掌握麦盖提县较常见、季节性较强的草本植物生长发育状况，麦盖提县气象局主要对以下草本植物的生长发育进行跟踪观测。

麦盖提县草本植物物候情况表

表 2-2-14

名称	学名	萌芽期	展叶期		开花期			果实或种子成熟期		果实脱落或种子散落期	黄枯期		
			始期	盛期	始期	盛期	末期	始期	全熟期		始期	普遍期	末期
蒲公英	Taraxacum officinale	3月5日	3月10日	3月13日	3月27日	4月2日	4月7日	5月3日	5月9日	5月17日	7月26日	8月3日	8月29日
车前草	Plantago asiatiac	3月8日	3月13日	3月16日	6月24日	6月29日	7月4日	7月10日	7月19日	7月24日	8月5日	10月5日	10月18日
芦苇	Phragmites communis	3月9日	3月15日	3月16日	7月4日	7月10日	7月19日	7月24日	7月31日	8月10日	10月10日	10月15日	10月18日

三、动物物候

根据中国气象局相关动物物候观测工作要求，结合麦盖提县特殊的气温变化实况，麦盖提县气象局主要对以下动物物候出现情况进行观测。

麦盖提县动物物候情况表

表 2-2-15

候鸟	始见（始鸣）	绝见（绝鸣）
戴胜鸟	3 月 22 日	9 月 24 日
喜鹊	3 月 28 日	9 月 22 日
布谷鸟	4 月 14 日	9 月 18 日
家燕	4 月 26 日	9 月 18 日

第三章 水 文

第一节 地表水

麦盖提县境内地表水来源分为两大水系，即叶尔羌河水系和提孜那甫河水系。提孜那甫河水系主要承担上游的巴扎结米乡、尕孜库勒乡、克孜勒阿瓦提乡、库木库萨尔乡和 2 个农林场耕地的灌溉引水任务。叶尔羌河水系主要承担着希依提墩乡、央塔克乡、吐曼塔勒乡、昂格特勒克乡、库尔玛乡耕地的灌溉引水任务。

一、天然河道水

叶尔羌河也称玉河，发源于昆仑山北麓，河水由降雪、冰川、冰湖和降雨形成，上游由克勒青河和塔什库尔干河两大支流组成，全长 1165 千米，属塔里木河水系，是塔里木河正流，河流干流走向由东南向西北转向北流，于卡群水文站出山口后转向北，流经塔什库尔干县、叶城县、泽普县、莎车县、麦盖提县、巴楚县至阿克苏地区阿瓦提县肖夹克附近与阿克苏河及和田河汇合，流入塔里木河。流域面积 9.37 万平方千米，灌溉宽度 40 ~ 70 千米，共灌溉 6 个县、10 个团场的 540 万亩耕地，是喀什地区第一大河。多年平均径流量 64.81 亿立方米，最小径流量 44.68 亿立方米，平均流量 205 立方米 / 秒，多年平均流量稳定，径流量年内分配极不均匀，来水量与气候有着密切的关系。径流量季节性变化很大，分布极为不均，冬季水量占全年水量的 13%，夏季占 67%，春秋占 20%，是麦盖提县灌区引水的主要水源之一。

叶尔羌河从莎车县荒地镇东南流入麦盖提县境内，从县境内胡杨林场出境，境内流长 180 千米，河床平均宽 1000 米左右，根据《叶尔羌河流域规划报告》，在保证率 P=75%时，径流量为 55.84 亿立方米，在保证率 P=50%时，径流量为 64.6 亿立方米。该河系麦盖提县农业灌溉主要水系，历年平均引水量 3.95 亿立方米。

提孜那甫河发源于昆仑山北坡，科克阿特达坂西南叶城县西何休乡境内，河流呈南北向，流经叶城县、泽普县、莎车县至麦盖提县罕库勒渠首，全长 335 千米，流入麦盖提县境内 56 千米，其末端消失在农区内。河水主要以山区融雪补给为主，同时，部分由降水补给，多年平均径流量 8.1 亿立方米。夏季一般来水较早，枯水期河水断流，洪枯水量相差悬殊。

根据多年来的水文资料分析计算，在保证率 P=75%时，径流量为 6.97 亿立方米，在保证率

P=50%时，径流量为7.6亿立方米。最大与最小比值为2.03，年变化系数Cv值为0.17，年际变化不大。麦盖提县农业灌溉历年平均引水量2.87亿立方米。

叶尔羌河、提孜那甫河两河水质均较好，两河水质随季节不同而变化，矿化度一般为0.5 ~ 1.3克/升，pH值为7 ~ 8。地表水完全可供人畜饮用和农田灌溉使用。

二、水库供水

麦盖提县有2座中型平原水库，原设计库容为7600万立方米，1994年实际蓄水5700万立方米，其中吉仁勒玛水库蓄水3500万立方米、罕库勒水库蓄水2200万立方米。水库供水缓解全县灌区春、秋两季农业灌溉用水紧张状况。

第二节　地下水

麦盖提县位于塔克拉玛干沙漠西南边缘，叶尔羌河和提孜那甫河中下游地段，灌区内主要为第四系冲积物组成，松散堆积层厚度大，水文地质条件比较单一。含水层岩性主要为细砂和粉细砂。麦盖提县由于位处平原绿洲中部，无山前侧向补给水。大气降水极少，对地下水的补给可以忽略不计。因此，地下水资源基本由县境内的河流补给、渠系渗漏补给、田间渗漏水补给、水库渗漏补给以及过境渠道渗漏补给等组成，根据《叶尔羌河流域平原区地下水资源评价报告》，麦盖提县灌区内地下水补给量为5.2亿立方米/年，开采系数为0.45，年可开采量为2.34亿立方米/年。根据水文地质普查，麦盖提县地下水矿化度较高，灌区外围矿化度为5 ~ 10克/升，只有叶河附近，老灌区部分地段，地下水矿化度在1 ~ 3克/升，可用于灌溉。

从1994年开始，为弥补地表水的不足，麦盖提县有计划建成了一定规划的抗旱机电井。到2010年年底，全县共有机电井1032眼。全县机电井一般井深50 ~ 100米，单井出水量一般在160 ~ 200立方米/小时。机电井的主要任务是调节春、秋季农业灌溉缺水。每年11月至来年的6月，共开井6个月。麦盖提县机井的建设，在缓解全县春、秋两季农业灌溉缺水方面发挥了重要的作用。

第四章　植被　土壤　矿藏

第一节　植　被

一、荒漠植物

麦盖提县荒漠植物主要分布在没有开荒的盐碱滩区，有麻黄、白刺、骆驼刺、柽柳、梭梭、甘草等。

二、草甸植物

主要分布于四十五团已开垦的土地周围，以芦苇、胖姑娘草为主，间生有稗子草、苦豆子、狗尾草、苦苦菜、车前草、铃铛刺、罗布麻、冰草等。

三、沼泽植物

主要分布于四十五团低洼积水的沼泽地和自然碱坑周围，长有芦苇、蒲草、三棱草、水葱、鸭舌草等。

四、沙生植物

主要分布在四十五团沙包、沙梁上，以沙蓬为主，还有柽柳、芦苇等。

五、田间植物

主要有旋花草、芦苇、稗子草、灰藜、冰草、狗尾草、蒲公英、车前草、苦豆子、马齿苋、蒺藜、曼蛇罗、菟丝子、薄荷、龙葵等。

第二节　土　壤

麦盖提县属叶尔羌河冲积平原中下部、提孜那甫河下游，地势由西南向东北倾斜，土地平坦，地面坡降一般为1/2000～1/3500之间。东部靠近沙漠边缘一带，地势起伏不平，地形比较复杂，沙丘、碱滩、荒漠交错。在灌区内，地形地貌单一，坡降平缓，土壤类型亦不复杂，主要有潮土、灌淤土、草甸土和盐土。

1982年麦盖提县进行第二次土壤普查；1999年，新疆农业科学院土壤肥料研究所和麦盖提县人民政府合作，对全县40万亩农田进行土壤养分现状调查取样；2008年，麦盖提县开始实施测土配方施肥补贴资金项目；2010年基本建立麦盖提县县级耕地资源属性数据库、空间数据库等，完成耕地地力评价。

一、土壤分类

1982年第二次土壤普查，根据全国统一的五级分类法，麦盖提县共分5个土类、9个亚类、7个土属、15个土种、17个变种。分别为潮土、灌淤土、草甸土、盐土和风沙土。

截至2010年，麦盖提县土壤类型无变化，农区耕作土壤主要为草甸土、潮土和灌淤土。

（一）草甸土　麦盖提县草甸土土壤总面积46.22万亩，占全县耕地土壤总面积的51.02%。

麦盖提县草甸土分布情况表

表2-4-1

乡镇名称	面积（万亩）	占比（%）
巴扎结米乡	2.02	4.37
希依提墩乡	4.2	9.09
央塔克乡	7.46	16.14
吐曼塔勒乡	9.87	21.35
尕孜库勒乡	5.52	11.94
克孜勒阿瓦提乡	6.62	14.32
库木库萨尔乡	2.43	5.26
昂格特勒克乡	1.14	2.42
库尔玛乡	6.82	14.76
麦盖提镇	0.14	0.3

（二）潮土　麦盖提县潮土总面积 21.79 万亩，占耕地土壤总面积的 23.79%。

麦盖提县潮土分布情况表

表 2-4-2

乡镇名称	面积（万亩）	占比（%）
巴扎结米乡	3.62	16.61
希依提墩乡	2.45	11.24
央塔克乡	1.58	7.25
吐曼塔勒乡	0.06	0.28
尕孜库勒乡	3.29	15.1
克孜勒阿瓦提乡	7.13	32.72
昂格特勒克乡	0.3	1.38
库尔玛乡	2.53	11.61
麦盖提镇	0.83	3.81

（三）风沙土　麦盖提县风沙土总面积 3393.3 亩，占耕地土壤总面积的 0.37%，是县境内面积相对较小的一类土壤类型。全县风沙土分布于克孜勒阿瓦提乡。

（四）灌淤土　灌淤土是麦盖提县的主要土壤类型，全县灌淤土面积 22.22 万亩，占全县耕地总面积的 24.70%。

麦盖提县灌淤土分布情况表

表 2-4-3

乡镇名称	面积（万亩）	占比（%）
巴扎结米乡	0.2	0.9
希依提墩乡	0.44	1.98
央塔克乡	6.27	28.22
吐曼塔勒乡	3.45	15.53
尕孜库勒乡	4.25	19.13
库木库萨尔乡	2.92	13.14
昂格特勒克乡	1.38	6.21
库尔玛乡	2.95	13.28
麦盖提镇	0.36	1.62

（五）林灌草甸土　麦盖提县林灌草甸土壤总面积 1119.3 亩，占全县耕地土壤总面积的 0.12%。全县林灌草甸土分布于麦盖提县所属的林场。

二、土壤肥力

肥力是土壤的基本属性和质的特征。土壤从营养和环境条件等方面供应和协调作物生长的能力。土壤肥力是土壤的物理、化学、生物等性质综合反映。土壤各种基本性质通过直接的途径，影响作物生长，而土壤各种养分含量的多少和有效性的高低，是衡量土壤肥力的重要内容。

1982 年，第二次土壤普查，麦盖提县土壤养分情况可概括为“三少一多”（即有机质少，氮少，磷少，钾多），特别是严重缺磷，是土壤中的严重弊病，也是全县农业生产的主要障碍因素之一。2002 年相比 1982 年第二次土壤普查，麦盖提县农田土壤养分除速效钾有一定幅度的下降外，其余各主要养分指标的含量均有不同程度的上升，但农田土壤肥力仍属较低水平，还应重视培肥地力和合理施肥。

2010 年，麦盖提县土壤养分级参照全国第二次土壤普查的分级标准，并根据新疆地方标准进行分级。调查的耕地土壤（0 ~ 20 厘米）的有机质、全氮、有效磷、速效钾含量与 1982 年、2002 年相比如下表。

麦盖提县 1982 年、2002 年、2010 年土壤养分对比情况表

表 2-4-4

项 目		有机质（g/kg）	全氮（g/kg）	碱解氮（mg/kg）	有效磷（mg/kg）	速效钾（mg/kg）
1982 年	变 幅	7.7 ~ 9.4	0.4 ~ 0.7	12 ~ 23	3 ~ 30	150 ~ 280
	平均值	8.3	0.52	16.98	3.38	262
2002 年	变 幅	3.97 ~ 22.86	0.25 ~ 4.84	18.0 ~ 93.0	6.20 ~ 44.70	11.7 ~ 464.5
	平均值	11.56	0.63	51.29	18.53	175.2
2010 年	变 幅	7.4 ~ 19.3	0.45 ~ 0.72	40 ~ 90.8	4.1 ~ 35.4	86 ~ 266
	平均值	11.54	0.58	60.8	10.41	155.15

三、土壤等级

1982 年第二次土壤普查，根据全国统一分级标准和分级原则，以土壤为主，并考虑到地形、抗御自然灾害的能力，对农、林、牧的适应性及当前生产水平等因素进行综合评价，将麦盖提县的土地划分为八级：一级地，面积 6.07 万亩，占普查面积的 2.72%；二级地，面积 30.96 万亩，占普查面积的 13.84%；三级地，面积 35.17 万亩，占普查面积的 15.7%；四级地，面积 7.02 万亩，占普查面积的 3.14%；五级地，面积 44.31 万亩，占普查面积的 19.8%；六级地，面积 41.56 万亩，占普查面积的 18.6%；七级地，面积 17.02 万亩，占普查面积的 7.62%；八级地，面积 7.33 万亩，占普查面积的 3.28%。一、二、三、四级地为麦盖提县的耕地和可垦荒地，一级地为麦盖提县的高产稳产田。三、四级地一般属低产田，面积共 42.19 万亩，占普查耕地毛面积的 53.3%。

根据麦盖提县 2010 年统计资料核定，麦盖提县 2009 年耕地总面积 91.99 万亩，将麦盖提县耕地地力分为 5 个等级，面积及所占比例如下。其中，一级地 11.68 万亩，占全县耕地面积的 12.70%；二级地 24.15 万亩，占全县耕地面积的 26.26%；三级地 22.24 万亩，占全县耕地面积的 24.18%；四级地 18.13 万亩，占全县耕地面积的 19.7%；五级地 15.79 万亩，占全县耕地面积的 17.17%。

第三节 矿 藏

麦盖提县人民政府聘请专业技术人员，通过对麦盖提县进行水文勘测、工程勘察和环境勘察等，至今未发现金属矿。

麦盖提县境内已探明地下矿藏为砖瓦用黏土矿。已经开发的有 8 个矿。主要用于安居富民房、围墙建筑。

第五章 野生动植物

第一节 野生植物

麦盖提县土地资源丰富、土层深厚，多系沙壤土，盐渍化较重，催生了品种繁多的原生态野生植物。

一、林木类

麦盖提县境内野生林木品种有胡杨、灰杨、沙枣、沙棘、桑树、红柳、刺槐、野桃子、野杏子、野苹果、野石榴等。

二、牧草类

主要有草木樨、冰草、芦苇、野蔷薇、野苜蓿、驼绒藜、锦鸡花、骆驼刺、苦豆子、田旋花、野莴苣、马齿苋、野燕麦、灰藜、宾藜、乳菊、铁线莲、狗牙根、苦买菜、艿艿、马兰、狗尾草等。

三、中草药类

主要有甘草、枸杞子、罗布麻、大蓟、蒲黄、肉苁蓉、苍耳子、麻黄、山川柳、车前子、菟丝子、蒲公英等。

第二节 野生动物

麦盖提县境内野生动物种类繁多，以下是确定称谓的一部分。

一、兽类

常见野生兽类有草原斑猫（野猫）、赤狐（野狐）、塔里木兔（野兔）、大耳猬（刺猬）、子午沙鼠（黄老鼠）、水老鼠、蝙蝠、野猪、鹅喉羚（黄羊）等。其中草原斑猫、鹅喉羚、塔里木兔属国家二级保护动物。

二、禽类

常见鸟类有灰雁（大雁）、环颈雉（野鸡）、斑鸠、麻雀、鹰、乌鸦等。

其他野禽还有赤麻鸭（黄鸭）、赤膀潜鸭（野鸭）、黑山雀、啄木鸟、大杜鹃（布谷鸟）、翠鸟、黄鸥、会腹鸥、小鸥、白鹤、灰鹤、百灵鸟、燕子、白骨顶（水鸡）、鸢红隼（鸽虎）、鹃鸠、棕斑鸠、红隼、猎隼、燕隼、灰嘴隼、红背鸽、原鸽（野鸽）、小鸮（猫头鹰）、欧夜鹰、白腹黑啄木鸟、金黄鹂、喜鹊、画眉、土百灵等。其中白鹤属国家一级保护动物，灰鹤、会腹鸥、小鸥、大雁、翠鸟、鹃鸠、白腹黑啄木鸟、纵纹腹小鸮、猎隼、燕隼、灰嘴隼属国家二级保护动物，野鸭属国家三级保护动物。

三、爬行类

主要有沙蜥、西域沙虎、密点麻蜥（四脚蛇）、棋斑游蛇（小蛇）等。

四、鱼类

麦盖提县野生鱼类主要有鲫鱼、叶尔羌河鼓鳔鳅（狗头鱼）、尖嘴鱼等，不同程度分布在全县境内河流，湖沼、水库、碱坑中。其中叶尔羌河鼓鳔鳅属国家一级保护动物。

第六章　自然灾害

第一节　风　灾

大风是指瞬间风速≧ 17 米 / 秒或最大风力大于等于 8 级的风，风灾是麦盖提春夏季主要的气象灾害之一，主要集中在 3—6 月。2001 年 4 月 2—9 日，麦盖提县连续遭受 5 级以上大风袭击，棉花受灾面积 7.32 万亩，重灾 2.4 万亩，受灾大棚、温室 17 亩，电线杆被吹倒 63 根，树被吹断 180 棵，麦套瓜受灾 160 亩，直接经济损失 1010 万元。2010 年 3 月 28 日 12 时，麦盖提县出现 8 级以上大风天气，其瞬间最大风速 18.8 米 / 秒，该次大风过程持续 6 小时，并伴有沙尘暴、扬沙天气，最低能见度 300 米，全县大部分农田作物不同程度受损。

第二节　雹　害

1995 年 9 月 13 日，吐曼塔勒乡、库尔玛乡遭受特大冰雹袭击，受灾棉花 6.01 万亩、玉米 1.5 万亩，死羊 85 只，伤 37 人，死亡 1 人。

1998 年 5 月 25 日，麦盖提县发生历史上特大风、雨、冰雹灾害，风力 8 级以上，最大风速 25 米 / 秒，冰雹直径 15~30 毫米，覆盖以县城为中心南北宽 8.5 千米、东西长 31 千米的农区范围，使巴扎结米乡、库木库萨尔乡、尕孜库勒乡、希依提墩乡、央塔克乡、昂格特勒克乡部分村和 3 个农林场，共 196 个村民小组、8602 户 3.69 万人遭灾，砸毁小麦、玉米、棉花、瓜果近 10 万亩，经济损失达 1500 万元。

2002 年 7 月 9 日 2 时至 4 时 30 分，麦盖提县出现特大暴雨天气，2 小时降水量达 43.4 毫米，造成一定灾害；5 时左右麦盖提县吐曼塔勒乡出现冰雹天气，据当地村民反映，冰雹直径约 1 厘米左右，造成全乡部分村受到冰雹灾害，近 3 万亩农作物绝收，经济损失约 2000 万元。

2005 年 6 月 30 日 18 时，麦盖提县遭遇强降雨及冰雹灾害。全县农作物受灾面积 1.4 万亩，造成直接经济损失 350 万元。县委、县人民政府立即召开抗灾自救动员会，部署抗灾自救工作。

第三节　洪　灾

1999 年 8 月 1 日、11 日，受高山冰雪融化影响，麦盖提县先后两次遭受百年不遇的洪水灾害，全县 7 个乡、21 个村受灾，2.6 万亩棉花绝收，900 亩玉米和 1500 亩蔬菜不同程度受损。

2010 年 7 月 28 日，受西伯利亚低涡南压影响，开始出现连续降水，28—29 日降水量 10.1 毫米，31 日单日降水达 27.8 毫米，局部地区及山区达到大到暴雨量级，致使山洪暴发。受上游洪水影响，29 日早上 9 时 15 分左右，麦盖提县克孜勒阿瓦提乡提孜拉甫河 3 处堤坝先后决口，洪水冲毁防渗渠 9.95 千米，造成直接工程损失 526 万元；洪灾使全县各乡镇不同程度受灾，其中克孜勒阿瓦提乡、尕孜库勒乡 6 个村受灾较为严重，累计造成经济损失 3824.2 万元。

第四节　震　灾

2003 年 2 月 24 日，巴楚县琼库尔恰克乡发生 6.8 级地震，极震区烈度 9 度，受害范围广，面积约 2.15 万平方千米。麦盖提县北部 4 个乡震感强烈，受灾群众 7000 多户 2.22 万人，死亡 1 人，学校、卫生院（所）土木结构房屋及居民土坯房墙体出现裂缝，个别房屋严重破坏，全县直接经济损失 4500 万元。

第三编　人口　民族　宗教

麦盖提县自古以来就是多民族聚居的地区。2015 年年末，县境内主要民族有汉族、维吾尔族、回族、哈萨克族等 13 个民族。总人口 21.98 万人。其中，汉族 2.4 万人，占总人口的 10.92%；维吾尔族 19.5 万人，占总人口的 88.71%；回族 506 人，占总人口的 0.23%；乌孜别克族 73 人，占总人口的 0.03%；其他少数民族 225 人，占总人口的 0.11%。

自汉代以来，新疆地区正式成为中国版图的一部分，新疆各族人民同全国人民一道共同开拓了新疆的辽阔疆土，共同缔造了多元一体的中华民族大家庭。西汉神爵二年（公元前 60），西汉设西域都护府作为管理西域的军政机构，麦盖提县境归其管辖。此后的 200 多年，麦盖提县民族关系的演变始终和中华各民族关系演变相联系，汉人、回鹘人、疏勒人、龟兹人、于阗人等在这里繁衍生息，各民族都有各自的特点、风俗和习惯，在长期的交流、交往中相互影响，形成“你中有我、我中有你、多元融合”的特点，建立起平等、团结、互助、和谐的社会主义民族关系。

麦盖提县历来是多种宗教信仰并存地区，县境内维吾尔族先民最初信仰原始宗教和萨满教，后来相继信仰过祆教、佛教、摩尼教、景教、伊斯兰教等，直到今天，仍有一些维吾尔群众信奉其他宗教，也有许多人不信仰宗教。麦盖提县主要有佛教、伊斯兰教、基督教等宗教，在民政部门登记注册的只有伊斯兰教。汉族中有小部分群众信仰佛教、基督教；维吾尔族、柯尔克孜族、塔吉克族、回族、乌孜别克族、塔塔尔族和哈萨克族中部分群众信仰伊斯兰教。

第一章 人 口

第一节 人口数量与变动

一、人口数量

1991 年，全县 3.43 万户 14.79 万人。其中，农业人口 11.51 万人，非农业人口 2.92 万人，未落户人口 0.36 万人；男性 7.6 万人，占总人口的 51.41%；女性 7.18 万人，占总人口的 48.59%。

2000 年，全县 3.84 万户 16.68 万人。其中，农业人口 12.07 万人，非农业人口 3.15 万人，未落户人口 1.46 万人；男性 8.36 万人，占总人口的 50.09%；女性 8.32 万人，占总人口的 49.91%。

2010 年，全县 5.12 万户 21.98 万人。其中，农业人口 17.01 万人，非农业人口 4.74 万人，未落户人口 0.23 万人；男性 11.06 万人，占总人口的 50.32%；女性 10.92 万人，占总人口的 49.68%。

1991—2010 年麦盖提县人口数量基本情况表

表 3-1-1

年份（年）	总户数（户）	总人口（人）	其中		农业人口（人）	非农业人口（人）	汉族（人）	维吾尔族（人）
			男（人）	女（人）				
1991	34382	147846	76005	71841	115063	29151	12548	134940
1992	34156	149813	76308	73505	114847	30071	14086	135535
1993	34882	150671	75822	74849	114715	31312	15405	134905

续表 3-1-1

年份（年）	总户数（户）	总人口（人）	其中		农业人口（人）	非农业人口（人）	汉族（人）	维吾尔族（人）
			男（人）	女（人）				
1994	35057	153135	77222	75913	116772	32016	15915	136859
1995	35638	155263	77920	77343	116346	32926	15472	139390
1996	36901	157069	78791	78278	116591	33553	17374	138918
1997	36892	161907	83039	78868	116823	37132	23615	136892
1998	33827	165512	82833	82679	118206	38201	19506	145628
1999	35061	169232	85907	83325	118549	38229	12591	156428
2000	38415	166778	83543	83235	120706	31524	11874	154639
2001	35956	165358	82948	82410	128345	33237	13361	151722
2002	37049	167762	84532	83230	131232	33336	14129	153298
2003	40307	173058	87537	85521	129296	34858	17627	155040
2004	40307	182180	92434	89746	133306	35885	18693	163068
2005	40307	189593	95161	94432	147663	37429	20617	168543
2006	46768	192969	97197	95772	148679	37490	19713	172753
2007	47408	197835	99262	98573	156798	39834	23393	173841
2008	49353	203949	102520	101429	160037	41441	23462	179852
2009	49417	207692	103964	103728	161061	42051	23852	183197
2010	51236	219826	110609	109217	170072	47397	24010	195012

二、人口变动

（一）自然变动

1991 年后，麦盖提县人口出生率总体呈上升趋势，人口稳步增长。2001 年，全县人口出生率 16.41‰，死亡率 5.46‰，自然增长率 11.23‰。2010 年，全县人口出生率 21.76‰，较 2005 年年均增长 1.59%；死亡率 5.18‰；人口自然增长率 12.42‰。

（二）机械变动

1991—2010 年，麦盖提县大部分年度迁入人口大于迁出人口。1991 年迁入人口 2665 人，迁出人口 3330 人；2000 年迁入人口 549 人，迁出人口 527 人；2010 年迁入人口 5387 人，迁出人口 1749 人。

1991—2010 年人口机械变动情况表

表 3-1-2　　单位：人

年份（年）	迁入人口			迁出人口		
	合计	区内迁入	区外迁入	合计	迁往区内	迁往区外
1991	2665	1223	1442	3330	2256	1074

续表 3-1-2

年份（年）	迁入人口			迁出人口		
	合计	区内迁入	区外迁入	合计	迁往区内	迁往区外
1992	1297	781	516	1347	1074	273
1993	1564	625	939	1548	1291	257
1994	1115	928	187	861	534	327
1995	2124	1633	491	1482	1482	
1996	1307	511	796	2239	1553	686
1997	1351	510	841	723	650	73
1998	2853	1592	1261	226	206	20
1999	659	417	242	731	605	126
2000	549	410	139	527	489	38
2001	681	590	91	568	495	73
2002	461	400	61	646	594	52
2003	1663	1638	25	1244	1192	52
2004	5115	4607	508	1556	1423	133
2005	15348	14812	536	1160	1060	100
2006	583	338	245	659	552	107
2007	769	460	309	654	551	103
2008	1897	1079	818	1940	1611	329
2009	1578	1204	374	2194	1678	516
2010	5387	4623	764	1749	1323	426

第二节 人口构成

一、性别构成

1991 年，全县总人口 14.78 万人。其中，男性 7.6 万人，女性 7.18 万人。男女性别比（以女性为 100）为 105.8。

2000 年，全县总人口 16.68 万人。其中，男性 8.36 万人，女性 8.32 万人。男女性别比（以女性为 100）为 100.36。

2010 年，全县总人口 21.98 万人。其中，男性 11.06 万人，女性 10.92 万人。男女性别比（以女性为 100）为 101.29。

1991—2010 年麦盖提县人口性别比例情况表

表 3-1-3

年份（年）	总人口（人）	男（人）	女（人）	性别比（女性 =100）
1991	147846	76005	71841	105.8
1992	149813	76308	73505	103.81
1993	150671	75822	74849	101.3
1994	153135	77222	75913	101.72
1995	155263	77920	77343	100.75
1996	157069	78791	78278	100.66
1997	161907	83039	78868	105.29
1998	165512	82833	82679	100.19
1999	169232	85907	83325	103.1
2000	166778	83543	83235	100.36
2001	165358	82948	82410	100.65
2002	167762	84532	83230	101.56
2003	173058	87537	85521	102.36
2004	182180	92434	89746	102.3
2005	189593	95161	94432	100.77
2006	192969	97197	95772	101.49
2007	197835	99262	98573	100.7
2008	203949	102520	101429	101.08
2009	207692	103964	103728	100.23
2010	219826	110609	109217	101.28

二、民族构成

1991 年，全县人口由汉族、维吾尔族、回族、蒙古族、藏族、满族、壮族、土家族、乌孜别克族、哈萨克族、锡伯族、柯尔克孜族、东乡族、瑶族、土族、朝鲜族、苗族、独龙族、裕固族、塔塔尔族、鄂伦春族、彝族 22 个民族构成。其中，汉族 1.25 万人，占总人口的 8.49%；维吾尔族 13.49 万人，占总人口的 91.27%；回族 288 人，占总人口的 0.19%；乌孜别克族 26 人，占总人口的 0.02%；其他少数民族 44 人，占总人口 0.03%。

2010 年，全县人口由汉族、维吾尔族、回族、蒙古族、藏族、满族、壮族、土家族、乌孜别克族、哈萨克族、锡伯族、柯尔克孜族、土族、朝鲜族、苗族、塔吉克族、塔塔尔族、侗族、布依族、俄罗斯族 20 个民族构成。其中，汉族 2.4 万人，占总人口的 10.92%；维吾尔族 19.5 万人，占总人口的 88.71%；回族 506 人，占总人口的 0.23%；乌孜别克族 73 人，占总人口的 0.03%；其他少数民族 225 人，占总人口的 0.11%。

1991—2010 年麦盖提县人口民族构成情况表

表 3-1-4　　单位：人

年份（年）	总人口	汉族	维吾尔族	回族	蒙古族	藏族	满族	壮族	土家族	乌孜别克族	哈萨克族
1991	147846	12548	134940	288	1	2	4	33	2	26	1
1992	149813	14086	135353	278	2	2	7	45	2	27	1
1993	150671	15405	134905	251	2	2	7	38	2	26	1
1994	153135	15915	136859	252	3	2	7	56	2	24	1
1995	155263	15472	139390	329	3	2	4	36	2	24	1
1996	157069	17374	138918	623	7	12	4	42	2	82	1
1997	161907	23615	136892	391	6	2	4	42	2	85	1
1998	165512	19506	145628	286	3	2	4	34	2	84	5
1999	169232	12591	156428	190	9	2	4	27	2	4	2
2000	166778	11874	154639	172	7	6	7	18	2	45	6
2001	165358	13361	151722	228	2	2	6	18	2	3	3
2002	167762	14129	153298	257	9	6	4	35	0	9	2
2003	173058	17627	155040	302	12	13	6	30	3	15	3
2004	182180	18693	163068	328	7	12	3	26	4	26	4
2005	189593	20617	168543	318	14	20	2	22	9	23	4
2006	192969	19713	172753	330	15	30	4	27	13	35	6
2007	197835	23393	173841	417	22	30	5	16	14	34	6
2008	203949	23462	179852	447	22	30	5	17	18	34	6
2009	207692	23852	183197	455	22	47	5	16	18	35	9
2010	219826	24010	195012	506	39	51	15	40	21	73	6

三、年龄构成

1990 年全国第四次人口普查和 2010 年全国第六次人口普查显示，麦盖提县人口逐步老龄化，表现在婴幼儿、青少年比重逐步减少，青年中年人口的比重逐步增大。0 ~ 4 岁婴幼儿占总人口比重由 1990 年的 14.82% 下降至 2010 年的 7.75%。10 ~ 14 岁儿童人口比重由 1990 年的 9.68% 下降至 2010 年的 7.61%。40 ~ 44 岁中年人口的比重由 1990 年的 5.33% 上升至 2010 年的 8.65%。65 ~ 69 岁的老年人口比重由 1990 年的 1.83% 上升至 2010 年的 2.08%。

1990 年全国第四次人口普查时，麦盖提县有 85 岁及以上长寿人口 631 人，占总人口的比重为 0.38%，其中 85 ~ 89 岁长寿人口 313 人，90 ~ 94 岁长寿人口 174 人，95 ~ 99 岁长寿人口 112 人，100 岁以上长寿人口 32 人。2010 年全国第六次人口普查时，有 85 岁及以上长寿人口 754 人，占总人口的比重为 0.29%，其中 85 ~ 89 岁长寿人口 442 人，90 ~ 94 岁长寿人口 199 人，95 ~ 99 岁长寿人口 90 人，100 岁以上长寿人口 23 人。

1990 年、2000 年、2010 年人口普查年龄结构情况表

表 3-1-5

年龄段	1990 年		2000 年		2010 年	
	人数（人）	占总人口比重（%）	人数（人）	占总人口比重（%）	人数（人）	占总人口比重（%）
0 ~ 4 岁	24928	14.82	15607	7.73	20074	7.75
5 ~ 9 岁	22501	13.38	23264	11.53	18499	7.14
10 ~ 14 岁	16286	9.68	28159	13.95	19718	7.61
15 ~ 19 岁	17991	10.69	21423	10.62	24247	9.36
20 ~ 24 岁	16945	10.07	16416	8.13	29788	11.50
25 ~ 29 岁	11471	6.82	17944	8.89	24752	9.56
30 ~ 34 岁	9494	5.64	17450	8.65	20233	7.81
35 ~ 39 岁	9441	5.61	13644	6.76	22036	8.51
40 ~ 44 岁	8975	5.33	9929	4.92	22404	8.65
45 ~ 49 岁	7288	4.33	9037	4.48	15635	6.04
50 ~ 54 岁	6008	3.57	7905	3.92	11140	4.30
55 ~ 59 岁	4463	2.65	5910	2.93	9172	3.54
60 ~ 64 岁	4356	2.59	5497	2.72	8213	3.17
65 ~ 69 岁	3087	1.83	3685	1.83	5382	2.08
70 ~ 74 岁	2359	1.40	2846	1.41	3761	1.45
75 ~ 79 岁	1214	0.72	1456	0.72	2074	0.80
80 ~ 84 岁	793	0.47	963	0.48	1096	0.42
85 岁及以上	631	0.38	675	0.33	754	0.29

四、文化构成

2000 年全国第五次人口普查时，麦盖提县常住人口中，具有大学文化程度的人口 3386 人；具有高中文化程度的人口 1.25 万人；具有初中文化程度的人口 4.87 万人；具有小学文化程度的人口 9.34 万人（以上各种受教育程度的人包括各类学校的毕业生、肄业生和在校生）。

2010 年全国第六次人口普查时，麦盖提县常住人口中，具有大学文化程度的人口 1.1 万人；具有高中文化程度的人口 1.53 万人;具有初中文化程度的人口 10.56 万人;具有小学文化程度的人口 9.15 万人（以上各种受教育程度的人包括各类学校的毕业生、肄业生和在校生）。同 2000 年第五次全国人口普查相比，每 10 万人中具有大学文化（指大专以上）程度的由 1684 人上升为 4237 人；具有高中（含中专）文化程度的由 6172 人下降为 5905 人；具有初中文化程度的由 2.41 万人上升为 4.08 万人;具有小学文化程度的由 4.63 万人下降为 3.53 万人。有文盲人口（15 岁及以上不识字的人）为 1.12 万人，同 2000 年第五次全国人口普查相比，文盲人口减少 4697 人，文盲率由 11.79% 下降为 5.58%，下降 6.21 个百分点。

第三节 人口普查

一、麦盖提县第五次全国人口普查

2000年，麦盖提县按照《国务院关于进行第五次人口普查办法》，成立麦盖提县第五次人口普查领导小组及办公室，乡镇成立相应的普查办公室，组织普查人员逐户、逐人地开展普查登记工作。普查登记的标准时间为2000年11月1日零时。据普查结果显示：全县登记总人口20.18万人（含四十三团、四十五团、四十六团、前进水库、南疆军区麦盖提农场），人口性别比1.04；乡村人口17.51万人、城镇人口2.66万人；汉族人口4.03万人、少数民族人口16.15万人。有18.21万人受不同程度教育。人均住房面积15.11平方米。麦盖提县统计局被评为国家第五次全国人口普查先进集体。

二、麦盖提县第六次全国人口普查

2010年11月1日零时为第六次全国人口普查登记标准时间，通过广大普查工作人员的共同努力，圆满完成了第六次全国人口普查任务。据普查结果显示：全县常住人口25.9万人（含第三师前进水库、四十五团、四十六团），其中男性13.06万人、女性12.84万人，人口性别比1.02；全县家庭户7万户，户均人口3.49人。在登记总人口25.9万人中，大专以上1.1万人、高中（含职高）1.53万人、初中10.56万人、小学9.15万人。15岁以上文盲人口1.12万人，文盲率5.58%。麦盖提县统计局被评为自治区级全国人口普查先进集体。

三、农业人口和非农业人口分布

1990年，全县有农业人口11.48万人。2000年，全县有农业人口12.07万人。2010年，全县有农业人口17.01万人。农业人口主要分布在巴扎结米乡、希依提墩乡、央塔克乡、吐曼塔勒乡、尕孜库勒乡、克孜勒阿瓦提乡等乡镇。随着社会经济的发展，非农业人口迅速增加。1990年，全县有非农业人口2.87万人。2000年，全县有非农业人口3.15万人。2010年，全县有非农业人口4.74万人。非农业人口主要分布在麦盖提镇。

1990年麦盖提县各乡镇人口分布情况表

表3-1-6

乡镇	总户数（户）	人口				
		合计（人）	农业人口（人）	非农业人口（人）	汉族（人）	维吾尔族（人）
麦盖提镇	6548	23924	729	21191	4844	18943
巴扎结米乡	3164	13123	12524	599	450	12672
希依提墩乡	2371	11212	10253	960	229	10978
央塔克乡	4507	20961	19450	1511	912	19995
吐曼塔勒乡	5638	26302	24884	1383	3568	22610
尕孜库勒乡	3857	15945	15128	817	395	15550
克孜勒阿瓦提乡	4192	19481	18298	1183	433	19034
库木库萨尔乡	1907	9229	8567	662	187	9041

续表 3-1-6

乡镇	总户数（户）	人口				
		合计（人）	农业人口（人）	非农业人口（人）	汉族（人）	维吾尔族（人）
昂格特勒克乡	1023	4359	4095	264	1	4356

2000 年麦盖提县各乡镇人口分布情况表

表 3-1-7

乡镇	总户数（户）	人口				
		合计（人）	农业人口（人）	非农业人口（人）	汉族（人）	维吾尔族（人）
麦盖提镇	6063	25116	1837	23214	4841	20153
巴扎结米乡	3974	16660	15448	820	434	16226
希依提墩乡	2836	13502	12356	1036	246	13252
央塔克乡	5347	24190	22558	1552	1023	23114
吐曼塔勒乡	4495	20721	18801	1285	1032	19641
尕孜库勒乡	4854	20499	19477	980	755	19744
克孜勒阿瓦提乡	4625	20480	18960	1346	596	19879
库木库萨尔乡	2354	10242	9590	601	732	9510
昂格特勒克乡	1163	4610	4177	348	23	4587
库尔玛乡	2704	10758	10194	342	2192	8533

2010 年麦盖提县各乡镇人口分布情况表

表 3-1-8

乡镇	总户数（户）	人口				
		合计（人）	农业人口（人）	非农业人口（人）	汉族（人）	维吾尔族（人）
麦盖提镇	10045	35345	0	35345	7472	27623
巴扎结米乡	6165	25328	22304	2638	3210	22031
希依提墩乡	2940	14396	12878	1343	473	13919
央塔克乡	7070	31474	29143	1786	2672	28635
吐曼塔勒乡	5470	26220	24197	1635	2164	23997
尕孜库勒乡	5729	25981	24488	1263	1467	24494
克孜勒阿瓦提乡	5526	26357	24377	1780	944	25385
库木库萨尔乡	3469	14399	13580	654	1897	12475
昂格特勒克乡	1355	5904	5461	355	282	5621
库尔玛乡	3467	14422	13644	598	3429	10832

第二章 民 族

第一节 汉 族

1991 年后，汉族人口增长较快。1991 年，全县有汉族人口 1.25 万人（不包括驻地团场人口），占总人口的 8.5%。2010 年，全县有汉族人口 2.4 万人，占总人口的 10.9%。

一、饮食

汉族以粮食作物为主食。饮食为早、中、晚三餐，米食和面食是汉族主食的两大类型，南方人以米食为主，而北方人则以面食为主，喜吃蔬菜，善于烹饪菜肴。随着各民族交往交流交融的不断深入，少数民族喜食的抓饭、馕、烤包子、烤羊肉串、拉面等也为汉族所喜爱。

二、婚姻

汉族婚姻已摒弃“父母之命”“媒妁之言”的包办婚姻，男女双方自由恋爱。举行结婚典礼、请客，但极少大操大办、讲排场、铺张浪费。汉族婚嫁大体有提亲、订婚、探话、结婚、典礼、回门 6 个过程。

三、丧葬

麦盖提县汉族人实行土葬。人死后，即以纸或布先掩盖其脸，将尸体清洗、整理遗容，穿戴衣衾鞋帽，再殓于棺。殓棺后，停柩与灵堂，殡期长短不一，少则 3 天、多则 7 ~ 10 天，主要由奔丧者而定。墓地的大小朝向与墓地朝向有讲究。亡人出殡前，单位工作人员或亲属要为死者举行葬礼（即遗体告别仪式），生前好友与亲属或单位要敬献花圈、挽联、挽幛或送钱物及宣读唁电、唁函。子孙要披麻戴孝，手持孝杖；送葬人胸带小白花，小辈们要在衣袖戴“孝”字，戴“孝”时间在 49 天或 100 天。守孝期 21 天之内，儿孙不理发、不刮胡须、不喝酒、不娱乐，以示沉痛哀悼。随着社会发展和有关规定的出台，丧事操办越来越简单，一般在 3 日内操办完毕。

四、节日

汉族人的传统节日较多，主要有春节、元宵节、清明节、端午节，中秋节等。春节：春节是汉族一年中最隆重的传统节日，俗称“过年”。春节为每年农历正月初一至初七。元宵节，也叫“花灯节”，在每年农历正月十五，这天家家户户吃元宵、逛灯会。清明节：农历二十四节气之一，在每年的公历的 4 月 5 日左右，也叫“扫墓祭祖日”。这天，要到墓地给亲人上坟扫墓。端午节：在每年农历五月初五。这一天大多数人家包粽子、吃粽子。中秋节：在每年农历八月十五夜晚，明月当空，故有团圆之意，节日活动有吃月饼、瓜果、吃团圆饭。

第二节 维吾尔族

维吾尔族是经过长期迁徙、民族融合形成的。维吾尔族是麦盖提县人口数量最多的民族。1991 年，维吾尔族人口 13.49 万人，占总人口的 91.27%。2010 年，维吾尔族 19.5 万人，占总人口的 88.71%。

一、饮食

麦盖提县维吾尔族以面食为主，喜食牛羊肉。馕：由面粉制作，种类很多，常吃的有肉馕、油馕、营养馕、苞谷馕等。抓饭是维吾尔族过节、待客和举办红白喜事不可缺少的饭食，已是维吾尔族的家常便饭。拉面、包子、烩面、饺子、馒头、花卷等72种，是维吾尔人喜欢的食物。县境内维吾尔族居民素来喜食瓜果。农村普遍有栽种瓜、果的传统习惯，家家户户种甜瓜、西瓜、酸梅、杏子等。维吾尔族特别爱喝药茶，将茶叶、小豆蔻、肉桂、丁香、孜然、胡椒、干姜、草茗茄等天然药材炮制，具有健脾、消食的功效。

二、家庭与婚姻

维吾尔的家庭成员一般包括祖孙三代以内的直系亲属。独子不分家。多子女的家庭，子女长大成婚后即与父母分户，另立门户。父母常把幼子留在身边，作为养老送终的依靠。维吾尔族的亲属同辈间，比自己年长的男性称“阿喀”（哥哥）、女性称“阿恰”（姐姐），比自己年幼的男性称“吾喀”（弟弟）、女性称“森额尔”（妹妹）。维吾尔人的姓名一般由本名加父名组成，简称时可以省略父名，世代没有固定姓氏。

维吾尔族婚礼庄重、热烈。男女双方到民政部门办理结婚登记之后，双方都积极筹备婚礼（与经济条件关联），远亲近邻好友都来祝贺，送贺礼。结婚分求婚、迎亲、送亲。求婚，由男方委托直系亲属或好友前往女方家求婚，如获同意即商定聘礼，随后商议结婚事宜。迎亲，新郎伴随男方迎新娘的人前往女方家，举行迎新娘仪式，并宴请客人。仪式结束后，女方家招待客人并举行“婚庆麦西莱甫”，尽兴歌舞。送亲，由男方亲友（新郎的同辈人）揭起盖头，以示新娘从此可以公开露面。婚礼一般进行2天。

三、丧葬

维吾尔族实行土葬，主张速葬、简葬。人死后，要在一天之内埋葬；家庭主要成员40天内一般不得从事娱乐活动，并为死者服孝7日，男子系白腰带，女子披白盖头，表示对死者的悼念。

四、服饰

维吾尔族的衣着一般都比较讲究。老年男性喜欢穿右衽斜领无纽扣的“袷袢”（长上衣），腰系长带，足着“买斯”（软底鞋），外套“喀拉西”（套鞋）；中青年男性喜穿小花或花格衬衣，西式长裤，外着西服或穿便服，喜穿皮鞋，头戴四楞小花帽（称作“朵帕”），妇女无论冬夏喜着裙装，上身着西装外套，下身穿长裙，足穿长筒袜和皮靴，头戴花帽或系纱巾，冬季则围以大方巾，现在城市居民一般穿时装。城乡妇女均喜欢戴首饰，以耳环、手镯、戒指比较多见，也有戴项链的。年青姑娘有画眉的习惯，将两眉画连在一起。小女孩逢年过节，有的喜欢梳数十条小辫垂于脑后，十分好看。20世纪90年代以来，人民生活水平不断提高，随着各民族交往交流交融的不断深入，维吾尔族的服饰发生很大变化。传统服装一般是“男穿长袍女着裙，男女都戴小花帽”，这种服饰文化已发生变化，维吾尔族男子平时喜欢穿西装、皮夹克，女士穿风衣红靴。西服和新潮服装已越来越受到维吾尔族群众喜爱，特别是青年男女的喜爱。少数民族群众的服饰选择呈现出追潮流、赶时髦的特点。

五、节日

维吾尔族主要节日有古尔邦节、肉孜节、诺鲁孜节。古尔邦节前，家家户户将居室打扫得干干净净，打馕、炸馓子、制糕点、备瓜果、赶做新衣。节日前一天子女均回家与父母团聚。节日第一天是亲属互相拜访的日子。第二天起，亲朋好友、邻居同事等成群结队，走街串巷相互“拜年”，致以节日的祝贺。数日内每家每户备有丰盛的食物招待来客。肉孜节一般持续两天，热闹程度次于古尔邦节，相对简单。“诺鲁孜”一词意为“春雨日”，时间为每年的三月二十二，这一天相当于二十四节气中的春分，故而“诺鲁孜节”也叫迎春节、开播节。这一天，人们着节日盛装，举行各种民间体育活动庆祝节日，一起吃“诺鲁孜饭”，男女老少欢聚一堂，唱歌、跳舞、吟诗，尽情表达对春天到来的欢悦之情。

六、歌舞

维吾尔族人素以能歌善舞著称，其歌舞轻松欢快，并富有幽默感，具有独特的民族风格。“刀郎木卡姆”“刀郎麦西莱甫”是维吾尔族悠久的民间音乐和舞蹈艺术，口传心授，世代相传，有着浓郁的地域特色，普及程度之广世界罕见，男女老少皆会，小孩会说话就会唱歌，会走路就会跳舞。也成为维吾尔刀郎人不可或缺的精神食粮，民间文化活动频繁。

第三节　回　族

1991 年，麦盖提县回族人口 288 人，占总人口的 0.19%。

2010 年，全县回族人口 506 人，占总人口的 0.23%。

一、饮食

喜食牛、羊、驼肉和鸡、鸭、鱼、兔肉。以面和米为主食，擅长以煎、炒、烩、炸、爆、烤等各种烹调技法，喜油糕、凉粉和凉皮、米肠和面肺、粉汤等风味小吃。做工精细考究，既有色香味俱佳的名贵品种，也有独具特色的家常菜和小吃。“九碗三行”是回族的传统宴席。

二、婚姻

回族青年男女举行婚礼的前两三天，男方要带上蒸馍、羊肉给女方家送去，叫“催妆礼”。结婚那天，男方要去车接新娘，新娘要穿红衣服，称“离娘水”。同时，还要请全家人（即父母双全、子女双全、夫妻和睦的人）送亲。婚礼仪式结束后，新娘新郎进洞房。新郎揭去新娘的红盖头，摘掉头上的喜花，互相交换礼物，新郎用喜糖、核桃、喜枣撒向前来要喜糖的人，称为“撒喜”。三天后，新郎陪着新娘“回门”（即回娘家）。

三、丧葬

回族人去世后大部分实行土葬。一般早晨、上午去世，下午葬；下午、晚上去世，次日晨葬。安葬后 7 天、40 天、周年为祭祀日。

四、服饰

回族穿着大体与汉族相近，服饰讲究穿戴整洁、简朴、自然大方。

五、节日

回族传统节日主要有古尔邦节、肉孜节。节日期间，各家打扫院落，清除垃圾，炸油香、馓子等，亲友互访，拜节祝贺。

第四节　其他民族

麦盖提县除汉族、维吾尔族、回族之外，还有哈萨克族、柯尔克孜族、蒙古族、锡伯族、俄罗斯族、塔吉克族、乌孜别克族、塔塔尔族、满族、壮族、藏族、苗族、朝鲜族、土族、布依族、土家族、侗族等民族，一部分为机关事业单位工作人员，其余主要从事农业、养殖业、商品经营。2010 年，全县乌孜别克族有 73 人、藏族 51 人、壮族 40 人、蒙古族 39 人、土家族 21 人、满族 15 人。除上述民族外，居住在麦盖提的哈萨克族、柯尔克孜族、锡伯族、俄罗斯族、塔吉克族、塔塔尔族、苗族、朝鲜族、土族、布依族、侗族等民族人数都较少。

第三章　宗　教

第一节　宗教信仰

麦盖提县历来是多种宗教信仰并存地区，县境内的维吾尔族先民最初信仰原始宗教和萨满教，后来相继信仰过袄教、佛教、摩尼教、景教、伊斯兰教等，直到今天，仍有一些维吾尔群众信奉其他宗教，也有许多人不信仰宗教。

麦盖提县主要有佛教、伊斯兰教和基督教 3 种宗教。汉族中少部分群众信仰佛教、基督教；维吾尔族、柯尔克孜族、塔吉克族、回族、乌孜别克族、塔塔尔族和哈萨克族中部分群众信仰伊斯兰教。麦盖提县保障公民宗教信仰自由，信教公民的习俗得到充分尊重，坚持管理与服务并重的理念，努力满足信教群众的正常宗教信仰需求。

第二节　宗教种类

一、佛教

自汉代至唐末，麦盖提县境佛教盛行。接受伊斯兰教的喀喇汗王朝于 10 世纪中叶向信仰佛教的于阗国发动 40 余年的宗教战争，11 世纪初攻灭于阗，强制推行伊斯兰教，结束了佛教在这个地区盛行千余年的历史，但至今仍有部分群众信仰佛教。

二、伊斯兰教

11 世纪初佛教被伊斯兰教所取代。至 2010 年，麦盖提县维吾尔族、柯尔克孜族、塔吉克族、回族、乌孜别克族、塔塔尔族和哈萨克族中部分群众信仰伊斯兰教。

三、基督教

麦盖提县除伊斯兰教外，还有基督教。2000 年，麦盖提县发现基督教徒，信教人员 44 人，年龄都在 30 岁以上，且绝大多数是妇女和老人，没有正式的教职人员，也没有教堂。只在家庭聚会，相互传授所学书本知识。

第四编　城乡建设与管理

1991—1997 年，麦盖提县城乡建设相对滞后，县城各单位办公用房和干部职工居民住房均以平房为主，楼房极少。县城主要道路为文化路、英买里路、人民路、英巴扎路，路面较窄，出行主要以自行车为主。

1998 年后，麦盖提县加大县城道路改造力度，形成以文化路、英买里路、人民路、英巴扎路、健康路、建设路、刀郎路、幸福路、民生路为主的 24 条街道管网，总长 42.65 千米；在县城主干道人行道的大部分地段铺设彩砖，安装各种亮化路灯、观赏灯，亮化率 90%以上；街道两旁定植法桐、塔松、大叶白蜡、馒头柳、榆树、合欢、垂柳等，绿化面积覆盖率达到 18.83%。2003 年，建成一个占地面积 6.8 万平方米的刀郎文化广场，为群众搭建休闲娱乐的平台。2004 年，对供热体制进行改革，由分散供热转变为集中供热，大部分城镇居民冬季供暖得到保障。2005 年，投资 600 万元建成集观光、健身、娱乐、休闲为一体的刀郎公园，占地面积 7.47 万平方米。2005—2006 年，建成总占地面积 1.02 万亩的城南、城北两个工业园区，推动“工业强县”进程。2005 年开始，麦盖提县进行大规模房地产开发，房地产业崛起，先后在政府家属院、县委家属院、原农机公司、原二轻局、刀郎小区等地段修建商品房和经济适用房，并启动实施各类保障性住房建设。2008—2010 年，修建廉租房 3100 套，总面积 16.88 万平方米；公租房 1010 套，总面积 4.5 万平方米，干部群众的居住条件逐步改善。麦盖提县坚持“规划一张图，审批一支笔，建设一盘棋”原则，加大依法规划力度，紧紧围绕“一河两城七园”的发展思路，编制完善《麦盖提县城总体规划》，规划城镇建设用地面积 9.93 平方千米，人口 6.5 万人，通过按计划实施，城市功能有了一定提升。

第一章　机　构

第一节　行政机构

1991 年，麦盖提县城乡建设与环境保护局（简称“城建局”）系县人民政府组成部门，规格为正科级，核定行政编制 10 人、事业编制 14 人。内设行政办公室、质检站、规划设计室、房产股、绿化股、环卫队、环保股、建管股等 8 个股室。

1999 年 11 月，城建局与交通局合并，更名为城乡建设与交通局。

2000 年 8 月，城乡建设与交通局撤销分设，城建局、交通局恢复原建制。

2003 年，城建局核定行政编制 5 人、事业编制 18 人。环保股从城乡建设局析出成立环境保护局。

2006 年，新设建材实验室、建管股、路灯管理所、公园管理办公室、广场管理办公室 5 个股室。

2007 年 12 月，成立建筑业管理办公室、建筑工程质量安全监督站，规划股更名为城市规划办公室。

2008 年，麦盖提县城乡建设局成立党组。8 月，成立房屋拆迁办公室；10 月，成立城市客运出租车管理办公室；11 月，成立城市绿化办公室。

2009 年 5 月，房产股更名为住房保障和房产管理局。

2010 年，城建局下辖住房保障和房产管理局、城市规划办公室、城管监察大队、建筑工程质量安全监督站、建筑业管理办公室 5 个参公管理的事业单位和房屋拆迁办公室、城市绿化办公室、城市客运出租车管理办公室 3 个正股级事业单位，实有工作人员 44 人，其中行政人员 39 人、工勤人员 2

人、事业编人员 3 人。

第二节　事业机构

一、住房资金管理中心

1996 年，麦盖提县人民政府批准设立麦盖提县住房资金管理中心，属依法管理住房公积金的独立事业单位。管理中心受县人民政府房改领导小组的直接领导，不以营利为目的，实行独立核算。管理中心负责住房公积金的归集、支取、核算和编制使用计划等管理工作；执行房改领导小组决定的有关事项。住房资金管理中心成立初期，工作人员全部由城建局职工兼任，在城建局内办公，有工作人员 3 人，兼顾房改办和住房公积金的工作，属两块牌子、一套人马。

2004 年 8 月，根据新疆维吾尔自治区人民政府下发的《关于喀什地区住房公积金管理机构调整实施方案的批复》，同意成立喀什地区住房公积金管理中心。麦盖提县住房资金管理中心改为喀什地区住房公积金管理中心的经办网点，正式更名为喀什地区住房公积金管理中心麦盖提县管理部，资产和人员全部移交喀什地区住房公积金管理中心。

二、城管监察大队

2003 年 10 月，麦盖提县城管监察大队成立，隶属于城乡建设局，规格为副科级，属参照公务员法管理的全额事业单位。负责县城市容环卫、公共客运、门前五包责任制落实管理，实施市政设施监察、城市公用事业监察、城市规划监察、城市公交客运监察、市容环卫监察等工作。核定事业编制 24 人，其中领导职数 2 个。实有工作人员 5 人。

2010 年，城管监察大队实有事业人员 9 人。

三、城市规划办公室

2007 年 12 月，县城建局内设机构规划股更名为城市规划办公室，隶属于城乡建设局，规格为副科级，属参照公务员法管理的全额事业单位。负责全县的城市用地规划管理，建设项目选址定点审批和规划用地审核，核发建设项目“一书三证”，参与土地利用总体规划审核等工作。

2010 年，核定事业编制 9 人，其中领导职数 1 个。实有工作人员 4 人。

四、建筑工程质量安全监督站

2007 年 12 月，麦盖提县建筑工程质量安全监督站成立，隶属于城乡建设局，属参照公务员法管理全额事业单位。负责全县的建筑工程施工安全质量的监督管理，受理建设项目质量监督注册，巡查施工现场工程建设各方主体的质量行为及工程实体质量，核查参建人员的资格，监督工程竣工验收，对施工安全质量事故的调查处理，对建设工程施工现场安全防护、机械设备、施工质量、施工安全进行检验和论证工作。

2010 年，核定事业编制 8 人，其中领导职数 1 个。实有工作人员 5 人。

五、建筑业管理办公室

2007 年 12 月，麦盖提县建筑业管理办公室成立，隶属于城乡建设局，属参照公务员法管理全额事业单位。负责对全县建筑施工企业经营管理人员资质和上岗培训、考核、发证，维护全县建筑市场秩序，对建筑企业劳保统筹管理，对建筑企业进行资质审查等工作。

2010 年，核定事业编制 5 人，其中领导职数 1 个。实有工作人员 3 人。

六、住房保障和房产管理局

2009 年 5 月 16 日，城建局内设机构房产股更名为县住房保障和房产管理局，隶属于城乡建设局，规格为副科级，属参照公务员法管理的全额事业单位。负责全县房地产交易市场的监督管理，承担经济适用住房建设和棚户区改造，廉租房、公租住房建设及审核分配、入住、轮候等工作。

2010 年，核定事业编制 11 人，其中领导职数 2 个。实有工作人员 5 人。

七、房屋拆迁办公室

2008 年 8 月，麦盖提县房屋拆迁办公室成立，隶属于城乡建设局，规格为股级。负责全县城内城市拆迁管理工作。

2010 年，核定事业编制 10 人，实有 3 人。

八、城市客运出租车管理办公室

2008 年 10 月，麦盖提县城市客运出租汽车管理办公室成立，隶属于城乡建设局，规格为股级。核定全额事业编制 3 人，实有 2 人，为全县出租车行业的管理部门，负责全县城市客运车辆经营权投放、日常运营监管和安全管理工作。

2010 年 9 月，根据自治区交通运输厅《关于做好城市客运指导和管理职责交接工作的通知》文件精神，城市公交、出租汽车有关指导和管理工作由交通局正式接管，城市客运出租车管理办公室撤销。

九、城市绿化办公室

2008 年 11 月，麦盖提县城市绿化办公室成立，隶属于城乡建设局，规格为股级。负责县城的环境卫生、园林绿化等工作。

2010 年，核定事业编制 3 人，实有 3 人。聘用养护人员 37 人。

第二章 城市建设

第一节 城镇规划

1991—1996 年，根据新疆规划设计院对麦盖提县总体规划，麦盖提县人民政府划定县城区面积 5.1 平方千米，县城控制区约 40 平方千米，道路里程 11.2 千米，总建筑面积 120 万平方米。1996 年，完成县城排水管网的规划工作。

2004—2007 年，完成部分小区与城区道路拓宽、规划放线，绿化带路沿石改造规划放线。

2005 年，委托新疆城乡规划设计研究院编制完成《麦盖提县工业园区总体规划（2006—2020）》（城南园区），规划区面积 7.32 平方千米。麦盖提县工业园区位于县城南面，东至东环路，南至南环路，北至提孜那甫河，西至希依提墩乡。道路布局以现外围环路、横一路、纵一路、横三路、纵三路形成回字形的道路格局，组成城市内部道路网络，道路间距保持在 400 ~ 800 米。园区西面横向干道为工业园路，纵向干道为纵一路、人民路延伸段、纵三路。规划干道红线宽 30 米，机动车道宽 14 米，两侧各为 4 米宽绿化带和 3 米宽的人行道；支路红线宽 20 米，机动车道宽 14 米，两侧各为 3 米宽的绿化带。城北工业园区规划土地面积 4458 亩，位于央塔克乡。

2008 年，麦盖提县人民政府编制《麦盖提县城市总体规划》，并经自治区人民政府批准实施。

2010 年，麦盖提县紧紧围绕“一河两城七园”的思路，重新修编《麦盖提县城市总体规划》，完成 10.6 平方千米新城区规划。修编的县城总体规划为城镇建设用地面积 9.93 平方千米，人口 6.5 万人。规划范围包括城市新区、老城区、城南工业园区、城市发展备用地（包括库木库萨尔乡、巴扎结米乡、希依提墩乡），规划区范围总用地面积108平方千米。对工业用地、仓储用地、交通用地、居住用地、商业用地、公共建筑用地均进行了规划布局。对市政公用设施（供水、供电、排水、电讯、环卫、环境保护、园林绿化带）进行了规划。其中，道路规划长64千米，住宅小区规划3个，占地面积6400平方米；集贸市场1个，占地面积1.97万平方米；广场1个，占地面积6.47万平方米，县城功能布局日趋合理。

第二节　市政建设

一、园林绿化

1991年，全县的绿化工作由环卫队具体实施，进行简单的绿化管理，县城绿化树木极少，只有榆树、馒头柳。

1992—1998年，对城市绿化带进行改造，种植榆树、馒头柳1500棵，由城管大队负责管理。

1999—2002年，开始加大绿化力度，将县城主要道路进行改造，种植草坪和少量法桐、白蜡树。

2003年10月，文化广场建成，绿化面积2.27万平方米，种植香花槐、国槐、火炬树、银杏、合欢、红叶李、榆叶梅、樱花、红宝石海棠、木槿、紫荆、水蜡、红叶小檗等各类风景树433棵。

2005年，县城绿化用水采用洒水车灌溉，灌溉范围包括主街道两侧种植的法桐、馒头柳、榆树、合欢、垂柳等树木及县城四周的防风林。投入资金600万元建成占地面积7.47万平方米的刀郎公园，其中各种水域8651.6平方米、绿化面积4.14万平方米，定植馒头柳、垂柳、雪松、塔松、大叶白蜡等树木600多棵；景亭3座（八角亭、三角亭、圆角亭）。

2006年，投资180万元在人民路新定植法桐和合欢433棵；英巴扎路定植法桐、馒头柳、大叶白蜡398棵；英买里路定植法桐、大叶白蜡743棵；文化路定植法桐、塔松、大叶白蜡696棵。绿篱灌溉改造为喷灌，林木成活率达85%。

2007年，建成城南工业园区道路绿化带8千米，定植法桐2000棵，购买割草机4台、割灌机2台、割草车1台。投资123万元种植各类风景树4875株。其中，文化广场绿化改造项目投资24万元；城南工业园区绿化项目投资14.8万元；英买里路、文化路绿化改造项目投资42万元；其他项目投资14.2万元。

2008年，绿化办公室成立后，加强对文化广场、街道、刀郎公园以及城南工业园区绿化管理养护工作，养护面积11.4万平方米，绿化树木1.2万棵。在文化广场四周绿化带种植绿篱（红叶小檗、水蜡）5280平方米。

2009年，投资82万元在城南居住区、城南工业园区、县城道路绿化带补植法桐2738棵。

2010年，在城市主干道绿化带补植法桐1050棵；完成6000平方米草坪改造；在文化路绿化带种植小灌木（水蜡和红叶小檗）32.9万株。

二、城市道路

1991—2010年，规划道路24条，总长42.65千米。县城主要街道有文化路、英买里路、人民路、英巴扎路、健康路、建设路、刀郎路、幸福路、民生路。

1991—2010 年麦盖提县城主要道路情况表

表 4-2-1

项目名称	方向	起止	长（米）	宽（米）	路灯数（盏）	路面铺设	绿化带（平方米）
文化路	东西	交警队——提河路	2126	22	118	柏油	9354
英买里路	东西	叶尔羌河路——提河路	2203	18	103	柏油	9693
刀郎路	东西	叶尔羌路——提河路	1927	22	90	柏油	8482
民生路	东西	建设路——人民路	1357	14	98	柏油	19000
英巴扎路	南北	环城北路——发展路	5146	22	120	柏油	27788
人民路	南北	英买里路——发展路	3954	22	82	柏油	21350
央塔克路	南北	文化路——幸福路	948	14	46	柏油	5120
幸福路	东西	英巴扎北路——提河路	1238	14	60	柏油	6800
建设路	南北	巴扎路——果园路	3767	14	94	柏油	16400

三、供水

（一）供水设施

2003 年，供水改扩建工程开工建设。2005 年 11 月，竣工投产。改造县城 14 条道路供水管道 20.4 千米，管道直径 150 ~ 500 毫米。

2006 年，新增城南工业园区供水，安装直径 150 厘米管道 4.6 千米。

2007 年，拥有固定资产 2500 万元，县城供水直径管道直径 150 ~ 500 毫米供水管道达 25.03 千米，用户 1.12 万户，供水覆盖率 98%，水质综合合格率 98%，管网压力合格率 98%，供排水公司年收入 307 万元。

2008 年，投资 100 万元新建 3000 立方米清水池 1 座，打深眼井 2 眼并配套相关设备，完成花园式水厂建设。新增城南工业园区果品厂排水管道，安装直径 800 毫米管道 3.4 千米。2008 年，全县供水主管网达到 77.7 千米，比 2006 年增加 5.7 千米，增长 8%，供水覆盖率 98.2%。

2009 年，新增刀郎小区廉租房供水管道，安装直径 300 ~ 400 毫米管道 4.8 千米。

2010 年，经县人民政府多方协调，针对县城供水量及水压不足的问题，在县人民政府的协调下，投资 240 万元，供排水公司用一个月的时间对水厂供水设施进行改造，新增水源井 4 眼，新增除铁除锰配套设备 1 套，安装输水管道和井间联络管 1000 多米，安装变压器 2 台（100 千伏）、高压输电线路 1000 米。截至 2010 年年末，全县建成供水管网 101.5 千米。

（二）供水量

1991—2002 年，麦盖提县供水量逐年小幅增加。2003 年，实施供水改造工程。2006—2010 年，随着供水管网延伸，城南工业园区及各住宅小区用水增加，总供水量大幅增加。

1991—2010 年麦盖提城市供水情况表

表 4-2-2

年份（年）	年供水量（万立方米）	用户数（户）	供水覆盖率（%）
1991	64	3451	50.56
1992	65	3578	51.02
1993	66	3664	51.79
1994	79	4112	58.23
1995	83	4678	61.56
1996	90	4967	63.34
1997	93	5131	64.22
1998	95	5344	66.72
1999	98	5587	68.89
2000	99	5773	71.36
2001	102	6456	81.67
2002	105	7201	92.03
2003	120	7785	97.24
2004	136	8078	97.43
2005	149	8456	97.58
2006	165	8913	97.71
2007	178	9346	97.87
2008	272	10890	98.03
2009	311	11200	98.09
2010	468	13279	98.44

四、排水

麦盖提县排水管网始建于 1997 年，一期工程排水铺设直径 300 ~ 800 毫米的混凝土排水管道 7.5 千米。

麦盖提县城排水改扩建工程于 2004 年开工建设，铺设 300 ~ 400 毫米的双臂波纹管 25.2 千米。2005 年完成投入使用。

2006 年，新增城南工业园区排水管道，安装直径 400 毫米排水管道 4.7 千米。

2008 年，排水主管网达到 45.7 千米，比 2006 年增加 9.1 千米，增长 24.8%，排水入网率 81%。

2010 年，新增刀郎小区廉租房排水管道，安装排水管道 5.6 千米。全县累计完成排水管网建设 73 千米。

五、供电

1991 年，麦盖提县无外电输入，由电厂用柴油机发电，向县城单位、企业和居民提供用电，因电量不足，采取错时供电。乡村大多使用煤油灯照明，只对巴扎结米乡的亚胡木丹、博孜、阔什艾肯、乌尔达库勒等村农民和尕孜库勒乡、库木库萨尔乡部分村少数农民供应照明电，极大地限制了城乡经济发展。

1992 年，由于农村用电管理体制不顺，供电环节多，线损大，农民到户电价普遍高达 1 元，少数村达到 3 元，县城居民生活用电则控制在每千瓦时 0.58 元。

1993 年，在文化西路建成第一座 35 千伏变电站。

1994 年，全县电价按国家统一定价进行收费，由物价部门核定工业用电每千瓦时 0.75 元，居民用电每千瓦时 1.2 元。

1996 年，在吐曼塔勒乡、克孜勒阿瓦提乡各建成 35 千伏变电所 1 座，容量均为 3800 千伏安。

2002 年，按照国务院统一安排部署，进行电价改革，农业生产用电 0.36 元 / 千瓦时，居民照明用电 0.58 元 / 千瓦时，非居民照明用电 0.58 元 / 千瓦时，非普工业用电 0.48 元 / 千瓦时，商业用电 0.73 元 / 千瓦时。

2008 年 8 月，麦盖提县实施农村电网改造，2.2 万户农户实现抄表到户，占全县总用户的 27.7%，电价平均每千瓦时降低 0.25 元。对电价进行调整，农业生产用电 0.36 元 / 千瓦时，居民照明用电 0.6 元 / 千瓦时，非居民照明用电 0.6 元 / 千瓦时，非普工业用电 0.52 元 / 千瓦时，大工业用电 0.46 元 / 千瓦时，商业用电 0.81 元 / 千瓦时。

2002—2010 年麦盖提供电量、售电量情况表

表 4-2-3

年份（年）	供电量（万千瓦时）	售电量（万千瓦时）	年份（年）	供电量（万千瓦时）	售电量（万千瓦时）	年份（年）	供电量（万千瓦时）	售电量（万千瓦时）
2002	3909	3400	2005	4957	4411	2008	8958	8276
2003	3315	2924	2006	6876	6345	2009	14266	12976
2004	4164	3706	2007	8145	7337	2010	13524	12135

六、供气

1991—2008 年，麦盖提县燃气以瓶装为主，年用气量约 800 吨，燃气使用率 80%。2008 年，燃气公司改制，由非公企业收购经营。招商引资引进建成天然气加气站 1 座，方便了城市居民生活，为节约成本，降低能耗，一些车主将小汽车改为加气车。

2009 年，麦盖提县液化气售气量突破 1000 吨。2010 年，因为受气源紧张、限量供应等影响，全年售气量有所下降。

2010 年，通过招商引资，新疆庆源实业集团麦盖提天燃气有限公司成立。8 月 15 日，天然气输配工程开工建设。

1991—2010 年麦盖提液化气使用量情况表

表 4-2-4

年份（年）	售气量（吨）	用户数（户）	城镇人口覆盖率（%）
1991	740	3083	45.13
1992	756	3267	45.27
1993	784	3474	45.18
1994	812	3720	46.96
1995	833	3895	47.37
1996	846	4083	47.76
1997	855	4144	47.79
1998	859	4178	48.43
1999	850	4210	49.18
2000	862	4430	51.56
2001	877	4511	52.33
2002	898	4677	54.14
2003	920	4866	59.11
2004	931	4963	60.3
2005	956	5230	62.11
2006	974	5416	63.44
2007	991	5667	65.67
2008	998	5783	67.32
2009	1042	6321	75.47
2010	876	6588	78.64

七、供热

1991—2003 年，麦盖提县城市供热为分散供热，能耗高、污染重、热能利用率低。

2004 年，完成由分散供热到集中供热体制转变。通过招商引资建成麦盖提县第一家私营集中供热企业——麦盖提白云热力有限责任公司，锅炉总吨位 35 吨。

2009 年，集中供热锅炉总吨位增加到 55 吨。

2010 年 8 月，麦盖提县引进华鹰热能有限责任公司，有职工 13 人，注册资金 4200 万元，资产总额 2000 万元，锅炉总吨位 20 吨。

2004—2010 年麦盖提集中供热情况表

表 4-2-5

年份（年）	新建管网（千米）	供热面积（万平方米）	机关企事业单位（家）	供热居民（户）	暖气费（万元）
2004	4.2	16.5	52	289	281.21
2005	1.3	24.72	64	356	415.89
2006	2.7	32.49	91	583	613.24
2007	4.3	35.46	93	655	632.45
2008	6.2	36.61	94	714	647.23
2009	4.6	37.85	92	808	662.3
2010	3.9	38.56	96	1169	732.64

八、路灯

1991—1998 年，麦盖提县县城路灯多为电力杆子上架设的简易路灯，而且数量少，只在主街道设有少量路灯，亮化率低。

1998—2002 年，麦盖提县对城市道路进行改造，安装了部分高压钠灯，电费由疆南电力公司承担。

2003 年，在文化路、人民路、英巴扎路、英买里路等主街道新安装路灯 423 盏，均为飞利浦钠灯路灯和双臂路灯，县城亮化率有所提升。

2004—2005 年，投资 3 万元对刀郎路、建设路、幸福路、央塔克路、健康路、叶尔羌路 8.7 千米道路，安装路灯 356 盏，均为飞利浦钠灯路灯和双臂路灯。夏季晚上照明时间 22：00 至次日 2：00，冬季晚上照明时间 20：00 至次日 2：00，早晨开灯时间 8：00 至 10：00（均为北京时间）。全县路灯 779 盏，高杆灯 2 座，总功率为 430 千瓦，年耗电量达 156.95 万千瓦时，年电费耗资 94.17 万元。

2006 年，投资 108 万元分别在邮政局大十字、住建局大十字、地税局大十字、文化体育广播影视局大十字、老公安局丁字路口、迎宾馆大十字、麦盖提镇大十字、国土资源局大十字和人民银行大十字共 9 个道路交叉口修建 107 个景观灯。

2007—2010 年，投资 384 万元在县城主干道、城南工业园区安装高压钠灯 480 盏。

九、公共交通

1991—2000 年，麦盖提县城内群众近距离出行交通工具主要以自行车为主，兼有少量的摩托车，私家车小轿车极少。

2001 年，麦盖提兴达机动车辆服务有限责任公司成立，引进城市出租车 17 辆，由麦盖提县城乡建设局负责管理、运营、投放工作。

2002—2005 年，城市出租车行业发展迅速。截至 2005 年年底，麦盖提兴达机动车辆服务有限责任公司城市出租车保有量增长到 113 辆，主要在县城内以拼车方式营运，县城内乘客收费 1 元 / 人次。

2006 年 5 月，喀什通工实业有限公司麦盖提分公司成立，引进出租车 117 辆。主要在县城内以拼车方式营运，县城内乘客收费 1 元 / 人次。

2008 年，麦盖提县城道路增加到 55.1 千米，县城出租车增加到 300 辆。为解决营运成本增加的问题，自治区建设厅拨付燃油补贴 147 万元，为每辆出租车户主发放燃油补贴 4919 元。

2010 年 5 月，经县发改委批准，出租车县城内收费价位上调至 2 元 / 人次。9 月，城市公交、出租汽车有关指导和管理工作由交通局正式接管。截至年末，全县有出租车公司 2 家，有客运出租车 400 辆。其中，麦盖提县振兴有限责任公司 283 辆；喀什通工实业有限公司麦盖提分公司 117 辆。城市出租车的普及，方便了各族群众工作和生活，城市服务功能有了较大提升。

十、市容卫生

1991—1994 年，城建局有环卫工人 35 人，主要负责县城区域内的环境卫生，每天清扫街道 2 次。有抽粪车 1 辆、洒水车 1 辆，城区无固定垃圾倾倒场所，主要采取拉至荒郊野外掩埋的方式处理垃圾，年均清理垃圾 1900 吨。

1995—1999 年，由城建局负责县城环境卫生保洁与管理、环卫保护设施建设，对县城规划区范围内环境卫生实施监察、执法、协调与指导，县城垃圾清运工作由环卫大队承担，有小四轮拖拉机 2 台。在距县城 2 千米处修建占地面积 45 亩的垃圾处理场，年清运垃圾 5800 吨。

2000 年，由爱卫会牵头，14 个成员单位联合检查，治理整顿公共卫生脏、乱、差现象。其中，治理街道卫生 2 条，清除卫生死角 8 处，处理居民区垃圾 2.5 吨；组织清扫农贸市场卫生 1 处、城乡接合部 2 处，共清理垃圾 6080 吨。

2005 年，投资 33 万元新采购垃圾箱 107 个，协调环保局和各相关部门联合执法，开展非法排污企业整顿，保障群众健康环保专项行动，对 4 家排污严重的企业、6 家个体工商户采取限期整改。加大对医疗机构和医疗垃圾的销毁处理，共销毁处理医疗垃圾 3.5 吨。

2007 年，实施环卫设施项目 3 个，投资 94.4 万元。其中，投资 22.4 万元新制作安装果皮箱 490 个；投资 26 万元购置垃圾清运车 2 辆；投资 46 万元为社区及各单位配置标准垃圾箱 138 个。

2008 年，县城中心区域列入正常保洁的主干道 5 条，人均清扫面积达 500 平方米，全年清运处理垃圾 4000 吨。新购置垃圾运输车 2 辆，新制作垃圾箱 138 个、果皮箱 490 个，为各社区居民点放置垃圾箱 58 个，并无偿清运。新建水冲式公厕 5 座，改变社区遍地垃圾，污水横流的状况，减轻社区居民的经济负担。因垃圾场基本填满，在距县城 8 千米处的戈壁滩开设新的垃圾处理场，占地面积 119.4 亩，南北长 200 米，东西宽 398 米。

2010 年，麦盖提县举办大型清洁活动 7 次，为展示整洁的形象，开展多次环境卫生整治和检查，完成 26.7 千米道路清扫保洁以及 9 座垃圾中转站、180 个垃圾箱、495 个果皮箱的清掏、清运、管护工作，使道路清扫保洁率达 91%。垃圾运输车日清运垃圾 90 吨，年处理垃圾 3.3 万吨，使县城范围内的垃圾做到日产日清。

十一、“天山杯”创建

自治区城市“天山杯”竞赛活动是推动城市建设与管理快速发展的重要载体。麦盖提县委、县人民政府始终坚持“人民城市人民建，建好城市为人民”的原则，在城市建设方面更加注重实效，重视城市综合服务功能的提高，注重与城镇居民衣食住行息息相关的项目建设，县人大、政协也积极配合城市规划、建设、管理、服务，尤其是对城管执法和拆迁等热点问题进行调研、评议、座谈和反馈，经多方努力，麦盖提县的城市建设发生了巨大的变化。

2007 年，全县投资 1.08 亿元，共完成城乡基础设施建设项目 64 个。投资 1640 万元，完成市政基础设施项目 9 个。其中，投资 1300 万元完成城南工业园区、环城东路延伸段道路改扩建项目 10.7 千米，其他项目投资 340 万元。投资 273.2 万元完成城市绿化、美化、亮化工程项目 4 个。在县城各路口安装景观灯 136 盏；实施城南工业园区、体育馆及道路草坪绿化项目 7.1 万平方米；栽植各类风景树 5316 株；投资 94.4 万元完成环卫设施项目 3 个。新制作安装果皮箱 490 个；购置垃圾清运车 2 辆；在社区及各单位配置标准垃圾箱 138 个。投资 2757 万元完成文教设施建设项目 15 个。建成县委党校教学楼、综合楼教师住宅楼、二中学生公寓楼、标准体育馆等项目。投资 164 万元完成医疗卫生设施建设项目 3 个。投资 2414 万元完成房地产开发项目 4 个。其中，永昌小区经济适用房项目 1.22 万平方米，投资 732 万元；幸福花园小区商品房开发项目 1.5 万平方米，投资 1125 万元；其他项目投资 557 万元。投资 3496 万元完成工业与民用建筑项目 26 个。其中，城南工业园区管委会办公楼建设项目，投资 75 万元；林业局办公楼建设项目，投资 111 万元；种子公司轧花厂轧花车间改造项目，投资 87 万元；天洁油脂厂厂房办公室等，投资 800 多万元；新疆大和生物科技有限公司厂房、办公室等，投资 500 多万元；供排水公司住宅楼建设项目，投资 196 万元；经贸局住宅楼建设项目，投资 157 万元；农资公司住宅楼建设项目，投资 173 万元。其他项目投资 1397 万元。

2008 年，全县共投资 7626 万元完成城乡基础设施建设项目 631 个。包括完成市政基础设施建设项目 6 个，投资 2704 万元。其中，城市道路扩建项目 5.7 千米、供排水 11.4 千米，总投资 1900 万元；城南工业园区排水主管网建设项目 3.4 千米，投资 269 万元；污水处理厂日处理污水 9000 立方米的氧化塘建设项目，投资 219 万元；自来水厂 3000 立方米清水池项目，投资 149 万元；县第二中学及各社区 8 个水冲式公厕，投资 86 万元；其他项目投资 81 万元。完成城市绿化、美化、亮化工程建设项目 4 个，共种植各类风景树 4875 株，总投资 123 万元。其中，文化广场绿化改造项目，投资 24 万元；城南工业园区绿化项目，投资 14.8 万元；县委办公楼美化亮化工程，投资 28 万元；英买里路、文化路绿化改造项目投资 42 万元；其他项目投资 14.2 万元。完成医疗卫生建设项目 1 个，投资 280 万元，即县人民医院综合楼建设项目。完成文教设施建设项目 2 个，投资 190 万元。完成廉租房建设项目 1 个，完成廉租房建设 6537 平方米，投资 500 多万元。完成商品房开发项目 2 个、4 万平方米，投资 3000 多万元。完成工业与民用建筑项目 15 个，投资 3829 万元。其中，一源果业办公、厂房、设备建设项目，投资 2600 万元；气象局办公楼建设项目，投资 73 万元；其他建设项目投资 1156 万元。

截至 2010 年，麦盖提县已连续两届获城市“天山杯”竞赛活动综合杯，市容市貌发生了翻天覆地的变化，城市综合服务功能得到提高，城市管理水平明显提升，公共交通更加便捷，供排水、供气、供暖管网日趋完善，人居环境不断得到改善，受到社会各界的广泛认同和赞誉。

第三章　农村建设

第一节　建设规划

1991—2010 年，麦盖提县以《中华人民共和国城乡规划法》为依据，按照现代化建设的总体要求，立足各乡镇实际，因地制宜，统筹兼顾，综合布局，通过加强和改进乡镇规划工作，促进各乡镇经济建设社会各项事业健康发展。2008 年，委托新疆城乡规划设计研究院编制完成 9 个乡的总体规划，对乡镇产业发展、乡域环境保护、交通系统、给排水、电力、燃气等基础设施、风景旅游资源、工程设施、环境卫生治理进行系统规划，确定人口及用地规模，合理划定规划区范围，为乡镇社会经济发展、城乡一体化建设提供了规划依据。

第二节　乡镇建设

1991—1994年，各乡镇人民政府办公用房均为土木结构。1995年，随着农村经济发展，小城镇建设随之加快，公用建筑设施按照乡镇总体规划进行建设布局，乡镇人民政府办公用房开始由土木结构转为砖木结构、砖混结构，由平房向楼房演变。1996年,9个乡、1个镇办公用房全部改建为砖木、砖混结构平房或楼房。2004年，随着抗震安居工程建设实施，各行政村办公房逐步改造成砖木结构的平房和混凝土结构平房。2008年后按新规划实施，在国家项目资金、援疆项目资金支持下，全县新建村级阵地2000平方米。2010年，麦盖提县各乡镇依据乡镇总体规划，将乡镇建设与社会主义新农村建设相结合，各乡镇都先后扩建、新建了集贸市场，乡镇、村民委员会办公用房、水、电、路灯配套设施也逐步完善。

第三节　农民住房建设

1991—2003年，为了改善农民住房条件，提高抵御自然灾害的能力，全县农房改造1263户。

2003年2月24日，巴楚县琼库尔恰克乡发生6.8级地震，给麦盖提县各乡村造成不同程度的损失。在国家的帮助下，麦盖提县加大农村危房改造力度，号召全县抗灾自救、重建家园。截至年末，共建设木板夹心房2309户，投入资金673.3万元。其中，落实国家、自治区专款668.1万元，其他资金5.2万元，受灾群众全部搬入新房。

2004年，麦盖提县成立城乡抗震安居工程领导小组及办公室，实施抗震安居工程建设，新建抗震安居房主要为木板夹心结构平房。

2007—2008年，在央塔克乡、克孜勒阿瓦提乡试点建设石膏板房，全县共建设700多套。由于石膏板房遇水风化现象比较严重，使用寿命较短，后不再建设。

2008年后，针对木板夹心房存在使用木材多、防火能力差的缺点，各乡镇村逐步在木板夹心房的基础上，为住房增加混凝土结构圈梁，进一步提升住房抗震性能与防火性能。

2010年，中央新疆工作座谈会议召开，出台一系列支持新疆建设和发展的优惠政策，新疆迎来了大建设大开放大发展的历史性机遇，也是抗震安居工程的转型期。2010年下半年，抗震安居工程改为富民安居工程。2010年年底，又将富民安居工程更名为安居富民工程。由于政策变动较大，加之新一轮援疆工作的启动，补助资金调整幅度大，部分农民群众存在观望思想，不愿建房。因此，全年安居富民工程建设任务5000户，拨付补助资金5000万元（1万元/户）。实际只发放补助资金1151.4万元，惠及1972户，账户余留补助资金3848.6万元。

2004—2010年麦盖提县抗震安居房建设情况表

表4-3-1

年份（年）	计划任务（户）	完成户数（户）	其中：		资金来源	
			农村（户）	城镇（户）	上级补助（万元）	县级配套（万元）
2004	6204	6259	5860	399	415.2	272.48

续表 4-3-1

年份（年）	计划任务（户）	完成户数（户）	其中：		资金来源	
			农村（户）	城镇（户）	上级补助（万元）	县级配套（万元）
2005	4760	5012	5012	0	455	145.74
2006	5857	6051	5461	590	704	317.36
2007	4793	4800	4190	610	1051	294.32
2008	3600	4183	3580	603	300	200.96
2009	4300	4300	3800	500	1400	—
2010	5000	1972	1972	0	5000	—

第四节　农村供水

麦盖提县高度重视解决农村饮水安全问题，结合实际，组织编制乡镇总体规划，麦盖提县水利局依照乡镇总体规划对农村供水工作进行指导建设与管理，确保乡村居民饮用水水质符合《生活饮用水卫生标准》（GB5749）的要求。1997 年 10 月，县农村饮水供应总站成立，负责全县农村人畜饮用水工程的规范、前期、设计、建设、监督、验收、运行、管理等工作。

截至 2010 年，通过国家投资、地方配套、个人集资等筹措资金方式共筹措资金 2513.43 万元，共建成集中供水工程 20 处，修建水厂 20 座，打井 19 眼，铺设管道 844.18 千米，年供水总量 390 万立方米，解决 6.32 万人和 13.6 万头牲畜的饮水问题。

第五节　改厕建设

1991—1995 年，麦盖提县农村群众大部分使用露天厕所。

1996 年，麦盖提县为进一步改善农村人居环境，针对大部分农户无固定厕所、随地大小便的现象，在全县推广简易卫生固定厕所。

1997—2002 年，麦盖提县在前期改厕工作的基础上，不断巩固提高改厕成效，把改厕工作作为农村卫生工作的重点来抓，在改厕过程中，县、乡、村三级齐抓共管，共同努力，紧盯不放，全力推进，取得较好成效。截至 2002 年，全县 130 个行政村无害化卫生厕所覆盖率 85% 以上。

2003 年，麦盖提县结合预防非典工作，继续开展改厕、灭鼠工作，92% 的农户基本达到 1 户 1 厕，农村群众人居环境得到较大改善。

2004—2010 年，麦盖提县将改厕工作作为改善农村人居环境和城乡一体化建设的重要抓手，严格落实农村无害化厕所专项行动，按照乡村总体规划制定《麦盖提县农村改厕工作五年实施方案》，全县共改建卫生厕所 4.3 万座，受益 16.1 万人。

第四章　建筑业

第一节　建筑业改革

1991—1996 年，麦盖提县建筑业市场较为封闭，只有麦盖提县建筑公司、麦盖提县永昌建筑公司、麦盖提县龙腾建筑公司 3 家建筑企业，无外地建筑企业入驻，城乡建设项目均由 3 家企业承建。截至 1996 年年底，全县建筑从业人员 600 人，工程技术人员 26 人，其中助理工程师 13 人。

1997 年开始，麦盖提县不断加大城市改造的力度，外地建筑企业陆续入驻麦盖提县建筑市场，建筑业得到发展。2003 年，根据国家企业改制政策，麦盖提县建筑企业在改制中整合重组，麦盖提县建筑公司与麦盖提县永昌建筑公司进行合并，成立 2 家具有 3 级资质的私营建筑企业，即：麦盖提新永昌建筑安装有限公司和麦盖提县龙腾建筑安装有限公司。2010 年，麦盖提县拥有本地建筑企 2 家、外地建筑企业 23 家，建筑从业人员 3596 人，有初级职称 83 人、中级职称 26 人。

1991—2010 年麦盖提县建筑面积、产值情况表

表 4-4-1

年份（年）	建筑施工面积（平方米）	建筑竣工面积（平方米）	建筑业总产值（万元）
1991	2497.50	2140.20	740
1992	2589.60	1809.50	979
1993	2256.20	1705.40	930
1994	2120	1949	1138.40
1995	1935.60	1452.90	1244.80
1996	4090	3196.80	2420.60
1997	3936.60	3450.60	2529.80
1998	2653.70	2570.90	2149.60
1999	21161	1269	1229
2000	2310	1326	1410
2001	31500	18100	1250
2002	16366	13059	765
2003	46977	46977	3743
2004	49822	36778	2722
2005	84583	54204	4740

续表 4-4-1

年份（年）	建筑施工面积（平方米）	建筑竣工面积（平方米）	建筑业总产值（万元）
2006	81636	71872	4425
2007	81839	57931	3583
2008	160952	112744	3694.3
2009	117665	112039	9156
2010	81912	23960	4952

第二节 招投标管理

1991—1995 年，麦盖提县招投标工作由城建局、计划委员会、土地管理局、纪检委、审计局、财政局等单位成立招投标管理小组进行管理。

1996 年 4 月，麦盖提县成立基建工程招标投标和跟踪监督领导小组，办公室设在麦盖提县计划委员会，采取行政手段分配施工业务，建设单位有权选择施工单位，施工企业平等参与市场竞争。

1997 年，招投标工作交由县城乡建设与环境保护局进行管理。

2000 年，麦盖提县以《中华人民共和国招投标法》为依据，按照公开、公平、公正的原则规范招投标工作。

2005 年 12 月 12 日，喀什地区建设工程交易中心麦盖提县分中心成立，负责全县建设工程招投标信息发布，为全县建筑市场各方交易提供服务。

2006 年，麦盖提县制定了《麦盖提县建设工程招标投标管理实施细则》，全年建设工程招标投标项目 51 项，总造价 4811.77 万元。

2008 年，招投标项目有所下降，全年招标项目 36 项。

2010 年，完善细化《麦盖提县建设工程招标投标管理实施细则》，建设工程交易中心代建设单位发布招标投标信息，实行抽签入围制度，体现公开原则。招标投标办公室对招标企业实行“两场管理”，认真考评项目经理、工程质量、安全生产综合业绩和劣佳制度，体现客观公正原则。凡造价 30 万元以上的工程，必须进入交易分中心进行招标投标，并由县纪检委、县监察局、县财政局、县审计局全程实施监督，体现公平原则。全年执行工程招标 41 项，中标价 9331.72 万元，拦标价 1.06 亿元，节约资金 1214.03 万元，节约资金率 11.5%。

第三节 建筑质量管理

1991 年，麦盖提县在建工程项目由城建局质量监督站进行监督管理，对全县建筑工程质量进行管理、监督，对施工技术资料及上岗人员进行培训。麦盖提县建筑材料监测中心建立健全《送检批次化管理制度》《监理公司见证取样制度》，确保建筑使用原材料按规范、批次、组数进行检测。

1992—2006 年，麦盖提县质量监督站依据建设部与国家标准局颁发的《建设工程质量管理条例》和《新疆维吾尔自治区建设工程质量管理办法》文件规定，共对全县 398 个在建工程项目进行工程质量和安全检查，开展拉网式排查 1036 次，对施工质量、安全不达标的在建工程下发整改通知书 418

份，排查整改质量安全隐患 519 处，工程质量合格率 100%。建筑材料监测中心做土工试验 3591 次，出具土工试验合格报告 2908 份，不合格报告 683 份，合格率 81%。共检测烧结砖 2253 组、钢筋原材料和连接件 1.4 万组、水泥 2151 组、建设用砂 1896 组、建设用石 2185 组、砼试块 9463 组、砂浆试块 4189 组，出具检测合格报告 3.46 万份，不合格报告 1445 份，合格率 96%。

2007 年 12 月，麦盖提县建筑工程质量安全监督站成立，负责全县的建筑工程施工安全质量的监督管理，对建设工程施工现场安全防护、机械设备、施工质量、施工安全进行全程监督检查。当年监督工程项目 47 个，下发整改通知书 47 份，排查质量整改安全隐患 78 处。

2008 年，麦盖提县拥有监督员 6 人，监理公司 3 家，监督工程项目 53 个，开展工程质量排查 56 次，下发整改通知书 56 份，排查质量整改安全隐患 67 处。

2009 年 1 月 1 日起，麦盖提县统一取消工程质量监督费、工程定额测定费。全年有监督员 6 人，监理公司 5 家。6 月，依据国家有关法律法规和工程建设强制性标准、设计图纸，采取了对照条文核查与现场检查、抽测相结合的方法，对全县 60 个在建工程项目的质量责任制落实情况、工程质量检测资料、功能资料及实物工程质量等进行拉网式排查，排查整改质量隐患 52 处。对在建工程主体结构的砼强度、现浇板厚度、钢筋保护层厚度、轴线、重要构件几何尺寸等进行现场抽测。

2010 年，麦盖提县严格执行工程建设强制性标准，完善了行政执法、行业自律、舆论监督、群众参与相结合的建筑市场监管体系。依据建设部与国家标准局颁发的《建设工程质量管理条例》和《新疆维吾尔自治区建设工程质量管理办法》，规定城建局、施工单位均必须有主管技术的负责人、主管技术的工程师及助理工程师，在工区设助理工程师或技术员，基层班组由班长负责技术，实行三级责任制。全年有监督员 8 人，监督工程项目 89 个，下发整改通知书 78 份，排查质量安全隐患 97 处。

1991—2006 年行政建筑工程监督一览表

表 4-4-2

工程名称	建设规模（平方米）	层数（层）	投资规模（万元）	建成时间（年）
麦盖提县人民政府办公楼	3887	5	220	1991
麦盖提县公安局办公楼	1200	3	80	1994
麦盖提县文化体育广播影视局办公楼	2092	5	200	1996
麦盖提县种子公司办公楼	1309	4	96	1996
麦盖提县公安局交通警察支队办公楼	820	3	58	1996
麦盖提县尕孜库勒乡政府办公楼	1063	3	75	1996
麦盖提县委迎宾馆	4100	4	400	1997
克孜勒阿瓦提乡政府办公楼	1063	3	80	1997
麦盖提县供排水公司办公楼	800	3	83	1998
麦盖提县地方税务局办公楼	2252	4	169	1999
麦盖提县委办公楼	5306	5	587	2001

续表 4-4-2

工程名称	建设规模（平方米）	层数（层）	投资规模（万元）	建成时间（年）
麦盖提县畜牧兽医局办公楼	1334	3	81	2003
麦盖提县财政局办公楼	1269	4	426	2004
麦盖提县人民法院审判楼	2524	4	260	2005
麦盖提县国土资源局办公楼	1612.2	3	100	2005
麦盖提县水电局综合楼	3485	5	338.8	2005
麦盖提县社保局综合楼	3981.2	5	225	2005
麦盖提县烟草专卖局办公楼	1797.2	4	145	2005
麦盖提县检察院办公楼	2548.34	4	162.0	2006
麦盖提镇政府办公楼	2497	4	129.8	2006
麦盖提县畜牧兽医局办公楼	1838.15	4	128.7	2006

1991—2006 年工商建筑工程监督一览表

表 4-4-3

工程名称	建设规模（平方米）	层数（层）	投资规模（万元）	建成时间（年）
刀郎市场	934	2	52	1996
粮食局粮油制公司面粉厂	1331.2	4	130	1995
粮食局粮仓	439	1	14	1996
宏达加油站	125	1	10	1996
农资公司化肥库房	600	1	24	1996
修造厂地膜车间	796	2	60	1996
修造厂翻砂车间	440	1	30	1997
粮食局粮仓	680	1	82	1997
修造厂车间	1234	1	84	1998
农贸市场	10600	1	224	2002
种子公司宾馆	3565	5	307	2005
希依提墩乡扎化厂车间	1209.2	1	82.4	2005
商业步行街	7000.0	2	413.0	2006
军粮供应成品库	308.32	1	23.3	2006
收储仓库	1025.83	1	81.3	2006

1991—2006年文教卫生建筑工程监督一览表

表 4-4-4

工程名称	建设规模（平方米）	层数（层）	投资规模（万元）	建成时间（年）
麦盖提县第二中学教学楼	2775	4	164	2000
麦盖提县第一小学教学楼	2400	4	142	2000
麦盖提县第二小学教学楼	2401	4	145	2000
麦盖提县卫生局综合楼	1750	3	110	2000
麦盖提县职业中学教学楼	1032	3	65	2001
麦盖提县第一中学教学楼	3884	4	300	2002
麦盖提县第一中学学生公寓楼	3364	5	325	2004
麦盖提县第三中学教学楼	2122	4	185	2004
麦盖提县泰山幼儿园办公楼	2132	3	283	2004
希依提墩乡中心小学教学楼	669.0	2	50.0	2005
希依提墩乡民汉合校教学楼	3007.2	4	158.0	2005
库木库萨尔乡中学教学楼	1112	3	81.8	2006
克孜勒阿瓦提乡中学教学楼	1120	3	82.77	2006
尕孜库勒乡中学教学楼	603	3	44.00	2006
麦盖提县实验中学联合教学楼	10995	5	589.0	2006
央塔克乡中心小学教学楼	668.9	3	43.6	2006
麦盖提县实验中学寄宿制教学楼	1884.3	4	125.6	2006
麦盖提县教育局办公楼	1917.0	4	128.7	2006

1991—2006年民用建筑工程监督一览表

表 4-4-5

工程名称	建设规模（平方米）	层数（层）	投资规模（万元）	建成时间（年）
麦盖提县棉麻公司住宅楼	1750	4	95	1993
麦盖提县工商局住宅楼	1720	4	110	1994
麦盖提县文体局住宅楼	4293	5	400	1995
麦盖提县邮政局住宅楼	1606	4	119	1996
麦盖提县地税局住宅楼	1328	4	88	1996
麦盖提县政府住宅楼	1860	4	125	1996

续表 4-4-5

工程名称	建设规模（平方米）	层数（层）	投资规模（万元）	建成时间（年）
麦盖提县委住宅楼	1860	4	125	1996
麦盖提县财政局住宅楼	1934	4	139	1996
麦盖提县棉麻公司住宅楼	4378	4	284	1996
麦盖提县供销社住宅楼	1477.5	4	117	1996
麦盖提县国税局住宅楼	1949	4	148	1997
麦盖提县粮食局住宅楼	1914	4	139	1997
麦盖提县委住宅楼	1860	4	105	1997
麦盖提县政府住宅楼	1860	4	105	1997
麦盖提县公安局住宅楼	1860	4	105	1997
麦盖提县石油公司住宅楼	1860	4	165	1997
希依提墩乡养路段住宅楼	1600	3	98	1997
麦盖提县农资公司办公楼	2000	4	250	1998
麦盖提县粮食局住宅楼	1000	4	91	1998
麦盖提县邮电局住宅楼	1970	4	142	1998
麦盖提县粮食局住宅楼	1914	4	139	1999
麦盖提县种子公司住宅楼	1970	4	165	1998
麦盖提县农资公司住宅楼	1100	4	117	1998
麦盖提县水电局住宅楼	1100	4	120	1998
麦盖提县人武部住宅楼	748	3	58	1999
麦盖提县公安局住宅楼	1786	4	149	1999
麦盖提县第二小学住宅楼	3080	4	265	1999
麦盖提县政府住宅楼	1800	4	153	1999
麦盖提县地税局住宅楼	1100	4	80	1999
麦盖提县国税局住宅楼	3080	4	270	1999
麦盖提县运管站住宅楼	450	3	38	2000
麦盖提县卫生局住宅楼	450	3	38	2000
麦盖提县农机公司住宅楼	450	3	38	2000
麦盖提县委住宅楼	1800	4	155	2000
麦盖提县公安局住宅楼	1800	4	155	2000

续表 4-4-5

工程名称	建设规模（平方米）	层数（层）	投资规模（万元）	建成时间（年）
麦盖提县公安局住宅楼	600	4	52	2000
麦盖提县电力公司住宅楼	1809	4	156	2001
麦盖提县委公寓楼	1889	4	160	2001
麦盖提县工商局住宅楼	1350	4	115	2001
麦盖提县政府家属院 1 号商住楼	2369	5	198	2004
麦盖提县政府家属院 2 号商住楼	2399	5	132	2004
麦盖提县政府家属院 3 号商住楼	2399	5	136	2004
麦盖提县第二中学商住 A 栋	3126	5	220	2004
麦盖提县第二中学商住 B 栋	3322.5	5	212	2004
政府 3 号商住楼	5787	5	377	2004
麦盖提县供电公司住宅楼	2481	5	293	2004
麦盖提县人民医院 2 号商住楼	4909.5	5	293	2004
麦盖提县文化体育广播影视局商住楼	3864	5	198	2004
麦盖提县第一小学商住楼	3894.7	5	230	2004
麦盖提县第三小学商住楼	4011	6	243	2005
麦盖提县财政局商住楼	3904	5	206	2005
麦盖提县人民医院 3 号商住楼	3070	5	196	2005
麦盖提县卫生局商住楼	3340.85	5	195.0	2005
麦盖提县水电局商住楼	4717.95	5	330.68	2005
麦盖提县交通局商住楼	4185.6	5	268.0	2005
乡镇干部 1 号住宅楼	3084.65	4	163.9	2005
乡镇干部 2 号住宅楼	4487.35	4	254.82	2005
乡镇干部 3 号住宅楼	3263.85	4	180..0	2005
乡镇干部 4 号住宅楼	4817.65	4	263.0	2005
乡镇干部 5 号住宅楼	4817.65	4	256.0	2005
巴扎结米乡商住楼	4173.6	5	238.0	2005
麦盖提县畜牧局商住楼	3270.26	5	179.0	2005
麦盖提县供销社商住楼	3366.14	5	272.9	2005
麦盖提县公安局商住楼	4567.99	5	285.7	2005

续表 4-4-5

工程名称	建设规模（平方米）	层数（层）	投资规模（万元）	建成时间（年）
麦盖提县检察院商住楼	2406.66	5	151.62	2005
麦盖提县法院商住楼	2800	5	202.0	2005
龙腾建安公司商住楼	3997	5	260.0	2005
龙腾建安公司商住楼	1885	5	130.0	2005
麦盖提县地税局住宅楼	2340	5	155.7	2005
麦盖提县农机公司商住楼	2955.14	5	186.50	2006
麦盖提县永昌公司商住楼	4040.	5	210.0	2006
麦盖提县财政局商住楼	3153.45	5	160.4	2006
麦盖提县畜牧局住宅楼	3600	5	225	2006
麦盖提县农村信用社住宅楼	7845.04	5	384.3	2006
麦盖提县工商银行住宅楼	8879.5	5	648.4	2006
麦盖提县永昌花园住宅楼	1900	5	105.00	2006
麦盖提县龙腾建安住宅楼	2637.3	5	223.3	2006

1991—2006 年其他建筑工程监督一览表

表 4-4-6

工程名称	建设规模（平方米）	层数（层）	投资规模（万元）	建成时间（年）
尕孜库勒乡中国农业银行业务楼	320	2	16	1995
希依提墩乡中国邮政业务楼	335	2	22	1996
麦盖提县农资公司锅炉房	12	1	13	1996
麦盖提县中心客运站综合楼	1600	4	230	1997
麦盖提县农资公司综合楼	2000	4	250	1998
麦盖提县电力公司调度楼	1631	2	155	1998
麦盖提县粮食局综合楼	1200	2	30	1998
麦盖提县供销社综合楼	1200	2	80	1999
麦盖提县城南污水处理厂	9000	1	186	2005
麦盖提县供排水公司业务楼	891.7	2	62.14	2005
麦盖提县新成路派出所	892.5	3	69.98	2005
麦盖提县文化路派出所	895.05	3	76.98	2005
巴扎结米乡派出所	862	3	65.83	2005
麦盖提县农村信用社综合楼	4859	5	508	2005

续表 4-4-6

工程名称	建设规模（平方米）	层数（层）	投资规模（万元）	建成时间（年）
麦盖提县人民银行办公楼	2048	4	295	2005
青少年活动中心	1689.98	4	133.4	2006

第四节　建筑安全管理

麦盖提县建设工程安全管理工作由麦盖提县工程质量安全监督站负责。1991 年，签订安全生产责任书 21 份，开展安全生产教育 4 场次，召开全县建筑领域安全生产部署会议 8 场次，开展安全隐患排查 46 次，排查各类安全隐患 128 处，下发建筑工程质量安全隐患整改通知书 21 份。建立施工现场意外工伤保险制度。

1992—2001 年，麦盖提县不断完善管理制度，严格实施建筑施工企业安全生产许可制，建立健全建筑施工安全标准化体系和监管体系，进一步落实安全生产责任制度，坚持安全工作的法制原则，强化动态管理。各施工企业均建立健全以安全生产责任制为核心的各项安全管理制度，加强基础工作，形成自我约束、不断完善安全生产工作机制。其间，签订安全生产责任书 186 份，开展安全生产教育 73 场次，召开全县建筑领域安全生产部署会议 53 场次，开展安全隐患排查 315 次，排查各类安全隐患 343 处，下发建筑工程质量安全隐患整改通知书 176 份。

2002—2006 年，签订安全生产责任书 213 份，开展安全生产教育 71 场次，召开全县建筑领域安全生产部署会议 36 场次；联合安监局、劳动监察大队结合“12・4”法制宣传日开展“法制进工地”活动，开展法制讲座 53 场次，出动流动宣传车 142 车次，安全知识广播 193 次，受众人数达 5.6 万人次；制作展板 2746 幅，发放宣传单 2.7 万份。为解决建筑领域拖欠农民工工资问题，规避上访风险，每年冬季休工期前，麦盖提县工程质量安全监督站联合劳动监察大队，以《中华人民共和国劳动法》为依据，召集各施工企业负责人督促发放农民工工资，确保农民工合法权益得到保障。

2007 年，召开全县建筑领域安全生产部署会议 13 次、安全生产监理例会 19 次、安全生产现场推进会 8 次、反面教育现场会 3 次。常态化对在建项目工地进行火灾、地震、用水、用电安全应急演练，共开展演练 19 场次。进一步完善安全生产管理机制，严格落实安全生产责任制，开展安全隐患排查专项行动，加大监督检查力度，全县建筑工程质量安全生产形势稳步提升。对塔式起重机、装载机、挖掘机、起吊搬运机等特种设备操作手以及建筑从业人员进行技术操作规程和法律法规、安全知识培训，提高特种设备操作手及建筑从业人员的综合素质。

2008 年是奥运之年，也是“安全隐患治理年”。8 月，麦盖提县城乡建设局对全县在建工程项目、市政企业、监理企业、施工企业、房地产开发企业、物业公司下发《关于在建筑施工现场开展“迎奥运、保安全”活动的通知》134 份，召开安全生产会议 16 次。不间断对施工现场的施工用电、脚手架、安全网、高空作业、基坑防护、围墙、施工机具、塔式起重机、工程特种作业设备进行安全隐患排查工作，下发建筑工程质量安全隐患整改通知书 50 份。

2009 年，根据国务院、自治区、地区确定的“安全生产年”工作部署和要求，充分结合麦盖提县实际，制定下发《麦盖提县“安全生产年”活动方案》。全年共检查建筑施工企业 11 家，检查在建工程项目 60 个，下发建筑工程质量安全隐患整改通知书 31 份。

2010 年，全面贯彻落实《建筑施工安全检查标准》（JGJ59—99），强化“事中、事后”监管，进一步落实建设、勘察、设计、施工和监理五方为主体的质量终身责任制。截至2010年年底，全县共办理工程质量安全监督手续461项，监督覆盖率100%，对存在质量安全隐患的工程项目共发出建筑工程质量安全隐患整改通知书643份。

第五章 房地产业

第一节 住房制度改革

1996年，为加快住房建设，改善居住条件，满足城镇居民不断增长的住房需求，麦盖提县根据《国务院关于深化城镇住房制度改革的决定》精神，制定《麦盖提县城镇住房制度改革实施办法》，开始进行住房制度改革。改革的主要内容有：1.把住房建设投资由国家、单位统包的体制改变为国家、单位、个人三者合理负担的体制；2.把各单位建设、分配、维修、管理住房的体制改变为社会化、专业化运行的体制；3.把住房实物福利分配的方式改变为以按劳分配为主的货币工资分配方式；4.建立以中低收入家庭为对象、具有社会保障性质的经济适用住房供应体系和以高收入家庭为对象的商品房供应体系；5.建立住房公积金制度；6.发展住房金融和住房保险，建立政策性和商业性并存的住房信贷体系；7.建立规范化的房地产交易市场和发展社会化的房屋维修、管理市场，逐步实现住房资金投入产出的良性循环，促进房地产业和相关产业的发展。

是年，麦盖提县开始进行房改公房出售，出售范围为县各级国家机关、人民团体、事业、企业单位及乡（镇）场在县城建造、购置的住房，除县人民政府和政府规划管理部门认为不宜出售的外，其余均可向城镇职工出售。《麦盖提县住房制度改革实施办法》规定，公房出售对象：1.在县城工作的男女干部职工，一对夫妇只能购买一套公房；2.夫妇（含离退休人员）均在县城机关、团体、企事业单位工作并无私房，无公职的配偶及子女；3.在县城范围内拥有私房的干部职工，私房面积达不到其夫妇职务高的一方的住房下限标准，可准予购房，超过其夫妇中职务高的一方住房面积上限标准时，超住房面积标准部分按市场物价计价。

住房标准面积为处级干部面积标准每户建筑面积100平方米，科级干部85平方米、一般干部职工75平方米。公房出售价格：1998年6月前，成本价售房砖混结构每平方米350元。以此为基础，根据住房实际售价及所在地的地段、结构、层次等因素，确定计价标准。1.按出售当年的新房成本价为100%计算，每年折扣2%，使用年限超过30年的按30年计算。2.工龄折扣，每平方米工龄折扣额50元乘以夫妇工龄之和，再乘以购房者住房标准内实际面积。3.现住房折扣，购买已住用的公房，按成本价折扣3.3%计算。4.一次性付清购房款折扣，建筑实际面积减去10平方米。

2005年，麦盖提县为进一步深化城镇住房制度改革，建立和完善城镇住房保障体系，根据《国务院关于进一步深化城镇住房制度改革加快住房建设的通知》，停止住房实物分配，逐步实行住房分配货币化，建立和完善以经济适用住房为主的多层次城镇住房供应体系，发展住房金融，培育和规范住房交易市场。

2010年，麦盖提县有房改房718套，总建筑面积6.46万平方米；集资房1966套，建筑面积17.69万平方米。基本解决了城镇职工的住房问题。

第二节 住房公积金管理

1996年，麦盖提县住房资金管理中心成立，住房公积金不作为财政预算资金，不纳入财政预算外资金管理，按照“房委会决策、中心运作、银行专户、财政监督”的原则进行管理。

1998年，住房资金管理中心在工商银行租赁办公室办公。全年开户汇缴单位157个。其中，行政事业单位120个，公有制企业、非公有制企业37个。开户以后，个人住房公积金从1995年7月1日起执行，对1995年7月1日至12月31日半年的公积金进行补缴，按照10%（单位5%、个人5%）进行汇缴，汇缴指定银行为工商银行和建设银行。

2005年，麦盖提县实施“以商补住、职工集资建房”措施，沿街各单位盖起“底商上层住宅模式”的集资房，有效解决和改善城镇职工、乡镇干部住房紧张的矛盾。全年为295名缴存职工发放政策性住房贷款1067.3万元。

2006年，喀什地区住房公积金管理中心制定了实施细则及管理办法，并规范内部管理规章制度，建立了中心本部系统局域网工程，正式启动安装住房公积金信息管理系统。对麦盖提县管理部进行了信息系统软件及电脑知识培训、系统调整对账、数据整理、局域网建立、系统开账运作等各项前期基础性工作，麦盖提县初步实现了住房公积金信息系统的正常运行。

2007年，麦盖提县有192个单位建立住房公积金制度，缴交人数7185人，归集余额5222万元，累计归集住房公积金9549万元。开始尝试性与开发商签订阶段性保证协议，由开发商提供阶段性担保，加大放贷力度，开发商建设的楼盘在管理部报备资料并进行审核，职工办理贷款手续时由房地产开发公司提供阶段性担保，按照期房抵押登记和房地产开发公司保证的方式办理单位干部职工的住房公积金贷款手续，方便了缴存职工办理住房公积金贷款，推动了全县住房公积金贷款的全面快速发展。

2008年，归集住房公积金1727万元，为139名职工发放贷款810万元。

2009年，归集住房公积金1509万元，全年为140名职工发放贷885万元。

2010年，全年归集住房公积金3020万元，累计归集住房公积金1.77亿元，归集余额1.04亿元，全年发放贷款239人次，发放贷款金额2721.9万元。新增城南工业园区的3家企业76名职工汇缴公积金。财政拨款单位住房公积金缴存比例由5%上升到12%。

第三节 房地产开发

麦盖提县房地产开发起步较晚。2005年，麦盖提县开始建设住宅小区，总投资432万元。其中，在麦盖提县政府家属院修建2个单元2栋40套楼盘；在县委家属院修建3个单元1栋30套楼盘；在老干局家属院和老工会地段修建2个单元2栋40套楼盘；在新城路派出所旁为尕孜库勒乡、克孜勒阿瓦提乡、库尔玛乡干部修建住宅楼3栋9个单元，共72套，建筑总面积7200平方米。

2007年，全县房地产开发项目4个，总投资2414万元。其中，永昌小区经济适用房项目1.22万平方米，投资732万元；幸福花园小区商品房开发项目1.5万平方米，投资1125万元；其他项目投资557万元。工业与民用建筑项目26个，投资3496万元。其中，工业园区管委会办公楼建设项目，投资75万元；林业局办公楼建设项目，投资111万元；种子公司轧花厂轧花车间，投资87万元；天洁油脂厂厂房办公室等，投资800万元；新疆大和生物科技有限公司厂房、办公室等，投资500万元；供排水公司住宅楼建设项目，投资 196 万元；经贸局住宅楼建设项目，投资 157 万元；农资公司住宅楼建设项目，投资 173 万元。其他项目投资 1397 万元。

2008 年，对刀郎小区地块进行商业开发，共新建 4 个单元 6 栋 288 套，建筑总面积 2.74 万平方米，总投资 445.4 万元，于 2010 年建成入住。

2009 年，麦盖提县房地产市场开始活跃，麦盖提县惠众房地产开发有限责任公司和麦盖提县龙腾房地产开发有限责任公司分别开发建设商品住宅小区刀郎小区 C 区、刀郎小区 D 区房地产项目。其中，刀郎小区 C 区开发建设住宅 494 套，建筑面积 5.61 万平方米，商业面积 6067.74 平方米；刀郎小区 D 区开发建设住宅 330 套，建筑面积 3.52 万平方米，商业面积 3154.4 平方米。

2010 年，乌鲁木齐邦德利房地产开发有限公司麦盖提县分公司和喀什阿克努尔房地产开发有限公司麦盖提县分公司分别开发建设刀郎巴扎和英巴扎综合市场项目。其中，刀郎巴扎项目开发建设住宅 80 套，建筑面积 9584.6 平方米，商业面积 2.28 万平方米；英巴扎综合市场项目开发建设商业总建筑面积 1.1 万平方米。

第四节 房产管理

一、房地产交易

1991—1995 年，麦盖提县房地产交易由房管所履行管理职能，负责房地产交易的过户产权登记，办理房产交易手续。

1996 年 8 月，麦盖提县开始实施《麦盖提县城镇住房制度改革实施办法》，严格执行公有房出售的优惠政策，调动全县干部职工参与房改。

1998 年，加大住房制度改革力度，对县域内的公有住房全部出售。

2003 年，由于住宅楼增多，部分原平房住户购买住宅楼后则出售平房。房屋买卖一般由当事人双方签订合同，持房屋所有权证、土地使用证和身份证明到房管所办理房屋产权登记过户手续。

2004 年，全县参加房改房 2800 套，房屋单体面积 73 平方米，总面积 20.62 万平方米，交易总额 142 万元。

2005—2010 年，二手房交易、过户共 60 宗，交易面积 4800 平方米，交易总额 4015 万元。

二、保障性住房管理

2008—2010 年，麦盖提县共修建廉租房 3100 套，总面积 16.88 万平方米；修建公租房 1010 套，总面积 4.5 万平方米；棚户区改造住房 800 套，总面积 52 万平方米；解决了全县低收入家庭住房困难群体的住房问题，实现“住有所居”目标。其间，为进一步加大廉租住房、公共租赁住房管理，麦盖提县先后下发了《麦盖提县廉租住房申请、审核、审批、安置、轮候及退出管理实施细则》《麦盖提县保障性住房申请、审核、审批、安置、监督管理规定实施细则》《麦盖提县廉租住房建设项目管理实施细则》《麦盖提县廉租住房公示管理实施细则》《麦盖提县廉租住房租金管理实施细则》《关于同意麦盖提县廉租住房租金价格的批复》等文件，对保障性建设项目管理、申请、审批、安置、轮候、退出等具体事宜作出了详细规定。

（一）廉租房

2008 年，麦盖提县正式启动廉租住房建设项目，根据喀什地区发改委《关于下达 2008 年新建廉租住房建设项目新增中央预算内投资计划的通知》文件要求，开工建设保障性住房 120 套（2009 年度开工建设 380 套），总建筑面积 2.59 万平方米，地点位于刀郎小区 A 区。总投资 1944 万元，其中中央预算内 865 万元、中央补贴 268 万元、自治区专项补助 528 万元、自治区财政支持 283 万元。项目主体工程于 2009 年 10 月底全部竣工，配套基础设施于 2010 年 4 月完工。

2009 年，麦盖提县廉租住房建设任务 1000 套，总建筑面积 5.29 万平方米（户均面积 50 平方米），总投资 5688 万元（中央预算内 1068 万元、地方债券 2620 万元、国债 2000 万元），建设地点位于麦盖提县刀郎花园小区 E 区、城南新区 A 区和 B 区。项目主体工程 2009 年 10 月全部竣工，室外配套基础设施于 2010 年 5 月完工。

2010 年，根据《关于下达自治区 2010 年廉租住房和棚户区改造工作计划的通知》文件精神，麦盖提县新建 1600 套廉租住房，总建筑面积 9 万平方米（户均面积 50 平方米），总投资 8766 万元（中央预算内拨款 6400 万元、中央专项补助资金 664 万元、地方债券 1600 万元、地区公积金收益 102 万元），位于麦盖提县刀郎花园小区 E 区、F 区、G 区、城南新区 A 区和 B 区。建设棚户区改造住房 800 套，签订棚户区改造任务协议 800 套，完成投资 436 万元（中央补助资金）。6 月，根据《麦盖提县廉租住房申请、审核、审批、安置、轮候及退出管理实施细则》《麦盖提县保障性住房申请、审核、审批、安置、监督管理规定实施细则》文件规定，经社区、镇政府、民政局、城建局逐级审核公示后符合申请条件的城镇户籍低保低收入住房困难家庭进行公开摇号分配，按照《关于同意麦盖提县廉租住房租金价格的批复》规定，低保家庭租金按每月 0.5 元 / 平方米收取，低收入家庭租金按每月 0.7 元 / 平方米收取，签订租赁合同，办理入住手续。

（二）公租房

2010 年，随着城镇化进程的加快，新职工的阶段性住房支付能力不足，外来务工人员居住条件亟待改善问题日益突出，麦盖提县根据国家建设部和相关部委联合发文《关于加快发展公共租赁住房的指导意见》文件要求，启动公共租赁住房建设项目，完善住房供应体系，满足全县中等偏下收入家庭基本住房需求。同年，麦盖提县新建公共租赁住房 1010 套，总建筑面积 4.5 万平方米，总投资 3312 万元（中央补助 3059 万元、自治区补助 253 万元），主要位于城南工业园区、城南新区 B 区、刀郎花园小区 G 区。

三、物业管理

1994 年，麦盖提县城住宅多为单位自建自管房，没有形成专业的物业管理模式。1999 年，县城商住楼逐年增多，沿街门面房的物业管理由麦盖提县城建局具体负责，主要负责管理卫生清扫、垃圾清运、基础设施维护等。2003 年，麦盖提县仍然没有专业的物业公司，物业管理比较滞后。物业由社区或单位自行管理，职工住宅由单位安排 1 ~ 2 人负责物业日常管理。2005 年，县城各小区物业按照就近原则，安排所辖社区负责管理，由社区负责小区内绿化、环境卫生、安全等。2010 年，为进一步规范物业管理，麦盖提县相继成立了 2 家物业公司，平安物业负责刀郎小区、乡镇干部住宅楼、永昌花园小区等；瑞安物业负责政府家属院住宅楼、县委家属院、刀郎步行街、实验中学住宅楼等。物业公司为业主提供包括清扫保洁、绿化养护、秩序维护、供排水等公共设施设备运行维护等管理服务。

第五编　环境保护

1991 年，麦盖提县供热和生活燃料以煤、柴火为主，能耗高、污染重。县城内没有建成排水管网，居民生活污水处理多采用排放于自建的渗漏池和房前屋后的菜地中。产生的生活垃圾由各单位自行运送至远离城区的荒野进行掩埋处理。随着经济社会发展，环境保护工作得到重视，1994 年在县城郊外划出 45 亩垃圾处理场，对垃圾进行集中处理。1997 年，部分区域建成排水管网，生活污水乱排乱放的现象得到一定程度治理。2003 年，环境保护局单设，环保力度加大，制定了《麦盖提县主要污染物排放总量控制与减排计划》，全面开展废水、废气、固体废弃物污染治理，对私自开设新锅炉的单位和个人进行封停，冬季供暖前对锅炉的防污染设施进行严格检查。2004 年，引进供热企业开展集中供热。2006 年，建设医疗机构及重点工业企业安装污水处理设施。2010 年，实施城北污水处理厂技术改造提升项目，对居民生活污水、工业企业生产废水经排水管网收集至城南污水处理厂统一处理，处理后达到中水回用、绿化灌溉标准。

第一章　机　构

第一节　行政机构

1991—2003 年，麦盖提县城乡建设与环境保护局下设环保股，核定行政编制 3 人，实有 3 人。

2003 年 2 月，环保股从麦盖提县城乡建设与环境保护局析出，成立麦盖提县环境保护局，正科级行政单位，内设行政办公室、污染控制股和监督管理股，核定编制 17 人，领导职数 3 个，其中行政编制 4 人、事业编制 12 人、工勤编制 1 人。下设有环境监测站、环境监察大队 2 个事业单位，核定编制 6 人。实有工作人员 4 人。

2005—2009 年，麦盖提县环境保护局内设机构性质、编制未发生变化，实有工作人员 5 人。

2010 年，麦盖提县环境保护局内设机构性质、编制未发生变化，实有工作人员增加至 8 人。

第二节　事业机构

一、环境监察大队

麦盖提县环境监察大队成立于 2003 年 2 月，隶属于麦盖提县环境保护局，副科级事业单位，主要负责全县企业污染源的现场检查和各类污染防治设施管理、环境污染事故、环境信访、污染纠纷的调查处理工作；负责全县辖区内排污申报登记、审核、核定、排污费的核算及征收工作；对全县单位和企业执行环境保护法律、法规的情况进行现场监督、检查和处理等工作。2003 年，麦盖提县环境监察大队核定编制 12 人，实有工作人员 3 人。2005 年，实有工作人员 4 人。2010 年，实有工作人员 6 人，领导空缺，由 1 名干部临时负责日常工作。

二、环境监测站

麦盖提县环境监测站成立于 2003 年 2 月，隶属于麦盖提县环境保护局，股级单位，主要负责对全县的污染源进行定期和不定期的监督监测，建立动态污染源检测档案及数据库，为污染源治理和征收排污肥提供监测数据；对全县的大气、水体、土壤、噪声、放射性等各种环境要素的质量状况进行经常性的检测、分析、收集、储存和整理。核定编制 6 人，2010 年，实有兼职工作人员 4 人。

第二章　环境质量监测

第一节　水环境监测

一、地表水

麦盖提县无地表水监测设备，地表水监测委托喀什环境监测站进行取样、监测、分析，并出具水环境监测质量报告单。

喀什地区环境监测站地表水监（检）测结果情况表

表 5-2-1　　（喀地环监字：第 KSHJ-DBS-13-07-003 号）

序号	项目名称	采样地点及样品编号		Ⅲ类标准
		叶河大桥	阿瓦提镇	
1	水温（℃）	18	17	—
2	pH	7.66	7.79	6 ~ 9
3	电导率（ms/m）	530	476	—
4	溶解氧（mg/L）	6.7	6.9	5
5	高锰酸盐指数（mg/L）	0.57	0.73	6
6	五日生化需氧量（mg/L）	2.2	2.7	4
7	氨氮（mg/L）	0.025	0.025	1.0
8	石油类（mg/L）	0.01	0.01	0.05
9	挥发酚（mg/L）	0.0003	0.0003	0.005
10	汞（mg/L）	0.00004	0.00004	0.0001
11	铅（mg/L）	0.002	0.002	0.05
12	化学需氧量（mg/L）	5	6.2	20
13	总氮（mg/L）	0.05	0.05	1.0
14	总磷（mg/L）	0.01	0.01	0.2
15	铜（mg/L）	0.05	0.05	1.0
16	锌（mg/L）	0.02	0.02	1.0
17	氟化物（mg/L）	0.30	0.26	1.0
18	硒（mg/L）	0.0004	0.0004	0.01
19	砷（mg/L）	0.001	0.001	0.05
20	镉（mg/L）	0.0005	0.0005	0.005
21	六价铬（mg/L）	0.004	0.004	0.05
22	阴离子表面活性剂（mg/L）	0.05	0.05	0.2

监测数据分析：麦盖提县地表水水质单项标准指数除总氮外，其余评价因子单项标准指数均 <1，各水质指标均能满足《地表水环境质量标准》（GB3838-2002）中Ⅲ类标准要求。

二、地下水

麦盖提县无地下水监测设备，地下水监测委托喀什环境监测站进行取样、监测、分析，并出具水环境监测质量报告单。

麦盖提县地下水水质监测及评价结果情况表

表 5-2-2

序号	监测项目	监测结果（mg/L，pH 除外）	标准限值（单因子指数）
1	pH	6.13	6.5 ~ 8.5
2	硫酸盐	107	≤ 150
3	硝酸盐氮	0.08	≤ 5.0
4	亚硝酸盐氮	0.002	≤ 0.01
5	氨氮	0.020	≤ 0.02
6	氟化物	0.22	≤ 1.0
7	氯化物	49.5	≤ 150
8	砷	0.001	≤ 0.01
9	汞	0.00004	≤ 0.0005
10	镉	0.0005	≤ 0.001
11	六价铬	0.004	≤ 0.01
12	高锰酸盐指数	0.050	≤ 2.0
13	铅	0.002	≤ 0.01
14	挥发酚	0.0003	≤ 0.001
5	氰化物	0.004	≤ 0.01
16	总硬度	262	≤ 300
17	总大肠杆菌	2	≤ 3.0

监测数据分析：由地下水水质监测及评价结果分析，满足《地下水环境质量标准》（GB/T14848-93）二类标准限值。

三、湖库水质

为保障湖库水质安全，麦盖提县环境保护局每年定期或不定期的委托喀什环境监测站对辖区内湖库水质进行 24 项指标抽样检测，并签订水质检测协议书。

麦盖提县吉仁勒玛水库水质监测数据情况表

表 5-2-3

序号	项目	标准值（mg/L，pH 除外）	监测值（mg/L，pH 除外）	污染指数
1	pH	6 ~ 9	8.2	0.6
2	溶解氧	≥ 5	6.3	0.68
3	高锰酸盐指数	≤ 6	1.2	0.2
4	五日生化需氧量	≤ 4.0	1.6	0.4
5	氨氮	≤ 1.0	0.595	0.595
6	石油类	≤ 0.05	0.01	0.2
7	挥发酚	≤ 0.005	0.0003	0.06
8	汞	≤ 0.0001	0.00005	0.5
9	铅	≤ 0.05	0.0005	0.01
10	化学需氧量	≤ 20	6	0.3
11	总氮	≤ 1.0	0.88	0.88
12	总磷	≤ 0.2	0.022	0.11
13	铜	≤ 1.0	0.03	0.03
14	锌	≤ 1.0	0.05	0.05
15	氟化物	≤ 1.0	0.44	0.44
16	硒	≤ 0.01	0.0003	0.03
17	砷	≤ 0.05	0.0006	0.012
18	镉	≤ 0.005	0.0001	0.02
19	六价铬	≤ 0.05	0.004	0.08
20	阴离子表面活性剂	≤ 0.2	0.05	0.25
21	粪大肠菌群（个 /L）	≤ 10000	60	0.006
22	硫酸盐	≤ 250	276	1.104
23	氯化物	≤ 250	176	0.704
24	硝酸盐	≤ 10	0.08	0.008

吉仁勒玛水库水质单项污染指数除硫酸盐外，其他监测指标均符合《地表水环境质量标准》（GB3838—2002）中Ⅲ类标准要求。硫酸盐超标倍数为 0.104，造成硫酸盐超标原因是岩石土壤中矿物成分的风化和溶淋进入地表水体，属原生环境问题。

第二节　大气环境监测

一、空气环境质量

麦盖提县环境空气质量现状评价由麦盖提县环境保护局委托喀什环境监测站对辖区内进行大气监测，例行监测点位的监测数据可以代表麦盖提县空气环境质量现状。

麦盖提县大气环境现状监测结果汇总情况表

表 5-2-4

采样地点	采样时间	采样编号	检测项目及结果（mg/m^3）			
			NO_2	SO_2	PM_{10}	CO
麦盖提县环保局楼顶	2010.6.5	1-1	0.007	0.008	0.101	0.4
	2010.6.6	1-2	0.006	0.010	0.099	0.4
	2010.6.7	1-3	0.006	0.008	0.106	0.3
	2010.6.8	1-4	0.007	0.008	0.098	0.4
	2010.6.9	1-5	0.006	0.010	0.099	0.4
采样地点	采样时间	采样编号	检测项目及结果（mg/m^3）			
			$PM_{2.5}$		O_3	
麦盖提县环保局楼顶	2010.6.5	1-1	0.083		0.055	
	2010.6.6	1-2	0.095		0.056	
	2010.6.7	1-3	0.100		0.055	
	2010.6.8	1-4	0.088		0.054	
	2010.6.9	1-5	0.086		0.057	

评价区域各监测点的 NO_2、SO_2 日均值符合《环境空气质量标准》（GB3095-1996）的二级标准，由于受沙漠边缘气候影响，$PM_{2.5}$ 和 PM_{10} 存在超标问题。

二、大气降水

麦盖提县降水量稀少，蒸发强烈，气候干燥。20 年平均降水量 56.5 毫米，一日最大降水量 43.4 毫米，日期为 2002 年 7 月 9 日。麦盖提县历年来未对大气降水进行专项检测，根据麦盖提县大气环境现状监测结果和对降水情况的实际观察分析，麦盖提县不存在酸雨、光雾现象。

第三节　声环境监测

一、城市功能区环境噪声

麦盖提县城市功能区环境噪声监测委托喀什环境监测站进行定期监测，并出具噪声现状监测报告单。

（一）1 类声环境功能区

主要对麦盖提县辖区内以居民住宅、医疗卫生、文化教育、科研设计、行政办公为主要功能，需要保持安静的区域进行监测，执行《声环境质量标准》（GB3096—2008）中的 1 类区标准。

麦盖提县 1 类区环境噪声现状监测及评价结果情况表

表 5-2-5　（麦盖提镇乌尔达库勒社区监测点）

监测时段	监测点位			
	东（1#）	南（2#）	西（3#）	北（4#）
昼间 dB（A）	44.8	45.7	42.9	48.2
标准 dB（A）	55	55	55	55
夜间 dB（A）	40.4	41.6	38.1	44.3
标准 dB（A）	45	50	50	50

测点监测值均低于《声环境质量标准》（GB3096—2008）1 类标准昼间 550dB（A）、夜间 45dB（A）的限值。区域的环境噪声背景值较低，声环境质量良好。

（二）2 类声环境功能区

主要对麦盖提县辖区内以商业金融、集市贸易为主要功能，或者居住、商业、工业混杂，需要维护住宅安静的区域进行监测，执行《声环境质量标准》（GB3096—2008）中的 2 类区标准。

麦盖提县 2 类区环境噪声现状监测及评价结果情况表

表 5-2-6　（麦盖提县万盛商贸城监测点）

监测时段	监测点位			
	东（1#）	南（2#）	西（3#）	北（4#）
昼间 dB（A）	48.2	48.6	48.5	49.9
标准 dB（A）	60	60	60	60
夜间 dB（A）	46.5	46.1	46.7	46.2
标准 dB（A）	50	50	50	50

监测结果显示，麦盖提县城市功能区域噪声监测结果符合《声环境质量标准》（GB3096—2008）中 2 类区限值。

（三）3 类声环境功能区

主要对麦盖提县辖区内以工业生产、仓储物流为主要功能，需要防止工业噪声对周围环境产生严重影响的区域进行监测，执行《声环境质量标准》（GB3096—2008）中的 3 类区标准。

麦盖提县 3 类区环境噪声现状监测及评价结果情况表

表 5-2-7　（麦盖提县城西工业园区监测点）

监测点位	昼间 dB（A）	标准 dB（A）	夜间 dB（A）	标准 dB（A）
1 #（场界东）	48.8	65	40.1	55
2 #（场界南）	50.1	65	42.7	55
3 #（场界西）	49.3	65	43.8	55
4 #（场界北）	47.4	65	42.8	55

监测结果显示，麦盖提 3 类功能区域噪声监测结果符合《声环境质量标准》（GB3096-2008）中 3 类区限值。

二、城市交通噪声

麦盖提县城市交通噪声监测委托喀什环境监测站进行定期监测，并出具噪声现状监测报告单。主要在麦盖提县城城市公路两侧一定距离之内，对需要防止交通噪声对周围环境产生严重影响的区域进行监测，并执行《声环境质量标准》（GB3096—2008）中的 4 类区标准。

麦盖提县 4 类区环境噪声现状监测及评价结果情况表

表 5-2-8

监测点位	昼间 dB（A）	标准 dB（A）	夜间 dB（A）	标准 dB（A）
英巴扎南路	56.3	70	44.1	55
民生路	58.1	70	42.7	55
文化东路	57.3	70	45.8	55
人民南路	47.4	70	42.8	55

监测结果可以看出，麦盖提城市交通区域噪声监测结果符合《声环境质量标准》（GB3096-2008）中 4 类区限值。

三、区域环境噪声

通过对麦盖提县 1 类声环境功能区、2 类声环境功能区、3 类声环境功能区、3 类声环境功能区进行日常监测、分析，麦盖提县城区域环境噪声除瞬间鸣笛、放鞭炮、广场音响等瞬间、时段性噪声外，噪声排放均未超标，区域背景值较低，声环境质量良好，符合《声环境质量标准》（GB3096-2008）的标准。

第四节　辐射环境监测

麦盖提县域境内电离辐射设备主要为医疗机构使用的医用 X 光机、CT 机以及公共场所行李安全检测和安检门等设备。电磁辐射主要为广播电视信号塔、通信基站、高压输变电线路等，麦盖提县辐射环境监测工作由喀什地区环境保护局统一负责监测、监管。1991—2010 年，麦盖提县未发生过辐射及放射性安全事故。

第五节 监测设备

1991—2010 年，环保部及自治区环保厅给麦盖提县环境保护局配置有噪声监测仪、烟尘采样器、可见分光光度仪、气相色谱仪、离子色谱仪、全球定位系统（GPS）、对讲机、试验台、分析平台、生物细菌培养室等仪器设备等三级环境监测站基础监测仪器设备。但由于缺少专业技术人员，设备一直处于闲置状态，麦盖提县水环境检测、大气环境监测、声环境监测、核与辐射环境监测都由麦盖提县环境保护局定期委托喀什环境监测站定期进行监测，并出具质量监测报告。

第三章 环境污染防治

第一节 废气污染防治

麦盖提县废气污染主要以煤烟型污染为主，废气污染源主要为县城居民冬季采暖污染、企事业单位废气污染，重点是城内的分散小锅炉。随着麦盖提县城市化进程的加速，工业企业的发展，人口的增加以及居民生活水平的提高，城市大气污染问题也随之加重，尤其在冬季夜间和清晨，空气质量极差，对居民的身心健康和工作生活都产生了不利影响。针对废气污染现状，麦盖提县多措并举减少污染废气排放量，提高燃料利用率，确保污染物稳定达标排放。

1991—2002 年，麦盖提县城市范围内平房住户较多，城区居民多采用家用炉灶采暖，供热燃料主要以柴火、煤为主，乡村主要采用柴火。全县小炉灶量大、面广，能耗高、污染重，燃料利用率低，低烟筒排放，造成大量烟尘废气在冬季无法及时扩散，在取暖期间每天排放大量烟尘，造成空气污染。

2003 年，麦盖提县环境保护局针对废气污染现状，制定了《麦盖提县主要污染物排放总量控制与减排计划》，进行结构减排、工程减排和管理减排。对废气污染进行不间断监测，对私自开设新锅炉的单位和个人进行封停，冬季供暖前对锅炉的防污染设施进行严格检查，凡是没有达到排放标准的，不允许开炉供暖。

2004 年，通过招商引资成立麦盖提白云热力有限责任公司，这是麦盖提县第一家私营集中供热企业，麦盖提县供热体制由分散供热转变为集中供热。扩大集中供热管网覆盖面积，将具备条件城区住户全部接入集中供热管网，部分居民不再使用小炉灶供暖，烟尘废气排放量减少，空气质量有所好转。

2005—2007 年，麦盖提县关停 48 台排放量超标的私设锅炉，在全县范围内餐饮服务业推行使用无烟煤、液化气等清洁能源，二氧化硫排放量削减 98 吨、氮氧化物排放量削减 14 吨。

2008 年，完成县域内 33 台锅炉的改造工作，对县域内各工业企业合理分配总量指标，在供热企业积极推进锅炉以大代小、节能改造项目，在集中供暖企业锅炉安装脱硫除尘污染治理设施，在县城区域内推行以大型环保锅炉替代燃煤分散小锅炉，污染排放进一步减轻。

2009 年，不断加大环境污染治理工作力度，对县域内 12 家第三产业进行油烟污染治理，对 5 家脱绒行业进行粉尘治理。

2010年，针对城区餐饮店油烟污染投诉多的情况，对城区12家群众反映强烈的餐饮服务行业进行了集中整治，安装油烟净化器、新型环保烤炉等污染治理设施，实现油烟达标排放，进一步净化了大气环境。经过逐年治理，麦盖提县内大气环境质量得到进一步改善，二氧化硫、氮氧化物排放增长幅度较小，群众反映突出的环境违法行为得到妥善解决，企业环境污染问题得到有效治理，全县环境质量明显好转。

第二节　废水污染治理

麦盖提县废水污染源主要为居民生活污水、工业企业生产废水和医疗废水等。

1991—1996年，麦盖提县居民住宅多为平房，县城内没有建成排水管网，居民生活污水多排放于自建渗漏池和房前屋后的菜地中。

1997年，麦盖提县排水管网开始建设，当年铺设直径300～800毫米的水泥管道7.5千米，污水排放至远离水源地无人居住的戈壁滩、荒郊野外中，保证不影响饮用水水质。

1998—2005年，先后铺设排水管道89.63千米，麦盖提县城内排水管网基本建成。

2006—2008年，麦盖提县环境保护局对医疗机构及重点工业企业定期进行环保督察，督促医疗机构及重点工业企业按照环评要求，采购安装污水处理设施。其间，6家综合性医院、3个乡镇卫生院安装了医疗废水二级处理设施。

2009年，麦盖提县环境保护局对畜禽养殖企业、医疗机构开展环保治理专项行动，对2家不符合环评要求的畜禽养殖企业及2家医疗机构关停，限期整改。

2010年，扩大居民生活污水处理覆盖面，延伸排水管网辐射范围，实施了供排水公司城北污水处理厂技术改造提升项目，县城污水收集、处置率91%，污水处理能力达到《城镇污水处理厂污染物排放标准》二级标准。工业企业生产废水经排水管网收集至城南污水处理厂统一处理，处理后达到中水回用、绿化灌溉标准。

第三节　固体废弃物污染与治理

麦盖提县的固体废弃物主要为第三产业和居民生活垃圾、医疗固废、企业生产固废等。居民生活垃圾、除能回收循环利用外的企业生产废固、建筑施工垃圾主要采取运送至垃圾处理场进行掩埋处理，医疗废固交由专业环保公司进行处理。

1991—1993年，麦盖提没有垃圾集中清理、运送机构，县直各单位、企业、居民区都设有垃圾池，产生的生活垃圾由各单位自行运送至远离城镇、水源地的荒野进行掩埋处理，废固利用率不足百分之5%。

1994年，麦盖提县在县城郊外划出45亩地作为垃圾处理场，建筑垃圾、生活垃圾均倾倒在此处进行掩埋。

1995—2002年，先后在县城主要干道、居民点配置46个垃圾箱，生活垃圾得到及时清运，有效治理了固体废物对环境的污染。

2003年，在环保部门监督下，麦盖提县各医疗机构均制定医疗固废管理制度，严格按照国务院颁发的《医疗固废管理条例》处理医疗废固，设立医疗垃圾存放处，安排专人管理。医疗固废最后由喀什祥云环保有限公司统一收集、处理，确保医疗废弃物得到妥善处理。

2004 年，麦盖提县环境保护局督促各畜禽养殖企业按照环评要求落实污染防治措施，各畜禽养殖企业对堆粪场、储尿池全部进行硬化防渗处理，畜禽养殖粪便等固废经堆粪场堆肥后，当作农家肥或加工为有机肥。

2005—2010 年，麦盖提县为促进循环经济发展，变废固为资源，在各企业中开展废固治理专项行动，打造资源节约型和环境友好型企业，固废利用率大幅提高，固废综合利用率 93%。

第四节　城市环境综合治理

麦盖提县针对城市管理中存在的突出矛盾和问题，以群众反映的热点、难点问题为切入点，以净化、绿化、美化、亮化城市为重点，采取多种方式改善城市环境脏、乱、差的状况，组织实施违章建筑拆除、交通秩序整顿、环保宣传等专项行动，城市卫生状况得到明显改善，交通秩序有所好转，私搭滥建势头得到遏制，城市管理逐步规范，城市面貌发生了可喜的变化。

1991 年，麦盖提县先后制定和出台了《麦盖提县城市管理综合整治方案》《麦盖提县“门前五包”实施细则》（包卫生、包秩序、包绿化、包整洁、包设施）等一系列工作方案和规范性文件，由麦盖提县环境保护局组织和监督各单位和市民，以整治县城交通秩序、环境卫生、市场秩序为重点，治理乱泼乱倒和清理垃圾等六大战役，综合防治环境污染。

1992—1995 年，对全县污染源进行检查，对城市集中式饮用水水源地进行全面检查，补充完善基础信息，健全了全县饮用水源地管理档案。

1996—2001 年，麦盖提县进一步规范城市建设施工管理，加强城市基础设施建设中的扬尘污染防治，健全了施工和拆迁扬尘污染防治技术规范及管理制度，要求建设工程施工现场必须全封闭设置围挡墙，严禁敞开式作业，推进绿色施工。督促建设、拆迁单位落实各项防尘措施，推行场地硬化、封闭施工，加大渣土、垃圾等固体废弃物堆存及运输车辆管理，减少道路扬尘。强化对城区内企业煤炭、工业原料、固体废弃物等产尘堆场露天堆存和装卸扬尘的管理工作，督促企业规范建设堆、储场所，落实防风抑尘措施。其间，展开城市环境综合治理专项检查行动 6 次，下达整改通知书 23 份，封停扬尘污染防治不达标工地 6 家、企业 3 家。

2002 年，利用“6・5”世界环境日进行环保宣传，举办文艺会演，宣传环保主题，提高全民环保意识，累计发放各类宣传册 4 万册，出动人员 500 人次。

2003 年，在县城主街道新安装路灯 423 盏，城市亮化率进一步提高。做到城市垃圾日产日清，严禁在城市及周边地区露天焚烧垃圾。

2004 年，合理安排道路清扫及垃圾运输时间，尽量避开人流高峰时段，增加道路洒水降尘作业措施，降低清扫作业扬尘污染。全年拆除违章建筑 16 处 1120 平方米，清理垃圾 1.13 万吨；教育处罚乱泼乱倒 2600 人次；整治收缴三轮摩托车、人力三轮车等各种车辆 163 台，纠正交通违章 193 件次。

2005 年，继续加大环境卫生管理力度，在坚持全天候保洁的基础上，进一步提高保洁质量，达到“五净三根清二无”标准（“五净”即：路面净、马路边净、人行步道净、绿化带净、雨水井口净；“三根清”即：树根清、电柱杆根清、墙根清；“二无”即：无积土、无积水）。

2007—2009 年，加大《中华人民共和国环境保护法》宣传力度，采取“进企业、进学校、进社区、进机关”的四进方式，大力开展丰富多彩的环保主题宣传教育活动，营造全社会关心支持和参与环境保护的良好氛围。期间，创建县级绿色学校 4 所，创建地区级绿色学校 3 所。

2010 年，以“打造清洁乡村，建设美好家园”为总体思路，争取到昂格特勒克乡阿克布鲁买村、托万昂格特勒克村农村环境连片整治项目，项目资金 80 万元，主要给项目村配套洒水车、摆臂式垃圾车、垃圾箱、垃圾桶等生活垃圾收集、转运设备。

第五节　排污管理

1993 年，麦盖提县落实国家环境保护局发布的《排放污染物申报登记管理规定》，对全县涉及污染物排放的 8 家事业单位、10 家国有企业、23 家个体户实施排污申报登记，发放申报登记通知书 50 份，为全县环境决策、排污收费提供了科学依据。

1994 年，全县实施排污申报登记企事业单位、个体户共 11 家。

1995—2002 年，麦盖提县新、改、扩建项目 98 项，全部填写填报环境影响评价登记表，履行环评手续率 100%。

2003 年，为改善全县环境质量，对污染物的总量排放施行严格控制，特别对 12 种主要污染物的排放总量进行严格控制。向各单位、企业、个体户下达污染排放量指标 2200 吨，实际排放二氧化硫排放总量 350 吨、烟尘排放总量 510 吨、化学耗氧总量 430 吨、氨氮的排放总量 73 吨，全部符合指标标准。

2004 年，麦盖提县制定二氧化硫、化学需氧量削减计划、目标、任务。即：二氧化硫削减 1.32 吨、烟尘排放削减 40 吨。为实现削减目标，采取全面推行集中供热、严格环保审批、杜绝和取缔落后的生产工艺、从源头遏制污染、推广使用含硫成分低的优质燃煤，收到较好效果。

2005 年，实施排污申报企事业单位 36 家，征收排污费 13 万元。

2006—2008 年，麦盖提县按照国家、自治区、地区环境保护工作决策部署，在全县所有新建、改建项目实施“三同时”制度，即：防治污染设施必须与主体工程同时设计、同时施工、同时投产使用。其间，共审批建设项目 196 个；对 3 家污水处理不达标的企业进行挂牌督办整改。

2009 年，按照年度环境保护计划的要求，麦盖提县制定年度污染物削减计划，加大对污染源的治理力度，对锅炉进行治理，对全县 8 家企业、2 家医院进行环保专项检查，提出整改措施和要求 16 条，下发限期消除环境隐患通知书 10 份。全年烟尘、二氧化硫、化学需氧量等主要污染物均控制在总量范围内。

2010 年，全县共审批建设项目 600 个，出具环保预审意见书 628 份，发放环境影响登记表 325 个，环评执行率和“三同时”执行率达 100%。实施排污申报企事业单位 51 家，征收排污费 43 万元。

1993—2010 年麦盖提县环保局征收排污费一览表

表 5-3-1

年份（年）	申报数量（家）	征收排污费（万元）
1993	10	6
1994	11	6.9
1995	16	7.3
1996	19	8.9
1997	21	10

续表 5-3-1

年份（年）	申报数量（家）	征收排污费（万元）
1998	24	11.2
1999	24	11.2
2000	25	13.6
2001	27	14.2
2002	29	15
2003	31	15.6
2004	33	17.4
2005	36	18.9
2006	39	21
2007	41	24
2008	42	35
2009	46	39
2010	51	43

第六编　交通运输

1991—2010 年，麦盖提县境内没有铁路和航线，全靠公路运输。1993 年之前，巴莎公路和麦喀公路两条省道为砂石路面，县城到各乡镇道路大部分路段为土路，极少路段为砂石路面。1993 年开始，在国家项目资金支持下，麦盖提县加大公路建设力度，先后对巴莎路、麦喀路两条省道铺筑沥青，县道铺筑砂石。2004 年，麦叶路改建为省道，县境内乡村通达道路着手实施。

1991 年，麦盖提县群众出行交通工具，县城内以自行车为主，兼有少量的摩托车，农村主要以畜力车为主。其后，随着国道、省道、县乡村道路的升级改造和新建，线路车、出租车的开通，交通条件逐步改善。2001 年，进行交通运输企业改制，县运输公司改为具有独立法人的私营企业麦盖提振兴汽车运输有限责任公司，新成立私营企业兴达运输有限责任公司。2003 年，开始建立乡客运站。2005 年 10 月，成立城乡公交公司。2006 年 5 月，成立喀什通工实业有限公司麦盖提分公司。通过放开交通运输市场，货运、客运量均得到较快增长。

截至 2010 年年底，麦盖提县通村油路里程达 861.23 千米。其中，省道 3 条，全长 83 千米；县道 12 条，全长 224.61 千米；乡村道路 404 条，全长 636.62 千米。拥有县级客运站 1 个，乡镇客运站 9 个；客货运输企业 3 家，各类车辆 1609 辆，其中客运车辆 1120 辆、货运车辆 489 辆。初步形成了以县城为中心，各乡镇场为节点，辐射扩大城乡、干支线相连的公路网和客货运网络，方便了群众出行和物资的流通。

第一章　机　构

第一节　行政机构

1991 年，麦盖提县交通局为政府的职能部门，对全县公路交通履行行业管理，属事业单位，人员工资、经费由地区交通处拨付，人事任免由麦盖提县人民政府负责管理。

1994 年，麦盖提县交通局改为行政部门，核定行政编制 5 人，领导职数 3 个。实有人数 5 人。7 月，成立交通局党总支。

1999 年 11 月，麦盖提县交通局与城建局合并为城建交通局。

2000 年 8 月，城建交通局撤销分离，城建局、交通局恢复原建制。

2001 年，麦盖提县交通局人员工资、经费改由县财政支付。

2008 年 4 月，成立麦盖提县交通运输系统党委。

2010 年，麦盖提县交通局核定行政编制 5 人，其中领导职数 2 个。实有干部职工 5 人。

第二节　事业机构

一、麦盖提县道路运输管理局

麦盖提县道路运输管理局的前身为麦盖提县运管站。1989 年，经自治区人民政府批准，成立麦盖提县运管站，为全额事业单位，核定编制 3 人。2010 年 10 月，经新疆维吾尔自治区机构编制委员会批准，更名为麦盖提县道路运输管理局，并加挂麦盖提县运政执法大队牌子，机构规格为正科级，隶属喀什地区道路运输管理局管理，编制 6 人。主要负责对全县的道路运输经营、机动车维修经营、机动车驾驶员培训和道路运输管理工作。

二、麦盖提县交通规费征收稽查所

麦盖提县交通规费征收稽查所的前身为麦盖提县养路费征稽站。1991 年，麦盖提县养路费征稽站为股级事业单位，核定编制 7 人，实有 7 人，临时工 2 人。1998 年 9 月，麦盖提养路费征稽站更名为麦盖提县交通规费征收稽查所，机构规格由股级升格为正科级。2009 年 1 月 1 日，麦盖提县交通规费征收稽查所撤销。2010 年，新成立麦盖提县路政管理局，定编 8 名，实有 4 人。3 名干部职工调整到麦盖提县道路运输管理局。

三、公路段

麦盖提公路段的前身为麦盖提县公路养路队。1991 年，核定编制 50 人，设置希依提墩乡、央塔克乡、吐曼塔勒乡、尕孜库勒乡 4 个道班，每个道班 8 ~ 10 人，实行分片包干养护公路。道班分别是：央塔克乡—吐曼塔勒乡，45 千米；尕孜库勒乡—克孜勒阿瓦提乡，40 千米；巴莎公路（S215 线），20 千米；麦喀公路（S310 线），41 千米。养护里程全长 146 千米。

1991 年 1 月 11 日，麦盖提县养路队上划喀什养路总段管理，负责管养麦喀线 K0–K41 段，养护里程为 41 千米。

1994 年 3 月，麦盖提县养路队更名为麦盖提县公路段，全额事业单位，属喀什公路总段管理，编制 50 名。负责管养巴莎公路 K84–K184 段公路，养护里程为 100 千米。同年，成立荒地道班、阿瓦提道班、阿拉根道班、大桥班 4 个道班。

2008 年 9 月，县境内农村公路养护职能划归麦盖提县农村公路建设管理养护所。

2010 年，麦盖提县公路段核定编制 66 名，管理养护 3 条线路，分别为 S215 线、S234 线、S310 线，养护里程全长 188 千米。管理桥梁 54 座 /1777.75 延米。其中，大桥 1 座 /935.7 延米；中桥 6 座 /291.41 延米；小桥 47 座 /553.58 延米；涵洞 283 道，沿线绿化长度 179 千米。

四、农村公路建设管理养护所

2008 年 9 月，麦盖提县农村公路建设管理养护所成立，隶属于麦盖提县交通局，机构规格为副科级，并确定为依照公务员制度管理的全额预算管理事业单位，核定全额事业编制 4 人。2010 年，麦盖提县农村公路建设管理养护所在编人员 4 人，负责全县农村公路的监督检查、日常养护工作。

五、路政稽查大队

2008 年 9 月，麦盖提县路政稽查大队成立，隶属于麦盖提县交通局，机构规格为副科级，并确定为依照公务员制度管理的全额预算管理事业单位，核定全额事业编制 4 人。2010 年，实有 3 人。主要负责全县公路、公路用地和公路附属设施的管理和保护工作，并依法查处县境内各种违反路政管理法律法规规章的案件。

第三节　国有企业

麦盖提县客运站的前身为麦盖提运输站，始建于 1957 年，位于麦盖提县文化路 41 号，有工作人员 5 人，占地面积 6600 平方米。1990 年，更名为麦盖提县客运站，为国有企业，隶属新疆喀什地区客运总站管理，有工作人员 13 人。

1991 年，麦盖提县客运站有工作人员 14 人。

2003 年，希依提墩乡客运站建成，有工作人员 5 人。

2005 年，吐曼塔勒乡客运站建成，有工作人员 2 人。

2006 年，麦盖提县镇北客运站建成，有工作人员 2 人；克孜勒阿瓦提乡客运站建成，有工作人员 3 人；昂格特勒克乡客运站建成，有工作人员 2 人；库尔玛乡客运站建成，有工作人员 2 人。

2008 年，央塔克乡客运站建成，有工作人员 3 人；尕孜库勒乡客运站建成，有工作人员 3 人；库木库萨尔乡客运站建成，有工作人员 2 人。

2010 年，麦盖提县拥有县级客运站 1 个、乡镇客运站 9 个，共有工作人员 36 人，除巴扎结米乡外，其他乡镇均建有客运站。

第二章　公路运输

第一节　公　路

一、省道

1991 年，麦盖提县有省道 2 条，分别为巴莎路（S215 线）和麦喀路（S310 线），境内全长 58.6 千米，为砂石路面。

1993 年，巴莎公路铺筑为沥青洒布黑色路面，路面宽 5 ～ 7 米，路面厚 3 厘米，为二级公路，起点为巴楚县三岔口，途经巴楚县阿拉根镇、色力布亚镇、阿瓦提镇、麦盖提县希依提墩乡、莎车县荒地镇、墩巴克乡、艾力西湖镇，终点为莎车县县城。麦盖提县境内 20 千米。

1994 年 9 月，麦盖提县叶河大桥建成，桥梁全长 935.7 米。

1996 年，麦喀公路（S310 线）原来的砂石路铺筑成为黑色沥青路面，路基宽 8.5 米，路面宽 7 米，为三级公路，起点位于麦盖提新华桥处，沿麦盖提县，途经希依提敦乡、喀什监狱、塔吉克镇、巴依阿瓦提镇，终点为疏勒县塔孜洪乡。麦盖提县境内 23 千米，其中麦盖提县希依提墩乡有 4 千米路段与 S215 线重合。2009—2010 年间，S310 线进行全线改建，硬化路肩，路基宽 8.5 米，路面宽 7 米。

1999—2003 年，逐步将巴莎公路改建成沥青混凝土路面，路基宽 11.5 米，路面宽 9 米，土路肩两侧各 0.5 米。

2004 年，县道 X558 线改建为省道麦叶路（S234 线），为三级公路，路基宽 8.5 米，路面宽 8 米，土路肩两侧各 0.5 米。起于麦盖提县县城，途经巴扎结米乡、尕孜库勒乡、克孜勒阿瓦提乡、莎车县、泽普县，终点到达叶城县。境内全长 43 千米。

二、县乡村公路

2010 年，麦盖提县通村里程达 861.23 千米。其中，省道 3 条，全长 83 千米；县道 12 条，全长 224.61 千米；乡村道路 404 条，全长 636.62 千米。

（一）县道

1.X559 线（麦盖提县—吐曼塔勒乡—四十五团九连）全长 62.49 千米，起于麦盖提县县城，经央塔克乡、吐曼塔勒乡、库尔玛乡、库尔玛乡红光农场，到兵团第三师四十五团九连。1992—2010 年，陆续完成 X559 线建设。

2.X560 线（麦盖提县—库木库萨尔乡—尕孜库勒乡喀玛库勒村）全长 8.7 千米，起于麦盖提县县城，经库木库萨尔乡人民政府，到尕孜库勒乡喀玛库勒村。1996—2007 年，陆续完成 X560 线建设。

3.X561 线（麦盖提县—园艺场—巴扎结米乡苏帕墩村）全长 26.64 千米，起于麦盖提县县城，经园艺场，到巴扎结米乡苏帕墩村。2003 年 11 月，将 X561 线麦盖提县城—巴扎结米乡苏帕墩村路段铺筑成三级沥青路。

4.X562 线（麦盖提县央塔克乡哈曼阔依地村—四十三团八连）全长 5.2 千米，起于麦盖提县央塔克乡哈曼阔依地村到四十三团八连。1999—2009 年，陆续完成 X562 线建设。

5.X563 线（麦盖提县—昂格特勒克乡—央塔克乡）全长 15.91 千米，起于麦盖提县县城，经昂格特勒克乡人民政府，到央塔克乡人民政府，1998—2004 年，陆续完成 X563 线建设。

6.X564 线（库尔玛乡—巴楚县色力布亚镇）全长 3.69 千米，起于麦盖提县库尔玛乡到巴楚县色力布亚镇。截至 2010 年，陆续完成三级沥青公路。

7.X566 线（库尔玛乡—巴楚县色力布亚镇）全长 15.91 千米，起于麦盖提县库尔玛乡到巴楚县色力布亚镇。截至 2010 年，陆续完成三级沥青公路。

8.X567 线（克孜勒阿瓦提乡—莎车县阿拉买提乡）全长 19.27 千米，起于麦盖提县克孜勒阿瓦提乡人民政府，经拉依当村，到莎车县阿拉买提乡。2004—2010 年，陆续完成四级沥青公路。

9.X568 线（吐曼塔勒乡—四十三团）全长 14.25 千米，起于麦盖提县吐曼塔勒乡，到四十三团。截至 2010 年，陆续完成三级沥青公路。

10.X569 线（库尔玛乡—胡杨林场）全长 24.92 千米，起于麦盖提县库尔玛乡人民政府，经恰斯村到胡杨林场。2004—2010 年，陆续完成 X569 线建设。

11.X607 线（S215 线巴楚英吾斯塘乡—吐曼塔勒乡）麦盖提县境内全长 8.17 千米，起于省道 215 公路巴楚英吾斯塘乡，到麦盖提县吐曼塔勒乡。截至 2010 年，陆续完成三级沥青公路。

12.X498 线（莎车县阿扎巴格特乡—麦盖提县尕孜库勒乡食品基地—尕孜库勒乡人民政府—库木库库萨尔乡）麦盖提县境内全长 19.46 千米，该路段起点为莎车县阿扎巴格特乡，途经麦盖提县尕孜库勒乡食品基地（大寨渠）、尕孜库勒乡人民政府，终点至库木库萨尔乡。截至 2010 年，陆续完成三级沥青公路。

（二）乡村道路

1991—2003 年，麦盖提县各乡道路基本为土路。

2004—2005 年，中央投资 436.7 万元建设通村油路 20 千米；投资 1590 万元建设通达公路（砂石路面）159 千米，全县 67 个村实现通公路。

2006 年，中央投资 310 万元建设通达公路 54.6 千米，其中巴扎结米乡 11.2 千米、希依提墩乡 15.6 千米、央塔克乡 22 千米、克孜勒阿瓦提乡 5.9 千米。同年，投入资金 41 万元在东河滩建设通达公路 5 千米；投入资金 9 万元修建民、汉公墓通达公路 1 千米。

2007 年，中央投资 1250 万元建成通达公路 100 千米。

2008 年，中央投资 3050 万元新建通达公路 215 千米。其中，第一批通达公路建设项目 9 条，全长 105 千米，投资 1550 万元；第二批通达公路建设项目 15 条，全长 110 千米，投资 1500 万元。

2009 年，中央投资 1475 万元新建通达公路 42.1 千米。

2010 年，中央投资 538 万元新建通达公路 33.92 千米。

截至 2010 年年底，麦盖提县境内共建成柏油乡村道路 404 条，全长 636.62 千米。

三、城市公路

1998 年开始，麦盖提县加大城市道路建设改造力度，先后实施县城文化路、英买里路、建设路、英巴扎路、叶尔羌路、健康路、城南工业园区滨河路、夏普吐鲁克路、工业路、发展路、明珠路、瀚海路、人民路、提河路、刀郎路、民生路、央塔克路、幸福路、果园路、巴扎结米路柏油路工程，改扩建县城南网大道。截至2010年，县城有道路24条，总长42.65千米。

第二节　客运　货运

一、客运

1991年，麦盖提客运站拥有发往喀什市、巴楚县、莎车县、叶城县、泽普县及各乡镇营运客车30辆。麦盖提县每日向喀什市发班车5班次，第二天返回。年发班车2190班次，年客运量7.67万人次。

2001年，私营运输企业成立，新成立的麦盖提县兴达运输有限责任公司有客车17辆，麦盖提县振兴汽车运输有限责任公司有客车16辆。开通客运班车线路8条，分别为麦盖提县—乌鲁木齐市、麦盖提县—和田市、麦盖提县—喀什市、麦盖提县—莎车县、麦盖提县—巴楚县、麦盖提县—叶城县、麦盖提县—泽普县、麦盖提县—巴楚县色力布亚镇。年发班车3.47万班次，客运量52.93万人次。

2004年，引进城乡公交车127辆、客运出租车140辆，县客运站配备了微机售票设备，实现了微机售票，开通客运班车线路20条。城乡公交车、客运出租车实现了从无到有，方便全县各族人民的工作和生活，城市服务功能日趋完善。

2007年，全县有客运公司2家，营运客车576辆。其中，大车（7座以上）206辆；小车（5座车）370辆。开通客运班车线路22条。其中，地际班线3条（喀什、乌鲁木齐、和田）；县际班线7条（莎车、巴楚、叶城、泽普、色力布亚镇、伽师、岳普湖）；县境内班线12条，分别为希依提墩乡、央塔克乡、吐曼塔勒乡、尕孜库勒乡、克孜勒阿瓦提乡、库木库萨尔乡、库尔玛乡、五一林场、四十三团、四十五团、四十六团、胡杨林场。年发送班车14.6万班次，客运量127.75万人次。

2008年，全年发送班车16.43万班次，客运量138.7万人次。

2010年，全年发送班车23.73万班次，客运量200.75万人次。

1991—2010年麦盖提县客运量情况表

表6-2-1

年份（年）	发班车（班次）	客运量（万人次）	年份（年）	发班车（班次）	客运量（万人次）
1991	2190	7.67	2001	34675	52.93
1992	2920	10.22	2002	41245	62.05
1993	3285	11.5	2003	65700	69.35
1994	3650	12.78	2004	83950	73
1995	4380	15.33	2005	109500	83.95
1996	5110	17.89	2006	127750	109.5
1997	9125	31.94	2007	146000	127.75
1998	10220	35.77	2008	164250	138.7
1999	11680	40.88	2009	200750	164.25
2000	25550	43.80	2010	237250	200.75

二、货运

1991 年，麦盖提县运输公司有货运车辆 23 辆，主要负责全县各乡镇场货物运输任务，年货运量 1.99 万吨。

1992—1999 年，随着货运市场逐步放开，私营运输车辆逐渐增多，运输公司业务下滑，国有货运出现亏损。截至 1999 年年末，全县有货运车辆 183 辆，其中运输公司 43 辆、私营运输车辆 140 辆，年均货运量 10.69 万吨。

2000—2001 年，麦盖提县域经济发展较快，建材的需求量也逐渐增大，货运量有较大提升，运输公司部分货运车辆由于长期使用，车辆老化情况严重，达到了强制报废的标准。12 月，运输公司改制成私营运输企业，新购置了 15 辆大型货运车辆。截至 2001 年年末，全县有货运车辆 221 辆，货运量 17.21 万吨。

2002 年，全县拥有各类货运车辆 231 辆，年货运量 19.32 万吨，新办证 36 辆，审验车 166 辆，审验率 71.8%。

2003 年，受巴楚县琼库恰克乡“3・24”地震影响，麦盖提县部分农房受损，国家按受损程度给予农户一定补助，按自治区、地区要求，危房户新建抗震安居房，因所需砂石料、水泥等建筑材料需从县外购进，货运车辆保有量及货运量猛增，货源不断持续向好。至 2010 年，麦盖提县有各类货运车辆 489 辆，年货运量增至 140.34 万吨。

1991—2010 年麦盖提县货运量情况表

表 6-2-2

年份（年）	货运车辆（辆）	货运量（万吨）	年份（年）	货运车辆（辆）	货运量（万吨）
1991	23	1.99	2001	221	17.21
1992	45	3.55	2002	231	19.32
1993	63	7.92	2003	245	25.36
1994	82	8.94	2004	257	30.87
1995	103	10.59	2005	269	55.89
1996	116	12.17	2006	278	56.3
1997	138	13.28	2007	293	58.74
1998	143	13.58	2008	356	82.97
1999	183	15.57	2009	395	124.36
2000	191	15.75	2010	489	140.34

第三节　运营机构

一、麦盖提县振兴汽车运输有限公司

麦盖提县振兴汽车运输有限公司前身为麦盖提县运输公司。2001 年 12 月，实行国企改制，改为麦盖提县振兴汽车运输有限责任公司，系独立法人有限公司，注册资金 19 万元，占地面积 2 万平方米，办公地址位于麦盖提县巴扎结米乡亚胡木丹村二组 148 号。主要经营县内班车客运、县内包车客运、普通货物运输、乘用公交运输、城市出租等业务。截至 2010 年，公司拥有金龙、宇通等品牌豪华营运车辆 6 台；大型高级运输车 3 辆；中型高级运输车 5 辆；中级营运车辆 177 辆；普通运输车辆

63 辆，城市出租 283 辆，公司现有员工 554 人。其中，管理人员 9 人、驾驶员 537 人、其他人员 8 人。

二、麦盖提兴达运输有限责任公司

麦盖提兴达机动车辆服务有限责任公司成立于 2001 年 5 月 18 日。注册资金 50 万元，有职工 80 人，主要为小车和货车。随着公司不断发展壮大,2005 年 6 月 16 日成立了城乡公交分公司。8 月 18 日，成立公司修理厂，主要经营旅客运输、普通货物运输、城乡公交、机动车辆修配等业务。2005 年 8 月，更名为麦盖提兴达运输有限责任公司。2006 年，公司拥有员工 300 人，有长途客车、公交车、小车和货车 250 辆，企业资产总额 1699 万元，客货运输收入 1049 万元。2010 年，公司拥有员工 311 人，有长途客车、公交车、小车和货车 193 辆，企业资产总额 2063.36 万元，年客货运输收入 1436 万元。

三、喀什通工实业有限公司麦盖提分公司

喀什通工实业有限公司麦盖提分公司成立于 2006 年 5 月。公司营运范围为城市出租车，有员工 119 人，引进出租车 117 辆。主要以巡游、拼车方式营运，县城内收费价位 1 元 / 人次，使麦盖提县的出租车行业实现从无到有的突破，城乡居民出行更加便捷。2010 年，该公司拥有员工 123 人，城市出租车 117 辆，企业资产总额 963.69 万元，年客货运输收入 423 万元。

第四节　公路养护

1991 年，全县的公路养护由麦盖提养路队负责。

1992 年 11 月，根据《麦盖提县县乡道路管理办法》，在全县开始征收地方道路养护费，用于县乡公路的养护、管理。

1994 年，麦盖提县养路队更名为麦盖提县公路段，属喀什公路总段垂管，负责对 S310 线、S215 线省道的 141 千米的养护工程和日常养护工作。

1995 年 3 月 15 日，麦盖提县交通局制定了《麦盖提县县乡公路建成油路后的管养试行办法》，规定县至乡（镇）公路，由所属各乡镇范围内的乡镇政府养护和管理。

1997 年 1 月 14 日，根据《麦盖提县县乡道路管理暂行办法》，县乡公路由县交通局负责修建、养护和管理。县乡村公路共 64 条，总里程 604 千米；县道 33 条，里程 370 千米；乡村道 31 条，里程 234 千米。

2005 年，X558 线改建后升为 S234 线省道，由公路段负责 43 千米的养护工程和日常养护工作，县交通局负责对全县县道养护。

2008 年，麦盖提县成立县农村公路养护所，负责全县农村公路县道、乡道、村道养护工程（路面、涵洞维修工程），全县成立 9 个农村公路养护站，由乡政府分管交通的副科级领导任站长，每乡 3 ~ 5 名乡干部任路管员，128 个村每村 1 名村干部任协管员，负责指导村民对管辖范围内农村公路县道、乡道、村道的修整边坡和路肩、涵洞清淤等工作。

2010 年，麦盖提公路段负责省道 S215 线、S234 线、S310 线 188 千米的养护工程和日常养护工作；麦盖提县农村公路养护所负责农村公路养护管理。

第五节　公路运输行政管理与安全监管

一、公路运输行政管理

1991—1995 年，麦盖提县交通局按照“依法依规实事求是、注重实效”的原则，加强安全隐患排查力度。坚持日常检查与突击检查相结合，在“春运”“五一”“十一”等节假日开展运输专项检查，对查出的问题和隐患，明确责任，限期整改。其间，共排查安全隐患560处，全部整改到位。

1996年1月，根据自治区交通厅的统一安排部署，运管费改由麦盖提县养路费征稽站征收，实行“三费合一”，称为交通规费。

1998年，加强客运汽车站经营行为管理，实时监督客运汽车站规范经营，督导客运汽车站改进站内基础设施，提高便民服务水平，实行“三优、三化”，提高服务质量。同年，麦盖提县客运站投资400万元建成可容纳100辆以上车辆功能更为完善的车站，实现车进站、客归点的目标。

1999—2001年，对客运车辆进行动态监管，进一步规范客运车辆经营行为。重点查处无从业资格证上岗，不按核定班次线路运行、站外揽客、乱停乱靠、倒客、甩客等违规行为，共处理各类违章经营案件56起。

2002—2004年，麦盖提县运管局联合交警部门、运管站采取突击查堵、设卡检查、跟踪调查等多种方式，集中时段、不分昼夜、全员出击循环稽查，共出动执法人员163人次，查获“黑车”49车次，遏制了非法营运蔓延的势头，道路旅客运输市场秩序明显好转。

2005年4月，由交通局组织，运管局牵头，运输企业参与，对农村客运市场进行全面调研，查找制约农村客运发展的问题，提出解决思路。2005年10月1日，成立喀什地区首家“城乡公交公司”，公司投资400万元购进中巴车32辆投放到县城至各乡镇、团场，实现了城乡公交一体化经营。在营运过程中，公交车辆按照“统一站点、统一车型、统一服务”的标准，公交车管理规范、服务周到、价格低廉，受到老百姓的欢迎。至2006年年底，全县9个乡、1个镇、3个农林场和38个行政村通公交车，群众出行更加便捷。

2006年，新增城乡公交车16辆，开通县城—希依提墩乡、麦盖提县—四十六团、希依提墩乡—莎车县墩巴格乡、希依提墩乡—巴楚县阿瓦提镇4条客运线路。年审换证469辆。其中，客运车辆273辆，年审率88%；货运车辆196辆，年审率94%，平均年审率91%。

2007年，根据自治区人民政府《关于调整公路养路费收费标准的批复》规定，自2007年7月1日起，养路费标准由现行标准每月每吨160元调整至每月每吨200元。全县共有交通运输经营业主57家。其中，客货运输企业3家、客运站场3家、驾校1家、货运站场1家、维修业户26家、非公有业主23家，共有客货运输车辆469辆（客车273辆、货车196辆），城乡公交车52辆。

2008年，城乡一体化建设步伐加快，城乡客运网络进一步提升，全县9个乡农村客运班线和农村公交线路全部实行循环发班，增加频次，做到冷热线合理搭配，合理调节，提高服务质量。

2009年1月1日，取消公路养路费的征收，改养路费为燃油税，税费一并加入油价当中。交通局督促企业淘汰老旧且油耗高的运输车辆，引导经营者选用节能型车辆，鼓励运输企业使用柴油汽车及重型车、专用车和厢式车，鼓励经营者更新使用燃气车，降低能源消耗。

2010年5月，经麦盖提县发改委批准，出租车县城内收费价位上调至2元/人次。9月，根据自治区交通运输厅《关于做好城市客运指导和管理职责交接工作的通知》，城市公交、出租汽车有关指导和管理工作由交通局正式接管。

二、安全监管

1991年，麦盖提县交通局组织客运、运输、维修等运输企业召开宣传动员大会，要求各运输企业法人代表与安全员和从业人员层层签订安全生产责任书，建立法人代表全面负责，安全员具体负责的安全生产责任体系，共签订责任书190份。

1992—1998年，麦盖提县落实国家有关运输安全生产管理的各项规定，切实做好事故预防工作，加强监督检查，消除安全隐患，查处超载、超限大中型车辆 168 辆，避免重特大道路运输安全事故的发生，保障全县广大人民群众生命财产安全。

1999 年，在全县道路运输系统开展“安全大检查”，强化安全生产管理和安全生产主体责任，进一步加大道路运输安全隐患排查治理工作力度，共排查各类安全隐患 85 处，下发限期整改通知书 28 份。

2000 年，县乡所有客运汽车站落实“三不进站，五不出站”制度。加强对进出站车辆、人员的监督管理，对进站旅客携带的行包、手包、小背包进行安全检查，切实做到逢包必检。客车必须持企业派车单、安检单报班、出站单。对乘车区域实行封闭式管理，严禁无票乘客进入发车区，要求客车驾驶员对中途上车旅客携带的物品进行查看，杜绝“三品”上车。

2001 年，交通局与工商局、城管监察大队采取联合稽查的方式，在全县范围内开展维修市场整治工作，查处无证经营案件 6 起、占道经营案件 16 起、关停维修企业 2 家。

2002 年，在运输企业内开展安全检查专项行动，安排相关专业人员负责对车辆外观、技术状况、安全防护设备、消防设备、驾驶员上岗情况进行检查。对检查出不符合要求的人员或车辆，严禁运营，全年共查出无证上岗人员 3 人，停运运输车辆 13 辆。

2003—2008 年，麦盖提县交通局定期组织从业人员观看交通法规展板和交通事故视频，针对气候特点，加强对各种气候条件下安全行车知识的教育培训，在“春运”“五一”“十一”前，指导运输企业加强对运输车辆的技术性能、安全消防设施进行全面检查，杜绝技术性能不合格、安全无保障的车辆投入营运。

2009 年，完善与交警部门联动执法制度，加强相互处罚反馈制度，充分发挥职能作用，不断完善应急保障体系，切实提高应急运输保障能力，建立健全以客运、货运、维修企业为主的道路运输应急保障体系，督导完善各运输企业安全生产应急预案，深入企业指导开展应急预案模拟演练，提高道路运输应急保障意识，增强应对道路运输公共突发事件能力。

2010 年，麦盖提县对维修企业落实安全生产、从业人员培训教育、维修技术规范、“三检”等制度情况进行检查，关停安全生产不达标企业 4 家。

第六节 汽车维修

一、汽车维修

1991—1994 年，麦盖提县无私营汽车维修企业，汽车维修业务只有麦盖提县运输公司 1 家，公司为国有企业。1990 年，由麦盖提县车队改制而成，有员工 48 人，主要从事发动机维修、汽车电器线路维修、底盘保养等业务，维修车型以大中型客货车、小汽车为主。

1995—1998 年，麦盖提县允许有汽维技术的人员自行开办小型汽车维修铺，开办补胎、车辆保养、底盘维修等简单业务。

1999—2001 年，随着市场放开，麦盖提县开始逐渐出现汽车维修企业，从事简单修理铺面增多。截至 2001 年，全县有汽车维修企业 3 家、个体经营户 53 个。

2002 年 7 月，麦盖提县新星修理厂成立，拥有厂房面积 300 平方米，停车场面积 200 平方米，有汽车维修技工 13 人，是当时麦盖提县内最大的一家汽车维修企业。

2004 年 1 月，麦盖提县振兴公司修理厂成立，厂房面积 720 平方米，停车场面积 150 平方米，经营范围为汽车维修、二级维护，主修车型为中小型汽车、货车。

2005 年 8 月，麦盖提县兴达公司修理厂成立，厂房面积 760 平方米，停车场面积 100 平方米，经营范围为机动车维修配件，营运车辆二级维护，维修车型包括 A1、A2、A3、B1、B2、C1、C2。截至年底，全县汽车维修企业 11 家、个体经营户 103 个。

2006 年 1 月，全县评选出“诚信修理厂”4 家，占全县维修业户的 16%，“优质服务文明车”132 辆，占客运车总量的 17%。6 月，喀什市大众有限责任公司麦盖提汽车修理厂成立，场地面积 2300 平方米，专用设备 9 台、通用设备 21 台、主要检测设备 7 台，从业人员 10 人。

2007—2009 年，麦盖提县新星修理厂与麦盖提县职业中专学校合作成立了汽车维修班培训基地，为汽修专业的学生提供了就业实习的机会，为麦盖提县汽车维修行业培养了大批专业人才。

2010 年，麦盖提县有二类汽车维修企业 4 家、三类汽车维修企业 21 家、个体经营户 89 户。

二、汽车装潢

1991—1994 年，由于小汽车数量较少，县城内无汽车装潢企业与门店，麦盖提县汽车装潢行业基本处于空白。

1995 年，麦盖提县出现第一家带有汽车装潢业务的汽车维修店，除进行汽车保养、维修以外还开办车内外清洁服务、玻璃贴膜等。

1996—2000 年，随着麦盖提县经济发展，汽车装潢店增至 15 家，全部都为集汽修、装潢为一体的汽修店，开办有简单的汽车打蜡、漆面增光、除渍、除臭等美容护理业务以及车内装饰品、装饰件销售业务，但由于私家车数量较少，汽车装潢业务惨淡。

2000—2010 年，麦盖提县私家车数量增多，汽车装潢行业迅速发展，出现以洗车、汽车装潢为主的专业性门店，还衍生抛光、镀膜及深浅划痕处理、全车漆面美容、底盘防腐和发动机表面翻新等新业务。截至 2010 年，麦盖提县有从事汽车装潢门店 59 家，其中汽车装潢的专业性门店 2 家。

第七节　驾校管理

2003—2010 年，麦盖提县只有 1 所驾驶员培训学校，即麦盖提县叶河驾驶员培训学校，成立于 2003 年，位于麦盖提县殡仪馆旁边，占地面积 40 亩。麦盖提县叶河驾驶员培训学校由县交通主管部门进行资格管理，具体管理由交通主管部门的相关职能部门实施。落实驾校管理各项规章制度、各项管理规范及职责。每年对叶河驾校进行两次综合考核，考核结果与教练员上岗聘用直接挂钩，形成有效管理。

截至 2010 年，叶河驾校有教练员 30 人、教练车 43 辆，学员 1446 人，学员获证率 100%。

2003—2010 年麦盖提县叶河驾校人员情况统计表

表 6-2-3

年份（年）	教练人数（人）	教练车数（辆）	学员人数（人）	获证人数（人）	获证率（%）
2003	9	9	48	48	100
2004	12	22	427	392	91.8
2005	17	25	4780	4780	100
2006	20	28	1262	1262	100
2007	23	29	1290	1200	93
2008	27	35	1448	1431	98.8
2009	29	39	1613	1600	99.2
2010	30	43	1446	1446	100

第七编　邮政　通信

1991年，麦盖提县通信行业只有麦盖提县邮电局，主要以报刊发行、普通信函、电报、包裹等业务为主，通信基础设施、基础手段较落后，电信市话用户431户，服务能力有限。1996年后，电信业务加大了投入，全县实现了电话交换程控化，传输数字化。1998年，随着麦盖提县经济社会的发展，通信需求在人们日常生活、工作中越来越大，为了满足通信需求以及适应社会主义市场经济的要求，根据上级行业部门文件精神，麦盖提县邮电局实行邮政、电信两大领域各自分营，业务也进行了分离，分设为麦盖提县邮政局、麦盖提县电信局。1998年8月，移动从电信析出。2000年，联通从邮政析出。至此，麦盖提县形成了邮政、电信、移动、联通相互竞争格局。通信事业的大发展，改变了人们沟通交流方式，从1991年传输速率低的传统函件、电报，到1994年的无线寻呼，再到1999年8月2G基站在麦盖提建立，实现了手机上网零的突破，再到2009年3G牌照的发放，麦盖提县正式跨入智能手机3G互联网时代，通信业在麦盖提县的经济和社会发展中起到了基础和命脉作用，为麦盖提县经济社会健康发展提供了保障，人民群众生产、生活更加便捷。

麦盖提县邮政、通信事业发展迅速，报纸发行量从1991年的195万份增长到2010年的283万份；普通包裹业务量从1991年的3000件增长到2010年的8804件；市话用户从1991年的431户增长到2010年的1.35万户；移动电话用户从1997年的70户增长到2010年的7.67万户。

第一章　邮　政

第一节　机　构

1991年，麦盖提县邮电局为国有企业，实有员工52人。下设行政班、投递班、修理班、外线班、封发室、汇兑室、储蓄室、载波室、话房报房。

1998年，根据《新疆维吾尔自治区邮电分营实施方案》和《喀什地区邮电分营实施方案》《麦盖提县邮电分营方案》，麦盖提县邮电局实行邮电分营，电信从邮电局析出，邮政、电信两局成为两个各自独立经营的通信企业，从而结束了40余年的邮电合一的历史。1998年麦盖提县邮政局成立时，拥有在岗职工42人，其中管理人员5人。下设综合行政班、经营服务班、运营维护班3个班，设立服务网点13个。

2010年，麦盖提县邮政局拥有在岗职工54人，其中合同工20人、劳务工34人，设立行政办、市场部、邮运投递班3个班组，拥有营业网点13个。

1994—2008年，邮政储蓄所为麦盖提县邮政局的内设机构。

2010年麦盖提县邮政所名称及开办业务情况表

表7-1-1

邮电所名称	所经办业务						设置年份（年）
	信函	包裹	汇兑	发行	储蓄	特快	
县局营业室	√	√	√	√	√	√	1925
英尔曼邮电所	√	√	√	√	√	√	1955

续表 7-1-1

邮电所名称	所经办业务						设置年份（年）
	信函	包裹	汇兑	发行	储蓄	特快	
克孜勒阿瓦提乡邮政所	√	√	√	√			1956
央塔克乡邮电所	√	√	√	√			1957
吐曼塔勒乡邮政所	√	√	√	√			1957
尕孜库勒乡邮电所	√	√	√	√			1958
四十三团邮电所	√	√	√	√	√	√	1968
四十五团邮电所	√	√	√	√	√	√	1968
恰斯农场邮电所	√	√	√	√	√	√	1968
红光农场邮电所	√	√	√	√	√	√	1973
希依提墩乡邮电所	√	√	√	√			1973
其克力克邮电所	√	√	√	√	√	√	1974
牌楼邮政所	√	√	√	√	√	√	2004

第二节　服务网络

1991年，全县有信筒、信箱11个，其中县城2个、农村9个。下设16个邮电所，拥有邮路3条。分别为：县局至四十五团六场邮路，全长97千米，每周三投递；县局至克孜勒阿瓦提乡邮路，全长61千米，每周三投递；县局至恰斯农场邮路，全长77千米。3条邮路全程往返470千米，全县行政村通邮率达90%。

2002年，由于四十五团进行体制改革，在二营设置的机构撤销，居民向四十五团团部搬迁，出现经营性亏损，四十五团二营邮政所撤销。

2004年，牌楼邮政所由莎车县邮政局移交给麦盖提县邮政局管理，开办邮政储蓄、邮政汇兑及各项邮务类业务。

2005年，新增麦盖提—塔吉克阿巴提—牌楼—希依提墩乡邮路，全长55千米。

2006年，麦盖提县邮政局服务范围为9个乡、1个镇、新疆生产建设兵团第三师四十三团、四十五团、四十六团，服务总人口达25.07万人。所辖乡镇邮政所共17个。麦盖提县城分投递段道3个，一段投递范围包括人民路30号、英买里路1—5号、英巴扎路11—34号，二段投递范围包括人民路1号—28号，三段投递范围为英巴扎路1—10号，文化路1—56号。共有3名投递员，投递交通工具是自行车，负责县城机关单位、信报箱的投递工作，投递业务内容包括特快专递、包裹（5千克以下）、印刷品等，每日投递2次，投递到户；乡镇投递工作由农民投递员负责投递到村，投递交通工具为自行车，每周投递3次；驻地团场未设投递员，投递工作主要依靠连队收发员到邮政所自取。

2010年6月，投递交通工具由传统的自行车换为摩托车，邮路和投递段道未发生改变。

麦盖提县至四十五团6场邮路运行时刻一览表

表7-1-2

邮路组开局：麦盖提县			班期：周一、周三、周五		邮路形式：直线		
邮路单程里程：97千米			运输长度：194千米		邮路性质：自办		
去程			沿途交接邮件局名	返程			备注
到开时间	累计千米	相距距离		相距距离	累计千米	到开时间	
10:00	—	—	县局	—	—	14:30	原路返回不经停
10:10	7	7	昂格特勒克乡	7	7		
10:30	17	10	央塔克乡	10	17		
11:00	36	19	英尔曼	19	36		
11:15	46	10	前进水库	10	46		
11:35	60	14	扎拉提（43团）	14	60		
12:00	72	12	博塔衣拉克（45团）	12	72		
12:40	97	25	6场（45团二营）	25	97		

麦盖提县至库尔玛乡恰斯村邮路运行时刻一览表

表7-1-3

邮路组开局：麦盖提县			班期：周二、周四、周六		邮路形式：直线		
邮路单程里程：77千米			运输长度：154千米		邮路性质：自办		
去程			沿途交接邮件局名	返程			备注
到开时间	累计千米	相距距离		相距距离	累计千米	到开时间	
10:00	—	—	县局	—	—	14:30	原路返回不经停
10:50	39	39	吐曼塔勒乡	39	39		
11:10	51	12	库尔玛乡	12	51		
11:25	57	6	红光农场	6	57		
12:10	77	20	恰斯村	20	77		

麦盖提县至克孜勒阿瓦提乡邮路运行时刻一览表

表7-1-4

邮路组开局：麦盖提县			班期：周二、周四、周六		邮路形式：直线		
邮路单程里程：61千米			运输长度：122千米		邮路性质：自办		
去程			沿途交接邮件局名	返程			备注
到开时间	累计千米	相距距离		相距距离	累计千米	到开时间	
17:00	—	—	县局	—	—	14:30	原路返回不经停
17:05	1	1	巴扎结米乡	1	1		
17:20	13	12	库木库萨尔乡	12	13		
17:40	19	6	尕孜库勒乡	6	19		
18:00	39	20	其克里克（46团）	20	39		
18:30	61	22	克孜勒阿瓦提乡	22	61		

第三节　业　务

一、函件

1991年，麦盖提县邮电局开办有普通信函业务、明信片，印刷品、盲人读物、商务传单、国内特快专递、代发广告。同时开办邮政快件业务，是在普通信函与特快专递之间开办的一种传递速度快、邮费低的业务。

1994年，全县出口函件60.4万件，进口函件27.7万件，函件业务量达到历年顶峰。

1995年，由于通信技术的发展，函件业务量开始下滑，县局及各营业网点收寄的给据邮件开始贴用条形码签。

1997年，部分快件转为特快专递，快件业务量有所下降。7月，快件业务停办。

1998年，电信、邮政正式分营，全年完成国内函件（计费）13.69万件。县内函件业务包括信函、明信片、邮简、印刷品、盲人读物、快件6种。且函件业务开始不断外延，衍生了商业信函、广告信函等信函种类，并一直延续到2010年。

1991—2010年麦盖提县邮政局函件业务情况表

表7-1-5

年份（年）	平常函件（万份）		邮政特快专递（万份）		邮政快件（万份）	义务兵免费信件（万份）	国内挂信（万份）	
	出口	进口	出口	进口	出口	出口	出口	进口
1991	25.2	52.4	—	—	4.3	—	5.2	—
1995	25.3	38.8	—	—	7	—	2	—
2000	20.52	17.48	0.06	0.8	—	1.3	1	0.5
2005	10.9	12.6	0.71	1.3	—	1.02	0.86	1.1
2010	5	8.9	2.7	1.61	—	0.56	0.35	0.359

二、报刊发行

1991年，麦盖提县报纸发行195万份、杂志23.1万份，麦盖提县人均订阅量在全地区各县中排名第一。

1995年10月以前，麦盖提县报刊发行业务均以手工收订、汇总。1995年10月，在全县实行手工收订、汇总和计算机收订、汇总并用。全年发行报纸253万份、杂志27.5万份。

1996年，麦盖提县邮电局报刊收订和汇总使用微机操作。

1998—2005年，麦盖提县邮政局更换新的报刊征订系统，要求各邮政网点报刊收订依旧是手工收订、汇总，交由县局电脑录入系统。2005年，全年发行报纸260万份、杂志13万份，流转总额150万元。

2007年，“东风工程”（免费向新疆农牧区乡、村赠送图书、杂志、报纸、音像制品等）实施，县邮政局增加了报刊发行工作量，紧密配合县有关部门，协助乡镇文化站、村（社区）文化室做好赠阅出版物的登记、分类和上架陈列等工作，确保“东风工程”免费赠阅出版物及时分发，方便群众借阅。

2010年，全县累计发行报纸300万份、杂志29万份，流转额210万元。其中，分发“东风工程”刊物32万份，流转额18.43万元。

1991—2010年报纸期刊发行一览表

表7-1-6

年份（年）	报纸累计份数（万份）	杂志累计份数（万份）	报刊流转额（万元）
1991	195	23.1	46
1995	253	27.5	94
2000	210	18	120
2005	260	13	150
2010	283	10	210

三、包裹

邮政包裹收寄实行直收、直运、直投。凡适于邮递的物品，除国家规定禁寄和限寄物品外，均可作为包裹交寄。包裹分普通包裹和特种包裹。特种包裹分为保价包裹和代收货价包裹。

1991年，国家邮电部将普通包裹分为民用包裹、商品包裹、纸制品包裹。民用包裹属非经营性零星物品，最大尺寸不超过限额规定，重量不超过5千克。商品包裹属于经营性物品，5～10千克为商品包裹，限重10千克。尺寸超过民用包裹标准的作为商品包裹寄递，商品包裹资费在民用包裹基础上加收50%。麦盖提县全年包裹业务量3000件。

1994年，改革包裹收寄手续，营业网点收寄包裹施行三联联单，包裹收据、包裹通知单、包裹收据存根一次复写，包裹收据交寄件人，包裹通知单随包裹发递，收据存根留存备查。

1995年，国家邮电部和新疆邮电管理局出台收寄包裹业务优惠政策，全县包裹业务量有所增长，麦盖提县包裹业务量达5200件。

1996年12月1日，麦盖提县邮政局取消商品包裹，均按普通包裹收寄。

2000年，全县包裹业务量突破1万件。

2005年，为方便群众，麦盖提县邮政局在各邮政网点开办包裹业务。

2010年，全县包裹出口业务量1.08万件，相比于1991年增加7814件。

1991—2010年麦盖提县包裹业务一览表

表7-1-7

年份（年）	普通包裹出口（件）	普通包裹进口（件）	快递包裹出口（件）	快递包裹进口（件）
1991	3000	300	—	—
1995	5200	2000	—	—
2000	8100	12350	560	100
2005	7333	10751	1850	630
2010	8804	3842	2010	700

四、集邮

1991 年，麦盖提县完成集邮业务量 5.6 万枚，集邮业务收入 2.9 万元。

1992 年，喀什集邮公司发售调整票面文字志号后的新票，将“中国人民邮政”简化为“中国邮政”，并加英文“CHINA（中国）”字样。是年，喀什地区集邮协会共有会员 739 人，其中麦盖提县 86 人。随着会员和集邮爱好者增多，在驻地团场开办集邮业务。

1992 年 7 月 25 日，麦盖提县邮协发行“麦盖提县邮协成立纪念封”1000 个，图案为刀郎舞，设计者张新武、仉玉顺。

1993 年 9 月 23 日，麦盖提县邮协发行“中英塔克拉玛干联合探险队”纪念戳 1 枚。

1996 年，麦盖提县邮电局通信用邮资票品库存定额 7.51 万元。

2010 年，麦盖提县完成集邮业务量 7.2 万枚，完成集邮业务收入 9.2 万元。

1991—2010 年麦盖提县集邮业务一览表

表 7-1-8

年份（年）	集邮业务量（万枚）	集邮业务收入（万元）
1991	5.6	2.9
1995	4.7	4.3
2000	6.8	8.6
2005	7.6	10.75
2010	7.2	9.2

五、代理

（一）汇兑

1991 年，麦盖提县出口汇兑票 3.81 万张。

1994 年，县内汇费标准为每汇款 1 元或其零数，资费 0.01 元，每笔汇款最低汇费 1 元；区内汇款限额每笔 5000 元，高额汇票标准 500 元。全年开发邮政汇票 1.09 万张。

1996 年 1 月，区内汇款、汇兑限额标准调整。区内汇款限额每笔由 5000 元调整为 1 万元，高额汇票标准由 500 元调整为 2000 元。

1999 年 3 月，规定最高汇费标准每笔 50 元，最低汇费、撤回汇款手续费和退、改汇费手续费由 1 元提高到 2 元。

2010 年，开发汇票 9052 张，兑付汇票 863 张。

（二）储蓄

1991 年，完成邮政储蓄 1237 万元。

1993 年，完成邮政储蓄 1947 万元，相比 1991 年增加 710 万元，同比增长 57.39%。

1994 年，在县城设立中心储蓄网点，完成储蓄余额 2658 万元。

2006 年，对县局中心营业厅进行维修，安装了防弹玻璃和调控系统，办公营业条件明显改善。

2009 年，中国邮政储蓄银行有限责任公司新疆维吾尔自治区喀什地区麦盖提县支行正式挂牌成立，邮政局和邮政银行实行分营不分家的经营模式。自县邮政支行成立开始，储蓄业务成为县邮政局的一项代办业务。

2010 年，邮政代理金融网点完成储蓄余额 3.38 亿元。

1991—2010 年麦盖提县汇兑、储蓄完成情况一览表

表 7-1-9

年份（年）	开发汇票（万张）	储蓄余额（万元）
1991	3.81	1237
1995	5	3411
2000	4.57	4435
2005	5.2	5680
2010	3.47	33819

第二章 电 信

第一节 中国电信麦盖提县分公司

一、机构

1991—1998 年，邮电局业务包含电信。

1998 年，全国邮电体制改革，邮政、电信实行分营。根据喀什地区邮电局文件精神，1998 年 10 月 21 日，原麦盖提县邮电局正式撤销，新成立麦盖提县邮政局、麦盖提县电信局。是年，成立麦盖提电信分公司党支部，隶属喀什地区电信分公司党委，共有党员 19 人。其中，少数民族党员 8 人，妇女党员 3 人。

1999 年，麦盖提电信局内设市场部、综合办公室、农村客户部、机房维护站，下设 15 个电信所。全县共建 20 个通信机房。在职员工 53 人。

2001 年 1 月，麦盖提电信局分为麦盖提电信局（主业）和麦盖提县电信实业公司。

2004 年 5 月，主业、实业公司合并，麦盖提电信局改为新疆电信有限公司麦盖提县分公司，有职工 28 人。

2008 年 7 月，新疆电信有限公司麦盖提县分公司更名为中国电信股份有限公司喀什麦盖提分公司。

2010 年，中国电信股份有限公司喀什麦盖提县分公司拥有职工 17 人，辖分支机构 12 个，分别为希依提墩电信客户服务部、央塔克电信客户服务部、吐曼塔勒电信客户服务部、尕孜库勒电信客户服务部、克孜勒阿瓦提电信客户服务部、库木库萨尔电信客户服务部、昂格特勒克电信客户服务部、库尔玛电信客户服务部、43 团电信客户服务部、45 团电信客户服务部、46 团电信客户服务部、红光农场电信客户服务部。

二、设备

1993 年 7 月，邮电业务生产楼顺利完工。8 月，麦盖提县电报室安装 TRK—90、FD—700 单边带收报机各 1 部，安装 BDD4202—II 型桑达机 1 部。10 月，麦盖提县邮电局电报室安装 PEFAX—

18A 传真机 1 部。截至年底，全县完成通信基本建设投资 156 万元扩建人民北路地下通信管道 300 米、英巴扎路地下通信管道 800 米、人民东路地下通信管道 400 米。对英尔曼邮电所、央塔克乡邮电所、恰斯邮电所进行了工程验收，及时投入使用。改造了央塔克乡、尕孜库勒乡、克孜勒阿瓦提乡的农话中继线路。

1994 年，地下电缆埋设 8.27 千米，扩容 HTD04 交换机 2000 门程控交换机，并顺利完成了本地网电话号码由六位升至七位。升位后的具体号码为麦盖提 784XXXX。

1995 年 4 月 17 日，扎拉提农场邮电所（四十三团）安装二十四路特高频 WTG—10B5 型，并架设室外铁塔天线 36 米；4 月 24 日，博塔依拉克农场邮电所（四十五团）安装二十四路特高频 WTG—10A 型，并架设室外铁塔天线 20 米；5 月 15 日，央塔克乡安装 04PM 型 256 门数字程控电话交换机 1 部，安装 8 千瓦柴油发电机 1 台，架设室外铁塔天线 10 米；5 月 23 日，吐曼塔勒乡安装 O4PM256 门数字程控电话交换机 1 部，并安装 10 千瓦柴油发电机 1 台，架设室外铁塔天线 36 米；11 月 20 日，库尔玛乡安装 HJD—O4G128 门数字程控电话交换机 1 部，安装 8 千瓦柴油发电机 1 台，架设室外铁塔天线 36 米；12 月 1 日，其克力克农场安装 WTG—15A128 门数字程控电话交换机 1 部，架设室外铁塔天线 22 米；12 月 15 日，克孜勒阿瓦提乡安装 HJD—04G256 门数字程控电话交换机 1 部，并安装 10 千瓦柴油发电机 1 台，架设室外铁塔天线 36 米；12 月 22 日，尕孜库勒乡安装 HJD—04G128 门数字程控电话 1 部，安装 10 千瓦柴油发电机 1 台，架设室外塔天线 32 米。

1997 年 3 月，麦盖提县扎拉提农场邮电所（四十三团）、博塔依拉克农场邮电所（四十五团）2000 门程控电话交换机正式开通使用。

1998 年，投资 1385 万元完成县城市话管道建设，完成吐曼塔勒乡、库尔玛乡、红光村、恰斯农场、四十三团、四十五团光缆传输工程，9 个乡、4 个团场、1 个林场建程控交换点，实现了全县范围内的交换程控化、传输数字化。

1999 年，希依提墩乡 128 门远端用户单元扩容至 256 门；吐曼塔勒乡 256 门远端用户单元扩容至 384 门；尕孜库勒乡 128 门远端用户单元扩容至 256 门；克孜勒阿瓦提乡 256 门远端用户单元扩容至 384 门。新建库木库萨尔乡程控交换点 256 门交换机；新建昂格特勒克乡 128 门交换机，全县 12 个农话交换网点全部实现了交换程控化、传输数字化。与四十三团、四十五团、四十六团联合投资建设的“三网合一”光纤接入网系统工程顺利完成，实现了“光缆到连队，家家上闭路”。

2001 年，完成县城 9 个户线小区建设及四十三团 6 个户线小区建设；完成县局 1240 交换机 2000 线硬件安装扩容工程。

2003 年 7 月，全县开通 47 个小灵通基站，通过调测试用基本达到覆盖全县的良好效果。

2004 年，基本建设投资 448 万元新建配线电缆 4883 千米，对县城 9 个户线小区进行了扩容，完成 11 个户线小区的配线整治工作。

2005 年，基本建设投资 539 万元完成中心机房配线架改造，对中心机房电源进行搬迁。

2006 年，新建 7 个小灵通基站，对 10 个乡、镇中兴 9210—数据设备（ADSL）进行扩容。

2007 年，新建红光农场、央塔克乡、克孜勒阿瓦提乡、库木库萨尔乡、昂格特勒克乡、四十五团、园艺场共 7 个接入网点营业厅及机房；完成喀什地区本地网郊县环二的 DWDM 改造工程；实施了全县接入网传输层的结构优化和升级。

2008 年，安装并开通四十三团和四十五团 12 个连队的宽带设备和中心局宽带汇聚交换机，扩容中心局宽带设备端口 448 个；完成四十五团、希依提墩乡和克孜勒阿瓦提乡的 450D 基站工程。

2009 年，投资 240 万元完成县城 4 个 CDMA 基站、工业园区 4 个新入驻企业的接入配线电缆建设；

完成希依提墩乡、尕孜库勒乡、克孜勒阿瓦提乡、库尔玛乡、四十五团12连5个CDMA基站建设用地选址、土地购置和合同签订事宜；开通希依提墩乡英也尔村、四十五团12连、尕孜库勒乡先拜巴扎村、第四小学、教育局、交通宾馆6个CDMA基站。

2010年，新建CDMA基站8处，提高了450D用户的感知度。对语音较为繁忙的网络基站进行再建，提高了用户接通率。

三、主要业务

1991年，全县出口电报4.93万份，进口电报2.94万份；出口长途3.19万张，进口长途2.46万张，全县电信市话用户达431个。同年6月，经自治区邮电管理局电信处批准，麦盖提电报业务进入自动网，新增维汉译码机1部，从而结束手译电报的历史。

1992年3月，开办礼仪电报，种类有庆贺、吊唁、请柬三种。全年出口电报5.68万份，进口电报3.05万份；电话出口长途3.54万张，进口长途3.04万张。全县已装电话517部，已超负荷29%，比1991年同期增长了86部，超计划66部。

1994年10月，2000门程控交换机替换纵横制交换机，结束人工接续历史，长途电话出口、进口业务全部取消，市话业务种类增添"110"匪警电话、"117"报时台、"121"天气预报、"126"寻呼台、"168"信息台。12月，地区邮电管理局取消各县分配长途区号，全地区统一使用"0998"，长途自动电话正式开通。全年电信收入完成53.2万元，同比增长14.1%，地方国营收入完成18.2万元，同比下降5%。电报收入完成15.19万元，农话收入完成21万元，市话收入完成15.88万元，分别同比增长14%、20%、18%。

1995年，传统电报业务取消，收入全部汇总到喀什邮电管理局。6月，光纤通信开通，麦盖提县进入全国长途自动网。全年电信收入完成57.25万元，电报收入完成16.72万元，公话收入完成2.1万元，无线寻呼收入完成11.52万元，农话收入完成26.7万元。

1996年11月，固定电话实现拨号上网，并对外放号，速率64K。全年电信收入完成51.02万元，电报收入完成18.9万元，公话收入完成4.3万元，无线寻呼收入完成14.12万元，农话收入完成31.1万元。

1997年，全年电信收入完成52.92万元，同比增长23.75%。市话放号1943户，农话放号1585户，发展移动电话70部。

1998年6月，麦盖提县开通139全球通数字移动电话，结束了麦盖提县无移动电话的历史。7月，ISDN拨号上网在全县开通，速率128K，实现打电话上网两不误。截至年末，电信业务收入累计完成850万元。市话用户达到2401户，农话用户达到1914户。全县乡镇、团场均以实现光缆传输、DDN、分组交换及ISDN等数据业务。县城交换机总容量达到2.81万门，实装电话2.06万部，市话普及率达到23%；全县乡镇、各团场均开通程控交换机，农村交换机总容量达1.06万门，实装电话6176部，农话普及率达到3.5%。

1999年，互联网业务开通，169、163拨号上网的用户基本费（即网络使用费）每月使用时间在1～60小时部分，降低为每小时4元，超过60小时部分为每小时8元。截至年末，电信业务收入完成467万元，同比增长30%。移动电话增至1450部，市话交换总容量达1.46万门，达到5876部。

2000年，开通数字ETS无线电话业务，开通光纤SDH电路1536条，发展来电显示新业务，来电显示累计用户2324户。电信业务收入完成507万元，同比增长33%。全县农、市话交换总容量达1.87万门，实装用户1.23万部，移动电话增至1900部。

2001年，发展ISDN新业务，用户打电话、上网、传真三项业务互不耽误。全年电信业务收入完成 412 万元（不含两费），完成年度计划 850 万元的 48.47%，其中国内长话完成 117 万元，国际电话 372.60 元，电报完成 2.1 万元，本地网区间业务收入 104 万元，区内完成 87 万元。长途话务量完成 43.4 万张，本地网区间话务量完成 28.1 万张，区内业务量 348 万次，农话区间业务量完成了 101.70 万张，农话区内业务量完成 128.5 万次。市话装机总数达到 4440 部，农话装机累计达到 4481 部，电话普及率达到每百人 4 部。

2002 年，电信业务累计完成总量 806 万元，其中本地网区内通话 1949 万次、区间通话 172 万次、国内长话 95 万次、国际长话 1022 次。县局交换机总容量达 7000 门，县局电话累计放号 5846 部，实占率 83%。农话交换机容量 1.06 万门，农村电话累计放号 6176 部，实占率 57%。

2003 年 10 月，有线宽带 ADSL 开通，发展 ADSL 用户 185 户，替代了部分 ISDN 用户。截至年末，通信业务收入累计完成 850 万元，完成年度计划的 91.89%，与 2002 年同比净增 44 万元。全年累计放号 1.21 万户，县局交换机总容量达到 8120 门，县局电话累计放号 7180 部，农话交换机容量 1.14 万门，农村电话累计放号 8018 部。

2004 年 3 月，对小灵通业务进行整合，增加小灵通机型。10 月，开通小灵通短信。12 月，完成与移动、联通短信互发，拓展小灵通产品功能。是年，开通家家 E、农家乐、新视通、电话伴我行、一号通、全球眼等一系列增值新业务，满足用户对电信业务多元化通信需求。截至年末，通信业务收入累计完成 1020 万元，小灵通累计发展 2285 部，固定电话累计放号 1.6 万部，完成年计划的 48.4%。市话交换机容量发展到 9120 门，实占 7521 门，市话普及率 26.9%，农话交换机总容量为 1.13 万门，实占 9601 门，农话普及率 5.39%。

2005 年，通信业务收入累计完成 1165 万元，完成年度计划的 98%，与 2004 年同比净增 145 万元。固定电话累计放号达到 1.69 万部，完成年计划的 43.7%；市话交换机容量发展到 1.12 万门，实占 8298 门，市话普及率 29.7%；农话交换机总容量为 1.51 万门，实占 1.12 万门，农话普及率 6.3%。公话累计放号 3222 部，净增 1526 部，其中有人值守公话 1169 部、IC 卡公话 186 部、智能公话 534 部、IP 话吧 312 部。

2006 年 3 月，开通库木库萨尔乡、昂格特勒克乡 ADSL 宽带业务。截至年末，通信业务收入累计完成 1250 万元。其中，“月租费 + 通话费”收入完成 1040 万元（月租费完成 260 万元、通话费完成 780 万元）；数据业务收入完成 98 万元；增值业务收入完成 112 万元。电话用户净增 860 户，累计达 2.06 万户；小灵通净增 690 户，累计达 4560 户；宽带用户净增 595 户，累计达 1316 户；450D 用户净增 3600 户，累计达 4308 户；来电显示净增 333 户，累计发展用户 1.56 万户。

2007 年，完成业务收入 1164.98 万元，电信用户累计达 1.96 万户。

2008 年，电信获得 3G 通行证，收购联通 133 号段，用户有 408 户。截至年末，完成业务收入 1118.55 万元，用户累计达 1.47 万户，小灵通用户累计达 2076 户，宽带用户累计发展 2531 户，450D 用户累计发展 5960 户，来电显示累计发展 1.82 万户，CDMA 累计发展 197 户。

2009 年，完成业务收入 1226.87 万元，主营业务收入完成 709 万元，C 网收入完成 106.8 万元，数据业务收入完成 232.7 万元，增值业务收入完成 175.6 万元。电话用户累计达 1.26 万户，小灵通用户累计发展 1498 户。宽带用户累计发展 2950 户，450D 用户累计发展 5836 户，来电显示累计发展 1.79 万户，CDMA 累计发展 6362 户。

2010 年，完成业务收入 1284 万元，电话用户累计达 1.35 万户，移动电话用户达 7562 户。其中，固网累计完成 826 万元，完成计划的 90.37%；C 网累计完成 226 万元，完成计划的 102.7%；其他收入累计完成 1.47 万元，完成计划的 177%。

第二节　中国移动麦盖提县分公司

一、机构队伍

中国移动通信集团新疆有限公司喀什地区分公司麦盖提县营业部（以下简称“麦盖提县营业部”）是 1999 年 8 月按照喀什移动通信分公司要求成立，从麦盖提县电信业务析出，编制 2 人，实有 3 人。2005 年 3 月 9 日，正式成为上市公司，更名为中国移动通信集团新疆有限公司麦盖提县移动营业部，位于麦盖提县文化路 30 号。2005 年 10 月，麦盖提县营业部更名为中国移动麦盖提县分公司，成立 3 个部室、1 个营业厅：综合办公室、大客户中心、网点中心、营业中心，有乡镇渠道代办点 36 个。2010 年，拥有劳动合同工 3 人、各类技术人员工 15 人，并配有片区客户经理 4 人。

二、设施

1999 年 8 月，移动业务从电信局析出后建成 1 座 GSM 数字移动电话通信铁塔，139 全球通（GSM）数字移动电话正式开通，实现了与国外部分地区的联网漫游。截至年末，全县共开通手机用户 36 户。

2000 年，新建 2G 基站 1 座，全县基站总数 2 个。

2002 年，完成 2G 基站建设 5 个，全县基站总数达 9 个。

2003 年，投资力度逐渐加大，当年新建 2G 基站 12 个，全县网络覆盖率进一步增大，移动手机用户发展到 2034 户。

2005 年，中国移动开始在农村开展“村村通”工程，喀什移动公司麦盖提县营业部成立，先后开通麦盖提镇、巴扎结米乡、希依提墩乡、央塔克乡、吐曼塔勒乡、克孜勒阿瓦提乡、库木库萨尔乡、昂格特勒克乡、库尔玛乡、四十三团、四十五团、四十六团移动电话业务。新增基站 26 座，传输里程达 120 千米，基站总数达到 59 个，麦盖提县城域网基本建成，初步实现城区网络覆盖。

2007 年，新增基站 14 座，光缆施工总长度达 300 千米。

2010 年，新建 3G 基站 1 座，网络通信从 2G 跨入 3G 时代。截至年末，移动手机用户增加到 4.92 万户，全县共有 3G 基站 1 个、2G 基站 276 个，其中县城基站 207 个、农村基站 69 个。

1999—2010 年中国移动麦盖提县分公司网络覆盖一览表

表 7-2-1

年份（年）	新建基站数（座）		合计基站数（座）	
	2G	3G	2G	3G
1999	1	—	1	—
2000	1	—	2	—
2001	2	—	4	—
2002	5	—	9	—
2003	12	—	21	—
2004	17	—	38	—
2005	21	—	59	—
2006	24	—	83	—

续表 7-2-1

年份（年）	新建基站数（座）		合计基站数（座）	
	2G	3G	2G	3G
2007	31	—	114	—
2008	44	—	158	—
2009	55	—	213	—
2010	63	1	276	1

三、主要业务

按上级主管部门规定，中国移动麦盖提县分公司开展通信话音、数据、网络电话（IP 电话）和多媒体业务，具有计算机互联网国际联网单位经营权和国际出入口局业务经营权。随着移动电话的普及，移动业务逐渐由语音业务向数据业务、增值业务转移，逐步开发两城一家、传真、数据、IP 电话等业务，打造“全球通”“神州行”“移动梦网”“动感地带”“神州行天山通”等品牌，办理各种套餐业务，开通短信、彩信信息服务。

1999 年 12 月 1 日，正式开启模拟移动电话向数字移动电话转换。

2000 年 8 月 1 日，推出“神州行”卡（即以 136 网号开头的移动电话号码）。

2002 年 8 月 1 日，推出“天山通”卡（即月租 25 元，主叫 0.2 元 / 分，被叫 0.1 元 / 分）。

2003 年 5 月 17 日，移动电话全面进入 900 兆和 1800 兆互换网络频段。

2006 年起，全面推出“百姓卡”“大众卡”及适合少数民族用户的“麦西莱甫卡”。

2007 年 2 月 28 日，实行“双改单”资费，实现本地接听免费，移动业务从网络优势转变为服务与资费新优势，实现了技术与服务的双领先。

2009 年 1 月，中国移动取得工业和信息化部发放的移动通信 3G 牌照，移动通信正式进入 3G 时代。

2010 年，新增基站 63 座，主要经营数字蜂窝移动电话通信业务，范围为 135、136、137、138、139、147、150、151、152、157、158、159、182、183、187、188 共 16 个号段。移动公司开通第三代移动通信 3 G 无线上网业务，网速和服务功能得到提升。

1999—2010 年麦盖提县移动公司移动电话用户情况表

表 7-2-2

年份（年）	户数（户）	年份（年）	户数（户）
1999	36	2005	4019
2000	208	2006	10749
2001	589	2007	19854
2002	1316	2008	25721
2003	2034	2009	38802
2004	2857	2010	49183

第三节　中国联通麦盖提县分公司

一、机构队伍

2000年7月1日，联通业务从邮政局析出，成立中国联通麦盖提营销部，地点设在麦盖提县邮政局门面房，工作人员3人。

2002年6月，营销部搬迁至麦盖提县文化西路30号，工作人员增至7人，营业网点2个。

2004年8月，中国联通麦盖提县分公司成立，工作人员8人，营业网点增至5个。

2009年1月6日，中国网通与中国联通合并，成立中国联合网络通信有限公司麦盖提县分公司（以下简称“中国联通麦盖提县分公司”），隶属中国联合网络通信有限公司喀什分公司下属机构。

2010年，因城市建设需要，联通麦盖提县分公司搬迁至县人民政府家属院内临时办公，营业厅搬迁至麦盖提县人民医院商住楼门面。截至年末，有工作人员12人，下设营业网点22个。

二、设施

2000年，联通从邮政析出。截至年底，建成2G基站1座，网络覆盖城区的5%。

2001年，新建2G基站2座，网络覆盖率提升至10%。

2003年，新建基站2个，网络覆盖率提升至15%。

2006年，新建基站5座，网络覆盖率提升至30%。

2009年，新建基站10座，其中3G基站5座、2G基站5座。初步实现了县城区域内3G网络全覆盖。

2010年，共有2G基站32座，2G网络覆盖率达到75%；3G基站15座，3G网络覆盖率达到30%。

2000—2010年中国联通麦盖提县分公司网络覆盖情况表

表7-2-3

年份	基站数（座）		网络覆盖率（%）		年份	基站数（座）		网络覆盖率（%）	
	2G	3G	2G	3G		2G	3G	2G	3G
2000	1	—	5	—	2006	15	—	30	—
2001	3	—	10	—	2007	17	—	35	—
2002	3	—	10	—	2008	20	—	40	—
2003	5	—	15	—	2009	25	5	50	10
2004	6	—	17	—	2010	32	15	65	20
2005	10	—	23	—					

2010 年麦盖提县联通公司基站建设情况一览表

表 7-2-4

序号	基站名称	是否 2G 基站	是否升级 3G 基站	序号	基站名称	是否 2G 基站	是否 3G 基站
1	MGT 四十三团润泽小区 _WCH	是		17	MGT 克孜勒阿瓦提乡代尔瓦孜库木村 _WBH	是	
2	MGT 四十五团 T 单 _WXH	是	是	18	MGT 库尔玛乡铁热木买里斯村五 U_WBF	是	是
3	MGT 四十五团银花小区 _WAH	是		19	MGT 库尔玛乡萨其喀克村五 U_WBH	是	是
4	MGT 四十六团 2 连 _WBH	是		20	MGT 良种场五 U_WBH	是	
5	MGT 四十六团 T 单六 UL_WYH	是	是	21	MGT 棉麻公司 3 层楼 _WBH	是	
6	MGT 吐曼塔勒乡阿吉阿瓦提村 _WBF	是		22	MGT 牌楼农场 2 大队 _WBH	是	是
7	MGT 库木库萨尔乡托万塔瓦尔克斯克村 _WBH	是	是	23	MGT 恰斯农场 T 单五 U_WBH	是	
8	MGT 库尔玛乡萨其喀克 _WBH	是		24	MGT 前进水库管理处 T 单 _WZH	是	是
9	MGT 昂格特勒克乡 _WAH	是		25	MGT 青年油脂有限责任公司 _WBH	是	
10	MGT 巴扎结米乡人民政府 _WBH	是	是	26	MGT 吐曼塔勒乡奇热木旦勒克村 _WBH	是	
11	MGT 麦盖提县城乡建设局 _WAH	是	是	27	MGT 吐曼塔勒乡阿其克塔勒克村五 U_WBH	是	是
12	MGT 麦盖提县第二中学 _WAH	是	是	28	MGT 希依提敦乡托万喀帕克阿斯提村五 U_WBH	是	
13	MGT 库尔玛乡红光村五 _WBF	是	是	29	MGT 央塔克东伟立克村 _WBF	是	
14	MGT 养路费征集站附近 _WAH	是	是	30	MGT 央塔克乡唐莫尔村五 U_WBH	是	是
15	MGT 克孜勒阿瓦提乡亚塔库木村 _WBH	是		31	MGT 央塔克乡中学 _WBH	是	
16	巴扎结米乡恰木古鲁克村高速路	是		32	四十五团银花小区	是	是

三、主要业务

2000 年，麦盖提联通公司提供手机短信、手机报、炫铃、丽音、手机邮箱、彩信、上网流量及来电显示、呼叫转移、呼叫等待、呼叫保持、多方通话、语音信箱、联通秘书、漏话提醒等多种增值业务。

2003 年，CDMA 品牌业务推出。开启了 CDMA 号段 133，提升了网络速率。

2006 年，联通世界风业务推出，为用户提供个性化服务平台。在 CDMA 的基础上，开通了 156 号段的世界风业务，在全国范围内免漫游费，最低月资费 88 元。

2007 年，麦盖提联通公司引进三星、摩托罗拉、诺基亚三大品牌手机，为联通公司 CDMA 业务发展抢占市场份额，为以后发展 3G 用户奠定基础。

2008 年，麦盖提联通公司对 CDMA 进行升级优化，推出了 WCDMA 业务，上网速率有较大的提升。截至年末，麦盖提联通公司用户市场份额占比为 20.7%。

2009 年，联通公司开通 3G 流量包业务，联通用户在手机上观看视频更加流畅。用户还可通过手机电视客户端进入 3G 门户网站，点播、下载、上传视频，收看多个电视直播频道。同年 9 月，增加“沃 3G”业务板块，开始建设 3G 基站。

2010年，中国联通麦盖提县分公司在全县共建成营业网点22个，基本实现网络全覆盖和业务服务全覆盖。

2000—2010年麦盖提县联通公司移动电话用户情况表

表7-2-5

年份（年）	户数（户）	年份（年）	户数（户）	年份（年）	户数（户）
2000	216	2004	1811	2008	9151
2001	483	2005	2991	2009	11639
2002	536	2006	4223	2010	19935
2003	1105	2007	6982		

2010年麦盖提县联通公司营业网点及开办业务情况一览表

表7-2-6

营业网点名称	所经办业务					设置年份（年）
	入网	补卡	业务变更	缴费	业务咨询	
喀什麦盖提县欧珀专营无限店刘伟代理点	入网	补卡	业务变更	缴费	业务咨询	2003
喀什麦盖提县希依提墩乡光明手机卖场专营店	入网	补卡	业务变更	缴费	业务咨询	2006
喀什麦盖提县克孜勒阿瓦提乡阿里木沃珠拉手机卖场代理点	入网	补卡	业务变更	缴费	业务咨询	2006
喀什麦盖提县吐曼塔勒乡联鑫通讯沃珠拉专营店	入网	补卡	业务变更	缴费	业务咨询	2004
喀什麦盖提县英巴扎北路伊拉木代理点	入网	补卡	业务变更	缴费	业务咨询	2005
喀什麦盖提县万盛商城卡地·加马力代理点	入网	补卡	业务变更	缴费	业务咨询	2005
喀什麦盖提县热合曼·木沙代理点	入网	补卡	业务变更	缴费	业务咨询	2007
喀什麦盖提县刀朗阿不都艾则孜·伊敏代理点	入网	补卡	业务变更	缴费	业务咨询	2006
喀什麦盖提县天山手机修理中心代理点	入网	补卡	业务变更	缴费	业务咨询	2007
喀什麦盖提县库尔码乡徐丽君代理点	入网	补卡	业务变更	缴费	业务咨询	2007
喀什麦盖提县吐曼塔勒乡努尔·艾合买提代理点	入网	补卡	业务变更	缴费	业务咨询	2008
喀什麦盖提县央塔克乡秦雪梅代理点	入网	补卡	业务变更	缴费	业务咨询	2008
喀什麦盖提县尕孜库勒乡喀迪江代理点	入网	补卡	业务变更	缴费	业务咨询	2009
喀什麦盖提县四十五团宁文生代理点	入网	补卡	业务变更	缴费	业务咨询	2009
喀什麦盖提县库木库萨尔乡热合曼代理点	入网	补卡	业务变更	缴费	业务咨询	2008
喀什麦盖提县央塔克乡阿布都代理点	入网	补卡	业务变更	缴费	业务咨询	2009
喀什麦盖提县尕孜库勒乡热合曼·托合提代理点	入网	补卡	业务变更	缴费	业务咨询	2009
喀什麦盖提县牌楼艾则孜江代理点	入网	补卡	业务变更	缴费	业务咨询	2008
喀什麦盖提县43团唐金菊代理点	入网	补卡	业务变更	缴费	业务咨询	2008
喀什麦盖提县央塔克乡团结大队艾买提代理点	入网	补卡	业务变更	缴费	业务咨询	2010
喀什麦盖提希依提墩乡牙森·沙迪克	入网	补卡	业务变更	缴费	业务咨询	2010
喀什麦盖提四十六团联通代理点	入网	补卡	业务变更	缴费	业务咨询	2010

第四节　中国铁通麦盖提县分公司

一、机构队伍

2004 年 8 月，按照中国铁通集团有限公司新疆分公司要求，组建成立了麦盖提县营业部（以下简称“麦盖提县营业部”），编制 2 人，实有 5 人。办公与营业场所一体，位于麦盖提县文化路麦盖提县城乡建设局临街门面商铺。

2008 年 5 月 23 日，中国铁通重组并入中国移动集团。

2010 年，有合同制员工 1 人、派遣制员工 6 人，其中营业部经理 1 人、营业员 1 人、维护员 5 人，业务覆盖县城部分区域。

二、设施和主要业务

中国铁通麦盖提县营业部秉承“给您一个新选择”，秉承“专业品质、卓越服务”的经营理念，以客户为中心，主营固定电话和互联网增值业务，不断提升服务质量，打破了固话长期垄断经营的市场局面。

2004 年 8 月，开始投资建设驻地网，完成了对县城中心地段的用户覆盖，开启电信业务服务。投资 1500 万元建成综合通信机房 1 所，拥有交换端口 3800 个，家庭宽带 ADSL 端口 1300 线，电缆主干出局 6300 线，可承载用户 1.2 万户。

2008 年 5 月 23 日，中国铁通重组并入中国移动集团，成立全资子公司，继续独立运营。

截至 2010 年年底，铁通宽带用户达 733 户。固话用户累计到达 3059 户，其中家庭固话用户 2623 户、酒店宾馆用户 436 户。

第五节　无线寻呼

无线寻呼是一种单向信号传输系统，主要用于主叫用户寻呼被叫用户。麦盖提县无线寻呼从 1994 年开始设立，共经历了 3 个阶段。第一阶段为普及推广阶段，第二阶段为业务暴增阶段，第三阶段为业务下滑阶段，最终退出历史舞台。

一、1994 年 6 月，麦盖提县无线寻呼系统（BP）机开通使用，由于寻呼（BP）机较高的价格，只有少数商界人士具有购买力，当年发展无线寻呼用户 70 户。1995 年，麦盖提县无线寻呼收入 11.52 万元，无线寻呼用户发展到 186 户。1996 年，由于其相对于函件、电报更快的信息共享方式，寻呼机被大众所接受，无线寻呼业务进一步拓展，无线寻呼用户发展到 283 户，无线寻呼收入 14.12 万元。

二、1997 年，寻呼（BP）机价格下跌，用户增多，新增 763 户，总用户达到 1029 户。10 月，无线寻呼业务移交国信寻呼公司管理，与中国电信脱钩。1999—2000 年，新增用户不多，无线寻呼用户发展到 1041 户。

三、2001 年，随着通信的快速发展，更为便捷的“小灵通”手机呈现出强劲的生命力，无线寻呼逐渐衰落。2003 年，被手机取代，退出历史舞台。

第八编　经济综述

1991—2010 年，是麦盖提县经济建设发生较大变革、实现较快发展的历史阶段。全县各族干部群众认真贯彻落实中共十四大、十五大、十六大、十七大精神，全力投入到四个五年计划（“八五”计划、“九五”计划、“十五”计划、“十一五”规划）的实施，经济体制改革有序推进，产业结构逐渐优化，经济综合实力不断增强，推动了全县经济社会全面发展。

经济体制改革。1991 年是麦盖提县从计划经济到商品经济改单探索阶段的最后一年，完成商品经济体制的建立。1992—2002 年，麦盖提县市场经济体制框架初步建立。其间，所有制结构逐步调整，政府退出市场具体事务，转向宏观管理，物价随市场变化而变化，逐步建立现代企业制度，企业全面实行劳动合同制；大力推动农村经济体制改革，完成第二轮土地承包期延长到 30 年、农村税费、免征农业税等改革；1999 年，全县企业改制全部完成。2003—2010 年，麦盖提县社会主义市场经济体制日趋完善。

产业结构调整。2000 年开始，麦盖提县抢抓西部大开发和全国援疆历史机遇，紧跟时代步伐，大力实施并推进产业结构调整，农村经济发展思路由“稳增粮，大上棉”调整为“增粮、优棉、增畜、扩园”，加快种植业内部结构调整，大力实施“4 个三十万亩”富民工程和五大民生工程。

城市经济发展。2004 年后，麦盖提县结合城市发展，开始修建商住楼，修建万盛商场、雅安居市场等，推动个体工商服务业快速发展。

工业发展。2005 年后，随着城北、城南工业园区的建成，通过进一步完善招商引资优惠政策，改善投资环境，落户麦盖提工业企业逐年增加，工业在国民经济发展中所占比重逐渐提升。

社会保障。逐步建立起社会统筹和个人账户相结合的养老、医疗保险制度，建立失业保险、社会救济制度及城镇居民最低生活保障制度。

2010 年，麦盖提县国民生产总值 16.24 亿元（按当年价格计算，下同），比 1991 年增长 361.37%；社会消费品零售总额 4.66 亿元，比 1991 年增长 347.12%；全社会固定资产投资总额 14 亿元，比 1991 年增长 14 倍；工业总产值 5.6 亿元，比 1991 年增长 229.41%；农业总产值 7.7 亿元，比 1991 年增长 187.31%；地方财政收入 1.2 亿元，比 1991 年增长 1363.42%；农民人均纯收入 4951 元，比 1991 年增长 309.17%。

第一章　经济发展

第一节　“八五”计划期间经济发展

“八五”计划期间（1991—1995 年），麦盖提县国民经济实现持续发展。1995 年，县国民生产总值 5.45 亿元，年均增长 9.79%。其中，第一产业增加值 3.27 亿元，年均增长 4.85%；第二产业增加值 1.1 亿元，年均增长 32.99%；第三产业增加值 1.09 亿元，年均增长 16.51%；工农业总产值 7.25 亿元，年均增长 14.23%；固定资产投资 2248 万元，年均增长 53.48%；县地方财政收入 1743 万元，年均增长 20.89%；社会消费品零售总额 1.61 亿元，年均增长 19.5%；农民人均纯收入 1667.6 元，年均增长 8.45%。

第二节 “九五”计划期间经济发展

“九五”计划期间（1996—2000年），麦盖提县国民经济发展缓慢。2000年，县国民生产总值达5.92亿元，年均增长1.66%。其中，第一产业增加值3.96亿元，年均增长3.92%；第二产业增加值5991万元，年均下降11.41%（主要受企业改制和1998年国际金融危机影响）；第三产业增加值1.36亿元，年均增长4.61%；工农业总产值5.58亿元，比1995年减少22.97%；固定资产投资2211万元，年度变化不大；县地方财政收入2439万元，年均增长6.95%；社会消费品零售总额1.02亿元；农民人均纯收入1381元，比1995年降低17.19%，降低主要原因是因为受国际棉花市场销售不畅价格低的影响，1999—2000年农民收入大幅减少。

第三节 “十五”计划期间经济发展

“十五”计划期间（2001—2005年），麦盖提县国民经济和社会各项事业稳中有升。2005年，县国民生产总值7.47亿元，年均增长4.78%。其中，第一产业增加值4.87亿元，年均增长4.25%；第二产业增加值1.07亿元，年均增长12.26%；第三产业增加值1.53亿元，年均增长2.42%；工农业总产值9.37亿元，年均增长10.92%；固定资产投资3.5亿元，年均增长73.73%；县地方财政收入2737万元，年均增长2.33%；社会消费品零售总额1.55亿元，年均增长8.84%；农民人均纯收入2360元，年均增长11.31%。

第四节 “十一五”规划期间经济发展

“十一五”规划期间（2006—2010年），麦盖提县经济综合实力明显增强，国民经济和社会各项事业快速发展。2010年，生产总值达到19.39亿元，5年平均增长21.01%。其中，第一产业增加值8.85亿元，年均增长12.67%；第二产业增加值5.91亿元，年均增长40.81%，其中工业增加值3.47亿元，年均增长72.59%；第三产业增加值4.63亿元，年均增长24.77%；工农业总产值21.81亿元，年均增长18.41%；固定资产投资14.04亿元，年均增长32.02%；县地方财政收入1.18亿元，年均增长33.82%；社会消费品零售总额4.66亿元，年均增长24.56%；农民人均纯收入4951元，年均增长15.97%。

麦盖提县1991—2010年部分计划执行情况表

表8-1-1 （数据由统计局提供）

年份（年）	生产总值（万元）	第一产业增加值（万元）	占GDP比重%	第二产业增加值（万元）	占GDP比重%	第三产业增加值（万元）	占GDP比重%	社会消费品零售总额（万元）	全社会固定资产投资总额（万元）
1991	35213.62	24340.30	69.1	3450.97	9.8	7422.35	21.1	10493	298
1995	54480.82	32650.16	59.93	10982.14	20.16	10848.52	19.91	16118	2248
2000	59152	39569	66.89	5991	10.13	13592	22.98	10166	2211
2005	74711	48716	65.21	10680	14.3	15315	20.5	15528	34994

续表 8-1-1

年份（年）	生产总值（万元）	第一产业增加值（万元）	占 GDP 比重 %	第二产业增加值（万元）	占 GDP 比重 %	第三产业增加值（万元）	占 GDP 比重 %	社会消费品零售总额（万元）	全社会固定资产投资总额（万元）
2006	94455	58166	61.58	17605	18.64	18684	19.78	19301	45224
2007	113551	68336	60.18	22532	19.84	22683	19.98	23360	54269
2008	155868	84232	54.04	36308	23.29	35328	22.67	32532	78093
2009	180517	93540	51.82	47390	26.25	39587	21.93	39456	108597
2010	193888	88466	45.63	59122	30.49	46300	23.88	46558	140346

第二章　产业结构

第一节　第一产业

1991—1995 年（“八五”计划期间）　麦盖提县农业农村产业结构调整坚持“稳增粮、大上棉、促林牧、攻园桑、增收入、乡镇企业大发展”的生产方针，主抓棉花这个支柱产业，促进了农村经济的发展，增加了农民收入。

1996—2000 年（“九五”计划期间）　麦盖提县继续加强农业和农村工作，把农业放在各项经济工作的首位，坚持农业的基础地位，坚持“稳增粮，大上棉”的指导方针，树立依靠发展大农业奔小康的思想，在农业生产上坚持“一靠政策，二靠科学，三靠管理，四靠投入”，促进大农业向“两高一优”进军，促进农业和农村经济发展。但因受国际金融危机的影响，农村经济和农民收入有所滑坡。

2001—2005 年（“十五”计划期间）　麦盖提县把农村工作放在各项工作的首位，以科技进步和体制创新为动力，以农业增效和农民增收为目的，因地制宜，在原有的基础上对农村经济发展战略作了调整，确立“稳增粮、优棉、增畜、扩园”的总体发展思路，调整种植业内部结构，实行“多熟制”套种；在棉花生产上坚持“稳定面积、降低成本、提高单产、增加总产”的发展思路，坚持“高产田进，中产田调，低产田退”的发展原则，推广高密度、滴灌栽培技术，在稳定面积、提高单产上下功夫，增加总产，增加农民收入；在粮食生产上，坚持人均不低于 1.5 亩口粮田为底线，大力推广适应性强、品质好、产量高的小麦玉米优质品种，科学投入，发展“吨粮田”，提高单产，增加总产，确保粮食生产安全；设施农业的崛起，富余劳动力的转移，使农村经济重新焕发出生机和活力。

2006—2010 年（“十一五”规划期间）　麦盖提县农业以产业结构调整为主线，坚持“稳粮、强棉、促畜、兴园”的发展思路，大力实施“4 个三十万亩”富民工程（2008—2010 年归并整理土地 30 万亩、棉花滴灌面积至少达到 30 万亩、新增红枣面积 30 万亩、发展“多熟制”和“三高田”30 万亩）和“五大民生工程”（抗震安居、植树造林、农村改水、农村道路、一池三改），推动农业和农村经济快速发展，农民收入呈多元化发展态势。

1991—2010 年麦盖提县第一产业情况表

表 8-2-1

年份（年）	国内生产总值（万元）	第一产业产值（万元）	占比（%）
1991	35213.62	24340.30	69
1992	37713.43	25879.80	68.6
1993	38765.39	24192.89	62.4
1994	43671.4	27033.30	61.9
1995	54480.82	32650.16	59.9
1996	59877	39729	66.4
1997	69840	53311	76.3
1998	73739	56637	76.8
1999	53259	35083	65.9
2000	59152	39569	66.9
2001	44568	31285	70.2
2002	49137	37860	77
2003	55083	40056	72.7
2004	61700	42650	69.1
2005	74711	48716	65.2
2006	94455	58166	61.6
2007	113551	68336	60.2
2008	155868	84232	54
2009	180517	93540	51.8
2010	193888	88466	45.6

第二节　第二产业

1991 年，麦盖提县工业主要涉及电力、粮油加工、轧花、农机修造、印刷等，共有工业企业 30 个，其中国有工业企业 8 个、集体工业企业 22 个。1994 年，叶河大桥建成通车，巴莎公路、麦喀公路建成三级公路，为麦盖提县工业发展提供了交通便利。县乡电网建成运行，解决了电力能源缺乏的问题。1997 年后，县城供排水设施进一步完善，形成城域经济大发展的框架。2005 年工业园区建成后，棉纺、油脂、建材、塑料制品、甘草膏、果品加工等工业企业相继落户园区投产，多种工业产业已见雏形，全县第二产业规模有较大幅度上升，产业结构进一步优化，工业在国民经济发展中所占比重逐渐增加，对促进县域经济快速发展起到积极作用。

1991—2010年麦盖提县第二产业情况统计表

表 8-2-2

年份（年）	国内生产总值（万元）	第二产业产值（万元）	占比（%）
1991	35213.62	3450.97	9.8
1992	37713.43	4887.89	12.9
1993	38765.39	5938.10	15.3
1994	43671.4	7295.50	16.7
1995	54480.82	10982.14	20.2
1996	59877	7630	12.7
1997	69840	5159	7.4
1998	73739	5270	7.2
1999	53259	5346	10
2000	59152	5991	10.1
2001	44568	2267	5.1
2002	49137	2176	4.4
2003	55083	4182	7.6
2004	61700	6245	10.1
2005	74711	10680	14.3
2006	94455	17605	18.6
2007	113551	22532	19.8
2008	155868	36308	23.3
2009	180517	47390	26.3
2010	193888	59122	30.5

第三节　第三产业

一、个体工商业

1991年以来，麦盖提县为繁荣市场、推进商业发展，兴建了万盛商厦（三层）、雅安居商住楼（街面均为商铺），采取个人集资、商铺（一层为商铺实行买断、出租）补偿的办法在县城主要街道开发兴建教育、卫生、文化、乡镇等干部住宅楼，给个体工商户提供具有地理优势的经商门面房。这一时期各乡镇建设了农副产品贸易市场，为农副产品促销提供了平台。

麦盖提县第三产业以个体工商服务业为主，主要经营范围有餐饮、小百货、服装、糖烟酒茶、粮油、医药、装潢、文化用品（音像制品）、家用电器、通信（手机及配件、维修）家用代步工具（摩托车、电动车、自行车）、宾馆、家具、农资、农业机械、五金、美容美发、娱乐（歌厅、网吧、台球）、养身（足疗、洗浴、桑拿）、干洗、打字复印等，第三产业收入的90%来自这些个体服务业。截至2010年，全县服务行业从业户发展至3559户，注册资本3564.6万元，从业人员4326人。

二、交通及客运货运

1991—1992年，由于麦盖提县受地理位置影响，环境闭塞，交通十分不便。1993年后，麦盖提县加大公路建设力度，城乡客货运输能力不断增强，交通面貌逐步改善，初步形成以麦盖提县城为中心，各乡镇、农林场、驻地团场为节点四周辐射的公路网，改善广大群众出行和货物流通条件，为第三产业健康发展提供便利。截至2010年，县乡公路总里程达861.23千米，拥有民用汽车2310辆，其中个体汽车705辆，年均客运周转量2.25亿人次，年均货运周转量12.7亿吨。

三、通信发展

1991年，麦盖提县通信基础设施、通信手段较落后，服务能力有限，电信市话用户只有431户。2000年，随着经济体制改革和市场经济发展，麦盖提县形成了邮政、电信、移动、联通相互竞争格局，全县通信事业迎来大发展时期，人们的沟通互联方式发生巨大变化。截至2010年，麦盖提县拥有本地电话1.3万户，拥有住宅电话1.26万户，其中乡村电话6315户；拥有移动电话7.98万户；拥有国际互联网4451户；电信业务总量年均1144.6万元，成为第三产业一大收入来源。

四、广播电视发展

1991—2001年，麦盖提县广播主要覆盖县城和乡镇所在地，少数村架设了广播，覆盖率70%。1991—1999年，麦盖提县电视主要是闭路模拟信号，每户每月收费8元。

2000—2010年，麦盖提县电视实现数字传输，每户每月收费10元。2006—2010年，随着网络电视的发展，麦盖提县电视信号传输网络形成以广播电视台为主、电信为辅的发展格局。截至2010年，麦盖提县广播电视信号覆盖率达100%，广播通响率达98%，电视入户率93%。

五、旅游资源开发

2005年以来，麦盖提县依托“刀郎文化”资源和沙漠、胡杨等自然资源，启动旅游开发，对刀郎文化广场、央塔克乡克亚克勒克乌依村、库木库萨尔乡文化站、塔克拉玛干沙漠“中英联合探险”入口、县城星期天巴扎进行简单打造，建成农家乐2个，形成集观光、休闲、娱乐、餐饮、购物为一体的旅游产业格局。2005—2010年，全县接待游客30万人次，收入3000万元。

1991—2010年麦盖提县第三产业情况表

表8-2-3

年份（年）	国内生产总值（万元）	第三产业产值（万元）	占比%
1991	35213.62	7422.35	21.1
1992	37713.43	6945.74	18.4
1993	38765.39	8634.40	22.3
1994	43671.4	9342.6	21.4
1995	54480.82	10848	19.9
1996	59877	12518	20.9
1997	69840	11370	16.3
1998	73739	11832	16.1

续表 8-2-3

年份（年）	国内生产总值（万元）	第三产业产值（万元）	占比 %
1999	53259	12830	24.1
2000	59152	13592	23
2001	44568	11016	24.7
2002	49137	9101	18.5
2003	55083	10845	19.7
2004	61700	12805	20.8
2005	74711	15315	20.5
2006	94455	18684	19.8
2007	113551	22683	20
2008	155868	35328	22.7
2009	180517	39587	21.9
2010	193888	46300	23.9

第三章　所有制结构

1991—2010 年，麦盖提县所有制结构是以公有制经济为主体，多种所有制经济形式同时并存的所有制结构。主要包括公有制经济和非公有制经济。

第一节　公有制经济

1991—2010 年，公有制经济是麦盖提县所有制结构的主体。主要包括全民所有制经济和集体所有制经济。

一、全民所有制经济

全民所有制经济即国有经济，是麦盖提县国有经济的主导力量。1991—2010 年，麦盖提县全民所有制经济比较薄弱，没有规模较大的国有企业，经济效益较好的国有企业屈指可数。2003—2004 年，县棉麻公司由县管集体企业整合、组建为新疆棉花产业（集团）麦盖提棉业有限责任公司，企业性质变为国有。2005 年之后，麦盖提县通过招商引资引进“玖玖棉业（九九棉业）”“中联棉纺”等民营企业参与竞争，新棉麦盖提公司受到市场冲击，效益下滑。麦盖提县物资公司、糖烟酒公司、医药公司、百货公司、食品公司、饮食服务公司、农机公司等其他国有企业因为受到市场经济冲击，基本处于维持、亏损或面临倒闭，按国家经济体制改革要求，采取拍卖、倒闭、部分人员分流等形式进行全面改制。

二、集体所有制经济

集体所有制经济是社会主义公有制经济的重要组成部分，在麦盖提县国民经济中发挥着重要作用，是本县农村经济中的主要经济形式。1991—2010年，麦盖提县农村主要实行农民土地承包经营制，属于集体所有制经济的组成部分。其间：麦盖提县集体所有制企业，农村有吐曼塔勒乡、尕孜库勒乡、库木库萨尔乡、昂格特勒克乡4个乡办砖厂，1991—1997年砖厂经济效益较好，1999年之后受到市场环境影响，加之经营管理不善，陆续改制、停产、倒闭；9个乡镇供销社1991—1999年经济效益平稳，2000年以后受市场经济冲击，经济效益不景气，部分人员下岗、买断。城镇有二轻、供销、油脂厂等企业，1991—1999年，棉麻公司作为麦盖提县的龙头企业，经济效益较好，企业比较兴旺，1999年底，国务院决定对棉花计划管理体制进行改革，放开棉花经营，棉麻公司面临市场竞争，企业发展活力不足。2000年之后，由于其他集体所有制企业效益一般，市场竞争力不强，参照国有企业改制办法进行全面改制。

第二节　非公有制经济

2001年，麦盖提县非公有制经济值1065万元，个体工商户和私营企业为国家和地方年缴纳税金718余万元，全县财政收入16%来自非公有制经济。2007年个体工商户和私营企业为国家和地方年缴纳税金1690万元。

一、个体经济

个体经济是国家经济所有制的一种形式。麦盖提县个体经济从中共十一届三中全会召开之后开始起步，小百货商店、小饭馆、菜摊出现。2001年，全县个体工商户2371户。2005年全县个体工商户发展到3041户，从业人员4081人，注册资金1712.04万元。2007年，全县个体工商户3227户。2001—2010年，个体工商户逐渐成为麦盖提县财政收入新的增长点，为麦盖提县城市经济发展注入活力，增加后劲，是实现社会充分就业的一个重要领域。

二、私营经济

私营经济是国家经济所有制的一种形式。麦盖提县私营经济从中共十一届三中全会召开之后开始起步。2001年私营企业11户。2005年，私营企业65户（法人私营企业43户，非法人私营企业22户），投资者178人，雇工580人，注册资金2959万元。2007年，私营企业71户，注册资金6420万元。2001—2010年，私营经济与个体经济一样，逐渐成为麦盖提县财政收入新的增长点，为麦盖提县城市经济发展注入活力，增加后劲，是实现社会充分就业的一个重要领域。

第四章　经济体制改革

第一节　计划经济体制改革

自1978年中共十一届三中全会直到中共十四大确立中国实行社会主义市场经济体这一时期是改革的启动和目标探索阶段。改革首先从农村开始，逐步向城市推进；从开展改革试点，积累经验，再逐步推广。截至1991年，计划经济到商品经济改革经过了13年的探索。

在农村改革方面，安徽等一些地区率先进行家庭联产承包责任制、统分结合的双层经营改革试验，这一改革取得巨大成功，得到人民群众的普遍支持，随后推广到全国。到1991年，麦盖提县农村家庭联产承包责任制、统分结合的双层经营改革已经完善，家庭联产承包责任制让人民告别饥饿。对 9 个乡采取下达调控指标的办法进行管理，只下达粮棉播种计划，其他耕地面积由乡村按市场自行安排。对镇农场、园艺场、五一林场、鱼苗场全部放开，要求在保证粮食和经济收入不低于上年实际的基础上，进行结构调整，自行组织生产。

在企业改革方面，全国开展多种形式的国有企业扩大自主权试点。到 1991 年，麦盖提县多种形式的国有企业扩大自主权改革接近完成，集体经济和个体经济已恢复和发展。

在财税体制方面，全国推行两步“利改税”，逐步推进“划分收支、分级包干”的财政体制改革。到 1991 年，麦盖提县两步“利改税”“划分收支、分级包干”的财政体制改革已完成。

在流通体制方面，全国农副产品统购统销制度废除，逐步培育农产品市场。到 1991 年，麦盖提县农产品市场形成“城镇有大市场、各乡有小市场”的格局，满足农副产品流通需要。

工业交通方面。1991 年，麦盖提县下达调控指标，在上年计划指标基础上增长 12% ~ 30%，具体由各企业根据市场自行安排，组织生产。对县自来水公司、农机修造厂、农机公司、物资公司、食品公司、车队（运输公司）、外贸公司（茶畜公司）、土产公司、棉麻公司等国有、集体企业下达定额指标，由政府包办逐渐改为自负盈亏，引入兼并、倒闭机制。

商业方面。1991 年，麦盖提县商品总购销、纯购销指标，要求在上年计划指标基础上增长 6% ~ 8%，具体计划由各企业自行安排。大宗农产品统销、城市户口使用粮食供应本定量供应米面油的计划经济产物逐步取消。对生活用品、蔬菜、肉、蛋等下达统一价格逐步转向价格放开由市场调控。

社会发展方面。1991 年，麦盖提县除人口计划统一安排外，其他指标均按各单位的实际情况执行，不求统一。贯彻落实国务院颁布《关于职工养老保险制度改革的决定》，开始在城镇广泛推行养老保险基金的社会统筹。与此同时，职工医疗保障制度改革也迈出步伐，开始着手试行“大病医疗费用社会统筹”。

固定资产投资管理方面。1991 年起，麦盖提县重大建设项目报地区计委审批，县计委根据审批意见结合麦盖提实际具体实施。项目由议标向邀请招标转变，对 20 万元以上的投资项目实行公开招标。

第二节　市场经济体制改革

1992—2001 年，麦盖提县委、县人民政府贯彻落实中共十四大关于社会主义市场经济体制改革目标要求、中共十四届三中全会通过的《中共中央关于建立社会主义市场经济体制若干问题的决定》精神和邓小平视察南方重要讲话，确立麦盖提县社会主义市场经济改革方向和基本内容。麦盖提县改革的主要内容包括：在财政体制方面，麦盖提县根据中共十四届三中全会《决定》精神，从 1994 年 1 月 1 日全面推行分税制和转移支付体系；建立增值税、消费税、营业税并立的流转税制格局。1995 年起开始实施《中华人民共和国预算法》。在金融体制方面，从 1994 年起，麦盖提县执行国务院颁布《关于金融体制改革的决定》，县人民银行强化金融调控、监督、服务职能，推行政策性业务和市场化运营相互分离的金融体制改革，同年起停止财政向银行透支和借款，财政赤字用发行国债弥补。2004 年，县人民银行职能调整为货币政策职能、金融稳定职能、金融服务职能。国有企业体制方面，根据中共十五大确立的公有制为主体、多种所有制经济共同发展的基本经济制度，按照建立现代企业制度的方向，实施“抓大放小”，推进国有企业改革和国有经济布局结构调整。通过改组、联合、兼并、租赁、承包经营和股份合作制、出售等形式，对县域国有企业进行改革。市场体系得到较大发展，取消生产资料价格双轨制，进一步放开竞争性商品价格，要素市场逐步形成。社会保障体制方面，逐步建立起社会统筹和个人账户相结合的养老、医疗保险制度，建立失业保险、社会救济制度及城镇居民最低生活保障制度。

2002 年 1 月中共十六大召开，提出到 2020 年建成完善的社会主义市场经济体制的改革目标。2003 年 10 月中共十六届三中全会对建设完善的社会主义市场经济体制作出全面部署。2007 年 10 月中共十七大召开，党中央总结提出科学发展观和构建社会主义和谐社会的重大战略构想，作为深化改革的重要指导思想。自此，中国改革进入完善社会主义市场经济体制的新阶段。这一阶段麦盖提县委、县人民政府贯彻落实中共十六大、十六届三中全会和科学发展观精神，加快市场经济体制改革步伐，主要实施的改革措施有：取消农业税、牧业税、特产税。清理和修订麦盖提县限制非公有制经济发展的有关规定，放宽非公有制经济的市场准入，允许非公有资本进入法律法规未禁入的行业和领域，为非公有制经济发展提供制度保障。不断健全公共财政体制。国有商业银行股份制改革加快推进。实现有管理的浮动汇率制度。改革投资体制，政府投资的范围进一步缩小，企业投资自主权逐步扩大。土地、劳动力、技术、产权、资本等要素市场进一步发展，水、电、石油和天然气等重要资源价格的市场化步伐加快。社会保障体系不断完善，社会保障覆盖面不断扩大。为适应社会主义市场经济要求，2008 年 11 月，麦盖提县发展计划局更名为发展和改革委员会，经济贸易局有关经济体制改革方面的职能归发展和改革委员会，内设机构中增设经济体制改革办公室，具体承担有关经济体制改革方面的职能，职能调整后，发改委不再保留物价局的牌子，下设物价检查所更名为县价格监督检查局。县发展和改革委员会不再保留县物价局的牌子和印章。新的县发展和改革委员会按照新的职能开展工作。

第三节　农村经济体制改革

一、延长土地承包期

1997 年，全县农村第一轮土地承包到期，麦盖提县根据中央和自治区文件精神，于 1998 年 1 月全面开展农民延长土地承包期工作。在开展第二轮延长土地承包期工作中，将土地生产使用经营权，从 15 年延长到 30 年不变。全县所有农户领到了土地使用证。在具体实施过程中，麦盖提县坚持中央提出的“大稳定，小调整”、直接延长土地承包期 30 年的原则，对人多地少、人口变化大、群众要求强烈的地方，进行土地承包大调整；对人口变化小、耕地多而问题不突出的地方进行小调整或内部调整；对耕地多而人口变化不大的地方，采取不调整、直接延长土地承包期的方式进行。

二、农村税费改革

2003 年，根据中共中央、国务院《农村税费改革试点的通知》精神，自治区党委、政府下发了《自治区党委、人民政府关于全面推行农村税费改革试点工作的意见》，同时下发了《新疆维吾尔自治区关于涉农收费管理有关政策规定》《新疆维吾尔自治区农业税征收暂行办法》《新疆维吾尔自治区农业特产税征收暂行办法》《新疆维吾尔自治区牧业税征收暂行办法》《新疆维吾尔自治区关于农业税附加、牧业税附加、农业特产税附加使用管理办法（试行）》《新疆维吾尔自治区村级“一事一议”筹资筹劳管理办法（试行）》8 个农村税费改革配套文件，目的是减轻农民负担，规范农村收费行为，其主要内容可以概括为“三取消、一个逐步取消、三调整、一改革”：“三取消”是指取消乡统筹、取消教育集资等专门向农民征收的行政事业性收费和政府性基金、集资，取消屠宰税，逐步取消统一规定的劳动积累工和义务工。“三调整”是指调整农业税、牧业税和农业特产税政策。“一改革”是指改革税费征收办法，原来村提留的村干部报酬、五保户供养、办公经费改成农业税附加、牧业税附加和农业特产税附加。农业税附加、牧业税附加、农业特产税附加分别按其正税的20%征收，并实行乡管村用。这一年，麦盖提县严格按照“三取消、两调整、一改革”要求，顺利完成农村税费改革，确保了农民负担明显减轻，确保乡镇政权和基层组织正常运转，确保农村义务教育经费的必要投入。在农村逐步取消“两工”后，按照一事一议、民主决策、民主管理、量力而行、群众受益、事前预算、上限控制的原则开展各项公益活动，进一步理顺国家、集体、农民三者之间的利益关系，完善农村经营体制和税费制度，切实减轻农民负担，加快农村经济发展，促进农村经济健康发展和社会政治稳定。

三、免征农牧业税

2004—2005年，中央连续两年下发1号文件，对“三农”工作提出政策性规定，进行全方位安排部署，对促进农村稳定、农业增效、农民增收起到决定性作用。2005—2010年，自治区全面免征农业税、牧业税、农业特产税，麦盖提县不折不扣地落实相关政策，确保各族农民群众享受到党和国家的好政策。

四、转换投入机制

随着农业科技的广泛运用和农业机械化水平的提高，以及粮棉优质品种的引进推广，到90年代初期，麦盖提县农村已经发生可喜的变化，农业生产水平有很大提高，部分农民摆脱贫困，但随着农村经济发展的不断深入，与市场经济不相适应的新问题逐渐暴露出来，制约农村经济快速发展。从1991年开始，麦盖提县顺应时代发展要求，积极应对，采取系列可行措施，层层落实，农业生产逐步实现了由粗放型向质量型的转变，由传统农业向现代化农业的转变。1991—2010年，积极争取国家项目资金支持和地方财政投入，重点加强农村基础设施建设投入，引导农民群众解放思想，实现政府投入与农民自行投入有机结合。通过20年的持续用力，在水利设施、农业机械化、条田林网化、县乡道路融硬化、农村电网改造、棉花高密度栽培、棉花滴灌、畜禽科学饲养、设施农业、林果发展、饮用水安全、农副产品交易、精神文化生活、农业抵御自然灾害能力等方面都取得较大成效。生产力得到解放，增收实现多元化，出行更加方便，生产生活条件得到较大改善。

第四节　工业体制改革

1992年初邓小平视察南方重要讲话、1992年10月中共十四大决议、1993年11月中共十四届三中全会《关于建立社会主义市场经济体制若干问题的决定》，标志着中国改革开放进入新的历史阶段。麦盖提县委按照中国社会主义市场经济体制的蓝图和基本框架，在工业体制改革方面，坚持以公有制为主体，多种经济成分共同发展的方针，进一步转换国有企业经营机制，适应市场经济要求，推进产权清晰、权责明确、政企分开、管理科学的现代企业制度建立。

一、建立现代企业制度，转换国有企业经营机制

20世纪80年代的国有企业改革仅限于调整企业与国家的关系，国家放权让利，扩大企业自主权，以增强企业的活力。改革仅体现在企业外部层面，没有触及企业内部改革。进入20世纪90年代后，麦盖提县委、县人民政府贯彻中共十四届三中全会关于国有企业改革的精神，对麦盖提县国有企业进行转换企业经营机制、转轨建制改革，使企业成为自主经营、自负盈亏、自我发展、自我约束的法人实体和市场竞争主体。1991—1994年，麦盖提县企业改革按照“产权清晰，权责明确，政企分开，管理科学”的现代企业制度要求，推进企业进行股份制试点，设立股份制企业，鼓励和支持承包国有企业，组建有限责任公司，全面推行企业国有民营和共有私营的改革；小型企业进行改组改造，采取租赁经营、承包经营、出售拍卖、柜台货架承租、单车承包等形式；对长期经营不善、产品无销路的企业，实行关、停、并、转、卖进行改组改造，对扭亏无望、资不抵债企业进行破产；承包未到期的企业，按《中华人民共和国公司法》进行改制；贯彻落实国务院《全民所有制工业企业转换经营机制条例》，加快企业经营机制的转换；加快转变政府职能，加强和改善宏观调控能力和政府引导力度，使企业成为“自主经营，自负盈亏，自我发展，优胜劣汰”的经济实体。1995 年，麦盖提县落实中央“抓住管好大的，放开搞活小的”政策，放活小企业，使县域小企业走出困境。1996 年，麦盖提县国有企业改革按照“改革抓落实、改组抓优化、改造抓投入、管理抓‘两本’、运行抓增效”的思路，以“放小增活力，小企业因地制宜、因行业制宜、因企业制宜”的原则，采取改组、联合、兼并、股份合作制、租赁、承包经营、出售等多种形式搞活小企业。1997 年 9 月召开的中共十五大对搞好国有企业改革、建立社会主义市场经济、建立现代企业制度提出进一步要求，麦盖提县重新审视县域国有企业改革的做法，及时按照中央的政策进行调整和纠正。1999 年 9 月，中共十五届四中全会作出《关于国有企业改革和发展若干重大问题的决定》，提出推进国有企业改革和发展必须坚持的十条方针。在中央的方针指引下，麦盖提县经过努力，现代企业制度的框架基本建立起来。据国家统计局麦盖提调查队调查，截至 2001 年底，麦盖提县除私营企业外，90% 以上新建企业为股份制企业，70% 以上的老企业改为股份制企业。

二、引导和发展非公有制经济

改革开放前，麦盖提县对个体、私营等非公有经济采取排斥、打击，甚至消灭的政策。改革开放初期，将非公有经济视为公有制经济的有益补充，起“拾遗补缺”的作用。1997 年 9 月召开的中共十五大首次将个体、私营等非有制经济视为社会主义市场经济的重要组成部分和社会主义基本经济制度的重要组成部分。由于政策的调整，麦盖提县个体、私营经济（商贸、物流、服务等行业）发展较快。2000—2004 年，县政府为进一步加快工业制度改革，在提出积极推进国有、集体企业产权制度改革的同时，作出建设麦盖提县县工业园区的决定。2005 年 9 月，根据麦盖提县总体设计规划，工业园区按照“一园两区”的模式进行建设，“两区”分别是城北工业园区、城南特色农副产品产业园区。2006—2009 年，麦盖提县完善城南工业园区基础设施，优化发展环境，坚持政策鼓励、引导，做到全程服务，通过招商引资，先后有中联棉纺、诺鲁孜酒厂等 13 家工业企业落户城南工业园区，极大促进非公有制经济快速发展，非公经济对县域经济的贡献率逐年提高。

三、落实企业自主权

1997 年，县政府直接管理企业逐步转变为政府宏观间接管理企业，简政放权，把工作重心转移到为企业“转机建制”的服务上来，保证企业自主权的落实，使企业面向市场、适应市场。企业内部经济责任制，实行企业利润留成、利润包干、亏损包干和利改税，按照“两保一挂、分挂分提、包死基数、超收分成”的原则和“三个一”（即一张承包合同、一个法人代表、一个工资总额，其他让企业自行组织生产经营）的管理办法来制定。

第九编　农　业

麦盖提县是一个典型的农业县，种植布局以粮棉为主、经济作物为辅，棉花产业是农民收入的主要来源。1998 年，完成农村第二轮土地承包期签约，土地承包年限延长到 30 年，农民生产积极性得到提高。重视棉花品牌建设，2002 年，“瀚海”牌棉花商标注册成功后获得国家“中国著名畅销品牌”的荣誉称号，名列全国棉花十大知名品牌之一。农业农村改革持续深化，按照“三取消、一个逐步取消、三调整、一改革”要求，落实减轻农民负担政策，逐步规范农村收费行为。2003 年，取消“三提五统”。2004 年，取消农业特产税，实行粮食直补，实行农村电价同网同价。2005 年，免征农业税和牧业税。2006 年，取消各种收费和“两工”，推行“一事一议”。2007 年，开展农产品质量认证，央塔克乡、尕孜库勒乡、克孜勒阿瓦提乡、吐曼塔勒乡、库木库萨尔乡的葡萄、杏子、甜瓜、番茄、黄瓜、西瓜、辣椒、孜然、红枣、核桃等无公害产品通过中国质量认证中心认证。种植业产业结构调整步伐加快，先后在蚕桑养殖、套种大蒜、发展杏子、种植色素辣椒、番茄、架子瓜等等方面进行探索实践。2008 年后，把红枣、核桃纳入农村经济支柱产业发展。2009 年，对家庭承包土地、机动地、荒地等进行全面清理、丈量、登记，规范土地流转管理工作。农业综合开发、农业产业化、农业标准化、农业对外合作等稳步推进。农业机械化程度大幅提高，农村经济持续健康发展。投资 3225 万元实施农村户用沼气项目，完成农村沼气建设项目 6075 座，服务网点建设 45 个。推动重点村扶贫、惠农资金落实，取得实效。

1991 年，麦盖提县粮食种植面积 28.56 万亩，总产 7.65 万吨；棉花种植面积 22 万亩，总产 2.5 万吨；种植业总产值 2.48 亿元，占农业总产值的 80%。2010 年，小麦种植面积 17.5 万亩，总产 7.45 万吨；玉米种植面积 15 万亩，总产 6.23 万吨；棉花种植面积 55.42 万亩，总产 7.87 万吨；种植业总产值 5.78 亿元，占农业总产值的 75.07%。

第一章　机　构

第一节　行政机构

1991 年，农业局内设行政办公室、财务室、业务室、棉花办公室，实有工作人员 12 人，其中领导 4 人，下辖农业技术推广站、种子管理站（种子公司）、农村经济经营管理工作服务站、园艺桑蚕站。

1998 年，农业局进行机构改革，核定编制 10 人，其中领导职数 2 个（实有 3 人），实有工作人员 8 人。

2003 年 2 月，中共农业系统委员会成立，下辖农牧机械管理局党总支、农业局党支部、农村经济经营管理站党支部、农业技术推广中心党支部、种子管理站党支部、气象局党支部。10 月，根据《关于麦盖提县党政机构改革的实施方案》文件精神，核定农业局行政编制 7 人，实有 5 人。工勤人员事业编制 1 人，实有职工 10 人。内设行政办公室、种植业管理办公室。下辖农业技术推广中心、农村经济经营管理站、种子管理站（种子公司）3 个事业单位。

2005 年 11 月，农村经济管理站更名为农村经济经营管理局。

2007 年，县农业局新增植物检疫中心、农村（沼气）能源办公室、设施农业办公室、农业行政执法大队、农产品质量检测中心、农业产业化发展局等内设机构，有编制 35 人。其中，行政编制 7

人（领导职数 3 个）；事业单位编制 28 人；列工勤编制 1 人。

2010 年，农业局实有 28 人。其中，行政人员 7 人；事业人员 13 人；工勤人员 1 人；公益岗位 2 人；“三支一扶”人员 5 人。内设行政办公室、种植业管理办公室、种子质量监测中心、植物检疫中心、农村（沼气）能源办公室、设施农业办公室、农业行政执法大队。下辖农业技术推广中心、农村经济经营管理局、种子管理站（种子公司）、农业广播学校。

第二节　事业机构

一、农业技术推广中心

1991 年，农业技术推广站隶属麦盖提县农业局，副科级事业单位。2003 年，机构改革更名为农业技术推广中心。下设有植保站、栽培站、土肥站；在全县 9 个乡均设有农业技术推广站。主要负责全县的农业技术的试验、示范、推广、农业技术宣传培训、农业政策宣传等工作。2010 年，有推广研究员 1 人，高级农艺师 3 人，农艺师 7 人。

二、种子管理站（种子公司）

1991 年，麦盖提县种子管理站隶属麦盖提县农业局，副科级事业单位。设良种繁育股、种子检验股、行政经营股。负责全县的农作物新品种引进、试验、改良等工作。2010 年，有高级农艺师 2 人，农艺师 2 人。

三、农村经济经营管理局

1991 年，农村经济经营管理站隶属麦盖提县农业局，副科级事业单位。

2005 年 11 月，农村经济管理服务站更名为农村经济经营管理局，机构规格上升为正科级事业单位，全额预算单位，隶属麦盖提县农业局。主要负责贯彻执行党的农村工作政策、村级财务审计、农村土地承包和农民负担的监督管理等工作。

2010 年，核定编制 51 人，实有 50 人。内设业务及培训股、审计股。全县 9 个乡均设有农村经济经营管理站。

四、园艺蚕桑工作站

1991 年，麦盖提县园艺蚕桑工作站隶属麦盖提县农业局，股级单位，负责全县果树蚕桑实用技术的宣传培训、生产技术指导工作，有农艺师 1 人。2004 年 3 月撤销，人员全部分流到林业局、教育局、农业技术推广中心等单位，固定资产全部移交至县农业局。

五、麦盖提县农业广播学校

1995 年，成立农业广播学校，隶属麦盖提县农业局，股级单位，是集农业技术教育培训、技术推广、科学普及为一体的综合性农民教育机构。编制 2 人，实有 1 人。2004 年 3 月撤销，所属人员分流到教育局、农业技术推广中心等单位。

第二章　农村体制改革

第一节　农村土地使用权制度改革

1991—1997 年，麦盖提县继续落实以包干到户为特征的家庭联产承包责任制，农户按合同完成国家税收、粮油征购、水费、“三提五统”后，收入归自己所有，农民生产经营的积极性较高。

1998 年，根据中央文件精神，麦盖提县落实第二轮农村土地承包制。承包期内坚持增人不增地、减人不减地、大稳定小调整和充分尊重群众意愿等原则，在核实土地面积的基础上，与农户签订第二轮土地承包合同，将承包期延长到 30 年，并办理颁发土地承包经营使用权证书。

2005 年，根据农业部《农村土地承包经营权流转管理办法》，麦盖提县在乡村开展土地使用权流转相关法律法规宣传活动。

2009 年，麦盖提县对家庭承包土地、机动地、荒地等进行全面清理、丈量、登记，建立健全土地台账，核实登记变化情况。启动土地管理和流转合同管理制和备案制，按照自治区统一制定的农村土地承包经营权流转合同制式文本，对流转的土地进行规范化操作，把指导合同签订同开展土地流转政策法规宣传、流转咨询、流转价格评估等结合起来，严格制度的落实，促进土地流转管理工作日常化、规范化。

2010 年，麦盖提县在库尔玛乡红光村开展农村土地流转试点，为后续土地规模经营创造条件。3 月，库尔玛乡红光村 5 个小组、245 户农民将 945.35 亩枣地以每年每亩 900 元的价格流转他人经营，确定流转期为 15 年。试点开始后，各乡镇大力宣传，农民群众经营观念有了较大转变，部分有特殊情况的农户也将承包地流转出去。

第二节　农村税费改革

麦盖提县税费改革前，农民除缴纳国家税收外，还要承担“三提五统”和“两工”。“三提”即：村提留，包括公积金、公益金、管理费；“五统”即：乡统筹，用于乡村办学、计划生育、优抚、民兵训练、修建乡村公路等民办公助事业。“两工”即：劳动积累工和农村义务工，主要是防洪、植树、灌溉渠的清淤等，加上农民的生产性支出（包括水费、牲畜防疫费等），负担较重。

1991 年，麦盖提县人民政府依照国务院发出《关于切实减轻农民负担的通知》，成立减轻农民负担领导小组，着手开展农民减负前期工作，着手清理有关农民负担情况，建立基础性台账。当年，国务院《农民承担费用和劳务管理条例》颁布实施，县委、县人民政府根据中央、自治区关于减轻农民负担的政策规定，落实农民负担管理“四项制度”（涉农收费的公示制度，农村学校收费的一费制，报刊费用限额制，责任追究制度）和一定三年不变的原则，除实行农民负担定项限额控制政策外，以乡（镇）为单位，农民劳务不得超过 9 项，农民负担（即村提留、乡统筹）不得超过上年农民人均纯收入的 5%。

1996 年 12 月，县委、县人民政府贯彻落实中共中央、国务院下发《关于切实做好减轻农民负担工作的决定》，调整减轻农民负担工作领导小组，设立办公室负责日常工作，各乡镇也成立相应的机构。

2003年，麦盖提县学习贯彻落实中共中央、国务院《农村税费改革试点的通知》和自治区党委、政府下发的《自治区党委、人民政府关于全面推行农村税费改革试点工作的意见》《新疆维吾尔自治区关于涉农收费管理有关政策规定》《新疆维吾尔自治区农业税征收暂行办法》《新疆维吾尔自治区农业特产税征收暂行办法》《新疆维吾尔自治区牧业税征收暂行办法》《新疆维吾尔自治区关于农业税附加、牧业税附加、农业特产税附加使用管理办法（试行）》《新疆维吾尔自治区村级“一事一议”筹资筹劳管理办法（试行）》等8个农村税费改革及配套文件精神。按照“三取消、一个逐步取消、三调整、一改革”的要求，当年取消乡统筹、取消教育集资等专门向农民征收的行政事业性收费和政府性基金、集资，取消屠宰税，逐步取消统一规定的劳动积累工和义务工，把改革前每年45个劳动积累工和15个农村义务工，按33%、34%的速度递减；调整农业税、牧业税和农业特产税政策，当年，麦盖提县农业税税率下调至4.8%（含附加）；改革税费征收办法，原来村提留的村干部报酬、五保户供养、办公经费改成农业税附加、牧业税附加和农业特产税附加，进一步减轻农民负担，规范农村收费行为，农业税附加、牧业税附加、农业特产税附加分别按正税的20%征收，实行乡管村用。

2004年，麦盖提县农业税税率下降至3.6%，为农民减负1447.55万元，人均减负120.63元。其中，农业税及其附加减少196.2万元；取消农业特产税，为农户减负54万元。实行粮食直补，给农户让利230万元，人均19.17元；水费价格下调，为农户减负506.68万元，人均减负42元；加强种子销售过程中监督、严格控制价格，减负274万元，人均22.83元；农村电价实行同网同价，价格下调，减负186.67万元，人均15.55元；报纸杂志订阅实行“限额制”和严格审批制，报刊订阅费有所下降；农村义务教育实行“一费制”，杜绝教育乱收费现象；实行村级财务审计制度，减少集体资金流失。

2005年，麦盖提县实施免征农业税政策，开展农民负担涉农价格收费自查工作，主要涉及土地管理、新农村建设、农村供水、有线电视、供电等部门，对收费价格“公示制”、农村订阅报刊费用“限额制”、义务教育“一费制”和涉及农民负担案件“责任追究制”落实情况，每年都定期不定期进行检查；对收费方面农民关心的热点、难点问题及时进行公开，限期整改。制定下发《村务公开管理办法》，推行农民负担监督卡制，对农村各项收费进行严格审批，杜绝搭车收费、乱收费现象。

2006年，随着农村税费改革的稳步推进，麦盖提县涉农各项收费全部取消，农民只需缴纳国家规定的合作医疗、农业保险等费用。麦盖提县“两工”取消后，村内进行农田水利基本建设、修建村级道路、植树造林等集体生产公益事业所需劳务，实行一事一议，由村民大会或村民代表大会民主讨论决定。麦盖提县村级“一事一议”用工实行上限控制，男劳力年均最高不得超过10个标准工日，女劳力年均最高不得超过5个标准工日，筹资每人每年不得超过15元。麦盖提县规定除防洪、抢险、抗旱等紧急任务经批准后可以临时动用农村劳动力外，一般不得动用农村劳动力，如果确需动用，应坚持自愿有偿的原则。

2007年，麦盖提县对30年承包地推广棉花良种的农户兑现补贴，覆盖129个村、517个村民小组，补贴面积25.9万亩，补贴资金388.5万元，惠及农户2.38万户。棉花良种补贴项目的实施，调动了农民群众生产优质棉积极性，为扩大良种种植面积提供了重要支撑，巩固了农业发展的基础地位。

2008年，麦盖提县棉花良种补贴按照15元/亩的标准发放，补贴面积25.9万亩，惠及农户3.03万户；当年按91元/亩标准发放小麦农资综合直补资金1261万元，缓解农民小麦田管资金不足困难。

2009年5月，麦盖提县按照《自治区村民一事一议筹资筹劳管理办法》中“喀什地区筹资每人每年不超过 30 元，筹劳男劳力每年不超过 25 个标准工日，女劳力不超过 15 个标准工日，每人每日不超过 18 元”规定执行，加大减负力度，进一步落实国家支农惠农政策，全年发放补贴资金 1045 万元，其中：小麦良种补贴面积 13.91 万亩，补贴标准 10 元 / 亩，补贴资金 139.1 万元；玉米良种补贴面积 15.11 万亩，补贴标准 10 元 / 亩，补贴资金 151.1 万元；棉花补贴面积 50.32 万亩，补贴标准 15 元 / 亩，补贴资金 754.8. 万元；小麦农资补贴 1380.98 万元。

2010 年，麦盖提县发放农作物良种补贴和农资综合补贴 2652.68 万元，农民人均受益 164 元。其中，执行小麦农资综合补贴面积 17.6 万亩，发放补贴资金 1483.88 万元；发放棉花良种补贴面积 53.72 万亩，补贴资金 805.8 万元；小麦良种补贴面积 16.2 万亩，补贴资金 162 万元；玉米良种补贴面积 17.4 万亩，补贴资金 174 万元。落实补贴发放，对进一步减轻麦盖提农民负担、推进农业产业结构调整、增加农民收入发挥重要作用。

第三章 农业区划

第一节 种植业区划

麦盖提县位于叶尔羌河和提孜那甫河中下游的冲积平原上，土地平坦，土壤类型以沙性土为主，气候属于大陆性干旱气候，热量丰富，日照充足，降水量稀少，蒸发量极强，昼夜温差大；年平均气温 11.9℃；年均降水量 56.5 毫米，年均蒸发量 2001.8 毫米；年实际日照时数 2836.5 小时；年均无霜期 232 天。麦盖提县水资源主要包括叶尔羌河和提孜那甫河水系，两河年均来水总量 6.82 亿立方米，枯水年份径流量有 6 亿立方米；全县年可开采量地下水 2.34 亿立方米，地下水成为麦盖提县农业灌溉的重要补充。

1991—2010 年，麦盖提县区域内各乡镇、场的地貌、气候、土壤、水文等条件差别不明显，均适合种植棉花、小麦、玉米、蔬菜、苜蓿、茴香等农作物。

种植业主要分为叶尔羌河冲积扇灌区和提孜那甫河冲积扇灌区。叶尔羌河冲积扇灌区主要有希依提墩乡、央塔克乡、吐曼塔勒乡、昂格特勒克乡、库尔玛乡，农作物区划面积 64 万亩。提孜那甫河冲积扇灌区主要有巴扎结米乡、尕孜库勒乡、克孜勒阿瓦提乡、库木库萨尔乡和 2 个农林场，农作物区划面积 52 万亩。

第二节 林果业区划

麦盖提县气候属于大陆性干旱气候，热量丰富，日照充足，昼夜温差大，9 个乡和 3 个农林场适合种植红枣、核桃、苹果、桃子、梨子、杏、西梅、葡萄、沙棘、枸杞、沙枣等果树。1991—2007 年麦盖提县把五一林场、园艺场区划为林果业主要种植区，主要种植苹果、梨、桃、冬枣等，其间 2003 年确定在 9 个乡发展色买提杏、葡萄，在克孜勒阿瓦提乡试种开心果。2008 年，麦盖提县在深入调研的基础上，对未来林果业发展进行认真研究，专门进行区划，确定巴扎结米乡、库木库萨尔乡、昂格特勒克乡重点发展核桃，其他 6 个乡重点发展红枣；确定五一林场、园艺场继续重点发展苹果、梨、桃、冬枣等。区划调整后，经济效益不明显的杏子、葡萄、开心果逐步退出农田。2010 年，麦盖提县对林果业区划进行微调，扩大希依提墩乡、央塔克乡、吐曼塔勒乡、尕孜库勒乡、克孜勒阿瓦提乡、库尔玛乡6个乡红枣种植面积，扩大巴扎结米乡、库木库萨尔乡、昂格特勒克乡核桃种植面积。红枣区划面积56万亩，核桃区划面积7万亩，苹果、梨、桃、冬枣等区划面积4500亩。

第四章　作物种植

第一节　粮食作物

一、种植

麦盖提县粮食作物主要有小麦、玉米，采取“小麦+复播玉米”的种植模式进行种植。在20世纪90年代初期，麦盖提县粮食总量自给不足，提出“吨粮田”建设要求及栽培技术措施，引进了多个小麦、玉米优良品种，大胆试验示范，加强投入管理，效果明显。1991—2000年，粮食单产总量有较大提高。2001—2005年期间，在实现粮食自给有余后，麦盖提县粮食生产按照“改良品种、稳定面积、增加收入、主攻单产、增加总产、自给优质产品”方针实施。2006年后，设施农业的兴起，农副产品更加丰富，改变人们的饮食结构，粮食供需矛盾进一步缓解。麦盖提县粮食生产按照确保粮食安全、稳产、优质的方向，改变多而杂为少而精，确定推广1～2个优良品为主栽品种，以科学投入、科学管理提升品质和效益。

小麦　麦盖提县小麦种植以冬小麦为主，春麦面积较少。冬小麦一年一熟，上年9—10月播种，次年6月收获，然后复播玉米、瓜菜、豆类等作物。1991—1996年，麦盖提县冬小麦品种以种植“唐山6898”“新冬2号”“喀冬1号”为主，其他品种面积较少，种植面积16.32万亩。1997—1998年，淘汰“唐山6898”，推广“冀麦31”，引进“新冬20”试验，种植面积16.15万亩。1999—2010年，以推广抗倒伏“新冬20”为主，种植面积17.5万亩。

1998年，麦盖提县开始推广地膜小麦技术（抑制次生盐渍化、节水、促早发、保证小麦安全越冬），小麦越冬死亡率降低，保苗率、单产、总产都有较大提高。

2000年，麦盖提县开始推广小麦“多熟制”栽培（麦套大蒜、麦套圆葱、麦套花生）模式。县农技中心在各乡搞实验，技术人员跟踪指导。耕地产生二次效益，在一些增收明显的乡村得到推广，一部分农民群众实现多元增收。

1991—2010年麦盖提县小麦种植面积和产量情况表

表9-4-1

年份（年）	种植面积（万亩）	品种	单产（千克）	总产（吨）
1991	17.54	唐山6898号、新冬2号、喀冬1号	222.3	39000
1992	17.7	唐山6898号	226	40000
1993	18	唐山6898号	227.8	41000
1994	17	唐山6898号	241.1	41040
1995	16.04	唐山6898号	274.3	44000

续表 9-4-1

年份（年）	种植面积（万亩）	品种	单产（千克）	总产（吨）
1996	16.32	唐山 6898 号	270.2	44100
1997	15.5	冀麦 31 号	266.5	41300
1998	16.15	冀麦 31 号	269.1	43466
1999	14.76	新冬 20 号	313.6	46290
2000	15.0	新冬 20 号	319.7	47956.4
2001	14.41	新冬 20 号	330.9	47720.7
2002	14.58	新冬 20 号	355.8	51600
2003	13.5	新冬 20 号、邯郸 5316 号	384	51840
2004	11.7	新冬 20 号、邯郸 5316 号	387	45280
2005	13.3	新冬 20 号	405	53883
2006	12.57	新冬 20 号	419	52668
2007	12.54	新冬 20 号	415	52041
2008	13.8	新冬 20 号	422	58236
2009	16.63	新冬 20 号	425	70677
2010	17.5	新冬 20 号	425.7	74498

玉米 玉米是全县第二主要粮食作物，正播面积较小，主要以复播玉米为主。一年一熟，每年 6 月上中旬开始播种，6 月下旬结束，9—10 月收获。1991—2003 年，麦盖提县玉米品种以“京早 8 号”为主，种植密度行、株距 60×55 厘米，每亩 2200 株，种植面积 12.25 万亩，平均单产 414 千克，“吨粮田”可达 500 千克以上。

1998 年，麦盖提县开始推广地膜玉米技术和高密度栽培技术，玉米单产品质都有提高。县科协每年利用冬季开展“科技之冬”活动，为期 3 个月，向农民普及农业科学知识，其中地膜技术是重点普及的知识，农民群众逐步掌握地膜玉米栽培技术。

2001—2003 年，麦盖提县开始试种粮饲玉米（粮食、秸秆两用），解决粮食与饲料之间的平衡，为畜牧业发展提供充足饲料。

2006 年起，麦盖提县全面推广精量播种和乙酰甲胺磷拌种技术，解决出苗差、出苗后地老虎危害问题，使玉米亩收获株数保持在 5000 株以上，单产总产有较大提高，平均单产 500 千克以上。

1991—2010 年玉米种植面积和产量情况表

表 9-4-2

年份（年）	种植面积（万亩）	品种	单产（千克）	总产（吨）
1991	11.04	京早 8 号	340.3	37500
1992	11.3	京早 8 号	336.3	38000

续表 9-4-2

年份（年）	种植面积（万亩）	品种	单产（千克）	总产（吨）
1993	11	京早 8 号	350	38500
1994	10.35	京早 8 号	382.3	39500
1995	10.54	京早 8 号	384.3	40500
1996	10.57	京早 8 号	380.3	40600
1997	10.5	京早 8 号	428.6	45000
1998	11	京早 8 号	415.5	45700
1999	11.2	京早 8 号	415.8	46904
2000	10	京早 8 号	478.65	47865
2001	10	京早 8 号	482.8	48279.2
2002	12.2	京早 8 号	426.2	52000
2003	12.25	京早 8 号	442	54145
2004	11.18	中原单 32 号、新玉 9 号	446	49935.9
2005	12	中原单 32 号、新玉 9 号	480	57600
2006	11.6	中原单 32 号、新玉 9 号	514	59624
2007	10.89	中原单 32 号、新玉 9 号	516	56192
2008	15	中原单 32 号、新玉 9 号	520	78000
2009	20	正大 118、正大 128	522	104460
2010	15	正大 128、新饲玉 13 号、新玉 9 号	524.41	78662

二、经营管理

1991—2000 年，麦盖提县粮食产品经营机构有粮油公司、粮油门市部（议价门市部）、农村粮食管理所（粮食购销站）、中心粮站等。这一时期，粮食产品的经营管理处在指导性计划向市场经济过渡转型时期。粮食产品主要由粮食经营机构经营（农民按照国家有关规定向县粮食局交售小麦、玉米等公粮），由粮食局面粉加工厂生产面粉、玉米粉出售，城镇居民、单位职工凭粮油供应证和粮票，可以就近到县第一、第二、第三粮油门市部定量购买粮食，超出定额为议价粮；农民除了上交的公粮外，留有口粮，在乡村磨坊加工成面粉（9 个乡都有磨坊），富余的粮食在农贸市场交易。这一时期，粮食市场逐渐放开，县城有十几家个体粮油经营店，经销的粮食主要有面粉、大米和玉米粉，对国营粮店形成一定冲击。这一时期，粮食、工商、税务、物价、质监等部门对市场上粮食的流通、价格、质量等进行管理，规范粮食产品的经营。

2001—2010 年，麦盖提县粮食市场完全放开，废除按计划供应粮油，县、乡粮油店经营惨淡，纷纷关门；经改制只保留县、乡粮食收购站、粮油仓库等。这一时期，粮食经营管理步入市场化，粮食价格随行就市，县工商、税务、物价、质监等部门重点加强哄抬物价、售假方面的监管，保障粮食流通合法、物价平稳、质量合格，让消费者放心。

第二节 棉 花

棉花是麦盖提县农业的支柱产业，棉花收入是农民收入的主要来源。1991 年，麦盖提种植棉花 22 万亩，单产 113.5 千克，产值 2.48 亿元，因国际市场需求量较大，之后棉花面积逐年增加。

1995 年，麦盖提县针对气候干旱、土壤缺肥及盐碱制约棉花高产的因素，实施“低产田宽膜种植棉花高产技术开发项目”建设。从希依提墩乡、央塔克乡选择干旱沙性地、缺肥地及盐碱地进行 2 万亩宽膜栽培技术示范。20 世纪 90 年代末期开始，在田间管理上，指导棉农落实“七早”（适时早播、早放苗、早定苗、早化调、早防蚜虫、早追肥、早灌水）和施好花铃肥等田间管理措施，坚持棉花病虫害综合防治和增益控害生物防治，通过插杨枝把、人工捕捉棉铃虫蛾子和棉铃虫幼虫等，有效控制棉铃虫扩散。

2005 年，结合实施“十五”新疆优质棉基地建设项目，在央塔克乡结然墩村、昂格特勒克乡托万昂格特勒克村、库尔玛乡红光村推广示范棉花膜下滴灌节水技术，试验示范 6000 亩。经调查论证，采用膜下滴灌植棉可以实现“四节、两提高”，即：节水、节地、节肥、节约人工，提高亩产和效益。与常规栽培相比每亩节水 180 立方米、节地 36 平方米、节肥 10 千克（尿素）、节约人工 3 个，亩均籽棉增产 80 千克，增收 400 元。

2006 年以后，全面推广高密度栽培模式，亩理论株数在 1.8 万株，单产总产大幅提高。

2009 年，广泛推广棉花膜下滴灌技术，与自治区种子管理总站协同实施棉花高产创建工程 30 万亩。农业专家指导棉农从棉花播种开始抓起，通过推广选用良种、开展测土配方施肥、加强病虫害防治，有效提高全县棉花生产水平。

1991—2010 年麦盖提县棉花种植情况表

表 9-4-3

年份（年）	计划面积（万亩）	实播面积（万亩）	品种	实际皮棉单产（千克）	实际皮棉总产（吨）	产值（万元）
1991	20.00	22.00	军棉 1 号	113.5	24970	24838.22
1992	26.00	26.50	军棉 1 号	108.5	28752.5	23121.97
1993	27.00	27.00	军棉 1 号、中 12、中 19	91	24570	26712.81
1994	28.00	28.00	军棉 1 号、中 12、中 19	107	29960	33253.71
1995	29.00	28.00	军棉 1 号、中 12、中 19	112.6	31528	56249.37
1996	32.00	28.50	军棉 1 号、中 12、中 19 中 23、中 12 优系	96.5	27502.5	46173
1997	33.00	33.00	军棉 1 号、中 12、中 19 中 23、中 12 优系、冀棉 20	96.6	31878	59046.7
1998	35.00	35.00	军棉 1 号、中 12、中 23、 中 12 优系、冀棉 20、豫棉 15	103.6	36260	63961.05
1999	37.00	34.00	中 12、中 23、豫棉 15	78.4	26656	37505.85
2000	37.00	36.70	豫棉 15 号、中棉 35 号（9409）	88.5	32479.5	40551.98
2001	37	38	中棉 35 号（9409）、9911、9907、 豫棉 17 号、豫棉 15 号	96.1	36518	47061

续表 9-4-3

年份（年）	计划面积（万亩）	实播面积（万亩）	品种	实际皮棉单产（千克）	实际皮棉总产（吨）	产值（万元）
2002	32	30	9907、中棉 35 号（9409）	95.9	28770	52115
2003	33	33	9907、中棉 35 号（9409）	99.7	33997.7	50615
2004	34	36.5	新陆中 13 号（29—1）、新陆中 15 号（16—1）中棉 35 号（9409）、9907	96.8	35332	49408.21
2005	33	42.5	新陆中 15 号（16—1）、中棉 35 号、新陆中 14 号（97—12）中棉 43 号	100.6	39435.2	57201.57
2006	43	46.3	新陆中 14 号（97—12）、中棉 43 号	115.3	53380	78167
2007	45	45	中棉 43、中棉 35、中棉 49	113.7	51150	95875.41
2008	45	61.2	中棉 43、中棉 35、中棉 49	100	61200	109561.62
2009	50	51	中棉 43、中棉 35、中棉 49	128.5	65535	119994
2010	55	55.4	中棉 43、中棉 35、中棉 49	128.0	70938	100451.7

第三节　特色经济作物

一、茴香

从 2002 年开始，麦盖提县 9 个乡开始套播小茴香，当年，全县在棉田套播小茴香 1.08 万亩，亩均纯收入 600 余元。由于出苗率低，管理技术要求烦琐等原因，农民种植小茴香积极性不高。2003—2007 年，每年套播面积不足万亩。针对棉花市场疲软的实际，自治区、地区重新加大对“多熟制”种植的重视力度，要求各县在适宜种植的棉田尽可能都套播小茴香，弥补棉花减收的不足。2008 年后，套播面积呈逐年扩大趋势。截至 2010 年，茴香种植面积 18.24 万亩，总产 8755 吨，总产值 7012 万元，总纯收入 4558 万元，参加效益分配总纯收入 3327 万元，人均纯收入 277 元。

2002—2010 年麦盖提县小茴香种植情况表

表 9-4-4

年份（年）	种植面积（万亩）	产量（吨）
2002	1.08	3024
2003	0.5	1400
2004	0.14	112
2005	0.43	1204
2006	0.3	270
2007	0.74	670
2008	8.5	7012
2009	20	8911
2010	18.24	8755

二、瓜类

1991—2010年，麦盖提县种植的瓜类作物主要是甜瓜、西瓜，以西瓜居多。夏瓜种植面积较大，秋瓜面积较少。麦盖提县当地甜瓜品种有比西克杏（老汉瓜）、可克拜日（刀郎土瓜）、齐力盖、阔克其、纳西开、麻木提喀日、丝木托、喀拉阔塞、西可尔杏、博孜阔克其、阿克阔克其、吾来勒。截至2010年，麦盖提县瓜类面积扩大到3.88万亩，总产值1.64亿元，总纯收入9700万元，参加效益分配纯收入8625万元，农民人均纯收入719元。其中，正播瓜1.56万亩，农民人均纯收入290元；复播瓜1.02万亩，农民人均纯收入143元；小拱棚瓜种植面积1.1万亩，农民人均纯收入232元；架子瓜种植面积0.2万亩，农民人均纯收入55元。

2001—2010年麦盖提县瓜类种植情况表

表9-4-5

年份（年）	种植面积（万亩）	产量（吨）
2001	0.68	6568
2002	2.6	48000
2003	1	22500
2004	1.15	17250
2005	1.5	30000
2006	1.4	35098
2007	2.98	101677
2008	3.88	118574
2009	5.9	155420
2010	3.83	115088

三、苜蓿

麦盖提县种植的苜蓿主要有紫花苜蓿、天蓝苜蓿。2001年起，规模化种植。其中，紫花苜蓿既可作为蔬菜食用，又可作为饲草料，天蓝苜蓿只作为饲草料喂牲畜，为发展牲畜业提供饲草料来源。

2001—2010年麦盖提县苜蓿种植情况表

表9-4-6

年份（年）	种植面积（万亩）	产量（吨）
2001	0.09	879
2002	1.92	9646
2003	5.2	41350
2004	5.97	41350
2005	4.25	36900
2006	4.27	57750

续表 9-4-6

年份（年）	种植面积（万亩）	产量（吨）
2007	4	4000
2008	4.77	23850
2009	4.7	23850
2010	3.11	15550

第四节　蔬　菜

一、蔬菜种植

1991—2000 年，麦盖提县种植蔬菜较少，农户房前屋后零星种植，全县蔬菜短缺，大部分从县外进购零售，价格较高。

2001 年开始，麦盖提县委、县人民政府将发展蔬菜列入“菜篮子”工程，设立种植业管理办公室，确定城郊乡村扩大蔬菜种植面积，引进先进的日光温室大棚种植模式和技术，常规种植与温室大棚种植、农户房前屋后种植互为补充，品种齐全，春夏秋冬菜源充足，蔬菜市场日益丰富。蔬菜种类主要有大白菜、白萝卜、胡萝卜、恰玛古、洋葱、大葱、菠菜、豇豆、茄子、西红柿、辣椒、黄瓜、西葫芦、南瓜、冬瓜、芹菜、韭菜、菠菜、油白菜、土豆、香菜等。

截至 2010 年，麦盖提县露地正播蔬菜 2.85 万亩，复播蔬菜 9000 亩，总产 8.14 万吨，总收入 1778.9 万元，农民人均增收 81 元；麦盖提县有标准日光温室 3014 座，占地面积 4521 亩，种植面积 1808 亩，产量 8136 吨，总收入 3560.8 万元，农民人均增收 162 元，成为农民增收新的经济增长点。

2001—2010 年麦盖提县蔬菜种植情况表

表 9-4-7

年份（年）	种植面积（万亩）		产量（吨）
	常规种植	大棚种植	
2001	0.43	0.01	7113
2002	1.41	0.03	15300
2003	0.5	0.09	12500
2004	0.67	0.21	12000
2005	0.5	0.34	10000
2006	0.98	0.69	28437
2007	1.19	0.72	29631
2008	1.89	0.71	53890.4
2009	5.85	0.78	157658
2010	2.85	0.43	89487

二、市场流通

1991—2000 年，蔬菜大户、专业户不多，农家小院种菜甚微，不够自给自足。麦盖提县市场上的蔬菜大部分是外来的，小部分是本地自产的。2001—2010 年，麦盖提县蔬菜种植面积剧增。截至 2010 年，麦盖提县蔬菜年产量 8.95 万吨，年人均 350 千克，每天人均 0.96 千克，基本满足人民需求。市场主要有两种流通方式，即：外购流通和县域内流通。

（一）外购流通：1991—2000 年，麦盖提县自产蔬菜只占市场 30% 份额，市场上供应销售的蔬菜 7 成从外购进。

（二）县域流通：2001—2010 年，麦盖提县实施“菜篮子”工程，常规种植与温室大棚种植齐头并进，各种蔬菜由农村流向县城，占市场 70% 份额，基本满足人民需求。

三、经营管理

（一）经营

1. 福利经营。1991—2000 年，麦盖提县大部分单位都有副业地，安排副业工人种蔬菜，夏秋季有芹菜、韭菜、菠菜、小白菜、黄瓜、豇豆、茄子、辣椒、西红柿、香菜等，冬春季有大白菜、白萝卜、胡萝卜、大葱、土豆等，以福利的形式分给职工。2001—2010 年，麦盖提县蔬菜市场繁荣，蔬菜品种齐全，按上级有关部门文件要求，单位副业地全部清理收回分给农民，单位福利分菜随之取消。

2. 批发经营。1991—2000 年，麦盖提县没有成规模的蔬菜产业，为数不多的菜农承包土地种菜，生产的蔬菜大部分批发给菜贩子，菜贩子再到菜市场上设摊零售，买菜的群体主要是城镇居民。2001—2010 年，麦盖提县蔬菜业发展较快，承包土地（蔬菜大棚）从事蔬菜种植的菜农大量增加，种植规模发展到 5 万亩（蔬菜大棚高峰时 5000 亩以上），出产的蔬菜四季品种齐全；菜农指定地点批发蔬菜。占市场 70% 份额，基本满足人民群众需求。

（二）管理

1991—2005 年，麦盖提县“菜篮子”工程由县农业局种植业管理办公室负责管理，蔬菜市场由工商、物价等部门对市场秩序、价格等进行监管；每年元旦、春节、国庆节等节日前夕，工商、物价等部门对蔬菜市场价格进行联合检查，稳定节日市场；工商、物价等部门聘请编外监督员，开展日常监督工作，防止哄抬物价。

2006—2010 年，麦盖提县 9 个乡发展蔬菜大棚，由县设施农业办公室负责管理，每年都对蔬菜大棚承包户进行一次集中技术培训，经常深入实地在现场提供技术指导，大力倡导无公害绿色种植，确保食品安全，逐步提升蔬菜业持续发展潜力。

第五节 种子 肥料

一、种子

（一）良种繁育 1991 年，麦盖提县良种繁育基地设在种子公司良种场，良种繁育基地通过“三圃”（株行、株系、原种）进行系统繁育，提纯复壮，繁育出一级小麦、玉米良种和棉花二、三代原种，第二年向良种区提供原种扩大繁育，第三年进入大田全面推广，依次循环不息。截至 2010 年，麦盖提县有粮棉繁殖区 4 个、粮棉良种繁育田 4000 亩。形成县级（良种繁育基地）、乡级（良种繁育区）和村级（良种繁育田）三级良种繁育体系。

（二）育种引进推广

小麦　1991—1996年，麦盖提县小麦品种以种植“唐山6898”“新冬2号”“喀冬1号”为主。1997—1998年，淘汰“唐山6898”，推广“冀麦31”，引进“新冬20”试验。1999—2010年，大面积推广种植“新冬20”。在引种过程中，通过县农业专家筛选，确定高产、优质、抗寒、抗倒复、抗病性强的优质小麦良种“新冬20”为麦盖提县冬麦主植品种。

玉米　1991—2003年，麦盖提县主要推广种植的玉米是“京早8号”。“京早8号”是由北京引进的早熟玉米杂交种，适宜生育期较短的地区和南疆复播区种植。2004—2008年，推广、种植玉米品种是“中原单32号”“新玉9号”。“新玉9号”是新疆生产建设兵团种子公司、新疆康地种业有限责任公司培育的新品种，早熟，生育期85天左右，适宜南疆复播及冷凉地区春播。2009年，推广、种植玉米品种是“正大128”“新玉9号”“新饲玉13号”。

棉花　1991—1992年，麦盖提县推广、种植的棉花品种是“军棉1号”。1993—1995年，除“军棉1号”外，还引进、种植了“中12”“中19”等品种。1996年，开始引进种植“中23”“中12优系”。2000年，引进推广“中棉35”。2007—2010年，主要引进、种植“中棉43”“中棉35”“中棉49”。

（三）种子管理

1991—2000年，麦盖提县依照《中华人民共和国种子管理条例》对种子资源、种子选育与审定、种子生产、种子引进、种子检验和检疫、种子贮备等进行把关，加强对种子市场进行管理，打击违法经营种子行为。

2001—2010年，县农业主管部门与种子管理站贯彻执行《中华人民共和国种子法》，联合成立执法队伍，依法管理种子市场，抓好“三证”发放工作和法规宣传工作，每年对种子经营店进行拉网式检查，强化经营者法治意识，保护农民利益不受侵害。

二、肥料

1991—2007年，麦盖提县主要使用的化学肥料种类有氮肥、磷肥、钾肥、尿素以及复合肥；农家肥有羊粪、牛粪、马粪等。在追求高产和高效的导向下，农民群众使用化学肥料偏多，使用农家肥明显不足。

2008年，麦盖提县测土配方施肥项目开始实施。农业、农技部门围绕“测土、配方、配肥、供肥、施肥指导”五个关键环节开展11项工作，向农户发放配方施肥建议卡，施肥技术指导入户率为90%。当年，麦盖提县肥料利用率提高5个百分点。其中，棉花配方示范增产籽棉10～15千克，增效25～35元；玉米增产25～30千克，增效18～25元；冬小麦增产12～15千克，增效20～25元；完成4组“3414”棉花试验、2组“3414”玉米试验、2组冬小麦“3414”试验。当年，麦盖提县建立地膜冬小麦测土配方施肥高产示范1000亩，棉花节水滴灌示范区2个、2000亩，复播玉米示范500亩，全县建立粮棉配方肥高产示范田3500亩。

2009年，麦盖提县测土配方施肥，肥料利用率操持在3～5个百分点，实现棉花、小麦、玉米作物增产3%～5%。其他特色经济作物及园艺作物每亩增收在40～60元，平均每亩增效30元。

2010年，麦盖提县建立农作物测土配方施肥高产示范区，面积1.42万亩。其中：棉花测土配方施肥高产示范区2个、玉米测土配方施肥高产示范区1个、小麦测土配方施肥高产示范区1个。

第六节　植物保护

一、病虫害防治

20 世纪 90 年代以来，麦盖提县植物虫害有春尺蠖、疥壳虫、苹果蠹蛾、枣瘿蚊、地老虎、棉蓟马、棉蚜、棉叶螨、棉铃虫、棉盲蝽象、白粉虱、烟粉虱、玉米叶螨、玉米螟、草蛉、蜘蛛、寄生螨、食蚜蝇、蚜茧蜂 20 种可引发病虫害的虫类，其中，蚜虫、棉铃虫、红蜘蛛危害最重。

主要病害有小麦条锈病、棉花立枯病、棉花枯萎病、棉花黄萎病、甜瓜白粉病、甜瓜霜霉病、甜瓜疫病、甜瓜蔓枯病、甜瓜枯萎病、玉米瘤黑粉病、辣椒疫病、番茄青枯病、番茄灰霉病、番茄叶霉病、小茴香根腐病等。

（一）小麦病虫害防治

麦盖提县小麦病虫害种类有条锈病、麦长管蚜、麦二叉蚜等。防病方法主要有轮作倒茬，改造病虫害发生基地，选用抗病、耐虫品种以及药剂防治、生态防治。2003—2010 年，麦盖提县小麦条锈病，用稀释比例 600 倍 15% 三唑酮 WP 进行防治，防治面积 8301 亩。

（二）玉米病虫害防治

防治方法主要有秋耕冬灌，降低冬孢子越冬存活率；实行轮作换田制度；加强管理，合理水肥；减少田间作业创伤概率，切断基本感染途径；发现病瘤及时割除，带出田间妥善处理；浸种或选用包衣种子；药剂拌种或药剂防治等。对地老虎采取油渣拌药的方式防治。2003 年，部分条田发生玉米瘤黑粉病，农技人员指导农户用 50% 多菌灵可湿性粉剂，稀释成 800 倍液体进行喷洒，防治面积 49 亩。2010 年，多点发生玉米螟虫害，农技人员指导农户用 2.5% 氟虎（高效氯氟氰菊酯）乳油，稀释成 2500 倍液体喷洒，防治面积 799.5 亩。2010 年，玉米红蜘蛛爆发，农技人员指导农户用 20% 三唑锡悬浮剂，稀释成 5000 倍液喷洒，防治面积 3600 亩。

（三）棉花病虫害防治

棉花病虫害种类主要有棉铃虫、棉蚜、棉蓟马、棉叶螨、棉花黄萎病、棉花轮纹病。棉铃虫全年发生三代，个别年份可发生四代，主要是二、三代虫危害棉花。

对棉铃虫的防治措施主要是适时进行秋耕冬灌，压低越冬虫口基数，控制第一代，减少发生量；铲埂除蛹；种植玉米诱杀带；插杨枝把诱蛾扑杀；安装频振式杀虫灯诱杀；人工捕捉幼虫；科学使用化学农药杀虫。2001 年，棉铃虫爆发，农技人员指导农户用 2.5% 功夫乳油，稀释成 2500 倍液体喷洒，防治面积 3.12 万亩 / 次。2002 年，棉铃泛滥，农技人员指导农户使用插杨枝把方法防治，防治面积 16 万亩，累计诱蛾扑杀 17.56 吨，用 2.5% 功夫乳油稀释成 2500 倍液体喷洒，防治面 13 万亩 / 次。

对棉蚜的防治措施采取改变农田单一种植结构，创造有利于天敌（棉蚜天敌种类主要有瓢虫、草蛉、食蚜蝇、蚜茧蜂、蜘蛛等）的栖息繁殖环境，以提高消灭害虫的控制能力。棉蚜越冬寄生防治，于 10 月下旬至 11 月上旬和春季 3 月之前，在花盆内距花 5 厘米处，挖穴埋施呋喃丹颗粒剂 1 ~ 5 克，然后覆土。2005 年，棉花蚜虫爆发，农技人员指导农户用 10% 吡虫啉可湿性粉剂，稀释成 1500 倍液体喷洒，防治面积 1.3 万亩。2009 年，棉花立枯病爆发，农技人员指导农户用 50% 多菌灵可湿性粉剂，稀释成 800 倍液体喷洒，防治面积 8959.5 亩。2010 年，棉花轮纹病暴发，农技人员指导农户用 70% 代森锰锌可湿性粉剂，稀释成 500 倍液体喷洒，防治面积 2464.5 亩。

（四）甜瓜病虫害防治

甜瓜病主要有霜霉病、白粉病、疫霉病、细菌性角斑病、枯萎病和南瓜蚜传黄化病毒病。虫害有瓜蚜、地老虎。草害有瓜列当和菟丝子。

防治方法：2008 年甜瓜白粉病暴发，农技人员指导农户采用 25% 嘧菌酯（阿米西达）悬浮剂 3000 倍液体或 25% 乙嘧酚水悬浮剂 1500 倍液体喷洒，防治面积 4800 亩；同年，甜瓜霜霉病爆发，农技人员指导农户采用 72% 霜疫必克可湿性粉剂 600 倍液体或 72% 克露可湿性粉剂 800 倍液体喷施，防治 1200 亩。同年，甜瓜草害（瓜列当）爆发，农技人员指导农户采取人工拔除，将瓜列当茎齐地面切开涂抹柴油、机油或盐，防治面积 360 亩。

二、植物检疫

1991—2006 年，麦盖提县没有植物检疫机构，每年把植物样本送检上级相关部门。2007 年，麦盖提县植物检疫中心成立后，检疫工作步入正轨。

2008—2010 年，植物检疫中心每年开展 1 次《植物检疫条例》宣传；每年春、冬季节深入乡村普及植物检疫知识；开展植物检疫对象调查，编制完成植物检疫对象分布资料；开展植物检疫对象封锁、防治和消灭工作；每年对种子、苗木及其繁殖材料的繁育和农产品生产交易场所进行 4 次检疫，防止植物病害流入，不定期开展复检工作；监督和指导引种单位进行消毒处理和隔离试种。

三、农药管理

麦盖提县常用的农药有杀虫剂、杀螨剂、杀线虫剂、杀鼠剂、除草剂、脱叶剂、植物生长调节剂等。

1991—2007 年，麦盖提县农药由农业局、质量技术监督局、工商行政管理局、安全生产管理局监管。其中，2000 年，在县集市查处 1 个假农药销售点，收缴假农药乙烯利 10 千克；2003 年，开展“毒鼠强”专项整顿工作，收缴“毒鼠强”15 包；2005 年，对市场中存在的无证经营等问题，出动执法人员 32 人次进行检查，发放整改通知 7 份。

2008 年，农业行政执法大队成立后，开始对农药市场依法管理，每年春、夏、秋三季，对全县农药经营门店进行高毒、高残留农药的专项检查，防止违禁农药流入市场造成安全事故；每年在植物打药前，深入乡村向农民宣传高毒、高残留农药的危害，公布禁止和限制使用的农药名单。

第五章　农业开发

第一节　农业综合开发

1997 年，麦盖提开始实施农业综合开发项目，主要在希依提墩乡实施开荒项目 5000 亩、在央塔克乡实施低产田改造项目 5000 亩。两个乡粮食总产、棉花总产、农民人均纯收入明显增长，生态环境有一定改善。

2000 年后，国家开始实施西部大开发战略，麦盖提县以此为契机，加大农业综合开发力度，有计划地开展低产田改造，发展高产、高效农业，项目效益明显。

2005 年，麦盖提县实施农业综合开发项目较多，在克孜勒阿瓦提乡完成低产田改造 1 万亩，在吐曼塔勒乡完成低产田改造 2 万亩。在央塔克乡建成节水示范基地 1 万亩，年节水量 506 万立方米，项目区新增种植业总产值 629.85 万元。投资 600 万元完成国家级农业综合开发麦盖提县甘草加工及管护基地项目，项目建成后，年加工甘草 750 吨，新增总产值 2300 万元，增加值 1600 万元，新增利税 1501 万元，净利润 1460 万元，新增固定资产 450 万元，项目带动农户 500 户，解决农村劳动力就业 7000 人，项目区每户农户平均增收 214 元。

2009 年，在央塔克乡完成中低产田改造项目 8000 亩。该项目改善灌溉面积 4200 亩，新增节水灌溉面积 3900 亩，年节水量 58.82 万立方米，新增防护面积 3300 亩，项目区年直接受益农户 571 户，直接受益人数 2284 人，户均纯收入增加 1662 元。

截至 2010 年，麦盖提县实施农业综合开发项目 15 个，累计投资 5468.52 万元。

1997—2010 年麦盖提县农业综合开发项目实施情况表

表 9-5-1

年份（年）	项目名称	实施面积（万亩）	计划投资（万元）	实际投资（万元）	资金来源						
					中央财政（万元）	自治区财政（万元）	地区财（万元）	县级财政（万元）	自筹（万元）	以棉补水补助（万元）	其他专项配套（万元）
1997	希依提墩乡 0.5 万亩开荒、央塔克乡 0.5 万亩低产田改造	1	239	245.6	63	—	3	—	—	179.6	—
1998	库尔玛乡 0.3 万亩开荒、尕孜库勒乡 0.3 万亩低产田改造	0.6	225	343.5	63	—	1	—	—	279.5	—
2001	库尔玛乡土地治理	1	300	300	150	—	—	—	150	—	—
2002	尕孜库勒乡土地治理	1	330	330	163	—	—	—	167	—	—
2005	克孜勒阿瓦提乡 1 万亩低产田改造、吐曼塔勒乡 2 万亩低产田改造	3	750	750	250	—	5	—	279.75	—	215.25
2005	央塔克乡节水示范基地	1	250	250	82	—	3	—	42.1	—	122.9
2005	麦盖提县甘草加工及管护基地项目	—	600	600	100	16	—	8	476	—	—
2006	巴扎结米乡中低产田改造	1	440	487.62	250	80	10	57.62	90	—	—
2007	克孜勒阿瓦提乡中低产田改造	1	531	531	295	94.4	11.8	11.8	118	—	—
2008	吐曼塔勒乡中低产田改造	0.8	504	504	280	89.6	11.2	11.2	112	—	—
2009	央塔克乡中低产田改造	0.8	604.8	604.8	336	107.52	13.44	13.44	134.4	—	—
2010	希依提墩乡生态综合治理项目	1	522	522	290	208.8	11.6	11.6	—	—	—

第二节　农业产业化

1991—2000 年，麦盖提县农产品以粮棉为主，加工流通企业主要有棉麻公司、粮油厂、油脂厂。2001 年，县粮油厂破产拍卖，成立刀郎粮油制品厂，县油脂厂出售，成立青年油厂。

2005 年后，随着城南、城北工业园区的建成，麦盖提县加大招商引资力度，引进大漠坊白酒加工企业、中联棉纺、九九棉业等棉花加工企业和泰昆油脂、飘香油厂、古刀郎油脂等棉籽加工企业。

随着杏树面积的扩大，引进新疆一源公司进行果酱加工。

2009 年，麦盖提红枣已经形成较大规模，为提升农产品效益，引进枣都、沙漠绿洲、天海绿洲等红枣加工企业。

截至 2010 年年底，全县有农产品加工流通企业 18 家（其中规模以上加工企业 2 家、地区级农业产业化龙头企业 2 家）。按加工类型分：棉花加工企业 6 家、红枣加工企业 5 家、粮油加工企业 5 家、白酒加工企业 1 家、番茄酱果酱加工企业 1 家。全县农产品加工企业生产小麦粉 2.98 万吨，生产食用植物油 3160 吨，生产白酒 260 吨（折 65 度，商品量），生产棉纱 1500 吨，生产棉布 242 万米，生产精梳棉网 6730 吨，生产红枣枣干 1550 吨，生产杏酱 1500 吨。全县 2 家规模以上棉纺织加工企业，资产总额均超过亿元；固定资产总投入达到 6638 万元；完成销售收入 5.1 亿元，实现利税 2461.3 万元；在全县及周边团场辐射带动棉花生产基地近 30 万亩、农户 1.3 万户，解决农村剩余劳动力及下岗职工 500 人就业。农村各类中介组织、经纪人队伍不断发展壮大，农产品流通渠道进一步畅通，全县农业产业化水平明显提高。

第三节　农业标准化

2010 年 6 月 10 日，麦盖提县召开农业标准化生产工作动员会，农业标准化工作启动。全县农业标准化生产基地 6.9 万亩，其中沙漠绿洲农产品开发专业合作社、刀郎农产品加工农民专业合作社、吐曼塔勒乡农民专业合作社 3 家的红枣、核桃、甜瓜、茴香等 9 类农产品生产面积 3.2 万亩，供销社的红枣、核桃、杏子等 5 类农产品生产面积 3.7 万亩。截至年末，麦盖提县质量技术监督局与县委农办、农业局、农技术中心等部门协作，起草各类地方农业标准 30 余项，其中：有 9 项通过评审后发布。

第四节　农业对外合作

1999 年，麦盖提县与山东省寿光县合作，引进蔬菜大棚种植技术，在昂格特勒克乡阿克希鲁买村建设第一座蔬菜大棚，取得明显效益。之后，陆续在全县 9 个乡推广。

2005—2010 年麦盖提县设施农业情况表

表 9-5-2

年份（年）	总面积（亩）	日光温室（座）	大拱棚（座）	总产量（吨）
2005	5490	166	200	15900
2006	3282	233	86	16935
2007	44805	2867	120	20070
2010	64185	4188	91	47855

第六章　农业科技与教育

第一节　农业科学研究成果

麦盖提县农业技术人员立足实际，开展农业科学研究，取得一定成果。2005 年，县农技中心技术人员所承担的“棉花优质高效生产技术研究与示范”科研项目，获得新疆维吾尔自治区科学技术进步二等奖。2007 年所承担的“喀什地区甜瓜优质高产与病虫害综合防治攻关研究及推广应用”科研项目，获得喀什地区科学技术进步一等奖。

截至 2010 年，麦盖提县农技人员在《新疆农业大学学报》《农村科技》《新疆农业科技》等期刊上发表棉花小麦种植、西甜瓜栽培技术等方面论文 19 篇。

第二节　农业教育与农业科技培训

一、农业广播学校教育

1991—2004 年期间，麦盖提县农业广播学校主要面向农村招生，学员以农村青年为主，对农民进行开放式农业科技教育，普及农业科技知识。麦盖提县农业广播学校主要承担各种实用技术培训、信息服务、技术推广等任务。这一时期，麦盖提县 90% 的回乡青年农民得到农业实用技术培训、专业培训，一大批学员成为农业科技示范户、种养业能手、农村经营能人、能工巧匠、农村基层干部和乡村农技推广服务人员。2004 年，因为农村初、高中毕业生大都选择上全日制中等、高等专业学校，缺少生源，县农业广播学校停办。

二、农业科技培训

1991 年，县农技中心与县供销社生产资料公司合作，冬播前联合举办为期 2 天菌剂专项培训班，培训农业技术人员及基层供销社干部 86 人；召开各农时季节现场会，现场培训 14 次，累计接受培训人员 1.8 万人次；在央塔克乡、尕孜库勒乡开展为期一个多月的农业科技基础理论实用技术的正规培训，为 46 个村培养技术骨干 50 人，经考核达到初级技术水平，在村上担任农民技术员，4 名优秀学员被聘为乡站技术员。

1995 年，县农技中心与农业局、水利局、农机局等部门合作，对农口领导、技术干部 150 人进行粮棉大田增产综合技术培训；农技中心技术人员分 3 片赴各乡上课，培训农民 2.52 万人次。

2004 年，县农技中心举办以粮食、棉花、瓜类种植技术、棉花膜下滴灌技术、温室大棚主要栽培技术为内容的实用技术培训班 10 期，培训基层农业技术干部和乡村基层干部、种植大户 1000 多人次。

2007 年，农技中心对全县 510 座日光温室进行技术指导；对 1536 座大拱棚葡萄进行技术指导。

2008 年，邀请自治区农科院等设施农业专家，举办设施农业专题培训 10 场次，培训人员 1000 人次，发放技术资料 1500 份。完成高中毕业生、乡村后备干部、设施农业技术、科技之冬等各类科技培训 4600 人次。

2009 年，开展测土配方施肥宣传周活动，印发《测土配方施肥技术手册》1.15 万份，发放测土配方施肥技术指南 4.2 万份、施肥建议卡 2.4 万份。

第七章　生态农业

第一节　农业环境保护

1991 年，随着农业农村经济的快速发展，麦盖提县普遍采用地膜种植技术，普遍使用农药防治农作物病虫害，农家肥满足不了种植业需求，普遍使用化肥补充。由于过量使用地膜、农药和化肥，污染问题日趋严重。

1991 年以来，麦盖提县每年 11 月下旬到次年 3 月，开展人工清除残膜工作。

2000 年，麦盖提县按照《农业环境保护工作条例》《农药安全使用标准》对县域内经销农药进行严格检查，杜绝不合格农药流入市场；向农户宣传不合格农药的危害，指导农户购买合格农药、正确使用农药。

2008 年，麦盖提县公布禁止和限制使用农药名单，开展高毒、高残留农药专项检查。大面积推广测土配方，科学施肥，防治土壤化肥污染。

第二节　农村能源综合利用

2007 年，麦盖提县农村户用沼气项目启动。建设沼气池 2100 户，建设内容以“一池三改”（即沼气与改厨、改厕和改圈相结合）为基本项目单元，池容 8 立方米 / 个。中标价 1950 元 / 个，项目总投资 1050 万元，其中中央国债投资 250 万元、地方财政配套 25.2 万元、农民自筹 774.8 万元。

2008 年，麦盖提县把农村沼气建设列为“五大民生工程”之一，新建沼气池 1716 户，池容 8 立方米 / 个。中标价 1976.6 元 / 个，总投资 1076.53 万元，其中中央投资 257.4 万元、地方配套 25.71 万元、农户自筹 793.42 万元。乡（镇）建乡村服务网点 5 个，建设内容为配置一套钢模具、一套进出料设备（小型农用车、粉碎车、污泥泵和沼液储罐）、一套甲烷检测和维修设备，总投资 15.65 万元。其中，中央投资 9.5 万元，地方配套 3.35 万元，农民自筹 2.8 万元。巩固退耕成果专项资金建设项目总投资 150.3 万元（其中国家拨付资金 130 万元、省柴节煤灶 10.2 万元、太阳能灶 10.1 万元），完成建规模为 10 立方米旋流布料沼气池 1086 户，推广省柴节煤灶 170 户、太阳能灶 169 户。

2009 年，新增农村沼气建设项目投资 750 万元（中央投资 375 万元、县级配套 22.5 万元、农民自筹 352.5 万元），建设池容 10 立方米 / 个沼气池 1500 户；投资 28.44 万元（中央投资 18 万元、县级配套 2 万元、农民自筹 8.44 万元）建乡村服务网点 4 个。

2010 年，建设池容 10 立方米 / 个沼气池 759 座，中标价 3188 元 / 个；建设沼气服务网点 36 个，为每个服务网点配置一套进出料设备、检测设备和维修设备等。

第三节　绿色无公害农产品

2007 年，麦盖提县农业局、质量技术监督局开始对全县农产品进行认证。当年，确定央塔克乡、尕孜库勒乡、克孜勒阿瓦提乡的葡萄、杏子、甜瓜等为有机果品，确定 1.2 万亩农产品生产基地为有机生产基地，完成向国家食品质量认证机构申报工作，当年通过北京陆桥质检认证中心认证，取得有机转换产品认证证书。

2010 年，央塔克乡、克孜勒阿瓦提乡建立番茄、黄瓜、西瓜、辣椒、杏子无公害农产品生产基地，面积 2.27 万亩；吐曼塔勒乡建立甜瓜、孜然无公害农产品生产基地，面积 5310 亩；央塔克乡建立红枣无公害农产品生产基地，面积 6000 亩；库木库萨尔建立核桃无公害农产品生产基地，面积 4005 亩。以上乡生产的农产品样品送往新疆分析测试研究院进行检测。是年，通过中国质量认证中心认证。

第八章　扶贫开发

第一节　重点村扶贫

2002 年，麦盖提县被自治区确定为扶贫开发非重点县，库木库萨尔乡为扶贫开发重点乡，巴扎结米乡、希依提墩乡、央塔克乡、吐曼塔勒乡、克孜勒阿瓦提乡、昂格特勒克乡为插花乡，全县有 26 个扶贫开发重点村，涉及 3352 户 1.49 万人。重点村扶贫工作分 3 轮进行，第一轮 9 个村、第二轮 9 个村、第三轮 8 个村。

2002—2009 年，麦盖提县累计争取自治区财政扶贫资金（生产发展资金）1553 万元（其中扶贫培训项目资金 78 万元）。累计实施扶贫项目 7 大类 27 个小项目。扶贫资金主要用于重点村发展种植业、林果业、畜牧业、建设小型水利设施配套及公益性项目，入户资金达 823 万元，占 52.9%；到村资金 730 万元，占 47.1%。通过国家财政扶贫资金扶持，全县 862 户特困户基本解决温饱，人均纯收入由 670 元增长到 890 元，增幅达 32.8%；2841 户低收入贫困户人均纯收入由 862 元增长到 1200 元以上，增幅达 39.2%，贫困重点村基础设施建设从无到有。

第二节　惠农资金落实

2007 年，麦盖提县棉花良种补贴项目启动，第一批补贴面积 25.9 万亩，补贴资金 388.5 万元。年底，棉花良种推广项目补贴覆盖 10 个乡、129 个村、2.38 万户农户。棉花良种补贴项目的实施促进了棉花良种推广，扩大了良种种植面积，品种结构进一步优化，棉花单产有所提高，品质得到改善。

2008 年，麦盖提县落实棉花良种补贴面积 25.9 万亩，每亩补贴 15 元，补贴资金 388.5 万元，补贴范围涉及 130 个村、3.03 万户农户；在资金发放上实行“一卡通”，方便农民领取棉花良种补贴资金。发放小麦农资综合直补资金 1261 万元，每亩 91 元。

2009 年，国家支农惠农各类作物补贴全面落实，麦盖提县发放补贴资金 1045 万元，其中小麦良种补贴面积 13.91 万亩、补贴标准 10 元 / 亩、139.1 万元，玉米良种补贴面积 15.11 万亩、补贴标准 10 元 / 亩、151.1 万元，棉花补贴面积 50.32 万亩，补贴标准 15 元 / 亩、754.8 万元，发放小麦农资补贴 1380.98 万元。

2010 年，麦盖提县发放农作物良种补贴和农资综合补贴 2599.8 万元，农民人均受益 207.7 元。

其中，执行小麦农资综合补贴面积 16.2 万亩，每亩补贴 90 元，发放补贴资金 1458 万元；发放各类农作物良种补贴资金 1141.8 万元、补贴面积 87.32 万亩（棉花良种补贴面积 53.72 万亩，补贴资金 805.8 万元；小麦良种补贴面积 16.2 万亩，补贴资金 162 万元；玉米良种补贴面积 17.4 万亩，补贴资金 174 万元），补贴资金全部采用一卡通形式发放。这些资金的发放，稳定了农民植棉种粮积极性。

第九章　新农村建设

第一节　新农村经济建设

2005 年，中共十五届六中全会注入社会主义新农村建设新的内涵，麦盖提县新农村经济建设，在全面发展农村生产的基础上调整产业结构，招商引资合作建厂，解决部分农民就业，有计划实施富余劳动力转移，实现农民增收目标。

截至 2010 年，麦盖提县农业支柱产业有棉花、红枣、畜牧、设施农业等产业。总产值达 16.2 亿元。有城南、城北 2 个工业园区，吸引各乡镇部分富余劳动力就业。全县农村富余劳动力转移就业 2.8 万人，较 2005 年增长 26.69%，农村富余劳动力转移收入 3007 万元，较 2005 年增长 33.03%。

1991—2010 年麦盖提县农民收入情况表

表 9-9-1

年份（年）	农民人均纯收入（元）	新农村建设之前和之后收入情况比较
1991	1210.16	1991—2004 年，中共中央提出新农村建设要求之前，麦盖提县农民人均纯收入平均为 1563.74 元
1992	1213.20	
1993	1218.00	
1994	1430.00	
1995	1667.60	
1996	1594.61	
1997	1761.46	
1998	1862.27	
1999	1231.00	
2000	1381.00	
2001	1504	
2002	1719	
2003	1960	
2004	2140	

续表 9-9-1

年份（年）	农民人均纯收入（元）	新农村建设之前和之后收入情况比较
2005	2360	2005—2010 年，中共中央提出新农村建设要求之后，麦盖提县农民人均纯收入平均为 4077 元，比 1991—2004 年增长 2513.26 元，为 2.61 倍
2006	3153	
2007	3663	
2008	4842	
2009	5493	
2010	4951	

第二节　新农村政治建设

2005 年，麦盖提县新农村政治建设，在加强农民民主素质教育的基础上，主要抓农村基层民主制度建设和农村法制建设，引导农民依法行使自己的民主权利。

截至 2010 年，全县 129 个村全部建立实施“四议两公开”（“四议”：支部提议、两委商议、党员大会审议、村民代表会议或村民大会决议；“两公开”：决议公开、实施结果公开）制度；全部制定推行《村规民约》。

第三节　新农村文化建设

2005 年，麦盖提县新农村文化建设，在加强农村公共文化建设的基础上，开展多种形式、体现农村地方特色的群众文化活动，丰富农民群众的精神文化生活。

截至 2010 年，有文化馆 1 个、图书馆 1 个、体育场馆 1 个、文化站 14 个、村（社区）级图书室 129 个。农民文化娱乐消费比重 0.02%，农村彩电普及率 89%，农村电脑普及率 1.7%。

截至 2010 年，麦盖提县各乡镇、村（社区）文化阵地及设施健全，有乡镇演出队 10 支、村业余演出队 129 支，文化活动开展做到每月至少 1 次，冬季农闲时期文化活动频次增加至每周 1 次。据统计，全县各乡村（社区）开展各类文化活动 1800 场次，参与群众平均每场次都在 300 人以上；电影下乡 2000 场次；各乡镇文化站、村（社区）图书室全天候免费开放，方便农民群众借阅书刊、观看科技片，参加乒乓球、篮球、排球等体育活动。

第四节　新农村社会建设

2005 年，麦盖提县新农村社会建设，在加大公共财政对农村公共事业投入的基础上，进一步发展农村的义务教育和职业教育，加强农村医疗卫生体系建设，建立和完善农村社会保障制度等。

截至 2010 年，全县有职业中学 1 所、普通中学 13 所、小学 50 所。普通中学专任教师 975 人，小学专任教师 1228 人，普通中学在校学生 1.46 万人，其中女生 7200 人；小学在校学生 2.11 万人，其中女生 1.1 万人。小学学龄儿童入学率 99.69%，其中女童入学率 51.8%，初中升学率 45.3%。职业技能培训 1.27 万人。成人文盲率 0.14%。

截至 2010 年，全县有卫生机构 15 个，其中乡镇卫生院 13 个，妇幼保健站 1 个，疾病预防控制中心（防疫站）1 个，卫生监督检查机构 1 个，医院和卫生院床位 675 张，卫生技术人员 528 人，医师 233 人，卫生防疫人员 45 人。新法接生率 98.74%，产妇住院分娩比例 95.68%，孕产妇系统管理率 80.57%，7 岁以下儿童保健管理率 78%，3 岁以下儿童系统管理 81.36%。全县 65% 的农户达到县级文明卫生标准，农村生活垃圾处理率提高到 60% 以上，修建各类户厕 1.69 万个，户厕率占农户的 54.36%（其中学校、乡镇卫生院、集贸市场等公共场所完成无害化卫生公厕建设），集中式供水人口比例提高到 58% 以上，农村生活饮用水水质卫生监测覆盖 60% 以上的乡镇。全县参加新型农村合作医疗 16.62 万人，覆盖率 100%。

截至 2010 年，麦盖提县有社会敬老院 10 个，儿童福利院 1 个，床位 240 张。参加农村养老保险 9.09 万人；参加农村居民最低生活保障 2.01 万人。

第十编　林　业

麦盖提地处塔克拉玛干沙漠西南边缘，林业生态环境脆弱，林果资源丰富，天然林以胡杨、沙棘、红柳为主，人工林以新疆杨、沙枣、红枣、核桃、杏、桃、苹果、梨为主。1991 年，林地保存面积 56.03 万亩，其中天然林 37.1 万亩、人工林 18.93 万亩。

1991—2000 年，麦盖提县继续落实国务院建设“三北”防护林体系号召，加快叶尔羌河两岸全民植树造林工程建设步伐，主要种植新疆杨、沙棘、沙枣、胡杨、垂柳等树种，对全县天然胡杨、红柳采取有效保护措施，开始在毛渠、斗渠种植杏树、桃树，生态环境有较大改善，被国家林业局授予“平原绿化达标县”。1993 年，完成林业经济体制改革。

2001—2005 年，落实国家重点公益林补偿政策，将五一林场三队的天然胡杨林划为国家重点公益林。2005 年，实行产业结构调整，大力发展林果业，实行林农间作模式，将林果业作为全县经济发展的一大支柱产业来抓，形成了以杏子为主，核桃、红枣、开心果、葡萄并重的林果业发展格局，确定希依提墩乡、央塔克乡、吐曼塔勒乡、尕孜库勒乡、克孜勒阿瓦提乡、昂格特勒克乡、库尔玛乡为红枣种植基地，巴扎结米乡和库木库萨尔乡为核桃种植基地。

2006—2010 年，坚持以工程造林为主体，社会造林和义务植树为补充，大力开展植树造林活动。2008 年后，每年造林都在 10 万亩以上。2008 年，县委针对杏子、葡萄效益不明显的实际，再次调整林果业产业结构，确立了重点发展红枣、核桃思路，出台多项优惠政策，制定一系列管理措施，规模持续扩大，通过引进红枣加工企业和动员各级干部找销路、开电商等办法，解决了销售渠道不畅问题，实现了林果业增产增效。截至 2010 年年底，全县林地面积 520.27 万亩，其中天然荒漠林 374.6 万亩、人工林 145.67 万亩。特色林果面积 63.99 万亩，其中红枣 44.98 万亩、杏树 8.62 万亩、核桃 7.31 万亩、其他各类果树面积 3.08 万亩，以红枣为主、核桃为辅的林果产业格局形成，林果业逐渐成为农民增收的支柱产业。

第一章　机　构

第一节　行政机构

1991 年，麦盖提县林业局有编制 5 人，实有工作人员 5 人。

1994 年，麦盖提县林业局内设行政办、绿化委员会办公室、林果办、森林病虫害防治检疫站，核定行政编制 6 人，领导职数 3 个，工勤事业编制 1 人。

1997 年，县林业局核编 5 人，领导职数 2 个，实有工作人员 5 人。

2003 年，县林业局内设行政办、林政资源股，核定行政编制 7 人，领导职数 3 个，工勤事业编制 1 人。下辖森林病虫害防治检疫站。

2008 年，县林业局内设办公室、林政资源股、绿化委员会办公室，核定行政编制 8 人，领导职数 3 个，工勤事业编制 2 人。下辖县林业派出所、林业工作管理站（副科级，包含 9 个乡林业工作管理站）、森林病虫害防治检疫站。

2010 年，县林业局编制 7 人，领导职数 4 个，实有工作人员 6 人。内设办公室、林木种苗管理办公室、林政资源股、技术推广办、项目办、造林股，下辖县林业工作站、绿化委员会办公室、森林派出所、森林病虫害防治检疫站、乡林业工作站。

第二节　事业机构

一、林业工作管理站

2007 年 5 月，麦盖提县林业工作管理站成立，规格为副科级，隶属县林业局。核定参照公务员法管理编制 13 人，含领导职数 2 个，实有工作人员 13 人，其中专业技术人员 7 人。

二、林业派出所

1998 年 2 月，麦盖提林业公安派出所成立，规格为股级，为林业局下属单位，人员由林业局内部调剂，核定事业编制 7 人，其中领导职数 2 个。负责全县林木乱砍、泛伐、捕杀野生动物等违法行为执法任务。

2010 年，林业公安派出所更名为林业公安森林派出所，实行县林业和公安部门双重领导管理体制。同时，加挂麦盖提县公安局森林警察大队牌子，规格为副科级。核定行政编制 7 人，其中领导职数 1 个，实有工作人员 4 人。

三、森林病虫害防治检疫站

2007 年 5 月，森林病虫害防治检疫站成立，隶属县林业局。核定全额拨款事业编制 3 人（专业技术人员 3 人），含领导职数 1 个，实有 3 人。

2008—2010 年，森林病虫害防治检疫站内设综合办公室，有编制 3 人，其中领导 1 人，专业技术人员 2 人，实有专业技术人员 6 人。

四、基层林业站

1991—2010 年，各乡镇基层林业站隶属县林管站管理，机构规格为股级，全额预算管理，核定全额事业编制 43 人，按乡镇面积大小配工作人员 4 ~ 5 人，站长、副站长由国家干部担任，其他工作人员采取聘用制。

第三节　林　场

一、五一林场

1991—2004 年，五一林场属全民所有制国有林场，全额拨款事业单位，编制 22 人，领导职数 3 个，隶属麦盖提县人民政府管理。2004 年 3 月后，改制为自负盈亏的企业单位，机构规格相当正科级，有正科级领导干部 2 人，一般干部 4 人，在职职工 23 人，管理人员 15 人，退休职工 152 人，内设党政办、社会事务办、统战办、计生办、民政办。

2003—2010 年，林业系统改革，五一林场党支部隶属于林业系统党委。

二、胡杨林场

1991—2001 年，胡杨林场为副科级全额事业单位，编制 51 人，领导职数 2 个。

2001 年，喀什地区行署针对麦盖提、巴楚两县长期以来县界纠纷作出决定。2001 年 12 月，将麦盖提县境内 11.28 万亩天然胡杨林划分到巴楚县夏马勒胡杨林场，当时在职在编人员 51 人，移交到巴楚县夏马勒胡杨林场在职在编人员 36 人；退休人员 28 人，移交 23 人；享受遗属补助 24 人，移交 18 人；共移交人数为 77 人。

2002—2010 年，胡杨林场为副科级全额事业单位，在编人员 15 人，退休人员 5 人，享受遗属补助 6 人，领导职数 2 个。

2003 年，胡杨林场党支部隶属于林业系统党委。2003—2007 年，有中共党员 3 人。2008—2009 年，有中共党员 5 人。2010 年，有中共党员 7 人。

三、园艺场

1991—2003 年，园艺场属全额拨款事业单位，辖 2 个生产队。核定事业编制 14 人，领导职数 3 个。2003 年，园艺场党支部隶属于林业系统党委。

2004 年 1 月，园艺场由全民所有制国有林场全额拨款事业单位改为自负盈亏的企业单位。

2005—2010 年，行政编制 2 人，企业编制 2 人，其中领导职数 2 个，企业编干部 2 人。

第二章　林业资源

第一节　森林资源构成与分布

1991—2010 年，麦盖提县森林树种，分为当地品种和外来引进树种，果树引进居多，均属于抗干旱、抗霜冻耐盐碱品种，有 24 科、32 属、60 多种，主要有胡杨、果树、白杨、沙棘、沙枣、红柳等。其中：天然胡杨林集中分布在胡杨林场、五一林场 3 队、叶河两岸；苹果、桃子、梨子、冬枣主要集中在五一林场和园艺场，各乡（镇）不多；杏子、桑子等分布在各乡镇田间地头和农户房前屋后；红枣主要分布在希依提墩乡、央塔克乡、吐曼塔勒乡、尕孜库勒乡、克孜勒阿瓦提乡、昂格特勒克乡、库尔玛乡；核桃主要分布在巴扎结米乡、希依提墩乡和库木库萨尔乡；杨树、柳树分布在县乡村道路、引水渠两旁；沙棘集中在东河滩；沙枣树分布在沟渠、乡村道路两旁；红柳以戈壁滩居多，林带定植面积较少。

一、天然荒漠林

麦盖提县天然荒漠林乔木以胡杨为主，林区有甘草、大芸及野兔等动植物资源。因麦盖提县与塔克拉玛干沙漠接壤，天然胡杨林作为荒漠区唯一高大乔木林，在抵御沙漠扩张、减少沙尘暴侵袭方面发挥重要的屏障作用。荒漠灌木林有红柳、骆驼刺，主要分布在叶尔羌河中下游的吐曼塔勒乡、库尔玛乡和提孜那甫河下游的巴扎结米乡、库木库萨尔乡等地的绿洲与荒漠衔接地带。红柳林系柽柳科柳树灌木，耐旱耐盐碱，分布较广，具有防风固沙、改善生态等作用，在各乡镇都有大面积红柳滩，也有与胡杨林交错形成的混交林，巩固水土流失，起到防沙治沙的效果。

1991—2000 年，麦盖提县利用国家“三北三期”“三北四期”防护林建设项目资金，开展引洪落种，发展胡杨、红柳等天然林 1.22 万亩。

2001 年，麦盖提县加强对天然林管护，禁止乱砍滥伐，使天然胡杨林、红柳面积有所扩大。同年，麦盖提县开始实施林业分类经营项目，具体项目内容为公益林分类，将天然林 6.1 万亩纳入国家级公益林，坚持经济效益与生态效益并举，引洪落种发展红柳林 4999.5 亩。

2002 年，国家下达林木禁伐令，麦盖提县开始实施林木补偿制度。

2003—2009 年，全县天然荒漠林保存面积 37.1 万亩。其中 23 万亩是防护林和用材林，14.1 万亩是疏林地。按林龄划分，其中幼林 8.66 万亩、中龄林 12.47 万亩、近熟林 1.92 万亩、过熟林 14.1 万亩。

截至 2010 年，麦盖提县天然荒漠林 374.6 万亩。其中，胡杨 16.88 万亩，红柳 13.87 万亩，占全县林地总面积的 5.91%，郁闭度已达到国家标准。

二、人工林

麦盖提县地处沙漠边缘，常年风沙肆虐，植树造林显得尤为重要。

1991—2010年，麦盖提县加快防风固沙林建设，在条田地块边、公路沿线、住宅区和沙漠边沿，广种新疆杨、沙枣、榆树、胡杨树为主的防风林，在植被稀疏的戈壁前沿种植以新疆杨、沙枣树、胡杨树、柳树为主的防风林；除种植防风林外，大量种植经济林，经济林以苹果、杏、桃、红枣、核桃、梨为主，产生一定的经济效益。大量种植的防护林，在沙漠前沿建起一道防风固沙体系，为制约风沙侵蚀和保护农作物起到积极作用。截至2010年，全县有人工林145.67万亩。

（一）生态林。1991年以来，麦盖提县在每年春秋两季动员全县人民持续开展植树造林活动。截至2010年，麦盖提县生态林面积18.83万亩。其中，用材林1.53万亩，农田防护林9.7万亩，薪炭林7.6万亩。

1991—2010年麦盖提县生态林造林面积情况表

表10-2-1

年份（年）	造林面积（亩）	其中				
		新疆杨（亩）	柳树（亩）	红柳（亩）	沙枣（亩）	零星种植（亩）
1991	9290	4300	1000	3150	750	90
1992	8940	4000	800	3000	720	420
1993	5215	1340	200	3315	150	210
1994	6350	1400	120	3690	600	540
1995	7680	1000	45	3450	1385	1800
1996	9300	1200	30	4050	1740	2280
1997	9935	1130	65	3715	2400	2625
1998	6430	1200	30	2855	1610	735
1999	3150	600	25	1200	1025	300
2000	3160	400	10	1035	1070	645
2001	2835	200	40	1000	1290	305
2002	2630	300	80	960	1170	120
2003	5080	1000	380	1900	1260	540
2004	4255	400	105	1320	1740	690
2005	6670	700	240	1260	3525	885
2006	19315	7400	500	4155	5270	1990
2007	8110	2250	200	1370	2950	1340
2008	7580	2500	370	1250	2775	685

续表 10-2-1

年份（年）	造林面积（亩）	其中				
		新疆杨（亩）	柳树（亩）	红柳（亩）	沙枣（亩）	零星种植（亩）
2009	9305	4000	500	1490	4150	565
2010	4050	1150	110	930	1400	460

（二）经济林。1991—2002 年，全县新植果树面积不大。2003 年开始，实施农业产业结构调整，林果业进入快速发展时期。截至 2010 年，全县经济林面积 40.13 万亩，红枣、核桃、杏、梨、苹果、桃形成较大规模。

第二节 林木蓄积

1991 年以来，麦盖提县天然林得到保护，人工林持续发展，林木蓄积量不断增长。截至 2010 年，麦盖提县林地总面积 520.27 万亩，活立木总蓄积量 101.7 万立方米。其中天然荒漠林 374.6 万亩，蓄积 51.3 万立方米；人工林 145.67 万亩，蓄积量 49.77 万立方米。

第三节 森林覆盖率

1991 年以来，麦盖提县在有效保护天然林的基础上，每年春秋两季坚持全民植树造林，人工林面积逐年增加。截至 2010 年，林地总面积 520.27 万亩，包括有林地 297 万亩，疏林地 59.9 万亩，灌木林地 37.85 万亩，未成林地 30.8 万亩，宜林地 94.5 万亩，苗圃地 2200 亩；国土绿化率 3.8%，绿洲森林覆盖率 28%。

第四节 树木品种

麦盖提县树种资源有木本树种资源 24 个科、32 个属、60 种。其中，用材树种 7 种，薪炭林树种 4 种，经济林树种 16 种，观赏树种 33 种。

2001 年，从叶城县引进加纳利杏子。

2004 年，从山东沾化县引进冬枣。

2005 年，从和田引进薄皮核桃 689 号。

2007—2009 年，从阿克苏、和田、若羌县引进灰枣、骏枣接穗。

2010 年，群众自发引进库尔勒香梨等水果品种。

第五节 湿地资源

麦盖提县湿地资源主要分布在巴扎结米乡、希依提墩乡、央塔克乡、吐曼塔勒乡、尕孜库勒乡、库木库萨尔乡、库尔玛乡、胡杨林场、五一林场等叶尔羌河及提孜那甫河沿岸宜林河滩地，总面积 15 万亩，封滩育林面积 15 万亩。

第三章　林业资源培育

第一节　林木种苗

一、采种

1991—2010 年，麦盖提县动员农民主要采集的树种有杏核，麦盖提县动员农民收集杏核 630 千克，由林业局统一分配到各育苗点发展苗圃。

二、苗圃

1991 年，麦盖提县有 1 个县级苗圃、9 个乡镇苗圃，苗圃面积 8500 亩，当年全县育苗 1005 亩。培育的天然林树种有杨树、沙枣、柳树、桑树等；经济林育苗主要由五一林场、园艺场承担，培育的树种有苹果、桃、梨、杏等。每年春秋植树季节，由林业部门调配至各林区栽种，基本满足县域需求。

1993 年起，每年植树面积不断扩大，县各级苗圃所育苗木供不应求，政府允许植树大户育苗，补齐不足。育苗树种以杨树、沙枣、胡杨为主，大多数苗木为当年育苗，次年出圃造林，基本可满足造林苗木的自给。

1999 年，育苗单位育苗树种改为杏子和葡萄，仍有部分育苗户育杨树苗和沙枣苗，供给防护林造林所需。

2007 年，麦盖提进行产业结构调整，加大红枣育苗力度。

1991—2010 年麦盖提县育苗面积情况表

表 10-3-1

年份（年）	育苗面积（亩）	其中								
		杏（亩）	核桃（亩）	酸枣（亩）	桃（亩）	葡萄（亩）	开心果（亩）	杨树（亩）	沙枣（亩）	其他（亩）
1991	2298	8	0	0	13	0	0	922	790	565
1992	2900	10	0	0	4	2	0	1263	745	876
1993	1500	6	0	0	8	0	0	516	483	487
1994	2100	5	0	0	0	3	0	805	668	619
1995	1694	7	0	0	6	10	0	621	575	475
1996	500	10	0	0	5	20	0	172	249	44
1997	1320	30	0	0	10	40	0	460	384	396
1998	416	24	0	0	0	35	0	198	142	17
1999	400	153	0	0	0	126	0	52	45	24
2000	723	302	0	0	0	274	0	60	57	30

续表 10-3-1

年份（年）	育苗面积（亩）	其　中								
		杏（亩）	核桃（亩）	酸枣（亩）	桃（亩）	葡萄（亩）	开心果（亩）	杨树（亩）	沙枣（亩）	其他（亩）
2001	920	347	0	0	0	261	0	152	85	75
2002	800	243	19	11	4	165	0	177	154	27
2003	400	73.5	25.5	32	0	30	4	50.5	35	149.5
2004	500	139.2	100	50	0	1	0	47	30	33.8
2005	400	0	0	300	0	0	0	45	27	28
2006	650	0	0	400	220	3	2	81	25	19
2007	2050	0	119.8	1013.5	96.3	0	2	518	207	93.4
2008	687	0	0	100	0	0	0	421	86	80
2009	1200	0	150	200	0	0	0	602.8	215.2	32
2010	928	0	100	105	0	0	0	502	117	104

第二节　平原绿化

1988—2000 年，国家在 900 多个平原、半平原和部分平原县（市、旗）规划造林 1.40 亿亩，以保护全国 40% 以上耕地的生态环境。麦盖提县属于叶尔羌河下游冲积平原，其间，完成 15.55 万亩平原绿化造林，达到国家要求，经国家林业局验收，麦盖提县被授予“平源绿化达标县”。

第三节　经济林建设

1991 年之前，全县经济林（果树）总面积 1.17 万亩，果树种类有苹果、梨、杏、桃、枣、李子、西梅、核桃、葡萄等，苹果、梨、桃品种多而杂。乡（镇）集中连片果园不多，大多分布在农田毛渠和农户房前屋后，管理粗放，产量低，果品质量差，经济效益不明显。五一林场、园艺场是县委、县人民政府确定的经济林基地，以发展林果、园艺、用材林为主，生产粮棉蔬菜为辅，两场采取集中连片种植方式，合理布局，经过多年努力，初具规模。截至 1990 年，林果面积已达 1587 亩，经济效益较好，农民持续增收。

1991—2002 年，国际棉花市场行情较好，麦盖提县重点加强棉花生产，全县新种植果树不多，各乡（镇）林果面积基本维持现状。五一林场、园艺场林果培植没有停滞，新植改造并举，林果布局进一步优化。1999 年，从山东沾化县引进冬枣苗，种植面积 800 亩。

2002 年之后，国际棉花市场低迷，对农村经济发展和农民稳定增收带来较大影响，为确保农民群众实现多元化增收，县委做出调整农业产业结构的决定，压缩棉花面积，扩大林果生产，深入调研，解放思想，更新观念，破除固有种植模式，改为套种模式进农田，根据土壤结构，分片区发展适宜的果树，大胆实践探索、调整，大干快上，大面积种植，持续推进，先后设立库木库萨尔乡、希依提墩乡、五一林场、园艺场、麦盖提镇农场为桃生产基地，克孜勒阿瓦提乡为开心果生产基地，尕孜库勒乡、央塔克乡、巴扎结米乡为葡萄生产基地，央塔克乡、吐曼塔勒乡、尕孜库勒乡、克孜勒阿瓦提乡、昂格特勒克乡、库尔玛乡为红枣生产基地，库木库萨尔乡、巴扎结米乡、希依提墩乡为核桃生产基地。2002—2010 年，林果发展突飞猛进，形成较大规模。截至 2010 年，全县林果面积 40.16 万亩。其中，杏 8.63 万亩、枣 35.37 万亩（含冬枣 800 亩）、核桃 4.63 万亩、桃 2.38 万亩、苹果 2600 亩、梨 1400 亩、葡萄 700 亩、石榴 400 亩、巴旦木 400 亩、西梅 700 亩、开心果 500 亩。

第四节　植树造林

一、概况

1991—2010 年，利用国家“三北”三期、四期防护林建设项目资金，在全县范围内植树造林 86.36 万亩，树种为杨树、柳树、大叶榆树、沙枣树、沙棘、红柳、梧桐、白蜡树以及梅花、玉兰花、观赏榆树、松树、柏树及经济林等，完成喀什地区下达植树造林任务，存活率 95%。

1991—2010 年麦盖提县植树造林情况表

表 10-3-2

年份（年）	造林面积（万亩）	育苗面积（万亩）
1991	1.19	0.23
1992	1.17	0.29
1993	0.94	0.15
1994	0.95	0.21
1995	2.12	0.17
1996	2.05	0.05
1997	4.21	0.13
1998	1.64	0.04
1999	1.55	0.04
2000	1.71	0.07
2001	1.5	0.09
2002	1.55	0.08
2003	2.05	0.04
2004	2.05	0.05
2005	1.27	0.04
2006	4.3	0.07
2007	4.92	0.21
2008	13.08	0.07
2009	12.98	0.12

续表 10-3-2

年份（年）	造林面积（万亩）	育苗面积（万亩）
2010	25.13	0.09

二、全民义务植树

1991年以来，叶尔羌河东岸（东河滩）为县直机关单位义务植树基地。麦盖提县在每年“3·12”植树节启动义务植树造林工程，发动全县职工、部队官兵、城镇居民、社会团体、学校师生在东河滩义务植树，主栽树种为杨树、沙棘、柳树、沙枣、榆树、红柳等。

1991—2002年，全民义务植树完成3.7万亩，年平均参加植树人数4万人次，年均植树58.33万株。

2003—2004年，县直机关单位参加全民义务植树参加人数5.5万人次，造林面积9820.4亩，植树株数101.73万株。

2005年，县乡两级义务植树活动正式开始。县直机关、企事业单位、外地驻麦各办事处以及全县个体工商户有64个单位8000余人赴东河滩、尕孜库勒乡两个植树基地开展义务植树活动。全县建17个义务植树基地。实际参加植树人数2.41万人，植树面积4157亩，植树株数42.8万株。

2006年，全民参加义务植树4.27万人，建10个义务植树区，植树面积3450亩，植树35.5万株。

2007年，县乡两级参加义务植树人员2.45万人，建12个义务植树区，植树面积1987亩，植树14.93万株。

2008年，全县参加全民义务植树5.69万人，建23个义务植树区，植树面积2975.8亩，植树74.84万株。

2009年，全县参加全民义务植树1.99万人，建11个义务植树基地，植树面积1239亩，植树24.57万株。“十一五”规划期间，全县各族干部群众参与义务植树活动达21万余人次，累计建立义务植树基地74个，植树面积1.2万亩，植树228万株。

三、执行造林政策

2001年，麦盖提县开始实施天然林保护工程。到2009年，全县累计管护国家公益林25万亩，管护地方公益林14万亩，已有22万亩公益林享受管护费，每年国家按每亩5元标准给予补助。

2001年，“三北”五期工程开始实施。截至2010年，完成人工造林7万亩。主要树种是杨树、沙枣、沙棘、红枣、核桃等分布在9个乡，每亩补助300元。

2003年，麦盖提县全面落实退耕还林政策，当年退耕还林9233.3亩。

2005年，麦盖提县被列入国家退耕还林项目县，对经济林补助5年、生态林补助8年，每亩补贴160元（其中退耕户粮食补助140元、退耕户生活补助20元），全县4.3万亩造林实行补贴政策，国家补助460万元。

2006年，第一批退耕还林补贴政策结束，工程涉及9个乡（镇）、100个村、3360户农户，经检查验收合格后，向农户落实退耕还林补助资金668万元。

四、森林抚育

1991—2010年，麦盖提县在开展植树造林中，既布置植树造林任务，又注重安排白杨树幼林、红柳林、胡杨林幼林抚育，以确保造林成效。其间，麦盖提县森林抚育采取“封、管、造、节”相结合措施，逐年扩大抚育林面积。2010年，抚育面积是1991年的3.14倍。

1991—2010 年麦盖提县森林抚育情况表

表 10-3-3

年份（年）	造林（万亩）	森林抚育（万亩）
1991	1.19	37.1
1992	1.17	39.03
1993	0.94	40.34
1994	0.95	41.79
1995	2.12	43.34
1996	2.05	44.46
1997	4.21	45.13
1998	1.64	45.85
1999	1.55	47.01
2000	1.71	48.22
2001	1.5	49.72
2002	1.55	50.77
2003	2.05	52.88
2004	2.05	54.87
2005	1.27	56.14
2006	4.3	60.44
2007	4.92	65.56
2008	13.08	78.64
2009	12.98	91.62
2010	25.13	116.75

第四章　林果业

第一节　红　枣

1991 年之前，麦盖提县枣子品种较杂，有灰枣、骏枣、鸡心枣、苹果枣等，零星分布在农民房前屋后。

2005 年，麦盖提县开始加大红枣发展力度，各乡（除麦盖提镇）育苗 30 ~ 100 亩，共育苗 300 亩。2006 年 3 月，麦盖提县从阿克苏市空太力克农场采购红枣接穗 115 万个，4 月中旬完成 300 亩苗圃嫁接，2007 年春季移栽至农田。

2008年，麦盖提县委扩大会议把发展红枣确定为农村经济支柱产业，提出发展30万亩红枣工程，以灰枣为主打品种，种植部分骏枣。在总结前期经验的基础上，从河北石家庄赞皇县采购酸枣种子，采取棉套枣直播的方式大规模推进，次年春季嫁接，接穗由各乡自行从已栽种的枣树上采集，由专业人员承包和乡里成立嫁接队两种方式进行嫁接，按嫁接成活率结算，嫁接成活率达85%以上，比传统育苗移栽提早一年结果。同时，采取种了免费、专用肥补贴、科级以上干部建立示范园、出台销售指导价等方式，促使红枣产业得到长足发展。

2009年开始，麦盖提县加大红枣加工企业招商引资力度，陆续引进枣都、沙漠绿洲、天海绿洲等红枣加工企业进行收购、加工，并建成多家电商，保障了销售渠道畅通。

截至2010年，全县红枣种植面积累计35.37万亩，总产量14.29万吨。

第二节 核 桃

1991—2002年，麦盖提县一些乡、村在公共积累田试种核桃，一些农户也在房前屋后零星种植核桃，成活率都不高，没有形成规模。

2003年，麦盖提县通过科学分析，认为库木库萨尔乡适合种植核桃，开始在该乡大面积种植桃核。2003—2004年，种植核桃6000亩。

2008年，麦盖提县加大农村产业结构调整力度，确定巴扎结米乡、希依提墩乡和库木库萨尔乡重点发展核桃，品种主要有温185和新新2号等品种，生产上采取“先集中育苗，然后分开移植，再嫁接”措施，每亩移栽定植核桃33株；嫁接的方法有皮接和芽接。2008—2010年，库木库萨尔乡、巴扎结米乡、希依提墩乡大面积种植核桃，克孜勒阿瓦提乡、昂格特勒克乡也种植了一部分。

截至2010年，全县共定植核桃4.63万亩。

第三节 其他林果

一、杏

1991—1997年，麦盖提县五一林场、园艺场有一定数量杏树。各乡（镇）农户在房前屋后、水渠、道路等部位零星栽种，累计栽种面积1.09万亩。有麻义山、阿克赛力、色力玉勒克等22个品种。

1998年，为增加农民收入，县委作出林果业发展主攻方向为杏子产业，各乡（镇）采取育苗与宣传同步进行的方式，为次年发展打基础，林业部门引进色买提杏、木克亚各力克杏等品种在部分乡村试验，得到大部分农民群众认可。

1999年，各乡（镇）动员农户在毛渠、斗渠种植色买提杏、木克亚各力克杏，面积1.24万亩。

2000年，各乡（镇）在大田套种色买提杏、木克亚各力克杏，面积1.39万亩。

2005年，麦盖提县通过招商引资引进果酱加工企业新疆一源公司。2006年，建成日产1000吨的果酱生产线，开始收购鲜杏进行加工杏酱并出口。2008年后，因国际市场需求减少，企业进行转产，不再收购杏子，农民的大部分杏子晾成杏干自行出售、少部分杏子当鲜果出售。

截至2010年，麦盖提县杏树面积保持在8.63万亩27.94万棵，大部分品种淘汰，保留的主要品种有色买提杏、木克亚各力克杏、赛力杏、马伊萨姆，白杏等，产量1.22万吨。

二、梨

1990年，全县梨树面积1600亩，主要集中在五一林场、园艺场，各乡（镇）果园梨树较少，农户家房前屋后零星种植。有阔它阿木提、奎克阿木提、砀山梨、莱阳梨、香蕉梨、库尔勒香梨、冬香梨等 21 个品种。

1991—2010 年，麦盖提县加强梨园改造，淘汰大部分品质不佳的梨树，引进一些市场经济效益较好品种，分别实施嫁接和补植改良。截至 2010 年，全县梨树面积稳定在 1600 亩左右，亩产 632 千克，总产 654 吨。主要保留品种有香蕉梨、库尔勒香梨、冬香梨。

三、苹果

1990 年，全县苹果面积 700 亩，主要栽种在五一林场、园艺场，各乡（镇）果园和农户有零星种植。有黄元帅、红元帅、红富士、青香蕉、印度香等 29 个品种。

1991—1998 年，全县新植苹果 580 亩，主要种植红富士、红元帅、国光、胜利、黄元帅等品种，清除部分品质和效益不佳的品种。

1999—2010 年，全县新植苹果 2020 亩，重点抓了老果园改造和提质增效。截至 2010 年，全县苹果面积 2600 亩，亩产 448 千克，总产 740 吨，一半以上销售县外。主要保留品种有红富士、国光、黄元帅、红元帅。

四、桃

1990 年，全县桃树面积 1200 亩，主要集中在五一林场、园艺场，各乡（镇）果园和农田毛渠有零星种植。乡（镇）多为平顶毛桃、黄肉毛桃，五一林场、园艺场品种较多，有红桃、蟠桃、中华寿桃、仙桃、水蜜桃、尖嘴毛桃等 13 个品种。

1991—2010 年，全县新植桃树 2.26 万亩，以库木库萨尔乡、希依提墩乡、五一林场、园艺场、麦盖提镇农场居多，其他乡面积较小，以集中连片种植推进。截至 2010 年，全县桃树面积 2.38 万亩，亩产 122 千克。各乡（镇）经济效益不明显，五一林场、园艺场产量效益较好。

五、葡萄

1991—2010 年，麦盖提县葡萄种植面积 1389.5 亩。其中葡萄大棚 524 座，其他为农户在自家庭院零星种植。葡萄产品主要在本地销售。

1991—1999 年，全县葡萄种植面积 585 亩，品种以马奶子、无核白、阿克玉孜木（地方土品种）等为主，在陆地栽种。

2000—2010 年，麦盖提县葡萄种植面积 804.5 亩。新引进木纳格葡萄（陆地栽种）、巨峰葡萄（大棚栽种）等新品种。

第五章　林业资源保护

第一节　森林防火

1991—2003 年，麦盖提县森林防火使用的工具主要是铁锹、坎土曼、水桶等，对一般火灾用沙子、水进行人工处置；大型火灾由消防大队、棉麻公司消防车进行处置。森林防火预案逐步完善，每年进行森林防火宣传 3 ~ 5 次，在胡杨林场、五一林场、园艺场等防火重点区域设置瞭望台，增加护林员编制，吸收当地农民加入护林员队伍，及时发现林区火情及隐患，及早处置，把火灾控制在萌芽状态。

2004 年，县林业局编制全县重特大森林火灾指挥扑救预案，进一步强化预防措施和扑救措施。县人民政府与各乡镇人民政府和相关单位签订森林防火目标管理责任书。全县组成护林防火组 52 个，主要由护林防火办、护林员、林业专业服务队及各乡镇村组治保主任、民兵、林果服务队人员组成，共 170 人，其中半专业人员比例占 80%、专业人员占 16%。

2005 年，麦盖提县建设防火物资储备库 1 座，购买储备风力灭火机 4 台、油锯 2 台、水枪 10 支、专业灭火服装 30 套、组合工具 10 套、东北斧 10 把、对讲机 2 部、割灌机 2 台、水泵 1 套、三号工具 20 把及急救帐篷（大小）12 顶等。各防火点建立健全护林防火制度，做到措施到位，确保森林安全。

截至 2010 年，每逢重大节日，林业局派出督察组，深入林区实施指导督查，组织护林人员进林区、守坟头、把路口，消除隐患。

第二节 病虫害防治

麦盖提县林木主要有春尺蠖、枣大球蚧、扁平球坚蚧、沙枣跳甲、枣叶瘿蚊、螨类、鼠害等 7 种病虫害。森林病虫害主要靠人工按照病虫害种类有针对性施药进行防治。

1991 年开始，陆续建立国家级森林病重点测报点 1 个（设在胡杨林场）、自治区级 1 个（设在东河滩）、县级 6 个（分别设在央塔克乡、吐曼塔勒乡、克孜勒阿瓦提乡、昂格特勒克乡、库尔玛乡、五一林场）。

2005 年起，国家林业局、自治区林业厅重视林业病虫害防治工作，加大对基层森防站投入，建立监测预警、防治减灾、检疫御灾三大体系，9 个乡镇平均配备大型防治器械 15 台。针对病虫害发生的区域及时组织人员防治，遏制病虫害蔓延。

第三节 野生动植物保护

麦盖提县境内野生动物较丰富，受保护野生动物 30 多种，有国家一级保护动物白鹤、叶尔羌河鼓鳔鳅（狗头鱼），有国家二级保护动物草原斑猫、鹅喉羚、塔里木兔、灰鹤、会腹鸥、小鸥、大雁、翠鸟、鹃鸠、白腹黑啄木鸟、纵纹腹小鸮、猎隼、燕隼、灰嘴隼，有国家三级保护动物野鸭，有自治区二级保护动物针尾鸭、野鸡、百灵鸟。

1991 年，县人民政府把胡杨林场、五一林场及园艺场、东河滩、乡镇周边戈壁滩等确定为生态及野生动物保护区，保护面积 474.57 万亩，受保护天然林 374.58 万亩、生态林 9.83 万亩，受保护树种 24 个科、32 个属、60 种。

1998 年，县林业部门开展野生动物保护执法行动，打击乱捕滥猎滥食野生动物和走私、非法经营野生动物产品的违法犯罪行为。

2000 年，强化野生动物分布区的野外巡护和看守，在野生动物分布的胡杨林场、五一林场 3 队、东河滩以及有野生动物出没的戈壁滩，组织力量加强巡护和看守，收缴或清除兽夹、兽套等非法猎捕工具。

2006 年，检查野生动物经营利用场所，清理整顿非法经营利用行为，对餐馆饭店、集贸市场、野生动物集散地等野生动物及其产品经营比较集中的场所，进行全面检查，对违法人员依法惩处。

第四节　林业执法

1991 年以来，林业执法部门贯彻《中华人民共和国森林法》和《森林保护条例》，做到有法可依，执行林木限额采伐制度，严禁无指标乱砍滥伐；做好木材流通管理，杜绝无证贩运木材；对天然林和次生林依法保护，严禁砍伐或损毁。

1998 年 2 月，麦盖提县林业派出所成立，加大对林木乱砍、泛伐、捕杀野生动物等违法行为执法力度，依法严厉打击不法分子，震慑犯罪。

1998—2003 年，林业派出所受理林业案件 70 起，查处 56 起。其中，查处林业行政案件 23 起，处理 67 人（其中单位 3 个）；查处野生动物案件 7 起；查处非法无证运输木材案件 23 起，处理 32 人，收缴罚款 5.49 万元。

2004—2006 年，林业公安人员加大对涉林违法活动的查处和打击力度，全县林业秩序好转，乱砍滥伐、乱捕滥猎、乱收滥运等违法活动得到有效控制。

2007 年，林业公安人员继续查处涉林违法活动，立案查处各类森林违法案件 28 起，其中：盗伐林木案件 4 起，滥伐林木案件 19 起，其他案件 5 起，处理 40 人，处罚金 1.38 万元。

2008—2010 年，林业公安派出所受理各类案件 34 起，查处各类案件 27 起。处置报警 34 次，打击处理各类违法犯罪人员 42 人次，罚款 42 人次，为国家挽回经济损失 6.8 万元。

截至 2010 年，林业公安派出所破获 1 起森林野生动物猎杀案件，主要当事人被判刑；处置乱砍滥伐案件 249 起，依法给予行政处罚。

第五节　退耕还林

1991—2010 年，麦盖提县退耕还林工作经历了 3 个阶段。

第一批退耕还林：2003 年，林业部门在全县开展退耕还林核实工作。

第二批退耕还林：2005 年，林业部门督促完成退耕地还林 1.4 万亩。其中，生态林 1.18 万亩，经济林 2200 亩。

第三批退耕还林：2006 年，林业部门报经上级主管部门同意，确定全县落实退耕还林政策农户 3330 户，退耕还林面积 9307.6 亩，发放补助资金 186.99 万元。至此，麦盖提县退耕还林工作基本落实完毕。

第六章　林业产业

第一节　花卉生产

1991—2010 年，麦盖提县花卉生产有两家，均为私有，建大棚 3 座，面积 3 亩。生产的花卉有月季、三角梅、夹竹桃、绣球、君子兰、虎皮兰、吊兰、虎刺、仙人掌、仙人球、马蹄莲、太阳花、矮牵牛、朱顶红、菊花等，面向本县销售，基本满足各单位及城镇居民需求。

第二节 林产品加工

1991—2010 年，麦盖提县林产品加工私人作坊有 260 家，主要从事木材加工、家具生产、门窗加工、建筑制模、木质农器具加工、木质生活用品用具加工、木质摆件加工、民族乐器制作、旅游商品及纪念品制作等，满足了人民生活、农业生产、建筑工地、旅游开发等需要。

第七章 林业改革与政策法规

第一节 林权制度改革

2008 年 6 月 8 日，中共中央第八号文件《中中央国务院关于全面推进集体林权制度改革的意见》（以下简称"《意见》"）下发，要求用 5 年左右时间基本完成明晰产权、承包到户的改革任务。

2008—2010 年，麦盖提县按照《意见》要求，启动该项工作。林业部门依据《意见》，结合麦盖提县实际，制定《麦盖提县林权制度改革实施方案》。2008 年 7 月至 2009 年 6 月为宣传动员阶段，充分宣传林权制度改革的重大意义及相关政策，把农民的思想统一到中央《意见》精神上来，尊重农民意愿，确保农民的知情权、参与权、决策权，确保改革规范有序，符合实际。2009 年 7 月至 2010 年 12 月为调查摸底阶段，林业部门组织人员在全县范围内对林地及使用人情况进行详细摸底调查，登记造册，掌握第一手资料，为下一步工作打基础。

第二节 分类经营改革

1991 年，麦盖提县森林按树种分为五类，即：用材林、经济林、防护林、风景林和薪炭林。随着社会经济的发展，这种分法已不适应林业管理和市场经济的需求。其弊端是：受生产周期长，见效慢，产出投入比低，不能实现正常的投资回报等因素影响，很难吸引到足够的投资而成为粗放经济的传统产业的典型代表。尤其是在计划经济体制下，生产经营部门经营自主权有限，生产经营活动往往是服从计划而不是根据市场规律实施经营，林业不能彻底走向市场。

1992 年，邓小平视察南方重要讲话后，全国改革步伐加快，林业分类经营改革进入实质性阶段。

1993 年，麦盖提县开始对林业经济体制进行改革，到 1995 年完成改革。主要改革内容：林业重新分类，根据社会对林业生态和经济的两大需求进行分类，以生态利用为主要目的的森林划为商品林，介于二者之间的划为兼用林，这样做的好处是以最大限度地发挥林业的整体效益，保护生态环境；实现林业分类经营的基本指导思想，根据森林主体功能的发挥来经营森林；对商品林经营少采取行政手段去管理，少用严格的计划去控制，生态公益林则以森林生态公益功能的发挥为主要经营目的；林场划类经营，把五一林场划为经营商品林为主的林场，把胡杨林场划为经营生态公益林为主的林场。

第三节　林业政策与法规

一、林业政策

1991—2010 年，麦盖提县严格落实以下林业政策：

（一）森林权属长期稳定不变，国家、集体或个人所有的林木由县或县以上人民政府颁发林权证，具有法律效力。

（二）严格控制森林采伐量，对森林采伐实行统一管理。对林业资源严格遵循年消耗量低于生长量的原则，控制采伐，限制消费。任何单位及个人采伐自己所有或经营的森林、林木，都必须向林业管理部门申请采伐许可证，凭证采伐。

（三）对林业实行经济扶持政策。建立林业基金制度，把国家对林业的投资、财政拨款、银行贷款和按规定提取的育林基金和更改资金，列入林业基金，实行分级管理，专款专用。对集体和个人造林给以补助或长期贷款。

（四）提倡木材综合利用与节约代用。充分利用林区采伐、加工和造材的剩余物，发展小材料加工，发展人造板生产。用经济补贴办法鼓励林区单位和群众利用枝丫、茅柴等作燃料，并实行以煤代木，发展沼气、小水电等。

（五）大力推广植树造林。由各级政府制订规划，确定提高森林覆盖率的目标，组织实施，并保障国家、集体、个人对林木的所有权和支配权，规定归个人所有的林木长期不变，允许继承，以调动群众兴办林业，代代相传的积极性。公民每年义务植树 3 ~ 5 株，系无报酬劳动，林木属于集体和国家所有。

1991 年，林业部门利用国家“三北”三期“三北”四期防护林建设项目资金，开展引洪落种，发展胡杨、红柳等天然林 1.22 万亩。

2004 年，全县完成“三北”四期工程任务 3.5 万亩，完成计划的 100%。其中，人工造林 3 万亩，封育 5000 亩。按林种分：防护林 5000 亩，经济林 3 万亩。

截至 2010 年，林业部门累计申报红枣核桃示范基地建设、林果防冻减灾、林木良种繁育、防沙治沙、节水灌溉、红枣有害生物防治技术推广、红枣精深加工贮藏保鲜、核桃良种补贴、防沙治沙建设工程、棚户区改造、退耕还林四荒造林、“三北”防护林建设等 70 多个项目，申请补助资金 2800 万元（全部发放到农户手中），通过评审项目 30 个，落实项目资金 7283.19 万元。

二、学法执法

1991 年以来，组织林业干部学法活动 240 次，在城乡开展法制宣传 40 次，向农民发宣传单 36 万份，全面学习宣传《中华人民共和国森林法》《中华人民共和国野生动物保护法》《中华人民共和国防沙治沙法》《第五届全国人民代表大会第四次会议关于开展全民义务植树运动决议》等法律法规，林业系统干部依法治林水平得以提高，农民群众遵法、守法意识得以增强。截至 2010 年，开展执法检查活动 80 次，遏制林业违法行为，市场及经营活动得以规范。

第十一编　畜牧业

畜牧业是麦盖提县重点培育的农民增收支柱产业。1991—1998 年，全县把畜牧业作为促进农村经济发展的支柱产业来抓，畜牧业得到稳步发展。1999 年，发挥畜牧业资源优势，县委制定了发展培育畜牧业大户的优惠政策，促进畜牧业生产进一步向规模化发展。2002 年后，向畜牧业发放无息贷款 5500 万元，促进了畜牧业的快速发展。2004 年，麦盖提县发挥现有畜牧业资源优势，扶持“多浪羊（刀郎羊）”品牌，以建设“多浪羊（刀郎羊）”品牌基地为契机，按照“以养羊为基础、以养牛为突破口、鸡鸭家禽养殖为补充”的发展思路，优化畜牧业内部结构，畜牧业成为农民增收的重要渠道，全县牲畜存栏头数达到 56.1 万头（只）。2005—2010 年，出台《麦盖提县关于加快畜牧业发展的决定》《麦盖提县关于发展畜牧业的优惠政策》等指导性文件，确定“富裕户养大畜，一般户养小畜，贫困户养家禽，以家禽换小畜，以小畜换大畜”和继续坚持“以养羊为基础，以养牛为突破口、鸡鸽家禽养殖为补充”的畜牧业发展思路，麦盖提县畜牧业取得长足发展。

1991 年，全县牲畜存栏头数 42.5 万头。2000 年年末，牲畜存栏数达 52 万头（只），比 1991 年增长 22.4%。2004 年，全县牲畜存栏头数达到 56.1 万头（只）。2010 年，全县牲畜存栏 56.69 万头（只），出栏牲畜 46.02 万头（只），出栏家禽 370 万只（羽），肉类总产 1.92 万吨，奶类总产 8109 吨，蛋类总产 2346 吨，毛产量 851 吨，皮产量 35.67 万张，畜牧业总产值 3.87 亿元，农民人均畜牧业纯收入 703 元。

第一章　机　构

第一节　行政机构

1991 年，麦盖提县畜牧兽医局更名为麦盖提县畜牧局，编制 6 人，领导职数 3 个，实有 6 人。其中，少数民族 3 人，妇女 1 人，中共党员 5 人，下设畜牧兽医站、种羊场、草原监理所。

2000 年 7 月 21 日，核定行政编制 6 人。其中领导职数 2 个。

2002 年，畜牧兽医站更名为动物防疫卫生监督站。

2003 年 10 月 24 日，核定行政编制 5 人，其中领导职数 3 个。

2004 年 10 月 21 日，行政编制 5 人，增加事业编制 2 人。

2006 年 10 月 24 日，县畜牧局更名为县畜牧兽医局，为县兽医行政管理部门，核定行政编制 5 人，事业编制 5 人，下设麦盖提县动物卫生监督所、畜牧兽医站、草原监理所、种羊场。

第二节　事业机构

一、动物卫生监督所

2006 年 10 月 24 日，从动物防疫监督站分离出来成立动物卫生监督所，副科级建制，为县兽医行政执法机构，为参照公务员管理事业单位，核定编制 14 人，隶属畜牧兽医局统筹管理。负责全县畜产品质量安全、动物及动物产品检疫工作。2010 年，动物卫生监督所实有 11 人。

二、畜牧兽医站

2006 年 10 月 24 日，县畜牧兽医站升格为副科级建制，为县兽医技术支撑机构，为全额拨款事业单位，隶属县畜牧兽医局。2010 年，畜牧兽医站有事业编制 23 人，实有 19 人。

三、草原监理所（草原站）

1991 起，草原监理所、草原站实行一套机构、两块牌子合署办公，副科级建制，为参照公务员管理事业单位，隶属县畜牧兽医局。2010 年，草原监理所编制 9 人，实有 8 人。

四、种羊场

麦盖提县种羊场成立于 1988 年，占地 50 亩，位于央塔克乡包勒喀村。2004 年 8 月，经农业部批准立项，实施多浪羊（刀郎羊）繁育基地项目，麦盖提县种羊场更名为麦盖提县多浪羊（刀郎羊）繁育基地。2006 年 4 月，麦盖提县多浪羊（刀郎羊）繁育基地与新疆畜牧科学院合作，在多浪羊（刀郎羊）繁育基地挂牌“新疆畜牧科学院农业部家畜繁育生物技术重点开放实验室——实验基地”，开展多浪羊（刀郎羊）多胎基因研究。2010 年，种羊场编制数 4 人，实有 3 人。

五、乡畜牧兽医站

2006 年，各乡畜牧兽医站同时挂牌乡动物防疫检疫站。2010 年，所有乡畜牧兽医站动物防疫体系建设全部完成，乡畜牧兽医站职能逐步由畜牧兽医技术服务向动物防疫、执法监督及公益性技术推广服务转移。全额拨款事业单位，编制数 63 人，实有 50 人。

第二章　牧业体制

第一节　经营管理体制

1991 年，麦盖提县畜牧业没有形成产业化规模以及产业化的生产模式，主要是在农村联产承包责任制基础上形成的以家庭经济为主的经营方式，以家庭经济式的经营管理模式。1999 年，县委制定了发展培育畜牧业大户的优惠政策，促进畜牧业生产进一步向规模化发展。2002 年后，畜牧业快速发展，畜牧业成为农村经济的组成部分，在乡村发展畜牧养殖合作社示范点建设，召开现场推进会，动员一些养殖大户参与，调动农民群众，尤其是养殖大户和专业户的积极性，畜牧部门持续抓好优惠政策落实和引导服务等工作，着力解决畜牧业发展中的问题，效果明显，养殖小区、养殖专业户逐年增多，初步迈上产业化，传统养殖与规模养殖并存。

第二节　草场有偿使用责任制

1996 年，麦盖提县畜牧局落实发放草场证制度，承包期限为 30 年。承包方式以村民委员会集体所有承包方式进行经营管理，实行“谁承包、谁建设、谁改造、谁受益，长期不变”的政策，有效加强草场建设和草场管理。全县草场总面积 226.5 万亩，可利用面积 220.08 万亩，村民委员会为法人单位，实行免费放牧。

严格实行基本草场征用、占用审批制度，基本草场严格控制征占用数量，因工程建设、开办旅游景点等确需征用、占用基本草场的，依照国家有关规定审核审批，不得超越权限乱审乱批。

第三章　草　场

第一节　草场分布和利用

1991—2010 年，全县天然草场 226.5 万亩，可利用面积 220.08 万亩。分两大类：平原荒漠草场类型和低地草甸草场类，3 个亚类、7 个组、9 个型。全县草场主要是以中等草场为主，三等（芦苇）草场面积占全县草场面积的 45.7%，另外六级草场占 64.3%。大部分草场产草量偏低，亩均产鲜草 150 千克。

一、草场分布

平原荒漠草场　包括砂质荒漠、沙砾质荒漠、砾石质荒漠、盐土荒漠四个亚类，面积 4089 亩，占全县草场面积的 0.18%，土壤为草甸盐土，地形平坦，地下水位高，地表潮湿，草场平均亩产鲜草 183 千克。牧草以半灌木的盐穗木居多，伴有少量芦苇、骆驼刺、红柳等。

低地草甸草场　包括水泛低地草甸、盐化低地草甸、沼泽化低地草甸、灌丛低地草甸、疏林低地草甸 5 个亚类，分布在叶尔羌河和提孜那甫河河漫滩和平原低洼处，面积约 119.76 万亩，占草场面积的 99.8%。草场分布广，由地下水的补给和地表水在夏、秋两季的浸润而成，多系沙壤土，可划为水泛低地草甸割草场、放牧场和盐化类低地草地割草场、放牧场两类。前者以芦苇为主，次为拂子茅，伴生植物有柽柳、香荆等，覆盖率约为 30%，草层高度 25 ~ 40 厘米。后者以芦苇、甘草、花花柴为主，伴有骆驼刺、冰草、野麻、柽柳、三棱草、蒲公英等植被，覆盖率 19% ~ 37%。草层高 15 ~ 70 厘米不等。

人工草场　人工草场总面积 4.98 万亩，其上层植被由乔木沙枣组成，下层以芦苇，伴有甘草、花花柴，植物覆盖率 30%，平均亩产饲草 274 千克，人工草场多靠近农田，主要分布在居民点、交通要道和主干渠道边，能够引水灌溉，草木丰盛。人工草场（包括苜蓿地）理论载畜量 2.85 万只绵羊单位。

苜蓿种植　苜蓿是优良的牧草，誉称“饲草之王”，营养价值高，无论青饲或调剂干草，适口性能很强。适时收获，蛋白质含量可高达 26%（干样），消化率高达 78%，鲜草维生素、矿物质含量丰富，为各种畜禽所喜爱。1991 年，全县苜蓿保留面积 7592 亩，为逐步缓解全县草畜不平衡的问题，利用一切空闲地种植苜蓿，2010 年，全县苜蓿保留面积 4.85 万亩。

1991—2010 年麦盖提县草地类型面积情况表

表 11-3-1　　单位：万亩

草地类	亚类	组	代码	型	面积
温性荒漠类	—	—	—	—	3.8601
—	盐土荒漠亚类	—	—	—	3.8601
—	—	具灌木多汁盐柴类半灌木组	—	—	3.8601

续表 11-3-1

草地类	亚类	组	代码	型	面积
—	—	—	Ⅳ 1	多枝柽柳、盐穗木	3.8601
低地草甸类	—	—	—	—	192.7668
—	盐化低地草甸亚类	—	—	—	192.7668
—	—	豆科草组	—	—	15.6375
—	—	—	Ⅷ 2	疏叶骆驼刺	9.8202
—	—	—	Ⅷ 3	胀果甘草	0.7456
—	—	—	Ⅷ 4	胀果甘草、芦苇	5.0717
—	—	多汁类半灌组	—	—	0.4834
—	—	—	Ⅷ 5	盐穗木、花花柴、疏叶骆驼刺	0.4834
—	—	根茎禾草组	—	—	155.8623
—	—	—	Ⅷ 6	芦苇	141.9244
—	—	—	Ⅷ 7	芦苇、拂子茅	2.4496
—	—	—	Ⅷ 8	芦苇、黑果枸杞	0.0588
—	—	—	Ⅷ 9	芦苇、碱蓬、盐角草	0.5769
—	—	—	Ⅷ 10	芦苇、疏叶骆驼刺	1.4589
—	—	—	Ⅷ 11	芦苇、胀果甘草	9.3938
—	—	具灌木根茎草组	—	—	7.0145
—	—	—	Ⅷ 12	多枝柽柳、芦苇	2.6829
—	—	—	Ⅷ 13	黑果枸杞、芦苇	4.3316
—	—	具乔木根茎禾草组	—	—	9.5986
—	—	—	Ⅷ 14	胡杨、多枝柽柳、芦苇	6.6222
—	—	—	Ⅷ 15	胡杨、芦苇	2.7339
—	—	—	Ⅷ 16	尖果沙枣、芦苇	0.2428
—	—	具乔木直立豆科草组	—	—	0.2412
—	—	—	Ⅷ 17	胡杨、胀果甘草、芦苇	0.2412
沼泽类	—	—	—	—	0.5178
—	低位沼泽亚类	—	—	—	0.5178
—	—	大莎草组	—	—	0.0756
—	—	—	Ⅺ 18	小香蒲	0.0756
—	—	高禾草组		—	0.4421
—	—	—	Ⅺ 19	芦苇、小香蒲	0.4421

1991—2010 年麦盖提县草场面积情况表

表 11-3-2　　单位：万亩

年份（年）	草场总面积	可利用面积	苜蓿面积
1991	226.5	220.08	0.7592
1992	226.5	220.08	1.1067
1993	226.5	220.08	1.1992
1994	226.5	220.08	1.3792
1995	226.5	220.08	1.504
1996	226.5	220.08	1.629
1997	226.5	220.08	1.692
1998	226.5	220.08	1.74
1999	226.5	220.08	1.923
2000	226.5	220.08	2.0558
2001	226.5	220.08	2.1501
2002	226.5	220.08	4.0701
2003	226.5	220.08	5.2
2004	226.5	220.08	5.9679
2005	226.5	220.08	3.999
2006	226.5	220.08	3.999
2007	226.5	220.08	3.999
2008	226.5	220.08	4.77
2009	226.5	220.08	4.77
2010	226.5	220.08	5.8699

二、草场利用

至 2010 年，全县牲畜存栏 56.69 万头（只），草场可利用面积 220.08 万亩，人工种植苜蓿面积 5.87 万亩。

平原荒漠草场利用率较低，为 30%，主要原因是大部分草场远离居住区，转场不便。

低地草甸草场主要分布在养殖户居住的周边，利用率较高，为 70%。

人工草场和苜蓿的利用率为 100%，是养殖户饲草的主要来源。

第二节　草场管理及承包

1991 年，由畜牧兽医局负责全县草场生物灾害防治行政指导和协调工作。县草场工作站承担全县的草场生物灾害的预测、预报、监测和防治措施技术指导。全县天然草地面积120万亩，草场监理面积大，工作量大，任务繁重，设备落后，需要实施草场监理保护体系和草场防火体系建设设备项目，以遏止天然草场的沙化、碱化。1994—1996年由于气候变化频繁，天然草地干旱，鼠害严重，蝗虫、草地螟屡有发生，农牧民冬季对甘草滥采滥挖现象比较严重，为确保畜牧业生产的健康发展，麦盖提县成立防治草场生物灾害指挥部，由县委、县人民政府主要领导为总指挥，县人民政府分管领导为副总指挥，成员由畜牧、公安、财政、交通、林业、卫生、工商、气象等部门主要负责人组成。

麦盖提县属典型的农区畜牧业，牲畜饲养主要依靠农作物秸秆，由于草场分布较远，农民生产又主要以种植业为主，不愿意离开土地，所以牲畜饲养采用圈养为主，少数无耕地的养殖户进行放牧，因而草场主要采取集体承包的形式承包，各乡镇以本乡镇行政村为单位，对辖区内草场进行集体承包，草场所有权归集体所有，乡、村集体免费使用，由乡村两级具体管理。

麦盖提县草场承包情况汇总情况表

表 11-3-3

乡（镇）农林场	草场面积（万亩）	农户数（户）
巴扎结米乡	20.30	2822
希依提墩乡	17.61	2448
央塔克乡	37.48	5209
吐曼塔勒乡	32.87	4568
尕孜库勒乡	30.51	4240
克孜勒阿瓦提乡	31.91	4435
库木库萨尔乡	16.98	2360
昂格特勒克乡	7.68	1068
库尔玛乡	19.66	2732
五一林场	2.61	288
园艺场	0.99	108
镇农场	1.13	92
胡杨林场	0.35	31
合计	220.08	30401

第三节　牧草　饲草料

全县饲草料资源丰富，平均每年可为畜牧业提供农副产品740吨、饲料7.28万吨、林副产品20万吨、工业副产品4.43万吨。

一、谷物精饲料

谷物籽实类，以玉米、小麦为主，每年可提供大量玉米、小麦麸皮饲养牲畜，是牛羊等种畜、孕畜、猪、家禽的良好能量饲料。

1991 年，玉米饲料 3.75 万吨，实际喂饲 3.2 万吨饲料单位（1.5 千克玉米含 1.28 千克饲料单位）；小麦麸皮产量 9750 吨，实际喂饲 7220 吨饲料单位（1 千克麸皮含 0.74 千克饲料单位）。

2006 年，玉米饲料 5.96 万吨，实际喂饲 5.08 万吨饲料单位；小麦麸皮产量 1.32 万吨，实际喂饲 9740 吨饲料单位。

2010 年，玉米饲料 8.14 万吨，实际喂饲 6.94 万吨饲料单位；小麦麸皮产量 1.87 万吨，实际喂饲 1.39 万吨饲料单位。

1991—2010 年麦盖提县小麦、玉米产量情况表

表 11-3-4

年份（年）	小麦（吨）	玉米（吨）	年份（年）	小麦（吨）	玉米（吨）
1991	39000	37500	2001	47720.7	48279.2
1992	40000	38000	2002	51600	52000
1993	41000	38500	2003	51840	54145
1994	41040	39500	2004	45280	49935.9
1995	44000	40500	2005	53883	57600
1996	44100	40600	2006	52668	59624
1997	41300	45000	2007	52041	56192
1998	43466	45700	2008	58236	78000
1999	46290	46904	2009	70677	104460
2000	47956.4	47865	2010	74900	81375

二、农副产品饲料

（一）秸秆类饲料

包括小麦秸、玉米秸、棉花秸、棉叶等。饲草纤维含量高，粗蛋白，维生素、钙、磷含量很低，适口性差，营养价值低，是农区各类家畜主要饲料来源，小麦秸、玉米秆作为主要饲料，喂畜时增加一些精饲料以提高其适口性。2010 年，全县秸秆类饲料年产量 74 万吨，可利用率 85%。

（二）林副产品饲料

包括人工种植的林带及果林木中可食叶和部分树种籽果实等，是农区又一主要饲料来源之一。群众有收集树叶喂畜习惯。树叶以扫收秋季落叶为主，其中杨树叶、沙枣叶营养最丰富，蛋白质含量高，粗纤维含量低，适口性好，是家畜冬季重要补给饲料。2010 年，全县林副产品产量 20 万吨，可利用率 88%。

（三）工业副产品饲料

粮油加工和食品加工业的许多副产品可作为畜禽饲料，工副产品包括饼渣类饲料（棉籽饼、棉籽壳），作为牛、羊、鸡蛋白质饲料之一。棉籽饼中含棉酚量多，脱毒后使用较安全，2010 年，全县棉籽饼年产量 1.6 万吨，棉籽壳产量 2.83 万吨。

三、青贮饲料

每年将新鲜的玉米秸秆铡碎后填入青贮窖密封，经微生物发酵而成，供冬季草场缺草时饲喂牲畜，解决牲畜冬季饲草料不足，确保牲畜安全越冬，减少死亡。青贮窖类型分土窖、水泥窖、木制窖、干铺窖等。2010年，全县青贮窖8670座，生产青贮饲料14.6万吨。其中，土窖3020座，容量3.02万吨；水泥窖1170座，容量4.1万吨；木制窖640座，容量3.2万吨；干铺窖3840座，容量7.68万吨。

1991—2010年麦盖提县青贮饲料加工制作情况表

表11-3-5

年份（年）	数量（吨）	增长（吨）	年份（年）	数量（吨）	增长（吨）
1991	45300		2002	160200	62200
1992	45100	–200	2003	345700	185500
1994	74750	29650	2004	358543	12843
1995	45270	–29480	2005	371605	13062
1996	51450	6180	2006	401166	29561
1997	54300	2850	2007	302456	–98710
1998	76838	22538	2008	220000	–82456
1999	78200	1362	2009	82514	–137486
2000	93000	14800	2010	146000	63486
2001	98000	5000			

第四章　畜禽种类与改良

第一节　地方畜禽品种

一、土牛

适应性强，耐风沙寒暑、耐粗饲、抗病力强、体质粗壮结实，母牛乳汁可供牛犊吃食外，尚能日产奶2～3千克，乳期4～7个月。在饲养良好的情况下，公牛体重300～500千克，母牛250～400千克，主要靠天然草场放牧，冬末春初觅草困难，体质瘦弱，屠宰率低，10月前后体膘、屠宰率最好，出肉率平均为45%，毛色以黄红、深黑、黄黑较多。

二、马、驴

马以伊犁马为主，焉耆马为辅。伊犁马属乘挽兼用型马种，体制结实紧凑，结构匀称，外形俊美，力速兼备。毛色以骝、栗、黑、青毛为主。成年公马平均体高148.3厘米，母马141厘米。最大挽力400千克，约为体重的92%。焉耆马温顺敏捷，体质结构坚实，毛色有骝、黑等色，头身大小适中，两耳竖立，中枢发育良好，胸廓较深。焉耆马持久耐劳，成年焉耆马最大挽力平均为400千克，载重1600千克，可日行30千米，具有适用于远距离运输的多种特征。

驴体形矮小，体质紧凑结实，结构匀称，公驴体形略大于母驴，头大小适中，耳长灵敏，耳内侧有白毛，额宽、鼻短、眼大明亮，粉鼻、粉嘴、粉眼、前胸稍窄，后躯发达，腰短，尻部倾斜，尾尖接近飞节，四肢短细结实，蹄圆小质坚，毛色多为灰色，还有黑色、棕色、沙色、白色。肚腹毛多为灰白色，性情温顺，悍威不足。可挽、驮、乘兼用，最大载重量达 700 千克以上，最大挽力 280 千克，常年使役的驴，在砂石路上，能单套拉运 600 千克货物，在土质路面上拉运 500 千克货物，可连续载运 10 小时以上。

公、母驴交配年龄 2 ~ 2.5 岁，繁殖年限 12 年，通常 1.5 ~ 2 年产一胎，终生可繁殖 6 ~ 8 头驴驹，遗传性能稳定。

驴耐粗饲，易管理，持久力强，在不良管理和使役条件下，很少生病，并显示良好的使役性能。

三、羊

（一）多浪羊（刀郎羊）

该羊又叫大尾羊，是当地农民经过 70 多年选育，杂交改良而成的优良品种。截至 2010 年 12 月，全县多浪羊（刀郎羊）存栏 40.82 万只，是全县的特优畜种、新疆优良肉脂兼用型地方品种；其特点是体格大，产肉多，肉质鲜嫩；背毛含绒毛多，毛质较好；繁殖率高，具有早熟性；采食力强，饲料报酬高，是规模肉羊生产的理想品种。

（二）绵羊、山羊

绵羊占羊总头数的 8.7%，在自然条件下，平均体重 40 千克，屠宰出净肉 42%；属于半初毛，不同质，弹性较好，是织地毯和擀毛毡的良好原料。

山羊抗病力强，多双胎，繁殖快，不畏酷暑，体质结实紧凑，四肢端正，背平直，前躯发育良好，后躯较差，尾小上卷，毛以背线为界分向两侧，毛色以白色、黑色、黑白花为主，每只山羊年可抓绒 100 ~ 150 克，适合荒漠和半荒漠草场放牧。

（三）家禽

1991 年，全县存栏鸽 2.21 万羽，品种主要为本地鸽，以散养放飞为主，笼养为辅，主要饲喂玉米、小麦、野生草籽。2010 年，全县存栏鸽 24.04 万羽。

2010 年，全县存栏鸭 1.62 万只，主要品种为本地土种鸭，主要分布在各乡农林场，农户散养，主要以麸皮、玉米、田间杂草饲养。

2010 年，全县存栏鹅 7000 只，以土种鹅为主，主要为散养，饲喂麸皮、玉米、田间杂草。

第二节　引进畜品种

一、黑白花牛

1991 年起，麦盖提县引进黑白花牛原种牛冻精，与当地土种牛杂交，提高当地土种牛的产奶量。该品种体格较大，母牛头清秀，角细致，向前上方弯曲，颈细长，两侧皮肤有细致皱纹；耆甲宽度适中，背腰平直，肋骨拱圆，腰较宽，十字部比耆甲稍高，尾部长宽，腹部发育良好，尾细长，四肢强壮有力，后肢间距宽，乳房大多呈方圆形，乳静脉发达，乳头大小适中，乳井大而深，全身棱角分明，肌肉发育良好，后躯发达，体躯呈楔形，毛色以黑白花为主，但个体间差异较大，有的几乎呈全黑色，有的黑色很少，额前多有白色毛，鼻镜一般为黑色（也有肉色），蹄多为黑色，公牛前躯发达。

通过每年引进、杂交，牛品种不断改良。初生公犊重 38 ~ 45 千克，母犊重 36 ~ 42 千克，成牛母牛活重 500 ~ 730 千克，成年公牛 1000 ~ 1200 千克。青年母牛 18 月龄体重达 350 千克以上即可配种，6 月龄前平均日增重公犊为 0.7 ~ 0.85 千克，母犊为 0.5 ~ 0.65 千克。饲养条件较好时母牛年产乳量 3500 ~ 5000 千克，乳脂率一般偏低，平均乳脂率 3.3%。

膘情好的空胎母牛平均屠宰率为 52.59%，胴体重 371.45 千克，净肉重 255.75 千克；12 月龄小公牛宰前 321 千克，胴体重 175.5 千克，屠宰率 54.35%。

母牛产后初发情平均时间为 55.6 天（13 ~ 123 天），发情周期为 21.8 天（15 ~ 30 天），平均初配年龄为 19.6 个月，初配时体重约为成牛的 70%，初产母牛平均妊娠期，单胎 276.88 天、双胎 267.5 天；经产母牛单胎 277.72 天，双胎 272.7 天，繁殖率 90.2%。

经过 20 年发展，至 2010 年，麦盖提县黑白花牛存栏 1.38 万头。

二、西门塔尔牛

1991 年起，麦盖提县引进西门塔尔牛原种牛的冻精，与当地土种牛杂交，提高当地土种牛的产奶、产肉量。该品种原产于阿尔卑斯山西北部西门谷而得名，系役、乳、肉兼用品种。该品种具有生长快，体重大，瘦肉多等优点；毛色为黄红、白花头部彩色带小块白斑，腹、腿、尾稍均为白色；头部轮廓清晰，嘴宽、眼大、颈中等长与耆甲结合良好，胸和躯深并呈圆筒状，肌肉发达，性情温驯，宜于放牧。

西门塔尔牛体格高大，成年公牛体高 145 厘米以上，母牛一般在 120 ~ 130 厘米，成年公、母牛体重分别为 600 ~ 1000 千克左右，屠宰率 52% ~ 64%，净肉率 52%，平均日增重 1 千克，年平均产奶量 2200 千克。

经过 20 年发展，至 2010 年，麦盖提县西门塔尔牛存栏 2.76 万头。

三、羊

小尾寒羊　1992 年，麦盖提县个别农民从和田等地购进少量小尾寒羊，因多胎性能强，受到群众的喜爱。但由于该品种不适应本县的饲养条件和自然条件，存栏量极少。1997 年后，少有农户养殖。

四、鸡

1991 年，麦盖提县个别农民个人从北疆引进少量土种鸡、三黄鸡、麻花鸡、蛋鸡等品种，试养成功，得以推广。1995 年，部分养殖专业户开始批量引进鸡苗进行规模化养殖，经济效益明显，随后，麦盖提县养鸡专业户越来越多。2006 年，鸡存栏 33.4 万只。2010 年，鸡存栏 64.4 万只。

第三节　品种改良

一、牛

1991 年起，每年对西门塔尔、黑白花，夏洛莱，新疆褐牛等品种冻精配种改良，据统计，杂交一代牛初生重较本地黄牛提高 3.3 ~ 9.9 千克，周岁体重 17.6 ~ 49.7 千克，且随杂交代数增加，体重有继续增加的趋势。杂交一、二代 2 岁母牛平均体重分别为 233.3 千克、248 千克，分别较土种牛增加 46.7 千克和 117.7 千克；杂交牛日产奶量为 4 千克，比土种牛提高 2.5 千克，泌乳期较土种牛增加 23 天以上。每头杂种牛净收入仅产奶量就比土种牛多增 171 元，产肉量也大幅度增长。杂种牛产肉量较土种牛净增 60 千克，截至 2010 年，全县有改良牛 2.1 万头，占牛总数的 35.21%。

二、多浪羊（刀郎羊）

多浪羊（刀郎羊）对荒漠地带干燥炎热气候有较高适应性，耐粗饲，以舍饲为主，放牧为辅，适合农区饲养。

为保证向全疆提供优良种羊，各级有关部门为多浪羊（刀郎羊）加大技术上的援助和资金投入，确保了多浪羊（刀郎羊）快速发展。2005 年，投资 243 万元对县种羊场进行改、扩建，建成多浪羊（刀郎羊）繁育基地，增加多浪羊（刀郎羊）选育工作的科技含量，提高多浪羊（刀郎羊）的品质。2010 年，完成小畜改良 31.34 万只。

1991—2010 年麦盖提县品种改良情况表

表 11-4-1

年份（年）	黄牛冷配（万头）	小畜改良（万只）	年份（年）	黄牛冷配（万头）	小畜改良（万只）
1991	1.68	20.96	2001	1.56	31.82
1992	1.73	22.61	2002	1.68	32.12
1993	1.69	24.1	2003	1.83	30.03
1994	1.72	24.12	2004	1.84	30.35
1995	1.68	25.39	2005	2.11	30.52
1996	1.65	26.07	2006	2.19	32.5
1997	1.5	27.12	2007	2.5	32.5
1998	1.52	27.28	2008	2.02	29.88
1999	1.53	27.91	2009	2.56	32.5
2000	1.52	28.36	2010	2.07	31.34

第五章　多浪羊（刀郎羊）

第一节　基本情况

多浪羊（刀郎羊）又名麦盖提羊，是麦盖提土种羊与阿富汗的瓦尔吉尔肥羊杂交的肉脂兼用型绵羊品种。具有生长发育快，体格大，双胎率高、遗传性稳定，耐粗饲、羔羊早熟性强、增膘快、舍饲适应性强、采食能力强、饲料报酬率高、繁殖率高等优点，是适合农区饲养的优良肉用品种羊，多浪羊（刀郎羊）以舍饲为主，精料主要为玉米、麸皮、油渣和少量矿物质；草料主要为苜蓿、麦草、玉米秸秆、棉花秸秆、树叶和野草等。

多浪羊（刀郎羊）身高体大、肉用性明显，成年公羊平均体重可达 100 千克，成年母羊平均体重可达 74 千克，种公羊最高体重可达 156 千克，公羔 4 个月断奶体重可达 45 千克，双羔率 30%，屠宰率 53% ~ 56%。公羔 5 月龄至 6 月龄就具有性行为，6 月龄至 7 月龄性成熟，9 月龄至 10 月龄开始配种；母羔 6 月龄开始发情，体重平均 45 千克 ±2 千克以上，占周岁母羊体重的 79.06%，一般 9 月龄至 10 月龄开始配种，14 月龄至 15 月龄产羔。在一般饲养管理条件下，常年发情，一年两胎，两年三胎，母羊发情周期为 15 ~ 18 天，发情持续时间平均为 24 ~ 48 小时，妊娠期 150 天，双羔率高，可达 130%。

因此，多浪羊（刀郎羊）又有“羊中之王”的美称，是国家重点推广的地方优良畜种，被农民称为可靠便利又不降利息的“活银行”。

第二节　品种特征

一、外貌特征

多浪羊（刀郎羊）头较大，鼻梁隆起，耳大下垂且特别长、宽，个别羊的耳背有小瘤；公羊大都无角或有小角，母羊一般无角，颈细而长，体质结实，体硕大，结构匀称；胸宽而深，肋骨拱圆，背腰平直，腰臀宽广，后躯肌肉发达；尾大而不下垂，尾沟深；四肢粗健，蹄质结实，生殖器官发育良好，毛色主要是灰褐色。依据毛质可将多浪羊（刀郎羊）分为两个类型：半粗毛羊体质较细，体型较长，尾型有W形和U形，毛色多为灰白色或灰褐色，毛质较好，绒毛较多，羊毛基本上是粗毛；粗毛型体质粗糙，身躯较长粗，干、死毛多，毛色多为深色，出生后随年龄增长变为灰白色。

二、体重

初生体大，单羔公羔平均5.3千克，最高达6.8千克，双羔公羔平均4.95千克，单羔母羔平均5.11千克，双羔4.07千克；4月龄断奶时，平均体重42.1千克，最高43千克；羔羊生长速度最快阶段是在断奶后1～3个月，成年羊体重较大，1岁母羊体重最高可达69.5千克，成年母羊体重可高达108千克，成年种公羊体重可达150千克以上。

三、生产性能

多浪羊（刀郎羊）在全年舍饲条件下，产肉性较好，不仅屠宰率高，而且骨肉比也高，当年羔羊生长速度快，早熟，在断奶后，增重快，周岁以内屠宰率可达53%～55%，肉质鲜嫩可口，无膻味；羔羊肉味更鲜美，颇受当地群众喜爱，成年羔羊屠宰率最高超过60%。成年公羊年均剪毛量2.63千克，成年母羊年均剪毛量1.75千克。

四、繁殖性能

多浪羊（刀郎羊）具有较高繁殖性能，性成熟早，公羊一般在6～7月龄性成熟，初配年龄早，母羊在6～8月龄初配，1岁母羊大多已产羔，母羊的发情周期为15～18天，发情持续时间平均24～28小时，妊娠期150天，一般2年产3胎，膘情好的可1年产2胎;公羊可利用年限为5～8年，母羊利用年限为10～11年；1只母羊一生可产羔羊15只，最高可达20只以上，繁殖率140.19%。

第三节　产业发展

1991年，县委、县人民政府提出加快以“麦盖提大尾羊”（多浪羊）为主的良种畜养殖计划，提高良种畜在整个牲畜中的比重，制定牛羊育肥、开发饲草基地、调整畜种结构、品种改良等发展畜牧业的具体措施。1994年，全县大力发展“多浪羊（刀郎羊）”，加快增长速度。1997年，被确定为喀什地区农区小畜品种改良优良品种，麦盖提县制定《“多浪羊（刀郎羊）”地方优良品种标准》，经自治区质量技术监督局审核颁布。10月，向国家工商行政管理总局申报多浪羊（刀郎羊）商标。1999年，经国家工商行政管理总局审查，注册“多浪羊（刀郎羊）”商标；并通过自治区科委立项，建立“多浪羊（刀郎羊）”提纯复壮项目。2004年9月，麦盖提县被农业部特产之乡推荐宣传委员会授予“中国刀浪羊之乡”称号；2006年，在种羊场实施并建成多浪羊（刀郎羊）繁育基地。2007年，麦盖提县成立多浪羊（刀郎羊）产业协会；经国家工商行政管理总局批准，成功注册多浪羊（刀郎羊）地理标志集体商标。2008年，多浪羊（刀郎羊）繁育基地被农业部列为国家级保种场。2010年，全县多浪羊（刀郎羊）存栏40.82万只。

第四节　价　值

一、经济价值

截至 2010 年年底，全县牲畜存栏 56.69 万头（只），出栏牲畜 46.02 万头（只），其中多浪羊（刀郎羊）存栏 40.82 万只，占牲畜总存栏的 69%。畜牧业专业合作社达 50 家，多浪羊（刀郎羊）养殖大户、专业户 3800 户；多浪羊（刀郎羊）繁育重点示范户 190 户，培育多胎多浪羊（刀郎羊）核心群 2800 只;建立多浪羊（刀郎羊）品种改良服务点 175 个，改良多浪羊（刀郎羊)32.5 万只。2010 年，农民依靠多浪羊（刀郎羊）产业实现人均收入 680 元，较 2009 年增收 133 元。

二、社会价值

2007 年，麦盖提县报请国家工商行政管理总局成功注册“麦盖提多浪羊（刀郎羊）国家地理标志集体商标”，多浪羊（刀郎羊）成为麦盖提县刀郎文化的标志。国内外游客到麦盖提除对刀郎文化有浓厚兴趣外，对多浪羊（刀郎羊）的参观者也人数众多。

第六章　畜群结构及经济效益

第一节　牲畜结构

一、猪

1991 年，全县生猪存栏 1600 头，主要分布在乡镇农场、五一林场、园艺场、县城专业养殖户，以约克夏品种为主，舍饲，饲料来源为精饲料、玉米碜子、麸皮、田间杂草如灰灰菜等。2010 年，全县生猪存栏 4690 头。

二、牛

1991 年，全县有牛 5.6 万头，占牲畜总存栏的 13.18%，主要分布在 9 个乡、1 个镇和农林场，品种以西门塔尔、荷斯坦杂交 I 代、杂交 II 代为主，有少部分新疆褐牛和土种黄牛。城镇养牛户以西门塔尔牛和荷斯坦牛为主，饲料以棉花副产品（棉籽壳、油渣）麸皮、玉米等为主。各乡农林场多以舍饲，少有放牧，主要饲喂玉米秸秆、苜蓿、麦草、瓜果皮、蔬菜叶、田间杂草、树叶等。居住在天然草场周围的养牛户以放牧为主，天然牧草以芦苇为主，占 96% 以上。2010 年，全县有牛 6.89 万头，占牲畜总存栏的 12.15%。

三、羊

1991 年，全县羊存栏 34.99 万只，以绵羊为主，占 94.46%，饲养山羊较少，占 5.54%。绵羊以多浪羊（刀郎羊）品种为主，占绵羊的 92%。城镇各社区养羊户完全舍饲，山羊饲养量极少，饲料以麦草、麸皮、棉饼、棉壳为主。各乡农林场农牧民的以舍饲为主，放牧为辅。山羊主要分布在天然草场周围的养殖户，完全放牧。2010 年，全县羊存栏 47 万只，绵羊占 90.11%、山羊占 9.89%。

四、马

1991 年，全县有马 5300 匹，以伊犁马为主要品种，焉耆马为辅，完全舍饲，以精饲为主，主要为玉米、麸皮、苜蓿和高蛋白饲料，另外添加麦草进行饲养。随着农业机械化的发展及交通工具变化，畜力逐步被取代，马的数量逐年减少。2010 年，全县有马 2160 匹。

1991—2010 年麦盖提县畜禽存栏情况表

表 11-6-1

年份（年）	牲畜总数	牲畜								家禽	
		猪（头）	牛（头）	马（匹）	毛驴（头）	骡（头）	骆驼（只）	山羊（只）	绵羊（只）	鸡（只）	鸽（羽）
1991	425000	1600	56000	5300	12000	100	100	66600	283300	112600	22097
1992	450000	1900	57500	5400	11900	100	100	67600	305600	125830	23869
1993	465000	2000	56230	5500	12000	116	38	63500	325616	142700	25008
1994	470000	2100	57251	5600	13400	106	43	65600	325900	153846	26042
1995	480000	2100	56000	4100	13500	94	36	61000	343170	179487	31250
1996	490000	2600	55000	3600	13700	75	25	62700	352300	243846	38542
1997	495000	3000	50100	3350	13900	75	25	58100	366450	248718	41146
1998	500000	3100	50500	3460	14360	73	24	59800	368683	254872	42708
1999	510000	3200	51000	3400	14500	75	24	60800	377201	264359	49375
2000	520000	5100	50700	3400	15200	85	15	62200	383300	269231	51042
2001	530000	1100	51900	1200	17900	50	9	27800	430041	279487	53125
2002	542800	1400	56100	1200	22000	42	14	28000	434044	279744	71354
2003	558200	1800	67500	1000	20000	40	16	32000	433844	284615	90208
2004	561000	2230	69200	1100	22700	60	10	40500	425200	302564	104000
2005	571100	2361	72300	1180	23100	47	16	40600	431496	323077	126000
2006	566100	4500	69400	2400	22000	73	27	52400	415300	334000	148000
2007	545200	4350	66640	2285	21110	73	27	50320	400395	358974	150000
2008	550500	4350	67300	2343	21100	73	27	51570	403810	502564	190000
2009	561700	4495	68550	2240	21345	48	52	51650	413320	538462	208333
2010	566900	4690	68900	2160	21100	48	52	46500	423450	644000	240410

麦盖提县规模养殖专业户（养殖大户）数量和存栏情况表

表 11-6-2　　单位：头、只、羽

年份（年）	牛养殖户数	存栏牛数	羊养殖户数	存栏羊数	家禽养殖户数	存栏家禽数
1991	40	929	152	18763	0	0
1992	42	982	151	18442	0	0
1993	42	1012	150	18692	0	0
1994	43	995	151	18139	0	0

续表 11-6-2

年份（年）	牛养殖户数	存栏牛数	羊养殖户数	存栏羊数	家禽养殖户数	存栏家禽数
1995	41	978	155	18829	0	0
1996	47	1083	153	18812	0	0
1997	44	988	154	19245	0	0
1998	44	1020	150	18353	3	8000
1999	47	1044	154	19063	3	8000
2000	51	1160	158	19412	4	10000
2001	57	1298	165	18766	4	1000
2002	67	1537	165	19061	4	10000
2003	57	1318	173	19428	4	10000
2004	59	1235	170	19365	4	10000
2005	58	1251	175	18939	4	10000
2006	60	1276	170	18169	4	10000
2007	63	1266	178	19213	5	12000
2008	51	1457	182	18457	9	20000
2009	73	1551	190	19362	5	12000
2010	85	1770	207	21615	5	12000

对大户的解释：专业大户饲养规模牛 20 头以上，羊 100 只以上，蛋鸡 2000 只以上，肉鸡出栏 2000 只以上，鸽子 1000 对以上。

第二节　经济效益

1991—2000 年，畜牧业稳步发展。截至 2000 年年末，牲畜存栏 52 万头（只），比 1991 年增长 22.4%；肉类产量 8002 吨，增长 135.4%；牛奶 1088 吨，下降 40%；禽蛋产量 850 吨，增长 222%，实现产值 8720.95 万元。

2004 年，畜牧业成为农民增收的重要产业。在发挥现有资源优势基础上，扶持“多浪羊（刀郎羊）”品牌，优化畜牧业内部构，克服禽流感疫情影响，全县牲畜存栏 56.1 万头（只），较 2003 年增加 2800 头（只），增长 0.5%；能繁殖的母畜 38.15 头（只），增长 3.9%，母畜比例达 68%；牲畜出栏 40.79 万头（只），增长 13.4%。肉产量 1.3 万吨，增长 16.75%；牛奶产量 7200 吨，增长 9.6%；禽蛋产量 1800 吨，增长 0.5%，实现产值 2.25 亿元。

2010 年，牲畜存栏 56.69 万头（只），较上年增长 0.93%；牲畜出栏 46.02 万头（只），较 2009 年增长 2.49%。全年肉类总产量 1.93 万吨，较 2009 年增长 7.9%；牛奶产量 8109 吨，较 2009 年增长 5%；禽蛋产量 2346 吨，较 2009 年增长 17.3%，实现产值 3.87 亿元。

1991—2010 年麦盖提县畜牧业产值及肉、奶、蛋产量情况表

表 11-6-3

年份（年）	牧业产值（万元）	肉食产量（吨）	蛋产量（吨）	牛奶产量（吨）
1991	4887.43	3400	264	1800
1992	5168.88	4350	675	2600
1993	5607.38	4484	750	2340
1994	5740.23	4534	790	2600
1995	6707.86	5155	720	2605
1996	7000.00	5200	725	2610
1997	7000.00	5850	750	1890
1998	8280.00	5310	800	1530
1999	8449.04	6543	810	1550
2000	8720.95	8002	850	1088
2001	10096.00	9095	1430	4900
2002	11772.00	10479	1385	5969
2003	17633.00	11900	1600	6500
2004	22517.66	13042	1800	7200
2005	23927.06	14100	1828	7300
2006	21287.76	14222	1828	7300
2007	24039.70	14870	1860	7360
2008	32316.60	16414	1980	7590
2009	35490.00	17846	2000	7722
2010	38724.92	19249	2346	8109

2010 年麦盖提县各乡（镇）畜牧业人均收入汇总情况表

表 11-6-4

序号	乡镇	人口（人）	畜牧业总产值（万元）	畜牧业增加值牧业纯收入（万元）	增加值率（%）	参加效益分配的牧业纯收入（万元）	人均纯收入（元）
1	巴扎结米乡	12180	3876.7	1577.3	40.7	871.2	715
2	希依提墩乡	11092	3240.2	1462.8	45.1	747.4	674
3	央塔克乡	21409	6731.2	2844.5	42.3	1472.8	688
4	吐曼塔勒乡	17315	5207.7	2265.5	43.5	1151.9	665
5	尕孜库勒乡	17772	5570.7	2406.5	43.2	1228.3	691

续表 11-6-4

序号	乡镇	人口（人）	畜牧业总产值（万元）	畜牧业增加值牧业纯收入（万元）	增加值率（%）	参加效益分配的牧业纯收入（万元）	人均纯收入（元）
6	克孜勒阿瓦提乡	18000	5767.9	2584.9	44.8	1285.2	714
7	库木库萨尔乡	10048	2535.8	1206.0	47.6	669.1	666
8	昂格特勒克乡	4193	1259.1	463.6	36.8	264.9	632
9	库尔玛乡	13153	3239.1	1414.9	43.7	924.6	703
10	其他		1295.6	636.3	49.1	183.5	—
11	合计	125162	38724.0	16862.3	43.5	8798.9	703

第三节　商品畜及畜产品

2010 年，全县繁殖成活牲畜 47.16 万头（只）。其中，羊繁殖成活 39.49 万只，繁殖成活率 126.51%；牛繁殖成活 1.96 万头，繁殖成活率 78%；驴繁殖成活 6500 头，繁殖成活率 61.5%；山羊繁殖成活 4.21 万只，繁殖成活率 116.57%，商品畜达 35.92 万头（只）。

2010 年，全县畜产品产量：肉类总产 1.92 万吨、奶类总产 8109 吨、蛋类总产 2346 吨、毛类总产 851 吨、皮张 36 万张，畜牧业总产值达 3.87 亿元，畜牧业人均纯收入达 703 元。

第四节　畜牧产业化

畜牧业是全县重点培育的农民增收支柱产业，以建设“多浪羊（刀郎羊）”品牌基地为契机，按照“以养羊为基础、以养牛为突破口、鸡鸭家禽养殖为补充”的发展思路，将畜牧产业逐渐做大做强，根据全县农区畜牧业的特点，按照县委、县人民政府“稳粮、强棉、促牧、兴园”的总体发展思路，促进畜牧业发展，调整畜群结构，抓好基础设施建设，加强多浪羊（刀郎羊）品种保护和选育提高。加快牛、驴、山羊品种改良，实行科学饲养，抓好农作物秸秆等高效利用，完善防疫体系建设，加快农副产品加工与饲草料地建设，保护天然草场，推进规模化养殖，生产规范化、技术标准化、管理集约化、经营产业化的现代畜牧业发展。

建立县、乡畜牧业产业化经营管理机构，成立麦盖提县畜牧业产业化领导小组，由县委、县人民政府主要领导任组长。设立县畜牧业产业化办公室，各乡镇成立相应组织机构，由乡党委、政府主要领导负责。统一组织、协调、引导、规范畜牧业产业化经营所面临的各种问题和各项工作。坚持“民办、民管、民受益”的原则，放手发展各种形式的农牧民协会、农牧民专业合作社和农村经纪人组织，开展产前、产中、产后配套服务。引导支持合作经济组织在市场准入、订单牧业、信息咨询、规范经营行为、化解利益纠纷、保护知名品牌、促进行业销售以及生产经营、市场化运作和利益分配等方面发挥积极作用，成为上连加工龙头企业、下连广大农户的纽带。建立专门从事饲草料种植的合作经济组织，推行专业大户模式或股份制，进行规模化生产、企业化管理和市场化运作，生产出标准化、批量化的饲草饲料。建立专门从事畜禽养殖、育肥的合作经济组织。按养殖基地、养殖小区、专业大户模式或股份制，进行规模化畜禽生产、企业化管理和市场化运作，生产出标准化、批量化的奶、肉、蛋、毛绒等畜产品原料。建立专门从事活畜交易和屠宰加工的畜产品集散地，培育畜产品市场不断发展和正规化建设。进一步转变政府职能，开展综合服务，全面贯彻落实国家、自治区有关扶持畜牧业产业化经营和畜产品加工政策。结合地区、县管理体制改革，进一步完善政策措施，加大政策的优惠、鼓励和宣传力度，抓好各项扶持政策的贯彻落实。

县畜牧主管部门根据国民经济长远规划指标，以各业务技术单位（畜牧、兽医、草原）主体业务为主分项制定本县长远规划和年度计划，再逐项根据各乡具体情况进行分解，由乡、镇人民政府层层落实，畜牧部门监督实施。县畜牧部门每年根据不同生产季节组织检查评比，专业技术部门根据各乡镇具体的情况以计划目标为主举办不同类型的培训班。同时实行技术干部包乡、包村的形式，指导畜牧业生产。

2010 年，全县有养殖场、小区 113 个。其中，多浪羊（刀郎羊）养殖小区 37 个；牛羊育肥养殖小区 37 个；奶牛养殖小区 4 个；生猪养殖小区 4 个；家禽养殖小区 28 个；生猪养殖场 2 个；蛋鸡养殖场 1 个。专业多浪羊（刀郎羊）养殖户 7726 户，牛羊育肥户 8046 户，奶牛养殖户 70 户，生猪养殖户 62 户，家禽养殖户 451 户。

2010 年全县养殖场、小区、专业户主要分布情况表

表 11-6-5

乡镇	多浪羊（刀郎羊）			牛羊育肥			奶牛			生猪			蛋鸡			肉鸡			鸽子		
	场	区	户	场	区	户	场	区	户	场	区	户	场	区	户	场	区	户	场	区	户
巴扎结米乡	0	3	606	0	3	656	0	1	5	1	1	8	1	1	17	0	0	0	0	1	15
希衣提墩乡	0	4	580	0	4	615	0	0	0	0	0	0	0	1	15	0	0	0	0	1	16
央塔克乡	0	6	18860	0	6	1910	0	0	0	0	0	0	0	1	17	0	2	30	0	3	45
吐曼塔勒乡	0	4	605	0	4	625	0	0	0	0	0	0	0	0	0	0	1	16	0	1	15
尕孜库勒乡	0	5	980	0	5	985	0	0	0	0	0	0	0	0	0	0	2	30	0	2	30
克孜勒阿瓦提乡	0	6	1260	0	6	1285	0	0	0	0	0	0	0	3	48	0	0	0	0	3	50
库木库萨尔乡	0	3	505	0	3	555	0	1	20	0	1	13	0	0	0	0	1	19	0	1	20
昂格特勒克乡	0	2	460	0	2	460	0	1	15	0	0	0	0	0	0	0	1	15	0	1	15
库尔玛乡	0	4	700	0	4	700	0	0	0	0	1	15	0	1	18	0	0	0	0	1	20
麦盖提镇	0	0	230	0	0	260	0	0	0	1	1	16	0	0	0	0	0	0	0	0	0
五一林场	0	0	0	0	0	0	0	0	0	0	0	0	0	0	0	0	0	0	0	0	0
园艺场	0	0	0	0	0	0	0	0	0	0	0	0	0	0	0	0	0	0	0	0	0
胡杨林场	0	0	0	0	0	0	0	0	0	0	0	0	0	0	0	0	0	0	0	0	0
合　计	0	37	7726	0	37	8046	0	4	70	2	4	62	1	7	115	0	7	110	0	14	226

第五节　畜牧科研

1991 年，畜牧局开展的《水温孵化的研究与推广》项目获得地区级科技进步二等奖、自治区级科技进步二等奖。

1992 年,《三贮一化》《黄牛冷配技术的推广与应用》获得县科委一等奖。

1993 年,《多浪羊（刀郎羊）的繁育与推广》项目获得地区级科技进步二等奖。

1997—2001 年，自治区科委立项，新疆农业大学承办的《多浪羊（刀郎羊）的繁育与提高》项目在麦盖提县着手实施。

2003 年，麦盖提县申报国家秸秆养畜项目立项，自治区畜牧厅主持在全县 9 个行政村实施。2005 年，多浪羊（刀郎羊）繁育基地项目在自治区畜牧厅的支持下在县种羊场实施，基础设施建设和多浪羊（刀郎羊）核心群品种得到较大改善。是年，冷链项目县级化验室建设项目在麦盖提县实施，增添疫情监测交通工具和开展常规疫情监测所需设备。

2006 年，乡级防疫体系建设在央塔克乡畜牧兽医站实施。

2008 年，麦盖提县与自治区畜牧科学院合作实施多浪羊（刀郎羊）新类型的选育研究及高效生产技术集成与示范项目。

2010 年，麦盖提县与自治区草原总站合作，成功试验示范种植苏丹草 223 亩。

第七章　疾病防治

第一节　群防群控

1991—2010 年，麦盖提县动物防疫群防群控体系建设有了长足的发展，基础设施条件和队伍素质取得较大改善和提高。

一、兽医管理体制改革

通过认真贯彻落实国家、自治区动物防疫体系建设暨兽医管理体制改革有关精神和工作部署，2006 年，将县畜牧局更名为县畜牧兽医局，成立县动物卫生监督所和县畜牧兽医站。全县各乡（镇）、农林场 128 个村级单位，根据大村单设、小村合并设定的原则，聘用村级动物防疫员。“三权归县”制度全面落实，在编人员工资全部纳入财政统发。经过改革兽医管理体制，呈现出行政管理、执法监督、技术支撑主线清晰，职责明确、工作得力的新局面。县、乡（镇）畜牧系统干部职工、站容站貌和工作条件明显改善。

二、动物防疫体系

2006 年，根据自治区动物防疫体系建设要求，乡畜牧兽医站同时挂牌乡动物防疫检疫站。至 2010 年，完成乡畜牧兽医站动物防疫体系建设，通过动物防疫体系建设使乡畜牧兽医站职能逐步由畜牧兽医技术服务向动物防疫、执法监督及公益性技术推广服务转移。《自治区乡镇畜牧兽医站管理办法》《自治区村级防疫员管理办法》对乡、村级防疫监督员的资格准入、聘用上岗、动态管理和利益保障做了详细的规定，县、乡、村动物防疫工作进一步制度化。

三、依法防疫工作

2004 年颁布的《兽药管理条例》、2005 年颁布的《中华人民共和国畜牧法》、2008 年的《中华人民共和国动物防疫法》等畜牧兽医行业法律、法规的颁布、修订、实施，使动物疾病防疫工作纳入法制化的轨道。通过开展依法治疫为畜牧业健康、可持续发展创造了良好的环境，已基本形成县、乡、村三级兽医技术推广服务网络。通过采取综合防治措施，畜禽死亡率得到有效控制，死亡率逐年下降。同时围绕“以监促检、以检促防”的工作要求，进一步加强对活畜交易市场和屠宰场的监管，严格实行产地检疫制度，无产地检疫证明、无免疫标识和免疫状况不详的牲畜一律不得进入市场交易或屠宰，切断疫病传播途径，降低动物疫病潜入的风险。

四、重大动物疫病防控

县委、县人民政府把重大动物疫病防控工作纳入县畜牧兽医局、乡镇党委、政府的目标管理考核中，在全县推行动物防疫工作行政首长负责制和业务人员技术负责制，为控制和预防重大动物疫情打下坚实基础。1991—2010 年，各项主要动物疫病免疫密度均达到自治区、地区要求，无重大动物疫病发生。县、乡疫情监测和报告体系逐步健全，重大动物疫情应急系统逐步完善，应急处置能力不断加强。

第二节　传染病防治

畜禽疫病防治普遍采取“疫病防疫包干”，2003 年起，牲畜防疫费大畜每头 6 元、小畜每只 4 元。2005 年 11 月，实行散养户家禽禽流感免疫（疫苗免费），在实行畜禽防疫的同时，实行畜禽及其产品的产地检疫、运输检疫，加大对活畜市场和牲畜屠宰场的监管，达到“以监促检，以检促防”的目的，促进全县畜禽疫病防治工作。

一、传染病种类及防治

（一）口蹄疫

属急性接触性传染病，可通过空气、水源、饲草料、粪便等传染，能感染牛、羊、猪、驼等偶蹄家畜和野生偶蹄动物，同时可感染人。2001 年，在县鱼苗场发生口蹄疫，地区动物防疫监督站 5 名专业人员赴麦盖提县协助防疫，当时捕杀牛 8 头、羊 9 只。2002 年，巴扎结米乡亚胡木丹村、五一林场、央塔克乡、昂格特勒克乡 4 个村发生口蹄疫，捕杀发病牛和同群畜共 371 头。

2004 年 4 月，从甘肃省康乐县购进的黄牛发生口蹄疫，捕杀发病牛和同群牛 13 头。

2004 年 8 月，央塔克乡央塔克村 3 组 5 户天然草场代牧户由于购进染疫病的牛而导致口蹄疫爆发，共捕杀发病牛和同群牛 208 头、同群羊 44 只。

（二）炭疽

1991—2006 年，经过 16 年的防控，该病已得到控制，极个别乡镇农户有零星少量发生。炭疽杆菌形成芽孢后在土壤中可存活 10 多年，本地少数民族发现牲畜发病后，往往就地屠宰放血，疫畜血中的炭疽杆菌（芽孢）通过水草土感染其他牲畜，这是该区域内炭疽病不易消灭的重要原因之一。

（三）破伤风

由破伤风梭菌引起的一种创伤性、中毒性传染病，为人畜共患，常因去势和外伤引起。全县牲畜破伤风多发于 2003 年、2004 年，该两年为动物免疫标识佩带的第一年和第二年，主要由于耳标钳消毒不严格造成（主要发生在吐曼塔勒乡吐曼塔勒村、皮力特库木希勒克村，死亡羊 28 只；库木库萨尔乡尤库日塔瓦尔克斯克村、托万库木库萨尔村、胡木旦买里村死亡羊 39 只）。之后采取耳标和耳标钳浸泡在 70% 的酒精里，牛羊耳部用碘酒消毒，从而控制疫病的发生。

（四）气肿疽

俗称“黑腿病”，在牛的肌肉丰满部位发生气性、炎性水肿。2006 年 10 月中旬，该病在希依提墩乡英也尔村发生，死亡牛 13 头。经送病料至地区动防站检验确诊为气肿疽，在地区和县动防站科技人员的共同努力下，10 月下旬得以控制。

（五）牛热性卡他热

由病畜引起的一种急性、热性传染病，其特征是牛的头部黏膜发生急性卡他性纤维类炎症，并有角膜浑浊和严重的神经症状。2003 年，库尔玛乡布喀帕塔村发病 1 次，死亡牛 1 头。2005 年 5 月，希依提墩乡东风村发病 1 次，经治疗痊愈。

（六）猪丹毒

一种急性、热性传染病，主要表现为败血症状和皮肤疹块，病原为猪丹毒杆菌。2004 年 10 月，在县食品公司猪屠宰场由检疫员发现，县动物防疫站确定为猪丹毒，根据《中华人民共和国动物防疫法》有关规定对猪进行无害化处理。

二、技术培训

（一）县级技术培训

每年由县委、县人民政府牵头，邀请自治区、地区大中专院校的教授、讲师，到县讲授农业技术知识（包括畜牧业），对县、乡科部级干部进行培训；1991—2010 年，县委、县人民政府连续多年开展科技之冬培训活动。其中，每年畜牧局在县科技局的支持下，组织畜牧系统科技人员编写畜牧兽医培训材料，包括科学饲养观、大小畜的品种改良、重大疫病的防控和常见疫病的防治、饲草料的加工与利用、畜牧业基础设施建设等。每次培训时间为一个月，对 9 个乡、1 个镇负责畜牧业的乡领导、村干部、养殖专业户以及畜牧兽医站业务工作人员进行培训。

（二）乡级技术培训

每年各乡镇组织开展各种技术培训班，邀请乡畜牧工作站工作人员对村组农牧民进行培训。

三、疫病监测

（一）四大慢病的监测

四大慢病即羊布病、牛布病、牛结核、马传贫。每年羊布病监测 1500 只、牛 600 头；牛结核 600 头（分上半年 300 头和下半年 300 头）；马传贫 2.3 万匹。在地区的协助下于县实验室开展牛羊布病的监测，因条件有限，马传贫需送血样到喀什动防站进行监测确诊。

（二）重大疫病的监测

2005 年，在地区的指导下，建立县、乡、村三级疫情观测监测网络，县级监测网由县防治重大动物疫病指挥部办公室和县动物防疫监督站组成，乡级由乡防治重大动物疫病指挥部办公室和乡畜牧兽医站组成，村级由村级防疫员组成，主要通过对重大疫病入户普查来实现监测任务。

四、业务管理

县动物传染病防治工作由畜牧局负责管理，具体业务由动物防疫监督站、县草场站（草场监理所，草场防火办）、乡畜牧兽医工作站等在基层开展，每年都要按动物疫情传染的规律制定实施方案、疫情突发预案，常年开展常态化检测工作，做到早发现、早隔离、早治疗。

五、诊疗服务

（一）县级诊疗服务

县级诊疗部是县动物防疫监督站内设的一个门诊部，主要服务于城镇 7 个社区、3 个农林场畜禽养殖户和畜禽患有疑难杂症的乡村养殖户，技术服务和诊疗设备相对较强。

（二）乡村诊疗服务

乡村诊疗服务是乡畜牧兽医工作站内部设立的门诊部，主要服务于乡村广大的农牧民群体。为方便广大养殖户畜禽就医难问题，央塔克乡在团结村建立诊疗和冷配点，修建诊疗室，配备诊疗所需要的必备设施，库尔玛乡红光村建立村级诊疗室，开展诊疗工作。

第三节　检疫检测

全县在严把疫病防控的基础上，加大对畜禽及其产品的产地检疫、运输检疫，加大对活畜市场和牲畜屠宰场的监管，加大对养殖场、肉食市场、畜禽及产品运输车辆的消毒，达到“以监促检，以检促防”的目的，对全县畜禽疫病防治工作促进很大。

1993 年，检疫出 2 匹马、1 头驴患阳性马传贫。1997 年，检疫出 1 头驴患阳性马传贫。2005 年，检疫出 1 头驴患阳性马传贫。2008 年，检疫出 3 头牛患牛结核阳性、1 匹马患马传贫阳性、1 头牛患布病阳性。2000 年、2002 年、2004 年部分乡村发生口蹄疫，都采取了相应措施及时处置，遏制了疫情扩散蔓延。

2000—2010 年麦盖提县部分年份发生口蹄疫情况表

表 11-7-1　　单位：万元

年份	疫情发生数量	防治状况	分布区域	捕杀资金投入	资金来源	采取措施	损失状况	政府补助
2000	8 头牛、9 只羊发生口蹄疫	紧急注射第二次疫苗	鱼苗场	0.8	县兽医站	捕杀	1.14	1.14
2002	371 头牛发生口蹄疫	—	巴扎结米乡亚洪丹村、林场；央塔克乡东方红村；昂格特勒克乡四个村	2.4	县兽医站	捕杀	57.84	57.84
2004.5	13 头牛发生口蹄疫	紧急注射第二次疫苗	五一林场	0.24	县动防站	捕杀	3.12	3.12
2004.8	208 头牛、44 只羊发生口蹄疫	紧急注射第二次疫苗	央塔克乡三八村三组	5	县财政	捕杀	77.4	77.4

第十二编　水　利

1991—2010 年，麦盖提县农业灌溉用水主要来源于辖区内的叶尔羌河和提孜那甫河，辖区内的吉仁勒玛水库、罕库勒水库、抗旱机电井作为春冬季节枯水期农业灌溉用水的重要补充。全县分为 2 个灌溉区，即叶尔羌河灌区和提孜那甫河灌区。叶尔羌河灌区占地表水的 63.7%，提孜那甫河灌区占地表水的 36.3%。两河平均来水总量 6.82 亿立方米。

1997 年，成立农村饮水供应总站，负责全县农村人畜饮水问题。1998 年，在国家项目资金的支持下，实施“两河”治理，修建钢筋砼永久性渠首工程 1 座（克孜勒阿瓦提渠首），完成大寨渠、五零渠扩建共 26.5 千米，新建永久性防洪工程 1 处（东河滩一期防洪工程）。其后的各年度，申报的水利设施项目资金陆续到位，如期实施，完成了多项水利工程。截至 2010 年，全县干支斗农四级渠道总长度 4996.91 千米，干支渠防渗总长度 289.62 千米。主要排水渠 48 条，总长 859.1 千米，各级水利配套设施达 419 座。水利设施的持续完善，为农业发展提供了坚强的保障，实现了连年增产增收。

第一章 机 构

第一节 行政机构

1991 年，水电局内设人秘股、财会股、工程股、防洪办 4 个股室。核定行政编制 6 人，领导职数 6 个。

2008 年 3 月 3 日，水电局更名为水利局，启用行政用章。

2009 年，行政编制 6 人。

2010 年，水利局内设行政办公室、党建办公室、财务股、塔河办公室、高效节水办、农水办 6 个股室。行政编制 6 人。

第二节 事业机构

一、水管总站

1991 年，水管总站共有工作人员 69 人，负责全县水量调度和各乡（镇）、农林场的分水、配水、用水量计量及干渠、跨乡水利设施的管理与养护工作。同时，负责全县的灌溉管理工作。2010 年，实有工作人员 104 人。

二、农村饮水供应总站

1997 年 10 月，县农村饮水供应总站成立，隶属于县水电局，股级，定编 10 人。负责全县农村人畜饮用水工程的规划、设计、建设、监督、验收、运行、管理等工作。2010年，实有工作人员 5 人。

三、水利抗旱服务队

1998 年 2 月 14 日，原水电局打井队更名为麦盖提县水利抗旱服务队，隶属于县水电局，股级，定编 15 人，设队长 1 人、副队长 2 人，负责全县范围内农业抗旱机电井维修、管理。2010 年，实有工作人员 8 人。

四、防洪抗旱指挥部办公室

2007 年 12 月 24 日，防洪抗旱指挥部办公室成立，隶属于县水电局，副科级，全额预算管理，核定事业编制 4 人，含领导职数 1 个。负责对全县河道、水库、堤坝和水利工程的安全监督管理；组织制定全县防洪工程的规划和监察，防洪预案和防洪应急预案的编制，负责紧急泄洪，水量供求的调配，承办全县防洪抗旱指挥部的日常工作。2010 年，实有人员 4 人。

五、水政监察大队

2007 年 12 月 24 日，水政监察大队成立，隶属于县水电局，股级，全额预算管理，核定事业编制 5 人，含领导职数 1 个。负责宣传贯彻《中华人民共和国水法》《中华人民共和国防洪法》《中华人民共和国水土保持法》等水利法律法规及国家有关的水利方针、政策，对水资源开发利用、水、水域、水工程的保护，对工业、农业及居民用水、防汛抗旱、水土保持等一系列水事活动，依法进行检查、监督与管理等。2010 年，实有人员 5 人。

六、农村改水办公室

2007 年 12 月 24 日，农村改水办公室成立，隶属于县水电局，股级，全额预算管理，核定事业编制 5 人，含领导职数 1 个。负责全县农村供水工程的规划建设及供水工程管理和技术服务等工作。根据农村居民供水成本，参照《新疆维吾尔自治区供水管理办法》，拟定供水价格。检测供水水源水质等。2010 年，实有人员 5 人。

七、水利工程质量监督站

2008 年 11 月 28 日，水利工程质量监督站成立，隶属于县水利局，副科级，全额预算管理，核定全额事业编制 3 人，含领导职数 1 个。负责贯彻执行国家、水利部和自治区、地区有关水利工程建设政策、质量管理及水利工程造价审核。承办辖区内水利工程建设项目有关工程建设质量的法律、法规和强制性标准执行情况的监督检查工作等。2010 年，实有人员 3 人。

八、渔业行政执法大队

2008 年 11 月 28 日，渔业行政执法大队成立，隶属于县水利局，副科级，全额预算管理，核定全额事业编制 3 人，含领导职数 1 个。负责全县渔业资源保护、渔业环境监测、渔业生产安全监督、水产品质量（食品安全）监督、水产种苗管理，规范渔业生产经营行为等。2010 年，实有人员 3 人。

第二章　水利工程

第一节　蓄水工程

1994 年，全县有中型平原水库 2 座，设计总库容 7400 万立方米，实际库容 5000 万立方米。2010 年，全县 2 座水库实际调蓄水 5960.4 万立方米。

一、吉仁勒玛水库

吉仁勒玛水库位于央塔克乡北部与吐曼塔勒乡西南部交界处，为中型平原水库。1991 年，设计库容 4000 万立方米，坝长 15.2 千米，最大坝高 7 米，坝顶宽 10 米，马道宽 8 米，每年可调节水量 1200 万 ~ 1500 万立方米。1999 年，对吉仁勒玛水库进行除险加固扩建工程，水库堤坝平均加高 1 米。2005 年，相继完成 9.4 千米坝体填筑、土缓坡、1.7 千米混凝土防浪护坡及 E1+200—E2 ＋ 800 段坝基防渗处理（深层搅拌桩防渗墙）和坝后排水、放水闸、放水渠整治、坝体加高加固等。2010 年，最大蓄水量 3500 万立方米，有效控制灌溉面积 13 万亩，最高蓄水位 1169.59 米。水源依靠叶尔羌河，每年蓄水 2 次，主要供吐曼塔勒乡和库尔玛乡和农田灌溉部分居民饮水。由吐曼塔勒乡水管站负责管理。

二、罕库勒水库

又名红卫水库，位于尕孜库乡罕库勒村境内，为中型平原水库。1991 年，设计库容 3600 万立方米，坝长 8.4 千米，坝顶宽 14 米，最大坝高 7 米，每年可调节水量 1200 万 ~ 1800 万立方米。1999 年，对水库堤坝平均加高 1 米。2004，罕库勒水库除险加固工程采用土工膜及混凝土板与土缓坡相结合的护坡形式，防渗长度 8.4 千米。由于水库淤积严重，水库除险加固后，自治区计委确定水库设计库容为 2200 万立方米，相应正常蓄水位 1189.5 米。水源来自叶尔羌河，每年蓄水 2 次，主要供尕孜库勒乡农田灌溉。由尕孜库勒乡水管站负责管理。

第二节　输水工程

麦盖提县常年干旱少雨，气候干燥，蒸发量大，土壤保墒能力弱，农业生产灌溉用水主要靠叶尔羌河和提孜那甫河两条河流，2 座水库和 927 眼农业抗旱机电井作为灌溉补充水源。

1991—2010 年，麦盖提县持续实施各项水利工程建设，水利设施不断完善。其中，1995 年，利用世界银行项目贷款资金大搞水利基础设施建设，相继完成塑膜防渗干渠 2 条 12.8 千米、支渠 1 条 1.3 千米，配套建筑物 67 座。新修引水渠道 86 千米，维修渠道 6140 千米。2001 年，全县节水规划、克孜阿瓦提渠系（6 条渠道）节水改造和西东渠节水改造的前期工作完成，新修引水渠道 5 千米，维修干、支、斗、农四级渠道共 3400 千米。截至 2010 年，全县干支斗农四级渠道总长度 4996.91 千米。其中，干渠 10 条长 214.2 千米，支渠 69 条长 607.1 千米，斗渠长 1093.6 千米，农渠长 3082 千米。干支渠防渗总长度 289.62 千米，全为砼板防渗，防渗率为 14.62%。主要排水渠 48 条，总长 859.1 千米，其中排水总干 4 条长 206.1 千米、干排 21 条长 224.4 千米、支排 23 条长 428.6 千米。各级水利配套设施达 419 座。

第三节　提水工程

麦盖提县地处叶尔羌河中下游，提孜那甫河下游，引水灌溉渠系长，防渗率低，渗漏损失大，积极开发地下水资源以保证农业灌溉所需。

1991 年，全县有农业抗旱机电井 414 眼，提水站 18 处。

1994—1997 年，全县有农业抗旱机电井 253 眼，正常投入运行机电井 238 眼。其中，新打抗旱机电井 150 眼，总投资 501.05 万元，提取地下水 3422.05 万立方米，浇地 21.59 万亩次。

1998 年，成立打井抗旱领导小组，贷款 594 万元，坚持“三沿一靠”原则，新打农业抗旱机电井 126 眼，配套 126 眼，架设高压线路 33.12 千米，完成投资 1280.99 万元。为保证成井质量，建设统一标准为井深 80 米，井管为 377 × 5 米的钢管，设计出水量为每小时 200 立方米的水泵，采用防盗式启动箱，单井预算造价 12 万元。

2001—2010 年，利用世行贷款资金、国家专项资金、塔河项目资金、对口援疆资金等，先后凿井 1032 眼，年提水能力达 4.28 亿立方米。

全县机电井由县水管总站和乡水管站负责管理，用水统一调配，电费由用水单位向供电部门缴纳。

第四节　节水工程

1991—1999 年，全县节水工程主要由塑膜防渗工程、混凝土板防渗工程组成。8 年间，全县相继完成提河干渠、黑孜阿瓦提干渠、库吾热各里克支渠等塑膜防渗 186.1 千米，支渠混凝土板防渗 50.85 千米。

2000—2010 年，全县节水工程以混凝土板防渗工程、高效节水工程为主，以塑膜防渗工程为辅。10 年间，全县相继完成 13 条干、支渠的混凝土板防渗，防渗长度 156.76 千米；吐格东渠、库尔玛乡包孜渠合并改建工程，塑膜防渗长度 20.29 千米；完成高效节水控制灌溉面积 11.56 万亩，其中低压管道输水灌溉工程 4000 亩、滴灌工程 11.16 万亩。

2010 年年底，全县干、支渠防渗总长度 289.62 千米，防渗率 14.62%，灌溉水利用系数 0.39，渠系水利用系数 0.45，干、支、斗三级渠道利用系数分别为 0.73、0.72、0.91。高效节水面积 20 万亩，占全县灌溉面积的 17.85%。

第五节　排水工程

麦盖提县地处气候干燥的荒漠边缘，地下水位高，矿化度大，有着天然积盐条件，经强烈日照高温蒸腾，盐分随地下水上升滞留土壤层，造成土壤盐碱化。麦盖提县历来将排水治盐碱视为农田水利基本建设的一项重大战略决策。

1991 年，全县有排水总干渠 1 条，长 30.5 千米；排水干渠 6 条，长 170.65 千米；排水支渠 16 条，长 131.2 千米。

1995 年，在昂格特勒克乡铺设暗排管 19 条，长 3.8 千米。

1997—2010 年，全县新建干排 1 条，15.55 千米，配套桥涵 3 座；新建支排 4 条 20.8 千米，配套桥涵 12 座；新挖斗排 94.02 千米，配套桥涵 88 座；新挖农排 289 千米，配套涵洞 462 座。清淤干排 1 条，20.2 千米；支排 5 条，47.75 千米；斗排 127.85 千米，农排 275.2 千米。至 2010 年底，全县有排水总干渠 1 条，长 30.5 千米；排水干渠 7 条，长 186.2 千米；排水支渠 20 条，长 152 千米；排水斗渠 94.02 千米，排水农渠 289 千米。

第六节　农村安全饮水工程

1991—1995 年，全县共建成水厂 7 座，解决 2.79 万人和 4.7 万头牲畜的饮水问题。

1996 年，全县新建水厂 8 座、办公用房 515.43 平方米，新修围墙 1076.65 米，新建水塔 8 座，新打机井 8 眼，铺设管道 176.5 千米，架设高压输电线路 3.9 千米。6 处机井水源水质符合国家生活饮用水一级标准，2 处符合国家生活饮用水三级标准，受益人口达 3.56 万人，受益牲畜 10.39 万头。

1997 年 10 月，县农村饮水供应总站成立。负责全县农村人畜饮用水工程的规划、设计、建设、监督、验收、运行、管理等工作。

2007 年 12 月，成立麦盖提县防病改水工作领导小组，具体负责全县农村安全饮水工程建设与管理的总体部署、科学安排、监督检查等。根据农村居民供水成本，参照《新疆维吾尔自治区供水管理办法》，拟定供水价格，检测供水水源水质等。全年新建水厂 4 座，新打机井 4 眼，安装变频调速器 1 套，铺设管道 141.37 千米，安装入户水嘴 1535 户，打深井手动泵 15 眼，完成投资 327.92 万元；受益人口 1.85 万人，受益牲畜 7830 头。水质经化验符合农村卫生饮用水标准。

截至 2010 年年底，全县累计投资 4657.42 万元，建成集中供水工程 20 处，修建水厂 20 座，打井 19 眼，铺设管道 1547.84 千米，年供水总量达 390 万立方米，实际解决 15.62 万人和 29.81 万头牲畜的饮水问题，农村居民安全饮水人口占总人口的 50.98%。

第七节　水电站

全县唯一一个水电站—加拉东水电站于 1977 年 10 月 1 日建成投产，为平原电站，因县内水的流量不正常，每年只能在洪水期发电 2 ～ 3 个月，因此与县火力发电厂合并，由火力发电厂统一管理。受水源的限制，该电站 1991 年停运。自建站以来的 14 年中，累计发电 287.7 万千瓦时。

第三章　水利管理

第一节　机电井管理制度改革

1991 年，全县有农业抗旱机电井 414 眼，提水站 18 处。

1994 年，全县有农业抗旱机电井 170 眼，正常投入运行机电井 118 眼，提取地下水 709.92 万立方米，浇地 3.94 万亩次，机电井的管理由县水管总站统一管理。

1998 年，全县农业抗旱机电井管理制度改革，实行管养分离。2 月 14 日，原水电局打井队更名为麦盖提县水利抗旱服务队，负责全县范围内农业抗旱机电井维修、管理。

2006 年，全县有农业抗旱机电井 412 眼，分布偏远、零星，依靠水利抗旱服务队有限的专业技术人员已无法保证机电井的适时维修、维护和正常投入运行；加上管理难度大、任务重，导致部分变压器、配电箱元器件等电气设备经常性被盗。为改变现状，经水利抗旱服务队申请、县人民政府批准，将全县农业抗旱机电井维修、维护任务对外承包。经招投标，由河南省林州市禾口王水电凿井有限公司以每眼 1250 元中标，合同期两年。

2008 年，全县正常使用农业抗旱机电井 801 眼。原承包企业河南省林州市禾口王水电凿井有限公司因合同到期，且专业技术人员有限，无法按合同规定完成全县农业抗旱机电井维修、维护任务而放弃继续承包。

2009 年，全县正常使用农业抗旱机电井 927 眼。经水利抗旱服务队申请、县人民政府批准，将全县农业抗旱机电井管理权承包给各乡，签订承包合同，按季度进行结算，支付费用，承包费为每眼 1250 元。县水利抗旱服务队对全县灌溉机电井的维修、维护工作进行监督和指导，提供技术支持，负责人员培训及与县电力公司的协调等任务。

第二节　工程管理

1991 年，全县各级水利工程由县水利部门统一管理。履行水利工程的维修、维护，由全县统一组织实施，各乡（镇）负责投工投劳的组织安排，并按所分配任务和指标完成具体工程量。水电局具体负责规划设计、技术指导、资金筹措与争取、工程质量监督与验收等。

1998年10月30日，全县水利工程确权划界阶段性工作完成，完成2座水库和9条干渠计140.39千米桩界的确定和图纸绘制。

2002年，对全县2座水库、9个闸口、7条干渠计140.96千米水利工程用地进行确权划界工作，完成实际工程面积48万亩，管理范围1.47万亩的确权划界。经过确权划界的各级水利工程用地权属图及土地证书等有关手续，全部办理。

2008年，《麦盖提县水管单位体制改革实施方案》出台，明确了麦盖提县水利工程管理体制改革方向和目标任务。该次改革的主要任务是：建立和完善职能清晰，权责明确的水利工程分级管理体制；建立管理科学，经营规范的水管单位运行机制；建立市场化、专业化和社会化的水利工程维修养护体系；建立合理的水价形成机制和有效的水费计收方式；建立规范的资金投入、使用、管理与监督机制；建立保障有力、配套完善的政策、法律支撑体系。水利工程管理体制机制改革的主要内容：全县干、支渠、水库，由县水行政部门统一管理，斗、农渠按照分级分部门管理原则，实行属地管理；农村饮水工程，原则上由县水行政主管部门管理，由县水行政主管部门视情况依法委托乡（镇）人民政府管理。委托乡镇管理的工程应报县政府审批后执行；农村五小水利工程，根据谁建谁用谁受益谁管理的原则明确管理人员和职责，属集体所有的由村民委员会或村民小组管理，属农户所有的由农户自主管理。2010年开始，县水利工程管理投入试运行。

第三节　供用水管理

全县设立9个乡水管站、2个水库管理站、1个流域分水站，配备专职水利干部，专门负责全县分水、供水管理工作。每个乡配备专职管水副乡长，每个村委会设有农业灌溉小组，安排专人从事水管工作。全县设有128个农民用水户协会，具体负责灌区的水利工程维修养护、农业灌溉管理、水费征收等。各乡（镇）的农用灌溉用水实行“五定”制度、“七不准”供水规定，计划供水、定额灌溉。叶尔羌河流域麦盖提县灌区分水比例一直执行1958年8月喀什地区行署的10.5%分水比例，全县灌溉面积为41.25万亩。

1991年，执行“五定”供水制度（定面积、定灌溉定额、定总用水量、定时间、定奖罚）、“七不准”供水规定（无灌溉制度不准供水、无灌溉小组不准供水、无田间水管员不准供水、对渠道小闸口未进行清淤的不准供水、地块平整度高差太大不供水、田间未按标准打埂的不准供水、无灌溉计划不准供水），按渠道或村将用水、浇地计划落实到水管人员头上，对任务完成情况实行奖优罚劣。是年，在灌溉模式上进行大胆改革，将传统的漫灌改为沟、畦灌。畦块的大小由原来的2～3亩，甚至5～6亩改小到1亩左右，全年，畦灌达到67万亩次，全县28万亩棉花全部实行沟灌。

1995年，总供水量7.31亿立方米，其中提河8539万立方米、叶河5.32亿立方米、水库水1.14亿立方米。全县农作物全部采取畦灌和沟灌。畦块的大小规定在0.6～1亩。对供水管理，实行五天一分水，十天一平衡，半月或一月一小结，配水分水账目清楚，促进计划用水、节约用水。

2001年，总供水量6.94亿立方米，其中河库水5.87亿立方米、地下水1.08亿立方米。以“明白卡”的形式推行“配水到村、计量水到户”农业灌溉管理工作机制。全县9个乡、1个镇、3个农林场、130个行政村，已试行129个村，发放用水“明白卡”2.8万本。

2004年，全县推行“供水到村、计量到户”工作，累计发放明白卡2.61万本，供水到村128个，供水到村民小组 516 个，供水到户耕地面积 59 万亩，灌溉面积 82 万亩。全年全县用水量 7.78 亿立方米，比 2003 年同期节约水量 5200 万立方米，亩均节约用水 88 立方米。

2007 年，总供水量 9.47 亿立方米，其中地下水 2.16 亿立方米。全县成立农民用水者协会 128 个。农民用水者协会管理制度、小型水利工程管理制度、供用水管理制度协会主席、副主席、秘书长职责等基本制度已建立，并相继建立与完善小型农田水利工程建设、维修投工投劳管理制度、水费征缴管理制度、用水者协会财务开支管理制度等。

2009 年，总供水量 10.42 亿立方，其中地表水供水量 5.98 亿立方米、地下水提取量 4.44 亿立方米。县出台《增强节水意识和加强水利灌溉管理工作的实施意见》，进一步明确各乡（镇）农业灌溉用水定额，首次提出超定额用水累进加价约束机制，量化加价指标：规定灌溉亩均用水量在标准定额以内的，按农户年度核定水价征收水费；亩均灌溉用水量超出标准定额在 100 立方米以内的，增加用水量按年度核定水价的 1.5 倍征收水费；亩均灌溉用水量超出标准定额在 200 立方米以内的，增加用水量按年度核定水价的 2 倍征收水费；亩均灌溉用水量超出标准在 200 立方米以上的，增加用水量按年度核定水价的 3 倍征收水费。并对加价水费的管理做出了具体规定:超定额加价累计征收的水费，实行专户管理，专门用于全县水利建设事业，主要用于支付农民用水者协会人员的工资、县水利工程建设项目前期经费等，由主管县领导审批后专款专用。

第四节　水行政执法

县水行政部门认真推行用水、取水许可证制度。凡使用供水工程供给的水，都按规定向供水单位缴纳水费，取水单位在办理取水许可证后，应按取水量交纳水资源费。水费和水资源费的征收办法按国家的规定执行。水行政主管部门依法对地表水、地下水进行管理，保护县境内水、水域、水工程。

1994 年 4 月，水电局内设水政水资源股，加大水行政执法力度。

1999 年，利用“世界水日”“中国水周”等有利契机宣传新《中华人民共和国水法》，出动流动宣传车 15 次，深入乡村及水利工程建设工地巡回宣传《中华人民共和国水法》等法律、法规，增强灌区群众依法用水意识。处理水事纠纷案件 30 起。

2000 年 8 月，麦盖提县水政监察大队正式挂牌成立，全县水利管理步入法制化轨道。全年，处理水事纠纷 15 件，其中报由公安司法部门处理水事违法案件 1 件。全年办理取水许可证 68 户。

2003 年，经报请叶尔羌河流域管理处同意，将叶尔羌河流域麦盖提县段河道“采砂许可证”办理权下放至麦盖提县水政监察大队，推动了河道管理规范化和法制化，遏制了河道乱采乱挖的现象。

2005 年，为规范执法行为，水政监察大队根据《中华人民共和国水行政处罚法》《中华人民共和国行政复议法》《中华人民共和国行政诉讼法》相关规定，参照上级水行政主管部门执法文书格式，统一制作执法文书，执法文书的处理根据其性质的区别分为河道案、工程案、水资源案等。自此，县水行政执法工作步入规范化、科学化、法制化的快车道。

第四章　防汛抗旱

第一节　防　汛

一、防汛任务

麦盖提县地处叶尔羌河中下游，提孜拉甫河下游冲积平原，因其地理环境、自然条件等因素，夏季洪灾频繁，加上防洪工程大部分为粉细沙土坝与临时梢木结构，抗洪标准低，抗冲刷能力弱，汛期防洪点多、线长，防汛任务重、时间紧、压力大、投入额度高，每年洪灾均给灌区农业生产和人民群众财产造成一定的损失。

叶尔羌河、提孜拉甫河流经麦盖提县 152.7 千米，堤防长 115.6 千米，全县主要防洪险工险段 13 处，具体为大寨渠、恰克马克库勒、吾衣布袋渠龙口、东河滩、昂格特勒克乡防洪段、吐曼塔勒乡二农场、库尔玛乡恰斯村、克孜勒阿瓦提渠首、东干渠 1 号闸、罕库勒总闸、克孜勒阿瓦提乡提河段、尕孜库勒乡提河东岸段、罕库勒总闸下游段。

防洪主要任务是保护渠道不被冲垮、渠系建筑物不被冲毁，保证洪水期正常输水和合理利用，使全县生产生活正常进行。

二、防洪投入

任务重、时间紧、压力大、投入额度高，是全县历年来的汛期防洪投入特点。每到汛期，两河流量超过每秒 1300 ~ 1500 立方米，就得进入战备状态。1991—2010 年，全县发生洪水灾害 5 起，其中特大洪水灾害 1 起、重大洪水灾害 1 起、一般性洪水灾害 3 起。防洪总投入 1.53 亿元。

2010 年，两河同时发生了 20 年未遇的特大洪水。秒流量达到 2370 立方米，300 多米长的堤坝被冲垮，房屋、牛羊、耕地的损失达亿元，水利设施摧毁损失达 5600 万元，防洪抢险期间防洪投入折资达 2392 万元。

1994—2010 防洪投入情况表

表 12-4-1

年份（年）	总投入（万元）	人工（万工天）	畜力车（万车工天）	机械（万小时）	运输车（次）	麻袋、编织袋（万条）	树梢（万拖车）	木料（根）	铅丝、铁丝（吨）
1994	1119.39	53.92	23.87	—	—	—	—	—	—
1995	1073.77	32.252	21.2675	3.4516	0.5435	2.12	0.7376	—	—
1996	814.15	15.51	7.3174	0.3403	4.6782	1.62	0.7047	2971	4.12
1997	890.98	20.4	10.644	0.2702	0.8622	5.41	0.628	2500	3
1998	848.47	20.98	2.71	1.74	0.381	1.02	0.308	4558	32.3
1999	513.22	14.4	—	4.95	—	20.35	0.5312	3924	9.2
2000	501.36	1678	—	3.1895	—	2.645	0.8305	3518	9.9
2001	571.34	22.02	—	0.6625	0.9558	8.379	1.1422	6385	24.18

续表 12-4-1

年份（年）	总投入（万元）	人工（万工天）	畜力车（万车工天）	机械（万小时）	运输车（次）	麻袋、编织袋（万条）	树梢（万拖车）	木料（根）	铅丝、铁丝（吨）
2002	747	30.64	—	1.486	0.985	3.04	0.8205	5730	4.92
2004	328.7	5.8366	—	0.69	0.815	1.02	1.0024	5543	2.45
2005	934.36	29.0374	1.2448	0.106	2.1857	18.383	2.8613	7205	15.385
2006	1308.41	39	1.2777	4.01	1.8889	10.475	2.2859	7003	—
2007	1209.106	22.454	1.4769	0.2637	2.1513	4.253	5.1988	6288	139（包）
2008	1041.753	21.279	—	0.9452	1.461	10.9375	3.7179	8601	297（包）
2009	963.15	18.3664	—	—	—	—	—	—	—
2010	2392	21.56	—	0.91	—	64	69.23	1.586	37.04

三、防洪措施

根据《中华人民共和国防汛抗旱条例》，按警戒线泄洪加固，从防御水灾做起，备用机械、人力、物力等，切实做到随时上阵、检测，心中有数，把握重点险情部位，全力抗洪。成立防汛抗旱指挥部，设总指挥 1 人，由县长担任，副总指挥 2 人。指挥部设在水利局，下设办公室，主要负责处理全县防洪中出现的各种突发事件及进行洪水调度。设立值班电话，建立汛期昼夜值班制度，县直单位各部门、乡镇相应设立值班电话，出现险情，接到指令，随时出动人员投入抗洪救灾第一线。坚持防洪抢险结合，以防为主的方针，小洪水全部利用；中洪水既防又用，防用结合；大洪水兼顾左右岸、上下游防洪安全，排除障碍，疏通河道，因势利导，化整为零，放弃局部，确保大局。

第二节　抗　旱

一、旱灾

根据麦盖提县地处塔克拉玛干南缘的地理位置和常年干旱少雨的气候特点，春旱、夏洪、秋缺、冬枯是麦盖提县的农业灌溉明显特征。受季节水量分配的严重失衡，春冬两季缺水严重。

2003 年，全县作物轻旱面积 5 万亩。其中，棉花受旱面积 2 万亩，亩均减产 20%；小麦受旱面积 2 万亩，亩均减产 25%；苜蓿及林果业受旱面积 1 万亩。因旱少播种面积 1 万亩，旱灾造成直接经济损失 1964 万元。

2006 年 4 月 1 日至 6 月 25 日，全县有 38 万亩农作物受旱，旱灾农作物损失 2000 万元。其中，棉花一、二水期间 30 万亩遭受旱灾，棉枝台数平均每株比 2005 年减少 0.72 台，花蕾数平均每株比 2005 年减少 0.06 个。据统计，2006 年籽棉单产比 2005 年减少 10 千克，按每千克 4.5 元计算，每亩棉花将损失 45 元，全县棉花受灾面积 30 万亩，合计损失 1350 万元；玉米一水受旱面积 8 万亩。

2010 年 1 月至 4 月底，全县各类作物受旱总面积 19.95 万亩，其中轻旱 15 万亩、重旱 4.95 万亩。

二、抗旱措施

结合麦盖提县实际，制定得力措施，强化水资源科学管理，合理开采、高效利用有限水资源，抵御旱灾，1991—2010 年主要采取下列抗旱措施：

（一）严格落实总量控制、计划供水、定额灌溉、超定额用水累进加价制度和“五定”“七不准”

供水规定，确保有限水资源的科学管理、合理调配、高效利用。

（二）在积极主动向叶尔羌河管理局申请机动水量的同时，强化抗旱物资采购和储备，坚持工程抗旱、设备抗旱、农业科技抗旱三结合，切实做好应急抗旱工作，最大限度缓解旱情，有效降低旱灾损失。

（三）坚持“地表水、地下水、水库蓄水”三水统调统配，合理高效利用地下水资源，弥补地表水不足的影响。

（四）理清农业灌溉秩序，强化监督管理。严格按照喀什地委、行署要求，实行先灌农民30年承包地，后灌商品地；先灌粮食作物，后灌经济作物的原则，确保广大农民群众利益。按灌区成立两个灌溉督察组，督察定额灌溉和“一亩二畦”管理制度落实情况，发现不符合要求的暂缓供水，对超标灌溉现象进行严厉批评教育。

第五章　水利效益

第一节　水产资源

一、水域分布

麦盖提县日照时间长，天气晴朗，年均无霜期214天，发展渔业有着优越的自然条件。但受各种因素的制约，县境内水产品结构单一，产量低。

1994年，全县水产品养殖水域面积4.16万亩。其中：罕库勒水库水域面积1.5万亩；吉仁勒玛水库水域面积2.64万亩；鱼苗场水域面积154.5亩。

2010年，全县水产养殖水域面积4.18万亩。

二、水产品品种

全县水产品主要以鲤鱼、草鱼、鲢鱼、鲫鱼等为主。

第二节　水产养殖

1994年，全县水产养殖区有罕库勒水库、吉仁勒玛水库和县鱼苗场。全年，孵化鱼苗900万尾，投放鱼苗900万尾，成鱼产量57.07吨，收入39.95万元。年底，将吉仁勒玛水库、罕库勒水库及鱼苗场合为一体，成立水产公司，实行投入与产出直接挂钩，统一管理。

1995年，全年产鱼22.71吨。

1998年，投放鱼苗600万尾，成鱼产量35吨，产值达32万元。

2005年3月，吉仁勒玛水库、罕库勒水库水产养殖权对外承包。

2006年3月，县鱼苗场对外承包。

2010年，投放鱼苗10万尾，计13吨，水产品产量173吨，产值达294.1万元。

第十三编　农牧机械

1991—1998 年，全县农机具拥有量大幅上升。1999—2004 年，实施农机服务体制改革，以集体所有制农机有偿服务为主体的经营方式转型为私有化，全面走向市场。2005 年，中央出台农机购置补贴政策后，农民群众购买大中型农机具积极性广泛提升，进入超常发展阶段，全县农机具拥有量再度壮大，种类齐全，以大马力为主导的农牧业机械化为农业现代化注入新的活力。2006 年，乡农机站全部改制完毕，所有农机具清产核资后拍卖给农民，农机服务“五统一”模式彻底退出历史舞台，农机站更名为农机管理服务站，职能为技术指导和检修，农民群众自主经营积极性提高。

截至 2010 年，全县拥有大、中型拖拉机 5039 台，小型拖拉机 2420 台；大中型牵引农具 5373 台；农用汽车 270 辆。农业机械总动力 16.1 万千瓦，种植业机械总动力 10.63 万千瓦，机具配套比达 1 ： 2.5，劳动力充分解放。

第一章　机　构

第一节　行政机构

1991 年，农牧机械管理局编制 9 人，领导职数 3 个，实有干部职工 8 人。

1994 年，编制 9 人，领导职数 2 个，实有 7 人。

1997 年 10 月，编制 8 人，领导职数 2 个，实有 7 人。

2001 年 4 月，政府机构改革，确定为政府直属部门，编制 9 人，领导职数 3 个。

第二节　事业机构

1992 年，在原农机常训班的基础上成立县农机化技术学校。

1997 年 10 月，农牧机械管理局内设农机推广站、农机管理站。

2004 年，在央塔克乡、吐曼塔勒乡、尕孜库勒乡组建农机安全监理分站。农机监理站增加编制 21 人，为参照公务员法管理，实有人数 21 人。

2010 年，农牧机械局下设农机管理站、农机技术推广站、农业机械化技术学校，农机安全监理站，农机市场监管办公室。有编制 89 人。其中，参照公务员法管理的农机安全监理员 21 人；全额事业编制中，各乡农机服务站 51 人，农机推广站 5 人，农业机械化技术学校 12 人。

第三节　乡农机服务站

1991 年，全县拥有农机服务站 9 个。从 1999 年开始，实施农机服务体制改革。2006 年，乡农机服务站全部改制完毕，315 台拖拉机、1000 多台配套农具全部折价卖给农民群众，乡农机服务站有偿服务退出历史舞台，更名为农机管理服务站，职能为农机服务技术指导和检修。

第二章　机械种类

第一节　农用机械

一、耕作机械

耕作机械的主要作用是改善土壤团粒结构，消灭杂草和害虫，将作物残茬以及肥料等混合在土壤内以增加其效用，将地表整平或做成某种形状以利于种植、灌溉或减少土壤侵蚀，将过于疏松的土壤压实到适度，以保持土壤水分并有利于根系发育。播种机械包括小麦播种机、棉花地膜播种机，玉米播种机等。

1991—2009 年，农机修造厂在设备、技术力量薄弱的情况下，进行技术革新，加工生产出的适合当地农业生产的中小型机械，提高了小麦脱粒、地膜播种及回收、果树种植等效率。

经过多年发展，麦盖提县农机制造、农机修理已经在全国同行业有一定的影响力。截至 2010 年，农机修造厂累计生产谷物脱粒机 380 台、钉齿式清膜机 200 台；累计引进改造果树挖穴机 80 台、地膜播种机 200 台、搂草式残膜回收机 60 台。

二、农业机械化水平

1990 年，麦盖提县基本实现农业机械化，小麦播种、棉花播种机械化程度达 100%，但农机结构和农机具配套比还不合理，大马力农机偏少，农机具不齐全，农业机械化整体水平尚有较大差距，农机作业效率和质量有待提高。

1991—2010 年，麦盖提县针对农机服务薄弱环节，以实现农机现代化为目标，不断加大资金投入和实施体制机制改革，发展大马力为主导的农牧业机械，调整农机具配套比，适应农村产业结构调整和多元化发展，落实国家农机购置补贴政策，鼓励农民购买上档次高精尖农机具，拓展服务项目，补充短板，着力提升农机作业质量效率和整体水平，精量播种、高密度栽培、小麦玉米收获、残膜收回、秸秆粉碎、深耕等技术都得到推广运用。除棉花收获外，高质量、高效率犁地、整地、播种、中耕、植保、施肥机械化程度均达到 100%。

1991—2010 年麦盖提县农业机械情况表

表 13-2-1

年份（年）	合计	耕作机械				中耕施肥机（台）	植保机械（套）	收获机械	
		犁（套）	联合整地机（台）	播种机械				小麦割晒机（台）	小麦联合收获机（台）
				播种机（台）	铺膜机（台）				
1991	1129	175	107	163	320	121	81	162	—
1992	1276	179	107	171	369	132	135	183	—
1993	1333	181	114	186	377	140	149	186	—

续表 13-2-1

年份（年）	合计	耕作机械				中耕施肥机（台）	植保机械（套）	收获机械	
		犁（套）	联合整地机（台）	播种机械				小麦割晒机（台）	小麦联合收获机（台）
				播种机（台）	铺膜机（台）				
1994	1353	187	115	183	384	149	149	186	—
1995	1338	191	120	190	390	151	114	182	—
1996	1394	197	131	193	399	157	136	181	—
1997	1427	205	145	201	403	168	145	160	—
1998	1536	213	161	205	411	181	164	201	—
1999	1611	217	182	235	420	193	164	198	2
2000	1700	220	191	285	427	210	167	198	2
2001	1764	225	198	318	431	219	169	202	2
2002	1789	228	208	324	445	232	150	200	2
2003	1868	230	219	337	451	238	175	216	2
2004	1915	233	221	341	476	255	163	224	2
2005	2062	258	200	345	585	267	170	232	5
2006	2265	254	420	348	518	271	209	239	6
2007	2497	640	308	357	450	280	207	245	10
2008	2852	640	452	379	632	283	207	247	12
2009	3413	735	475	393	967	289	286	256	12
2010	3501	775	424	419	1006	303	296	263	15

第二节　牧业机械

1991—2010 年，麦盖提县拥有可利用草场 220.08 万亩，其中天然草场占 98%、人工草场占 2%，人工草场以苜蓿为主，苜蓿面积逐年扩大，到 2010 年，全县苜蓿面积 4.85 万亩。因天然草场牧草稀疏，且地势不平，不适宜机械收割，因此，养殖专业户、大户不多，畜牧业总体发展平稳，没有大起大落现象。农牧机械局没有引进机械化草场维护设备、草场收获机械、饲养管理机械，人工草场收割以小麦收割代替。只引进了农作物秸秆铡草机。1991 年，全县有铡草机 130 台，由于采取铡草饲草利用率低，2002 年后，铡草机被粉碎机取代，普遍采用以粉碎玉米秸秆方式加工饲草料，到 2010 年，全县拥有粉碎机 186 台。

第三章　农机供应

第一节　供应体制

全县农机供应体制经历了计划供应逐步放开，全面放开过程。

一、指导性计划供应

1991 年，根据农村农机需求实际，县财政又投入一定资金新购置一批农业机械。截至年底，全县拥有大、中型拖拉机 454 台，小型拖拉机 791 台，大中型牵引农具 483 台架。

1992—1994 年，市场适当放开，允许个体经营户、农民购买使用中小型农机、农具，促进了农机发展。私人个体经营的农机具主要有犁、播种机、铺膜机、中耕机、收获机械、畜牧业机械、植保机械、林果业机械。

二、农机市场化

1995—2010 年，全县完成传统的计划经济向社会主义市场经济转变的过渡，开始彻底走向市场，政府退出市场具体事务，转向宏观管理。农机供应在公有制和非公有制两种体制下健康运行。其中，2005 年，根据中央一号文件出台农机购置补贴政策，县人民政府新购置大中型拖拉机 15 台、小型拖拉机 176 台、大型地膜机（两膜 12 行）61 台、小型（一膜 6 行）176 台、小麦播种机 80 台、旋转犁 7 架、林果业间作机械 59 台投放市场。另外，个体农机经营户也抓住机遇采购各种农机具零售。农民群众争相购买，各类农机具得到更新，提高了粮食、棉花、畜牧业及林果业生产机械化程度，逐步淘汰了落后的农机装备，走向以大马力为主、以小型拖拉机为辅的农机化道路。截至 2010 年，全县农机总动力达 16.1 万千瓦，拖拉机总数 7159 台，其中大中型拖拉机 5039 台、小型拖拉机 2420 台。各类农机具 1.79 万台，机具配套比 1∶2.5。通过 5 年农机购置补贴政策的实施，农机装备种类越来越多，机具结构进一步优化，农机普及率提高，劳动生产率提高，实现节本增效。

第二节　农机发展

在多年的农村经济改革实践中和“五统一”模式的生产实践中，县委、县人民政府充分认识到，只有不断提高农业机械化程度和水平，才是农业发展的根本出路，也是农业持续增产增收的重要条件。1992 年 7 月，县委提出各乡镇党委、政府要进一步重视农业机械化工作，抓好农业机械化建设。当年，全县共投资 153.8 万元新建农机具棚 1.25 万平方米、机库 7017 平方米、油库 540 平方米、三室建设 2089 平方米，为农业机械化发展创造条件。

1994 年 1 月，县三级干部大会上重申：今后农业机械化发展要坚持集体以发展大中型拖拉机为主，个体以发展小型拖拉机为主。农业机械化要坚持集体发展、集体经营为主。各乡拖拉机、大型农机具，只能发展壮大，不允许再将集体的拖拉机、农机具折价给个体经营。

1996 年 1 月，县委、县人民政府要求农机局要加强对农机的管理，特别是对农机作业质量的管理，要加快集体农机事业的发展，重振农机雄风，不断提高生产率，增加集体积累，壮大集体经济实力。当年，全县在集体购置农机具方面加大投资力度，总投资 1319.83 万元，新增大型拖拉机 125

台、农机具 264 台（件）。是年，全县拥有拖拉机 2075 台，其中大中型拖拉机 595 台、大中型农机具 1264 台（件），农机作业完成 589.72 万标准亩。

2005 年，农机服务放开，中央出台农机购置补贴政策，农民群众购买大中型农机具积极性广泛提升，进入超常发展阶段，全县农机具拥有量再度壮大，种类齐全，以大马力为主导的农牧业机械化为农业现代化注入新的活力。

2006 年，乡农机服务站全部改制完毕，315 台拖拉机、1000 多台配套农具全部折价卖给农民群众，农业经济转变为农民自主经营。

2010 年，全县拥有大、中型拖拉机 5039 台，小型拖拉机 2420 台；大中型牵引农具 5373 台。

1991—2010 年麦盖提县农业机械拥有量一览表

表 13-3-1

年份（年）	农业机械总动力（千瓦）	拖拉机总动力（千瓦）	拖拉机总数（台）	大中型拖拉机		小型拖拉机	
				数量（台）	功率（千瓦）	数量（台）	功率（千瓦）
1991	33295	25314	1245	454	16698	791	8616
1992	40592	30831	1500	520	19884	995	10947
1993	42843	32511	1589	531	20854	1058	11657
1994	51178	32746	1605	533	20935	1072	11811
1995	47513	38088	1989	559	23073	1430	15015
1996	47269	37360	2075	595	21014	1480	16346
1997	51418	46996	2192	651	29999	1541	16997
1998	51933	46343	2202	631	29012	1572	17331
1999	54100	47161	2308	617	28510	1691	18651
2000	54878	48343	2348	627	29360	1721	18·983
2001	60579	54951	2712	614	31821	2098	23130
2002	65026	55257	3016	621	28853	2395	26404
2003	70064	59463	3470	620	28042	2850	31421
2004	89125	73465	4313	610	32640	3703	40825
2005	107431	82967	4841	2230	54181	2611	28786
2006	111019	100144	5662	3184	72825	2478	27319
2007	117045	106310	6015	3660	80347	2355	25963
2008	141797	131645	6521	4129	105241	2395	26404
2009	158567	152299	7080	4825	124123	2255	28176
2010	161004	156117	7159	5039	129628	2420	26489

第三节　农机购置补贴

农机购置补贴是国家主要强农惠农政策之一。2005 年，国家农机购置政策开始实施，国家对购买农机的农户给予政策性补贴。主要对大中型拖拉机、农用动力机械、农田作业机具，按不超过机具价格的 30% 进行补贴。为落实好国家农用机械补贴政策，经过调研，在县乡分片区指定 17 个有一定规模、责任心强的农机经营户作为农机补贴定点经销商。

县农机局切实加强农机购置补贴工作的管理，严格购置程序，强化检查监督，规范、有序推进全县农机购置补贴工作，确保补贴政策公开、公平、公正，落到实处，让群众满意。

2005 年，申请农机购置补贴资金 20 万元，项目总投资 68.9 万元。其中，农民自筹 48.9 万元购置东方红 -X904 型拖拉机 3 台、东方红 -X804 型拖拉机 3 台、1LF-435B 型液压翻转双犁 3 台、1LF-330 型液压翻转双犁 3 台、ZMB-3（12）型棉花播种机 7 台、受益农户 13 户。

2007 年，争取中央补贴资金 105 万元，自治区补贴资金 10 万元。在农机购置补贴专项资金实施过程中，项目总投资 565.93 万元，国家项目享受补贴新添机械 209 台，惠及农户 175 户；自治区项目享受补贴新添机械 143 台，惠及农户 138 户，其中执行中央补贴资金 104.99 万元、自治区补贴资金 9.98 万元、县财政补贴 19.02 万元、各乡财政补贴 4.63 万元、农民自筹 427.3 万元。

2010 年，争取到国家农机购置补贴资金 1160 万元。项目总投资 3980.1 万元，新添置机具 4637 台（其中拖拉机 541 台），落实中央财政补贴 1160 万元、县财政补贴 91 万元、农民自筹 2729.54 万元，受益农户 3345 户。

2005—2010 年麦盖提县农机具补贴情况表

表 13-3-2

年份（年）	资金部分		其中		受益农户（户）	带动农民自筹（万元）
	国家补贴（万元）	地方配套（万元）	拖拉机部分（台）	农具部分（台）		
2005	20	—	6	19	13	4.425
2006	40	6.5	12	83	71	160.89
2007	105	10	47	352	213	427.303
2008	380	195.5	128	477	387	798.592
2009	910	121.74	387	2474	1836	2002.167
2010	1160	91	541	4637	3345	2729.5438

注：国家农机购置补贴政策从 2005 年开始实施

第四章　农机管理

第一节　农机养护

全县农机养护由农牧机械管理局根据实际，指定农机养护维修点，对维修点开展的养护工作情况进行检查指导，确保农机养护工作保证质量，正常运行。

1991—1994 年，农牧机械管理局严格按照《新疆维吾尔自治区农业机械管理条例》有关规定，对县城 3 个农机维修点、各乡（镇）和县城区域范围的农机销售点进行检查，共检查农机配件销售点和各类农机维修点 6 次。

1995—2001 年，全县有农机维修点 6 个，农牧机械管理局检查农机配件销售点和各类农机维修点 17 次。

2002—2006 年，全县有农机维修点 23 个，农牧机械管理局检查农机配件销售点和各类农机维修点 21 次，检查农机从业人员维修、营销职业资格证书 30 份，通过检查对符合标准的农机维修点发放技术合格证书 31 份。

2007—2010 年，全县在册农机维修销售点 42 个。农牧机械管理局联合工商局对全县农机经销点和维修点进行清查，取消不符合要求的农机维修销售点的营业资格。

第二节　安全监理

农牧机械管理局非常重视农用机械安全监理工作，每年对拖拉机进行 1 次注册登记（办牌照），严格建立动态档案，常年为拖拉机驾驶员提供办理驾驶证服务。2009 年 11 月，国务院《农业机械安全监督管理条例》施行，县农用机械安全监理工作有章可循，进入法制轨道。截至 2010 年，全县农用拖拉机 7159 台，注册登记 7159 台，占拖拉机总数的 100%，为 7159 名驾驶员办理拖拉机驾驶证；年均对拖拉机质量进行常态化检验 4 次，覆盖率 100%；农忙时节，农牧机械管理局派出工作人员进入乡村，与乡农机管理人员一道，对作业机械现场进行检验，发现安全隐患，立刻叫停进行维修，对不服从管理、造成事故的农户，由县农机主管部门按照农业机械安全事故认定办法进行调解处理，累计处理一般性农机安全事故 60 起。

第三节　农机监理

按照农机管理要求，麦盖提县农机部门进行农机车辆检查、组织驾驶人员进行安全知识学习。1994 年，检查车辆 53 台次，组织安全学习 15 天，参加 70 人。1999 年，深入田间路边检查拖拉机 514 台次，纠正违章 137 台次。2002 年，全县开展“安全生产月”宣传活动，发放农机安全知识宣传材料 2000 份。2003 年，结合“安全生产月”“消防日”活动，在县乡集市日，开展集中宣传，发放农机知识简报 2500 份、宣传单 3.5 万张。

2006 年，检查车辆 1576 台次，组织安全学习 1.53 万人次。广播宣传条例 2 次，出动宣传车 3 次，张贴宣传单 50 份，出板报、专栏 3 期，发放宣传材料 3000 份，发放《条例》500 本，受教育 1.73 万人次。2010 年，检查车辆 2120 台次，组织安全教育 75 次，出宣传板报、专栏 8 起，发放法律法规条例 1000 份。

第四节　农机驾驶培训

农机教育培训是农机化事业的基础，农机驾驶人员、农机维修人员的理论知识、技术水平的好坏直接对农民的经济效益和安全生产起到影响。县委、县人民政府要求农机部门抓好农机培训工作，培养一批有文化、热爱农机事业、技术水平高、责任心强的农机队伍，更好地为农业发展、农民增收服务。

1991—2000 年，全县举办培训班 80 期，培训拖拉机驾驶员 4527 名。

随着时代的发展，购置农机的人越来越多，对农机驾驶员的培训不管在人数还是在理论知识、驾驶技巧、维修技巧方面都有所变化。2001—2005 年，举办各类农机驾驶操作人员培训班 58 期（其中：拖拉机驾驶员培训班 16 期），培训各类农机驾驶操作人员 3604 名。

2006—2010 年，国家对购买农机农具群众实行购置补贴，农民购买拖拉机农机具增多，拖拉机驾驶员需求增大，累计举办培训班 62 期，培训拖拉机驾驶员 3326 人。农机化技术学校已成为全县拖拉机驾驶员农具手培训基地。至 2010 年，累计培训各类农机学员 1.15 万人次。

1991—2010 年麦盖提县农机驾驶培训情况表

表 13-4-1

年份（年）	举办培训班期数（期）	培训人数（人）	年份（年）	举办培训班期数（期）	培训人数（人）
1991	8	450	2001	15	960
1992	8	423	2002	12	713
1993	8	436	2003	10	636
1994	8	443	2004	10	652
1995	8	435	2005	11	643
1996	8	436	2006	12	656
1997	8	468	2007	12	650
1998	8	463	2008	13	683
1999	8	483	2009	12	660
2000	8	490	2010	13	677

第十四编　工　业

1991—1994年，全县的企业主要是以国有企业、集体企业为主，有电力、粮油加工、轧花、农机修造、印刷等工业企业10家。1995年以后，私有企业逐渐兴起，全县企业分国有企业、集体企业和民营企业三种类型。

2000—2003年，企业管理按照改革抓落实、改组抓优化、改造抓投入、管理抓“两本”、运行抓增效的思路，对亏损的国有、集体企业进行破产、重组、兼并租赁。民营企业的规模不断扩大；非公有制经济在第二和第三产业领域取得较大发展。

2003—2010年，为加快工业强县步伐，将招商引资纳入全县重点工作，投资建设了城南、城北工业园区，为企业落地创造条件和环境。修改、完善更新麦盖提县招商引资政策和招商引资奖励办法，动员全民招商，对各乡镇、单位部门都下达了招商引资任务，并纳入年终考核，对超额完成招商引资任务的单位和个人给予表彰奖励。积极组织参加“乌恰会”“亚欧博览会”，推介麦盖提的招商引资优惠政策和资源优势，吸引区内外客商前来麦盖提县投资开发，对引进的工业企业做到全方位服务，让客商感受到全县人民的真诚，增强投资发展的信心和决心，早日建成投入生产，产生效益。在全县各乡镇、各单位的共同努力下，招商引资取得突破性进展，一大批企业落地麦盖提。

至2010年，全县工业企业达到30家，已初步形成以棉纺、农资、酿酒、果品加工、油脂、造纸、供热、果蔬加工、新型建材等新型工业为主的产业格局，实现工业总产值5.64亿元。

第一章 机 构

第一节 行政机构

一、商务和经济信息化委员会

1991年，经济委员会编制10人，领导职数4个。内设行政科、综合科、商贸流通科。实有11人，其中，少数民族4人，女干部5人，中共党员9人。

1998年11月，政府机构改革，撤销经济委员会、商业局、二轻局、经协办、体改办，组建经济贸易局，管理全县城市经济和协调经济运行。设办公室、企业科、商贸科，经协科、轻工业科，有干部职工13人。

2003年年初，将劳动人事和社会保障局安全生产管理职能划经济贸易局。成立安全生产监督管理局，为经济贸易局二级局，机构设为副科级。

2004年3月，成立中国共产党麦盖提县企业工作委员会，与经济贸易局实行一套人马、两块牌子，合署办公。内设办公室、企业科、商贸科。

2007年5月，安全生产监督管理局从经济贸易局析出分设，规格为正科级，属政府直属机构。

2010年，经济贸易局编制10人，领导职数4个。设行政科、综合科、商贸流通科。实有9人。

二、乡镇企业局

1991年，乡镇企业局编制8人，领导职数2个，实有8人。全县9个乡、1个镇有巴扎结米乡、希依提墩乡、央塔克乡、库木库萨尔乡、昂格特勒克乡5个乡镇企业站，人员由乡政府直接管理，人员工资实行自收自支。

1997年10月，编制7人，领导职数2个。实有6人。其中，少数民族4人，女干部2人，中共党员 4 人。

2003 年 2 月，政府机构改革，乡镇企业局并入经济贸易局，在经济贸易局加挂乡镇企业局的牌子。

三、招商局

2004 年 3 月，成立招商局，系经济贸易局二级局，行政编制 5 人。

四、安全生产监督管理局

2003 年 2 月，成立安全生产监督管理局，机构规格为副科级。核定编制 3 人，领导职数 1 个。实有 3 人。其中，少数民族 1 人，女干部 1 人，中共党员 3 人。

2007 年 5 月，机构升格为正科级。从经贸局分离独立设置，为政府的直属机构。设行政编制 4 人，领导职数 1 个，工勤编制 1 人，实有人员 4 人。

第二节　事业机构

一、二轻局

1991 年，二轻局事业编制 12 人，领导职数 2 个，实有 9 人。其中，少数民族 5 人，女干部 6 人，中共党员 4 人。

1998 年 11 月，机构改革，撤销二轻局，并入经济贸易局。

二、经济技术协作办公室

1991 年，经济技术协作办公室编制 3 人，领导职数 1 个，实有 3 人。其中，女干部 2 人，中共党员 2 人。

1998 年 11 月，机构改革，撤销经协办，并入经济贸易局。

三、城镇经济体制改革委员会办公室

1991 年，城镇经济体制改革委员会办公室编制 3 人，领导职数 1 个，实有 3 人。

1998 年 11 月，机构改革，撤销体改办，并入经济贸易局。

四、工业园区

2005 年 7 月，成立麦盖提县工业经济园区管理委员会，职能划经济贸易局、招商局、发展计划局。主要负责进驻园区企业从规划建设、登记注册、开工建设、竣工投产中一系列事项的综合协调服务，协助企业申请技术改造项目和资金。

2008 年 10 月，麦盖提县工业园区管理委员会办公室成立，机构规格为正科级。全额预算管理，核定事业编 8 人，其中领导职数 2 个。

2010 年 10 月，工业园区管理委员会办公室与经贸局合署办公。

第二章　工业体制改革

第一节　国有企业改革

1991 年，全县企业改革按照“产权清晰，权责明确，政企分开，管理科学”的现代企业制度要求，推进企业股份制进行试点，设立股份制企业，鼓励和支持已承包的国有企业组建有限责任公司，全面推行企业国有民营和公有私营的改革；小型企业进行改组改造，采取租赁经营、承包经营、出售拍卖等形式；对长期经营不善，产品无销路的企业实行关、停、并、转、卖改组改造。对扭亏无望企业，资不抵债企业进行破产；对承包未到期的企业，按《中华人民共和国公司法》进行改制；贯彻落实国务院《全民所有制工业企业转换经营机制条例》，加快企业经营机制的转换；加快转变政府职能，加强和改善宏观调控能力，政府引导企业逐步适应社会主义市场经济的需要，使企业成为“自主经营，自负盈亏，自我发展，优胜劣汰”的经济实体。

1994 年，实行全员劳动合同制，与全县企事业单位全体人员、机关事业单位工人签订劳动合同。对供排水公司、修造厂、粮油厂、油脂厂、印刷厂、粮油制品公司 6 家企业实行劳动合同制。

1996 年，全县国有企业改革按照“改革抓落实、改组抓优化、改造抓投入、管理抓‘两本’、运行抓增效”的思路。以放小增活力，小企业因地制宜、因行业制宜、因企业制宜的原则，采取改组、联合、兼并、股份合作制、租赁、承包经营、出售等多种形式搞活小企业。企业扭亏增盈成效显著，12 家企业实现扭亏增盈，10 家企业实行劳动合同制。

1997 年，政府直接管理企业逐步转变为政府宏观间接管理企业，简政放权，把工作重心转移到为企业“转机建制”的服务上来，保证企业自主权的落实，使企业面向市场、适应市场。推行企业内部经济责任制，实行企业利润留成、利润包干、亏损包干和利改税，按照“两保一挂、分挂分提、包死基数、超收分成”的原则和“三个一”（即一张承包合同、一个法人代表、一个工资总额，其他让企业自行组织生产经营）的管理办法，完成 10 户预算内企业第二、三轮承包；企业三项制度改革进一步深化，推行全员劳动合同制。对饮食服务公司、农机公司、石油公司、液化气站、运输公司 5 家企业实行劳动合同制。

1998 年，国有企业改革坚持因地、因行业、因企制宜，一厂一策，多形式推进，不局限于一种模式，不搞一刀切。坚持国有、集体资产不流失和妥善安置在职职工和离退休职工。完成企业改制 8 户，粮食收储企业与附营业务彻底分离，完成粮食流通体制改革，企业改制和扭亏增盈荣获地区先进县。

1999 年，企业改制全部完成。

2000 年，企业改革加大“放小”力度，对扭亏无望的国有企业，通过破产、股份合作制、出售、租赁经营等方式，先后完成饮食服务公司、糖烟酒公司、百货公司、车队、物资公司等企业依法破产。

2001 年，企业改制稳步进行，对严重亏损的国有企业进行破产、重组、兼并、拍卖、逐步摆脱了国有企业对国民经济发展的制约。

2002 年，全县 14 家国有企业全部改制完成，二次改制企业已达 5 家，占已改制企业的 35%。

2003 年，农机公司破产，负债总额 372 万元。公司职工 45 人，按每工作一年 700 元标准发放一次性安置费，所有职工领取安置费后解除劳动合同，安置费合计 24.85 万元。

2005 年，作出建设麦盖提县工业园区的决定，推进了工业制度改革的步伐。

2006 年，对修造厂、印刷厂、液化气公司、热力公司、运输公司 5 家改制和未改制经营困难的企业进行买断或整体转让，使企业走出困境；对其他已改制破产、倒闭企业，政府挤出资金妥善解决职工补偿金、养老保险费、医疗费等关系职工切身利益的问题。

第二节　现代企业制度

现代企业制度是以市场经济为基础，以企业法人制度为主体，以有限责任制度为核心，以产权清晰、权责明确、政企分开、管理科学为条件的新型企业制度。1991 年，全县的企业主要是以国有、集体企业为主。1993 年 11 月，中共十四届三中全会召开后，麦盖提县委、县人民政府学习贯彻全会精神，对麦盖提县国有企业进行转换企业经营机制、转轨建制改革，使企业成为自主经营、自负盈亏、自我发展、自我约束的法人实体和市场竞争主体。1995 年，麦盖提县落实中央“抓住管好大的，放开搞活小的”政策，私有企业兴起。1999 年，麦盖提县委、县人民政府学习贯彻中共十五届四中全会作出的《关于国有企业改革和发展若干重大问题的决定》精神，经过 8 年多的努力，至 2001 年底，麦盖提县现代企业制度框架基本建立，除私营企业外，80% 以上的新老企业改为股份制企业。

第三章　工业管理

第一节　企业管理

1991 年，全县有电力、粮油加工、轧花、农机修造、印刷等工业企业 30 家。电力企业主要是电力公司，行业垂直管理单位；粮油加工企业由县粮食局管理；轧花企业由县棉麻公司管理，主管部门是县供销社；农机修造厂由县农机局管理；印刷厂属于国有企业，由县经委管理。

2000 年，全县国有企业 9 家，企业管理按照“改革抓落实、改组抓优化、改造抓投入、管理抓‘两本’、运行抓增效”的思路。以放小增活力，小企业因地制宜、因行业制宜、因企业制宜的原则，采取改组、联合、兼并、股份合作制、租赁、承包经营、出售等多种形式搞活小企业，对亏损的国有企业进行破产、重组、兼并租赁，2004 年全县国有企业减少到 3 家。民营企业的规模不断扩大；民营经济在第二和第三产业领域取得较大发展。

2010 年，全县国有企业 2 家，企业管理主要是自主经营、自负盈亏，实行经营承包制。由于承包制同样没有触及企业的基本产权制度，本身还存在着“短期行为”等一些难以克服的缺陷，无法适应国有企业参与市场竞争的需要，使得承包制难以为继。

第二节　安全生产管理

1991—2002 年，全县的安全生产工作由劳动人事部门负责，按照自治区、地区的要求开展形式多样的安全生产监督检查活动，不断提高全民的安全生产意识。2002 年，将每年 6 月安全生产周改为安全生产月。认真组织开展“安全生产月”宣传活动，对广大群众进行安全教育。全年出动宣传车 20 辆（次），宣传人员 50 人（次），悬挂张贴宣传画、标语 120 幅，展板 21 块，发放安全生产宣传册 350 册、农机安全知识宣传材料 2000 份。

2003 年，安全生产的职能划转县经济贸易局成立安全生产监督管理局，此后，由安全生产监督管理局履行全县安全生产监督管理工作。全年发生各类事故 85 起，其中，交通事故 58 起；火灾 10 起；

死亡 21 人，受伤 62 人；造成经济损失 40.84 万元。

2004 年，进一步强化政府对安全生产工作的领导，落实安全生产主体责任，遏制重特大事故的发生。全年交通事故 25 起，死亡 15 人，受伤 13 人，经济损失 3.4 万元，安全生产事故同比下降 56.9%，死亡同比下降 4.76%，受伤同比下降 79.03%，经济损失同比下降 91.67%;农机事故发生 1 起，死亡 1 人。

2005 年，全县以安委会名义组织检查组 29 个，主要检查工矿企业、公共娱乐场所、危化品、旅游等场所，查出隐患 125 条，下达隐患整改通知 66 份。通过督查，有 95% 的安全隐患已落实整改；对 154 家店铺的 40 条重点隐患采取通报、督促、跟踪等措施，隐患整改率达到 99%。

2006 年，全县出动各种检查车辆 81 台次，执法人员 208 人次，检查 675 处，发出整改指令书 145 份，当场整改 373 处，取缔非法卖油点 7 家。交通专项整治活动期间，检查各类机动车 2.06 万辆，其中违法违规车辆 2425 起，行政拘留 3 人，办理一般程序 5 起。

2007 年，开展以春节、古尔邦节、“五一”、“安全生产月”节日和重要时期安全生产大检查 6 次，出动检查车辆 602 台，检查人员 1821 人次，检查各类车辆 1.24 万台，各类交通违章（法）车辆 9631 台；其他各类检查 2391 起，查处隐患 1240 起；发出整改指令书 320 份，当场整改 920 起，限期整改的 3 起，取缔非法卖油点 8 处，遏制了各类事故的发生。

2008—2010 年，全县相继开展“火灾隐患排查治理专项行动”“安全生产百日督查专项行动”“安全生产月活动”“安全生产百日整治专项行动”等各类专项行动，各节日期间相应开展安全生产大检查行动。全县累计查处安全隐患 1956 个，整改隐患 1860 个，整改率达 95.3%。

第四章　工业结构

第一节　所有制结构

全县工业企业按性质分有国有企业、集体企业和民营企业三种类型。1991—2010 年，企业数及工业总产值情况见下表。

1991—2010 年麦盖提县工业企业数、企业产值情况表

表 14-4-1

年份（年）	工业企业总数（家）	工业企业总产值（万元）	国有工业（家）	集体工业（家）	民营工业（家）
1991	30	16776	8	22	—
1992	27	20821	8	19	—
1993	28	25068	9	19	—
1994	29	33610	9	20	—
1995	30	8937	8	22	—
1996	18	4806	10	8	—

续表 14-4-1

年份（年）	工业企业总数（家）	工业企业总产值（万元）	国有工业（家）	集体工业（家）	民营工业（家）
1997	17	6621	9	8	—
1998	18	9618	9	9	—
1999	24	7221	9	15	—
2000	24	6170	9	15	—
2001	24	6757	4	20	—
2002	19	7542	4	15	—
2003	11	6688	4	7	—
2004	11	5604	3	-	8
2005	22	7975	3	—	19
2006	23	21449	2	—	21
2007	26	43268	2	—	24
2008	32	42353	2	—	30
2009	27	50393	2	—	25
2010	30	56405	2	—	28

第二节　经济效益

1991—2000 年，全县工业总产值累计 14.01 亿元。

2001 年，全县工业总产值 6757 万元，乡及乡以上工业企业增加值 1431 万元，比 2000 年下降 2.7%。其中，轻工业增加值 443 万元，下降 8.9%；重工业增加值为 878 万元，增长 1.7%。从经济类型看，国有工业完成增加值 1026 万元，比 2000 年下降 3.1%，集体企业完成增加值 405 万元，下降 1.26%。

2005 年，工业经济快速增长，全县完成工业总产值 7975 万元，比 2000 年增长 42.31%。完成工业增加值 2265 万元，比 2000 年增长 70.81%；规模以上工业增加值 600 万元。

2010 年，全县有工业企业 30 家。其中，新建投产企业达 11 家，规模以上企业 3 家。全县完成工业总产值 5.64 亿元，同比增长 10.53%；实现工业增加值 1.23 亿元，增长 13.29%。已初步形成以纺织、农资、酿酒、果品加工、油脂、造纸、新型建材等产业为主的产业格局。

2001—2010 年麦盖提县工业经济运行情况表

表 14-4-2

年份（年）	工业企业（家）	总产值（万元）	增加值（万元）	增加值同比增减（%）
2001	24	6757	1431	-2.7
2002	19	7542	1966	3.4

续表 14-4-2

年份（年）	工业企业（家）	总产值（万元）	增加值（万元）	增加值同比增减（%）
2003	11	6688	1672	-14.95
2004	11	5604	1712	2.45
2005	22	7975	2265	70.81
2006	23	21449	5906	160.72
2007	26	43268	11052	73.8
2008	32	42352.5	13622	23.25
2009	27	50393	13632	0.07
2010	30	56405	12294	13.29

第五章　工业门类

第一节　供水　供热　供气

一、发展概况

1991 年，麦盖提县有煤矿、石油公司（经营液化气）、自来水公司 3 家工业企业。2004 年 10 月，引进白云热力有限责任公司，居民实现集中供热。2010 年 4 月，成立新疆庆源实业集团麦盖提燃气有限公司。

二、重点企业介绍

（一）供排水公司

1982 年成立，位于麦盖提县人民路 6 号，原机构名称为自来水公司，属自收自支事业单位。

1998 年 8 月，县城排水工程竣工后，将排水系统交由自来水公司经营管理，机构名称变为麦盖提县供排水公司。

2003—2004 年，先后实施供排水改扩建项目。

2005 年竣工投产，改造供水管道 20.4 米，覆盖县城 14 条道路，供水量 165 万立方米；铺设排水管道 25.2 千米。2007 年，改制为企业单位。

2010 年，供排水公司担负着县城 6.7 万人口城镇居民生活用水和工业、加工业、饮食服务行业及县城绿化等供、排水，水费征缴任务。县城供水管道达 33.8 千米，用户总数 1.33 万户，供水普及率 98%。排水主管道达 46.4 千米，排水普及率 85% 以上。

（二）麦盖提县白云热力有限责任公司

2004 年 10 月，引进麦盖提县白云热力有限责任公司，注册资金 135 万元，投资 2000 万元，购有 20 吨锅炉 2 台、15 吨锅炉 2 台、10 吨锅炉 4 台，供热面积达 65 万平方米，完成工业产值 1300 万元，实现工业增加值 400 万元，为麦盖提县提供就业岗位 43 人。

2010 年，有各类型号锅炉 6 台，取得供热产值 564 万元。

（三）新疆庆源实业集团麦盖提燃气有限公司

2010 年 4 月成立，注册资金 800 万元。主要从事天然气产品的开发、利用；天然气设施的建设、管理、维护；天然气的运输、民用、商用、工业；天然气的供应销售，汽车加气等。员工 24 人。

是年 8 月，开工建设管道天然气输配工程，计划投资 2105.22 万元，年底完成投资 400 万元。

第二节　电　力

一、机构

1998 年 8 月 1 日，县电厂、供电分公司合并。1999 年 9 月 17 日，电力体制改革，麦盖提县电力公司上划疆南电力公司管理，成为疆南公司的全资子公司，更名为麦盖提供电有限责任公司，公司内设办公室、财务部、安全生产技术部、营销部。公司下设 9 个供电所。在册职工 128 人。至 2010 年，实有职工 99 人。

二、电力基础设施建设

1993 年，第一座 35 千伏变电站建成，位于文化西路，变电站总容量 5000 千伏安。

1996 年，增加 1 台 5000 千伏安的变压器；先后建成吐曼塔勒乡、克孜勒阿瓦提 35 千伏变电站，总容量均为 3800 千伏安。

2000 年 8 月，建成 35 千伏央塔克变电站，1 台主变单台运行，总容量 3150 千伏安。

2003 年，建成库尔玛变电站，总容量 1250 千伏安。

截至 2010 年，运行 110 千伏变电站 2 座，主变 3 台，容量 6 万千伏安。35 千伏变电站 7 座，主变 12 台，容量 4.9 万千伏安。

三、农网工程

2001 年，投资 2000 万元完成库尔玛乡 35 千伏变电所 1 座，接通 35 千伏线路 13.7 千米；接通新建 10 千伏线路 52 千米；改建 10 千伏线路 31 千米；新建和改建 0.4 千伏线路 570 千米；新增和改造配电 87 台；完成一户一表工程 1.1 万户。

2006 年，投资 1992 万元完成克孜勒阿瓦提 35 千伏变压器改造工程、吐曼塔格 35 千伏变压器增容改造工程、麦盖提 110 千伏输变电工程，接通 110 千伏线路 9 千米，补偿容量 7500 兆伏安。

截至 2010 年，累计完成农网工程总投资 6085 万元完成农网工程 11 个，接通 110 千伏线路 9 千米，35 千伏线路 40.8 千米，10 千伏线路 181.2 千米，0.4 千伏线路 626.36 千米，10 千伏变压器 36 台。

四、电价管理

1991—1997 年，电价按国家统一牌价进行收费，由物价部门核定工业用电每千瓦时 0.75 元，居民用电每千瓦时 1.2 元。由于农村用电管理体制不顺，供电环节多，线损大，农民的到户电价实际每千瓦时有的高达 1 元，少数村达到 3 元；县城居民生活用电则控制在每千瓦时 0.58 元。

1998—2000 年，实施农村电网改造和农电体制改革，农网“两改一统价”工作进一步加强。

2002 年，对电价进行调整，农业生产用电每千瓦时 0.36 元；居民照明用电每千瓦时 0.58 元；非居民照明用电每千瓦时 0.58 元；非普工业用电每千瓦时 0.48 元，商业用电每千瓦时 0.73 元；全年供电量 3909.12 万千瓦时，售电量 3399.57 万千瓦时，增长 7.22%。

2008 年 8 月，全县 9 个乡、1 个镇、128 个行政村完成农网改造，128 个行政村的 2.2 万户实现抄表到户，电价按每千瓦时 0.6 元统一抄表收费到户，占全县总户数的 27.7%，电价平均每千瓦时降低 0.25 元。同年对电价进行调整，农业生产用电每千瓦时 0.36 元；居民照明用电每千瓦时 0.6 元；非居民照明用电每千瓦时 0.6 元；非普工业用电每千瓦时 0.52 元；大工业用电每千瓦时 0.46 元；商业用电每千瓦时 0.81 元。全年供电量为 9496.65 万千瓦时，售电量 8620.38 万千瓦时。

2002—2010 年麦盖提县供电、售电量及线损情况表

表 14-5-1

年份（年）	供电（万千瓦时）	售电量（万千瓦时）	线损率（%）
2002	3909.12	3399.57	13.03
2003	3315.55	2924.36	11.80
2004	4354.65	3800.4	12.73
2005	4957.25	4411	11.02
2006	6345.12	5594.41	11.8
2007	8144.66	7336.55	9.92
2008	9496.65	8620.38	9.23
2009	14265.5	12976.35	9.04
2010	13524.32	12135.05	10.2

2002—2010 年麦盖提县供电公司用电分类比重情况表

表 14-5-2

年份（年）	农林牧渔水利用电		工业用电		商业用电		居民照明用电		其他用电	
	电量（万千瓦时）	占总用电量（%）	电量（万千瓦时）	占总用电量（%）	电量（万千瓦时）	占总用电量（%）	电量（万千瓦时）	占总用电量（%）	电量（万千瓦时）	占总用电量（%）
2002	1330.86	39.15	912.65	26.85	219.54	6.46	913.67	26.88	22.84	0.67
2003	1012.90	34.64	898.13	30.71	203.87	6.97	791.33	27.06	18.12	0.62
2004	1452.06	38.66	1126.34	29.99	242.74	6.46	937.58	24.96	41.68	1.11
2005	1218.66	27.63	1600.26	36.28	251.34	5.70	1227.98	27.84	112.76	2.56
2006	1790.65	32.01	1891.92	33.82	288.12	5.15	1556.08	27.81	67.65	1.21
2007	2680.74	36.54	2560.85	34.91	301.88	4.11	1706.43	23.26	86.65	1.18
2008	2734.7	31.72	3253.63	37.74	376.11	4.36	2242.30	26.01	13.64	0.16
2009	6534.95	50.36	3516.98	27.10	371.44	2.86	2529.88	19.50	23.10	0.18
2010	4702.42	38.75	3587.93	29.57	419.45	3.46	2843.44	23.43	581.81	4.79

2002—2010 年麦盖提县供电分公司扩报装业务情况表

表 14-5-3

年份（年）	2002	2003	2004	2005	2006	2007	2008	2009	2010
申请报装（户）	1501	1602	1670	1702	1770	1810	1890	1920	1982
报装容量（万千伏安）	2.3	3.1	4.5	5.2	6.1	6.9	7.8	8.6	9.5

第三节　农副产品加工

一、发展概况

1991 年，麦盖提县粮食局和粮油加工产 2 家工业企业生产植物食用油 2099 吨、面粉 5060 吨。1996 年 1 月，成立粮油制品公司（面粉厂、油厂）。1999 年 2 月，成立麦盖提县粮食收储公司。

2010 年，麦盖提县农副产品加工企业达 7 家，粮油加工企业 4 家，年生产食用油 3718 吨、面粉 1000 吨。农副产品加工 1 家、红枣加工企业 2 家，年加工红枣 1.3 万吨、蜂蜜 1500 吨。

二、重点企业介绍

（一）新疆枣都土特产开发有限公司

新疆枣都土特产开发有限公司 2009 年 8 月 25 日注册成立，注册资金 4100 万元，企业位于城南工业园区，由河南枣都实业（集团）有限公司投资，主要从事加工土特产类、干果类、蜂蜜、枣及枣制品业务，年加工红枣 8000 吨、蜂蜜 1500 吨。

新疆枣都土特产开发有限公司总占地面积 80 亩，建设用地面积 60 亩，建有生产车间、仓库、冷库、辅助用房、综合办公楼等，总投资 2000 万元，是集红枣系列产品深加工、蜂产品系列深加工、1.4 万吨气调保鲜库建设及 5000 亩红枣示范园和绿色原料生产基地建设为一体的综合性生产企业。年加工红枣能力达 1 万吨、蜂蜜系列产品 500 吨以上，完成工业产值 2.1 亿元，实现工业增加值 6000 万元，提供就业岗位 60 人。解决稳定就业人员 230 人，季节性吸纳就业人员 2000 余人次。

（二）麦盖提天海绿洲枣业有限公司

麦盖提天海绿洲枣业有限公司 2010 年 7 月注册成立，注册资金 1000 万元。企业位于城南工业园区，隶属新疆天海绿洲农业科技股份有限公司，占地面积 129 亩，公司主营业务：红枣加工，产品注册商标为“刀郎”，产品分别有刀郎情系列、刀郎至尊系列、刀郎礼盒系列。年收购加工红枣能力 1000 吨，全年完成工业产值 6000 万元，实现工业增加值 2000 万元，提供就业岗位 80 人。

第四节　纺织工业

一、发展概况

1991 年，全县服装加工业主要是民族服装厂，在职职工 40 人，生产各种服装 3000 件。

1992 年，随着改革的发展和市场的竞争，个体服装店从内地购进服装，民族服装厂生产量逐渐减少，销售收入随之减少。1994 年，企业倒闭，职工解散。

2004 年，新疆棉花产业（集团）麦盖提棉业有限责任公司由麦盖提县棉麻公司整合改制成立，年生产加工能力 5 万吨。

2006 年 4 月，招商引资引进麦盖提县九九棉业有限公司。

至 2010 年，麦盖提县纺织工业达 5 家。

二、重点企业介绍

（一）麦盖提县中联棉纺有限责任公司

麦盖提县中联棉纺有限责任公司 2005 年 9 月注册成立，企业位于城南工业园区，由浙江温州私营企业家李庆顺投资，投资额 5000 万元，占地面积 172 亩。2005 年，收购、加工轧花项目。

2006 年 3 月，正式投产棉纱、棉布项目，主要产品为“刀郎”牌 21 支、10 支棉纱，“刀郎”牌宽幅、窄幅打包布。该企业的建成、投产为当地新增就业岗位 350 个。当年企业生产 21 支、10 支棉纱 1400 吨，宽幅、窄幅打包布 490 万米，完成工业总产值 3378 万元，实现工业增加值 845 万元。

2010 年，实现工业总产值 1 亿元，销售产值 2.18 亿元，增加值 2050 万元，为当地解决就业岗位 110 个。

（二）麦盖提县九九棉业有限公司

麦盖提县九九棉业有限公司 2006 年 4 月注册，注册资金 3000 万港币。企业位于麦盖提县城北工业园区，占地面积 400 亩，建设资金 6000 万元，建有 3 个扎花车间、1 个脱绒车间。收购场地面积 2.2 万平方米，104 个籽棉垛位能同时存放 4.1 万吨籽棉、2 个棉花检验室、6 个不同吨位的过磅口，日收购量可以达到 1500 吨。

至 2010 年，累计收购籽棉 1.28 万吨，为当地新增就业岗位 150 个。

第五节　建材工业

一、发展概况

1991 年，麦盖提县有砖厂、预制厂两类建材工业。随着社会的发展，人民生活日益改善，建材市场也日益壮大。

2005 年，麦盖提县春晖建材制品有限公司、麦盖提县强盛建材有限责任公司相继成立。

2010 年 5 月，麦盖提县平安建材制品有限公司落成。

二、重点企业介绍

（一）砖厂

1986 年，建立县砂砖厂，属县办国有企业，公司注册资金 178 万元。公司主营灰砂砖，砂砖的兴起成为人们房屋建筑的主要材料，后因发现砂砖不耐碱容易风化，有一定的安全风险，限制建造楼房使用，砂砖销售日益减少。

1998 年 1 月停产，经改制，1 人办理退休，13 人办理下岗、买断手续。

县乡镇企业局砖厂建于 20 世纪 70 年代，属集体企业，生产烧制的红砖主要适用于打房屋地基，需求量不大；进入 20 世纪 80 年代后采取对外承包经营。1992—1999 年，因建筑业活跃，且鼓励乡镇企业发展，经乡镇企业局准许后，陆续建立吐曼塔勒乡砖厂、尕孜库勒乡砖厂、库木库萨尔乡砖厂、昂格特勒克乡砖厂。后因产品强度等质量方面的原因，一些砖厂倒闭。2001—2009 年，农村安居富民房工程实施，用砖需求量较大，供不应求，又新建了 3 个砖厂。

（二）春晖建材制品有限公司

春晖建材制品有限公司 2005 年注册成立，公司位于城南工业园区，是一家以加工销售铝合金门窗、塑钢门窗、不锈钢门窗、钢窗、防盗门及经营室内外装修业务为主的企业。投资规模 1000 万元，建设厂房 1.9 万平方米。

2006 年，建设预制构件生产线 1 条，年生产近万块水泥预制板，近 2000 个涵管。

2010 年，实现产值 1400 万元，增加值 470 万元。

第六节　其他工业

1991—2010 年，麦盖提县除机械工业、纺织工业、电力工业、建材工业、供水供热供气、农副产品加工企业外还有酿酒、管材、造纸、滴灌等工业企业。

一、修造厂

1991—2001 年，修造厂是全县一家老工业企业，总占地面积 5.3 万平方米，职工 56 人。在没有进行改制前，该厂以目标管理的方式经营。随着市场经济的建立，企业改制的深化，修造厂面临新的改制。

2002 年，修造厂进入改制阶段。

2005 年 11 月，清产核资各项工作全部结束。

2006 年 6 月，改制工作完成，对修造厂原有的 20 名职工（2 名厂领导除外）改变国有身份，解除劳动关系。资产进行评估确认，由农机局代管，部分生产车间、设备由农机局进行出租或出让。

二、喀什宏邦节水灌溉设备工程有限公司

喀什宏邦节水灌溉设备工程有限公司 2008 年落地麦盖提县，注册资金 6998 万元，企业位于城南工业园区，由陕西客商李富成投资，占地面积 144 亩，总投资 5000 万元，是集设计、施工、原材料供应、生产、销售、售后服务于一体的农业节水灌溉系统集成服务企业，主营产品为滴灌带、PVC 管、大棚膜及土工膜、PE 管；同时，也是新疆维吾尔自治区水利厅高新节水灌溉一级施工企业。

2010 年，新疆重点培育拟上市企业，现已进入托管阶段。全年生产滴灌带 8000 万米、PVC 管 4000 吨、大棚膜及土工膜 500 吨、PE 管 300 吨，完成工业产值 7000 万元，实现工业增加值 2400 万元，为麦盖提县提供就业岗位 150 人。

三、金得利造纸业有限责任公司

金得利造纸业有限责任公司 2005 年 8 月成立，企业位于文化路 1 号，总投资 2000 万元。2005 年 5 月动工建设，主要是利用当地书、报、废纸等为原料，生产加工“丝路之花”牌和“意乐”牌生产用纸、普通级高强瓦楞纸、茶板纸、箱板纸、鞋底革纸。

2006 年开始生产，主要生产包装纸箱、彩印、面巾纸、手纸、抽纸等，年生产能力 2500 吨。

2007 年，生产生活用纸 4000 吨、瓦楞纸 1800 吨，完成工业总产值 1680 万元，实现工业增加值 420 万元，较 2006 年同期增长 189.7%。

2008 年，生产纸箱 250 万个，拥有固定资产 1345 万元，销售收入 800 万元，解决当地就业岗位 76 人。

2009 年，由于造纸业行业属于环境污染企业，设备设施不达标停业整顿，后来一直没有再生产。

2009—2010 年工业主要产品产量情况表

表 14-5-4

名称	计量单位	2010 年工业产品产量	2009 年工业产品产量	增长（%）
供热量	万吉焦	70.01	54.19	29.19

续表 14-5-4

名称	计量单位	2010 年工业产品产量	2009 年工业产品产量	增长（%）
供热面积	万平方米	88.5	69	28.26
污水处理	万立方米	108	80	35.00
自来水	万立方米	220	200	10.00
棉纱	吨	276	1006	-72.56
棉布	万米	240.4	182	32.09
其他纺织品	吨	1687.57	1239.03	36.20
复合肥	吨	33723	41000	-17.75
塑料制品	吨	2028	3588.72	-43.49
玻璃钢管	吨	882	150	341
铝合金	吨	37.5	180	-79.17
商砼	立方米	16666.7	0	0
塑钢窗	吨	178	286.72	-37.92
滴灌泵	台	50	160	-68.75
茶板纸	吨	907	500	81.40
机制纸及纸板	吨	1493	2500	-40.28
甘草切片	吨	107	120	-10.83
白酒	千升	600	800	-25.00
植物油	吨	3718	8003	-53.54
面粉	吨	1000	640	56.25
红枣	吨	1214	0	0
杏酱	吨	1227	3881	-68.38
杏核	吨	362	8619.6	-95.80

第六章　乡镇企业

第一节　发展概况

1991 年，全县乡镇企业主要是以个体私营企业为主，个体私营经济收入占乡镇企业总收入的 80% ~ 90%。乡镇企业总数 1679 个，其中集体企业 189 个、个体私营企业 1490 个，企业人数 4105 人。

1992 年，县委、县人民政府提出第二、三产业是发展乡镇企业的方向，要大力发展以乡镇企业为主体的第二、三产业。这一年，乡镇企业在“积极扶持，合理规划，正确引导，加强管理”的方针指引下，坚持以乡镇集体企业为骨干，以联户为基础，加强横向经济联系，引进技术，引进人才，采取县、乡、村、户几个轮子一起转的办法，使以乡镇企业为主的第二、三产业有了起色。截至年底，全县乡镇企业 1537 个。其中，集体企业 176 个，从业人员 1315 人；个体企业 1361 个，从业人员3415人。乡镇企业总投入1702.8万元，比1991年增加139.6万元，增长13.2%，实现利润471万元，比1991年增加36万元，增长6.6%。

1995年，乡镇企业总收入突破2000万元大关，达到2320万元，比1994年增长19.2%，比1992年增长36.3%；实现利润447万元，比1994年增长5.2%，比1992年增长6.4%。

1997年，乡镇企业面临新的发展机遇，《中华人民共和国乡镇企业法》从1月1日起正式实施，标志着乡镇企业的发展进入法制化轨道，全县乡镇企业稳步发展。

1998年3月，全县乡镇企业总收入突破3000万元大关，达到3541万元，实现利润493万元。

1999年，全县乡镇企业2420个，企业人数6563人，总收入3663万元，利润首次突破500万元大关，达516万元。

至2003年，乡镇企业快速发展，全年乡镇企业总收入5753万元，比2002年增长10%，乡镇企业总产值6402万元，增长10%；增加值为1750万元，比2002年增长15.58%，乡镇企业上缴税金450万元，利润总额590万元。

2004—2010年，乡镇企业经改制，集体企业逐渐退出历史舞台，被个体私营企业所取代。

麦盖提县乡镇企业发展的主要经济指标情况表

表14-6-1

年份（年）	乡镇企业数（家）	从业人员数（人）	总产值（万元）	总收入（万元）	总利润（万元）
1991	1679	4105	1625	1364.00	352
1992	1537	4730	1825	1499.10	471
1993	1617	5291	1726	1672.40	386
1994	1617	5291	2180	1947.00	425
1995	1797	4772	2859	2320.00	447
1996	1930	4950	3200	2626.00	458
1997	231	2977	3314	1885.00	465
1998	2200	5963	3361	3541.00	493
1999	2420	6563	3432	3663.00	516
2000	2420	6563	3783	3622.00	545
2001	3326	8015	5190	4620.00	523
2002	3730	8725	5820	5230.00	545
2003	4103	9026	6402	5753.00	590

第二节　乡镇企业简介

一、吐曼塔勒乡联营红砖厂

1993年，麦盖提县乡镇企业局投资建设吐曼塔勒乡联营红砖厂，地点位于吐曼塔勒乡二农场，总投资95万元。建设规模24门砖窑，年生产红砖1000万块。4月建厂，9月投产，至10月底，生产红砖300万块，总产值达16.4万元，获利1.8万元。1994—1997年，企业就业人员平均达60人次，年生产红砖1500万块，经济效益达到最高。1999年，红砖厂遭受洪水灾害，损失严重。2000年，经济效益下滑，计划搬迁，由于无资金来源，企业处于停产状态。

乡镇企业局直属砖厂一直维持到2006年，经改制后被个体私营企业取代。

二、乡镇企业供销公司

乡镇企业供销公司成立于1982年，公司位于英巴扎南路，主要经营各类百货、五金、建材，面积200平方米，职工8人，年经营收入达30万元。1991—1999年，公司经济效益平稳。2000年后，受市场经济的冲击，公司效益不景气，职工工资难以保障，经改制，人员下岗买断。

三、农工商实业开发公司

农工商实业开发公司1988年成立，主要收购甘草、牛羊皮进行销售。公司员工15人，年经营收入达35万元。1991—1993年，公司发挥最大经济效益。1994—1997年，对外承包，由于承包人经营管理不善，公司处于关闭状态。2004年，公司地盘进行拍卖出售，解决了公司人员的养老金、失业金等问题，人员办理下岗买断手续。

第七章　招商引资和园区建设

第一节　招商举措

1991—2010年，麦盖提县坚持工业兴、百业兴。高度重视招商引资工作，采取了很多举措，取得了很好的效果。

一、成立招商引资领导小组，加强领导；

二、单设招商局；

三、不断修改完善招商引资优惠政策；

四、建立工业园区和工业园区管委会；

五、对单位部门下达招商引资任务，纳入年终考核；

六、制定招商引资奖励办法；

七、积极参加乌恰会、亚欧会等扩大招商；

八、加大媒体宣传和推介；

九、组织小分队，主动出击；采取走出去请进来，以真诚感动客商前来投资开发；

十、提升服务，亲自带领投资客商办理各种手续，帮助解决各种困难。

第二节　招商项目

2000—2010年园区规划以来，招商引资累计引进项目149个，建成投产项目115个，形成“一园两区”辐射全县各乡镇的大好格局，主要经营农副产品精深加工、机械组装、新型建材、光伏新能源等产业。

储备项目25个，根据县特色资源，丰富的农副产品资源（棉花、红枣、核桃）、浓厚的文化历史沉淀、浩瀚的沙漠等提供强大的后备资源，吸引客商前来考察投资。

2005—2010 年麦盖提县招商引资重点项目一览表

表 14-7-1

序号	企业名称	法人代表	注册地址	注册时间	企业类型
1	新疆一源实业有限公司麦盖提分公司	刘　刚	城南工业园	2005 年 3 月	杏酱
2	麦盖提县绿源塑料厂	卡哈尔	城南工业园	2005 年	塑料管材
3	麦盖提县金得利造纸业有限责任公司	项友考	文化路 1 号	2005 年 8 月	各类纸业
4	喀什金叶农业发展有限公司（农民心愿塑料厂）	布左拉・买买提	城南工业园	2005 年 9 月	地膜
5	麦盖提县强盛建材有限责任公司	周　强	城南工业园	2005 年 12 月	塑钢窗
6	麦盖提县九九棉业有限公司	胡建根	城北工业园区	2006 年 4 月	棉纺
7	新疆大和生物科技有限责任公司	孙　斌	城南工业园	2007 年 5 月	有限责任
8	华美家具厂	汪传善	城南工业园	2007 年 7 月	家具
9	麦盖提广兴农业节水滴灌技术有限公司	魏金广	城南工业园	2007 年 11 月	滴灌带
10	麦盖提县古刀郎油脂有限公司	艾则孜	城南工业园	2008 年 1 月	有限责任
11	湖北三峡农药厂麦盖提分厂	钟　陆	城南工业园	2008 年 1 月	农药销售
12	恒升保温建材厂	张　磊	城南工业园	2008 年 1 月	保温板
13	恒达农机修造厂	陈金礼	城南工业园	2008 年 1 月	农机维修
14	麦盖提县中联棉纺有限责任公司	李庆顺	城南工业园	2008 年 2 月	棉纺
15	新疆喀什大漠坊酒业有限公司	朱兆银	城南工业园	2008 年 2 月	有限责任
16	麦盖提润丰棉花副产品有限公司	杨延新	城南工业园	2008 年 2 月	短绒
17	东方家具厂	臧学堂	城南工业园	2008 年 3 月	家具
18	麦盖提县新盛家具加工装璜有限公司	李耀堂	城南工业园	2008 年 4 月	办公家具
19	新疆麦盖提县刀郎农产品加工农民专业合作社	苏力坦玛木提汗	城南工业园	2008 年 8 月	脱水蔬菜、干果系列
20	圣泉纯净水厂	刘　杰	城南工业园	2008 年 8 月	矿泉水
21	麦盖提鸿昇建材厂	刘彦良	城南工业园	2009 年 1 月	塑钢窗
22	麦盖提宏旭生物科技发展有限责任公司	钱明旭	城南工业园	2009 年 2 月	枣系列
23	麦盖提宏旭商贸有限责任公司	钱明旭	城南工业园	2009 年 7 月	混凝土
24	麦盖提沙漠绿洲枣业有限公司	王　智	城南工业园	2009 年 8 月	枣系列
25	麦盖提鑫旺纸箱厂	张水彬	城南工业园	2009 年 11 月	纸箱
26	麦盖提天海博斯坦肥业有限公司	李同江	城南工业园	2009 年 11 月	有机肥
27	麦盖提天海绿洲枣业有限公司	李同江	城南工业园	2009 年 11 月	枣系列
28	麦盖提县平安建材制品公司	刘遵平	城南工业园	2010 年 1 月	塑钢窗、苯板
29	喀什百地康农业科技开发有限责任公司	张　征	城南工业园	2010 年 4 月	掺混肥
30	麦盖提天运塑料制品有限公司	徐雪芳	城南工业园	2010 年 4 月	农用地膜
31	麦盖提大发彩印包装有限公司	池宁柱	城南工业园	2010 年 4 月	彩印包装箱

续表 14-7-1

序号	企业名称	法人代表	注册地址	注册时间	企业类型
32	新疆金昆仑化肥有限责任公司	阿不都卡地·托乎提	城南工业园	2010 年 5 月	复合肥
33	麦盖提天宇建设工程有限公司	钟琼彬	城南工业园	2010 年 7 月	滴灌带、软带、PVC 管、大棚膜
34	新疆溢农节水设备开发有限公司	刘高峰	城南工业园	2010 年 7 月	滴灌带
35	麦盖提华鹰热能有限责任公司	余新华	城南工业园	2010 年 8 月	供热
36	泰昆油脂有限公司	许雪芳	城南工业园	2010 年 9 月	棉籽油

第三节 资金引进

2000 年，全县招商引资签约项目 9 个（第九届乌洽会）、合同 8 个、意向 1 个，成交额达 4.26 亿元（棉花项目 4.16 亿元）。其中，生产型 5 个，技术引进型项目 4 个，投资意向 1 个，共 200 万元，到位资金 228.6 万元。

2001 年，全县招商引资签约项目 10 个，项目落实率 90%；引进农业技术人员 4 人，签约资金 1370 万元。其中，生产型 4 个，商贸型 1 个，农业开发型 5 个，落实 9 个，到位资金 370 万元。

2002 年，全县招商引资签约项目 9 个。其中，生产加工型 5 个，引资 2070 万元；农业开发型 3 个，引资 4050 万元；订单 1 个，资金 900 万元；共引进资金 7020 万元。

2003—2005 年，将招商引资任务量化到全县县直行政、企事业单位，全年引进对外合作项目 41 个，签约资金 3.17 亿元，到位资金 1.51 亿元。

2006—2010 年，全县完成引资项目 77 个，项目签约资金 18.23 亿元，实际到位资金 7.56 亿元。

2003—2010 年麦盖提县招商引资成果情况表

表 14-7-2

年份（年）	签订合同数（个）	总金额（万元）	落实执行项目（个）	总金额（万元）	实际到位资金（万元）
2003	13	6110	13	6110	2080
2004	13	9664	13	9664	4342
2005	15	15904	15	15904	8690
2006	11	19100	11	21800	9185
2007	11	21800	11	21800	8100
2008	21	52600	21	52600	28750
2009	19	47795	19	47795	12245
2010	15	41000	15	41000	17300

第四节 园区建设与管理

一、园区建设

工业经济园区的规划和建设在调整经济结构、优化资源配置、引导生产力合理布局方面，在增强产业积聚效应和延长产业链方面以及带动地方经济发展等各方面的作用日益凸显。2004 年，县委、县人民政府结合麦盖提县实际，明确发展思路，不断完善城市基础设施和提升城市功能，在城郊附近规划近万亩土地建立城南、城北两个工业园区。开展以道路框架和水、电、通信、绿化等为主的园区基础设施建设，并依托本地农业优势资源，引导工业企业落户园区。

工业园区自 2005 年建设以来，按照城园一体的设计理念，利用各方资金和财力，累计完成基础设施投入 1.1 亿元。工业园区总占地面积 1.02 万亩，其中城南工业园区占地面积 5709 亩、城北工业园区占地面积 4458 亩。引进项目 53 个，建成投产项目 38 个，其中宏邦节水、枣都、中联棉纺等企业落户投产，为全县提供就业岗位 1600 个。

（一）城南工业园区

建于 2005 年 9 月，规划土地面积 5709 亩。当年园区内落户企业 12 家，占地面积 302 亩。当年，县人民政府投入 300 万元为园区落户企业架设用电、用水专线，并修建柏油路 2 千米。

2006—2010 年，人民政府继续投入 1700 万元新建彩钢板厂房 2 栋，面积 2024.16 平方米，新建及改造园区道路 4 千米；新建供、排水管网；架设路灯；新建绿化带，工业园区初具规模。截至 2010 年，建设工业路、夏普吐鲁克路、发展路、滨河路、翰海路、明珠路和人民南路延伸段、英巴扎南路延伸段，建成与城区相连的道路 2 条，与麦叶公路相连道路 1 条，建设道路总里程 13.5 千米，形成“四纵四横”路网体系及相关配套设施，园区基础设施建设达到“六通一平”的标准。其中，建成供水管网 6.2 千米，排水管网 8 千米；架设路灯 210 盏；种植法桐 595 棵，园区绿化 4.8 万平方米，为解决园区落户企业用电问题，通过努力，争取 110 千伏刀郎变电站投入运行。

（二）城北工业园区

2006 年 2 月，开工建设，规划土地面积 4458 亩。至 2010 年，有 3 户企业落户该园区，有麦盖提县九九棉业有限公司等。

为给企业创造一个良好的投资环境，县人民政府投入 100 万元为九九棉业架设一条用电专线，并铺设柏油路 1 千米。截至 2006 年，九九棉业各项投资达 7000 万元，主体建设已基本成形。

工业园区的规划和建设解决了单个企业征地、建设审批时间长、手续繁杂等问题，减少了新办企业成本和风险；有利于政府简化和集中办理相关手续，便于集中支持和服务；同时，为招商引资、推进新型工业化提供良好的有形平台。

二、园区管理

2006 年，全县以解放思想为指导，加快园区工业发展工作，县委、县人民政府先后出台《麦盖提县招商引资优惠政策》《中共麦盖提县委、县人民政府关于进一步优化经济环境的暂行规定》《麦盖提县招商引资考核奖惩办法》和《麦盖提县经贸系统党委成员联系非公企业工作制度》（非公企业党建指导员制度）等规章制度。

2008 年，县委、县人民政府专门成立工业园区管委会办公室，从政策、资金、服务上给予重点倾斜和大力扶持，通过加大基础设施投入，降低准入门槛、兑现各种优惠政策等措施，全力打造工业发展平台。

2010 年，园区组织力量又相继修订完善出台《麦盖提县企业工委工作制度》《麦盖提县企业工委议事制度》《中共麦盖提县经贸系统党委工作职责》和《关于加强机关工作作风建设的几点意见》等文件，向县委提交《关于工业园区管委会及经贸局职能设置建议方案》，逐步建立健全各项体制机制，加强对园区的管理，园区已成为全县工业经济发展重要增长点。

第十五编　商业贸易

1991—1994 年，计划经济阶段，麦盖提县生产生活资料采购、加工、经营、销售均依赖县百货公司、糖烟酒公司、饮食服务公司、供销联社、物资公司及粮食局下属粮油企业。1995—2000 年，随着企业改制和市场放开，个体私营经济迅速崛起，市场逐渐繁荣。2002 年，商贸系统有序推进国有企业产权制度、流通体制改革，逐步建立起现代企业制度、市场化商贸流通体制，初步实现公有制和市场经济的有机结合，扭转国有商贸业亏损的不利局面。

2003—2010 年，全县各种非公有制经济成分逐渐成为商贸流通业发展的市场主体，逐步形成多种渠道、多种经济成分、多种经营形式共同参与市场竞争的开放式商贸流通新格局，棉花收购、销售市场完全放开，非公有制棉花收购、加工、经营实体对公有制棉花收购、加工、经营实体形成较大冲击，农民售棉选择空间更大、更便捷。生产生活资料采购、加工、经营、销售完全走向市场化。除食盐、烟草实行专卖外，石油、农资等国家控股行业向非公有制经营户开放。

第一章　商　业

第一节　机　构

一、行政管理机构

1991 年，商业局行政编制 10 人，其中领导职数 4 个，内设行政科、综合科、财务科，实有 8 人。下属企业有百货公司、食品公司、糖烟酒公司、石油公司、物资公司、饮食服务公司。1997 年，行政编制 8 人，领导职数 2 个，实有 5 人。1998 年 11 月，撤销商业局，设立经济贸易局。

二、国有商业经营机构

（一）百货公司

1991 年，县百货公司是全县国营商业批零兼营的综合性企业。有职工 75 人，离退休职工 16 人。2000 年，企业改制，除管理人员外，大部分职工买断工龄脱离岗位，剩余人员实行承包经营或企业优惠价提供门面房自主经营。

（二）食品公司

1991 年年底，在职职工 64 人，退休职工 22 人。公司主要经营肉类食品、牲畜屠宰和粮棉种植。

2000 年，按缩减人员，减轻企业负担，实施企业改制，下岗买断工龄 25 人，食品公司继续保留。

2001 年，成立盐业公司，挂靠食品公司，盐业经营人员由食品公司自行调节使用。

（三）糖烟酒公司

1991 年，在职职工 47 人，退休职工 23 人。2000 年，企业改制，依法破产。大部分职工买断工龄脱离岗位，剩余人员实行承包经营或企业优惠价提供门面房自主经营。

（四）石油公司

1991 年，石油公司由县上直接管理，职工 36 人。

2000 年，石油公司更名为中石油新疆麦盖提县经营部，上划喀什地区石油公司管理。石油公司下属燃气公司未上划，保留为麦盖提县国有企业。

2008 年 4 月 14 日，燃气公司进行改制，经理石新生调整到经济贸易局工作，公司 18 名职工，4 人退休，14 人全员买断，解除劳动关系，公司改制后的土地及资产通过企业改制的形式出售给民生燃气有限责任公司。

（五）物资公司

2000年，企业改制，物资公司宣告破产。2002年8月下岗职工20人，自谋职业；退休人员6人。2004年，物资公司办公楼转让质量技术监督局。

（六）饮食服务公司

1991年，县饮食服务公司有旅社1家、理发店3个，照相馆1个，食堂7个，全行业从业职工39人，退休职工25人。2000年，企业改制，饮食服务公司宣告破产，全员下岗买断工龄，自谋职业。

三、集体商业机构

1991—1999年，麦盖提县集体商业网点主要集中在各乡、街道，有拖拉机修理、汽车修理、建筑施工、旅社等。2000年后，贯彻落实中共中央关于国有经济布局结构调整和国有商业企改、小企业改革、进一步放开放活小企业的精神，在国家允许个体商业放开经营范围的政策支持下，个体户发展迅速，原集体商业由于经营项目单一、销售渠道不畅，经不起市场的冲击，陆续解体，集体商业在商业经济大潮中落下帷幕。

第二节　商业体制改革

一、国有商业体制改革

1992年，按照国家商业体制改革相关规定，明确国有企业改革方向，改革目标，坚持公有制和市场经济相结合，打破“大锅饭”，落实国家国有商业体制改革中对国营商业小型企业“改、转、租”的政策，对商业企业活力不够，自我发展能力薄弱，市场体系不完善，市场运行机制不灵的企业进行改革。

1996年，中共中央出台《关于建立社会主义市场经济体制若干问题的决定》后，县委根据中共十四届三中全会精神，坚持公有制为主体、多种经营成分共同发展，进一步转换国有企业经营体制。

1999年，麦盖提县实施国有企业改革，集体所有制企业改制。

2004年，为加快经济发展，全县国有、集体企业先后分别以承包、租赁、剥离经营、重组、依法破产等方式完成改革改制。通过改革，加大减亏增盈工作力度，全县企业整体产生新的变化，企业内部管理得到加强，经营机制逐步适应市场。

2010年，全县以完善功能、提升品质为突破口，坚持市场化、产业化、社会化大方向，大力推进商业发展，扩大经营规模，提升水平，培育服务消费热点，逐步形成市场体系齐备、服务功能完善的市场格局。

二、集体商业改革

1991—2000年，麦盖提县扶持、发展个体、私营经济，满足社会发展需求，发挥社会经济重要作用。1995年，全县商业运行主要有国有商业企业、供销合作商业、个体工商业，以国有商业企业发挥主导作用。1999年，全县国有企业改革，集体企业改制。2000年，全县实行经营责任制改制的商业企业6个，推动商业企业走向市场经济发展道路。以私营商业、个体商业占领商业主要市场的食品公司、百货公司、糖烟酒公司、饮食服务企业彻底退出市场舞台。

2006年，全县企业改制完成。

第三节　流通管理

1991—1999 年，全县的商业企业随着体制改革的发展，流通结构主要以小商店、小百货、小便利店、零售和餐饮服务业等行业的发展，主要经营百货、纺织品、五金、副食品、文化用品、肉食。2006 年起，县商业企业逐渐变为个体承包经营，个体私营商业在流通领域的异军突起，商业网点遍布城乡，全县商品流通渠道日趋畅通，商品日益丰富，城乡购销两旺，市场持续繁荣。

其间，对企业的管理主要是行业管理，负责整顿和规范市场经济秩序，对成品油、定点屠宰、酒类、盐业、煤炭等行业进行管理，并依法监督检查，维护正常市场秩序，保障消费者的合法权益；开展酒类备案登记的查遗补漏工作，每 3 年对县城内的各酒类经营户进行调查摸底，严格实施《酒类随附单》制度。

第四节　市场建设

一、集贸市场

1991—1997 年，县城集贸市场主要集中在县城中心地区，市场交易仍然是以蔬菜、粮油、肉食、小百货为主的农副产品。

1998 年，位于棉麻公司旁的星期天巴扎因城市改造拆除，重新在城北规划建设星期天综合农贸市场。城北综合农贸批发交易市场建成后，经逐年改造，建成并设置了牲畜交易市场、木材交易市场、瓜果批发市场、蔬菜批发市场、服装鞋帽市场、日用百货市场、五金市场、干果市场等。交易市场占地总面积 13.6 万平方米，占地面积 204 亩。设固定摊位 2600 个、临时摊位 800 个。市场年交易量 30 万吨，交易额 2 亿元以上。

2002 年，续资 300 万元建设彩钢篷摊位 560 个，市场更加规范、整洁，便于管理。

2003 年，县财政投资 2700 万元在原百货公司地段新建万盛商贸大厦，占地面积 1.27 万平方米，可容纳 250 余户个体经商户。是年，县委、县人民政府批准成立万盛商贸公司，原百货公司注销。

2006 年 5 月，县人民政府研究决定将县城农贸市场移交万盛公司管理。

2010 年，县农村信用联社与乌鲁木齐市邦得利房地产公司联合开发建成集商铺、宾馆、写字楼和住宅楼于一体的刀郎巴扎，建筑面积 3.5 万平方米，总投资 8000 万元，吸引各族群众及外来游客购物。

1991—2010 年，除麦盖提镇和昂格特勒克乡、巴扎结米乡外，其他乡都设有农贸市场，并逐步进行改造。按工商行政管理排定日期循环开展农副产品交易。

二、商场

1991—1994 年，全县只有一家国营商场——五一商店，主要经营各种百货。

1995—2000 年，随着市场经济体制的建立和城镇建设的快速发展，个体商店不断增多，逐渐形成一些专业化和多样化的小商店，如建材商店、电器商店，粮油店、五金店、手机店、民族工艺品店、服装店、蔬菜店等。

2001—2010 年，一些品牌专卖店形成，如手机专卖店、海尔专卖店、红蜻蜓专卖店等十几家，规模不断扩大，部分商店发展成为小超市。

三、夜市

2008 年，万盛商贸公司前开设夜市，摊位 20 家。

2009 年，因整治县城乱摆摊设点，关闭夜市。

第五节　商品销售

1991 年，县城农贸市场主要经营粮食、蔬菜、油料、服装类，批发和零售，年交易额 2000 万元；乡镇农贸市场批发和零售年交易额 1200 万元。

1995 年，县城农贸市场主要经营粮食、布匹、服装、肉类等，批发和零售年交易额 3100 万元，乡镇批发和零售年交易额 2500 万元。

2005 年，县城综合农贸市场主要经营服装、鞋帽、餐饮、农副产品、建材、纺织品等，批发和零售年交易额 4800 万元。

2010 年，市场交易越来越丰富，商品交易种类为百货土杂、服装、鞋帽、禽畜、农副产品、干鲜瓜果、五金、家电、民族手工业品、树苗、花卉等数十种类、数百种商品，批发和零售年交易额 1.92 亿元。

第六节　社会服务

1991—2000 年，麦盖提县服务业门类少，以饮食、住宿、理发、金融业为主。其中，较具规模的宾馆有麦盖提县委宾馆、良友宾馆、恰斯宾馆、新兰宾馆、客运宾馆等，为往来公务人员提供住宿服务。金融业服务有中国人民银行麦盖提县支行、中国工商银行麦盖提县支行、麦盖提县农村信用合作联社、中国农业银行麦盖提县支行、中国建设银行麦盖提县支行承担。汽车、摩托车修理业逐年显现。

2001—2010 年，随着社会经济的快速发展，城乡居民对服务行业的要求日益增长，服务行业开始增多，经营范围拓展到房屋精装、建材销售、广告设计、电脑打印机耗材、摄影扩印、休闲娱乐服务等。服务行业有了质的提升，服务种类、服务范围日趋多元化。有中档宾馆 2 家，普通宾馆 4 家；美容美发店 30 多家；有专业经营打字、复印、制作牌匾、大型广告牌等业务广告服务业 8 家，由一定规模摄影服务业 6 家；电动车销售维修行业兴起，品牌电动车专营店 3 家，以奔的、雅迪为主；邮政服务 1 家，私营快递公司 1 家，托运部 1 个，为物流行业的发展注入活力；各类维修经营户 100 余家等。

第二章　供销合作商业

第一节　机　构

一、供销社（供销合作社联合社）

1991 年，名称为麦盖提县供销社。

1997年10月，麦盖提县供销社更名为麦盖提县供销合作联社，隶属县商务与经济信息化委员会管理，下辖6个党支部，有党员119人。联合社内设党委办公室、业务科、监审科、财务科、安全统筹办、行政办、人秘科7个科室，下辖茶畜公司、棉麻公司、土产公司、农业生产资料公司、供销车队、劳动服务公司、边贸公司7个专业公司及6个基层社。

2010年，下属有8个基层社，分别为巴扎结米供销社、希依提墩供销社、央塔克供销社、吐曼塔勒供销社、尕孜库勒供销社、克孜勒阿瓦提供销社、库木库萨尔供销社、库尔玛供销社。

二、土产公司

1991年，土产公司在供销社领导下自主经营，自负盈亏。

1993年1月，土产公司开实行承包责任制，土产大楼13个柜台承包给个人经营。

1998年10月，被农资公司兼并。

三、农资公司

1991年，农资公司有职工32人。

1998年4月，兼并土产公司。

1999年，农资市场放开，受个体经营户冲击，农资经营利润薄，而公司负担重，年年亏损。

2003年3月，资不抵债，为扭转亏损局面，引进房地产开发商建设刀郎巴扎。农资公司与开发商协商成立麦盖提县物业公司，帮助开发商进行物业管理。部分职工买断工龄，自谋职业；其余职工除退休外，在物业公司就业。退休人员和在岗人员的工资由物业公司发放。

四、茶畜公司

1991年，由于公司连年亏损，职工减少至19人。

1994年，茶畜公司为股级单位，行政上属供销社领导，主要是收购和经营农副产品、甘草及畜产品，如牛皮、驴皮、羊皮、骆驼毛等。

1998年4月，由于个体商贩收购畜产品、甘草增多，茶畜公司收购业务大幅度减少，经营惨淡，被县棉麻公司兼并，职工全部转入县棉麻公司。

五、棉麻公司

1991年，棉麻公司有职工487人。

1994年，在职职工368人，公司下设行政科、人事科、财务科、业务科、检验科、加工科、安全科7个科室，下属乡（镇）轧花厂7个、榨油厂2个。

1998年4月，棉麻公司兼并茶畜公司，接纳茶畜公司职工19人。

2002年4月，棉麻公司被新棉集团收购，麦盖提县棉麻公司注销。

2003年，由新疆棉花产业（集团）有限责任公司整合后改制成立新棉集团麦盖提分公司。公司设职能部门9个、棉花收购加工厂7个（分布在麦盖提县各乡镇）。

2004年3月，根据自治区供销社的统一部署，由新棉集团公司、大河沿二级站、上海分公司共同出资4000万元股本组建新疆棉花产业（集团）麦盖提棉业有限责任公司，同年8月31日正式挂牌成立，标志着企业改制工作全部完成。新成立公司下设4个职能部门及7个轧花厂。

六、劳动服务公司

1991年，公司拥有商行、旅馆、饮食、理发、家电钟表修理等业务，实行经营承包责任制。

2000年，因为经济不景气，被供销社兼并。公司13名职工实行工龄买断，自谋职业。

七、边贸公司

1991年，边贸公司位于文化路30号，同县供销社一同办公，主要出口布匹、巾丝绒等商品，进口商品包括钢筋、汽车等。

1996 年 12 月，边贸公司被供销社兼并。

八、供销车队

供销社车队于 1988 年成立，公司有职工 17 人，拥有跑运输卡车 17 辆，主要从事农资、化肥、农副产品、棉花运输，保证供销系统进出货物流通。

2005 年，企业改制被供销社兼并。

第二节　供销体制改革

1995 年，中共中央、国务院作出《关于深化供销合作社改革的决定》，麦盖提县按照文件要求，及时调整供销合作社职能，使供销合作社真正成为农民的合作经济组织。随着计划经济向市场经济转变的不断深入，老企业资金少、人员负担重等弊端显现出来，参与市场竞争能力不强，经营效益日益减少，经营陷入困境。1999 年，根据《国务院关于解决当前供销合作社几个突出问题的通知》，麦盖提县进一步深化供销合作社改革，着力解决坚持合作社经济方向、改造基层社、进一步理顺各级联社的组织管理体制、搞活办社企业等突出问题。供销社社有企业土产公司被农资公司兼并，茶畜公司被棉麻公司兼并，边贸公司被供销社兼并。2000 年，麦盖提县供销合作社联合社落实自治区供销社《关于进一步深化全区供销合作社社有企业改革的指导意见》，企业改制，供销社社有企业农资公司、劳动服务公司职工全员下岗、买断工龄，与企业解除劳动关系。只保留棉麻公司、供销车队正常运转。2001 年，供销合作社围绕“三个转换”（转换基层社体制、转换社有企业机制、转换联合社职能）进行改革。联合社、基层社的经营范围由集体企业向个体承包经营改革；由日用百货转变为参与农业产业化、现代化的农业生产经营方式改革；所有社按企业进行改制，退出市场。2002 年，棉麻公司被新棉公司收购，只保留供销车队正常运转。2009 年，根据《国务院关于加快供销合作社改革发展的若干意见》，麦盖提县以“坚持为农服务宗旨，坚持社会主义市场经济改革方向，坚持合作制基本原则”为方针，结合麦盖提县实际，大力推进供销合作社经营创新、组织创新、服务创新，使供销合作社成为运转高效、功能完备、城乡并举、工贸并重的农村现代经营服务新体系，成为农业社会化服务的骨干力量、农村现代流通的主导力量、农民专业合作的带动力量，在服务农业农村农民发展上，发挥重要作用。至 2010 年，供销社机关正常运行。

第三节　农业生产资料经营

1991—2001 年，农资公司经营的农业生产资料品种主要有农药器具、农药、化肥、农用塑料薄膜、小农具五大类。2002 年后，农资市场放开，个体农资经营发展迅速，农资公司化肥、农药、农膜等生产资料销量逐年下降，效益滑坡，农资公司逐步退出农资市场。

1991—2010 年麦盖提县供销合作社生产资料供应量一览表

表 15-2-1

年份（年）	化肥（吨）	农膜（吨）	农药（吨）	小农具（件）	合计总值（万元）
1991	34214	1882.23	147.731	3454	6419.6

续表 15-2-1

年份（年）	化肥（吨）	农膜（吨）	农药（吨）	小农具（件）	合计总值（万元）
1992	24554.17	1419.97	75.819	2960	4344.15
1993	21069	1123.80	67.275	1874	2751.2
1994	25132	1380.17	127.648	—	4650.5
1995	48460.3	2240.77	100.295	125.5	9006.58
1996	46382	2014	80	660	9373.71
1997	35302	4867.04	60.67	6706	10532.09
1998	46500	2020	60	600	9045.4
1999	24000	1200.2	20	230	4200.5
2000	16199.25	1406.06	95.706	3640	4120.6
2001	16514.73	1363.33	46.097	399	4512.1
2002	7143.45	18.53	0.933	134	1020.7
2003	416.66	9.52	—	286	62.32
2004	409.24	—	5	3264	45.4
2005	67.06	—	—	—	14.5
2006	15.34	—	—	—	3.07
2007	1.42	—	—	—	1.42
2008	10	—	—	—	1
2009	—	—	—	—	—
2010	66.98	—	—	—	4.8

第四节　生活资料经营

1991—1998 年，土产公司经营的生活资料有 200 个品种，比较丰富，满足了城乡居民生活需求。1998 年，市场放开后，由于受到个体经营的冲击，土产公司生活资料的经营情况日益下滑，同年 4 月，土产公司并入农资公司，土产公司随之取消；由于城镇生活用品市场被个体经营户占领，农资公司将经营目光转向了乡村市场，立足服务“三农”，加强管理，提升经济效益。基层供销社经营的生活资料主要有：

一、锅　四耳铁锅、钢精锅、炒瓢、电磁炒锅、电饭煲、电饭锅等。

二、炊事用具　木制——碗、筷子、勺子、盆、桶；铁质——菜刀、水桶、水壶、锅铲、漏勺；炉灶用具——火炉、烟筒、炉板、炉条、煤铲、火钩、锅炉；炊事机械——搅面机、绞肉机、电烤箱、压面机等。

三、建筑材料　纤维板、矿棉板、胶合板、五合板、玻璃等。

四、民族特需用品　民族瓷器——荷莲碗、罗汉汤碗、石榴碗、气球壶等；民族家具——化木箱、小孩摇床、民族床、民族柜、洗手壶、接水盆等。

五、陶瓷 缸、盆、坛、罐、碗、盘、碟、壶等。

六、其他 土纸、机制卫生纸、纸杯、草帽、草席以及烟花爆竹等。

第五节 农副产品收购

1991—2010年，全县形成规模的农副产品只有棉花。全县棉花由县棉麻公司各乡轧花厂收购，由棉麻公司统一销售。2010年，购销棉花7.09万吨。

1991—2010年麦盖提棉业公司经营情况表

表15-2-2

年份（年）	购销棉花（吨）	商品购进（万元）	销售（万元）	利润（万元）
1991	1753	16496	16129	517
1992	1950	17294.2	12901	–636.6
1993	1661	16773	28082	1519.5
1994	1970	29535.18	22059.85	889.06
1995	2212	40608	45046	2000
1996	2100	37500	41962	1917.2
1997	2176	41000	39966	708
1998	2355	38083	37947	–2019
1999	1660	17061	22795	–9794
2000	2105	22499	40155	3696
2001	36500	23781	24281	3640
2002	30000	14260	32902	1976
2003	30000	22487	33027	5257
2004	35350	20985	21879	681
2005	41500	27440	28741	1569
2006	53380	27260	30861	371
2007	57150	30222	28862	404
2008	61200	22857	32343	34
2009	65535	35935	25981	106
2010	70938	392686	36358	22.86

第六节　废旧物资收购

1991—1998 年，全县废旧物资收购主要由土产公司经营，回收对象除城乡居民外，还包括机关、工厂、企业等。主要收购金属（包括废铜、废锡、黄杂铜、铜毛丝、合金铝、废锌）、废钢铁（报废的设备、器材、交通工具、建筑物以及散存的废钢铁）、废橡胶（包括废旧汽车轮胎、内胎、开发丝等）、废旧造纸原料（包括破布、废麻、废纸等植物纤维制品）以及杂骨、牛羊角、牛羊毛皮等废旧物资。1998 年以后，随着土产公司的倒闭，废旧物资收购业务停止，由私人兴办的废品收购站进行收购、营销。

第七节　土产日杂

1991—1998 年，全县土产日杂商品主要有烟花爆竹、干鲜果、调味品、日用百货及副食品。1998 年后，市场经济体制逐渐形成，土产公司已不适应市场经济体制，土产日杂业务面临个体经营的冲击，经营艰难，年年亏损，供销社决定停止土产日杂业务。

1991—1998 年麦盖提县烟花爆竹经营情况表

表 15-2-3

年份（年）	商品购进（万件）	销售（万件）	利润（万元）
1991	2	1.5	0.4
1992	2.4	2	0.3
1993	2.2	1.8	0.3
1994	2.5	2	0.4
1995	3.2	2.5	0.5
1996	3.8	3	0.6
1997	4	3	0.8
1998	—	—	—

第八节　经营管理

1991—2010 年，供销合作联社为集体所有制企业，在经营管理上一方面紧跟国家政策走，另一方面结合麦盖提实际进行探索，主要体现在以下几个方面：

一、民主管理

供销合作联社实行社员代表大会制，社员代表大会每 3 年召开 1 次，其任务是制定修改社章，讨论重大业务，选举理事会、监事会。乡村门市部由所在地社员代表组成 3 ~ 5 人的商店管理委员会，进行监督。

二、计划管理

供销合作联社计划管理先后经历指令性计划管理、指导性计划管理两个阶段。进入 20 纪 90 年代以来，供销合作联社计划管理重点转向指导性计划，计划在市场经济中的主导地位让位于市场调节，改变过去“统、包、管”，允许计划外购货，变得更加灵活，县供销合作联社只给基层社有选择的下达参考性计划，大多数商品放开经营。

三、财务管理

（一）经费管理

供销合作联社资金为自有资金，主要来源是社员股金、农民投资、历年积累、税后盈余等，根据业务发展需要，可以用作流动资金，也可用作固定资产。在资金管理上，本着节约的原则，开支前，基层社主任要预先向县社分管主任汇报，事后由县社分管主任签字方可报销，严禁先开支后汇报；增加财务工作透明度，按季度公布经费收支情况，以接受职工监督。

（二）会计管理

供销合作联社会计管理方面，先后执行过国营会计制度和供销合作社会计制度。在经历清誊流水记账法、日记账法、复式借贷记账法、增减记账法、收付记账法之后，为适应市场经济的需要，又恢复供销合作联社会计制度“借贷记账法”。

四、统计管理

为适应市场经济体制，供销合作联社明确要求基层社上报规定的统计报表，主要有经济效益季报和年报、商品库存月报、商品供求排队、农副产品预测、仓库储运专报、商办工业年报、体制改革综合报、商业网点布局变化报、商流电讯月报、商流表式月报等。这些报表经过县供销合作联社分析汇总后报县统计部门和上级供销部门。

五、仓储管理

供销合作社仓储管理工作由 1 名副主任分管，业务股或业务组具体负责。建立商品保管账，实行入库验收、分仓存放、定位定量、分垛堆码、凭票发货；坚决贯彻执行全国供销总社下达的《供销合作社仓库管理若干规定》，坚持“以防为主”的方针，实现“三无”（无霉烂变质、无虫蛀鼠咬、无差错损失）、“四防”（防火、防盗、防特、防风雨汛灾）、“五懂”（保管员懂商品名称、价格、性质和用途，懂商品的科学保管养护方法，懂商品的供销规律，懂消防器材的性质、使用、修理，懂仓库器械的使用和维修）、“六过硬”（收发商品过硬、记账登卡过硬、管理保护过硬、科学堆码过硬、四防安全过硬、坚持制度过硬），使仓储质量大为提高。

第九节　重点企业

一、棉麻公司

麦盖提县棉麻公司，始建于 1955 年。2003—2004 年，整合、组建为新疆棉花产业（集团）麦盖提棉业有限责任公司，是一个集棉花收购、加工、销售为一体的农业产业化龙头企业，年生产加工能力 100 万担。

公司注册资金 4000 万元，公司下属 7 个部门科室、7 个收购加工厂，占地面积 72 万平方米。职工 303 人，中专以上文化 235 人，拥有各类工程技术人员 110 人。

麦盖提棉麻公司成立以来，为全县的棉花发展、农民脱贫致富以及县域经济发展做出了重要贡献。棉花市场全面放开后，随着经营主体多元化，市场竞争白热化的加剧，麦盖提棉业公司领导班子带领全体职工及时更新观念，调整经营对策，转换角色，依托当地资源优势，走公司加农户的经营道路，彻底摆脱“等、靠”的思想；利用资金优势、人员优势、设备优势、质量优势，改善服务，落实便民措施，通过微利经营、让利棉农达到农企双赢、共同发展的目的。麦盖提棉业公司在棉花收购期间除了一如既往地提供茶水供应、托儿所、缝纫点等传统7项便民服务外，通过新增加拉拉车、购置籽棉上垛机、增设付款窗口和取消约时、划片、定点等人性化管理方式，做到不拒收、不限收，敞开收购，切实解决棉农实际困难，努力搭建为农服务平台。公司主动与县直有关部门沟通，深入农户家中广泛宣传，在每个轧花厂成立一个棉花专业合作社，吸收社员752名，这些社员不但在棉花交售及付款时得到方便，而且根据信誉评价，还享受到公司提供的170万元贴息帮扶贷款。2005年，公司实行奖励政策，对合作社积极上交棉花的社员进行物质奖励，带动一大批植棉户加入棉花专业合作社，为企业继续发挥主渠道收购作用奠定基础。

麦盖提棉业公司成立以来，始终坚持诚信经营的宗旨，按约定履行销售合同，产品质量严格执行国家GB1103-1999标准，所生产的"瀚海"牌棉花以其色泽白、品质好、"三丝"含量低的特点受到国内外客商和纺织厂的青睐，产品远销山东、四川、浙江、江苏等省市，产品销售始终保持零库存记录。2005年，启动国际质量管理体系认证工作，经运行审核达到体系要求，同年6月，正式通过中国质量认证中心认证。随着行业要求的提高，公司对上争取资金，对内挖掘潜力，对重点加工生产设备更新换代，使产品无论是从内在质量还是外形包装上都能够与国际接轨。加工生产出的"瀚海"牌棉花先后获"全国十大知名品牌棉花""中国著名畅销品牌""中国市场优质放心棉""新疆著名商标"等称号；麦盖提棉业公司被评为喀什地区消费者协会"诚信单位"、自治区"守合同重信用企业"、麦盖提县工商行政管理局"AA信用企业"，银行资信达到AAA级，是全疆同行业唯一一家无银行欠款单位。

二、茶畜公司

茶畜公司为股级单位，行政上受供销社领导，主要是收购和经营农副产品、甘草及畜产品，如牛皮、驴皮、羊皮、骆驼毛等。1991—1997年，由于公司连年亏损，职工减少至19人。1998年4月，由于个体商贩收购畜产品、甘草增多，茶畜公司受到冲击，经营惨淡，被县棉麻公司兼并，职工全部转入棉麻公司。

三、农资公司

1989年6月，农资公司从土产公司生产股分离出来，成立农业生产资料公司，在职职工28人。化肥、地膜库房3栋，面积1037平方米，固定资产423万元。该公司主要经营化肥、农膜、农药、部分中小农具等农用商品，担负着全县30万亩棉花和27万亩粮食的农业生产资料的供应工作。

1997年，土产公司受市场经济的冲击，经营比较困难，经济效益严重滑坡。1998年4月，经县人民政府批准，农资公司兼并濒临破产的土产公司，接受职工46人，在册职工人数达到118人。1998年、1999年，农资公司两年连续亏损。2000年，农资公司改变经营策略，采取"移库销售"的办法，与巴楚配送中心达成代销协议，不再受到资金的限制，暂时摆脱困境。2003年3月，因资不抵债，为扭转亏损局面，引进房地产开发商将企业所在地段开发为刀郎巴扎。对企业进行改制，部分职工买断工龄自谋职业，部分职工实行竞聘上岗。

四、土产公司

1989年1月29日，土产公司生产资料业务分离出去，新成立农资公司，土产公司不再经营生产资料。1991—1998年，土产日杂公司主要经营烟花爆竹、干鲜果、调味品、日用百货及副食品等，有职工46人。因受市场经济冲击，濒临破产。1998年，土产公司被农资公司兼并。

第三章　粮油贸易

第一节　机　构

1991 年，粮食局为国有粮食购销企业，领导职数 3 个。内设人秘股、业务股、会计股、储运股、实有职工 223 人。其中，少数民族 176 人、女职工 68 人、中共党员 44 人。

1999 年，粮食局编制 6 人，领导职数 3 个。内设办公室、财务室。实有人数 6 人。其中，少数民族 2 人、中共党员 6 人。

2003 年 2 月，机构改革，粮食局并入发展计划局。

第二节　粮油购销体制改革

1993 年，执行国家、自治区粮食流通体制改革精神，粮食订购收购 60%、40% 放开。

1996 年 1 月，成立粮油制品公司，执行自治区 100% 收购粮食政策。

1998 年，根据自治区粮食流通体制改革精神，设立粮油商贸公司。执行国家按保护价敞开收购粮食政策。

1998 年，经机构改革，粮食局确定为政府粮食管理部门。

1999 年 2 月，成立麦盖提县粮食收储公司，专门负责粮食购销业务及基层粮站的管理，属于国有独资企业，负责粮食的收购、销售、调拨、储存及中央储备粮和地方储备粮的保管工作，粮油副产品零售、房屋租赁服务，以及各乡镇基层粮站的管理，为独资的法人企业。

第三节　粮食购销

一、粮食收购

1991 年，夏粮征购 980 吨。

1998 年，收购夏粮 780 吨，完成任务的 100%。

1999 年，全年收购小麦 820 吨。6 月，小麦定购平均价 1.28 元；是月，自治区下文取消基础玉米定购，粮食企业与农民按市场价协商收购玉米，当年收购玉米 385 吨。

2000 年，收购小麦 2200 吨。

2003 年 6 月，自治区下文取消订购价、保护价，放开收购价格，粮食购销企业敞开市场，收购小麦 4700 吨。

2004 年 6 月，自治区文执行指导价，在每千克 1.25 元基础上，自治区财政按实际收购价给予农民每千克 0.1 元补贴，当年实际收购小麦约 5300 吨。

2006—2007 年，小麦平均收购每千克 1.25 元，自治区财政按实际收购价每千克 0.2 元给予农民补贴，收购小麦 2.4 万吨。

2008—2010 年，累计收购小麦 5.01 万吨。

二、小麦调运

1991 年，喀什地区内调拨小麦 800 吨。

1992—1995 年，喀什地区内年平均调拨小麦 1200 吨。

1994—1995 年，调入大米 300 吨。

1995 年，粮食价格放开，粮油销售不再实行统一调拨。

1996—1997 年，调出小麦 1100 吨、玉米 2400 吨，调往喀什、阿克苏、库尔勒等地。

三、粮食销售

1994 年 10 月，自治区人民政府下文，城镇居民临时实行以人定量凭居民购粮证供应，每人每月供应面粉 10 千克、棉油 250 克、玉米面 6 千克，当月购买有效，过月失效。

1996 年 7 月，粮食销售价涨价，城市居民可以在 7 月底之前购买自己的定购粮。

1997 年，居民订购粮取消，粮油市场放开销售。

第四节　食用油加工销售

1995 年 1 月，粮油制品公司投产，调拨棉籽 2300 吨，年加工棉油 276 吨，销售 276 吨。

1997 年 4 月，投产 20 型榨油机，调拨棉籽 800 吨，年加工棉油 576 吨，销售 576 吨。

2002 年，粮油制品公司停产，划归麦盖提县粮食收储公司。

1995—2002 年食用油加工销售情况表

表 15-3-1　　单位：吨

年份（年）	调拨	加工	销售
1995	2300	276	276
1996	2000	240	240
1997	800	576	576
1998	4800	576	576
1999	4200	504	504
2000	3800	456	456
2001	3600	432	432

第五节　粮食市场管理

1991 年，县人民政府根据国家有关规定，加强对粮食交易市场的建设和管理，对全县粮食市场进行督查，强化粮食批发关。1999 年 1 月，国务院《粮食流通管理条例》颁布实施，粮食主管部门加大了粮食市场管理工作。2005 年，根据全国粮食市场化改革进一步加快的趋势，为避免计划经济与市场经济接轨过程中粮食价格大起大落，粮食部门按上级主管部门要求，将一定量的粮食投放市场，起到平衡和稳定物价作用。

2006—2007 年，粮食经营中，准确把握粮食购销调存各个环节的工作重点，确保粮食安全，在粮食收购前，对全县 6 个站、1 个库进行大盘点和清仓并库，投资 14 万元对各站进行维修与改造，确保粮食安全入库；宣传和实施粮食直补优惠政策。根据国家的粮食收购政策，确保粮农享受每千克 0.2 元的价格补贴，切实维护售粮农民的利益，进一步提高农民的种粮售粮积极性；围绕优质服务和便民活动，延长粮食收购时间，新增清粮机 3 台，实行免费清粮，让利于民。

2008—2010 年，粮食局进一步加强粮食交易市场的管理，贯彻《粮食流通管理条例》《粮食流通监督检查暂行办法》《粮食收购资格审核管理暂行办法》《粮食质量监督监管实施办法（试行）》通知，严格按照规定，开展粮食收购资格审核，严把市场准入关。

建立粮食流通监督检查工作制度，规范执法行为，建立行政执法过错追究制，行政执法责任制等内部监督机制；加大投入，创造执法条件，配备执法车辆，保证执法工作正常开展；会同工商、质量技术监督局、卫生局等部门，对全县范围内从事粮食经营的法人、其他经济组织和个体户的经营进行监督检查，检查粮食收购许可证登记内容是否真实、可靠，仓储条件、检化设备是否符合要求。规范统计报表填报内容和上报时间，将统计范围从国有粮食购销企业逐步扩大到所有粮食经营企业。向粮食经营企业和群众宣传《粮食流通管理条例》和《自治区粮食流通统计制度》的有关规定，使粮食经营户明确提供粮食经营数据是法定义务。

第六节　下属企业

一、粮油商贸公司

1996 年，粮油门市部与议价公司合并为粮油商贸公司，是粮食局下属股级单位。下设 3 个粮店，主要经营大米、面粉、食用油、小杂粮等成品粮油，同时，承担全县民政救灾扶贫粮的供应工作。有职工 32 人，实行自主经营，独立核算，年供应销售粮食 2904 吨。

1999 年，按粮改主附营分离的要求，业务成为向城镇居民供应粮油，不再承担政策性业务。

2002 年 5 月，经麦盖提县人民政府批准，在县粮油商贸公司设立麦盖提县军粮供应站，供应站承担麦盖提县驻军部队官兵的大米、面粉、食用油的供应工作。

2007 年 6 月开始，岳普湖、伽师两县驻军部队官兵所需粮油都由麦盖提县军粮供应站供应。

二、粮油制品公司

1996 年 1 月，成立粮油制品公司（面粉厂、油厂），职工 57 人。榨油车间 250 平方米，榨油机 1 台，年加工能力 1 万吨棉籽。面粉厂占地面积 1300 平方米（4 层），年产量 2700 吨。

1997 年，粮油制品公司投资 40 万元引进中外合资“天德龙”挂面生产线，年产量 1500 吨，填补喀什地区挂面规模生产空白。

1999 年，国家粮食体制改革后，粮油制品公司效益日益滑坡，业务合并至粮食收储公司，除退休人员外，其余人员下岗分流。

三、粮食收储公司

1999 年 2 月，国家粮食流通体制改革，粮食收储公司从粮食局分离出来。主要从事粮食收购、储存、销售、调拨，面粉加工等业务。有职工 105 人。1999 年 2 月至 2013 年 6 月，公司内设业务科、财务科、统计办、党建办 4 个科室；下设“六站一库”（希依提墩乡、央塔克乡、吐曼塔勒乡、尕孜库勒乡、克孜勒阿瓦提乡、库尔玛乡粮站，县仓库）。

四、粮油加工厂

成立于 1957 年，主要以加工食用棉籽油为主，附加产品有油渣、棉籽皮、棉绒。企业从成立至 1998 年，年加工棉籽万吨，生产棉油上千吨。1998 年后，由于销路不畅和资金周转不足等因素的制约，经济效益逐年滑坡，无法继续经营，于2001年7月18日宣告破产。经喀什兴业有限责任会计事务所对其资产进行全面评估确认，资产总计617万元，固定资产289.54万元。其中，建筑物172.9万元，主要建筑物有浸出车间、精炼车间、榨油车间、动力车间、清油库房、锅炉房等；机器设备94.95万元，主要设备有浸出设备1套、精炼设备1套、4吨锅炉2台、300吨立式油罐4个、200型榨油机4台、30吨地磅（机械磅）1个等；土地评估价值69.36万元（83.65亩）。2002年4月，职工全员下岗。县法院于2002年3月6日对粮油加工厂作出公开拍卖的决定，由个体户买买提·阿吾提以150万元的价格购买（包括工业区的51.3亩土地上的生产设备、厂房、办公室及库存材料），所占土地由买买提·阿吾提免费使用5年。至2007年3月到期后，按有偿使用办法执行。

五、油脂加工厂

建于1990年，位于县文化东路，占地面积31.11亩，主要以加工食用棉籽油，附加产品有油渣、棉籽皮、棉绒，年加工棉籽上万吨，生产棉油上千吨。1998年，经喀什市审计事务所评估确认，资产总计993.61万元，固定资产319.54万元。2002年3月，为加速全县企业改制进程，按照深化企业改革，退出国有资产的原则，经企业改制协调领导小组会议研究，对油脂加工厂作出公开出售的决定，将油脂加工厂生产区内地上现有净资产以90万元的价格出售于个体艾买尔·卡地尔，其后改名为青年油厂，所占土地由艾买尔·卡地尔免费使用5年。至2007年3月到期后，按有偿使用办法执行。

第四章　物资流通

第一节　物资流通体制改革

1991年，物资流通领域由分配和调拨的单一渠道改变为多渠道流通。首先，流入国家和各部门计划分配的重要物资，其品种和数量有所减少，减少部分不再进行分配和调拨。

1992年，中共十四大报告中提出建立社会主义市场经济体制，县物资体制由国家统一管理体制转变为计划经济体制，实行承包经营，物资局撤销，改为物资公司。

1993—2000年，计划经济逐步向市场经济转轨，企业改革继续加大“放小”力度，企业改制领导小组对扭亏无望的国有企业，通过破产、股份合作制、出售、租赁经营等方式，进行破产撤销。2000年，物资公司累计亏损59.75万元，扭亏无望，依法破产，职工下岗，买断工龄，自谋职业。

2001—2010年，全县物资市场放开，物资流通行业迅速兴起，钢材、水泥、汽车配件不再是专控专卖物资，经销渠道空间扩大，随行就市，为建筑业、汽车维修业创造了发展的机遇。

第二节　金属材料

全县金属材料主要有铁、铜、铅、钢材；金属材料流通主要经历了两个阶段：第一阶段（1991—1999年），全县金属材料流通实行指导性计划，由县物资部门选派采购员前往乌鲁木齐按计划进行统一采购，再由县车队车辆统一拉回，投放市场。第二阶段（2000—2010年），全县整个金属材料市场放开，建筑钢材由县建筑公司根据县建筑需求量，自行采购，或在金属材料店定购。

1991—1993 年，全县购进生产类用铁 93 吨、基本建设类用钢材 631 吨，全部投放市场；其他金属材料无购进计划。

1994—1998 年，全县购进基本建设类用钢材 2132 吨，全部投放市场；其他金属材料无购进计划。

1999—2010 年，全县金属市场放开，金属材料的经营方式灵活多样，不再实行统购统销，完全按照市场规律购销。市场上金属材料货源品种齐全，满足各方面的需求。

第三节　建筑材料

全县建筑材料主要有钢材、水泥、原木。

一、金属材料

1991—1998 年，全县建筑用金属材料主要是钢筋，由物资部门按计划累计购进 2763 吨。1999—2010 年，随着城市建设的发展，全县楼房大量建设，钢筋需求量逐渐增长，钢筋由各建筑公司自行购进。

二、水泥

1991—1998 年，麦盖提县使用的水泥基本上是阿克苏市青松建化厂生产的水泥，累计购进水泥 2.73 万吨，全部由物资公司代销。

1999 年后，随着市场放开，各建筑企业自行进购水泥。

三、原木

全县建筑用的原木来自于本县各乡（镇）农林场，以白杨木为主，其他木材较少。1991—1998 年，累计购进原木 7697 立方米，原木直接消费 6047 立方米，原木加工消费 31 立方米，锯材 1500 立方米。

1999—2010 年，随着城市建设的发展，楼房大量建设，原木需求量日渐减少，原木主要用于农村砖木平房建设。

1991—1998 年麦盖提县建筑材料流通情况表

表 15-4-1

年份（年）	钢材（吨）	水泥（吨）	原木（立方米）	原木直接消费（立方米）	原木加工消费（立方米）	锯材（立方米）
1991	263	2746	2243	2227	16	—
1992	173	3490	966	966	15	15
1993	195	3356	796	796	—	1350
1994	293	—	1081	—	—	—
1995	260	3461	881	881	—	—
1996	364	5197	396	396	—	130
1997	704	5700	781	781	—	5
1998	511	3956	553	—	—	—

第四节　机电车辆

1991—2000 年，全县机电车辆主要由物资部门和供销社按计划统购统销。

2001—2010 年，县机电市场放开，不再实行统购统销，个体经营逐年增多，个体户按照市场规律购销，货源品种齐全，满足人民群众的需求。

第五节　燃料经营

全县燃料主要有煤、焦炭、汽油、柴油。

一、煤、焦炭

1991—2010 年，全县生产用煤、焦炭购销主要分为几种情况：单位、职工用煤由单位自行采购，分配；企业用煤由企业自行采购；居民用煤由居民在私营卖炭经销店自行购买。1991—2000 年，全县销售生产用煤 1.44 万吨，销售煤炭 227 吨。

二、汽油、柴油

全县汽油、柴油的调入与购进、成品油调出与存储、油品的运输由石油公司和私营企业两种方式，主要以石油公司为主。

1991—2000 年，全县销售汽油 2358 吨、柴油 5325 吨；销售基本建设用汽油 85 吨、柴油 127 吨。

2001—2010 年，全县成品油销售 11.69 万吨。

1991—2000 年麦盖提县燃料经营流通情况表

表 15-4-2　　单位：吨

年份（年）	生产用消费				基本建设用消费		
	煤	焦炭	汽油	柴油	焦炭	汽油	柴油
1991	834	33	281	1598	—	—	40
1992	1601	28	522	1486	—	—	—
1993	142	1	295	653	—	—	—
1994	588	—	15	313	—	13	27
1995	1922	—	530	803	—	10	—
1996	2731	—	500	246	—	23	18
1997	2942	165	157	99	—	39	42
1998	1973	—	23	18	—	—	—
1999	1229	—	15	4	—	—	—
2000	427	—	20	105	—	—	—

第六节　民爆材料

1991—1992 年，全县民爆材料主要是烟花爆竹，由供销社土产公司按计划统购统销。

1993—2000 年，市场逐步放开，全县民爆材料一部分由土产公司购销，一部分由个体工商户购销。

2001—2010 年，全县民爆市场放开，完全由个体工商户按照市场规律购销。

第七节　钢模板租赁

1991—1999 年，全县钢模板租赁业务还未兴起。

2000—2010 年，全县建筑材料市场放开，随着城市建设的快速发展，经营建筑业材料的个体户逐渐兴起，钢模板租赁业务也随之兴起；全县有 3 家建筑公司，都属于集体企业，钢模板材料按市场运作，效益较好。

第八节　石油经营

一、机构

1998 年 7 月，石油公司划归喀什地区石油公司管理。

2002 年 1 月，新疆销售公司将县级石油公司的经营机构统一名称，麦盖提县石油公司更名为中国石油天然气股份有限公司新疆喀什麦盖提县经营部，原麦盖提县石油公司的名称及法人资格暂时保留，按照所在地区直属分公司派出机构进行管理。

2007 年，中国石油新疆销售公司将麦盖提县经营部调整为麦盖提销售片区，作为喀什销售公司的派出机构管理，实行片区经理负责制。

2010 年，公司设营销、财务、人事、库站管理部 4 个部门，经营调运、批发及零售汽油、柴油和润滑油，职工人数保持在 25 ~ 35 人。

二、购销业务

1991—2000 年，全县销售生产用汽油 2358 吨、柴油 5325 吨；销售基本建设用汽油 85 吨、柴油 127 吨。

2008 年，油库加油站作为喀什销售公司第一批试点，开展加油站便利店业务。2009 年，宏达、巴莎公路加油站陆续开展便利店业务。

2001—2010 年，全县石油公司成品油销售 11.69 万吨。

1991—2000 年石油销售情况表

表 15-4-3　　单位：吨

年份（年）	生产用消费		基本建设用消费	
	汽油	柴油	汽油	柴油
1991	281	1598	—	40

续表 15-4-3

年份（年）	生产用消费		基本建设用消费	
	汽油	柴油	汽油	柴油
1992	522	1486	—	—
1993	295	653	—	—
1994	15	313	13	27
1995	530	803	10	—
1996	500	246	23	18
1997	157	99	39	42
1998	23	18	—	—
1999	15	4	—	—
2000	20	105	—	—

2001—2010 年成品油销售情况表

表 15-4-4　　单位：吨

年度	成品油销售	增加	增长（%）
2001	6551	—	—
2002	8727	2176	33.22
2003	7882	–845	–9.68
2004	11419	3537	44.87
2005	553	–10866	–95.16
2006	13562	13009	2352.44
2007	14967	1405	10.36
2008	19031	4064	27.15
2009	16705	–2326	–12.22
2010	17498	793	4.75

三、网点建设

1991 年，全县有加油站 1 座。1998 年，上划集团公司后，加大零售网点建设投资。至 1999 年，新建加油站 3 座，即宏达加油站、吐曼塔勒乡加油站、克孜勒阿瓦提乡加油站。2000 年，原址改造油库加油站。2003 年，新建巴莎公路加油站 1 座。2009 年，关停希依提墩乡兴达加油站。截至 2010 年，石油公司有加油站 5 座。

四、行业管理

（一）经营销售管理

主要包括成品油调入与购进、成品油调出与存储、油品的运输、成品油销售价变化、非油业务的管理等，都按上级部门规章制度执行。

（二）安全与质量管理

1996年，公司制定下发《油库管理考评标准》，从“三基”工作、安全管理、设备管理、计量管理、质量管理、库容库貌建设6个方面对油库各种岗位工作进行规范。

2000年，为加强库站安全管理，公司结合实际制定下发管理制度和规定10项，印制《油库管理规范化手册》100本，做到所有员工人手一册。

2002年，推行安全生产合同制管理，制定员工安全生产合同和工程服务安全生产合同，公司领导与每名员工、工程承包方签订了合同，明确企业与员工，企业与工程承包商的安全职责和义务。

2005年，公司QHSE体系正式运行，建立管理体系文件86个。

2009年，公司对2005年版QHSE体系文件进行修订，将质量、计量管理内容剔除，新建HSE体系手册和55项HSE管理制度。

（三）计量与设备资产管理

公司计量管理主要是从计量检定人员的培训、计量检定与过程监控、加油站计量交接管理等方面将公司计量工作进行规范。设备管理是从生产设施设备管理、设备的配置、选型、设备的安装调试、设备的正确使用、日常维护、日常检维修等方面进行管理，保证油站各类设施设备安全运行。

（四）人力资源与综合系统管理

1992年1月，根据国务院《关于职工休假问题的通知》，公司职工实行年休假制度。

1995年1月，制定下发《关于职工停薪留职的通知》《关于职工提前退岗修养的通知》，减人增效。5月1日起，统一实行每日工作8小时、每周工作40小时的标准工时制度。因工作性质或生产特点的限制不能实行标准工时制度的，可以实行不定时工作制和休息办法。

1996年2月，公司制定下发《新疆石油总公司职工考勤管理规定》，加强劳动管理，提高职工遵纪守法的自觉性和工作积极性。

2001年9月，根据股份公司的规定和要求，公司制定下发并实施《新疆销售公司管理人员职务竞聘实施细则》。

第九节　烟草经营

一、机构

1991—2000年，烟草专卖管理业务由糖烟酒公司负责。

2001年，成立麦盖提县烟草专卖分局，负责全县内烟草专卖零售许可证的发放和卷烟市场管理工作，受县人民政府和喀什地区烟草专卖局的双重领导，在职职工12人。

2005年，麦盖提县烟草专卖分局更名为喀什地区烟草专卖局麦盖提县分局，上划为条管单位，受喀什地区烟草专卖局的直接领导，负责全县烟草市场的管理和卷烟供应，在职职工12人。

2006年，由于电子信息化的发展，实行统一配送的方式，营销网点撤点，人员调整至喀什地区物流配送点，在职职工减少至6人。

2010年，在职人员增至8人。

二、网点建设、购销业务

1991—1994年，国家对烟草没有实行专卖，允许国营、集体所有企业、个体工商户从事卷烟零售经营业务，进货渠道多，管理难度大，非法进口走私卷烟，无证批发、制假、售假屡禁不止。

1995 年，喀什地区商业局、喀什地区技术监督局、喀什地区工商局、喀什地区烟酒专卖局、喀什地区公安局联合发出《关于清理整顿烟酒市场秩序的公告》，严禁无准运证、无供货发票非法运输烟酒专卖品；严禁非法从事烟酒专卖品的批发业务；严禁非法走私烟酒专卖品；严禁制售假冒伪劣烟酒制品；持有烟草专卖零售许可证的单位和个人，严禁跨地区进货；坚决查处和取缔无证经营烟酒专卖品的单位和个人。

2001 年，麦盖提县营销部网点正式建立，统一向全县持有卷烟经营许可证的商店供应卷烟，持有烟草专卖许可证的个体工商户需到县定点营销部付款取货。

2004 年，订货方式由原来的客户自行到定点网点取货改变为以电子结算、电话订货、送货上门的形式批发供应。

2005—2010 年，订货方式以按订单组织货源、送货到户、自动分拣、电子结算、网上订货、电话访销等现代营销模式销售，送货方式也由县局配送改为喀什地区烟草公司统一配送，取消县级营销部网点。

2001—2010 年麦盖提县烟草销售情况表

表 15-4-5

年份（年）	持证数（个）	主销规格	销售量（箱）	销量增长（%）	营业额（万元）	增长（%）
2001	294	美登、桉椤、羊城、红塔山	1600	0	1100	0
2002	341	美登、桉椤、羊城、红塔山	1719	7.44	1240	12.7
2003	453	红河、玉溪、羊城、广州	1820	2.88	1372	10.65
2004	335	红河、玉溪、羊城、广州	1907	4.78	1530	11.52
2005	413	红河、玉溪、中华、白沙	2468	29.42	1928	26.02
2006	457	红河、玉溪、中华、白沙	2690	9	2217	14.55
2007	467	红河、玉溪、中华、好猫	2878	6.99	2483	12
2008	480	红河、玉溪、雪莲、中华	3324	15.5	2880	15.99
2009	512	红河、玉溪、雪莲、中华	3750	12.8	3340	16
2010	526	红河、玉溪、雪莲、中华	4165	11.07	3860	15.57

三、行业管理

1991—2000 年，烟草专卖管理业务由糖烟酒公司负责，无专业的执法人员，烟草市场比较混乱。

2001—2002 年，烟草专卖管理逐步实现规范化管理。查处各类案件 72 起。其中，假冒商标案 23 起；乱渠道进货案 16 起；无证批发案 1 起；无证贩运案 3 起；销售异地防伪标识卷烟案 25 起；其他案件 4 起，合计案值 1.92 万元。

2004 年，查处案件 38 起，案值 6593 元。

2005 年，查处各类案件 18 起。其中，查处地下土制加工莫合烟 1 吨；查处非法销售莫合烟案 7 起，没收莫合烟 500 千克；无证运输案 2 起；乱渠道进货案 9 起，合计案值 8650.5 元。

2006—2010 年，查处各类案件 35 起。其中，未在当地烟草专卖批发企业进货案 8 起；非法渠道进货卷烟案 14 起；销售非法生产烟草制品案 13 起；合计案值 1.79 万元。

第十节　盐业经营

一、机构

2001年3月，在县食品公司的基础上成立盐业公司，同时挂麦盖提县食品公司、麦盖提县盐业公司两块牌子；一套领导班子，职工8人。公司主要经营业务为食盐三级批发、县城畜禽定点屠宰和生产基地土地经营。

同年，成立盐政执法中队，县盐业公司3名职工通过地区盐务局执法人员考试，取得执法证，执法人员3人。

2006年，通过地区盐务局执法人员考试，执法人员增加2人，共5人。

2010年9月，公司有职工22人。其中，正式在编人员10人，下岗买断重新安排就业3人，长期临时工8人。

二、购销业务

1991—2000年，食盐经营属县食品公司业务，购销环节不规范，盐业市场疏于管理，比较混乱。

2001年3月，盐业公司成立，盐业购销按有关规定进行，市场趋于规范。全年购进食盐700吨，销售食盐660吨。

2002年，全年购进食盐860吨，销售食盐800吨。

2003—2010年，每年购进食盐900吨，销售食盐900吨，每年购买销售基本持平。其中，2008—2010年，每年为全县3.31万名贫困人口免费发放扶贫碘盐165吨。

三、网点建设

2001年，盐业公司在全县建设食盐销售网点200个，全部办理食盐零售许可证。

2002—2003年，新增食盐销售网点360个，并办理食盐零售许可证。

2004—2010年，全县（包括3个团场）新增食盐销售网点316个。至2010年年底，全县食盐销售网点876个，办理食盐零售许可证率100%。

四、行业管理

2001—2010年，盐业公司业务归喀什地区盐务局管理，党组织隶属于县商务和经济化委员会，业务受喀什地区盐务局和麦盖提县商务和经济信息化委员会双重管理，喀什地区盐务局每月对麦盖提县盐业公司检查指导工作1次，主要进行执法检查和食盐销售指导，不断规范行业管理和盐业购销市场。县食品卫生监督所、安全生产监督管理局、工商行政管理局、物价局等部门每年元旦、春节、古尔邦节、国庆节前夕对盐业市场进行联合专项检查，规范盐业市场秩序，保证盐业销售安全。

五、盐政执法

2001—2010年，县盐业市场在地区的指导和监管下，由县盐政执法中队进行执法管理。盐政执法中队成立后，不断加大执法力度，维护食盐专营权，规范盐业市场，做好食盐购销监督工作，保证食盐市场无硝盐、无含碘盐销售，杜绝非食用盐在食品中添加使用现象，不断提高服务质量。县盐政执法中队，每年进行定期执法检查，在元旦、春节、古尔邦节、国庆节前夕，积极配合县食品卫生监督、安全监督管理、工商管理、物价等部门进行检查。累计执法1300次，没收硝盐467吨、私盐15.1吨，处理涉盐违法案件458起。

六、定点屠宰

2007—2010年，全县牲畜屠宰工作纳入食品公司管理范围。2007年，按照《新疆维吾尔自治区畜禽屠宰管理条例》要求，公司通过贷款、自筹累计投入 780 万元新建 600 平方米牛羊屠宰场 1 座、130 平方米生猪屠宰场 1 座、200 平方米家禽屠宰场 1 座，配齐屠宰设备，完善检疫检验室建设。建设办公室 200 平方米。

截至 2010 年，年均屠宰生猪 4116 头、牛 2379 头、羊 3.21 万只、家禽 11.53 万羽。通过检疫检验，查出病猪 9 头、牛 4 头、羊 121 只、家禽 297 羽，对检出的病禽畜进行无害化处理。通过定点屠宰，保障全县人民吃上放心肉。

第五章　对外贸易

第一节　机　构

1991—2002 年，对外贸易的职能属经济委员会。

2003 年，政府机构改革，撤销经济委员会，新成立麦盖提县经济贸易局。

2006 年 3 月 3 日，成立麦盖提县对外经济贸易局，隶属经济贸易局，为经济贸易局二级局，编制 5 人，领导职数 3 个，实有 3 人。主要负责全县对外贸易和商品进出口工作。

第二节　对外进出口发展

1991—2010 年，麦盖提县自主生产的产品还不具备对外出口的条件，但利用其地理优势，将国家生产的产品进行对外销售。随着对外进出口业务逐步开展，对外出口贸易额也逐年增加。

2006 年，县人民政府制定《麦盖提外经贸发展扶持基金管理（暂行）办法》文件，明确规定对全县进出口企业进行扶持奖励办法。该办法规定：县内的各生产企业出口本企业产品，按出口额（以出口报关单、出口商品检验单为准）每出口 1 美元奖励人民币 0.05 元；县内的各外贸流通企业出口麦盖提本地产品（包括农业类产品、工业产品等），按出口额（以出口报关单及购货发票为准），每出口 1 美元奖励人民币 0.05 元；出口非本地产品（家电、家具、服装、机械及机电设备等），以上年出口额为基数，超基数部分每 1 美元奖励人民币 0.05 元，通过扩大贸易出口量，吸引上述产品组装生产企业在县投资落户。

是年，对外经济贸易局参加吉尔吉斯斯坦（奥什州）展销会、巴基斯坦（拉合尔市）展览会等展会，签约项目（协议）5 个，签约资金 790 万美元。5 月 9 日，麦盖提县维萨丽黄金商贸有限责任公司取得外贸经营权，麦盖提县第一家外贸企业成立。6 月 12 日，经贸局通过招商引资引进塔城地区工商贸易有限责任公司在县注册成立麦盖提县绿丰商贸有限公司。9 月，外经贸局扶持五一林场取得水果出口果园备案登记，为全县农产品出口奠定了基础。全年发放对外贸易扶持基金 57.09 万元。

2007 年 2 月 4 日，引进库尔勒市新利华商贸有限公司在县注册成立麦盖提鹏霖进出口工贸有限公司，主要从事生产加工组装环保型电动车和进出口贸易。至此，全县已注册成立外贸企业 3 家。组织申报克孜勒阿瓦提乡出境蔬菜基地备案、央塔克乡葡萄生产基地备案和五一林场出境水果生产基地的申报；协助粮食局面粉厂申报出口备案；帮助麦盖提县维萨丽黄金商贸有限公司申请中小企业国际市场开拓资金 4.3 万元、麦盖提县绿丰商贸有限公司申请中小企业国际市场开拓资金 3.3 万元。

2008 年，引进一源实业有限公司、刀郎香溢纸业包装有限公司等具有进出口经营权的两家企业，企业的落户成为全县农产品出口的支柱企业，进一步提高全县外贸出口量；发放扶持基金 45.11 万元。组织申报克孜勒阿瓦提乡出境蔬菜基地备案、央塔克乡葡萄生产基地备案和五一林场出口水果生产基地的申报及验收工作。在全县培育蔬菜、水果两大类 3 个农副产品生产基地。

2009 年，外经贸工作紧紧围绕“全力打造喀什在中亚南亚经济圈重心地位”和“打造麦盖提为叶河中游中心城市”战略构想，进一步发挥出口拉动作用，加强出口基地建设，努力实现特色产业出口的突破性进展。4 月，向维萨丽黄金商贸有限公司发放扶持基金 62.45 万元，向县粮食收储公司发放了扶持基金 40.3 万元。通过提高对外贸易发展扶持基金，进一步提高外贸企业的积极性。麦盖提县成功注册农产品出口备案基地为：麦盖提县五一林场水果出口基地（苹果注册号 6508GY024、梨注册号 6508GY025、红枣注册号 6508GY026）、麦盖提县五一林场包装厂（注册号 6508GC017）、麦盖提县农产品加工销售协会（葡萄注册号 6508GY022）。新申报注册的出口备案基地为麦盖提县农产品加工销售协会西甜瓜基地、麦盖提县农产品加工销售协会蔬菜基地。

第三节　进出口商品

全县出口产品主要包括日用百货、小五金、建筑材料、机械设备等。其中 90% 以上属于企业自己组织货源，出口国家为吉尔吉斯斯坦。

一、日用百货　人造毛皮、玻璃杯及玻璃制品、照明灯具、棉制手套、塑料包装纸、化纤棉填充的被子、皮鞋等。

二、小五金　铁钉、镀锌铁皮、机动车辆零件等。

三、建筑材料　木制装饰品、塑料扣板、墙面砖、铝塑板、石膏板等。

四、机械设备　主要有工业用包缝机。

第四节　进出口贸易额

2006 年，完成外贸出口总额 1141.8 万美元，完成地区下达任务的 285%。

2007 年，地区下达对外贸易额 1430 万美元，完成外贸出口额 2088 万美元，完成地区任务的 146%，较 2006 年增长 71.63%。

2008 年，地区下达对外贸易进出口额 2620 万美元，较 2007 年递增 25%。全年，完成进出口总额 3585.3 万美元，较 2007 年递增 72%。

2009 年，地区下达对外贸易进出口额任务 4660 万美元。县委九届九次会议上确定 2009 年全县进出口额目标为 4252 万美元。全年完成进出口贸易总额 3119 万美元，较 2008 年下降 13.01%。

2010 年，地区下达外贸进出口调控目标为 5825 万美元，较 2009 年增长 25%。县委九届十次会议确定的调控目标为 4890 万美元。全年完成进出口贸易总额 1013 万美元，没有完成地、县进出口任务。

第十六编　综合经济管理

1991—2000年，麦盖提县顺应改革趋势，经济管理模式从计划经济管理向市场经济管理转变，在市场管理中以服务为主。2001—2010年，随着国家经济大政方针的变化，麦盖提县不断加强市场宏观管理，在县人民政府的主持下，县计划（发展与改革）部门根据国家四个五年计划（规划）编制该县的国民经济发展计划（规划），在实施的过程中结合麦盖提县实际，对计划（规划）进行适时调整，改革的重点由农业向工业、城市基础设施建设发展，宏观调控的职能得到强化。工商行政管理、质量技术监督、食品药品监督管理、国土资源管理、物价、统计、审计部门严格履行各自职能职责，公平公正的市场环境逐渐形成，全县经济持续快速发展，人民生活水平显著提高，国民经济和社会各项事业持续、健康、稳步发展。

第一章　规划与调控

第一节　机　构

1991年，计划委员会编制8人，实有8人。其职能是编制国民经济发展，组织和编制企业内部技术改造计划，业务受地区、自治区计划委员会指导。

1997年，编制8人，领导职数3个，实有人数8人。内设计划办、统计办、物价办，其中少数民族4人，妇女3人，中共党员3人。

1998年2月，实施政府机构改革，计划委员会与经济贸易委员会、体改办合并，更名为计划与经济局。11月，又分设，更名计划局，属麦盖提县管理国民经济和社会发展的综合职能部门，编制8名。

2003年2月，经再次机构改革，计划局更名为发展计划局，原统计局、物价局和粮食局并入发展计划局，在发展计划局挂统计局、物价局和粮食局的牌子。行政编制16人，事业编制5人，实有人数17人，其中领导职数5个，工勤人员事业编制3人。

2008年4月，成立中共麦盖提县发展和改革委员会党组。11月，发展计划局更名为发展和改革委员会。经济贸易局有关经济体制改革方面的职能划入发展和改革委员会，内设机构中增设经济体制改革办公室，具体承担有关经济体制改革方面的职能。职能调整后，原有编制不作增减，发改委不再保留物价局牌子，下设物价检查所更名为价格监督检查局。

2010年，发展改革委员会内设农村经济（以工代赈）办公室、社会发展股、综合股3个股室，编制人数16人，实有人数17人，其中领导5人、科员10人、工勤人员2人。

第二节　规划编制

麦盖提县国民经济计划（规划）编制由县人民政府主持，县计划（发展和改革）部门具体实施编制工作。

1992年8月，经麦盖提县人民代表大会第十届一次会议及其常委会讨论通过了县委、县人民政府起草的《1986—2000年麦盖提县国民经济与社会发展总体规划》，总体规划主要内容包括总则、农村经济、基本建设、工业交通、财贸及财政金融、社会发展、专题研究、数学模型预测。

1997年2月，县计划委员会按照县委、县人民政府的要求，对照国家“九五”计划，以《1986—2000年麦盖提县国民经济与社会发展总体规划》为基础，编制《麦盖提县国民经济、社会发展“九五”计划和2010年远景目标纲要》。

2000年，县计划与经济局在深入学习国家“十五”计划文献，结合县域经济实际编制《麦盖提县国民经济和社会发展第十个五年计划和到2015年长远规划的基本思路》《麦盖提县国民经济和社会发展第十个五年计划纲要》。

2005年，麦盖提县成立“十一五”规划办公室，由县发展计划局牵头，抽调相关人员，深入学习国家“十一五”规划文献，立足本县实际，组织编制《麦盖提“十一五”规划》。

第三节　规划管理与实施

麦盖提县规划管理与实施的主体是县人民政府，县计划（发展与改革）部门是规划管理与实施的主管部门，负责规划执行的具体事项。

“八五”计划期间（1991—1995年），县人民政府责成县计划委员会对相关部门执行“八五”计划情况进行监督管理，每年向县人民代表大会报告计划落实情况。五年间，麦盖提县国民经济实现持续、快速发展，全县国民生产总值由1990年的3.41亿元增加到1995年的5.45亿元，五年平均递增9.79%，其中第一产业五年平均递增4.85%，第二产业五年平均递增32.99%，第三产业五年平均递增16.51%；工农业生产总值7.25亿元，五年平均递增14.23%，其中工业所占比重由1990年的33.94%提高到1995年的43.56%，农业所占比重由1990年的66.06%下落到1995年的56.44%，工业产值五年平均递增14.93%，主要产品产量有所增加；粮食总产由1990年的7.38万吨增加到1995年的8.45万吨，年均递增21.5%，其中小麦总产由1990年的3.73万吨增加到1995年的4.4万吨，年均递增13.5%，棉花总产由1990年的2.03万吨增加到1995年的3.15万吨，年均递增22.58%；建成投产的项目有油脂厂、棉麻油厂、菱镁建材厂、塑料厂、甘草膏厂、6万吨新煤井；县乡电网建成运行，解决了县电力能源缺乏之忧；麦泽路砂石化，县叶河大桥建成通车，巴莎公路建成柏油路；农业科技推广取得显著成果；各级各类教育事业，各项文化、卫生、体育和其他各项社会事业也都取得较大发展，1995年4月，麦盖提县被文化部授予“文化工作先进县”称号。在生产发展的基础上，全县城乡人民的收入水平和消费水平明显提高，消费内容日趋多样化，为“九五”计划期间全县国民经济和社会的发展奠定坚实的基础。

“九五”计划期间（1996—2000年），县计划委员会（计划经济局）加强对相关部门计划落实情况进行过程性监督管理和指导，及时纠偏，每年向县人民代表大会报告计划落实情况。五年间，麦盖提县国民经济稳步发展。截至2000年，县国民生产总值5.92亿元，五年平均递增1.66%。其中：第一产业3.96亿元，五年平均递增3.92%；第二产业5991万元，五年平均下降11.41%；第三产业1.36亿元，五年平均递增4.61%；财政总收入2439万元，五年平均递增6.95%。农村人均纯收入1381元。全县农业生产保持较好增长势头，农村经济全面发展。截至2000年，粮食总产9.58万吨，比“八五”计划末的8.45万吨增长13.4%，五年平均增长2.56%；棉花总产3.17万吨，比“八五”计划末的3.15万吨增长0.72%，五年平均递增0.14%；瓜果、蔬菜等经济作物和主要农副产品产量均有不同程度增长，农业产业化水平不断提高，农业生产逐步由粗放经营向集约经营转变，由传统农业向现代农业较变。农田水利基本建设得到较大发展，新修渠道232.65千米，维修渠道9960.5千米；防病改水工程发挥效益，建立水厂17座，解决了9.62万人及21.33万头牲畜的饮水问题，改善农牧民饮水条件；全县防洪工程累计投入劳力103.2万个工天，防洪投入折款3957.6万元。工业总产值3456万元，五年平均递增8.98%；社会商品零售总额1.02亿元。县乡公路35条，总里程690千米，形成以县城为中心各乡镇、农林场、团场为节点四周辐射的公路网，城乡客货运输能力不断增强，交通面貌逐步改善。教育事业不断发展，为各大中专院校、技工学校输送学生2090人，非文盲率98.6%，复盲率一直控制在2%以下；全县9个乡1个镇3个农林场共建立文化技术学校12所，办学面84%，乡村农民文化技术学校培训面86.5%。对水源地、输水管网及其他供水设施进行改造，累计投资210万元，城镇用水人口增长2.85万人，供水普及率85%，比“八五”计划末提高20%，供水水质达到饮用水标准。建立健全县、乡、村、组四级计划生育工作和服务网络，计划生育工作走上规范化、正规化的轨道。

“十五”计划期间（2001—2005年），县计划经济局（发展计划局）不断加强计划执行情况的监督管理和指导，顺利推进计划实施，每年向县人民代表大会报告计划落实情况。五年来，麦盖提县国民经济和社会各项事业保持快速、健康、稳步发展。截至2005年，全县生产总值7.47亿元，年平均增长4.78%，其中第一产业4.87亿元，年平均增长4.25%；第二产业1.07亿元，年平均增长12.26%；第三产业1.53亿元，年平均增长2.42%。工农业总产值9.37亿元，五年平均递增10.92%，其中农业总产值8.3亿元，比“九五”计划末增长57.8%，年平均递增10%；工业总产值7395万元，五年平均递增10%。麦盖提县农业生产保持较好的增长势头，农村经济全面发展，粮食总产11.15万吨，比“九五”计划末的9.58万吨增长16%，五年平均增长30.17%；棉花总产4.15万吨，比“九五”计划末的3.17万吨增长27.69%，五年均递增5.01%；累计造林13.02万亩，其中防护林2.9万亩、经济林8.79万亩、薪炭林1.3万亩；全县经济林总面积16.6万亩。社会商品零售总额1.55亿元，五年平均递增8.84%。积极实行投资拉动战略，通过争取国家投资、招商引资、内部挖潜多方筹措资金，扩大固定资产投资规模，增强对经济增长的拉动作用，累计投资12.91亿元，比“九五”计划时期的1.98亿元增加6.5倍，特别是2003—2005年平均每年增加投资1亿元，实现历史性跨越，投资规模由“九五”计划末的2211万元扩大到2005年的3.5亿元。启动旅游基础设施建设。电信通信事业迅速发展，乡村交通工程全面实施，县乡公路51条，总里程793.2千米，交通更加便捷。吃、住、娱、购等服务条件逐步改善。修建刀郎文化广场、刀郎公园；组织民间艺人赴法国开展文化艺术交流，参加自治区、地区旅游节，制作多种宣传资料推介旅游，举办“诺鲁孜文化节”等文化活动；邀请中央电视台、新疆电视台多频道拍摄，报道麦盖提县旅游资源等。通过广泛宣传，打造“刀郎之乡”品牌，提高麦盖提县知名度。基础教育随着《中国教育改革与发展纲要》的颁布及“两基”工作的全面实施而得到较快发展，教师队伍不断壮大，“十五”计划末，千人拥有教师14人，在园幼儿717人，小学生2.49万人，初中生1.35万人。全县拥有医务人员528人，较“九五”计划末增长10%；参加合作医疗9.81万人，占全县农村人口的82.5%。

“十一五”规划期间（2006—2010年），县发展计划局（发展和改革委员会）以经济体制改革为抓手，强化规划执行情况监督管理和指导，保证规划任务目标如期完成，每年向县人民代表大会报告计划落实情况。截至2010年，全县生产总值19.39亿元，年均增长21.01%，实现人均生产总值8820元，第一产业增加值8.85亿元、年均增长12.67%，第二产业增加值5.91亿元、年均增长40.81%（工业增加值3.47亿元，年均增长72.59%），第三产业增加值4.63亿元，年均增长24.77%。固定资产投资14.03亿元，年均增长32.02%；进出口贸易1013万美元，年均增长

237.89%；县地方财政收入1.18亿元，年均增长33.82%；社会消费品零售总额4.66亿元，年均增长24.56%；农民人均纯收入4951元，年均增长15.97%；人口自然增长率控制在14.8‰以内，失业率控制在3.5%以内。坚持“稳粮、强棉、促畜、兴园”发展思路，实施“四个三十万亩”富民工程（2008—2010年归并整理土地30万亩、棉花滴灌面积30万亩、新增枣树面积30万亩、发展“多熟制”和“三高田”30万亩）和“五大民生工程”（抗震安居、植树造林、农村改水、农村道路、一池三改），使农业和农村经济稳步、持续、健康发展，农民收入呈多元化发展态势。坚持以“红枣为主、核桃为辅”的特色林果业发展思路，强化林果业生产管理，特色经济林面积不断扩大，经济林总面积达到61.55万亩；推进生态防护林建设，累计造林面积25.8万亩，其中防护林3400亩、经济林24.71万亩。农田水利基础建设始终坚持“抓重点、促小型、保配套”原则，以塔河治理、日协贷款项目、高效节水、机电井建设、土地归并整理等重点水利工程建设为契机，促进、带动小型水利工程及配套设施建设。完成干、支、斗三级渠道更新改造防渗长度289.62千米；实施高效节水面积28.93万亩；解决饮水不安全人口6.53万人安全饮水问题。教师队伍不断壮大，小学适龄儿童入学率99.78%，初中适龄少年入学率99.49%，15周岁人口中初等教育完成率100%，17周岁人口中初级中等教育完成率96.41%；扫盲评估验收合格，非文盲率98.7%，9个乡1个镇3个农林场共建立文化技术学校12所，办学面84%。县、乡、村三级文化体育阵地得到较大改善，服务能力得到提升，群众性文化体育活动丰富多彩，各族群众业余文化生活更加充实；非物质文化遗产传承保护取得突破性进展，入选国家级非物质文化遗产名录2个、自治区级5个、地区级8个；有刀郎木卡姆民间艺人500人，组织20批次200人次参加国际、国内民间艺术交流。

第二章　国土资源管理

第一节　机　构

一、国土资源局

1991年，土地管理局为政府职能部门，编制6人。

1998年2月，土地管理局与经委矿管办公室合并，成立麦盖提县人民政府土地矿产环保局，编制8人，领导职数3个。主要负责土地宣传、征用、划拨的审查、审批工作等土地业务工作。10月，启用“麦盖提县土地矿产环保局”印章。

2003年2月，更名为麦盖提县国土资源局。

2004年12月，成立中共麦盖提县国土资源局党组。

2010年，国土资源局编制33人。其中，领导职数3个，实有42人。各乡镇均设立国土资源所，属县国土资源局派出机构。

二、国土资源执法监察大队

2006年，成立麦盖提县国土资源执法监察大队，核定编制5人。

2010年，国土资源执法监察大队，有职工4人，其中领导1人、干部3人。

第二节　土地管理

一、国土调查

全国第一次土地调查　1993 年全国开展第一次土地调查，全县土地总面积 2894.55 万亩。其中，地方系统占 2844.6 亩；农用地 351.45 万亩，建设用地 12.2 万亩；水域及水利设施面积 31.2 万亩；未利用土地 2498.7 万亩，土地开发利用率 13.68%。其中，耕地总面积 62.55 万亩，土地垦殖率 2.16%；园地总面积 1.84 万亩，占全县土地总面积的 0.06%；林地总面积 233.4 万亩，占土地总面积的 8.06%；牧草地总面积 54.9 万亩，占土地总面积的 1.89%；水面及水利设施总面积 31.2 万亩，占土地总面积的 1.08%；城镇村及工矿用地总面积 9.85 万亩，占土地总面积的 0.34%；交通用地总面积 2.35 万亩，占土地总面积的 0.08%；水利设施用地总面积 4.48 万亩，占土地总面积的 0.01%；未利用地总面积 2498.7 万亩，占土地总面积的 86.32%。

全国第二次土地调查　2008 年全国开展第二次土地调查。同年 10 月，启动土地调查工作，抽调 18 人，开展外业调查，2009 年 8 月完成。这次调查更正了全县的土地总面积，摸清了全县耕地、园地、林地、水域、草地、居住和工业用地、交通道路用地、未利用地的具体情况。全县农村土地调查绘制图幅 433 幅（其中农区部分 1∶10000 比例尺图 119 幅、非农区 1∶10000 比例尺图 304 幅、1∶50000 比例尺图 10 幅）。全县补划地块 416 块，补划面积 39.42 万亩，其中补划基本农田 416 块、39.42 万亩，划定全县基本农田 62.33 万亩（不含兵团）。

2010 年，全县土地总面积 1632.3 万亩。其中，地方系统占 1501.2 万亩；农用地 258.6 万亩；建设用地 17.1 万亩；水面及水利设施面积 50.85 万亩；未利用土地 1305.75 万亩，土地开发利用率 20%。其中，耕地总面积 118.65 万亩，土地垦殖率 7.3%；园地总面积 21.15 万亩，占全县土地总面积的 1.3%；林地总面积 39.75 万亩，占土地总面积的 2.43%；牧草地总面积 79.05 万亩，占土地总面积的 4.84%；水面及水利设施总面积 50.85 万亩，占土地总面积的 3.11%；城镇村及工矿用地总面积 12.16 万亩，占土地总面积的 0.74%；交通用地总面积 4.98 万亩，占土地总面积的 0.3%；未利用土地 1305.75 万亩，占土地总面积的 80%。

二、土地使用制度

国土资源局按照国家土地使用制度相关要求，开展土地使用。

（一）国有土地有偿使用

1991 年，在农村推行非农业用地有偿使用制度。1992 年起，推行土地使用制度改革，国有土地使用分别采取出让、出租、划拨、租赁、拍卖和抵押等有偿使用形式。1994 年后，逐步推行招标方式出让土地。2000—2010 年，实行拍卖制度。

（二）农村集体土地划拨使用

1991 年，实行宅基地有偿使用工作。1992 年起，集体土地的使用开始进入市场。2000 年，批拨集体建设用地、农户建房用地。2001 年，上报农用地转用、征用。2002—2010 年，宅基地按户划拨，农用地转用进行审批。

（三）土地市场

2001 年，县人民政府出台一系列关于进一步深化全县土地使用制度改革的相关文件，制定拍卖、出让土地使用权实施办法等。同时，开展土地批租专项治理，使土地管理更加规范，防治了土地资产流失，提高了土地的利用率，增加了县级财政收入。

2003 年，全县开展土地市场秩序治理整顿，经过整治，全县各类建设用地规范有序，违法用地锐减。全年实行招标拍卖挂牌出让土地使用制度。

2005 年，全县发放国有土地使用证书 347 本。

2010 年，全县土地登记共发证 1327 宗，面积 1061.55 亩。皆属国有土地使用权证。

三、用地规划管理

根据中共中央国务院、国家土地管理局有关文件精神和自治区土地管理局及地区土地矿产局的部署，1998 年 2 月，麦盖提县成立土地利用总体规划修编领导小组，并制定《麦盖提县土地利用总体规划编修工作方案》，领导小组办公室设在县土地管理局，开展全县土地现状调查、收集资料、召开专题研讨和协调会，对全县规划期内土地供需平衡方案、水土平衡问题，城镇、村庄用地规划指标、城镇人口、生态环境、重点建设项目、各用地部门的用地需求等问题进行了审议和讨论。是年，县人民政府编制出版《麦盖提县土地利用（2000—2010 年）总体规划》。2006 年，编制《麦盖提县土地开发整理规划》。

县土地储备中心对全县土地收购储备及资金进行管理，收购土地宗地测绘、低价测算评估、土地开发整理、土地交易，对储备的土地分类整理建立档案。

四、地籍管理

（一）城镇地籍权属调查

2008 年 9 月，开展全县地籍权属调查，准确掌握地籍权属，全县地籍 8.36 平方千米，划分街坊 96 个，新增街坊 16 个。至 2010 年年底，全县发放国有土地使用证 1327 宗，面积 1061.55 亩。

（二）土地登记发证

1993 年，全县申报土地发证 1.84 万户，宗地 1.84 万宗，总面积 1.47 万亩。2000 年后，不断加强对土地的管理，继续开展土地登记发证工作。2005 年，发放国有土地使用证书 347 本。2010 年，全县土地登记共发证 1327 宗，面积 1061.55 亩。

（三）国土市场管理

将国土交易信息、出让地块的起始价、面积、位置以及竞价期限等交易内容通过报纸、交易中心宣传栏、媒体等公布于众，土地出让信息、土地出让结果在中国土地市场网上公布。取得国土使用权，有国土有偿使用和划拨国有土地 2 种。

国土有偿使用根据用地类型和土地级别划分进行定基准地价。建设用地在集体所有制土地范围内，采取征用土地。

建设单位用地经县人民政府审批，国土局将国家机关单位的一部分土地或国家的储备土地，依照法律规定划拨给建设单位，转交建设单位使用。

麦盖提县国土基准地价情况表

表 16-2-1　　计量单位：（元 / 平方米）

用地类型	土地级别及基准地价		
	一级	二级	三级
商业用地	380	220	125
居住用地	215	135	105
工业用地	110	100	90

2007—2010 年麦盖提县国土出让情况表

表 16-2-2

年份（年）	出让土地（宗）	面积（公顷）	出让金（万元）	其中招拍挂出让土地		
				出让土地（宗）	面积（公顷）	出让金（万元）
2007	3	30.6	152.36	3	30.6	152.36
2008	5	170.85	554.375	5	170.85	554.375
2009	3	188.85	114.9	3	188.85	114.9
2010	4	90.255	1534	4	90.255	1534

五、耕地保护

1991 年，麦盖提县土地管理局贯彻落实“十分珍惜、合理利用土地和切实保护耕地”“保护耕地就是保护我们的生命线”基本国策，严禁非农建设占用基本农田，从严控制建设用地规模，坚决遏制乱占耕地现象的发生。1998 年，全县划定基本农田保护区 151 个、保护片 710 个、保护块 1064 个。全县基本农田保护面积 45.58 万亩，保护率 89.6%。其中，一级基本农田保护面积 19.61 万亩，占全县基本农田保护面积的 43%；二级基本农田保护面积 17.25 万亩，占全县基本农田保护面积的 37.8%；三级基本农田保护面积 8.72 万亩，占全县基本农田保护面积的 19.1%。基本农田保护已落实到图、地块、村、组和农户，逐级签订耕地保护责任书 3 万份，面积和区位均符合规划要求，做到基本农田图、表、册与地块相符，耕地和基本农田保护面积与上级下达的规划标准一致。

六、国土执法

2006 年，以国家“6·25”土地日为契机，举办寓教于乐的宣传活动。在文艺演出中，穿插土地管理知识，观众踊跃参与，气氛热烈。设立咨询台开展咨询，为群众解惑答疑。在县城、各乡镇主要街道悬挂宣传横幅 5 条，印发宣传资料 2000 份。

2007 年，聘请乡级土地信息员 9 名、村级土地监察信息员 132 名，开展土地监察巡查 22 次，出动人员 67 人（次），查出土地违法案件 18 件，结案 18 件。

2009 年，全县查处国土资源违法案件 16 件，结案 16 件，收缴罚没款 10 万元。

2010 年，贯彻《新疆维吾尔自治区国土资源监督检查条例》，深入乡村对照土地卫星图片执法检查，全县有图斑 54 个，总面积 1828.5 亩。

第三节　矿产管理

一、规划管理

以 2007 年为基期，2008 年制定并公布《麦盖提县矿产资源规划》，为麦盖提县矿产资源勘查、开发利用与保护、依法审批和监督管理开采活动提供了重要依据。

二、开发管理

麦盖提县在矿产资源开发管理方面，主要开展协助办理采矿权审批登记的具体工作管理采矿权市场；监督矿产资源的开采活动；管理矿产资源储量评审、登记、统计，实施矿山储量动态监测管理；审查建设项目压覆矿床事宜；协助地区局采矿权价款、矿产资源补偿费、采矿权使用费的征收和使用管理的有关工作；监管矿产资源勘查活动。截至2010年，为吐曼塔勒乡顺达砖厂、尕孜库勒乡福生砖厂、昂格特勒克乡恒基砖厂办理采矿权审批登记工作。累计缴纳矿产资源补偿费3.52万元，全额入库。

三、行政执法

2006—2010年，开展国有土地执法检查29次，依法加强矿政管理，追缴矿产资源补偿费和采矿价款，收缴矿产资源补偿费和采矿权价款；按时完成各砖厂的年检工作。切实抓好矿山隐患排查治理和矿山安全专项整治工作，未发生安全生产事故。做好地质灾害防治工作，保障群众生命财产安全，定期对地质环境进行巡查，做好地质灾害防治知识的宣传，及时掌握险情变化，把不安全因素消灭在萌芽状态。

第四节 测绘管理

2006年4月，根据《关于印发贯彻实施〈中华人民共和国测绘法〉做好我区测绘工作若干意见的通知》文件精神，征得编委同意，在国土资源管理局下设麦盖提县测绘局。

2006—2010年，测绘局主要开展日常测绘管理工作，做好涉密测绘检查工作，从根源上杜绝违法测绘发生；加大测绘法和国家版图意识宣传工作，让广大人民群众了解测绘工作法律法规；完成测量标志警示标志工作的设置工作，持续抓好警示牌和宣传墙的设置；开展土地市场专项整治，做好地图市场监管，避免问题地图和违法测绘事件发生。

第三章 安全生产监督管理

第一节 机 构

1991—2002年，安全生产监督管理工作由人事劳动和社会保障局负责。2003年初，将安全生产监督管理职能划经济贸易局。

2003年2月，成立麦盖提县安全生产监督管理局，副科级，隶属县经济贸易局。内设综合室、安全监督管理室；核定编制3人，领导职数1个。实有3人。其中，少数民族1人，妇女1人，中共党员3人。

2007年5月，安全生产监督管理局从经济贸易局析出，单设，规格为正科级，属人民政府直属机构，核定行政编制4人。

2009年，成立麦盖提县安全生产执法监察大队，副科级单位，隶属安监局二级管理单位，实行全额预算管理，核定编制5人。

2010年，安全生产监督管理局实有人员4人。

第二节　监督机制

麦盖提县在安全生产监督管理工作中，结合工作实际，取长补短，不断完善监督机制，形成了一套行之有效的安全生产监督机制，为全县安全生产工作保驾护航。

一、建章立制

为确保全县各行政企事业单位安全生产工作，督促各行政企事业单位建立了科学完善的规章制度和质量管理体系，加强监督管理，提升执行力。

二、建立安全事故处理制度

2006年，建立《麦盖提县重伤、死亡事故处理制度》。

2007年，建立厂矿、建筑企业职工伤亡事故调查、登记、统计、报告和处理制度。发生多人事故（伤3人或3人以上），重残（致残）事故和死亡事故时，立即报告企业主管部门、人事劳动部门和县总工会，安全生产监督管理局在24小时内报告上级主管部门。建筑、厂矿职工在生产过程中发生重伤、死亡事故，必须在6小时内将事故概要报告县安监局；发生重大事故（死亡3人以上）时，必须在半小时内将事故概要报告县安监局。由企业或企业主管部门会同人事劳动、总工会、公安等部门组成调查组，坚持“四不放过”（事故原因分析未查清不放过、事故责任者未受到处理不放过、干部群众未受到教育不放过、防护措施不落实不放过）原则，将事故调查清楚，及时公正处置。

截至2010年，麦盖提县做到对安全生产主要领导亲自抓，层层落实，责任到人，全县未发生重特大安全生产事故。

2002—2010年麦盖提县安全生产事故情况表

表16-3-1

年份（年）	事故（起）	死亡人数（人）	受伤人数（人）	经济损失（万元）
2002	54	31	56	12.69
2003	49	28	67	9.85
2004	58	26	72	13.02
2005	45	35	23	17.7
2006	41	25	39	16.9
2007	51	19	49	7.55
2008	32	18	33	6.53
2009	16	12	12	7.03
2010	43	11	23	3.52

第三节　法律、法规宣传教育

麦盖提县安全生产工作遵循“安全第一，预防为主，综合治理”的方针，大力宣传《中华人民共和国安全生产法》等安全生产法律、法规、标准，在全社会营造浓厚的安全生产氛围，单位和职工安全生产意识日益增强。

一、宣传教育

（一）安全生产月主题教育

2002年，国家将每年6月安全生产周改为安全生产月，第二个星期日为安全生产咨询日。全县开展“安全生产月”宣传活动，对广大群众进行安全教育。全年，出动宣传车20辆次，宣传人员50人次；悬挂张贴宣传画、标语120幅，制作宣传展板21块；发放安全生产宣传册350册、农机安全知识宣传材料2000份。

2007年，以“安全生产月”为契机，设立咨询台9个，加大对广大群众安全生产常识宣传培训；悬挂安全宣传横幅80条；制作安全生产宣传版面30块；向过往群众发放各类宣传资料累计4000份；接受群众咨询800人次，为群众解答安全知识疑问1365条，受教育3.58万人。加大特种作业人员的安全教育和培训，培训电工、电焊工、危险化学品管理人员及操作人员、非煤矿山企业负责人110人，通过理论考试和实际技能操作相结合的方式，取得相应的安全管理资格和上岗资格证书。

2009年，编印下发《安全须知手册》3.5万份；发放宣传资料8万份、“安康杯”知识竞赛明信片9000份；设立交通安全警示牌2400个；安装减速带70条；各学校编唱安全知识歌曲4首，编排交通安全节目17个；发送宣传安全生产短信2.5万条，接受群众咨询6000人次。加大对特重行业操作人员培训，全县培训电焊工复审30人，取得合格证13人；搅拌机取证26人；提升机取证11人；电工复审26人，取证40人。

至2010年，累计出动宣传人员488人次、宣传车265辆次，设咨询台77个；悬挂张贴宣传画、标语705幅，展板252块；发放各类安全宣传知识23.11万份，群众咨询1.28万人次，受教育群众3.58万人，培训各类特种作业人员301人，取得相应的安全管理资格和上岗资格证书274人。

（二）部门、行业安全教育

2004年，由县委宣传部牵头，安监局、文体广电局、总工会、团委联合开展《中华人民共和国安全法》宣传咨询活动，出动宣传车27辆次，宣教人员56人次；悬挂张贴宣传画、标语150幅，展板21块；发放宣传册500册、农机知识简报5000份、宣传单3万张。培训生产经营单位负责人、安全员、电工及电焊工784人次。

2005年，县安全监督管理局牵头，组织全县6家单位40人，在县城主要街道进行安全生产宣传咨询日活动，发放宣传资料2.2万份，出动宣传车20辆，播放录音带17次，张贴宣传标语230条，制作图文展板15块，悬挂宣传横幅10条。组织举办2期安全知识及技能培训班，对全县电工、电焊工、登高架设备、起重工4个特殊工种进行培训，共参加培训108人，均取得相应的安全管理和上岗资格证书。

2006年，安全生产监督管理局牵头，组织各行业领域利用县乡集市日，出动宣传车20辆次，张贴宣传标语80幅，悬挂横幅18条，组织观看图片展10场次，发放各类宣传材料8720份，滚动播出宣传口号80条，为群众解答安全知识疑问1124条，受教育3.17万人次。

二、依法签订安全生产责任书

2002年起，县人民政府每年都与各单位签订安全生产责任书，明确目标任务，确保安全生产工作的落实。

2010年，安全生产已成为全县各部门、各单位精神文明建设和领导干部年终考核的重要内容，并实行安全生产“一票否决”。县安委会各成员单位、企业、社区等也相应成立安全生产领导机构，层层签订责任书，形成安全生产“主要领导亲自抓、分管领导具体抓”的良好格局。

2002—2010年安全生产责任书签订情况表

表16-3-2　　单位：份

年度	2002	2003	2004	2005	2006	2007	2008	2009	2010
份数	34	39	43	40	44	50	56	55	20000

三、依法行使安全生产职权

1991—2010年，县人民政府及安全生产监督管理部门，依照《中华人民共和国安全生产法》、国务院《生产安全事故报告和调查处理条例》、国家安全生产监督管理总局《工贸企业有限空间作业安全管理与监督暂行规定》《冶金企业安全生产监督管理规定》《食品生产企业安全生产监督管理暂行规定》《劳动防护用品监督管理规定》《安全生产违法行为行政处罚办法》等法律法规，全面行使安全生产职权，对单位和企业实施有效合法的安全监督管理，确保了麦盖提县安全生产监督管理工作沿着法制的轨道前行，各单位和企业20年来未发生重大安全事故。

第四节　专项治理

麦盖提县坚持开展安全生产专项治理工作，每年采取定期安全检查、经常性安全检查、季节性安全检查及节假日前安全检查、专业（专项）安全检查、综合性安全检查、不定期的职工代表巡视安全检查6种形式，深入单位和企业进行现场监督检查。

2002年，在重要时节组织相关单位在全县开展安全生产大检查5次，出动检查车辆406次，检查人员863人次；检查各类车辆9864辆，检查出交通违章（法）车辆5631辆；检查各类企业431家，查处隐患860起，发出整改指令书260份，当场整改600起，限期整改8起，有效遏制各类事故的发生。

2007年，开展以“两节”“五一”“十一”“安全生产月”等重要时期的安全生产大检查6次，出动检查车辆602辆，检查人员1821人次，检查各类车辆1.24万辆，查处各类交通违章（法）车辆9631辆。其他各类检查2391起，查处隐患1240起，发出整改指令书320份，当场整改920起，限期整改的3起，取缔非法卖油点8处。

2009年，突出抓好道路交通、危险化学品、建筑施工、消防等重点行业和领域的安全执法，遏制重特大生产安全事故。全年累计排查2149处，排查治理各类隐患673起，已整改617起，限期整改56起，整改率92%以上。

截至2010年，全县开展安全生产大检查27次，出动检查车辆1702次、检查人员4762人次；检查各类车辆7.36万辆，各类交通违章（法）车辆2.75万辆；查处各类隐患5316起，整改4988起，整改率93.8%。

第四章　食品药品监督管理

第一节　机构队伍

1991 年，药品监督管理工作由卫生局职能部门负责，无专职工作人员。

2002 年 5 月，成立喀什地区药品监督管理局麦盖提分局，实行垂直管理，不计入地方政府工作部门个数。核定编制 10 人，领导职数 3 个。其中，行政编制 9 人，事业编制 1 人。内设综合办公室、监督检查室。实有 6 人，其中，少数民族 3 人、中共党员 4 人。

2006 年 2 月，成立中共麦盖提县药品监督管理局党组；11 月，经机构改革，赋予药品监督管理局食品监督管理职能，单位名称更名为麦盖提县食品药品监督管理局。

2008 年 11 月，改由人民政府管理，业务接受上级主管部门和同级卫生部门的指导和监督。

第二节　药品质量监督

麦盖提县药品监督管理分局、食品药品监督管理局相继成立后，对药品生产、经营、使用的监督管理更加规范，力度更大，有效性更强，确保药品质量不出问题。

一、生产监督

2002 年，清查非法制售药品案件 2 起。其中，查获民族医院非法配制祖发糖浆制剂，查实销售收入 4 万元，没收 125 瓶未销售的祖发糖浆制剂，价值 1400 元，案件交由地区局处理。对河北宏宝药品、青海“还少胶囊”进行专项检查。全年累计检查医疗单位 12 个、药品批发企业 1 个、零售药店 10 个、个体诊所 15 个，查出、没收 5 种不合格药品，价值 2930.6 元。

2003 年，查处假药 3 种：45 团 VC 银翘片（贵州安顺西秀制药厂，批号 020308），46 团快克胶囊（海南亚洲制药，批号 020126），斯达舒胶囊（吉林修正药业，批号 020421）。做好抗震救灾捐赠药品和招标药品的检查工作，组织防非典药品专项检查 4 次。

2006 年，重点对齐齐哈尔第二制药厂所有药品、鱼腥草注射液等 7 种注射剂、新疆华康药业和新疆西域药业有限公司生产的 9 个批号阿司匹林肠溶片进行紧急控制、合封扣押，共查封扣押“齐齐哈尔第二制药厂有问题药品”4 种 3369 支、鱼腥草注射液 1.61 万支（瓶）、新疆华康药业和新疆西域药业有限公司生产的 4 个批号劣药阿可匹林肠溶片 82 瓶。

至 2010 年，累计完成药品抽验 163 批次，查出不合格药品 22 批次、15 种。

二、经营监督

（一）监督工作

食药局成立后，严格落实工作责任制，加大涉药网点监管力度，堵塞监管漏洞，打击假冒药品和无证经营行为。在加强日常监管的基础上，先后开展精神药品、麻醉药品、非法销售药品等专项整治行动，对质量可疑的药品，加大监督抽验力度，确保人民群众用药安全。2002—2010 年，取缔集贸市场非法销售药品摊点 54 个、无证经营个体诊所 2 个、个体药店 1 家；没收（销毁）药品 4301 种，货值金额 237.4 万元；招标药品送检 1 次，含 5 个品种、9 个批次；抽检药品 20 个品种，办理癌症病人麻卡 73 份。立案查处各类食品药品违法案件 123 件，收缴罚没款 11.96 万元。

（二）GSP 认证工作

2005 年，开展 GSP 认证，全县 11 家药品经营企业已完成 GSP 认证工作（2 家放弃）。

2006 年，抓好对 GSP 认证企业和 70% 未抽查零售连锁企业的跟踪管理，巩固 GSP 认证成果。对已通过 GSP 认证的企业进行跟踪检查，全县 17 家药品经营企业（连锁门店），10 家当场通过 GSP 跟踪检查，对 7 家不符合《药品经营质量管理规范》要求的企业，下发限期整改通知书，经复查，7 家经营企业 10 日内全部整改完毕，通过 GSP 跟踪检查。兵团第三师药业 46 团连锁第十二分店、县医药公司第二门市部许可证注销。

2008 年，对 15 家药品经营许可证换证药店、11 家 GSP 认证、7 家 GSP 跟踪检查企业开展细致检查。

三、使用监督

食药局依法加强对供货方资质和购进票据的管理，对从非法渠道购进药品行为给予责令改正和查处；做好所有陈列药品养护记录，对未建立药品购进验收和养护记录的，现场给予纠正指导，逾期不改的按照有关法律法规进行处罚。以药品“三统一”工作为契机，提高医疗机构药房管理水平，推进“规范化药房”建设。2003—2010 年，检查医疗机构 322 家（次），下发限期整改通知书 44 份，当场销毁过期麻醉和精神药品 28 种，货值金额 2638 元。设立回收点 3 个，上报药品不良反应 3 例。

四、药品包装质量监督

县级不具备药品包装材料质量鉴定、审批权限，由国家食品药品监督管理总局在审批药品时一并审批。县药品监督部门对市场上经销药品的实体店采取每批次购进药品必须由药品监督管理部门进行检查验收，及时发现药品及包装方面的问题。

第三节　医疗器械质量

为加大对全县医疗器械经营及使用单位的监管力度，加强医疗器械日常监督管理检查，促进全县医疗器械市场不断规范，保障医疗单位使用的医疗器械质量无问题。

一、生产监督

2002 年，对全县 26 家药店、2 个县级医院、10 个乡镇卫生院、63 家个体诊所的医疗器械质量进行 8 次专项检查，重点查产品的购进是否符合规定、生产厂家是否正规。与计生局、卫生局开展计生药具和胎儿性别鉴定联合检查，抓好对 GSP 认证企业和零售连锁企业的跟踪管理，确保认证成果和规范运行。

2006 年，加强对各医疗机构招标采购医疗器械的跟踪监管，开展跟踪监管 4 次，对违法医疗器械广告检查 4 次，对邮购医疗器械检查 12 次，进一步净化了全县医疗器械市场秩序。

2010 年，开展打击销售假劣医疗器械、治理虚假违法广告专项整治工作，向上级提交专题报告 3 个。2002—2010 年，累计出动检查人员 757 人次，没收假劣医疗器械 25 种，货值金额 37.25 万元。

二、经营监督

2002 年，出动执法人员 126 人次，检查医疗器械经营单位 42 家次，进一步规范经营行为。2008 年，加强对医疗器械经营使用单位的负责人教育、指导，严格医疗器械分类管理工作，杜绝假劣医疗器械流入市场。至 2010 年，累计出动检查人员 1614 人次，没收医疗器械 130 盒（支），价值 6000 元；查办药械案件 4 起，罚款额 1.2 万元。

三、使用监督

2002 年，抓好医疗器械、一次性无菌医疗器械使用的监管，全年开展检查活动 12 次。2005 年，大力整顿和规范医疗器械的使用，把公立医疗机构、私营医院、个体诊所和专科门诊确定为整治重点。至 2010 年，累计出动监督检查 1680 人次，出动车次 1368 次，检查医疗机构 504 家（次）、医疗器械经营企业 282 家（次），对违法违规使用单位下发限期整改通知书 10 份。

第四节　注册执业药师管理

1994 年，开始推行注册执业药师制度。截至 2010 年，全县有药店 80 家，其中县城 47 家、乡镇 33 家，有药店注册执业药师证的人员 80 人，达到 100%。

药品监督管理部门把注册执业药师制度与药店从业捆绑在一起，没有注册执业药师的一律不允许开店。对药店从业人员进行集中培训，学习、普及国家注册执业药师相关政策、制度，提高药品从业的认识，在申请注册、再次注册、变更注册、注销注册等方面对药品从业人员进行指导、帮助。对取得执业药师资格证的人员建立一人一档，实行动态管理。

第五节　食品安全

1991—2006 年，食品监督管理工作由县卫生局职能部门负责，县卫生局食品卫生监督部门按照国家有关法律法规开展定期、节日前、季节性综合大检查，并进行不定期抽查，发现问题现场解决或者责令限期整改，对造成不良影响的经营者按规定进行经济处罚。

2006 年 11 月，卫生局食品监督职能划药品监督管理局，成立麦盖提县食品药品监督管理局，食药监督部门加大了食品安全监督管理，制定《食品安全重大事故报告制度》《食品安全事故责任追究制度》《食品安全协调联席会议制度》等各项制度，提出了贯彻《进一步加强食品安全工作决定》的工作思路和措施。在麦盖提县食品安全协调领导小组领导下，开展节前食品安全联合大检查，出动执法人员 132 人次，车辆 66 车次，确保节日食品供应安全。对县城内大小 50 家食品批发、零售商店和四大集贸市场所销售的各类食品进行严格细致检查，查收过期蜂蜜 20 瓶和过期茶叶 20 盒，所涉及商家接受工商部门的处理。

2009 年，全年查处食品药品违法案件 92 起，罚没款 7.49 万元。其中，私屠滥宰案件 9 起，没收非法肉制品 1212 千克、病害肉 209 千克，取缔私宰窝点 1 个；查处违法经营不合格的白酒、面粉、棉籽油等过期变质食品案件 35 起，查扣过期食品 170 千克；对未按照卫生监督量化分级管理要求开办的 4 家学校食堂进行处罚，对 21 家卫生不达标的餐饮单位责令停业整顿。

2010 年，重点抓好食品领域重点品种、重点环节、重点区域和重点对象的安全监管，集中开展食品添加剂和问题乳制品专项整治，在春节、古尔邦节、“五一”、“十一”等重大节日开展食品安全联合大检查 8 次。

第五章　统　计

第一节　机　构

1997 年 10 月，统计局编制 9 人，领导职数 2 个。实有 7 人，其中少数民族 4 人、女职工 1 人、中共党员 5 人。

2003 年 2 月，经机构改革，统计局划归发展计划局，作为发展计划局内设科室，行使统计职能。

2008 年 12 月，统计局机构独立分设，核定行政编制 2 人，工勤人员 1 人，实有 3 人。

2010 年，统计局下设普查中心，为事业编制。统计局有行政编制人员 3 人，普查中心 4 人，乡（镇）统计站 10 人。

第二节　统计调查

一、第三产业普查

1993—1994 年，全县开展全国第三产业普查，普查结果显示：全县第三产业单位数 483 个，从业人员 8250 人。

二、工业普查

1995—1996 年，全县进行全国第三次经济普查。普查结果显示：全县工业产值为 1925.4 万元（1990 年不变价），工业企业职工人数 1463 人。

三、农业普查

1997 年 6 月至 1998 年 3 月，全县开展第一次全国农业普查。2005 年 1 月至 2007 年 12 月，开展第二次全国农业普查，时期指标为 2006 年 1 月 1 日至 12 月 31 日。

四、人口抽样调查

2005 年 5 月至 2006 年 6 月，全县启动第一次 1% 人口抽样调查工作，抽取 3 个乡、1 个团场、6 个调查区、22 个调查小区，涉及 1637 个居民户。

五、经济普查

根据《国务院关于开展第一次全国经济普查的通知》文件精神，2004 年 1 月至 2006 年 4 月，全县开展第一次全国经济普查，普查的标准时点是 2004 年 12 月 31 日，时期指标为 2004 年度，普查历时 2 年，完成国家布置的普查任务，发布了第一次经济普查主要数据一、二、三号公报，建立了法人单位和产业活动单位名录。2008 年，全县开展第二次全国经济普查工作，普查的标准时点为 2008 年 12 月 31 日，时期指标为 2008 年度。普查结果显示：全县普查小区 211 个，个体工商户 4347 户，法人单位 445 个，产业活动单位 898 个，规模以上工业企业 2 家。

其间，统计局获“自治区级工业普查先进集体”“全国农业普查先进集体”“第一次 1% 人口抽样调查国家级先进集体”“全国第一次经济普查国家级先进集体”。

第三节　统计服务

统计局依照国家《中华人民共和国统计法》，按照国家统计制度，对县域经济发展进行监测，收集各类统计报表，撰写统计分析，发布统计数据公报，为党政、社会开展统计服务。

坚持逐月、逐季、逐年撰写统计分析，每年发布《麦盖提县年度国民经济和社会发展统计公报》，每年年报结束后，编写出统计小册，为社会提供统计咨询服务。2001 年，完成《1981 年—2000 年麦盖提县国民经济统计资料》，作为《1949 年—1980 年麦盖提县国民经济统计资料》的续编；2000—2010 年，统计局坚持每年发布《麦盖提县国民经济和社会发展统计公报》，为各级领导决策提供数据参考。

第六章　国家统计局麦盖提调查队

第一节　机　构

1991 年，麦盖提县农村社会经济调查队属于新疆维吾尔自治区农村社会经济调查队管理，编制 9 人，实有 6 人。主要负责农村住户调查、农产量调查、农产品价格调查、畜牧业调查、中间消耗调查。

1997 年 10 月，农村社会经济调查队编制 6 人，领导职数 1 个。实有 6 人。其中，少数民族 6 人，女职工 1 人，中共党员 3 人。

2007 年 8 月，根据《国务院办公厅关于印发国家统计局直属调查队管理体制改革方案的通知》，中央编办《关于国家统计局各级调查队机构设置和人员编制的批复》和《国家统计局直属调查队管理体制改革实施方案》，麦盖提县农村社会经济调查队撤销，设立国家统计局麦盖提调查队，为正科级机构，编制 9 人，领导职数 1 个，实有 6 人。

第二节　主要工作

国家统计局麦盖提调查队主要负责农村住户调查、畜禽监测调查、规模以下服务业抽样调查、规模以下工业抽样调查、农村固定资产投资调查、中间消耗调查和国家专项调查。

1991 年，农村住户调查 40 户，每季度上报一次，每年 12 月 30 日前形成年报；农产量调查 24 户，采取季报和年报；农产品价格调查 40 户，为季报和年报。中间消耗调查和农村固定资产投资 4 个村，每半年上报一次。

2002 年起，增加畜牧业调查，每个季度季报调查户数 356 户。

2005 年起，增加规下服务业务和规下工业调查户，调查户数分别为 3 个村 5 户，每年上报一次。随着调查需要，调查业务量分别有所调整。

1991—2010年麦盖提调查队开展调查业务一览表

表16-6-1

年份（年）	农村住户调查（户）	农产量调查（户）	畜牧业调查（户）	农产品价格调查（户）	中间消耗调查（村）	规下服务业（村）	农村固定资产投资（村）	规下工业调查（户）
1991	40	24	—	40	4个	—	4个	—
1992	40	24	—	40	4个	—	4个	—
1993	40	24	—	40	4个	—	4个	—
1994	40	24	—	40	4个	—	4个	—
1995	40	24	—	40	4个	—	4个	—
1996	40	24	—	40	4个	—	4个	—
1997	40	24	—	40	4个	—	4个	—
1998	40	24	—	40	4个	—	4个	—
1999	40	24	—	40	4个	—	4个	—
2000	60	24	—	60	6个	—	6个	—
2001	60	24	—	60	6个	—	6个	—
2002	60	24	356	60	6个	—	6个	—
2003	60	24	356	60	6个	—	6个	—
2004	60	24	356	60	6个	—	6个	—
2005	60	24	356	60	6个	3个	6个	5
2006	60	24	356	—	6个	3个	6个	5
2007	60	24	334	—	6个	3个	6个	5
2008	60	24	334	—	6个	3个	6个	5
2009	60	24	334	—	6个	3个	6个	5
2010	60	24	334	—	6个	3个	6个	5

第七章　审　计

第一节　机　构

一、行政机构

1991年，审计局编制11人，领导职数2个，实有9人。

1997 年 10 月，审计局编制 9 人，领导职数 2 个，实有人数 9 人。其中，少数民族 3 人，女干部 4 人，中共党员 4 人。

2010 年 9 月，审计局实有 19 人。其中，少数民族 4 人，女干部 10 人，中共党员 12 人。

二、事业机构

（一）固定资产投资项目审核中心。2008 年 8 月成立，隶属于审计局。核定全额事业编制 3 人，含领导职数 1 个，实有 3 人。

（二）经济责任审计办公室。2008 年 10 月成立，隶属于审计局。核定全额事业编制 5 人，领导职数 1 个，实有 5 人。

第二节　国家审计

一、财政资金审计

1994—2010 年，审计预算单位数 105 个，累计审计资金 3459.38 万元。其中，违规金额 353 万元，管理不规范金额 1955.38 万元，其他问题资金 1151 万元；应上缴财政和税务资金 20 万元，实际上缴财政和税务资金 20 万元。

1994—2010 年麦盖提县财政预算执行审计情况表

表 16-7-1

年份（年）	审计单数（个）	审计查出主要问题				审计处理情况	
		合计（万元）	违规违纪资金（万元）	管理不规范资金（万元）	其他（万元）	应上缴财政和税务（万元）	实上缴财政和税务（万元）
1994—1996	9	18	—	—	18	—	—
1997—1999	15	337	49	288	—	—	—
2000	6	263	—	263	—	—	—
2001	6	173	138	35	—	3	3
2002	13	590	156	306	128	—	—
2003—2005	28	797	9	—	788	17	17
2006	9	18	—	18	—	—	—
2007	6	203.93	—	203.93	—	—	—
2008	5	370	1	369	—	—	—
2009	6	9.45	—	9.45	—	—	—
2010	2	680	—	463	217	—	—

二、专项资金审计

专项资金审计主要开展社会保障和科学、教育、文化、卫生及涉农专项资金的管理、使用、效益等情况。2005 年，加大专项资金监督力度，开展教育、劳保、人事和扶贫等专项资金审计工作。20 年间，累计审计单位 35 个，审计金额 4.03 亿元，查处管理不规范资金 1948 万元，查处其他问题资金 278 万元，应上缴财政和税务资金 3 万元，实际上缴财政和税务资金 3 万元。

1991—2010 年麦盖提县专项资金审计情况表

表 16-7-2

年份（年）	审计单位数（个）	审计总金额（万元）	审计查出主要问题				审计处理情况	
			合计（万元）	违规违纪	管理不规范（万元）	其他（万元）	应上缴财政和税务（万元）	实上缴财政和税务（万元）
1991—1993	3	1108	—	—	—	—	—	—
1994—1996	8	2586	243	—	243	—	—	—
1997—1999	14	11187	1668	—	1668	—	3	3
2000	1	—	278	—	—	278	—	—
2001—2003	6	1563	37	—	37	—	—	—
2010	3	23822	—	—	—	—	—	—

三、行政事业审计

1991—2009 年，累计审计单位 116 个，审计资金 3547.59 万元。其中：违规资金 819 万元，管理不规范资金 2113.59 万元，其他资金 615 万元；应上缴财政和税务资金 217.29 万元，实际上缴财政和税务资金 184 万元。

1991—2009 年麦盖提县行政事业审计情况表

表 16-7-3

年份（年）	审计单位（个）	审计查出主要问题				审计处理情况	
		合计（万元）	违规违纪金额（万元）	管理不规范金额（万元）	其他（万元）	应上缴财政和税务（万元）	实上缴财政和税务（万元）
1991—1993	35	78.21	61	6.21	11	29.29	—
1994	3	1	—	—	1	—	—
1995	3	15	—	—	15	2	2
1996	4	11	3	8	—	11	11
1997—1999	13	722	—	610	112	139	139
2000	6	333	265	68	—	23	22
2001	3	553	446	107	—	10	10
2002	7	88	—	56	32	3	—
2003—2005	15	505	26	35	444	—	—
2006	9	649	18	631	—	—	—
2007	6	213.93	—	213.93	—	—	—
2008	5	369	—	369	—	—	—
2009	7	9.45	—	9.45	—	—	—

四、固定资产投资审计

1991—1993年，竣工决算审计单位115个，审计项目投资额1874.85万元，完成投资额1874.85万元。2000年，竣工决算审计单位1个，审计项目投资额402万元，完成投资额402万元，核减投资额19万元。2004年，竣工决算审计单位4个，审计项目投资额1789万元，完成投资额1636万元，核减投资额23万元。至2010年，累计完成审计单位139个，审计项目投资额5444.17万元，完成投资额5291.17万元，核减投资额152.56万元。

1991—2010年麦盖提县固定资产投资审计情况表

表16-7-4

年份（年）	竣工决算审计单位（个）	项目投资额（万元）	完成投资额（万元）	核减投资额（万元）
1991—1993	115	1874.85	1874.85	—
1994	1	150	150	—
2000	1	402	402	19
2002	1	150	150	—
2004	4	1789	1636	23
2009	15	672.32	672.32	76.56
2010	2	406	406	34

五、经济责任审计

2001年5月28日，成立七部门经济责任审计联席会议制度，经济责任审计工作开始逐步走向制度化、规范化。2006年2月28日，颁布的《全国人民代表大会常务委员会关于修改〈中华人民共和国审计法〉的决定》中补充经济责任审计条款，此后经济责任审计工作走向法制化、科学化。

至2010年，共审计单位47个，主要以任期内经济责任审计为主，每年平均审计两个经济责任审计项目。累计审计资金3336.45万元，其中：（调查）查处违规违纪资金546万元，管理不规范金额2790.45万元；应上缴财政和税务资金68万元，实际上缴财政和税务资金68万元。

1991—2010年麦盖提县经济责任审计情况表

表16-7-5

年份（年）	审计单位（个）	审计查出主要问题			审计处理情况		
		合计（万元）	违规违纪金额（万元）	管理不规范金额（万元）	应上缴财政和税务（万元）	实上缴财政和税务（万元）	建议处理人员（人）
1991—1993	3	353	—	353	—	—	—
1994	3	8	—	8	—	—	—
1995	1	89	89	—	67	67	—
2000	3	353	—	353	—	—	—

续表 16-7-5

年份（年）	审计单位（个）	审计查出主要问题			审计处理情况		
		合计（万元）	违规违纪金额（万元）	管理不规范金额（万元）	应上缴财政和税务（万元）	实上缴财政和税务（万元）	建议处理人员（人）
2001	3	446	446	—	—	—	—
2002	6	1277	10	1267	—	—	—
2003—2005	8	200	—	200	—	—	—
2006	3	353	—	353	—	—	—
2008	5	205	1	204	1	1	—
2009	6	9.45	—	9.45	—	—	—
2010	6	43	—	43	—	—	—

第八章　价格管理

第一节　机　构

1991—2010 年，县物价部门历经了物价局、物价检查所、价格监督检查局 3 个调整变化阶段。

1991 年，物价局编制 7 人，领导职数 1 个，实有 7 人。

1999 年 11 月 5 日，物价局更名为物价检查所，领导 1 人、一般干部 4 人。

2001 年，全县机构改革，物价检查所合并至发展计划局。

2003 年 2 月，设为发展计划局二级局，在发展计划局加挂物价局牌子。

2003 年 5 月 20 日，发展计划局设立物价股，负责组织、开展收费许可证年审、价格和收费监督检查、涉案物品评估及农本调查工作。物价股工作人员 5 人，其中分管领导 1 个、股长 1 个、价格业务人员 3 个。

2008 年 11 月，物价局更名为价格监督检查局，隶属县发展和改革委员会，其性质为参照公务员管理事业单位。

2009 年 4 月，价格监督检查局经县编办核准，其性质由原事业单位调整为行政机构，原机构和隶属关系不变。规格为副科级，核定领导职数 2 个，内设综合办公室、收费检查股、市场价格检查股、价格举报中心 4 个股（室）。

第二节　价格监管

麦盖提县物价局主要依据《中华人民共和国物价法》开展价格监管工作。

一、价格管理

1991—2010 年，根据不同商品的具体情况，采取不同的价格管理办法。对实行指令性计划的工农业产品和关系国计民生的重要购销活动，按国家统一规定和调整价格执行；对实行指导性计划的产品，实行比较灵活的指导性价格；对种类繁多而产值比重不大的非计划产品，则主要依靠市场调节，使价值规律和供求规律自发起调节作用。在价格管理形式上，可以分为国家统一定价、幅度浮动价格、议购议销价格和集市贸易价格。

二、价格监管对象及方式

（一）价格监督对象

1991—2010年，物价局价格监督对象主要是从事商品生产、经营和劳务活动的企事业单位和个体经营者。对从事商品生产、经营和劳务活动的企事业单位经销价格是否符合国家统一价格进行监督；对个体经营者在销售商品中价格欺诈、价格垄断、哄抬物价等损害消费者利益，扰乱市场经济和经济秩序进行监督。

（二）价格监督方式

物价监管部门在物价监管方面主要采取国家监管和社会监督两种方式。国家监管主要由物价部门和工商行政管理部门对国务院制定的统一价格进行监管。社会监管主要是通过消费者协会、工会、妇联及群众监督员、社会舆论对市场物价进行监管。县内开通公布价格举报电话“12358”，受理群众物价投诉，查处价格欺诈行为和价格违法案件。

1991—1995年，全县有396种物价实行国家监督。

1996年，随着国务院决定扩大企业定价权，县管物价的品种逐步放开，种类逐年减少，减少至146种。在146种商品与劳务价格中，执行国家定价的77种、执行国家指导价的68种。19种农副产品中，执行国家定价的有粮食、面粉制品、食油、食盐4种；执行国家指导价的有肉、蛋、菜、奶、中药材、配合饲料等15种。38种轻工产品中，仍执行国家定价的13种、执行国家指导价的25种。71种重工产品中，仍执行国家定价的50种、执行国家指导价的21种。18种经营性收费中，仍执行国家定价的10种（客运票价、出租车收费、房租、电话费等）、执行国家指导价的8种（宾馆房价、理发收费、部分工业品维修费等）。在价格放开的农副产品和工业消费品中，实行提价前申报的品种由120种减为8种（工业品5种、农副产品3种）。实行差率控制的商品由803种减为7种，其中工业品710种全部取消、农副产品由93种减为7种。

2000—2010年，全县市场经济体制逐步建立起来，对价格管理，实行市场调节价格，即对群众日常用品价格放开，实行市场价格；对事关国计民生关系的重要商品（如电价、药品价格、医疗服务价格、成品油、交通、运输、燃气、水价）价格仍然实行统一价格管理制度；对农副产品价格实行统一收购价格（如小麦、玉米、棉花等农副产品收购价格）。根据市场经济发展，对农副产品统一收购价格进行调整，实行市场指导价格及参考收购价格。

第三节　收费管理

1991年，上级价格主管部门实行统一管理价格制度，各基层价格主管部门按照上级有关标准，行使价格收费制定权。

1994年，物价部门根据上级部门要求，依据《新疆维吾尔自治区行政事业性收费管理条例》，实行收费年检、年审和票据检审制度；对教育局、畜牧局、兽医防疫站、农机局、医疗服务、城建局等130个收费的行政事业性单位进行检查和审核。同年，在教育、医疗服务、农机购置等收费领域开始实行收费项目公示制度，接收群众监督。全年，审验收费许可证62本，对落实收费许可情况检查 6 次。

1996 年，根据地区统一要求，进行换发收费许可证，各收费单位需凭收费许可证到财政或税务部门领取或购买收费票据，实行亮证收费，物价部门年审时，实行票证账一并审验。全年审验收费许可证 68 本，新办收费许可证 6 本。

2001 年 3 月，喀什地区物价局收回基层物价局价格收费制定权，县物价局对重要商品价格严格管理（如电价、药品价格、成品油、水价、燃气、客运票价），坚决控制乱涨价行为发生。

2002 年起，县物价局执行上级部门统一制定的价格，行使收费执行权及监督检查权。

2004 年，开展全县收费许可证年审工作，年审单位 68 个，年审率 100%。

2005 年，按照《转发国家发改委关于在全国开展农业生产资料价格和涉农收费转型检查的通知》精神，县物价局、监察局、纠风办、减负办，组成联合检查组，对全县涉农收费情况进行检查，全年开展落实收费许可情况检查 4 次。

2007 年，物价局对养路征稽站公路养路费由 160 元调整至 200 元。

2009 年，物价局调整并公布夏粮收购价格：一级每千克 1.8 元、二级每千克 1.76 元、三级每千克 1.74 元，为广大农牧民群众创造良好的价格监督平台。

截至 2010 年，县物价部门取消收费项目 20 项，降低收费标准 18 项。

第四节　监督检查

1991—2010 年，物价局依据《中华人民共和国物价法》《中华人民共和国行政处罚法》和国务院《价格违法行为行政处罚规定》等相关法规对全县市场价格进行监督检查。

20 年间，物价部门主要针对春节、“五一”劳动节、肉孜节、古尔邦节、国庆节等重大节假日开展物价监督检查工作，累计出动检查人员 200 人次，开展监督检查 100 次，查出违反物价行为 36 起，对情节较轻的责令限期整改，对情节严重的依照相关法律法规进行行政处罚制裁。

第五节　价格信息

物价部门的重要日常工作就是掌握市场价格信息，修订计划价格，提出对非计划价格施加必要影响的建议、检查、监督物价纪律、物价计划的执行情况。

1991—1999 年，物价部门主要通过电话与周边县市联系，每日了解掌握菜、肉、蛋、油等人们日常需求的副食品价格；定期了解掌握居民、民用电器、五金、洗漱、衣物等生活用品价格；发挥工会、妇联、消费者协会及社会监督员的作用，掌握市场商品价格信息，对比修订本县市场价格，保证良好的市场价格秩序。

进入 2000 年，随着电子化的发展，电子计算机成为掌握价格信息的重要手段。物价部门通过电子计算机、网络、电话等方式就能及时掌握价格信息；持续发挥工会、妇联、消费者协会及社会监督员的作用，掌握价格信息，对比修订本县计划价格与非计划价格，确保市场价格稳定。

第九章　工商行政管理

第一节　机　构

1991 年，工商管理局内设办公室、个体科、企业科、市场经济检查队、法制监察室；下设英巴扎路工商所、希依提墩乡工商所、央塔克乡工商所、吐曼塔勒乡工商所、尕孜库勒乡工商所、克孜勒阿瓦提乡工商所、扎拉特工商所，总编制 64 人，领导职数 3 个，实有 71 人。

1998 年，实施工商行政管理机构体制改革，上划为垂直管理单位，对内设机构作出调整，内设 9 个科室及 4 个基层工商所。

1999 年 5 月，成立中共麦盖提县工商局党组；设置组织人事教育科和财务装备统计科，同时对内部原有机构进行精简合并，将工商所压缩至 3 个，将局机关科室压缩至 6 个。

2002 年 4 月，根据地区工商局机构改革工作会议精神，工商局对领导职数、内设机构、部门岗位职数进行调整，内设机构办公室、法制纪检监察室、企业注册监督管理科、个体私营经济监督管理科、市场检查队、商广合同消报科；下设 3 个工商所。

2005 年，恢复法规监察室。

2009 年，增设食品流通监督管理科、信息监督管理科。

第二节　市场监督管理

1991—2001 年，开展以节假日市场为重点的消费品市场专项治理和巡查工作，累计出动检查人员 290 人次，车辆 42 台次，检查各类经营主体 1500 户，查获假冒伪劣商品 6 大类 11 种，价值 12.43 万元。

2005 年，重点开展以整顿和规范“三节”市场、文化市场、农资市场、成品油、网吧等 16 项专项治理，累计立案查处各类经济违法违章案件 108 起，案值 85.3 万元。其中，万元以上大要案 27 起；5 万元以上案件 5 起；10 万元以上案件 1 起，占案件总数的 25%。

2008 年，全年开展食品安全、红盾护农、商标专用权保护、打击虚假违法广告等各类专项整治 35 项，累计出动执法人员 1200 人次，查获假冒五粮液白酒 33 瓶、茅台白酒 13 瓶、质量不合格化肥 2500 千克、未经检验合格食品 250 袋等假冒伪劣商品共 3650 千克，价值 2.85 万元。查处各类经济违法案件 74 起，涉案金额 218.5 万元，罚没款 32.63 万元；大要案件 28 起，占案件总数的 49%。

至 2010 年，累计查处各类经济违法违章案件 455 起，罚没款 128.7 万元，案值 722.85 万元，其中大要案 99 起，从物流源头遏制了假冒伪劣商品流入县域市场。

第三节　企业登记管理

1991 年 4 月，全县换照企业 420 户，从业人员 7559 人，注册资金 6732.45 万元。贯彻国家专营管理规定，开展企业实地调查，清理假集体企业 25 户，保护了企业的合法权益。

1997 年，全年参加年检企业 477 户，年检率 97.8%。主动开展上门年检服务，为 5 家特困企业免收年检费 1.2 万元。

2000 年，查办企业各类违法违规案件 6 起。其中，对未按时报送年检材料的 5 户企业处以 4000 元罚款，县供排水公司因超经营范围，处以罚款 3000 元。清理查处边远乡村无照经营户 36 户。对符合市场准入条件的 34 户责令限期补办营业执照，对不符合条件的 2 户予以取缔。扶持 4 家国有企业 7 名下岗职工申办个体工商户营业执照。

2005 年，全县应参加年检企业 242 户，实际参加年检企业 239 户，年检率 99.98%；参加验照的个体工商户 2855 户，验照率 96%；年检验照期间办理注销登记企业 4 户，办理变更登记 46 户。

2007—2010 年，全县个体私营企业数量持续快速增加。至 2010 年，有个体私营企业 136 户，从业人员 1405 人，注册资金 1.99 亿元。

1991—2010 年企业登记情况表

表 16-9-1

年度（年）	企业（户）	从业人员（人）	注册资金（万元）
1991	420	7559	6732.45
1992	470	8131	7207.43
1993	566	9694	12036.6
1994	591	9802	101.34
1995	593	8629	14297
1996	540	7540	10021
1997	477	8210	9889
1998	610	11241	37230
1999	205	3485	12601
2000	240	4280	7586
2001—2002	176	1992	4850
2003—2004	216	3672	5879
2005	242	4324	6585
2006	26	650	1586
2007	72	1255	4362
2008	90	1485	7586
2009	107	1732	10130
2010	136	1405	19972

第四节　个体私营经济登记管理

1991 年，全县个体工商户 1998 户，从业人员 3513 人，注册资金 406.02 万元。办理 273 户个体工商户变更注册资金 37.6 万元。对 1990 年未验照的 13 户个体工商户吊销营业执照，对 4 户停业个体工商户进行处罚。

1995 年，为促进个体私营经济发展，制定年度个体私营经济发展计划，实行责任制。实行“先发展、后规范，先放开、后定性”的政策，在经营方式和经营范围、开业条件、发展规模等方面实行“四不限”。

1998 年，建立健全个体工商户、私营企业主档案，对全县 10 个乡镇的无照经营户和假集体进行全面清理，查处无照经营户 169 户，补办个体登记户 169 户，罚没款 6837 元。

2009 年，私个协在广大会员中开展《中华人民共和国食品安全法》《中华人民共和国消费者权益保护法》等法律的宣传教育，举办培训班 15 场次，培训人员 1600 人次。

2010 年，个体工商户发展至 3559 户，注册资本 3564.6 万元，从业人员 4326 人，与 2009 年同期相比分别增长 3%、13.2%、2.6%。

1991—2010 年个体工商户登记情况表

表 16-9-2

年度（年）	个体工商户（户）	从业人员（人）	注册资金（万元）
1991	1998	3513	406.02
1992	2013	3533	406.05
1993	1981	3742	449.6
1994	2358	3988	504.2
1995	2681	4922	514.39
1996	2743	3968	480
1997	2375	3965	425
1998—1999	2661	3660	638.7
2000	2038	2419	370.26
2001	2371	2923	778.55
2002	2462	2683	762.7
2003	2739	3094	1341.64
2004	2892	3880	1629.36
2005	3113	4121	1738.91
2006	2739	3423	1124.7
2007	3240	4271	2272.16
2008	3324	4020	2432.78
2009	3453	4203	2856.3
2010	3559	4326	3564.6

第五节　经济合同管理

1991 年，全县第二轮企业承包合同鉴证工作启动，实行第二轮承包的企业 16 户，依法进行实地调查，开展合同鉴证。

1992 年，全年鉴证各类经济合同 166 份，鉴证金额达 1761 万元。为加强合同监管，开展经济合同执法检查，调解园艺场水果购销合同等纠纷 2 起，园艺场向当事人退赔 6.5 万元。

2001—2006 年，合同管理重点放在农资合同、成品油合同、建筑合同等行业，加强合同鉴证工作，累计鉴证合同 60 份，金额 1555.8 万元。

2008 年，对 13 份农业订单合同进行审查登记备案。重点对涉农企业使用的“订单农业”合同进行摸底、备案，帮助农户对重点涉及的合同数量、质量条款、履约地点、违约责任等几个关键条款予以补充、修订、完善，及时审查“订单农业”合同条款的合法性、合理性、完备性及可行性，防止因价格、数量、质量等约定不明确导致合同纠纷的发生。

至 2010 年，累计鉴证各类合同 493 份，鉴证金额 1.36 亿元，调解经济合同纠纷 9 起；对 19 份合同进行备案。

1991—2010 年经济合同情况表

表 16-9-3

年度（年）	鉴证合同（份）	鉴证金额（万元）	纠纷案件（起）
1992	166	1761	2
1993	78	1086.7	4
1994	29	607.7	1
1995—1996	48	1039.53	—
1997	39	2540.97	—
1998	29	1965	—
1999	22	1953	—
2000	22	1070.13	—
2001—2006	60	1555.8	—
2007	—	—	2

第六节　商标注册、广告监督管理

一、商标注册监督

1991 年，申请注册商标 2 个。

1997 年，加强商标注册、广告监督管理工作，查处商标侵权案件 1 起，没收侵权商标标识 6100 张。

2002 年，在保护知名品牌商标专用权工作中，查获假冒“楼兰”干红葡萄酒、“梦特娇”“卡迪勒鳄鱼”牌T恤衫等，价值1400元。

2004年，完成“多浪羊（刀郎羊）”商标注册申报工作。

2008年，狠抓《中华人民共和国反不正当竞争法》《中华人民共和国商标法》《中华人民共和国广告法》等法律的执法力度，严厉查处扰乱市场经济秩序和损害经营者合法权益行为，对各种经营领域全面开展执法行动，先后查处不正当竞争案件4起、商标侵权案件9起。

至2010年，累计开展《中华人民共和国商标法》宣传35场次，引导企业申报注册地区知名商标、自治区著名商标44件。核准和正在使用商标12件。查处商标侵权案件34起，没收商标标识6476件。查处不正当竞争案件4起，销毁侵权商品298件，罚没款3.04万元。

二、广告监督

1991年，在全县企业深入开展《中华人民共和国广告法》宣传，提升遵法守法意识。

1996年，加强广告监督管理，开展宣传20场次。

2001年，突出以“反误导，打虚假”为主的广告市场专项治理工作，县工商局充分发挥职能作用，加强对全县广告媒体和广告种类、内容的检测，全年办理广告登记33件，查处非法广告案件11起，罚没款1270元，拆除户外非法广告牌6块，收缴非法广告宣传品1.5万份。

2007年，加强违法商标广告治理力度，营造诚实信用的商标广告市场环境，全年监测广告31条。在开展的“打虚假，树诚信”广告专项整治活动中，查处违法广告案件7起，罚没款1.97万元。

至2010年，登记规范户外广告44条，指导纠正涉嫌违法发布广告3条，检测媒体广告39条。

至2010年，累计开展《中华人民共和国广告法》宣传38场次，开展法律咨询服务178条；拆除户外非法广告牌11块，收缴非法广告宣传品3万份;查处各类虚假违法广告47起，罚没款3.82万元。

第七节　经济监督检查

1991年，为“保护合法经营，取缔非法经营”，开展查处投机倒把等经济违章违法行为，查处各类经济案件11起，立案7起，办结6起，未结1起，宽大处理4起，罚没款2940元。查处倒卖录音机14台、“雪莲”牌电视机10台、自行车60辆、柴油20吨。

1995年，以查处假冒伪劣商品损害企业合法权益为经济监督检查重点，查处经济违章违法案件7起，案值4.97万元，罚没款3.57万元。其中，倒卖棉花违法案件5起，查处非法倒卖棉花17吨，案值3.32万元。

1996年，综合执法股以6项专项治理内容，加大执法力度，有序开展了以节日和市场稳定、春耕生产、夏季饮品、粮棉市场等专项治理工作。先后开展8次专项检查，出动执法人员70人次，检查国营、集体、个体商店及文化市场1072户（次）;查处假冒伪劣商品48类，计4236件，标值达1.93万元。全年查出各类经济违法案件5起，案值达66.24万元，为国家挽回直接经济损失23.24万元。

1997年，以“打假、打私、打骗”为重点，开展专项治理和系列活动，检查市场2个，出动车辆13次，查获假冒伪劣商品10种，标值1.4万元。全年立案查处经济违章违法案件26起，结案23起。其中：制售假冒伪劣商品案件1起，罚没款9.68万元；其他类型案件25起。在春耕生产期间，查获假冒伪劣化肥280吨，标值60万元，为受骗农民群众挽回经济损失9.25万元。

1999年，全年查处各类经济违章违法案件458起。其中，查获假冒伪劣商品75种，价值8万元。查扣面粉5650千克、玉米面3500千克、原粮小麦3707千克、玉米6000千克，查获侵权盗用面粉袋1.25万条。查获非法倒卖化肥（过磷酸钙）16.5吨，案值1.6万元；查获非法倒卖农药缩节胺50箱、磷酸钾胺 200 袋，案值 4 万元。检查棉花加工单位 9 家，查扣小型轧花机 14 台。查办棉花违法经营案件 14 起，查扣棉花 62.5 吨，案值 12.5 万元，结案 8 起，案值 4 万元。查获盗版光盘 666 盘、淫秽音像 13 盘、淫秽扑克 20 副。

2002 年，累计查办违章违法案件 320 起，案件数比 2001 年同期增长 20%，结案案件 320 起，案值 101 万元，罚没款 18.5 万元，比 2001 年同期增长 20%、15%、21%，结案率 100%，人均办案 6 起，是历年来全局查办案件数最多的一年。

2008 年，累计开展食品安全、红盾护农、商标专用权保护、打击虚假违法广告等各类专项整治 35 项，出动执法人员 1200 人次，查获假冒五粮液白酒 33 瓶、茅台白酒 13 瓶、质量不合格化肥 2500 千克、未经检验合格食品 250 袋等，假冒伪劣商品共 3650 千克，价值 2.85 万元。

2000—2010 年经济监督检查情况表

表 16-9-4

年度（年）	案件（起）	案值（万元）	罚没款（万元）
2000	544	13.1347	2.9095
2001	272	36.69	8.0616
2002	320	101	18.5
2003	191	362.85	12.375
2004	245	184.69	20.785
2005	231	213.6	30.75
2006	13	6.62	0.41
2007	53	222.33	29.2
2008	74	218.5	32.63
2009	102	80.49	30.15
2010	120	116.23	36.72

第八节 消费者权益保护

1991 年，全县个体劳动者协会 1 个、消费者协会 1 个，办公地点设置在工商局。1993 年，全县设立消费者协会分会 7 个，其中县级消协 1 个、乡镇消协分会 6 个。1998 年，消费者协会分会 8 个。2000 年，消费者协会分会 11 个，其中县级消协 1 个、乡镇分会 10 个。同年 6 月 9 日，成立私营企业协会，个体劳动者协会、私营企业协会挂两块牌子，合署办公。

1991 年，麦盖提县根据《自治区保护消费者合法权益条例》，成立保护消费者合法权益领导小组，加大消费者权益保护执法力度，集中对《新疆维吾尔自治区保护消费者合法权益条例》落实情况的进行检查。集中力量开展假冒伪劣打假专项检查，对 1100 名个体户进行检查，查扣假冒名酒 731 瓶、变质饮料 76 瓶、化妆品 700 包，对部分假冒伪劣商品进行展览曝光，维护了市场经营秩序。

1993 年，消协在“世界消费者权益日”和国庆前夕集中力量开展“打假”斗争，查处变质啤酒

29瓶、变质饮料28瓶、变质罐头8瓶、变质果仁4.5千克、假酒4瓶，切实维护消费者的权益。组织消费问题调查2次，组织市场检查10次（其中县城4次、乡镇6次）。

1996年，在“3·15”国际消费者权益日活动中，工商局召开打假新闻发布会，参加人数达200人次，集中销毁假冒伪劣商品1.37万元。开展专项打假斗争5次，检查个体经营摊点350户（次），受理消费者投诉25起，标值达3.4万元，群众满意率达95%。

2001年，以“打假维权，绿色消费”为主题，开展“3·15”活动。工商局组织召开“打击销售假冒伪劣商品现场会”，当众销毁假冒伪劣商品6大类17种，标值为13.4万元；全年，解决消费者投诉108起，解决率100%，为消费者挽回经济损失1.99万元。

2007年，全年受理消费者咨询260人次，解决消费投诉72件，调解率100%，为消费者挽回经济损失2.68万元。联合各执法部门开展执法行动20次，出动检查人员584人次，车辆356台次，检查各类市场经营主体3281户次，查获标值20.9万元的假冒伪劣商品共计21大类313种。开展“12315”维权网络“进村、入户、到田间”，筑起从城市到农村的消保维权“快速解决通道”，全年共发布农资消费警示10期，受理农民消费投诉54人次。

2009年，全年受理消费者投诉63起，投诉类型主要涉及手机、家电、农机等，成功处理63起，为消费者挽回经济损失32.7万元。为方便消费者就近投诉、快速处理消费纠纷，在全县9个乡、1个镇、129个行政村、7个社区、3个团场、27个连队均设立“一会两站”，一会两站遍及各个监管服务责任区内，通过一会两站直接受理消费投诉6起。

至2010年，累计受理消费投诉5334起，销毁假冒伪劣商品价值384.1万元，接受投诉813起，为消费者挽回经济损失63.76万元。消费者投诉解决率96%，群众满意率达95%。

1991—2010年麦盖提县开展消费维权工作情况表

表16-9-5

年份（年）	接受咨询（人次）	销毁假冒伪劣（万元）	接受投诉（人次）
1991	0	4	0
1992	0	5.9	0
1993	0	0.0474	0
1994	150	0.62	13
1995	180	0.97	18
1996	200	1.3692	25
1997	350	11	21
1998	400	5.76	26
1999	800	26.2746	17
2000	600	30.69	57
2001	136	13.4	108
2002	178	26	61
2003	150	40.42	38

续表 16-9-5

年份（年）	接受咨询 （人次）	销毁假冒伪劣 （万元）	接受投诉 （人次）
2004	350	44	70
2005	500	20.77	28
2006	300	25.6	35
2007	260	20.5	72
2008	300	27.8	91
2009	200	32.5	63
2010	280	46.7	70

第十章　质量技术监督

第一节　机　构

1991 年，标准计量局设有编制岗位 19 人，其中行政编制 10 人、事业编制 8 人、工勤编制 1 人。

1992 年 2 月 17 日，麦盖提县人民政府标准计量局更名为麦盖提县人民政府技术监督局。

1995 年 10 月 16 日，经人民政府批准成立麦盖提县技术监督执法大队。

1999 年 8 月 1 日，行政职能归口自治区质量技术监督局，更名为麦盖提县质量技术监督局，内设办公室、业务室和法规室，成立稽查大队和质量与计量检测所、纤维检验站。

2003 年 3 月，因城市规划建设，由原址迁至原麦盖提县物资公司办公（将原物资公司办公楼整体购买），搬迁后地址位于麦盖提县人民路 19 号。

2010 年，质量技术监督局有职工 16 人，其中公务员 9 人、事业人员 7 人。

第二节　标准化管理

1994 年，对 5 家 15 份企业标准的合法性以及同强制性标准的复合性进行审查，完成企标备案 15 份；对 4 家 7 份执行标准进行登记注册。5 月 12 日，麦盖提县被自治区农业标准化领导小组评为农业标准化先进集体。

1996 年，向国家技术监督局申报农业标准化示范区，帮助示范区建立标准化组织机构，对全县的农业标准化示范区建设和无公害农产品建档、建册。开展“采标”宣传服务工作，全年采标 9 个，帮助企业编制、修订标准 21 个，其中农业标准及操作规程 6 个。

1998 年，麦盖提县被自治区确定为消灭无标生产的目标县。

1999 年，组织对 70 家企业标准实施监督检查，深入全县各乡镇企业，上门对各企业的标准备案年审 20 家，开展“采标”宣传服务工作，全年采标 9 个，帮助企业编制修订标准 86 个，通过自治区消灭无标生产目标县验收。

2006 年，根据全县经济发展的需要，在整理分析多年来收集和积累资料的前提下，与相关部门沟通，联合启动麦盖提县多浪羊（刀郎羊）地理标志产品保护申报工作。

2010 年，在县委、县人民政府大力支持下，与农办、农业局、林业局、农技中心等部门沟通，结合全县农业生产实际，各农口部门共起草各类地方标准 30 项、对县农技中心起草的 9 项地方农业标准进行评审，及时发布评审结果。

第三节　计量管理

在计量管理工作中，麦盖提县质量技术监督局重点对县、乡辖区范围内集贸市场、粮食收购、棉花收购、加油站、医疗器械等计量器具开展监督检查，确保量值传递准确，维护消费者合法权益。

1991 年，加强对加油站、商场超市及集贸市场等场所计量监督检查力度，累计出动执法检查 106 人次，检查单位 48 家次，检查计量器具 1091 台（件），现场处罚 1 起，没收不合格计量器具 19 台（件）。

1999 年，加强对县城农贸市场计量监督检查，建立计量器具强检台账和强检计量器具检测工作，实现强检计量器具周期检查率 100%，合格率 98%，电子秤使用率 80%。全县定量包装商品的抽查合格率 85% 以上，建立全县定量包装生产企业计量器具台账和定量包装台账，计量器具周期检查率 100%，合格率 98% 以上。

2001 年，深入基层为乡村农民检定电能表、衡器，进一步规范乡村计量器具的使用，减轻农民群众负担。检定电能表 2763 块、水表 548 块、衡器 385 台（其中电子秤 80 台、新安装 2 吨电子秤 22 台、60 吨电子秤 1 台、200 千克散料秤 1 台）、血压计（表）32 块、压力表 27 块、加油机 13 台。

2006 年，对新增的血压计、B 超、X 光机等医用计量器具以及农贸市场电子秤、台案秤的备案，强检计量器具备案率 100%。全年出动检查人员 150 人次，周期检定计量器具 6000 台（件）。

2007 年，持续开展集贸市场、加油站、棉花收购市场、医疗器械等计量器具专项监督检查和整治工作，全年检定各类计量器具 4901 台（件），其中衡器 630 台、压力表 50 块、血压计 118 台、加油机 96 台、单相和三相电能表共 2870 块、水表 1137 块。

2008 年，建立强检计量备案手册 6 份，检定计量器具 2911 台（件），对在用的计量器具进行登记造册，受检率 98%，合格率 100%。

2010 年，在全县范围内开展强制检定计量器具普查登记，共有 3 相表 1.39 万台、燃油加油机 31 台、地磅 14 台、压力表 108 台、高压计量箱 38 台、实验室计量器具 33 台、医用计量器具 143 台、台案秤 286 台，对全县使用强制检定计量器具的单位建立计量器具档案，并录入微机进行自动化管理。

第四节　质量监督与质量管理

1991 年，出动执法检查 98 人次，检查单位 43 次，其中加油站 9 家、商店 4 家、集贸市场摊位 84 家、企业 5 家，检查计量器具 997 台（件），没收不合格计量器具 9 台（件）。

1997 年，在全县开展食品安全监管检查，检查粮油加工厂 3 家、个体小磨坊 15 家、小榨油坊 20 家。分别对小麦粉抽样 7 组，产品质量较好，合格率 100%；成品油样 15 组，合格率 100%。

2000 年，帮助县预制厂、县建预制厂加强管理，提高产品质量，加强地产品的监督管理。对 64 家个体磨坊的面粉抽检 64 组，抽检红砖 12 组、砼试块 107 组、冷拔丝、钢筋 32 组、予应力空心板

3组，合格率85%。抽检食品类产品面粉样32组、饼干样5组、棉籽油样20批次，合格率100%。抽检农资类地膜样2组、种子样1组，合格率95%。抽查建材类红砖样2组、预制空心板3块，合格率92%。

2005年，按照地区质监局要求，对全县食品生产企业进行摸底调查，绘制食品安全网络图、食品安全分布图、食品安全警示图，录入微机，建立食品监管数据库，进行动态管理。扩充实验项目5项，新上马3项，新建实验室2间，购进蒸煮箱、砖瓦泛霜试验箱等质检实验设备6台件，全年硬件投资累计达1.5万元。接受全县建筑工地委托检验钢筋248组、红砖40组、石头46组、砂浆111组、混凝土459组、沙子40组。

2008年，以食品质量安全为重点，强化生产源头质量监管，将面粉生产小作坊确定为监管重点。为保障全县百姓食品入口安全，全年共开展149个批次食品抽样检验和送检工作。其中，小麦粉105个批次，植物油20个批次，挂面10个批次，白酒、饮料14个批次，合格率86%。

2010年，对25家食品生产企业、54家食品生产小作坊建立监管档案，完成了对全部54家小作坊的委托检验工作，产品涉及小麦粉、棉籽油、挂面，合格率85%。

第五节 信息管理

1994年，加强代码管理工作，新办代码137家，变更34家，颁发证书239套；年审97家，废置20份，保证了代码数据准确、规范、完整，重错码率≤1%。

1999年，代码年审320个，新办、换发代码162家，受到县人民政府和企业的好评。

2000年，下发年审通知，要求各有关单位按时年审、换证，办理统一代码IC卡电子副本，使年审工作初步走向制度化。至2003年，累计新办证、换证268本，年检95个，办理代码电子副本IC卡841个。

2005年，代码工作推出延时服务制度，保持良好工作秩序，主动为群众排忧解难，提供方便。全年新办、换证代码证369套，年审代码证书200套，废置数据10条，占有效数据库的82%。

2009年，通过加强与工商、税务、银行等相关部门的交流和协作，充分利用网络（党政网）发出年检通知和催办通知，进一步完善代码证的管理；全年共新办、换证、变更332套证，年检305套证，数据变动量与2008年同期相比都有所提高。

2010年，累计办理代码证书5006本，新办653本，变更34本，换证1735个，年审7584个。

第六节 特种设备监管

1996年，质量技术监督局出动检查人员25人次，检查全县特种设备17次。

2000年起，坚持按照《中华人民共和国特种设备安全检察条例》规定依法开展对锅炉、压力容器、压力管道、起重机械等特种设备的监督管理工作，检查全县锅炉6次、特种设备4次。

2004年，定期检验锅炉26台、各类气瓶2138个、电梯1部、起重机械30台；完成安全阀校验46只；检查登记热力管道6500米；加强对特种设备的安全大检查，检查单位20个、设备55台，整治各类气瓶充装站2家，整改各类事故隐患5处，下发整改通知书10份。加强特种设备作业人员培训考核发证工作，配合地区质量技术监督局举办作业人员和管理人员培训班1期，考核（换）发证13人，提高了特种设备安全管理和使用水平。

2005 年，累计开展危险化学品、气瓶、锅炉压力容器压力管道等专项检查 5 次；对 1 家重点危险源使用单位、25 台重点设备进行重点监控；对 45 家工地在用的 60 台起重设备进行安全监督检查；共审查 5 台特种设备的安装、修理、改造资料，加强特种设备使用人员管理，协同地区质量技术监督局对全县 20 名特种设备使用单位安全管理人员进行培训。

2007—2010 年，组织大型安全生产检查 22 次，出动执法人员 75 人次，检查特种设备 3346 台次，检查石油液化气充装企业 2 个。对 5 家特种设备使用单位的设备以及安全附件未经检验行为下达安全监察指令书；对 2 家液化气充装单位未加贴安全警示标签、充装合格证以及对使用 15 年以上的钢瓶未做报废处理仍然充装使用的行为下达安全监察指令书，并向县人民政府、安监局呈报预警报告。通过制作宣传展板，悬挂横幅，发放宣传材料等形式开展各类宣传活动，累计发放宣传资料 5300 份。

第七节　行政执法及打假工作

1991 年以来，县质量技术监督管理局持续开展常态化行政执法和打假工作。

1999 年，以“查大案、端窝点”为突破口，坚决打击危及人体健康、人身财产安全的违法行为。全年出动执法人员 290 人次，组织专项检查 19 次，办理案件 48 件，其中万元以上案件 4 件。

2002 年，成立“百日打假”专项行政执法检查小组，全年组织专项执法检查 15 次，出动执法人员 180 人次，检查煤炭销售个体户 14 家、絮棉加工制品个体户 9 家、大小商店 127 家。立案 35 起，结案 35 起，罚没款 4 万元。

2008 年，突出抓好食品、建材、农资等专项行动，出动执法人员 320 人次、车辆 110 台次，检查销售网点 663 处，办理案件 24 起，结案率达 100%。查处假冒伪劣及不合格产（商）品货值 40 万元。

至 2010 年，累计出动执法人员 3894 人次，查处各类违法案件 517 件，立案 232 起，现场处罚案件 93 起，罚没款 97.8 万元，为消费者挽回经济损失 77 万元。

第十七编　财政　税务

1991年，麦盖提县财政收入820万元，财政收入的主要来源是工商税收、农业税收、企业税收、专项收入。1991年，财政支出2625万元，收不抵支，财政相当困难。1992年，麦盖提县财政实行分税制的财政管理体制。2000年，全县行政事业单位职工工资发放由县工商银行打入个人工资账户。2004年，建立对下转移支付制度。2005年，成立国库集中支付中心，实行“乡财县管乡用、村财乡管村用”的财政管理体制。2009年，制定国家重点生态功能区转移支付制度。财政部门发挥财政职能作用，不断提升财政管理水平，确保财政资金使用安全高效。2010年，财政收入1.17亿元，比2009年增加3739万元。

1994年，工商税制改革，全县税收步入良性循环的轨道。1997年后，国家逐步实施税费改革，取消农村贫困户的农业税和牧业税。2003年，麦盖提县作为试点县，推行农村税费改革。2004年始，税制改革的主题变成“减税”，取消农业税、屠宰税，统一内外资企业所得税，降低企业所得税税率，提高个税起征点。2005年，麦盖提县作为试点县全面取消农业税，牧业税。2009年，开始首度实行结构性减税，增值税转型、出口退税、车购税、契税等一系列重大减税举措，再次减轻了企业居民税收负担。税务体制逐步改革、调整，税务部门落实一系列国家优惠政策，税收稳步增长，全县社会经济稳步发展。

第一章　财　政

第一节　机　构

一、行政机构

1991年，财政局内设9个股室，即:行政办、预算、文教行政财务、企业财务、农业财务、综合、财务大检查办公室、会计、农税，辖9个乡（镇）财政所。编制24人，含领导职数3个。实有25人。其中，少数民族8人，妇女10人，中共党员15人。

1992年，成立农业综合开发办公室。

1995年11月，成立涉外经济财务管理股、社会保障股。核定编制4人，有职工53人。

1996年4月，增设基本建设股、法制税政股、财政监督检查股。

1998年5月，财政局增设职能股室社保股，启动工伤、养老、失业三项基金。

2003年5月，撤销国有资产管理局，其职能并入财政局。

10月，根据《麦盖提县人民政府财政局职能配置、内设机构和人员编制的规定》的通知，对财政职能进行调整，新增部分职能，局内设18个职能科室，即：办公室、预算股、综合股、法制税政股、国库集中支付管理股、国库集中支付中心，文教行政财务管理股、农业财务股、社会保障股、企业财务管理股、涉外经济管理股、财政监督检查股、经济建设资金管理股、农业综合开发办公室、财政扶贫资金管理股、政府采购管理办公室、财政统发办公室、农税股。财政局机关行政编制20人，其中：局领导职数3个、列事业编制20人、工勤人员编制2人，全额预算管理。

2007年6月14日，根据关于《财政局农税股更名为乡镇财政管理部的函》的批复，农税股更名为乡镇财政管理部，股级。增设票据管理中心、网络信息管理中心、行政事业单位收费稽查所。

2010年，财政局内设机构19个股室：行政办、预算股、涉外经济管理股、国库集中支付管理股、企财股、会计股、政府采购办公室、综合股、教科文股、法制税政股、农业财务股、农业综合开发办公室、社保股、部门预算审核中心、经济建设资金管理股、财政监督检查股、行政事业资产管理股、行政政法股，扶贫资金管理股。下设7个二级单位：国库集中支付中心、国有资产管理中心、行政事业单位收费稽查所、财政统发工资管理中心、票据管理中心、网络信息管理中心、乡镇财政管理局。

二、事业机构

（一）国有资产管理局

1994年，麦盖提县成立国有资产管理局。编制7人，领导职数1个。实有3人，其中妇女1人、中共党员2人。

2003年5月，撤销国有资产管理局，其职能并入财政局。

（二）会计局

2000年9月，成立会计管理局，为财政局内设机构，列事业编制。

2005年4月，撤销会计局，其职能划归财政局。

（三）农业发展基金管理局

1991年8月，成立农业发展基金管理局，核定全额事业编制5人，实有4人，其中领导1人。

1994年，农业发展基金管理局设行政办、财务股、业务股。人员增加至16人，其中领导2人、干部12人、工勤人员2人。

1999年，农业发展基金管理局领导2人、干部8人、工勤人员2人。

2002年11月，撤销农业发展基金管理局。

（四）行政事业单位收费稽查所

2007年10月成立，隶属于财政局。核定全额事业编制5人，实有4人。

（五）统发工资管理中心办公室

2008年8月，成立统发工资管理中心办公室，隶属财政局。核定全额事业编制3人，实有2人。

（六）国库集中支付中心

2005年1月，成立国库集中支付中心，隶属财政局。核定参公编制13人，实有9人。

（七）国有资产管理中心

2005年10月，成立国有资产管理中心，隶属财政局。核定参照公务员管理编制5人，含领导职数1个，实有4人。

第二节　财政体制改革

1994年，实行分税制的财政管理体制，全县实现财政收入1483万元。分税制体制的运行使得中央的宏观调控职能增强，同时也通过转移支付政策支持了县级财政及县城经济的发展，但由于县财政收支差距较大，自治区又给予各种名目的转移支付，保持县财政的收支基本平衡。

1997年，减免了农村贫困户的农业税和牧业税。

2000年，自治区为保工资正常发放，在和田地区、喀什地区、克孜勒苏柯尔克孜自治州率先实施工资统一发放办法，将工资补助直接拨入财政统发工资专户，将全县行政事业单位职工工资全部通过银行打入个人工资卡。是年，全县行政事业单位职工工资发放由县工商银行打入个人工资账户。

2002年，实施企业所得税、个人所得税收入分享改革。分享比例为：2002年中央分享50%，地方分享 50%、2003 年中央分享 60%、地方分享 40%；以后年度的分享比例根据中央政策再行考虑。

2003 年，自治区推行农村税费改革试点，麦盖提县作为试点县之一，县委加强领导，县人民政府协调相关部门大力配合，广泛调研，摸清底数，如实向上级汇报，确定了符合麦盖提实际征税标准。

2004 年，为调动各级政府培植财源的积极性，建立地方财政收入稳定增长机制，对分税制财政体制进行了调整，进一步明确县市财政收入和支出的范围，建立规范的对下转移支付制度，按照标准收入和标准支出的差额确定转移支付额度，每年进行补充完善。

2005 年，麦盖提县作为试点县全面取消农业税、牧业税。是年，实行“乡财县管乡用、村财乡管村用”的财政管理体制，以“核算统一、账户统设、工资统发、采购统办、票据统管”为主要内容，坚持以乡镇为独立核算主体，实行乡镇财政资金的所有权、使用权、审批权与管理权、监督权相分离，由财政直接管理并监督乡镇财政资金支配使用，改进乡村资金管理方式。

2009 年，制定了国家重点生态功能区转移支付制度，重点用于改善环境和民生支出。

第三节 预算 决算

1991 年起，财政预算外收入主要来源是行政事业性收费、政府性基金（资金附加）、主管部门集中收入、乡镇自筹、统筹收入和其他预算外收入。财政预算外支出主要用于县行政事业支出、基本建设、城市维护、其他支出。

麦盖提县 1991—2010 年预算外收支一览表

表 17-1-1　　单位：万元

年份（年）	上年结余	收入项目：合计	行政事业性收费收入	政府性基金资	乡镇自筹统筹收入	其他预算外收	支出项目：合计	行政事费支出	基本建设支出	城市维护支出	乡镇自筹统筹	其他支出	年末结余
1991	62	1	472	29	—	—	449	421	8	—	—	5	69
1992	69	564	543	21	—	—	483	46	7	—	—	68	2
1993	92	611	573	38	—	—	407	368	35	4	—	92	204
1994	204	650	597	54	—	—	456	421	29	6	—	71	328
1995	328	640	567	73	—	—	600	463	41	10	—	86	368
1996	3384	821	538	67	—	216	891	483	179	4	—	225	3314
1997	3558	1372	965	63	—	344	1194	675	280	6	—	233	3736
1998	51	349	326	12	—	11	359	328	25	6	—	—	41
1999	37	763	337	12	366	48	774	402	—	6	366	—	26
2000	26	852	438	17	397	—	854	378	—	13	397	66	24
2001	—	558	488	59	—	11	555	395	75	30	—	55	3
2002	—	512	478	2	—	32	469	423	—	45	—	1	43

续表 17-1-1

年份（年）	上年结余	合计	收入项目				合计	支出项目					年末结余
			行政事业性收费收入	政府性基金资	乡镇自筹统筹收入	其他预算外收		行政事费支出	基本建设支出	城市维护支出	乡镇自筹统筹	其他支出	
2003	43	659	619	21	—	19	492	431	—	61	—	—	210
2004	210	827	806	—	—	21	954	778	90	—	—	86	83
2005	83	822	481	—	—	341	818	472	—	—	—	346	87
2006	87	745	464	—	—	281	521	395	—	—	—	126	311
2007	311	1118	799	—	—	319	1328	182	327	208	97	514	101
2008	101	935	637	—	—	298	889	25	379	142	106	237	147
2009	147	801	801	—	—	—	569	29	357	2	10	171	379
2010	379	799	799	–	—	—	613	47	410	1	10	145	565

第四节　财政收入

麦盖提县财政收入来源有税收收入、非税收入和政府性基金收入。1991 年，全县财政收入来自工商税收、农牧业税收、企业收入、其他收入、专项收入。当年实现财政收入 820 万元。至 1998 年，财政收入平均增长率 18.77%。

1999 年，财政收入中新列政府性基金收入，主要是地方教育基金。当年实现财政收入 2688 万元。其中工商税收 1329 万元、农牧业税收 562 万元、企业收入 432 万元、其他收入 199 万元、专项收入 83 万元、基金收入 83 万元。

2000 年，随着政府收支分类改革，征收项目为国有土地使用权出让收入和地方教育附加收入。

2005 年，国家统一取消农业税，当年实现财政收入 3044 万元。其中工商税收 1765 万元、农牧业税收 67 万元、企业收入 262 万元、其他收入 560 万元、专项收入 41 万元、基金收入 349 万元。至 2005 年，财政收入平均增长率 2.09%。

2008 年后，财政收入连年快速增长，至 2010 年，随着经济形势的好转，扩大内需政策的实施和资源税分享政策调整，实现财政收入达 1.17 亿元，基金总收入达 2531 万元，分别较 2005 年增长 335.88%、625.2%。

1991—2005 年麦盖提县财政收入完成情况表

表 17-1-2　　单位：万元

年份（年）	公共财政预算收入合计	工商税收	企业收入	农业五税	其他收入	专项收入	基金预算收入
1991	820	655	-55	163	54	3	—
1992	1007	721	9	224	47	6	—
1993	1203	900	46	221	24	12	—
1994	1483	391	489	507	85	11	—

续表 17-1-2

年份（年）	公共财政预算收入合计	工商税收	企业收入	农业五税	其他收入	专项收入	基金预算收入
1995	1743	758	339	559	71	16	—
1996	2125	997	392	671	32	33	—
1997	2159	1044	342	691	82	0	—
1998	2672	1480	275	699	160	58	—
1999	2605	1329	432	562	199	83	83
2000	2438	1013	589	550	250	37	41
2001	2438	1212	579	492	112	43	113
2002	1918	1014	122	612	131	39	213
2003	2200	1323	64	576	177	60	145
2004	2970	1832	84	752	234	68	139
2005	2695	1765	262	67	560	41	349

2006—2010 年麦盖提县财政收入情况表

表 17-1-3　　单位：万元

年份（年）	地方财政收入合计	公共财政预算收入	税收收入	非税收入	政府性基金预算收入
2006	3875	3448	2442	1006	427
2007	4419	4042	3170	872	377
2008	6302	5787	3592	2195	515
2009	8008	7306	3912	3394	702
2010	11747	9216	5631	3583	2531

1997—2010 年麦盖提县基金预算收支情况表

表 17-1-4　　单位：万元

年份（年）	基金收入				基金支出			
	合计	补助收入	上年结余	基金收入总计	合计	调出资金	基金预算结余	基金支出总计
1997	258	15	139	104	258	0	210	48
1998	134	10	57	67	134	0	124	10
1999	207	0	124	83	207	0	176	31
2000	217	0	176	41	217	0	176	41
2001	289	0	176	113	289	0	234	55
2002	447	0	234	213	447	0	369	78
2003	554	40	369	120	554	0	386	168

续表 17-1-4

年份（年）	基金收入				基金支出			
	合计	补助收入	上年结余	基金收入总计	合计	调出资金	基金预算结余	基金支出总计
2004	527	2	386	139	527	0	393	134
2005	767	25	393	349	767	312	51	404
2006	488	10	51	427	488	0	62	426
2007	439	0	62	377	439	0	46	393
2008	783	222	46	515	783	71	75	637
2009	1064	287	75	702	1064	0	79	985
2010	3169	559	79	2531	3169	0	74	3095

第五节　财政支出

1991 年，全县财政支出达 2625 万元。其中，民生支出 1013 万元、农林水气支出 169 万元、文教经费支出 627 万元、医疗卫生支出 181 万元、社会保障补助支出 36 万元。

1994 年，全县财政支出坚持“保吃饭，保稳定，保急需”和压缩一般性开支，坚持从严控制社会集团购买力的原则，一般性支出过快增长势头得到抑制，切实提高财政资金的使用效益，使财政支出不断走向规范化、合理化，财政支出 3710 万元。

2001 年，全县财政支出突破亿元大关，达到 1.1 亿元。其中，民生支出 6557 万元，占财政支出的 59.68%。主要为农林水气支出 965 万元、文教经费支出 4383 万元、医疗卫生支出 914 万元、社会保障补助支出 295 万元。

2007 年，政府收支分类改革，财政支出达 3.42 亿元。其中，民生支出 2.29 亿元，占公共财政预算支出的 67.55%。主要为教育支出 1.18 亿元、文化体育与传媒支出 667 万元、社会保障和就业支出 3144 万元、医疗卫生支出 2769 万元、节能环保支出 2769 万元、城乡社区事务支出 1416 万元、农林水事务支出 2954 万元。

2010 年，县财政支出 10.76 亿元。其中，一般公共服务支出 1.19 亿元、教育支出 2.27 亿元、医疗卫生 7892 万元、保会保障和就业 9824 万元、政府性基金支出 3095 万元。

1991—2006 年麦盖提县财政支出情况表

表 17-1-5　　单位：万元

年份（年）	支出总计	公共财政预算支出合计	经济建设性支出	农林水气支出	文教经费支出	医疗卫生支出	社会保障补助支出	公检法司支出	行政事业单位离退休支出	行政管理费支出	其他支出	基金支出	其中民生支出
1991	2625	2625	200	169	627	181	36	116	0	589	707	0	1013
1992	2489	2489	354	199	782	239	24	136	0	548	207	0	1244
1993	3084	3084	318	228	914	296	34	143	0	758	393	0	1472
1994	3710	3710	201	366	1382	445	50	206	0	968	92	0	2243

续表 17-1-5

年份（年）	支出总计	公共财政预算支出合计	经济建设性支出	农林水气支出	文教经费支出	医疗卫生支出	社会保障补助支出	公检法司支出	行政事业单位离退休支出	行政管理费支出	其他支出	基金支出	其中民生支出
1995	4447	4447	80	520	1672	482	54	245	0	1085	309	0	2728
1996	5171	5171	198	551	2032	658	28	285	2	1152	265	0	3269
1997	5246	5246	77	404	1719	541	44	296	771	1104	290	0	2708
1998	6279	6279	61	383	2165	636	86	421	839	1132	556	0	3270
1999	6536	6505	31	343	2529	606	59	468	1043	1133	293	31	3537
2000	7956	7915	80	594	3015	692	251	524	1242	1248	269	41	4552
2001	11041	10986	64	965	4383	914	295	639	1851	1572	303	55	6557
2002	12218	12140	96	982	4923	1017	673	630	1909	1649	261	78	7595
2003	15985	15817	152	2218	5308	1235	954	750	2241	2314	645	168	9715
2004	17720	17586	469	1515	6398	1466	852	952	2600	2738	596	134	10231
2005	23097	22693	823	2021	7214	2303	893	1170	2948	3539	1782	404	12431
2006	27152	26726	677	1591	9194	2245	2523	1306	3220	4571	1399	426	15553

2007—2010 年麦盖提县财政支出情况表

表 17-1-6　　　　单位：万元

年份（年）	地方财政支出合计	公共财政预算支出	一般公共服务	国防	公共安全	教育	科学技术	文化体育与传媒	社会保障和就业	医疗卫生	节能环保	城乡社区事务	农林水事务	资源勘探电力信息等事务	商业服务业等事务	金融监管等事务	国土资源气象等事务	住房保障支出	粮油物资管理事务	其他支出	政府性基金预算支出	其中：民生支出
2007	34222	33829	7614	29	2183	11789	502	667	3144	2769	113	1416	2954	54	0	0	0	0	0	595	393	22852
2008	52786	52149	8279	36	2374	16478	1448	783	3853	4259	756	4159	8609	589	0	0	0	0	0	526	637	38897
2009	74839	73854	8617	66	2871	22010	1918	1343	13733	5735	2068	1619	12095	399	0	0	0	0	665	715	985	59268
2010	107601	104506	11907	128	5643	22710	1338	1510	9824	7892	1692	2366	17089	2357	510	136	225	18452	80	647	3095	81615

第六节　财政管理与监督

自 1991 年起，麦盖提县按照建立特色公共财政体系的要求，通过体制、机制和制度创新，县财政预算执行管理发生根本性的变化，逐步构建起特色现代财政国库管理体系，涵盖国库集中收付、国库现金管理、政府采购管理、预算执行情况报告、政府会计核算管理等诸多方面，并形成相互促进的有机整体，为加强和完善财政管理提供有效手段和坚强保障。

一、财政监察、监督

财政监督是财政部门对各级党政机关、社会团体、企事业单位及其他组织涉及财政、财务、会计，国有资本金管理及其他有关书面进行的审查、稽核与检查。

1992—2010年，县人民政府多次组织税收、财务、物价大检查，主要清查预算外资金和财务上的违规违纪行为。其中，1992年，对全县1892户国营、集体、行政事业单位及个体工商户进行自查，自查面100%，自查出违纪金额13.73万元；对980户国营、集体、行政事业单位及个体工商户进行重点抽查，抽查出违纪金额15.25万元。

1995年，"三查"办查处违纪金额56.7万元。

1998年，"三查办"撤销，其职能分别由财政、审计、国税、地税、物价等部门承担。财政部门强化财政监督，按照依法行政、严格执法的要求，开展财政内部审计，组织开展各项检查。

2009年，根据全国的统一部署，在全县范围内开展了一次清查"小金库"工作，县治金办专门下发了《麦盖提县"小金库"治理重点检查阶段工作安排》文件，对做好该次重点检查工作进行安排和部署，通过检查，各单位无私设"小金库"行为。

二、会计委派和国库集中支付

2000年，成立会计管理局。2001年3月，对全县行政事业单位的会计编制、经费全部转入财政局，委派21名会计担任81个行政事业单位的核算任务，实行会计集中核算制度，将县直各行政事业单位财务收支出全部纳入会计管理局集中核算（垂直管理单位除外），各单位只设报账员，实行报账制，各单位的支出发票都要经过会计管理局人员审核，对不符合规定的予以拒付。会计集中核算制度的实施，增强了各行政事业单位对经费的自我约束、控制意识，规范了行政事业单位的财务行为，推动反腐倡廉工作。

2003年，扩大政府采购范围，对行政事业单位的各项简易修缮工程、锅炉维修、办公自动化设施、车辆保险、办公用品的购置、大型农村现场会就餐等项目实施政府采购。全面推行招标采购制，与纪检、审计、城建、技术监督等部门组织政府采购评标委员会，对招标项目进行公平、公正的评价，使政府采购工作逐步走上规范化、制度化、科学化的轨道。

2004年，为适应财政管理体制改革的需要，完成会计集中核算向国库集中支付改革的过渡，将会计核算权移交各预算单位，支出实行报账制。

2005年3月，正式启动国库集中支付业务。

2007年，全面落实政府采购制度，全年组织集中采购64次，累计完成采购计划资金1691.06万元，实际采购金额1448.88万元，节约资金242.18万元，节约率14.32%。

2009年，政府采购项目资金2264.69万元，节约资金291.63万元，节约率11.41%。

2010年，完成政府采购119批（次），采购金额3405.67万元，节约资金393.61万元，节约率10.39%。其中公开招标占40.81%。

第七节　会计培训与管理

1991—2010年，县财政局对全县行政、事业、企业单位会计人员持续开展继续教育培训，以《中华人民共和国会计法》《会计基础工作规范》《企业会计制度》《会计职业》为主要培训内容，逐渐增加相关内容。截至2010年，累计培训财会人员1067人次。

1991年，根据新财会和喀地财会"关于持《会计证》办理银行留存印鉴的联合通知"，对行政、事业、企业单位516名会计人员进行银行留存印鉴卡片的登记工作。7月1日至12月底，统一使用财政部印发的会计证。

1994年，全县通过全国会计考试资格的会计师2人、助理会计师2人。

1997年，按新《中华人民共和国会计法》的要求，强化会计继续教育培训，培训人员170人次。

2004年，全县有会计人员343人，其中持有会计从业资格证人员299人、需补考证件人员44人。

2005年，继续强化会计再教育培训，将会计人员分为三类进行培训。第一类是汉语行政事业的会计人员；第二类是维语行政事业单位的会计人员；第三类是企业单位的会计人员，全年培训人员427人次。

2010年，全县持会计证从事会计工作的455人，充实会计人员档案信息455份，全年举办会计人员继续再教育培训班3期，培训人员470人次。通过培训提高会计人员的业务水平，促进全县会计队伍整体素质全面提高。

第八节　财政信息化建设

1999年6月，财政局着手建立“政府财政管理信息系统”。

2002年年初，国务院正式命名财政部“政府财政管理信息系统”称为“金财工程”。

2004年，全县“金财工程”在本级股室及二级局全面推开。完善全县所有单位部门预算管理、国库管理、非税管理、工资统发，全县单位全面应用部门预算软件。

2008年，正式使用“乡财县管”、农民“一卡通”系统，通过系统及时足额将各类补贴发放到农民手中，同时规范乡镇财务管理，提高乡级财政的信息网络化办公水平和工作效率。

2010年，全县完成新版非税收入收缴管理系统升级工作，该系统采取大集中方式进行管理。

第二章　税　务

第一节　税制改革

1991年，国家规定不再征收国营企业调节税，废除建筑税征收办法，在全国统一开征固定资产投资方向调节税。

1994年，为适应经济体制改革的总体要求，国家实施税制重大改革，将麦盖提县税务局分设为麦盖提县国家税务局（以下简称“国税局”）和麦盖提县地方税务局（以下简称“地税局”）。国税局与地税局划分税种，分别征收。部分税种为中央与地方共享税，由国税局征收直接划入地方金库。此后，国家陆续开展货物和劳务税制、所得税制、财产税制等系列税制改革。其中，从2003年开始，分步实施农村税费改革，减轻农民负担。

2002年1月1日，开始征收个人存款利息所得税。

2006年1月1日，将原来的车辆购置附加费实行费改税，改为征收车辆购置税。

第二节 国 税

一、机构队伍

1994年6月，麦盖提县国家税务局正式成立。干部59人，其中正式职工47人、助征人员12人。

1995年10月29日，税务稽查分局成立。

1997年，根据《自治区国税系统县市局机构设置及职责划分方案》要求，再次进行机构改革，内设机构为征管计会科、税政法制科、办公室、中心税务所、税务所。稽查局下设企业稽查科和个体稽查科。

2001年，根据自治区国税局及地区国税局的安排，县国税局于年初上报了机构改革及设置方案，经上级部门批准，国税局内设机构为办公室、人事监察科、税收法制科、征收管理局、稽查局；下设两个税务所，分别为45团税务所、尕孜库勒税务所。

2004年，麦盖提县国家税务局内设机构5个，分别为办公室、人事监察科、综合业务科、计划征收科、税源管理科，级别均为正股级；派出机构1个，45团税务所，级别为正股级。

2006年，麦盖提县国家税务局内设机构5个，分别为办公室、人事监察科、综合业务科、计划征收科、税源管理科。级别均为正股级。

二、税制税种

1994年，税制改革后，征收税种3种，分别是增值税、企业所得税、营业税。1997年1月1日起，开征文化事业建设费。2006年，车辆购置税由交通局代收改为国税局征收。

三、征收管理（稽查）

1994年，国税部门加强重点税源管理，建立企业期初存货已征税款及运用抵扣档案；狠抓集贸零散税源，研究制定《关于加强星期天集贸市场税收管理的规定》。9月，对19户国有企业、23户集体企业、11户行政事业单位及421户个体户进行重点检查，检查面46.45%，查补税款2.2万元。

1995年，国税局稽查分局成立。10月，对19户国有企业、21户集体企业、14户行政事业单位、180户个体户进行检查，检查面90%，查补税款4.1万元。

1998年，国税局推进个体工商户建账建制工作，对个体、私营强化查账征收列为重点，选择13户具有代表性的个体工商户进行建账建制试点。全年立案查处税务违法案件110起，为国家挽回税收损失63.86万元。开展非银行金融机构企业所得税汇算清缴检查，汇总纳税企业所得税就地监管检查工作，查补入库企业所得税16.6万元。

2001年机构改革前，国税局实施稽查片区管理机制，对片区内零散税收户中的季节性、无固定场所以及未办理营业执照的业户，实行“非正常户”管理。截至5月，有133户零散业户纳入“非正常户”管理，月平均查征税款3820元。机构改革后，片区管理工作由征收管理局接管，较2000年同期增长233.33%，税务行政性收费4万元。

2003年，开展推广XJMIS应用工作，4月底，国税局根据地区局的安排，开展XJMIS推广应用工作上线前的准备工作，保证6月1日XJMIS升级版正式上线运行，实行专机专管，专人专岗。全年查处税务违法案件5起，查补税金1.55万元，滞纳金3920.12元，罚款1.03万元。

2005年，综合征管软件顺利上线运行（双轨上线运行）。通过纳税评估监控，经过指标分析和典型调查，纳税评估有问题户数18户次，补缴税款46.13万元，缴滞纳金2.82万元，防止税款的跑、冒、滴、漏。开展“整规”工作，检查986户，问题户数529户，执行罚款1.12万元，全额入库。

2008 年，个体工商户定额核定管理系统推广上线运行，税收执法管理信息系统于 8 月 1 日正式上线。

至 2010 年，累计重点检查 3827 户次，查处税务违法案件 368 起，查补税款、滞纳金 1920.13 万元，罚款 98.77 万元，为国家挽回税收损失 63.86 万元。

四、税收规模

1994 年起，征收增值税、企业所得税、营业税与车辆购置税、出口产品退税、城市维护建设税、地方和外资银行及非银行金融企业所得税、储蓄存款利息个人所得税。税收收入增长 0.64%、中央税收收入增长 0.68%、地方税收收入增长 0.58%。

1994—2010 年麦盖提县国家税务局税收收入情况表

表 17-2-1　　　　单位：万元

年份（年）	税收收入	中央税收收入	地方税收收入
1994	472.52	223.32	249.20
1995	829.45	398.94	430.51
1996	962.19	465.42	496.77
1997	1131.25	543.93	587.32
1998	2155.58	1026.90	1128.68
1999	1536.58	729.62	806.81
2000	965.55	465.42	500.13
2001	1210.97	610.63	600.34
2002	1194.92	613.21	581.71
2003	1179.35	609.85	569.50
2004	1870.93	934.53	936.40
2005	902.25	468.95	433.30
2006	927.84	476.24	451.60
2007	1454.07	782.61	671.46
2008	168.84	858.22	828.62
2009	1890.78	964.40	926.38
2010	1314.48	712.87	601.61

五、纳税服务

1991 年，国税局开展纳税采取上门为主的方式收税。

1996 年，实行全国统一的纳税申报办法纳税，对企业纳税申报步入规范化管理，县国税局征收大厅正式挂牌营业。

1999 年 4 月 11 日，国税局组织开展税法咨询活动，为纳税人释疑解惑，加深对税收政策的了解。

2000 年，开展效能建设、评选“优质服务、文明办税，正当窗口服务明星”活动，强化服务意识和敬业意识，使税收工作由“监督打击型”向“管理服务型”转变。

2002年，全面推行全功能“一窗式”服务，缩短纳税人在办税大厅停留时间，疏通办税大厅人流量，提高办事效率。

2005年，实行首问责任制和服务承诺制，方便纳税人咨询。

2006年，实施投诉属实整改制度，在办税服务大厅公开投诉部门电话“12366”。

2007年7月1日，开始正式全面推行综合服务窗口，由原来的税务登记、代开发票、个体申报、发票缴销和发票发售5个窗口分项办理，转为4个窗口同时办理各项业务。

2010年，优化业务流程和审批环节，提高工作效率，凡综合征管软件中能够生成并反映审批过程的表证单书纸质，不再要求纳税人流传和签批，提高办税效率，减轻纳税人税收成本负担。

六、税法宣传

麦盖提县国税局通过座谈、专题教育培训、开设宣传咨询台、知识竞赛、专题演出及税法宣传月等形式，开展税法知识宣传活动。1991—2010年，累计开展宣传41场次，培训714人次，受教育群众2896人次，发放宣传册（单）2610份。

1994年，国家税务局决定将每年4月确定为“税收宣传月”。

1995—2000年，全县的企业不多，税法宣传开展方式单一，主要是通过召开会议、座谈会、培训的方式进行。累计召开会议15次，培训92人次，宣传210人次，发放宣传手册、宣传单500份。其间，麦盖提县国税局被喀什地区税务局评为“税法宣传先进单位”。

2005年4月，国税局利用周六、周日，组织职工走上街头和大巴扎进行税法宣传活动，在星期日巴扎举行税收知识竞答，参加40人次，发放宣传单100份。

2007年4月8日，在第16个“税收宣传月”活动中，国税局针对不同层次、不同地域、不同人员的实际，采取“三进三送”，扩大税收宣传覆盖面，进机关、进企业、进社区，通过“三进三送”，分层次向纳税人进行有关税收政策、税收基本知识、基本法律、纳税人的权利和义务等方面的知识宣传，让他们切实了解税收政策，扩大税收宣传的社会覆盖面，促进纳税人与税务机关的交流沟通。

2009年4月5日，国税局安排人员在人员密集的万盛商贸大厦前举办两场税收宣传现场咨询活动，发放《发票管理办法》等纳税知识手册300册。举办“刀郎之乡”税法宣传文艺会演，穿插税法知识问答，扩大税法知识覆盖面。

2010年4月11日，联合地税局职工在县文化广场开展“税收·发展·民生”为主题的税法宣传活动，咨询100人次。12月2日，结合“12·4”全国法制宣传日10周年和“五五”普法检查验收，组织单位干部职工在文化广场举办税法知识宣传活动，宣传和展示国税局“五五”普法成果，推进依法治税。

七、信息化建设

2003年4月底，开展XJMIS推广应用工作上线前的准备工作，国税局制定严格的计算机管理制度，专机专管，专人专岗，规定其他人员一律不准进行计算机操作。

2005年，综合征管软件顺利上线运行（双轨上线运行）

2008年，个体工商户定额核定管理系统推广上线运行,8月1日正式上线。落实片区管理员制度，将全县辖区划分为22个片区。完成辖区内全部个体工商户的信息采集、审核、录入工作，完成个体工商户计算机定额核定管理系统上线工作。规范发票管理，提高持票率，实行普遍供票，企业持票户占增值税纳税人企业的85.78%。

2010年，增强税企互动，对其数据进行分析比对，查找各类涉税异常信息，及时开展纳税调查，加强税源管理，进一步落实纳税申报“一窗式”管理操作规程。

第三节　地　税

一、机构队伍

1994 年 6 月，地方税务局成立，规格为正科级，接受县人民政府及上级税务机关双重领导，编制 42 人，实有人员 18 人。内设行政办公室、人监科、计财科、税政科、征管一科、征管二科、稽查大队。12 月，成立麦盖提县地方税务局党支部。

1995 年 12 月，成立县地税局稽查分局，取消稽查大队内设机构。

1996 年 4 月，撤销原征管一科、征管二科，改为征收科（对外称办税服务厅）。

2002 年 7 月，根据喀地税相关文件规定，县地方税务局内设 5 个科室（股级），分别为办公室、人事科、税政法规科、计会征收科、管理科、监察室，领导职数 5 个；设置其他机构 7 个。

2009 年 7 月，撤销稽查局内设机构。

二、税制、税种

1994 年，地方税种有营业税、企业所得税、个人所得税、资源税、固定资产投资方向调节税、城市建设维护税、车船使用税、房产税、土地增值税、城镇土地使用税、屠宰税、印花税。附加收入种类有地方税的滞纳金、罚没收入、教育附加费，受自治区人民政府委托征收的人民教育基金、文化建设事业费。

1994 年，开征耕地占用税，屠宰税按牲畜宰杀后的实际重量从价计征，税率为 14%。

1995 年，开征资源税、教育费附加。教育费附加以各单位和个人实际缴纳的增值税、消费税、营业税的税额为计税依据，其费率对县城、镇区和农村统为 3%，分别与“三税”同时缴纳。

1996 年，全县实行“车船税收”双线征收，货车、客车、中巴车的税收由县交警大队征收，小四轮、农用运输车、三轮车等车船税收，由各乡镇征收，建立征收台账。乡（镇）集中人力、车辆、时间，在车辆集中停放的地点检查征收，分组清收。

1997 年 7 月，开征文化建设事业费，费率为 3%。固定资产方向调节税减半征收。

1998 年起，开征契税。

2000 年 1 月 1 日起，执行少数民族地区有关减免税政策，固定资产投资额不满 5 万元的，免征投资方向调节税。

2003 年底，实行农村税费改革，2004 年 1 月 1 日起，正式停征屠宰税。

2009 年 1 月 1 日起，执行新政办发《关于加强房产税征管与管理》的通知，在全县范围内征收房产税。

2010 年，地方税务局实际征收营业税、企业所得税、个人所得税、房产税、城镇土地使用税、土地增值税、资源税、印花税、车船税、城市维护建设税、契税、耕地占用税共 12 种税收。

三、税收规模

1995—2003 年，征收屠宰税 69 万元、耕地占用税 26 万元。

2009 年，征收房产税 37 万元、土地使用税 77 万元；征收土地增值税 19 万元、征印花税 98 万元；征收车船使用税 73 万元、城市维护建设税 145 万元、契税 70 万元。

2010 年，征收房产税 102 万元、土地使用税 47 万元、土地增值税 79 万元、资源税 1.04 万元、印花税 127 万元、车船使用税 98 万元、城市维护建设税 181 万元、契税 88 万元。

1994—2010年麦盖提县地方税收情况表

表 17-2-2　　单位：万元

年份（年）	营业税	企业所得税	个人所得税
1994	178	282	20.24
1995	292	326	38
1996	329	329.60	177.59
1997	425.20	346.60	177.59
1998	489.78	279.50	208.80
1999	470.47	432.35	188.25
2000	497.69	589	157.98
2001	457.4	299.16	239.5
2002	549.3683	233.6151	253.7166
2003	780.9009	155.0815	346.8740
2004	1113.3819	206.5327	388.1007
2005	1111.3326	649.8244	518.0978
2006	1050.0939	774.3876	4916.35
2007	4773.8556	2679.1580	659.4740
2008	1913.20	1.67	350.25
2009	3281.03	1.53	269.38
2010	2812	1.766	1.114

四、税务稽查

1994年，地税局成立，设立地方税务局稽查局，税务稽查划分为选案、检查、审理、执行4个组。

1995年，稽查局检查全县企事业、行政单位、个体工商1706户，查处问题37户，违纪金额及税款5万元，已入库9431.62元。

1999年，依照“依法治税、惩治腐败、清查欠税”的工作方针，按稽查面不低于应纳税户数的30%执行，稽查各类案件82起。截至年底，累计查补工商各税107.84万元，入库率100%；罚款5万元。

2005年，主要开展医疗行业税收专项检查，查补入库税款2.14万元，加收滞纳金1133.08元，罚款1.17万元。

至2010年，对全县的5381个企业和个体户进行重点检查，违纪案件148件，累计查补违纪税款及偷漏税款370.5万元，查补税款入库率100%。

五、纳税服务

1991年以来，麦盖提县地税局严格落实《全国税务机关纳税服务规范》要求，制定办税服务大厅“窗口”服务规则及公开服务承诺制，优化办税流程，简化办税程序，简并办税资料，规范涉税文书，整合调查检查事项，制定入户执法检查管理办法，规范入户执法行为；加强服务窗口建设，强化办税服务标准培训，从软件和硬件上完善办税服务厅规范化建设，构建一体多功能化“网上办税服务厅”推广电子服务功能，减少办税环节和等候时间，提升办税服务效能。构建起全员、全程、全方位、一体化的纳税服务工作新格局。

六、票证管理

（一）税票管理

1994 年，根据《新疆维吾尔自治区地方税务局税收票证管理办法》《税收票证管理细则》的要求，结合地税管理的“税收通用完税证”的实际情况，先后制定《税收票证管理制度》《税收票证领发制度》《税收票证填写制度》《税收票证损失处理制度》《税收票证审核制度》。严格执行每月票证盘点制度，分局（所）长负责监盘本分局（所）库存和对账工作，会计负责监盘征管员的票证结存数与对账工作，征管员负责监盘代征员的票证结存和对账，达到库账一致，票账相符。

1995 年，地税局对填票情况进行通报，对差错率超过 3% 的进行严肃处理，使填票差错率下降 0.5%。

（二）发票管理

1994 年，地税局确定 7 名业务人员管理发票，先后建立健全《发票印刷制度》《发票领购制度》《发票管理制度》《发票内部审计制度》《发票缴纳、丢失处理制度》《发票检查与考核制度》，使发票管理日趋规范化。

1999 年，地税局在宣传有关发票管理知识与法规的同时，加强管理与检查，重点检查服务业、娱乐业粘连式发票、行政事业单位的服务性收费统一发票和建筑安装发票。

2000 年，地税局在办税服务大厅设立发票服务窗口，纳税单位和个人，所需发票统一到办税大厅购领。对征收分局领申饮食、娱乐、服务业三类发票，改原来控制发票领申数量为控制金额，统一征收标准。

（三）税源管理

1995 年，地方税务局对所辖范围的纳税人，要求领取工商营业执照后，30 日内必须到税务机关办理税务登记手续，税务证不得借让，因转让、改组、分设、合并、联馆、迁移、歇业、破产等需改变登记时，必须办理变更登记、重新登记或者注销登记手续，主动结清应缴税款、缴销发票和其他证件。

1996 年，建立“申报、代理、稽查”三位一体的征管体系。纳税人履行纳税义务后，要求向主管税务机关在规定的期限内，报送纳税申报表，财务会计报表等，核定税额，按时缴纳。因特殊情况，不能按时办理的经批准酌情延期。需要申请减免的，要写出报告，先缴税，后返还。逾期不申报的，由税务机关确定税额，限期缴纳，并适当处以罚款。不如实申报的，按偷税论处，构成偷税罪的，按司法程序处理。

七、税法宣传

1995—2010 年，地税局以税收宣传月为契机，开展送税法下乡、入户活动。利用宣传车、会议、展板、墙报、宣传标语、广播电视、咨询台、发放宣传单等形式开展宣传活动；在全县营造党政管税，部门协税、群众护税的良好氛围，累计发放宣传单 4000 份，接受咨询人员 3020 人次。

1995 年，累计发放宣传单 240 份，受教群众 400 人次，接受咨询人员 110 人次。

2001 年，组织干部在菜市场开展“全国税收宣传月”活动，拉横幅 1 条，重点向群众讲解“依法诚信纳税，是您最好的信用证明”，发放宣传单 200 份，接受咨询人员 240 人次。

2005 年 4 月，开展税法宣传活动，地税局在县城中心街道和县农贸中心设立咨询台，在县城醒目建筑物上悬挂税法宣传横幅 10 条，展出税法展板 10 块，发宣传资料 400 份，接受群众咨询 370 人次。

2010 年，开展以税收、发展、民生为主题的税法宣传活动，利用广播电视宣传媒体、重点宣传贴近百姓的个人所得税、新营业税条例、下岗职工优惠政策、房地产税收政策等，开通咨询热线，发宣传单 900 份，现场解答纳税人的提问、咨询 960 人次，增进纳税人对税法，尤其是依法诚信纳税的理解和支持，促使全县人民共同参与到营造和谐税收环境中，促进地方经济的发展。

八、信息化建设

1997 年，税务部门对全员进行计算机扫盲培训，计算机申报纳税正式启用。

2000 年，加强地税信息化建设，对相关工作人员进行微机操作培训和使用局域网信息化安全培训，建立操作使用制度、保密制度，确保规范运行、安全运行。

2003 年，办公自动化、新疆地税信息管理 XDSMS5.04 软件推广应用。

2006—2010 年，系统中的公文系统、电子邮件、部门动态、电子邮件运行良好，提高了办公效率，节省了办公费用。

第十八编　金　融

1991 年，麦盖提县金融机构有中国人民银行麦盖提县支行、中国工商银行麦盖提县支行、中国建设银行麦盖提支行、中国农业银行麦盖提支行、麦盖提县农村信用合作联社、中国人民保险公司麦盖提县支公司 6 家，其中金融管理单位 1 家、银行业 4 家，保险业 1 家。1994 年，金融机构经营模式进行重大改革，农业银行、工商银行不再承担政策性业务。2004 年，经过拆分整合，对金融单位机构和职能多次进行调整，金融市场逐步向商业化经营体制过渡。中国人民银行麦盖提县支行在加强对金融机构管理、改革、执行货币政策、抵御化解金融风险能力等方面发挥了积极作用。

2005—2010 年，行业间竞争更加激烈，各金融机构都强化了内部管理，建立了激励机制，全面提升办事效率、服务水平。在存款上以满足不同客户意愿为目标，增设了多项业务。在放贷上，采取降低门槛，缩短审核时间措施吸引客户。重点支持经济实力强、市场前景看好的骨干企业和讲信誉的中小企业。面向“三农”，服务“三农”，拓展中间业务，广开财源，在竞争中求生存、求发展。为促进麦盖提县经济发展提供了强有力的保障。2010 年，全县有金融单位 9 家，其中银行业 6 家、保险业 3 家。

第一章　金融管理

第一节　机　构

中国人民银行麦盖提县支行业务由中国人民银行喀什地区中心支行领导，经费由中心支行核拨，机构设置调配均属中心支行管理。自成立以来，行使依法制定和执行货币政策、开展金融服务和金融监管等职能。1991 年，支行共有职工 28 人。

2004 年 4 月，金融监管职能从县人民银行分离，另成立麦盖提县银监办。人民银行麦盖提县支行职工有 4 人被分配到麦盖提县银监办。

2010 年，支行共有职工 20 人。

第二节　金融体制改革

1994 年，按照国务院《关于金融体制改革的决定》精神，中国人民银行麦盖提支行不断强化金融调控、监督、服务职能，推行政策性业务和市场化运营相互分离的金融体制改革。

2004 年，中国人民银行喀什地区中心支行监管职能转由银监办承担。县人民银行职能调整为货币政策职能、金融稳定职能、金融服务职能。

第三节　货币管理

一、现金管理

人民银行麦盖提县支行货币发行股负责全县辖区货币投放回笼业务、人民币流通管理、反假货币等工作，按照中国人民银行制定的有关规定办理货币发行各项工作，确保货币流通市场足额供应现金，保证货币流通的正常运行。

1991 年，市场上流通的人民币以第四套人民币为主。市面流通的第四套人民币主要是 1980 年版 1 角、2 角、5 角、1 元、2 元、5 元、10 元、50 元、100 元 9 种面额 14 种票券与 1990 年版 1 元、2 元、50 元、100 元等 9 种面额 13 种票券纸币。

1996 年，第四套人民币发行了新版 1 元纸币。第四套人民币发行以后，第三套人民币慢慢地退出货币流通市场。

1997 年 4 月，第四套人民币停止发行。

1999 年 1 月 1 日，停止流通第二套人民币。

1999 年 10 月 1 日，中国人民银行陆续发行第五套人民币（1999 年版），共有纸币 1 元、5 元、10 元、20 元、50 元、100 元 8 种面额，其中 1 元有纸币、硬币两种。第五套人民币根据市场流通需要，增加了 20 元面额，取消了 2 元面额，使面额结构更加合理。1999 年版人民币发行以后，第四套有部分券别退出货币流通领域。

2005 年 8 月 31 日，发行第五套人民币（2005 年版），有 5 元、10 元、20 元、50 元、100 元纸币和不锈钢材质 1 角硬币。

2010 年，市场上流通的人民币以第五套人民币（2005 年版）为主。部分第四套人民币按国家有关规定退出货币流通领域，严格执行了只收不付的规定，按照券别面值进行兑换收回。

人民银行按照残损人民币兑换办法、人民币管理条例等有关规定，对广大人民群众的残损币进行兑换。1991—2010 年，人民银行严格执行残损币兑换有关规章制度，继续做好残损币兑换工作，每年平均兑换残损币 1200 人次、金额 70 万元。20 年来，兑换残损币 2.4 万人次，金额 1400 万元，通过国家有关优惠政策进行兑换，切实保障了广大人民群众的根本利益。

二、反假货币

随着高新技术的兴起和运用，国内外不法分子制贩假币的犯罪活动日益猖獗，人民币反假成为货币流通中的一环重要日常工作。

根据中国人民银行总行的安排部署和中华人民共和国假币收缴鉴定管理办法有关规定，1991—2010 年，人民银行麦盖提县支行持续开展“反假货币宣传周”活动，每年组织辖区内各金融机构深入开展反假货币、爱护人民币、维护人民币信誉为主题的反假货币宣传活动，辖区金融机构组成宣传小分队赴街头、入乡村，设立咨询台服务群众。每年发放宣传材料 5000 份，张贴宣传挂图 100 份、横幅 30 条，接受广大群众咨询 1000 人次。

20 年间，通过县辖区各金融机构与公安机关的互相协助，收缴假币金额 100 万元，合计 1.04 万张，反假货币取得明显实效，减少了假币对人民群众的危害。

第四节　存贷管理

一、存款种类

1991 年，全县的存款种类有活期存款、定期存款，整存整取、零存整取等。

2006 年，全县的存款种类开通对私零存整取、整存零取、存本取息业务。

2007 年，开通定期一本通、通知存款。

2008 年，正式开通银行卡业务；同年，开通定活两便业务。

2010 年，储蓄种类分为活期存款、定期存款、个人结算业务、定活两便和银行卡业务、定期一本通、对私零存整取、整存零取、存本取息、通知存款。

二、贷款种类

1991 年，全县的贷款种类有农户贷款、农业贷款、个体工商户贷款、集体农业生产贷款、固定资产贷款、扶贫贷款等。

2006 年，全县的贷款种类有农户小额信用贷款、农业贷款、个体工商户贷款、农户贷款、个人消费贷款等。年末全县各项贷款余额 4.03 亿元。

2008 年，增加助学贷款、畜牧业贷款。

2010 年，增加妇女创业贷款、安居富民贷款。

1991—2010 年麦盖提县金融机构存贷款余额情况表

表 18-1-1　　　　单位：万元

年份（年）	各项存款余额	各项贷款余额	年份（年）	各项存款余额	各项贷款余额
1991	17478.8	18344.4	2001	74963	42163
1992	21647.4	27457.1	2002	90247	38997
1993	24435.6	19087.3	2003	100211	37512
1994	29335.9	28622.2	2004	109007	42447
1995	36625	32851	2005	114325	46385
1996	44493	39279	2006	126535	40328
1997	55867	39370	2007	155109	36745
1998	60244	60889	2008	172271	47700
1999	51396	49689	2009	195811	69824
2000	63465	48125	2010	270543	98666

第五节　金融监管

1994 年，金融机构经营模式进行重大改革，农业银行、工商银行不再承担政策性业务，各银行的商业性业务不再按服务对象的类型划分，对各银行逐步取消指令性的限额管理，成立以资产负债比例管理为模式的信贷管理方式。

1995 年，《中华人民共和国中国人民银行法》颁布，以法律条例明确中国人民银行主要行使金融监管和金融服务职能。

2004 年，中国银行业监督委员会麦盖提县办事处成立，行使原人民银行的金融监管职能。

2010 年，全县已形成以人民银行为核心，专业银行为主体，多种金融机构并存的金融组织体系，形成金融经营商业化的运行模式。

第二章 银 行

第一节 中国工商银行麦盖提支行

一、机构

1991 年，中国工商银行麦盖提县支行（以下简称“工行”）内设计划信贷股、会计股、出纳股、行政股、储蓄股、人事股、保卫股 7 个股室，下属 3 个营业所，分别为城镇储蓄所、巴扎储蓄所、西门储蓄所，共有职工 77 人。

1995 年，新成立团结储蓄所，辖区内有 4 个储蓄所。

2001 年，工行贯彻国务院金融体制改革精神，精简机构，撤并两个储蓄所，即：巴扎储蓄所、团结储蓄所；西门储蓄所改名为西门分理处。

2005 年 10 月 27 日，中国工商银行整体改制，中国工商银行股份有限公司正式上市，中国工商银行麦盖提县支行名称变更为中国工商银行股份有限公司麦盖提支行。

2006 年，实施对公业务和储蓄业务整合，城镇储蓄所与营业部合并；支行内设机构为 2 部 1 室 1 分理处，分别为营业部、信贷部、办公室和西门分理处。

2010 年，中国工商银行股份有限公司麦盖提支行将原有 4 个股室精简为 2 部 1 室，内设营业部、信贷部和办公室，有职工 26 人。

二、存款业务

1991—1995 年，全行各项存款增长 1700 万元，增幅 15.04%。

1996 年，工行储蓄业务在全县金融系统中率先实现电脑开立存单，并开通储蓄存款在全地区通存通兑业务，方便全县各族居民的存取，各项存款增长较明显，全行各项存款 1.41 亿元。

1997 年，全行各项存款 1.55 亿元，较 1995 年增长 2500 万元，增幅 19.23%。

2001 年，工行将对公业务和储蓄业务合并为综合业务，柜员为综合柜员，独立一人完成对公、储蓄记账和复核业务，工作效率明显提高，缩短客户等待时间，各项存款业务大幅增长。全行各项存款 2.68 亿元，较 2000 年增加 3500 万元，较 1991 年各项存款增长 1.55 亿元，是 1991 年的 1.37 倍。

2007 年，中国工商银行上市，工行始终牢固树立存款的基础地位，加大对存款的管理和考核，保持良性增长态势。

2010 年，全行各项存款 6.75 亿元，较 1991 年增加 5.62 亿元，各项存款增长 5.97 倍。

三、贷款业务

1991—1999 年，因受经济环境和工商银行信贷政策影响，工行贷款一直徘徊不前，且重点向城乡居民投放个人消费贷款，至 2000 年贷款达 900 万元，未突破 1000 万元。

2001 年，工行依托新疆分行开发财政统发工资代发工资消费贷款业务，推广和宣传代发工资消费贷款业务，贷款业务达到 1000 万元。

2002 年，消费贷款成为信贷业务新的增长点，支行信贷业务由高风险种类逐步转向低风险种类，尤其是代发工资消费贷款受到行政事业单位职工的喜爱，此项业务得到持续、健康、快速的发展。贷款业务达 1500 万元，保持稳定增长势头，为城乡部分居民缓解生活困难，提供融资便利。

2004 年，工行个人贷款品种增加个人房屋抵押贷款和个人住房贷款，使个人消费贷款业务得到拓展，贷款业务达 2000 万元。

2010 年，贷款业务达 4300 万元，是 1991 年贷款业务 100 万元的 43 倍。

四、中间业务

1991 年，工行因中间业务种类少，收入渠道少，收入增长乏力，主要以柜面汇款手续费和 ATM 跨行取款手续费为主。

1995 年，拓宽中间业务种类，增加代收移动、固定话费、代发工资业务手续费收入，中间业务收入 30 万元。

1999 年，增加代发工资业务中间业务收入，中间业务年收入 40 万元。

2001 年，开办理财产品，为支行增加中间业务收入渠道。

2003 年，增加代理保险业务、代理基金业务手续费业务，中间业务年收入 60 万元。

2008 年，代理保险和基金业务手续费收入大幅度增长，增加转账终端和特约商户佣金收入、工行信使业务等，中间业务收入 130 万元。

2009 年，增加信用卡分期付款手续费收入，中间业务收入 160 万元。

1991—2010 年中国工商银行麦盖提支行存贷款、中间业务情况表

表 18-2-1　　　　单位：万元

年份（年）	存款	贷款	中间业务收入	职工人数
1991	11300	100	10	72
1992	11800	200	10	71
1993	12300	300	20	71
1994	12900	300	20	70
1995	13000	400	30	68
1996	14100	500	30	67
1997	15500	800	30	67
1998	17500	800	30	65
1999	20100	700	40	53
2000	23300	900	40	52
2001	26800	1000	40	47
2002	31500	1500	50	46
2003	34500	1200	60	42
2004	38900	2000	60	41
2005	37800	2300	70	33
2006	25800	1900	80	29
2007	38300	3000	90	28
2008	47100	3900	130	27
2009	54700	4100	160	26
2010	67500	4300	200	26

第二节　中国建设银行麦盖提支行

1979 年 2 月 1 日，成立中国人民建设银行麦盖提县支行。1980 年 3 月 15 日，正式对外营业。

1991 年，有职工 22 人，办理国家计划内基本建设拨款、存款、贷款、结算及监督等业务。

1997 年，中国人民建设银行麦盖提县支行由上级主管部门撤销。

第三节　中国农业银行麦盖提支行

一、机构

1994 年 6 月 29 日，县农行设立代理农业发展银行专柜。

1997 年 1 月，农村信用社从中国农业银行麦盖提县支行析出，成立麦盖提县农村信用社。

1997 年 3 月 31 日，根据国家金融体制改革的相关要求，农业发展银行（以下简称“农发行”）从农行分离。农行 18 人分配到农发行工作。

改革后，农行按照商业化“自主经营、自负盈亏、自担风险”模式，以利润最大化为目标进行管理和经营。为提高经营效益，减少管理层次，支行内设部门合并为综合业务部、计划财务部、保卫部、办公室。

1999 年，农行麦盖提县支行有机构数 15 个，其中营业所、分理处 10 个；储蓄所 4 个；职工总数 62 人。其中，女职工 24 人，少数民族职工 38 人，储蓄合同工 14 人。

2002 年 5 月，按照机构改革的要求，县农行接收莎车县农行营业网点—牌楼农场营业所的全部业务和财产，接收员工 2 人。

2005 年 10 月，经喀什地区农行批准，农行撤并县城人民路分理处和英巴扎路第二储蓄所两个营业网点。2005 年年底，麦盖提县农行的营业网点有支行营业部和牌楼农场营业所，人员 52 人。内设“三部一室”，即：综合办公室、综合业务部、客户部、风险部。

2009 年 1 月，中国农业银行正式上市为股份制商业银行，县支行更名为中国农业银行股份有限公司麦盖提县支行，变更办公楼房产证和土地使用证。

2010 年 6 月，支行内设三农金融部 / 客户部、综合管理部 / 工会（营业机构两个，即：支行营业部和牌楼农场营业所）；11 月，农行金库守押实行市场化管理。

二、存款业务

农行经过几十年的发展改革，从一个存款只有几十万元的国有专业银行到 2010 年各项存款达到 6 亿元的股份制商业银行，各项业务蓬勃发展，业务种类由过去单一的存贷款业务，发展到现在存款、贷款、中间业务（代理费税收入、代理保险、代发工资、代理销售国债、代销基金、代收话费等）、结算业务等商业银行所规定的各项业务，实现扭亏为盈。

三、贷款业务

农行始终把信贷支农放在工作的首位，切实加大支农力度，确保支农贷款稳定增长。1991 年，农业银行投放农业贷款 1.62 亿元，新增贷款优先保证粮棉油生产的资金需要。在资金规模“双紧”的情况下，全力回笼资金，调剂出 6 亿元投入到生产资料的购进，使贷款向经济效益好、科技含量高的项目倾斜，“两高一优”贷款和“粮棉大县发展经济贷款”得到落实，资金到位率好于往年。

1996 年，农行由国家专业银行向国有商业银行转轨过渡，信贷资金投放和管理迈上适度规模经营的路子，资金重点向大农业倾斜，信贷效益明显。

2001 年，农行认真贯彻落实金融工作会议精神，加大清收盘活不良贷款力度，加大分解分散债务力度，增强信贷资产质量，化解信贷资产风险，围绕“财务实现大幅度减亏，不良贷款大幅度下降”两大目标为主线开展工作。一方面继续大力支持本县经济，另一方面努力清收 2000 年以来形成的各类不良贷款。同时，对该行员工在发放贷款中出现的问题进行检查，对违规人员严格按照规章制度进行处罚，防范了贷款风险。

1991—2010 年中国农业银行麦盖提支行各项存、贷款情况表

表 18-2-2 单位：万元

年份（年）	各项存款 其中：			各项贷款
	总额	对公存款	储蓄存款	总额
1991	6557	2371	4186	16159
1992	8713	2995	5718	24592
1993	10817	3617	7200	14204
1994	12354	5052	7302	24823
1995	13588	7252	6336	6909
1996	17421	12715	4706	6163
1997	17480	12273	5207	7358
1998	21120	13339	7781	7418
1999	16900	6035	9738	7500
2000	16334	6098	10236	9246
2001	13746	2536	11210	7664
2002	18357	7845	9965	8098
2003	21357	11265	11175	7660
2004	32377	15816	16275	7788
2005	36432	18619	17813	6904
2006	39519	20738	18781	6778
2007	38688	18307	20381	6670
2008	43696	22830	20866	6651
2009	39201	17294	21907	10465
2010	57008	29392	27616	13524

四、中间业务

农行中间业务自 2000 年起步，2005 年之前业务量不大，业务收入也不多。

2007 年，新增金穗借记卡发卡量 3945 张，促进银行卡结算手续费及卡年费的收入；首批营销发行农行贷记卡20张，推进了贷记卡业务的发展；加大代理销售开放式基金业务，代理销售基金累计额2000万元，代销基金中间业务收入2700元；做好上级行新开展业务的营销和开办工作。新开办“国库集中支付业务”“代理非税业务”“代理体育彩票、福利彩票业务”“代理第三方存管业务”。注重提升农行的知名度和增强市场竞争力，按照上级行精神，在办理“国库集中支付业务”中，由客户部与县财政局取得联系，组织一线员工进行业务培训，两方面同时进行，顺利开办该项业务，做到合规合法操作。

2000—2010年中国农业银行麦盖提支行中间业务情况表

表18-2-3　　单位：万元

年份（年）	中间业务收入	其中：银行卡收入	代理业务收入
2000	1.5	1	0.5
2001	2	1.2	0.8
2002	3	2.3	1.7
2003	5	4	1
2004	10	7	3
2005	59	40	19
2006	81	68	13
2007	92	88	4
2008	117	80	37
2009	88	35	53
2010	148	97	51

第四节　中国农业发展银行麦盖提县支行

一、机构

1997年4月，中国农业发展银行麦盖提县支行（以下简称“农发行”）成立。

2000年，在职编制25人，实有17人，退休3人。

2004年，在文化西路18号新建营业办公楼，建筑面积95平方米，竣工后，顺利搬迁。隶属于中国农业发展银行喀什地区分行，内设机构为信贷、财务会计营业、审计稽核、安全保卫及办公室。编制23人，实有17人。

2005年，编制25人，实有在职18人，退休5人。

2010年，内设机构变更为客户业务部、会计结算部和办公室，在职编制25名，实有在职职工19人。

二、业务经营范围

办理由国务院确定、中国人民银行安排资金并由财政予以贴息的粮食、棉花、油料、猪肉、食糖等主要农副产品的国家专项储备贷款；办理粮、棉、油收购和调拨贷款；办理棉麻系统棉花初加工企业的贷款；办理政府财政支农资金的代理拨付，为各级政府设立的粮食风险基金开立专户并代理拨付；发行金融债券；办理业务范围内开户企事业单位的存款；办理开户企事业单位的结算、境外筹资；办理经国务院和中国人民银行批准的其他业务。

自2007年起，经银监会批准，陆续开办代理保险业务、咨询顾问业务，以及政府基础设施建设、新农村建设、棚户区改造、水利、农村路网、易地扶贫搬迁等中长期项目贷款资金的投放与管理，为农业和农村经济发展服务。

三、存款业务

农发行自1997年4月成立至2010年，无个人存款业务，主要办理业务范围内开户企事业单位的存款、结算工作。1997—2010年，存款余额7503万元。

四、贷款业务

1997年4月，农发行正式接收县农行划转的农业政策性信贷业务。

1998年，农发行组织有关人员对扶贫开发性贷款、人行划转的专项贷款进行全面清理核实。

1999年，国家粮改政策出台，肩负着全县1189万元贷款资金和1817万吨粮食、52万担棉花收购资金及2家粮棉收储公司、15个收储点、35栋仓库的资金供应与管理。

2005年，各项贷款余额2.04亿元。同年，农发行发放粮食收购贷款1450万元，信贷员核打收购码单2.25万张，收购粮食1.07万吨。全年，销售粮食1.25万吨，收回收购贷款1628万元，收回利息65万元。2005年9月，农发行会计综合业务系统正式上线运行。

1997—2010年，累计发放粮棉贷款34.38亿元。

1997—2010年中国农业发展银行麦盖提支行贷款发放情况表

表18-2-4　　单位：万元

年份（年）	存款	贷款	资产	负债	利润
1997	38	28424	29228	13	–611
1998	21	46616	47755	47919	–185
1999	39	46868	52875	52571	284
2000	16	31970	5356	5136	227
2001	13	25926	28350	28179	150
2002	4	1738	4050	3963	65
2003	1	1583	15165	14989	146
2004	10	23721	26026	25647	350
2005	10	4309	13382	20919	–130
2006	639	20376	4904	24704	658
2007	1327	13814	294	13581	652
2008	2575	22728	281	22866	295
2009	2792	26429	26816	26566	250
2010	18	49309	48596	48610	–14

第五节　麦盖提县农村信用合作联社

一、机构

1991年，麦盖提县农村信用联社隶属农业银行代管，辖基层信用社10个、代办站33个，员工总数97人。

1996年10月1日，中国农业银行总行下发《关于撤销农村信用社管理机构问题的通知》，宣布撤销农业银行对县联社的行政管理，县联社与农行脱离行政和业务方面的关系，由各级农村金融改革领导小组和各级人民银行负责对县农村信用联社行政和业务方面管理，县农村信用联社各网点工作人员以及固定资产、财务、结算、机构管理、人事等一并交予人民银行管理。

1996年12月30日，经自治区农村金融体改办批复，县农村信用联社与农行正式脱钩，独立经营、自负盈亏，由人民银行托管。

1999年4月2日，经中国人民银行喀什地区中心支行批复同意，县农村信用联社营业部英巴扎分社迁往英巴扎路14号营业。

2001年，县农村信用联社接收尕孜库勒信用社和库尔玛信用社营业网点，库木库萨尔信用社交予尕孜库勒信用社管理。

2002年12月30日，县农村信用联社脱离人民银行麦盖提县支行的业务和行政管理，由喀什地区银监局托管。县农村信用联社接纳农行在各乡镇的营业网点。

2003年5月7日，同意巴扎结米乡信用社新建营业办公楼，县农村信用联社划归喀什银监分局行业管理。

2004年7月，县农村信用联社接纳建设银行麦盖提县支行撤并后固定资产、各项存款业务和10名员工。

2006年9月10日，县农村信用合作联社成立，具有独立法人资格，隶属自治区农村信用合作联社垂直管理。12月26日，农村信用合作联社实行一级法人开业，对各分社金融机构金融许可证、名称、业务公章进行变更，取消10家乡镇信用社法人资格。截至年末，麦盖提县农村信用合作联社拥有15个营业网点。

2007年3月18日，县联社统一法人正式开业，实行一级法人，统一核算、分级管理、授权经营的管理体制。县联社管理部设立财务信息部、计划信贷部、监察保卫部、审计稽核部、联社营业部和综合办公室“五部一室”。在职员工137人，内退8人、退休22人。5月23日，经喀什银监分局批准，县联社接收兵团第三师四十六团农行的业务，将刀郎信用社搬迁至第三师四十六团，更名为其克里克信用社。8月，县联社总部从英巴扎路10号迁址文化路38号。12月，县联社成立银行卡营销工作领导小组。

2008年1月10日，成立中共麦盖提县农村信用合作联社委员会，中共麦盖提县农村信用合作联社纪律检查委员会，由自治区联社党委领导，县委协助管理，党的组织关系隶属自治区联社党委组织部管理。

二、存款

1991年，为各网点配备自行车，广揽储蓄。年底，储蓄存款余额3300万元、农业生产贷款1800万元、其他贷款300万元，总贷款余额2100万元。

1992年1月1日，根据人民银行自治区分行对定活两便储蓄利率的计息问题作出规定，存期不足三个月的，按天数付活期利息；存期三个月以上（含三个月），不满半年的，整个存期按定期整存整取三个月利率打九折计息；存期半年以上（含半年），不满九个月的，整个存期按定期整存整取半年利率打九折计息；存期在九个月以上（含九个月），不满一年的，整个存期按定期整存整取九个月利率打九折计息；存期在一年以上（含一年），无论存期多长，整个存期一律按整存整取一年期利率打九折计息。如在存款期间遇到利率调整，利率由低到高时要分段计息，利率由高到低时不再分段，仍按原高利率执行。10 月 30 日，为帮助贫困地区信用社落实扶持政策，国务院规定的 11 个贫困县和自治区规定的“三照顾”的贫困地区的信用社存款准备金比例降到 8%，其他地区信用社一律按 10% 缴存，县联社被列入自治区“三照顾”社，享受存款准备金率 8% 的优惠政策。

1996 年 4 月 2 日，县联社停止办理保值定期、保值储蓄存款业务。

1997 年，开办活期存款、定期存款、零存整取、定活两便、保值储蓄、有奖储蓄等多种存款业务，为客户提供多项选择空间，满足不同客户的意愿及要求。

1998 年 3 月，根据上级规定，人行喀什地区分行将各银行业金融机构的法定存款准备金存款和备付金存款两个账户合并，称为“准备金存款”账户。扩大一般存款范围，将代理人行财政性存款中机关团体存款、财政预算外存款划为一般存款缴存法定存款准备金，法定存款准备金率由 13% 下调到 8%。城乡信用社法定存款准备金缴存到人行喀什地区分行，准备金存款账户剔除法定存款准备金后的超额部分（即改革前的备付金存款）不再实行比率控制。7 月 22 日，根据人行自治区分行关于立即停办有奖储蓄存款业务的通知，县联社停止办理有奖储蓄存款业务。该项业务自实施到停办历经 42 年。

1999 年 11 月 1 日，开始全面办理代扣代缴储蓄存款利息所得税业务。

2000 年，执行国务院颁布实施《个人存款账户实名制规定》。3 月，开始试运行农户联保贷款业务。

2002 年，接纳农行在各乡镇的营业网点储蓄存款、对公存款，大批客户转入信用联社。

2003 年 9 月 21 日，存款准备金率由 6% 上调至 7%，县联社保持 6% 不变。

2004 年 4 月 25 日，实行差别存款准备金率制度，将资本充足率低于一定水平的金融机构存款准备金提高 0.5 个百分点，存款准备金率由 7% 上调至 7.5%，其他金融机构仍执行原存款准备金率，农村信用社保持 6% 不变。

2005 年 3 月 26 日，县联社开办教育储蓄存款业务。10 月 1 日，在全疆范围开通了联行业务和储蓄卡存取款业务。

2006 年，上调存款准备金率，由 6% 调高至 6.5%。

2007 年 9 月，开始与同业金融机构办理定期存款转贴现资金营运业务。10 月，开通信用社系统同存同兑业务。

2008 年，制定《麦盖提县农村信用合作联社存款营销协调办法》，严禁联社内部之间互拉存款，网点不得违背客户主观意愿将已在联社开户单位或个人销户后重新开户。制定《麦盖提县农村信用合作联社单位存款基本账户营销奖励办法》，按月对符合条件新增单位基本账户，给予一次性奖励；按新增账户年日均存款余额一定比例按年度奖励营销人员。

2010 年，加大对“三农”和县域经济支持力度，向农民群众提供发展生产、发展畜牧业贷款，向企业提供扩大再生产各项贷款，全年调高 3 次。

三、贷款业务

1991 年 5 月 10 日，农行自治区分行《关于印发〈新疆农村信用社信贷管理规范化实施细则〉的通知》明确规定，将信用社贷款方式分为抵押贷款、担保贷款和信用贷款三种。

1992年，以高产、高效、优质为目标，突出科技兴农、抗旱兴农、社会系列化服务三个重点。农业贷款从单纯支持提供农业初级产品为主向支持建立种养一条龙、农工商一体化转变，从资金分散使用、粗放管理向资金适当集中、集约管理转变，重点投入农副产品加工、机械制造等支柱产业转变，支持经济效益好、信誉高的企业应用新技术、开发新产品。6月，对三、四类企业贷款实行财产抵押。

1994年，加强贷款风险管理，提出要严格掌握贷款对象和条件的要求，规定申请信用贷款的企业必须拥有30%～50%的自有资金，严格对企业在他行开户及资金流向的审查，全面掌握企业资产负债情况后才能发放贷款；要求企业在其账户内应经常保持相当于借款额10%～20%的存款，作为支付保证金，对贷款投放限制增多，贷款门槛有所抬高。贷款分为农业贷款、乡镇企业贷款和其他贷款三大类，细分为短期类、中长期类、抵押类、逾期类、催收类。

1995年，取消信贷规模限额管理，全面实施金额资产负债比例管理，资金向农业倾斜，农业贷款的增长幅度高于其他贷款。注重支持科技兴农，培植新的效益增长点，优先保证粮、棉、油生产的小额费用贷款，并简化手续，优惠利率。

1996年，贷款投放量有所加大。贷款投放主要集中在乡镇企业。全年，为企业、个体户发放贷款总额为934.9万元；为农业发放贷款总额3294.2万元。

1998年，按照人民银行总行多存多贷，少存少贷，瞻前顾后，合理调剂的原则，农村信用合作社立足"三农"，实行农户贷款优先、社员贷款优先、农业贷款优先，支持农业规模经营和专业化生产、农业实用技术的推广、搞活农村商品流通、农副产品加工、农村发展社会化服务体系等，对乡镇企业仍择优扶持，重点支持产品有销路、还贷有保证的骨干企业。7月8日，人行自治区分行转发总行《关于中国人民银行分行再贷款管理若干规定的通知》，开始办理人行支农再贷款业务。

2000年，以提高农业效益和增加农民收入为核心，做好农业和农村经济结构调整为目标，尽量满足"三农"资金需求。按照增加贷款总量，调整信贷结构，加快资金周转，帮助农民增收的总体思想，把信贷服务扩大到种养、加工等各个领域，建立了政府、信用社、农民"三位一体"的支农服务体系。

2001年，开办农户联保贷款、农户小额信用贷款、助学贷款三个特色信贷产品。6月，办理大学生创业贷款4笔25万元。9月，调查了解向行政单位干部职工发放贷款情况。

2006年5月，贷款五级分类系统正式上线。6月，调整基层信用社贷款审批权限，农户联保贷款最高额度限定在2万元以内（含2万元）。

2007年3月8日，发布《麦盖提县农村信用合作联社牧业贷款管理办法》。全年发放农业贷款1.76亿元；发放小额信用贷款余额1.59亿元；发放农户联保贷款301万元。8月，制定《麦盖提县党员互助金管理办法》，基金来源为：在党内公开募捐一部分，每年从县委留存党费中划拨一部分，上级组织部门扶持基金最低筹额30万元，县农村信用合作联社作为受托方负责党员互助金的日常管理、核算、发放以及回收，贷款发放对象按照国家法律、政策允许的范围根据情况而定。

2008年，农业贷款余额1.53亿元，占比72.94%；发放农户小额信用贷款2.32亿元。截至年底，辖属机构未到期农户小额信用贷款余额为1亿元；发放农户联保贷款776万元；全辖农户联保贷款余额为186.92万元。

2009年，推出住房抵押贷款、农村专业合作组织贷款、中小企业抵押贷款、中小企业固定资产贷款、中小企业流动资金贷款、担保公司担保贷款、设施农业贷款、农副产品收购加工企业浮动抵押贷款和票据贴现等新业务。

2010 年 5 月，信贷系统新系统上线，由原来在门柜系统发放的委托贷款，转向信贷新系统发放，减少错误发生，使贷款流程更方便简洁；全年发放妇女创业贷款 11 笔 12.6 万元；发放下岗再就业贷款 81 笔 405 万元；经自治区联社批复，获准办理个人住房按揭贷款业务；新增个人按揭贷款业务。

2000—2010 年麦盖提县农村信用合作联社部分年份各项存、贷款情况表

表 18-2-5　　单位：万元

年份（年）	储蓄存款	单位存款	存款总额	贷款总额
2000	6215.51	1101.05	7316.56	5398.1
2001	8353.34	2158.3	10511.64	5732.8
2002	9013.21	2683.23	11696.44	4682
2003	—	—	20292	10200
2004	16197.98	9200.48	25398.46	17713.3
2005	19350.26	7815.06	27165.32	29943.1
2006	21259.22	8980.82	30240.04	6696.77
2007	28554.1	13965.2	42519.3	10550.8
2008	32800.48	24214.61	57015.09	21008.25
2009	35750	33229	68979	28312
2010	43912.44	73934.78	117847.22	31560.3

四、中间业务

1999 年 11 月，国家开征个人储蓄存款利息所得税，县农村信用合作联社按照规定代扣代缴个人储蓄存款利息所得税。

2004 年，向喀什地区银监分局申请开办中间业务，同年开办代收代付和代理销售业务，对中间业务建立定期报告制，加强识别、监测，控制中间业务风险。

2006 年 10 月 10 日，与麦盖提县地税局签订委托代征税款协议书，凡在农村信用合作联社贷款的单位和个人均需交纳印花税，印花税征收金额标准参照借款合同金额的万分之 0.5 收取。

2008 年 9 月，正式开通人民银行个人征信系统。10 月 17 日，自治区联社与财政厅签署《新疆维吾尔自治区政府非税收入实行银行代收协议书》，县农村信用合作联社全面开展非税收入代理业务，开始代理县、乡两级粮食收购兑付业务。

2009 年，由财险公司自己填制保单并缴入农险专户，余额为 4 万元。

2010 年 5 月 28 日，分别与设立在中国人寿保险股份有限公司麦盖提支公司、泰康人寿股份有限公司麦盖提支公司签订代理保险协议，协议中明确代理险种和双方应履行的责任、义务及权利，2 家保险公司分别对各代理险种制定手续费支付标准，全年，中间业务收入达 67 万元。

五、银行卡业务

2004 年 10 月 1 日，启用计算机办理业务，在全疆范围开通联行业务和储蓄卡存取款业务。

2007 年，县农村信用合作联社推出“玉卡”业务。

2008 年 3 月，县农村信用合作联社发行第一张“玉卡”，银信通业务上线。12 月，获自治区联社批准，麦盖提县农村信用合作联社成功开办统一品牌银行卡“玉卡”（借记卡）新业务。

2009 年，发行“玉卡”6247 张。

2010 年，扩大“玉卡”发放范围，发放“玉卡”8053 张，“玉卡”余额 4190.94 万元。

第六节　中国邮政储蓄银行麦盖提支行

一、机构

1991 年，邮政储蓄所为邮政局的内设机构。

2009 年 9 月，中国邮政储蓄银行有限责任公司麦盖提县支行正式挂牌成立（以下简称“邮储银行”），邮政局和邮政银行实行分营不分家的经营模式。

2010 年，县邮储银行营业厅使用面积 21 平方米，设自动柜员机 ATM 机 1 台。有职工 6 人，其中副行长 1 人、营业人员 3 人。

二、存款业务

1992 年，邮政局在县城邮政营业厅设立邮政储蓄所，开办邮政储蓄业务，按照国家统一的储蓄原则和储蓄利率，办理活期存款、零存整取、整存整取等储蓄业务。

2009 年，县邮储银行成立后，业务不断发展，功能不断完善。至 2010 年，各项货币存款余额为 1.6 亿元。

三、贷款业务

邮储银行始终坚持“根据地方经济求发展，支持地方建设为己任”的经营理念，先后开办了小额贷款、工商业贷款、下岗再就业贴息贷款、小企业贷款等贷款品种。信贷业务发展始终坚持致力于融资服务，把送信贷下乡，服务农村经济发展作为主要抓手，以服务个体工商户、微小企业主作为切入点，将“支持中小企业、服务中小企业”作为全行发展的主线。2009—2010 年，累计投放贷款 350 万元。

第三章　保　险

第一节　中国人民财产保险公司麦盖提县支公司

一、机构

1991 年，中国人民保险公司共有员工 6 人，内设产险部、非车险部。

1997 年，全国实施保险业体制改革，产、寿险分业经营，中保财产保险有限公司麦盖提县支公司成立，员工 4 人。内设产险部、车险部、非车险部、农险部。

2002 年 12 月，中国人民保险公司重组，更名为中国人民保险控股公司麦盖提县支公司。

2007 年 6 月，更名为中国人民财产保险股份有限公司麦盖提支公司（以下简称“人保财险麦盖提支公司”）。

2010 年，正式员工 2 人，营销员 15 人，内设机构未变。

二、保险业务

1991 年，承办的险种有车险、家财险、意外险、健康险。

1996 年，开办农业保险，险种增加到 6 种。

2000 年，开办企财险，险种增加到 7 种。

2001 年后，逐渐调整险种结构，主要经营范围包括财产损失保险、责任保险、信用保险、短期人身健康保险、农业保险、再保险（因投保金额巨大，由两个以上的公司联合承保），新增企财产险、家财险、责任险、机动车辆保险、意外伤害保险、货运险、医疗责任险。

2002 年，开办航空意外险、学幼险、承运人责任险，险种增加到 17 种。

2003 年，开办雇主责任险，险种增加到 18 种。

2004 年，开办种植业保险，险种增加到 19 种。

2005 年，开办养殖业保险，险种增加到 20 种。

2006 年，开办建筑施工意外险。7 月 1 日，正式开办国家规定的机动车交通事故强制保险；新增驾驶员意外险。

2007 年 1 月，农业部将农业保险更名为政策性农业保险；同年，开办信用保证保险，补充医疗保险、养殖业保险。

2008 年，开办旅游景点意外伤害险、火灾公众责任险。

2009 年，开办母婴安心保险、贷款人意外伤害保险，险种增加到 29 种。

三、客户服务

1996 年，大力支持“三农”保险，人保财险麦盖提支公司与总公司共享“通保通赔”与“异地出险、就地理赔”的保险服务。

2008 年 4 月，打造全员全流程服务为内涵的“金牌服务工程”，新推出“第一现场查勘率达到 90%、2 万元以下赔案付款实现率达到 90%”的两个 90% 服务举措，理赔证据更为确凿，缩短了理赔期限，提高了办事效率。

1991—2010 年人保财险麦盖提支公司保费收入及赔付情况表

表 18-3-1

年份（年）	保费收入（万元）	赔款件数（件）	赔款金额（万元）	赔付率（%）
1991	133.3	443	26.4	20
1992	198.9	324	80	48
1993	262.3	1223	105	52.87
1994	358.4	340	86.3	25
1995	378.2	682	446.4	118
1996	420.4	323	227	54
1997	481	596	212.6	44.2
1998	520	249	193.1	37.21
1999	607.4	838	387.4	63.78
2000	554	450	327	59

续表 18-3-1

年份（年）	保费收入（万元）	赔款件数（件）	赔款金额（万元）	赔付率（%）
2001	530	516	191.8	36
2002	559.4	540	337.6	59
2003	593.2	721	370.7	62.5
2004	620	525	284.1	61.7
2005	580	480	319.5	55
2006	635.5	811	428.3	67.4
2007	680	570	395	58.1
2008	717	912	363.5	50.7
2009	1054	886	574.4	54.5
2010	1450	1280	830	57.24

第二节　中国人寿保险公司麦盖提县支公司

一、机构

1991 年，寿险业务属中国人民保险公司。1997 年，全国实施保险业体制改革，产、寿险分业经营，分设为中保人寿保险有限公司麦盖提县支公司。

1999 年，更名为中国人寿保险公司麦盖提县支公司，公司正式员工 3 人，营销人员 12 人。

2003 年，中国人寿保险公司重组，更名为中国人寿保险集团公司。7 月，县人寿保险公司更名为中国人寿保险股份有限公司麦盖提县支公司，隶属于中国人寿保险股份有限公司喀什分公司，内设客户服务中心、个险部、银保部、团险部。正式员工 3 人，营销人员 17 人。

2010 年，公司正式员工 6 人，营销人员 20 人，内设机构不变。

二、保险业务

1997 年，承办的险种有国寿 99 鸿福两全保险、国寿独生子女两全保险、国寿附加绿舟意外费用补偿医疗保险、国寿附加学生补充医疗保险、国寿附加学生儿童残疾和烧伤意外伤害保险、国寿附加学生儿童人身意外伤害保险、国寿附加学生儿童重大疾病保险、国寿附加学生儿童重大疾病保险（A 型）、国寿附加学生儿童住院定额给付医疗保险、国寿鸿丰两全保险（分红型）（2005 版）、国寿鸿富两全保险（分红型）、国寿鸿星少儿两全保险（分红型）、国寿新简易人身两全保险、国寿长久呵护意外伤害定额给付医疗保险、国寿长久呵护住院费用补偿医疗保险、国寿英才少儿两全保险、国寿综合意外伤害保险、国寿康宁终身重大疾病保险、国寿附加综合团体医疗保险等险种。

2010 年，中国人寿保险股份有限公司麦盖提县支公司开办的险种增加至 26 种。

三、客户服务

中国人寿麦盖提县支公司严格遵守理赔“八不准”和“六条禁令”的原则，随时兑现大额赔款。

1. 契约调查

受理新投保资料审核，做好登记，回执追踪，全程陪同完成各项体验项目；指导客户完成各类问卷走访医院等相关部门；配合业务伙伴查询客户投保前病史，提升承保率。

2. 保全

严格按照完善客户关键信息及要素指标，完备保全资料，协助客户办理保全业务，提高客服时效，提升客户对公司的认可度和满意度。

1996—2010 年中国人寿麦盖提县支公司保费收入及赔付情况表

表 18-3-2

年份（年）	保费收入（万元）	赔款件数（件）	赔款金额（万元）	赔付率（%）
1996	60	16	17.93	29.88
1997	64.21	20	16.22	25.26
1998	77.23	32	20.41	26.42
1999	98.56	32	19.8	20.08
2000	102.59	40	64.83	63.19
2001	104.19	36	59.69	57.28
2002	112.21	29	48.56	43.27
2003	99.23	39	50.13	50.51
2004	139.21	48	68.33	49.08
2005	120.11	39	51.38	42.77
2006	145.98	47	71.23	48.79
2007	139.61	59	72.36	51.83
2008	156.32	61	51.21	32.75
2009	179.49	69	79.26	44.15
2010	180	59	61.29	34.05

第三节　中华联合财产保险公司麦盖提县支公司

一、机构

2000 年 3 月 24 日，中华联合财产保险股份有限公司麦盖提县支公司挂牌成立。内设综合办公室，有职工 4 人。2010 年，新增 1 人，公司职工 5 人。

二、保险业务

2000—2007 年，主要经营企业财产险、个人自用车、营运车和摩托车等性质的车辆保险，短期的个人意外伤害保险，借款人保证保险和借款人意外险。

2008 年，新增加学平险和建筑工地人员意外险种等。

2010 年，公司业务承保险种无大的变化，基本的车险、非机动车险、意外险、保证保险、企业财产险和责任保险全部开展。

三、客户服务

（一）保费收入情况

1. 企业财产保险

2006 年，公司企业财产保险承保数 2 笔，保费金额 3.1 万元。

2007—2008 年，高位增长，保费金额 14.5 万元。

2010 年，效益滑坡，承保数 3 笔，保费金额 3.5 万元。

2. 机动车辆保险

2002—2010 年，财产保险的险种基本上没有变化，但由于机动车辆快速增加，保险业务也快速增长。2010 年，承保数 1962 笔，保费收入 330 万元。

3. 责任保险

2005—2010 年，责任险保费收入 56 万元。其中，2007 年，承保责任险 116 笔，保费金额 19.8 万元。2010 年，保费金额 28.4 万元。

（二）理赔情况

1. 理赔流程

发生保险事故—拨打电话“95585”专线电话报案—公司现场查勘—核定损失—提交索赔单证—领取赔款。

2. 理赔情况

理赔呈逐年增长趋势。2010 年，理赔案件较多，全年理赔案件 675 起，理赔金额 218 万元，赔付率 66.06%。

2000—2010 年中华联合财产保险麦盖提县支公司保费收入及赔付情况表

表 18-3-3

年份（年）	保费收入（万元）	赔款件数（件）	赔款金额（万元）	赔付率（%）
2000	46	190	23	63.88
2001	68	208	34	50.00
2002	79	181	42.6	54.00
2003	84	201	39.2	46.70
2004	124	355	62	50.00
2005	191	390	100	52.35
2006	262	491	145	55.34
2007	278	430	190	68.34
2008	292	550	210	71.91
2009	305	580	225	73.77
2010	330	675	218	66.06

第十九编　中共麦盖提县委员会

1991—2010年，中共麦盖提县委员会历经第六、七、八、九次党代会，选举产生出四届委员会。20年间，各届委员会坚持与中共中央保持高度一致，认真贯彻落实中共十四大、十五大、十六大、十七大确定的路线、方针、政策及各次全会作出的系列重大战略部署，坚持以马克思列宁主义、毛泽东思想、邓小平理论、"三个代表"重要思想、科学发展观为指导，坚持改革开放，坚持以经济建设为中心，统揽全局、协调各方，着力加强党的组织建设、思想建设、作风建设、能力建设，相继开展"三讲"、"三个代表"重要思想、"保持共产党员先进性"、"学习实践科学发展观"、"创先争优"教育活动，提升各级党组织驾驭经济发展和统领各项社会事业的能力。坚持高标准发展党员，大胆使用干部，教育、培训管理跟上，为党的事业增添活力。坚持党风廉政建设不放松，建立领导干部重大事项报告制度、述职述廉制度，严格落实党员领导干部廉洁自律准则等各项规定，认真查处党员、干部队伍中违纪违法行为，惩治腐败，纯洁党员干部队伍。着力加强党对各项事业的领导，"严打"专项斗争卓有成效，社会治安持续向好。注重宣传思想政治工作，深入开展党的路线、方针、政策宣传，英楷事迹宣传、爱国主义宣传、强化文明意识宣传，"热爱伟大祖国，建设美好家园"等正能量宣传，加强全民思想教育，凝聚加快发展的合力。

第一章　党员　党的代表大会

第一节　党　员

1991—2010年，麦盖提县各级党组织认真贯彻执行"坚持标准、保证质量、改善结构、慎重发展"的发展党员工作方针，把坚持党员标准，保证发展党员质量放在首位，严格坚持党员条件和入党程序，不断提高党员素质，改善党员的年龄和文化结构。实行团支部、妇代会推优工作制度，培养吸收优秀青年团员和妇女入党。每名入党积极分子在入党前都要经过培养、培训、考察、讨论确定、审批等若干环节，至少两年时间才能发展为预备党员，随着发展党员工作的进一步规范，做到成熟一个发展一个。

1991年，全县有党员4289人。其中，男党员3692人，女党员597人；大专以上文化程度的党员181人，中专文化程度的党员489人，高中文化程度的党员332人，初中以下文化程度党员3287人。

1995年，全县有党员5310人。其中，男党员4476人，女党员834人；45岁以下党员2711人，占党员总数的51%。

2000年，全县新发展党员420人，全县党员总数增加到6776人。

2005年，全县有党员7514人。其中，男党员5930人，女党员1584人；45岁以下党员4263人，占党员总数的57%。

2010年，全县新发展党员340人，全县党员总数增加到8243人。其中，少数民族党员6837人，占党员总数的82.94%；妇女党员2038人，占党员总数的24.7%；农民党员4382人，占党员总数的53.16%。

1991—2010 年麦盖提县各年度发展党员情况表

表 19-1-1

年份（年）	发展党员情况（人）					
	总数	女	少数民族	35 岁以下	高中以上	工作生产一线
1991	313	47	286	169	83	313
1992	346	55	304	218	138	346
1993	190	20	178	132	51	190
1994	388	75	337	273	149	321
1995	299	75	245	223	142	299
1996	356	78	333	265	86	348
1997	364	81	330	257	157	327
1998	345	78	290	273	165	238
1999	428	117	359	349	171	428
2000	420	110	343	344	208	420
2001	438	121	336	365	236	278
2002	277	89	229	239	150	185
2003	252	63	206	218	127	194
2005	281	94	213	281	158	281
2006	297	110	228	242	215	297
2007	268	97	217	221	158	268
2008	300	105	239	245	184	300
2009	312	119	248	236	199	312
2010	340	118	253	251	207	331

1991—2010 年麦盖提县党员基本情况表

表 19-1-2　　　　单位：个、名

年份（年）	党组	基层党组织			党员总数	性别		年龄					民族		文化程度					行业分布						入党时间					
		党委	总支	支部		男	女	35 岁以下	36～45 岁	46～54 岁	55～59 岁	60 岁以上	汉	民	研究生	大学本专科	中专	高中、技工	初中及以下	机关干部	企事业管理、技术人员	工人	农牧民	退休	其他	1949 年 9 月前	1949 年 10 月至 1966 年 4 月	1966 年 5 月至 1976 年 10 月	1976 年 11 月至 1992 年 9 月	1992 年 10 月以后	2002 年 11 月以后
1991	6	13	9	265	4289	3692	597	926	1169	1209	381	604	474	3815	—	181	489	332	3287	640	588	213	2637	158	53	24	1340	676	2249	—	—
1992	6	13	10	278	4577	3937	640	1109	1243	1246	399	580	537	4040	—	223	553	452	3349	564	841	217	2715	199	41	19	1374	677	2507	—	—
1993	6	12	10	281	4746	4072	674	1186	1365	1125	415	655	553	4193	—	262	611	454	3419	561	874	205	2781	269	56	19	1368	631	2499	229	—
1994	6	12	11	280	5078	4310	768	1243	2666		1169		602	4476	—	342	711	451	3592	65	846	258	2710	267	62	19	1276	615	2426	742	—
1995	6	12	11	282	5310	4476	834	1358	1495	1216	497	744	670	4640	—	366	782	500	3662	790	943	216	3010	290	61	19	1284	627	2401	979	—
1996	6	13	10	283	5700	4735	965	1588	1550	1296	522	744	715	4985	—	439	882	548	3831	679	1112	261	3191	294	103	17	1202	622	2397	1462	—
1997	6	13	10	293	5968	4944	1024	1732	1596	1335	499	806	726	5242	—	485	916	596	3971	691	1100	419	3367	296	80	15	1162	614	2366	1811	—
1998	6	14	11	306	6210	5147	1063	1864	1620	1359	499	868	763	5447	—	549	986	640	4035	717	1010	534	3474	302	66	15	1106	628	2330	2131	—
1999	6	14	10	298	6509	5320	1189	2097	1936	1016	560	900	825	5684	—	621	1098	655	4135	936	1220	283	3639	306	125	15	1025	654	2260	2555	—
2000	6	14	9	298	6776	5514	1262	2086	1752	1452	489	997	921	5855	—	831	1132	683	4130	853	1414	152	3765	400	192	7	929	718	2172	2950	—
2001	6	14	9	305	7109	5724	1385	2283	1777	1413	465	1171	1002	6107	—	954	1189	717	4249	941	1246	259	4076	405	174	9	855	727	2072	3445	—
2002	8	14	10	308	7199	5783	1416	2184	1970	1342	507	1196	1016	6183	—	1034	1210	723	4231	814	1258	316	4136	420	246	6	828	702	2037	3626	—
2003	8	19	17	317	7282	5803	1497	2383	1979	1323	479	1118	993	6289	8	1106	1222	768	4178	882	1370	215	4168	509	137	3	809	697	2021	3752	—

续表 19-1-2

年份（年）	党组	基层党组织			党员总数	性别		年龄					民族		文化程度					行业分布						入党时间					
		党委	总支	支部		男	女	35岁以下	36~45岁	46~54岁	55~59岁	60岁以上	汉	民	研究生	大学本专科	中专	高中、技工	初中及以下	机关干部	企事业管理、技术人员	工人	农牧民	退休	其他	1949年9月前	1949年10月至1966年4月	1966年5月至1976年10月	1976年11月至1992年9月	1992年10月以后	2002年11月以后
2004	10	20	16	343	7430	5938	1492	—	—	—	—	—	1144	6286	—	—	—	—	—	—	—	—	—	—	—	—	—	—	—	—	—
2005	10	19	15	357	7514	5930	1584	2170	2098	1351	645	1250	1158	6356	7	1457	1142	726	4182	871	1216	315	4296	627	189	6	665	632	2003	4208	—
2006	10	19	16	363	7693	6011	1682	2103	2219	1456	644	1271	1205	6488	7	1544	1233	762	4147	987	1230	282	3644	608	942	4	571	598	1960	4560	—
2007	11	20	16	367	7857	6070	1787	2102	2333	1421	663	1338	1249	6608	6	1717	1178	759	4197	916	1407	299	4373	660	232	5	517	570	5385	1380	—
2008	18	25	13	367	7902	6061	1841	2017	2388	1428	696	1373	1243	6659	7	1831	1131	739	4194	914	1419	210	4454	668	237	4	487	551	5197	1663	—
2009	18	25	13	349	8013	6082	1931	1989	2444	1453	690	1437	1301	6712	11	1966	1069	795	4172	906	1623	263	4430	655	226	4	439	528	5090	1952	—
2010	18	25	13	352	8243	6205	2038	1961	2557	1533	649	1543	1406	6837	18	2172	1079	753	4221	951	1607	295	4382	775	233	3	376	511	5045	2308	—

第二节　党的代表大会

1992年11月至2010年11月，中共麦盖提县委员会历经第六、七、八、九届委员会届期。其间，中共麦盖提县委员会以中共十四大、十五大、十六大、十七大精神和邓小平理论、“三个代表”重要思想、科学发展观为指导，坚持“一个中心、两个基本点”的基本路线和各项方针、政策，不断加强党的思想建设、组织建设、作风建设和党风廉政建设，团结带领全县各族人民解放思想、团结奋斗、抓住机遇、负重奋进，实现了国民经济和各项社会事业全面进步和发展。

一、中共麦盖提县第六次代表大会

中共麦盖提县第六次代表大会于1992年11月25—28日召开。全县有党员4577人，应出席会议代表191人，实出席代表182人，特邀和列席代表41人。大会听取并审议《全面贯彻落实“十四大”精神，解放思想，团结奋斗，加快发展奔小康》工作报告和中共麦盖提县纪律检查委员会工作报告。

大会总结中共麦盖提县第五届委员会三年来的工作；选举产生中国共产党麦盖提县第六届委员会和纪律检查委员会；确定今后一个时期的工作任务。

二、中共麦盖提县第七次代表大会

中共麦盖提县第七次代表大会于1997年3月14—15日召开。全县有党员5968人，出席会议代表190人，特邀和列席代表35人。大会听取并审议麦盖提县第六届委员会题为《抓住机遇，负重奋进，为加快建设富裕、文明县而奋斗》工作报告和中共麦盖提县纪律检查委员会的工作报告。选举产生了中共麦盖提县第七届委员会委员20人。选举产生新一届纪律检查委员会。

大会总结麦盖提县六届党代会以来改革开放实践的成就和基本经验，根据党对经济与社会发展的总体要求，部署今后五年的工作。大会动员全县共产党员、各族干部和群众进一步解放思想，抢抓机遇，为全面实现麦盖提县“九五”计划制定的宏伟目标而努力奋斗。

三、中共麦盖提县第八次代表大会

中共麦盖提县第八次代表大会于2001年8月27—29日召开，全县有党员6978人，出席会议代表209人。大会听取和审议《以“三个代表”重要思想为指导，带领全县各族人民努力开创我县经济和社会发展各项事业的新局面》工作报告和第七届纪律检查委员会《切实履行职责，加大从严治党力度，全面推进全县党风廉政建设和反腐败斗争》工作报告，审议通过《关于四年来全县党费收缴、使用和管理情况的报告》。

大会总结和回顾中共麦盖提县第七届委员会五年来的工作，选举产生中共麦盖提县第八届委员会和第八届纪律检查委员会，安排部署今后五年党的各项工作，会议提出要团结带领全县各族人民只争朝夕，务实创新，为把麦盖提县建设成为富强文明、团结稳定的叶河东岸中心城镇而竭诚奋斗。

四、中共麦盖提县第九次代表大会

中共麦盖提县第九次代表大会于2006年8月14—17日召开，出席会议的代表289人。大会听取和审议《以科学发展观统领全局，全面推进麦盖提县经济社会发展的新跨越》工作报告和中共麦盖提县第八届纪律检查委员工作报告。选举产生中共麦盖提县第九届委员会常务委员11人和中共麦盖提县第九届纪律检查委员会委员。

全面部署今后五年党的各项工作，实施特色农业、工业强县、外向带动、民营推动、城镇拉动、科教兴县六大战略。加强农业基础地位，稳步推进社会主义新农村建设；坚持“工业强县”的战略，加快推进新型工业化进程；加快发展第三产业；加大招商引资力度，加快非公有制经济发展；树立经营城市理念，搭建经济发展平台，不断提升城镇化水平；努力构建社会主义和谐社会，全面推进社会各项事业发展；牢固树立稳定压倒一切的思想，坚定不移地维护社会政治稳定；切实加强和改进党的建设。

第二章　组织机构

第一节　领导机构

1991—2010 年，历届中共麦盖提县委员会认真贯彻执行党在不同时期的各项路线、方针、政策，以马克思列宁主义、毛泽东思想、邓小平理论、“三个代表”重要思想、科学发展观为指导，坚决贯彻落实中共中央、国务院、自治区党委、地委的施政方略，坚持党的思想建设、组织建设、作风建设、制度建设和反腐倡廉建设。始终把推动科学发展作为解决一切问题的基础，始终把改革开放作为促进发展的强大动力，始终把保障和改善民生作为全部工作的出发点和落脚点，始终把加强民族团结作为长治久安的根本保障，始终把维护社会稳定作为发展进步的基本前提，带领各族人民解放思想、实事求是、开拓创新、团结奋斗。1991—2010 年，中共麦盖提县共召开 4 次党代会，每 5 年召开一次，选出县委书记、副书记、常委。

1991—2010 年中共麦盖提县历届委员会领导情况表

表 19-2-1

届次	姓名	性别	族别	职务	任职时间
第六届委员会（1992—1997）	李存年	男	汉族	书记	1992.11—1997.3
	衣明・艾买尔	男	维吾尔族	副书记	1992.11—1995.6
	刘开银	男	汉族	副书记	1992.11—1997.10
	艾克拜尔・艾德尔	男	乌孜别克族	副书记	1992.9—2001.1
	高培元	男	汉族	副书记	1992.11—1993.7
	徐忠栋	男	汉族	副书记	1996.11—1997.3
	吾斯曼・卡斯木	男	维吾尔族	常务委员	1992.11—1997.3
	贺永祥	男	汉族	常务委员（副县长）	1992.11—1997.3
	那曼・艾沙	男	维吾尔族	常务委员（纪检书记）	1992.11—1997.3
	王学军	男	汉族	常务委员（组织部部长）	1992.11—1994.3
	张天录	男	汉族	常务委员（政法委书记）	1992.11—1997.3
	阿不都外力・阿吾提	男	维吾尔族	常务委员	1993.11—1997.3

续表 19-2-1

届次	姓名	性别	族别	职务	任职时间
第六届委员会（1992—1997）	买买提·巴拉提	男	维吾尔族	常务委员	1993.11—1997.3
	雷天凡	男	汉族	常务委员	1993.11—1995.4
	李　青	男	汉族	常务委员（组织部部长）	1994.12—1996.11
	臧爱武	男	汉族	常务委员（组织部部长）	1996.11—1997.3
第七届委员会（1997—2001）	高建军	男	汉族	书记	1997.10—2001.8
	艾克拜尔·艾德尔	男	乌孜别克族	副书记	1997.10—2001.1
	徐忠栋	男	汉族	副书记	1997.10—2000.5
	阿不都克尤木·买买提	男	维吾尔族	副书记	1997.11—2001.8
	张道民	男	汉族	副书记	1999.7—2001.8
	帕尔哈提·买买提	男	维吾尔族	副书记	2000.5—2001.8
	沈新源	男	汉族	副书记	2001.1—2001.8
	郑　重	男	汉族	副书记	2001.1—2001.8
	穆特力甫·阿不都克力木	男	维吾尔族	副书记	2001.8—2001.8
	贺永祥	男	汉族	常务委员（副县长）	1997.10—2001.1
	买买提·巴拉提	男	维吾尔族	常务委员	1997.10—1997.12
	那曼·艾沙	男	维吾尔族	常务委员（纪委书记）	1997.10—2001.1
	臧爱武	男	汉族	常务委员（组织部部长）	1997.10—2001.1
	沈新源	男	汉族	常务委员（宣传部部长）	1997.10—2001.8
	张天录	男	汉族	常务委员（政法书记）	1997.10—2001.1
	艾海提·艾克木	男	维吾尔族	常务委员	1997.10—2000.5
	马国兴	男	蒙古族	常务委员（人武部政委）	1997.10—1999.1
	胡继新	男	汉族	常务委员（副县长）	1997.11—1998.1
	依明·吐来克	男	维吾尔族	常务委员	1998.2—2001.1
	张　怀	男	汉族	常务委员	1999.1—1999.8
	陈　宏	男	汉族	常务委员	1999.8—2001.8
	莫春宝	男	汉族	常务委员（副县长）	2001.1—2001.8
	杨　卫	男	汉族	常务委员	2001.1—2001.8

续表 19-2-1

届次	姓名	性别	族别	职务	任职时间
第七届委员会（1997—2001）	汗尼克孜·达吾提	女	维吾尔族	常务委员（宣传部部长）	2001.1—2001.8
	吴承华	男	汉族	常务委员（人武部政委）	2001.8—2001.8
第八届委员会（2001—2006）	高建军	男	汉族	书记	2001.8—2002.10
	闫　俭	男	汉族	书记	2002.10—2006.8
	阿不都克尤木·买买提	男	维吾尔族	副书记	2001.8—2002.12
	张道民	男	汉族	副书记	2001.8—2002.7
	帕尔哈提·买买提	男	维吾尔族	副书记	2001.8—2002.11
	沈新源	男	汉族	副书记	2001.8—2004.9
	郑　重	男	汉族	副书记	2001.8—2006.5
	穆特力甫·阿不都克力木	男	维吾尔族	副书记	2001.8—2006.5
	刘钦海	男	汉族	副书记	2002.7—2005.7
	阿不力米提·玉买尔	男	维吾尔族	副书记	2002.11—2006.5
	阿不都克里木·阿不都瓦依提	男	维吾尔族	副书记	2002.12—2006.8
	杨　卫	男	汉族	副书记	2004.9—2006.5
	韩招文	男	汉族	副书记	2005.8—2006.8
	董　建	男	汉族	副书记	2006.5—2006.8
	莫春宝	男	汉族	常务委员	2001.8—2002.11
	杨　卫	男	汉族	常务委员	2001.8—2006.8
	汗尼克孜·达吾提	女	维吾尔族	常务委员	2001.8—2006.8
	吴承华	男	汉族	常务委员	2001.8—2004.4
	阿不力米提·玉买尔	男	维吾尔族	常务委员	2002.11—2006.8
	周世伟	男	汉族	常务委员	2002.11—2006.8
	阿不都艾尼·阿布都瓦衣提	男	维吾尔族	常务委员	2002.11—2006.8
	王世信	男	汉族	常务委员	2004.2—2006.8
	刘永泉	男	汉族	常务委员	2004.4—2006.1
	苑　宇	男	汉族	常务委员	2004.9—2006.8

续表 19-2-1

届次	姓名	性别	族别	职务	任职时间
第八届委员会（2001—2006）	孙春友	男	汉族	常务委员	2006.1—2006.8
	艾尼瓦尔·托合提尼亚孜	男	维吾尔族	常务委员	2006.5—2006.8
第九届委员会（2006—2010）	闫　俭	男	汉族	书记	2006.8—2007.9
	王胜平	男	汉族	书记	2007.9—
	阿不都克里木·阿不都瓦依提	男	维吾尔族	副书记	2006.8—2010.9
	韩招文	男	汉族	副书记	2006.8—2007.3
	董　建	男	汉族	副书记	2006.8—
	李纯林	男	汉族	副书记	2007.3—2008.8
	何国强	男	汉族	副书记	2008.8—2010.3
	汗尼克孜·达吾提	女	维吾尔族	常务委员	2006.8—
	阿不力米提·玉买尔	男	维吾尔族	常务委员	2006.8—2007.12
	周世伟	男	汉族	常务委员	2006.8—2009.5
	王世信	男	汉族	常务委员	2006.8—2009.4
	杨　卫	男	汉族	常务委员	2006.8—2008.8
	苑　宇	男	汉族	常务委员	2006.8—2008.8
	孙春友	男	汉族	常务委员	2006.8—2009.2
	艾尼瓦尔·托合提尼亚孜	男	维吾尔族	常务委员	2006.8—2007.8
	阿不都艾尼·阿布都瓦衣提	男	维吾尔族	常务委员	2007.8—2010.2
	阿不都艾尼·买买提	男	维吾尔族	常务委员	2007.8—2009.12
	康永强	男	汉族	常务委员	2008.8—
	曹　杰	男	汉族	常务委员	2008.8—
	刘建平	男	汉族	常务委员	2009.2—2010.4
	马军喜	男	汉族	常务委员	2009.4—
	孟建华	男	汉族	常务委员	2009.5—
	卡地阿吉·阿不力克木	男	维吾尔族	常务委员	2009.12—
	阿不都艾尼·居买	男	维吾尔族	副书记	2010.9—

注：2018 年 11 月，阿不都艾尼·居买因违纪违法，被开除党籍开除公职，移送司法机关处理

第二节　党的基层组织

一、乡（镇）党委

1991—1994 年，全县有 9 个乡党委。分别为：中共麦盖提县巴扎结米乡委员会、中共麦盖提县希依提墩乡委员会、中共麦盖提县央塔克乡委员会、中共麦盖提县吐曼塔勒乡委员会、中共麦盖提县尕孜库勒乡委员会、中共麦盖提县克孜勒阿瓦提乡委员会、中共麦盖提县库木库萨尔乡委员会、中共麦盖提县昂格特勒克乡委员会、中共麦盖提县库尔玛乡委员会。

1995 年，成立中共麦盖提县麦盖提镇委员会。

截至 2010 年，全县有 9 个乡党委、1 个镇党委。

二、县直机关、企事业单位党委

1991 年，县直机关、企事业单位有党委 3 个，分别是：中共麦盖提县县直机关工作委员会、中共麦盖提县教育局委员会、中共麦盖提县供销社委员会。

1994 年，成立中共麦盖提县商务和经济信息化系统委员会。

1998 年 2 月，中共麦盖提县公安局党组改为党委。

2003 年 4 月，成立中共麦盖提县经济贸易系统委员会、中共麦盖提县卫生系统委员会、中共麦盖提县农业系统委员会、中共麦盖提县林业系统委员会、中共麦盖提县水利局委员会、中共麦盖提县文化体育广播影视系统委员会。

2008 年 4 月，成立中共麦盖提县交通系统委员会、中共麦盖提县财政系统委员会、中共麦盖提县畜牧兽医系统委员会、中共麦盖提县农牧机械系统委员会、中共麦盖提县人口和计划生育管理系统委员会、中共麦盖提县农技推广系统委员会。

2010 年 4 月，成立中共麦盖提县工商联委员会。

截至 2010 年，全县有县直机关、企事业单位党委、党工委 18 个。分别是：中共麦盖提县公安局委员会、中共麦盖提县教育系统委员会、中共麦盖提县水利局委员会、中共麦盖提县农业系统委员会、中共麦盖提县农牧机械系统委员会、中共麦盖提县农技推广系统委员会、中共麦盖提县林业系统委员会、中共麦盖提县卫生系统委员会、中共麦盖提县经济贸易系统委员会、中共麦盖提县文化体育广播影视系统委员会、中共麦盖提县财政系统委员会、中共麦盖提县人口和计划生育系统委员会、中共麦盖提县交通系统委员会、中共麦盖提县畜牧兽医系统委员会、中共麦盖提县供销系统委员会、中共麦盖提县县直机关工作委员会、中共麦盖提县人民武装部委员会、中共麦盖提县工商联委员会。

三、党组

1991 年，全县共有党组 6 个。分别是：中共麦盖提县人民代表大会常务委员会党组、中共麦盖提县人民政府党组、中国人民政治协商会议麦盖提县委员会党组、中共麦盖提县人民法院党组、中共麦盖提县人民检察院党组、中共麦盖提县公安局党组。

1999 年 5 月，成立中共麦盖提县工商局党组。

2003 年 9 月，成立中共麦盖提县国税局党组。

2004 年 10 月，成立中共麦盖提县质量技术监督局党组；12 月，成立中共麦盖提县国土资源局党组。

2006 年 2 月，成立中共麦盖提县食品药品监督管理局党组。

2007 年 10 月，成立中共麦盖提县地方税务局党组。

2008 年 4 月，成立中共麦盖提县发展和改革委员会党组、中共麦盖提县民政局党组、中共麦盖提县民宗局党组、中共麦盖提县人事劳动和社会保障局党组、中共麦盖提县审计局党组、中共麦盖提县司法局党组、中共麦盖提县城乡建设局党组。

2010 年 4 月，成立中共麦盖提县总工会党组、共青团麦盖提县委员会党组、中共麦盖提县妇女联合会党组。

截至 2010 年，全县有党组 21 个。分别是：中共麦盖提县人民代表大会常务委员会党组、中共麦盖提县人民政府党组、中国人民政治协商会议麦盖提县委员会党组、中共麦盖提县人民法院党组、中共麦盖提县人民检察院党组、中共麦盖提县发展和改革委员会党组、中共麦盖提县民政局党组、中共麦盖提县民宗局党组、中共麦盖提县人事劳动和社会保障局党组、中共麦盖提县审计局党组、中共麦盖提县司法局党组、中共麦盖提县食品药品监督管理局党组、中共麦盖提县城乡建设局党组、共青团麦盖提县委员会党组、中共麦盖提县总工会党组、中共麦盖提县妇女联合会党组、中共麦盖提县地方税务局党组、中共麦盖提县工商局党组、中共麦盖提县国税局党组、中共麦盖提县国土资源局党组、中共麦盖提县质量技术监督局党组。

第三章　重要会议及重大决策

第一节　中共麦盖提县第六届委员会

中共麦盖提县第六届委员会自 1992 年 11 月至 1997 年 10 月，为期 5 年。

1992 年 8 月，经麦盖提县人民代表大会第十届一次会议及其常委会讨论通过了县委、县人民政府起草的《麦盖提县 1986 年至 2000 年国民经济与社会发展总体规划》。全书共分总则、农村经济、基本建设、工业交通、财贸及财政金融、社会发展、专题研究、数学模型预测共 8 章、38 节，60 万字。该规划对县国民经济与社会发展的历史与现状进行系统、全面的分析论断，彻底地摸清麦盖提县解放以来，各个时期的国民经济与社会发展的内在规律，深入分析了人为因素和自然因素，对社会经济发展的影响程度，并且在农业区划的基础上进一步发展运用常规方法和科学方法，对麦盖提县 1986—2000 年的全面发展作战略部署。规划的逐步实施，生产条件的逐步改善，将会使全县工农业生产得到快速、稳定、协调发展。总体规划立法贯彻实施后，将发挥麦盖提县的优势与潜力，指导全县工农业生产和各项事业的发展，将全县经济建设与社会事业发展引向长期、持续、稳定、协调发展的轨道，实现全县在 20 世纪末，工农业总产值、社会总产值和国民生产总值翻三番的宏伟目标。是年 11 月 25 日，麦盖提县委召开第一次全委（扩大）会议，讨论研究以县委名义发布涉及麦盖提县工作部署、政策性文件和县委领导代表县委所作重要工作报告、讲话。作出全面贯彻中共十四大精神，开展“奔小康”的大讨论；坚持以农业为基础不动摇，以市场为导向，调整产业结构，实现农业的优质、高产、高效；逐步把县级经济纳入社会主义市场经济的轨道；大力发展以乡镇企业为主体的农村第二、三产业；充分发挥知识分子作用，全面实施“科教兴县战略”；认真抓好民族团结教育，大力推进社会主义精神文明建设；加强政法工作，保持社会稳定的决定。

1997 年 2 月，县委研究制定《麦盖提县国民经济和社会发展“九五”计划和 2010 年远景目标纲要》。麦盖提县1996—2010年奋斗目标和总体蓝图是：在大力提高经济效益和优化经济结构的基础上，使国民生产总值按1990年不变价格计算，到2000年，在1980年的基础上翻3.45番，达到5.4亿元。到2010年，在2000年的基础上翻一番，达到11亿元，以2000年为基数，后10年平均递增7.37%。到2000年，全县工农业总产值达到9.22亿元，“九五”计划时期年均递增9.76%；到2010年，全县工农业总产值达到18.5亿元，后10年年均增长7.22%。产业结构进一步优化，主要产品产量大幅度提高。农业的基础地位继续得到加强，水利、能源、交通、通信等基础产业对经济的制约进一步缓解，基本适应国民经济发展的需要。以棉花为龙头的产业成为实力更加强大的支柱产业，农区畜牧业的发展和效益要提高到一个新的水平。20世纪末，人民生活从温饱达到小康，生活资料更加丰裕，消费结构趋于合理，居住条件明显改善，劳动者受教育的水平明显提高，文化生活进一步丰富，人人享有初级卫生保健，社会服务设施不断完善。进入21世纪，要在小康的基础上更进一步，努力提高人民的文化生活水平，在国家与自治区有关方针政策指引下，逐步建立与麦盖提县实情相适应的社会保障制度，完善利民便民的社会公共服务设施。发展教育事业，推动科技进步、社会事业全面进步。今后15年，科技进步在经济增长中的作用明显提高，综合经济实力达到全区先进行列，农业技术推广达到发达国家20世纪80年代初的水平。全县青壮年受教育的水平有明显提高。全面普及九年义务教育，积极开展成人教育，要使在职教育有所提升。加速建立社会保障制度，完善医疗卫生服务体系，力争人人享有初级卫生保健。文化、体育、广播、电视等社会事业全面发展，社会治安、生活秩序良好，生态环境状况有所改善。初步建立适应以公有制为基础的社会主义市场经济发展的经济体制和运行机制。集中力量搞好12项重点工程建设。“九五”计划期间，重点建设好棉花基地、粮食基地、畜牧业基地、叶河中游水利枢纽工程、增水工程（300眼大口径机电井）、900千米支斗渠防渗工程、排碱渠工程、低产田改造、农业综合开发工程、县乡道路改造工程、农村电网二期工程、农村住宅改造工程等。

是年5月15日，县委、县人民政府研究制定下发《关于麦盖提县卫生改革与发展的决定》，明确要坚持“以农村为重点，预防为主，中西医并重，依靠科技与教育，动员全社会参与，为人民健康服务，为社会主义现代化建设服务”党的新时期的卫生工作指导方针。要坚持为人民服务的宗旨，坚持以提高人民健康水平为中心，坚持以农村卫生、预防保健为重点，坚持兴办医疗机构以国家和集体为主，坚持引进、开放、加强与兄弟县（市）和区内的交流与合作，坚持物质文明和精神文明“两手抓，两手都要硬”等基本原则。

《决定》要求：各级党委、政府、县直各单位要进一步提高对卫生工作在促进经济发展和社会稳定中具有不可缺少、不可替代的重要作用的认识；各级政府要增加对卫生事业的投入，同时要调动社会各方面筹集发展卫生事业的资金，公民个人也要增加自身医疗保健的投入；切实加强农村卫生工作；坚决贯彻“预防为主”的方针，深入开展爱国卫生运动；继续发掘、整理传统维吾尔医药学；深化卫生改革，增强卫生事业活力；切实加强党和政府对卫生工作的领导。

第二节　中共麦盖提县第七届委员会

中共麦盖提县第七届委员会自1997年10月至2001年8月，为期5年。

1997年12月23—25日，县委召开七届二次全委（扩大）会议，大会的主要任务是贯彻中共十五大精神和自治区、地区两级党委（扩大）会议精神，总结1997年的各项工作，确定跨世纪的奋斗目标和工作思路，安排1998年各项任务。县委书记高建军作题为《高举旗帜，解放思想，负重奋进，加快发展，开创麦盖提县社会主义现代化建设的新局面》的工作报告；动员各级党政、全县各族人民进一步贯彻十五大精神，解放思想，转变观念；抓住机遇，负重奋进，胜利实现跨世界的奋斗目标；加快发展，推动经济建设上台阶；从实际出发，进一步加强精神文明建设；维护社会稳定，确保改革和发展顺利进行；加强党的建设，改善党的领导，进一步增强党的凝聚力和战斗力。

1999 年 1 月 20 日，县委召开七届四次全委（扩大）会议，主要任务是以中共十五届三中全会精神为指导，认真贯彻落实自治区农业和农村工作会议精神，回顾改革开放 20 年来麦盖提县取得辉煌成就和总结 1998 年各项工作，研究确定麦盖提县经济工作跨世纪的指导思想、目标任务和主要措施，部署 1999 年的各项工作，动员全县各级党政组织和各族干部群众，解放思想，拓展思路，坚定信心，知难而进，保持稳定，加快发展，扎扎实实做好经济工作和其他各项工作，为实现全县跨世纪的目标而努力奋斗。县委书记高建军作题为《解放思想　拓展思路　克服困难　扎实工作　夺取麦盖提县经济建设和各项事业新胜利》的报告。研究决定麦盖提县经济发展指导思想、发展目标和任务；县委提出要适应市场要求，优化农村经济结构，增加农民收入；积极稳妥推进农业化进程；全面贯彻落实党在农村的各项政策，充分调动农民的生产积极性；加大国有企业改革力度；强化以水利建设为重点的农业基础设施建设；大力发展科技兴农战略，不断增加农业科技含量；加大工作力度，维护农村稳定；切实加强和改善党对农村和农业工作的领导；加强县精神文明建设。

2000 年 8 月 15 日，县委制定下发《关于贯彻〈中共喀什地委关于深化教育改革全面推进素质教育若干问题的决定〉的意见》，作出切实把教育摆在优先发展的战略地位；全面推进素质教育；深化教育改革；加强学校两支队伍建设；建立保障监督机制，加大教育经费投入；全社会都要关心青少年一代的健康成长的决定。是年 12 月，县委研究制定《麦盖提县国民经济和社会发展第十个五年规划纲要》，总体发展思路和奋斗目标是：以富民强县为目标，突出发展主题，紧扣调整主线，加大改革开放力度，实施“科教兴县”战略，优化农业，调强工业，扩大服务业，膨胀个体私营经济，加快小城镇建设步伐，着力培育新的经济增长点，实现人口资源环境与经济社会的协调发展，推动社会全面进步。国民生产总值达到 6.25 亿元，年均递增 10%。财政收入高于国民生产总值的增长速度；农民人均纯收入年均增收 150 元以上。

2001 年 3 月 16 日，县委、县人民政府制定下发《关于“科教兴麦”战略的决定》。作出按照“经济建设必须依靠科学技术，科学技术必须面向经济建设”的方针，坚持教育为本，大力推进科技进步，加强技术创新，把经济建设真正转移到依靠科技进步和提高劳动素质的轨道上来，实现经济效益、社会效益、环境效益的统一，实现全县经济的振兴的决定。到 2005 年，“科教兴麦”战略的主要目标是根据县国民经济与社会发展“十五”计划，到 2005 年工农业总产值达到 5.28 亿元（其中农业总产值达到 4.57 亿元、工业总产值达到 7130 万元）；农民人均纯收入每年增加 150 元左右。总体目标是充分发挥科学技术的先导作用，强化全社会依靠科技进步的机制，为经济建设与社会发展提供有效的科技服务，从而促进麦盖提县国民经济与社会各项事业健康协调发展；加快技术引进、改造和创新；高新技术进入重点产业；综合科技实力不断提高；科学技术在解决资源、环境、人口等社会问题，提高各族人民生活质量和健康水平，建设社会主义精神文明等方面发挥显著的作用，科学得到进一步发展，决策科学化、民主化水平和管理现代化水平明显提高；重视基础教育，培养创新人才；各族人民的科技文化素质得到明显提高。具体目标是积极推广农作物优良品种，良种覆盖率达到 95% 以上；畜牧业良种改良率达到 85% 以上；化肥利用率、饲料转化率和有效浇灌利用率提高 10%；加强对棉花、小麦、玉米以及林果、畜禽的新品种繁育技术和主要农作物、畜禽病虫害的预报防治技术的引进；加强对增、节水和生态环境保护等方面的试验、示范，科技进步对农业增长的贡献率达到40%，农村劳动生产率和农牧民收入大幅度提高，农民人均纯收入年均增长150元以上。“十五”计划期间，科技进步对工业增长的贡献率逐年提高，初步实现技术改造与经济效益相互促进的良性循环；技术引进规模扩大，消化吸收和创新能力增强，企业技术素质明显提高，开始建立技术创新机制，基本实现工业产品结构调整，主要经济技术指标达到自治区中等水平。建设一批环境保护治理、生态保护、资源综合试验区，促进经济、社会生态持续发展。

第三节 中共麦盖提县第八届委员会

中共麦盖提县第八届委员会自2001年8月至2006年8月，为期5年。

2002年1月22日，县委召开八届二次全委（扩大）会议，会议总结2001年经济和社会发展等各项工作，研究安排部署2002年各项工作和任务，把握全局，认清形势，增强紧迫感和责任感；坚定信心，趋利避害，扎实做好经济工作；切实加强精神文明建设，促进全县社会各项事业的新发展；狠抓各项制度措施的落实，维护社会稳定，确保全县政治大局长治久安；表彰2001年“两个文明”建设中做出突出贡献的先进集体和先进个人；签订了计划生育、环境保护、综合治理3项责任书。

是年12月29日，县委召开八届三次全委（扩大）会议，会议的主题是高举邓小平理论伟大旗帜，全面贯彻“三个代表”重要思想和中共十六大精神，认真总结回顾2002年的工作，安排部署2003年的各项任务，团结带领全县各级党政和干部群众与时俱进、开拓创新、团结拼搏、负重前进，奋力开创麦盖提县改革、发展和稳定事业的新局面。县委书记闫俭作题为《认真学习贯彻落实党的十六大精神　努力开创麦盖提县各项事业发展的新局面》的报告。决定麦盖提县的奋斗目标是：到2020年，国内生产总值比2000年翻两番半，达到23.62亿元，年均递增9.37%。2003年，麦盖提县经济工作的总体发展思路是以“三个代表”重要思想为指导，深入贯彻中共十六大精神、自治区党委六届四次全委（扩大）会议精神和地委扩大会议精神，紧紧抓住西部大开发的历史机遇，以增加农民收入，全面建设小康社会为目标，以发展为主题，以市场为导向，以经济结构调整为主线，以改革开放、科技创新为动力，不断优化城乡经济结构，努力增加农民收入和财政收入，加快富民强县步伐，实现国民经济超常规、跨越式发展，确保全县社会政治大局稳定，推动社会各项事业全面进步。奋斗目标是国内生产总值力争增长12%以上，达到5.5亿元；财政收入增长6%，达到2677万元；农民人均纯收入增加300元，达到2019元，增长17.5%。实现上述目标要做好五个方面工作：加快农村经济发展，努力增加农民收入；突出重点，加快第二、三产业发展；加快民主法制建设步伐，确保社会政治稳定；大力发展社会主义文化，建设社会主义精神文明，按照中共十六大的要求，全面加强和改进党的建设。

2003年，县委研究决定全面推行“投资拉动”经济战略，全方位实施对外大开放、对内挖掘大投入，促进经济社会各项事业大发展的城市经济发展理念。县委、县人民政府制定“对外招商引资、对上争取项目、对内挖掘民间资金”三大措施，县四大班子成立六大招商组，下达招商指标；县直机关单位将招商引资任务下放分解到科室部门，落实到人头，全县形成行行业业有指标，人人头上有任务，招商引资工作取得历史性突破。当年招商引资、固定资产投资突破2亿元。

2004年3月1日，为进一步加强对招商引资工作的领导，健全和规范招商引资工作机制，推动“投资拉动”战略顺利实施，促进县域经济的快速发展，经县委常委会研究，决定成立麦盖提县招商局。3月19日，县委、县人民政府制定下发《关于加强全县招商引资工作的实施意见》，要求深刻认识招商引资工作的重要性；树立全方位开放，以开放促招商的理念；用市场经济手段抓招商，用创新精神培育招商新优势的理念；树立启动内力、借助外力，内外并举，全面激活招商要素理念；树立抓大项目就是抓机遇、抓发展、抓经济、抓招商的理念；树立构筑“三位一体”投资环境建设的理念；认真做好招商引资项目前期准备工作；不断拓展招商引资新领域；建立招商引资利益共享联动和协调机制，树立全县招商引资工作一盘棋的思想；进一步提高服务意识，规范行政执法行为，营造法治环境；实行招商引资一把手负责制。9 月 30 日，县委、县人民政府为抢救保护少数民族民间文化遗产，研究制定实施《麦盖提县民间文化“刀郎麦西莱甫”传承发展规划》。

是年 12 月 23 日，县委召开八届七次全委（扩大）会议，会议的主要任务是以邓小平理论和“三个代表”重要思想为指导，全面贯彻落实中共十六届四中全会、自治区党委六届八次全委（扩大）会议和地区“三级”干部会议精神，回顾总结过去一年的经验教训，表彰先进，树立典型；安排部署 2005 年各项工作任务，明确目标，落实责任，动员全县各级党政和各族干部群众振奋精神，抢抓机遇，大干快上，为实现县域经济和社会各项事业快速发展而努力奋斗。县委书记闫俭在大会上作题为《以党的十六届四中全会精神为指导　夺取麦盖提县改革发展稳定事业的新胜利》的报告。决定在今后的工作中要树立和落实科学发展观、以实施“投资拉动”战略为主线，加快经济结构战略性调整，增强驾驭社会主义市场经济的能力；坚持稳定压倒一切的方针，大力维护社会政治稳定；坚持以人为本，大力加强社会主义精神文明和民主法制建设，促进社会各项事业发展；以提高执政能力为重点，不断加强和改进党的建设。

2005 年 12 月，麦盖提县委、县人民政府研究制定《国民经济与社会发展第十一个五年规划纲要》。“十一五”规划期间麦盖提县国民经济与社会发展总体目标是：到 2010 年，国民生产总产值达到 15.42 亿元，五年平均递增 15.6%，其中：第一产业达到 7461.2 万元，五年年均递增 8.9%；第二产业达到 4.04 亿元，五年平均递增 30.49%；第三产业达到 3.92 亿元，五年平均递增 20.7%。国民经济第一、二、三产业比重由“十五”计划的 65：14：21 调整到“十一五”规划末的 48：26：26。工农业总产值达到 20.24 亿元，五年平均递增 16.65%，其中：农业总产值达到 13.42 亿元，五年平均递增 9.38%；工业总产值达到 6.82 亿元，五年平均递增 53.61%；社会消费品零售总额达到 3.72 亿元，五年平均递增 19.1%；社会固定资产投资达到 8.71 亿元，五年平均递增 20%；财政收入达到 6966 万元，五年平均递增 18.01%；粮食播种面积稳定在 26 万亩，总产达到 13.02 万吨，棉花播种面积达到 33 万亩，总产达到 4.45 万吨；力争“十一五”规划末，牲畜年末存栏 67.77 万头（只）；农村人均纯收入平均增加 528 元，“十一五”规划末达到 5000 元。

2006 年 1 月 18 日，县委召开八届十二次全委（扩大）会议，会议的主要任务是以邓小平理论和“三个代表”重要思想为指导，深入贯彻中共十六届五中全会、自治区党委六届十次全委（扩大）会议和地区三级干部会议精神，认真回顾总结“十五”计划成就，安排部署 2006 年和“十一五”规划的各项工作，广泛动员全县各级党组织和各族干部群众，牢固树立和全面落实科学发展观，振奋精神，锐意进取，奋力开创全县经济社会发展新局面，为早日把麦盖提建设成叶河中游的中心城市奠定坚实基础。县委书记闫俭在大会上作题为《全面贯彻落实科学发展观　奋力开创全县经济社会各项事业新局面》的报告。“十一五”规划期间发展思路及奋斗目标是：以邓小平理论和“三个代表”重要思想为指导，始终坚持科学发展观，全面贯彻中共十六届五中全会精神，牢牢抓住“打造喀什在中亚、南亚经济圈重心地位”的发展机遇，坚持“发展是主题、调整是主线、招商是重点、实干是关键、稳定是基础”的工作方针，紧紧围绕“农民增收、财政增长、就业增加、城市发展”四大目标，早日把麦盖提县建设成为“充满经济活力、富有文化特色、人居环境优良、社会秩序稳定”的叶河中游中心城市，全力推进经济和社会各项事业健康、协调、快速发展。2006 年，实现生产总值 8.55 亿元，增长 14.5%。其中，第一产业 5.26 亿元，增长 8.03%；第二产业 1.47 亿元，增长 37.32%，其中工业增加值 3682 万元，建筑业增加值 1.1 亿元，同比分别增长 63.64%、30.30%；第三产业 1.83 亿元，增长 19.16%。全社会固定资产投资 3.77 亿元，增长 7.73%。地方财政收入 3078 万元，增长 15%。农民人均纯收入 2620 元，增加 260 元。到 2010 年，全县生产总值实现 17.09 亿元，年均增长 18%。其中，第一产业达到 7.46 亿元，年平均增长 8.9%；第二产业达到 5.71 亿元，年平均增长 39.83%；第三产业达到 3.92 亿元，年平均递增 20.68%。第一、二、三产业比例由“十五”计划时期的 65：14：21 调整到“十一五”规划末的 44：33：23。地方财政一般预算收入达到 8000 万元，年均增长 20.58%。农民人均纯收入达到 8000 元，年均增长 25.99%。实现上述目标要做好六个方面工作：加快发展现代农业，建设社会主义新农村；以招商引资为突破口，加快工业化进程；树立经营城市的理念，加大项目建设的投入力度；积极实施“商贸富县”战略，做活外贸、旅游业；积极推进城镇化建设，不断壮大县域经济；大力实施“科教兴县”和“人才强县”战略，切实提高劳动者素质。

至 2006 年，实施完成“商住楼开发建设工程”“抗震安居工程”“文化广场建设工程”及“刀郎公园项目工程”，城乡面貌焕然一新。

第四节　中共麦盖提县第九届委员会

中共麦盖提县第九届委员会自 2006 年 8 月至 2011 年 9 月，为期 5 年。

2008 年 1 月 14 日，县委召开九届七次全委（扩大）会议，会议的主要任务是高举中国特色社会主义伟大旗帜，坚持以邓小平理论和“三个代表”重要思想为指导，深入贯彻落实科学发展观，总结工作，安排任务，提出县“十一五”规划后三年经济社会发展的新要求、新目标和新举措，动员全县各级党组织和广大干部群众，牢牢把握“改革发展和团结稳定”工作主题，紧紧围绕“富民强县”奋斗目标，努力实现麦盖提县又好又快发展。县委书记王胜平作题为《解放思想　转变观念　站在新的历史起点上奋勇前进》的报告。研究决定麦盖提县近期发展思路是“以调整农村产业结构为主线，大力实施‘4 个 30 万亩’富民工程；坚持投资和消费并重的强县战略，坚定不移地推进工业化和城镇化进程；以改善民生为重点，统筹经济社会协调发展。”近期经济社会发展的预期目标是到 2010 年，全县生产总值达到 22.75 亿元，较 2007 年翻一番，人均生产总值突破万元大关；地方财政一般预算收入超过 8000 万元，较 2007 年翻一番；农民人均纯收入达到 5863 元、较 2007 年增加 2200 元，每年至少增收七八百元。以改善民生为重点的社会建设长足进步，各项事业蓬勃发展，社会更加和谐稳定。具体奋斗目标是生产总值达到 14.2 亿元、较 2007 年增长 25%，其中第一产业增加值 8.1 亿元、增长 18%；第二产业增加值 3.3 亿元、增长 47%（工业增加值 1.6 亿元、增长 61%）；第三产业增加值 2.8 亿元、增长 24%；全社会固定资产投资 7.6 亿元、增长 40%；招商引资到位资金 2.9 亿元、增长 44%；地方财政一般预算收入 5025 万元、增长 25%；外贸进出口总额 2701 万美元、增长 29%；社会消费品零售总额 2.8 亿元、增长 22%；农民人均纯收入达到 4363 元、增收 700 元；实现就业再就业 3000 人；城镇登记失业率控制在 4% 以内；人口自然增长率控制在 14‰以内。做好六个方面工作：加大农业结构调整力度，大力实施富民工程；大力实施投资和消费并重的强县战略，坚定不移地推进工业化和城镇化进程；着力保障和改善民生，大力发展社会事业；推进社会主义民主政治和先进文化建设，巩固各族人民团结奋斗的共同思想基础；巩固提高“平安麦盖提县”创建成果，坚定不移地维护社会政治稳定；以加强执政能力建设为重点，全面推进党的建设新的伟大工程。

2009年1月23日，县委召开九届九次全委（扩大）会议，会议的主要任务是认真贯彻落实地委（扩大）会议精神，总结2008年的工作，安排部署2009年的任务，团结和动员全县各级党政组织和各族干部群众坚定信心、迎接挑战，抢抓机遇、科学发展，为实现麦盖提县更好更快地发展而努力奋斗。县委书记王胜平作题为《坚定信心　迎接挑战　抢抓机遇　科学发展　为实现麦盖提县更好更快地发展而努力奋斗》的报告。总体工作要求是：以邓小平理论和“三个代表”重要思想为指导，以学习实践科学发展观为主线，以改革发展和团结稳定为主题，以改善民生为出发点和落脚点，以“富民强县”为目标，抢抓中央扩大内需之机遇，狠抓各项工作的落实，努力推进经济社会更好更快发展。研究决定2019年麦盖提县的奋斗目标是生产总值达到19.51亿元、较2008年增长25.18%，力争全县人均生产总值达到1万元，其中第一产业增加值9.95亿元、增长18.1%；第二产业增加值5.25亿元、增长44.7%（工业增加值3.19亿元、增长60.3%）；第三产业增加值4.31亿元、增长22%。全社会固定资产投资9.37亿元、力争突破10亿元，至少增长20%以上。招商引资到位资金3.75亿元、增长20%，力争突破5亿元。地方财政一般预算收入6888万元、增长20%。外贸进出口总额4252万美元、增长18.61%；社会消费品零售总额3.95亿元、增长20%。农民人均纯收入达到5542元、增收700元。实现就业再就业3600人；城镇登记失业率控制在4%以内。人口自然增长率控制在14‰以内。以改善民生为重点的社会建设长足进步，各项事业蓬勃发展，社会更加和谐稳定。实现上述目标要做好五个方面工作：紧紧围绕“农业增产增效、农民持续增收、农村和谐稳定”，进一步加大农业产业结构的调整力度；大力实施扩大内需拉动经济增长的强县战略，坚定不移地推进新型工业化和城镇化进程；以构建和谐社会为目标，抓实干好关系民生的各项事业；牢固树立“稳定压倒一切”的思想，全力以赴维护社会政治大局稳定；着力提升党建工作水平，为科学发展提供强有力的保证。

2010年2月1日，县委召开九届十一次全委（扩大）会议，会议的主要任务是认真贯彻落实地委扩大会议精神，回顾总结2009年的工作，安排部署2010年的任务，团结和动员全县各级党政组织和广大干部群众，更加卓有成效地推进经济社会又好又快发展，更加卓有成效地维护民族团结和社会稳定，更加卓有成效地推进党的建设新的伟大工程，为夺取全面建设小康社会新胜利、谱写各族人民美好幸福生活新篇章而努力奋斗。县委书记王胜平作题为《统一思想　提高认识　提振信心　砥砺奋进　为谱写各族人民美好幸福生活新篇章而努力奋斗》的报告。总体要求是坚持以中共十七大、十七届三中、四中全会精神为指导，以学习实践科学发展观为主线，以改革发展和团结稳定为主题，以“富民强县”为目标，以改善民生为全部工作的出发点和落脚点，继续统筹粮棉林畜良性循环发展、工农业联动发展、城乡一体化发展、经济社会协调发展，努力开创科学发展新局面。主要奋斗目标是生产总值达到21.64亿元、增长20%，实现人均生产总值上万元，其中第一产业10.85亿元、增长16%，第二产业6.16亿元、增长30%（工业增加值3.47亿元、增长30%），第三产业4.63亿元、增长17%；固定资产投资13.57亿元、增长25%；招商引资到位资金1.28亿元、增长30%；进出口贸易4320万美元、增长38%；财政一般预算收入8767万元、增长20%；社会消费品零售总额4.66亿元、增长18%；农民人均纯收入较2009年增收631元；人口自然增长率控制在12‰以内，失业率控制在3.5%以内。实现上述目标要做好三个方面工作：进一步加大农业产业结构调整力度，千方百计增加农民收入；大力实施投资拉动经济增长战略，加快推进“工业强县”和“商贸活县”进程；以改善民生为第一目标，全面推进社会各项事业的发展。

至2010年，实施“县乡道路工程”，初步形成了“五纵三横一环”的县城交通网络，新修和改造农村公路575千米，实现了“农村公路村村通”的目标；争取国家资金1.14亿元修建教育楼2.86万平方米，筹资5100万元完成刀郎中学一期工程；实施富民安居工程，累计建设富民安居房1.88万户。全面实施农村“四个30万亩”富民工程，即规整土地30万亩，使绝大多数农民人均至少增加2亩耕地；棉花高新节水灌溉工程（滴灌）30万亩；新增红枣30万亩，实现农民人均4亩园；发展多熟制和三高田30万亩，推行“多熟制”套种，大力发展瓜菜茴香等短平快经济作物，实现了农业增产、农民增收、农村发展的目标，为“十二五”规划乃至“十三五”规划的持续增收打下坚实基础。

第四章　党务工作

第一节　县委办公室工作

一、机构

1991年，县委办公室编制31人（含保密局、机要科、史志办），领导职数2个，实有20人。其中，少数民族9人，女职工2人，中共党员15人。

2000年6月，机构改革，机要科合并到保密局，更名为机要保密局，隶属县委办公室，核定行政编制4人，领导职数1个。

2003年5月，机构改革，撤销机要保密局，单设机要局、保密局，在县委办公室加挂国家保密局的牌子，隶属县委办公室。

2003年10月，办公室内设行秘科、文秘科、总务科、信息科、督查科、翻译科、财务科。行政编制7人，领导职数3个，实有22人。

2007年12月，设立中共麦盖提县委员会后勤保障管理中心，隶属于县委办公室，机构规格为副科级，事业编制3人。

2008年5月，设立麦盖提县信息中心，隶属县机要局，归口县委办公室管理，规格为副科级，编制8人，含领导职数2个。

2010年8月，麦盖提县信息中心更名为中共新疆维吾尔自治区麦盖提县委员会信息化管理办公室，其他机构维持不变。

二、主要工作

（一）综合协调

1991—2010年，县委办公室紧紧围绕县委中心工作，积极服务领导、服务部门、服务基层，不断创新思路、革新机制、狠抓落实，发挥了参谋助手、组织协调、政务服务、后勤保障等职能，圆满完成各项工作任务，有力地保障和推动了县委各项工作高效快捷运行。

（二）督查督办

1991—2010年，县委办公室狠抓地委督查事项、县委重要部署、领导批示件的督办工作，共办结督办件1350余件，做到事事有回音、件件有着落，有效地推动了自治区党委、地委的决策部署在麦盖提县落地生根、见到实效。

（三）信息工作

1991—2010 年，县委办公室始终坚持“紧贴全县中心工作办信息、围绕热难点问题收集信息、站在全局高度精选信息、组织全体文秘人员写信息”的原则，探索信息的采编方式，强化信息的深度挖掘，确保了信息报送的质量和数量，为领导决策提供全方位、多角度的信息服务。累计报送信息 4100 余条。同时，积极发挥参谋作用，深入基层开展调查研究，并提交有价值的调研材料 160 余篇，为领导决策和基层开展工作发挥了积极作用。

（四）办文办会

1991—2010 年，县委办公室紧紧围绕县委、县人民政府重大决策和工作部署，紧贴领导思路，起草领导讲话、文件、汇报及调研材料等文稿 870 余篇，保证上级政策和县委决策的贯彻落实。认真起草全县各类重大会议和专题会议、重要活动中县委领导的讲话文稿 1050 余篇，整理印发会议纪要、“红头”文件 1300 余份；认真组织各类会议，对每次会议从议题、议程、报告起草、文件材料的制发，到会议告知、签到、记录、宣传报道及会场安排、服务都进行了精心安排，保障了各类会议按时召开，确保了各项工作高效运转。

（五）后勤服务

注重从制度入手，不断加强车辆、电话、资金管理等工作，做到精打细算，节约开支，减少浪费，从严加强机关管理，确保了机关公务的正常运行。认真筹备上级领导调研、重大项目开工等重大活动，制定详细方案，精心组织，周密安排，细致扎实地开展各项工作，使各项活动都做到环环相扣，紧密衔接，出色完成各类接待任务 500 余场次，给各级领导留下了美好的印象，达到了树好形象、宣传麦盖提县的目的。

（六）保密工作

1991—2003 年，保密局与党校协作，组织县领导、县直各单位和乡（镇）场主要领导 500 人，参加《中华人民共和国保密法》等保密有关知识与规定的集中学习。利用巴扎天群众较为集中地段，开展《保密知识》宣传活动，累计发放《保密知识》宣传单 4500 份，悬挂横幅 150 条，张贴标语 1000 条。组织县直各单位举办保密知识宣传板报比赛；开展《保密知识百题竞赛》活动，参加竞赛 503 人，扩大宣传保密知识覆盖面。县委保密委员会办公室牵头，抽调人员组成检查组，对 37 个单位的计算机信息系统专项保密技术进行检查。

2004 年，保密局举办《中华人民共和国保密法》等有关知识专题培训班，县四大班子领导、县保密委员会成员、各重点涉密单位保密工作领导小组组长 100 人参加学习。举办“适应新时代，加强保密工作”板报展，展出板报 20 块；悬挂横幅、张贴标语，利用广播电视等载体宣传保密工作方针、政策和保密法规。县委保密委员会办公室对县委机关 13 个部门、70 台计算机进行一次普遍信息安全检查；对全县 58 个重点涉密单位计算机管理情况进行全面检查；并针对县委办、政府办、政法委、组织部等重点涉密单位传递、保存、销毁国家秘密载体情况进行全面检查，防止失、泄密事件的发生。

2005—2007 年，保密局与党校协作，分层分批对党政领导和重点涉密人员 256 人次，进行 3 期保密培训；对各乡镇（场）、县直机关单位干部 150 人，开展保密教育培训。下发《涉密复印设备保密管理规定》的通知，翻印《新疆维吾尔自治区党政机关单位保密管理办法》，规定涉密载体的使用管理办法，特别对涉密文件的复印、传真以及密码电报的保管管理作出了相关规定，要求各乡镇（场）、县直各涉密单位严格按该规定执行。县委保密委员会办公室严格依照《国家教育考试教务安全保密工作规定》的标准和要求，组成专门小组对全国统考试卷保密室的安全结构、防盗门、保密柜、报警、监控系统及保密制度进行逐项检查，做好考前保密工作。保密局对县委、县人民政府机关近30个部门进行了为期5天的检查；会同公安局、工商局联合组成4人工作组，对县辖区范围内5个废品收购站、4家网吧进行清查处理，并通过县公安局网监办严密监察，及时监控阻止涉密文件资料的交易、登载等行为。

2008—2010年，保密局通过保密法和保密知识学习周活动、举办培训班、板报等形式开展保密法律法规、保密知识宣传。组织县委机关全体干部职工136人，集中传达学习《关于地委党校通过互联网发送内部调研资料情况通报》的通知。在党校举办2期保密形势教育培训班，对重点涉密单位分管保密工作的领导及保密员200人进行了培训，强化保密人员的保密意识。各重点涉密单位举办保密知识宣传，制作、展出板报40块。县委保密委员会办公室采取听、看、查等办法对全县110个单位进行了涉密载体清理检查工作，全面检查各单位涉密载体管理情况。

（七）机要工作

1991—2010年，机要局在上级业务部门的指导和县委办公室的直接领导下，紧紧围绕以经济建设为中心，贯彻落实各级密码工作会议精神，抓管理水平，强服务意识，积极筹备全县电子政务网络建设工作，保密、优质、高效地完成了各年度密码通信保障任务，为全县的社会政治稳定和经济发展做出了应有的贡献。

随着工作面的拓展，业务量逐年增加，机要局严格贯彻执行中办机要局、自治区党委机要局有关规定，以爱岗敬业的机要工作精神认真负责地处理每一份电报。严格机要值班制度，坚持二十四小时轮流值班，强调值班纪律，认真扎实地开展好各项工作；在办理紧急重要电报时，局领导靠前指挥，切实履行紧急重要电报“第一责任人”的职责，值班人员按照“谁收办、谁负责到底”的原则，以最快速度将电报送达相关领导手中，保质保量地为各级领导服务；坚持所有电报随到随办，有报随时办，有事随时找，有问题随时解决，随叫随到的原则，为各级领导及时提供各类信息，为上情下达，下情上呈提供了优质的服务，确保了秘密信息的绝对安全，绝对畅通。1991—2010年，累计收发电报3.7万件，其中接收电报3.13万件、发送电报5736件。

第二节　组织工作

一、行政机构

（一）组织部

1991年，组织部编制10人，领导职数3个，实有9人。其中，少数民族3人，女干部1人，中共党员9人。

2003年10月，组织部内设办公室、干部科、干部监督科、干部培训和知识分子工作科、组织科。

（二）老干部工作局

1997年10月，在组织部下设老干部工作局，编制4人，领导职数1个，实有2人。

2003年10月，经机构改革，确定行政编制2人，领导职数1个，工勤编制1人。

（三）农村基层组织建设领导小组办公室

1993年10月，在组织部下设农村基层组织建设领导小组办公室，工作人员由组织部从内部调节使用。隶属组织部管理。

1997年10月，基层办行政编制4人，领导职数1个。

（四）党员干部现代远程教育管理中心（党员电化教育中心）

1995 年 10 月，在组织部下设麦盖提县党员电化教育中心，挂靠组织部管理，工作人员由组织部从内部调节使用。

2007 年 12 月，县党员电化教育中心与党员干部现代远程教育管理中心合设，实行两块牌子、一套人马，列入事业参照公务员管理单位。内设综合室、教学资源室、技术管理培训室和译制室。

（五）关心下一代工作委员会办公室

2004 年 4 月，成立麦盖提县关心下一代工作委员会（简称“麦盖提县关工委”）。关工委的常设办事机构办公室为副科级全额预算管理单位，参照公务员管理，编制 2 人，挂靠县委老干部局管理。

二、事业机构

（一）人才援疆工作办公室

2008 年 11 月，设立县人才援疆工作办公室，为全额预算事业单位，隶属组织部管理。编制 3 人，领导职数 1 个。

（二）信息调研室

2008 年 11 月，成立麦盖提县信息调研办公室，核定全额事业编制 3 人，领导职数 1 人。

三、主要工作

（一）党的基层组织建设

1994 年，县委组织部下发《麦盖提县基层整顿工作的安排意见》，对全县 135 个村支部进行摸底调查，对软弱涣散村党组织进行了整顿。根据《关于进一步做好发展党员工作的决定》，严格坚持党员条件和入党程序，做到成熟一个，发展一个，不断提高党员队伍的素质；坚持落实“三会一课”制度，乡镇党委坚持每月对乡镇机关党员上党课 1 次；开展“七一”建党纪念活动，开展歌颂党、歌颂社会主义、歌颂民族团结和改革开放的宣传。

1995 年，组织各乡镇党员对洁身自律的 9 项新标准展开学习，定期对学习情况进行督查。各乡镇利用办黑板报、知识竞赛、新老党员座谈会等形式，歌颂中共十一届三中全会以来改革开放所取得的伟大业绩。

1996 年，县委制定《基层党组织建设五年规划》，规划提出农村从 1996 年到 1997 年完成对农村软弱涣散状态的党支部集中整顿的同时，重点整顿好整体素质不高、问题比较多的后进乡党委，利用 5 年时间，开展创建奔小康先进乡（镇）、村活动。

1997 年 2 月 25 日，县委、县人民政府下发《关于在重点乡镇、村开展集中整顿社会治安，严厉打击暴力恐怖犯罪工作实施意见》，对社会治安比较差、问题比较突出的乡（镇）开展一场集中整顿社会治安，严厉打击暴力恐怖犯罪工作。组织党员干部深入学习《中国共产党纪律处分条例（试行）》和《中国共产党党员领导干部廉洁从政若干准则（试行）》。

1998 年，启动创建“六个好”乡镇党委、“五个好”村（居委会）党组织活动，第一轮共创建“六个好”乡镇党委 4 个、“五个好”村党支部 71 个，使农村基层党组织建设逐步走向规范化。全年创建自治区先进基层党组织 2 个、地区级先进基层党组织 6 个、奔小康示范乡 1 个、先进乡 3 个、奔小康示范村 18 个，县级先进基层党组织 35 个、奔小康先进乡镇 6 个、先进村 66 个、奔小康示范户 320 户。

1999 年，制定《创建文明村标准及管理办法》。县委抽调 100 名干部进驻问题突出的 1 个乡、11 个村（居委会）进行重点整顿，开展农村基层组织整顿和建设工作。全县重点整顿乡村调整村支部书记 4 人、副书记 10 人、村支部委员会 2 人、村委会主任 4 人、副主任 10 人、村委会委员 2 人、团支部书记4人、妇代会主任3人、民兵连长1人、站所社负责人2人。制定《国家干部到村任职的规定》，大力提倡国家干部到村任职，充实乡、村干部力量。

2001年，喀什地委在麦盖提县召开全地区农村基层组织建设工作现场会，向全地区推广麦盖提县国家干部到村任职，加强农村基层组织建设的典型经验。认真贯彻执行喀什地区下发的《关于在全地区推行发展党员公示制的通知》，增强发展党员工作的透明度，严格按要求进行公示，加大党内外群众监督，严把党员入口关，避免工作失察、失误，纯洁党员队伍，保证新党员质量。

2003年，县委下发《乡镇党政机构改革的实施意见》，突出加强党的基层组织和农村基层政权建设，在重点边远乡镇实行“4211”工作机制，发挥乡镇党委的核心领导作用。建立基层党建工作联系示范点，县级领导基层联系点成为党建示范点，通过领导抓示范点，促进整体工作推进。实施基层党组织建设“三级联创”，创建“五个好”乡镇党委5个、“五个好”村党支部44个、“六个好”社区党组织2个、群众满意的“四个好”站所26个、“五个好”学校党组织8个。

2004年，贯彻喀什地委“抓乡盯村”工作思路，按照“抓两头、带中间”要求，确定基层组织建设重点乡1个（巴扎结米乡）、基层组织建设试点乡1个（尕孜库勒乡）、基层组织建设重点村21个（包括农村中学1所、乡镇站所1个）、试点村10个、试点学校10个进行整顿建设。4月23日，县委制定下发《麦盖提县村干部公职化管理试行办法》，实现村干部队伍的规范化管理，进一步调动和发挥村干部在保持农村社会政治稳定，推动农村经济及各项事业全面、健康、快速发展，保证党在农村的各项方针、政策得到全面贯彻落实。

2005年，选送农村优秀青年、回乡大中专毕业生参加地、县党校村级后备干部脱产集中培训班，提高其综合素质，并采取“公开招聘一批，下派充实一批，党校培训一批，结对帮带一批”的方式，努力实现“一村一名大学生干部”建设目标。拓展农村党的建设“三级联创”活动范围，形成上下联动，齐抓共管，整合资源，勤政高效，典型引路，示范带动的党建工作新局面。

2006年，建立健全涉及领导班子建设、党员干部队伍建设、基层组织建设、服务群众工作等方面内容的长效工作机制，进一步建立和完善以“乡全程服务窗口、村级代办制”为一体的“上下联动、便民高效”的全方位服务体系，服务和解决群众热点难点问题。开展“三级联创”活动，进一步规范运行“4211”工作机制，建立健全以“群众评村”为重点的农村基层组织建设考核评价体系，进一步巩固基层政权，壮大集体经济，增强村级党组织服务群众的能力。

2007年，按照《喀什地区各级党委（党组）抓基层党建责任制的实施意见》，从落实领导责任入手，把工作着力点放在运行规范和监督考核上，确保抓基层党建工作责任制的落实。推进“双培双带”工程，重点从35岁左右、初中以上文化程度的优秀村干部、妇女、村民代表和生产经营能人中发展党员，及时把符合条件的先进分子吸收到党内，做到每个村每年至少发展1名新党员，改善党员队伍结构，不断增强党组织的影响力。

2008年，推行“一村一点”远程教育中心播放户，把中心播放户建设成为农村基层的“政策宣传小阵地、科技培训小课堂、文化活动小剧院、民主参政小舞台”，选建远程教育中心播放户123户。

2009年，开展县、乡、村“三级联创”活动，命名“五好”乡（镇）党委8个、“五好”村（社区）党支部70个（其中社区5个）、“四好”乡站（所）30个、“五好”学校党组织24个、“四好”涉农县直部门11个。

2010年，全年新建社区阵地4个，改扩建村级阵地5个。

（二）党员教育

1991—2010年，麦盖提县把党员日常教育与专项教育工作结合起来，坚持“三会一课”制度，通过开展重大节日教育、专题活动教育、党校学习、电化教育等多种形式，提高党员思想政治水平和业务工作能力。

1. 日常教育

1993 年 8 月，举办党支部书记和支部委员培训班，提升机关党务工作者的业务素质。

2000 年，深入开展讲学习、讲政治、讲正气的“三讲”教育，解决好机关党员干部党性党风方面存在的突出问题，加强基层党组织自身建设。

2001 年，组织党员深入贯彻学习中纪委和中组部联合下发的《关于坚决防止和查处干部选拔任用工作中的不正之风和违纪违法行为的通知》，严明组织人事纪律，教育干部和党员加强党性修养，提高遵守组织人事工作纪律的自觉性。

2004 年，按照“坚持标准、保证质量、改善结构、慎重发展”的方针，重点做好在工人、农民、知识分子、军人和干部中发展党员的工作，加强在生产工作第一线和高知识群体青年中发展党员的工作，注意把符合党员条件的其他社会阶层的先进分子吸收到党内来。

2005 年，根据开展保持共产党员先进性教育的要求，领导小组召开专题会议，研究决定理顺部分党组织隶属关系，撤销、合并和新建部分基层党组织。

2006 年 5 月，县委党校举办为期 3 天的入党积极分子培训班，培训入党积极分子 98 名。9 月，县委党校举办为期 5 天的党务培训，培训党务工作者 40 人，进一步提高县直各垂管单位及部分企业的专职党支部书记及党务干部的党建理论水平和业务工作素质，使其了解和掌握县直基层党建工作的基本程序和工作方法，促进县直单位的党建工作整体上台阶、上水平。

2008 年，调整、整合县直党组织 15 个和 200 名党员的组织关系。下发《关于组织县直各单位党总支、党支部按期进行换届选举的通知》，指导县直党总支部 4 个、党支部 12 个进行换届，进一步配齐配强党支部领导班子成员，整合党建资源，增强党支部的凝聚力、战斗力。5 月，组织入党积极分子 136 人在县委党校参加为期 3 天的培训，全年发展党员 31 人。

2009 年，机关工委所属总支、支部根据县委的统一安排部署，组织全体干部职工认真学习胡锦涛在新疆考察时的重要讲话精神、自治区党委书记等领导一系列关于新疆稳定的重要部署，统一思想认识，旗帜鲜明的与上级党委保持高度一致。

2010 年，机关工委根据自治区党委和喀什地委关于“扎实做好百日集中组建工作”的总体要求，坚持把“百日组建”活动作为深入贯彻中央新疆工作座谈会精神、实现党组织和党的工作全覆盖的一项重要举措来抓，按照“哪里有非公有制经济组织和新社会组织，哪里就有党的工作；哪里有党员，哪里就有健全的组织生活和党的组织在发挥作用”的要求，精心组织，明确目标，强化责任，开展“党群共建、党建带工建带团建带妇建”活动，扩大党组织的覆盖面和影响力，并在非公有制经济组织和党员员工中开展创先争优活动，促进非公有制经济组织健康发展。

2. 党员电化教育

1993 年，根据地委关于建立县、乡电教网络的要求，全县投资 4 万元为县、乡（镇）配备电视机 12 台、放像机 12 台、录音机 12 台、发电机 2 台；在县委党校举办电化教育学习班 9 次，受教育 357 人。“七一”前夕，县委组织部与电视台联合拍摄制作专题片《闪光的足迹》《困沙灭碱 · 治穷治富》，组织全县党员干部进行收看，收看 3890 人次。

1995 年，为乡村投入 35.2 万元购置电视机、放像机 88 台（套），县、乡、村网络建设 64%。在 10 个重点整顿村、5 个补课村组织党员、干部、入党积极分子收看《村委会的诞生》《党支部书记上岗培训教材》等电教片，收视率 98%；县电视台转播 16 集电视连续剧《农民的儿子》，组织全县党员干部收看，收视率85%。

1996年，围绕农村基层组织整顿工作，复制下发电教片200盒。“七一”前夕，与电视台联合摄制了一部反映央塔克乡阿尔浪喀村党支部奔小康先进事迹的电教片，制作成汉、维两种语言种类，在电视台连续播放3天，并报送地区参展。

1997年，先后复制、下发《天山先锋》《不朽的丰碑》《生命的支点》《神圣的使命》《狂飙凝聚力从何而来》《执着的追求》等20多部800盒电教带。“七一”前夕，与电视台联合拍摄制作专题片《小康路上的领路人》《献身农机　立志耕耘》。

1998年，按照《麦盖提县关于加强农村党员电化教育工作的实施意见》，进一步加强、调整、充实了县、乡、村三级党员电教工作机构，成立了由3人组成的党员电化教育领导小组，下设电教室。电教办复制转发了党员电教片70部1800盒。

1999年，电教办配合农村开展“科技之冬”培训活动，加大实用科学技术录像带的录制、复制和播放收看工作，并将260盒下发全县131个村，以村民小组为单位组织广大党员、团员、青年、群众收看，做到每周不少于2次。8月，拍摄完成《充满生机的绿洲——麦盖提县》《集中整治工作》专题片。

2000—2002年，按照乡镇“五好村”电教室的要求，统一购置配备了VCD影碟机122台。与电视台联合拍摄制作了一部反映尕孜库勒乡巴格阿瓦提村支部副书记申友志，加快该村产业结构调整的典型事迹专题片；麦盖提帕合特勒克村老党员义务宣传“三个代表”重要思想，宣传党的路线、方针、政策的专题片及《勇立潮头闯新天》专题片。

2004年，按照每户提供扶持资金2000元～1.5万元的标准，筹措“双培”基金70.82万元，培育农村党员电教科技示范户84户，产生经济效益35万元，帮带贫困户114户。订购《新疆党员电教》农村版139套、城市版19套，借阅达47次96盒（张）。拍摄制作《刀郎开拓者》《为了大地的丰收》《刀郎之乡遍开电教花》《杏树秋季嫁接实用技术》《双孢蘑菇栽培技术》《瀚海明珠——麦盖提》《人才工作汇报片》《家庭有爱幸福多》《宝剑锋从磨砺出》《文化建设汇报片》《卫生县城创建专题汇报片》等专题片。

2006年，重点复制《党内监督条例》《为民书记——郑培民》《中国共产党纪律处分条例辅导讲座》《任长霞先进事迹》《脊梁》等电教音像教材，拍摄制作下发《麦盖提县保持共产党员先进性教育活动工作汇报片》《麦盖提县优秀共产党员先进事迹报告会实况》《乡镇优秀共产党员宣传报告会》等资料；投入10万元为村级更新VCD机、电视机等设备，全县乡村建点率、覆盖率及影碟机更新率均为100%。

2007年3月，与乡镇党委、县直党委签订2007年党员电教、远教目标管理责任书。12月，成立县党员干部现代远程教育管理中心，下设综合室、教学资源室、技术管理培训室、译制室4个内设机构。

2009年，全县建成远程教育终端站点149个。其中，行政村站点128个、社区站点7个、国有农林场站点3个、乡镇机关站点10个、县直机关站点1个；建设科技示范户136户；发展中心播放户128户。

2010年9月，在县电视台开通远程教育“空中课堂”专用频道，使远程教育节目通过有线电视转播，入户率100%。组织拍摄制作《牢记总理嘱托》《拉依当的富民路》《老先锋的新故事》《东方红村的共产党员户》等一系列党建类的教材。

（三）干部管理

1. 干部选拔、任用

1991—1993 年，选拔干部仍坚持“四化”方针和“德才兼备、任人唯贤”的原则，大胆选拔、培养、使用年轻干部。并根据《后备干部管理制度》《干部交流制度》的规定要求，把表现优秀的选调生列为后备干部加以培养。

1994 年 6 月，制定下发《关于麦盖提县党政领导干部交流工作的决定》《麦盖提县后备干部队伍建设实施细则》，对后备干部范围、培训条件、选拔程序、管理及使用等方面进行了规定。同年，将在职机关行政工作人员，在岗工作满十年以上，工作年限满二十五年的，一次性定为副主任科员；工作满三十年以上的，一次性定为副主任科员或主任科员。

1996 年，贯彻执行《党政领导干部选拔任用工作暂行条例》，完善干部选拔任用、交流、回避，辞职、降职等相关制度，推进干部队伍的革命化、年轻化、知识化、专业化进程。在干部选拔任用原则、培养锻炼、选拔任用条件方面作了更加详细的规定，在程序上先民主推荐、考察、酝酿，再集中讨论决定。

1998 年 1—5 月，县委抽调 100 名干部进驻重点乡、村，开展农村基层组织整顿和建设工作。

1999 年 2 月，开始实行选派国家干部到村任职。下派副科级领导干部 17 人，抽调一般干部带编带薪 99 人到乡镇派出所、人武部工作；并结合人代会的换届选举，对 9 个乡镇党政领导班子进行调整；提拔、交流乡镇党委书记 6 人、乡镇长 7 人、乡镇副职 31 人。

2001 年 7 月 5 日，制定《推行干部考察工作预告制度办法（试行）》，《办法》规定应用的范围、程序和方法。

2003 年，严格按照《党政领导干部选拔任用工作条例》规定的原则、程序及要求，先后分 3 次完成对乡科级班子的调整和配备，涉及干部 382 人。其中，新提拔干部 170 人、交流轮岗 134 人、退居二线 14 人、免职 6 人、退休 58 人。截至年底，全县乡科级干部 416 人。其中，县直机关单位 256 人、乡镇 160 人；女干部 66 人，占乡科级干部总数的 15.87%；少数民族干部 226 人，占乡科级干部总数的 54.33%；35 岁以下的干部 242 人，占乡科级干部总数的 58.17%；大专以上学历干部 255 人，占乡科级干部总数的 61.30%。通过机构改革人事调整工作，使乡科级领导班子得到进一步加强，乡科级干部队伍进一步向“四化”方向迈进。

2005 年起，干部任用实行县委全委会“票决制”，扩大党内民主，调整干部职务 116 人。

2006 年，全年调整干部 298 人。其中，提拔任用 125 人、交流轮岗 165 人、免职 8 人，干部队伍结构得到优化。

2007 年，结合县人大、县人民政府、政协和乡镇人大、政府换届，对领导干部进行综合考核，确定正县级后备干部 4 人，副县级后备干部 8 人，35 岁以下副县级后备干部 3 人，妇女副县级后备干部 3 人，非党副县级后备干部 1 人。

2008 年，下派干部 26 人，挂职干部 9 人。全年提拔、交流、调整干部 151 人。其中，提拔干部 58 人、乡科级领导干部轮岗交流 44 人、因工作需要加强领导班子、兼任新成立党委、党组职务的干部任免人选 40 人、县委第九届候补委员递补县委委员 9 人。按有关规定，对拟提拔干部 58 人进行公示，接受社会监督。

2009 年，推行干部考察预告制、差额考察制、任免票决制、任前公示制和干部考察员持证上岗及考察失察责任追究等相关制度，建立完善从基层和生产一线培养选拔干部机制。全年共调整干部职务 12 人。其中，副科提拔正科 4 人、县、乡轮岗交流 4 人、因工作原因免职 2 人、退休 2 人。

2010 年，调整干部 97 人。其中，提拔 52 人（正科 11 人、副科 41 人）、交流 17 人、轮岗 14 人、实转虚 10 人、免职待岗 4 人。

2. 干部教育培训

1991—1994 年，先后组织党员干部学习中共十四大、邓小平视察南方重要讲话、自治区党委工作会议、喀什地委工作会议、麦盖提县第六次党代会、县委组织工作会议精神。

1995 年，组织党员干部学习中共十四届四中全会和邓小平关于新时期党的建设、干部队伍和领导班子建设的重要论述。

1998 年，县委重视干部双语培训，在县委党校举办干部培训班 1 期，为期 6 个月，培训少数民族干部 30 人；选派山东挂职培训干部 2 人。

1999 年，在县委党校举办各类培训班 12 期，培训干部 1104 人次。选派少数民族干部赴北疆异地挂职锻炼 12 人。

2000—2001 年，组织全体党员干部开展“讲学习、讲政治、讲正气”主题教育及“三个代表”重要思想学习教育活动。

2002 年，选派少数民族干部赴北疆异地挂职锻炼 7 人，选派赴山东挂职培训干部 9 人，选派参加自治区党校、地委党校培训班学习干部 22 人;在县委党校举办各类培训班 24 期，培训干部 1789 人次。

2005 年，全县开展保持共产党员先进性教育活动。

2009 年 3 月，分两批开展学习实践科学发展观活动。

2010 年 6 月，开展创先争优活动，成立领导小组，负责全县创先争优活动的组织、联络和指导。

3. 干部监督、管理

1994 年 9 月，组织部对全县乡科级干部进行考评；12 月底，对一般干部进行考核，将考核结果按照优秀、称职、不称职 3 个等次进行定等，将考核结果存入个人人事档案，作为对干部进行奖惩、辞退、调整职务、晋升工资级别的依据。

1995 年，为进一步健全完善管理制度，加强对干部的管理，县委组织部下发《关于建立领导干部谈话制度的决定》和《关于在全县乡科级领导班子和领导干部中实行诫勉制度的决定》。

2001 年，加强新提拔领导干部跟踪管理，狠抓干部队伍建设。县委组织部专门抽派人员采取座谈、个别谈话等形式，对新提拔的科级领导干部进行专项考察。为加强对少数民族基层干部异地挂职工作的管理，制定下发《麦盖提县少数民族基层干部异地挂职工作管理办法》。乡科级领导干部实行请销假登记备案制度，全年登记 61 人次。7 月 5 日，县制定《推进干部考察工作预告制度办法（试行）》,《办法》规定了应用的范围、程序和方法。

2002 年，为加强干部培训工作和对赴北疆挂职返回干部的管理，下发《麦盖提县干部调训制度》和《麦盖提县挂职返乡干部跟踪管理办法》。

2003 年，组织各族党员干部学习《中国共产党纪律处分条例》《中国共产党领导干部廉洁从政若干准则》等党内规定。贯彻执行《麦盖提县试行领导干部任前公示制》《麦盖提县干部考察责任制及“失察”责任追究制》《麦盖提县领导干部引咎辞职实施意见》，先后对 3 批新提拔副科级以上领导干部 80 人进行任前公示。为加强干部管理，县委下发《麦盖提县领导干部请销假制度》，规范领导干部请假程序和审批权限，全年乡科级领导干部请销假登记备案 158 人次。县委组织部制定《麦盖提县 2003—2005 年干部教育培训规划》。

2004 年，贯彻执行《麦盖提县试行领导干部任前公示制》《麦盖提县干部考察责任制及“失察”责任追究制》《麦盖提县领导干部引咎辞职实施意见》，先后对新提拔副科级以上领导干部 16 人进行考察预告和任前公示。为加强干部管理，县委组织部下发《麦盖提县干部监督工作联席会议制度》，进一步加强党委组织部门与有关执纪执法、行政职能部门之间的沟通和合作，把对干部的党内监督同司法监督、行政监督有机结合起来，及时分析和掌握领导干部遵纪守法、廉政勤政方面的情况，以利于全面、准确地考察和评价干部，针对性地加强教育和管理。

2009 年，结合麦盖提县实际，制定下发《麦盖提县乡科级领导班子和领导干部综合考核评价实施办法（试行）》，成立麦盖提县乡科级领导班子和领导干部考核工作领导小组，并下设办公室，具体负责考核工作的组织实施。按照自治区党委组织部《关于在地县两级开展干部选拔任用工作“一报告两评议”工作的通知》文件精神，在喀什地委组织部的指导下，1 月 25 日，县委召开九届十次全委会议，参会县委委员 46 人，因事请假 1 人。

2010 年，建立《麦盖提县干部工作特邀监督员制度》和《麦盖提县委组织部部风监督员暂行办法》，在服务对象、“两代表一委员”、退休干部、无党派和民主党派人士中聘请监督员 21 人，对组织部门贯彻执行《党政领导干部选拔任用工作条例》、组工干部作风建设和党性修养、组工干部廉洁自律等情况进行监督。

（四）人才工作

2008 年 11 月，成立麦盖提县人才工作办公室。编制 3 人，领导职数 1 个。

2009 年 2 月，印发《关于成立麦盖提县人才工作领导小组的通知》；9 月，研究制定《麦盖提县人才工作领导小组职责》《麦盖提县人才工作领导小组工作规则》《麦盖提县人才工作领导小组办公室主要职责》《麦盖提县人才工作领导小组成员单位职责》，印发《关于调整充实麦盖提县人才工作领导小组成员的通知》。

2010 年 7 月，研究制定《麦盖提县人才工作联络员制度》《麦盖提县人才工作信息报送制度》，印发《关于实行工作联络员、信息报送制度的通知》。同月，制定《麦盖提县援疆干部管理暂行办法》，建立和完善科学规范的援疆干部管理制度。8 月，印发《关于成立麦盖提县中长期人才发展规划编制工作领导小组的通知》，研究制定《麦盖提县中长期人才发展规划编制工作领导小组职责》《麦盖提县中长期人才发展规划编制工作领导小组办公室职责》；同月，制定《麦盖提县中长期人才发展规划编制工作实施方案》，明确全县中长期人才发展规划编制工作指导思想、编制原则、主要任务及工作内容等方面内容。

至 2010 年，全县各级各类人才 1.87 万人，其中党政人才 1529 人、企业经营管理人才 131 人、专业技术人才 4031 人、高级技术人才 132 人、农村实用人才 1.26 万人、社会工作人才 324 人。

（五）老干部管理

县委、县人民政府对离退休老干部本着基本政治待遇不变，生活待遇从优，有很好的安排照顾，并注意发挥他们的作用。1991 年，全县有离休干部 62 人，退休工人 24 人（中华人民共和国成立前参加革命工作）。

1991—2010 年麦盖提县离休干部及县处级退休干部基本情况表

表 19-4-1　　　　单位：人

年份（年）	离休干部	县级退休干部	退休工人	其中：退休党员
1991	62	—	24	4
1992	60	—	27	4

续表 19-4-1

年份（年）	离休干部	县级退休干部	退休工人	其中：退休党员
1993	53	—	25	4
1994	50	—	28	4
1995	49	—	29	4
1996	45	—	25	5
1997	44	—	26	5
1998	43	2	28	7
1999	42	—	32	4
2000	40	3	35	9
2001	37	1	33	7
2002	35	—	32	5
2003	32	6	49	11
2004	31	1	40	7
2005	30	—	42	7
2006	30	—	38	4
2007	28	—	36	4
2008	26	3	39	7
2009	23	—	47	5
2010	21	—	52	7

1. 政治待遇

县委老干局始终坚持在重大节日召开老干部茶话会、座谈会；通报全县政治、经济形势，听取老干部的意见和建议，了解离退休老干部及遗孀在生活、住房、医疗等方面的情况。

1991 年起，每年“八一”召开离休干部座谈会。县委书记或副书记、组织部长参加座谈会，听取老干部的意见建议。

1998 年，由地区老干局统一组织安排，4 名离休老干部到上海等地参观旅游，财政为每人安排资金 5000 元。

2003 年 6 月起，每周二组织在县居住的离休老干部政治学习，同时邀请他们参加“七一”表彰大会、“十一”文化广场落成仪式等。7 月 1 日前夕，老干局到石河子干休所慰问老红军，每人发放慰问金 500 元。

2004 年年初，老干局出资为离休老干部订阅《老年康乐报》《中国老年报》《老同志之友》“两报一刊”。

2005年8月15—25日，组织全县退休的县处级老干部去乌鲁木齐、石河子、吐鲁番等地旅游观摩；9月，纪念抗日战争胜利60周年，慰问老红军武根虎以及老红军遗孀张树英，老八路刘绍全、柴春茂，老八路遗孀于国兰、李杰，每人发放慰问金2000元。

2007年，县委老干局先后分两批组织离退休老干部44人赴内地健康疗养，途经北京、大连、旅顺、烟台、蓬莱、青岛、苏州、杭州、上海、千岛湖，为期30天；离休干部费用由县财政解决。为老干部订阅党员、党刊的基础上，为老干部增订《老年康乐报》《领导文萃》《老同志之友》《新周报》等7份与老干部工作相关的报纸杂志，把老干部学习政治理论和社会时事动态作为一项重要的政治任务加以落实。

2008年9月26日，接待纪念改革开放30周年地区级老领导赴各县参观考察团一行36人。10月29日，组织在县的离退休干部和县处级退休干部一行20人，参观考察县工业园区和设施农业以及农村的发展变化。

2009年，组织老干部参与全县的科学发展观学习教育。召开县处级退休干部和离休干部座谈会，带领老干部参观城南工业园区、大漠坊酒厂、久久棉业、多浪羊（刀郎羊）良繁基地、蔬菜大棚等产业。9月，在庆祝中华人民共和国成立60周年之际，对离休干部及其遗孀进行慰问，每人发放慰问金1000元，共4.3万元。

2. 生活待遇

县委老干局坚持“三必访”（即离退休干部生病住院必访、家庭发生变故必访、重大传统节日必访）制度。

1999年，县老干局落实离休干部医疗费全额报销政策，对因病住院的离休干部医疗费做到全额及时报销。

2003年，按照地区老干部工作会议具体要求，将破产企业及生活困难的5名离休干部“两费”纳入县财政承担，对2家效益好的企业负责的5名离休干部“两费”落实情况进行督促检查；财政拨款12万元，解决了27名离休干部的医疗周转金，协调医保等部门及时对老干部的医药费进行核销。

2004年7月，将1937年7月6日前参加革命工作的离休干部和同期参加革命工作老工人的遗孀生活困难补助费由原来的每月400元调整为每月500元；1937年7月7日至1945年9月2日参加革命工作的离休干部和同期参加革命工作老工人的遗孀生活困难补助费由原来的每月300元调整为每月400元；1945年9月3日至1949年9月30日参加革命工作的离休干部和同期参加革命工作老工人的遗孀生活困难补助费由原来的每月200元调整为每月300元；遗孀有离退休费的，其现行离退休工资未达到上述标准的，按上述标准予以补齐。关闭、破产、特困企业确实无力支付的，由同级财政部门予以解决。全县共调整离休干部和中华人民共和国成立前参加革命工作老工人遗孀人员19人。

2005年，坚持落实完善“三联”走访慰问帮扶制度。制作离退休干部联系卡、服务联系承诺卡发放到每名离退休党员干部手中。为行动不便的离退休职工和老党员提供长期上门服务，采取分批包干的办法，走访看望离退休党员干部、住院病人、孤寡老人、高龄老人、离休干部遗孀，及时发现问题和解决问题，防止和减少意外事故发生。开展先进性教育工作以来累计“访贫问困”240次，解决实际困难4件，老干部宣讲组开展宣讲4次。参加各类会议20次，提出合理化建议23条，被县人民政府采用11条。

2006年，为居住在麦盖提县和移居外地的离退休干部及遗孀发放慰问品、电汇慰问金，老红军及遗孀每人1000元，其他离休干部及遗孀每人500元，累计发放慰问金3万元。在离退休干部生病住院时，老干局派出工作人员代表组织经常看望慰问，主动为生活困难的同志预借医疗费。

2007年，把全县8名无生活来源老干部遗孀纳入社会基本医疗保险，资金由县财政统筹解决。同年8月，全县1937年7月6日前参加革命工作的老红军，护理费标准由原来每人每月200元提高到800元；解决9名破产困难企业离休干部取暖费，每人900元。

2009年1月，提高离休干部护理费标准和扩大发放范围。1937年7月7日至1945年9月2日参加革命工作的离休干部3人，护理费在原来的基础上提高到每人每月400元；1945年9月2日至1949年9月30日参加革命工作的离休干部19人，每人每月发放护理费200元。

2010年，落实对无生活来源的离休干部遗孀补助取暖费8人，每人850元。为离休干部王兴明遗孀吴秀华解决廉租房。春节和古尔邦节慰问离休干部和县处级退休干部及其遗孀，每人慰问标准为600元。

3. 老干部活动

1991年起，县委老干局每年利用春节、"五一"、"七一"、"十一"等重大节日，组织老干部参加各级、各类比赛和文体活动，如门球、麻将、扑克、乒乓球、国际象棋、太极拳、健身操、书画展等，取得了诸多奖项和荣誉。

2004年，争取到县委的大力支持，县财政出资100万元为老干部修建1000平方米活动中心。在新落成的县文化广场开辟老年露天舞场供老年人使用。

2005年，在县城设立老年娱乐场所3个，建成室外健身活动中心，购买各种活动器材，进一步完善老干部活动场所功能，为离退休干部开展文体活动创造条件。

4. 关心下一代工作

2004年4月，成立关心下一代工作委员会。在加强社会宣传、努力形成全社会共同关心下一代的成长进步的良好氛围的同时，配合教育局、团委、妇联在全县团员、青年和儿童中开展公民道德教育、科普教育、法制教育、民族团结教育及马克思主义"五观"教育，为确保青少年身心健康做出积极努力；组织2名离休老干部到县直8所中小学中开展讲传统活动，激励各族青少年树立正确的人生观、世界观、价值观。

2010年9月，因麦盖提县关心下一代工作成绩突出，杜成文被评为"自治区关心下一代工作先进工作者"。

第三节　宣传工作

一、机构

1991年，宣传部为正科级单位，编制数7人。

1997年10月，宣传部（含文明办）编制8人，领导职数3个，实有8人。

2000年7月，内设机构（文明办）1个；实有工作人员8人。

2010年，宣传部（含文明办）编制8人，领导职数4个，实有8人。

二、主要工作

（一）主题宣传

1. 先进人物宣传

1994年，在全县范围广泛宣传全国优秀人民调解员、革命烈士、麦盖提镇第六居委会的治保主任吾斯曼·卡德尔和自治区"十佳人民公仆"贺永祥先进典型事迹。

1997年，在全县范围广泛宣传行业先进模范玉素甫·玉素因、吴金印、李素丽先进事迹活动，举办报告会95场，听众7万人次。出板报176块，写心得体会2500篇。

2005年，在全县范围广泛宣传含辛茹苦抚养汉族弃婴阿依布拉克的阿布力孜·努来克的民族团结感人事迹（他荣获“中华慈善奖——最具有爱心行为楷模奖”以及自治区“2005年感动新疆十大人物”奖）。

2009年，在全县范围广泛宣传优秀共产党员姜英、王瑛、胡曼、托乎提艾力·尼亚孜先进事迹。

2010年，在全县范围广泛宣传民族团结模范王艳娜先进事迹。

2. 中央7号、自治区5号文件宣传

1997年，全县以教育系统为主力军组成宣传队，围绕中央7号、自治区5号文件精神，精心排练文艺节目23个，绘制相关内容连环画38幅，在城乡展览演出118场次。

3. 中共十五大精神宣传教育

1997年，按照“先领导后群众，先党内后党外”的原则，举办学习宣传中共十五大精神培训班，各单位、各乡镇（场）、村（社区）宣传骨干1000人次参加培训。培训结束后，全县掀起学习宣传中共十五大精神热潮。

4.“庆七一、迎回归”爱国主义宣传教育

1997年，举办“庆七一、迎回归”为主题的爱国主义教育，印发材料3800份，赠送书籍2万册，举办广电宣传、书法美展活动，展出板报705块。举办文艺会演2场，参加单位30个，参加演出350人，表演节目73个，观众8000人次。

5. 邓小平逝世一周年、周恩来100周年诞辰纪念活动宣传教育

1998年，举办纪念邓小平逝世一周年，周恩来100周年诞辰纪念活动，活动分4个会场，用革命家的思想风范影响教育全县人民。

6.“致富思源、富而思进”宣传教育

2000年3月，组织“致富思源、富而思进”宣传教育活动，开座谈会58场，知识竞赛46场，文艺演出15场，大型文体活动4场，征文比赛征得文章71篇，通过广播电视进行宣传。

7.“畅谈辉煌成就·携手团结奋进”宣讲

2008年5月，下发《关于在全县开展第27个民族团结教育月活动的安排意见》，各单位、各乡镇及时召开动员大会，开展“畅谈辉煌成就·携手团结奋进”为主题的大宣讲活动。

8. 民族团结宣传教育

2009年7月20日开始，组织“万名干部下基层”，进一步在各族群众中开展民族团结宣传教育。

9. 反家庭暴力宣传教育

2009年，县委宣传部组织妇联、总工会、团县委、司法局、人事劳动和社会保障局等相关单位在文化广场开展大型反家庭暴力宣传活动，通过悬挂横幅、张贴标语、播放录音、散发传单等方式，宣传《中华人民共和国妇女权益保障法》《中华人民共和国婚姻法》《中华人民共和国未成年人保护法》、男女平等基本国策等法律法规知识，呼吁受害家庭妇女的自尊、自立、自强，学法用法守法，拿起法律武器维护自身合法权益；呼吁全社会关爱妇女，坚决反对家庭暴力，构建平安、和谐麦盖提，全年开展“反对家庭暴力、共创美好家园”等大型宣传活动12场次，悬挂横幅14条，张贴标语153条，散发传单4653份，受教育群众近千人、接受群众咨询近千人。

10.“强化文明意识”宣传教育

2009年，由县文明办牵头，相关部门结合各自职能开展形式多样的“强化文明意识”宣传教育

活动。教育战线在中小学开展“文明伴我成长”千人签名仪式；窗口服务行业开展对社会承诺活动；团县委在团员青年中开展“学雷锋、做好事”便民服务活动；司法局开展法律咨询活动；总工会、民政局开展慰问孤寡老人活动；文化、卫生、科技、农业部门开展下乡服务活动，累计送文化下乡62场，送电影下乡168场，悬挂横幅32条，发放科技宣传资料4万份，举办科技培训班10期，免费为840名群众诊治查体，深受农民群众的欢迎。

11.“热爱伟大祖国，建设美好家园”宣传教育

2010年，召开两次主题教育宣传报道工作会议，利用广播、电视、宣传栏、宣传横幅等载体，做好环境氛围的营造工作，全县悬挂宣传横幅达100条，制作板报和宣传栏150块。

（二）思想政治工作

1.中心组理论学习

1997年，县委恢复中心理论组学习制度，各乡镇相应成立中心理论组，坚持每月集中学习不少于2～3次。

1998年，组织四大班子领导和有关单位部门领导集中学习27次，主要学习江泽民在邓小平逝世一周年纪念会上的讲话等内容30多个。

2002年，组织集中学习24次，主要学习江泽民在中国共产党第十六次全国代表大会所作的工作报告《全面建设小康社会　开创中国特色社会主义事业新局面》及其他方面内容26个。

2004年，组织集中学习26次，主要学习胡锦涛在邓小平100周年诞辰纪念大会上的讲话等内容32个。

2005年，组织集中学习25次，主要学习保持共产党员先进性教育活动相关理论，重点学习《江泽民论加强和改进政党建设》（专题摘编），各参学成员撰写心得体会，制定整改措施。

2006年，组织集中学习27次，主要重点学习中共十六届五中全会、“三个代表”重要思想、《党章》、社会主义荣辱观、党风廉政建设、公民道德建设、民族团结、《江泽民文选》、胡锦涛考察新疆工作时的重要讲话精神、十六届六中全会精神、自治区第七次党代会精神等方面的知识。当年，举办各类知识竞赛13场次、演讲比赛8场次，每个干部学习笔记1万字以上。

2007年，组织集中学习24次，系统学习中央及自治区关于经济发展的各项方针政策及中共十六届六中全会、中共十七大、国务院32号文件和“三个代表”重要思想、新《党章》、社会主义荣辱观、党风廉政建设、公民道德建设、民族团结、《江泽民文选》等方面的知识，并通过形式多样的学习方式，强化学习效果。

2008年，组织集中学习28次，主要学习中纪委、中组部《关于深入整治用人上不正之风　进一步提高选人用人公信度的意见》通知，充分认识到深入整治用人上不正之风的重要性和紧迫性，严格执行干部选拔任用工作法规，建立和完善用人监督制度。全年学习内容32个。

2009年，组织集中学习29次，主要学习《中央政治局常委会落实科学发展观民主生活会的情况通报》、自治区党委书记在自治区落实科学发展观活动动员大会上的讲话等相关内容26个。

2.干部职工学习教育

1991—2010年，麦盖提县坚持抓好干部职工思想政治教育，以单位组织为主，通过集体学、自学、测试等方式，提高全体干部的政治理论水平。

1991—1995年，在全县范围内开展以学习、宣传、贯彻以中共新疆维吾尔自治区第四次代表大会精神、民族团结教育精神、《中华人民共和国野生动物保护法》《中华人民共和国森林法》为主要内容的干部职工学习教育，增强民族团结、维护祖国统一的意识，增强全县人民爱林、管林、护林

意识。

1996—2000 年，县委下发《关于进一步学习贯彻落实中央 7 号文件精神，自治区党委 5 号文件精神的安排意见》《关于认真学习江泽民在纪念“七一”时重要讲话》《关于认真学习江泽民总书记在新疆考察工作时重要讲话的安排意见》《关于在各族党员干部中深入学习邓小平理论的通知》《关于加强和改进思想政治工作的安排意见》等，对学习内容、学习时间、督促检查方式做出具体要求。各单位切实把理论学习教育和各项工作同部署、同安排、同督促。开展“三讲”集中教育活动，开辟专栏 145 期，出版报 60 块。全县举办学习邓小平理论、江泽民视察新疆时的讲话精神及“三德”“五观”教育培训班，坚定思想信念，提高能力素质。举办领导干部政治理论脱产培训班 4 期，受训人员达 367 人次；一般干部培训班 2 期，培训人员 125 人次；组织全县在职干部理论考试，参考人员达到 97%，考试成绩优秀率 85%，及格率 95%。

2001—2005 年，组织全县干部职工学习中共十六大精神，胡锦涛“七一”讲话精神，胡锦涛考察新疆工作时的讲话精神，《江泽民文选》《公民道德实施纲要》，重温《毛泽东同志在党的七届二中全会上的重要讲话精神》《构建和谐社会问答》《社会主义荣辱观教育读本》《十七大报告辅导读物》《爱党、爱祖国、爱社会主义教育读本》等内容。重点开展“三个代表”重要思想主题学习教育活动和保持共产党员先进性主题教育活动。

2006—2010 年，为进一步加强政治理论学习，引导干部树立马克思主义的世界观、人生观、价值观和正确的权力观、地位观、利益观，增强自律意识，提高全体干部政治理论水平和业务管理素质。组织全县干部职工认真学习马克思主义基本原理、毛泽东思想、邓小平理论和“三个代表”重要思想，国务院 32 号文件，中共十七大精神、中央 1 号文件精神、中央新疆工作座谈会精神；深入学习贯彻胡锦涛在第十七届中央纪律检查委员会第二次全体会议的重要讲话、胡锦涛关于“中国特色社会主义理论体系”的重要论述、胡锦涛在全党深入学习实践科学发展观活动动员大会暨省部级主要领导干部专题研讨班上的讲话，胡锦涛在第十七届中央纪委第二次全会上的重要讲话，《中国特色社会主义理论体系学习读本》《科学发展观学习读本》，学习中央、自治区、地委、县委有关党风廉政建设和反腐败文件精神、干部学习教材等。各单位组织学习，做到有笔记、有讨论、有座谈、有测试，主要监管部门加强对干部职工的督促、检查、指导、考核，确保理论学习取得实效。

（三）宣传

1. 通讯队伍建设

1991 年，全县通讯员 40 人，做好麦盖提县各类宣传报道工作。

1994 年，宣传部设立新闻奖励基金，投入 9000 元，对在宣传报道方面做出突出成绩的何记平、王战利、熊欣等 40 人进行奖励。

1995 年，宣传部通过邀请各级报社领导、有经验的资深记者到麦盖提县举办新闻写作培训班，全县各大系统、各乡镇参加培训通讯员 65 人次。

2000 年，全县专兼职记者、通讯员 58 人。

2005 年，宣传部启用“新闻发稿专用章”。随着网络的发展，通讯员可以在网上传递稿件，通讯员队伍逐渐壮大。当年，宣传部设立奖励资金 3 万元奖励优秀记者、通讯员 80 人，调动了广大通讯员、专兼职记者写作积极性。

2006—2010 年，全县各乡镇、县直各单位通讯员及写作爱好者年均 200 人。宣传部持续对通讯爱好者进行《新闻写作》《新闻采访》《摄影技巧》《怎样写好通讯报道》等各级各类课题培训，进一步提高通讯员写作水平。全年奖励优秀记者、优秀通讯员 443 人次。

2. 对内宣传

1991 年，县广播站只有一套播控系统，且设备陈旧，只能实现每日 1 次，每次 1 小时节目。

1993 年，县广播站投资购置 2 台电子管调频立体声发射机和 2 套播控系统。可实现每日 3 次，共 4 小时用维、汉两种语言播出自办节目，主要宣传党和国家方针、政策、时事要闻。

1995 年，县电视台录制完成专题片《叶河大桥竣工庆典》（维、汉两种语言），在电视台黄金时段播出。

2000—2005 年，围绕县委中心工作，结合主题教育活动，利用广播、电视专栏、板报、巡回报告会等形式，开展“致富思源、富而思进”、“三讲”、“三个代表”重要思想、“保持共产党员先进性教育”宣传，提高全县干部思想认识，营造浓厚的学习氛围。累计出专栏 430 期，黑板报 478 期。每月实播电视维、汉新闻 70 条以上、广播维、汉新闻 90 条以上。相继录制完成专题片《文化广场竣工庆典》《城市天山杯竞赛宣传片》（维、汉两种语言）在黄金时段播出，宣传改革开放以来，麦盖提县的发展变化。

2009 年，全年坚持用广播、专栏和黑板报宣传党的方针政策、法律法规、农业科技知识、文化教育、主题教育等，累计张贴标语 1300 条，出专栏 340 期，黑板报 420 期。每月实播电视维、汉新闻 100 条以上，每月实播广播维、汉新闻 240 条以上。

2010 年，在对内宣传上，紧紧围绕县委、县人民政府中心工作，坚持新闻宣传“三贴近”原则，加大对内宣传力度。全年每月实播电视维、汉新闻 120 条以上，每月实播广播维、汉新闻 270 条以上。

3. 媒体宣传

1991—1993 年，宣传工作成绩斐然，宣传部干部侯宇振平均每年在《喀什日报》上稿量达 200 篇，最多一天可以见报 3 篇。麦盖提电视台与新疆电视台配合拍摄刀郎木卡姆、刀郎麦西莱甫大型文学艺术片。

1994 年，县电视台配合参与新疆电视台刀郎木卡姆、刀郎麦西莱甫大型文学艺术片剪接、编辑工作，制作完成后，新疆电视台通过卫星电视向全国播放，提升外界对刀郎文化的了解。

1997 年，县电视台配合新疆电视台完成《刀郎麦西莱甫》大型文艺专题片维译汉工作，在中央电视台播放，进一步宣传麦盖提县刀郎文化。

1998—2004 年，全县 30 名专兼职记者通讯员累计投稿 2500 篇，刊播 670 篇。

2005 年 9 月 23 日，《喀什日报》刊登麦盖提县新闻专版；同年，县聘请地区文联副主席赵力编辑《刀郎农民画册》；秦钟、李俊采撰写的《刀郎文化显峥嵘》论文获中宣部、文化部等 8 部委举办的“读书成才奔小康”全国农民读书征文三等奖。

2006 年 10 月 25 日，县委邀请全疆 40 家 120 名资深记者参加麦盖提县首届“聚焦刀郎人”刀郎文化周活动。活动周期间，自治区党委宣传部在县举办全疆第十六届新闻摄影年会，扩大刀郎文化的宣传面和影响力。

2007 年，由新华社、人民日报社、光明日报社、经济日报社、中央电台、国际电台、自治区党委宣传部、地委宣传部一行 9 人组成的中央新闻单位采访团对麦盖提县的刀郎文化和城市经济建设情况进行专访。

2008 年，举办麦盖提县刀郎文化艺术节，并制作刀郎文化艺术节专题片、第十三届青歌赛刀郎传人获奖专题片、刀郎木卡姆专题片。累计接待上级记者 9 批 100 人次，接受自治区社科院调研 1 次；刀郎老少艺人同台献艺喀交会，上报喀交会好新闻推荐作品 12 篇。

2009年，全年被喀什电视台采用新闻115条。其中，《喀什地区出现沙尘暴，农业生产和城乡居民身体健康受影响》新闻报道分别被中央电视台、新疆电视台采用。在地区级各类媒体刊登新闻稿件700篇，各大网站刊登稿件400篇。精心准备节目参加地区广播电视论文比赛，参赛作品13件，获二、三等奖9件。全年精心拍摄制作专题片10部。

2010年，全年在地区级以上各类媒体刊登新闻稿件950篇。拍摄制作专题片10部，宣传全县各项事业的发展和取得的成就。向地委宣传部、县委、县人民政府报送信息102期。

第四节　统战工作

一、机构

1991年，统战部行政编制4人，实有3人。

2000年，行政编制5人，实有3人。

2003年，行政编制5人，领导职数2个，列工勤人员事业编制1人。

2010年，行政编制5人，领导职数2个，工勤人员事业编制1人。实有7人（其间，2008年成立县政治学校，增设事业编制3人，隶属县委统战部）。

二、主要工作

（一）统战对象参政议政

1991年，麦盖提县有人大代表162人。其中，非中共党员58人，占全县人大代表的36%；县人大常委会委员12人，县人大常委会主任、副主任5人；县政协委员51人。

1998年，麦盖提县有人大代表163人。其中，党员代表105人，非中共党员58人，占全县人大代表的35.58%。县人大常委会委员12人，县人大常委会主任、副主任共5人。

2003年，麦盖提县有人大代表165人，实际选举代表164人（预留1人）。其中，党员代表107人、非中共党员57人，占全县人大代表的35%。县人大常委会委员70人、中共党员45人，占委员总数的64.3%。非党人士25人，占委员总数的35.3%。政协委员85人，其中非党人士39人，占委员总数45.88%。

2010年，麦盖提县有人大代表162人。其中，非中共党员57人，占全县人大代表的35.18%。县人大常委会委员70人，非党人士25人，占委员总数的35.3%。政协委员100人，其中非党人士51人，占委员总数的60%。

2005—2010年，推荐自治区人大代表1人、自治区政协委员2人、县人大代表8人、政协委员11人。协助组织部门推举无党派人士在政府部门任职的副科级领导34人、正科级领导1人。

（二）民族宗教工作

1991—2010年，麦盖提县宗教工作始终依法加强对宗教场所、宗教教职人员、宗教活动的管理，积极引导宗教与社会主义社会相适应。

1. 宗教管理

1991年，县委转发地委统战部《关于对当前宗教工作的意见》，加强党对宗教工作的领导，全面贯彻执行宗教信仰自由政策；加强对宗教活动的管理，做好宗教教职人员的团结、教育工作，坚决抵制国内外反动势力利用宗教进行渗透和破坏活动。

1997年9月，麦盖提县集中整治领导小组办公室下发《关于对清真寺民主管理机构、宗教教职人员进行评议的工作安排》，要求各乡镇整治办、各集中整治工作队对清真寺民主管理机构和宗教教职人员进行一次全面的考察和评比。

1999 年 1 月，为正确贯彻执行党的宗教政策，依法加强对宗教事务管理，坚决抵制和打击非法宗教活动，与各乡镇机关单位签订《关于依法加强宗教事务管理，坚决抵制和打击非法宗教活动责任书》。

2001 年，根据自治区《关于少数民族干部联系清真寺》的有关要求，制定下发《麦盖提县民族领导干部联系清真寺及与宗教教职人员建立谈话制度的通知》，要求县、乡、村三级民族领导干部必须联系清真寺，并建立与宗教教职人员谈话制度，民族领导干部每周必须开展 1 ～ 2 次联系清真寺活动，与宗教教职人员谈话活动 2 次以上，做好谈话记录。

2007 年 5 月，麦盖提县召开宗教工作领导小组会议。会议强调：各乡镇要加大民族领导干部与宗教教职人员谈话和联系清真寺制度检查力度；县成立“两项制度”落实督查组，由组织、纪检、统战、民宗等部门组成，每个月检查一次，并进行通报，“两项制度”落实情况与年终公务员考核挂钩，3 次落实不到位的，视为不称职。

2008 年，为进一步规范宗教管理，提高依法管理宗教事务的能力，县委统战部、民宗委联合制定《宗教活动场所民主管理机构职责》《宗教活动场所维修、重建管理办法》《宗教教职人员职责》《领导干部联系宗教活动场所与宗教教职人员谈话制度》《宗教教职人员外出请假制度》《宗教教职人员例会学习制度》《麦盖提县依法加强宗教事务工作实施办法》《麦盖提县少数民族领导干部联系清真寺工作管理办法》《麦盖提县清真寺小型维修审批权下放的管理办法》《麦盖提县宗教管理“双五好”评定办法》《麦盖提县少数民族领导干部落实“两项制度”责任追究制》11 项工作管理制度，狠抓制度落实，切实把宗教事务的管理纳入制度化、法制化轨道，不断规范民族宗教事务管理行政执法行为，提高依法管理宗教事务的水平。

2010 年，县、乡镇每月召开一次统战民宗工作联系会议，汇报工作、分析宗教形势、制定工作措施。

2. 宗教教职人员教育培训

1991—2010 年，为进一步加强爱国宗教教职人员的队伍建设，提高依法执教的能力，奠定维护社会稳定的基础。自治区、地区、县三级主管部门始终坚持对宗教教职人员进行培训，解决参培人员交通费、食宿费。至 2010 年，全县宗教教职人员普遍在自治区、地区轮训一遍。

1996—2000 年，选派 7 名爱国宗教教职人员到内地参观学习；选派 8 名政治素质高、遵纪守法、有一定宗教学识的宗教教职人员参加自治区举办为期 6 个月的培训；通过培训，宗教教职人员政治觉悟明显提高，遵纪守法意识明显增强。

2001—2010 年，选送宗教教职人员参加自治区级培训 560 人次、参加地区级培训 720 人次。举办宗教教职人员政治理论培训班 90 期。每期培训班组织宗教教职人员到县民营企业、产业结构调整先进乡村及种、养殖大户家实地观摩学习。

（三）非公有制经济领域统战工作

1991—1996 年，县委统战部、工商联深入非公有制企业开展调研 5 次，了解私营企业、个体工商户经营情况和存在的问题，宣传党的现行方针、政策，尤其是经济发展政策，动员他们投身改革，加快发展，在壮大自身经济实力的同时，为社会做出更多的贡献。

1997—2003 年，组织非公有制经济代表人士就县委、县人民政府的工作重点、百姓关心的热点、经济发展的难点问题进行座谈、讨论、献策，发挥非公有制经济人士参与政治和社会事务管理的作用。

2005年，工商联发展个体工商户会员2196户、非公有制企业会员105家。同年5月，组织个体工商户2家、非公有企业3家参加“喀什—巴基斯坦经济贸易洽谈会暨商品交易会”。

2007—2009年，工商联深入县一源公司、金得利纸业公司、大漠坊酒厂、九九棉业等非公有制企业进行调研，了解运行情况，协助解决有关问题。

2010年，在非公有制经济组织中开展“创先争优”和“热爱伟大祖国建设美好家园”活动。同年8月，根据“百日组建”活动要求，组建非公有制党组织9个。在全县各非公有制企业党员员工开展“亮身份、重承诺、树形象、争贡献”活动，12家非公企业党员、员工77人参与活动，提出合理化建议11条。11月，统战部开展加强“两新”（非公有制经济组织和新型社会组织）组织社会治安综合治理工作，在26家非公有制经济组织中建立综合治理机构。当年，全县非公有制经济组织为社会公益事业捐助82.7万元。

（四）宗教教职人员待遇兑现

1991年来，为提高统战对象政治生活待遇，县统战部按照上级要求，把握在政治上给予适当安排，生活上给予一定照顾，为全县统战对象发放生活补助2.89万元。同年，县委下发《关于加强统一战线工作的通知》，要求全县各级党组织贯彻执行党的宗教政策，正确处理宗教问题，团结教育宗教教职人员严禁利用宗教进行破坏祖国统一、民族团结、社会安定、损害公民身心健康的非法宗教活动。

1997—2003年，每年为全县统战对象发放生活补助，金额合计48.61万元。

2004年，为全县统战对象发放生活补助，金额合计27.25万元。

2005年起，自治区统战部要求扩大爱国宗教教职人员生活补贴费发放范围，至少覆盖率70%，每年下拨统战对象生活补贴费31.6万元，县财政解决27.25万元，累计58.85万元。对全县宗教教职人员按每人每月80元、120元、160元、200元、240元5个档次发放生活补贴。

至2010年，全县从事经商的宗教教职人员75人；发展家庭畜牧养殖108人；发展林果业49人；发展种植业243人；加工业和运输业13人。家庭人均收入达到680元的92人，达到680～2500元的290人，达到2500～5000元的89人，达到5000元以上的17人。从事大棚蔬菜种植宗教教职人员7人，从事面粉加工宗教教职人员2人，把自己的子女送到汉语学校上学宗教教职人员2人。宗教界教职人员开展地震、抗洪等各级各类捐款5.29万元。

第五节　政法工作

一、机构

1991年，麦盖提县委政法委实有干部5人，工勤人员1人。设立麦盖提县社会治安综合治理委员会，与县委政法委合署办公。

1997年10月，政法委内设机构有办公室、执法监督室、信息调研室。编制10人，领导职数3个，实有9人（含综治办人员）。

2003年10月，县委政法委和综治办核定行政编制9人，其中领导职数3个、事业工勤人员1人。

二、社会治安综合治理

1991年5月30日，经县委常委会议研究决定，成立麦盖提县社会治安综合治理委员会。7月19—20日，召开全县社会治安综合治理工作会议，150人参加。会议讨论了县社会治安综合治理委员会办公室起草的《暂行办法》和《五年规划》。

1992年，设立麦盖提县社会治安综合治理办公室。召开全县政法和社会治安综合治理工作会议，对 1991 年度在社会治安综合治理工作中涌现出的 3 个先进乡、5 个先进单位、1 个先进派出所、1 个先进居委会、9 个村和 38 名先进个人予以表彰。

1995 年，经县社会治安综合治理委员会评审，对 3 个乡、6 个单位予以表彰，对 1994 年度在社会治安综合治理工作中做出突出贡献的 9 个村、2 个居委会、2 个派出所、1 个法庭和 36 个先进个人予以表彰。

1996 年，对在 1995 年度社会治安综合治理工作中成绩突出的 7 个县直单位、3 个乡镇、15 个集体、48 名先进个人予以表彰。社会治安综合治理委员会制定《麦盖提县社会治安综合治理工作五年计划》（“五年计划”即 1996—2000 年）。

1997 年，下发《关于在全县贯彻落实普法依法治理工作标准（试行）的通知》《关于创建“治安模范乡（镇）单位”标准及命名管理办法（讨论稿）》。对在 1996 年度社会治安综合治理工作中表现突出的 21 个先进集体、52 名社会治安综合治理先进工作者予以表彰。

1998 年，全县组织一次大规模清查活动，着重对车马店、旅店、宗教活动场所、公共场所、复杂地段、重要设施、重点人口进行清查，查出无证外来人员 48 人，纠正交通违章 38 起，查扣无证车辆 2 辆。

1999 年，对在 1998 年度社会治安综合治理工作做出突出成绩的 8 个社会治安综合治理先进集体给予通报表彰。

2000 年，对 1999 年度社会治安综合治理工作做出突出成绩的 7 个先进集体予以表彰。根据县综治委检查、考核，决定对 2 个乡、25 个村（居委会）、23 个机关单位命名为安全文明乡镇、村、机关单位。

2001 年 6 月，在全县范围内开展社会大清查活动，留置外来无证人员 22 人，纠正交通违章 8 车次，防止 1 起刑事案件的发生。

2003 年 9 月 28 日凌晨，在全县范围内开展社会大清查活动，共查农户 2.16 万户，车马店 35 个、出租房 368 个、店铺 139 个、旅店 17 个、网吧游戏厅 8 家、复杂场所 58 家；检查过往车辆 98 辆，纠正违章车辆 19 辆；重点人口 170 人，流动人口 1094 人；审查外来“三无”人员 189 名；收缴非法书刊 11 本。

2004 年，抽调县综治、文化、安监、公安、工商等部门 20 人对全县 8 家网吧、6 家游戏厅进行全面的清理整顿，对有未成年人入内的网吧和游戏厅进行教育，对不听从教育的 2 家网吧和游戏厅吊扣营业执照，责令其停业整顿。

2005 年 7 月 5—23 日，开展“扫黄打非”专项行动，收缴盗版光碟、非法刻录光碟、复制录音带、非法印刷宗教刊物等 886 件。

2006 年，对 2005 年度全县社会治安综合治理工作 7 个先进集体和 12 个先进个人进行表彰，对 23 个“安全文明单位（村）”进行命名表彰。

2007 年 2 月，在全县范围内开展一次社会大清查活动，清查招待所、车马店、公共复杂场所 190 家，出租房屋 218 间，其他重点场所 260 处，重点人员 621 名；审查外来无证人员 73 名；检查过往车辆 600 辆，纠正违章车辆 12 辆，查扣手续不全车辆 2 辆。在清查行动中，查缴反动书刊 1 本、非法书刊 111 本、非法音像制品 215 盘、非法挂历 2 本、非法宣传画 1 张。

2008 年，对 12 个社会治安综合治理先进集体、19 名社会治安综合治理先进个人进行表彰，对 5 个信息调研先进集体和 6 名先进个人进行表彰。

2010 年 2 月，授予法院、央塔克乡综治办等 10 个单位为“2009 年度社会治安综合治理先进集体”，授予人民银行、公路段等 8 个单位为“2009 年度平安建设先进集体”，授予公安局、库木库萨尔派出所等 3 个单位为“2009 年度流动人口服务与管理先进集体”，表彰 10 人为“2009 年度社会治安综合治理先进个人”，表彰 7 人为“2009 年度平安建设先进工作者”。成立社区矫正工作领导小组，组长由县委政法委书记担任。

三、维护社会稳定

1991 年，将维护安定团结指挥部改称防暴防渗透指挥部，并调整充实指挥部领导成员和办公室工作成员。

1993 年，根据地委扩大会的总体安排部署，开展统一对敌斗争行动。

1995 年 7 月，决定对防暴指挥部领导及办公室成员进行调整和充实。指挥部办公室设在政法委，下设 6 个专业组。

1996 年，成立麦盖提县关于对地下学经点及塔里甫进行专项治理工作领导小组，全面展开专项治理，依法加强对宗教事务的管理。

1997 年 4 月，成立整顿治安、严厉打击暴力犯罪工作领导小组及其办公室。29 日，县委成立集中整治工作领导小组（简称“整治办”）。11 月 8 日，取缔反动组织 1 个，破获成员 27 人。12 月，对在该年度集中整治工作中涌现出的 23 名集中整治先进个人予以表彰。

1998 年 9 月，破获反动地下组织窝点 2 个，抓获 33 人。

1999 年，为进一步加强冬季“严打”专项治理斗争和对特大暴力恐怖案件侦破工作的组织领导，经县委研究决定成立县严打专项治理工作指挥领导小组，下设办公室于政法委。

2001 年，经县委研究决定，成立县“严打”整治斗争领导小组及下设职能组。

2002 年 3 月，麦盖提县召开政法工作会议，会上对财政局、工商银行、棉麻公司、供排水公司、修造厂、检察院、县委机关 7 个维护社会稳定工作先进单位进行表彰；对克孜勒阿瓦提乡派出所、城镇文化路派出所、公安局国内安全保卫大队、公安局交通警察大队、检察院起诉科、法院刑事审判庭等 6 个科室、15 名干警予以表彰。

2003 年，麦盖提县将治安刑事案件较多、班子弱软涣散的 8 个村定为集中整治点，抽调县乡干部 33 人组成工作队进点开展集中整治工作。

2004 年 2 月 23 日，麦盖提县召开政法工作会议，会议表彰维护社会稳定先进集体 7 个、先进个人 15 人；命名安全文明单位（乡村）20 个，表彰普法、依法治理先进集体 9 个。9 月 29—30 日，抽调县社会治安综合治理成员单位领导干部 20 名，对交通、卫生、学校、企业单位、公共娱乐场所、建筑工地等重点要害部位的安全防范工作进行大检查。

2005 年 5 月，开展“涉毒违法犯罪”集中整治专项行动，主要以城镇为重点，抽调各派出所干警 30 人，对“涉毒违法犯罪”进行集中整治。

2007 年 5 月，召开“扫黄打非”工作动员会议，会议要求在全县开展一次为期 45 天的以封堵查缴宗教类非法宣传品为重点的专项集中整治行动，坚决收缴各种宗教类非法宣传品。全国第 15 个消防安全宣传日，麦盖提县以“生命至上，平安和谐”为宣传主题，开展形式多样的消防安全宣传活动，该次活动共发放宣传资料 1.5 万份、悬挂横幅 200 条、张贴标语 450 张，出动宣传车 12 辆次。设置咨询台 3 个，咨询人员 288 人次，受教育群众达 2.5 万人次。

2010 年 5 月，麦盖提县被喀什地委政法委表彰为依法处理工作先进集体，6 人被评为依法处理工作先进个人。

第六节　机关党建工作

一、机构

1991 年，直属机关党委编制 3 人。

1998 年 2 月，中国共产党麦盖提县直属机关委员会（以下简称“机关党委”）并入县委组织部，更名为中国共产党麦盖提县直属机关工作委员会（以下简称“机关工委”）。

2000 年 6 月，机关工委编制并入组织部。

2003 年 2 月，机关工委挂靠组织部，行政编制 2 人。

二、所属党组织

1991 年，机关党委辖党委 4 个、党组 6 个、党总支 8 个、党支部 85 个，党员 1082 人。其中，少数民族党员 731 人，女党员 185 人，大专以上文化程度 163 人，中专文化程度 364 人。

1994 年，机关党委辖党总支 9 个、党支部 65 个，党员 943 人。其中，少数民族党员 582 人，女党员 150 人，大专以上文化程度 170 人，中专文化程度 276 人。

2002 年，机关工委辖党总支 9 个、党支部 64 个，党员 1110 人。其中，少数民族党员 627 人，女党员 259 人，大专以上文化程度 407 人，中专文化程度 312 人。

2005 年，机关工委辖党总支 3 个、党支部 46 个，党员 740 人。其中，少数民族党员 381 人，女党员 187 人，大专以上文化程度 447 人，中专文化程度 132 人。

2010 年，机关工委辖党总支 4 个、党支部 39 个，党员 560 人。其中，少数民族党员 351 人。

三、主要工作

（一）党务培训

1991—2010 年，县直机关党委通过多种途径，举办入党积极分子培训、党建培训、党务干部培训、理论培训、教育骨干培训、非党积极分子培训等，累计培训人员 1112 人。

（二）基层组织建设

机关工委制定了切实可行的党建目标管理工作评分标准和规章制度，实行经常性督促、检查各党支部党建工作制度。由上至下形成了一级抓一级、层层抓落实的工作局面，党建工作专职专干、专人专干，促进了基层党组织建设的顺利开展。每年年初，机关工委与各基层党（总）支部第一责任人层层签订党建目标管理责任书，进一步明确基层支部第一责任人的工作职责和任务。机关工委定期或不定期的进行检查评比，发现问题及时进行整改。对党支部班子软弱涣散、没有凝聚力和战斗力的，及时进行整顿或撤换。1991 年，审批成立支部 10 个；1997 年，审批新建、改选成立支部 14 个；2001 年，审批新建、改选支部 13 个；2002 年，审批新支部成立或改选 7 个；2006 年，审批新支部成立或改选 12 个；2010 年，审批新支部成立或改选 9 个。

（三）党费收缴

机关工委在摸清各单位党支部党员底数情况下，建立党费收缴管理信息库，将所辖党员的工资情况列入信息库，准确地掌握党费收缴基数及每个党员缴纳党费的情况。机关工委根据党费收缴的有关规定，每年 2 次核实核准每个支部每个党员新老工资的党费收缴比例和标准，下发通知催缴党费。1991 年收缴党费 1.9 万元；1996 年收缴党费 6.26 万元；2003 年收缴党费 19.22 万元；2009 年收缴党费 26.77 万元；2010 年，因党费调整，全年收缴党费 2.16 万元。1991—2010 年，累计收缴党费 203.21 万元。

（四）开展活动

1995 年 6—7 月，机关党委所辖各党组织开展庆祝建党 74 周年纪念活动。各级党组织利用办黑板报、演讲比赛、歌咏会、知识竞赛、请老党员开座谈会等形式，歌颂党、歌颂中共十一届三中全会以来改革开放所取得的伟大成就。

2004 年 7 月 1 日，机关工委所属 5 个基层党组织、22 名共产党员、5 名党务工作者受到县委表彰。

2006 年 6 月，机关工委与县委组织部、总工会、共青团共同举办“中国人寿杯”麦盖提县庆祝建党 85 周年党史知识竞赛，进一步加强广大党员干部对党章、党的纪律、党的历史、党的基本理论和基本知识以及社会主义荣辱观等内容的学习，各县直系统和单位 15 个代表队 45 名党员参加知识竞赛，评选出一等奖 1 名、二等奖 2 名、三等奖 3 名。

2007 年 6 月，机关工委积极组织所属党组织参加麦盖提县委庆祝建党 86 周年系列文化活动。

2008 年 5—8 月，机关工委所属各党支部开展纪念建党 87 周年暨“讲文明、迎奥运、保稳定、促发展”为主题的系列活动。2008 年 7 月 1 日，机关工委所属 2 个党支部、3 名党务工作者、4 名共产党员受到县委表彰。

（五）廉政教育

机关工委与所属基层各级党组织负责人层层签订责任书，做到廉政建设责任清楚，目标明确，对机关干部改进工作作风、廉洁从政严格要求，严格按照《党章》办事，按党的制度和规定办事，坚持不懈地对所属各单位全体党员进行党性、党风、党纪教育，使广大党员干部特别是领导干部时刻以国家、集体和群众利益为重，不断提高政治思想素质，增强廉政意识和拒腐防变能力。1999 年开始，每年 9 月开展“党风廉政建设月”系列活动，通过召开廉政教育大会、观看廉政教育片、举办黑板报比赛和知识竞赛等拓展廉政教育方式。

第七节　党校教育

一、机构

1991 年，根据喀什地区编委文件，并参照自治区、地区的有关编制标准，核定事业编制 14 人。

1993 年，党校有职工 11 人。其中，教师 9 人，工人 1 人，后勤人员 1 人。

1998 年，党校有职工 15 人。其中，教师 13 人（双语教师 1 人、理论教师 12 人）。核定领导职数 3 个，其中党校副校长 2 人、行政学校副校长 1 人。内设机构有办公室、教务处、财务室、教职工工会（兼管后勤工作）。

2003 年，经自治区党校函授学院授权，成立中央党校及自治区党校函授学院喀什分院麦盖提学区，开始进行函授教育。

2005 年 3 月，挂牌成立中共麦盖提县委员会行政学校，与党校合署办公。

2006 年，党校有职工 17 人，新增专职教师 2 人。

2008 年，党校编制增加至 22 人，其中 3 名校领导为参照公务员编制。

2009 年，党校有职工 22 人，领导 3 人，参照公务员管理的副校长、理论教师 15 人，双语教师 2 人，工勤人员 2 人。

二、主要工作

在县委的正确领导下，党校紧紧围绕对党员干部进行党的政治理论、路线方针、政策和岗位业务知识等方面的短期培训，服务大局，扎实开展干部教育培训工作。在打牢各级干部的理论基础，提高战略思维能力，增强党性修养，提高领导水平和执政水平上，发挥着不可替代的重要作用，为全县经济社会发展提供着坚强的思想政治保证、人才保证和智力支持。

（一）干部培训

1991—2010 年，县委党校根据县委、县委组织部对干部队伍的建设要求，有计划地培训轮训副科级党员领导干部、副科级后备干部、各乡（镇）一般干部、村（居委会）支部书记、村委会主任、居委会主任以及村级后备干部、县乡意识形态部门的党员干部；协同组织人事部门对学员在校期间进行考核考查，并将考核考查情况及时向组织人事部门上报。

1991—2006 年，党校累计举办党政干部培训 268 期，培训人数达 1.61 万人。主要是针对县委交给党校的培训任务，不含党校进行流动党校、委培、宣讲等培训方式。期间，1993 年 9 月，县委在党校举办为期 3 天的党建目标管理培训班，参加培训 164 人。1996 年 5 月，党校举办入党积极分子培训班，参加培训 158 人。

在培训方式上以 1998 年为界，在 1998 年以前主要进行的是短训班；1998 年以后开始举办各类主体班。在党政干部培训上，党校切实贯彻“党校姓党，从严治校”的方针，对学员实行军事化和半军事化管理，建立了培训与考核并重、以考核促培训的干部教育培训工作机制，使党政干部培训不断上水平、上规模。

至 2010 年，累计举办培训 396 期，培训各类人员 3.47 万人次。

2006—2010 年麦盖提县委党校教学培训情况一览表

表 19-4-2

年份（年）	培训期数	培训人次	培训对象	学习内容
2006	24	1249	村委会主任、党委班子成员、社区人员、乡镇干部、县直各单位干部、全县中小学书记、村党支部副书记、全县乡科级领导	“三个代表”重要思想、新疆历史、五观教育、农业知识、党建知识、党章、政治理论、荣辱观教育、党的纪律作风建设等
2007	10	979	各乡畜牧人员、各乡镇干部、县直各单位干部、各单位公务员、乡镇领导、公路养护人员	畜牧常识、公路养护知识、党章、党的知识、公务员法、公务员公共管理核心课程等
2008	70	4447	乡镇党校教师、各乡镇干部、乡村财经人员、各村支部书记、村委会主任、远程操作人员、县四大班子人员、全县乡科级领导、全县中小学领导、全县妇女干部	基层组织建设工作知识、中共十七大精神、实用计算机应用教程、中央“32 号文件”、妇女干部必须常识、新《党章》、农业和农村政策等
2009	23	11220	各村党支部书记、乡镇及县直单位理论骨干干部、法院民族干部、县直各单位领导、县执法人员、后备干部、各单位入党积极分子	十七大精神、科学发展观专题、改革开放 30 年的巨大变化、新《党章》、各级领导重要讲话、执法必用知识常识、十七届四中全会《决定》、两个白皮书、“7・5”事件的本质等
2010	25	1995	乡科级领导干部、村党支部书记、乡镇及县直单位领导干部、镇政府社区干部、县直机关入党积极分子、各乡镇学校中层领导	十七届四中全会精神、两个白皮书、领导重要讲话、中央一号文件、县三干会精神、党风廉政建设、《党章》、党务知识等

（二）教学研究

科研工作是党校工作的重要组成部分，是教学工作的基础，是提高党校教学水平的基础一环。

1991—2005 年，因教师短缺，加上教师水平有限，开展教学工作仅限于如何备课、上课等。

2006—2010年，党校领导高度重视教学科研工作，教学上大力培养复合型人才，不但要求要有理论家的功底，更要求每名教师有演说家的口才，从而能更好地发挥党校“主渠道”和“阵地”与“熔炉”的作用。在科研上，党校领导重视科研力度，2008年，党校教职工在省级期刊、报纸上发表文章6篇、在国家级期刊上发表文章13篇。其中，以杨衍旭发表的《响应十七大精神号召，走中国特色农业道路》、狄浩亮发表的《提高党员素质，优化党员队伍》、张娟发表的《坚持和谐发展，构建和谐党校》、热合曼·马木提发表的《关于加强生态文明建设的必要性》、王丹发表的《新疆少数民族婚姻习俗的法律思考》为代表，集中体现了党校教职工高超、深厚的社会科学理论水平。

（三）学历教育

2003年，成立中央党校及自治区党校函授学院喀什分院麦盖提学区以来，学历教育工作取得了丰硕的成果，在拓展党员干部眼界，提升本县居民学历教育层次上发挥了重要的作用。

2003—2010年，累计举办党校系统函大学历教育大专班8个班次，受教育的学员189人；本科班8个班次，接受函大教育的学员达199人。党校与新疆大学、新疆师范大学、塔里木大学等高校联合举办的学历教育大专班共4个班次，接受函大教育的学员达206人；本科班1个班次，接受函大教育的学员13人。其中，党校与塔里木大学联合举办的农学专业大专班，统一招收的是县各村村干部学员，村级干部学历教育走在了全喀什地区的前列。

（四）基础设施建设

1994年，县委为党校投资57.48万元新建一座3层教学楼，面积1087平方米，为党校各方面的长足发展奠定了基础。

1996年10月，党校建成一座集培训、办公、电教为一体的教学楼。

2007年，党校搬迁，新建院校占地面积25.13亩。其中综合教学楼2500平方米、学员公寓楼2300平方米、餐厅600平方米，分别可同时容纳350人上课、200人住宿、60人微机操作。

第八节　党史地方志工作

1991—1999年，史志办挂靠县委办公室，没有单设。2000年7月，合并至档案局。

1991—2010年，麦盖提县编纂出版《麦盖提县志（1928—1990年）》《中国共产党麦盖提县历史大事记（1949—2005年）》《中国共产党新疆维吾尔自治区麦盖提县组织史资料（1949—1987年）》和《中国共产党麦盖提县简史（1949—2002年）》。

1984年，第一轮《麦盖提县志（1928—1990年）》编纂工作启动，因人员不稳定，进展缓慢，至1990年3月，重新调整充实编修班子，历时11年，于1994年5月正式出版。全文正文分设26编、115章、383节，共约88万字。翔实记述自民国17年（1928年）建县至1990年的60多年间，麦盖提县的政治、经济、文化、地理、历史、民族、人口、自然风貌、风土人情、新人新事、民族关系等，真实反映出地方的全貌，做到融思想性、资料性、科学性于一体，是一部社会主义的新志书。

1993年，《中国共产党新疆维吾尔自治区麦盖提县组织史资料（1949—1987年）》的编纂工作启动。1997年，正式出版。全书详尽收录自1949年至1987年10月麦盖提县党、政、军、群组织机构的沿革及领导人名表。

2004年3月，《中国共产党麦盖提县简史（1949—2002年）》的编纂工作启动，12月底完成，2005年12月出版。全书8章、38节、30万余字。客观公正地记述了1949—2002年间，中共麦盖提县委员会领导全县各族人民50余年的创业奋斗历程和辉煌业绩。《中国共产党麦盖提县简史（1949—

2002年）》是讴歌一代又一代中国共产党人在麦盖提县的奋斗史、创业史和建设史，也是麦盖提县精神文明建设方面的又一重要成果。

2006年12月，《中国共产党麦盖提县历史大事记（1949—2005年）》出版发行。全书39万字，分7个历史时期，全面、真实、客观地记录麦盖提县自1949年至2005年的56年间，麦盖提县各族人民紧密团结在中国共产党的周围，发扬自力更生、艰苦奋斗的精神进行卓有成效的社会主义建设。《中共麦盖提县历史大事记（1949—2005年）》的出版发行，是麦盖提县政治生活和精神文明建设的又一成果，具有重要的史料价值。

第九节　档案工作

一、机构

1991年，档案局为县人民政府直属机构，归县人民政府领导，编制4人，实有4人，设局长1人、馆长1人，有中级职称的2人。档案馆为副局级单位，归档案局管理。

1997年10月，编制6人，实有4人，其中少数民族1人、汉族3人。

2000年7月，档案局、档案馆、史志办合并，组建档案史志局（馆），为政府直属事业单位，同时挂档案局的牌子，接受县政府的领导，正科级单位。

2003年5月，经再次机构改革，档案史志局（馆）从政府工作部门划归县委序列，属县委的直属事业单位，称档案史志局（馆），实行局（馆）合一，4个机构、1块牌子。

2005年，将档案史志局（馆）列入参照公务员管理范围。

2010年，档案史志局（馆）编制7人，实有工作人员7人。其中局长1人、副局长2人、工作人员4人。

二、场馆建设

1991年，县档案局在县委楼2楼办公，有办公室2间，面积60平方米。

1996年，县档案局搬迁至政府办公楼，办公面积124.2平方米，库房面积112.23平方米。

2005年，县档案馆搬迁至县总工会活动中心，办公面积234.5平方米，库房面积235.5平方米，排架250米。

三、主要工作

1991—2010年，档案局通过制度建设、全宗号管理、档案存放、档案接收、档案查阅、重点档案抢救、档案法宣传、档案执法等职能，做好档案馆各项工作。

（一）建立健全各项档案管理制度

1991—2010年，档案局逐步建立健全档案管理制度、档案整理制度、档案保管制度、档案保密制度、档案移交等相关制度20项。同时，建立健全全宗卷、全宗名册、抢救档案台账、档案借阅登记本、温湿度登记本、定期检查登记台账、案卷目录登记本、档案移出登记表等档案保管措施，做到馆藏全部文书档案编制有全引目录，馆藏案卷级目录实现计算机管理。

（二）全宗号管理

至2010年，档案馆藏81个全宗，1.55万卷、2.34万件档案。其中，民国档案875卷；新中国成立前档案5331卷、2.3万件；新中国成立后1.02万卷、357件；资料档案3114册；实物档案包括牌匾5个、奖旗1面；印鉴档案138枚；声像（照片）档案141盘；照片1200张、底图80张。

档案管理部门编制案卷目录57本，全引目录80本，归档文件目录3本，形成完整的馆藏档案资料检索体系，成为全县档案目录中心。

（三）档案存放

档案库房全部安装防盗门窗，排气扇、消防、遮光帘等设施，定时施放驱（灭）老鼠、虫等药物，“八防”（防潮、防尘、防火、防盗，防光、防虫，防鼠、防水）措施到位。随着档案进馆数量增加，铁质档案柜增加到48组，安装密集架9列36组。

（四）消防工作

至2010年，按照消防要求安装烟雾报警和安全防盗系统，配备灭火器20个，设置严禁吸烟和使用明火标识等，定期进行检查、日常维护和定期更换工作。

（五）档案接收

至2010年，档案管理部门对120个县直单位和10个企事业单位分期分批进行业务指导，帮助进行系统整理，累计接收档案1.55万卷。

（六）档案查阅

档案管理部门对保管期限超过30年的档案进行全面鉴定，分期分批报请县委、县政府批准，向社会开放档案资料31个全宗、3254卷。截至2010年，县档案馆累计接待查阅者186人次，查阅档案372卷（册）。

（七）重点档案抢救

自治区财政拨款8万元用于抢救破损、褪变档案，档案管理部门对1949年以前的民国档案（国家重点档案）进行重点抢救。截至2010年，县档案库存国家重点档案6249卷、3.99万件，已抢救、裱糊整理档案5177卷、2.3万件。

（八）档案法宣传

1991—2010年，档案局重点宣传六届全国人大通过的《中华人民共和国档案法》、八届全国人大通过的《中华人民共和国档案法》（修订）。向各机关单位及乡镇下发《中华人民共和国档案法》《档案法实施办法》宣传材料；每年结合“6·9”国际档案日开展档案法宣传和咨询活动，在主要街道进行档案法宣传，设立档案法宣传咨询点，悬挂横幅，累计发放宣传单8万份。

（九）档案执法检查

档案史志局联合人大法制科、政府法制办相关部门，对全县各部门档案开展执法检查，重点检查单位档案整理、存放、安全存在的问题，发现问题，及时引导，进行整改。至2010年，累计开展检查10次，检查单位56个，发现问题35个，下发整改通知书13个。

第五章　主题教育实践活动

第一节　“三讲”集中教育活动

2000年，按照自治区党委、地委的统一安排部署，麦盖提县成立“三讲”教育领导小组。在县委、人大、政府、政协、县纪检委、公检法、组织、宣传部门领导班子成员中开展“讲学习、讲政治、讲正气”为主要内容的党性党风教育，制定《麦盖提县“三讲”教育实施方案》，活动分为思想动员、学习提高；自我剖析、听取意见；交流思想、开展批评；认真整改、巩固成果四个阶段。

5月18日，县委召开“三讲”教育动员大会，县委书记作题为《真抓实干、务求实效，以整风精神深入开展“三讲”教育》的动员讲话，强调各级领导班子和领导干部要进一步统一思想，增强对深入开展“三讲”教育必要性和重要性的认识；要结合实际，突出重点，以整风精神扎实开展“三讲”教育；要切实加强对“三讲”教育的领导。并对“三讲”活动提出具体要求。

“三讲”教育活动期间，全县累计办“三讲”教育学习专栏145期、出板报2期60块；征求群众意见和建议1000多条。通过开展历时两个多月的“三讲”教育，县四大班子和“六个部门班子”及成员严格按照四个工作步骤，认真进行“讲学习、讲政治、讲正气”为主要内容的党性、党风教育，取得了明显成效，达到了预期目的，领导干部在思想上、理论上、行动上受到了深刻的教育。

第二节　“三个代表”重要思想学习教育活动

根据中央、自治区党委和喀什地委《关于在农村开展“三个代表”重要思想学习教育的意见》精神，麦盖提县成立“三个代表”重要思想学习教育领导小组办公室。从2001年1月30日起，按照分批进行的原则，分3批先后在全县9个乡、1个镇、3个农林场全体干部中开展“三个代表”重要思想学习教育活动。

2001年1月30日，全县召开“三个代表”重要思想学习教育动员大会，对活动作出部署和安排：一是深入发动广大党员干部群众，充分认识开展“三个代表”重要思想学习教育活动的重要意义和目的，深刻查摆各级干部在政治立场、工作作风、思想作风、发展经济等方面存在的问题，把广大干部的思想统一到中央精神和自治区党委、喀什地委的部署上来。二是精心组织，确保学习实效。三是坚持走群众路线，广泛征求各方面意见。四是找准突出问题，搞好对照检查。五是各单位根据群众提出的意见和学教活动的任务要求，分近、中、远三个层次，严格制定整改方案和整改措施，并规定时限要求和责任人。按3批依次进行，第一批1月30日至4月25日，参加范围为党政机关及人民团体、事业单位、国有及集体企业，党组织属地化管理的中央驻麦单位。第二批5月26日至7月17日，参加范围为各乡镇（场）、社区、中小学校及企业单位。第三批7月18日至11月26日结束，参加的主要范围是128个村党支部、3个农林场党支部及村级学校党支部。

通过多种形式、多项内容的学习，“三个代表”重要思想学习教育活动取得明显效果。根据群众提出的意见，对乡村行路难、不合理收费等问题进行整改，广大群众切实得到实惠；干部作风明显改变，帮助群众解决甜瓜种植、棉花销售难等问题，为群众办好事、做实事的积极性增强；党的基层组织建设得到进一步加强；党群干群关系进一步改善，受到中央“学教办”巡视组好评。

第三节　保持共产党员先进性教育活动

根据中央的要求和自治区、地区的统一部署，2005年1月，麦盖提县成立保持共产党员先进性教育领导小组，分3批在全县各级党组织、党员中开展保持共产党员先进性教育活动。

1月24日，县委下发《关于在全县共产党员中开展以实践“三个代表”重要思想为主要内容的保持共产党员先进性教育活动的意见》，明确指导思想、目标要求及开展“先进性”教育活动总体安排和方法步骤，从2005年1月至2006年6月，分县直党政机关和部分企事业单位、乡（镇）基层单位、农村三批开展了保持共产党员先进性教育活动。第一批1月26日至7月，参加单位92个，其中党政机关及人民团体42个、事业单位20个、国有及集体企业14个、党组织属地化管理的中央驻麦单位

16个。第二批7月14日至12月，参加范围为各乡镇（场）、社区、中小学校及企业单位。第三批12月10日至2006年6月结束，参加的主要范围是128个村党支部、3个农林场党支部及村级学校党支部。

每一批都召开动员会进行周密部署，制定实施方案，先教办对各单位、各乡镇场活动开展情况进行严督实导，确保活动取得实效。宣传部门制定宣传教育方案，安排广播电视开辟专栏专题报道活动开展情况，宣传好的做法，组织记者、通讯员撰写新闻稿件在疆内各大媒体宣传报道。

通过开展先进性教育活动，党员工作作风得到较大转变，综合素质明显提高，改革、发展、稳定、服务意识明显增强。各级党组和党员干部将先进性教育活动中激发出来的政治激情和工作干劲，转化为推动工作的强大动力，促进麦盖提县经济社会各项事业的快速发展。

第四节 学习实践科学发展观活动

2009年3月，根据中央、自治区党委和地委的部署，麦盖提县分两批开展学习实践科学发展观活动。在学习实践活动开始前，成立由县委书记为组长的学习实践活动领导小组，领导小组下设办公室和综合协调、秘书、信息宣传、指导检查、试点指导5个工作组，抽调49名干部充实到工作机构，在县委党校实行集中办公。

第一批学习实践活动 2009年3月开始，到8月底结束，参加范围：县直党政机关，人大、政协机关，人民法院、人民检察院机关、人民团体机关；县直企业事业单位；党组织关系在麦盖提县的垂直管理单位；县直中小学校以及第二批学习实践活动试点单位昂格特勒克乡、麦盖提镇第六社区，共16个党（工）委、18个党组、4个党总支、100个党支部、1个试点乡党委、1个试点社区党支部参加。活动分学习调研、分析检查、整改落实三个阶段。第一阶段：学习调研。主要是抓好学习调研、围绕科学发展进行解放思想讨论两个环节的工作。第二阶段：分析检查。主要是抓好领导班子专题民主生活会、形成领导班子分析检查报告、组织群众评议三个环节的工作。第三阶段：整改落实。主要是抓好制定整改落实方案、集中解决突出问题、完善体制机制三个环节的工作。

第二批学习实践活动 2009年9月开始，到2010年2月结束，集中活动时间不少于6个月。参加范围：乡镇机关、站所社，农林场，村、社区，乡村中小学校，基层医疗卫生机构，“两新”组织及未参加第一批学习实践活动的单位，共316个基层党组织，党员干部6769名参加第二批学习实践活动。各级党组织要把学习、宣讲，以及解决问题、建章立制贯穿始终，切实做到边学、边讲、边改、边建。其间，全县抽调821人组建宣讲队198个，累计开展宣讲活动3139场（次），受教育干部群众近66.8万人（次）；各参学单位在深入调研的基础上，把一些在探索中形成的有效做法制度化，把一些管用的制度规定长效化。据统计，全县共废除制度126个、修改完善制度289个、新立制度271个。

第五节 创先争优活动

2010年6月，中共麦盖提县委率先提出在全县开展创先争优活动，成立了由组织部长任组长的创先争优活动领导小组，领导小组下设1个办公室、5个行业指导组和2个督查组，负责全县创先争优活动的组织、联络和指导。制定下发《关于在全县基层党组织和党员中深入开展创先争优活动实施意见》；同时，各党委采取问卷调查、召开座谈会、实地走访等形式，广泛征求基层党组织和部分党员、群众代表的意见建议，多次以自下而上的形式，修改充实完善乡镇、机关、事业、教育、卫生、国企和非公经济组织等系统的《实施意见》。全县共有26个党委、13个党总支、349个党支部、

8013名党员参加创先争优活动。

第一阶段：学习动员 6月15日，县召开创先争优活动动员大会，及时安排部署全县的创先争优活动，将全县各级党组织创先进、党员争优秀目标进行细化分解，各基层党组织结合行业特点和部门职能职责，再次将争创目标进行细化分解。抓好舆论宣传，营造良好的氛围。组建宣讲团409个，印发创先争优应知应会内容8500份，向农民群众面对面宣讲621场次，召开各类座谈会420场次，宣传教育群众25万人次，形成人人争先进，人人都参与的良好社会氛围。

第二阶段：公开承诺 各基层党组织和党员干部把干好事、干实事、干群众欢迎的事作为创先争优的具体实践，专门制定在各级党组织和党员中开展“公开承诺”的具体意见，建立履诺销号台账，坚持诺必践、践必果，做到事事有着落，件件有结果。全县有383个基层党组织面向社会进行公开承诺，承诺事项1444件，有7065名党员干部积极参与公开承诺，签约定诺事项1.97万件。

第三阶段：领导点评 采取上级党组织点评下级党组织、党组织书记点评党员的方式，对党组织和党员公开承诺事项进行点评，对一些单位党员承诺事项不具体的问题提出了建议要求。活动中，对两个乡镇存在的主题不鲜明分别提出整改意见，对4名党员领导干部因履行职责不到位、组织群众落实红枣管护措施不力，给农民造成一定经济损失，进行相应的组织处理。

第四阶段：群众评议 各基层党组织采取上评下、下评上、党组织评议党员、党员评议党组织等方式，广泛吸纳服务对象、群众代表进行现场评议，把评议的过程当作再次征求意见和建议的过程，虚心纳谏，开门测评，组织党员、群众进行一次评议，保证群众评议的真实有效。

第五阶段:评选表彰 在创先争优活动中，全县共表彰先进基层党组织30个、优秀共产党员53名。

第六章　纪检　监察

第一节　组织机构

1991年，麦盖提县纪委机关有行政编制7人，内设办公室、案件检查室、审理室。

1993年4月，根据中共中央作出的纪检监察机关合署办公的决定，县纪委、监察局合署办公，实行一个领导班子，一套工作机构、两块牌子，履行两种职能的体制，同时接受地区纪委、监察局的领导。共有编制24人，增设执法监察室和信访室，共5个内设科室。

1999年年底，增设党风廉政室。

2003年，按照《关于印发中共麦盖提县纪律检查委员会麦盖提县监察局职能设置、内设机构和人员编制方案的通知》要求，正式确定县纪委监察局内设6个副科级室，列行政编制14人，事业编制3人，工勤人员编制2人。

2009年，在原有的6个科室的基础上进行整合规范，增设宣传教育室，成立纠风办和效能办两个副科级事业单位，确定参公事业编制6人，使内设机构达到9个，人员编制数达到23人。

2010年年底，实有17人。

第二节　纪检　监察会议

1992年11月25—27日，中共麦盖提县第六次代表大会在县城召开，大会听取县委常委、纪委书记代表中共麦盖提县纪律检查委员会所做的工作报告，大会选举产生新一届纪律检查委员会；27日召开新一届纪委第一次全体会议，选举书记、副书记各1人。

1997年3月14—15日，在中共麦盖提县第七次代表大会上选举产生由11名纪委委员组成的新一届纪律检查委员;15日，召开新一届纪律检查委员会第一次全体会议，选举书记1人、副书记2人。

2001年8月28日，中共麦盖提县第八次代表大会听取并审议县委常委，纪委书记代表中共麦盖提县纪律检查委员会所做的《切实履行职责　加大从严治党步伐　全面推进我县党风廉政建设和反腐败斗争》的工作报告，大会选举产生由11名委员组成的新一届纪律检查委员；次日召开新一届纪委第一次全体会议，选举产生7名常务委员和书记、副书记。

2006年8月9日，中共麦盖提县第九次代表大会召开，大会听取了县委常委、纪委书记中国共产党麦盖提县第九次代表大会报告中共麦盖提县纪律检查委员会五年来的工作情况和今后工作的建议。

县纪委每年召开一次全体扩大会议暨全县党风廉政建设工作会议，县四大领导班子成员、各乡镇党委书记、乡镇长、纪委书记、县直单位主要领导和县纪委委员参加会议，县委书记作重要讲话，纪委书记向大会报告工作，对各年度工作进行安排部署。

第三节　廉政　自律

一、责任制

1997年11月，麦盖提县党风廉政建设责任制工作领导小组成立，同时《麦盖提县党风廉政建设责任制量化考核标准》出台，领导干部廉洁自律作为反腐败三项任务之一，成为反腐倡廉工作的重要内容。至2010年，相继建立完善《关于党员领导干部廉洁自律的有关规定》《关于严格控制有关会议、文件和庆典、达标、评比活动的规定》《麦盖提县农村合作组织财务管理办法》《麦盖提县加强乡镇财务收支管理暂行办法》《领导干部收入申报、个人重大事项报告制度》《领导干部廉政档案》《提拔任用领导干部公示制度》《领导干部诫勉谈话制度》《领导干部任前谈话制度》和《领导干部述职述廉制度》等一系列制度，起到了积极的教育预防作用，增强了领导干部的廉洁自律意识，为构建惩治和预防腐败体系奠定了坚实的基础。

二、廉政宣传教育

1991—1992年，对党员干部开展党规党纪的教育，重点学习《党章》、中纪委关于廉洁自律相关规定。

2003年，县纪委、监察局与县委组织部、宣传部、人事局、财政局、文化体育广播影视局、党校建立党风廉政建设宣传教育联席会议制度，同年，成立预防职务犯罪领导小组，组织政法系统的206名党员干部赴喀什监狱警示教育基地接受警示教育。

2006年7月，结合党风廉政建设教育月活动，组织12个单位开展“抵制商业贿赂、坚持廉洁从政”的大型宣传活动；在全县20个基层党委、15个总支、357个支部、7514名党员干部中播放《忏悔录》警示教育专题片；向全县419名科级以上干部发出廉政短信1121条；在干部家属中发放“家庭助廉倡议书”，召开座谈会。

2008 年 2 月 13 日，县人大组织新一届县人民政府组成部门重新任命的 21 名行政负责人进行廉政宣誓。3 月 7 日，麦盖提县纪委九届三次全会结束后，县委书记与新进县人大、县政协领导班子 4 名成员进行集体廉政谈话，签订廉政承诺书。

2010 年，全面宣传和落实《转变基层干部作风的规定》和新的《廉政从政准则》，按月向乡（镇）党委中心理论学习组发放廉政学习内容，开展反腐倡廉教育培训 384 期，培训 1.51 万人次；与农村基层干部、党员干部进行廉政谈话 187 人次、诫勉谈话 1 人，农村基层干部述职述廉 290 人次。7 月 24 日下午，组织全县党政主要领导干部 167 人赴牌楼监狱接受警示教育；邀请县、乡纪委主要领导在党校廉政教育基地讲授廉政党课，廉政党课内容不少于全年党校培训内容的 10%；面向全县科级以上领导干部发放廉政短信 2136 条。

三、案件查处

1991—1996 年，查办违纪案件 24 件，31 人受到党纪政纪处分。

1997—2001 年，累计受理群众来信来访 228 件次。其中，检举控告信件 116 件，重复信件 11 件；涉及党员干部 114 件；涉及监察对象 52 件；已办结 169 件，办结率 75%；受理转办信访 62 件次，均已办结，办结率 100%。严肃查处违反政治纪律、贪污、受贿、侵占国家、集体、群众利益的违纪案件，惩处一批腐化堕落分子。立案查处违纪案件 119 件，涉及违纪金额 123.01 万元；受党内警告处分 32 人，受党内严重警告处分 26 人，受撤销党内职务处分 5 人，受留党察看处分 16 人，开除党籍处分 20 人，受行政警告处分 8 人，受行政记过处分 4 人，受行政记大过处分 7 人，行政降级 1 人，行政撤职 1 人，开除公职 3 人。涉及乡科级干部 17 人。通过违纪案件的查处，起到“惩处一个，教育一片”的作用。

2002—2005 年，全县纪检监察机关累计受理群众信访举报 218 件，立案查处党员干部违纪违法案件 128 件，涉案金额 200 万元，给予党纪政纪处分 148 人。其中，开除党籍 14 人，行政开除 6 人，移送司法机关 5 人，受处分的党员干部中乡科级干部 22 人（涉案金额 69 万元），为国家和集体挽回直接经济损失 80.1 万元。通过执纪办案，惩治了腐败，纯洁了党员干部队伍，增强了人民群众反腐败的信心。

2006 年，严格执行《关于纪检监察机关严格依纪依法办案的意见》，严格依纪依法办案，向反商业贿赂的 12 个重点单位派了 4 个督查组，狠抓自查自纠。截至年底，相关单位共开通举报电话 30 部，设置举报箱 30 个，自查出 14 个问题，收到群众意见或建议 83 条，2006—2010 年，累计受理群众来信 97 件，初核 85 件，了结 70 件，转立案 19 件，查结案件 42 件，受党纪政纪处分 43 人。

第四节　行政监察

根据中纪委对党政领导在住房方面提出的“六不准”，于 1991 年、1996 年，两次开展清理国家干部违法违纪建私房工作，共有 96 人在建私房中存在违纪行为，清理应交或补交款额 2.4 万元，立案查处 1 人，收回违纪金额 1.2 万元，遏制了国家干部违规建私房的问题。

1995 年，重点狠刹公款吃喝，下发《关于严禁利用公款大吃大喝铺张浪费的有关规定》，组织联合调查组，到各大餐馆、娱乐场所进行检查，发现类似问题及时进行曝光和处理。同年，县反腐败斗争领导小组下发《关于预防腐败现象建立“三项制度”的通知》。

1997 年，重点清理通信工具、控制会议、狠刹公款吃喝、国家干部种地、清理国家干部种地借欠公款等工作。

1998 年，清理出公款安装住宅电话 182 部，不符合规定的 2 部、公款购置移动电话 2 部、“二哥大”5部、公车私照32辆，没收违规购置小汽车1辆。查出私人住宅电话公款报销的行政事业单位7个、企业单位13个。对其中超标的5个单位的16部电话进行处理，收缴违规报销电话费9042元，公款安装电话、报销话费的现象得到遏制。

2001—2005年，领导干部廉洁自律工作全面推进。按照“四大纪律　八项要求”和“六不许”的要求，重点解决一些领导干部在廉洁从政方面存在的突出问题。5年间，共清理出10名县级干部、55名乡科级干部违反规定在农村种地拖欠公款，立案查处违规种地借欠公款12人次，累计清理拖欠公款110.1万元；清理登记县级领导干部手机用户18人，清理登记乡科级领导干部手机用户61人，不符合规定的领导车载电话6部；开展诫勉谈话12人次、廉政谈话44人次、任前谈话415人次、诫勉13人；建立健全303名领导干部的廉政档案，完成领导干部经济责任审计24个单位，涉及违规违纪金额1966万元，纪检监察机关立案查处5人；加强对公务接待的管理，坚持从制度入手，加强监督检查、抓好专项治理，增强领导干部自律意识，促进领导干部廉洁从政。

2008年，县纪委与审计、监察、电信等部门配合，对全县党政机关、企事业单位领导干部和工作人员的“小灵通”与单位固定电话捆绑使用行为进行全面清理，共清理捆绑使用“小灵通”84部。

2009—2010年，对全县各级党政机关和财政全额拨款的事业单位和各类社会服务组织开展“小金库”的治理工作，规范整改涉及单位121个，银行账户290个，撤销账户6个，签订规范整改责任书121份。认真开展清理干部住房工作，共清理出重复享受房改政策的67人（含驻乌、驻喀办事处），其中县处级5人（含高级职称）、科级25人、一般干部职工43人。违规重复享受房改政策的67人中，已退房13人，已补交差价41人，清房工作基本完成，得到社会的广泛好评。与此同时，落实领导干部任前谈话62人次，诫勉科级干部8人。

第七章　援疆工作

第一节　第一轮援疆

自1997年中共中央、国务院作出开展对口援疆工作这一重大决策以来，山东、天津、中国南方电网有限责任公司先后选派6批47名援疆干部支援麦盖提县建设。

一、援疆干部

（一）在县委任职的县级领导

1999年7月，增补张道民（山东援疆干部）为县委副书记。2002年7月，张道民返回山东。

2002年7月，增补刘钦海（山东援疆干部）为县委副书记。2005年7月，刘钦海返回山东。

2005年8月，增补韩招文（南方电网援疆干部）为县委副书记。2007年3月，韩招文返回南方电网。

2007年3月，增补李纯林（南方电网援疆干部）为县委副书记。2008年8月，李纯林返回南方电网。

2008年8月，增补何国强（南方电网援疆干部）为县委副书记。同年11月，经县机构编制委员会决定，成立人才（援疆）工作办公室、信息调研办公室，其规格为副科级事业单位，隶属组织部管理，编制3人，领导职数1个。2010年3月，何国强返回南方电网。

2010 年 3 月，增补刘巍（南方电网援疆干部）为县委副书记。

（二）在县政府任职的县领导

1999 年 9 月，任命庄振江（天津援疆干部）为县政府副县长。2002 年 6 月，任期满返回天津。

2002 年 8 月，任命董文信（山东援疆干部）为县政府副县长。2005 年 8 月，任期满返回山东。

2005 年 9 月，任命曹重（南方电网援疆干部）为县政府副县长。2007 年 4 月，任期满返回南方电网。

2007 年 4 月，任命方辉（南方电网援疆干部）为县政府副县长。2008 年 11 月，任期满返回南方电网。

2008 年 11 月，任命沈保华（南方电网援疆干部）为县政府副县长。2010 年 3 月，任期满返回南方电网。

2010 年 3 月，任命林江月（南方电网援疆干部）为县政府副县长。

1999—2010 年麦盖提县县级援疆干部情况表

表 19-7-1

姓名	性别	族别	援建单位	职务	任职时间
张道民	男	汉族	山　东	县委副书记	1999.7—2002.7
刘钦海	男	汉族	山　东	县委副书记	2002.7—2005.7
韩招文	男	汉族	南方电网	县委副书记	2005.8—2007.3
李纯林	男	汉族	南方电网	县委副书记	2007.3—2008.8
何国强	男	汉族	南方电网	县委副书记	2008.8—2010.3
刘　巍	男	汉族	南方电网	县委副书记	2010.3—
庄振江	男	汉族	天　津	副县长	1999.9—2002.6
董文信	男	汉族	山　东	副县长	2002.8—2005.8
曹　重	男	汉族	南方电网	副县长	2005.9—2007.4
方　辉	男	汉族	南方电网	副县长	2007.4—2008.11
沈保华	男	汉族	南方电网	副县长	2008.11—2010.3
林江月	男	汉族	南方电网	副县长	2010.3—

二、人才援助

（一）医疗

1998—2009 年以来，县人民医院共接受 14 名山东援疆医疗专家，分别是山东枣庄市台儿庄区人民医院主治医师孙华民，山东新泰市人民医院外科主任、副主任医师臧成忠，山东宁阳县人民医院儿科副主任医师颜廷魁，山东泰安市人民医院内科副主任医师张焕轶、市中心血站党支部书记主治医师陈桂芝、市中医院妇产科副主任、副主任医师王秀珍，山东烟台解放军 107 医院外科主任医师潘希贵、王立杰、何净，口腔科副主任医师林红宾、外科主治医师范朋宇、神经外科副主任医师柳林、眼科医师赵思山、消化内科医师司培任等专家。

援疆期间，臧成忠被提拔担任院长职务；孙华民先后任医院内科副主任、急诊科主任、院长助理职务；颜廷魁任儿科副主任；张焕轶任内科副主任；陈贵芝任急诊科副主任；王秀珍任妇产科副主任。

援疆期间，他们在医疗技术上给予支援。援疆医疗专家臧成忠圆满完成胆肠吻合术、胃大部切除术、胆总管切开取石术等手术；孙华民多方法治疗心肌梗死取得良好效果，发表国家级论文 7 篇；陈桂芝大力推广成分输血；王秀珍开展了子宫全切术；张焕轶对房颤栓塞、心动过速、心律失常进行了有效治疗；颜廷魁成功实施新生儿高胆红素血症蓝光照射新疗法；柳林开展颅脑手术；赵思山治疗青光眼、白内障等眼疾；司培任进行消化内科疾病治疗等。山东援疆医疗专家共开展普外、泌尿、脑外、骨科、妇产科等各种手术及适宜技术 62 例；举办业务讲座 297 期；举办“心肺复苏技术”培训班 6 期；开展“三基三严”培训 11 次；举办科室业务培训 87 场次；院内会诊 67 次；各种病例讨论 593 次；教学查房 621 次；科室查房 2000 次；接诊患者 9200 人次；抢救危重病人 146 次；诊疗患者 3897 人次。先后选派 17 名医务人员赴山东新泰市人民医院、泰安市人民医院进行为期 3 个月的免费进修培训，填补县医院技术空白 48 项。

援疆期间，在人才上进行帮带。他们为医院培养专业技术后备力量做出了积极努力。颜廷魁面对面、手把手帮带年轻医生，并组织抢救常见急症，使儿科病案甲级率名列前茅。张焕轶对科内以上护士进行强化三基训练，每日晨会对医生护士进行小提问，使全科人员临床基本功得到强化和提高。

援疆期间，帮助麦盖提县人民医院在山东新泰和泰安市设立培训基地，促进了医院医疗技术水平提高。期间，麦盖提县人民医院医护人员在国家医学刊物上发表论文 49 篇。用学到的新知识、新技术在本院开展新技术、新项目 58 项。

（二）教育

1998—2005 年，山东省先后选派派黄孝仁（挂职副校长）、秦立军（挂职副校长）、马善金（挂职副校长）、刘献军、王平 5 名优秀教师援助麦盖提县第二中学。他们带来先进的学校管理、教学理念，举办教学管理讲座 8 次（参加人员 104 人次）；举办课堂教学讲座 32 次（参加教师 2400 人次）；在教育、教学、教研方面引入山东成功的经验、做法，在语文、数学课堂教学方面上示范课、观摩课 60 节（参加教师 4500 人次）；在教研方面以听课、评课为抓手，帮带年轻教师迅速成长（结对帮带年轻教师 50 人），给第二中学带来新气象、新面貌。秦立军、马善金被评为“喀什地区优秀教师”。

2004—2005 年，天津市按照中组部援疆工作要求，选派姚丛新、王连生、赵玉林 3 名优秀教师援助第二中学。3 名优秀教师分别担任初、高中班主任，承担物理（计算机）、语文、数学等学科教学工作（每周 10 节课），上示范课、观摩课 68 节，开展校本教研活动 36 次（参加教师 1080 人次），举办计算机培训 30 天（全校 75 名教师参加培训，取得合格证），结对帮带年轻教师 30 人。他们在教研组建设、学科建设方面取得突破，培养了一批学科带头人、教学骨干，给第二中学留下一整套好的做法。

三、挂职锻炼

1998—2009 年，麦盖提县先后选派县直机关、企事业单位、学校、医院等领导以及后备干部共 360 名前往山东等地挂职锻炼，挂职锻炼时间一般在 3 个月至 1 年时间。这些干部在挂职锻炼的岗位上，虚心向当地干部学习、取经，认真反思以往的工作，做到融会贯通；经过挂职锻炼，这些干部工作思路更加清晰，工作能力全面提升；回到县后，在各自的岗位上发挥积极作用，工作有了大起色。

四、援建情况

1999 年 7 月，县委副书记张道民（山东援疆干部）任职期间，引进寿光蔬菜大棚技术和大蒜、沾化县冬枣、红薯等新品种。

2000 年，副县长庄振江（天津援疆干部）任职期间，引进天津大闸蟹种苗 400 千克，价值 5 万元，由养殖户王伟进行试点养殖；牵线促成天津市宁河县棉麻公司从县棉麻公司购买棉花 667 吨，价值 800 万元；促成县刀郎艺术团及老艺人在天津渤海新区举办非物质文化展演，进一步推介宣传麦盖提县刀郎文化。

2004 年 3 月，山东省肥城、泰安市援助麦盖提县中心幼儿园综合楼项目开工建设。肥城、泰安市投入资金 78 万元，经过一年的施工建设，于 2005 年 3 月竣工投入使用。经麦盖提县与肥城、泰安市协商，决定将麦盖提县中心幼儿园改名为麦盖提县泰山幼儿园，体现两地友好关系和情谊；5 月 23 日，县委隆重举办泰山幼儿园落成剪彩仪式，山东省肥城市委书记张瑞东、喀什地委副书记刘渊、地区援疆办主任王淑娟、麦盖提县委书记闫俭等领导参加落成典礼。

2005 年，县委副书记韩招文（中国南方电网援疆干部）、副县长曹重（中国南方电网援疆干部）任职期间，与广东能洋电力建设有限公司、广东电网公司工会、广东佛山供电局协商，为县第三小学、第四小学、库木库萨尔乡托万库木库萨尔村小学争取捐助资金 15.5 万元，改善学校办学条件。

是年，在天津援疆教师姚丛新的努力下，天津实验中学支援县第二中学语音教学设备 40 套，价值 10 万元，提升了第二中学的英语教学水平。同年，山东省肥城市援建第一中学微机室举行挂牌仪式。

2006 年 9 月 6 日，县委副书记韩招文（南方电网援疆干部）、副县长曹重（南方电网援疆干部）引进县人民医院综合楼项目（该综合楼建筑面积 3500 平方米，总投资 440 万元。其中，中国南方电网援资 343 万元，剩余资金由县人民医院出售一层和负一层商铺解决；该楼内设电梯、中心供氧、护理传呼、空调、电视、电话、网络信息化管理系统等现代化设施，实现布局现代化、设施配套化、病房层次化、功能完善化，能满足 4 个临床、医技科室住院病人的诊断治疗，为进一步提升医院医疗服务水平奠定坚实基础）；同年，南方电网援助 2200 万元促成新疆电力公司在麦盖提县新建一个 110 千伏变电站；同年，协调解决资金 600 万元，在刀郎中学新建现代化体育馆 1 座。还援助资金 492 万元，实施体育馆改造和实验中学综合教学楼新建项目。

2007 年，山东省有关医疗机构为县人民医院援助资金和设备计金额 27.6 万元，包括 500MAX 光机 1 台，价值 13 万元；心电图机 1 台，价值 5000 元；茶水锅炉（1 吨）1 台，价值 1 万元；心电监护仪 3 台，价值 13 万元；显微手术镜 1 部，价值 1000 元。

是年 5 月，县委副书记李纯林（中国南方电网援疆干部）促成赴麦考察团捐资 2 万元，用于支持文化教育事业发展。6 月，副县长方辉（中国南方电网援疆干部）捐助 6000 元，购买学习用具和日常生活用品看望县福利学校的残疾儿童，为县高三特困学生安金凤捐款帮其完成学业。中国南方电网公司为全县特困户、五保户等捐赠 21 寸彩色电视机 4000 台。8 月，县委副书记李纯林（中国南方电网援疆干部）、副县长方辉（中国南方电网援疆干部）积极与南方电网超高压公司协商，争取援助资金 30 万元支援县第三中学、第二小学及乡村学校添置课桌椅 2000 套，进一步改善了学校的教学条件。

2008 年，副县长沈保华（中国南方电网援疆干部）促成 1 名西安客商为县赠送 1 套健身器材，价值 1.6 万元。中国南方电网公司援助县农村抗震安居房项目 100 万元，配套建设抗震安居房 1000 套。2007—2008 年援助全县干部培训项目 80 万元，分两期为县培训乡科级干部 83 人。

2009 年 10 月，县委副书记何国强（中国南方电网援疆干部）、副县长沈保华（中国南方电网援疆干部）与南方电网调峰调频公司协商，为县委、县人民政府争取援助资金 38 万元用以购置器材。

2009—2010 年，中国南方电网公司援助县农业机电井项目 800 万元，配套农业机电井 72 眼；援助工业园区标准化厂房建设项目 300 万元，助力工业园区修建标准化厂房 1.04 万平方米。

2010 年，县委副书记刘巍（中国南方电网援疆干部）、副县长林江月（中国南方电网援疆干部）与广州国电华研电力科技有限公司总经理赖明聪、广东韶关市诚臣建筑咨询建设有限责任公司邓建强协商，为县儿童福利院、团委援助资金 5.8 万元用于购买儿童读物，改善孩子们的学习、生活环境。

第二节　新一轮对口援疆

一、机构

2010 年，中共中央开展新一轮援疆工作，日照市根据上级安排对口援建新疆维吾尔自治区麦盖提县。为加强援疆工作组织领导，日照市委成立日照市援疆工作指挥部，在麦盖提县和日照市分设两个办公室，全面负责领导、组织、协调和实施日照市援建工作。

是年 7 月，指挥部内设综合组、民生组和产业组，配备人员 15 人（其中 1 名副指挥在后方援疆办）。12 月，成立指挥部党委，实行总指挥负责制。

2010 年麦盖提县援疆指挥部领导情况表

表 19-7-2

姓　名	性别	族别	籍贯	职务	任职时间
孟　青	男	汉族	山东	总指挥	2010.7—
刘　刚	男	汉族	山东	副指挥	2010.7—
张长根	男	汉族	山东	副指挥	2010.7—
于华忠	男	汉族	山东	副指挥	2010.7—
宋　波	男	汉族	山东	副指挥	2010.7—
钱建德	男	汉族	山东	副指挥	2010.7—
孟　青	男	汉族	山东	指挥部党委书记	2010.12—
刘　刚	男	汉族	山东	指挥部党委副书记	2010.12—
张长根	男	汉族	山东	指挥部党委副书记	2010.12—
于华忠	男	汉族	山东	指挥部纪检书记	2010.12—
赵　磊	男	汉族	山东	麦盖提县交通局副局长（挂职）	2010.10—

二、主要任务

指挥部是日照市委、市政府为贯彻落实中共中央、山东省委省政府新一轮对口援疆工作精神派出的，执行对口支援麦盖提县工作任务的正处级行政机构，是对口支援麦盖提县工作的责任主体和实施主体，现有总指挥1人、副总指挥5人，下设综合、民生、产业、计财4个组，配备人员共有15人（其中1名副指挥在后方援疆办）。主要任务是贯彻落实日照市委、市政府和市对口支援新疆工作领导小组的决策部署，研究提出日照市对口支援麦盖提县的重大政策措施建议；会同日照市对口支援新疆工作领导小组办公室组织编制对口支援总体规划和专项规划，配合日照市对口支援新疆工作领导小组办公室拟定全市对口支援麦盖提县总体工作方案；负责与山东省有关部门的工作联系，接受工作指导；加强与日照市对口支援新疆工作领导小组办公室、麦盖提县的联系协调；负责提出对口支援麦盖提县项目和资金安排计划建议；负责对口支援麦盖提县项目实施和援疆资金管理，协调解决现场援建中的各种问题；组织协调日照市各区县、市直各部门和日照港集团有限公司开展对口支援工作；会同市对口支援新疆工作领导小组办公室做好全市对口支援麦盖提县工作的宣传报道和重要信息发布；组织协调有关部门开展援疆工作；负责日照市援疆干部人才的日常管理工作；承担山东省对口支援新疆工作指挥部和日照市委市政府、市对口支援新疆工作领导小组交办的其他事项。

三、农业援疆

2010年，山东日照五征集团按照对口援疆工作要求，启动麦盖提农业示范园建设项目，确定在县叶尔羌河岸边希依提墩乡区域内建设以企业为主体的高科技农业示范园，农业示范园内规划有苗木种植区、设施农业区、农机展示区、畜牧养殖区以及机械研发组装区五大功能，开启“村企共建”扶贫新模式，示范带动工农业融合发展。

四、人才援疆

（一）教育人才支援

2010年，山东日照市按照人才援疆要求，选派教育专家徐锡华（挂职副校长）、孙善丽，优秀教师丁兆荣、庞尊练、刘立强、陈峰、韩帮功等分别到县第二中学、第一小学支教。7名援疆教师先后组织听课评课71节、教学示范27次，结对帮带教师42人，举行专题讲座32场，组织集体备课和校本研究34次，举办教育专题培训27次。特别是在县第一小学支教的徐锡华、孙善丽、丁兆荣、庞尊练4名教师，通过他们一年的努力，县第一小学的教科研水平、教师的教学水平大幅提升。支教工作结束回到山东日照后，校长徐锡华因支教工作成绩突出，被评为“日照市十大杰出青年”，被任命为日照市教科所所长；孙善丽被评为日照市优秀援疆教师，调入日照市教育局教研室任教研员；丁兆荣、庞尊练2名教师被提拔到学校领导岗位。

（二）帮助培养人才

2010年9—12月，山东省委组织部为麦盖提等4县搭建学习、培训和考察平台，麦盖提县委分4批共选派200名乡科级干部前往济南、青岛、日照、烟台、潍坊、威海、曲阜、泰安、临沂、肥城、青州、沾化等地学习、培训和考察。主要考察这些地区的企业、大学城、日照港、社区党建、农业新模式等，学习他们的先进经验和做法，听取当地领导的培训讲座。首批考察、学习和培训时间10天左右，对全县领导干部的思想、观念冲击很大，让乡科级干部直观而深刻地了解到什么是真正的解放思想，什么是新观念、新理念，改革开放的路子怎么走，使乡科级干部的眼界更加开阔，工作思路和方向更加明确。

五、援建项目

2010年8月21—22日，山东日照市委副书记、市长赵效为率领日照市党政代表团到麦盖提县考察对口支援工作。考察期间，赵效为一行参加了巴扎结米乡亚胡木丹村和英叶尔村新农村建设示范项目、现代农业灌溉百眼机电井项目、山东兴邦汽车改装项目开工奠基仪式，为日照市对口支援麦盖提县工作指挥部揭牌，并代表日照市委、市政府为县抗洪救灾捐款，随后参观刀郎中学、职业技能培训基地等援建项目使用情况，并就对口支援工作与县委、县人民政府进行对接。

2010 年，山东省日照市在麦盖提县实施的对口援建项目有新城区规划、刀郎中学、职业技能培训实训基地、刀郎农产品加工农民专业合作社、节水滴灌设备工程公司、百地康农业科技开发公司、刀郎农民画、库木库萨尔乡胡木旦买里村核桃基地、多浪羊（刀郎羊）良种繁育基地、央塔克乡玉奇于孜莫村棉花高新节水及嫁接红枣、巴扎结米乡亚胡木丹和英叶尔村新农村建设示范项目、现代农业灌溉百眼机电井项目、山东兴邦汽车改装项目 13 项。

2010 年山东省日照市对口援建麦盖提县项目情况表

表 19-7-3

序号	项目名称	完成情况
1	新城区规划项目	已启动
2	刀郎中学建设项目	已启动
3	职业技能培训实训基地建设项目	已启动
4	刀郎农产品加工农民专业合作社项目	已启动
5	节水滴灌设备工程公司落地项目	已启动
6	百地康农业科技开发公司落地项目	已启动
7	刀郎农民画开发项目	已启动
8	库木库萨尔乡胡木旦买里村核桃基地建设项目	已启动
9	多浪羊（刀郎羊）良种繁育基地建设项目	已启动
10	央塔克乡玉奇于孜莫村棉花高新节水及嫁接红枣项目	已启动
11	巴扎结米乡亚胡木丹和英叶尔村新农村建设示范项目	已启动
12	现代农业灌溉百眼机电井项目	已启动
13	山东兴邦汽车改装项目	已启动

这些项目涉及面广，既有农业方面的，又有工业方面的；既有文化方面的，又有教育方面的，还有城市建设方面的。这些项目在麦盖提的落地生根，给麦盖提县城乡经济、教育、文化的发展注入新鲜血液和活力，必将提升全县综合发展、可持续发展的能力。

第二十编　麦盖提县人民代表大会

1991—2010年，麦盖提县人民代表大会历经五届，各届人民代表大会依法选举产生人大常委会组成人员、人民政府县长、副县长、人民法院院长和人民检察院检察长。麦盖提县人大常委会以监督工作和代表工作为重点，围绕党在各个时期的中心任务，依法履行职责。加强监督工作，增强监督力度和实效，先后听取和审议“一府两院”工作报告和专题汇报200余项，对44部法律、法规的贯彻执行情况进行检查，组织常委会组成人员和人大代表对国家机关及其工作人员进行述职评议，促进依法行政和公正司法。围绕全县中心工作和人民群众普遍关心的热点、难点问题，深入开展各种形式的视察、检查和调研活动60余次。认真开展法制宣传教育，支持督促开展“二五”“三五”“四五”“五五”普法教育活动。依法作出决议、决定86项。依法任免国家机关工作人员，保证国家机关工作的正常运转。加强和改进代表工作，重视代表培训，密切代表与选民联系，督促“一府两院”认真办理代表议案、建议和批评意见。加强人大常委会自身建设，充分发挥权力机关的职能作用。加强对乡镇人大工作的指导，促进乡镇人大工作深入开展。

第一章　人大代表　人民代表大会会议

第一节　人大代表

一、自治区人大代表

1992年12月2日，麦盖提县第十届人民代表大会第四次会议依法选举出席新疆维吾尔自治区第八届人民代表大会代表3人。其中，男性2人，女性1人，均为维吾尔族。

1997年11月24日，麦盖提县第十一届人民代表大会第六次会议依法选举出席新疆维吾尔自治区第九届人民代表大会代表6人。其中，男性5人，女性1人；汉族1人，维吾尔族5人。

2002年11月27日，麦盖提县第十二届人民代表大会第六次会议依法选举出席新疆维吾尔自治区第十届人民代表大会代表6人。其中，男性5人，女性1人；汉族1人，维吾尔族5人。

2007年11月26日，麦盖提县第十四届人民代表大会第一次会议依法选举出席新疆维吾尔自治区第十一届人民代表大会代表6人。其中，男性4人，女性2人；汉族2人，维吾尔族4人。

二、麦盖提县人大代表

（一）麦盖提县第十届人民代表大会代表选举

1989年12月25日至1990年3月10日，麦盖提县进行第十届人民代表大会换届选举工作。成立以县委书记胡启鑫为主任委员，县人大常委会主任阿不都外力·阿吾提为副主任委员等16人组成的麦盖提县选举委员会，选举委员会下设办公室，设在县人大常委会，具体承办选举事项，办公室主任由戴敬森担任。整个选举分为四个阶段，即：组建换届选举工作领导机构、进行换届选举工作总动员、培训骨干力量、做好对全县公民的宣传；划分选区，进行选民登记；提名、推荐、酝酿、讨论、协商代表候选人，公布代表候选人名单，选出正式代表；召开新一届人民代表大会第一次会议。同时，把选举村民委员会主任的选举纳入计划一并进行。选举日定在1990年2月21日。选举严格按照选举法规定的“三个法定时间”执行，各选区都成立选举工作领导小组，加强党对选举工作的领导，坚持差额选举。共划分114个选区，选举出代表162人。其中，男性代表123人，妇女代表39人；汉族代表27人，维吾尔族代表133人，回族代表1人，乌孜别克族代表1人；工农牧民代表77人，知识分子代表30人，干部代表40人，其他代表15人；35岁以下代表23人，36岁至55岁代表113人，56岁以上代表16人；中共党员代表104人，群众代表58人。

（二）麦盖提县第十一届人民代表大会代表选举

1992年11月11日至1993年3月15日，麦盖提县进行第十一届人民代表大会换届选举工作。成立以县委副书记（主持工作）李存年为主任委员，县人大常委会主任阿不都外力·阿吾提、县委常委、组织部部长王学军为副主任委员等19人组成的麦盖提县选举委员会，选举委员会下设办公室，办公室主任由牙生·卡生木担任，具体承办选举事项。整个选举分为四个阶段，即：组建机构、进行动员、培训骨干、做好宣传；划分选区，进行选民登记；提名、推荐、酝酿、讨论、协商代表候选人和村、居民委员会组成人员候选人，公布代表候选人和村、居民委员会组成人员候选人名单，选举产生正式代表和新的村、居民委员会；检查验收总结代表选举和召开新一届人民代表大会第一次会议。选举日定在1993年1月14日。各选区都成立选举工作领导小组，加强对选举工作的领导，强化对选举骨干的培训。选举严格按照选举法规定的“十个法定时间”执行，选民名单公布坚持“三榜定案”的原则，坚持差额选举。共划分115个选区，辖区内8.94万人参加选举，选举出代表163人。其中，男性代表124人，妇女代表39人；汉族代表28人，维吾尔族代表133人，回族代表1人，乌孜别克族代表1人；农牧民和其他劳动人民代表62人，工人代表16人，知识分子代表32人，干部代表40人，其他方面的代表13人；35岁以下代表30人，36岁至55岁代表112人，56岁以上代表21人；中共党员代表106人，无党派人士1人，群众代表56人。

（三）麦盖提县第十二届人民代表大会代表选举

1997年9月15日至1998年2月12日，麦盖提县进行第十二届人民代表大会换届选举工作。成立以县委书记高建军为主任委员，县人大常委会主任阿不都外力·阿吾提、县委副书记徐忠栋、县人大常委会副主任徐发年、县委常委、组织部部长藏爱武为副主任委员等17人组成的麦盖提县选举委员会，选举委员会下设办公室，办公室主任由孔发茂担任，具体承办选举事项。整个选举分为六个阶段，即：准备工作阶段；深入宣传，划分选区，选民登记，公布选民名单阶段；分配代表名额，提名、推荐、酝酿、讨论、协商代表候选人，确定正式代表候选人，张榜公布代表候选人名单阶段；投票选举的准备及投票选举阶段；检查验收总结代表选举阶段；召开新一届人民代表大会第一次会议阶段。选举日定在1997年12月11日。各级党组织成立选举领导小组，各选区成立选举工作领导小组，加强对选举工作的领导。选举严格遵循换届选举的法律程序，坚持差额选举。共划分116个选区，辖区内登记选民9.33万人，参加投票选举的8.24万人。此次选举应选代表名额165人，实际选举代表163人（预留2人）。其中，男性代表122人，妇女代表41人；汉族代表28人，维吾尔族代表133人，回族代表1人，乌孜别克族代表1人；工农牧民和其他劳动人民代表80人，知识分子代表35人，干部代表35人，其他方面的代表13人；35岁以下代表28人，36岁至55岁代表113人，56岁以上代表22人；中共党员代表105人，群众代表58人。

（四）麦盖提县第十三届人民代表大会代表选举

2002年10月1日至2003年1月底，麦盖提县进行第十三届人民代表大会换届选举工作。成立以县委副书记沈新源为主任委员，人大常委会主任艾克拜尔·艾德尔、县政协党组书记张天录、县委常委、组织部部长杨卫为副主任委员等11人组成的选举委员会，选举委员会下设办公室，办公室主任由杨卫担任，设宣传组、秘书组、选举组、后勤组4个工作组，具体承办选举事项。同时，选举委员会抽调48名人员组建换届选举工作队，队长由县级领导担任。整个选举分为七个阶段，即：成立选举机构，抽调选举干部，培训选举骨干；宣传动员；分配代表名额、划分选区，进行选民登记，公布选民名单；提名、推荐、酝酿、协商、确定代表候选人，公布代表候选人名单；投票选举的各项准备工作及投票选举代表；检查验收总结代表选举工作；筹备、召开新一届人民代表大会第一次会议。选举日定在2002年12月11日。各选区成立选举工作领导小组，加强对选举工作的领导。选举严格遵循换届选举的法律程序，坚持差额选举。共划分117个选区，辖区内登记选民10.16万人，参加投票选举的8.14万人。此次选举应选代表名额165人，实际选举代表164人（预留1人）。其中，男性代表123人，妇女代表41人；汉族代表29人，维吾尔族代表133人，回族代表1人，乌孜别克族代表1人；农牧民和其他劳动人民代表72人，工商业代表5人，金融保险和社会服务业代表9人，教育、科技、文化、医疗卫生行业代表13人，国家机关代表50人，宗教人士代表8人，军队代表1人，其他方面的代表6人；35岁以下代表41人，36岁至55岁代表110人，56岁以上代表13人；中共党员代表107人，群众代表57人。

（五）麦盖提县第十四届人民代表大会代表选举

2007年6月20日至11月30日，麦盖提县进行第十四届人民代表大会换届选举工作。该次换届选举是乡镇人大任期由3年改为5年后两级人大同步进行的首次换届选举，成立了以县委书记闫俭为主任委员，县委常委、组织部部长苑宇、人大常委会副主任祁明双、艾海提·牙生为副主任委员等14人组成的麦盖提县选举委员会，选举委员会下设办公室，办公室主任由祁明双担任，设宣传组、秘书组、人事组织选举组、后勤组四个工作组，具体承办选举事项。同时，成立了4个巡视组，由4名人大常委会副主任担任组长、组织部干部为副组长，从人大常委会机关抽调10名干部分别派到10个乡镇负责日常督查工作。整个选举分为七个阶段，即：准备、宣传阶段；分配代表名额、划分选区阶段；进行选民登记，公布选民名单，填发选民证阶段；提名推荐代表候选人，汇总公布初步代表候选人名单，讨论协商、确定正式代表候选人，对正式代表候选人进行考察，公布正式代表候选人名单阶段；投票选举的各项准备工作及投票选举代表、检查验收总结代表选举工作阶段；筹备、召开新一届人民代表大会第一次会议阶段；对换届选举工作进行全面总结阶段。选举日定在2007年10月10日。该次选举遵循坚持党的领导、充分发扬民主、严格依法办事的原则，严格按照法律规定的程序和法定时间开展工作，坚持差额选举，建立联系会议制度和巡视督查制度，10月8日，在央塔克乡的一个选区进行投票选举试点。该次选举共划分96个选区，辖区内登记选民12.97万人，参加投票选举的11.09万人。此次选举应选代表名额165人，实际选举代表163人（预留2人）。其中，男性代表123人，妇女代表40人；汉族代表33人，维吾尔族代表128人，回族代表1人，乌孜别克族代表1人；工农牧民代表61人，知识分子代表57人，干部代表39人，军队代表1人，其他方面的代表5人；35岁以下代表37人，36岁至55岁代表117人，56岁以上代表9人；中共党员代表106人，群众代表57人。

第二节　人民代表大会会议

1990—2010年，麦盖提县人民代表大会经历五届，召开代表大会23次。历届人民代表大会听取和审议人民政府工作报告以及全县国民经济和社会发展计划执行情况和计划年度报告；上年度财政预算执行情况和本年度财政预算报告；听取和审议人大常委会工作报告；人民法院、检察院工作报告；并通过相应的决议。会议同时对一些重大的问题进行专题讨论、收集议案、依法选举国家机关工作人员，选举出席上级人民代表大会的代表。

一、第十届人民代表大会

第一次会议 1990年3月23日，在县城召开麦盖提县第十届人民代表大会第一次会议，应出席代表162人，实出席158人。大会听取审议《麦盖提县人民政府工作报告》《1989年国民经济和社会发展计划执行情况及1990年国民经济和社会发展计划的报告》《1989年财政决算和1990年财政预算报告》《麦盖提县人大常委会工作报告》《麦盖提县人民法院工作报告》《麦盖提县人民检察院工作报告》，审议通过《麦盖提县国民经济和社会发展总体规划报告（1986—2000年）》，并作出相应决议。

大会选举阿不都外力·阿吾提为麦盖提县第十届人民代表大会常务委员会主任，徐发年、艾山·吾拉音、赵天鹏、艾买尔·吐来克为县第十届人民代表大会常务委员会副主任。选举产生县第十届人民代表大会常务委员会委员12名。

大会选举吾斯曼·卡生木为麦盖提县人民政府县长，傅显超、吐洪·毛拉克、阿不力孜·肉孜、李存年为县人民政府副县长，麦海提·色力木为县人民法院院长，艾合买提·买合苏提为县人民检察院检察长。

第二次会议 1991年3月5—7日，在县城召开麦盖提县第十届人民代表大会第二次会议，应出席代表162名，实出席147名。大会听取审议《麦盖提县人民政府工作报告》《1990年国民经济和社会发展计划执行情况及1991年国民经济和社会发展计划报告》《1990年财政决算和1991年财政预算报告》《麦盖提县人大常委会工作报告》《麦盖提县人民法院工作报告》《麦盖提县人民检察院工作报告》，并作出相应决议。

第三次会议 1992年5月14—16日，在县城召开麦盖提县第十届人民代表大会第三次会议，应出席代表162名，实出席146名。大会听取审议《麦盖提县人民政府工作报告》《1991年国民经济和社会发展计划执行情况及1992年国民经济和社会发展计划报告》《1991年财政决算和1992年财政预算报告》《麦盖提县人大常委会工作报告》《麦盖提县人民法院工作报告》《麦盖提县人民检察院工作报告》，并作出相应决议。

第四次会议 1992年12月2日，在县城召开麦盖提县第十届人民代表大会第四次会议，应出席代表158名，实际出席代表119名。大会选举产生出席新疆维吾尔自治区第八届人民代表大会代表3名。

二、第十一届人民代表大会

第一次会议 1993年3月31日至4月2日，在县城召开麦盖提县第十一届人民代表大会第一次会议，应出席代表163人，实出席代表156人。大会听取审议《麦盖提县人民政府工作报告》《1992年国民经济和社会发展计划执行情况及1993年国民经济和社会发展计划报告》《1992年财政决算和1993年财政预算报告》《麦盖提县人大常委会工作报告》《麦盖提县人民法院工作报告》《麦盖提县人民检察院工作报告》，并作出相应决议。

大会选举阿不都外力·阿吾提为麦盖提县第十一届人民代表大会常务委员会主任，徐发年、孔发茂，阿不力孜·斯的克，吾斯曼·沙吾尔为县第十一届人民代表大会常务委员副主任。选举产生县第十一届人民代表大会常务委员会委员12人。

大会选举阿不力孜·肉孜、贺永祥、热合曼·尼亚孜、冯建国为副县长，乐东为科技副县长，麦海提·色力木为县人民法院院长，司马义·吾拉因为县人民检察院检察长。

大会在选举县长时，由于候选人司马义·吐尔地获赞成票数未过本届全体代表的半数而落选，经大会主席团研究，决定该次大会不再选举县长，名额暂空缺。

第二次会议 1994年3月8日至11日，在县城召开麦盖提县第十一届人民代表大会第二次会议，应出席代表162人，实出席代表156人。大会听取审议《麦盖提县人民政府工作报告》《1993年国民经济和社会发展计划执行情况及1994年国民经济和社会发展计划报告》《1993年财政决算和1994年财政预算报告》《麦盖提县人大常委会工作报告》《麦盖提县人民法院工作报告》《麦盖提县人民检察院工作报告》，并作出相应的决议。通过了人民代表大会议事规则。

大会选举买买提·巴拉提为麦盖提县人民政府县长。

第三次会议　1995年2月28日至3月2日，在县城召开麦盖提县第十一届人民代表大会第三次会议，应出席代表162人，实出席代表146人。大会听取审议《麦盖提县人民政府工作报告》《1994年国民经济和社会发展计划执行情况及1995年国民经济和社会发展计划报告》《1994年财政决算和1995年财政预算报告》《麦盖提县人大常委会工作报告》《麦盖提县人民法院工作报告》《麦盖提县人民检察院工作报告》，并作出相应决议。

第四次会议　1996年3月1—3日，在县城召开麦盖提县第十一届人民代表大会第四次会议，应出席代表162人，实出席代表151人。大会听取审议《麦盖提县人民政府工作报告》《1995年国民经济和社会发展计划执行情况及1996年国民经济和社会发展计划报告》《1995年财政决算和1996年财政预算报告》《麦盖提县人大常委会工作报告》《麦盖提县人民法院工作报告》《麦盖提县人民检察院工作报告》，并作出相应决议。

第五次会议　1997年4月24—26日，在县城召开麦盖提县第十一届人民代表大会第五次会议，应出席代表162人，实出席代表145人。大会听取审议《麦盖提县人民政府工作报告》《关于县国民经济与社会发展“九五”计划和2010年远景目标纲要报告》《1996年国民经济和社会发展计划执行情况及1997年国民经济和社会发展计划报告》《1996年财政决算和1997年财政预算报告》《麦盖提县人大常委会工作报告》《麦盖提县人民法院工作报告》《麦盖提县人民检察院工作报告》，并作出相应决议。

第六次会议　1997年11月23—24日，在县城召开麦盖提县第十一届人民代表大会第六次会议，应出席代表162人，实出席代表141人。

大会选举产生出席自治区新疆维吾尔自治区第九届人民代表大会代表6人。

三、第十二届人民代表大会

第一次会议　1998年1月2—5日，在县城召开麦盖提县第十二届人民代表大会第一次会议，应出席代表163人，实出席158人。大会听取审议《麦盖提县人民政府工作报告》《1997年国民经济和社会发展计划执行情况及1998年国民经济和社会发展计划报告》《1997年财政决算和1998年财政预算报告》《麦盖提县人大常委会工作报告》《麦盖提县人民法院工作报告》《麦盖提县人民检察院工作报告》，并作出相应决议。

大会选举艾克拜尔·艾德尔（乌孜别克族）为麦盖提县第十二届人民代表大会常务委员会主任，刘希琳、吾斯曼·沙吾尔、阿不都克里木·托合提、陈元来为麦盖提县第十二届人民代表大会常务委员会副主任。选举产生县第十二届人民代表大会常务委员会委员12人。

大会选举阿不都克尤木·买买提为麦盖提县人民政府县长，贺永祥、祁明双、买买提·衣明（2014年7月因违纪受到留党察看一年、行政撤职处分）、胡继新、吐尔洪·尼亚孜为麦盖提县人民政府副县长，衣地力司·阿尤甫为县人民法院院长，吾守·祖农为县人民检察院检察长。

第二次会议　1999年3月4—6日，在县城召开麦盖提县第十二届人民代表大会第二次会议，应出席代表162人，实出席代表145人。大会听取审议《麦盖提县人民政府工作报告》《1998年国民经济和社会发展计划执行情况及1999年国民经济和社会发展计划报告》《1998年财政决算和1999年财政预算报告》《麦盖提县人大常委会工作报告》《麦盖提县人民法院工作报告》《麦盖提县人民检察院工作报告》，并作出相应决议。

第三次会议 2000年3月3—5日，在县城召开麦盖提县第十二届人民代表大会第三次会议，应出席代表162人，实出席代表146人。大会听取审议《麦盖提县人民政府工作报告》《1999年国民经济和社会发展计划执行情况及2000年国民经济和社会发展计划报告》《1999年财政决算和2000年财政预算报告》《麦盖提县人大常委会工作报告》《麦盖提县人民法院工作报告》《麦盖提县人民检察院工作报告》，并作出相应决议。

第四次会议 2001年2月28日至3月2日，在县城召开麦盖提县第十二届人民代表大会第四次会议，应出席代表162人，实出席代表153人。大会听取审议《麦盖提县人民政府工作报告》《麦盖提县国民经济与社会发展第十个五年计划纲要》《2000年国民经济和社会发展计划执行情况及2001年国民经济和社会发展计划报告》《2000年财政决算和2001年财政预算报告》《麦盖提县人大常委会工作报告》《麦盖提县人民法院工作报告》《麦盖提县人民检察院工作报告》，并通过相应决议。

大会选举那曼·艾沙为县人大常委会副主任。

第五次会议 2002年3月1—3日，在县城召开麦盖提县第十二届人民代表大会第五次会议，应出席代表160人，实际出席代表148人。大会听取审议《麦盖提县人民政府工作报告》《2001年国民经济和社会发展计划执行情况及2002年国民经济和社会发展计划报告》《2001年财政决算和2002年财政预算报告》《麦盖提县人大常委会工作报告》《麦盖提县人民法院工作报告》《麦盖提县人民检察院工作报告》，并作出相应决议。

第六次会议 2002年11月26—27日，在县城召开麦盖提县第十二届人民代表大会第六次会议，应出席代表158人，实出席代表125人。

大会选举出席新疆维吾尔自治区第十届人民代表大会代表6人。通过关于接受祁明双、吐尔洪·尼亚孜2人辞去副县长职务的决定和关于接受衣地力司·阿尤甫辞去人民法院院长职务的决定。

四、第十三届人民代表大会

第一次会议 2003年1月22—24日，在县城召开麦盖提县第十三届人民代表大会第一次会议，应出席代表163人，实出席149人，大会听取审议《麦盖提县人民政府工作报告》《2002年国民经济和社会发展计划执行情况及2003年国民经济和社会发展计划报告》《2002年财政决算和2003年财政预算报告》《麦盖提县人大常委会工作报告》《麦盖提县人民法院工作报告》《麦盖提县人民检察院工作报告》，并作出相应决议。

大会选举艾克拜尔·艾德尔（乌孜别克族）为麦盖提县第十三届人民代表大会常务委员会主任，祁明双、吐尔洪·尼牙孜、裴成裕、艾海提·亚生为县第十三届人民代表大会常务委员会副主任。选举产生县第十三届人民代表大会常务委员会委员12人。

大会选举阿不都克力木·阿不都瓦依提为麦盖提县人民政府县长，周世伟、胡继新、阿不都艾尼·买买提、董文信、阿不都艾尼·阿不都瓦依提、孙怡为副县长，木特力甫·牙库甫为县人民法院院长，吾守·祖农为县人民检察院检察长。

第二次会议 2004年1月7—10日，在县城召开麦盖提县第十三届人民代表大会第二次会议，应出席代表164人，实出席代表154人。大会听取审议《麦盖提县人民政府工作报告》《2003年国民经济和社会发展计划执行情况及2004年国民经济和社会发展计划报告》《2003年财政决算和2004年财政预算报告》《麦盖提县人大常委会工作报告》《麦盖提县人民法院工作报告》《麦盖提县人民检察院工作报告》，并作出相应决议。

第三次会议 2005年1月5—7日，在县城召开麦盖提县第十三届人民代表大会第三次会议，应出席代表164人，实出席代表153人。大会听取审议《麦盖提县人民政府工作报告》《2004年国民经济和社会发展计划执行情况及2005年国民经济和社会发展计划报告》《2004年财政决算和2005年财政预算报告》《麦盖提县人大常委会工作报告》《麦盖提县人民法院工作报告》《麦盖提县人民检察院工作报告》，并作出相应决议。

第四次会议　2006年2月25—27日，在县城召开麦盖提县第十三届人民代表大会第四次会议，应出席代表164人，实出席代表156人。大会听取审议《麦盖提县人民政府工作报告》《2005年国民经济和社会发展计划执行情况及2006年国民经济和社会发展计划报告》《2005年财政决算和2006年财政预算报告》《麦盖提县人大常委会工作报告》《麦盖提县人民法院工作报告》《麦盖提县人民检察院工作报告》，并作出相应决议。

第五次会议　2007年2月7—9日，在县城召开麦盖提县第十三届人民代表大会第五次会议，应出席代表156人，实出席代表147人。大会听取审议《麦盖提县人民政府工作报告》《2006年国民经济和社会发展计划执行情况及2007年国民经济和社会发展计划报告》《2006年财政总预算执行情况和2007年财政预算报告》《麦盖提县人大常委会工作报告》《麦盖提县人民法院工作报告》《麦盖提县人民检察院工作报告》，并作出相应决议。

五、第十四届人民代表大会

第一次会议　2007年11月23—26日，在县城召开麦盖提县第十四届人民代表大会第一次会议，应出席代表162人，实出席代表157人。大会听取审议《麦盖提县人民政府工作报告》《2007年国民经济和社会发展计划执行情况及2008年国民经济和社会发展计划报告》《2007年财政决算和2008年财政预算报告》《麦盖提县人大常委会工作报告》《麦盖提县人民法院工作报告》《麦盖提县人民检察院工作报告》，并作出相应决议。

大会选举阿不力米提·玉买尔为麦盖提县第十四届人民代表大会常务委员会主任，祁明双、艾海提·亚生、马志华、玉素甫·艾买提为县第十四届人民代表大会常务委员会副主任。选举产生县第十四届人民代表大会常务委员会委员16人。

大会选举阿不都克里木·阿不都瓦衣提为麦盖提县人民政府县长，周世伟、孙怡、艾尼瓦尔·托合提尼牙孜、康永强、阿地力·苏皮为县人民政府副县长，木特力甫·牙库甫为县人民法院院长，阿不都克尤木·买买提为县人民检察院检察长。

选举产生出席新疆维吾尔自治区第十一届人民代表大会代表6人。

第二次会议　2009年2月4—6日，在县城召开麦盖提县第十四届人民代表大会第二次会议，应出席代表163人，实出席代表148人。大会听取审议《麦盖提县人民政府工作报告》《2008年国民经济和社会发展计划执行情况及2009年国民经济和社会发展计划报告》《2008年财政决算和2009年财政预算报告》《麦盖提县人大常委会工作报告》《麦盖提县人民法院工作报告》《麦盖提县人民检察院工作报告》，并作出相应决议。

第三次会议　2010年3月14—16日，在县城召开麦盖提县第十四届人民代表大会第三次会议，应出席代表162人，实出席代表158人。大会听取审议《麦盖提县人民政府工作报告》《2009年国民经济和社会发展计划执行情况及2010年国民经济和社会发展计划报告》《2009年财政决算和2010年财政预算报告》《麦盖提县人大常委会工作报告》《麦盖提县人民法院工作报告》《麦盖提县人民检察院工作报告》，并作出相应决议。

大会选举阿不都艾尼·阿不都瓦依提为县人大常委会主任，阿不都克力木·艾山、瓮乃彬为县人大常委会副主任。选举阿不都热合曼·阿那依提为县人民检察院检察长。

第二章 组织机构

第一节 领导机构

1991—2010年，麦盖提县人民代表大会共召开五届大会，选出主任5人、副主任20人、常委会委员64人。其中，第十届主任1人、副主任4人、常委会委员12人;第十一届主任1人、副主任4人、常委会委员12人；第十二届主任1人、副主任4人、常委会委员12人；第十三届主任1人、副主任4人、常委会委员12人；第十四届主任1人、副主任4人、常务委员会委员16人。其间，个别人员变动后依法进行了补选。

1991—2010年麦盖提县人大常委会领导一览表

表20-2-1

届次	姓名	性别	族别	籍贯	职务	任职时间
第十届	阿不都外力·阿吾提	男	维吾尔族	新疆麦盖提	党组书记、主任	1990.3—1993.4
	徐发年	男	汉族	甘肃民勤	副主任	1990.3—1993.4
	艾山·吾拉音	男	维吾尔族	新疆麦盖提	副主任	1990.3—1993.4
	赵天鹏	男	汉族	河南偃师	副主任	1990.3—1993.4
	艾买尔·吐来克	男	维吾尔族	新疆麦盖提	副主任	1990.3—1993.4
第十一届	阿不都外力·阿吾提	男	维吾尔族	新疆麦盖提	党组书记、主任	1993.4—1998.1
	徐发年	男	汉族	甘肃民勤	副主任	1993.4—1998.1
	孔发茂	男	汉族	河北张家口	副主任	1993.4—1998.1
	阿不力孜·司地克	男	维吾尔族	新疆麦盖提	副主任	1993.4—1998.1
	吾斯曼·沙吾尔	男	维吾尔族	新疆麦盖提	副主任	1993.4—1998.1
第十二届	贺永祥	男	汉族	陕西榆林	党组书记	2001.1—2001.2
	沈新源	男	汉族	天津南开	党组书记	2002.11—2003.1
	艾克拜尔·艾德尔	男	乌孜别克族	新疆喀什	主任	1998.1—2003.1
	刘希琳	男	汉族	山东德州	副主任	1998.1—2003.1
	吾斯曼·沙吾尔	男	维吾尔族	新疆麦盖提	副主任	1998.1—2003.1
	阿不都克力木·托合提	男	维吾尔族	新疆麦盖提	副主任	1998.1—2003.1
	陈元来	男	汉族	甘肃民勤	副主任	1998.1—2001.2
	那曼·艾沙	男	维吾尔族	新疆麦盖提	副主任	2001.2—2003.1

续表 20-2-1

届次	姓名	性别	族别	籍贯	职务	任职时间
第十三届	沈新源	男	汉族	天津南开	党组书记	2003.1—2004.11
	郑　重	男	汉族	甘肃武威	党组书记	2004.11—2006.5
	董　建	男	汉族	河南遂平	党组书记	2007.9—2007.11
	艾克拜尔·艾德尔	男	乌孜别克族	新疆喀什	主任	2003.1—2006.8
	祁明双	男	汉族	甘肃渭源	副主任（正县级）	2003.1—2007.11
	吐尔洪·尼牙孜	男	维吾尔族	新疆麦盖提	副主任	2003.1—2007.11
	裴承裕	男	汉族	甘肃山丹	副主任	2003.1—2007.11
	艾海提·牙生	男	维吾尔族	新疆麦盖提	副主任	2003.1—2007.11
第十四届	董　建	男	汉族	河南遂平	党组书记	2007.11—2010.12
	阿不力米提·玉买尔	男	维吾尔族	新疆疏附	主任	2007.11—2010.2
	阿不都艾尼·阿不都瓦依提	男	维吾尔族	新疆麦盖提	主任	2010.3—2010.12
	祁明双	男	汉族	甘肃渭源	副主任（正县级）	2007.11—2010.12
	马志华	女	汉族	新疆麦盖提	副主任	2007.11—2010.2
	艾海提·牙生	男	维吾尔族	新疆麦盖提	副主任	2007.11—2009.1
	玉素甫·艾买提	男	维吾尔族	新疆麦盖提	副主任	2007.11—2010.12
	阿不都克力木·艾山	男	维吾尔族	新疆麦盖提	副主任	2010.3—2010.12
	瓮乃彬	男	汉族	河南镇平	副主任	2010.03—2010.12

第二节　工作机构

1991—1993 年，麦盖提县人大常委会内设法制科、代表联系科、财经科、教科文卫科和办公室，1991 年，实有工作人员 20 人。1993 年 9 月，将原设 4 个科改名为工作委员会，分别改为法制工作委员会、代表工作委员会、农业财经工作委员会、教科文卫工作委员会。2003 年机构改革，代表工作委员会更名为代表人事工作委员会，农业财经工作委员会更名为财政经济工作委员会。2010 年，核定编制 26 人，其中行政编制 21 人、工勤编制 5 人，实有 25 人。

一、人大常委会工作委员会

法制工作委员会是人大常委会的法制工作机构，负责研究处理县人大代表提出的有关法制工作的建议、批评和意见，开展法制宣传等工作。代表人事工作委员会是常委会人事任免和代表工作的常设工作机构，在常委会的领导下，负责有关人事任免审查、换届选举和代表工作。财政经济工作委员会承办县人大常委会为代表大会审查批准国民经济和社会发展计划、预算以及执行情况，为人大常委会审议决定国民经济和社会发展计划执行情况、预算部分变更和有关方面议案做好初审等工作。教科文卫工作委员会承办县人大常委会在教育文化卫生体育民生等方面的法律、工作监督。

二、人大常委会办公室

麦盖提县人大常委会办公室是县人大常委会办事机构，主要负责人民代表大会、人大常委会会议和主任会议及其他重要会议的文秘和会务工作；人大常委会党组和主任会议决定事项的组织实施和监督检查工作以及机关日常事务的管理协调和服务。

第三章　重要会议

第一节　人大常委会会议

1991—2010年，麦盖提县人大常委会会议主要由主任主持召开，副主任、委员出席会议，还邀请政府、法检两院领导和政府办公室及有关组成部门负责人列席会议，共召开五届142次常委会会议。会议主要是决定重大事项；听取审议县人民政府、法检两院执行国家及自治区法律法规情况、重要工作落实情况的报告和人大常委会执法检查、视察、调研情况报告；任免地方国家机关工作人员；通过人大常委会有关工作制度；研究决定换届选举有关事项，确定召开人民代表大会各次会议有关事项；学习法律法规，传达中央、自治区、地区重要文件及重要会议精神。

一、第十届人大常委会会议

麦盖提县第十届人大常委会共召开20次会议。会议听取审议县人民政府、法院、检察院工作报告23项，其中县人民政府21项、法院1项、检察院1项；作出决议、决定14项；听取审议县人民政府对人大代表议案、建议和批评意见办理情况汇报2次;听取审议人大常委会开展执法检查、视察、调研报告3次；任免地方国家机关工作人员81人次，其中任命61人次、免职20人次，任免麦盖提县人大常委会机关工作人员5人次、麦盖提县人民政府组成人员43人次、麦盖提县人民法院法官20人次、麦盖提县人民检察院检察官13人次。通过《麦盖提县能源交通基金筹资方案》《麦盖提县农电规划方案》《麦盖提县县乡道路管理办法》等重大事项。

二、第十一届人大常委会会议

麦盖提县第十一届人大常委会共召开31次会议。会议听取审议县人民政府、法院、检察院工作报告33项，其中县人民政府29项、法院2项、检察院2项；作出决议、决定19项；听取审议县人民政府对人大代表议案、建议和批评意见办理情况汇报5次；听取审议人大常委会开展执法检查、视察、调研报告3次；任免地方国家机关工作人员97人次，其中任命80人次、免职15人次、接受辞职2人次，任免麦盖提县人大常委会机关工作人员5人次、麦盖提县人民政府组成人员47人次、麦盖提县人民法院法官34人次、麦盖提县人民检察院检察官11人次。听取审议政府组成人员述职报告15人次，组织对司法工作进行评议。通过《麦盖提县人大常委会议事规则》《麦盖提关于社会治安综合治理暂行办法和社会治安综合治理一票否决权制的暂行办法》《麦盖提县人大常委会干部任免程序》《麦盖提县关于加强保护草原禁止滥挖药材植被的有关规定》《麦盖提县农村电气化规划》《麦盖提县城市客运出租汽车管理办法》等重大事项。

三、第十二届人大常委会会议

麦盖提县第十二届人大常委会共召开38次会议。会议听取审议县人民政府、法院、检察院工作报告49项，其中县人民政府45项、法院2项、检察院2项；作出决议、决定24项；听取审议县人民政府对人大代表议案、建议和批评意见办理情况汇报 5 次；听取审议人大常委会开展执法检查、视察、调研报告 5 次；任免地方国家机关工作人员 97 人次，其中任命 71 人次、免职 19 人次、撤职 1 人次、接受辞职 6 人次，任免麦盖提县人大常委会机关工作人员 9 人次、麦盖提县人民政府组成人员 63 人次、麦盖提县人民法院法官 15 人次、麦盖提县人民检察院检察官 10 人次。听取审议政府组成人员述职报告 13 人次。通过《关于在全县推行执法责任制的决定》《麦盖提县“十五”科技发展规划》等重大事项。

四、第十三届人大常委会会议

麦盖提县第十三届人大常委会共召开 33 次会议。会议听取审议县人民政府、法院、检察院工作报告 42 项，其中县人民政府 37 项、法院 3 项、检察院 2 项；作出决议、决定 15 项；听取审议县人民政府对人大代表议案、建议和批评意见办理情况汇报 4 次；听取审议人大常委会开展执法检查、视察、调研报告 27 次；任免地方国家机关工作人员 107 人次，其中任命 82 人次、免职 17 人次、撤职 1 人次、接受辞职 7 人次，任免麦盖提县人大常委会机关工作人员 13 人次、麦盖提县人民政府组成人员 42 人次、麦盖提县人民法院法官 26 人次、麦盖提县人民检察院检察官 26 人次。为落实国家陪审员制度，2005 年 4 月 28 日，第十三届人大常委会第十六会议任命县人民法院陪审员 8 人。听取审议“一府两院”组成人员述职报告 13 人次，对水利局、发展计划局、国土资源局、计划生育局、人事劳动和社会保障局、监察局、文体广电局等政府组成部门工作进行评议。通过《麦盖提县县城总体规划》《关于废止〈麦盖提县县乡道路管理暂行办法〉的决定》等重大事项。

五、第十四届人大常委会会议

截至 2010 年 12 月 31 日，麦盖提县第十四届人大常委会共召开 20 次会议。会议听取审议县人民政府、法院、检察院工作报告 28 项，其中县人民政府 25 项、法院 2 项、检察院 1 项；作出决议、决定 14 项；听取审议县人民政府对人大代表议案、建议和批评意见办理情况汇报 2 次；听取审议人大常委会开展执法检查、视察、调研报告 19 次；任免地方国家机关工作人员 70 人次，其中任命 54 人次、免职 9 人次、接受辞职 7 人次，任免麦盖提县人大常委会机关工作人员 2 人次、麦盖提县人民政府组成人员 47 人次、麦盖提县人民法院法官 5 人次、麦盖提县人民检察院检察官 16 人次。任免县人民法院陪审员 8 人次。通过《麦盖提镇行政区域调整方案》《麦盖提县乡镇东面沙漠行政界线划分方案》《关于合并建刀郎“双语”幼儿园规划》等重大事项。

第二节　党组会议

1991—2010 年，麦盖提县人大常委会党组共召开会议 81 次，主要讨论县委提名的和县人民政府、法院、检察院提请的人事任免，贯彻执行上级和县委的有关决定以及县委安排的各时期的中心工作。党组成员参加会议，会期不固定。

第三节　主任会议

麦盖提县人大常委会主任会议由主任、副主任若干组成，会议由主任召集并主持，人大常委会机关工作机构和办公室负责人列席。主要任务：决定常务委员会每次会议的日期和会期，拟定常务委员会会议议程草案，向人民代表大会及其常务委员会提出议案，指导和协调各工作机构的工作，处理常务委员会其他日常重要工作。

麦盖提县第十届人大常委会召开主任会议23次，第十一届人大常委会召开主任会议55次，第十二届人大常委会召开主任会议68次，第十三届人大常委会召开主任会议78次，第十四届人大常委会截至2010年12月31日召开主任会议34次。

第四章　主要工作

第一节　依法监督

一、工作监督

1991—2010年，麦盖提县人大常委会重视加强对行政、审判、检察机关工作的监督，保障和促进麦盖提县改革和经济建设等各项事业的发展，先后听取和审议"一府两院"工作报告和专题汇报175项，其主要内容：

（一）**对县宏观经济发展的监督**。人大常委会不断加强对计划、预算执行情况的审查监督，坚持每年下半年听取审议县人民政府关于上半年国民经济和社会发展计划执行情况和报告、上半年财政预算执行情况和预算变动情况的报告、上年度财政决算情况的报告、上年度预算执行和其他收支情况的审计工作报告。通过监督，促使政府采取各种措施，克服种种困难，努力实现人代会确定的经济、社会发展目标。

（二）**努力维护社会大局稳定**。麦盖提县人大常委会始终把维护全县社会大局稳定作为一项重要职责，积极贯彻中央、自治区党委关于维护稳定的重大决策部署，有重点地开展视察、调查，认真负责地提出促进社会稳定的意见、建议。听取审议公安机关、审判机关、检察机关专项工作报告，督促和支持公安司法机关依法打击各类犯罪，保障各族群众安居乐业，维护正常的生产、生活秩序。

（三）**督促解决本县改革和建设中的重大问题以及人民群众关注的热点、难点问题**。第十届人大常委会期间，加强对政府农牧业生产、工交企业、乡镇企业发展、工商行政管理、税收、土地管理、扶贫等工作的监督，还对群众关注的热点问题，如物价、打击刑事犯罪分子、社会治安、执法情况等问题，进行检查和督促，向政府及其部门、司法机关提出切实可行、针对性较强的意见、建议。

第十届人大常委会听取审议"一府两院"工作报告情况表

表20-4-1

会次	报告名称	听取审议时间
四次会议	县人民法院工作报告	1991.1.30—31
四次会议	县人民检察院工作报告	1991.1.30—31
四次会议	县公安局关于1990年社会治安综合治理工作的报告	1991.1.30—31
八次会议	县人民政府关于县十年规划和"八五"计划的报告	1991.9.3—4
八次会议	县人民政府关于贯彻实施《中华人民共和国义务教育法》工作情况的报告	1991.9.3—4
十七次会议	县人民政府关于劳动人事局、农机局、水利局、交通局的工作报告	1992.11.2

第十一届人大常委会期间，突出对畜牧业、水利、林业、经贸、科技、土地管理、市场建设及棉花市场管理、减轻农民负担、社会治安综合治理、普法教育和依法治县、反腐败、防病改水、防洪、扶贫、劳动人事、计划生育、城市建设环境保护、民族宗教事务、司法等工作和执法情况进行监督。

第十一届人大常委会听取审议“一府两院”工作报告情况表

表 20-4-2

会次	报告名称	听取审议时间
七次会议	县司法局关于 1993 年普法工作基本情况和 1994 年普法工作的安排意见的报告	1994.6.29
七次会议	县科委关于深化科技体制改革，加速科技事业发展的报告	1994.6.29
七次会议	县经委关于 1993 年城市经济工作完成情况及 1994 年工作安排意见的报告	1994.6.29
七次会议	县畜牧局关于 1993 年工作情况的报告	1994.6.29
八次会议	县人民政府关于贯彻执行《中华人民共和国教师法》情况的报告	1994.8.15
九次会议	县粮食局关于 1994 年粮食收购、供应价格、粮食市场管理等方面的报告	1994.11.28
九次会议	县工商局关于市场建设及棉花市场管理的工作报告	1994.11.28
十次会议	县人民法院工作报告	1995.1.12
十次会议	县人民检察院工作报告	1995.1.12
十四次会议	县水利局关于 1994 年防洪工作情况和 1995 年防洪工作安排的报告	1995.6.14
十四次会议	县卫生局关于防病改水、人畜饮水工程建设情况的报告	1995.6.14
十四次会议	县监察局关于廉政建设、开展反腐败斗争的工作报告	1995.6.14
十五次会议	县人民政府 1995 年上半年工作报告	1995.7.26
十六次会议	县城建局关于城市建设、环境保护工作情况的报告	1995.10.26
十六次会议	县计生委关于计划生育工作情况的报告	1995.10.26
二十一次会议	县人民政府《关于第二个五年普法教育规划实施情况和在全县公民中开展第三个五年法制宣传教育的规划》的报告	1996.5.28
二十一次会议	县人民政府关于制定国民经济和社会发展“九五”计划和 2010 年远景目标纲要工作的报告	1996.5.28
二十四次会议	县人民政府关于全县扶贫工作和贯彻落实中央扶贫开发工作会议精神的报告	1997.1.13
二十六次会议	县土地管理局关于宅基地审批管理情况的报告	1997.6.2
二十六次会议	县林业局的工作报告	1997.6.2
二十六次会议	县水电局关于农民饮水工程进展情况的报告	1997.6.3
二十七次会议	县物价局的工作报告	1997.8.14
二十七次会议	县劳动人事局的工作报告	1997.8.14
二十七次会议	县民族宗教事务局的工作报告	1997.8.14

第十二届人大常委会期间，加强对经济发展、林业、水利、交通、城市建设和环境保护、农村广播电视入户、缓解县级财政困难、普法教育和依法治县、社会稳定、减轻农民负担、人口与计划生育、执法责任制、农发资金使用和管理、村务公开和民主管理、叶河治理、科技、文化、卫生、统计民政、医疗保险、国土资源、司法等工作和执法情况进行监督。

第十二届人大常委会听取审议“一府两院”工作报告情况表

表 20-4-3

会次	报告名称	听取审议时间
六次会议	县人民政府关于推行村务公开和民主管理工作情况的报告	1998.10.30
十一次会议	县财政局关于 1999 年县财政收支计划平衡预算的报告	1999.9.29
十一次会议	县司法局关于开展“三五”普法工作及依法治县工作情况的报告	1999.9.29
十二次会议	县人民法院 1999 年工作报告	1999.12.22
十二次会议	县人民检察院 1999 年工作报告	1999.12.22
十五次会议	县民族宗教事务局关于开展民族、宗教工作情况的报告	2000.7.27
十六次会议	县农业局关于贯彻执行农业法及减轻农牧民负担情况的报告	2000.9.14
十七次会议	县计生局关于计划生育工作及人口目标管理情况的报告	2000.10.24
十八次会议	县财政局关于农发资金的提取、使用和管理情况的报告	2000.12.27
十九次会议	县畜牧局工作报告	2001.2.5
二十二次会议	县统计局工作报告	2001.6.22
二十二次会议	县林业局工作报告	2001.6.22
二十三次会议	县人民法院 2001 年上半年工作报告	2001.8.16
二十三次会议	县人民检察院 2001 年上半年工作报告	2001.8.16
二十三次会议	县经贸局工作报告	2001.8.16
二十三次会议	县公安局 2001 年上半年工作报告	2001.8.16
二十四次会议	县人民政府关于县“十五”计划调查情况的报告	2001.9.13
二十四次会议	县人民政府关于叶河治理项目安排及进展情况的报告	2001.9.13
二十四次会议	县教育局的工作报告	2001.9.13
二十五次会议	县人民政府关于国务院《粮食收购条例》和《粮食购销违法行为处罚办法》执行情况的报告	2001.10.29
二十五次会议	县人民政府关于《麦盖提县城镇职工基本医疗保险制度改革工作实施细则〈试行〉》执行情况的报告	2001.10.29
二十五次会议	县人民政府关于《中华人民共和国普通高级中学收费管理暂行办法》执行情况的报告	2001.10.29
三十次会议	县人民政府民政工作报告	2002.5.13
三十次会议	县人民政府文化工作报告	2002.5.13
三十次会议	县人民政府科技工作报告	2002.5.13

续表 20-4-3

会次	报告名称	听取审议时间
三十一次会议	县人民政府国土资源工作报告	2002.6.26
三十一次会议	县人民政府卫生工作报告	2002.6.26
三十一次会议	县人民政府城建环保工作报告	2002.6.26
三十二次会议	县人民政府水利工作报告	2002.8.23
三十二次会议	县人民政府交通工作报告	2002.8.23

第十三届人大常委会期间，加强对县城规划、城市经济发展、农业、水利、林业、教育、抗震安居工程、建设工程招标和投标、塔河综合治理、国土资源、农村新型合作医疗、农村税费改革、民族宗教事务管理、计划生育、人事劳动和社会保障、普法教育、监察、广播电视、减轻农民负担、司法等工作和执法情况进行监督。

第十三届人大常委会听取审议“一府两院”工作报告情况表

表 20-4-4

会次	报告名称	听取审议时间
五次会议	县工商行政管理局的工作报告	2003.11.4
五次会议	县技术监督局的工作报告	2003.11.4
五次会议	县人民政府关于贯彻实施《中华人民共和国义务教育法》及其《实施细则》情况的报告	2003.11.4
九次会议	县人民政府关于建设工程招标投标情况的报告	2004.4.29
九次会议	县发展计划局的工作报告	2004.4.29
十次会议	县人民政府关于塔河综合治理项目工程实施情况的报告	2004.7.6
十次会议	县人民政府关于抗震安居工程实施情况的报告	2004.7.6
十次会议	县国土资源局的工作报告	2004.7.6
十一次会议	县人民法院 2004 年上半年的工作报告	2004.8.20
十一次会议	县人民检察院 2004 年上半年的工作报告	2004.8.20
十二次会议	县人民政府关于农村税费改革及减轻农民负担情况的报告	2004.11.1
十三次会议	县民族宗教事务管理局的工作报告	2004.11.30
十三次会议	县计划生育局的工作报告	2004.11.30
十三次会议	县人事劳动和社会保障局的工作报告	2004.11.30
十七次会议	县监察局的工作报告	2005.5.31
十九次会议	县文体广电局的工作报告	2005.6.24
十九次会议	县人民政府国土资源工作报告	2005.6.24
二十二次会议	县人民政府关于检查减轻农民负担情况的报告	2005.11.2

续表 20-4-4

会次	报告名称	听取审议时间
二十二次会议	县林业局的工作报告	2005.11.2
二十五次会议	县民政局的工作报告	2006.9.26
二十五次会议	县发展计划局落实人大常委会评议意见的整改情况报告	2006.9.26
二十六次会议	县农业局的工作报告	2006.11.10
二十六次会议	县教育局的工作报告	2006.11.10
二十六次会议	县国土资源局关于对人大常委会执法检查组检查《中华人民共和国土地管理法》所提出问题的整改情况报告	2006.11.10
二十六次会议	林业局落实人大常委会审议意见的整改情况报告	2006.11.10
三十三次会议	县人民政府关于开展“法治六进”工作的专项报告	2007.11.2

第十四届人大常委会期间，加强对县“十一五”规划、城市经济发展、农业、林业、教育、城乡最低生活保障、农村医疗机构建设、普法教育、保障性住房建设、文化市场管理、“双语”幼儿园建设、县城供排水、红枣产业发展和高新节水项目、新型农村养老保险、农资市场、依法行政、“法治六进”、司法等工作和执法情况进行监督。

第十四届人大常委会听取审议“一府两院”工作报告情况表

表 20-4-5

会次	报告名称	听取审议时间
二次会议	县人民法院关于法官队伍建设情况的专项报告	2008.5.9
三次会议	县人民政府关于妇女儿童权益保护的专题报告	2008.9.12
五次会议	县人民政府关于项目库建设情况的专项工作报告	2008.12.30
十次会议	县人民政府关于“十一五”规划实施情况中期评估的报告	2009.11.25
十次会议	关于 2009 年依法行政情况的报告	2009.11.25
十次会议	关于落实城乡最低生活保障情况的专项工作报告	2009.11.25
十次会议	关于开展“法治六进”情况的专项工作报告	2009.11.25
十六次会议	县人民法院关于民事审判工作情况的专项报告	2010.7.26
十六次会议	县人民检察院关于监所检察工作情况的专项报告	2010.7.26
十九次会议	县人民政府关于 2010 年依法行政情况的报告	2010.11.30

二、法律监督

1991 年以来，麦盖提县人大常委会重视法律法规在全县的普及和宣传，听取审议县人民政府关于“二五”“三五”“四五”“五五”普法实施情况和依法治县情况的报告，作出关于开展“二五”“三五”“四五”“五五”普法的决议，号召全县全体公民学法、用法、守法，促使依法治理工作深入开展，各项事业的法治化管理水平逐步提高。

1992—2005年，为减轻农民负担，保护农民的合法权益，提高农民生产的积极性，麦盖提县人大常委会每年组织各级人大代表就贯彻实施有关法律和政策，减轻农民负担工作进行检查、视察、调研，维护农民群众合法权益。

截至2010年，麦盖提县第十、十一、十二、十三、十四届人大常委会共开展执法检查31次，对44部法律法规贯彻执行情况进行检查。其中第十届人大常委会开展执法检查1次，第十一届人大常委会开展执法检查2次，第十二届人大常委会开展执法检查2次，第十三届人大常委会开展执法检查20次，第十四届人大常委会开展执法检查6次。

1992—2010年麦盖提县人大常委会开展执法检查情况表

表20-4-6

执法检查内容	检查时间
《中华人民共和国土地管理法》《中华人民共和国森林法》《中华人民共和国草原法》	1992.6
《中华人民共和国农业法》	1994.9
《中华人民共和国食品卫生法》	1997.5
《新疆维吾尔自治区农牧民负担监督管理条例》	2001.9
《中华人民共和国环境保护法》	2002.6
《中华人民共和国草原法》《中华人民共和国动物防疫法》	2003.5
《中华人民共和国农业法》《中华人民共和国农村土地承包法》	2003.5
《中华人民共和国村民委员会组织法》	2003.6
《中华人民共和国义务教育法》	2003.8
《中华人民共和国全国人民代表大会和地方各级人民代表大会代表法》	2003.8
《中华人民共和国水法》	2003.9
《中华人民共和国公司法》《中华人民共和国消费者权益保护法》	2003.10
《中华人民共和国计量法》《中华人民共和国标准化法》《中华人民共和国产品质量法》《新疆维吾尔自治区计量监督管理条例》	2003.10
《突发公共卫生事件应急条例》	2004.4
《新疆维吾尔自治区发展个体私营经济条例》	2004.4
《中华人民共和国土地管理法》《土地管理法实施条例》	2004.5
《中华人民共和国法官法》	2004.7
《中华人民共和国检察官法》	2004.7
《中华人民共和国婚姻法》《婚姻登记条例》	2004.9
《失业保险条例》《工伤保险条例》《社会保险费征缴暂行条例》《城市居民最低生活保障条例》	2004.11
《中华人民共和国安全生产法》	2005.5
《中华人民共和国行政监察法》	2005.5
《中华人民共和国民事诉讼法》	2005.10

续表 20-4-6

执法检查内容	检查时间
《中华人民共和国税收征收管理法》	2006.4
《中华人民共和国食品卫生法》	2007.5
《中华人民共和国动物防疫法》	2008.5
《中华人民共和国科学技术普及法》	2008.10
《中华人民共和国劳动合同法》	2008.12
《中华人民共和国治安管理处罚法》	2010.5
《新疆维吾尔自治区民族团结教育条例》	2010.6
《新疆维吾尔自治区社会治安综合治理条例》	2010.10

三、评议“一府两院”工作

1995 年 7 月，麦盖提县人大常委会组成由部分常委会组成人员及人大代表参加的评议组，开展司法评议工作，这是人大常委会首次进行工作评议。分 5 个阶段：准备阶段、调查研究阶段、评议阶段、整改阶段、总结表彰阶段，对公、检、法机关和乡镇公安派出所、法庭上半年的工作进行评议。通过评议，纠正司法部门工作中存在的一些问题，健全司法机关的各项工作制度，使司法干警的精神面貌明显改观，工作作风明显转变，组织纪律进一步加强，促进了司法机关的各项工作。

十三届人大常委会期间（2003 年 1 月至 2007 年 11 月），人大常委会评议政府组成部门的工作，共评议 6 个政府组成部门。2003 年 9 月，在第四次人大常委会会议上，评议水利局的工作。2004 年 4 月，在第九次人大常委会会议上，评议发展计划局的工作。2004 年 7 月，在第十次人大常委会会议上，评议国土资源局的工作。2004 年 11 月，在第十三次人大常委会会议上，评议人事劳动和社会保障局的工作。2005 年 5 月，在第十七次人大常委会会议上，评议监察局的工作。2005 年 6 月，在第十九次人大常委会会议上，评议文化体育广播影视局的工作。

第二节　决议和决定

一、麦盖提县第十届人大常委会

麦盖提县第十届人大常委会作出决议、决定 14 件。其中，批准和通过地方性政策、办法 1 件，人大工作及自身建设方面的 7 件，稳定方面的 1 件，经济建设及社会进步方面的 3 件，法制建设方面的 2 件。

第十届人大常委会作出决议和决定一览表

表 20-4-7

会次	决议决定	时间
一次会议	关于监督“一府两院”的暂行办法	1990.7.14
一次会议	关于乡镇人代会主席团常务主席工作职权范围的规定	1990.7.14

续表 20-4-7

会次	决议决定	时间
一次会议	关于批准《麦盖提县国民经济与社会发展总体规划报告》的决议	1990.7.15
四次会议	关于麦盖提县第二个五年普及法律常识的规划的决议	1991.1.31
四次会议	关于认真学习、宣传、贯彻执行自治区人大常委会《加强社会治安综合治理的决议》的决定	1991.1.31
五次会议	关于召开麦盖提县第十届人民代表大会第二次会议时间的决定	1991.2.28
八次会议	关于《麦盖提县能源交通基金筹资方案》的决议	1991.9.3
八次会议	关于认真贯彻执行《中华人民共和国土地管理法》和《新疆维吾尔自治区实施〈土地管理法〉办法的决议》	1991.9.4
十一次会议	关于批准《麦盖提县农电规划方案》的决议	1992.2.18
十三次会议	关于召开麦盖提县第十届人民代表大会第三次会议时间的决定	1992.4.24
十七次会议	关于《麦盖提县县、乡道路管理办法》的决议	1992.11.2
十七次会议	关于召开麦盖提县第十届人民代表大会第四次会议时间的决定	1992.11.2
十七次会议	关于成立麦盖提县选举委员会的决定	1992.11.2
二十次会议	关于召开麦盖提县第十一届人民代表大会第一次会议时间的决定	1993.3.19

二、麦盖提县第十一届人大常委会

麦盖提县第十一届人大常委会作出决议、决定 19 件。其中批准和通过地方性政策、办法 4 件，人大工作及自身建设方面的 11 件，经济建设及社会进步方面的 3 件，法制建设方面的 1 件。

第十一届人大常委会作出决议和决定一览表

表 20-4-8

会次	决议决定	时间
二次会议	关于麦盖提县社会治安综合治理和社会治安综合治理一票否决权制的暂行办法的决议	1993.8.1
三次会议	关于修改《麦盖提县人大常委会议事规则》的决定	1993.9.29
五次会议	关于召开麦盖提县第十一届人民代表大会第二次会议时间的决定	1994.2.1
八次会议	关于批准县 1994 年财政预算部分变更的决议	1994.8.15
八次会议	关于加强保护草原禁止滥挖药材植被暂行规定的决议	1994.8.15
十次会议	关于批准《县人民政府关于农村成人教育发展规划（1995 年至 2000 年）和普及九年义务教育规划（1995 年至 1998 年）》的决议	1995.1.12
十一次会议	关于召开麦盖提县第十一届人民代表大会第三次会议时间的决定	1995.2.9
十二次会议	关于麦盖提县农村电气化规划的决议	1995.2.27
十四次会议	麦盖提县人大常委会信访工作暂行办法	1995.6.15
十七次会议	关于乡镇人民代表大会换届选举时间的决定	1995.11.10
十七次会议	关于成立县人大常委会选举办公室的决定	1995.11.10

续表 20-4-8

会次	决议决定	时间
二十次会议	关于召开麦盖提县第十一届人民代表大会第四次会议时间的决定	1996.2.27
二十一次会议	关于在全县公民中开展第三个五年法制宣传教育的决议	1996.5.29
二十四次会议	关于《麦盖提县县乡道路管理暂行办法》的决议	1997.1.14
二十五次会议	关于召开麦盖提县第十一届人民代表大会第五次会议时间的决定	1997.3.21
二十六次会议	关于《麦盖提县城市客运出租汽车管理办法》的决议	1997.6.3
二十八次会议	关于麦盖提县第十二届人民代表大会换届选举时间的决定	1997.9.17
三十次会议	关于召开麦盖提县第十一届人民代表大会第六次会议时间的决定	1997.11.20
三十一次会议	关于召开麦盖提县第十二届人民代表大会第一次会议时间的决定	1997.12.28

三、麦盖提县第十二届人大常委会

麦盖提县第十二届人大常委会作出决议、决定 24 件。其中，人大工作及自身建设方面的 10 件，经济建设及社会进步方面的 11 件，法制建设方面的 3 件。

第十二届人大常委会作出决议和决定一览表

表 20-4-9

会次	决议决定	时间
一次会议	关于设立麦盖提县第十二届人大常委会代表资格审查委员会的决定	1998.2.4
六次会议	关于批准 1997 年县财政决算的决议	1998.10.31
六次会议	关于批准 1998 年县财政预算收支部分变更的决议	1998.10.31
六次会议	关于麦盖提县 1998—2000 年依法治县工作规划的决议	1998.10.31
六次会议	关于乡镇人民代表大会换届选举时间的决定	1998.10.31
十次会议	关于召开麦盖提县第十二届人民代表大会第二次会议时间的决定	1999.2.27
十一次会议	关于批准 1999 年县财政收支计划平衡预算报告的决议	1999.9.29
十二次会议	关于批准县人民政府 1999 年本级财政预算调整方案的决议	1999.12.22
十三次会议	关于召开麦盖提县第十二届人民代表大会第三次会议时间的决定	2000.2.23
十四次会议	关于批准县人民政府 2000 年财政收支计划平衡预算的决议	2000.4.7
十五次会议	关于 1999 年县本级财政预算执行情况及其他财政收支情况审计工作报告的决议	2000.7.27
十六次会议	关于批准 2000 年 1 至 8 月县地方财政预算变更的决议	2000.9.14
十七次会议	关于在全县推行执法责任制的决定	2000.10.24
十九次会议	关于在全县公民中进一步开展法制宣传教育的决议	2001.2.5
二十次会议	关于召开麦盖提县第十二届人民代表大会第四次会议时间的决定	2001.2.16
二十二次会议	关于 2000 年度本级财政预算执行情况及其他财政收支情况审计工作报告的决议	2001.6.22

续表 20-4-9

会次	决议决定	时间
二十四次会议	关于麦盖提县“十五”计划调整情况报告的决议	2001.9.13
二十五次会议	关于乡镇人民代表大会换届选举时间的决定	2001.10.29
二十五次会议	关于乡镇人民代表大会代表选举日的决定	2001.10.29
二十九次会议	关于麦盖提县“十五”科技发展计划及 2015 年远景目标规划的决议	2002.2.8
二十九次会议	关于批准 2001 年县地方财政预算部分变更的决议	2002.2.8
二十九次会议	关于召开麦盖提县第十二届人民代表大会第五次会议时间的决定	2002.2.8
三十三次会议	关于麦盖提县第十三届人民代表大会代表选举时间的决定	2002.10.13
三十八次会议	关于召开麦盖提县第十三届人民代表大会第一次会议时间的决定	2003.1.8

四、麦盖提县第十三届人大常委会

麦盖提县第十三届人大常委会作出决议、决定 15 件。其中，人大工作及自身建设方面的 8 件，经济建设及社会进步方面的 6 件，法制建设方面的 1 件。

第十三届人大常委会作出决议和决定一览表

表 20-4-10

会次	决议决定	时间
一次会议	关于麦盖提县城总体规划的决议	2003.5.18
二次会议	关于 2002 年县本级财政预算执行情况和其他财政收支情况审计工作报告的决议	2003.7.2
四次会议	关于设立第十三届人大常委会代表资格审查委员会的决定	2003.9.28
六次会议	关于废止麦盖提县县乡道路管理暂行办法的决定	2003.11.14
七次会议	关于召开麦盖提县第十三届人民代表大会第二次会议时间的决定	2003.12.25
十三次会议	关于批准 2004 年 1 至 10 月地方财政预算变更的决议	2004.11.30
十四次会议	关于召开麦盖提县第十三届人民代表大会第三次会议时间的决定	2004.12.20
二十二次会议	关于 2005 年 1 至 10 月地方财政预算变更情况报告的决议	2005.11.2
二十三次会议	关于召开麦盖提县第十三届人民代表大会第四次会议时间的决定	2006.2.8
二十六次会议	关于实施“五五普法”规划的决议	2006.11.10
二十八次会议	关于召开麦盖提县第十三届人民代表大会第五次会议时间的决定	2007.1.15
三十次会议	关于麦盖提县县、乡（镇）两级人民代表大会换届选举时间的决定	2007.6.29
三十次会议	关于成立麦盖提县选举委员会的决定	2007.6.29
三十二次会议	关于批准 2006 年县地方财政决算的决议	2007.9.21
三十三次会议	关于召开麦盖提县第十四届人民代表大会第一次会议时间的决定	2001.10.29

五、麦盖提县第十四届人大常委会

麦盖提县第十四届人大常委会作出决议、决定 14 件。其中，人大工作及自身建设方面的 6 件，经济建设及社会进步方面的 8 件。

第十四届人大常委会作出决议和决定一览表

表 20-4-11

会次	决议决定	时间
二次会议	关于设立第十四届人大常委会代表资格审查委员会的决定	2008.5.9
三次会议	关于批准 2007 年地方财政决算的决议	2008.9.12
三次会议	关于设立县人大常委会法律咨询委员会的决定	2008.9.12
四次会议	麦盖提县人民代表大会常务委员会组成人员守则	2008.11.17
四次会议	关于批准麦盖提镇行政区划界线调整方案的决定	2008.11.17
四次会议	关于批准麦盖提县乡镇东面沙漠行政界线划分方案的决定	2008.11.17
五次会议	关于同意调整 2008 年地方财政预算的决定	2008.12.30
五次会议	关于召开麦盖提县第十四届人民代表大会第二次会议的决定	2008.12.30
九次会议	关于批准 2008 年地方财政决算的决议	2009.10.19
九次会议	关于同意调整 2009 年上半年地方财政预算的决定	2009.10.19
十三次会议	关于召开麦盖提县第十四届人民代表大会第三次会议的决定	2010.3.9
十五次会议	关于合并建刀郎“双语”幼儿园的决议	2010.6.13
十七次会议	关于批准 2009 年地方财政决算的决议	2010.9.28
二十次会议	关于召开麦盖提县第十四届人民代表大会第四次会议的决定	2010.12.29

第三节　议案建议与办理

1991—2010 年，麦盖提县人大常委会共收到代表议案和意见、建议 1569 件。其中，议案 103 件，意见 1466 件。人大常委会对代表议案和意见、建议均及时转交各有关机关、单位办理，并进行督促检查，做到事事有交待，件件有落实。

1991—2010 年麦盖提县人大常委会代表建议、意见、议案办理情况表

表 20-4-12

年份（年）	代表数（人）	收到的议案总数（件）	审查情况		经济环境保护类（件）	农林水牧类（件）	科教文卫体类（件）	民生政法类（件）	其他（件）	办理情况				代表满意度（%）
			立案数（件）	改为批评意见建议数（件）						已解决（件）	当年列入解决计划（件）	暂时不能解决（件）	较难解决（件）	
1991	147	59	0	0	29	10	12	2	6	30	25	3	1	93
1992	146	70	0	0	33	18	11	8	0	43	20	5	2	90

续表 20-4-12

年份（年）	代表数（人）	收到的议案总数（件）	审查情况		经济环境保护类（件）	农林水牧类（件）	科教文卫体类（件）	民生政法类（件）	其他（件）	办理情况				代表满意度（%）
			立案数（件）	改为批评意见建议数（件）						已解决（件）	当年列入解决计划（件）	暂时不能解决（件）	较难解决（件）	
1993	156	66	0	0	7	42	11	6	0	40	21	3	2	92
1994	156	47	7	40	24	6	10	3	4	30	12	4	1	89
1995	146	77	10	6	37	19	14	4	3	45	26	3	3	92
1996	151	91	3	88	23	34	11	8	12	55	25	6	5	89
1997	145	79	5	74	32	32	7	1	2	43	29	4	3	91
1998	158	11	6	105	62	20	18	10	1	54	44	3	10	88
1999	148	36	7	29	12	13	7	2	2	20	13	2	1	92
2000	160	46	9	37	27	9	5	2	3	30	12	3	1	91
2001	153	81	8	73	16	45	12	8	0	43	30	5	3	90
2002	148	71	7	64	18	34	7	10	2	40	26	3	2	93
2003	149	112	7	105	31	51	14	6	10	62	38	7	5	89
2004	154	151	8	143	34	58	21	27	11	88	49	6	8	91
2005	150	37	5	32	12	11	9	2	3	21	13	2	1	91
2006	148	45	5	40	19	17	4	3	2	30	11	2	2	91
2007	140	117	2	115	25	52	16	7	17	60	46	7	4	90
2007	157	92	4	88	21	49	13	4	5	55	29	5	3	91
2009	148	100	1	99	23	54	11	5	7	58	32	6	4	90
2010	150	81	9	72	14	46	11	3	7	44	30	5	2	91

第四节　代表联络与交流

1991 年以来，麦盖提县人大常委会保持与人大代表的密切联系，每届人代会换届选举后都组织成立人大代表小组，建立健全代表小组活动制度，保证代表活动经费。举办代表培训班，组织代表学习党和国家的方针政策及法律、法规，重点学习《中华人民共和国代表法》《中华人民共和国地方各级人民代表大会及地方各级人民政府组织法》《中华人民共和国选举法》等法律，提高代表素质和参政议政能力。每年都召开 1 ~ 2 次代表小组、代表联系小组组长座谈会，总结、交流代表开展活动的情况和经验。坚持邀请人大代表参加执法检查、视察和调研活动，积极为全县发展改革建言献策。第十届人大常委会成立县、乡两级代表小组 42 个，县人大代表小组 6 个，共 48 个。

1993 年 4 月，麦盖提县第十一届人大常委会第一次会议决定成立新的一届县乡（镇）两级人大代表联合小组，共成立代表小组 90 个，后根据代表活动实际情况，合并为 60 个。11 月 28 日，县十一届人大常委会第四次会议审议通过《关于联系代表工作的暂行规定》，对县人民代表大会代表在人民代表大会闭会期间的职责、县人大常委会联系代表的办法、县一级国家机关和企事业单位大力支持代表依法履行职责等作出具体规定。截至1997年年末，麦盖提县第十一届人大常委会本届人大常委会共组织走访代表9次，组织代表开展集中视察活动5次，邀请代表参加常委会组织的视察、调研活动52人次。

1998年5月，麦盖提县第十二届人大常委会继续在县、乡两级人大代表中成立联合小组，落实县人大常委会联系代表的办法，并建立县人大常委会组成人员联系代表制度，每名常委会组成人员联系5～10名人大代表，每年走访代表两次以上，反映了很多群众急切希望解决的问题。

2003年3月，麦盖提县第十三届人大常委会将县、乡（镇）两级人大代表编成53个代表小组。为加强代表学习，将自治区分配给麦盖提县的170本《人大代表履行职务手册》分发给驻县自治区人大代表和县人大代表。

2008年，麦盖提县人大常委会组织部分代表小组组长到昌吉市、克拉玛依市、石河子市考察学习“代表之家”建设的先进经验，之后在全县推广“代表之家”建设，开展各项活动，密切与代表的联系。

2009—2010年，麦盖提县第十四届人大常委会为密切代表与选民的联系，在全县各级代表中开展向选区选民述职活动、定期集中与选民见面征求意见活动、向乡（镇）政府反映选民意见建议活动、在农村产业结构调整中发挥“学、帮、带”活动。对表现优秀的代表给予表彰奖励。

第五节　视察和调研

1991年以来，麦盖提县人大常委会组织部分自治区人大代表、县人大代表，围绕党的中心工作、法律法规的实施、人民群众普遍关心的热点和难点问题，深入开展视察和调研活动。

2005年7月24—26日，麦盖提县人大常委会成立尿素价格调查组，分别由人大常委会的3名副主任带队，组织物价、工商、质量技术监督、公安等部门的人员深入到全县各乡镇88个化肥销售网点进行调查，了解质量和价格方面的情况，要求化肥销售网点合法经营，维护了化肥市场秩序。10月27—28日，成立减轻农民负担调查组，着重对全县农村水费、合作医疗费、牲畜防疫费、农业及农户财产保险费的收取情况和老欠款回收情况进行调查，形成调查报告，报告县委，为县委正确决策提供依据。

截至2010年，麦盖提县第十、十一、十二、十三、十四届人大常委会共组织视察、调研活动30余次，为县委决策、县人民政府施政提供依据。

1991—2010年麦盖提县人大常委会开展视察调研情况表

表20-4-13

视察调研内容	视察调研时间	参加人数（人）
调研市容市貌、市场管理情况	1992.7.12—15	7
视察东河滩植树造林情况	1997.6.2	14
调研减轻农民负担情况	1997.8.24—27	8
视察全县重点工作推进情况	1999.12.3—4	10
视察司法工作开展情况	2000.10.13—15	6

续表 20-4-13

视察调研内容	视察调研时间	参加人数（人）
视察市场秩序管理、环卫和环境保护、农村广播电视入户等方面工作情况	2001.5.13—17	8
视察农村合作医疗工作情况	2001.8.8—9	7
视察公、检、法执法司法工作情况	2003.7.2—3	6
调研抗震救灾、重建家园工作和城镇居民最低生活保障金落实情况	2003.7.10—11	9
视察建设工程招标投标情况	2004.4.18—23	9
调研抗震安居工程实施情况	2004.6.4—5	11
视察塔河综合治理项目工程实施情况	2004.6.10—11	8
视察县公安局工作情况	2004.7.20—21	5
调研新型农村合作医疗制度落实情况	2004.7.25—26	9
视察农村税费改革及减轻农民负担情况	2004.10.19	7
调研民族宗教事务管理工作情况	2004.10.23	6
调查尿素价格情况	2005.7.24—26	15
调查减轻农民负担工作情况	2005.10.27—28	7
调研春耕生产农资供应和价格情况	2006.3.9—10	5
调研人民法院法官队伍建设情况	2008.5.5—6	8
调研农资市场情况	2009.2	7
调研县“两基”迎“国检”情况	2009.3	9
调研全县开展“法治六进”工作情况	2009.4	7
视察全县村级医疗机构建设情况	2009.8.14	8
调研全县 2009 年债券资金项目使用情况	2009.10.19	7
视察全县“双语”幼儿园建设和教学情况	2009.11.17	10
调研保障性住房建设情况	2010.3.29	9
调研文化市场管理情况	2010.4.28	8
调研县城供排水情况	2010.7.19—20	7
视察红枣产业发展情况和高新节水项目实施情况	2010.10.26	11
调研新型农村养老保险试点情况	2010.12.21	8

第六节　人事任免

一、第十届人大常委会人事任免

麦盖提县第十届人大常委会依法任免地方国家机关工作人员 81 人次，其中任命 61 人次、免职 20 人次。任免麦盖提县人大常委会机关工作人员 5 人次、麦盖提县人民政府组成人员 43 人次、麦盖提县人民法院法官 20 人次、麦盖提县人民检察院检察官 13 人次。

二、第十一届人大常委会人事任免

麦盖提县第十一届人大常委会依法任免地方国家机关工作人员 97 人次，其中任命 80 人次、免职 15 人次、接受辞职 2 人次。任免麦盖提县人大常委会机关工作人员 5 人次、麦盖提县人民政府组成人员 47 人次、麦盖提县人民法院法官 34 人次、麦盖提县人民检察院检察官 11 人次。1993 年 9 月 29 日，麦盖提县第十一届人大常委会第三次会议审议通过《麦盖提县人大常委会干部任免程序》，规定任命干部采取无记名投票方式进行，免去干部职务均采取举手表决方式进行。

三、第十二届人大常委会人事任免

麦盖提县第十二届人大常委会依法任免地方国家机关工作人员 97 人次，其中任命 71 人次、免职 19 人次、撤职 1 人次、接受辞职 6 人次。任免麦盖提县人大常委会机关工作人员 9 人次、麦盖提县人民政府组成人员 63 人次、麦盖提县人民法院法官 15 人次、麦盖提县人民检察院检察官 10 人次。

四、第十三届人大常委会人事任免

麦盖提县第十三届人大常委会依法任免地方国家机关工作人员 107 人次，其中任命 82 人次、免职 17 人次、撤职 1 人次、接受辞职 7 人次。任免麦盖提县人大常委会机关工作人员 13 人次、麦盖提县人民政府组成人员 42 人次、麦盖提县人民法院法官 26 人次、麦盖提县人民检察院检察官 26 人次。2005 年 4 月 28 日，第十三届人大常委会第十六会议任命人民陪审员 8 人。

五、第十四届人大常委会人事任免

截至 2010 年，麦盖提县第十四届人大常委会依法任免地方国家机关工作人员 70 人次，其中任命 54 人次、免职 9 人次、接受辞职 7 人次。任免麦盖提县人大常委会机关工作人员 2 人次、麦盖提县人民政府组成人员 47 人次、麦盖提县人民法院法官 5 人次、麦盖提县人民检察院检察官 16 人次。任免人民陪审员 8 人次。

第七节　指导乡镇人大工作

1991 年以来，麦盖提县人大常委会坚持把指导乡镇人大工作作为一项经常性工作来开展，每年年初提出对乡镇人大工作的具体指导意见，支持乡镇人大依法履行各项职权。指导乡镇人大主席团主持开好乡镇人民代表大会，确保会议依照法定程序举行，特别是在换届选举工作中，县人大常委会向每个乡镇派驻干部驻点指导，定期召开联席会议，在选举前，举办换届选举培训班，常委会领导分片负责各乡镇的换届选举工作，确保乡镇人大代表依法选举产生，确保各乡镇人代会顺利召开，确保选举圆满成功。

2003—2010 年，坚持重大活动和重要决策向乡镇人大通报情况、征求意见，坚持邀请各乡镇人大主席列席县人大常委会会议，通过召开学习、工作座谈会及经验交流会等方式，指导乡镇人大干部提高依法履职能力。共举行乡镇人大工作座谈会及经验交流会 40 次，举办培训班 30 次，培训乡镇人大主席和干事 400 人次。其间，麦盖提县人大常委会组织机关人员编写出《乡镇人大工作基础知识培训材料》，完善乡镇人大工作相关程序、制度 50 个，为规范乡镇人大工作和乡镇人代会程序起到积极作用。

第二十一编　麦盖提县人民政府

1991—2010 年，麦盖提县人民政府全面履职尽责，贯彻落实党的路线、方针、政策，始终以“勤政、务实、高效、廉洁、为民”为执政准则，依法行使政府各项职权，全面履行经济调节、市场监管、社会管理和公共服务职能，创新社会治理体制，提升社会治理能力现代化水平。统筹协调全县经济社会事务，推进以保障和改善民生为重点的社会建设，着力解决民生问题，健全突发事件应急管理机制，妥善处理社会矛盾，维护社会公平正义与和谐稳定，健全公共服务体系，改进政府提供公共服务方式，提高公共服务能力和水平。各项改革不断深化，经济建设逐步推进，社会事业稳步发展。尤为突出的特点是通过加大基础设施建设，高度重视工业，加强产业结构调整，城乡经济齐头并进，国民生产总值比 1991 年增长 5.5 倍；地方财政收入比 1991 年增长 3.43 倍；农民人均纯收入比 1991 年增长 4.1 倍。

第一章　组织机构

第一节　政府领导

1991—2010 年，麦盖提县人民政府历经五届，即第十届至第十四届。1991—1993 年为第十届，任期三年；1993—1998 年为第十一届，任期五年；1998—2003 年为第十二届，任期五年；2003—2007 年为第十三届，任期五年；2007—2011 年为第十四届，任期五年。1991—2010 年，麦盖提县人民代表大会共选举产生县人民政府五届县长、副县长。其中，第十届选举县长 1 人、副县长 4 人；第十一届选举县长 1 人、副县长 5 人；第十二届选举县长 1 人、副县长 5 人；第十三届选举县长 1 人、副县长 6 人；第十四届选举县长 1 人、副县长 5 人。

一、麦盖提县第十届人民政府县长、副县长

1990 年 3 月 23 日，第十届人民代表大会第一次会议按指定程序选举产生麦盖提县第十届人民政府领导班子，任期三年，大会选举吾斯曼·卡生木为麦盖提县人民政府县长，傅显超、吐洪·毛拉克、阿不力孜·肉孜、李存年为县人民政府副县长。

二、麦盖提县第十一届人民政府县长、副县长

1993 年 3 月 31 日至 4 月 2 日，第十一届人民代表大会第一次会议按指定程序选举产生麦盖提县第十一届人民政府领导班子，任期五年，大会选举阿不力孜·肉孜、贺永祥、热合曼·尼亚孜、冯建国为副县长，乐东为科技副县长。

1993 年 4 月，麦盖提县人大常务委员会决定任命司马义·吐尔地为政府副县长，决定代理县长。

1994 年 3 月 8—11 日，第十一届人民代表大会第二次会议按指定程序选举，大会选举买买提·巴拉提为麦盖提县人民政府县长。

1995 年 7 月，麦盖提县人大常务委员会决定任命林宏信任政府县副县长。

三、麦盖提县第十二届人民政府县长、副县长

1998 年 1 月 2—5 日，第十二届人民代表大会第一次会议按指定程序选举，产生麦盖提县第十二届人民政府领导班子，任期五年，大会选举阿不都克尤木·买买提为麦盖提县人民政府县长，贺永祥、祁明双、买买提·衣明、胡继新、吐尔洪·尼亚孜为麦盖提县人民政府副县长。

1999 年 9 月，麦盖提县人大常务委员会决定任命庄振江（援疆干部）为政府副县长。

2001 年 1 月，麦盖提县人大常务委员会决定任命莫春宝、阿不都艾尼·买买提为政府副县长。

2002 年 8 月，麦盖提县人大常务委员会决定任命董文信为政府副县长（援疆干部）。

四、麦盖提县第十三届人民政府县长、副县长

2003 年 1 月 22—24 日，第十三届人民代表大会第一次会议按指定程序选举，产生麦盖提县第十三届人民政府领导班子，任期五年，大会选举阿不都克力木·阿不都瓦依提为麦盖提县人民政府县长，周世伟、胡继新、阿不都艾尼·买买提、董文信（援疆干部）、阿不都艾尼·阿不都瓦依提、孙怡（女）为副县长。

2004 年 4 月，麦盖提县人大常务委员会决定任命王惠敏为政府副县长。

2005 年 8 月，麦盖提县人大常务委员会决定任命库热什·卡德尔为政府副县长。

2005 年 9 月，麦盖提县人大常务委员会决定任命曹重（援疆干部）为政府副县长。

2006 年 5 月，麦盖提县人大常务委员会决定任命康永强为政府副县长。

2007 年 4 月，麦盖提县人大常务委员会决定任命方辉（援疆干部）为政府副县长。

五、麦盖提县第十四届人民政府县长、副县长

2007 年 11 月 23—26 日，第十四届人民代表大会第一次会议按指定程序选举，产生麦盖提县第十四届人民政府领导班子，任期五年，大会选举阿不都克里木·阿不都瓦衣提为麦盖提县人民政府县长，周世伟、孙怡、艾尼瓦尔·托合提尼牙孜、康永强、阿地力·苏皮为县人民政府副县长。

2008 年 2 月，麦盖提县人大常务委员会决定任命徐崇志（援疆干部）为政府副县长。

2008 年 9 月，麦盖提县人大常务委员会决定任命田志胜为政府副县长。

2008 年 11 月，麦盖提县人大常务委员会决定任命沈保华（援疆干部）为政府副县长。

2009 年 8 月，麦盖提县人大常务委员会决定任命孟建华为政府副县长。

2010 年 2 月，麦盖提县人大常务委员会决定任命买买提江·卡德尔为政府副县长。

2010 年 3 月，麦盖提县人大常务委员会决定任命林江月（援疆干部）为政府副县长。

2010 年 6 月，麦盖提县人大常务委员会决定任命陈同森（挂职）为政府副县长。

2010 年 10 月，麦盖提县人大常务委员会决定任命阿不都艾尼·居买（2018 年 11 月，因违纪违法，被开除党籍开除公职，移送司法机关处理）为政府副县长，决定代理县长。

2010 年 12 月，麦盖提县人大常务委员会决定任命刘刚为政府副县长（援疆干部）。

1991—2010 年麦盖提县人民政府领导一览表

表 21-1-1

姓　名	性别	族别	职务	任职时间
吾斯曼·卡生木	男	维吾尔族	县长	1990.3—1993.4
司马义·吐尔地	男	维吾尔族	副县长（代理县长）	1993.4—1994.4
买买提·巴拉提	男	维吾尔族	县长	1994.3—1998.1
阿不都克尤木·买买提	男	维吾尔族	县长	1998.1—2003.1
阿不都克里木·阿不都瓦依提	男	维吾尔族	副县长	2002.12—2003.1
			县长	2003.1—2010.10
阿不力孜·肉孜	男	维吾尔族	副县长	1990.3—1997.11

续表 21-1-1

姓　名	性别	族别	职务	任职时间
吐洪·毛拉克	男	维吾尔族	副县长	1990.3—1993.4
傅显超	男	汉族	副县长	1990.3—1993.4
李存年	男	汉族	副县长	1990.3—1992.9
黄建安	男	汉族	副县长（挂职）	1999.1—2000.10
冯建国	男	汉族	副县长	1993.4—1995.7
热合曼·尼亚孜	男	维吾尔族	副县长	1993.4—1998.1
乐　东	男	汉族	副县长（挂职）	1993.4—1994.4
贺永祥	男	汉族	副县长	1993.4—2001.2
林宏信	男	汉族	副县长	1995.07—1996.11
祁明双	男	汉族	副县长	1998.1—2002.11
买买提·衣明	男	维吾尔族	副县长	1998.1—2001.2
吐尔洪·尼牙孜	男	维吾尔族	副县长	1998.1—2002.11
胡继新	男	汉族	副县长	1998.1—2004.4
庄振江	男	汉族	副县长（援疆）	1999.9—2002.6
阿不都艾尼·买买提	男	维吾尔族	副县长	2001.1—2007.8
莫春宝	男	汉族	副县长	2001.2—2002.11
董文信	男	汉族	副县长（援疆）	2002.8—2005.8
周世伟	男	汉族	副县长	2003.1—2009.8
阿不都艾尼·阿不都瓦依提	男	维吾尔族	副县长	2003.1—2007.9
孙　怡	女	汉族	副县长	2003.1—2011.8
王惠敏	男	汉族	副县长	2004.4—2006.5
库热什·卡德尔	男	维吾尔族	副县长（挂职）	2005.8—2007.11
曹　重	男	汉族	副县长（援疆）	2005.9—2007.4
康永强	男	汉族	副县长	2006.5—2008.9
阿地力·苏皮	男	维吾尔族	副县长	2007.9—2011.8
艾尼瓦尔·托合提尼亚孜	男	维吾尔族	副县长	2007.11—2007.12
方　辉	男	汉族	副县长（援疆）	2007.4—2007.11
徐崇志	男	汉族	副县长（挂职）	2008.2—2009.10
田志胜	男	汉族	副县长	2008.9—
沈保华	男	汉族	副县长（援疆）	2008.11—2010.3
孟建华	男	汉族	副县长	2009.8—2011.8

续表 21-1-1

姓　名	性别	族别	职务	任职时间
买买提江·卡德尔	男	维吾尔族	副县长	2010.2—
林江月	男	汉族	副县长（援疆）	2010.3—
陈同森	男	汉族	副县长（挂职）	2010.6—
阿不都艾尼·居买	男	维吾尔族	副县长（代理县长）	2010.8—
刘　刚	男	汉族	副县长（援疆）	2010.12—

注：2018 年 11 月，阿不都艾尼·居买因违纪违法，被开除党籍开除公职，移送司法机关处理；2014 年 7 月，买买提·衣明因违纪受到留党察看一年、行政撤职处分

第二节　工作机构

一、政府办公室

麦盖提县人民政府办公室根据工作需要，共设 6 个职能办公室，分别为秘书办公室、翻译办公室、财务办公室、机要办公室，外侨事务办公室，行政事务办公室。归口单位两个，即信访局和法制办公室。

2010 年，县人民政府办公室行政编制 20 名（不包括信访局和法制办公室）。

二、基层机构

1991 年，麦盖提县人民政府下辖巴扎结米乡、希依提墩乡、央塔克乡、吐曼塔勒乡、尕孜库勒乡、克孜勒阿瓦提乡、库木库萨尔乡、昂格特勒克乡、库尔玛乡、麦盖提镇、园艺场、五一林场、胡杨林场。共 7 个居民委员会、131 个村民委员会、511 个村民小组。

2010 年，麦盖提县人民政府下辖巴扎结米乡、希依提墩乡、央塔克乡、吐曼塔勒乡、尕孜库勒乡、克孜勒阿瓦提乡、库木库萨尔乡、昂格特勒克乡、库尔玛乡、麦盖提镇、园艺场、五一林场、胡杨林场。共 7 个社区、129 个村民委员会、519 个村民小组。

三、政府组成部门

1991—1997 年，麦盖提县人民政府设工作机构 48 个，分别为政府办公室、劳动人事局、劳动就业保险管理局、民族宗教事务管理局、计划委员会、物价局、经济技术协作办公室、商业局、二轻局、经济委员会、交通局、工商行政管理局、计量局、财政局、国有资产管理局、农业发展基金管理局、地方税务局、国家税务局、审计局、统计局、农村社会经济调查队、档案局、城乡建设环境保护管理局、信访局、机构编制委员会、粮食局、科学技术委员会、农业局、农牧机械管理局、畜牧局、林业局、水电局、乡镇企业管理局、教育局、文化局、卫生局、爱国卫生运动委员会、计划生育委员会、体育运动委员会、广播电视局、民政局，土地管理局、城乡经济体制改革委员会办公室、监察局、公安局、司法局、法制办、农村经济管理服务站。

1998 年，县人民政府单设工作机构 25 个，分别为政府办公室、计划局、经济贸易局、乡镇企业局、教育与科学技术局、民族宗教事务局、公安局、司法局、民政局、财政局、劳动人事局、土地矿产环保局、建设局、交通局、水利局、农业局、林业局、畜牧局、粮食局、卫生局、计划生育局、审计局、统计局、工商物价局、地方税务局。

2000 年 7 月，县人民政府单设工作机构 27 个，分别为政府办公室、信访局、计划局、经济贸

易局、乡镇企业局、教育与科学技术局、公安局、民政局、财政局、劳动人事局、土地矿产环保局、建设局、交通局、水利局、农业局、林业局、畜牧局、粮食局、卫生局、计划生育局、审计局、统计局、司法局、民族宗教事务局、物价局、地方税务局、残联。

2003年，县人民政府单设工作机构24个，分别为办公室、经济贸易局、教育与科学技术局、公安局、民政局、财政局、国土资源局、农业局、林业局、水利局、畜牧局、卫生局、计划生育局、审计局、司法局、民族宗教事务局、建设局、交通局、监察局。发展计划局人事劳动和社会保障局、文化体育广播电视局、环境保护局、安全生产监督管理局。

2010年，县人民政府单设工作机构22个，分别为政府办公室、发展计划局（物价局、统计局、粮食局）、经济贸易局（乡镇企业局）、教育与科学技术局、民政局、财政局、人事劳动和社会保障局（编委办公室）、国土资源局、水利局、农业局、林业局、畜牧局、卫生局、计划生育局、审计局、民族宗教事务局、公安局、司法局、建设局、环境保护局、交通局、文化体育广播影视局、监察局（不计机构个数）。

四、派出机构

1993年，经县委、县人民政府研究同意，决定在乌鲁木齐市建立麦盖提县驻乌办事处。同年，经乌鲁木齐市经协办正式批准，成立麦盖提县驻乌鲁木齐办事处，地址为乌鲁木齐天山区大湾路593号。麦盖提县驻乌办事处的建立，为麦盖提县各单位人员出差、学习、探亲创造了一定的条件，为老干部晚年的就医、生活、异地安置提供了保障。

第二章　行政体制改革

第一节　机构改革

一、行政单位机构改革

1998年，麦盖提县根据自治区、地区部署，按照政企、政事分开和“精简、统一、效能”的原则，以“三定”为中心内容实施机构改革。2000年，麦盖提县成立推行国家公务员制度领导小组，办公室设在人事局。39个公务员单位和12个参照公务员管理单位制定“三定”（定职能、定内设机构、定人员编制和领导职数）方案。根据地委、行署批准的方案，再次进行党政机关、公检法司、乡镇机构进行精简、调整以及人员编制的核定。2001年，根据《国家公务员暂行条例》《新疆维吾尔自治区国家公务员录用暂行办法》有关规定，麦盖提县招考领导小组成立，按照“公开、平等、竞争、择优”和考试、考核相结合的用人原则，克服选人用人上的不正之风，通过公开招考对党政机关补充部分工作人员。2003年，根据《关于喀什地区地、县（市）党政机构改革实施意见》精神，坚持“上下基本对应、权责一致、依法行政”的原则积极稳妥地推进党政机构改革。

（一）职能上划

1999年，根据新党办〔1999〕13号、麦党办〔1999〕07号文件精神，技术监督局、工商局的行政职能统一纳入地区主管部门管理。同年，完成技术监督局、工商局行两个行政单位70名在职工作人员和15名退休职工的所有人事关系移交手续。

2005年，国土资源局职能上划到地区主管局，但工作人员工资由县财政承担。

2006 年，国土资源执法大队职能和人员上划到自治区主管部门；卫生局承担的食品、保健品、化妆品安全管理、综合监督、组织协调和依法组织开展对重大事故查处的职责归入自治区垂直管理的麦盖提县食品药品监督管理局。

（二）职能部门增减变化

1990 年，麦盖提县有县直行政部门 60 个、乡镇 10 个。2000 年，将 2 个行政单位转入事业单位，撤销行政单位 1 个（农工部），增设行政部门 1 个。

2003 年，麦盖提县再次进行机构改革，政府办公室承担外事和侨务职能；县委信访局与政府信访局一个机构，两块牌子，由政府办公室管理；撤销法制科，成立法制办公室，由政府办公室管理；计划局更名为发展计划局，统计局、物价局、粮食局并入发展计划局，分别挂统计局、物价局、粮食局的牌子。

2005 年，撤销会计局，财政局下设国库支付中心；科协、科委职能归入教育与科学技术局；成立环境保护局；人事劳动和社会保障局与编办合署办公；民政局职能中的农村社会养老保险职能划转到人事劳动和社会保障局；监察局与纪律检查委员会合署办公；撤销文化体育局，广播电视局政事分开，组建文化体育广播影视局。

2006 年，发展计划局改组为发展和改革委员会，经济体制改革方面的职能并入发展和改革委员会。发展和改革委员会不再保留物价局的牌子，物价检查所更名为价格监督局；乡镇企业局并入经济贸易局，挂乡镇企业局牌子；经济贸易局承担旅游开发职能，并下设安全生产监督管理局、招商局、外经局；不再保留国有资产管理局，其职能并入财政局；城乡建设局下设工业园区管委会。政府直属事业单位 1 个：农业机械管理局。残疾人联合会列入群众团体，使用事业编制。

乡镇原则上设置“五室一部”，即：党政办公室、党建办公室、经济发展办公室、综合治理办公室和统战（宗教）办公室、精神文明和社会事务办公室、人武部。15 个履行行政职能的事业单位列入参照公务员管理范围，但不改变原事业编制性质，编制管理仍按国家现行规定执行。

（三）行政编制变化

1990 年，麦盖提县机关行政编制 1163 人。2000 年，机关行政编制减为 1010 人。2003 年，按照机关编制精简 18%、公检法司精简 10% 的比例，全县行政编制缩减为 1099 人。其中，县直机关行政编制由 381 人减为 313 人；政法专项编制由 300 人减为 282 人。根据在重点边远乡镇实行“4211”工作机制，配备乡镇编制、配备人员，即“先减后增的原则”，乡镇编制数由 329 人增至 442 人。2005 年，乡镇编制数增长至 504 人。2010 年，全县行政主管部门 50 个，行政编制 840 人。

二、事业单位机构改革

1991—2010 年，麦盖提县事业单位机构改革与行政机构改革同步进行，共进行 3 次机构改革。改革原则为遵循政事、政企、政社分开的原则，理顺政事关系，扩大事业单位的自主权；逐步使全额事业单位转变为差额事业单位，差额事业单位转变为自收自支单位，自收自支单位转变为企业；精简、效能的原则，通过改革逐步减少财政供养的事业单位和人数。2001 年，县胡杨林场部分土地划入巴楚县管理，根据喀署办发〔2001〕12 号文件精神，将原胡杨林场在职职工 36 人、退休人员 23 人、遗属补助对象 18 人移交给巴楚县管理。2002 年，撤销园桑站，其职能划入林业站。2003 年，因五一林场、园艺场、良种场、苗圃 4 个事业单位有承包土地经营收入，单位性质变更为企业单位；为切实减轻农民负担，撤销农业发展基金管理中心，取消农发股金的征缴；撤销地方养路队，取消地方养路费的征缴；撤销农广校，其培训职能划入党校，农业局承担农广校的其他职能。2004 年，为进一步加强职工住房公积金的管理与监督，县房改办职能和工作人员移交地区主管部门。2005 年，因承担的职能已不适应财务管理，县会计管理局撤销。2006 年，撤销市场开发服务中心。

第二节　政府职能转变

1991—1992 年，麦盖提县加大职能改革力度，按照社会主义市场经济要求实行政企分开，调整行政组织结构，按照责权一致的原则，调整行政部门的职责权限，明确部门间的职责分工，相同或相近的职能由同一部门承担，克服多头管理、政出多门；按照依法治国、依法行政的要求，加强政府职能体系的法制建设，实现政府职能运行的法制化，使职能重心由着重政治统管向社会管理职能转变。

1993—2000 年，按照发展社会主义市场经济的要求，将政府职能由微观管理切实转变到宏观调控、社会管理和公共服务方面来。

2007—2008 年，麦盖提县大力推进依法行政，完善行政监察，坚持贯彻落实《中华人民共和国行政许可法》相关规定，改革行政审批制度，推进民主执政、廉洁从政，抓好源头治腐和商业贿赂治理工作。全面推行“招、拍、挂”制度，依法规范工程建设、政府采购、土地出让等行为。广泛听取工商联、人民团体的意见，支持鼓励群众对政府工作进行监督，政府工作透明度和社会公众参与度进一步提高。

2010 年，麦盖提县进一步推动政府职能转变，建设服务型政府，深化行政审批制度改革，集中办理审批手续，减少和规范行政审批程序，项目审批程序明显简化。

第三节　依法行政

1991—2004 年，麦盖提县人民政府坚持依法行政，规范行政执行部门的执法行为，继续实行执法责任制和错案追究制。坚持开展普法教育，进一步加强对领导干部和行政执法人员的法制教育，提高领导干部依法管理的能力和执法人员的执法水平。坚持依法向人民代表大会及常务委员会报告工作制度，自觉接受人大监督。坚持民主集中制原则，形成了解民情、反映民意、集中民智的决策机制，努力提高决策民主化、科学化和法制化水平。坚持把建设法治政府的各项要求落实到政府工作的各方面各环节，为全县经济发展和社会和谐稳定提供强有力的法治保障。

2005 年，县人民政府坚持科学决策、民主决策，认真贯彻《中华人民共和国行政许可法》相关规定，推进行政审批制度改革，加强行政执法队伍建设。加强审计监督，全年审计单位 22 个，查处违规金额 175 万元、管理不规范资金 1114 万元。加强乡、村两级财务审计，查缴违纪违规资金 450 万元，清理国家干部欠款 318 万元，挽回集体经济损失 350 万元。

2008 年，成立由政府县长任组长的麦盖提县依法行政领导小组，成立法制办公室，负责统筹协调全县依法行政工作。对全县规范性文件及政策性文件进行审核，全年清理行政审批事项 150 项，保留 134 项，撤销合并 13 项，清理规范性文件 42 项。

2009 年 3 月，以行政执法人员统一换发行政执法证件为契机，配合喀什地区法制办和地区行政学院对 131 名行政执法人员进行《国务院关于加强市县政府依法行政的决定》《中华人民共和国行政诉讼法》《中华人民共和国国家赔偿法》《中华人民共和国行政处罚法》《中华人民共和国行政复议法》《中华人民共和国行政许可法》《政府信息公开条例》《中华人民共和国突发事件应对法》等法律法规相关知识的培训、考试，考试合格者换发执法证件。通过培训、考试，提高行政执法人员的法律素质及工作能力。

2009 年 4 月，进一步加强行政许可事项清理工作，审查确认麦盖提县第一批政府所属 18 个部门实施的 89 项适用依据为法律、行政法规和国务院决定的行政许可事项，政府所属 2 个部门实施的 41 项非行政许可事项、政府所属 24 个部门实施的 159 项行政事业性收费项目。

2010 年 3 月，麦盖提县培训、测试行政执法人员 45 人，完成更换执法证工作。截至年底，全县有行政执法人员 464 人，其中由上级主管部门换发证件 341 人、行政执法监督人员 32 人。

第四节　政务公开

1991—1997 年，麦盖提县人民政府按照自治区、地区关于深入开展政务公开工作的安排部署，坚持以依法行政、改进工作作风、增强政府工作透明度为重点，以公开、公正、便民和廉政、勤政为目的开展政务公开工作。从加强组织领导、健全目标责任、强化制度建设等方面入手，着力构建强有力的政务公开工作推进体系。根据工作实际和政务公开相关要求，确定政务公开的主要内容为：行政执法机关的部门职能、职责、权限，包括部门职责、内设相关机构职责和办事人员职责；办事依据和原则，即所遵循的法律、政策、决议、决定以及有关指标和需要收费项目的收费标准等；办事条令，即办事所具备的基本条件及必备的文书资料；办事程序，包括办事过程、顺序和手续等；办事标准、办事时限、办事承诺；办事纪律，包括纪律规定、廉政规定和责任追究制度等；内外监督机制；办事结果，包括办事的最后结果、应达到的标准和对违章违规行为的处置结果等。实行人大代表、政协委员列席县政府全体会议和常务会议、定期向人大汇报工作、向政协通报情况、接受人大代表及政协委员评议和检查制度。聘请社会各界代表为政府工作监督员，定期召开座谈会，通报情况，征求意见。

县人民政府各部门把基层和群众最关心、反映最强烈以及最容易产生不正之风和滋生腐败的事项作为政务公开的主要内容，特别是加强事权、财权、人事权以及运用行政权力办理与人民群众利益密切相关的各类事项的公开。在事权上，公开政府的重要决策事项，公开行政部门的审批权限，公开审批条件、程序、时限和标准。公开公用事业单位的办事权限，确保人民群众生产生活密切相关的水、电、气、城市管理以及教育、医疗保障等行业和领域的公开，实行设室外公开栏，办事机构示意图上墙、办事内容上墙、办事依据上墙、办事纪律上墙。公开财政预决算，财政预决算向人大报告，建设项目实行公开招投标，行政事业性收费项目和标准对外公布，招待费实行报告制度。对属行政事业单位购置的物品，一律通过招投标等方式实行政府采购。公开干部选拔任用事项，推进干部选拔任用的公开化。

1998—2000 年，县人民政府成立民主评议行风工作领导小组，先后从人大代表、政协委员、民主党派人士、工青妇代表、离退休老同志、新闻记者、群众代表和被评议单位的服务对象中聘请民主评议员 100 名，制定实施方案，按照学习动员、调查摸底、反馈意见、组织评议、召开测评大会、督促整改等工作步骤，分别对公安、卫生、电力、邮政、电信、工商、国税、地税、城建、质监、教育、旅游、卫生、环保、广播电视等系统的行风进行民主评议。通过走访、座谈、问卷调查、设意见箱等形式共征求意见和建议 213 条，提出整改意见 108 条。组织评议代表对落实整改措施情况进行跟踪检查，巩固行风评议成果。通过开展行风评议工作，各窗口单位服务意识增强，服务质量明显提高。

2001 年，县人民政府下发《关于全面推行政务公开促进廉政勤政建设的实施意见》通知，成立以县长为组长的政务公开领导小组，把政务公开工作纳入县政府年度工作目标体系，统一安排，统一部署，统一检查，建立政务公开联席会议制度，由监察局负责监督，全县政务公开工作全面展开。全县各部门、各单位建立健全政务公开领导组织机构，形成领导牵头，上下联动，各方参与，合力推进的政务公开领导体系。

2002 年，县人民政府召开全县政务公开工作会议，对政务公开中存在的问题进行认真研究分析，重新修订并印发《关于进一步加强政务公开工作的意见》，明确要求政府各部门要把切实转变政府职能，转变工作作风，减少办事环节，规范运行程序，提高办事效率，把解决群众关心、社会关注、反映比较强烈的热点、难点问题作为政务公开工作的切入点，在政务公开的形式、内容，公开的范围方面进一步加大工作力度，尤其是群众关心的热点、焦点问题以及应让群众知晓的政府决策、大事等，必须向社会公开。县计划、经贸、教育、公安、民政、财政、交通、司法、林业、水利、人事、劳动、建设、卫生、国土资源、环保、计生、药监、国税、地税、工商、技术监督 21 个重点按照政府的要求，将项目审批、资源配置、政府采购、工程招标、资质审查、办证审照、税费政策、监督检查、执收执罚等方面，通过发放办事指南、办事流程表等宣传材料，利用挂牌服务、桌牌明示等导示性载体及时向社会、服务对象公开，落实“首问制”和“首办负责制”，坚持急事急办、特事特办的原则，提高办事效率。7 月，政务公开领导小组召开政务公开现场会，参观政务公开示范单位，政务公开的规范性进一步得到增强。

2008 年，县人民政府进一步贯彻落实《中华人民共和国政府信息公开条例》，制定印发《麦盖提县政府信息公开目录和公开指南编制实施方案》，各相关单位按照分解的信息条目，编制了公开信息目录，相继在麦盖提政府网站（www.mgt.gov.cn）予以公布。其中，人民政府本级目录编制包括政府职能、政策法规、重大决策、资金管理、公共资源、人事管理、社会服务、工作动态等 9 大类 25 小项；乡镇政府目录编制包括政府职能、计划规划、财务收支、重点工作、计划生育、工作动态等 7 大类 11 小项；政府部门、驻麦单位、社会团体目录编制包括机构职能、行政决策、政策法规、行政许可、行政执法、社会服务等 8 大类 9 小项；公共企事业单位目录编制包括服务职能、服务项目、服务收费、政策法规、服务监督、服务指南等 8 大类。截至年底，人民政府信息公开单位达到 58 个，其中政府部门 32 个、驻麦单位 9 个、社会团体 4 个、公共企事业单位 3 个、乡（镇）政府 10 个。

2010 年，政府各部门、各单位把政务公开工作当作履行工作职能、发挥工作效能的一项重要内容，采取制作政务公开栏、服务指南、公开承诺等形式，公开本部门和本单位工作职能、办事程序和标准，广泛接受社会各界的监督，为群众和用户提供优质服务，收效明显。截至年底，所有县直部门、10 个乡镇、137 个行政村（社区）全部推行政务公开；县乡两级学校、医院和所有国有集体企业均推行校务、院务、厂务公开，公开面 100%。

第五节　政务信息化建设

1991—2004 年，麦盖提县人民政府及政府各部门、各单位政务信息主要依靠公示栏、报刊、广播电视等向社会公布。

2005 年，麦盖提县开办“魅力麦盖提”门户网站，开设政府网站建设及政务内网应用。至 2010 年，“魅力麦盖提”门户网站共有栏目 78 个，其中一级栏目 15 个、二级栏目 63 个。由县委信息化管理办公室负责日常维护和管理，由县委办公室牵头，各单位配合的方式进行内容更新。疆内属于党委系统的文件、材料由县委机要局负责收发；疆内属于政府系统的文件、材料由政府机要室收发；县域内各乡镇、县直各单位不涉秘的文件、材料通过“麦盖提县党政内网平台”传送。该平台由县委机要局负责管理维护。

第三章　重要会议

按照决策程序和权限范围，县人民政府的会议形式主要有政府党组会议、政府全体会议、政府常务会议、政府工作例会、县长办公会议等。

第一节　政府党组会议

1991—2010 年，麦盖提县人民政府共召开政府党组会议 393 次，会议由党组书记决定并主持召开，参加人员由县人民政府党组成员组成。主要是传达学习中共中央、国务院的方针政策，自治区、地区党委、人民政府及县委的重要决议、工作部署，研究贯彻落实意见；研究拟以县人民政府名义上报地区行署和县委的请示报告、事项；研究拟提交政府常务会议研究的重要议题；组织理论学习，研究讨论政府党组思想、组织、作风建设等方面的重大工作；交流通报日常工作，就一些重大问题沟通情况、交换意见、形成共识；按照干部管理权限和规定程序，讨论确定干部的推荐、任免和奖惩；讨论其他需由政府党组研究决定的事项。

第二节　政府全体会议

1991—2010 年，县人民政府全体会议由县长召集和主持。参加人员有县人民政府组成人员，即县长、副县长、各委员会主任、各办公室主任、各局局长。列席人员有非政府工作部门的正职；各局（二级局）级单位（含中央与地方双重领导的）主要负责人。特邀列席人员有县委、人大常委会、政协、法院、人民检察院有关负责人；工商联、各人民团体负责人；中央、自治区驻县单位负责人；与全体会议主题（议题）有关的其他方面负责人。主要任务是传达贯彻中共中央、国务院，自治区、地区和县委的重要决定、指示和重要会议精神；总结和部署县人民政府重要工作；讨论其他需要县人民政府全体会议讨论的重大事项。

第三节　政府常务会议

1991—2010 年，为进一步提高依法决策、民主决策、科学决策水平，麦盖提县人民政府坚持每月召开一至两次政府常务会议，参会人员由县长、副县长组成，由县长或委托常务副县长召集和主持。根据需要可安排办公室主任、副主任和与会议有关的单位负责人列席会议。主要是讨论决定县人民政府工作中的重大事项；研究贯彻中共中央、国务院和自治区党委政府、地委行署及县委的重要决定、指示，分析研究全县经济和社会发展形势，制定有关政策措施；讨论决定向地区行署和县委报告、请示的重要事项；审议政府规范性文件草案；听取有关部门和单位的重要工作汇报；讨论研究提交县人代会审议的《政府工作报告》，讨论决定提交县人代会审议的国民经济和社会发展计划报告及财政预算、决算报告；研究其他需要常务会议决定的事项。

第四节　县长办公会议

1991—2010年，县人民政府专题会议（含现场办公会议）由县长、副县长或县长委托副县长召集，根据工作需要随时召开，有关部门和单位负责同志出席。主要任务是协调落实县人民政府全体会议或常务会议作出的决策和工作部署；研究属于县人民政府领导分管工作范围内，需要统筹协调和组织实施的事项；研究上级领导或县委、县人民政府主要领导对涉及面较广的具体问题所做批示的贯彻落实事项；研究讨论需提请县人民政府全体会议、常务会议或党组会议作出决定的事项；研究处理县人民政府日常工作中的具体业务事项。

第四章　重大施政

第一节　农村工作

1993年，中共中央办公厅和国务院办公厅《关于切实减轻农民负担的紧急通知》下发后，县委、县人民政府十分重视，根据国务院颁布的《农民承担费用和劳务管理实施办法》，加强领导，深入乡村调查研究，全面安排部署。5月，制定下发麦盖提县关于减轻农民负担的12条决定，将村提留和乡统筹费从1992年的7%降低到1993年的5%，全县减少农民负担896.5万元，农村人均减轻负担80.05元。对国家、自治区明确宣布取消的达标升级活动以及涉及农牧民负担的集资、基金、摊派及收费项目，都认真贯彻执行，并组织部分人员清理审核涉及农民负担的文件。7月，农村宅基地有偿使用、农民宅基地超占、农民看电影集资、超标准三提留、提高牲畜防疫等费用标准停止执行。保证农副产品收购资金及时到位，坚决杜绝"打白条"现象，保护了农民的合法权益，激发了农民的生产积极性。

1996年，县人民政府敦促土管部门认真实施《麦盖提县宅基地管理暂行办法》，开展土地变更调查和"三无"乡镇达标活动，加强建设用地和地籍管理，开展土地监察，严肃查处土地违法行为，制止国有土地和集体土地使用权的非法转让、出租，使土地管理走上法制化的轨道。

1997年，县人民政府落实中发13号、国发7号、中办发16号、新政办发12号文件，成立麦盖提县延长第二轮土地承包期工作领导小组，开展第二轮土地承包一定30年不变的试点工作，至年底在全县全面推广落实。同年，县人民政府结合畜牧业生产实际，制定下发《关于加快畜牧业发展的决定》，要求县畜牧局狠抓黄牛冷配、小畜改良、畜牧防疫、青贮等工作，落实长草短喂和改善饲养条件，保持畜牧业稳步发展。

1998年1月25日，县人民政府在吐曼塔勒乡奇热木旦勒克村召开二轮承包合同签订和发放土地承包经营权证试点工作总结推进会；4月，二轮土地承包经营权证发放工作在全县实行，同时下发《关于处理好第二轮土地承包过程中有关问题的通知》，对承包中涉及的问题一一作了明确规定。同年，县人民政府制定下发《麦盖提县农村公共积累田管理办法》，各乡镇遵照执行。

1999年，县人民政府着眼于有利于调动农民积极性、有利于减缓农村债务负担，完善以"五统一"为主要内容的双层经营体制，改"统贷统还"为"户贷户还"，农业生产投入资金不再由乡村集体大包大揽，由农民筹措资金。同年，县人民政府开展"万人扶贫工程"，全县700名党员领导干部承包700户贫困户，将扶贫工作落到实处。

2001年，县人民政府为规范乡村级公共积累田管理，制定下发《麦盖提县建立公共积累田“五统一”管理新机制》，各乡镇遵照执行。

2003—2005年，县人民政府要求各乡农经站加大土地承包档案建档工作力度，对以往的档案重新进行整理、归档。全县各村土地承包档案、土地承包台账得以规范和完善，弥补了土地这一特殊固定资产无账的空白。其间，县人民政府制定下发《麦盖提县农村集体土地管理（暂行）办法》，从而使乡村公共积累田管理逐步走向正轨。

2006年，县人民政府遵照国家统一要求，全面取消农业税和“两工”（义务工、积累工），免征农业税655万元。

2008—2010年，县人民政府坚决执行县委“四个30万亩”富民工程，如期完成归并整理土地30万亩、棉花滴灌面积30万亩、新增红枣面积30万亩、发展“多熟制”和“三高田”30万亩。

第二节　经济工作

1991年，麦盖提县粮油市场逐步放开，粮油加工厂为麦盖提县规模较大的国有企业，粮油制品出现滞销，经济效益下滑。为了做强做大粮油产业，县人民政府按照“挽救一个老厂，新建一个新厂”的工作思路，协调有关部门指导粮油加工厂进行技术更新改造，提出坚持质量第一的原则，建立健全质量监督管理制度，以“质量、品种、效益年”的竞赛活动为契机，大力开展“岗位练兵”“质量优先”等活动，使粮油制品质量进一步提升，精炼棉籽油产品在国家商业部优质产品评比活动中荣获全国优质产品第四名，是全疆唯一获奖的油品。至此，麦盖提县粮油加工厂棉籽油产品重新占领市场。同时，围绕农业发展办工业的思想，建成一座油脂加工厂，从1991年7月开始投产，完成产值170万元，实现利润25万元，成为麦盖提县新建企业效益最好、投资收回期最短的企业。

1992年，县人民政府根据中央和自治区关于加快改革开放步伐，加快经济发展的精神，制定下发了《关于加快改革开放、加速发展二、三产的暂行规定》，要求全县第二、三产企业严格遵照执行。同年，县人民政府为发展边贸经济，报县委同意，成立麦盖提县边贸公司，派员参加“92乌洽会”和“92喀交会”，为发展边贸经济探路。

1993年，县人民政府立足发展地方工业和横向经济联合，从新疆生产建设兵团第一师九团引进人才、资金，新建年产20万平方米的皮革厂和年产300吨的甘草膏厂。同年，在乌鲁木齐市水磨沟区兴办菱镁建材麦盖提分厂，成功开创了麦盖提县在外地办厂的先例。

1994年，县人民政府对上争取的由自治区投资修建的麦盖提叶尔羌河大桥竣工通车；敦促交通部门加快县乡道路建设步伐，当年除库木库萨尔乡和昂格特勒克乡外，其他各乡主要道路全部改造为砂石路面。

1998年，县人民政府首次召开个体私营企业表彰大会，会上公布了发展非公有制经济的30条优惠政策。之后，麦盖提县非公有制经济进入健康发展轨道。

2005年，县人民政府推进国企二次改制，对物资公司等破产企业完成善后工作，成功解决修造厂、农机公司等企业土地的有偿出让问题，完成供销社车队和修造厂改制工作，全县国企改制面达到95%。同年，县人民政府加大敦促力度，强力推进各部门落实招商引资责任，主动“走出去，引进来”，全年共引进对内对外合作项目24个，项目合同资金9664万元；集中供热、铁通通讯等逾千万的项目先后落户麦盖提；恢复2家年处理1.5万吨棉籽油脂加工企业生产；规划建设工业园区

5709 亩，为民营经济园区划拨土地 348 亩。当年引进对外合作项目 15 个。

2006—2010 年，县人民政府坚持把规范、公开作为政府工作的基本准则，印发《麦盖提县人民政府工作规则》，成立行政服务中心，推行国库集中支付制度，扩大政务公开范围，提高行政效率。

第三节　安居工程建设

1993 年，县人民政府把农村住房改造建设作为一项重点工作来抓。当年，全县农民住房改造完成 1500 户，打开农民住房改造的新局面。

2003 年 2 月 24 日，巴楚—伽师一线发生 6.8 级强烈地震，麦盖提县库尔玛乡、吐曼塔勒乡受灾。灾情发生后，县人民政府按照县委的决策要求，立刻启动农村危房改造工程，投入资金 673.3 万元，其中落实国家、自治区专款 668.1 万元，其他资金 5.2 万元。至 2004 年 7 月前，2309 户受灾群众全部搬入新房。

2004 年，按照自治区的要求，实施抗震安居工程建设，县人民政府成立城乡抗震安居工程领导小组及办公室，建设任务 6204 户，实际完成 6259 户，完成计划任务的 101%；到位补助资金 687.68 万元，拨付资金 687.68 万元，其中自治区补助 415.2 万元、县级配套 272.48 万元。

2005 年，全县抗震安居工程任务 4760 户，实际完成 5012 户，完成计划任务的 105.3%；到位补助资金 600.74 万元，拨付资金 600.74 万元，其中自治区补助 455 万元、县级配套 145.74 万元。

2006 年，全县抗震安居工程任务 5857 户，实际完成 6051 户，完成计划任务的 103.3%；到位补助资金 1021.36 万元，拨付资金 1021.36 万元，其中自治区补助 704 万元、县级配套 317.36 万元。

2007 年，全县抗震安居工程任务 4793 户，实际完成 4800 户，完成计划任务的 100.1%；到位补助资金 1345.32 万元，拨付资金 1345.32 万元，其中自治区补助 965 万元、南方电网援助 86 万元、县级配套 294.32 万元。

2008 年，全县抗震安居工程任务 3600 户，实际完成 4183 户，完成计划任务的 116.2%；到位补助资金 500.96 万元，拨付资金 500.96 万元，自治区补助 300 万元、县级配套 200.96 万元。

2009 年，全县抗震安居工程任务 4300 户，实际完成 4300 户，完成计划任务的 100%；到位补助资金 1400 万元，拨付建房资金 1400 万元，其中自治区补助 1400 万元。

2010 年，中央新疆工作座谈会议召开，出台一系列支持新疆建设和发展的优惠政策，新疆迎来了大建设大开放大发展的历史性机遇。抗震安居工程顺应发展要求，改为富民安居工程，2010 年年底又将富民安居工程改为安居富民工程。当年地区下达的安居富民工程建设任务 5000 户（补助资金 1 万元 / 户），实际完成 1972 户，未完成的原因主要是当年的政策变动较大，加上新一轮援疆工作的启动，补助资金调整幅度大，农民群众存在观望思想，建房积极性不高。

2004—2010 年麦盖提县农民住房改造情况表

表 21-4-1

年度（年）	计划任务（户）	完成户数（户）	其中	
			农村（户）	城镇（户）
2004	6204	6259	5860	399
2005	4760	5012	5012	0

续表 21-4-1

年度（年）	计划任务（户）	完成户数（户）	其中	
			农村（户）	城镇（户）
2006	5857	6051	5461	590
2007	4793	4800	4190	610
2008	3600	4183	3580	603
2009	4300	4300	3800	500
2010	5000	1972	1972	0

第五章　综合政务

第一节　机关事务管理

一、机构

1991—2010 年，麦盖提县政府办公室设秘书科，负责处理机关事务。秘书科设科长 1 人、秘书若干、机要秘书（档案管理）1 人。

二、公文处理与审批

1991—2010 年，麦盖提县人民政府、各乡镇人民政府、政府各组成部门严格遵照《国家行政机关公文处理办法》《新疆维吾尔自治区机关公文处理实施细则》及喀什地区行署有关规定执行公文处理与审批。

三、协调

1991—2010 年，县人民政府办公室按照“管理科学化、保障法制化、服务社会化”要求，以“服务是宗旨、管理是根本、创新是动力”为总体工作思路，主要采取依靠行政组织，通过行政渠道，运用行政手段进行协调；依靠经济规律，运用经济手段和经济形式进行协调；依靠现行的法律、法令和法规，运用经济法和行政法等手段进行协调；依靠思想教育，运用各种疏导性措施进行协调等四种协调方法。

四、公文管理

1991—2010 年，县人民政府办公室及时准确地对政府施政实事记录资料、重大工程项目资料、印发文件等进行登记归类管理；对上级日常来文（来电）来件及时转呈县长、副县长或办公室领导批阅，及时收集整理归档。

第二节　经济成果

一、经济机构

1984 年 12 月，麦盖提县组建经济委员会。1998 年 11 月，政府机构改革，撤销经济委员会、商业局、二轻局、经协办、体改办，组建经济贸易局，管理全县城市经济和协调经济运行。经济贸易局的主要职能是贯彻执行国家有关国民经济运行的方针、政策；分析国民经济运行态势；调解国民经济日常运行；编制并组织实施近期经济运行调控目标；协调解决经济运行中的重大问题并提出意见和建议；分析和发布经济信息；协助政府管理经济工作；制定本县经济社会发展中远期规划；制定年度国民经济社会发展主要任务和措施。

二、经济发展

麦盖提县人民政府以“三个代表”重要思想、科学发展观统揽经济建设全局，紧紧抓住西部大开发战略机遇，以对口援疆工作为契机，以保障和改善民生为抓手，认真贯彻落实中央、自治区、地区经济工作会议精神和第一次、第二次中央新疆工作座谈会精神，稳步、持续推进“八五”计划至“十一五”规划麦盖提县国民经济和社会发展规划纲要落实，全县经济建设得到长足发展。农业方面，基础条件不断改善，农牧业综合生产能力不断提高，农村经济持续健康发展；工业方面，产业结构不断优化，小微企业发展不断壮大，商贸服务业活力不断增强。

1991—1995 年，麦盖提县坚持“稳增粮、大上棉、促林牧、攻园桑、增收入、乡镇企业大发展”的生产方针，主抓棉花这个支柱产业，麦盖提县国民经济实现了持续、快速发展。至 1995 年，全县国民生产总值 5.45 亿元，年均增长 9.79%。其中，第一产业增加值 3.27 亿元，年均增长 4.85%；第二产业增加值 1.1 亿元，年均增长 32.99%；第三产业增加值 1.09 亿元，年均增长 16.51%；社会消费品零售总额 1.61 亿元，农民人均纯收入 1667.6 元。

1996—2000 年，麦盖提县按照“第二产业上速度、上规模，第三产业突出特色、抓重点、上水平”的发展思路，依托优势资源，加快推进新型工业化进程，国民经济稳步发展。至 2000 年，全县国民生产总值达 5.92 亿元，年均增长 1.66%。其中，第一产业增加值 3.96 亿元，年均增长 3.92%；第二产业增加值 5991 万元，年均下降 11.41%（主要受企业改制和 1998 金融危机影响）；第三产业增加值 1.36 亿元，年均增长 4.61%；社会消费品零售总额 1.02 亿元；农民人均纯收入 1381 元。

2000—2005 年，麦盖提县紧紧抓住西部大开发战略机遇，把加快改革开放作为促进经济发展的强大动力，加快优势资源转换步伐，加大农业产业结构调整，坚持发展高产、优质、高效、生态、安全农业，全县国民经济和社会各项事业保持了快速、健康、稳步发展。至 2005 年，全县国民生产总值 7.47 亿元，年均增长 4.78%。其中，第一产业增加值 4.87 亿元，年均增长 4.25%；第二产业增加值 1.07 亿元，年均增长 12.26%；第三产业增加值 1.53 亿元，年均增长 2.42%；社会消费品零售总额 1.55 亿元，农民人均纯收入 2360 元。

2006—2010 年，麦盖提县调整林果业产业结构，推进以红枣、核桃为主的特色林果业发展进程，作为农村经济新的增长点，按照“工业强县”思路扎实推进新型工业化进程，不断优化投资环境和服务环境，拓宽招商引资渠道，全县经济综合实力明显增强。至 2010 年，全县国民生产总值达到 19.39 亿元，年均增长 21.01%。其中，第一产业增加值 8.85 亿元，年均增长 12.67%；第二产业增加值 5.91 亿元，年均增长 40.81%，其中工业增加值 3.47 亿元，年均增长 72.59%；第三产业增加值 4.63 亿元，年均增长 24.77%；社会消费品零售总额 4.66 亿元，农民人均纯收入 4951 元。

第三节　侨务工作

一、机构

1991 年，麦盖提县人民政府外事侨务办公室编制空缺，工作由 1 名政府办公室副主任具体负责，日常工作由 1 名专职秘书负责。2003 年 2 月，撤销外事侨务办公室。之后，其职能由政府办公室承担。

二、主要工作

1991年以来，县人民政府坚持开展外事侨务工作，密切与归侨、侨眷的联系，广泛宣传党的方针政策，及时向归侨、侨眷通报经济社会发展的成果，虚心听取对侨务工作的建议。2006年11月5日，县外侨办干部阿不都莫明·巴拉提被喀什地区外侨办评为工作先进个人。2007年8月7日，地区外侨办、社科院专家一行对央塔克乡、尕孜库勒乡非物质文化遗产传承人走访慰问6人。2008年5月9日，县外事侨务办公室加强《中华人民共和国归侨侨眷权益保护法》宣传力度，落实各项侨务政策，做好侨眷服务工作。2009年4月，对全县贫困侨眷进行走访慰问，了解家庭生产生活情况，听取意见建议，帮助贫困侨眷制定脱贫措施12户。2010年5月，选派贫困侨眷子女参加地区外侨办组织的保安培训班5人，其中顺利结业取得保安证3人，并在居住村实现就业。同年，县外事侨务办公室与麦盖提镇、民政局、城建局等部门对接，为麦盖提镇英巴扎社区1名贫困侨眷申请廉租房一套，解决住房困难问题。

截至2010年，以《中华人民共和国华侨、侨眷权利保护条例》为学习内容，累计开办归侨、侨眷学习培训班8期，宣传党的侨务政策，培训归侨、侨眷2400人次。春节、古尔邦节、肉孜节期间，协调民政局筹备慰问物资在各乡（镇）累计对1200户贫困侨眷发放清油、面粉等必需生活用品。累计走访、召开座谈会20次。全县共有归侨、侨眷71户119人。其中归侨1户1人、侨眷70户118人。其中分布在麦盖提镇、巴扎结米、央塔克、克孜勒阿瓦提、库木库萨尔5个乡镇48户65人；县直机关及兵团23户54人。

第四节　信访工作

一、机构

1991年，信访局是负责全县信访工作的行政机构，属二级局，归政府办公室管理。

1997年10月，信访局有编制3人，实有2人。

2010年，信访局实有工作人员6人。

二、主要工作

1991—2010年，县信访局围绕各个时期的中心工作，接待和办理大量的来信来访事宜。20世纪90年代，上访主要是针对历史遗留问题、私房改造问题、征地拆迁问题。进入21世纪，随着市场经济的发展，国有企业改革力度的加大，麦盖提县国有企业改革也进入了非常时期，国有企业转制、破产、合并重组，企业职工上访增多，主要诉求为个人待遇、医疗保障、生活困难等，麦盖提县信访工作量不断上升。麦盖提县以构建大信访格局为抓手，把信访工作制度建设纳入健全科学发展观制度体系之中，制定印发《麦盖提县领导干部接待群众来访制度》，制定县级党政领导信访接待日值班表，工作日每天有一名县级领导在人民来访接待中心接待来访群众。扎实推进矛盾纠纷排查化解、领导干部定期接访、机关干部下访等工作，积极化解县域纠纷，县四大班子例会定期安排部署信访工作，就提交的疑难复杂信访案件研究解决方案及化解途径，确定包案领导，明确责任单位，规定化解时限。2010年，麦盖提县信访局接待来信、来访277件，接待来访群众907人次，办结信访案件263件，办结率95%；县级党政领导就热点难点问题包案25件，结案25件，结案率100%。12月，麦盖提县信访局被喀什地区司法局评为“行政调解优秀单位”。

1991—2010年麦盖提县信访案件办结情况表

表 21-5-1

年份（年）	来信来访（件）	办结率（%）	年份（年）	来信来访（件）	办结率（%）
1991	982	85	2001	108	99
1992	1016	97	2002	273	98
1993	613	99	2003	418	97
1994	607	99	2004	160	91.3
1995	561	98	2005	470	97
1996	727	99	2006	163	92.7
1997	1522	94	2007	121	96
1998	1422	98	2008	241	96
1999	557	95	2009	203	91
2000	913	96	2010	277	95

第五节　语言文字工作

麦盖提县语言文字工作委员会挂靠在人民政府办公室，由翻译室干部兼任工作人员，负责日常工作。主要职责为：贯彻落实《国家通用语言文字法》，要求机关、团体、企业和事业单位的公章、门牌、证件和印有单位名称的信封、信笺以及上报下发的各种公文、函件学习材料和宣传品、会标，公共场所公用设施使用的名称、界牌、指路标志、交通标记和车辆上印写的单位名称、安全标语，以及其他需要使用两种文字的，均使用规范化、标准化的国家通用语言文字和维吾尔语言文字。

1991—1995年，麦盖提县委、县人民政府把语言文字工作作为推进经济发展、构建和谐社会的重要基础工作来抓，县语言文字工作委员会定期对文化局、民宗委、教育局、工商局等涉及语言文字工作的部门进行专项督查，对发现的问题限期进行整改，安排专人跟进落实。

1996—2000年，县语言文字工作委员会在落实各成员单位职责基础上，重点对党政机关、学校、公共服务行业的语言文字工作实行监督管理，加强目标责任落实力度，形成由政府统筹协调，各部门和单位紧密配合，各司其职，各负其责的良好工作局面，有效地促进语言文字工作的顺利开展。

2000—2005年，通过发放宣传单、悬挂横幅等形式，开展普通话宣传周活动，强化居民使用国家通用语言文字意识，在全县形成规范用语用字的良好氛围。

2006年12月至2007年1月，县语言文字工作委员会参加自治区语委会组织的内地少数民族地区语言文字使用情况考察2人，并在北京、内蒙古、广东、西藏、甘肃等省、市、自治区进行为期一个月的考察学习。

2007年5月，县语言文字工作委员会对商铺门牌使用双语情况进行全面排查，对排查出的问题现场进行纠正。

2008年6月，自治区语言文字工作委员会选派人员到麦盖提县检查指导语言文字工作，对全县各学校民族语文教师、广播电视台维文编辑进行维吾尔语正字正音规范使用培训，对考试合格者发放结业证书。

2009年，县语言文字工作委员会翻译人员参加自治区翻译培训班2人，进一步提高了语言文字应用水平。

2010年4月，县语言文字工作委员会对全县从事文字装潢、制作牌匾、打字复印人员进行培训，讲解有关法律法规、工作原则，进一步规范语言文字相关行业。

第六节　政务督查

政务督查主要由县政府办公室信息督查科负责，重点围绕县委、县政府中心工作、民生工程建设项目及群众关注的热点问题开展督查工作。1991—2010年，年均督查县领导批示26件；督查会议、机关作风、效能建设及重点建设项目进展等情况16次；督查相关部门落实人大代表、政协委员提案议案进展情况29次；督查全县各单位学法情况20次。为领导准确决策提供第一手资料，促进政府各项工作全面落实。

第七节　应急工作

一、机构设置

2007年12月，麦盖提县应急管理办公室成立，机构规格为股级，挂靠政府办公室，所需编制从人民政府行政编制内调剂解决。主要工作是统筹管理全县应急工作，组织开展应急演练，制定管理应急预案，提高应对突发事件的处置能力。2008年9月，应急管理办增加编制2人。2010年，实有工作人员4人。

二、主要工作

1991—2006年，麦盖提县没有应急管理机构，应急管理工作由政府办公室负责，由办公室一名副主任分管。每年利用悬挂横幅、发放宣传单、开办应急知识培训班等形式对农民群众、应急救援队伍进行应急管理知识和紧急避险常识的培训，提高干部群众对应急常识的知晓率。

2007年，为保障应急管理工作正常有序开展，成立以常务副县长为组长、主管县领导为副组长、政法委、宣传部、财政局、发展计划局、卫生局、教育局、民政局、文体广电局、农业局、畜牧局、林业局、水利局、安监局、气象局等相关部门为成员的应急管理工作领导小组，由人民政府办公室主任协助常务副县长处理有关工作。结合麦盖提县实际制订下发了《麦盖提县突发公共事件总体应急预案》《禽流感防治应急预案》《防控口蹄疫应急预案》《救灾应急预案》《地震应急预案》《通信保障应急预案》《重大食品安全事故应急预案》《危险化学品事故应急预案》《处置重特大森林火灾应急预案》《突发性地质灾害应急预案》《环境污染与破坏事故应急预案》《重特大安全事故应急救援预案》《防洪应急预案》15个应急预案，为应对和处置突发公共事件提供保障。全年开展消防、火灾、食品安全、道路安全等各类公共安全知识讲座和技能培训班105期，培训2万人次。

2008年，为保证应急处置信息反馈全面、真实、准确，麦盖提县建立健全突发公共事件反映应急信息系统，为应急工作领导办公室安装应急电话和传真机各1部，配备计算机2台、海事卫星1台。建设应急物资储备库1个，储备应急铺板500块、发电机10台、绷带1000条、担架10副、氧气瓶2个、帐篷55顶、棉被1000套、衣物650套、矿泉水1万箱；配备消防车1辆、电力抢救车1辆。全年举办各类培训班213期，培训4万人次；开展各类演练活动121场次，参演2500人次，其中县级演练 12 场次、部门演练 70 场次、乡镇演练 39 场次。

2009 年，利用广播、电视、政府信息网等媒体，向广大人民群众宣传应急法律法规和预防、避险、自救、互救、减灾等知识，增强人民群众的忧患意识、社会责任意识和自救、互救能力。开展应急常识“进社区、进工厂、进学校、进家庭”活动，形成全社会共同正确应对突发公共事件的良好局面。利用“防灾减灾日”、“安全生产月”、“世界环境日”、“11・9”全国消防日等专项宣传活动，结合各单位、各部门的业务工作，组织开展形式多样、丰富多彩的应急知识科普宣教活动，增强公众的公共安全意识。

全年开展宣传活动 12 次，印发各类应急避险宣传单 5000 份；制作突发事件宣传光碟 4 张；悬挂横幅、宣传画册、标语 63 条;开展以消防、地震、防暴为主要内容的演练 135 场次，参演 3200 人次，其中县级演练 4 场次、部门演练 1 场次、乡镇演练 130 场次。

2010 年，麦盖提县有综合应急队伍 1 支 1200 人；有专业应急队伍 23 支 2270 人。其中，公安系统应急队伍 1 支 100 人，消防系统应急队伍 1 支 10 人，卫生系统重大疫病应急队伍 1 支 100 人，畜牧系统动物重大疫病应急队伍 1 支 50 人，安全生产应急队伍 1 支 10 人，防汛抢险应急分队 18 支 2000 人。全年开展各类公共安全知识讲座和技能培训班 57 期，培训 2000 人次；开展公共安全事件、突发重大动物疫情处置、火灾应急救援、地震灾害应急救援、气象灾害应急演练 103 场次，参演 2600 人次，其中县级演练 6 场次、部门演练 9 场次、乡镇演练 88 场次。

三、应对突发事件

（一）抗洪

1999 年 8 月 2 日，叶河卡群洪水 3500 立方米 / 秒，提河江卡洪水 1160 立方米 / 秒。麦盖提县立即启动《防洪应急预案》，各领导分片负责各防洪点，对重点防洪地段进行加固。8 月 3 日，通过开坝分洪使洪水顺利通过。8 月 11 日，再次接到水情通知：叶河栏杆洪水 6500 立方米 / 秒，麦盖提县于凌晨 6 时召开紧急会议，全面布置抗洪措施，动员全县人民投身于抗洪中。8 月 11 日 9 时，全县各族干部群众在防洪点进行筑坝、修堤、开挖退水口、加固闸口、清除阻水物等抢险作业。通过全县人民的共同努力，叶河卡群站有记录以来的第二次特大洪水安全通过麦盖提县。抢险过程中共投劳 14.4 万工天、木料 3924 根、树梢 5312 拖车、铁丝 9220 千克、麻袋 20.35 万条、石料 100 立方米、机械 4.95 万辆，折款投资 513.22 万元。

2008 年 8 月，叶尔羌河洪峰持续时间增长，对县境内各重点防洪点、段造成一定的冲刷，部分防洪堤防因受长时间浸泡和冲刷导致垮坝，水利设施损失较重。麦盖提县委、县人民政府立即启动《防洪应急预案》，在做好防洪物资准备的基础上，统筹全县各单位，带领全县各族人民奋力抢险，未发生严重险情。

2010 年 7 月 27 日，提孜那甫河江卡水文断面来水洪峰达 666 立方米 / 秒；7 月 29 日 9 时 15 分，提孜那甫河江卡水文断面 721 立方米 / 秒，伴随有暴雨，情况十分危急。面对险情，县委、县人民政府立刻启动《防洪应急预案》，成立由县长为总指挥的现场抗洪指挥部，按《防洪应急预案》的分工，组织群众沿河堤进行防洪。经过奋力抢险，共安全转移受灾群众 3000 余人，未发生一起死亡事故。

（二）抗疫

2002 年，麦盖提县巴扎结米乡亚胡木旦村、吾尔曼村，央塔克乡玉奇于孜莫村，昂格特勒克乡发生口蹄疫疫情，发现病牛 371 头。疫情发生后，麦盖提县委、县人民政府按照《中华人民共和国动物防疫法》规定，及时启动《防控口蹄疫应急预案》，部署应对措施，派出专家组赴疫区指导和督促疫情处置工作，对疫点、疫区进行严格封锁，严格进行消毒，加强疫情监测，对病牛全部进行捕杀处理，疫情得到有效控制。

2003年，内地一些省市相继发生非典型性肺炎（简称“非典”）疫情并迅速向周边扩散，面对严峻的抗疫形势，麦盖提县委、县人民政府把防治工作作为各项工作重中之重来抓，全县上下齐动员、全力以赴抗非典。4月，麦盖提县召开非典防治工作会议，成立非典防治领导小组，制订《关于麦盖提县防治非典型性肺炎工作的实施意见》，建立防非典县、乡、村组织网络，制定3套防非预案，实行非典零报告制度，开通24小时咨询热线。财政投资100万元紧急购置配足各种防非典物资，安排医疗救治力量；落实隔离防范措施，按照规范化要求设立11个专项防治职能组、设置11个发热门诊和11个隔离病区；建立13个非典留检站，在全县交通要道和村头设立5个卡口，安排25名值勤人员，组织近百名业务骨干驻守交通卡口、留检站。

以交通工具和外出旅客为重点，对疫区回麦盖提县人员进行体检、隔离，对密切接触者进行流行病学调查和医学观察，严防疫情输入；加强对中、小学生等重点人群的保护，加强对商场、饭店、影剧院等人员密集场所的预防工作。8月，警报解除，抗击非典战役基本结束，“防非”期间，麦盖提县未发生1例非典确诊病例及疑似病例，实现了疫情不发生、不扩散的目标，保障人民群众的生命健康安全。在历时近4个月的防非典战役中，全县共出动8万余人次，动用财力100万元；卫生部门派出卫生监督员80人次，举办培训班3期，参训490多人（次），乡、村医务人员受训1200次以上。登记发烧人员673人、外来人员704人，隔离观察288人。2004年1月6日，麦盖提县召开非典防治工作总结暨表彰大会，全县卫生系统医疗单位8家、受表彰医护人员62人。

2004年8月，麦盖提县央塔克乡央塔克村发生口蹄疫疫情，发现病牛208只、病羊44只。疫情发生后，麦盖提县委、县人民政府立即启动《防控口蹄疫应急预案》，部署应对措施，派出专家组赴疫区指导和督促疫情处置工作，对疫点、疫区进行严格封锁，严格进行消毒，加强疫情监测，注射第二次疫苗，对病牛、病羊全部进行捕杀处理，疫情得到有效控制。

2006年8月29日，麦盖提县局部地区暴发伤寒疫情，报告确诊病例227例。疫情发生后，麦盖提县多次召开防疫工作会议，调拨防病经费，做好各项防病工作。至11月7日，疫情得到控制，未发生一例死亡病例。2007年4月，麦盖提县局部地区再次爆发伤寒疫情，报告病人181例，疫情发生后，麦盖提县委、县人民政府紧急部署抗疫工作，落实隔离防范措施，加强人员密集场所的防范工作，对密切接触者进行流行病学调查和医学观察。至10月22日，在麦盖提县各族干部群众的共同努力下，疫情得到控制，未发生一例死亡病例。

（三）抗旱

2009年，麦盖提县发生旱情，通过平衡分析，全县总体缺水量为2.2亿立方米。麦盖提县积极采取措施，在农业灌溉工作中，严格执行“供水计划”和“五定、七不准”供水规定；积极推行“供水到户”工作；加大田间管理，严格土地平整，一亩一畦或半亩一畦；有效利用地下水资源，做到合理有节制地提取地下水；推广沟畦灌与膜上灌农业灌溉模式；加大高新节水工程建设，降低农业灌溉定额。2009年抗旱期间，全县日开动机电井300眼，累计提取地下水量2.37亿立方米，有效缓解了旱情。

第二十二编　中国人民政治协商会议麦盖提县委员会

1991—2010年，政协麦盖提县委员会历经八至十二届委员会。在中共麦盖提县委员会的领导下，紧紧围绕改革发展稳定大局和县委、县人民政府的中心工作，充分发挥密切联系各人民团体、社会各族各界人士的桥梁和纽带作用，切实履行政治协商、民主监督、参政议政的职能。

充分发挥政协组织代表性强、联系面广、包容性大的优势，加强调查研究和民主监督，积极献言献策，为县委、县人民政府决策提供参考和依据，为麦盖提发展稳定凝聚强大合力。1991—2000年，就人民群众普遍关心的减轻农民负担、壮大集体经济、城市基础设施建设、物价、城市自来水乱收费和教育等问题进行调研视察。2001—2010年，就农业产业结构调整、农业机械化管理、宗教管理、社会主义新农村建设、抗震安居工程、城市居民最低生活保障等工作开展专题调研，进行政治协商、民主监督、参政议政。

协调相关单位和部门对政协委员提案进行办理和回复，做到件件有回音，提高满意率。注重自身建设，提高整体素质，各项工作进一步规范有序，为麦盖提县民族团结、社会稳定和各项事业发展做出积极贡献。

第一章　政协委员　政协委员全体会议

第一节　政协委员

一、委员产生

中国人民政治协商会议麦盖提县政协委员是由推荐产生，推荐工作按照《中国人民政治协商会议章程》规定程序，按照界别分配名额。由各个党派、群众团体、各行各业对所在部门或单位符合政协委员条件的人员，以提名的方式向组织、统战部门推荐，由县政协、县委组织部、县委统战部、县纪检委综合考察，并同有关部门协商后提出建议名单。建议名单上报县委同意后，由县政协常委会协商决定，对外公布。

二、委员界别

（一）县政协第八届委员会委员

1990年3月至1993年2月，政协麦盖提县第八届委员会共16个界别，由51名委员组成。其中，中共界委员6人，共青团界委员1人，妇联界委员1人，政府界委员2人，干部界委员4人，工商界委员2人，教育界委员2人，科技界委员3人，卫生界委员2人，文化界委员1人，政法界委员1人，个体劳动者协会界委员1人，供销界委员1人，群众界委员2人，宗教界委员21人，起义投诚人员界委员1人。

（二）县政协第九届委员会委员

1993年3月至1998年1月，政协麦盖提县第九届委员会共20个界别，由70名委员组成。其中，中共界委员8人，政府界委员2人，人大界委员1人，干部界委员5人，政法界委员1人，文艺界委员1人，工商界委员1人，工商联界委员2人，商业经济界委员4人，妇联界委员1人，卫生界委员3人，科技界委员4人，粮食系统界委员1人，工交界委员1人，教育界委员3人，知识分子界委员2人，群众团体界委员1人，个体劳动者界委员2人，农林牧界委员12人，宗教界委员15人。

（三）县政协第十届委员会委员

1998 年 1 月至 2003 年 1 月，政协麦盖提县第十届委员会设立 20 个界别，由 70 名委员组成。其中，汉族委员 18 人，占委员总数的 25.7%；维吾尔族 52 人，占委员总数的 74.3%；中共党员 45 人，占委员总数的 64.3%；非党人士 25 人，占委员总数的 35.3%；男性 64 人，占委员总数的 90.1%；女性 6 人，占委员总数的 9.9%。

（四）县政协第十一届委员会委员

2003 年 1 月至 2007 年 11 月，政协麦盖提县第十一届委员会共 17 个界别，由 85 名委员组成。主要有中共、妇联、工商联、政法、教育、科技、财金、医卫、文艺、工商、农林、民企、宗教、归侨侨属、农牧、兵团、个体商业界等界别。男性 75 人，占委员总数的 88.23%；女性 10 人，占委员总数的 11.76%；汉族委员 22 人，占委员总数的 25.88%；维吾尔族委员 62 人，占委员总数的 72.94%；乌孜别克族委员 1 人，占委员总数的 1.17%；中共党员 46 人，占委员总数的 54.11%；非党员 39 人，占委员总数的 45.88%；大专以上 45 人，占委员总数的 52.94%；有专业职称的委员 17 人，占委员总数的 20%。

（五）县政协第十二届委员会委员

2007 年 11 月后，政协麦盖提县第十二届委员会共 18 个界别，由 85 名委员组成。其中，中共界委员 32 人，妇联界委员 1 人，工商联界委员 1 人，政法界委员 3 人，教育界委员 3 人，科技界委员 3 人，财经界委员 2 人，医疗卫生界委员 2 人，文艺界委员 1 人，工商界委员 1 人，农林界委员 3 人，民企界委员 5 人，宗教界委员 11 人，归侨侨属界委员 2 人，农牧界委员 10 人，国企界委员 1 人，工会界委员 1 人，个体商业界委员 3 人。汉族 25 人，占委员总数的 29.41%；维吾尔族 59 人，占委员总数的 69.41%；乌孜别克族 1 名，占委员总数的 1.18%；中共党员 34 人，占委员总数的 40%；非党人士 51 人，占委员总数的 60%；男性 71 人，占委员总数的 83.53%；女性 14 人，占委员总数的 16.47%。2009 年，经请示县委同意，在召开的中国人民政治协商会议麦盖提县第十二届三次会议上增选委员 15 人，委员总数达 100 人。

第二节　政协委员会议

一、政协麦盖提县第八届委员会会议

1991 年 3 月 4—7 日，中国人民政治协商会议第八届委员会第二次会议召开，这次会议的主要任务：听取和审议政协副主席崔续升代表第八届委员会所作的工作报告；听取和审议县委书记、政协主席胡启鑫的重要讲话；认真贯彻中共十三届七次中央全委会精神及自治区党委召开的三届十六次全委（扩大）会议精神和地县两级扩大会议精神；列席麦盖提县第十届二次人民代表大会，听取和讨论人民政府县长吾斯曼·卡斯木所作的《政府工作报告》和其他报告；讨论修改麦盖提县国民经济规划和“八五”计划。同时，各位委员针对麦盖提县各项工作提出提案，表彰 1990 年度政协委员中涌现出来的先进工作者。

政协麦盖提县第八届委员会期间，共召开 4 次全体会议。

二、政协麦盖提县第九届委员会会议

1993 年 3 月，中国人民政治协商会议麦盖提县第九届委员会第一次全体会议召开，会议对麦盖提县政协第八届委员会的工作进行总结，对政协麦盖提县第九届委员会的工作进行安排部署。与会全体政协委员列席麦盖提县第十一届人民代表大会第一次会议，听取和讨论《政府工作报告》《关于

国民经济计划报告》《关于财政预算、决算的报告》以及法院、检察院工作报告。

会议选举产生政协第九届委员会主席吐尔洪·毛拉克（维吾尔族）；副主席铁力瓦尔地·司地克（维吾尔族）、高永瑞、卡吾力·托合提（维吾尔族）、戴敬森；常务委员 16 人。

政协麦盖提县第九届委员会期间，共召开 6 次全体会议。

三、政协麦盖提县第十届委员会会议

1998 年 1 月，中国人民政治协商会议麦盖提县第十届委员会第一次全体委员会议召开。会议对麦盖提县政协第九届委员会的工作进行总结，对政协麦盖提县第十届委员会的工作进行安排部署。与会全体政协委员列席麦盖提县第十二届人民代表大会第一次会议，听取和讨论《政府工作报告》《关于国民经济计划报告》《关于财政预算、决算的报告》以及法院、检察院工作报告。

会议选举产生主席卡吾力·托合提（维吾尔族）；副主席马志华（女）、热合曼·尼亚孜（维吾尔族）；常务委员 17 人。届中补选汪怀志、依地力斯·阿尤甫（维吾尔族）为副主席。

政协麦盖提县第十届委员会期间，共召开 6 次全体会议。

四、政协麦盖提县第十一届委员会会议

2003 年 1 月，中国人民政治协商会议麦盖提县第十一届委员会第一次全体会议召开，会议对麦盖提县政协第十届委员会的工作进行总结，对政协第十一届委员会的工作进行安排部署。与会全体政协委员列席了麦盖提县第十三届人民代表大会第一次会议，听取和讨论《政府工作报告》《关于国民经济计划报告》《关于财政预算、决算的报告》以及法院、检察院工作报告。

会议选举产生主席那曼·艾沙（维吾尔族）；副主席马志华（女）、依明·吐来克（维吾尔族）、汪怀志、依地力斯·阿尤甫（维吾尔族）；常务委员 17 人。届中依地力斯·阿尤甫辞去职务。

政协麦盖提县第十一届委员会期间，共召开 5 次全体会议。

五、政协麦盖提县第十二届委员会会议

2007 年 11 月，中国人民政治协商会议麦盖提县第十二届委员会第一次全体会议召开，会议对麦盖提县政协第十一届委员会的工作进行总结，对政协麦盖提县第十二届委员会的工作进行安排部署。与会全体政协委员列席麦盖提县第十四届人民代表大会第一次会议，听取和讨论《政府工作报告》《关于国民经济计划报告》《关于财政预算、决算的报告》以及法院、检察院工作报告。

会议选举产生主席吾守尔·祖农（维吾尔族）；副主席汪怀志、买买提·衣明（维吾尔族，2014 年 7 月因违纪受到留党察看一年、行政撤职处分）、程守谦；常务委员 17 人。

截至 2010 年，政协麦盖提县第十二届委员会共召开 3 次全体会议。

第二章　组织机构

第一节　领导机构

1991—2010 年，政协麦盖提县委员会共召开五届政协委员全体会议，选举主席 5 人、副主席 24 人，常务委员 83 人。其中，第八届，选举主席 1 人、副主席 5 人、常务委员 16 人；第九届，选举主席 1 人、副主席 5 人、常务委员 16 人；第十届，选举主席 1 人、副主席 4 人、常务委员 17 人；第十一届，选举主席 1 人、副主席 6 人、常务委员 17 人；第十二届，选举主席 1 人、副主席 4 人、常务委员 17 人。届中个别副主席有所变动。

1991—2010 年政协麦盖提县委员会领导一览表

表 22-2-1

届次	姓名	性别	族别	籍贯	职务	任职时间
第八届	胡启鑫	男	汉族	湖北武汉	县委书记兼政协主席	1990.3—1993.3
	崔续升	男	汉族	陕西	副主席	1990.3—1993.3
	铁力瓦尔地·司地克	男	维吾尔族	新疆麦盖提	副主席	1990.3—1993.3
	卡吾力·托合提	男	维吾尔族	新疆麦盖提	副主席	1990.3—1993.3
	高永瑞	男	汉族	山东	副主席	1990.3—1993.3
第九届	吐尔洪·毛拉克	男	维吾尔族	新疆麦盖提	党组书记、主席	1993.3—1998.1
	铁力瓦尔地·司地克	男	维吾尔族	新疆麦盖提	副主席	1993.3—1998.1
	高永瑞	男	汉族	山东	副主席	1993.3—1998.1
	卡吾力·托合提	男	维吾尔族	新疆麦盖提	副主席	1993.3—1998.1
	戴敬淼	男	汉族	天津	副主席	1993.3—1998.1
	周安宁	男	汉族	江苏	副主席	1994.3—1998.1
	付显超	男	汉族	四川铜梁	副主席	1994.3—1998.1
	买海提·达吾提	男	维吾尔族	新疆麦盖提	副主席	1995.8—1998.1
第十届	贺永祥	男	汉族	陕西榆林	党组书记	1998.2—2001.1
	张天录	男	汉族	陕西命阳	党组书记	2001.1—2002.12
	卡吾力·托合提	男	维吾尔族	新疆麦盖提	主席	1998.1—2003.1
	付显超	男	汉族	四川铜梁	副主席	1998.1—2000.8
	周安宁	男	汉族	江苏	副主席	1998.1—2000.2
	买海提·达吾提	男	维吾尔族	新疆麦盖提	副主席	1998.1—2000.9
	马志华	女	汉族	新疆麦盖提	副主席	1998.1—2003.1
	热合曼·尼亚孜	男	维吾尔族	新疆麦盖提	副主席	1998.1—2001.3
	依明·吐来克	男	维吾尔族	新疆麦盖提	副主席	2001.2—2003.1
	汪怀志	男	汉族	重庆	副主席	2002.11—2003.1
	依地力斯·阿尤甫	男	维吾尔族	新疆麦盖提	副主席	2002.11—2003.1
第十一届	郑　重	男	汉族	甘肃武威	党组书记	2003.12—2006.11
	周世伟	男	汉族	四川眉山	党组书记	2006.11—2007.11
	那曼·艾沙	男	维吾尔族	新疆麦盖提	主席	2003.1—2007.11
	马志华	男	汉族	新疆麦盖提	副主席	2003.1—2007.11
	依明·吐来克	男	维吾尔族	新疆麦盖提	副主席	2003.1—2007.11
	汪怀志	男	汉族	重庆	副主席	2003.1—2007.11
	依地力斯·阿尤甫	男	维吾尔族	新疆麦盖提	副主席	2003.1—2004.4

续表 22-2-1

届次	姓名	性别	族别	籍贯	职务	任职时间
第十二届	周世伟	男	汉族	四川眉山	党组书记	2007.11—2009.5
	吾守尔·祖农	男	维吾尔族	新疆麦盖提	主席	2007.11　2010.12
	汪怀志	男	汉族	重庆	副主席	2007.11—2010.12
	买买提·衣明	男	维吾尔族	新疆麦盖提	副主席	2007.11—2010.12
	程守谦	男	汉族	甘肃静宁	副主席	2007.11—2010.12

注：买买提·衣明，2014年7月因违纪受到留党察看一年、行政撤职处分

第二节　工作机构

1993年，麦盖提县政协机关内设4个小组和办公室，即：文史资料组、学习组、民族宗教组、提案组和办公室。

2003年，根据机构改革方案，麦盖提县政协机关设办公室和专门委员会工作科两个工作机构。核定编制16人，其中行政编制12人、工勤编制4人。实有16人。

第三章　重要会议

第一节　政协常务委员会会议

中国人民政治协商会议麦盖提县常务委员会会议由政协主席、副主席、常务委员组成，由主席或副主席主持，每季度召开一次。常务委员会会议专题既有政协自身内部事务安排日常工作，也有对县内政治、经济、社会发展等重大问题与县委、县人民政府进行政治协商，为全县改革和经济发展建言献策的内容。

1993年年初，麦盖提县政协召开第九届委员会第二次常委会议，通过1993年年度工作要点。

1997年，麦盖提县政协召开第九届委员会第十次常委会议，在继续深入学习贯彻中央指示的基础上，听取并讨论社会治安综合治理情况的报告。

2005年8月11日，麦盖提县政协召开常委会议，会议传达喀什地区政协工委会议精神；研究讨论关于出版第一辑文史资料《刀郎文化》的相关事宜。

2006年2月8日，麦盖提县政协召开第十一届委员会第八次常委会议，主要讨论研究通过十一届三次会议以来提案办理情况报告、政协十一届四次会议工作报告、会议议程、委员变动情况说明及先进个人和单位表彰工作。

2009年1月16日，麦盖提县政协召开十二届委员会第一次常委会议，主要研究讨论通过十二届二次会议日程、议程，常委会工作报告、提案工作报告、十二届二次会议主席团名单。会议一致同意向县委请示，增加政协委员15人。7月30日，麦盖提县政协组织常委召开维护稳定工作会议，会议一致同意，建议县委在全县范围大力开展民族团结教育活动，把维护民族团结、维护社会稳定工

作作为一项经常性工作来抓。

第二节　主席会议

1991年2月2日，县政协召开主席会议，认真研究讨论县政协第八届委员会所作的工作报告（草案）、提案工作报告（草案）。

1993年3月5日，县政协召开主席会议，会议对麦盖提县政协第八届委员会的工作进行了总结，对政协麦盖提县第九届委员会的工作进行安排部署。讨论《关于国民经济计划报告》《关于财政预算、决算的报告》，及时反馈意见建议。

1997年5月6日，县政协召开主席会议，会议在继续深入学习贯彻中央指示精神的基础上，研究讨论社会治安综合治理情况的调研报告，修改完善后，上报县委、县人民政府。

1998年1月5日，县政协召开主席会议，会议对麦盖提县政协第九届委员会的工作进行了总结，对政协下一步工作进行安排部署。研究讨论汪怀志等3名委员人事变动事项。

2003年1月5日，县政协召开主席会议，会议决定接受“依地力斯·阿尤甫关于辞去县政协副主席职务的请求”。

2005年8月11日，县政协召开主席会议，传达喀什地区政协工作会议精神，并研究讨论文史资料出版第一辑《刀郎文化》一书，提出近期工作安排。

2006年2月5日，县政协召开主席会议，讨论通过十一届三次会议以来提案办理情况报告、县政协十一届四次会议工作报告、会议议程、委员变动情况说明及先进个人和单位表彰工作等事项。

2007年11月7日，县政协召开主席会议，研究讨论《关于创建平安麦盖提开展工作现状情况的调研报告》，修改完善后，上报县委、县人民政府。

2009年1月10日，县政协召开主席会议，研究讨论通过政协十二届二次会议的日程、议程、常委会工作报告、提案工作报告、二次会议主席团名单。会议一致同意向县委请示，增加政协委员15人。

2010年5月10日，县政协召开主席会议，研究讨论关于麦盖提县城乡接合部“三不管”人群情况的调研报告，决定抓紧上报县委。

2010年7月3日，县政协召开主席会议，研究讨论《麦盖提镇低收入群体情况的调研报告》，上报县委后，引起高度重视，县委决定由分管县领导抓好落实，将城镇居民享受最低生活保障有关问题进行整改，对低保群体作出调整。

第四章　主要工作

第一节　政治协商

1991年至1993年年初，政协麦盖提县第八届委员会紧紧围绕县委的中心工作，积极对民族团结、宗教管理等方面工作开展政治协商，使党的宗教信仰自由政策得到落实。

1993—1997年，政协麦盖提县第九届委员会主要围绕改革、经济建设和稳定中的重大问题，积极组织委员开展多渠道、多层次的政治协商、民主监督工作。主要有国民经济和社会发展计划执行情况和农业生产、水利、电力、公路、教育文化、壮大农村集体经济、减轻农民负担等方面工作，积极参加县委、县人民政府召开的各类重大会议，开展调查研究、视察，进行协商讨论。1993 年 7 月，组成专题调研视察组，对各乡镇执行党的民族宗教政策、学习贯彻自治区人民政府颁布的三项规定情况进行调研，及时掌握存在的问题并提出解决问题的措施。1993 年，成立 9 个乡、1 个镇政协工作联系组，组长由各乡（镇）负责统战工作的副书记担任，副组长由所在乡镇的政协常委担任，成员由驻各乡政协委员和各乡统战干事组成，主要组织政协委员学习贯彻上级有关文件和会议精神及党的各项方针政策，组织委员视察本乡镇有关方面工作，向乡镇党委提出意见和建议，反映社情民意。1997 年 4 月 23—25 日，县政协召开九届六次全体委员会议，围绕麦盖提县“九五”计划和未来 15 年远景目标规划，促进麦盖提县民族团结、社会稳定进行讨论协商，为麦盖提县两个文明建设积极贡献力量。

1998—2002 年，政协麦盖提县第十届委员会通过召开政协委员全体会议、政协常委会议、主席会议等进行参政议政，协商讨论全县大政方针、国民经济和社会发展计划、稳定以及有关人民生活的重大问题。针对减轻农民负担，改善生产条件，减少非农业性开支等方面工作，带领部分委员开展调查研究，向县人民政府提交 33 件建议案。

2003—2007 年，政协麦盖提县第十一届委员会紧紧围绕县委、县人民政府中心工作，就大力实施“投资拉动”战略、社会主义新农村建设、抗震安居工程、城市居民最低生活保障工作、宗教管理、“三农”工作、农业机械化管理、农业产业结构调整等有重点开展专题协商，在深入调查研究的基础上积极建言献策。为充分发挥委员的主体作用，更好地履行人民政协“政治协商、民主监督、参政议政”职能，制定《麦盖提县政协委员联系制度》《麦盖提县政协反映社情民意专线管理制度》，专委会工作科认真收集全县政治、经济、社会稳定方面的意见建议，并以《社情民意专报》的形式向县委上报。

2008—2010 年，政协麦盖提县第十二届委员会充分发挥政协委员的积极性、主动性、创造性，把促进发展作为履行职能的第一要务，深入调研，积极建言献策。20 余名政协委员被公安、城建、卫生、工商、环保、人事等 8 个组成部门聘请为行风评议员。

第二节 提案办理

1991—1992 年，麦盖提县政协第八届委员会对收到的各种意见、建议分门别类地进行审查，并将正式立案的 87 件提案，按照对口办理的原则及时转送给 28 个党政部门、单位办理。截至 1992 年 12 月 31 日，办复 87 件，办复率 100%，委员满意度 90% 以上。

1993—1997 年，麦盖提县政协第九届委员会共收到提案 221 件，立案 186 件，办复率 100%，满意率 95% 以上。

1998—2002 年，麦盖提县政协第十届委员会共收到提案、建议和意见 403 件，经主席会议研究，确定立案 138 件，办复率 100%，满意率 95% 以上。《在吾衣布袋渠上修桥的提案》提出后，水电局领导带领专业技术人员，对修桥地段进行勘察，结合实际，由前进水库和麦盖提县共同承担建设资金，吾衣布袋渠上修桥后，方便群众出行。《关于改善县城卫生差的提案》提出后，政府实施县城排水工程，成立市容环境卫生综合治理办公室，对县城的市容进行整顿，有效制止一些乱摆摊设点乱搭棚的现象。《关于自来水公司供水价格及附带费项目等问题的提案》提出后，由县物价局和技术监督局对自来水价格及附带收费项目进行认真调查核实，物价局对自来水公司多收取的水表校验费和用水许可证工本费进行没收并处以罚款。

2003—2007 年，麦盖提县政协第十一届委员会收到各族各界委员提案、建议和意见共 337 件，通过召开主席会议研究，立案 44 件，办复率 100%，满意率 95% 以上。委员提出《关于解决聘用干部参加养老保险问题的提案》后，县委、县人民政府出台《麦盖提县社区干部退休养老基本生活保障费统筹办法》，将社区干部工资从原来的 300 ~ 500 元提高到 500 ~ 700 元。针对委员们提出的《关于解决县福利学校学生生活经费的提案》，经县民政部门多方协调，由地区每年给每一名学生补贴 800 元，县财政每月补贴每名学生 117 元，给每一名学生每年补贴 2104 元。通过驻县自治区政协委员向自治区政协提交提案，促进有关问题尽快解决。麦盖提县自治区政协委员提交的关于天然气入户工程的提案被立案后，自治区有关部门下拨 10 万元工程前期设计费。《关于解决麦盖提县教育事业发展存在的问题》的提案被立案后，自治区教育厅下拨了 302 万元以改善麦盖提县的办学条件。

2008—2010 年，麦盖提县政协第十二届委员会共收到委员提案、建议 470 件，立案 87 件。其中，向自治区政协上报提案 26 件，办复率 100%，满意率 95% 以上。2009 年，麦盖提县政协向自治区政协提交《关于尽快解决麦盖提县饮水安全改扩建工程资金的提案》后，自治区水利厅根据《麦盖提县农村饮水安全总体规划》和《麦盖提"十一五"计划报告》，安排实施巴扎结米乡等 5 个供水区项目，总投资 2367 万元。

第三节　视察和调研

1991—1992 年，麦盖提县政协多次组织部分委员到油厂浸出车间、砂砖厂、石油公司油库、红卫水库分水闸、种子公司扎花厂等地进行视察参观，使委员们开阔视野，目睹了改革给麦盖提县工农业带来的新变化。

1993—1997 年，麦盖提县政协先后两次带领部分委员、机关干部及爱国人士前往喀什地区卡群一级电站、亚斯墩水电站东岸一部分水闸、叶尔羌河流域管理处水管站、泽普石油基地石化厂液化汽车间、化肥厂、人民公园和阿克苏、乌鲁木齐、昌吉、伊犁、霍尔果斯口岸、博州、阿拉山口岸等地参观学习，开阔委员和机关干部眼界，参观人员目睹了中国改革开放取得的伟大成就和自治区成立 40 多年来巨大变化。

1993 年年初，麦盖提县政协组织部分政协委员就如何加快教育事业发展，促进九年义务制教育普及的情况，先后对 4 个乡、1 个镇的 12 所中小学进行实地调查，向县委、县人民政府提交《关于麦盖提县教育事业发展的基本情况的报告》。

1996 年，麦盖提县政协紧紧围绕县委和县人民政府中心任务，就人民群众普遍关心的减轻农民负担、进一步加强农业的基础地位、壮大集体经济、城市经济、物价、饮水和教育等问题进行调研视察，利用全委会、常委会、主席会等形式进行深入的专题讨论研究，就如何加强农机、农具的管理，农机作业费的合理收取，防止乱收费、乱涨价，保证质量等方面，与农机局领导交换意见，并提出意见和建议。

1997 年 10 月，中共十五大召开后，麦盖提县政协为使学习紧密联系实际，由政协主席会议决定，组成由 1 名副主席带队的调研组，赴 9 个乡、1 个镇，开展对落实中共十五大精神以及该届政协委员参与经济建设情况的专题调研。

1999 年，针对麦盖提县防病改水工程，组织部分政协委员深入农村一线调研，撰写《麦盖提县防病改水工程的调查报告》，为县人民政府领导决策提供参考和依据。

2001 年，麦盖提县政协利用 5 天时间，组织部分政协委员赴喀什市、疏勒、莎车、泽普、叶城县进行考察学习，主要考察学习西部大开发中产业结构调整、经济发展、社会稳定、宗教管理等方面的做法和经验，事后向县委作出专题书面汇报。

2007—2010 年，麦盖提县政协以“结构调整、招商引资、项目建设、转变作风”四大重点工作为着力点、出发点，就大力实施“投资拉动”战略、社会主义新农村建设、抗震安居工程、城市居民最低生活保障工作、宗教管理、“三农”工作、农业机械化管理、农业产业结构调整等工作，开展专题调研，共完成 20 篇调研报告。

2009 年 3 月，麦盖提县政协组成由 4 名县领导带队的 4 个调研组，利用一个多月时间，到政协领导联系乡（镇）和政协机关联系村开展调研。在调研中，各调研组紧紧围绕“科学发展、造福人民”这个主题，以“促发展、保稳定、重民生、抓作风”为落脚点，以促进全县经济发展、社会和谐稳定、着力改善民生为重要内容，通过走访、座谈、发放征求意见表等形式广泛开展调研活动，并形成高质量的调研报告 9 篇。根据县委安排，组织人员针对“麦盖提县城乡接合部所居‘三不管’人群”和“麦盖提镇居民的现状和存在的问题”进行调研，向县委上报调研报告 2 篇，县委书记审阅后给予高度重视并作出重要批示。

2010 年 6 月，麦盖提县政协组织委员们在县城和工业园区，就麦盖提县城市经济、工业园区建设和红枣产业发展情况进行参观、视察、调研。

第四节　文史资料征编

1991 年，麦盖提县政协成立文史资料征集领导小组，文史资料工作迈出第一步。至 1993 年年初，征集各种史料 19 篇，10 万余字，并油印成册，分发给有关人员参阅，提出修改意见。年底，召开文史资料征集工作研讨会，对已征集的 21 份资料进行认真审定核实，修改定稿。

1993—1997 年，麦盖提县政协先后召开 9 次文史资料征集工作研讨会，对已征集的 61 份史料进行修改、审定。把其中选定的 15 份于 1996 年用维、汉两种文字出版，即 :《麦盖提文史资料》第一辑，填补了麦盖提县政协工作的一项空白。

第二十三编　人民团体

1991—2010年，麦盖提县社会团体有工会、共青团、妇联、工商联、残联、红十字会。20年间，县社会团体紧紧围绕在中共中央周围，在县委的坚强领导下，充分发挥社会团体的影响力、号召力、桥梁和纽带作用。按照章程开展各项社会组织活动，参与社会建设与管理，解放思想、改革创新，讴歌新时代、唱响主旋律、凝聚正能量、弘扬新风尚。认真履行职责，为麦盖提县各项事业发展、人民生活改善、维护社会稳定、加强民族团结献计献策。各社会团体结合主题教育、百日广场文化、宪法法律宣传、健康知识普及等活动，开展内容丰富、形式多样、健康向上、感召力强、群众喜闻乐见的活动。工会大力开展“进万家门、知万家情、解万家难、暖万家心”“春风送岗”“金秋助学”等活动，团委开展“青年志愿者学雷锋”“星火西进计划”“服务万村”等活动，妇联开展“三学三比”“巾帼建功”等活动，工商联开展“民营企业家下乡进村帮户”活动，残联开展“春雨行动”“爱心天使”“光明工程”等活动，红十字会开展帮助弱势群众爱心募捐活动等活动，均取得良好效果。

第一章　工　会

第一节　机　构

一、县总工会

1991年，麦盖提县总工会编制4人，实有4人。

2003年2月，机构改革核定麦盖提县总工会行政编制4人，其中领导职数2个、一般干部2人。

2008年8月，根据麦盖提县机构编制委员会下发的《关于麦盖提县群众团体增加领导职数的通知》文件精神，县总工会增加领导职数1个。11月，根据麦盖提县机构编制委员会下发的《关于成立麦盖提县经济普查中心等事业单位的通知》，成立麦盖提县困难职工帮扶中心，隶属总工会，机构规格相当于股级，核定全额事业单位编制4人。

2010年3—11月，县总工会通过人事劳动部门招聘考试，共录入8名公益性岗位人员分配到总工会工作。人员到位后，总工会根据基层工作需要，将其安排到社区工作。

2010年4月，麦盖提县委下发《关于中国共产党麦盖提县总工会党组职能设置和人员编制的实施方案》的通知，成立麦盖提县总工会党组。党组设3名成员，其中设1名党组书记、1名党组副书记。

2010年12月，核定编制10人（行政编制4人、事业编制4人、工勤编制2人），其中领导职数3个。实有10人。

二、基层工会

1991年，全县基层工会组织有58个，工会会员4350人。

1997年，全县共有基层工会组织98个，工会会员6401人。其中，行政单位工会组织21个，工会会员838人；事业单位工会组织44个（其中教育系统28个基层工会），工会会员2874人；国有企业工会组织17个，工会会员1047人；集体企业工会组织7个，工会会员1599人；垂直管理单位工会组织9个，工会会员379人。

2002年，随着机构改革和企业改制的推进，全县基层工会组织的规模有所缩减，共有78个，工会会员 4695 人。

2010 年，全县有工会组织 125 个，工会会员 1.14 万人。

第二节　会员代表大会

一、第四届工会会员代表大会

1991 年 12 月 3—4 日，麦盖提县第四届工会会员代表大会在县城召开，出席会议的正式代表 130 人，列席代表 20 人。

会议听取审议第三届工会委员会题为《全心全意依靠工人阶级，为实现“八五”计划建功立业》的工作报告、县总工会第三届委员会关于财务工作报告、县总工会第三届经费审查委员会工作报告；大会向全县职工发出倡议书。

会议选举产生麦盖提县第四届工会委员会委员 17 人；选举产生常务委员会委员 5 人。选举产生工会主席 1 人、副主席 1 人、经费审查委员会主任 1 人、委员 3 人。

二、第五届工会会员代表大会

1998 年 3 月 26—27 日，麦盖提县第五届工会会员代表大会在县总工会俱乐部召开。应出席会议代表 97 人，实到 81 人。

会议听取审议第四届工会委员会的工作报告、县总工会第四届委员会关于财务工作报告、县总工会第四届经费审查委员会工作报告。

会议选举产生麦盖提县第五届工会委员会委员 15 人；选举产生常务委员会委员 7 人。选举产生工会主席 1 人、副主席 1 人、经费审查委员会主任 1 人、委员 2 人。

三、第六届工会会员代表大会

2003 年 5 月 31 日，麦盖提县第六届工会会员代表大会召开。应出席会议代表 113 人，实到 96 人。

会议听取审议第五届工会委员会题为《抓住机遇、扎实工作、努力开创工会工作新局面》的工作报告、县总工会第五届委员会关于财务工作报告、县总工会第五届经费审查委员会工作报告。

会议选举产生麦盖提县第六届工会委员会委员 17 人；选举产生常务委员会委员 7 人。选举产生工会主席 1 人、副主席 1 人、经费审查委员会主任 1 人、委员 2 人。

第三节　主要工作与活动

一、自身建设

麦盖提县总工会依照《中华人民共和国工会法》《中华人民共和国劳动法》《工会章程》等法律规章，贯彻执行党的路线、方针、政策，履行“维护、建设、参与、教育”等社会职能，为麦盖提县的经济发展、政治稳定、民族团结、社会进步做出积极贡献。按上级和县委要求，建立健全职工代表大会制度，加强职工参与民主管理与监督工作。

1994 年 10 月 4—8 日，喀什地区工会工作会议在麦盖提县召开，各县市工会主席、财务人员参加会议，会上地区工会负责人传达自治区总工会 8 月 4 日会议精神，传达贯彻落实自治区党委 33 号文件实施意见及自治区总工会在和田地区召开的财务会议精神。

1996 年 10 月 23—24 日，举办全县女工委员学习班，22 人参加。

1997 年，县总工会举办民主管理、建章立制学习班，各基层工会主席、厂长（经理）、文秘人员

87 人参加。全年举办爱国主义、民族团结、庆“七一”迎香港回归、学习中共十五大精神等知识竞赛 35 场次，共有 1420 人次参加。全年开展企业党建带工建工作。建设合格“职工之家”33 家、先进“职工之家”8 家。

1998 年，县总工会选送 24 名基层工会干部参加自治区、地区总工会举办的工会干部理论岗位培训。全年总工会举办以《中共十五大报告职工学习问答》为主要内容的知识竞赛 8 场次，全县共有 910 名职工参加竞赛。

1999 年，总工会主抓厂务公开和企业改制工作，15 家企业职工工龄买断，51 人进“中心”。2 月 6 日，举办厂长经理企业改制学习班，24 家企业 39 人参加。6 月 7 日，建立《企业党组织、行政、工会工作联席会议制度》，颁发工会法人资格证书 10 家。

2002 年，成立各乡镇工会委员会，更换全国统一会员证 3666 本，向各基层工会发放工作手册 500 本、各项宣传资料 3570 份。成立第一家麦盖提县私营经济工会联合会。

2010 年，县总工会开展“百日组建”活动，全县规模以上非公企业 5 家、小型企业 26 家，全部组建工会组织。

二、学法与维权

1992 年 6 月，成立以县委副书记为组长的宣传贯彻《中华人民共和国工会法》领导小组，利用广播、电视专题报道、张贴标语、悬挂横幅、发放宣传册，开展知识竞赛等方式对《中华人民共和国工会法》进行宣传。

1994 年，县总工会以贯彻《中华人民共和国劳动法》为契机和突破口，由 1 名副主席专门负责职工集体信访接待、登记，梳理问题，对职工反映的问题一一向政府汇报并向相关部门反馈，相关单位领导高度重视，所有问题全部解决，为保持职工队伍稳定发挥积极作用。

1995 年，县总工会加强企业民主管理工作，举办厂长（经理）民主管理学习班 2 期，培训 74 人次，提高厂长（经理）民主管理方面的能力。6 月 1 日，举办《中华人民共和国劳动法》培训班，共 62 人参加。结合“二五”普法学习宣传，举办《中华人民共和国妇女权益保障法》知识竞赛，全县 16 个汉语队、14 个民语队参加竞赛。

1996 年 10 月，县总工会举办以学习集体合同的基本理论、集体合同的实施与建立运作等为主要内容的学习班，培训各企业单位厂长、经理、工会主席 41 人。

1998 年 4 月，县总工会选派 8 名企业工会主席、工会干部参加喀什地区总工会举办的为期 4 天的“劳动争议调解”学习班。

2000 年 4 月，县总工会开展“春风送岗”活动，开发就业岗位 3079 个，其中公益性岗位 179 个，共有 2794 人实现了再就业。

2005 年 6 月 23 日，总工会与安监局举办《中华人民共和国安全生产法》知识竞赛，共有 20 支代表队参加。6 月 24 日，配合政法委举行禁毒知识竞赛，有 16 支代表队参加。

2010 年，县总工会在全县范围内广泛开展职工民主管理工作，促进企事业单位职代会和厂务公开的制度化、规范化、程序化建设，平等协商集体合同制度建设。全县 16 家国有、非公企业与职工签订了集体合同；26 家企业与职工签订工资集体协议；10 家非公企业与女职工签订特殊权益保护专项集体合同。在非公企业大力推行“两建六公开”，在国有企业推行“三重一大”决策制度。

三、工会活动

（一）文体活动

1992 年 6 月 5 日，县总工会在世界环保日开展以环保为主要内容的小学生作文竞赛、花展、智力竞赛等，参与者 1100 人次。

1994 年，县总工会举办庆“七一”“八一”“十一”文艺会演和游艺活动，观众 4205 人次。10 月 12 日，邀请陕西女排与新疆女排在县体委排球场进行 3 场表演赛，观众 2200 人次。

1995 年春节期间，县总工会举办球类、棋类、拔河、长跑、自行车、钓鱼比赛和灯展、卡拉 OK、社火游艺活动。“三八”妇女节举办集体舞、长跑、集体行走比赛；“五一”举办“幸福家庭游艺比赛”；“五四”青年节举办有奖舞会；“八一”建军节与武装部共同举办军民联欢会、台球、乒乓球游艺活动，5 次活动参与者 630 人，观众 7200 人次。

1996 年，县总工会举办“96 再创辉煌”、麦盖提激励片展播等活动。利用春节、古尔邦节、国庆节、“五一”等节日举办篮球、钓鱼、歌咏、中老年门球比赛、秧歌、腰鼓、大头娃娃、旱船、书画展等活动。7 月，县砂砖厂建厂 10 周年，总工会为其组织游园活动。8—9 月，为迎接第五次全国万里边疆文化长廊现场会活动，组织 8 个单位 600 多人在俱乐部进行排练及演出。

1997 年 4 月，县总工会邀请喀什市“夕阳红”表演队到麦盖提慰问表演 3 场；5 月，邀请地区纺织厂文工团在总工会俱乐部慰问演出。协调配合山东省杂技团到麦盖提县表演，吸引群众前来观看。

2003 年 2 月 15 日，举办全县大型社火活动，观众 4000 余人次。4 月 21—24 日，与团县委、国税局联合举办庆“五一”职工篮球赛，全县共有 10 个单位代表队参加比赛。

2004 年 1 月 16—18 日，县总工会开展群众性文化、体育活动，在地税局举办卡拉 OK 大奖赛和有奖舞会。9 月，组织全县中老年健身舞爱好者参加广场跳舞活动。

2005 年，麦盖提县职工活动中心建成，为职工文化娱乐提供了更为舒适的环境。

2006 年 2 月，县总工会在文化广场举办盛大的焰火晚会和灯展活动，观看者络绎不绝，热闹非凡。

2010 年，在春节期间举办系列文体比赛，比赛项目有乒乓球、台球、象棋、跳棋、麻将、扑克，30 多个单位 2000 多人参加比赛。

（二）帮扶济困

1992 年，县总工会在元旦、春节期间开展“进万家门、知万家情、解万家难、暖万家心”送温暖活动，困难群众感受到组织的关心关爱。

1995 年 1 月，县总工会调查了解全县 22 家国有（集体）双停、亏损企业和 5 家供销企业的生活困难职工情况，在春节期间对以上企业困难职工进行慰问。3 月 24 日，对加班加点的修造厂一线工人进行慰问。5 月 10 日，对各企业单位和 50 户特困户家庭进行慰问。7 月 25 日，总工会开展“送温暖”活动，慰问 36 个单位中的特困户 55 户、困难户 65 户，共 120 户。

1996 年，在春节期间慰问县域内 36 个单位的 117 户特困户，发放慰问金 1.7 万元。同时，慰问老干部、麦盖提驻军、学校教职工，召开劳模座谈。

1997 年，对县域 44 个单位的 47 户特困户、79 户困难户进行慰问，发放慰问金 2 万余元。

1998 年，县总工会对全县 146 名困难职工、32 名下岗职工建立档案。春节前，会同有关部门出资 6 万多元对这些职工进行慰问。国庆节前夕，对国有企业 29 名特困职工进行慰问，每户发放 100 元慰问金。

2002 年，县总工会对全县低保对象 922 户 3606 人分两批进行扶贫慰问。对第一批确定的 339 户扶贫对象，总工会进行认真核查，针对每户的不同情况进行分类扶贫慰问：对家中有长期患病人员 12 户，每户救济 500 元；对供养子女上学有困难的 66 户，每户一次性补助 150 元；对子女上大、中专院校有困难的 8 户，每户一次性补助 500 ~ 1000 元；对无力维修危房的 9 户，每户补助 2000 元；

对家中有劳力、缺资金投入发展生产的 81 户，每户有尝无息使用 2000 元周转金两年；对没有进入低保、生活困难的 83 户，每户补助 200 ~ 300 元;对冬季取暖有困难的 80 户，每户发放 1000 千克煤（价值 400 元）。

2003 年，春节期间对 123 户特困户和 173 户困难职工进行慰问。在“五一”前为各族职工进行免费体检，参加体检 692 人。

2004 年 4 月 29 日，县总工会对各条战线上历年荣获自治区级以上劳模和优秀工作者进行慰问。

2005 年春节前夕，对 201 户下岗失业职工及 10 名劳动模范进行慰问。9 月 20 日，在庆祝自治区成立 50 周年之际，对为麦盖提县经济和社会发展做出贡献的劳模和先进工作者进行慰问，发放慰问金 7.2 万元。

2008 年，汶川“5・12”特大地震后，总工会号召全县工会会员捐款，向灾区捐款 2.8 万元。开展“金秋助学”，帮扶特困职工子女 29 人，发放助学救助金 5.8 万元。

2010 年元旦期间，对 70 户城镇困难家庭进行帮扶，每户发放 400 元慰问金。春节期间，对 500 余户贫困户每户发放 1 袋面粉、1 壶油，合计 13 万元。对 10 名自治区劳模按每人 800 元标准进行慰问，对 1 名国家劳模按 1000 元标准进行慰问。号召工会会员为青海玉树灾区群众捐款 1.5 万元。

（三）劳模管理

1991—2010 年，麦盖提县有 7 人获得国家、自治区级劳动模范和先进工作者称号，其中国家级 2 人、自治区级 5 人。县总工会始终重视各级劳模的选拔、推荐、管理和服务，积极落实劳模的政治和生活待遇，每年对劳模进行慰问。利用重大节日组织全县各级劳模召开座谈交流会，积极为县域经济发展建言献策。

第二章　共青团

第一节　机　构

一、共青团麦盖提县委员会

1994 年，中国共青团麦盖提县委员会核定编制 4 人，实有 4 人。2006 年，共青团麦盖提县委员会行政编制数 4 人，实有 2 人。2008 年，麦盖提县成立少先队工作委员会办公室，隶属共青团麦盖提县委员会，核定事业编制 2 人。2010 年，麦盖提县团县委核定编制 7 人，实有 6 人。

二、基层团组织

1991 年，麦盖提县有基层团委 13 个，团总支 5 个，团支部 131 个，共青团员 2563 人。

1994 年，全县有基层团委 16 个，团总支 7 个，团支部 240 个，共青团员 5600 人。

2010 年，有基层团委 16 个，团总支 7 个，团支部 351 个，共青团员 9985 人。

1991—2010 年麦盖提县共青团发展情况表

表 23-2-1

年份（年）	团委（个）	团总支（个）	团支部（个）	团员（人）
1991	13	5	131	2563
1992	13	5	189	3984
1993	15	6	226	5161
1994	16	7	240	5600
1995	16	7	268	5621
1996	16	7	302	5619
1997	16	7	321	7358
1998	16	7	325	7425
1999	16	7	325	7466
2000	16	7	336	7471
2001	16	7	340	7489
2002	16	7	321	8525
2003	16	7	341	8986
2004	16	7	345	7980
2005	16	7	345	8031
2006	16	7	345	8125
2007	16	7	351	8329
2008	16	7	351	8562
2009	16	7	351	8970
2010	16	7	351	9985

第二节　团员代表大会

一、第十二次团员代表大会

1994 年 8 月 25—26 日，麦盖提县第十二次团员代表大会召开，会期 2 天，出席大会代表 148 人。会议号召全县各级团组织坚持以经济建设为中心，解放思想，团结奋斗，努力培养跨世纪接班人，为麦盖提县社会稳定、经济发展做出贡献。会议选举产生共青团麦盖提县第十二届委员会委员 23 人，在十二届一次全委会上，选出常务委员 9 人、书记 1 人。

二、第十三次团员代表大会

2003 年 5 月 29 日，麦盖提县第十三次团员代表大会召开，出席大会代表 144 人。会议听取和审议共青团麦盖提县第十二届委员会工作报告。会议选举产生共青团麦盖提县第十三届委员会委员 17 人。在十三届一次全委会上，选举产生常务委员 7 人、书记 1 人。

三、第十四次团员代表大会

2007 年 8 月 15 日，麦盖提县第十四次团员代表大会召开，出席大会代表 150 人。会议听取和审议共青团麦盖提县第十三届委员会工作报告，研究确定今后团的工作任务和目标。选举产生共青团麦盖提县第十四届委员会委员 20 人。在十四届一次全委会上，选举产生常务委员 7 人、书记 1 人。

第三节　主要工作与活动

一、思想教育及公益性实践活动

1994 年，团县委开展“马克思主义民族观、党的民族政策”教育、“边疆青年志愿学雷锋、献真情”活动、创建“文明号”活动、“跨世纪青年人才工程”建设，组建义务服务队 27 支，办好事 87 件，开展各类培训班 380 期，培训人员 5.93 万人次，推广新技术 562 项，创建农技校 9 所，评选优秀团员 225 人。

1995 年，团县委认真抓好“青年志愿者学雷锋”活动、“22111”活动（即：20 名青年科技植棉能手、20 名青年种粮能手、10 名青年科技育肥能手、10 名科技植树造林能手、10 名青年多种经营致富能手活动）。不断将扶贫帮困及青年致富能手活动引向深入。开展“服务万村”活动、“跨世纪雏鹰”活动，各级团组织组建科技服务队 78 个，承包贫困户 147 户，建立长期义务网点 57 个，建立“服务万村”示范村 11 个，创建东河滩青年植树造林基地。被自治区团委评为“青年科技致富能手及培训星火带头人活动优秀组织奖”。

1996 年，团县委组织广大团员学习邓小平文选第三卷和中共十四届六中全会精神、中央七号文件精神，加强“三维一反”教育，开展“青年志愿者学雷锋”活动，组成服务队 217 支，清除垃圾 12 吨。举办实用技术培训班 121 期，培训团员青年 1.5 万人次。1 名青年农民被自治区团委评选为“新疆十大杰出青年”，在全县产生较大影响。

1997 年，团县委加强青少年的思想道德建设，成立青年志愿者协会，召开协会第一次大会，通过协会章程，选出协会理事 65 人、常务理事 34 人、名誉会长 2 人，会长、秘书长各 1 人。在全县开展“心连心、手拉手”活动、“讲文明、树新风”活动、“希望工程最后一轮捐募”活动、“扶贫帮困”活动。

2003 年，团县委发展农村青年创业致富带头人 26 人，在全县打造形成 10 个青年农民科技培训基地。组织引导广大农村青年积极开展农村“青年科技文化节”活动。组织动员城市青年及文艺工作者送歌舞下乡、送科技下乡，与农村团组织共同开展文化活动。实施“共青团组织城乡互动科技播火行动”，全县各机关单位、“文明号单位”与农村共青团组织共结对 21 对。

2004 年，团县委深入开展“三级联创”活动和青年中心建设试点工作，团的自身建设得到进一步加强；评选表彰县一级青年文明号集体、农村青年致富状元和致富能手；加强青少年活动阵地建设，建立了青年中心。开展“地税杯”纪念“五四”运动 85 周年系列活动和双先表彰大会，表彰奖励“五四红旗团支部”46 个、优秀共青团员 28 人。举办“爱祖国、爱家乡”“祖国在我心中”“我为学校种棵树”等主题队会。2004 年年底，被自治区团委命名为“自治区团建先进县”。

2006 年，团县委协作完成新疆啤酒集团喀什啤酒有限责任公司以“为喀什青少年发展献一份爱心”为主题的“希望之星”捐助活动，共发放 9000 元奖学金。开展“青少年维权岗”活动，深入宣传、贯彻有关青少年权益保护的法律、法规。

2007 年，团县委推进“星火西进计划”“科技播火专家行”活动，通过开展转移就业培训、双语培训，鼓励少数民族青年学习国家通用语言、学好国家通用语言、用好国家通用语言，培养一大批有文化、懂技术、会经营的农村青年。

2008—2010年，团县委深入开展“我与祖国共奋进”主题教育实践活动，组织动员各基层团干、团员走村入户，宣传党和国家的惠农政策、支农措施、新农村建设，开展扶弱帮困工作。

二、少年先锋队工作

1991年，全县少先队组织有大队43个、中队451个，少先队员1.99万人，兼职辅导员432人。

1994年，县团委组织各学校开展城乡民汉小朋友“手拉手”结对子互助活动。

1995年，团县委动员全县少先队员积极参加“跨世纪工程”，落实雏鹰行动，通过检查评比，被评为先进班级44个、优秀少先队员1887人，被评为自治区级“三好学生”1人，被评为地区级“三好学生”3人。

1997年，举办“迎回归，盼统一”黑板报比赛、签名仪式等活动。

2001年，团县委组织各中小学校少先队员开展“栽一棵小树，绿一片蓝天”为主题的植绿护绿活动。

2004年，团县委举办“纪念少先队建队55周年检阅仪式”，广泛开展学双语、手拉手、结对子活动，推动青少年民族团结教育工程，未成年人思想道德建设有了新进展。

2005—2007年，团县委在广大少年儿童中开展以“五个互相”为主要内容的“互学双语”“民汉联谊”“手拉手”等活动，进一步促进各族青少年的团结和友谊。开展“做合格小公民”活动、“我说麦盖提、我说我家园”红领巾讲故事比赛、争做“知荣明辱好少年”暑假道德实践活动，在全县各级学校开展“永远跟党走”“祖国在我心中”“我为队旗增光彩”为主题的歌咏比赛、演讲比赛、文艺表演等活动。

截至2010年，全县少先队组织有大队52个、中队484个，少先队员2.04万人，兼职辅导员484人。

1991—2010年麦盖提县少年先锋队组织情况表

表23-2-2

年份（年）	大队（个）	中队（个）	少先队员（人）	辅导员（人）
1991	43	451	19881	432
1992	45	458	19932	448
1993	45	460	20103	457
1994	46	462	20126	462
1995	46	465	20220	879
1996	46	465	20225	896
1997	46	470	20305	836
1998	46	467	20285	850
1999	46	470	20330	880
2000	52	470	20295	901
2001	52	472	20325	821
2002	52	475	20332	819

续表 23-2-2

年份（年）	大队（个）	中队（个）	少先队员（人）	辅导员（人）
2003	52	480	20415	899
2004	52	480	20410	880
2005	52	482	20441	910
2006	52	480	20450	877
2007	52	480	20460	820
2008	52	483	20388	693
2009	52	486	20465	434
2010	52	484	20359	484

第三章　妇女联合会

第一节　机　构

1991 年，麦盖提县妇女联合会实有干部 4 人，其中领导 1 人、干部 3 人。

2000 年 7 月，核定行政编制 4 人，其中领导 1 人。

2003 年 10 月，核定机关行政编制 4 人，其中领导职数 2 个，列工勤人员事业编制 1 人。

2006 年 7 月，增加妇女儿童工委办公室编制 2 人。

2010 年年底，实有工作人员 6 人，其中领导 2 人、一般干部 4 人。

第二节　妇女代表大会

1994 年 8 月 23—24 日，麦盖提县妇女联合会第六次代表大会召开。出席代表 180 人，特邀代表 11 人。李荣珍代表麦盖提县妇女联合会第五届执行委员会作题为《各族妇女团结起来为麦盖提县经济的发展和腾飞而努力奋斗》的工作报告。大会选举产生麦盖提县妇女联合会第六届执行委员会，选出执行委员会委员 7 人。选举出主任 1 人、副主任 2 人。

2003 年 5 月 30 日，麦盖提县妇女联合会第七次代表大会召开。出席代表 163 人，特邀代表 10 人，列席代表 6 人。古丽斯坦·卡斯木代表麦盖提县妇女联合会第六届执行委员会作题为《团结一致创新业，与时俱进铸辉煌》的工作报告。大会选举产生麦盖提县妇女联合会第七届执行委员会，选出执行委员会委员 19 人。在七届一次全体执行委员会上，选出常委 7 人、主任 1 人、副主任 1 人。

第三节　主要工作

一、宣传教育

1991 年年初，麦盖提县妇女联合会组织广大妇女学习中共十三届七中全会和自治区第四次党代会精神，举办培训班30期，受教育妇女2.9万人次。7月，组织学习江泽民“七一”讲话，在乡级开设12期学习班，参加培训624人；村级开设培训班41期，参加妇女1.44万人，广大妇女群众的政治思想觉悟有一定提高。

1992年，举办8期《中华人民共和国妇女权益保障法》学习班，参加学习4890人，发放《中华人民共和国妇女权益保障法》小册子1.3万余册。

1995年，宣传第四次世界妇女大会精神，县妇联印发宣传资料1144份，张贴标语口号1000张，举办两次知识竞赛，参加比赛129人。上街进行世妇会知识咨询服务，观众达4500人次。

2005年，开展“三八”维权周活动，大力宣传《中华人民共和国宪法》《中华人民共和国婚姻法》《中华人民共和国未成年人保护法》《中华人民共和国妇女权益保障法》等法律知识和男女平等基本知识。

二、“三学三比”活动

1991年以来，麦盖提县妇联立足于科技兴农，以提高妇女素质，开发妇女智力、增强妇女生产技能为重点，在全县农村妇女中开展“学政治、学文化、学技术，比团结、比贡献、比成绩”的“三学三比”劳动竞赛。全县有2万余名妇女脱盲，以妇女为主体的科技示范户达2445个。在“三学三比”活动中，广大妇女人人争当“拾棉女能手”“种植女能手”，家家争当“十一个工程示范户”，促进了粮、棉等作物的大面积增产。1991年，有4人获自治区妇联“三学三比”女能手称号。1992年，县妇联获自治区妇联授予“‘三学三比’先进协调组织”称号；1996年，获全国“‘双学双比’先进协调组织”称号。库尔玛乡红光村刘向碧、吐曼塔勒乡吐曼塔勒村苏力坦汗·托合提被评为自治区级拾棉女能手；央塔克乡央塔克村胡马汗·艾海提被评为自治区级植棉女标兵。

2008年，全县启动“千名农村妇女学用林果业实用技术”竞赛活动，开办果树管护理论知识和田间修剪、嫁接现场培训14期。

2010年，持续开展“三学三比”活动，在全县开展争创“三学三比”活动推进现场会2次，参与“三学三比”竞赛活动2.69万人，参加“三学三比”妇女达92.6%。评出妇女致富带头人1856人，评出县级“妇字号”示范基地13个，评出“三八绿色基地”8个，评出“巾帼科技致富示范户”157户，评出“三户达标”户6781户。

三、“文明家庭”创建活动

“五好文明家庭”创建活动是妇联在家庭领域开展的一项传统活动，县乡妇联每3年评选表彰一批五好文明家庭，并及时向地区、自治区妇联推荐典型户。

1991—1996年，全县县乡两级共表彰近万户“五好文明家庭”，获自治区级“五好文明家庭”称号家庭7户。

2006年，县妇联和纪委、监察局一道，开展以“廉洁诚信”为主题的“廉政文化进家庭”活动，通过发放“家庭助廉倡议书”，送家庭助廉读物，举办“家庭助廉”知识竞赛、广场“廉政歌曲演唱会”、“廉政文化进家庭”座谈会等形式，在全县营造出家庭助廉的良好氛围。

2007年，克孜勒阿瓦提乡周军家庭获全国“平安家庭示范户”称号。

2010年，全县评出“平安家庭”4.36万户、“五好文明家庭”2.94万户、“美德在农家”1.54万户、“妇女文明一条街”商户149个。

四、“巾帼建功”活动

1991年9月，麦盖提县“巾帼建功”竞赛活动协调领导小组成立，“巾帼建功”活动不断深化，充分调动各条战线妇女的主动性、积极性，促进广大妇女岗位成才、岗位建功、岗位创优，争创一批学习型、创新型、诚信型、奉献型的示范岗。

1991—1993 年，全县 60% 以上的“巾帼岗”（组）参加争创“巾帼文明岗”活动，被授予自治区级“巾帼文明示范岗”3 个、地区级“巾帼文明示范岗”19 个。

1993 年，县妇联被自治区“巾帼建功”协调领导小组授予先进协调组织称号。

五、维护妇女儿童合法权益

1991 年以来，麦盖提妇联充分运用信访工作联系妇女群众、了解妇女问题，建立和完善信访目标管理考核制度和回访制度，努力将矛盾化解在萌芽状态，解决在基层。采取多种形式狠抓普法宣传，帮助广大妇女学法、懂法、用法，增强法律意识，增强依法维权的能力。通过开展“送法下乡、进社区”、知识竞赛，出板报、专栏、图片展，组织文艺演出等多种形式进行有效普法宣传。以“三八”妇女节为契机，开展“三八”维权宣传周活动。联合司法等相关部门走上街头，深入群众中开展法律咨询宣传服务活动。

2004 年 3 月 29 日，在法院成立麦盖提县维护妇女儿童合法权益合议庭，由妇联主任、副主任担任人民调解员，参与涉及妇女儿童权益案件的审理。7 月 21 日，成立麦盖提县妇女儿童法律援助中心，依托司法局法律服务中心，由司法局法律服务中心工作人员为妇女儿童弱势群体提供有效的法律援助。

截至 2010 年，全县妇联组织上下联动，共举办法律宣传活动 50 多场次，发放各种宣传资料 1 万余份。

六、“双合格”教育

麦盖提县妇女儿童工作委员会把家庭教育工作纳入重要工作日程，以宣传“为国教子，以德育人”为主题，以推进“争做合格家长，培养合格人才”活动为重点，通过开展丰富多彩的家庭教育实践活动，促进未成年人思想道德建设。按照上级要求，完善家庭教育工作机制，加大家教工作经费投入，确保工作顺利开展。认真实施“十一五”家教计划，加强家长学校管理，扎实开展家长学校工作，不断深化“双合格”家庭教育。以“双合格”为主题，通过组织开展小公民道德建设实践等系列活动，多渠道、多形式、多领域拓展家教工作，积极有效地普及科学的家教知识，通过妇女儿童工作委员会成员单位群策群力、各司其职，有创造性地开展家庭教育工作，麦盖提县“双合格”家庭教育工作取得明显成效。县第一中学家长学校被列为地区级示范性家长学校，教育局 1 名干部被评为地区级“双合格”家庭教育工作先进个人。

七、项目资金

1.“春蕾女童班”。2004 年，地区妇联出资在麦盖提县第三中学开办一期“春蕾女童班”，资助 50 名贫困女童免费完成初中学业，2006 年 7 月全部毕业。

2. 小额信贷。2007 年，以尕孜库勒乡为试点乡镇，落实“小额信贷促增收”活动，帮助 80 名农村妇女申请小额信贷 40 万元，用于开发养鸡项目。

3.“贫困母亲创业援助”行动。2008 年，为 18 户有致富愿望的贫困母亲提供低息贷款 5.5 万元，帮助她们发展养鸡项目。

4. 小额担保贷款。2010 年 7 月 11 日，在尕孜库勒乡卡玛库勒村举行妇女小额担保贷款活动发放仪式，全年为 11 名农村妇女发放小额担保贷款 12.6 万元。

八、送温暖、献爱心活动

1994 年，麦盖提妇联开展“伸出一双手、奉献一片爱心”活动，妇联为各学校捐款 1000 元；县油脂厂给相关学校捐赠价值 2530 元组合音响;城建局、自来水公司及个人向有关学校捐款 6000 余元。

各乡给贫困学生和学龄前贫困儿童捐赠玩具65件、书860本、日记本10个、作业本2000个、铅笔1340支、红领巾30条、布60米、衣服42件、粮食50千克。

2000年，妇联开展“扶贫帮困活动”，全县各级妇女干部与715户贫困户结对子，为贫困户捐款、送面粉、衣物、生活用品等，折合人民币5306元；参与“爱心助残”活动，为残疾人捐款3450元；乡镇妇联开展“扶贫帮困”“送温暖活动”，慰问孤寡妇女、残疾妇女120名，捐款8450元、煤5吨、白面3750千克、衣服200套等物资，帮助解决她们过冬问题。

2007年，通过向社会发出捐款倡议，为永昌建筑公司1名白血病患者、央塔克乡1名脑瘫患儿募集捐款近4万元。

2009年，妇联向全社会发出“每人一元钱，撑起一片天”爱心捐助倡议，共募捐1.81万元。

2010年，自治区妇幼保健院、新医大肿瘤专家一行18人赴麦盖提县开展巡回义诊活动，为麦盖提县600名妇女进行乳腺癌、宫颈癌排查诊断，查出疑似宫颈癌、乳腺癌患者9例。

第四章　工商联

第一节　机　构

1990年5月，麦盖提县工商业联合会恢复，为副科级事业单位，有工作人员1人。2000年，挂靠在麦盖提县统战部合署办公。2005年，核定编制2人，实有工作人员2人。2009年5月，工商联领导称谓由“会长”变更为“主席”。2010年，实有工作人员4人，其中领导2人。

第二节　代表大会

一、麦盖提县工商业联合会第三次代表大会

1993年3月25—26日，麦盖提县工商业联合会第三次代表大会在县城召开。大会对工商联从1990年恢复组织以来开展的工作进行总结，明确新形势下工商联合会组织的任务和职能，肯定非公有制经济的发展。选举产生麦盖提县工商联合会第三届执行委员会。在三届一次执委会上，选出会长1人、副会长2人。

二、麦盖提县工商业联合会第四次代表大会

1995年6月20—21日，麦盖提县工商业联合会第四届会员代表大会在县城召开。会议听取题为《总结过去、展望未来》的工作报告。会议要求广大会员认真学习和贯彻邓小平建设中国特色社会主义理论，不断加强思想建设、政治建设。大会对工作中贡献突出的先进会员进行表彰。同时号召全县非公经济人士要坚持四项基本原则，坚持改革开放，爱国、敬业、守法、照章纳税。大会选举产生麦盖提县工商联合会第四届执行委员会委员。在四届一次会上，选出会长1人、副会长2人。

三、麦盖提县工商业联合会第五次代表大会

2003年6月28日，麦盖提县工商业联合会第五届代表大会在县城召开。出席代表105人。县委书记高建军到会并讲话，在五届会上选出常委17人、会长1人、副会长6人、秘书长1人。

2004年，麦盖提县召开工商业联合会五届二次代表大会，讨论通过麦盖提县工商业联合会（商

会）五届常务委员会暂行会议制度、麦盖提工商业联合会（商会）五届会长会暂行会议制度、麦盖提县工商业联合会（商会）五届秘书长暂行工作制度。要求充分做好全县个体工商业户及私营企业者的宣传教育工作，广泛宣传麦盖提县经济协作、招商引资的优惠政策和招商引资的总体宏观调控目标，做到敢投资、会投资。

四、麦盖提县工商业联合会第六次代表大会

2006年12月7日，麦盖提县工商业联合会第六次代表大会在县城召开。会议指出工商联要坚持“团结、帮助、引导、服务”的八字方针，认真履行政治协商、民主监督、参政议政、民间商会的职能和“促进非公有制经济健康发展，帮助非公有制经济人士健康成长”的基本任务。2009年6月25日召开的六届三次会议上，选举产生常委23名、主席1名、常务副主席兼秘书长1名、副主席7名、副秘书长2名。调整后的工商联领导班子涵盖了全县个体私营经济各条战线上的优秀代表人士，增强了工商联的影响力和代表性。会议通过兼职会长轮值制度、会长办公会议制度、常委会工作制度等一系列规范性制度。

第三节　主要工作

一、联合会会员

1994年，麦盖提县工商业联合会有会员98人。其中，企业会员8人、个体户会员75人、相关部门会员11人。

1997年，县工商业联合会有会员104人。其中，企业会员28人、个体户会员55人、相关部门会员12人。

2000年，县工商业联合会工作人员深入县、乡、村摸底调查非公有制经济实际情况，按照申请、考察、审批和办理入会手续的程序积极吸纳会员，壮大会员队伍，截至年底，有会员105人。其中，企业会员30人、个体户会员60人、相关部门会员13人。

2007年，麦盖提县私营企业发展到116户，投资者193人，雇工1083人，注册资金3244.86万元，与2006年同期相比，分别增长21.7%、9.04%、17.14%、3%。其中在工商联担任执委以上职务的非公有制经济从业人员23人。个体工商户3218户、从业人员4362人、注册资金1891万元，与2006年同期相比增长4.8%、5.8%、3.2%。

2010年，有会员123人。其中，企业会员36人、个体户会员69人、相关部门会员18人。加强对私营企业主和全体会员的学习和培训，增强他们对发展麦盖提县经济的信心。

1991—2010年麦盖提县工商业联合会会员一览表

表23-4-1

年份（年）	会员总数（人）	企业会员（人）	个体户会员（人）	相关部门会员（人）	男（人）	女（人）	汉族（人）	维吾尔族（人）	会员人大代表（人）	会员政协委员（人）	会员中共党员（人）
1991	91	6	70	10	90	7	11	84	1	11	68
1992	92	7	71	10	90	7	11	84	1	11	68
1993	93	8	72	11	90	7	11	84	1	11	68
1994	98	8	75	11	90	8	12	86	1	11	70

续表 23-4-1

年份（年）	会员总数（人）	企业会员（人）	个体户会员（人）	相关部门会员（人）	男（人）	女（人）	汉族（人）	维吾尔族（人）	会员人大代表（人）	会员政协委员（人）	会员中共党员（人）
1995	100	9	70	11	95	5	15	85	1	11	73
1996	100	9	70	11	95	5	15	85	1	12	73
1997	104	28	55	12	90	14	29	75	1	12	74
1998	104	28	55	12	90	14	29	75	1	12	74
1999	104	28	55	12	90	14	29	75	1	12	75
2000	105	30	60	13	92	13	30	75	1	12	76
2001	105	30	60	13	92	13	30	75	1	13	77
2002	105	30	60	13	92	13	30	75	1	13	77
2003	110	31	65	18	100	10	31	79	1	13	78
2004	110	31	65	18	100	10	31	79	1	13	81
2005	110	31	65	18	100	10	31	79	1	13	83
2006	119	31	69	18	109	10	34	88	2	15	83
2007	119	31	69	18	109	10	34	88	2	15	85
2008	119	31	69	18	109	10	34	88	2	15	86
2009	122	34	69	18	112	10	34	88	2	15	87
2010	123	36	69	18	112	10	35	88	2	15	88

二、参政议政工作

1991 年，工商联联合会举办为期两天的关于学习中共中央〔1991〕15 号文件精神的培训班。通过学习培训，使广大会员解放思想，更新观念，积极维护祖国统一，加强民族团结，反对民族分裂和非法宗教活动，遵纪守法，合法经营。

1994 年，坚持开展“参政议政月”活动，本着“一事一议、主题明确、符合实际、建议可行”的原则撰写提案。

2006 年，在非公有制经济人士中开展“致富思源，富而思进”的教育活动，支持鼓励非公有制经济人士积极投身于光彩事业中。

2007 年，麦盖提县工商联会员中县人大代表 2 人、政协委员 17 人，参政议政作用进一步发挥。

2010 年，工商联多次组织召开维权座谈会，系统讲解非公有制经济的政策法规、市场经济知识、科技知识、现代企业管理、WTO 知识。各职能部门树立依法行政意识，倾听个体私营企业的呼声和建议，改善服务态度。

三、宣传与服务

1991 年以来，麦盖提县工商业联合会把对非公有制经济人士的宣传教育引导作为重要工作，主要采取深入企业面对面宣传、召开座谈会、讨论会、开办学习培训班、企业主大宣讲、组织收看党员电教片等形式加强企业主及其员工教育。学习地委、行署关于进一步鼓励支持和引导个体私营等非公有制经济发展的意见、麦盖提县招商引资优惠政策和县委、县人民政府关于个体私营经济发展的有关文件精神。

2003 年 2 月 24 日，喀什地区巴楚县琼库尔恰克乡发生 6.8 级地震，在“2・24”地震抗震救灾活动中，麦盖提县有 20 余户个体私营业主主动参与捐款、捐物活动，筹集到现金 3 万元以及价值 8 万元的物资，及时送到灾区。

2005 年 5 月，为加快县非公有制经济发展步伐，大力推进“商贸兴县”战略，县工商联组织政治上可靠、思想作风良好、有一定经济实力的非公有制经济人士、个体工商户 5 人赴巴基斯坦参加“巴基斯坦—中国新疆出口商品展销会”；9 月 6—26 日，组织企业和个体工商户 9 名参加“塔吉克斯坦—中国新疆出口商品展销会”；组织 12 名工商业者参加喀什地区举办的首届“喀交会”，鼓励企业把特色产品搬上“喀交会”；组织 5 名非公有制经济人士到中国香港、澳门等发达地区去参观、考察。

2006 年 3 月 24 至 26 日，组成由县领导带队的参观考察团，带领 56 名经济实力较强的个体私营企业主前往喀什市、莎车县、疏勒县对个体私营企业发展现状进行为期 3 天的实地考察。4 月，组织全县 50 多名个体私营业主召开座谈会，分析当前经济发展动向，鼓励个体私营企业做大做强，为县域经济发展做出贡献。

2007 年，工商联联合会为做好民营企业招聘周活动，与人事劳动和社会保障局、总工会密切配合，制定民营企业招聘周活动实施方案，成立招聘周活动领导小组，采取在县城定点召开招聘会和利用县、乡集市日流动宣传招聘等形式进行招聘。

2008 年 5 月，积极组织发动私营企业会员及员工、个体工商户会员用实际行动支援“5・12”汶川灾区抗震救灾，募捐人民币 9.8 万元。6 月，“喀交会”期间，麦盖提县工商联邀请自治区内 40 名民营企业家到麦盖提县参观考察，启动“麦盖提县民营企业家下乡进村帮户活动”，引导民营企业参与新农村建设，为农牧民脱贫致富做贡献，该项活动累计调动 39 家非公企业参与。

2009 年，个体私营业主参与公益事业的热情高涨，累计有 30 余户次的个体私营业主参与扶贫助学活动，10 名贫困学生得到资助，资助金 3 万元。在“捐书惠农”活动中，部分个体私营业主捐款 6000 元购买农业科技书籍和各类图书赠送给农民。

2010 年，麦盖提县工商业联合会在非公有制经济组织中开展“创先争优”和“热爱伟大祖国、建设美好家园”活动。8 月，根据“百日集中组建”活动要求，组建非公有制经济组织党组织 11 个。同年，开展创“党员先锋岗”活动，党组织和党员开展双向承诺。年内，推选永昌建筑安装有限公司为喀什地区“创先争优”先进基层党组织，济民医院为麦盖提县“创先争优”先进基层党组织。

第五章　残疾人联合会

第一节　机　构

1998 年之前，麦盖提县残疾人联合会属民政局的下属单位。

1998 年 5 月，成立残疾人工作协调委员会，残联从民政局析出单设，为正科级单位，设康复、就业及行政办，编制 4 人。是年，全县各乡镇成立残联，相关工作由乡镇民政干事负责。

2010 年，县残联内设残疾人教育就业办公室、残疾人康复办公室、行政办公室，编制 4 人，其中领导职数2个、事业编制增加2人，实有6人。

第二节　代表大会

一、麦盖提县残疾人联合会第一届代表大会

1998年5月16日，麦盖提县第一届残疾人代表大会召开，出席代表大会正式代表65人，残疾人代表占总数的58%。其中，听力言语残疾8人、视力残疾5人、肢体残疾23人；汉族代表8人，占总数的13%；维吾尔族代表57人，占总数的87%；男代表47人，占总数的73%；女代表18人，占总数的27%；列席代表17人。

会议听取麦盖提县残疾人工作报告，对前几年工作进行回顾，安排新一届残联工作。选举产生副主席1人（主持残联工作）。

二、麦盖提县残疾人联合会第二届代表大会

2003年6月26日，麦盖提县第二届残疾人代表大会召开，出席代表大会正式代表79人，残疾人代表占总数的60%。其中，听力言语残疾10人、视力残疾7人、肢体残疾30人；汉族代表12人，占总数的16%；维吾尔族代表67人，占总数的84%；男代表53人，占总数的67%；女代表26人，占总数的33%；列席代表21人。

会议听取麦盖提县第一届残疾人工作报告，选举产生理事长1人、副理事长1人。

三、麦盖提县残疾人联合会第三届代表大会

2008年2月2日，麦盖提县第三届残疾人代表大会召开，出席代表大会的正式代表85人。其中，言语残疾8人、视力残疾9人、肢体残疾29人、残疾人亲属6人。残疾人代表占总数的61%；汉族代表15人，占18%；维吾尔族代表70人，占82%；男性代表60人，占71%；妇女代表25人，占29%。这次大会代表中有公务员、医护人员、教师、工人、农民、个体户、先进工作者，真正体现了代表的广泛性和先进性。

会议听取麦盖提县残联题为《以人为本、平等共享开拓残疾人工作新局面》的工作报告，选举产生了理事长1人、副理事长1人。

第三节　主要工作

一、残疾人康复

1991年以来，麦盖提县把残疾人康复工作作为“情系弱势群体、构建和谐社会”的一项重要任务来抓，在财政困难的情况下，每年坚持把康复经费列入财政预算内，确保残疾人康复工作正常开展。截至2010年，地方财政共拨专项资金约20万元为250名白内障患者免费治疗，使他们重见光明。为特困残疾人捐赠轮椅852辆，免费安装假肢82人。添置了各种康复器材。

二、残疾人就业

麦盖提县残联把残疾人就业工作作为关心残疾人的生存与发展的重要工作来抓，按比例安排有劳动能力的残疾人就业，实现残疾人走向社会。做好残疾人就业保障金的征收工作，使征收工作制度化、规范化、长期化。1991—2005年，残联与有关部门协商，累计安排残疾人就业85人。其中，在各单位按比例就业23人，在个体工商户就业62人。1998—2010年，对未达标单位，累计征收300万元残疾人就业保障金。

三、残疾人教育

1991—2005年，麦盖提县18岁以下残疾人占总数的11%，全县残疾人儿童入学率99.6%以上。

2005年，根据《关于开展资助特困残疾大、中专生的资助意见》，残联资助6名残疾学生上学，每人资助金1万元，在一定程度上减轻他们家庭的负担，确保他们安心就学。

四、扶残助残

1991年，县民政局利用元旦、春节、古尔邦节、助残日等，开展扶残助残活动，为45名残疾人送去爱心。

1999年，残联与县农行协商为全县264户残疾人家庭提供80万元无息贷款。其中，养殖户220户、种植业22户、家庭手工业和小买卖户24户。

2001年，麦盖提县残联被评为全国残疾人扶贫先进单位。

截至2010年，麦盖提县在扶残助残活动中投入物资20余万元，慰问、关爱残疾人864人次。

2001—2010年麦盖提县助残活动物资（折合现金）发放情况表

表23-5-1

年份（年）	折合金额（万元）	助残人数（人）	年份（年）	折合金额（万元）	助残人数（人）
2001	2	32	2006	1.5	50
2002	0.1	10	2007	2	45
2003	1.9	50	2008	3.41	230
2004	0.55	40	2009	2.2	60
2005	3	87	2010	3.5	260

1998—2010年麦盖提县残疾人口情况表

表23-5-2

年份（年）	残疾人数（人）	肢体残疾（人）	精神残疾（人）	视力残疾（人）	听力残疾（人）	言语残疾（人）	智力残疾（人）
1998	191	160	1	27	2	1	0
1999	296	238	3	45	5	3	2
2000	503	388	7	88	9	6	5
2001	663	519	11	105	13	8	7
2002	778	595	15	127	19	13	9
2003	883	631	22	173	28	17	12
2004	1003	690	31	202	39	24	17
2005	1158	740	42	271	51	33	21
2006	1373	876	56	298	69	41	33
2007	1678	1087	75	329	87	58	42
2008	2033	1313	92	388	110	72	58
2009	2538	1646	115	439	162	104	72
2010	2988	2012	155	510	201	149	101

五、残疾人维权

1998 年以来，麦盖提县残联按照残疾人法律救助实施方案要求，不断完善残疾人法律救助协调机制，建立法律救助工作站，做好残疾人权益保障工作，健全残疾人信访工作长效机制，加强残疾人信访工作业务建设和队伍建设，沟通协调有关部门，解决残疾人信访反映问题和实际困难。

截至 2010 年，共接待残疾人 903 人次，解决涉及残疾人权益保障、邻里纠纷、困难求助、养老赡养、入学、申请轮椅及精神病治疗补助等方面问题。

第六章　红十字会

第一节　机　构

麦盖提县红十字会成立于 2008 年，办公室设在麦盖提县卫生局，机构规格相当于股级，全额预算管理；核定参公编制 5 人，含领导职数 1 个，会长由卫生局局长兼任。2010 年，麦盖提县红十字会单设，核定编制 5 人，领导职数 1 个。实有 4 人。

第二节　主要工作与活动

一、宣传与服务

2008 年 5 月 11 日，麦盖提县红十字会开展以“汇聚人道力量，共建和谐社会”为主题的世界红十字纪念日系列宣传活动，为群众现场讲解救护知识，现场答疑，发放宣传单，开展义诊义检活动。12 月 1 日“世界艾滋病日”，在文化广场开展预防艾滋病宣传活动，提高群众对艾滋病的认识，减少艾滋病的传播。

2009 年 5 月 8 日，县红十字会开展以“坚持以人为本，大力弘扬人道、博爱、奉献精神，求真务实，开拓创新”为主题的世界红十字纪念日系列宣传活动，该次活动中，红十字会工作人员带领红十字会志愿者在文化广场及周围的街道，向过往群众宣传无偿献血、人体器官和造血干细胞捐献等方面的知识。

2010 年 5 月，县红十字会开展以“赞美您生命的礼物”为主题的世界红十字纪念日系列宣传活动，发放宣传资料 1000 份，耐心为前来的群众宣传答疑。

二、募捐与捐献

2008 年 5 月，在四川汶川“5・12”特大地震后，县红十字会动员麦盖提县全社会为灾区募捐 10 余万元。

2009 年，红十字会制作 20 个爱心募捐箱，放在农村信用合作联社的 14 个网点营业大厅及县邮政储蓄银行、客运站、工商银行、县迎宾馆、刀郎国际大酒店，为更多爱心人士表达爱心提供方便。向麦盖提县职业中等学校的 40 名贫困学生送去价值 8000 元的棉被及运动服。为尕孜库勒乡塔拉买里村、库木希买里村的 30 名长寿、贫困、空巢老人送去价值 9500 元的生活用品。

2010 年，县红十字会为全县 9 个乡、6 个社区 56 户特困家庭免费发放价值 9600 元越冬物资。

第二十四编　法　治

1991—2010 年，麦盖提县公安、检察、审判机关牢固树立稳定压倒一切思想，贯彻党和国家相关要求，依法打击各类刑事犯罪、经济犯罪，查处各类治安案件、调查处理民间纠纷，推动社会治安综合治理，为促进麦盖提县的“三个文明”建设提供强有力的保障。

麦盖提县公安机关主动作为，坚持以维护和巩固正常的社会秩序为落脚点，切实履行职能作用，坚持专项行动与整体防控相结合，健全治安防控体系，端口前移，加强基层基础工作，排查化解矛盾纠纷，提升人民群众安全感和满意度，严厉打击刑事犯罪等危害社会秩序的行为，为麦盖提县经济社会发展保驾护航。

麦盖提县检察部门紧紧围绕改革发展与社会稳定大局，贯彻落实“政治坚定、业务精通，作风优良，执法公正”的工作方针，主动靠上，积极开展审查批捕、审查起诉、出庭支持公诉、侦查活动、审判活动和监管场所监督工作，维护法律的公平正义，震慑犯罪，加快了麦盖提县和谐社会建设发展进程。

麦盖提县审判机关坚持贯彻依法治国基本方略，忠实履行宪法和法律赋予的权利，以事实为依据，以法律为准绳，突出“快”“准”“狠”，依法严厉打击刑事犯罪和严重经济犯罪，妥善处理民事、行政案件，服务经济建设，为维护麦盖提县社会稳定、改革发展和人民合法权益做出重大贡献。

麦盖提县司法行政部门全面履行法律宣传、法律服务、法律保障职能，扎实开展普法教育活动，推进法治建设，组织开展人民调解和法律援助，对刑释解教人员进行矫正和帮扶安置，降低矛盾激化和重新犯罪概率，增进民族团结，促进社会政治稳定，为促进麦盖提县和谐社会建设打下坚实的基础。

第一章 公 安

第一节 机 构

一、公安局

1991 年，公安局下设秘书股、政工办、通讯股、法制股、治安股、侦查队、预审股、政保股、交通警察管理大队、看守所、行政拘留所 11 个内设机构。

1995 年，公安局成立户政办。

1996 年，成立希依提墩乡交警中队。

1997 年 7 月 30 日，成立昂格特勒克乡派出所和库尔玛乡派出所。同年，成立林业派出所，行政隶属林业局、业务归口公安局管理。

1998 年 8 月 12 日，成立公安局党委，下设 7 个党支部。同月，秘书股更名为办公室，并成立信访办。10 月，成立城镇文化路派出所。12 月 25 日，刑侦队与预审股合并，成立刑事侦查大队；政保股更名为政保大队。

2000 年 3 月 20 日，公安局对下设机构进行调整，成立侦查一中队、二中队和技术中队。

2001 年 3 月，政工办设立纪检干事。7 月，公安局撤销交通警察管理大队希依提墩乡交警中队，设立城市巡逻中队；同年，政保大队更名为国家安全保卫大队。

2002 年 9 月 19 日，公安局成立督察机构。

2003 年 7 月，成立办公室机要室。公安局设有督查室（纪检委）、政工办、办公室、通讯股（公共信息网络安全监察）、治安股、行政拘留所、户政股、信访办、国家安全保卫大队、刑事侦查大队、交通警察管理大队、看守所、法制股 13 个内设机构及 11 个派出所。国家安全保卫大队、刑事侦查大队、交通警察管理大队升为副科级单位。

2005 年 6 月 30 日，公安局成立通信网络通信股；治安股更名为治安管理大队；国家安全保卫大队增设外事股；刑事侦查大队增设缉毒中队。

2006 年 10 月 7 日，根据县人民政府批复，成立拘留所。

2006 年 11 月，根据自治区公安厅有关文件精神，麦盖提县成立公安专职消防队，隶属公安局管理，接受地区消防局的业务指导。

2008 年 3 月，公安局防暴巡警队更名为特警大队。

2010 年，公安局“110”指挥中心平台建成投入使用。

二、派出所

1991 年，麦盖提县公安局下设城镇派出所、巴扎结米乡派出所、希依提墩乡派出所、央塔克乡派出所、吐曼塔勒乡派出所、尕孜库勒乡派出所、克孜勒阿瓦提乡派出所、库木库萨尔乡派出所。

1997 年 3 月 3 日，公安局成立昂格特勒克乡派出所和库尔玛乡派出所，并组建防暴巡警队。同年，成立麦盖提县公安局林业派出所，行政隶属林业局，业务归口公安局管理。1998 年，公安局城镇派出所更名为城镇新城路派出所，新组建成立城镇文化路派出所。

1998—2010 年，派出所保持无变化。分别是城镇新城路派出所、城镇文化路派出所、巴扎结米乡派出所、希依提墩乡派出所、央塔克乡派出所、吐曼塔勒乡派出所、尕孜库勒乡派出所、克孜勒阿瓦提乡派出所、库木库萨尔乡派出所、昂格特勒克乡派出所、库尔玛乡派出所。

第二节　治安管理

一、治安管理

1991—1995 年，麦盖提县特种行业管理逐步走上规范化、制度化轨道，县公安局会同工商、税务、物价等部门，对全县特种行业办理审验、登记和签订治安合同，做到严格控制、集中管理、互相监督、堵塞漏洞，规范特种行业管理。对各农贸市场、废旧金属收购点、成品油市场进行登记检查，整顿市场秩序，堵塞漏洞。

1995 年，公安局查处各类治安案件 109 起，处理 262 人。其中，行政拘留 181 人、罚款 62 人、警告 19 人。办理行政复议案件 1 起。

1996 年，开展“百日严打”专项行动，麦盖提县人大常委会为配合“严打”斗争，巩固“严打”取得的成果，派出人大代表会同有关单位组成文化市场执法检查组，对 3 个音像店和台球室、电子游戏厅开展执法检查。

1997—2000 年，加强对宾馆、酒店、复印店、废旧金属收购店的整顿，规范经营行为。

2001—2002 年，积极协调对全县所有旅馆业、刻章等特种行业的监管，坚持常态检查与随机检查相结合，重点检查实名登记是否落实，境外人员入住是否报告等情况，消除安全隐患。

2003—2006 年，着重加强城乡接合部废品回收业和旅店业管理，把“路边店”纳入重点监管范围。持续加强复印店和网吧管理。

2007—2010 年，采取开办行业培训班方式，对各行业从业人员开展法律宣传教育，加大打击违法、违规经营行为力度，定期对特种行业及网吧等公共娱乐场所进行监督检查，督促其完善、落实各项制度，做到守法经营、文明经营，对违规违法经营业主作出停业整顿、限期整改。

1991—2010 年麦盖提县治安案件情况表

表 24-1-1

年份（年）	案件（件）	涉案人员（人）	行政拘留（人）	罚款（人）	警告（人）
1991	132	246	149	58	39
1992	113	294	135	144	15
1993	1354	263	175	69	19
1994	114	297	171	94	32
1995	109	262	181	62	19
1996	164	225	156	42	27
1997	93	156	105	46	5
1998	186	360	231	125	4
1999	146	258	128	124	6
2000	125	210	108	92	10
2001	179	333	220	87	26
2002	180	259	187	103	17
2003	230	372	265	48	59
2004	385	427	307	100	20
2005	302	391	157	83	11
2006	371	529	360	323	4
2007	316	413	300	57	56
2008	345	456	351	64	41
2009	451	481	395	50	36
2010	366	389	258	62	69

二、出入境管理

麦盖提县出入境管理工作坚持严格政审和出入报备报告制度，凡不按规定执行者，严厉追责问责。2005 年 6 月之前，出入境管理工作由国保大队代管。6 月，麦盖提县公安局设立出入境管理股。全年共办理出国（境）58 人次。其中，办理出国护照 24 人次，办理出入中国港、澳、地区通行证 34 人次。办理边境临时通行证 98 人次。出入境管理股成立后，国保大队不再管理外事工作。

2007 年，围绕文明窗口建设工作，对办公室进行全面修缮，建立健全各类档案 247 份，建立各类台账 12 本，制作外事管理制度汇编，办理因私护照 5 人，办理边境通行证 119 个。9 月，公安局出入境管理股通过自治区级文明窗口达标验收。年底，在喀什地区公安局专项工作考评中取得较好成绩。

2008 年，公安局以创“自治区级文明窗口”达标工作为载体，加强出入境管理工作，接待因私出国（境）人员 263 人。

2009 年，公安局出入境管理股，共办理出国（境）80 人次；办理居留许可证 2 个，登记临住人员 106 人次，办理边境通行证 186 个，异地核查 23 人。

2010 年，公安局出入境管理股共办理出国（境）59 人次。

三、危险、爆炸物品管理

（一）枪支弹药管理

麦盖提县公安机关根据上级有关文件规定加强枪支弹药管理，对社会上散失枪支，做到随时发现，随时收缴。通过在电信、移动、联通手机用户中群发短信，在微信朋友圈进行宣传、发放奖励等方式，教育群众主动上交枪支弹药，使更多群众了解枪支弹药和相关法律知识，积极参与到打击整治涉枪涉爆物品专项行动中来。

2002 年，在“治爆缉枪”专项斗争中，安排基层派出所一线管理部门，对辖区涉枪线索进行了排查。

2003 年，对全县涉枪金融单位枪支使用管理情况进行检查。

2004 年，以治爆辑枪、特行管理、安全防范为重点，对全县涉枪爆单位、烟花爆竹销售点、非法销售仿真枪的商店集中开展专项行动 6 次。

2006 年，先后对全县涉枪涉爆单位、非法销售仿真枪的商店集中开展专项行动 2 次。

2007—2010 年，组织危化品从业单位负责人召开专题会议 4 次，提升负责人法律意识，堵塞安全管理漏洞。

（二）爆炸物品管理

重点要素物品管理由麦盖提县公安局治安管理大队具体业务指导，各派出所负责落实。

2003 年，对石油勘探队 273 号队存放的震源药柱地点存放、使用、消耗、管理情况进行检查。

2005 年，建成民爆物品管理系统，切实做到对民爆物品管得住、数量准确，实现网上审批、网上办公、网上管理、各类数据对比，有效规范民爆物品的管理和使用，防止民爆物品的漏管、流失。

2006 年，对全县易燃易爆场所及公共聚集场所进行消防检查 3 次，限期整改 25 家，停业整顿 2 家，下发消防安全检查意见书 59 份，下发危险品消防监督检查意见书 29 份，签订责任书 17 份。

2007 年，检查烟花爆竹销售点 8 个、石油勘探爆炸物品储存点 2 起。结合县域实际情况，开展取缔非法储存销售烟花爆竹活动，共收缴烟花爆竹 120 件，进行统一销毁。

2010 年，开展治爆缉枪专项行动，张贴通告 200 份，发放宣传资料 1.93 万份。主动联系中石油东方地球物理勘探有限责任公司西部前指清线作业部，对 1990 年以来石油勘探线路及储存场所进行逐一清理，确保安全监管无事故。

四、内部保卫

1991—1996 年，麦盖提县公安局完善治保组织，深入各乡镇开展法制宣传教育活动，坚持专人负责、专人管理原则，对治保人员加强业务培训，充分发挥治保组织贴近群众的工作优势，了解和掌握社情民意，排查社会不安定因素，积极配合做好防范控制工作。

1997 年，全县各银行、各单位财务部门均安装报警器，并配备保安人员。

1999 年，公安局在全县范围推广“十户联防”措施，充分发挥“十户长”、楼栋长的作用，提高社情知晓率。县、乡、村（居委会）开展以案说法教育群众，群众守法意识、自保意识有所增强。

2000 年，在全县 9 个乡、1 个镇建立治安员队伍，统一建立治安员档案。规范各企事业单位内部安全保卫，要求各企事业单位严格执行《企事业单位内部安全保卫条例》，“管好自己的人、看好自己的门、办好自己的事”，认真落实社会治安综合治理各项措施，对发生治安、刑事案件的单位，在社会治安综合评定工作中实施一票否决。在学校、幼儿园及周边地区加强治安保卫及内部安全保卫工作，每校配有治安员，派出所所长（教导员）担任法制副校长，责任民警担任法制指导员。

2005 年，新疆维吾尔自治区成立 50 周年之际，为确保庆祝活动圆满成功，公安局在上级公安机关的指导下强化治安管理，自行组织检查重点单位 8 次，配合安监局检查 6 次，下发整顿通知书 40 份，当场纠正 56 家，顺利完成系列安全保卫活动。

2006 年，公安局对 41 家单位安全保卫工作进行全面检查，及时查找问题隐患、堵塞漏洞，消除事故隐患。8 月 25 日，经人民政府审批，将这 41 家单位确定为县级治安重点保卫单位。

2007 年，公安局与 5 家重点单位签订治安管理责任书，加强督促检查，预防事故发生。

2008 年，公安局分期、分批派出人员检查密集场所 129 处、易燃易爆场所 53 处、“三合一”场所 2 处、其他场所 94 处。对全县治安重点保卫单位进行检查，发现隐患 52 处，当场整改 20 处，取缔“三合一”场所 2 处，下发限期整改通知书 30 份，要求全县治安重点保卫单位落实好安保措施。

2009 年，公安局通过排查梳理，根据实际扩大治安保卫重点单位范围。

2010 年，在全县全面开展中小学校、幼儿园及周边治安秩序集中整治工作。制定集中整治方案，召开动员会，全面开展对中小学校及幼儿园周边环境的专项治理工作。检查中小学 66 家、幼儿园 25 家，整改各类隐患近 100 处，全力做好“六一”国际儿童节期间、内初班考试期间、高考期间的安全保卫工作，确保师生人身财产安全，营造和谐稳定的校园环境，促进社会和谐稳定。

五、专项治理

1991—1998 年，麦盖提县为净化社会风气，维护良好的社会治安秩序，重点开展查禁取缔赌博、吸毒等违法犯罪活动，对上述活动的组织者、骨干分子和保护伞给予沉重打击，遏制全社会丑恶现象滋生蔓延，促进麦盖提县社会和谐稳定。

1999—2004 年，麦盖提县继续加强吸毒、赌博等违法活动的治理，整顿面覆盖到娱乐场所、街面、乡村，涉案人员视情节给予处罚和教育。

2004—2010 年，麦盖提县公安局结合实际情况，采取一系列查禁赌博等违法犯罪活动措施，以不漏死角的原则，要求棋牌室等容易发生赌博案件的场所安装监控探头；重点打击赌博为专业的违法犯罪分子，广泛深入地进行禁赌宣传，运用不同类型的典型案例向群众宣传赌博的危害，做到家喻户晓，人人明白，为麦盖提县经济建设平稳较快发展创造良好的社会治安环境。

第三节　户籍管理

一、常住人口管理

1991 年，户籍管理以人工手写管理为主，适用的是户口底册与填写户口簿相结合的管理模式，人口信息查询采用的是身份证底卡，身份证号码是 15 位数。

1992 年，根据相关文件精神，与计划、粮食等部门联合审核，审核申请农转非户口 831 人，对符合条件的 245 人予以办理。是年，全县总人口 4.13 万户 17.1 万人。

1993 年，为方便群众，户政办开设咨询服务窗口，全年接受群众咨询 221 人次，对符合条件人员办理农转非手续。全县总人口 4.4 万户 17.45 万人。

1994年，全县总人口17.68万人，其中麦盖提县15.31万人、兵团2.37万人。总户数4428户，其中麦盖提县3.51万户、兵团9223户。

全县汉族1.59万人，民族人口13.72万人。农转非户口461人，开展业务咨询961人次。

1995年，根据上级部门要求，实行统一户口簿制度，户政股开始使用微机对全县9个乡、1个镇换发非农业人口的户口本。开展业务咨询913次；截至年末，全县总人口18.24万人，其中县域人口3.56万户15.53万人、兵团2.72万人；实行统一户口簿制度，全年换发新户口簿8571户。

1998年，公安局加强户口、身份证办证工作。针对全县身份证发证率较低的现状，按“农村户口城市化管理”和“人口信息计算机管理”的要求，加大户政管理力度，举办4期“以会代培”培训班。在各单位各乡镇的大力配合支持下，进展顺利，全县户口登记和门牌号核发工作全部完成。人口总数16.55万人。

2000年，公安局推行“农户城管”模式，狠抓基础管理措施落实。3月，根据地区公安局召开的户政工作会议精神，组织基层民警进行学习。对新式户口本、户口底册、身份证升位及户口整顿的有关知识进行全面讲解，为开展农村户口整顿打好基础。是年，共对4.82万户16.68万人进行普查，其中核查出未落户118人（当年出生人数56人）；结合全国人口普查工作进行全县户口整顿，先后下发户口登记表1万份，清理常住户口3841户16.19万人，人户分离9482人，通过清理整顿，实现农村户口管理规范化。

2001年，公安局继续以户口底册为准，加快身份证办理工作，全年办理身份证5012个，办证率87.3%。

2002年，全县总人口3.71万户16.78万人，年内核查户口213份263人，发放户口本3400本。

2003年，使用升级版宏达系统6.0管理户籍业务。全县总人口（含兵团）5.21万户20.64万人。

2004年，全县总人口（含兵团）5.21万户21.77万人。

2005年，简化户口迁移手续，对符合政策的户口转移，只要手续齐全，可直接到户口所在派出所办理，实现“一站三式”服务。全县人口信息系统建成，实现全县并库。日常户籍管理开始实现网上办公。全县总人口（含兵团）5.21万户22.74万人。公安局户证部门继续抓好“第二代居民身份证”集中换发工作，加强了人口信息采集工作和纠错工作，常住人口录入微机18.5万人，录入率100%；9月1日，举办小城镇户口集中发放办理现场会，办理小城镇户口137户402人。

2006年，在地区公安局的大力指导下，顺利完成人口信息系统升级改造工作。扎实开展户政整顿和纠错改错工作，维护广大群众的合法权益。以“二代证”换发工作为契机，对常住人口进行全面登记，并将人口信息及时快速录入计算机，实现人口信息资源共享。全县总人口（含兵团）5.93万户23.11万人。

2007年，开展应落未落常住人口专项治理工作，采取“派出所调查、户政股审核、局领导把关”三级审核制度，为7395名群众办理落户手续。开展人口信息核对纠错、重错证号纠正工作，先后向全国各地寄出《变更公民身份证号码函》12份、《注销公民信息记录函》9份，修改跨省重证号101份，纠正人口信息错误9万次；全年共办理出生报户3366人，死亡注销723人，市外迁入769人293户，办理农转非64人。全县总人口（含兵团）5.91万户23.45万人。

2008年，持续展应落未落户口专项清理工作，调查和复查未落户人员2210人，其中合格1823人、不合格387人。继续开展人口信息核对纠错、重错证号纠正工作和户口办理工作，修改跨省重证号16个，发身份证号变更函181份，发注销身份证号码函6份，迁入、注销、合户、分户等人口信息变更1.87万人，办理暂住证1756人。加强收费管理，采取收支两条线和公开上墙的方式，接受人民群众和社会各界的监督，严防侵害群众利益的行为发生。全县总人口（含兵团）6.02 万户 23.69 万人。

2009 年，公安局在户口整顿工作中，摸排出一人多户 80 户 201 人，全部注销；应落未落常住户口 3781 人，办理 2934 人；应销未销常住户口 803 人，注销 616 人；发现、纠正户口登记查错 2300 项；10 月下旬，全面开展门楼牌清理整顿和编制、安装工作，为警务信息综合应用平台建设打下了基础。全县总人口（含兵团）6.12 万户 24.12 万人。

2010 年开展全国第六次人口普查，全县有 6.3 万户 25.38 万人，其中非农业人口 7.77 万人。当年新出生 1.23 万人，死亡 1447 人。

1990—2010 年麦盖提县人口变化情况一览表（含兵团）

表 24-1-2

年份（年）	户数（户）	人口（人）			其中	
		合计	男	女	农业	非农业
1990	40399	164853	84357	80496	130121	34732
1991	41729	167310	86920	80390	132114	35196
1992	41266	171034	87347	83687	135790	35244
1993	43970	174463	88428	86035	139045	35418
1994	44280	176812	89899	86913	140135	36677
1995	45349	182424	92270	90154	143861	38563
1996	47961	185627	94009	91628	146213	39414
1997	47694	189407	97623	91784	146633	42774
1998	43983	193672	97815	95857	150437	43235
1999	44227	197297	100588	967091	153942	43355
2000	48202	195710	99295	96415	158759	36951
2001	47907	198854	100664	98190	162194	36660
2002	48893	201461	102314	99147	164640	36821
2003	52093	206425	105166	101259	168036	38389
2004	52093	217666	111064	106602	178129	39537
2005	52093	227410	114847	112563	157857	69553
2006	59295	231140	117137	114003	162024	69116
2007	59084	234535	118387	116148	163921	70614
2008	60174	236852	119050	117802	165138	71714
2009	61175	241209	120864	120345	168610	72599
2010	62994	253779	127681	126098	176033	77746

1990—2010 年麦盖提县各民族人口统计情况一览表（含兵团）

表 24-1-3　　单位：人

年份（年）	总人口	汉族	维吾尔族	回族	蒙古族	满族	锡伯族	哈萨克族	塔吉克族	塔塔尔族	其他少数民族
1990	164853	24541	139737	460	5	17	4	1	0	0	63
1991	167310	25991	140784	430	5	16	4	1	0	0	51
1992	171034	29390	141082	430	5	18	3	0	0	0	75
1993	174463	33443	140500	361	4	18	0	1	0	0	98
1994	176812	34267	142046	342	7	14	0	1	0	0	95
1995	182424	36576	145292	427	8	12	0	1	0	0	65
1996	185627	39806	144880	730	12	18	7	0	0	0	72
1997	189407	45942	143841	489	7	0	8	1	0	0	96
1998	193672	41496	151756	368	4	6	0	5	0	0	18
1999	197297	34393	162633	229	10	10	1	2	4	0	10
2000	195710	34343	160972	237	15	18	2	9	6	0	62
2001	198854	39282	159150	309	11	19	8	3	3	0	65
2002	201461	40195	160758	333	19	18	3	3	3	0	119
2003	206425	43401	162451	381	18	19	0	0	0	0	139
2004	217666	47353	169713	407	17	21	0	3	0	0	124
2005	227410	50750	176019	406	24	20	1	7	0	1	157
2006	231140	48761	181627	450	25	1	2	9	35	18	209
2007	234535	48854	184707	650	31	27	2	9	3	2	208
2008	236852	48813	187045	627	32	28	2	9	3	2	250
2009	241209	49612	190596	634	32	28	2	9	3	2	250
2010	253779	50088	202505	687	47	39	2	9	3	2	312

二、流动人口管理

1991—1996 年，按照“村不漏组、组不漏户、户不漏人”的方法，常态化对出租房屋和流动人口进行“拉网式”清理整顿，尤其是对敏感地区流入辖区的人员加强盘查力度，摸清其流入辖区的真实原因，确保辖区的安全稳定。

1997 年，在暂住人口管理上，采取暂住人口与出租房管理相结合，实行发放暂住证，登记暂住人口 2.52 万人。

1998 年，全县共登记暂住人口 9466 人。

1999 年，健全完善暂住人口的档案管理，逐步实现重点人口、暂住人口微机管理，全县共登记暂住人口 9230 人。

2000 年，公安局在出租房屋管理中，共登记出租房屋 395 家。落实暂住人口协查制度，共登记暂住人口 4012 人，全部办证，纳入视线管理。

2001 年，办理外来人口暂住证 2200 个，办证率 90% 以上，各类人口登记列管率 98% 以上，各辖区人员熟知率逐步提高。

2002 年，麦盖提县公安局开展清查登记流动人口专项工作，组建清查组开展流动人口面对面宣传教育，讲清楚排查登记流动人口底数的重要意义和目的，分析排查按时完成，全县共登记暂住人口 2712 人。

2008 年，国家财政部印发《关于公布取消和停止征收 100 项行政事业性收费项目的通知》，自 2009 年 1 月 1 日起不再收取暂住证（卡）工本费，实行免费服务，只要暂住人员携带有效证件、一寸两张免冠照片，即可到所在地派出所申请办理暂住证。

2010 年，共登记流动人口 1.3 万人，全部录入警综平台，办暂住证 1.18 万人，实行暂住人口网上管理，办证率 90%。暂住人口有城乡居民，也有乡与乡、村与村之间交叉的农民，大部分属本县人员，以下半年居多，主要从事拾花和采摘红枣。另一部分是外来打工人员，主要从事建筑业。全年各派出所举办流动人口普法学习班 13 次，受教育 3000 人次。

1991—2010 年度麦盖提县流动人口情况表

表 24-1-4　　单位：人

年份（年）	常住人口	暂住（流动）人口	重点人口
1991	167310	2356	—
1992	171034	4362	—
1993	174463	6137	—
1994	176812	8363	—
1995	182424	28590	—
1996	185627	18630	—
1997	189407	13204	—
1998	193672	9466	—
1999	197297	9230	—
2000	195710	4012	—
2001	47907	2200	—
2002	48893	2712	591
2003	52093	5910	756
2004	52093	9780	566
2005	52093	10800	432
2006	59295	2397	553
2007	59084	6769	293
2008	60174	7275	735
2009	61175	12545	998
2010	62994	13113	890

三、居民身份证发放

1992 年，全县应办理居民身份证 9.6 万人，实发 8.86 万人，占应发的 92.2%，办理临时身份证 950 人。

1993 年，户政办开展咨询服务 221 人次，颁发居民身份证 4700 人，办理临时身份证 1070 人。

1994 年，上报居民身份证办理人员 1216 人，办理临时身份证 608 人。

1995 年，全县发放身份证 2889 份、临时身份证 485 份。

1996 年，县乡村全面铺开居民身份证办理工作，共完成照相 7.27 万人，占应照相人数的 82%，完成打卡 6.27 万人，占全县应打卡总人数的 71%。

1997 年，全县发放居民身份证 4103 份、临时身份证 97 份，开展业务咨询 1.1 万人次，提供资料 33 份。

1998 年，公安局加大身份证办理力度，上下联动，共办理身份证 2.65 万个。

2000 年，在身份证升位工作中，完成 16 岁以上居民身份证升位 9.95 万人，16 岁以下居民身份证赋码 6.24 万人，并加强身份证办证工作，年内办理身份证 1.41 万人。

2001 年，公安局继续以户口底册为准，加快身份证办理进度，全年办理身份证 5012 个。

2005 年，户政部门围绕第二代居民身份证集中换发工作，加强人口信息采集工作和纠错工作，常住人口录入电脑 18.5 万人，录入率 100%；办理小城镇户口 137 户 402 人，9 月 1 日举办小城镇户口集中发放办理现场会。

2006 年，公安局建立局领导分片督导机制，齐心协力，加班加点，扎实做好“二代证”换发工作，办理“二代证”4.78 万张。7 月，颁发第二代居民身份证。

2007 年，办理“二代证”7.27 万张，办理临时身份证 366 张。

2008 年，公安局在加强户口整顿和人口信息纠错工作的基础上，继续做好“二代证”办理工作，共办理“二代证”5878 个，保证“二代证”换发工作质量。

2009 年，办理二代证 1.06 万张。

2010 年，办理二代证 92323 张，临时身份证 63 份。

第四节　交通安全管理

一、交通安全宣传

1991—1999 年，交警大队根据县委、县人民政府交通安全管理工部署安排，按照公安局党委交通安全管理工作要求，先从城区道路入手，实施人车分离开展交通安全宣传，逐步转入规范农村交通秩序，开展交通安全宣传进农村 105 场次、进企业 36 场次、进社区 58 场次、进学校 23 场次。

2000 年，交警大队从提高群众交通安全意识入手，全面加强交通法规宣传工作，交通民警深入乡村学校和人流量相对集中区域进行宣传；协调广电台，利用广播对重点法规进行宣传讲解 3 次。发放宣传单 1000 份、道路交通安全手册 200 本，出动警车 20 辆次；受教育 5 万人次，其中受教育老师 300 人次、受教育学生 3000 人次。

2002 年，交警大队制定《预防交通事故宣传教育工作方案》，通过定期组织下乡宣传、举办学习班宣传、广播宣传、流动宣传车宣传、交通法律法规图片展宣传等形式开展交通法规宣传 21 场次。在城乡要道修建交通警示牌 3 处。举办驾驶员学习班 4 期，受教育 1100 人次，广播电台播放交通宣传稿 15 篇。

2004 年，交警大队结合“天山杯”文明城市创建活动，加强城乡道路规范化管理，提升麦盖提县交通管理文明形象和文化品位，与广播电台共同创办交通信息台，开展“畅通工程”和交通法规的宣传。

2005 年，交警大队印制交通安全宣传单 10 万份，制作警民联系卡 500 张、交通安全宣传展板 20 块，翻录交通安全宣传磁带 200 盘，悬挂交通安全宣传横幅 23 条，通过设立咨询点、悬挂横幅、展览宣传图片、散发宣传单、专题讲座等多种形式对社区、农村、学校、企业进行全方位、立体化的交通安全宣传教育。交警大队开展为期 3 天的“万人签名”大型交通安全宣传活动，中国移动、中国联通编发手机短信 12 万条。交警大队共出动宣传车 320 辆次，散发宣传单 10 万份，展出交通安全图片展 2040 次，播放交通事故警示片 40 场次，进行专题讲座 37 场次，累计受教育 16.8 万人次，宣传覆盖率 93.3%。

2006 年，交警大队开展“五进”宣传教育活动，侧重进学校、进农村，发挥交通安全宣传在预防和减少道路交通事故中的重要作用。6 月，开展安全生产咨询日活动，交警大队采取召开驾驶员动员大会、司乘人员座谈会、违章肇事人员案例分析反思会等形式，宣传安全行车和遵章守纪的重要性以及违章肇事的危害性，挂图巡展 3 场次，播放光盘 2 场次，上交通教育课 6 场次，受教育 3500 人次。集中开展无牌无证和客运车辆专项整治工作，通过广播电视、新闻媒体宣传无牌无证和违规营运车辆上路行驶的危害性和治理必要性，推动专项整治工作有效开展。

2007 年，进一步加大“平安畅通县区”创建工作力度，开展以“文明交通，和谐交通”为主题的宣传教育活动，继续实施城市“畅通工程”，加大交通违章处罚力度，提高城市道路交通管理水平。

2008 年，根据交警总队印发的《2008 年全区重点交通违法行为专项整治工作实施方案》要求，交警大队以悬挂横幅、标语、制作展板和电视台宣传的形式在公路沿线、城市道路、农村道路上开展交通安全宣传。悬挂横幅 27 条，粘贴标语 200 处，制作展板 3 块，广播电视宣传 6 次。

2009 年，交警大队将专项教育与日常教育相结合，在全社会开展“喜迎大庆、文明出行”宣传教育，共制作宣传横幅 44 条、宣传板面 2 块，在公路沿线刷写永久性交通安全宣传标语 23 条，运用广播电视播放交通安全知识 270 分钟。民警深入 3 家客运企业宣讲交通安全法 12 场次，在乡镇巡回宣传中，发放宣传单 6780 张，播放交通安全宣传光碟 12 场次。在县城 7 所中小学校开展交通安全法宣传 7 场次，发放宣传单 1300 张，组织观看交通事故典型案例展板 7 场次，播放宣传光碟 7 场次。利用巴扎日在乡镇农贸市场开展交通安全法宣传 18 场次，发放宣传单 8300 份。深入机关单位开展交通安全法宣传 2 场次，发放宣传光碟 2 张。全县累计受教育 21 万人次。

2010 年，按照全国实施文明交通行动计划的部署，交警大队开展“文明交通行动计划”宣传活动，以“关爱生命、文明出行”为主题，深入机关、学校、企业、社区等地点广泛宣传，共开展宣传活动 10 次，开展交通安全讲座和交通安全课 10 次，发放宣传材料 2000 份，张贴宣传标语 20 条，发放交通安全宣传画 100 张，巡回展出交通事故案例“警示录”图版 50 场次，受教育 2 万人次。

二、交通设施管理

1991—2010 年，麦盖提县公安交通部门对全县道路交通设施进行规范管理，维护道路交通设施，保障道路交通的安全。20 年间，持续开展道路交通管理工作法律、法规和政策宣传 40 场次，累计发放宣传单 4 万份，受教育 5.2 万人次。20 年间，常态化开展道路交通设施维护管理 80 次，及时排除道路交通设施隐患，没有发生 1 起因道路交通设施问题而引发的交通事故。

（一）主要交通设施　1991—2010 年，麦盖提县交通道路设施按照县域道路交通的实际情况进行设置，主要有交通标志、指挥信号系统、监控系统、标线、护栏、护柱、隔离设施、宣传栏和路面缓冲设施及辅助管线等。

（二）交通设施管理部门　1991—2010 年，麦盖提县交通设施的管理部门是县公安局，公安交警大队具体负责交通设施的设置、安装、管理和维护。

（三）交通设施管理办法　1991—2010 年，麦盖提县为加强道路交通设施建设和管理，保障交通安全和畅通，根据《中华人民共和国道路交通管理条例》等法规，结合实际，制订《麦盖提县道路交通设施管理办法》。

三、交通秩序整顿

1991 年，交警大队执行《中华人民共和国道路交通管理条例》，依法管理，文明管理，文明执勤，引导人走人行道，纠正不文明占道，闯红灯、翻越护栏等行为，提升人民群众的守法意识。

1993 年，交警大队开展综合交通秩序整治，对路面行车秩序、行人秩序进行专项治理，规范各项道路交通秩序。

1994—2000 年，交警大队深入贯彻江泽民“严格执法、热情服务”的题词精神，履行交通管理部门职能职责，以“防事故、保畅通”工作目标为重点，加强农用车、畜力车道路交通秩序管理，规范行车秩序，预防和减少交通事故的发生。开展城市畅通工程和平安大道创建工作，形成人车分道的管理体制，街道摆摊设点明显减少。

2001—2004 年，交警大队以预防和治理公路“三乱”为重点，制定治理公路“三乱”整治方案，对全县交通秩序进行全面整治，实行重要路段分组巡逻，大力整治路面行车秩序，对交通违章坚持教育和管理相结合，落实违章记分管理和吊扣、吊销制度，减少交通隐患。

2005—2006 年，交警大队深入贯彻落实国务院“五整顿、三加强”工作措施，落实自治区公安厅交警总队关于开展道路交通安全专项行动的通知精神和统一部署，落实喀什地区交警支队制定下发的《关于在全地区开展“百日”整顿摩托车无牌无证和违法行驶专项活动实施方案》《关于喀什地区道路运输危险化学品安全专项整治方案》《关于“规范执法行为、促进执法公正”专项整改活动实施方案》《关于开展打击盗抢机动车违法犯罪活动专项行动的通知》及《关于开展清理整顿特种车辆、公安专段号牌和金融专段号牌专项行动方案》等文件精神，实行“三包四定”责任制，加强对无牌无证摩托车、“双超”违法行为、9 座以上客运车辆等重点车辆及驾驶人员开展各项专项整治行动，遏制无证照驾驶、超高、超载、超速行为，预防和减少道路交通事故，遏止重特大道路交通事故的发生。

2007 年，交警大队按照“道路交通安全集中整治活动”工作方案，认真分析辖区事故特点及成因，本着“警力跟着警情走，岗位随着问题设”的原则，以预防事故为着力点，研判交通安全形势，制定预防事故对策。针对摩托车肇事频繁，事故后果严重的特点，加大对无牌无证驾车、疲劳驾车、酒后驾车、超速、超载、超员等诱发交通事故的重点违法行为的查处力度。根据交通违法、交通事故和交通流量规律特点，调整勤务，采取灵活弹性工作制，强化路面行车秩序整顿。以“降事故、保安全、保畅通”为工作目标，有效减少道路交通违法行为，预防和遏制重特大道路交通事故。

2008 年，交警大队按照自治区公安厅交警总队印发的《2008 年全区重点交通违法行为专项整治工作实施方案》的要求，结合实施“畅通工程”和创建“平安畅通县、区”活动，开展三个方面的专项整治工作。城市道路以疏堵治乱为工作重点，对路口交通秩序（行人、非机动车遵守信号、标志、标线指示，机动车在有分左转、右转、直行车道及信号指示的路口各行其道）、主干道机动车违停行为、公交车不进站停车进行专项整治。国、省道以预防重特大道路交通事故为重点，巩固 2006

年、2007年整治成果，继续采用现场执法手段对超速违法行为开展专项整治。农村道路开展对摩托车违法、车辆违法载人的专项治理。

2009年，交警大队根据上级主管部门提出的“教育量上升10%、处罚量下降10%、罚款量下降10%”的总体目标，坚持以教育为主，逐步提高群众的安全意识，交警大队的具体做法是：第一次违章批评教育，记入违章档案；第二次违章进行安全学习；第三次违章适量罚款。多次开展专项整治行动，预防违章反弹。

2010年，交警大队集中开展校园周边道路交通安全百日安全生产集中整治专项行动、“降事故、保安全、保畅通大干七十天”专项整治行动、遏制重特大道路交通事故专项行动、“危险路段的排查整治”等专项行动，摩托车驾驶人员不戴安全头盔、无证驾驶、县城机动车乱停乱放、机动车超载、超速及重大节日期间酒后驾驶摩托车的专项整治活动。

四、车辆管理

1991年，自行车打号移交交警大队，共打号1935辆。审验机动车2次，审验车辆470辆。1993年，全县新增机动车18辆，审验机动车429辆，审验率90%。驾驶人员审验544人，占总数的60%。1999年，办理车辆牌照486个，审验驾驶员1110人次，审验机动车1513辆（其中汽车980辆、摩托车533辆）。

2002年，麦盖提县交警大队车管所加强车辆审验，严禁无证驾驶，年内审验汽车1170辆，摩托车1002辆，审验机动车驾驶员1979人次，办理记分本2800本，办理摩托车牌照170副，实现驾驶人员、各类车辆的有序管理。

2006—2010年，麦盖提县交警大队强化车管基础性工作，着力提高服务水平和质量，推行优质服务，贯彻执行《公安机关窗口单位服务规定》，完善窗口岗位责任制，更新车辆、驾驶员管理系统。车管所采取面向基层，服务靠前落地，对偏远乡镇和农林团场开展上门办牌办证，解决群众办证难的问题。

五、驾驶员管理

1991—2010年，麦盖提县公安局交警大队按照《中华人民共和国道路交通安全法》及上级部门有关交通安全管理规章制度，通过持续加强学习教育，纳入系统管理等措施，对驾驶员实施规范管理，对违章者按规定处罚，加强批评教育，逐步提升驾驶员守法意识，减少交通事故发生。

2000—2010年麦盖提县机动车驾驶员情况一览表

表24-1-5　　单位：人

年份（年）	驾驶员						合计
	A	B	C	D	E	J	
2000	1754	309	552	335	700	10	3660
2001	1909	423	608	380	753	13	4086
2002	2151	563	704	441	983	16	4858
2003	2366	661	820	477	1170	17	5511
2004	2937	859	1126	593	1967	21	7503
2005	2867	1185	1293	661	2171	25	8202

续表 24-1-5

年份（年）	驾驶员						合计
	A	B	C	D	E	J	
2006	2710	1897	1922	993	5733	35	13290
2007	2706	2453	2233	1083	5764	48	14287
2008	2706	3255	2640	1597	6650	70	16918
2009	2708	3716	2914	1723	6586	92	17739
2010	2680	3999	3224	1879	6615	99	18496

六、交通事故处理

1991—2010 年，麦盖提县公安交警大队严格执行交通法规，依法办事，对县域内发生的交通事故进行公平公正处理。

1991 年，麦盖提县发生交通事故 13 起，直接经济损失 5.65 万元，死亡 5 人，伤 10 人。

1997 年，麦盖提县发生交通事故 104 起，死亡 33 人，伤 76 人，直接经济损失 7.86 万元，查获逃逸案件 4 起。

2001 年，交警大队进一步规范强化交通事故处理办案程序，在搞好现场调查、勘查的基础上，对事故情况进行讨论，全面分析，明辨事故责任。全年发生交通事故 115 起，死亡 32 人，伤 78 人，直接经济损失 7.857 万元。

2004 年，交警大队加强事故的处理、案件勘查、计算机应用等技术的教育培训，培养高素质的交管队伍，有效遏制交通事故发生起数。全年发生交通事故 52 起，受伤 25 人，直接经济损失 6.39 万元。

2010 年，麦盖提县发生交通事故 26 起，死亡 14 人，伤 29 人，直接经济损失 7.04 万元。

1991—2010 年麦盖提县交通事故情况一览表

表 24-1-6

年份（年）	事故发生			经济损失（万元）
	发生起数	受伤人数（人）	死亡人数（人）	
1991	13	10	5	5.65
1992	31	12	8	7.68
1993	56	38	23	3.71
1994	93	55	17	7.84
1995	98	48	21	5.19
1996	71	39	16	3.63
1997	104	76	33	7.86
1998	152	150	35	11.97

续表 24-1-6

年份（年）	事故发生			经济损失（万元）
	发生起数	受伤人数（人）	死亡人数（人）	
1999	77	54	29	6.43
2000	96	83	36	9.66
2001	115	78	32	7.86
2002	63	30	55	6.58
2003	71	36	22	31.57
2004	35	23	20	5.89
2005	38	30	15	2.85
2006	43	50	19	9.5
2007	44	55	17	13.89
2008	38	28	14	6.65
2009	61	89	14	9.23
2010	26	29	14	7.04

第五节　公安消防

一、机构

1991—2006 年，麦盖提县没有专业的消防机构，消防监督管理工作由公安局治安部门监管。2006 年 11 月，根据新公政字〔2006〕328 号文件，麦盖提县成立公安专职消防大队，隶属公安局管理，接受地区消防局的业务指导。

2009 年 7 月，麦盖提县公安消防大队性质为公安现役部队，为副团级单位。隶属于喀什地区公安消防支队，接受喀什地区公安消防支队和麦盖提县委、县人民政府的双重领导，实行志愿兵与义务兵相结合的兵役制度，执行中国人民解放军的条令、条例，按照中国人民解放军的建军原则、性质和宗旨建设部队。

二、主要工作

2009—2010 年，麦盖提县消防大队共接警 49 起，抢救被困人员 29 人，疏散被困人员 52 人，抢救财产价值 286.7 万元。参与执勤 20 余次。共检查单位 99 家，发现火灾隐患 132 处，督促整改火灾隐患 132 处，下发责令改正通知书 75 份，下发行政处罚决定书 15 份。

连续两年开展“条令条例学习月”、纪律作风整顿活动，累计开展队列训练 144 次，条令条例学习 144 次，通过学条令、用条令、守条令，广大官兵树立正确的价值观，营造良好的部队风气，促进部队正规化建设。

根据《火警和应急救援分级规定》，制定完成各类灾害事故等级力量调派方案，严格按照实地演练要求，开展战斗编成演练，纠正规范演练中极易出现的“六乱”现象。强化官兵体能、技能，在训练中，创新训练方法，将业务训练与体能训练结合起来，保证每天不少于一课时的体能训练，训练后有一刻钟的放松时间，适当开展足球、篮球、拳击、心理小游戏等项目，培养官兵血性，缓解压力，增强团队合作能力。

积极开展易燃易爆场所熟悉演练工作，对麦盖提县辖区范围内的加油站、加气站等场所逐一实地查看，适时与单位联合演练，做到底数清、情况明，保证该类场所发生事故时，能第一时间控制火势。

加强重点单位熟悉演练及水源普查工作，先后对全县水源普查3次，对县城范围内的人员密集场所开展演练300次，通过熟悉演练，提高重点单位防火能力，对辖区内消火栓、消防水鹤进行普查，了解掌握水源情况。

加强执法规范化建设，提高监督员执法业务素质。以加强消防监督员执法业务能力为基本出发点，每年开展相关法律法规学习2次，不断加强执法规范化建设，推进消防执法工作规范化，消防执法工作明显提高。

强化社会单位责任意识，全面开展建筑消防设施“三化”和社会单位“四个能力”达标创建工作。两年间，大队安排人员对全县消防重点单位进行重点检查指导，规范消防安全重点单位“两房两室”的管理，不断推动非消防安全重点单位以及人员密集场所的一般社会单位落实消防安全“四个能力”和“三化”建设。

认真吸取天津火灾事故教训，举一反三，加大易燃易爆场所严管严控力度，深入分析研判辖区易燃易爆场所消防安全形势和存在的突出问题，及时向当地党委、政府汇报，通过召开消防工作联席会、安全生产例会等形式，扎实开展易燃易爆场所清查行动，确保各项工作部署到位，措施落实到位。

加大派出所消防监督指导力度，大队先后深入派出所指导消防业务10次，开展派出所消防监督抽考3次，组织全员消防考试4次，提升派出所干警的消防安全意识。

第六节　打击刑事犯罪

1991年，麦盖提县公安刑事侦查依旧贯彻群众路线与专业人员相结合的方针，充分发动群众，打击犯罪，保护群众。

1992—1996年，麦盖提县公安机关贯彻依法从重从快严厉打击严重刑事犯罪活动，进一步完善侦审一体化职能，在刑侦部门内实行低度预审专业化，确保办案质量，提高执法水平，按照稳准狠的原则严厉打击刑事犯罪，刑事案件发案率呈下降趋势。

1997年，整合刑事技术室与专业中队警力资源，在接报警情后，刑事技术员与侦查员第一时间同赴现场，根据各自分工开展现场勘查和走访调查等前期工作。积极推行现场统勘模式，由刑事技术室全面负责案件现场勘验工作，规范现场勘查，加强物证管理，认真检验鉴定，着力提升刑事案件现场勘验率、物证提取率、数据比对率、实战利用率，切实提高技术破案水平。

1998—2005年，麦盖提县以命案侦破为龙头，紧盯各类重大恶性案件和盗窃、两抢等多发性案件，进一步建立健全侦查破案组织体系，形成公安机关打击刑事犯罪的整体效能，加大刑事侦查工作力度，抽调精干警力，成立专案组，以打现行、打团伙、破积案为重点，重点打击团伙犯罪，刑事犯罪呈下降趋势。

2006—2009年，落实责任制，强化考核，促进侦、防、控有机结合、协调发展。

2010 年，麦盖提县公安局强化日常破案与专项行动相结合，保持对刑事犯罪的严打高压态势，遏制刑事案件的高发势头。

第七节　经济犯罪侦查

1991—2010 年，全县共发生经济犯罪案件 8 起。公安机关协助审判、检察机关打击经济犯罪，追回大部分赃款。

2000 年，公安局受理经济案件 2 起，破案 2 起，涉案人员 2 人，涉案金额 4.17 万元。

2002 年，受理经济案件 3 起，破案 3 起，涉案人员 3 人，涉案金额 5.35 万元。

2003 年，公安局受理经济案件 1 起，破案 1 起，涉案人员 1 人，涉案金额 2.2 万元。

2007 年，公安局受理经济案件 1 起，破案 1 起，涉案人员 2 人，涉案金额 8.6 万元。

2009 年，公安局在打击假币犯罪“2009 行动”中，对烟酒店、娱乐场所零散假币进行集中收缴共收缴假币 1600 元。

2010 年，公安局经侦中队进行打击经济犯罪防范宣传，以“谨防银行卡诈骗犯罪”“真假发票的辨别”“如何提高识别假币的能力”“警惕高息借款的陷阱”为主，发放宣传资料 2000 份。

1991—2010 年麦盖提县经济犯罪情况表

表 24-1-7

年份（年）	受理经济类案（起）	破案数（起）	涉案人员（人）	涉案金额（万元）
1996	1	1	1	3500（非法集资）
2000	2	2	2	4.5（职务侵占）
2002	3	3	3	6.1（职务侵占、诈骗）
2003	1	1	1	2.2（职务侵占）
2010	1	1	1	70（职务侵占）

第八节　110 警务

1998 年，公安局设立“110”总机，主要负责机要传真、有线无线通信保障。

2002 年，公安局为加强无线通信指挥调度，在各基层派出所建设 350 兆无线集群系统，无线寻呼系统实现升级换代。

2003 年，公安局成立通讯股（公共信息网络安全监察）。

2005 年，公安局通过多方调查论证，向县委、县人民政府提交《关于加快麦盖提县公安信息通信网络建设的实施意见》，得到县委、县人民政府领导对公安信息通信建设工作重视与支持，投资 20 万元完成局机关三级网建设。公安局调配计算机专业人员负责公安信息网络管理，拓展信息网络的应用领域，确保公安信息网络的安全运行。

2006 年 3 月，公安局成立网通股。

2007 年，公安局建立以户政业务为主的办公自动化信息平台；筹划交警大队、看守所局域网建设项目，完成建设任务；根据其他股室对网络的依赖和需求，完成公安专网 VOIP 电话系统改造，实现专网电话互联，改变“110”仅由公安局值班室负责接处警的局面。

2008年，公安局完成“三台合一”工程项目建设工作，系统投入使用后，采用同席集中接警，分类处警模式。流程为接警由网络通信股统一接警，先期处警，并汇报局领导，根据不同警情分类处警，指令具体所属单位出警。“三台合一”的建成，初步建立统一规范，指挥有力的指挥体系和反应灵敏、职责明确、协调有序，快速高效的接处警机制。

建成350兆无线同播勤务网，填补无线通信不足，缩短与上级公安机关通信反应时间，提升及时准确处置和应对各类公共突发事件的能力。

2009年，公安局建成喀什无线同播网指挥系统联网系统，为提升350兆警用无线通信指挥能力，10月，地区公安局搭建起350兆同播IP指挥网，麦盖提县公安局并入喀什地区公安局IP链路无线同播网平台，提升与上级公安机关和周边兄弟县市公安机关联合应急通信能力。

2010年，公安局制定《麦盖提县公安局警综平台数据采集实施方案》，分三批对一线民警进行数据采集培训，联系购买各类采集表20万份；在数据采集过程中，把收集到的常见问题汇编成册，形成《麦盖提县公安局警综平台数据采集录入指导手册》，为确保信息采录的顺利进行，提高采录数据进度，编制“麦盖提县采录数据进度”软件，制定《麦盖提县公安局采录数据验收标准》。

第九节　监所管理

一、看守所

1991年，麦盖提县看守所由公安局负责管理，武警中队担任警卫。

1995年，看守所通过认真落实制度，加强教育管理，确保监所安全稳定，全年监所无事故。

1997年，看守所调整管理模式，增加查号次数，确保监所安全稳定。

1999年8月，公安局党委对看守所领导班子进行调整，建立看守所管理责任制，与武警中队积极开展以“共建、共管、共保安全”为内容的“三共”活动，看守所工作日渐规范化。

2001年，看守所加强制度建设，制定监规、在押人员一日生活制度及24小时双人值班巡视制度，对监所管理更加严格科学；同年，看守所完成未成年人监室设置、监区围墙加固工作。

2002年，看守所积极推进看守所规范化管理进程，进一步完善制度，制定在押人员一人一档制度，使看守所工作全面走向规范化。

2003年，公安局在原看守所建筑设施基础上进行整体改造，办公条件得到改善。

2004年，县财政投入专项资金完成监所改造收尾工程。

2007年，看守所被上级公安机关评为三级看守所。

2010年，看守所按照公安厅党委统一部署，投入资金完善监所“四防一体化”建设。

二、拘留所

1991—2007年，拘留所按期组织全所民警开展安全大检查。本着“不放过一个死角、不忽略一个细节、不留下一个空档”的原则，对拘留区围墙、照明线路、门窗等设施进行全面检查，对每个拘室的门锁、床铺、被拘留人员日常用品等进行细致检查，消除监所存在的安全隐患。

2008年，为确保奥运会期间拘留所安全稳定，构建人防体系，合理设置岗位，优化配置警力，落实大门门哨和监区巡视制度，建立与武警中队联动机制。注重人性化管理，保障在押人员合法权益，全年诊巡在押人员112人次，出所就医16人次。

2009年，开展民警实用业务培训及岗位练兵活动，民警业务水平得到提升。

2010 年，拘留所实现信息主导勤务，科学设置勤务岗位，合理配置警力，明确职责任务。进一步完善所领导带班、管教民警主协管、值班巡视和监控岗位二岗合一等工作机制，被上级公安局机关评为三级拘留所。

第二章　检　察

第一节　机　构

1991 年，麦盖提县人民检察院有干部职工 36 人，内设办公室、政工科、综合科、刑事检察科、经济检察科、控告申诉检察科、监所科、法纪科 8 个科室。其中，刑事检察科、经济检察科、控告申诉检察科、监所科、法纪科为业务科室；刑事检察科主要负责刑事案件的审查批准逮捕和审查起诉；经济检察科主要负责国家机关工作人员利用职务之便贪污、挪用公款案件的侦查工作；法纪科（渎职侵权检察科）主要查办国家机关工挪作人员的渎职案件的侦查工作；监所科主要负责看守所刑法执行监督职责；控告申诉检察科主要负责对刑事判决不公正而提出的申诉和控告工作。

1993 年，检察院刑事检察科分设为批捕科和起诉科，将刑事案件的批准逮捕和审查起诉分开进行，批准逮捕的人不参与起诉，起诉的人不参与批准逮捕，有效避免批准逮捕和起诉同一人办理，避免发生执法不公现象，体现司法公正。

1996 年，经检察院党组研究决定将监所检察科并入起诉科，由起诉科负责监所检察工作。

2001 年 12 月，经县委批复，检察院经济检察科升格为反贪污贿赂局。

2003 年 3 月，按照机构改革的要求，检察系统内设科室统一名称，起诉科更名为公诉科；批捕科更名为侦查监督科；法纪科更名为渎职侵权检察科。10 月，检察院监所检察科从起诉科分离，单独行使监所检察职能。

2006 年 5 月，检察院渎职侵权检察科经县委批复更名为反渎职侵权局。

2010 年，县人民检察院有干部职工 40 人。

第二节　审查批捕

1991 年，麦盖提县人民检察院坚持依法从重从快严厉打击严重危害社会治安刑事犯罪活动，开展“严打”斗争，对公安机关提请逮捕和移送起诉案件，做到依法及时批准逮捕和提起公诉。

1992—1994 年，县检察院充分发挥职能作用，凡不批准逮捕案件、不起诉案件以及重大疑难复杂案件都提交检察委员会审定，避免错捕、漏诉现象发生。

1995—1998 年，县检察院加强“侵权”、渎职犯罪打击力度，要求经检、刑事、监所、控告申诉和民事行政检察部门加强协调配合，积极开辟法纪案件线索。

1998—2001 年，县检察院依法受理公安机关和检察机关自行侦查提请和移送的报捕案件，严格按照批准逮捕的三个条件，严格审查报捕案件。

2002—2005 年，县检察院对移送和自侦案件的佐证材料及违法事实进行严格审查，对事实不清、证据不足不具备批准逮捕条件的，依法作出补充侦查和纠正意见，确保批捕案件的合法性和严谨性。

2006—2008 年，县检察院坚持依法对各侦查机关行使立案监督职能，严格按照“有法可依、有法必依、执法必严、违法必究”法制建设方针，以法治建设为抓手，进一步加大对侦察机关立案程序的监督，确保应立尽立。

2009—2010 年，县检察院把维护稳定作为首要任务，与公安机关、法院等部门通力协作，把依法从重从快和稳准狠打击犯罪有机结合起来，增强打击合力，注重办案质量，始终坚持严格办案程序和办案制度，对重大复杂案件提前介入。

第三节　刑事案件检察

一、审查起诉

1991 年，麦盖提县检察院坚持实行重大、特大犯罪案件提前介入制度，缩短办案时间，提高办案质量，及时、有力地打击了犯罪分子。

1992—1994 年，麦盖提县检察院聚焦打击车匪路霸，打击倒卖车、船票，以及“扫黄”“打非”等专项斗争，与公安、法院、司法行政等部门密切配合，贯彻依法从重从快方针，依法履行起诉职能，坚持基本事实清楚、基本证据确凿、不纠缠细枝末节的原则，依法从快批捕、起诉，防止贻误战机。加强国家安全检察工作，批捕起诉一批危害国家安全的犯罪分子。

2000 年，针对社会治安问题，麦盖提县检察院与有关部门密切配合，坚持“严打”方针，依法惩治危害国家安全、经济安全和社会治安秩序的严重刑事犯罪，坚决打击黑社会性质组织和恶势力犯罪。

2007 年，按照高检院《关于在检察工作中贯彻宽严相济刑事司法政策的若干意见》《关于依法快速办理轻微刑事案件的意见》等规定，在办案中注重宽与严有机统一，对轻微刑事案件依法从快办理，最大限度保护案件当事人合法权益。

2009—2010 年，按照上级检察机关要求，全面贯彻宽严相济刑事政策，既有力打击犯罪，又减少社会对抗，对轻微犯罪落实依法从宽处理政策。

二、审判活动监督

1991—1993 年，检察院加强刑事审判监督，针对 1 起重罪轻判案件依法、及时提出抗诉，针对判决不及时等问题，提出检察纠正意见。

1995 年，在审查批捕起诉工作中办理 1 起纵火案时，发现对被告人有漏诉犯罪行为事实，经认真审查查明，被告人有持刀捅人致残的犯罪事实，检察院以放火罪和故意伤害罪起诉法院，使罪犯得到应有惩罚。

2001 年，检察院在起诉工作中严把案件事实关、证据关，如审查热合曼·吾其曼盗窃一案时发现其还有抢劫罪，遂以盗窃罪、抢劫罪向法院提起公诉并追诉 4 人。

2002 年，检察院充分运用抗诉手段，纠正有错误的判决和裁定，对 2 件 2 人判决提出抗诉，喀什地区分院支持抗诉 1 件 1 人；按照审查监督程序提请抗诉 1 件 1 人，已支持抗诉 1 件 1 人。同时，在起诉工作中严把案件质量关，追诉 3 件 5 人，依法追诉漏罪 1 件 1 人。通过办案执法监督工作，向公安机关提出口头纠正意见 4 次，书面纠正意见 4 次；纠正公安自侦部门超期移送审查起诉案件 6 件 7 人。向法院提出口头检察建议 2 次，书面检察建议 3 次，书面纠正意见 2 次。

2006 年，检察院为维护法律尊严和体现法律公平正义，对 2 件做出一审的案件提请抗诉，喀什检察分院支持抗诉 1 件 1 人；向有关单位发出违法通知书 8 次，做到不枉不纵，公正执法。

2007 年，检察院发挥在民事审判和行政诉讼中的监督作用，加大办理民行抗诉案件力度，立案 1 件，向有关单位发出检察建议 5 件。同时认真做好当事人服判息诉工作，以节约司法成本，维护法律尊严。

2008 年，检察院积极开展民事审判活动监督和行政诉讼活动监督，对确认有误的 2 件民事行政判裁决向喀什检察分院提出抗诉建议，均得到支持抗诉的决定。

2009 年，检察院民事行政检察工作，发挥在民事审判和行政诉讼中的监督作用，加大办理民行抗诉案件力度，共立案办理民行案件 11 件，向上级检察院提请抗诉 1 件，建议提请抗诉 7 件。

2010 年，检察院立案监督 2 件。对侦查部门提请批准逮捕的案件认真进行审查，严格把关，对不符合逮捕条件的，依法不予批准逮捕。

第四节　贪污贿赂案件检察

一、机构

1991—2000 年，麦盖提县反贪污贿赂局前身为麦盖提县检察院经济检察科。2001 年 12 月 5 日，经中共麦盖提县委员会批复，检察院经济检察科升格为反贪污贿赂局，沿用至 2010 年。

二、查办贪污案件

1991—1992 年，惩治贪污、贿赂犯罪是检察机关依法打击经济犯罪的第一位工作，通过集中力量查办大案、要案，特别是严厉打击贪污盗窃国家财产，索贿受贿，破坏行政管理秩序和经济秩序犯罪成效比较明显。期间开展宪法、刑法等法律法规宣传，讲清坦白从宽、抗拒从严政策，推动严打斗争深入开展。

1993—1995 年，坚持把惩治贪污贿赂犯罪作为工作重点，学习贯彻最高人民检察院、最高人民法院发布的《关于贪污、受贿、投机倒把等犯罪分子必须在限期内自首坦白的通告》，实行检察长带头查办大案要案制度，集中力量查办大案要案，依法妥善处理小案，严厉打击严重的贪污贿赂犯罪分子。

1996—2003 年，县人民检察院坚持将职务犯罪预防工作和职务犯罪查办工作同部署、同检查、同落实，结合办案，重点抓好个案预防。针对倾向性、苗头性问题，深入开展行业预防。围绕县委中心工作和涉农惠民领域可能引发的职务犯罪，开展针对性专项预防；推进警示教育活动，开展预防职务犯罪教育进机关、进社区、进乡镇、进乡村活动，增强公职人员抵御职务犯罪意识。

2004—2007 年，加大查办贪污贿赂、渎职犯罪案件力度，推动廉政勤政建设，按照中共十五大确定的反腐败领导体制和工作机制，依法履行侦查职务犯罪职责，加强办案工作。

2008—2010 年，强化侦查意识，提高侦查技能，突出查办大案要案，积极开展重点领域、行业职务犯罪查办工作。

1991—2010 年，麦盖提县人民检察院反贪污贿赂局共立案侦查国家工作人员职务犯罪案件 56 件，通过办案为国家挽回经济损失 479.97 万元。

三、查办贿赂案件

2005 年，检察院与交通局、林业局、卫生局、公安局、法院、城乡建设局、电力公司、种子公司等 26 个单位签订《预防职务犯罪工作联络中心实施办法》，贯彻实施《新疆维吾尔自治区预防职务犯罪工作条例》，落实《建立健全教育、制度、监督并重的惩治和预防腐败体系实施纲要》。

2006 年，检察院着重查办国家工作人员贪污贿赂、渎职等职务犯罪案件和农村基层组织工作人员严重侵害国家、集体和群众利益的职务犯罪案件，采取多种形式鼓励公民和单位举报，不断提高侦查水平。发现和查找案件线索5件8人，初查线索5件8人，挽回经济损失5万元。同时，高度重视预防工作，采取一系列措施完善预防职务犯罪工作机制，预防职务犯罪办公室从3月起与11个县直单位及乡镇签署预防职务犯罪工作联络实施办法。

2007年，检察院在反贪污贿赂工作方面，深入开展查办大要案工作，以开展严肃查办国家工作人员利用职权侵犯人权犯罪专项活动为主要内容，加大对行政执法人员犯罪案件的侦破力度，把工作重点放在开辟案源上。

2008年，检察院通过广泛深入宣传，进一步提高人民群众对检察工作的认识，鼓励人民群众检举揭发贪污、受贿犯罪线索。反渎局、反贪局、控申科等部门多次联合开展举报宣传活动，在乡村、社区、县城繁华地段进行法律宣传12次，制作宣传展板2个，展示宣传挂图12幅，出动检察干警30人次。发放各类法律宣传卡片2000份，接待群众法律咨询600多件。与7个行业系统签订预防职务犯罪联络实施办法，协同有关部门召开座谈会11次。与工商、税务等行政执法单位联合开展预防职务犯罪法制讲座9次。参与政府采购及工程招投标活动30次，参与工程验收5次。与广电台联合开展预防职务犯罪宣传11次。与纪检委联合举办预防职务犯罪图片展1次。

2009年，检察院着重查办国家机关工作人员贪污贿赂、渎职侵权等职务犯罪案件和农村基层组织工作人员严重侵害国家、集体及群众利益的职务犯罪案件，采取多种形式鼓励公民和单位举报，不断提高侦查水平。

2010年，按照最高人民检察院反贪污案件赃款赃物管理制度，严格执行“收支两条线”，并对反贪污案件实行“案后回访监督卡”制度，在自治区高级人民检察院组织的反贪污案件扣押款物专项检查工作中取得良好成绩。

第五节　控告申诉检察

一、控告

麦盖提县控告业务由控告申诉检察科办理，1994年，检察院控告申诉工作发挥监督与制约相结合的作用，对有罪裁决权免诉决定等不服而提出的上诉，始终按照实事求是，有错必纠的原则进行认真细致复查。受理控告申诉18件，其中15件移交有关部门处理，对3件控告申诉进行自查处理。

1995年，检察院重视控告申诉检察工作，热情接待各族群众来信来访，号召人民群众检举揭发经济犯罪线索，结合实际，为人民群众排忧解难，预防矛盾激化，共接待来信来访88人次。

1996年，检察院在受理人民群众上访告状问题中，结合实际，引用法律解释说明，为上访群众解决实际问题，安抚上访群众，预防矛盾激化，共接待来信来访72件次，均妥善处理。

1997年，检察院热情接待来访各族群众，在群众来访的一些问题上，结合实际，根据法律法规向来访群众认真讲解，做好工作，防止矛盾扩大和激化。共接待群众来访来信105件次，均妥善处理。

1998年，检察院进一步强化控申检察，取得明显成效。在控申检察工作中发挥监督和制约作用，对判决、裁决和免诉决定不服提起上诉的案件进行复查。坚持实事求是，有错必纠的原则，共受理控告申诉51件。

1999年，检察院热情接待来信来访群众，为群众热情服务，受理来信来访33件。检察长接待上访人员17次、22个工作日，在接待日接待并亲自查处信访案件3件。

2000—2003年，检察院为加强控告申诉检察，将接待室由办公楼内移至大门口，重新调配人员，以利控告申诉工作的开展。将举报电话向社会公开，充实和完善检察长接待日制度，做到及时了解动态，发现问题，及时处理。对举报线索实行统一管理，建立审查协调制度，及时协调分流线索。

2004年，检察院党组加强了对控申举报“窗口”重视，强化了“窗口”建设，明确认识到文明接待室是联系人民群众的纽带和桥梁，是检察机关查办贪污贿赂和渎职犯罪案件线索的重要途径，是履行检察职能的重要组成部分。不断提高为人民群众服务的水平和质量。全年接待群众来访79人次，受理控告申诉案件30件。

2005年，党组提出了全力争创“自治区级文明接待室”的奋斗目标，检察院领导高度重视信访接待工作，强调树立检察机关的良好形象要从文明接待工作做起，提高窗口服务公开透明度。全年收到举报线索62件63人，接待来访群众75人次。使“文明接待”成为工作的一大特色和亮点。

2006年，检察院党组加强文明接待室创建工作，不断加强文明接待室的软硬件建设，优化接待环境，为控申科专设接待室、候谈室，安装专用电话，配置专用微机，给来访群众候谈接待提供更好周到服务。制定和完善了各项规章制度，主动接受人大代表、政协委员和群众的监督，不断加强和改善控告、申诉举报接待人员的工作作风，结合检务公开，将控申接待工作置于群众监督之下。

2007年，检察院依法开展控告申诉工作，对群众来信来访和上级有关部门转办的各类举报线索，坚持做到依法办理，及时分流，加强督办。坚持和完善检察长接待日制度，检察长接待来访群众15次。

2008年，检察院强化对诉讼活动的法律监督，加强对侦查活动的监督，向公安机关发出纠正违法通知书19件，发出书面检察建议2件。

2009年，检察院对群众信访和上级有关部门转办的各类举报线索，坚持做到依法办理，及时分流，加强督办，坚持和完善检察长接待日制度，检察长接待来访群众19人次。全年受理控告申诉案23件，其中立案4件。

2010年，检察院为了更好地保障和改善民生，有效化解社会矛盾，注重从强化法律监督入手，深入基层，倾听民意，把人民群众的愿望和合理诉求作为工作的出发点和落脚点，控申、民行、监所等各项检察业务都有较好发展。全年立案监督2件。对侦查部门提请批准逮捕的案件认真进行审查，严格把关，对不符合逮捕条件的，依法不予批准逮捕。

二、申诉

1996年3月17日，第八届全国人民代表大会第四次会议修正《中华人民共和国刑事诉讼法》后，检察院分别派人员参加最高人民检察院、喀什地区检察分院举办新刑事诉讼法培训班。随后，检察院也举办新刑事诉讼法培训班，由院参加培训人员任教，对全体干部进行系统、全面培训。

1997年3月14日，第八届全国人民代表大会第五次会议修订《中华人民共和国刑法》后，检察院分别派员参加最高人民检察院、喀什检察分院举办的新刑法培训班。组织检察院全体干部对全国人民代表大会所通过的《中华人民共和国刑法》修正案、最高人民法院、最高人民检察院、公安部有关实施新刑法的司法解释开展学习。

第六节　法纪检察

一、受理和立案

1991—1993年，检察院坚持“制约机制”，对大要案及时提前介入，切实做到快捕快诉，同公安、法院等齐心协力共同打击犯罪。

1996 年，检察院加强侦查监督，在审查批捕工作中，查出报捕的盗窃犯怀有身孕，对该案犯作出不批准逮捕的决定。

2000 年，检察院严把批捕质量关，在审查公安机关提请逮捕的 1 起团伙盗窃案中，有 1 名犯罪嫌疑人犯罪时不满 14 周岁，不够刑事责任年龄，作出不批准逮捕的决定。其后，根据被害人的举报，批捕科调查核实后，认为不立案理由不能成立，立即纠正并发出立案通知书，公安机关在 15 日内作出了立案决定，使犯罪嫌疑人受到了应有的惩罚。

2001 年，检察院刑事立案监督工作有新进展，对公安机关应当立案而未立案案件进行认真监督，要求说明不立案理由的案件 2 件 2 人，公安机关均作了答复。

2002 年，检察院共提前介入公安机关重大、疑难复杂案件侦查 5 件 9 人。

2003 年，检察院向公安机关提出书面检察建议 3 次，按照立案监督程序要求公安机关说明不立案理由 6 件，经审查，公安机关立案 2 件 2 人。

2004 年，检察院对侦查部门提请逮捕的案件认真审查，严格把关，对不符合逮捕条件的，依法不予逮捕。向公安机关提出书面检察建议 3 次，要求公安机关说明不立案理由的 5 件 5 人，公安机关已立案 1 件 1 人，书面纠正超期羁押案件 2 件。

2005 年，检察院侦查监督科向公安机关提出书面检察建议 4 次，要求公安机关说明不立案理由的 10 件 10 人，追捕 1 人，做到不枉不纵，公正执法。

2006 年，检察院侦查监督科向公安机关提出书面检察建议 3 次，要求公安机关说明不立案理由的 4 件，提前介入公安机关重大、疑难复杂案件侦查 21 件。

2008 年，检察院对诉讼活动的法律监督不断强化，加强对侦查活动的监督，立案监督 4 件，依法追加逮捕 6 人。向公安机关发出纠正违法通知书 19 件，发出书面检察建议 2 件。

2010 年，检察院针对诉讼活动中执法不严、司法不公的突出问题，完善监督机制，强化监督措施，增强监督实效。对应当逮捕而未提请逮捕的决定追捕 8 人；对应当移送审查起诉而未移送的，决定追诉 7 人。

二、法律监督与处理

1991—2010 年，检察机关根据法律监督职能，对公安机关的侦查活动是否合法进行监督；积极参与公安机关刑事案件侦查，实施过程监督，提高工作效率；加强对诉讼活动的法律监督，努力维护公平正义；依法纠正有案不立、有罪不究、裁判不公、徇私枉法以及超期羁押、刑讯逼供等侵害当事人合法权益的违法现象，注重监督纠正。坚决查办行政执法和司法不公背后的腐败案件，促进司法公正和社会公平正义；重视群众举报、人犯申诉，依法办理，及时回应。

第七节　监所检察

一、监所场所检察

1996 年，麦盖提县人民检察院监所检察科经院党组研究决定并入起诉科，合并开展工作。

2002 年，麦盖提县人民检察院与全国同步开展超期羁押清理工作，经全面清理，麦盖提县没有超期羁押现象。

2003 年 10 月，监所检察科副科长任命到位，监所检察工作开始独立行使职能。

2004 年 10 月 22 日，看守所发生 1 起在押人员死亡事故，在接到事故报告后，检察院监所检察室立即赶到现场，介入事故的调查，事故得到妥善处理。

2005 年 3 月 19 日，麦盖提县人民检察院监所检察科正式挂牌设立。全年始终做到每月与监管机关、武警中队进行一次大清查；建立与监管机关、武警中队每两月召开一次联席会议制度，对监管活动中存在的问题进行分析研究；在监管场所开展“检察官接待日”制度，每月定期在监管场所接待在押人员的亲属，受理在押人员亲属的检举、申诉和控告，自开展此项工作以来，尚未在接待中接到接待人的控告、申诉和检举。积极配合监管机关，在监管场所开展面对面谈心活动，对不服从管理和监规的在押人员及时进行谈心谈话，帮助他们厘清错误认识，自觉接受改造和管理。对监管机关是否存在克扣要在押人员伙食等情况进行监督，发现问题及时提出纠正意见，并督促整改，确保在押人员的合法权益不受侵犯。

2007 年，检察院加强监所检察工作，切实加强执行监督，促进监管活动的有序进行，在刑罚执行监督工作中，坚持驻所检察日登记制度，实行逐人逐卡登记，做到数字清、情况明，严格杜绝超期羁押现象发生，切实维护被监管人员合法权益。年底，通过自治区高级人民检察院二级规范化驻所检察室达标验收。

2008 年，检察院巩固二级规范化驻所检察室成果，各项工作常态开展，规范运行。同年，被自治区高级人民检察院授予二级规范化驻所检察室称号。

2009 年，检察院加大对监外执行罪犯监管力度，监所科干警对全县境内被判处缓刑、管制、剥夺政治权利、暂予监外执行、保外就医的罪犯进行专项核查、纠正，采取到每一个派出所查阅档案、了解情况、集中谈话、走访群众等方式，听取各派出所对其辖区内监外执行罪犯的执行情况的介绍，并对执行机关的管理情况进行检查监督，未发现脱管、漏管现象。

2010 年，检察院监所检察工作持续规范化运行，在看守所举办警示教育讲座 2 次，监管场所全年无事故发生。

二、刑罚执行监督

1991—2010 年，检察院坚持检察长亲临刑场直接指导监督工作，指派检察人员对被判处死刑的罪犯验明正身，对死刑犯在刑场上提出问题，及时鉴别，若提出与案件有关的新的事实和证据，可能影响死刑执行的，即建议停止执行，并报告上级机关。若发现刑场秩序不好或准备工作不充分，则建议暂缓执行，以防意外。法医报告死亡时间后，由检察人员进行复查，确定罪犯是否确已死亡，并认真填表，签字归案备查。对少数民族犯人尽量尊重本民族的风俗习惯，满足死刑犯家属的合理要求。

第八节　民事行政检察

一、民事检察

1991 年，民事、行政诉讼法律监督工作开始起步，县检察院认真贯彻最高人民检察院“敢抗、会抗、抗准”办案原则，坚持以“抗准”为核心，查办每 1 起民事行政案件。

1992 年，麦盖提县人民检察院根据《中华人民共和国民事诉讼法》《中华人民共和国行政诉讼法》的规定，本着“积极、认真、稳妥”的原则，抓好干部培训，增强整体素质，依法开展民事审判和行政诉讼的法律监督工作。

1993 年，检察院积极出席民事行政案件的审判，发挥民事行政案件审判监督职能，办理民事案件 2 件。

1999 年，检察院在开展民事行政检察中，坚持过程和事后监督的原则，参加对 2 起案件的审理，保证了案件依法正确审结。

2002 年，检察院民事新政检察科受理民行案件 2 件 2 人，均以事后监督的原则办结。

2004 年，检察院民事行政检察科受理 1 件民行案件并提请抗诉，得到喀什检察分院的支持。

2005 年，检察院受理民行案件 2 件并提请抗诉，喀什检察分院支持抗诉。

2006 年，检察院受理民事行政检察案件 3 件，对其中 2 件向法院提出纠正违法通知书。

2007 年，检察院民发挥民事审判和行政诉讼中的监督作用，加大办理民行抗诉案件力度，立案 1 件，向有关单位发出检察建议 5 件。扎实做好当事人服判息诉工作，以节约司法成本，维护法律尊严。

2008 年，新修改的《中华人民共和国民事诉讼法》实施后，麦盖提县检察院在办案过程中，耐心听取当事人的申诉，全面了解和掌握案情，对群众合理的诉求及时与法院沟通，探索通过检察建议的方式，启动民事审判监督程序。同年，检察院对有误的 2 件民事行政判裁决向喀什检察分院提出抗诉建议，得到支持。

2009 年，立案办理民行案件 11 件，向上级检察院提请抗诉 1 件，建议提请抗诉 7 件。

二、行政检察

1991 年，麦盖提县人民检察院根据《中华人民共和国民事诉讼法》和最高人民检察院下发的《关于做好民事诉讼法实施工作通知》，将控告申诉检察工作和民事行政检察工作合并为一个部门开展，两套班子，一套人马，对外挂一个牌子“控告申诉民事行政检察科”。

1992 年，最高人民检察院制订《关于民事审判监督程序抗诉暂行规定》，对民事行政抗诉监督的案件来源、立案、调查、审查、抗诉、出席再审法庭等进行初步规定。

1993 年，最高人民检察院就民事行政检察文书和档案管理召开研讨会，其后，县检察院加强文书档案规范管理。

1995 年，检察机关明确提出抗诉案件向同级人大常委会报告的要求，其后，县检察院坚持抗诉案件及时向县人大常委会报告。

1999 年，最高人民检察院公布《人民检察院办理民事行政抗诉案件公开审查程序试行规则》。县检察院遵照执行，民事行政案件办理步入正轨。

2001 年 9 月 30 日，最高人民检察院第九届检察委员会第九十七次会议讨论通过的《人民检察院民事行政抗诉案件的办案规则》，对规范民事行政检察工作产生积极影响。经过多年探索，至 2010 年，麦盖提县检察院民事行政检察工作基本规范起来。

第三章　法　院

第一节　机　构

1991 年，麦盖提县人民法院有刑事审判庭、民事审判庭、经济审判庭、办公室、接待室，新设政工科，负责思想政治教育和人事管理工作。1999 年 3 月，最高人民法院出台《人民法院五年改革纲要》，按照《纲要》要求，人民法院在审判体制、审判方式、内设机构、人事制度等方面加快改革步伐。

2000 年，县人民法院将接待室改为立案庭。

2001 年，撤销巴扎结米人民法庭、央塔克人民法庭、尕孜库勒人民法庭，只保留吐曼塔勒人民法庭。

2002 年，按照机构改革要求，将经济庭与民事庭改为民事一庭、民事二庭。民事一庭主要审理婚姻家庭类案件和速裁类案件，民事二庭主要审理合同类案件和疑难复杂案件。

2003 年 3 月，进行机构改革，内设机构有政工科、办公室、立案庭、审判监督庭、刑事审判庭、民事审判庭、行政审判庭、执行工作局、司法警察大队。精减人员编制、优化人员结构，核定编制数 50 人，其中领导职数 5 个。政工科、执行工作局领导由院副职领导兼任。

2005 年 12 月，经自治区公开招聘，分配公务员 6 人。截至 2005 年年末，县人民法院实有干部职工 49 人。

2010 年，实有干部职工 55 人。

第二节 刑事审判

麦盖提县人民法院始终把刑事审判工作作为重中之重，以稳定压倒一切为指针，认真执行刑法和刑事诉讼法，积极配合开展严打整治斗争，坚持“从重从快”的方针，严厉打击各类刑事犯罪，尤其是影响人民群众生命财产安全的犯罪，沉重打击犯罪分子的嚣张气焰，维护麦盖提县社会稳定。

1991—1994 年，麦盖提县人民法院加强对刑事犯罪的打击力度，特别是对县域比较突出的盗窃犯罪进行重点打击。4 年中，召开公判大会 12 次，宣传教育群众 10 万人次。

1995—1996 年，县人民法院继续贯彻依法从重从快的方针，综合本县的社会治安实际情况，加大“严打”力度，依法判处一批严重危害社会治安的犯罪分子。

1997 年，全国人大修订《中华人民共和国刑法》和《中华人民共和国刑事诉讼法》，并于当年实施，县人民法院组织全体干部职工学习领会，实现刑事审判方式由审问式向控辩式转变，坚持“严打”不放松，充分运用法律手段，坚决将暴力恐怖犯罪的嚣张气焰打下去，维护祖国统一、民族团结和社会稳定。

1998—2000 年，人民法院始终保持严打高压态势，严格执法，依法办案，宽严相济，对罪行严重、不思悔改的首犯、主犯和累犯，依法从严惩处；对具有法定从轻、减轻处罚情节的罪犯，依法从轻、减轻处罚。

2001 年，中央决定在全国开展“严打”整治斗争，麦盖提县人民法院按照中央和自治区党委、地委、县委确定的打击重点，始终将打击的锋芒指向严重危害国家利益和人民群众生命财产安全犯罪、严重暴力犯罪、毒品犯罪、严重经济犯罪，坚持与公安机关、检察机关配合协作，对犯罪分子实施快、准、狠打击，维护法律尊严。

2002 年，麦盖提县人民法院继续贯彻“严打”方针，把握量刑尺度，宽严相济，坚持对罪行严重的罪犯从重惩处，对具有法定从轻、减轻处罚情节，特别是在通告期限内投案自首的罪犯，依法从轻、减轻判处。随着“严打”整治斗争的不断深入，大量刑事案件起诉到人民法院，按照上级提出加快办案进度的工作要求，麦盖提县人民法院党组提出决不能在审判环节贻误严打战机的工作目标，改革刑事审判方式，实行刑事审判的繁简分流，提高审判效率。

2003—2006 年，刑事案件审结率连续 4 年 100%。

2007—2010 年，县人民法院通过公开审判、以案说法，打击犯罪分子的嚣张气焰，震慑犯罪，教育广大群众。

第三节　民事审判

1991—1993 年，县人民法院坚持严肃执法，全面提高执法水平，切实保障民事权益，充分发挥民事审判职能作用，在办案中严格执行法律，改进民事审判方式，以公开审判为重心，全面贯彻执行民事诉讼证据制度、合议制度等，使审判工作逐步走向规范化、制度化。

1994 年，县人民法院推行“谁主张、谁举证”制度，试行直接开庭做法，开展庭审观摩活动，提高办案效率和办案质量。

1997 年，县人民法院加强培训和岗位练兵，不断提升法官在庭审中的举证、质证、认证能力和驾驭庭审能力，强化合议庭功能。

2006 年，县人民法院贯彻落实庭前、庭审、庭后“能调则调，当判则判，调判结合，案结事了”的原则，充分发挥调解功能，促进案件及时和解和履行。

2009 年，县人民法院设立人民调解点，聘请人民调解员，开展调解工作，构建“大调解”格局，大批民安纠纷得到及时调解。

2010 年，县人民法院坚持“两便”原则，深入到农户家中、田间地头、巡回办案、就地审理，在查清案件事实、分清责任的基础上，准确适用法律，全年审结民事案件 644 件。

1991—2010 年，人民法院共受理民事案件 1.32 万件。

第四节　行政审判

1991 年，麦盖提县法院党组多次会同县司法行政等有关部门利用宣传栏、广播、宣传车等宣传《中华人民共和国行政诉讼法》，提高公民对行政诉讼法知识的了解，提高公民、法人掌握和运用行政诉讼的能力，保护自身的合法权益，做到敢告、会告，打消群众和当事人的疑虑。

1991—1995 年，行政审判处于摸索试办阶段。1996—2002 年，行政审判工作逐渐成熟。2003—2005 年，行政审判工作处于平衡发展阶段，正式成立行政审判庭。截至 2010 年，麦盖提县人民法院共受理行政诉讼案件 18 件，在行政案件的审理中，既支持行政机关依法行政，又监督并纠正违法及不当行使行政权力行为，维护行政行为相对人的合法权益，促进依法行政。

第五节　经济审判

1991 年，人民法院受理经济案件 32 件，诉讼标的 10.4 万元。1993 年，人民法院受理经济案件 35 件，诉讼标的 51.1 万元。1996 年，人民法院受理经济案件 39 件，诉讼标的 259.4 万元。2001 年，人民法院受理经济案件 164 件。其中，审结农村土地承包合同案件 37 件、审结贷款合同纠纷案件 55 件。2002 年，受理审结经济纠纷案件 19 件，审结率 100%。2003 年，撤销经济审判庭，将民事案件和经济纠纷案件合称民商案件统一办理。

第六节　监督和执行

1991—1993 年，麦盖提县人民法院接待室负责人民群众的来信、来访工作，处理来信 1239 件，接待来访群众 4806 人次。

1996 年，接待室变更为告诉申诉庭，负责处理各类申诉及发回案件的初步审查工作，接待处理群众来信 223 件、来访 751 人次。

1998 年，县人民法院开始实施立审分离制度，规定凡是当事人起诉到法院的各类案件均由告申庭受理审核、决定立案，转交各业务庭办理。

2000 年，告诉申诉庭改称立案庭，履行申诉案件受理、来信、来访职能。

2003 年，县人民法院撤销告诉申诉庭，设立立案庭、审判监督庭。立案庭负责受理当事人申诉的各类案件审核、决定立案，按照案件分类转各业务庭办理，并负责接待群众来信来访。审判监督庭负责审理再审案件及上级法院发回的重审案件；负责评查本院已发生法律效力的刑事、民商、执行案件，对程序实体评查。至此，法院基本建立“精审判、强执行、严监督”的大立案格局，全面实行立审分离、审执分离、审监分离的机制，对案件流程实行全程监控。

2004—2009 年，麦盖提县人民法院审查立案坚持一个“准”字，移送起诉和执行坚持一个“快”字，制定便民措施，开展便民服务。对身体有残疾不能到庭的当事人上门立案，对确因生活困难交不起诉讼费用的按规定实行减、缓、免政策。

2010 年，县人民法院推行“执行过程、执行方式、执行听证、执行风险告知、执行结果全程公开”制度，采取委托执行、交叉执行等方式，不断强化执行工作力度。

一、案件再审

依据《中华人民共和国民事诉讼法》及有关司法解释，当事人对人民法院已经发生法律效力的裁定、判决，认为有错误的，在法定的期限内可以申请再审；人民检察院认为法院生效的裁判如确有错误，应当依据有关法律规定，提请上级人民检察院按审判监督程序提起抗诉；上级法院或本院院长如认为已生效的判决、裁定，发现确有错误，认为需要再审的，应当提交审判委员会讨论决定。上述案件进入再审程序的均由审判监督庭予以审理。

1991 年，《中华人民共和国民事诉讼法》颁布施行后，民事申诉案件、抗诉引起的再审案件不断出现，麦盖提县人民法院以强化审判监督为手段，以保障当事人的合法权益为目标，一改以往的“重刑轻民”的审监观念，加大对民事审判监督的工作力度，形成“刑民并重，依法监督”的审判监督格局。截至 2010 年年底，全院审结民、刑再审案件 50 件。在做好审监工作的同时，坚持申诉复查工作不放松，当事人对裁判不服，直接向人民法院提出申诉的，安排审判人员先调卷复查，对复查后提出具体复查意见，发现裁判确有错误的，交院长决定提请审判委员会讨论、决定是否进入再审；对无理申诉，做好说服教育工作，说明驳回的理由和有关法律依据；对复查过程中发现裁判确有错误，需重新审理的，则依法定程序按审判监督程序另行组成合议庭进行再审，对经二审终审判决、裁定提出申诉的，则提出审查意见，报二审法院审定。

二、执行

1991—1996 年，人民法院实行“审执合一”制度，即各庭审理的案件各自负责执行。

1997 年，法院初步设立执行庭，负责执行本院各业务庭审理的案件，当年，受理执行案件 16 件。

1998 年，全年受理执行案件 81 件，执结 72 件，执结标的 98.68 万元，执结率 88.9%。

1999 年，中央下发《关于转发〈最高人民法院党组关于解决人民法院“执行难”问题的报告〉的通知》，要求全国党政组织和各有关部门支持配合法院的执行工作。人民法院按照上级法院的要求开展“执行年”活动，全年执结案件 51 件。

2000 年 11 月，人民法院开展“百日执行大会战”活动，全年执行案件 55 件，执结标的 94.54 万元。

2001 年，人民法院受理各类执行案件 87 件，申请执行标的 209.9 万元；执结 62 件，执结标的 124.11 元，执行案件数和执行标的金额大幅上升。

2003 年，认真贯彻落实中央 11 号文件精神，在加快执行体制改革的同时，积极探索解决“执行难”的新方法、新途径，改革执行体制，健全执行机构，成立执行工作局；推行债权凭证制度，加强监督制约，纠正执行错误，提高执行工作水平。成立 4 个清理执行积案小组清理执行积案，使执行积案居高不下的状况有所改变。

2004 年，按照喀什地区中级人民法院执行工作局的统一部署开展交叉执行工作，麦盖提人民法院执行工作局前往岳普湖县、伽师县执结 6 件两县法院多年没有执结的“硬骨头”案件，部分执结 2 件，执结标的 10 万元及丰田轿车一辆。

2005 年，在执行过程中，推行债权凭证制度，加强监督制约，纠正执行错误，提高执行工作水平。

2008 年，人民法院受理执行案件 178 件，标的金额 306 万元；执结 156 件（包括全部执结 138 件，和解 18 件），执结标的 225 万元；未结 22 件（包括中止 14 件），未结标的 81 万元；执结率 88%，执币率 74%。

2010 年，人民法院受理执行案件 150 件，标的 202.4 万元，执结 147 件，执结标的额 165.2 万元，结案率 98%，执币率 81.6%。

1991—2010 年麦盖提县人民法院执行案件情况表

表 24-3-1

年度（年）	受理执行案件（件）	执行案件（件）	执行率（%）
1991	0	0	0
1992	0	0	0
1993	0	0	0
1994	0	0	0
1995	0	0	0
1996	0	0	0
1997	16	16	100
1998	81	72	88.9
1999	59	51	86.4
2000	66	55	83.3
2001	87	62	71.3

续表 24-3-1

年度（年）	受理执行案件（件）	执行案件（件）	执行率（%）
2002	120	100	83.3
2003	89	74	83.1
2004	128	103	91.4
2005	92	83	90.2
2006	83	75	90.4
2007	163	155	95.1
2008	178	156	87.6
2009	175	169	96.6
2010	150	147	98.0

第四章　司法行政

第一节　机　构

一、司法局

1991 年，司法局有干部 23 人。

1993 年，司法局有干部 19 人。其中，公证处 4 人，律师事务所 4 人，司法助理员 5 人，行政人员 6 人。建法律服务所 3 个。

1997 年 10 月，麦盖提县司法局内设办公室、律师事务所、公证处等科室，有编制 25 人。其中，行政编制 23 人；事业编制 2 人。实有人员 12 人。

1998 年，司法局编制 27 人，实有人数 13 人。其中，干部 12 人，工人 1 人。

2003 年 10 月，司法局核定行政编制 25 人。其中，领导职数 3 个，实有人员 10 人；列工勤人员事业编制 1 人，公证处核定事业编制 3 人，全额预算。下设办公室、普法办、律师事务所、基层工作办公室等 5 个职能科室和 10 个派出机构。

2008 年，司法局被收回工勤编制 1 人；11 月，麦盖提县律师事务所核定全额事业编制 3 人，含领导职数 1 个;法律援助中心核定事业编制 3 人，含领导职数 1 个。编制总数 34 人，实有人员 23 人。

2010 年，司法局定编 34 人。其中，行政编制 25 人、事业编制 9 人。实有干部 43 人，其中行政 25 人、事业 8 人、公益性岗位 10 人。当年，司法局新进干部 24 人，其中调入 4 人、公务员招录 4 人、事业单位招录 5 人、益性岗位人员招录 10 名。

二、司法所

自 1998 年起，麦盖提县在巴扎结米乡、央塔克乡、吐曼塔勒乡、克孜勒阿瓦提乡成立司法所。

2000—2002 年，希依提墩乡、尕孜库勒乡、库木库萨尔乡、昂格特勒克乡、库尔玛乡、麦盖提镇成立司法所。至此，10 个乡镇全部成立司法所。

2004 年起，国家发改委安排国债资金，用 3 年时间解决中西部地区乡镇司法所办公用房建设问题。至 2008 年，利用中央国债资金 81.9 万元，按照“四室一庭”结构要求（所长室、普法办公室、法律服务办公室、档案室、人民调解庭室），分 4 批分别建成各乡镇司法所。2005 年，建成巴扎结米乡、希依提墩乡、吐曼塔勒乡司法所；2006 年，建成央塔克乡司法所；2007 年，建成克孜勒阿瓦提乡、库木库萨尔乡、库尔玛乡司法所；2008 年，建成尕孜库勒乡、城镇司法所。

2007 年，麦盖提县司法局从软硬件入手，不断规范基层各项业务，各项制度上墙，加大基层经费投入，配齐配强电脑、打印机、档案柜等设备器材，开展自治区级规范化司法所创建活动。经努力，希依提墩乡司法所、吐曼塔勒乡司法所被自治区司法厅命名为规范化建设达标所。

2008 年，巴扎结米乡司法所、央塔克乡司法所、克孜勒阿瓦提乡司法所、库木库萨尔乡司法所、库尔玛乡司法所、城镇司法所被自治区司法厅命名为规范化建设达标所。

2009 年，尕孜库勒乡司法所、昂格特勒克乡司法所被自治区司法厅命名为规范化建设达标所。至此，全县 9 个乡、1 个镇司法所全部创建为自治区级规范化建设达标司法所。

第二节 法制宣传教育

一、法制宣传

1991—1995 年“二五”普法期间，普法办、司法局结合农村“两个文明”建设，将普法与农村社会主义思想教育相结合，深入开展农村普法活动。以“两法三规定”（《中华人民共和国婚姻法》《中华人民共和国行政诉讼法》《宗教活动场所管理规定》《宗教人士管理规定》《少数民族计划生育管理规定》）和“六法一决定”（《中华人民共和国宪法》《中华人民共和国民族区域自治法》《中华人民共和国义务教育法》《中华人民共和国土地管理法》《中华人民共和国集中游行示威法》《中华人民共和国工会法》《全国人大常委会关于加强社会治安治理决定》）为主要内容，开展法制宣传教育。其间，共出动宣传车 41 辆次，设置法制宣传栏和板报 1200 期，举办图片展 23 次，开展各种法律知识竞赛 30 次，参加 600 人次；展播普法征文 200 篇。

1996—2000 年，麦盖提县实施“三五”普法宣传教育活动。普法重点对象是各级领导干部，特别是处级以上领导干部、执法人员、企业经营管理人员和青少年学生。贯彻以普法教育为先导，以提高公民法律素质为基础，以依法治理为核心，以各级领导干部严格执法为关键，以加强执法监督为保证，增强各级干部群众，特别是领导干部法律意识和法制观念。“三五”普法宣传活动分宣传发动阶段（1997 年年初至 9 月底）、组织实施阶段（1997 年 9 月至 1999 年）、检查验收阶段（2000 年 6 月至 7 月）3 个阶段。“三五”普法期间，印发普法教材 1.6 万册，重点组织学习法律法规和条例 32 部。结合“三下乡”活动，开展法律法规宣讲 500 场次，受益群众 10 万人次。在各类法律法规颁布节点，组织全县各执法单位设置法律法规咨询台 210 个，发放法制宣传资料 6.3 万份，解答法律法规咨询 2 万人次。“三五”普法期间，全县举办法律培训班 42 期，举办普法骨干培训班 8 期，培训普法骨干 3750 人次；举办乡科级领导干部法律知识培训班 4 期；举办站、所、社和村级干部法律学习班 12 期，培训干部 895 名。

2001—2005 年，麦盖提县实施“四五”普法宣传教育活动。依托广播电视、板报等宣传媒体载体，加大对《中华人民共和国宪法》宣传，组织开展宪法板报比赛 21 场次、知识竞赛 12 场次、法制讲座 6 场次、各类法律考试 4 场次。以文化广场为宣传平台，将依法治县和以德治县相结合，组织各执法单位开展法制广场活动，先后举办小型法制文艺演出 11 场次。各普法宣传团、执法部门开展巡回宣讲100余场次，各单位开展法律咨询400场次，发放各类宣传单9万份。结合身边发生的事，编排《阿拉木汗理解了计划生育》《宪法真好》等法制文艺节目12个，在乡镇、社区巡回演出，并参加地区举办的“法律与我同行”法制文艺演出，获集体二等奖、组织奖和多个单项奖；以社会关注的热点、难点及新的法律法规为重点，加强宣传。特别是非典期间，组织人员深入乡村开展《中华人民共和国传染病防治法》《突发卫生事件应急条例》等法律法规的宣传。结合县城镇化建设中拆迁问题，对拆迁办人员进行培训，加大对《城市拆迁管理条例》的宣传，300户拆迁户无一上访事件。开展法律进社区、“民主法治示范村（社区）”创建活动，“四五”普法中期，麦盖提县表彰普法先进集体22个，先进个人19人。“四五”普法期间，更加注重突出重点，将领导干部、执法人员、青少年、企业经营管理人员、流动人口、基层干部、宗教教职人员等纳入重点对象开展法制宣传。制定印发《领导干部学法用法制度》《干部任前法律法规培训考试制度》《青少年法制宣传教育实施方案》《个体工商户、企业主法制宣传教育实施方案》《流动人口法制宣传教育实施方案》等一系列法制宣传制度和方案，有计划开展法制宣传活动。组织乡科级干部134人分7期参加地区举办的科级领导干部法律知识培训班。科级领导干部197人在县党校参加政治理论学习读书班。举办乡科级后备干部培训班3期，培训141人次；举办村级后备干部培训班3期，培训328人次。举办治保主任培训班6期，培训822人次。以宗教教职人员的法制教育为关键，先后对468名宗教教职人员进行法制培训；加大中小学生法制教育力度，为101所中小学选聘法制副校长（辅导员）39人，通过采取法制教育与思想教育、与校园文化、与诱导形象教育相结合等方法，法制副校长（辅导员）开展法制讲座500场次，增强中小学生的法制意识。

2006—2010年，“五五”普法期间，以拓展“四大阵地”为抓手，不断拓展基层普法阵地。加强乡（镇）普法阵地建设，在各社区建立固定普法宣传窗口，在各村利用村务公开栏建成法制宣传阵地，并在有条件的村（社区）设立法律图书角，形成覆盖城乡的法制宣传阵地网络。不断拓展联动普法阵地，发挥县普法依法治县领导小组的作用，加强普法办与各部门的协调配合，融合各种资源，形成普法联动机制。以“12·4”法制宣传日、“三八”妇女节、“3·15”消费者权益保护日、“6·5”环境保护日、“6·26”禁毒日等为契机，开展系列主题宣传活动。同时，拓展流动普法阵地，举办大型普法宣传活动，发放宣传资料，派出普法讲师团深入机关、学校、企业、农村开展法律知识宣讲活动。利用巴扎天等有利时机，出动宣传车、宣传队，向广大农民宣讲涉农法律法规，现场调解法律纠纷、提供咨询服务，拓展街头普法阵地。建立法制教育基地，在城乡重要路段安装宣传牌45块。开展“人文奥运，法治同行”宣传活动，组织法制宣传志愿者到街头为群众开展公益性法律咨询。结合“四下乡”活动，司法局组建两支普法宣传队伍，以《中华人民共和国刑法》《中华人民共和国婚姻法》《中华人民共和国民法》《法律援助条例》《中华人民共和国公证法》等为内容，深入全县137个行政村、7所县直学校开展集中宣讲133场次。在“宪法法律宣传月”活动中，组织各单位以县城为中心，开展集中宣传活动，各乡镇利用巴扎日在农贸市场开展宣传咨询活动。充分利用广播电视、党政网、电话彩铃、横幅、标语、板报、宣传单等载体，加强以两个条例为主要内容的法律法规宣传，营造浓厚的法律宣传氛围。全县共开展各类法律宣传活动70场次，发放宣传单3万份、宣传册500本。出台《法制副校长（辅导员）考核管理办法》，为全县各中小学选聘法制副校长（辅导员），采取小手拉大手等活动，加强青少年法制教育。安监、工商部门组织企业经营管理人员举办培训班，加强企业经营管理人员法制教育。

二、法制教育

1991年7月，麦盖提县制定《“二五”普法计划》，要求以宪法为核心、以专业法为重点，紧紧围绕党和国家的中心工作，组织学习宪法。计划分 3 个阶段开展普法工作：一是准备阶段，从 1991 年年初至 1991 年年底，开展广泛宣传；二是实施阶段，从 1992 年至 1994 年年底；三是考核验收阶段，1995 年全面铺开。“二五”普法要求凡是有接受教育能力的各族公民，重点是领导干部、执法人员和城镇居民、个体工商人员、农牧民以及宗教教职人员都是普法重点对象。

1992 年 3 月，普法领导小组办公室和社会治安综合治理办公室组织检查组 5 个，对 9 个乡 1 个镇、全县各机关单位和 3 个农林场开展“二五”普法中期检查验收，对不合格单位下发整改通知书，要求限期整改，促进普法工作的深入推进。

1999 年 4 月，经县委决定，成立麦盖提县普法依法治县领导小组，加强普法和依法治县工作。县委书记高建军任组长，县委副书记、人大常委会主任艾克拜尔·艾德尔、县委副书记、县长阿不都克尤木·买买提任常务副组长。

2000 年 4 月，开展一年一度普法考试，参加对象为全县各级领导干部、公务员及事业单位在职人员、国有企业干部职工及其他性质的企业经营管理人员共 4385 人，合格率 90%，参加补考 138 人。

2001 年，麦盖提县第十二届人大常委会第十九次会议审议通过《关于在全县公民中进一步开展法制宣传教育的决议》。2002 年，召开“四五”普法领导小组会议，县委副书记、政法委书记沈新源对全县“四五”普法工作进行安排部署。县委办下发《关于批转县普法依法治理领导小组办公室、县委宣传部、县政府司法局〈关于在全县深入开展第四个五年法制宣传教育暨全面推进依法治县工作的五年计划〉的通知》，为全县“四五”普法工作指明目标。2004 年，政府办下发《关于印发〈麦盖提县普法依法治县工作规范化管理办法〉的通知》，为全县普法依法治理工作的全面开展提供规范化依据。人大充分发挥监督职能作用，采取执法检查、审议工作报告等监督形式加强对“一府两院”贯彻执行法律情况、工作情况进行监督。

2006 年 6 月，麦盖提县被评为自治区“四五”普法先进县，司法局局长买买提江·依明、麦盖提镇党委书记孔丽被评为自治区“四五”普法先进个人。2006 年 11 月，麦盖提县召开“四五”普法总结暨“五五”普法动员会，县第十三届人大常委会第二十六次会议听取第五个五年普法规划编制说明报告，审议通过普法依法治理第五个五年规划。财政划拨 2.7 万元经费对 15 个先进集体、37 名先进个人进行表彰奖励，人民政府县长主持会议，县委书记闫俭作重要讲话，以“法治六进”活动为主要内容的“五五”普法工作全面启动。

2007 年 9 月，麦盖提县召开“法治六进”工作动员大会，印发《麦盖提县“法治六进”活动实施方案》，明确了各牵头单位及成员单位的职责，由县普法依法治县领导小组组长与县委组织部、人事劳动和社会保障局、经贸局、教育局、农办、民政局 6 个牵头单位及 29 个成员单位签订“法治六进”责任书。各乡镇、各部门、各行业结合各自特点，制定切实可行的法治进“机关、单位、乡村、企业、社区、学校”活动的具体实施方案。至此，全县以领导干部、公务员、青少年、企业经营管理人员和农民为重点普法对象，以“法治六进”为契机，在 48 个机关单位、16 个事业单位、66 所学校、21 家企业、7 个社区、141 个乡村（农林场）深入开展“法治机关、法治单位、法治学校、法治企业、法治社区、法治乡村”创建活动。2010 年，全县 14 个机关、11 个乡村、1 个社区、2 个学校、1 个企业、1 个单位被命名为法治单位。全县法治机关、乡村、社区、学校、企业、单位创建率分别达 91.7%、59.6%、85.7%、86.2%、76%、93.8%。

2010 年，从计生、工商、水利等执法部门抽调普法骨干组成“五五”普法宣讲团，经培训后，深入县直各单位、各乡（镇）、村（社区）开展法律法规宣讲，努力提高各族群众的法治意识。以县乡两级党校为平台，加强领导干部法制教育，举办公职人员学法考试，通过以考促学督促公职人员学法。为全面做好迎接“五五”普法检查验收的准备工作，组织召开普法依法治理工作领导小组会议，对“五五”普法检查验收工作做了全面安排部署。全县分6个组，由县领导带队，按照《“五五”普法检查验收标准》，对全县48个机关、16个单位、66所学校、21家企业、7个社区、141个乡村（农林场）进行全面检查，对各单位存在的问题发放整改通知书，责令限期整改。2010年5月，喀什地区对“五五”普法工作进行验收和回访复查，麦盖提县顺利通过地区“五五”普法检查验收组的验收，麦盖提县被评为全国“五五”普法先进县。

第三节　人民调解

一、组织建设

1991年，全县共有调委会141个、调解员423人。

1992年，全县共有调解员932人，共调整调委会327个。开展调委会主任和调解员培训评比工作，培训调解员320人，评选先进调委会37个、先进调解委员30人。

1995年，全县共有调委会278个，调解员555人。10月，县委号召全县人民向优秀的人民调解员吾斯曼·卡德尔学习。吾斯曼·卡德尔是县城镇第六居委会调解员、治保主任，1995年7月5日晚，在调解他人家庭纠纷时遇害，年仅35岁。

1996年12月，县委、县人民政府作出《对革命烈士吾斯曼·卡德尔同志亲属有关问题的决定》，给全国模范人民调解员、革命烈士吾斯曼·卡德尔家属一次性抚恤金5000元，烈士的3个小孩9年内免收一切费用。

1999年，麦盖提县整顿人民调解组织和人员，发挥他们对社会稳定方面的作用。共有调解组织250个，调解员758个。

2002年，麦盖提县人民调解工作坚持“调防结合，以防为主”方针，充分调动和发挥人民调解组织第一道防线的作用，不断整顿和完善各类调解组织，大力推进“司法调解中心”建设步伐，建立调解中心10个、人民调解委员会177个，调解人员577人。

2003年，基层人民调解组织按照“六有、四落实、四规范”要求，工作不断走向规范化。在全县10个乡（镇）成立人民调解中心、135个行政村（社区）成立人民调解组织，人民调解案件由原来每年的100多起，增加到近千起。

2004年4月，按照“六有”“四落实”“四规范”要求，司法局支出1.97万元为147个调解委员会统一制作标识牌，刻制印章，发放人民调解制式文书。印发《麦盖提县关于进一步加强新时期人民调解工作的实施意见》，召开全县基层人民调解工作现场会，通过典型示范作用，以点带面，全面推动基层人民调解工作健康发展。通过以会代训的方式，对全县的577名调解员进行5次业务培训和法制宣传教育。

2005年，麦盖提县结合村级换届选举，对66名人民调解员进行调整。

2006年，对工作不力的15个调解组织进行整顿，对不能胜任工作的25名基层人民调解员予以调整和撤换。

2007年，县、乡两级采取以会代训和集中培训的方式，对乡村两级人民调解员进行培训。司法局组织骨干深入巴扎结米乡、希依提墩乡、央塔克乡、麦盖提镇对66名人民调解员专题培训1次，对基层人民调解员调解程序、文书填写和法律运用等作详细示范讲解。同时，各乡（镇）司法所对759名基层人民调解员开展培训。

2008年9月，政府办出台《关于成立乡（镇）、村（居委会）社会矛盾纠纷调处中心的实施方案的通知》，全县10个乡（镇）、137个村（居委会）都相继成立矛盾纠纷调处中心。

2010年，麦盖提县初步形成以县矛盾纠纷排查调处工作领导小组为龙头，乡（镇）人民调解委员会为主导，村（居委会）人民调解委员会为基础，企事业单位、行业性人民调解委员会为触角的多层次、宽领域的组织体系。全县建立人民调解委员会155个，配备人民调解员774人。

二、业务

1991—1995年，全县共10个调委会，平均每年调解案件150起。

1996年，乡（镇）法律服务机构调处各类民间纠纷489起，成功473起，成功率97%。

1997年，乡（镇）法律服务机构调处各类纠纷823起。

1999年，全县调解各类纠纷76起。

2002年，全县调解各类民间纠纷176起，成功158起。

2003年，乡（镇）法律服务机构调解各类纠纷339起。

2004年，乡（镇）法律服务机构调解各类纠纷414起，开展法律咨询1200人次，代写法律文书85份。

2005年，乡（镇）法律服务机构协助乡镇处理社会矛盾纠纷21件，调解各类纠纷365件，成功337件，成功率92%。推行调解工作与信访工作一起抓，在克孜勒阿瓦提乡召开信访及调解工作现场会，推动了调解信访工作同步开展。

2006年，乡（镇）法律服务机构调处各类纠纷382件，成功调解365件，调解成功率96%。

2007年，财政拨付2万元用于人民调解案件的补贴。按照疑难案件每件20元，复杂案件每件10元的标准，对调解案件进行补贴。共调解各类纠纷814件，成功799件，为各基层人民调解组织下发人民调解工作手册147份。

2008年，司法局将人民调解案件量化，分配到各基层司法所，并继续落实一案一补经费，积极争取将人民调解案件补贴纳入财政预算。利用亚基会培训项目，做好人民调解员培训工作，吐曼塔勒乡司法所干部帕尔哈提·夏海丁到斯里兰卡参加由自治区组织的亚基会人民调解员培训。2月、5月，采取封闭式教育分两个阶段12期，通过制作电子课件和教学挂图辅助授课。通过圆圈、三角形、路线图等合理的结构关系，清晰阐述、分析三种解决纠纷途径之间的关系、冲突产生的因素、当事人的三种不同需求或利益、调解纠纷的程序等重点和难点内容。在业务知识讲解过程中穿插案例模拟、观看DVD电教片，开展专题法制讲座。对全县146名基层人民调解主任进行系统化培训，得到亚基会官员的一致好评。当年，共调解各类民间纠纷1040件，调解成功率99%。

2009年，司法局进一步规范人民调解工作，为做到“五有”（有固定场所、有印章、有牌子、有调解回访移交记录本、有统计台账）、“四落实”（制度、工作、任务、报酬）、“七统一”（印章、标牌、标识、文书档案、制度、名称和调解程序），统一印制人民调解卷宗，全县各调委会基本上都有固定的办公场所。制定下发《麦盖提县人民调解纠纷“一案一补”工作实施方案》，在县委、县政府的大力支持下，规定人民调解案件补助范围，采取县乡（镇）、两级对人民调解卷宗层层审核的办法，对真实的、规范化填写的调解案件，通过审核后，按照口头纠纷20元，简易纠纷40元，疑难复杂纠纷80元的标准给予个案补助。“一案一补”方案的实施，调动人民调解员的积极性和主动性，增强人民调解员的责任感和使命感，提高纠纷的调成率和履行率。为了防止人民调解案件弄虚作假、自造调解纠纷案卷、虚报纠纷案件数或重复领取补助等现象的发生，制定《麦盖提县人民调解纠纷“一案一补”经费落实考核办法》，进一步提高人民调解工作质量。经过多次讨论，与县人民法院共同形成《人民调解与诉讼调解互动规程》，各级调解组织调解各类纠纷 890 件，成功调解 876 件，调解成功率 98%。

2010 年，司法局把《中华人民共和国人民调解法》纳入“五五”普法宣传内容，组织全县各乡镇、各单位学习。按季度发放人员调解“一案一补”经费，调动人民调解员的积极性。严格落实《麦盖提县人民调解纠纷“一案一补”经费落实考核办法》，集中力量，化解一批多年积累的社会矛盾纠纷，消除陈年积怨，有效预防新矛盾，不断巩固发展社会和谐稳定的良好局面。4—10 月，司法局深入开展人民调解矛盾纠纷专项攻坚活动，制定《麦盖提县人民调解矛盾纠纷专项攻坚活动实施方案》，把集中排查和重点排查、定期排查和经常性排查有机结合起来，继续深入推进以乡村矛盾纠纷排查调处中心为依托，以县矛盾纠纷排查调处中心为中枢的大调解工作机制。进一步整合法院、信访、综治、司法、公安、国土、人事等方面的力量和资源，发挥大调解机制的功能和作用，集中开展矛盾纠纷大排查活动，当年，麦盖提县共排查出各类纠纷 959 件，成功调解 959 件。2010 年，麦盖提县被地区普法领导小组评为“喀什地区调解工作先进县市”，麦盖提镇人民调解委员会被地区普法领导小组评为“调解工作先进集体”。

第四节　法律服务

一、案件办理

1991 年，麦盖提县因布佐拉·库尔班考取律师资格证，成立麦盖提县新戈律师事务所，全县有律师 1 人、干部 3 人。当年，新戈律师事务所为 10 个乡（镇）机关和企业担任法律顾问。

1992 年，新戈律师事务所担任 25 家乡（镇）机关和企业法律顾问。受理办结刑事案件辩护 15 起、民事案件代理 15 起、解答法律咨询 74 件、代写法律文书 29 份、接待来访 143 人次。

1993 年，新戈律师事务所在县城开展“中国律师义务咨询日”活动。

1995 年，新戈律师事务所坚持把职业道德和廉政建设放到各项工作的首位，组织律师和工作人员认真学习律师职业规范。当年，受理办结刑事辩护 18 件、经济民事诉讼 5 起。担任常年法律顾问 18 家；参与非诉讼调解 18 起；解答法律询问 155 人次。

1996 年 1 月，经喀什地区司法局批复，朱焰涛担任新戈律师事务所主任。先后制定《麦盖提县律师事务所管理办法》《麦盖提县律师事务所领导岗位责任制》《律师事务所综合目标责任事》《律师事务所财务管理办法》，并严格遵照实施。当年，为 7 家企业事业单位担任法律顾问；接待群众来访咨询 65 人次；民事代理 6 件；刑事辩护 10 件；非诉讼代理 6 件；代写诉讼文书 17 份；办法制宣传栏 6 期；收费 1.9 万元。

1997 年，新戈律师事务所担任法律顾问 7 家，办理各类案件 91 件，其中：刑事诉讼辩护 19 件；民事诉讼代理 21 件；经济案件诉讼代理 2 件；行政诉讼代理 1 件；非诉讼法律事务 4 件；代写法律事务文书 37 件；解答法律咨询 69 人次。

1999 年，新戈律师事务所开展案件辩护 14 起；代写诉状 21 份；处理群众来访 110 人次；解答咨询 21 人次；收入 5300 元。

2000 年，麦盖提县法律服务中心代理民事案件 12 起；代写法律文书 49 份；接受群众来访 125 人次；解答法律咨询 85 人次。

2001 年，麦盖提县法律服务中心代理民事案件 15 起；代写法律文书 48 份；接受群众来访 175 人次；解答法律咨询 280 人次；收费 3000 元。11 月，麦盖提县新戈律师事务所因无律师而被注销，民事案件由法律服务中心代理。

2002年，法律服务中心代理民事案件12起；代写法律文书49份；接受群众来访125人次；解答法律咨询85人次。

2003年，按照“三个代表”重要思想和中共十六大精神，麦盖提县法律服务中心把社会效益放在第一位。全年代写法律文书43份，法律援助2起，解答法律咨询300人次。

2004年，司法局开展律师教育整顿活动。要求律师严格遵守执业纪律规范，依法办事。成立妇女儿童法律援助中心，为社区弱势群体提供法律保障。全年代写法律文书60份；代理案件13起；法律援助2起；解答法律咨询200人次。

2005年，在没有律师的情况下，指定专人开展法律服务工作。重点做好下岗职工、贫困农民、老弱病残、外来务工人员等弱势群体的法律援助工作。

2008年，司法局与各法律服务所签订法律服务行业纠风目标责任书，切实抓好法律工作者诚信体系建设、执业道德教育和执业纪律监督，规范法律服务内部管理。通过加强对律师的业务素质培训，开展“三拥护”和“三维护”教育，当年，全县法律服务机构解答各类法律咨询227件，代写各类法律文书42件。

2009年，对基层法律服务工作量化指标，积极拓展业务，为农村畜牧贷款提供见证服务，在行政村担任法律顾问。吐曼塔勒乡法律服务工作者被各村委会聘为法律顾问，协助村委会建立健全各项规章制度，为村委会及村民草拟、审查各类合同，宣传各类法律法规，提供法律培训，促进了村委会依法行政和依法管理能力。当年，各乡镇法律服务所为农民群众提供各类法律咨询70人次，代写法律文书23份。

2010年，各法律服务所积极提供法律服务，为当事人代写法律文书5份，有偿代理各类法律案件7件。

二、法律援助

1992年，司法局启动乡（镇）法律服务所工作，采取边创造条件，边成立、边开展工作和总结经验的方式进行。7月31日，成立库木库萨尔乡法律服务所；8月5日，成立克孜勒阿瓦提乡法律服务所；11月29日，成立库尔玛乡法律服务所，填补麦盖提县基层没有法律服务所的空白。

1996年，成立希依提墩乡、央塔克乡、吐曼塔勒乡3个法律服务所。至此，全县成立法律服务所6个，配备法律工作者18人，其中4人由县财政发工资、14人为自收自支。

1997年，麦盖提县结合全县基层法律服务工作的实际和行业特点，把基层法律服务工作与精神文明建设紧密结合起来，以服务人民、奉献社会为宗旨，充分发挥职能作用，积极参与社会主义精神文明建设活动，在精神文明建设上取得一定成果，推动业务工作的全面开展。当年，法律服务所办理各类案件22件；债务纠纷81件；担任法律顾问7家；接待群众来访3800人次；进行法制宣传256次。

1999年3月，麦盖提县开通“148”专线。基层法律服务人员实行执业资格考试，法律服务人员实行持证上岗。成立城镇法律服务所。法律服务工作制定“三定”方案，即：定职能、定机构、定人员，做到职能清楚、责任明确、任务到位、责任到人，推动了业务工作正常开展。当年，全县法律服务所开展法律服务收入4.16万元。

2000年，法律服务所代理民事案件12起，代写法律文书49份，接受群众来访125人次，解答法律咨询85人次。

2001年，成立巴扎结米乡法律服务所，至此，除尕孜库勒乡、昂格特勒克乡未成立法律服务所外，其他 8 个乡都成立了法律服务所。

2003 年 9 月，司法局组织法律服务工作者走上街头，以挂横幅、张贴标语、话筒宣传、解答群众咨询等形式开展以“为实现公平和正义，法律援助在中国”为主题的《法律援助条例》宣传咨询活动。活动中，张贴标语 300 条，向群众散发传单 3000 份，现场解答法律问题 1269 人次，现场代写法律文书 23 份，办理法律援助案件 2 件。司法局与各乡法律服务所签订责任书，对法律服务所及从业人员进行年审，推动法律服务工作正常开展。

2004 年，法律服务工作者办理法律援助 2 件。

2005 年 5 月，法律援助中心成立，办公室设在司法局。财政拨专款 5 万元，作为法律援助中心的开办经费。加强法律援助工作宣传，在电视台播放法律援助宣传片《援手》。建立老年人法律服务登记制度和法律援助中心值班制度。开展法律服务义务咨询，解答“148”法律服务热线来电咨询 4 人次，现场解答各类法律咨询 79 人次，代写法律文书 9 件，为未成年人提供刑事辩护 6 起，为老人提供援助 9 人次。

2006 年，在总工会、妇联、民政局等部门和各乡镇建立法律援助工作站，扩大法律援助范围，更好地为弱势群体服务。当年，解答法律咨询 84 人次，代写法律文书 16 份，代理援助案件 5 起。

2007 年，以“法律服务和法律援助工作为构建社会主义和谐社会服务”主题实践活动为契机，麦盖提县法律援助中心解答各类法律咨询 120 人次，代写法律文书 20 份，代理案件 16 起。

2008 年，司法局以强化管理、科学管理为手段，进一步健全基层法律服务所的规章制度，积极引导法律服务工作者参与涉法涉诉信访工作，教育法律服务工作者讲政治、讲大局，为群众办理民事法律案件，依法调解民间矛盾纠纷，防止矛盾纠纷的激化。10 月，编办为法律援助中心核定全额事业编制 3 名，实有人员 2 人（均为政法专项编制），事业编制空编。当年，全县代理各类法律援助案件 16 件。

2009 年，为贯彻落实好“保增长、保民生、保稳定”的决策部署，进一步加大法律援助工作力度，更好地维护困难群众的合法权益，麦盖提县开展“法律援助便民服务”主题活动，探索构建法律援助便民长效机制，不断提升法律援助服务质量。当年，办理各类援助案件 15 件，代写法律文书 15 份，解答各类咨询 95 人次。

2010 年 10 月，通过事业单位统一招考，麦盖提县法律援助中心招录干部 3 名，均分配在乡（镇）法律援助工作站工作。以“法律援助便民服务”主题活动为契机，推行电话申请、网络申请、邮寄申请、上门受理等服务方式，拓宽受理渠道。扩大援助范围，在将农民工、老弱病残人员列为重点援助对象的基础上，重点做好社区服刑人员和刑释解教人员的法律援助工作。不断完善法律援助受理、审查、决定、指派、承办等各个环节的工作程序、工作制度和行为规范，细化服务标准，完善工作流程，确保为当事人提供高质量的法律援助。当年，全县受理各类法律援助案件 36 件，解答咨询 95 人次，代写法律文书 25 份。

第五节　公证服务

一、公证制度

1996 年，麦盖提县司法局公证处与工商银行、农业银行联合下发《关于对各类借贷款合同必须进行公证的联合通知》，将各类贷款业务纳入公证范围，同时，开展公证质量检查评比活动。

1997 年，麦盖提县司法局公证处组织业务培训，通过学习司法部“关于公证工作改革的意见”、公证业务知识和公证制度，极大地提高公证人员业务素质。要求公证人员在办证中遵纪守法、廉洁奉公、不得徇私情、不得接受当事人的任何馈赠，不得利用职权谋取私利；热情接待当事人，依照国家政策、法律、法令，严格执行办证程序，准确、及时办证，杜绝错证、假证。

2002年，在公证工作中，公证人员采取多种形式向社会各界宣传公证法律知识，使广大群众学会运用公证这一法律手段保护自身的合法权益。切实加强公证质量的管理，确保公证的真实、合法性，以确保公证文书的严肃性。

2003年，公证处打印《公证处的业务范围》50份，张贴在全县各街道醒目的位置，让各族群众知晓公证的作用。

2004年，通过不懈的努力，办理遗产公证和婚前财产公证的群众越来越多，各族群众运用公证这一法律手段保护自身合法权益的意识进一步增强。

2005年，麦盖提县司法局公证处以"公证队伍教育规范树形象"活动为契机，不断加强公证工作，成立公证队伍教育规范树形象活动领导小组，对活动做出具体安排。公证处采取集中学习和自学相结合的办法，把公证员队伍学教活动与保持共产党员先进性教育活动结合起来，将《中华人民共和国公证暂行条例》《中华人民共和国合同法》《中华人民共和国继承法》等相关法律法规作为重点，认真组织学习，并开展讨论。通过学教活动，公证处改进工作作风，积极主动出门找业务，上门办证。

2006年，麦盖提县司法局公证处业务不断拓展，结合《中华人民共和国公证法》颁布实施和"四下乡""法治六进"等活动，开展"公证教育规范树形象、公证岗位练兵"活动，拓展公证证源，公证案件由每年几十件拓展到每年200～300件，最高时达500件。案件类型由过去遗嘱、土地使用权转让拓展到婚前财产、证据保全、离婚协议、劳动合同公证等领域。

2007年，麦盖提县司法局公证处主动与金融机构联系，将贷款业务纳入公证范围，到信贷、银行等单位现场办理公证业务。

2010年，麦盖提县司法局公证处为进一步发挥公证在市场经济中的服务和保障作用，进一步提升公证的公信力，以《中华人民共和国公证法》颁布实施四周年活动为契机，采取进村入户宣传、散发宣传单、广播、现场解答等形式，宣传《中华人民共和国公证法》，不断拓展证源，使广大群众了解公证业务，通过依法办理公证来维护权益，预防纠纷。

二、业务

1992年，麦盖提县司法局公证处办理各类公证案件521件，接待群众来访241人次，来信70件；收取公证费2.5万元。

1993年，司法局根据公证处实际，下达全年办证300件、收入1.2万元的任务。公证人员登门为居民办理国有土地使用证公证书。当年，公证处办理各类公证事项565件，收取公证费2.3万元，超额完成办证任务。

1995年，公证处办理各类公证案件142件，收取公证费2.05万元。

1996年，公证处办理各类公证事项115件，接待群众来访120人次，解答与公证有关的法律咨询250人次，收取公证费1.74万元，超额完成年初下达的任务。充分发挥不同部门、不同行业联络员的作用，在业务量大的金融系统、土地管理局、劳动人事局、乡镇法律服务所设立公证联络点，发展公证联络员，促进公证业务的发展。

1997年，公证处办理各类公证事项43件，接待群众来访32人次，处理来信3件。

1999年，公证处办理各类公证事项41件，收入1.05万元。9月，根据自治区公证协会要求，公证书加盖钢印，增强了公证书的法律效力。

2000 年，公证处办理各类公证事项 41 件，接待群众来访 65 人次，解答法律咨询 65 人次。

2001 年，公证处办理各类公证事项 84 件，收费 1.79 万元，接待群众来访 260 人次，解答法律咨询 185 人次。

2002 年，公证处办理各类公证事项 75 件，解答法律咨询 85 人次。

2003 年，公证处办理各类公证 188 件，收取公证费 2.67 万元，接待群众来访 300 人次，解答法律咨询 200 人次。

2004 年，公证处办理各类公证案件 264 件，现场公证 23 件。

2005 年，公证处办理各类公证案件 148 件，接待群众来访 60 人次。

2006 年，公证处办理各类公证案件 177 件。

2007 年，公证处办理各类公证案件 348 件，现场办理公证 181 件。

2008 年，公证处办理各类公证 150 件，为社会弱势群体提供减免公证费案件 5 件。

2009 年，公证处办理各类公证 320 件，其中上门服务现场办公达 100 件、减免公证费案件 18 件，有力地保障了当事人的合法权益。

2010 年，公证处办理各类案件 300 件，现场办证 72 件，办理遗嘱、协议书等援助公证 2 件。同时，按照规范化建设达标要求，对历年来的案卷按照归档办法进行自查，对档案目录进行微机录入。

第六节　安置帮教

一、安置

2003 年，麦盖提县刑释解教人员的安置帮教工作逐步推进，层层成立协调领导小组，开展安置帮教各项工作。各乡（镇）司法所人员对刑释解教人员进行教育引导，防止他们重新犯罪。充分发挥社区在安置帮教工作中的作用，解决刑释解教人员在生产、生活中的困难。当年，安置刑释解教人员 64 人。其中，原单位安置 10 人，落实责任田 33 人，从事个体经营 16 人，其他安置 5 人。

2004 年，为做到底数清、情况明，有针对性地开展好安置帮教工作，组织人员对县域刑释解教人员的帮教落实、现实表现和家庭成员等情况进行跟踪调查，对三年内刑满释放人员重新进行梳理摸排。

2005 年，各乡（镇）接到刑满释放通知书后，及时做好登记造册，进行安置帮教。

2006 年，为进一步推进安置帮教工作，印发《麦盖提县刑释解教人员安置帮教工作管理办法》，对刑释解教工作的任务、原则、帮教小组、成员单位的职责及帮教制度等做出具体规定，安置帮教工作趋于规范化、专业化。各乡（镇）司法所、刑释解教安置帮教协调小组下村入户认真摸排，了解重点帮扶对象的实际情况，包干到人，帮助他们解决实际困难，加大安置力度。

2010 年，麦盖提县安置帮教工作以维护社会和谐稳定为目标，创新工作体制，拓宽安置渠道，收到了显著效果。对家住农村的刑释解教人员，由村一级帮教小组具体负责落实承包地，让他们有地可耕。对部分一时找不到工作的人员，尽量为他们创造条件，鼓励他们从事个体经营。

二、帮教

2003 年，县委召开安置帮教协调领导小组会议，要求财政、税务、工商等部门做好刑释解教人员就业实体的审核，对审核合格的给予积极扶持就业。对 2004 年年底前从事个体经营的刑释解教人员，给予享受三年免征营业税、城市维护建设税、教育附加和个人所得税等优惠政策。协调民政部门实行“应保尽保”，将城镇户籍的家庭人均收入低于最低生活保障标准的刑释解教人员纳入当地最低生活保障范围。当年，解决有困难的“两劳”人员生产、生活问题 74 人，将 183 名失足青少年纳入帮教范围，建立 140 个帮教小组，加强失足青少年的教育。

2010 年，麦盖提县切实加强安置帮教办公室的建设，充分发挥组织、协调、指导等职能。各乡（镇）以司法所为依托，建立健全乡（镇）安置帮教工作网络，完善工作制度，先后健全报到登记、回访谈心、例会分析、目标管理、工作考评等一系列工作制度，做到底数清、情况明。年初开展集中排查 1 次，查明情况，摸清底数，掌握去向。每季度进行全面排查 1 次，将上季度回归社会的刑释解教人员及时纳入管控范围。对去向不明、人户分离、情况不清的本地籍刑释解教人员，依靠当地基层组织和群众提供线索，协助排查，确保无漏管失控。抓好档案管理，建立健全刑释解教人员档案库，做到一人一档，对所有刑释解教人员的基本情况及年龄结构、文化层次和犯罪类型、回归社会后的工作、生活、现实表现逐人登记造册，准确掌握刑释解教人员的情况和动态。做好分级管理，根据刑释解教人员的犯罪类型、现实表现、经济状况等情况，划分重点管理对象和一般管理对象。重点管理对象为三类，一类是思想不稳定、有重新违法犯罪倾向的帮教对象，对他们进行跟踪式管理，通过各种渠道掌握其生活轨迹，及时了解其困难，帮助其解决，一旦发现不良苗头，及时上门帮教，做好思想转化工作；二类是无经济来源、生活困难的帮教对象，通过与乡（镇）党委、劳动和社会保障、民政等职能部门的协作联动，多方配合，协调解决基本生活问题；三类是思想悲观、情绪低落的帮教对象，坚持以心理疏导为主，做到安身暖心，帮助其解开心结。

第二十五编　军　事

1991—2010 年，麦盖提县人武部在相关单位的配合下，按照《中华人民共和国兵役法》要求，严把政审、体检、文化、年龄关开展征兵工作，按时保质保量完成征兵任务。驻麦盖提县各部队按照党在新时期的建军要求，听党指挥、牢记使命、不忘本色，树牢不断加强全局意识、责任意识，按课目实施军事训练，练就过硬本领，提升作战能力、应急处突能力，确保拉得出，打得赢。

发扬军队优良传统，自觉参与地方建设、抗震救灾、扶贫帮困和社会公益性事业，为麦盖提县物质文明、精神文明、社会文明和生态文明建设做出积极贡献。始终把拥政爱民作为一条严明的纪律，坚持全心全意为人民服务的宗旨，积极参加社会主义建设，军政军民团结不断加强。

县委、县人民政府高度重视国防教育，人民武装部以爱国、爱边疆、增强民族团结为主要内容，以干部、民兵、预备役人员、学生等群体为重点，举办多种形式的国防知识宣传教育活动，增强全民国防意识、国家安全意识。

地方政府和人民群众积极关心和支持国防建设，军地广泛开展“双拥活动”，建立军民鱼水关系。

第一章　人民武装

第一节　机　构

1991 年 1 月至 1993 年 11 月，麦盖提县人民武装部改归地方领导，为副县（副团）级单位。

1993 年 11 月，根据中央军委命令，麦盖提县人民武装部归军队建制，隶属喀什军分区，升格为正团级单位。

第二节　党的建设

一、思想政治工作

1991—2010 年，麦盖提县人民武装部贯彻落实党在不同时期的治军、强军要求，认真学习江泽民、胡锦涛等中央领导关于军队建设的重要思想，深入开展“牢记强军目标，献身强军实践”主题教育活动。活动采取集中辅导、集体学习、示范观摩相结合的方式，开展形势战备教育、军队优良传统教育、风气建设教育、民族团结教育，着力加强官兵政治思想工作。通过开展形式多样的知识竞赛、主题演讲、讨论交流、歌咏比赛、互动游戏等活动，增强政治教育效果，丰富官兵业余文化生活。在全体官兵中开展作风纪律教育整顿，按计划、分层次、有重点的学条令、训队列、整秩序，强化官兵遵章守纪的思想意识。

二、理论学习

1991—1998 年，人武部把“坚持四项基本原则，反对资产阶级自由化”和党的基本路线作为教育的主要内容，把坚定理想信念、坚持党的领导、严守政治纪律、忠实履行职责作为教育的根本出发点和落脚点，每年组织 2 ～ 3 个专题教育，开展“听党话、跟党走”大讨论，确保官兵政治上合格、道德上纯洁。

1999 年，县人武部按照学习型党组织要求，坚持把理论学习作为提高能力素质和统班子、带部队的中心环节来抓，重点围绕“怎样建设学习型党组织”，组织一班人学习《政治工作条例》《党委工作条例》《民主集中制读本》等基本法规、各级首长重要讲话精神和业务知识，统一思想认识，掌握开展工作方法，提高党委一班人统班子、带部队、谋发展的能力。全年开展各类理论学习94场次，撰写心得体会162篇，交流发言352人次。

2000年，人武部党委认真开展“三讲”（讲学习、讲政治、讲正气）学习教育，认真抓好理论学习，通过学规章制度、案例剖析，着力提高班子成员理论素养，解决党员干部艰苦奋斗思想淡化、职能作用弱化、自律不严、思想道德不纯的问题。

2001年，根据中国人民解放军总政治部、上级军区关于学习实践“三个代表”重要思想、保持共产党员先进性的一系列指示精神，结合人武部实际，利用15天时间进行集中教育。

2002年，县人武部把“三个代表”重要思想的学习作为政治教育的重点，制定学习计划，落实部党委中心组学习制度。组织全体干部深刻领会“三个代表”重要思想的科学内涵，结合新形势，反复学习江泽民“七一”重要讲话和“5·31”讲话，理论联系实际，谈体会，写心得，交流学习经验。紧紧围绕“两个严密关注”的重要指示，始终把官兵、民兵的思想政治建设放在首位，狠抓基础建设，在巩固中提高。

2003—2004年，县人武部组织党委成员、机关干部、连队官兵，采取集中辅导与个人自学、做笔记与写心得体会、分组讨论相结合的方式学习“三个代表”重要思想，特别是加强对江泽民关于推进中国特色军事变革战略思想的学习，进一步把握“贯彻‘三个代表’重要思想，积极推进中国特色军事变革”的深刻内涵，牢固确立与时俱进的意识。全年撰写心得体会69篇，分组讨论73场次。

2005年，县人武部以毛泽东、邓小平、江泽民系列重要军事论述和红色经典书籍为基本教材，采取专题辅导、观看革命影片、教唱歌曲等形式，深入开展“强化战斗精神、提高打赢能力”主题教育活动，激发官兵以临战姿态、实战标准、只争朝夕精神做好军事斗争准备的热情。

2007年，人武部深入开展“赞颂新成就、履行新使命，迎接中共十七大”主题教育活动，组织政工干部参加军分区中共十七大精神宣传教育理论培训，组织官兵反复读原文，引导广大官兵了解掌握中共十七大精神实质和基本内涵。

2008年，深入开展“坚定中国特色社会主义信念，有效履行我军历史使命”主题教育。组织官兵开展“我与改革开放30周年”征文、迎奥运知识竞赛等活动，让官兵在具体实践中增强高举伟大旗帜的政治信念。

2009年，开展“我与共和国同行”主题教育活动，强化官兵“忠诚于党、热爱人民、报效国家、献身使命、崇尚荣誉”的意识。

2010年，县人武部按干部、战士、职工和民兵4个层次，开展学习践行科学发展观、“八荣八耻”社会主义荣辱观，利用黑板报、军营展板、展示心得体会等方式方法，营造浓厚的学习氛围，编发通俗易懂的宣讲辅导提纲，以思想教育、舆论引导、文化熏陶、典型示范、实践养成和制度保障等多法并举，推动学习践行当代革命军人核心价值观经常化、制度化，加强官兵在专题教育、课后辅导和艰苦环境考验的思想基础。

第三节　军事训练

1991—1993年，人武部党坚持预防偏训、漏训、粗训等问题的发生，立足现有条件，发挥主观能动性，克服“等、靠”思想，积极创造条件，纠正脱离实际、脱离现有条件片面追求“高精尖”，搞花架子等形式主义，坚持仗怎么打、训练就怎么搞，突出提升实践能力的军事训练。在训练中开展“比、学、赶、帮、超”活动，鼓励人人争当训练尖子，组织开展“小评比、小比武、小竞赛、小观摩、小考核”等活动，把训练实绩同立功受奖等切身利益相挂钩，建立奖惩机制，调动训练积极性，活跃练兵气氛，提高训练效果。结合年度训练任务，确保时间、内容、质量、人员四落实。训练中严格落实讲评考核制度，每次训练都由值班员将人员到课率、训练情况逐一登记在册，每月由部领导讲评，以此来激励先进，鞭策后进。

1994—1995 年，人武部党委把民兵作为维护社会稳定的重要力量紧抓不放，把着眼点放在“打赢”上，做到常抓常议，定期分析部队军事训练形势，针对薄弱环节和阶段训练中存在的问题，及时改进训练方法，提高训练质量。机关干部坚持到训练场精心指导、现场把关，及时发现和解决存在的突出问题，把落实各项规章制度作为提高训练质量的根本途径。在应急连集中训练中，主要完成防暴队形、盾棍术、反恐演练等 6 个课目的训练内容，组织民兵进行紧急拉动课目的联训。经考核，合格率达 95% 以上。各乡（镇）武装部结合整组工作，集中 15 天时间对所属应急分队进行训练，提高民兵应急分队遂行各类任务的能力。

1996—1997 年，人武部军事训练严格按《陆军军事训练考核大纲》组织施训，突出重点和难点课目，做到计划周密、科学安排，重点和难点课目均由军事科人员担任教员，抽调素质过硬的 4 名骨干配合训练。分队应急处突方面的训练，按照《部队战备实施细则》抓落实，分队应急反应能力基本可以适应遂行任务的需要，特别是利用现有物资条件下的应急反应能力，基本达到反应快速、机动、灵活的标准。在乡（镇）民兵应急分队训练同时进行的情况下，军事科合理分工，坚持每天下乡检查指导民兵训练和管理工作，训练中完全依据现役军人的标准，严格要求，严格训练，做到组织严密，训练有序；在组织防暴训练过程中，部长带领军事科人员精心计划，反复演练，直到完全熟练为止。

1998—1999 年，人武部依照《训练大纲》和《军事训练指导法》规定，坚持按纲施训，坚持从难从严从实战需要出发，结合实际，严格组织训练，严格落实官兵分训、士官组训、军官主考的要求，加大对干部、骨干的培训力度，提高骨干组训能力。在官兵分训上加强组织领导，使各级进入角色，增强责任意识；严格按照大纲要求，对各个阶段训练课目，认真进行检查考核验收，严扣细训，对发现问题及时纠正，使官兵整体军事素质得到加强和提高，较好地完成训练任务中大部分训练课目。

2000—2001 年，人武部始终坚持军事训练的中心地位不动摇，突出抓好军事训练这个中心工作，将军事训练新《试训纲目》纳入党委的重要议事日程，做到常抓常议。训练中，针对训练器材和训练场地短缺的实际，不等不靠，想方设法边训练边总结，严格施训；自新兵下连后，为使训练课目更加切合新大纲要求，人武部党委召开专题会议进行研究，明确“立足实际，盯住难点，按纲施训，确保效果”的总体思路，成立军事训练领导小组，依据《陆军军事训练考核纲目》，进行周密计划，精心准备，合理部署，使新兵军事训练工作以良好的态势进行。干部骨干在教会士兵之前，自己首先掌握动作要领，并坚持跟班作业，认真备课，耐心讲解，与战士同训练、同娱乐，发挥示范引导作用，带动训练热情，提高训练质量。领导干部亲临一线，督导新《试训纲目》实施情况。全年所训课目，经考核均在合格以上。

2002 年，人武部在民兵预备役军事训练方面，分批轮训 9 个乡、1 个镇专武干部和民兵应急分队人员，统一食宿，集中训练，强化管理，按大纲落实训练内容，每批训练 15 天。考核成绩均在合格以上。

2005—2006年，人武部坚持以召开专门会议形式，对新大纲的施训工作进行专题讨论研究，认真部署，先行对干部、骨干进行培训，澄清大家在训练内容、组训方法上的一些模糊概念。在士兵训练中，部领导深入一线，现场指导，帮助解决训练中存在的各种问题，调动广大官兵的训练热情，保证军事训练的“四落实”。组织机关人员学习《军事训练计划规定》《军事训练登记统计报告规定》《军事训练考核规定》，指定专人深入连队进行调查研究，掌握了解军事训练预备期的各项准备情况及连队军事训练骨干队伍建设情况，有针对性地进行训练培训。

2007年，人武部党委把如期形成战斗力，作为衡量班子成员在政治上成熟的标准紧抓不放。坚持军事训练中心地位不动摇，定期召开军事训练形势分析会，研究制定下发《年度军事训练工作指示》。机关进行军事理论、体能、室内战术作业、沙盘堆制、组织指挥训练；生产连完成入伍训练、分业训练、合成战术训练。在10月中旬分区组织的屯垦部队比武竞赛中，人武部参赛人员取得优异成绩，生产连被评为军事训练考核先进单位。

2008—2009年，人武部为扎实做好训练工作，落实每月议训制度，加大对训练的指导力度，把官兵思想统一到军事训练这个中心上来。重点抓了连队干部骨干示教示范课目的训练，着力促进干部骨干组训能力的提高；针对干部骨干组训中存在的问题，部领导坚持每天到训练场检查指导，手把手地教方法，有效提高干部骨干组训任教能力。

2010年，人武部加大对训练的指导力度，在提高训练水平上下功夫。结合分区每季度考核，组织官兵进行挑应战和表决心活动，制定下发军事训练中政治工作指示，在明确奖惩措施的同时，对在军分区火箭筒培训中取得全优的个人和连队所有射击课目优秀的个人进行嘉奖，对连队组织体能比武竞赛取得名次的个人，人武部拿出2000元进行奖励。

第四节　济贫帮困

1991—1995年，人武部组织民兵在农忙季节、农作物生长的关键时节，帮助巴扎结米乡部分缺劳动力群众完成压膜播种、固埂补苗工作。在肉孜节、古尔邦节期间，为巴扎结米村4个特困户分别送去大米、面粉、清油。注重发挥专干和民兵的作用，组织科技知识讲座、经验交流，建立互帮互助对子，帮助65户贫困户摆脱困境。

1996—1997年，人武部动员全体官兵、职工开展“捐款、捐物、献爱心”活动，春节期间深入乡村开展慰问活动，为困难户送去大米7袋、现金650元和各种衣物100多件，价值2000元，受到当地群众的一致好评。

1999—2001年，人武部对巴扎结米乡敬老院孤寡老人进行多次慰问，送去面粉、大米、清油和防寒鞋等物品价值2500元。

2002年，人武部开展保护母亲河捐款活动，全体官兵捐款3000元。

2006年，人武部在古尔邦节期间为敬老院孤寡老人送去面粉、大米、清油和防寒鞋等物资及生活用品折合资金2000元。

2007年，根据新疆军区政治部《关于为灾区、贫困地区群众捐款的紧急通知》精神，人武部党委组织官兵为贫困群众捐款2380元，人武部领导带队，深入各乡（镇）开展转业复员困难军人慰问活动。

2008年，根据分区《关于向四川汶川地震灾区捐赠衣被的通知》精神，人武部动员广大官兵献爱心捐款2050元。根据军分区支援地方建设“四项工程”精神要求，投入2000元帮助巴扎结米乡库台克勒克村进行核桃育苗，给巴扎结米小学13名贫困生捐赠书包、笔记本等学习用具及服装13套。

2009—2010年，人武部为巴扎结米乡库台克勒克村小学捐赠桌椅10套，价值3600元；为10名贫困生发放“爱心资助金”5000元。

第五节　抢险救灾

1991年8月，叶尔羌河水暴涨，克孜勒阿瓦提乡部分村被淹，县人武部组织专武干部、民兵参与抗洪救灾，保护人民生命财产安全。

1993年，叶尔羌河水暴涨，库尔玛乡部分农田被淹，人武部充分发挥民兵的突击队作用，组织专武干部、民兵参与抗洪救灾，保护人民财产安全。

1994年7月，叶尔羌河发生洪水灾害，人武部官兵连续奋战9个昼夜，堵住决口14个，搬运土方500多立方米。

1996年春夏季节，麦盖提县遭受特大风灾，人武部带领官兵和民兵预备役人员抢救大棚38座，帮助各乡镇种植架子瓜260亩、植树造林860亩，帮助180户农民灾后重建。

1997年，组织官兵参加救火2次，挽回经济损失50万元。

1998年7月，麦盖提县吐曼塔勒乡、尕孜库勒乡遭受洪水灾害，人武部以坚决、迅速、有力的行动支援地方抢险救灾，动员一线民兵装运沙袋8500多袋，挖运土240多立方米，加固河渠530米，保证人民群众生命财产安全。

2000年，人武部发挥民兵预备役人力、物力优势，抢救受风灾大棚28座，帮助各乡镇种植架子瓜160亩、植树造林1200亩、开挖管道4500米，帮助210户农民灾后重建。

2002年7月，受暴雨影响，部分民房出现倒塌，人武部组织民兵冒雨赶到灾区，采取围、堵、排、提等方法，排除险情27处，帮助120户居民转移物资、牲畜等。

2003年2月，巴楚县琼库尔恰克乡发生6.8级地震，麦盖提县遭遇两次强烈地震影响，居民住房不同程度受损，人武部及时疏导危房居民，转移群众500余名。

2006年，麦盖提县尕孜库勒乡遭遇洪灾，淹没部分农田。灾情发生后，人武部动员一线民兵抢险救灾，动用车辆40多台次，装运沙袋500多袋、挖运土160多立方米，加固河渠360多米。

2010年7月29日，麦盖提县尕孜库勒乡罕库勒水库、提孜拉甫河决提。灾情发生后，人武部动员民兵进行救灾，动用车辆50多台次，转移安置群众323人、牲畜200多头（只），清理房屋400多间，装运沙袋1万多袋、挖运土500多立方米，加固河渠330米。

第六节　军民共建

1992年，人武部为麦盖提县尕孜库勒乡麦迪尼帕合特勒克村图书阅览室购进党建、医疗卫生、种植养殖等方面书籍200多册，并购进部分文体器材，促进民族团结、社会和谐。

1994年，人武部结合开展“学雷锋活动月”，成立便民服务队，上街服务；“六一”儿童节前夕，慰问福利小学孤儿40人，送去各类图书及学习用品。

1995年，人武部派出9名专武干部，分2批，每批15天，对二中1200名高一学生进行军训。

1996年，人武部与驻地15个单位结成共建对子，平时相互交往，利用重大节日与共建单位开展双拥活动，密切军地关系。

1997年，人武部结合民族团结教育月活动，与二中召开座谈会、开展篮球友谊赛，与泰山幼儿园举行“五一”联欢会，参加全县民族团结教育月大合唱活动。

1998年，人武部开展军民共建家园活动，为巴扎结米乡库台克勒克村图书阅览室补充党建知识、医疗卫生、种植养殖等各类书籍300多册，指导援建村和村小学组建足球队、篮球队、排球队、文艺队、放映队等“五支文化队伍”，新型军政军民关系得到巩固和发展。

1999年，人武部投身于西部大开发，引导民兵参加驻地植树造林和退耕还林还草活动，共造林62.4亩。春节前夕，组织民兵应急分队和全体官兵清扫驻地县城的主要街道，慰问走访18个共建单位。

2000年，人武部领导带领生产连及机关全体官兵，利用党团活动及节假日时间，植树1万多棵，高标准完成绿化任务。

2001年3月，在“学雷锋月”中，人武部全体官兵统一行动，对驻地县城主要街道、文化广场进行全面清扫，派出理发组、自行车修理组、体重血压测量组、茶水供应组在主要街道口设点，开展全民服务，推进精神文明建设。

2002年，人武部领导带队，在古尔邦节期间走访慰问共建单位困难职工，送去大米、面粉、清油、生活用煤等物品。

2003年3月，人武部组成3个便民服务小组开展义务活动。清洁组在文化广场、幼儿园开展爱国卫生活动；修理组为驻地群众修理电器、摩托车、自行车；医疗组为群众体检看病。密切军政军民关系，促进民族团结。

2004年，人武部与驻地群众一起参加叶尔羌河生态防护林工程和防风固沙工程活动，植树8900余棵。

2005年，在春节、“五一”、“八一”、国庆节期间，县委、县人民政府拿出专项经费为人武部修建欧式大门及栏杆，对办公大楼和家属楼进行装修粉刷，拨专款15万元购买指挥车，划拨土地解决射击训练场问题。

2006年，人武部组织官兵参加“万亩林果业示范基地”植树活动，共植果树7600棵。

2007年，人武部机关、连队与共建单位排练节目，参加迎新春文艺晚会。在元旦、古尔邦节、春节来临之际，先后3次组织生产连官兵上街清理街道卫生，到共建点打扫卫生、慰问困难职工。

2008年，人武部在重大节日期间，召开共建单位及乡（镇）负责人座谈会3场次；参加驻地组织的篮球比赛、元宵节文艺晚会；生产连与泰山幼儿园联合举办春节文艺联欢晚会。军民共建稳步推进。

2009年，开展军民共建美好精神家园活动，投入1.5万元为库台克勒克村文化活动室添置电脑2台、桌椅5套、书籍300册，投入5000元为该村党员活动室添置电视机、桌椅等基本设施。

2010年，人武部党委贯彻胡锦涛当好“战斗队、工作队、宣传队”重要指示，发挥少数民族官兵、专武干部、民兵预备役和帮扶共建点群众“四支队伍”的优势，按照上级“横幅挂起来、标语贴出去、口号喊起来”的要求，先后与宣传部、电视台协调刻录宣传光盘20张，民族团结宣传教育光盘12张，通过广播、电视等媒体开展党的民族政策、国家法律法规和新疆经济社会发展建设成就等大宣讲活动。

第二章　南疆军区农副业基地

第一节　概　况

南疆军区农副业基地位于麦盖提县库尔玛乡境内，是在原新疆军区麦盖提基地基础上组建的农副业生产基地，其前身是新疆军区独立骑兵第三团于1960年垦建的恰斯农场。50年来，由于隶属关系的不同，其名称经历多次变更。1962年，初建时称为恰斯农场。1966—1969年，称五七农场。1969年，骑兵三团整编时将农场交给南疆军区后勤部管理。1970年，南疆军区将农场移交步兵六师，更名为8027部队五七农场，1974年，更名为36121部队农场。1979年，农场正式列编步兵第六师，更名为乌鲁木齐军区麦盖提农场。1985年8月30日，根据中央军委命令，乌鲁木齐军区撤销，组建新疆军区，农场随之更名为新疆军区麦盖提农场。1985—1994年，机构性质未发生改变。

1995年6月6日，新疆军区麦盖提农场的生产部门组建一分场，轧花厂、榨油厂组建三分场，隶属步兵六师管辖。同时，南疆军区在该农场新建二分场，组建新疆军区麦盖提基地，隶属于南疆军区管辖。3个分场由步兵第六师和南疆军区分别进行领导和管理，经济上实行独立核算，一、三分场收益上交步六师，二分场收益上交南疆军区。

1997年1月，新疆军区麦盖提基地更名为南疆军区麦盖提基地，步兵第六师将麦盖提基地一、三分场移交南疆军区麦盖提基地管理。至此，南疆军区麦盖提基地辖一、二、三共3个分场。12月，基地撤销一、二、三分场编制，成立6个作业队，由基地统一管理。

2002年1月，进行军队农（牧）场改革，南疆军区麦盖提基地改编为南疆军区副食品基地，基地规格由副师级降至正团级。

2004年1月，南疆军区副食品基地编制撤销，成立副食品基地善后办公室，规格由正团级降至副团级。

2006年10月，副食品基地善后办公室正式纳编为南疆军区农副业基地（以下简称基地），为副团级，隶属南疆军区后勤部管理，延续至2010年。

第二节　基地建设

一、生活设施

（一）住房

1991—1994年，因规划建设棉花基地，麦盖提农场按照六师统一规划，先后在场部新建砖木结构办公用房5栋、官兵家属住房4栋、农工住房8栋，官兵与职工住房条件得以改善。

1995年，因大规模开荒造田，新组建5个农业连队，新建农工砖木结构住房12栋，住房条件进一步改善。

1996年起，基地土地对外承包，到基地临时务工人员逐年增多，住房相对紧张，基地先后新建农工住房35栋、干部砖混结构住房2栋，基本满足住房需要。

2009年，基地新建两层楼房1栋。

2010 年 8 月，新营房正式启用。

（二）商铺

基地商业街用房全部是 20 世纪 90 年代初建的土坯房，年久失修成为危房，存在安全隐患。2010 年，基地聘请新疆建筑科学研究院专家对新场区进行规划设计，号召全体商户自筹资金新建商业街，商业街于 2010 年 7 月开工，建成两层商业楼 1 栋，建筑面积 710 平方米；彩钢大棚 2 座，建筑面积 1200 平方米。改变基地商业环境，为基地小城镇建设奠定基础。

（三）饮水

1991 年，农场官兵、职工、棉农饮用涝坝水。

1992 年，为解决饮水问题，基地在叶尔羌河岸边打 120 米深水井 1 眼，新建水塔 1 座，军民喝上自来水。

2003 年，受巴楚县琼库尔恰克乡地震影响，水井受损严重，能基本保障供水。

2005 年，机电井倒塌，基地在该井附近新打 160 米深井 1 眼，因水质不符合饮用水标准弃用。

2006—2007 年，基地采取在涝坝中打浅水井，用潜水泵抽入水塔再次沉淀后饮用的办法，暂时缓解生活用水问题。

2008—2009 年，为彻底解决饮水安全问题，基地协同县发改委、水利局多次与上级部门对接，从自治区水利厅争取到国家和自治区饮水安全项目资金，将基地饮水安全项目列入麦盖提县饮水安全项目一并实施。

2010 年 8 月，基地安全饮水项目开工，10 月底竣工投入使用，基地军民彻底结束喝涝坝水的历史。

（四）照明

1991 年，农场没有照明电，官兵照明靠煤油灯、马灯，生活、工作、学习十分不便。

1992 年，根据新建棉花基地的规划，修建装机容量 740 千瓦发电厂 1 座，每天发电 2 ~ 3 个小时，缓解军民日常生活用电的问题。

1993—1994 年，轧花厂建成投入使用，电力不足，添置发电机 1 台。

1995 年，基地投资 33 万元架设库尔玛乡至基地的高压线 13.56 千米，实现与麦盖提县电力并网，缓解基地电力不足问题。

2007—2010 年，基地争取军区投资 60 万元对 15 千米老化电线进行更换，降低线损，排除用电安全隐患。

（五）供暖

1991—1998 年，基地军民使用传统的煤炉取暖。

1999 年，基地在机关办公区修建锅炉房，解决机关办公区冬季取暖问题。

2001 年，供暖延伸至干部士官家属院、学校。

2010 年，新疆军区调拨 4 吨卧式锅炉 1 座，基地投资 40 万元新建锅炉房 1 座，重建供暖管线 1.3 千米，基地冬季供暖系统得到改善。

（六）道路

1991—2001 年，基地通往库尔玛乡的道路为乡间土路，通往巴楚方向的路为戈壁滩上的简易路。

2001 年，基地动用推土机 4 台，用时 2 个月，修筑基地至麦巴公路土路 115 千米。

2002—2007 年，修筑的土路经常遭到重型货车碾压，基地每年都对东、南进出基地的两条土路进行平整维护。

2008 年，中石化西北局油田分公司将路面全部铺上戈壁土，道路状况有所改善。

2010 年 8 月，麦盖提县实施通村油路建设工程，由基地配套投资前期费、设计费、监理费 30 万元开始修建 X569 线库尔玛乡—恰斯农场—胡杨林场公路项目，该路线途经基地驻地，全长 26 千米，为乡村三级公路，项目资金为国债资金，建成后彻底改善基地交通环境。

（七）绿化

1991—1994 年，基地大量开荒造田，砍伐树木较多，导致基地所剩树木不超过 2000 株，生态破坏严重。

1995—1996 年，基地党委重视植树造林工作，组织军民栽种大量树木，但因疏于管理，树木成活率不高。

1997—2010 年，基地因地制宜，在房前屋后、渠堤两侧、路边林带、不宜种棉花的地块上持续种植沙枣、杨树、柳树、胡杨、速生杨、桑树等树木，雇用专人管理。至 2010 年，基地渠、林、路已基本实现林网化，防风林体系逐步形成，生态环境得以改善。

（八）邮电通信

1991—1997 年，基地没有接通程控电话，与外界联系沟通主要依靠信件，有紧急事务需要至库尔玛乡打电话。

1998 年，经与麦盖提县邮电局对接，在基地开通程控电话。

2003 年，基地开通互联网，部分官兵、农工购买家用电脑。

2006—2007 年，麦盖提县移动、联通公司在基地建设信号塔，手机信号实现无盲区全覆盖。

2010 年，麦盖提县电信公司在基地开通网络电视业务，丰富了官兵、农工业余文化生活。

（九）学校

1991—1996 年，基地有学校 1 所，开设小学、初中班。生源为农工、职工、官兵子女以及部分库尔玛乡农民子女，教师由麦盖提县教育局委派。

1997 年，南疆军区领导到基地检查指导工作后，号召全区部队给基地“希望工程”捐款 25 万元，修建一栋两层砖混教学楼，教学环境得以改善，学校定名为恰斯希望小学。

1998—2007 年，基地投入资金 5.3 万元为学校添置课桌、椅子、黑板等教学设施及篮球架、乒乓球桌等体育器材，保证教学活动的正常开展。

2008 年，学校撤销初中班，初中班生源全部转入第三师四十五团中学及麦盖提县各中学。

2010 年，麦盖提县教育局落实国家、自治区相关政策，在基地新建幼儿园 1 所，配备相关教学设施，解决学龄前儿童就近入学的问题。

二、生产建设

（一）水利

南疆军区农副业基地地处塔克拉玛干沙漠西北边缘，叶尔羌河中下游，水资源较为匮乏，农业生产用水紧张，加上基地地势非常低，耕地土壤多属草甸土、盐土、风沙土，土壤盐碱含量较大，地下水位高，一般 1 米左右即出水。所以开荒压碱、棉田冬（春）灌及生育灌水时，大量盐碱随水分下渗，同时地下水位上升，如不及时排出碱水就会形成沼泽或盐碱滩，对农作物生长造成不良影响。1991—2010 年，为了保证农业灌溉用水，加快土壤改良，保证作物正常生长，基地采取一系列引水、排碱措施，保证农业生产用水，改良土壤结构，农作物连年丰产。

1991 年，开挖干渠 27.68 千米、支渠 110.87 千米，新建渡槽、桥梁、过水涵、干渠枢纽 35 座。

1992 年，新修干渠、斗渠、调洪渠 37.64 千米；新挖排渠、斗排渠 59.27 千米、永久性毛渠 186

千米；新修水涵格、干渠桥、支渠桥、干渠分水枢纽、水渠水闸若干；铺设过水涵洞 36 座；扩挖水库 2.71 万立方米。

1993—1994 年，基地只有 3 条支渠保障 1.2 万亩农田灌溉，水流较小，灌溉用水较为紧张，不能满足农业生产需求。

1995—1996 年，南疆军区组建二分场，基地大面积开荒，为保证引水灌溉，对原有的 23.6 千米引水渠和 13 千米引洪渠实施拓宽加固，新建 2 条干渠和 2 条支渠。

1997 年 5 月，基地根据地块分布及规划，扩挖主排水渠 7.4 千米。

1998 年，基地投资 200 万元在各干、支、斗渠上新建、改建各类分水节制闸口 130 座、过路（渠）箱涵、涵洞、渡槽等 45 座、小节水闸 200 座，铺设涵管 2000 节。

1999—2000 年，随着叶尔羌河流域两岸棉花种植面积的不断扩大，基地水源逐年紧缺。

2001 年，国家为恢复塔里木盆地生态平衡，开始从叶尔羌河向塔里木河调剂生态水，基地向叶尔羌河流域管理局递交了主干渠防渗节水工程立项报告。

2003 年，基地主干渠防渗节水工程在国家塔里木河综合治理工程项目中立项，争取项目配套工程资金 544 万元。

2004 年 10 月，基地主干渠防渗节水工程开工，对基地阿庞孜水库出水口至基地四支渠段长 82 千米的主干渠进行混凝土防渗处理，设计流量 35 立方米 / 秒，最大流量 45 方米 / 秒。防渗处理后，减少渗漏，加快流速，节省水量，提高利用率。

2005—2008 年，基地争取军区专项资金 80 万元在引水主干渠南侧打 70 ～ 80 米深井 10 眼、40 米浅井 18 眼，提高抗旱能力。

2009 年，鼓励农工自筹资金 16 万元在主干引水渠和支渠边打 40 米浅井 20 眼。

2010 年，基地建成以主、干、排为中心纵横交错的各支排、斗排、毛排并与自然排碱沟相连的排碱系统。

（二）农业机械

1991—1994 年，基地生产力水平不高，只有少量的推土机、拖拉机以及各类农具，耕种主要依靠人力和畜力，农业机械化程度较低。

1995 年，购置东方红 702 型推土机 13 台、东方红 802 型推土机 4 台、TN-55 型轮式拖拉机 2 台、刨式平地机 2 台、铲运机 2 台，配套购买各类农机具 33 台（套）。

1997 年 1 月，步六师将一、三分场划归麦盖提基地管理，移交链轨式推土机 7 台、轮式 TN55 型拖拉机 8 台、各类农具 23 台（架），大部分因使用年限过长，失去维修价值。

1998—2009 年，基地先后购进 TN55 型轮式拖拉机 8 台、TN-654 型拖拉机 3 台、东方红 804 型轮式拖拉机 4 台、纽荷兰 110 ～ 90 型大马力轮式拖拉机 6 台、东风联合二型收割机 1 台、福田欧豹小四轮 3 台、各类配套农具 54 台（架）。

2010 年，在军区后勤部业务机关和基地的积极争取下，总部拨付大马力农业机械购置补贴经费 200 万元，基地购置同类农机中处于领先水平的纽荷兰 T7040 大马力轮式拖拉机 1 台，提升犁地整地作业质量。截至 2010 年年末，基地共有各类农机具 103 台（架），农业机械化程度有较大提高。

第三节　经营管理

南疆军区农副业基地经营管理实行效益目标责任制，基地根据军区下达的任务，对全体干部实行目标责任制，任务层层分解，责任到人。在生产管理上实行“六统一”的管理办法，即“统一管理、统一种植、统一施肥、统一播种、统一机械作业、统一栽培技术”。

一、棉花种植

1991—2010年，基地围绕新形势下抓生产、保生活、促稳定主线，为扩大生产规模、增加经济效益，走出了一条以棉花为支柱产业的新路子。

1991年，农场种植棉花没有形成规模，主栽品种为军棉1号，产量低，抗病虫害能力差，种植面积7000亩，全年总产796.32吨，平均单产113.76千克/亩。

1992—1996年，基地棉花播种面积，产量有所提高，平均单产129.36千克/亩。

1997年，南疆军区加大基地开发建设力度，以便尽快形成规模型、效益型的生产基地，不断加大投资，加大“三田两室”（种子田、实验田、示范田和资料室、试验室）建设力度，完善试验室配套设备，建立健全各种档案资料。

1998—2003年，引进抗虫棉、彩色棉、高产优质杂交棉、高产优质抗病棉，通过对比实验筛选出适合基地栽种的高产优质杂交棉和高产优质抗病棉，进行大面积推广种植，单产总产大幅度提高，经济效益突破1000万元大关。

2004年，大力推广高效节水滴灌技术、测土配方施肥、深耕深翻抗病技术、精量播种技术、激光平地技术、轮作倒茬综合改造中低产田技术等先进棉花生产技术，提高单产，增加总产，全年基地棉花总产6196吨，达到历史新高，实现利润1016万元。

2005—2009年，基地棉花生产稳中有升，年均效益1156万元。

2010年，基地种植棉花2.5万亩，棉花总产7263吨。

二、棉花加工

1991年，步六师麦盖提农场生产的棉花由承包户自行组织销售，销售地点多为麦盖提县库尔玛乡、吐曼塔勒乡棉花加工厂（站）。农场财务部门负责棉花款结算。为落实建设新疆军区棉花基地的规划，步六师和农场党委决定新建一座棉花加工厂。1992年，年加工能力5万担皮棉的轧花厂和榨油厂建成，轧花工作由部队承担，因技术原因，1993年后承包给地方人员经营。2004年，军区与北京中联控股纺织有限公司签订委托加工合同，合同约定由中联控股公司投资1000万元对基地原有加工设备及厂房进行技术改造，10年后设备及厂房归基地所有。2009年，因棉花销路不畅，中联控股公司放弃加工。2010年，由南疆军区组织以竞拍形式销售籽棉。

第三章 武 警

第一节 机构

1991年，中国人民武装警察部队麦盖提县中队隶属武警新疆总队喀什地区支队，接受喀什地区支队领导，执行中国人民解放军的条令、条例。至2010年，隶属关系未变。

第二节　主要工作

1991 年，武警麦盖提县中队被国家民委评为“植树造林先进单位”。

1992 年，被喀什地委评为精神文明先进单位；被武警新疆总队评为基层建设达标先进中队，并荣立集体三等功一次。

1995 年，被自治区党委、人民政府授予“拥政爱民团结进步模范单位”称号。

1997 年，武警麦盖提县中队被新疆总队评为“基层建设先进中队”“先进党支部”。

1999 年 1 月，成功制止 1 起死刑犯劫持人质企图以自杀相要挟而脱逃的案件，武警总部、总队给予通报表扬。

2005 年 5 月，武警麦盖提县中队自卫哨兵发现距离中队 100 米处，两辆面包车发生碰撞，情况危急，迅速出动人员前去救援，配合医务人员将车内受伤者送往医院，避免人员伤亡，展现人民子弟兵良好形象。

2006 年 12 月，中队开展执勤战备教育和思想作风整顿，全体官兵更加牢固树立“执勤就是战斗，哨位就是战场，上哨一分钟，警惕六十秒”的思想观念。

2008 年 5 月，武警麦盖提县中队积极开展民族团结教育月活动，全体党员自发组织，长期照顾麦盖提镇 10 多名孤寡老人，帮助孤寡老人整理院落、打扫卫生，年节期间送上慰问金、大米、面粉、食用油等生活用品，解决实际困难。

2010 年 7 月，麦盖提县发生两次特大洪水灾害，武警中队快速组织人员参加抗洪救援，在军警民共同努力下，将险情化解，救出牛羊 1000 余头（只），100 户居民房屋免遭水淹，挽回直接经济损失 102 万元。

至 2010 年，武警麦盖提县中队积极参加支援地方建设，义务植树 1 万株，参加抢险救灾 10 次。

第四章　国防与人民防空

第一节　国防教育

1991 年，县人民武装部深入社区、学校开展“牢记历史、勿忘国耻”宣传教育活动 2 次，引导各族干部群众、学生树立“关心国防、支持国防、建设国防”的思想。

1992 年，人武部结合“9·18”事变，开展“富国强军、不忘国耻”教育，引导全县干部群众不忘中华民族灾难深重、国土沦丧的屈辱历史，做到以史为鉴、警钟长鸣，树立居安思危的忧患意识。

1993 年，人武部坚持把国防教育作为全县中小学课堂教育的重要组成部分，使各族青少年学生的国防知识和国防意识得到普及和增强。

1995 年，人武部将国防教育与建党 74 周年活动结合起来，与县委宣传部开展国防教育展板巡展、红歌比赛等活动，颂扬国防建设辉煌历程，激发爱国拥军热情，把广大军民的爱国之心、报国之志转化为建设和谐社会、建设美丽家园的实际行动。

1996 年，人武部针对民兵亦兵亦民、分布广泛的实际，坚持把国防教育作为民兵政治教育的重要内容，结合民兵整组、训练、执行任务和征兵之机，在全县开展“国防教育进家庭”宣传教育系列活动，分专题进行集中教育，使他们成为宣传国防知识的“播种机”和“放大器”。

2000 年，人武部协调召开县、乡（镇）党委书记述职会，表彰党管武装的好书记，强化地方主要领导的国防责任；组织地方领导过“军事日”，增强地方领导班子的国防观念；协调县委党校把国防教育纳入党校培训，采取教育和军训的形式，强化学员和后备干部国防意识。

2001 年，人武部党委按照“全民参与、长期坚持、讲求实效”的方针和“服务中心，贴近实际，生动活泼，潜移默化”的总体要求，结合国际国内新形势和改革发展新变化，紧扣《中华人民共和国国防教育法》和《全民国防教育大纲》，贯彻落实中央和自治区有关精神，突出领导干部、中小学生和民兵预备役人员三个重点，不断拓展教育渠道，丰富教育内容，提高教育质量，为驻地社会经济建设注入强大精神动力。

2004 年，人武部针对专武干部接受双重领导、接触群众多的特点，采取分批办班的形式，把专武干部轮训一遍，使他们成为国防教育的中坚和骨干力量。

2005 年，人武部与第二中学积极开展“我心中的长城”读书演讲和国防教育网络竞赛活动，充分利用广播电台、电视台等新闻媒体，广泛进行国防教育法宣传报道，开展以爱国主义为主题的红色电影展播活动，营造全民积极参与国防教育的浓厚社会氛围。

2007 年，人武部认真贯彻落实上级关于民兵预备役政治工作的一系列文件指示精神，积极探索新形势下做好民兵政治工作，提高民兵军政素质，强化国防后备力量建设的新路子，狠抓民兵政治工作落实，在“可靠”上下功夫、在“精干”上使实劲、在“管用”上求实效，提高民兵整体素质。

2008 年，人武部结合全民国防教育日、国防教育周等时机，组织基层武装部、驻地部队和广大民兵开展丰富多彩、形式多样的宣传咨询活动，散发宣传单 1 万份，咨询答疑 2000 人次。将国防教育与建党 87 周年活动结合起来，与宣传部联合开展国防教育展板巡展、红歌比赛等活动。

2009 年，人武部与多所学校建立共建关系，安排少先队员进军营参观，多名官兵被学校聘为国防教育辅导员。成立军训领导小组，积极配合地方创建“少年军校”，定期组织军事训练，举办武器装备讲座，为人事局新招录的 350 名企业职工、第一中学、第二中学等学校的新生进行军训，收到学知识、立志向、增强国防观念的综合效应。

2010 年，人武部加大国防教育力度，开展多种形式的宣传教育活动。在县直小学、乡中心小学成立少年军校和国防教育基地，形成从小抓起，辐射到家庭、学校的良好格局。利用国防教育日、征兵宣传、双拥共建等有利时机，形式多样地宣传《中华人民共和国国防法》《中华人民共和国兵役法》和《中华人民共和国国防教育法》等。结合城镇基础设施建设和美化环境，在主要街道、路口设置永久性标牌，张贴拥军爱民标语，推动双拥共建活动开展，密切军政军民关系。

第二节　人民防空

1991—2010 年，麦盖提县人民防空工作在县委领导下开展，县委书记主持人民防空领导小组会议，研究部署人民防空工作，指导人民防空工程施工。成立人民防空办公室，主任由一名主管副县长担任，副主任由县人武部部长、副部长担任。人民防空工作主要职责是贯彻和监督执行国家关于人民防空的方针、政策和法规；制定城市防空袭方案和人口疏散计划以及疏散地域规划，组织人民防空演习，做好人民防空通信、警报建设和管理；制定人民防空建设规划、计划，协同军事部门搞好县城防空建设；负责人民防空地下建设与管理；组织人防教育，协助有关部门进行国防教育；配合有关部门搞好重要经济目标的防护；配合军事部门做好要地防空。负责消除空袭后果，协助有关部门恢复正常的生产和生活秩序，做好生活供应和其他保障供应。

第二十六编　民　政

1991—2010 年，麦盖提县民政工作坚持“以人为本、为民解困、为民服务”的宗旨，发挥民政在构建社会主义社会中的基础作用，努力完成落实民权、改善民生的各项要求。

20 年来，在县委、县人民政府的正确领导下，麦盖提县民政部门认真贯彻落实党和国家有关方针、政策，主要体现在社区建设、村民自治、勘界、地名管理、优抚工作、退伍军人安置、拥军优属、烈士纪念、赈灾救济、社会救助、医疗救助、五保户供养、儿童福利、老年人权益保障、老龄优待、城乡低保、社团登记管理、婚姻管理、收养登记、殡葬管理等社会事务管理方面，各项工作都有长足发展和进步。

20 年来，麦盖提县持续开展元旦、春节、“八一”期间拥军优属工作，慰问转业、复员、退伍、伤残军人及家属和现役军人家属，送去价值 130 万元的慰问品。

20 年来，麦盖提县民政工作在自身建设中，逐步走上社会化、规范化轨道，建立起县、乡（镇）、村（社区）三级民政工作体系；民政干部队伍专业化、年轻化程度进一步提高，为民服务的能力得到提升。

第一章　机　构

第一节　行政机构

1991 年，麦盖提县民政局有编制 12 人，领导职数 2 个，实有工作人员 9 人。

1996 年，编制 12 人，设领导职数 2 个，实有工作人员 10 人。

2003 年，编制 13 人，局领导职数 4 个，全额拨款事业编制 5 人。实有工作人员 11 人。

2005 年，编制 23 人，设领导职数 2 个，实有工作人员 18 人。

2010 年，民政局内设办公室、救灾救济办公室、城乡居民最低生活保障办公室（简称低保办）、民间组织管理办公室、基层政权建设和区划地名办公室、优抚安置办、社会事务办、老龄工作办公室（简称老龄办），实有工作人员 14 人，其中领导 3 人。

第二节　事业机构

一、城乡居民最低生活保障管理中心

1999 年，麦盖提县民政部门开始开展城市低保工作，2007 年农村低保工作启动。没有设置机构和编制，工作由 1 名干部兼职。

2007 年 12 月，麦盖提县城乡居民最低生活管理中心成立，副科级，隶属于民政局，核定全额事业编制 7 人，领导职数 1 个，实有 7 人，至 2010 年未发生改变。

二、老龄工作委员会办公室

1991—2005 年，麦盖提县老龄工作由县委老干局管理。

2006 年，老龄工作由民政局管理。

2007 年 12 月，老龄工作委员会办公室成立，副科级，隶属于民政局，核定参公编制 5 人，其中领导职数 1 个，实有工作人员 5 人，至 2010 年未发生变化。

三、地名勘测办公室

2007年12月，麦盖提县地名勘测办公室成立，股级，隶属于县民政局，核定参公编制2名，实有1人，至2010年未发生变化。

第二章　基层自治组织建设

第一节　社区建设

1991—2000年，麦盖提镇有7个居民委员会，分别为乌尔达库勒居民委员会、古再尔居民委员会、帕合塔巴扎居民委员会、巴扎结米居民委员会、博勒喀吾斯塘博依居民委员会、英买里居民委员会、英巴扎居民委员会。2000年后，居委会改为社区，升格为副科级单位，配齐党组织书记。至2010年，麦盖提镇有乌尔达库勒社区、古再尔社区、帕合塔巴扎社区、博勒喀吾斯塘博依社区、巴扎结米社区、英巴扎社区、英买里社区7个社区。这期间，麦盖提县调整社区组织，依靠社区力量，利用社区资源，整合社区功能，发展社区事业，改善社区经济、社会和文化环境，把社区与整个社会生活融为一体。

2001—2010年，麦盖提县社区建设围绕六个方面进行。

1. 社区服务工作。麦盖提县各社区每年开展面向老人、儿童、残疾人等生活救助和福利服务，面向全体社区成员的便民利民服务和面向属地单位的社会化服务。

2. 社区卫生工作。麦盖提县各社区每年开展面向全体社区成员的公共卫生、医疗保健和计划生育等服务。

3. 社会治安工作。麦盖提县各社区每年按照县政法委的工作部署开展社区内的治安保卫、民事调解、帮教失足青少年、防火防盗，经常性和群众性法制教育、法律咨询等社会治安综合治理工作。

4. 社区环境建设工作。麦盖提县各社区每年开展社区内义务植树造林绿化工作和爱国卫生运动，改善人居环境。

5. 社区文化活动。麦盖提县各社区每年按照宣传部、文明办、工会、妇联、共青团等安排部署，开展常态化、节庆等文化活动。活动内容包括群众性文化、体育、教育、科普等社会主义精神文明建设活动。常态化活动每周开展1次。

6. 社区组织建设工作。麦盖提县各社区每年按照组织部等部门的工作安排，开展社区党组织、自治组织、社会中介组织建设工作。重点开展社区与单位的大党建工作，每月县委分管领导组织召开1次社区共驻共建联席会议，总结上个月工作和部署下个月工作。

第二节　村民自治

一、村落情况

1991—2010年，麦盖提县村落都有一些变化，详情见行政村情况表。

1991—2010年麦盖提县行政村情况表

表 26-2-1　　单位：个

年份（年）	乡镇数	村落数	村民小组数
1991	10	131	511
1992	10	132	512
1993	10	135	515
1994	10	135	515
1995	10	130	518
1996	10	131	521
1997	10	131	519
1998	10	131	520
1999	10	131	518
2000	10	131	518
2001	10	130	518
2002	10	130	516
2003	10	129	516
2004	10	128	516
2005	10	128	516
2006	10	128	515
2007	10	128	515
2008	10	128	515
2009	10	128	515
2010	10	129	519

二、村民委员会选举

村民委员会是群众性自治组织，由村民选举产生，成员3～9人。村民委员会的换届选举由自治区人民政府统一部署。在历次村民委员会换届选举工作中，为确保换届选举工作顺利开展，营造风清气正的换届选举工作环境，充分利用广播电视、黑板报、公开栏、宣传栏等阵地，采取宣传组下乡、各类横幅进村、宣传标语上墙等多种形式，广泛宣传《新疆维吾尔自治区实施〈中华人民共和国村民委员会组织法〉办法》和换届选举工作有关法律法规、基本程序、重要意义，重点宣传选民权利、候选人条件、选举规程、注意事项，教育和引导广大农牧民群众增强法制观念，正确行使自身的民主权利，真正为自己心目中的“引路人”投出神圣的一票。至2010年，麦盖提县共有行政村129个。1991—2010年，依据《中华人民共和国村民委员会组织法》，麦盖提县以行政村为单位，先后组织举行5次村民委员会选举，每届村委会任期3～5年。

1991 年，第一届村民委员会选举产生村委会成员 789 人，其中村主任 131 人、委员 662 人。

1996 年，第二届村民委员会选举产生村委会成员 792 人，其中村主任 131 人、委员 665 人。

1999 年，第三届村民委员会选举产生村委会成员 791 人，其中村主任 131 人、委员 664 人。

2005 年，第四届村民委员会选举产生村委会成员 789 人，其中村主任 128 人、委员 662 人。

2010 年，第五届村民委员会选举产生村委会成员 896 人，其中村主任 129 人、委员 768 人。

三、制定章程及村规民约

《中华人民共和国村民委员会自治法》于 1998 年 11 月 4 日实施。麦盖提县委组织部依照《中华人民共和国自治法》，指导全县 131 个村制定村民自治章程、村规民约，成立红白理事会、监事会，使村级走上依法自治轨道。各乡（镇）党委按照《中华人民共和国自治法》，在各村推行村民大会、代表大会制度，每年至少召开 1 次村民大会、每季度召开 1 次村民代表大会，讨论、决定村里重要事项，实行村务公开制度，公开内容为《中华人民共和国自治法》规定的内容，其中涉及财务的事项每 6 个月公布 1 次。全县各村民委员会严格落实村民自治章程和村规民约，对村民进行管理，破陋习、树新风，打击不良风气，有效治理赌博、偷盗、吸毒等丑恶现象。

第三章　区划和地名

第一节　勘　界

1991 年，麦盖提县民政部门组织人员与专业人士一起深入各乡镇（场）勘测数据，历时 3 个月，掌握第一手资料，由专业机构绘制出各乡镇（场）行政区域线图。

1998 年，麦盖提县民政部门印发《麦盖提县各乡镇（场）行政区域界限有关规定》，要求各乡镇（场）严格按文件规定执行。

2002 年，麦盖提县民政部门完成各乡镇行政界线的确定，向专业机构提供资料，由专业机构绘制成图，下发各乡镇（场）。

2003 年，麦盖提县民政部门完成麦盖提县与巴楚、莎车、叶城、皮山等县，麦盖提县的乡与莎车、巴楚的乡行政界线划分工作，建立、健全有关行政勘界档案；同年，完成各乡（场）界线纠纷的现场勘察和调解工作。

2005 年 11 月 15 日，麦盖提县成立行政区域界线勘定工作领导小组，开展界线勘定工作；31 日，确认全县乡（镇）行政界线 21 条，完成协议书签订。同年，麦盖提县行政区域界线勘定工作领导小组根据《行政区划勘界纠纷处理条例》，处理县和县、乡和乡之间出现的纠纷。同年，麦盖提县民政部门完成全县地名普查，向上级民政部门报备麦盖提县的标准地名。

2006 年 6 月 4 日，新疆维吾尔自治区印发《新疆维吾尔自治区实施 <行政区域界线管理条例> 办法》的通知，麦盖提县向各乡镇（场）转发，要求认真学习，遵照执行。

2007 年 12 月，麦盖提县制定下发《麦盖提县地名标志管理实施办法（暂行）》通知，制作麦盖提县行政区划图 200 幅下发各单位。

2009 年，《麦盖提县行政区划图》出版；县民政部门完成勘界、地名区划的归档工作，制定创建平安边界活动措施。

第二节　地名管理

1991 年，麦盖提县地名委员会编撰的《新疆维吾尔自治区麦盖提县地名图志》出版。前后历时两年。

2006 年 9 月，麦盖提县对县城新建的道路进行命名，分别是文化路、英买里路、英巴扎路、人民路、央塔克路、健康路、建设路、提河路、刀郎路、叶尔羌河路、巴扎路、幸福路；同月，麦盖提县人民政府印发《关于对麦盖提县部分新建城市道路命名的通知》；及时成立麦盖提县地名公共服务工程领导小组，印发《麦盖提县地名公共服务工程实施方案》。10 月 25 日，启动《新疆维吾尔自治区地名大词典》（麦盖提县部分）的编纂工作。

2007 年 4 月 9 日，麦盖提县民政部门开始建设国家地名数据库。6 月 11 日，麦盖提县制定城市地名规划编制实施方案；6 月 28 日，麦盖提县人民政府成立麦盖提县地名标志设置管理工作领导小组，印发《麦盖提县地名标志管理办法（试行）》通知。

2009 年，麦盖提县民政部门开展地名大词典词条的审核、图片和地图收集上报工作，完成定稿上报，完成各农林场、村、队、站标准地名设置工作。同年，县民政部门开展城乡标准地名标志牌调查摸底工作，为标准地名的设置奠定基础。12 月 27 日，希依提墩乡一农场更名为东风村，央塔克乡试验场更名为阿克艾额孜村，央塔克乡一农场更名为塔立克村，央塔克乡二农场更名为东伟立克村，吐曼塔勒乡农场村更名为其盖勒克村，吐曼塔勒乡巴格热克林场更名为巴格热克村，尕孜库勒乡农场更名为喀赞库勒村，克孜勒阿瓦提乡农场更名为英阿瓦提村，克孜勒阿瓦提乡良种场更名为阿特库都克村，克孜勒阿瓦提乡林场村更名为古麻拖卡依村，库尔玛乡红光农场更名为红光村。麦盖提镇开始筹建新城社区和工业园社区。

2010 年，麦盖提县民政部门开展地名数据库的录入工作，完成麦盖提县地名大词典后续审核、上报工作。

第四章　优抚与安置

第一节　优抚工作

1991—2010 年，麦盖提县重视退伍军人优抚工作，其中 1991—2000 年，麦盖提县对退伍军人的优抚主要体现在就业及困难补助方面。

2001 年，民政部门为符合条件的优抚对象发放 6.3 万元优抚金。

2002 年，民政部门为符合条件的优抚对象发放 7.2 万元优抚金。

2003 年，民政部门为符合条件的优抚对象发放 17.1 万元优抚金。

2004 年，民政部门贯彻落实国家有关优待抚恤条例，按时足额为符合条件的优抚对象发放 12.68 万元优抚金。

2005 年，民政部门为符合条件的优抚对象发放 16.2 万元优抚金。

2006 年，民政部门为符合条件的优对象发放 18 万元优抚金。

2007 年，民政部门为符合条件的优抚对象发放 43 万元优抚金。

2008 年，民政部门为符合条件的优抚对象发放 45 万元优抚金。

2009 年，民政部门为符合条件的优抚对象发放 83.09 万元优抚金。

2010 年，落实地区民政、财政部门关于提高重点优抚对象抚恤和生活补助标准通知精神，按照标准足额及时为各类优抚对象发放生活补助金 88.76 万元。

第二节　烈士褒扬

一、向烈士学习

吾斯曼·卡德尔，维吾尔族，中共党员，生前任麦盖提县英巴扎居委会调解员、治保主任。1995 年 7 月 6 日凌晨，在调解一起家庭纠纷时遇害身亡，牺牲时年仅 35 岁。他用自己年轻的生命谱写了一曲保护群众利益、捍卫社会稳定的共产党人的正气歌，向世人展示了一名普通党员在平凡岗位上所描绘的壮丽人生。吾斯曼·卡德尔牺牲后，司法部追认他为“全国模范人民调解员”，自治区人民政府追认他为“革命烈士”。

他的事迹被《喀什日报》记者写成新闻稿《把安宁留在人间的优秀共产党员》在《喀什日报》发表。吾斯曼·卡德尔牺牲后，喀什地委、行署在全地区开展向吾斯曼·卡德尔学习的活动。县委、县人民政府号召全县各族党员干部向吾斯曼·卡德尔学习。

二、纪念活动

每年的 4 月 5 日是中华民族的传统节日清明节。1991—2010 年，麦盖提县每年都开展纪念革命先烈活动，特别是教育系统各学校的纪念活动形式多样。

（一）举行宣誓、签名仪式

2003 年 10 月 1 日，麦盖提县刀郎文化广场建成，成为第一个爱国主义教育基地。2004—2010 年，县直各学校在清明节组织少先队员、团员青年代表 360 人集中在刀郎文化广场举行纪念革命先烈宣誓、签名仪式，县团委领导、教师代表、学生代表在仪式上发表讲话，从不同角度缅怀革命先烈，歌颂先烈事迹，号召全县各族干部群众、学生以革命先烈为榜样，继承革命先烈遗志，践行革命先烈精神，争做先锋模范。

（二）讲革命先烈故事

1991—2010 年，麦盖提县各学校在清明节前后，以班级为单位开展“讲革命先烈故事”比赛，纪念革命先烈，弘扬先烈精神。20 年累计开展班级比赛活动 2.19 万场次，学生参与率 95% 以上。

（三）纪念先烈作文竞赛

1991—2010 年，麦盖提县各学校在清明节期间，结合语文教学，组织纪念革命先烈作文竞赛活动。累计组织竞赛活动 91 场次，全县三年级以上学生全部参与。

（四）纪念先烈演讲比赛

1991—2010 年，麦盖提县各学校在清明节期间，组织全校性纪念革命先烈演讲比赛活动。20 年累计组织比赛活动 91 场次，参与演讲学生 1820 人，受教育学生 100%。

（五）慰问革命烈士家属

1995 年以来，麦盖提县委、县人民政府主要领导每年代表县委、县人民政府慰问革命烈士吾斯曼·卡德尔的家属，了解有关优抚政策落实情况、家庭生活情况、孩子就业情况，及时解决困难诉求。

第三节　退伍军人安置

1991—2000 年，麦盖提县主要面向县属企业安置转业退伍军人。2000 年以后，县属各行政事业单位在有空编的情况下，优先考虑接收转业退伍军人，使转业退伍军人安置工作由向企业单位安置逐年向各类行政事业单位安置工作。

2001—2008 年，麦盖提县按照国家有关政策妥善安置退伍军人。

2009 年，麦盖提县为解决退伍士兵安置问题，组织退役士兵参加春季人才交流招聘会，退伍士兵与用工单位签订用工合同；复员退伍军人办理自谋职业金领取手续，自谋职业金通过银行转入个人账户。

2010 年，麦盖提县协调有关部门，解决自谋职业的退伍军人生活困难问题，发放一次性补偿金 5.1 万元。

第四节　双拥工作

1991—2002 年，麦盖提县委、县人民政府高度重视双拥优抚工作，调动各部门、各单位及社会各界为驻军及优抚对象做好事办实事。每年召开各成员单位联席会议，制定拥军优属工作计划，完善各项拥军优属措施，各成员单位通力合作，各尽其职开展拥军优抚活动；利用广播、电视、宣传栏等宣传双拥工作，开展形式多样的宣传教育活动，营造全社会关心、参与双拥共建氛围；宣传驻麦部队参加麦盖提县经济、政治、文化与和谐社会建设活动。麦盖提县民政局围绕部队建设和改革主题，从部队的实际需要出发，为驻地部队办实事 12 件，把符合条件的重点优抚对象纳入城乡低保范围，使其享受双重保障。

2003 年，麦盖提县开展形式多样的“双拥模范县”创建活动。广播电台、电视台开设专栏持续 1 个月宣传双拥工作重大意义、先进典型，召开军地座谈会 3 次，开展多种形式的联谊、慰问活动 3 次，办实事 5 件。在元旦、春节和“八一”建军节期间，由四大班子领导带队会同有关部门组成 4 个慰问组慰问驻县各部队，为他们送去电脑、电视机、洗衣机等价值 8.5 万元的慰问品，各部队与共建单位举办形式多样的联谊活动，密切军地关系。

2007 年，麦盖提县组织部队退役人员前往自治区医院进行体检，并建立档案。

2009 年，麦盖提县民政部门为现役军人家属、老复员军人、烈属及时发放抚恤金、生活费 11.27 万元。节庆期间，县委及县政府组织慰问组走访慰问驻麦各部队，送去价值 4.13 万元的慰问品，为部队送去 3.67 万元的生活用品；召集优抚对象、复员退伍及现役军人家属举办“八一”建军节、60 年国庆座谈会，出资 17.34 万元购买慰问品对优抚对象进行慰问。

2010 年，麦盖提县围绕创建“双拥模范县”工作目标，开展双拥共建宣传，指导各乡镇、各单位开展双拥共建工作。春节、古尔邦节、建军节期间，县四大班子领导带队对各驻麦盖提部队进行慰问，送去价值 12.7 万元的慰问品。

第五章　救灾救济

第一节　赈灾救济

1991—2010 年，麦盖提县发生各类自然灾害 30 次，灾情造成 42 万亩庄稼受损，直接经济损失达 1.2 亿元，救助群众 16.6 万人次。详情见下表。

2001—2010 年赈灾救济一览表

表 26-5-1

年份（年）	灾害类别	造成农业损失（万亩）	造成经济损失（万元）	发放救灾物资情况	救助人员（人）
2001	暴风雨灾害	1.35	208	毛毯 130 条、面粉、大米共 40 吨、100 套被褥	3519
2002	暴风雨灾害	2.43	250	面粉、大米共 142 吨、煤 290 吨	4153
2003	地震灾害	—	—	面粉、大米共 795 吨，煤 1526 吨、衣服 16453 件、被褥 13648 条	100000
2004	暴风雨灾害	3.45	1047	面粉、大米共 181 吨、煤 184 吨、大衣 100 件、毛毯 120 条	6348
2005	暴风雨、地震、冰雹灾害	4.95	1760	面粉、大米共 394 吨、煤 213 吨、大衣 150 件、毛毯 133 条，被褥 290 套	9700
2006	暴风雨、干旱	3.434	4000	面粉、大米共 190 吨、煤 270 吨	5520
2007	暴风雨、干旱灾害	9.333	690	面粉、大米共 637 吨、煤 330 吨	7396
2008	暴风雨、降雪灾害	14.116	304	煤 428 吨、面粉 127 吨、清油 10.47 吨、取暖木料 10 车（畜力车）	8098
2009	—	—	—	面粉、大米共 95 吨、煤 854 吨、被褥 200 套、毛毯 70 条	10107
2010	暴雨、洪水	2.442	3748.8	面粉 1.1 万袋、煤 1433.68 吨、清油 9.03 吨	11000

第二节　社会救助

1991—2010 年，麦盖提县持续开展社会救助工作，及时消除社会治安隐患。其中：

2000 年，临时救助 6 人、乞讨流浪救助 7 人。支付路费、饮食、住宿费 800 元。

2001 年，临时救助 5 人、乞讨流浪救助 10 人。支付路费、饮食、住宿费 1200 元。

2002 年，临时救助 8 人、乞讨流浪救助 11 人。支付路费、饮食、治疗、住宿费 2100 元。

2003 年，乞讨流浪救助 14 人，支付救助费用 1020 元。

2004 年，麦盖提县救助管理站成立，没有独立的办公场地和设施，由民政局社会事务办公室兼管。为便于管理，麦盖提县救助管理站对历年来所救助的流浪乞讨人员建立救助管理档案，定期上报救助情况统计表。同年，临时救助 12 人、乞讨流浪救助 46 人，支付救助费用 9618 元。

2005 年，临时救助 9 人、乞讨流浪教助 14 人，支付费用 3012 元。

2006 年，临时救助 13 人、乞讨流浪救助 18 人，支付费用 4053 元。

2007 年，临时救助 11 人、乞讨流浪救助 13 人，支付救助费用 3600 元。

2009 年，对前来求助的流浪乞讨人员 64 人给予食、宿、车费救助，支出救助资金 1.2 万元，解决流浪乞讨人员医疗和丧葬费用 1.1 万元。

2010 年，救助各类人员 53 人，给予食宿、路费救助 9800 元。

第三节　医疗救助

2005 年，麦盖提县被自治区确定为城市医疗救助工作试点县，成立麦盖提县城市医疗救助领导小组，制定出台《麦盖提县城市医疗救助实施方案》，医疗救助工作由此开启。当年全县申请参加城市医疗救助的家庭有 1451 户（差额户 1246 户、全额户 205 户），涉及 3615 人（差额 3404 人、全额 211 人），有关部门进行审批。同年，上级下拨农村医疗救助资金 41 万元用于 2.23 万贫困人口缴纳医疗保险。制定《麦盖提县农村大病医疗救助管理实施办法（暂行）》通知，规范农村大病医疗救助工作，当年大病医疗救助 8 人，使用救助资金 3896.13 元。

2006 年，民政局对上争取资金 40.2 万元资助 8855 户 2.2 万人参加合作医疗保险，参保人数占农村总人数的 18%。上半年，大病医疗救助 48 人，补助资金 3.9 万元。

2007 年，麦盖提县制定下发《麦盖提县城镇低保人群合作医疗救助管理实施办法（暂行）》通知，救助对象为城市低保户。《办法》明确规定医疗救助标准：住院医疗费补偿设立起伏线和封顶线，起伏线标准为乡级卫生院 80 元、县级医院 150 元、地区级医院 200 元，自治区级医院 300 元，封顶线为 4000 元；参加城镇合作医疗救助的居民每次住院的医疗费报销扣除各级医院的起伏线后，按比例报销；乡级医院为 55%，县级医院为 45%，地区级以上医院为 35%。明确大病医疗救助对象为低保对象中“三无”人员。即：无生活来源，无劳动能力，无法定赡养人的孤老、孤残、孤幼人员和全额低保户；大病救助资金严格按照专款、专户管理，建立收支明细账，接受纪检、监察、审计、财政等相关部门监督；当年医疗救助 8310 人（次），救助资金 14.96 万元；大病医疗救助 21 人，救助资金 2.17 万元。县委、县人民政府决定对农村看病超过 1 万元的困难群众 107 人，每人给予 2000 元救助。

2008 年，全县参加农村合作医疗保险 9452 人，政府每人补贴 63.5 元；医疗救助 2.15 万人，使用救助资金 21.46 万元；大病医疗救助 82 人，使用救助资金 5.4 万元。县委、县政府决定对农村看病超过 6000 元的困难群众 285 人，每人给予 2000 元救助，对超过 1 万元困难群众的增加 30% 救助。

2009 年，麦盖提县资助 2.15 万人参加农村合作医疗，资助 7713 人参加城市合作医疗，资助资金 21.5 万元。对农村大病医疗救助 4331 人，使用救助资金 355.7 万元；城镇大病医疗救助 156 人，使用救助资金 24.6 万元。

2010 年 3 月，麦盖提县人民政府印发《麦盖提县城乡医疗救助实施办法（暂行）》通知，明确医疗救助范围、方式和标准。全年资助 2.15 万人参加农村合作医疗保险、9318 人参加城市合作医疗保险，资助资金 69 万元；对农村大病医疗救助 217 人，使用救助资金 93.34 万元；城镇大病医疗救助 273 人，使用救助资金 71.9 万元；甲流患者大病医疗救助 132 人，使用救助资金 16.4 万元；对 74 名大病患者事前救助 72 万元。

第六章　社会福利

第一节　福利机构

一、儿童福利院

1991—2007年，麦盖提县有1所儿童福利学校，隶属于县教育局，拥有教师7人。

2008年5月，福利学校撤销，儿童福利院成立，股级，隶属于民政局。核定全额事业编制4人，实有3人，至2010年未发生变化。

二、敬老院

1991—2007年，福利敬老工作由各乡镇负责，全县有乡镇敬老院9个，占地面积61.5亩，建筑面积2563平方米，有住房65间。2007年，麦盖提县投资100万新建刀郎中心敬老院，位于老党校院内，敬老院占地面积15亩，建筑面积1294.28平方米，砖混机构，地上二层。

2008年7月，麦盖提县福利敬老院成立，副科级，隶属于民政局，核定全额事业编制8名，领导职数2人，实有6人，至2010年未发生变化。

第二节　五保供养

1991—1993年，麦盖提县根据实际开展力所能及的五保供养工作，没有规范的法规依据。1994—2005年，依据国务院公布的《农村五保供养工作条例》开展工作。2006年，《农村五保供养工作条例》废止，依据1月21日国务院456号令公布的《农村五保供养工作条例》开展五保供养对象供养工作。

1994—2010年，麦盖提县财政部门根据民政部门审核后的各乡（镇）五保供养对象人员名单和补助金额，按月拨付至“五保供养资金专户”。分散供养的补助金由县民政局实行社会化发放到户；集中供养的补助金由民政局分户拨付乡（镇）财政所民政分户，再由乡镇按月拨付敬老院。五保供养的内容：供给粮油和餐饮及取暖用燃料；供给服装、被褥等用品；提供符合基本生活条件的住房；及时治疗疾病；有人照料生活不能自理者妥善办理丧葬事宜；五保供养对象是未成年人的，保障他们依法接受义务教育。

2005年，县人民政府下发《麦盖提县乡级敬老院管理暂行办法》《关于进一步加强乡镇敬老院建设的意见》。春荒季节，民政局为9个乡敬老院分配粮食，计2800千克，基本解决一年的生活问题。同年，民政部门对上争取资金60万元对巴扎结米乡敬老院进行新建，对希依提墩乡、克孜勒阿瓦提乡、库木库萨尔乡、昂格特勒克乡敬老院进行维修加固。

2006年，全县有五保供养对象1630人，其中分散居住1539人、集中供养91人，发放救济资金64.1万元。

2007年，全县有五保供养对象1035户1268人，民政部门为他们发放五保证书，从7月1日起发放五保供养资金。当年对上争取资金70万元修建麦盖提县中心敬老院，将全县9个乡级敬老院整合为3个中心敬老院，提升敬老院供养功能。当年，把五保人群住房难、看病难的问题，分别纳入抗震安居工程和城乡医疗救助体系。

2008 年，全县有五保户 1035 户 1268 人，发放供养资金 49.41 万元。

2010 年，国家把农村五保供养标准提高为每人每年 360 元。当年向 1268 名供养对象发放供养资金 54.3 万元。

1991—2010 年麦盖提县五保户供养情况表

表 26-6-1

年份（年）	五保人数（人）	集中供养人数（人）	年供养经费（万元）
1991	347	35	13.89
1992	350	36	13.91
1993	352	34	13.50
1994	343	30	13.20
1995	343	31	13.20
1996	320	26	13.15
1997	315	25	13.10
1998	315	25	13.10
1999	321	28	13.18
2000	358	34	14.33
2001	651	38	20.10
2002	648	38	22.80
2003	643	39	24.00
2004	640	45	31.68
2005	123	49	34.5
2006	1630	91	64.1
2007	1268	51	24.71
2008	1268	51	49.41
2009	1650	156	109.82
2010	1268	77	54.3

第三节　福利活动

1991—2010 年，麦盖提县没有兴办残疾人福利企业。县人民政府根据残疾人实际情况解决他们的生活、工作问题。对无一技之长的残疾人进行政策兜底，按月发放低保金和残疾人补贴；对有一技之长的残疾人鼓励其自谋职业，按月发放残疾人补贴；对有学历的残疾人，政府通过招考吸纳解决工作。

2008 年 5 月 29 日，县运管站为孤儿捐 25 寸电视机 2 台，客运站送慰问金 800 元。

2009 年 6 月 1 日，运营站向孤儿送慰问金 500 元，农业银行向孤儿送慰问金 1000 元，民政局为孤儿购买衣服、鞋子等生活用品价值 1.12 万元。

2010 年 3 月 17 日，县第一小学全体师生为孤儿捐助 1990 元，民政局为孤儿购买衣服等生活用品价值 6305 元。

第四节　社会福利有奖募捐

1991—2010 年，麦盖提县社会福利有奖募捐工作由民政部门负责。1991—1999 年，未设立福利彩票销售店，主要组织一些摸奖活动。2000 年后，按上级部门文件要求，停止了摸奖活动，允许个人申报办理相关手续，开办福利彩票销售店，民政部门监管。

一、福利彩票摸奖活动

1991—1999 年，麦盖提县民政部门先后举办大型福利彩票摸奖活动 3 次，地点都设在县城体育运动场。

每次摸奖活动，工作人员严格按照上级要求工作规程，提前把彩票放入若干个彩票箱，箱顶开口，便于群众摸奖。每个彩票箱的摸奖活动由 3 名工作人员负责，彩票为“刮刮彩”，2 元 1 张，群众摸出彩票后，刮掉彩票上的涂层，刮出图案按获奖图案等次，当场兑换奖品。设置的奖品有 125 型摩托车、50 型摩托车、加重自行车、童装、洗脸盆、毛巾等。每当有人摸出自行车以上奖品，工作人员就会放一挂鞭炮以示庆祝和鼓励。每次摸奖活动持续的时间根据是否还有大奖来定，大奖摸完，活动也就结束了，一般在 1 ~ 3 周左右。参加摸奖的人有城镇居民、农民、单位干部职工等。

募捐到的资金由民政部门按规定上交到上级民政部门统一管理、使用。

二、福利彩票代销

进入 2000 年后，按上级有关部门要求，停止福利彩票摸奖活动，设立福利彩票代销点。截至 2010 年，麦盖提县福利彩票代销点 8 家，每家年销售额在 60—120 万元之间，店主按时将销售金打入福彩中心指定专用账户，福彩中心按销售额 7% 返还提成。

第七章　老龄事业

第一节　老年人口

1991 年，麦盖提县有 60 岁（含 60 岁）以上老人 1.1 万人，占总人口数（17.3 万人）的 6.4%。

1995 年，全县 60 岁（含 60 岁）以上老人有 1.2 万人，占总人口数（18.4 万人）的 6.5%。

2000 年，全县 60 岁（含 60 岁）以上人口 1.51 万人，占总人口数（19.2 万人）的 7.88%。

2010 年，全县 60 岁（含 60 岁）以上人口 2.13 万人，占总人口数（25.5 万人）的 8.33%。

第二节　老年人权益

1991—1995 年，国家关于老年人权益保护的法律还未出台，麦盖提县开展此项工作主要还是发挥民政、妇联、工会及各相关单位作用，通过调节家庭矛盾、干预不孝行为等来保护老年人权益。1996 年国家颁布《中华人民共和国老年人权益保障法》，自此，麦盖提县老年人权益保护工作走上法制轨道。2002 年 12 月 28 日新的《中华人民共和国老年人权益保障法》修订通过，于 2003 年 7 月 1 日起实施，麦盖提县依据新修订的法律，及时调整工作思路做好老年人权益保护工作。

自 1996 年以来，麦盖提县每年都要开展《中华人民共和国老年法》宣传工作，开展《中华人民共和国老年法》落实情况调查、督查，及时依法整改存在的问题，处理不作为、乱作为的人和事，使老年人法定享有的权利得到保护。截至 2010 年，全县 2.13 万名老年人全部纳入基本养老保险，保障老年人的基本生活；全部纳入基本医疗保险，保障老年人的基本医疗需要。

自 1996 年以来，麦盖提县对所有长期生活不能自理、经济困难的老年人根据失能程度给予护理补贴；对所有五保供养对象依照有关规定进行“五保”“低保”和困难补助；对 60 ~ 70 岁老人全部发放 80 元基础养老金，对 80 岁、90 岁、100 周岁以上的高龄老人全部分别发放 110 元、140 元、500 元高龄补贴；在社会服务和社会优待方面，逐步发展社区养老服务，为居家老人提供生活照料、紧急救援、医疗护理等多种形式服务；注重发挥老年人的专长和作用，每年组织老年人进校园对青少年进行 2 次社会主义、爱国主义、集体主义和艰苦奋斗等优良传统教育。

自 1991 年以来，麦盖提县总工会、老龄委每年在元旦、春节、“五一”、“七一”、“十一”、重阳等节日前后，举办老年书画展、门球比赛、交谊舞比赛等群众性文化、体育、娱乐活动，丰富老年人精神文化生活。

第三节　老年优待

1991—2010 年，麦盖提县民政部门救助特困老年人 1903 人；办理老年优待证 992 本、优惠服务证 77 本；对全县 14 名百岁以上老人实行免费健康体检制度，建立健康档案；县四大班子领导每年春节、古尔邦节期间到“四老”人员、困难老人家中进行慰问，共慰问 1278 户 2.04 万人次，送去价值 24.85 万元的物品和慰问金；县民政部门按照“六个老有”目标，对全县农村 60 岁以上老人进行摸底建档，全部办理发放养老保险卡。

第八章　城乡最低生活保障

第一节　城市低保

截至 2010 年，民政部门对全县城乡低保对象生活状况进行全面调查摸底，对违规享受低保的人员取消其资格，对生活不再困难的低保人员实行退出，对新增困难人员及时纳入。通过动态管理，实现应保尽保，全面保障弱势群众生活。20 年间，县民政部门为解决全县城乡低保户、特困家庭新入学子女就学困难问题，研究制定就学补助方案，给1240名城乡特困家庭学生发放就学补助金27.9万元，解决他们上学难的问题。

1999年，麦盖提县城市低保政策开始实行，当年全县城市低保102户165人，每月保障金1.16万元，人均70元。

2008年5月，麦盖提县制定下发《麦盖提县城市居民最低生活保障对象分类施保实施细则（暂行）》，启动分类施保。7月，提高标准为每人每月188元。当年，全县享受城市低保3736户9452人，现行平均保障标准每人每月124元。

2009年6月，低保资金全面实行社会化打卡发放。

2010年，麦盖提县民政部门通过清理，取消3491人低保，麦盖提县城市低保总人数6330人，人均低保补助192元，发放低保金2361.06万元，发放城镇低收入老人、原国有企业“五七工”生活补助费40.38万元。

1999—2010年麦盖提县最低生活保障金发放一览表

表26-8-1

年份（年）	户数（户）	人数（人）	月发放金额（万元）	月人均（元）
1999	102	165	1.16	70
2000	400	1107	7.75	70
2001	233	312	2.11	67.5
2002	312	1613	12.07	74.8
2003	301	628	3.9	63
2004	302	960	4.3	51
2005	1051	3092	19.12	62
2006	1321	4223	34.62	82
2007	1349	3896	36.63	94
2008	3736	9452	117.2	124
2009	4105	9821	184.63	188
2010	3532	6330	196.75	192

第二节　农村低保

2007年，麦盖提县成立以政府县长为组长的农村低保工作领导小组，麦盖提县人民政府办公室下发《关于认真做好农村最低生活保障工作的通知》，7月正式执行农村低保制度。当年发放农村低保补助金61万元，月均救助困难群众4621人。

2008年，国家决定新疆南疆三地州不用配套资金，资金由上级财政全额拨付。麦盖提县制定出台《麦盖提县农村居民最低生活保障工作实施办法》，各乡（镇）成立农村低保工作领导小组，设立办公室，落实办公经费，保障低保工作顺利开展。当年，全县享受农村低保2.01万人，平均每人每月保障标准42.16元。

2009 年，民政部门对全县农村低保户进行入户核查，查出 1196 人不符合低保条件进行了变更，同时补漏符合低保条件农民 1196 人。当年，全县享受农村低保 8578 户 2.01 万人，发放低保资金 1761.3 万元，平均每人每月保障标准 65.3 元。

2010 年，全县享受农村低保 8912 户 2.05 万人，平均每人每月保障标准 76.3 元。7 月开始，低保资金实行社会化打卡发放。

第九章　社团管理

第一节　社团登记

1991—1997 年，麦盖提县未开展社团登记工作。

1998 年，麦盖提县有社团 49 个，符合登记条件的 38 个。

2000—2009 年，麦盖提县新成立 10 个社团，均符合等级条件。

截至 2010 年，全县登记在册的社会团体 49 个，其中免于登记 28 个。

第二节　社团监管

1999 年，社团工作正式由民政局作为业务工作开展管理。当年注销社团 6 个，推退登记 4 个，不予登记 1 个。

2000—2009 年，民政部门有计划对已登记社团进行年检，保证社团依法行事。

2010 年，民政部门完成全县社会团体年检，年检率 100%，合格率 100%。

第十章　社会事务管理

第一节　婚姻管理

1991—2010 年，麦盖提县民政局严格执行《中华人民共和国婚姻法》，加强业务人员的培训，不断提升管理水平，依法按程序为符合条件的群众办理结婚登记，慎重稳妥为家庭破裂夫妻办理离婚手续。

1991—2004 年，麦盖提县将原来的 8 个婚姻登记点削减为 3 个，成立 1 个婚姻登记中心。婚姻登记办证只收取工本费 9 元。

2005 年，麦盖提县民政婚姻登记中心被自治区（民政厅）评为婚姻登记工作示范窗口。

2006—2007 年，麦盖提县婚姻登记工作进一步规范，实行公示制度，全面公示办事程序及细则。

2008—2009 年，麦盖提县民政部门办理婚姻证件 6950 个，其中结婚证 4700 个、离婚证 2250 个。

2010 年 5 月，麦盖提县婚姻登记启用专用软件，实行计算机系统管理，提高工作效率及准确性，方便人民群众。

2003—2010 年麦盖提县婚姻登记情况表

表 26-10-1　　单位：对

年份（年）	结婚	离婚	复婚
2003	3892	1765	5
2004	3996	1806	3
2005	4019	1982	7
2006	4586	2064	2
2007	4462	2053	10
2008	4700	2171	9
2009	4394	2496	4
2010	4439	2818	6

第二节　殡葬管理

一、殡仪馆

1991—2004 年，麦盖提县没有殡仪馆。

2005 年，麦盖提县个体业主臧学堂投资 10.96 万元建殡仪馆 1 座，位于提河北路，占地面积 2000 平方米，建筑面积 167.9 平方米，有门卫室、停尸房、遗体告别大厅、亲属休息室等，按照自治区物价标准收取相关费用。

二、墓地

1991—2010 年，全县有公益性墓地 2 座，一处墓地位于巴扎结米乡包孜村，占地面积 141 亩，修建于 1979 年，至 2010 年累计安葬遗体 600 人。一处墓地位于巴扎结米乡阔什艾肯村，占地面积 233 亩，修建于 1962 年，累计安葬遗体 1920 人。以上两个墓地适用于县城内的群众，各乡镇都有公益性墓地，具体事宜由民政局管理。

三、殡葬服务

1991—2010 年，麦盖提县殡葬服务行业只有 1 家，属于个体。主要出售棺材、墓穴、寿衣、花圈、焚香、蜡、胸花、孝服、黑纱等，提供挽联书写、遗体冷藏、入殓、出殡、埋葬等服务项目，民政部门、物价部门加强指导和监督，按市场经济运作，收取费用由双方协商确定，没有发生过纠纷。

第二十七编　民族　宗教事务管理

麦盖提县自古以来就是多民族聚居、多种宗教并存的地区。在漫长的历史发展过程中，各民族之间形成“你中有我、我中有你、多元融合分布”的特点，建立起血浓于水、休戚与共的关系。

1991—2010年，历届县委、县人民政府持续贯彻落实党的民族政策，以促进民族团结进步为主线，努力实现各民族共同发展、共同繁荣。坚持党对宗教工作的领导，落实党的宗教工作基本方针，全面贯彻执行国家、自治区宗教事务法规，保护正常的宗教活动，积极引导宗教与社会主义社会相适应，依法加强对宗教事务的管理，严厉打击宗教极端思想，促进宗教和谐，全县呈现出民族团结、经济发展、社会稳定的良好局面。

第一章　机　构

第一节　行政机构

麦盖提县民族宗教事务由民族宗教事务管理局（以下简称“民宗局”）具体管理。

1991年，编制2人，领导职数1个。实有人数2人，其中中共党员1人。

1994年，编制4人，领导职数2个。实有4人。

1997年10月，编制5人，领导职数1个。实有人数2人。

2003年，机构改革，县伊斯兰教协会并入民族宗教事务管理局。编制5人，领导职数2个。实有人数5人，其中中共党员4人。

2007年12月，编制6人，领导职数2个。实有人数6人，其中中共党员4人。

2008年3月，成立中共麦盖提县民族宗教事务局党组。民宗局有编制6人，领导职数3个。实有人数6人，其中中共党员5人。

2010年12月，编制12人，领导职数3个。实有人数12人，其中中共党员5人。

第二节　事业机构

麦盖提县伊斯兰教协会成立于1992年，编制2人，其中领导职数（秘书长）1个，干部1人，属事业单位，隶属县民族宗教事务管理局。

2003年，编制3人，其中领导职数（秘书长）1个，干部2人。当年因机构改革并入民族宗教事务管理局合署办公。

第二章　民族事务管理

第一节　少数民族经济社会发展

1991—2010年，麦盖提县充分利用国家普惠政策和支持少数民族地区发展优惠政策，使麦盖提县经济社会得以迅速发展。城乡经济持续发展，交通、邮电通信、文教卫生等硬件、软件不断改善，少数民族群众收入不断增长，社会保障水平不断提升，少数民族群众生活水平有了较大提高。

一、城乡经济

1991年，实现工业总产值1.72亿元，农业总产值3.25亿元。1995年，受企业改制影响，较1991年下降67.83%；农业总产值较1991年增长95.38%。2000年，实现工业总产值继续受企业改制影响，较1995年下降37.53%；农业总产值受棉花价格疲软影响，较1995年下降21.88%。2005年，二产复苏，工业总产值较2000年增长37.53%；农业总产值因调整产业结构，多元发展，较2000年增长72.78%。2010年年末，实现工业总产值5.64亿元，增加值1.23亿元。其中，个体工商业产值1.33亿元，增加值7890万元，较2005年年均增长分别为85.79%、108.55%；全县拥有规模以上工业企业2个，工业总产值1.47亿元，产品销售收入1.54亿元，利润总额1677万元。农林牧渔业总产值16.17亿元，五年年均增长13.53%。全年社会消费品零售总额4.66亿元，较2005年年均增长24.56%。

二、交通

1991—2010年，县城街道进行全面改造。完成柏油路建设。1992—1994年，县乡主要道路为砂石路。1995—2010年，县乡主要道路陆续完成沥青路面建设。至2010年，新修和改造农村公路575千米，县境内硬化公路里程733千米，拥有民用汽车2310辆。实现“农村公路村村通”的目标。

三、邮电通信

1991—2000年，城镇固定电话用户经历了机关单位公用电话为主—民用收费公用电话兴起—家用电话普及的发展过程，少数人使用移动电话。2001年，邮电通信业快速发展，邮电通信业完成邮电业务量969.98万元，较1999年增长2.59%；全县电话用户1.01万户（含团场），较1999年增长25.46%，市话普及率19.29%，农话普及率3.6%；年末移动电话用户4600户，较1999年增长87.5%。2005年，固定电话用户1.95万户，五年增长22.37%；移动电话用户2.85万户，五年增长9.42%；年末互联网用户410户。至2010年，全县拥有住宅固定电话1.26万户（其中乡村6315户），拥有移动电话7.67万户，拥有国际互联网4451户。

四、文教卫生

1991年，全县有艺术表演团1个、文化馆1个、公共图书馆1个、档案局（馆）1个、有卫生机构15个、广播站1个、电视台1个，广播人口覆盖率70%，电视人口覆盖率90%；2005年，新建乡级文化站10个，广播人口覆盖率95.4%，电视人口覆盖率98.3%；2008年，成立农村数字电影放映管理站1个；至2010年，新建体育场馆1个、乡级文化站新增4个，村（社区）都建立文化室、图书室、活动室、排球场、篮球场，广播人口覆盖率100%，电视人口覆盖99%，农村彩电普及率89%，农村电脑普及率1.7%。全县有歌舞娱乐场所5家、音像制品经营单位18家、网吧经营场所8家、电子游戏厅8家、台球厅21家、书店4家，各族群众文化娱乐消费比重0.02%。

1991年，全县有公办中心幼儿园1所、小学68所、中学16所，教师531人；1995年，公办幼儿园1所，小学发展到78所，中学新增1所，为17所，教师增加至571人；2000年，公办幼儿园1所、小学新增2所，中学不变，教师发展到856人；2005年，公办幼儿园1所，因计划生育学龄人口下降小学下降至77所，中学下降1所，为16所，教师发展到1402人；2010年，因学前“双语”教育全面铺开，当年完成农村“双语”幼儿园建设40所，年末全县公办幼儿园41所，全县学龄人口继续减少，小学减少至56所，教师发展到2204人，仍处于结构性缺编状态。至2010年，普通中学在校学生1.32万人，小学在校学生2.1万人；小学学龄儿童入学率99.63%，初中升学率51%；成人文盲率 0.14%。

1991 年，全县有公立医疗机构 14 个，其中县人民医院 1 个、维吾尔医医院 1 个、妇幼保健站 1 个、防疫站 1 个、乡卫生院 10 个，卫生专业技术人员 252 人。1995 年，医疗机构不变，全县医务人员比 1991 年增加 110 人；2000 年，医疗机构不变，全县医务人员 302 人，比 1995 年减少 60 人；2005 年，公立医疗机构不变，新增民营医疗机构 1 个，全县医务人员 496 人，比 2000 年增加 194 人。至 2010 年，全县有医疗机构 16 个，其中县人民医院 1 个、县妇幼保健站 1 个、县疾病预防控制中心（防疫站）1 个、麦盖提镇卫生院 1 个、乡卫生院 10 个、较大规模民营医院 2 个，医院和卫生院床位 675 张，卫生技术人员 528 人，医师 233 人，卫生防疫人员 45 人；全县新法接生率 98.74%，7 岁以下儿童保健管理率 78%，3 岁以下儿童系统管理率 81.36%；产妇住院分娩比例 95.67%，孕产妇系统管理率 80.57%；"四苗"覆盖率平均 94.3%；农村合格碘盐使用率 95.2%，城市居民使用碘盐率 100%；居民健康档案累计建档 16.89 万份，高血压患者累计管理 1.51 万人，糖尿病患者累计管理 3280 人，老年人慢病累计管理 2.44 万人，重性精神病患者累计管理 1404 人。

五、经济收入

2010 年，全县城镇在岗职工年平均人数 8410 人，比 2005 年增长 15.38%；城镇在岗职工人均工资 2.79 万元，比 2005 年增长 78.85%；城镇集体单位职工人均工资 2.21 万元，比 2005 年增长 110.2%。全县农村居民人均纯收入 4951 元，比 2005 年增长 109.79%。

六、社会保障

2010 年，麦盖提县城镇居民最低生活保障 1.21 万人，参加城镇失业保险 5824 人，参加城镇医疗保险 9554 人，参加城镇养老保险 5644 人，均实现全覆盖。农村参加新型农村合作医疗 16.62 万人，覆盖率 100%；参加养老保险 9.09 万人，参保率 82.31%；纳入最低生活保障 2.01 万人，覆盖率 100%；富余劳动力转移 2.8 万人，较 2005 年年均增长 26.69%。人均住房面积 20.5 平方米。

第二节　民族团结

1991 年以来，麦盖提县坚持把民族团结工作与经济社会发展工作同规划、同部署、同落实，采取集中教育与经常教育、重点教育与普遍教育相结合的方式，广泛开展民族团结宣传教育，着力提升爱国、爱党情怀，弘扬时代精神，增强凝聚力、向心力。开展民族团结结对子、科技下乡、文化下乡、卫生下乡等系列活动，不断丰富民族团结进步活动的形式和内容，融入真情和实感，唱响"共产党好、社会主义好、伟大祖国好、改革开放好、民族团结好、人民军队好"的主旋律，营造"平等、团结、互助、和谐"的民族团结氛围，增强广大干部群众对祖国的认同、对中华民族的认同、对中华文化的认同、对中国特色社会主义道路的认同，使民族团结落地生根、开花结果，促进各民族人心归聚、精神相依，推动全县民族团结进步事业不断深入发展。

1991 年以来，麦盖提县统战、民宗部门，依照县委总体部署和要求，连续 20 年在宗教界同步开展民族团结教育月活动，做到以月促年，坚持"年年有重点，年年有新内容，年年有新发展"。宗教教职人员、信教群众积极参与到各类活动中，受教育面 100%。截至 2010 年，统战、民宗部门在各乡（镇）场以演讲、文艺表演、发放宣传单、集中宣讲等形式，累计组织开展演讲比赛 260 场次，表演文艺节目 520 场次，发放宣传单 1.3 万份，集中宣讲逾 260 场次。

1991—2010 年麦盖提县宗教界民族团结教育月活动情况表

表 27-2-1

年份（年）	教育月主题及重点	活动内容
1991	把批判《维吾尔人》《匈奴简史》《维吾尔古代文学》“三本书”与民族团结教育月活动结合起来进行	一是有针对性教育；二是开展多种形式的自我教育活动；三是大力宣传民族团结先进事迹
1992	学习贯彻中央民族工作会议精神，主要围绕抓好学习、总结经验、大办好事三个方面开展多种形式的教育活动	一是开展民族政策执行情况大检查；二是召开交流会、座谈会
1993	以学习贯彻邓小平视察南方重要讲话精神和十四大报告，加快少数民族地区经济建设，促进各民族共同繁荣进步为主题	围绕民族团结教育要突出为经济建设服务，为信教群众多办好事、实事为主要内容，开展了内容丰富、形式多样的教育活动
1994	以“团结进步”为主题	大力宣传民族区域自治制度在新疆的伟大实践，开展了以扶贫帮困为重点的教育活动，还进一步宣传了民族团结进步先进典型事迹
1995	着重宣传党的民族政策的伟大成就，教育全区各族人民	一是组织学习先进事迹开展的活动；二是树立典型；三是办实事好事
1996	以团结进步、稳定发展为主题	一是举办民族团结报告会；二是学习马克思主义民族关党的民族宗教政策；三是开展爱国主义教育
1997	迎接香港回归和中共十五大的胜利召开	组织信教群众广泛参加丰富多彩的民族团结联谊活动，收集真实感人的民族团结故事
1998	以扶贫帮困为重点，以实际行动促进经济建设和社会稳定，把民族团结教育活动提高到一个新水平	一是学习宣传十五大精神；二是开展对信教群众的扶贫帮困；三是开展民族团结知识竞赛
1999	以高唱祖国颂、社会主义颂、民族团结颂为主题，紧密结合庆祝新中国成立 50 周年，爱国主义形式任务教育	一是组织学习；二是宣传民族团结先进典型的先进事迹，号召开展向吴登云学习；三是召开座谈会
2000	学习贯彻江泽民在中央民族会上的讲话精神，以西部大开发为重要结合点，表彰民族团结先进典型，实施得民心工程	一是学习贯彻江泽民在中央民族会上的讲话精神；二是把民族团结教育融入西部大开发的主旋律之中；三是大力表彰民族团结先进典型；四是实施得民心工程
2001	民族团结教育贯穿到纪念建党 80 周年的各项活动中，唱响共产党好、祖国好、社会主义好、改革开放好、民族团结好	一是加强宣传教育强化各民族共同繁荣发展得意识；二是继续实施“得民心工程”；三是采取多种形式营造民族团结浓厚氛围
2002	以爱国、团结、进步、稳定、发展为主题	召开座谈会、报告会，举办文艺演出、图片展览、歌咏比赛等
2003	以大力宣传共产党好、社会主义好、祖国大家庭好、民族团结好、解放军好为主题	一是大力宣传和弘扬抗震救灾精神；二是广泛深入开展丰富多彩的宣传教育活动
2004	学习贯彻十六大和十六届三中全会精神，学习贯彻《宪法》	学习贯彻十六大和十六届三中全会精神，开展《宪法》知识竞赛
2005	以庆祝自治区成立 50 周年，唱响共产党好、社会主义好、祖国大家庭好为主题	一是宣传党的民族政策和民族区域自治制度在新疆的成功实践；二是为信教群众、宗教教职人员办实事、办好事；三是组织民族团结知识竞赛活动

续表 27-2-1

年份（年）	教育月主题及重点	活动内容
2006	以“双拥共建”为主题	围绕“歌颂军爱民、民拥军、军民团结一家亲，各族群众离不开解放军、解放军离不开各族群众”中心内容，宣传“双拥共建”典型
2007	以“爱党、爱祖国、爱社会主义教育”为主题，重点抓好“唱响三爱，和谐发展”主题教育活动	一是宣传中国共产党的正确领导，社会主义制度的优越性和社会主义现代化建设所取得的辉煌成就；二是宣传新疆在党的领导下发生的翻天覆地的变化和各族人民同甘共苦开放建设保卫边疆的历史业绩；三是组织“唱响三爱，和谐发展，送书、读书”活动
2008	以“畅谈辉煌成就，携手团结奋进”为主题，以“共产党好、社会主义好、祖国大家庭好、改革开放好、民族团结好、人民解放军好”教育为核心	一是开展马克思主义“五观”“四个认同”“三个离不开”教育；二是营造爱党、爱祖国、爱社会主义和加强民族团结、维护祖国统一、反对民族分裂舆论的浓厚氛围；三是组织双语教育及内地高中班、疆内初中班典型事迹，农村劳动力转移典型事迹等系列巡回报告活动；五是开展民族六好先进事迹巡回宣传活动
2009	以“感恩伟大祖国，建设和谐新疆”为主题，大力宣传新中国成立60周年以来，全国全区的巨大成就和历史性变化，宣传自治区实施惠民工程和为各族群众所办的实事好事	一是宣传一批热爱党、热爱祖国、热爱新疆加强民族团结艰苦创业奉献的先进典型；二是教育信教群众和宗教教职人员“爱祖国、爱家乡、讲团结”
2010	以“热爱伟大祖国、建设美好新疆”为主题，开展“民族团结是各族人民的生命线”“谁是我们的敌人、谁是我们的兄弟姐妹”“增进互信、增进感情、增进团结”“人人都讲民族团结的情、人人都多民族团结的话、人人都做民族团结的事”主题教育活动	一是主题宣传活动，突出抓好辉煌成就的宣传，突出抓好新疆“三史”教育；二是主题文化活动，举办“我身边的民族团结故事”演讲比赛，广泛开展民族团结创评活动，组织开展大中专毕业生就业创业典型事迹巡回报告活动

第三节　少数民族干部培养

1991年以来，麦盖提县始终把培养选拔使用少数民族干部工作作为落实《中华人民共和国民族区域自治法》的重要工作来抓，逐步形成一整套较为合理的少数民族干部培养、选拔机制，建设一支素质较高的少数民族干部队伍，促进党的民族政策的贯彻落实，发挥他们在经济社会各项事业中不可替代的作用。1998—2002年，县委选派少数民族干部赴山东挂职培训22人，选派少数民族干部赴北疆异地挂职锻炼39人，选派少数民族干部参加自治区党校、地委党校培训班学习22人。

2003年，全县乡科级干部共有416人，其中少数民族干部226人，占乡科级干部总数的54.33%。

2010年年底，全县有党员8243人，其中少数民族党员6837人，占党员总数的77.5%。全县挂职的179名少数民族干部中，有84人得到组织提拔。其中，提拔到副县级岗位的6人、正科级岗位28人、副科级岗位50人，轮岗交流31人。

第四节　清真食品管理

2005年1月，《新疆维吾尔自治区清真食品管理条例》（以下简称《条例》）颁布实施后，麦盖提县民宗部门依法加强清真食品监督管理，鼓励支持具有经济实力和符合条件的生产加工企业研制、开发民族特色清真食品，规范清真食品的生产、加工、销售，宣传教育各族群众认真贯彻执行《条例》。

截至2010年，麦盖提县从事清真食品经营的企业和个体工商户共324家。其中，从事生产、加工的企业15家，清真餐厅250家，清真食品标识牌办证率98%以上。《条例》颁布后，民宗部门组织单位干部职工进行认真学习，在读懂弄通的基础上，开展宣传教育活动，提高生产者和经营者守法意识。坚持日常监督管理与相关部门联合执法相结合，抓好源头生产，规范经营销售，确保合法。监督检查清真食品生产、加工企业是否取得清真食品标志牌，是否超出清真食品生产范围，包装运输是否规范，是否有转让、租赁、买卖清真食品标志牌行为；监督检查商店、超市、酒店、餐馆是否办理和取得清真食品标志牌，是否不按规定在不合格肉类、乳类及食用油成分食品上冠名“清真”字样，是否使用印有清真标识包装物包装非清真食品，是否有冒充清真食品现象。每年对全县副食品批发店、超市、调料店、酒店、餐馆、菜市场从业人员进行《条例》宣传、讲解，杜绝“清真泛化”；每年对全县宾馆餐饮部、超市和清真餐馆159个进行检查，累计发放《条例》（摘选）1.59万份、宣传单3.46万张，发现问题现场及时解决，增强清真食品经营者依法经营的自觉性。

第三章　宗教事务管理

第一节　宗教活动场所管理

1991年，麦盖提县贯彻国务院颁布的《宗教活动场所管理条例》和国家宗教局下发的《宗教活动场所登记办法》，依法开展宗教活动场所的登记、建档工作。

1998—2000年，依法重点加强对宗教活动场所基建的管理，坚持凡是修建、重修、翻新、装修、扩建宗教活动场所，实行县、乡、村三级管理，逐级审批制度。

2003—2005年，对全县所有宗教活动场所例行年检。民宗部门严把审批关，对无资金、土地使用手续不全、信教群众达不到一定数量、未成立修建监督小组、没有正式申报材料的不予批准建设。

2008—2010年，麦盖提县开展“平安清真寺”创建活动，对宗教活动场所安全隐患进行摸排，对所有宗教活动场所的消防设施定期进行更换，按照“平安创建”相关要求，对全县宗教活动场所平安创建工作进行验收，93%的清真寺被评为“平安寺院”。

第二节　宗教教职人员管理

1991—1996年，麦盖提县建立健全《宗教教职人员职责》《宗教教职人员登记制度》《宗教教职人员请销假制度》《宗教教职人员年度考核制度》《宗教教职人员定期学习制度》《宗教教职人员例会学习制度》《宗教事项登记汇报制度》等工作管理制度，各项制度都得到落实。统战、民宗部门依法加大对宗教教职人员管理力度，经认定并备案的宗教教职人员，可以在规定的宗教活动场所从事宗教教务活动，但不得在宗教活动场所以外进行讲经、布道、传教及相关活动；未经认定、备案、聘任的宗教教职人员或被解职的宗教教职人员，不得进行宗教教务活动。宗教教职人员实行聘任制，民宗部门每年对宗教教职人员进行考评，连续3年评定不称职的，取消宗教教职人员资格。宗教教职人员聘任每3年进行一次，按严格的聘任程序进行，考察合格，由县人民政府颁发聘任证书。2000—2010年，麦盖提县严格执行《宗教教职人员年度考核制度》及《宗教教职人员生活补助费发放管理制度》，着力提升宗教教职人员遵纪守法意识，正确贯彻党的宗教方针、法律法规，指导督促开展正常的宗教活动，并对年度考核合格的宗教教职人员兑现生活补助，充分体现党对爱国宗教教职人员的关心关怀。

第三节　宗教活动管理

一、常态管理

1991—2010年，麦盖提县统战、民宗部门严格按照国家、自治区宗教政策、法规管理宗教活动，坚持保护合法、打击非法，维护正常的宗教活动秩序，促进宗教和谐。

2000年，麦盖提县建立“两项制度”（少数民族领导干部联系清真寺、联系宗教教职人员制度），县级民族领导干部每人联系1座清真寺和1名宗教教职人员。是年，召开“两项制度”领导小组协调会4次，开展调研2次。之后，“两项制度”持续得到落实。

2003年起，麦盖提县在宗教界开展社会主义核心价值观、民族团结、相关法律法规等宣传教育活动，引导信教群众树立正确的宗教观，严肃查处非法宗教活动。

2010年，麦盖提县建立县、乡、村宗教事务管理三级网络，落实属地管理制、主要领导负责制、责任制追究制，宗教活动进一步规范。

二、朝觐管理

麦盖提县全面贯彻党和国家的宗教政策，坚持“维护民族团结、维护祖国统一、维护社会稳定、维护边防巩固”和“公平、公正、公开”的原则，按照“归口管理、限额审批、统一组织、综合管理”的工作方针，落实有组织、有计划、有秩序的朝觐政策，把朝觐活动纳入制度化、规范化、法制化轨道。1996年，县民宗部门依据相关法规，结合麦盖提县实际，制定下发《宗教教职人员朝觐审批规定》，把朝觐工作纳入法制轨道。2004年，按照相关文件精神，引导信教群众走有组织的朝觐之路，推行联席会议、分片包干、重点区域蹲点等制度，坚决杜绝零散朝觐发生。2005年以后，全面实施有组织地朝觐工作，把控朝觐名额，层层把关，严密审批程序，杜绝不符合条件的宗教教职人员参加朝觐活动。

第四节　信教群众管理

一、政策法规宣传

1991年以来，麦盖提县将信教群众的宣传教育纳入“二五”“三五”“四五”“五五”普法、“热爱伟大祖国　建设美好家园”等教育活动中。在乡村、社区群众中采取集中宣讲、面对面宣讲、文艺表演等形式广泛宣传国家、自治区相关政策法规，改革开放后取得的翻天覆地的变化，中央新疆工作座谈会召开以来麦盖提县取得的巨大成就和各族人民的幸福生活，教育引导信教群众遵规守法，依法开展宗教活动，提高辨别非法宗教活动的能力和反对暴力恐怖活动的自觉性，增强国家意识、公民意识、法律意识，把信教群众的思想和行为引导到追求共同富裕、走向现代文明、建设美好家园上来，促进各民族和睦相处，和衷共济、和谐发展。1994年自治区《宗教事务管理条例》颁布实施，2004年国务院《宗教事务条例》出台。之后，县普法办一直把“两个条例”作为学法篇目纳入

“普法”学习计划，普法办成立督导组，持续在全县各单位、各乡（镇）场开展学习情况督查，确保学习效果。截至2010年，全县各单位、各乡（镇）场以发放宣传单、知识竞赛、办宣传板报、文艺演出、集中宣讲、街头咨询服务等形式，累计开展各类宣传教育活动3.4万场次，发放宣传单4万份，党的宗教信仰自由政策和相关法规深入人心，保证宗教活动在宪法、法律、政令和政策允许的范围内正常进行。

二、爱国主义教育

1991—2010年，麦盖提县以科技下乡、文化下乡、卫生下乡等形式，持续开展爱国主义教育活动，广泛宣传中华人民共和国成立以来，尤其是改革开放以来党和国家取得的巨大成就和新疆各族人民在党和国家的亲切关怀下生活越变越好的大量事实。每年科技、文化、卫生“三下乡”活动，历时3个月，累计在13个乡（镇）场开展活动162场次，受教育群众48.6万人次；全年电影下乡累计在13个乡（镇）场、130个村、7个社区播放红色影片5720场次，受教育群众114.4万人次，激发各族群众的爱国热情。2003年，县刀郎文化广场建成，县委把文化广场确定为爱国主义教育基地，每逢清明节、“七一”、国庆节等重大节庆，都要在教育基地开展大型的升国旗、唱国歌、讲国史等爱国主义教育活动，社区各族群众广泛参与，深受教育，加深爱国情感。

三、全面落实宗教信仰自由政策

1991—2010年，麦盖提县全面贯彻执行党的宗教信仰自由政策、法规、条例，依法保护和尊重公民宗教信仰自由和合法的宗教活动，主张不同宗教一律平等，规定各族群众既有信仰宗教的自由，也有不信仰宗教的自由，任何人不得强制他人信仰宗教，不得排斥歧视不信仰宗教的群众和信仰其他宗教的群众。按照《党章》《中华人民共和国公务员法》等相关规定，中共党员、国家公职人员、未成年人不得信仰宗教。持续开展相关法规、条例的宣传和教育，不断提升各族群众遵纪守法意识，严禁利用宗教活动进行反党、反社会主义、分裂祖国、破坏民族团结，坚决打击不法行为，保证宗教活动在宪法、法律、政策、和政令允许的范围内正常进行，引导宗教与社会主义社会相适应。

第五节　宗教团体管理

1992年，县伊斯兰教协会成立。作为宗教团体，县伊斯兰教协会始终按协会章程办事。县民宗部门作为宗教团体的主管部门，按照县委、县人民政府要求加强对伊斯兰教协会依法管理，确保伊斯兰教协会在党的宗教政策指引下，落实“政治上团结合作，宗教上相互尊重，生活上相互关心，工作上相互依靠”的宗教工作原则。正确引导其拥护党的领导和社会主义制度，牢固树立爱国意识、公民意识、法制意识和发展意识，使其坚持独立自主自办教务，抵御各种极端思想渗透。正确引导其充分利用宗教教义教规、宗教文化和宗教道德中的积极因素，批驳宗教极端思想，使其积极配合协助党和政府全面正确地贯彻落实宗教政策，教育引导信教群众，解决民族宗教领域矛盾纠纷，维护法律尊严，维护人民利益，维护民族团结和祖国统一。正确引导其充分发挥“桥梁”和“纽带”作用，加强制度建设，推进伊斯兰教事务制度化、规范化、标准化管理，正确处理法律与教规的关系，使其强化宗教教职人员法律法规、政策形势教育培训，注重培养伊斯兰教爱国后备力量，促进各民族和信教群众之间的团结。引导伊斯兰教界参与社会公益事业和服务事业，引导伊斯兰教与社会主义社会相适应，为县域经济社会发展服务。

第二十八编　编制　人事劳动和社会保障

1991—2003 年，麦盖提县经过两次政府机构改革，全县行政部门精减至 50 个，行政编制精减至 840 人，事业编制定编 5140 人。其间，社会保障率、就业率不高，服务管理有待规范。

从 2003 年起，人事劳动部门按照编办下达的机构设置、人员编制进人用人，严格控制超编。全面加强现有行政事业人员管理，落实年度考核和奖呈兑现激励机制，严格执行调资增资、享受待遇、病事假、探亲假、休假等国家政策，确保干部队伍的稳定性。在劳动就业上，重点抓改制企业下岗失业人员再就业、大中专毕业生就业、农村富余劳动转移就业工作，持续开展职业技能培训，为实现就业打好基础。强化服务管理，及时处理各种劳动纠纷，化解矛盾，保障各族干部群众的权益。按照应保尽保原则全面落实和推行国家养老保险、医疗保险、失业保险、工伤保险、生育保险制度，形成全方位覆盖的社会保障体系，使人人都享受到国家的好政策，充分体现中国特色社会主义制度的优越性。

第一章　编　制

第一节　机　构

一、行政机构

麦盖提县机构编制委员会下设办公室，是机构编制委员会的常设办事机构，负责全县行政管理体制改革、机构改革和机构编制管理工作，既是县委的机构，又是县人民政府的机构，与人事劳动和社会保障局合署办公，一个机构、两块牌子。

1991 年，麦盖提县机构编制委员会办公室（简称“编办”），编制 2 人，领导职数 1 个，实有 2 人。

1997 年 10 月，编办编制 4 人，领导职数 1 个，实有 2 人。

2010 年 9 月，编办编制 4 人，领导职数 1 个，实有人数 3 人。

二、事业机构

2005 年 8 月，成立麦盖提县事业单位登记管理局，隶属于编办，机构规格为副科级，核定全额事业编制 8 人，与人力资源和社会保障局合署办公。2008 年，县事业单位登记管理局核定事业编制 5 人，含领导职数 1 个。

第二节　行政机构编制管理

1991 年，全县有 60 个县直行政部门和 10 个乡镇，机关行政编制为 1163 人。

1998 年机构改革，改革后县直党政机构设置 37 个，核定编制 394 人，政法专项编制 313 人，乡镇机关行政编制 362 人，合计行政编制 1069 人。并将农牧机械局、广播电视局改为事业单位。

2003 年再次机构改革，按照机关编制精简 18%、公检法司精简 10% 的比例，精简部门 31 个。确定县委工作机构 7 个，行政编制 73 人；政府工作部门 22 个，核定行政编制 195 人；人大、政协核定编制 33 人；社会团体机构 3 个，核定行政编制 12 人；公检法司机构 4 个，核定编制 280 人；根据在重点边远乡（镇）实行“4211”工作机制，配备乡（镇）编制、配备人员，即“先减后增的原则”，乡（镇）10 个，乡（镇）编制数由 2000 年的 329 人增至 2003 年的 442 人，2005 年再次增加为

504人。全县共有行政编制1035人。

2004年，全县行政编制1146人，工勤编制121人。

2008年，在“三定”方案的基础上，完善党政机关的机构设置，科学规范党政机关的职能、编制、工作程序的合法化；严格控制机构个数。对超编、满编单位坚持做到人员“只增不减”“减一补一”，最终达到一编一人一账，编制与人员一一对应。

2010年，全县行政主管部门50个，行政编制840人，实有行政人员723人，工勤编制122人，实有工勤人员98人。

第三节　事业机构编制管理

1991—2010年，麦盖提县事业单位和人员编制都有所增加，但总体上一直未超编。

1991年，全县100个事业单位的编制为4030人。

2000年，事业分为三类管理，编制增加到4818人。其中，部分行政单位列事业编制132人；全额预算事业单位编制3929人；差额预算管理事业单位编制612人；自收自支事业单位编制145人。

2004年，全县有事业编制4900人，实有4472人。其中，全额事业4486人，实有3973人；差额事业225人，实有211人；自收自支189人，实有288人。

2007年，全县有事业编制4910人，实有4038人。其中，全额事业4470人，实有3695人；差额事业225人，实有194人；自收自支编制215人，实有149人。

2009年，全县有事业编制4941人，实有4035人。其中，全额事业4501人，实有3716人；差额事业225人，实有188人；自收自支215人，实有131人。

2010年，全县事业单位295个，核定编制5140人，实有4652人。其中，全额预算编制数4660人，实有4226人；差额预算单位1个（县人民医院），编制数265人，实有216人；自收自支单位1个（县水利局），编制数210人，实有210人。

第二章　人　事

第一节　机　构

一、行政机构

麦盖提县人力资源和社会保障局1991年机构名称为麦盖提县劳动人事局，与机构编制委员办公室合署办公。2003年2月，更名为麦盖提县人事劳动和社会保障局，与县机构编制委员会办公室合署办公。

1997年10月，县劳动人事局编制15人，领导职数3个。内设劳动科、工资科、档案室、大学生安置科。实有人数12人，其中女职工4人，中共党员12人。

2003年，人员编制12人，领导职数3个，工勤人员1人。

2009年2月，成立劳动监察大队，隶属于人力资源和社会保障局。核定参照公务员编制10人，含领导职数1个，实有7人。

2010年，人事劳动和社会保障局编制12人，领导职数3个。内设办公室、公务员专业技术管理、人力资源市场、就业培训、劳动和社会保障科室。实有9人，中共党员9人。

二、事业机构

（一）职业技能培训中心

2007年11月，成立职业技能培训中心，隶属人力资源和社会保障局。核定事业编制15人，含领导职数1个，实有10人。

（二）职业职能鉴定所

2008年7月成立，隶属于人力资源和社会保障局。核定事业编制8人，含领导职数1个，实有8人。

（三）城乡就业管理办公室

2008年11月成立，隶属于人力资源和社会保障局。核定事业编制4人，含领导职数1个，实有3人。

（四）农村养老保险管理办公室

2009年5月成立，隶属于人力资源和社会保障局。核定全额事业编制3人，含领导职数1个，实有3人。

第二节　干部来源

一、干部队伍总体情况

1991—1999年，干部主要来源于大中专毕业生分配、军队转业、留疆战士、调入、引进科技人员等。1992年，全县行政编制数916人，实有874人；事业单位编制数3283人，实有2761人（实有人数中含五一林场干部职工156人）。1995年，全县有干部3166人。其中，行政997人，事业干部2385人。1996年年底，全县干部3380人。其中，事业单位2373人，行政单位774人，企业单位233人。1998年，全县公务员738人。1999年，全县行政干部671人。其中，女职工121人，少数民族421人。

2000年起，国家取消分配大中专毕业生政策，实行招录制度，干部主要来源于社会公开招考，当年全县公务员673人、县区439人、乡（镇）234人；企、事业单位人员3596人，其中，事业单位3352人、企业244人。2004年，编办下达乡镇“4211”机制所需编制62人，由原来的442人增至504人。2005年，全县实有公职人员4427人，全额4014人，差额211人，自收自支202人；财政拨付工资人数4225人，全额4014人，差额211人。2006年，全县拟登记公务员人数1011名。其中，副科级以上领导干部362人，一般干部621人;进行登记983人，暂缓登记28人。2007—2009年，累计新增国家干部184人。

2010年，全县干部6708人。其中，行政1268人，事业3889人，工勤岗位、县聘事业干部1551人。

二、干部录用情况

1995年，麦盖提县接收大中专毕业生133人，分配到行政单位11人、事业单位73人、企业单位48人；技校毕业生42人，分配到事业单位5人、企业单位37人。通过统一的考试，录用自费大中专毕业生40人，其中教育系统10人、卫生系统30人。为乡（镇）集体企业录用人员164人。

1997年，到麦盖提县报到的大中专毕业生219人，分配到事业单位132人（含教育系统70人）、企业单位 87 人。登记在册的各类待业青年 527 人，通过统一考试，录用自费大中专毕业生 40 人（教育 10 人、其他 30 人），录用乡镇工作人员 164 人。

1998 年，全县参加代课教师转公办考试 195 人，录取 79 人；招考专业证书毕业生，录取人 31 人；招考“五大生”，录取 90 人。其中，分配到农机、畜牧、农经、林业站 65 人；分配到乡农技中心推广站 25 人。是年，大中专毕业生报到 222 人（第一批师范类 64 人、第二批非师范类 158 人），全部分配到缺编缺人单位。

2005 年，引进各级各类人才 103 人。“双选生”分配教育系统 16 人，全额事业招聘 3 人，定向委培 1 人，公安招录民警 16 人，自治区统一招录民警 2 人，计划安置 1 人，统一补充教师 41 人，选派生 18 人。

2006 年，引进各级各类人才 145 人。其中，法检公务员 7 人，双选生 17 人，统一录用公务员 17 人，选派生 22 人，补充教师 28 人，第二批卫生技术人员 53 人，定向汉语师资生 1 人。

2007 年，引进各级各类人才 153 人。其中，法院公务员 3 人，统一录用公务员 7 人，双选生 23 人，选派生 15 人，补充教师 72 人，定向汉语师资生 4 人，定向汉语师资生 2 人，教育临时编制 19 人。

2008 年，引进各级各类人才 104 名。其中，选派生 22 人，双选生 32 人，汉语师资班学生 5 人，招录公务员 17 人，卫生医护人员 14 人。7 月，通过审批的 25 个事业单位的 142 名工作人员参加自治区组织的公务员过渡考试。

2010 年，全县机关事业单位已累计新增工作人员 420 人。其中，事业单位招考 178 人，补充教师招录 46 人，教育定向汉语师资生 8 人，双语幼儿园 34 人，公安局 1 人，调入 1 人，选调生 2 人。招录公务员 150 人。其中，选派生 20 人，选调生 2 人，公安局 3 人，自治区招录 88 人，5% 的储备人员 29 人。

第三节　干部管理

1991 年以来，麦盖提县按照干部管理权限，对干部从德、能、勤、绩、廉五个方面进行考核，重点考核工作实绩，考核结果作为调整职务、级别工资及奖励、培训、辞退的依据。

2005 年，机关事业单位参加考核 4507 人，对连续 3 年考核定等为优秀的公务员增加一级工资。全年办理调动手续 66 人。其中，干部 62 人、其他 4 人；办理退休 124 人。其中，行政、事业单位 100 人，企业 24 人。

2006 年，审批退休 25 人。其中，行政、事业单位 14 人，办理企业单位 11 人。

2010 年，《麦盖提县党政、事业单位干部调配管理办法》《麦盖提县国家机关、事业单位工勤人员招聘管理办法》等干部职工调动流动管理配套办法出台，人员出入把关更加严格。全年办理调出 22 人、调进 3 人、县内调整 20 人、对调 12 人。落实基层干部激励和关爱机制，着手解决留疆战士等一线干部夫妻分居问题，办理调动手续 17 人，其中县外调进 11 人、县内调出 6 人。

第四节　专业技术人才管理

一、专业技术人员管理

1991 年以来，麦盖提县对事业单位专业技术人员每年进行综合考核，凡考核不称职的降低一级职称使用，考核称职的保持不变，考核优秀的优先考虑晋级。

1995 年，全县事业单位专业技术人员 1973 人，其中副高级 15 人、中级 450 人、初级 1508 人。

1997 年，全县企、事业单位有专业技术人员 2898 人，专业技术人员占全县干部总数的 79%。

2003 年，推荐教育系列高级专业技术职务 172 人，其中中学高级 25 人、中学中级 40 人、小学高级 107 人。2005 年，高级职务 55 人，比 2000 年增长 75.8%；中级职务 783 人，比 2000 年增长 19%。

2006 年，发放专业技术任职资格证书 272 个，清退不合规材料 379 份；督促各系列人事干部进行信息录入，确保每名专业技术人员信息库基本完整。

2009 年，研究推荐副高级专业技术人员 19 人，中级专业技术人员 46 名，初级 9 人；经县职称改革工作领导小组研究同意，取得初级任职资格专业技术人员 221 人；经审核推荐参加各类考试 43 人，其中审计 3 人、会计 5 人，注册安全工程师 2 人、经济师 10 人、二级建造师 14 人、一级建造师 4 人、执业药师 5 人。

二、技术工人管理

1991 年以来，机关、事业单位技术工人的管理工作，主要采用自治区和地区对机关、事业单位工人考核办法，通过技术理论、实际技能操作确定相应技术等级，对已经获得技术职称的人员每年进行年终考核，根据考核结果进行动态管理，职称有升有降。至 2010 年，全县机关、事业单位技术工人信息统计入库人数 3697 人，其中高级工 147 人、中级工 1057 人、初级工 2086 人。

第五节　工资福利

1994 年，麦盖提县为进一步深化干部人事制度改革，推进公务员制度和事业单位聘用制度的实施，依照自治区人民政府文件，启动机关事业单位工作人员工资制度改革工作。2006 年，国家出台公务员工资制度、事业单位收入分配制度、离退休人员计发离退休费制度、艰苦偏远地区津贴制度改革实施意见，自治区人民政府下文做出具体要求，麦盖提县遵照执行，全县干部职工享受相应待遇。

一、行政单位工资

2006 年开始，公务员工资结构由原执行的 4 项简化为职务、级别两项；机关技术工人工资结构由 3 项简化为技术等级（职务）和岗位工资两项。经过工资结构调整改革，行政单位工作人员工资收入普遍增加。此后，实行每两年普调一级工资的滚动工资制度和五年为称职以上的可晋升一个工资档次和级别工资等级。2008 年《公务员奖励规定（实行）》出台，公务员连续 3 年确定为优秀等次的，记三等功一次。2009 年起，根据新人社发文件精神，机关无职务或现任职职务为副科级及其以下的公务员，工作年限到 30 年和 25 年及其以上的（须扣除考核不称职的年限），可分别比照最低职务任职年限的乡科级正职和乡科级副职非领导职务套改工资。2010 年，按照新人社发文件精神，完成麦盖提县艰苦偏远地区津贴标准调资工作，从 2006 年的每月 370 ~ 680 元提高到 2010 年的每月 515 ~ 850 元；行政机关工资由 1993 年的 510.96 元增到 2010 年的 2729 元，18 年间增长 5.34 倍。

二、事业单位工资

2006 年起，事业单位工资结构将现行工资结构改革为岗位和薪级工资，岗位工资实行“一岗一薪，岗变薪变”；专业技术岗位设置 13 个等级，最低 550 元，最高 2800 元；管理岗位设置 10 个等级，最低 550 元，最高 2750 元；技术工人岗位设置 5 个等级，最低 545 元，最高 830 元，普通工人标准 540 元。薪级工资实行“一级一薪，定期升级”，专业技术人员和管理人员设置 65 个薪级，最低 80

元，最高2600元。工人设置40个薪级，最低70元，最高915元。随着工资结构的调整，事业单位人员工资收入普遍增加。此后，事业单位根据考核结果（称职及以上）每年增加一级薪级工资。2009年，事业单位无岗位或现任岗位为八级及以下的管理人员，工作年限到30年和25年及其以上的（须扣除考核不合格的年限），可分别比照最低任职年限的七级岗位和八级岗位套改工资。2010年，事业单位干部职工工资由1993年的474.47元增至2010年的2759元，18年间增长5.8倍。

三、津贴、补贴、地方性政策

（一）艰苦偏远地区津贴

由于自然环境恶劣、生活条件艰苦，自1991年以来，麦盖提县积极向自治区申请解决上调地区类别问题（由三类地区升级为四类地区）。2004年，根据人事部《关于调整新疆维吾尔自治区部分地区艰苦地区偏远地区津贴类别的通知》及自治区人事厅、财政厅文件精神，麦盖提县从2004年1月1日起，津贴类别由三类区调整为四类区。2006—2010年，艰苦偏远地区津贴变动2次，科员由最低的370元提高到515元，提高1.4倍；处科级由最低的680元提高到850元，提高1.25倍。

（二）岗位津贴

2007年之前，执行岗位津贴的有纪检、保密、信访、审计、计划生育、学校（含特殊教育）、医院、防疫、公检法司、兵团调干、林业、畜牧、环保、农业等18个方面的津贴。

2007年之后，又新增离休干部护理费、法官审批津贴、检察官津贴、信访津贴、特勤津贴、人民警察加班津贴、检察院法院纪检监察办案人员津贴、审计津贴。具体如下：2007年执行《关于提高红军时期参加革命工作的离休干部护理费的通知》文件精神，麦盖提县对1937年7月6日前参加革命工作的离休干部，发放标准由原来每人每月200元调整为每人每月800元。7月31日《关于实行法官审判津贴的通知》下发，麦盖提县把补贴标准调整为：首席大法官340元，一级大法官318元，二级大法官298元，一级高级法官278元，二级高级法官262元，三级高级法官246元，四级高级法官233元，一级法官220元，二级法官210元，三级法官200元，四级法官190元，五级法官180元。是年，《关于实行检察官检察津贴的通知》下发，规定补贴标准同法官审判津贴一样。2008年2月14日《关于调整因瘫痪等原因生活长期完全不能自理的离休干部护理费标准的通知》下发，麦盖提县把补贴标准由原来的200元，调整为每人每月600元。2009年12月15日《关于调整国家信访局信访岗位津贴实施范围和标准的通知》下发，麦盖提县各级信访部门和各单位信访部门执行公务员工资制度的专职信访人员补贴标准，按从事信访一线业务的工作人员每人每月235元、其他信访工作人员每人每月130元执行。2010年9月20日《关于建立人民警察特勤工作津贴的通知》下发，标准为按照工作人员基本工资（职务工资与级别工资之和）的30%确定，人民警察特勤工作津贴标准随基本工资的调整相应调整。9月29日《关于人民警察法定工作日之外加班发放补贴的通知》下发，麦盖提县按正常休息日每加班1天80元、法定节假日每加班1天100元执行。

（三）计划生育奖励补贴

根据新计生委字〔2005〕32号文件精神，麦盖提县从2005年起，对实行计划生育的离退休人员一次性奖励2000元。

（四）抚恤丧葬费

2004年，麦盖提县根据自治区新人发、地区喀人发《关于调整我区职工死亡丧葬补助标准的通知》文件，从2004年7月1日起，丧葬补助费标准调整为发放2个月职工平均工资。

2006年，根据喀地民字文件，参照《军人抚恤优待条件》规定，麦盖提县把抚恤金标准调整为：烈士发放80个月工资，因公牺牲发放40个月工资，病故发放20个月工资。

（五）地方性政策

为了改善和提高知识分子政治生活待遇，尊重知识、尊重人才，以鼓励各民族职工长期安心边疆工作，自治区党委制定下发新党发《关于进一步改善知识分子及边疆职工生活待遇若干问题的规定》，在全疆实行浮动工资、固定工资、知识分子补贴、知识分子书报费政策。1991—2010 年，这一政策在麦盖提县继续得到落实。

四、探亲假、病事假、年休假

（一）探亲假

1991—2000 年，麦盖提县继续执行中华人民共和国第五届全国人民代表大会常务委员会第十七次会议批准的《国务院关于职工探亲待遇的规定》以及新疆维吾尔自治区人民政府《关于贯彻执行〈国务院关于职工探亲待遇的规定〉的具体规定》。凡是国家机关、人民团体和全民所有制企业、事业单位工作满一年的在职正式职工，与配偶不住在一起，又不能利用公休假日团聚的（指不能利用公休假日在家居住一夜和休息半天的），可享受探望配偶的待遇；职工与父亲、母亲都不住在一起，又不能利用公休假日团聚的，可享受探望父母（包括自幼抚养职工长大，现在与职工保持有联系的抚养亲属）的待遇；职工与父亲或母亲一方能在公休假日团聚的，不能享受探望父母的待遇。

职工探望配偶的，每年给予一方探亲假 1 次，假期为 30 天；未婚职工探望父母，原则上每年给假 1 次，假期为 20 天，如因工作需要，本单位当年不能准假，或者职工自愿两年探亲 1 次的，可两年给假 1 次，假期为 45 天；已婚职工探望父母的，每四年给假 1 次，假期为 30 天。因工作需要或其他原因满 8 年以上没有探望父母的，所在单位准假，可另外增加假期 10 天。探亲假期是指职工与配偶、父母团聚的时间，另根据实际需要给予路程假，假期均包括公休假日和法定节日在内。职工在规定的探亲假期和往返路程假期内，按照本人的标准工资（含生活费补贴）发给假期工资。实行计件工资制单位的职工，有计时工资标准的，按照本人的计时工资标准计发假期工资，没有计时工资标准的，按照本人请假前 3 个月的计件工资平均数计发假期工资；实行分成工资制单位的职工，亦按前项计件工资的计算办法计发假期工资，从企业留成部分内支付；实行控制工资总额评工记分单位的职工，按照本人请假前 3 个月的平均工资数计发假期工资。职工探望配偶、未婚职工和已婚职工探望父母的往返路费，均由所在单位报销。男职工年满 50 周岁、女职工年满 45 周岁以上或在新疆连续工作满 25 年以上的职工，探亲需连续乘火车在 24 小时以上的，可由所在单位报销硬席卧铺费。

2001—2010 年，麦盖提县执行新疆维吾尔自治区人事厅、新疆维吾尔自治区劳动和保险厅、新疆维吾尔自治区财政厅联合下发的《关于重新修订自治区城镇职工探亲待遇有关问题的通知》，该通知对《关于贯彻执行〈国务院关于职工探亲待遇的规定〉的具体规定》的部分条款内容重新修订。已婚职工探望父母的，每三年给假 1 次，原假期不变;连续工龄满 20 年或者年满 40 周岁以上的职工，探亲乘坐火车或长途班车的，均可报销硬卧席位费；原不具备探亲条件的职工，可在退休前享受一次探亲待遇，探亲对象仅限于兄弟、姐妹、子女，假期 60 天（含路程假），路费按望对象中一名成员的直线合理路线报销车船费，探亲期间工资照发；凡达到国家法定退休年龄的退休职工，符合探望父母条件的，可继续享受探望父母的探亲待遇，除上述修订内容外，其他有关规定仍按新疆维吾尔自治区等文件规定执行。

1991—2010 年，麦盖提县人事部门根据文件要求，让所有符合条件的职工全部享受探亲假待遇。

（二）病假

1991—2010 年，麦盖提县实行以下病假制度：工作人员病假在三个月以内的，工资照发；工作人员病假超过三个月的，从第四个月按工作年限满 10 年的工资照发，工作年限不满 10 年的工资发

90% 标准执行；病假超过六个月的，从第七个月起按工作年限满 30 年的工资发 100%，工作年限满 20 年的工资发 90%，工作年限满十年的工资发 80%，工作年限不满十年的工资发 70% 标准执行。获得国家或自治区人民政府、国务院各部门授予的劳动英雄（英模）、劳动模范、先进工作者称号，仍保持荣誉的，病假期间的工资照发，在病假期间，可继续享受所在单位的生活福利待遇。

（三）事假

1991—2010 年，麦盖提县实行以下事假制度：全年事假累计不超过 30 天或连续事假不超过 25 天，工资照发；超过 30 天或连续事假超过 25 天的，超过天数按本人工资 70% 计发；因私出境人员全年事假累计超过 60 天的，按超过的天数扣发本人工资。

（四）休假

麦盖提县从 2007 年执行《职工带薪年休假条例》，各单位向人事部门上报年休计划，按工作年限和规定天数分批轮休。2008 年起，执行《机关事业单位工作人员带薪年休假实施办法》，即机关事业单位工作年限满 1 年以上的，可享受带薪休假。休假期限：已满 1 年不满 10 年的，年休假 5 天；已满 10 年不满 20 年的，年休假 10 天；已满 20 年的，年休假 15 天。工作人员工作年限满 1 年、满 10 年、满 20 年后次月起享受相应的年休假天数。

第六节　公务员管理

一、公务员制度实施

2000 年起，国家全面推行国家公务员制度，麦盖提县成立推行国家公务员制度领导小组，领导小组办公室设在人力资源和社会保障局设办公室。全县 39 个公务员单位和 12 个参照公务员管理单位按《国家公务员暂行条例》制定上报了“三定”方案，麦盖提实行凡进必考制度。2001 年，麦盖提县成立招考领导小组，依照相关法律法规，结合实际，制定出台《公开招考国家公务员实施办法》，分配政策取消，按招考进人原则执行。

二、公务员来源

1991—1999 年，麦盖提县公务员来源为国家分配的大中专毕业生、部队招考录用军人、自治区各大院校毕业生中招考人员。

2000 年，国家取消大中专毕业生分配政策，实行公开招考。至 2005 年，经组织任命和公开招考公务员等方式进入公务员队伍 249 人。2006 年，县内新增国家干部 46 人，均为面向社会公开招考。2007 年，县内新增国家干部 33 人，其中面向社会公开招考 25 人。2008 年，县内新增国家干部 44 人，其中面向社会公开招考 33 人。2009 年，县内新增国家干部 107 人，其中面向社会公开招考 93 人。2010 年，县内新增国家干部 114 人，其中面向社会公开招考 106 人。

三、公务员考核

1994 年 11 月 29 日，自治区党委组织部、自治区人事厅联合下发《新疆维吾尔自治区国家公务员考核试行办法》，从 1995 年开始，麦盖提县实施对公务员年度考核，1995 年参加年度考核公务员 888 人，其中优秀 133 人、科技 75 人，优秀比例占 15%。

2008 年，参加公务员年度考核 5418 人。其中，优秀 850 人，优秀比例占 15.69%，称职 4323 人，基本称职 7 人，不称职 12 人，不定等 223 人，对基本称职、不称职、不定等人员按照相关文件要求作出辞职、辞退相应处理。

2010 年，麦盖提县参加公务员年度考核 1212 人，优秀 655 人，不称职 15 人，不定等 467 人，试用期未参加考核 75 人。对不称职、不定等人员按照相关文件要求作出辞职、辞退相应处理。

四、公务员辞职、辞退

1993 年，国务院出台《国家公务员暂行条例》，麦盖提县按该《条例》执行国家公务员辞职、辞退政策。1999—2005 年，依法办理辞退公务员 15 人、辞职 8 人。2006 年《中华人民共和国公务员法》施行，麦盖提县按《中华人民共和国公务员法》执行国家公务员辞职、辞退政策。2007 年，辞退公务员 2 人。2008—2010 年辞职 9 人、辞退 6 人。

第七节　人才资源和开发

一、人才资源

1991—1999 年，麦盖提县人才资源比较单一，主要是大中专回乡毕业生。各年度回乡大中专毕业生被分配到各行各业工作。1995 年，回乡大中专毕业生 210 人，安排 210 人；1997 年，大中专毕业生 259 人，安排 259 人；1998 年，大中专毕业生 222 人，安排 222 人。2000 年以后，国家取消大中专毕业生统一分配政策，实行“双向选择”，一部分大中专毕业生考到县外工作，一部分大中专毕业生通过麦盖提县招考留在县内工作，一部分大中专毕业生选择了从事非公有经济。

二、人才开发

1991—2010 年，麦盖提县人才开发工作一直没有间断，每年由 1 名分管县领导牵头，带领人事、教育、卫生等部门人员在疆内外高校招聘人才。2006 年以后，人才引进力度加大。

2006—2010 年麦盖提县人才开发情况表

表 28-2-1　　单位：人

年份（年）	公检法	公务员	教师	卫生	定向生	双选生	选派生	事业编	人才储备	合计
2006	7	17	47	53	1	17	22	—	2	166
2007	—	10	72	—	6	23	—	—	—	119
2008	11	7	—	14	9	54	—	—	11	120
2009	—	—	50	—	—	—	18	—	—	78
2010	—	—	—	—	—	—	—	434	—	434

第八节　人事仲裁

1991—2007 年，全县内出现的各种劳动纠纷由县劳动人事局劳动科受理。2007 年 12 月 29 日《中华人民共和国劳动争议调解仲裁法》公布，2008 年 5 月 1 日起施行。2008 年年初，麦盖提县人事劳动和社会保障局成立麦盖提县劳动人事争议仲裁院，为县劳动人事争议仲裁委员会办事机构，负责处理劳动人事争议仲裁委员会的日常工作，承办处理劳动人事争议案件日常工作，根据仲裁委员会的授权，严格管理仲裁员，组成仲裁庭，开展仲裁工作。处理企业、个体经济组织、民办非企业单位等组织与劳动者之间，以及机关、事业单位、社会团体与其建立劳动关系的劳动者之间，因确认劳动关系，订立、履行、变更、解除和终止劳动合同，工作时间、休息休假、社会保险、福利、培训以及劳动保护、劳动报酬、工伤医疗费、经济补偿或者赔偿金等发生的争议；处理实施公务员法的机关与聘任制公务员之间、参照公务员法管理的机关（单位）与聘任工作人员之间因履行聘任合同发生的争议；处理事业单位与工作人员之间因除名、辞退、辞职、离职等解除人事关系以及履行聘用合同发生的争议；处理社会团体与工作人员之间因除名、辞退、辞职、离职等解除人事关系以及履行聘用合同发生的争议。从此，麦盖提县劳动人事争议仲裁工作步入法治轨道。

2008—2010 年，县劳动人事争议仲裁院，每年在城乡通过咨询服务、发放宣传单等形式开展劳动人事争议仲裁有关政策法律法规宣传工作，积极处理各类争议，依法办理辞退公务员 23 人、辞职 17 人。

第三章　劳　动

第一节　机　构

1991—1996 年，麦盖提县劳动人事局没有内设相关机构。1997 年，县劳动人事局根据喀什地区劳动人事局相关要求，在局内成立行政复议应诉小组、劳动监察大队、劳动争议仲裁委员会，进一步规范办事程序。1998 年以来，县人民政府不断调整充实县劳动关系领导小组，加强对所涉工作的领导，发挥成员单位协调配合作用。2009 年 2 月，劳动监察大队升格为副科级，隶属于人力资源和社会保障局。

第二节　劳动就业

1991—1997 年，麦盖提县城镇就业工作由县劳动服务公司具体负责。1998 年以后，劳动服务公司统一称劳动就业管理中心，列入财政预算，承担的任务扩大。至 1999 年，解决就业 660 人。

2003 年，开发就业岗位 1312 个，完成就业安置 1827 人次，完成年初计划的 109%；建立健全人才资源信息库，积极开展求职登记、职业介绍、就业指导、就业培训、档案管理及社会保险关系接续“一站式”公共就业服务体系创建活动。全年发布招聘信息 34 期，举办大型专场洽谈会 9 次，推荐成功 838 人次，完成年初计划的 214%；全县有“4050”人员 181 人通过“一家一”就业援助和领取再就业优惠证实现再就业 110 人，为 172 名有劳动能力和就业愿望的下岗失业人员人均贷款 2 万元，将粮食局面粉制品厂，农机修造厂、圣迪科技甘草制品有限公司、万盛商贸大厦等 4 家劳动密集型企业确定为县级再就业基地，吸纳下岗失业人员 146 人。

2004 年，全县需要就业 3345 人，全年开发就业岗位 3079 个（其中公益性岗位 179 个），有 2794 人以弹性就业等形式实现就业和再就业，其中下岗失业人员再就业 863 人（其中“4050”人员 266 人）、大中专毕业生 1242 人。年末，城镇登记失业率 4%。

2005 年，全县需要就业 2970 人，全年开发就业岗位 4300 个（公益性岗位 65 个），实现就业再就业 2240 人，完成地区下达全年 2200 人就业任务的 101%。其中，下岗失业人员再就业 377 人；“4050”人员再就业 61 人，完成地区下达 60 人就业任务的 102%；大中专毕业生就业 520 人。年末，城镇登记失业率 3.56%，控制在地区下达的 4% 指标以内。

2006年，全县实现就业再就业2440人（其中下岗失业人员再就业212人，应往届大中专、技校毕业生就业118人），稳定就业率达25%，弹性就业75%。年末，累计培训人员140人次，发放再就业优惠证837本，完成再就业优惠证年审80户，举办就业再就业专场招聘会5次，成功推荐就业520人。城镇登记失业率3.59%。

2008年，开发、收集就业岗位5000个（其中公益性岗位106个），多种形式实现就业再就业3486人，完成地区下达就业任务的124.5%。年末，城镇登记失业率3.53%。

2009年，全县实现就业再就业3975人，完成地区下达就业任务的120.45%，同比增长40.9%。职业技能培训1.24万人，完成地区下达任务的137.29%，同比增长35.7%。全年举办各类县、乡、社区职业中专校园招聘会、民营企业人才招聘会、大中专毕业生就业援助招聘会等特色就业招聘会9场（次），发布用工信息243条，提供用工岗位3052个，累计推荐实现就业2317人。年末，城镇登记失业率3.36%，稳定控制在3.7%以内。

2010年，全县全年实现就业再就业4660人。其中大中专毕业生就业812人，清零“零就业家庭”1242户，完成地区下达就业任务的141%，同比增长17.23%。年末，城镇登记失业率3.36%。

第三节　劳动市场建设

麦盖提县人力资源市场成立于2007年12月，隶属人力资源和社会保障局，机构规格初期为股级，后升格为副科级。

2008年，成立乡级劳务输出派遣所10个，新建村级劳动保障工作站128个，形成县、乡、村三级服务网络管理体系，劳动保障服务平台应建尽建率100%。是年，在人口大乡央塔克乡设立全县首个乡级人力资源市场，增强公共就业服务能力。县人力资源市场办为各乡（镇）、村（社区）劳动保障站，选配专职劳动保障工作人员36人和兼职劳动保障协理员128人。县财政先期拨付34万元用于城乡就业和职业培训工作配套经费。

2009年，城乡服务平台建设取得突破性进展，启动实施并完成县级劳动保障建设项目和央塔克乡、吐曼塔勒乡、尕孜库勒乡、克孜勒阿瓦提乡、库尔玛乡5个乡级项目。其中，县级服务中心建筑面积6800多平方米，乡级服务中心700平方米，具备人力资源市场、职业技能培训中心、劳动预备制公共实训基地、职业技能鉴定、劳动保障维权中心“五位一体”的服务功能。统一为全县10个乡（镇）、7个社区劳动保障服务机构，分别配齐电脑2台、打印机1台、档案柜1组、办公桌椅1套；为每个乡（镇）劳动保障事务所解决工作经费5000元；为每个社区劳动保障工作站解决工作经费3000元；基层服务窗口硬件设施得到改善。

2010年，加强城乡人力资源和社会保障系统基础阵地建设，投入资金1179.11万元，建设面积9967.5平方米。其中，县级实训基地于2010年5月完工正式投入使用，投资949.5万元建成培训综合楼5311平方米、餐饮实训楼569.5平方米、学员公寓楼1587平方米，共7467.5平方米，可同时开展建筑类、纺织类、维修类、餐饮类、服务类、农产品加工类、机械类、特色类8大类41个职业（工种）的培训，一次性能容纳500人的实训和300人的食宿，形成集职业培训、就业训练、技能鉴定、就业服务、劳动保障监察、人事劳动争议仲裁“六位一体”的现代化新型劳动保障服务网络。

第四节　劳动工资管理

随着经济体制改革的逐步深化，企业作为独立的经营实体，拥有一定的工资分配自主权，国家为保护职工的权益，建立健全工资保障和工资支付制度，建立最低工资保障制度。麦盖提县严格遵守相关制度，实行劳动工资规范管理，对用人单位加强指导，确保用人单位落实劳动者计时工资、计工工资、津贴补贴、加班加点工资、其他工资等。最低工资标准的确定和调整，麦盖提县按照《中华人民共和国劳动法》第四十九条规定，从劳动者本人及平均赡养人口的最低生活费用、社会平均工资水平、劳动生产率、就业状况、地区之间经济发展水平的差异五方面考虑。2008 年，麦盖提县最低工资标准为 460 元（含三险一金）。2010 年，麦盖提县最低工资标准为 660 元（含三险一金），从工资支付项目、工资支付水平、工资支付形式、工资支付对象、工资支付时间以及特殊情况下的工资支付等方面建立工资支付制度和具体发放办法，使麦盖提县各族劳动者的利益充分得到保障。

第五节　职业技能培训和鉴定

一、职业技能培训

1991—1997 年，麦盖提县职业技能培训工作由劳动服务公司、职业中学承担。1998—2006 年，由劳动就业管理中心、职业中专承担。2007 年 12 月，县人力资源市场成立后，承担职业技能培训工作，县职业中专与县人力资源市场的合作逐步加强。

2003 年，劳动就业管理中心举办培训 10 期，培训专业有计算机、畜牧、林果、园艺、保洁保绿、保安员、管道维修、电工、路灯管理等，受训 2703 人。其中：下岗失业人员再就业培训 722 人，完成全年计划的 40.63%；劳动预备制培训 344 人，完成全年计划的 172%；在职职工培训 516 人，完成全年计划的 139%。为城建部门招聘培训监管人员、保洁员 87 人；为畜牧系统招聘培训 50 人；为甘草浸膏厂招聘培训 22 人；为卫生系统招聘培训医护人员 13 人；为万盛商贸城招聘培训 41 人；为林业系统招聘培训园艺人员 42 人。

2004 年，劳动就业管理中心围绕提高劳动者就业能力、创新能力、创业能力和劳动力市场需求，培训各类人员 2866 人。涉及设施农业实用技术培训、农机驾驶及维修、泥瓦工、木工、畜牧养殖实用技术培训、林果业实用技术培训、护林工、大中专毕业生汉语培训、保安员、高空架设工、起重工、电焊工、电工、汽车驾驶培训、汽车维修、缝纫工培训。

2005 年，劳动就业管理中心培训各类人员 4740 人，完成地区下达全年 3000 人培训任务的 158%。其中，下岗失业人员再就业培训 260 人、大中专毕业生就业培训 203 人、农村剩余劳动力转移培训 3300 人、劳动预备制培训 282 人、非正规就业培训 358 人、在职职工培训 337 人。

2006 年，劳动就业管理中心免费举办纺织工、保安员、餐厅服务员、汽车维修、计算机、缝纫工等各类培训 30 期，培训各类人员 8939 人，完成地区下达全年 6843 人培训任务的 131%。其中，开展“订单”式培训 5 期 449 人。

2007 年，县人力资源市场举办 100 期 29 个专业的职业技能培训，培训 1.11 万人，完成地区下达全年任务 7750 人的 126.6%。

2008 年，县人力资源市场职业技能培训 1.14 万人。其中，农业劳动力培训 6934 人，完成地区下达年 8400 人培训任务的 82.5%。通过培训促转移，全县农业富余劳动力转移就业 1.99 万人（次），其中疆外转移就业 763 人（次），有组织劳务输出就业稳定率 83.5% 以上，劳务输出向产业化发展迈出坚实步伐。

2009 年，县人力资源市场开展农产品经纪人、砌筑工、混凝土工、区域保洁员、装饰装修工等 30 多个职业（工种）培训 1.24 万人。经培训后，有组织转移输出广东东莞国际兴昂有限公司兴鹏鞋厂 97 人，月工资 1600 元 / 人，经济效益和社会效益明显。

2010 年，县人力资源市场开展职业技能培训 100 期，培训 1.1 万人，完成地区下达全年 9000 人培训任务的 122.43%。其中，砌筑工、混凝土工、汽车维修、摩托车维修、农机维修、服装缝纫、焊工等 20 个工种的转移职业技能培训 8883 人，劳动预备制培训 739 人，创业培训 140 人。是年，在农闲时期开展致富技能培训 40 期，培训 5100 人。经培训后有组织向广东东莞国际兴昂有限公司兴鹏鞋厂转移输出务工人员 451 人，创疆外劳务输出新高。

二、职业技能鉴定

2008 年，成立麦盖提县职业技能鉴定所，配备全额事业编制 5 人，职业技能鉴定工作启动。

2008—2010 年麦盖提县职业技能鉴定情况表

表 28-3-1

年份（年）	鉴定人数（人）	工种（个）
2008	9288	22
2009	9347	22
2010	5282	19

第六节　劳动保护、监察和仲裁

一、劳动合同

1995 年，麦盖提县劳动人事局根据上级部门文件精神，推行全员劳动合同制，当年签订 1075 人，涉及 75 个单位。其中，行政单位 27 个、104 人；事业单位 37 个、430 人；企业单位 11 个、541 人。

1996 年，98 个单位签订劳动合同 4367 人。其中，行政、事业单位 64 个，企业单位 34 个。

1997 年，签订劳动合同单位 55 个，职工 4239 人。其中，国有企业 17 个，职工 1838 人；国家机关工人 544 人，完成率 96.5%。

2004 年，成立劳动关系协调领导小组，健全劳动关系“三方”协调机制，劳动合同管理进一步加强，全县 50 个用人单位与 2402 名劳动者依法签订劳动合同。其中，机关事业单位工勤人员劳动合同签订率和鉴证率 100%；个体私营企业签订率 51%。全县 23 个企业单位签订集体合同，国有集体、股份制企业集体合同签订率 100%；新建企业集体合同签订率 65%。

2005 年，全县劳动者与用人单位依法签订劳动合同 3056 人。其中，机关事业单位工勤人员、国有集体企业劳动合同签订率 100%，个体私营经济组织劳动合同签订 40%。有 23 个用人单位依法签订集体合同，其中国有集体企业集体合同签订率 100%。

2006 年，与用人单位签订劳动合同 156 人，与用人单位签订集体合同 1532 人，其中国有集体企业签订率 100%。

2010 年，与用人单位签订劳动合同 1256 人，与用人单位签订集体合同 649 人，其中国有集体企业签订率100%。

二、劳动保护

劳动部门始终坚持“安全第一，预防为主”的方针，每年组织开展“安全生产周”活动，指导各行各业规范安全制度，查处安全隐患，重点对建筑行业进行现场安全监察，促进全社会安全生产意识不断增强。推动建设项目职业安全设施与主体工程实行同时设计、同时施工、同时投产使用“三同时”做法，使劳动保护“三同时”监察工作制度化；实行企业升级、评先授奖与工效、安全工作挂钩的考评制度，坚持企业升级安全生产一票否决制；加强安全教育、培训，对从事职业安全卫生、电工、架子工、塔吊工等工种的工人进行专业培训，对从事劳动安全监察干部、工矿企业管理人员和特殊作业人员进行培训、考核、发证，提高安全管理水平和职业安全技术素质。截至2010年，对全县34个建筑施工工地使用农民工情况进行专项检查，6次深入施工工地发放《农民工维权手册》《工伤保险条例》《劳动合同管理办法》《春风卡》等宣传材料8000份，为80名农民工追回工伤保险待遇22.65万元，追回拖欠农民工工资10.11万元。

三、劳动监察

劳动监察大队成立以来，依法对用人单位遵守劳动法律、法规情况进行监督检查，对违反法律法规行为进行处理、处罚，通过采取全面检查、临时抽查、定时常规监察，实行举报制度等多种形式，发现问题和解决问题。

1997年，劳动监察大队对县境内60个行政、企事业单位，进行劳动用工年检，年检率100%。

2005年，国务院颁布《社会保险费暂行条例》《社会保险稽查办法》以后，劳动监察大队检查用人单位117家，监督补签劳动合同260份，责令有关企业发放拖欠民工工资33.2万元，涉及民工112人；清欠农民工工资69.1万元，涉及农民工239人，清欠金额102.3万元。

2008年起，为防止农民工工资拖欠，设立农民工工资保证金专户，向企业收缴农民工工资保证金74.71万元。

2009年，向企业收缴农民工工资保证金771.49万元，受理经济纠纷案件23起，处理工资拖欠23起，涉及45万元。解决劳动纠纷24起，清欠农民工工资32.2万元。

2010年，向企业收缴农民工工资保证金121.99万元，受理经济纠纷案件50起，处理工资拖欠50起，涉及209人、金额83万元。

四、劳动仲裁

1991—2010年，县劳动争议仲裁委员会认真贯彻仲裁调处法律法规，完善依法办案制度，加大案件处理力度，妥善处理来信来访；坚持“预防为主、基层为主、调解为主”的原则，开展劳动争议预防工作，设立窗口进行咨询服务，宣传有关政策法规，帮助和指导企业完善厂规厂纪，力求争议在基层调解，促进劳动关系不断改善。至2010年，依法立案仲裁2起，成功裁决2起。

第七节　劳务输出

2003年6月，麦盖提县正式出台《麦盖提县劳务输出实施办法》，完成劳务输出2688人次，输出区域重点集中在县城周边团场，输出行业集中在建筑、饮食服务和棉田管理等行业。

2008年，县人民政府先后选派6批带队干部、外出务工人员及家长代表赴青岛、威海、福建、乌鲁木齐等地用工企业进行实地考察，并将考察经历及务工人员典型事迹制作成宣传光碟，免费发放到每一个社区、村（组）。采取举办宣传动员会、座谈会、上街宣传和广播电视宣传等多种形式，引导和鼓励富余劳动力外出务工，共组织举办宣传动员会 22 场次，劳务输出典型事例报告会 11 场次，受教育群众 4000 人次。全面推行劳务输出“保姆式”服务，实行带队干部与务工人员同吃、同住、同劳动的“三同”式管理。与乌鲁木齐雪莲山高尔夫球场、乌鲁木齐种苗场、新疆星光法格玻璃厂、青岛泰光制鞋有限公司等建立长期友好合作关系。是年，疆外输出人员人均月工资均在 934 元以上，疆内输转人员人均月纯收入在 700 元以上。

2010 年，坚持把促进农村富余劳动力转移就业作为农民增收的重要途径来抓，坚持先培训后输出的原则，确保输出质量，先后有组织、有计划地向广东东莞、新疆阿拉山口口岸等地成功输出务工人员 700 人。

第四章　社会保险

第一节　机　构

麦盖提县劳动就业保险管理局的前身系麦盖提县劳动服务公司，隶属劳动人事局。1990 年 5 月更名为劳动就业保险管理局，内设办公室、业务股、征缴股、财务股、医疗保险股、稽核股、就业培训股。

1991—1997 年 10 月，劳动就业保险管理局编制 17 人，领导职数 2 个，实有 17 人。

2003 年，编制 23 人，实有领导 3 人，科员 18 人。

2010 年，编制 43 人，领导职数 3 个。实有 25 人，其中女职工 11 人，中共党员 13 人。

第二节　养老保险

一、企业在职职工

1991—1996 年，国家层面企业职工养老保险制度不完善，没有一个统一的标准，各地自行确定缴费比例试运行，国有企业全部纳入参保范围，个体企业基本没有为员工办理养老保险。1997 年，国务院颁布《关于建立统一的企业职工基本养老保险制度的决定》，规范企业职工基本养老保险制度，麦盖提县按国家标准执行。是年，为职工办理相关手续企业单位 43 个。2001 年，全县参加基本养老保险的企业单位 44 个，参保职工 2138 人，参保个体工商户人员 11 人，年缴纳养老金 449.6 万元。2004 年，全县参加基本养老保险的企业单位 46 个，参保职工 1818 人，全年征缴养金 522 万元，基金支出 890 万元。

2010 年，全县参加养老保险企事业单位 117 个，参保职工 5616 人，征缴养老保险金 2294 万元，支出 2704 万元。

二、自收自支事业单位职工

自收自支事业单位职工基本养老保险未作另行规定，参照城镇企业职工基本养老保险执行，1997 年正式运行，2003 年对基金收缴比例进行调整。

1997—2005 年麦盖提县自收自支事业单位职工参保情况表

表 28-4-1

年份（年）	单位数（个）	职工数（个）	年征缴养老保险统筹金（万元）	支出（万元）
1997	5	206	11	7
1998	7	228	48	33
1999	11	322	59	35
2000	11	322	98	39
2001	12	322	94	33
2002	11	300	22	9
2003	11	300	228（含补收 2002 年）	123（含补发 2002 年）
2004	11	257	98	59
2005	11	213	60	103

三、农村养老保险

（一）农民参保

1. 养老保险

麦盖提县 1998 年开始在农村开展养老保险试点工作，2004 年之前，参保人数很少。2005—2009 年，参保人数有所增加，平均每年参加农村养老保险人数 769 人。

2. 新型农村社会养老保险

2009 年 12 月，麦盖提县被批准为喀什地区新型农村社会养老保险试点县，全县启动新型农村社会养老保险，新农保基金由个人缴费、集体补助、政府补贴构成。2010 年，全县参保 7.88 万人，收缴基金 808 万元。发放 60 岁以上享受待遇 1.22 万人，发放养老金 945 万元。

（二）村级干部参保

2004 年 1 月，根据《喀什地区农村村级干部养老保险实施方案（暂行）》的通知文件精神，县委组织部与人社局联合下发麦盖提县村干部退休养老保险基本生活费用统筹办法。费用统筹由乡村及个人共同负担，即乡村负担 20%、个人负担 7%，执行政策按照个体工商户统筹办法执行，为 199 名村级干部办理养老保险手续，收缴养老保险金 56 万元。

2005 年 3 月，执行《麦盖提县村干部退休养老保险基本生活费用统筹办法（暂行）》，全县 128 个行政村任职的 963 名村干部纳入公职化管理，参加县级养老保险统筹，征收养老保险金 94 万元，支出 1 万元。

2006 年，征收村干部养老保险金 65 万元，发放村干部退休金及部分参保人员的丧葬费 5000 元。

2007 年，征收村干部养老保险金 96 万元，支出 2 万元，累计结余 344 万元，在职村干部有 963 人，退休村干部 2 人，年发退休金 1 万元。

2008 年，村干部参保 914 人，全年征收养老保险金 75 万元，支出 2 万元。

2009 年，村干部参保 917 人，全年征收养老保险金 46 万元，支出 3 万元，累计结余 525 万元。

2010 年，村干部参保 917 人，全年征收养老保险金 85 万元，支出 8 万元。

四、退休人员参保

2001年，离退休人员参加养老保险606人。2002年，退休人员参加医疗费用统筹1240人。之后，离退休人员养老、医疗保险工作步入正常轨道。

第三节　医疗保险

一、城镇职工医疗保险

2001年3月，麦盖提县城镇职工基本医疗保险工作启动。2002年1月1日起，麦盖提县实行大病医疗救助，大病医疗救助金由参保职工缴纳（含退休、退职人员）每人每月5元；基本医疗保险的起付线由650元调整为800元，最高支付限额由2.5万元调整为3.2万元。2007年3月起，启动公务员医疗补助工作。

2001—2010年麦盖提县城镇职工基本医疗保险参保情况表

表28-4-2

年份（年）	职工医疗保险				大病救助		公务员医疗补助			
	单位（个）	参保（人）	征收（万元）	支付（万元）	征收（万元）	支出（万元）	单位（个）	补助人数（人）	补助金（万元）	支出（万元）
2001	109	7667	440	322	30	—	—	—	—	—
2002	99	7345	360	118	34	5	—	—	—	—
2003	109	7852	385	322	40	15	—	—	—	—
2004	120	8203	340	590	42	21	—	—	—	—
2005	130	8402	768	674	50	20	—	—	—	—
2006	130	8876	1048	714	—	—	—	—	—	—
2007	214	9256	1032	828	56	52	47	1668	80	5
2008	139	9326	1305	1286	58	95	53	1773	85	15
2009	139	9430	1614	1448	58	94	61	1877	78	32
2010	139	9554	1764	1292	56	35	58	1843	69	

二、城镇居民基本医疗保险

2008年5月，麦盖提县全面启动城镇居民医疗保险工作，全县8027人缴纳个人缴费部分，缴费金额38.47万元，自治区财政补助资金60万元。

2009年，全县城镇居民医疗保险参保3.6万人，实际缴费3.1万人。地区下达目标任务2.8万人，缴费金额92万元。中央和自治区财政拨付居民医疗补助款为234万元，支出398万元，累计结余215万元。

2010年，全县城镇居民参保3.7万人，缴费金额356万元，支出782万元。

三、新型农村合作医疗

1991年，农民参加合作医疗的人口有14.22万人，参合率96.2%。之后，由于收费困难的原因，合作医疗大幅度滑坡。到 2002 年，参加 9.06 万人，参加合作医疗覆盖人口仅为 54%。

2004 年 7 月，开始在县域内全面实行新型农牧区合作医疗（简称“新农合”）制度，成立新型农牧区合作医疗管理中心。是年，参加 11.66 万人，新型农牧区合作医疗覆盖率 64%。

2006 年，参加农村合作医疗 18.7 万人，参合率 96.94%。

2008 年，参加农村合作医疗 20.39 万人，参合率 100%。

2010 年，参加新型农村合作医疗农民 21.98 万人，参合率 100%。2007 年以来，医疗基金累计支出总额 1783.9 万元。

第四节　失业保险

1991—1997 年，失业保险基金的缴费比例为职工工资总额的 1%，由企业单方负担。1998 年 7 月 1 日起，失业保险基金的缴费比例由原单位企业职工工资总额的 1% 提高到 3%，由企业单方负担改为企业和个人共同负担，其中企业缴纳 2%、职工个人缴纳 1%。1999 年 1 月起，各地不得再从失业保险基金中提取管理费，各级社会保险经办机构所需经费列入财政预算，由同级财政拨付。

1991—2010 年麦盖提县职工失业保险参保情况表

表 28-4-3

年份（年）	单位（个）	参保（人）	征收（万元）	支出（万元）
1991	61	1187	1.9	—
1992	61	1297	2.2	—
1993	63	2229	2.5	—
1994	63	2789	2.7	—
1995	64	3940	5	—
1996	65	4210	6.9	—
1997	66	4445	7.5	—
1998	67	4950	11	—
1999	67	4950	50.8	15.1
2000	68	5045	37	8.5
2001	68	5045	66	12
2002	67	4409	101	139
2003	101	4978	110	170
2004	103	5233	116	97
2005	103	5280	139	17
2006	111	5489	130	22

续表 28-4-3

年份（年）	单位（个）	参保（人）	征收（万元）	支出（万元）
2007	127	5478	180	140
2008	127	5500	225	22
2009	127	5800	240	25
2010	127	5824	276	22

第五节　工伤保险

1996 年，县人民政府转发喀署发〔1996〕2 号文件，并制定麦盖提县城镇企业职工社会工伤保险试行办法。1997 年 6 月 1 日，麦盖提县工伤保险工作正式启动。2005 年，向地区上缴调剂金 30 万元。2008 年，工伤保险累计结余 121 万元。2010 年，全县各单位参加工伤保险持续向好。

1999—2010 年麦盖提县工伤保险参保情况表

表 28-4-4

年份（年）	单位（个）	参保（人）	征收（万元）	支付（万元）
1999	6	681	14	1.5
2000	23	1642	20	1
2001	23	1642	21	5
2002	38	1800	28	9
2003	38	991	29	6
2004	38	1142	18	55
2005	34	1295	31	50
2006	34	1551	52	30
2007	52	3358	105	60
2008	52	4823	117	32
2009	93	5870	128	52
2010	93	5873	142	112

第六节　生育保险

2003 年起，麦盖提县实行城镇企业职工生育保险。2005 年，上缴地区调剂金 22 万元。2008 年，累计结余 84 万元。

2003—2010 年麦盖提县生育保险参保情况表

表 28-4-5

年份（年）	单位（个）	参保（人）	征收（万元）	支出（万元）
2003	15	600	4	—
2004	22	1293	9	—
2005	30	3231	21	4
2006	118	4283	30	8
2007	152	6466	63	30
2008	152	6549	53	38
2009	120	6902	64	51
2010	120	6251	71	56

第二十九编　教　育

1991 年以来，麦盖提县全面贯彻党的教育方针，教育事业持续健康发展。

1991—2000 年，实现基本普及九年义务教育和基本扫除青壮年文盲工作目标。1993 年，《中国教育改革和发展纲要》颁布，正式提出“基本普及九年义务教育和基本扫除青壮年文盲工作”（简称“两基”）要求。1994 年，麦盖提县启动“两基”工作，县人民政府成立“两基”工作领导小组，结合实际制定实施方案，有计划、有步骤扎实推进工作。1998 年 10 月，麦盖提县通过自治区“两基”验收，2000 年 9 月，通过自治区“两基”复查验收，麦盖提县实现九年义务教育、扫盲教育目标。这一阶段，不断加大教育投入，加快各级学校基础设施建设步伐，办学条件越来越好，学生数量逐年增加。

2001—2008 年，“两免一补”政策陆续实施，“两基”得到巩固提高。2001 年，麦盖提县启动“两基”巩固提高工作。2003 年秋季起，麦盖提县义务教育阶段学校全面实施“两免”（免费提供教科书、免收杂费）政策。从 2005 年秋季起，寄宿制学校落实“一补”（自治区对寄宿制学校贫困生生活费给予补助）政策。学习推广国家通用语言文字是新疆各民族文化繁荣发展的历史经验和必然选择。2005 年起，麦盖提县全面推广国家通用语言文字教育，推进各民族发展历史进程，着重加强国家通用语言教育，单设母语课，推进民汉合校、民汉混合编班、城乡学校结对互学互教，积极促进各学校之间均衡发展。从 2006 年起，义务教育阶段学校全部纳入农村义务教育经费保障范围，经费实行“校财局管校用”模式管理，各学校严格执行教育收费公示制度，增加学校收费透明度，杜绝任何形式的乱收费。这一阶段，麦盖提县围绕“两基”巩固提高工作，保证教育经费合法合理使用，全面实施素质教育，基础教育稳步发展，成人教育成效显著，教育资源配置和教育布局日趋合理，不断推进学校正规化建设。

2009—2010 年，教育事业初步实现均衡化。2009 年，麦盖提县加大从师范院校毕业生中招聘教师力度，教师数比 2008 年增加 137 人，2010 年比 2009 年增加 217 人，不断为学校注入新鲜血液，教师结构优化，教师队伍壮大，教育教学水平提高，逐步奠定了教育均衡化发展的基础。2010 年，中共麦盖提县委员会九届十一次全委扩大会议正式提出“县办中学、乡办小学、中心村办幼儿园”新思路，为进一步优化教育布局、实现教育均衡化发展指明方向。当年，山东日照援建项目刀郎中学破土动工，占地面积 300 亩，总投资接近 2 亿元，可容纳 7000 名学生，县委确定各乡初级中学学生全部进入刀郎中学就读；40 个村级“双语”幼儿园建设项目全部竣工投入使用，学前“双语”教育发展迅猛。

第一章　机　构

第一节　行政机构

1991 年，麦盖提县教育局有行政编制 4 人，事业编制 20 人，实有 26 人。

1997 年 10 月，领导职数 3 个。内设行政办、人事股、党建办、基教股、成人教育办公室、教研室（含教研、师训、电教）、招考办、计财股、教育工会、勤俭办、教育督导室 11 个科室。行政编制 10 人，实有 6 人，其中女干部 2 人，中共党员 5 人。事业编制 27 人，实有 27 人;其中女干部 10 人，中共党员 7 人。

1998年2月，教育局、科委、科协合并，更名为麦盖提县人民政府教育与科学技术局（简称“教科局”）教育与科技分设办公地点，各自开展业务，没有实质性合并。2003年7月，科学技术局迁至教育局合署办公。

2005年5月，再次机构改革，教育局与科学技术局分设，科学技术局党组织隶属于教育系统党委。教育局下设办公室、党建办、人事股、基教股（含普教、职教、成教）、教研室（含教研、师训、电教）、督导室、计财股（2006年3月后，改名为教育经费核算中心）、综合办、勤俭办（项目办）、招考办、艺术教育办公室、青少年活动中心等11个职能股室。

2008年，教育局有行政编制10人，事业编制40人，实有38人，内设行政办、人事股、基教股、教研室、督导室、核算中心、项目办、招考办、“双语”办、教育工会、青少年活动中心11个职能股室。

2010年，教育局下设行政办、人事股、基教股、教研室、督导室、核算中心、综合办、项目办、招考办、“双语”办、教育工会、青少年活动中心12个职能股室，有干部职工38人。

第二节　事业机构

一、幼儿园设置

1991年，全县有公办幼儿园1所，编制10人，实有教职工18人，设幼儿班4个。

1995年，全县有公办幼儿园1所，编制10人，实有教职工21人，设幼儿班5个。

2000年，全县有公办幼儿园1所，编制11人，实有教职工25人，设幼儿班9个。

2005年，全县有幼儿园2所。其中，公办1所（麦盖提县泰山幼儿园），民办幼儿园1所（种子公司幼儿园）；泰山幼儿园编制34人，实有教职工46人，设幼儿班19个。

2010年，全县有公办幼儿园41所。其中，县城1所（麦盖提县泰山幼儿园），农村40所；编制145人，实有教职工172人，设幼儿班144个。

二、小学设置

1991年，全县有小学校68所。其中县城小学4所、农村小学64所。全县实有小学教师1756人。

1995年，全县有小学78所。其中县城小学4所、农村小学74所。全县实有小学教师1806人。

2000年，全县有小学80所。其中县城小学4所、农村小学76所。全县实有小学教师1900人。

2005年，全县有小学77所。其中县城小学2所、农村小学75所，因计划生育政策在全县得到有效实施，学龄人口下降，小学减少，超编小学教师调整到中学或其他单位工作。全县小学教师1656人。

2010年，全县有小学56所。其中县城小学2所、农村小学54所，在校生2.05万人，学龄人口继续减少。全县实有小学教师1436人。

三、中学设置

1991年，全县有中学17所。其中高中2所、初中15所。全县班级数122个。全县实有中学教师535人。

1995年，全县有中学17所。其中高中2所、初中15所。全县班级数180个。全县实有中学教师585人。

2000年，全县有中学17所。其中高中2所、初中15所。全县班级数236个。全县实有中学教师621人。

2005年，全县有中学16所，其中高中2所、初中14所。全县班级数262个。全县实有中学教师899人。

2009年，为优化教育资源，提高办学效益，县人民政府作出了对全县学校大调整的决定，各乡只保留1所初级中学，央塔克乡哈曼阔依村（团结村）小学并入央塔克乡哈曼阔依村（团结村）中学，昂格特勒克乡所有小学全部并入昂格特勒克乡中学，库尔玛乡红光村的民汉小学并入库尔玛乡红光村中学，建成九年一贯制学校。调整后，全县有初级中学8所、九年一贯制学校3所、普通高中2所、职业高中1所。全县实有中学教师1082人。

2010年，中学设置保持不变，全县实有中学教师1177人。

四、党组织

1991年，县教育系统有党支部27个，其中县直9个、乡镇18个，党员285人。

1995年，县教育系统有党员516人，党组织数未增加。

2000年，县教育系统有党员570人，党组织数未增加。

2005年，县教科系统有党支部67个，其中县直9个、乡镇58个，党员738人。

2009年2月，撤销乡教育办，各乡建立教育党总支。县城8个学校党支部直属教育系统党委管理，有党员338名（含离退休教师党员91名）；农村8个党总支、47个党支部、678名党员，按照属地管理原则，接受当地乡党委和教育系统党委双重管理。党员总人数1016名。教育系统党委聘任乡教育党总支副书记8人、中小学党支部书记19人。

2010年，县教育系统党员总人数1045人，比1991年增长266.6%。其中，教育系统党委直属管理县直学校党支部7个、教育局机关支部1个、离退休党员支部1个，有党员351人（含离退休党员教师93人）；双重管理乡教育党总支8个、农村学校党支部48个，党员694名。

五、群团组织

（一）工会

1991年，学校工会组织44个，会员1426人。

2010年年底，学校工会组织65个，比1991年增长47.72%；会员2632人，比1991年增长84.57%。1991—2010年，教育系统按《工会法》和县总工会的相关要求，3年召开一次工会会员代表大会，进行换届选举，设工会主席1名，工会委员4名。

（二）共青团

1991年，全县16所中学设团委（下辖教工团支部、班级团支部124个），68所小学有教工团支部，全教育系统有团员2790人。

1995年，全县17所中学设团委（下辖教工团支部、班级团支部182个，比1991年增长46.77%）；小学有教工团支部77个，比1991年增长13.24%。全教育系统有团员4518人，比1991年增长61.94%。

2000年，全县16所中学设团委（下辖教工团支部、班级团支部364个，比1995年增长100%）；小学有教工团支部79个，比1995年增长2.6%。全教育系统有团员6651人，比1995年增长47.21%。

2005年，全县17所中学设团委（下辖教工团支部、班级团支部238个，比2000年下降34.62%，原因是班级数下降）；小学有教工团支部80个，比2000年增长1.27%。全教育系统有团员9997人，比2000年增长50.3%。

2010年，全县11所中学设团委（下辖教工团支部、班级团支部249个，比2005年增长4.62%）；小学有教工团支部56，比2005年下降30%。全教育系统有团员8017人，比2005年下降19.8%，原因是中学生源数下降。

（三）少先队

1991年，全县学校有少先大队68个，有少先队员2.2万人。

1995年，全县学校有少先大队77个，比1991年增长13.23%；有少先队员2.5万人，比1991年增长13.64%。

2000年，全县学校有少先大队80个，比1995年增长3.9%；有少先队员2.9万人，比1995年增长16%。

2005年，全县学校布局调整后，全县学校有少先大队79个，比2000年下降1.25%；有少先队员2.4万人，比2000年下降17.24%。原因是生源下降。

2010年，全县学校有少先大队50个，比2005年下降36.7%；有少先队员1.9万人，比2005年下降20.83%。原因是生源继续下降。

第二章　教育改革

第一节　管理体制改革

一、行政管理体制改革

1991—1997年，麦盖提县教育工作由教育局代表县人民政府行使行政管理权，乡人民政府没有办学权限。

1998年起，县、乡两级政府实施“分级办学，分级管理”制度。人事调配由县、乡共管，以县为主；教育工作由县、乡共管，以乡为主；教育计划和教学业务以县为主，实行统管；干部任免，县直学校按干部管理权限分步进行，农村以乡（镇）党委为主。高中学校由县直管。县办幼儿园、小学、中学由县直管。

2004年起，实行“分级管理”“以县为主”体制，县教育局统一管理全县中小学教职工，负责制订中小学教职工队伍建设整体规划并组织实施，包括中小学教师的资格认定、职务评聘、配齐培训、调配交流、考核奖惩、工资待遇以及农村中小学校长的选拔、任用、考核等。

二、学校管理体制改革

1991—2004年，全县中小学实行校长责任制，校长主持学校的教育教学和一切行政事务工作，副校长协助校长负责学校教学、教研、政工、后勤财务等工作。全县公办幼儿园内部管理体制与中小学相同。1999年起，建立学校教职工代表大会制度，加强了民主管理和民主监督，校长定期向教职工大会报告工作并听取意见。

2005年，县直学校及乡（镇）中学、中心小学实行党组织领导下的校长负责制，校长对党组织负责。

2009年2月，撤销乡教育办，各乡建立教育党总支，党总支书记由乡长兼任，副书记由各乡中学党支部书记兼任，按照属地管理原则，各乡教育党总支、业务工作接受当地党委、政府和教育系统党委、教育局的双重管理。

三、人事制度改革

2003年以前，师范类毕业生由国家统一分配工作，由教育局会同人事局具体实施。从2004年起，深化人事制度改革，引入竞争机制，实行新的招聘制度，教师统一分配的“大锅饭”被彻底打破，录用教师严格实行凡进必考、择优录用、双向选择、服从分配、签订合同、人事代理的基本原则。

四、农村义务教育经费保障机制改革

2006年起，为加快南疆四地州教育发展步伐，顺利实施免费义务教育工作，新疆维吾尔自治区人民政府喀什地区行署根据国家相关政策结合实际相继下发文件，对过去的教育经费保障机制进行改革，出台新的农村义务教育经费保障机制，对义务教育经费使用做出明确规定，实行专款专用，加强督导、审计。麦盖提县遵照执行，教育局在局机关成立核算中心，对保障经费进行统一管理，形成“校财局管校用”模式。2007年，上级对农村义务教育经费保障机制相关政策进行调整完善。2010年，再次提高各项专项经费标准，使各学校能够按照教育发展的要求，不断改善办学条件，推进教育教学改革，提高教育教学质量。1991年，全县教育经费投入1983.6万元。2010年，增加到1.96亿元，增长9倍。

五、学籍管理制度改革

全县学生的学籍由县教育局统一管理，民语系初中分片区、分乡（镇），按照属地管理原则进行管理。库尔玛乡红光农场学生在红光农场中学就读，使用国家通用语言教学，其他乡镇和县城汉族学生及部分少数民族学生在第二中学就读，使用国家通用语言教学。学生转出转入，严格办理入学手续。2005年秋季开始，外地户口学生凭转学证可以与当地学生一样在辖区内就读，取得学籍，在收费上与本地学生同等对待。

第二节 课程改革

1991—2010年，国家进行了两轮基础教育课程改革，麦盖提县教育主管部门结合麦盖提县实际，一应落实。

一、第七轮基础教育改革

1992年，国家第七轮基础教育改革启动，国家教委第一次将以往的“教学计划”改为“课程计划”。1993年秋，新的计划突出了以德育为首，德、智、体、美、劳五育并举的全面发展的教育方针，第一次将活动与学科并列为两类课程。后来又将“课程管理”作为课程计划中一部分独立出来。1999年，教育部的《面向21世纪教育振兴行动计划》有专门关于课程管理的规范。麦盖提县与国家同步进入课程改革，将第一中学、第二中学、第二小学等学校列为试点学校，在国家规定课程的基础上，开始探索地方课程、校本课程以及活动课程、研究性学习课程与学校的融入问题，麦盖提县在校本课程和活动课程试点中取得一定效果。

二、第八轮基础教育改革

2001年，国家正式启动第八轮基础教育改革。2001—2003年，教育部相继颁发了一系列有关基础教育新课程政策和文件，构建了本轮课程改革的总体政策框架。2003年，麦盖提县被自治区确定为第二批基础教育课改实验区，将办学条件相对较好的国家通用语言学校（第二中学、第二小学）确立为实验示范学校，秋季首先在国家通用语言学校起始年级顺利实施。到2005年，教师参加各级各类课改培训1572人，麦盖提县总结出“五反复”经验，即“以反复进行校本培训促进教师转念转变、以反复进行集体备课形成智慧共享格局、以反复进行教学实践实现学生以校为本的课堂教学形式、以反复进行课后反思不断提高教师的自悟能力、以反复进行课题研究突破教学中的难题”。到

2008 年秋季，全县小学、初中、第二中学、第一中学高中起始年级全面推行课改，教育局组织全县各中小学校领导、教务人员及骨干教师集中开展新课程培训，通过上示范课、专题讲座、教学研讨等方式，使新课改理念得以广泛宣传，“五反复”经验在全县 83 所民汉合校、31 个教学点得到推广。

第三节 “双语”教育

一、学前“双语”教育

2005 年，新疆维吾尔自治区启动了少数民族儿童学前“双语”教育，旨在为少数民族顺利接受中小学双语教育奠定基础。麦盖提县幼儿园以《幼儿园管理条例》《幼儿园指导纲要》《新疆维吾尔自治区农村“双语”幼儿园课程设置方案》《新疆维吾尔自治区农村“双语”幼儿园（学前班）教育指导纲要》为指导，以活动和游戏为主要形式，结合各自实际和幼儿年龄特点，科学合理制定幼儿一日生活活动。保证幼儿的游戏活动时间和每天两小时的户外活动时间，活动遵循动静交替，室内与室外，全班、小组与个别活动相结合的原则，提高教育活动效率，促进幼儿健康发展。

到 2010 年，全县幼儿园教学普遍以激发幼儿主动学习国家通用语言，发展幼儿国家通用语言听说能力为重点，努力创设良好的语言学习环境；语言教育融入一日活动之中，体现游戏性、生活性等特点，强化国家通用语言教学，以适应小学阶段衔接。

二、小学“双语”教育

2005 年 3 月，为贯彻落实《自治区党委自治区人民政府关于大力推进“双语”教学工作的决定》精神，麦盖提县积极推进民汉合校，央塔克乡汉小合并到央塔克乡中心小学，校名沿用央塔克乡中心小学；吐曼塔勒乡汉小合并到吐曼塔勒乡中心小学，校名沿用吐曼塔勒乡中心小学。2005 年 9 月，县直第一小学（少数民族语言小学）与县直第二小学（国家通用语言小学）实现民汉合校，校名沿用麦盖提县第一小学，当月开办“双语”实验班 3 个，招收学生 130 人，实验班使用国家通用语言教材和国家通用语言授课，增加维吾尔语语文课。之后，县第一小学“双语”实验班保持在 4 个，招收学生保持在 180 人。到 2010 年，全县小学开办“双语”实验班 86 个，学生 3393 人。

三、初中“双语”教育

2000 年秋季，县第一中学初中部开办首个“双语”实验班，招收学生 45 人，实行文科类用维吾尔语授课，理科类用国家通用语言授课。2001 年，县第三中学按第一中学模式开设“双语”实验班。到 2010 年，全县开办初中“双语”实验班 36 个，学生 1555 人，有民汉合校 5 所，在校学生 1.03 万人。其中：民族生 5579 人、汉族生 4692 人。民汉合校在校生占全县中小学生总数的 29.85%。民族学生占民汉合校在校生总数的 54.32%。

四、高中“双语”教育

2003 年秋季，县第一中学高中部开办首个“双语”实验班，当年招收学生 40 人，实行文科类用维吾尔语授课，理科类用国家通用语言授课。到 2010 年，县第一中学高中部开设“双语”实验班 8 个，学生 369 人。

第四节 免费义务教育

一、两免一补

2003 年秋季起，自治区开始实施免费义务教育，当年全县 3.56 万名贫困学生享受免费提供教科书、免收杂费优惠政策（简称“两免”），其中中学生 1.06 万人、小学生 2.51 万人，免费总金额 326.35 万元（书费 230.35 万元、杂费 96 万元）。2004 年秋季起，全县学校执行喀什地区教育局、物价局制定的“一费制”收费办法，农村义务教育阶段学校只收取杂费、课本费（不含按规定享受免费教科书的学生）、寄宿制学生住宿费等，在开学初一次性收清，中途不准再向学生收取任何费用。2005 年春季起，麦盖提县明确要求各学校不再收取跨区借读费，对农民工及外来务工人员子女一视同仁。2005 年秋季起，自治区对寄宿制学校贫困生生活费给予补助（简称“一补”），当年全县有 466 名学生（中学 333 人、小学 133 人）享受到补助，补助总金额 14 万元。2010 年 9 月开始，寄宿生伙食费补助提高，小学生每生每年从 1000 元提高到 1250 元；初中生每年每生从 1250 元提高到 1500 元；学前“双语”幼儿园每天从 3.5 元提高到 4.5 元。公用经费也增加了标准，小学生每生每年从 300 元提高到 500 元；初中每生每年从 500 元提高到 700 元。

截至 2010 年，全县有 20.1 万名学生享受国家“两免一补”政策，经费总计 8191.19 万元。

二、义务教育经费保障

2006 年春季起，麦盖提县开始实施农村义务教育经费保障新机制，义务教育阶段学生不再收取杂费，农村义务教育阶段学校按“一费制”规定的额度收取课本费（不含按规定享受免费教科书的学生）、寄宿制学生住宿费，从而提高全县学生的入学率，当年，上级下达免费教材经费 201 万元，享受人数 3.63 万人；下达杂费补助 336 万元，享受人数 3.94 万人；下达农村贫困寄宿生生活补助 85 万元，享受人数 1324 人（中学生 908 人、小学生 416 人）。上级划拨农村义务教育公用经费 210 万元，其中拨付配套资金 33.64 万元。2009 年，增拨取暖费 427.58 万元，享受人数 4.05 万人。到 2010 年，上级划拨农村义务教育公用经费 1107.5 万元。其中，拨付配套资金 53.68 万元，享受人数 4.15 万人；下达农村贫困寄宿生生活补助 437.8 万元，享受人数 7293 人。

第三章　基础教育

第一节　学前教育

一、教学

1991—1996 年，麦盖提县中心幼儿园开展识字、算数、体操、唱歌、剪纸及游戏等教学活动。1997 年 9 月，开展拼音、语言、数学（计算）、常识、科学、健康、社会、美术（美工）、音乐、品德、寓言、唱游等教学活动。2006 年，教学活动有语言、科学与数学、健康、社会与艺术等。2008 年 9 月，教学活动有语言、识字、听说、数学、社会、科学、美工等。2010 年，教学活动有语言、数学、科学、艺术、健康、社会、科学、社会、美术等。教学上，主要用国家通用语言授课。

二、管理

1991—2010 年，麦盖提县幼儿园遵循《幼儿园工作规程》《幼儿园教育指导纲要（试行）》等进行管理，不断健全“家园联系”机制。1 名副园长负责班级管理工作，实行“教师管教育教学、保育员管生活”保教结合模式，科学制定幼儿“一日生活”作息制度，保证幼儿每天不少于 2 小时的户外活动及体育活动，培养幼儿良好的生活、卫生习惯，确保“一日生活”质量。1 名副园长专门负责卫生保健、饮食管理、安全等工作。

第二节　小学教育

一、学科设置

1992—2002年，麦盖提县所有小学开设的课有语文、数学、自然、社会、计算机（3 ~ 6年级开设）、音乐、美术、体育。少数民族语言小学增设“新疆”课。

2003—2010年，麦盖提县国家通用语言小学开设的课有语文、数学、英语（3 ~ 6年级开设）、品德与生活（1 ~ 3年级开设）、品德与社会（4 ~ 6年级开设）、科学、信息技术（3 ~ 6年级开设）、音乐、美术、体育、民族团结教育等;少数民族语言小学开设的课有语文、数学、品德与生活（1 ~ 3年级开设）、品德与社会（4 ~ 6年级开设）、科学（3 ~ 6年级开设）、信息技术（3 ~ 6年级开设）、音乐、美术、体育、民族团结教育。2004年起，全县少数民族语言小学1 ~ 3年级增设国家通用语言课；县第一小学（国家通用语言小学）双语班使用国家通用语言授课，增设维吾尔语文课。

二、学科教学

各学科教师按照课程标准要求，根据教学目标，采用灵活教学方式，进行学科教学。一些村级小学，在教师缺编情况下，采用包班上课的方式进行学科教学。一些村级小学在缺少音体美专业教师情况下，音体美课程由其他学科教师兼任。

三、实验教学

为增强学生的实践操作能力，县、乡级小学不断加强实验室建设，科学、综合实践活动等学科开展实验教学。县直小学实验设备比较齐全，基本能保证实验教学。绝大部分村级小学实验器材不齐全，没有专业教师，实验教学缺失。

四、现代教育技术教学

2004年，麦盖提县被定为国家远程教育试点项目县，当年5月，首批远程教育设备208套价值近100万元的TCL王牌彩电和DVD配发到位，多媒体教学、远程教学逐步在各学校推广。2010年，全县小学有电脑742台，生机比为29：1，除个别偏远村级小学外，其他各学校都接通网络，教师们都能共享优质的网络资源。

1991—2010年麦盖提县普通小学基本情况表

表29-3-1

年度（年）	学校数（所）				教学点（个）	班级数（个）				招生人数（人）			在校生数（人）			毕业生数（人）		
	合计	九年一贯制	民	汉		合计	其中双语班 模式一	模式二	模式三	合计	民	汉	合计	民	汉	合计	民	汉
1991	68	—	63	5	37	829	—	—	—	—	—	—	22109	—	—	1441	—	—
1992	73	—	67	6	52	848	—	—	—	—	—	—	22646	—	—	2327	—	—
1993	74	—	66	8	52	826	—	—	—	—	—	—	22856	—	—	2693	—	—
1994	76	—	68	8	52	839	—	—	—	—	—	—	23608	—	—	2649	—	—
1995	78	—	70	8	50	863	—	—	—	—	—	—	24885	—	—	2911	—	—

续表 29-3-1

年度（年）	学校数（所）				教学点（个）	班级数（个）				招生人数（人）			在校生数（人）			毕业生数（人）		
	合计	九年一贯制	民	汉		合计	其中双语班			合计	民	汉	合计	民	汉	合计	民	汉
							模式一	模式二	模式三									
1996	80	—	72	8	50	883	—	—	—	—	—	—	25506	—	—	3092	—	—
1997	80	—	72	8	50	912	—	—	—	—	—	—	26925	—	—	3107	—	—
1998	84	—	76	8	50	954	—	—	—	—	—	—	29350	—	—	3212	—	—
1999	83	—	75	8	50	982	—	—	—	—	—	—	30107	—	—	3364	—	—
2000	80	—	72	8	49	967	—	—	—	4862	4294	568	30668	22691	3977	3893	2454	839
2001	83	—	75	8	49	933	—	—	—	4401	3783	618	30316	26385	3931	4322	3835	487
2002	82	—	74	8	48	894	—	—	—	4304	3709	595	29250	25763	3487	4402	3906	496
2003	83	—	75	8	48	846	—	—	—	4267	3638	629	27860	24246	3614	5128	4577	518
2004	80	—	72	8	47	802	—	—	—	4136	3537	599	26628	22999	3629	5136	4539	578
2005	77	—	76	1	31	770	1	—	2	3791	3282	509	24934	21889	3045	4989	4464	550
2006	71	—	63	8	31	737	3	—	5	3709	3251	458	23565	20504	3061	4707	4202	505
2007	75	2	68	5	26	737	7	—	9	3649	2779	870	22537	18171	4366	4388	3808	575
2008	71	2	64	5	30	688	12	—	12	3508	3208	300	21730	19585	2545	3997	3334	663
2009	56	3	50	3	3	572	33	—	16	3552	3274	278	21079	18815	2264	3858	3374	484
2010	56	3	50	3	1	567	50	—	36	3526	2857	669	20508	16681	3827	3810	3332	478

第三节　中学教育

一、学科设置

1991—2002 年，全县初中开设的课有语文、数学、物理、体育、美术、音乐、历史、思想品德（2000 年起改为政治课）、外语、化学、生物、动物、计算机。其中，县第二中学（初中部）使用国家通用语言授课；少数民族初中（含第一中学初中部）使用少数民族语言授课，同时开设国家通用语言课。2003 年起，体育课改为体育与健康课。2008 年，增设综合实践活动课。2010 年起，计算机课改为信息技术课。

1991—2010 年，全县高中开设的课有语文、数学、代数、几何、英语、物理、化学、生物、植物、政治、历史、地理、体育、美术。其中，县第二中学（高中部）使用国家通用语言授课；县第一中学（高中部）使用少数民族语言授课，同时开设国家通用语言课。

二、学科教学

各学科教师按照课程标准要求，根据教学目标，采用灵活教学方式，进行学科教学。

三、实验教学

1991—1997 年，麦盖提县中学物理、化学和生物课普遍存在实验器材不足问题，只能做部分实验。1998 年起，麦盖提县县级初中具备 2 人一组的实验条件、乡级中学具备 4 人一组的实验条件，增强学生的动手能力和实践能力。高中实验教学得到规范。

1991—2010 年麦盖提县中学基本情况表

表 29-3-2

年度（年）	学校数（所）				教学点	班级数（个）				招生人数（人）			在校生数（人）			毕业生数（人）		
	合计	九年一贯制	民	汉		合计	其中双语班 模式一	模式二	模式三	合计	民	汉	合计	民	汉	合计	民	汉
1991	16	—	14	2	—	122	—	—	—	—	—	—	4989	—	—	1332	—	—
1992	16	—	14	2	—	124	—	—	—	—	—	—	5030	—	—	1905	—	—
1993	16	—	14	2	—	142	—	—	—	—	—	—	5590	—	—	1686	—	—
1994	17	—	15	2	—	162	—	—	—	—	—	—	6083	—	—	1202	—	—
1995	17	—	15	2	—	180	—	—	—	—	—	—	6873	—	—	1831	—	—
1996	17	—	15	2	—	187	—	—	—	—	—	—	7494	—	—	2101	—	—
1997	17	—	15	2	—	215	—	—	—	—	—	—	8735	—	—	2387	—	—
1998	17	—	15	2	—	215	—	—	—	—	—	—	9393	—	—	2468	—	—
1999	17	—	15	2	—	224	—	—	—	—	—	—	9529	—	—	2775	—	—
2000	17	—	15	2	—	236	—	—	—	3246	2879	367	9389	8310	1079	2820	2502	318
2001	17	—	15	2	—	248	—	—	—	3868	3405	459	10086	8926	1160	2866	2543	323
2002	17	—	15	2	—	265	—	—	—	4185	3719	466	11220	9928	1292	2847	2526	325
2003	17	—	15	2	—	278	—	—	—	4932	4469	463	12561	11205	1356	3246	2879	367
2004	17	—	15	2	—	328	—	—	—	4919	4470	449	13539	12194	1345	3681	3246	435
2005	16	—	14	2	—	362	—	—	—	4760	4295	465	14274	12865	1409	3916	3465	451
2006	14	—	12	2	—	382	4	—	—	4390	3911	479	13848	12357	1491	4696	4239	457
2007	11	2	8	1	—	290	1	—	—	4111	3499	612	13031	11390	1641	4764	4273	491
2008	11	2	8	1	—	273	2	—	—	3828	3334	494	12123	10718	1405	4600	4099	501
2009	11	3	7	1	—	257	9	—	—	3724	3274	450	11435	10036	1399	4267	3860	407
2010	11	3	7	1	—	247	3	—	3	3595	3031	564	10850	9269	1581	3943	3489	454

第四节　中小学校选介

一、麦盖提县第一中学（普通高中）

麦盖提县第一中学位于麦盖提县文化路 27 号，始建于 1955 年 9 月，是全县唯一一所少数民族全日制完全中学，以高中教学为主，隶属教育局管辖，副科级建制。学校占地面积 5.2 万平方米，有教学楼 2 栋，学生公寓楼 1 栋，总建筑面积 2.09 万平方米，校园绿化、硬化面积 7000 平方米；有图书室1间，藏书2.6万册;有理、化、生实验室共6个，多媒体教室3间，教学用计算机172台。投入5.3万元安装健身器材17件、休闲椅25个；有教职工活动室1个；有400米标准田径场1个。2010年，学校有教职工213人，专任教师189人。其中，本科学历177人、大专学历12人，中学高级教师25人、中学一级教师33人，党员58人。有班级48个，在校学生2258人（均为维吾尔族）。其中，高中学生1684人（高中“双语”班8个，学生370人），初中学生574人（初中“双语”班12个，学生483人）。

自2000年开办初中“双语”实验班以来，至2010年已毕业6届“双语”班学生317人。其中，被内地高中班录取113人。自2005年开办高中“双语”实验班以来，“双语”班学生升学率100%。2010年，高考升学率83.3%、初中生毕业率100%。

二、麦盖提县第三中学（初级中学）

麦盖提县第三中学位于麦盖提县刀郎东路5号，始建于1982年，是一所初级中学，隶属教育局管辖，副科级建制，为地区级文明单位。学校占地面积3.93万平方米，拥有教学楼3栋，平房教室6间，总建筑面积1.12万平方米，设有理化实验室、图书阅览室、微机室、美术活动室、文体器材室等，有藏书3.5万册，计算机50台。2010年，学校有38个班级，在校学生1918人（均为维吾尔族）。有教职员工112人，专任教师106人，其中本科学历52人、大专学历54人、中学高级教师13人、中学一级教师51人。

学校全面贯彻党的教育方针，坚持“德育为首、教学为主、素质为本、全面发展”的办学方向，把开齐开足艺术课作为全面实施素质教育的先导，开足音、体、美、信息技术等课程，由专职老师任课；学校有绘画、篮球、田径、书法、舞蹈等兴趣小组，并有百人体操队。在第七届全国中小学生绘画、书法作品比赛中，获“优秀指导教师”称号1人，学生41人分获一、二、三等奖；在第九届全国中小学生绘画、书法作品比赛中，学生24人分获一、二、三等奖。在2005年举行的全国青年教师优秀录像课评选活动中，获三等奖1人。在2006年喀什地区举行的中学美术教学能手比赛中，学校1名美术教师获第一名。

三、麦盖提县第一小学

麦盖提县第一小学位于麦盖提县英巴扎路23号，始建于1938年，于2008年5月与第二小学实现民汉合校，校名沿用麦盖提县第一小学，隶属县教育局管辖，副科级建制。学校占地面积2.96万平方米（分设两个校区），拥有教学楼6栋，总建筑面积1.76万平方米，设有实验室、图书阅览室、微机室、美术活动室、文体器材室等，藏书2万册，计算机104台。有远程教育、多媒体、信息技术、数控广播系统和双向闭路系统等现代化教育教学设备，实验室及设备、图书、音体美劳等器材达到“两基”要求，完全满足师生需求。学校师生由维、汉、回、藏4个民族构成。2010年，有班级60个，在校生3063人。其中，少数民族学生1567人，占51%。2010年，学校有教职工145人。其中，少数民族教职工18人，占全校教职工总数的12%，专任教师136人、本科学历19人、大专学历108人、中专7人、小学高级教师48人、小学一级教师80人、小学二级教师6人。有党员24人。

麦盖提县第一小学是新疆维吾尔自治区中小学素质教育、艺术教育示范学校。2008—2010年，先后获“喀什地区巾帼建功示范岗”“喀什地区民族团结手拉手示范学校”“喀什地区德育示范学校”“自治区级文明单位”“自治区红领巾示范学校”“自治区卫生红旗单位”“全国作文百强学校”“全国最具影响力作文名校”等称号。在全国、自治区学科知识竞赛中，累计获奖学生2000人次，获奖教师100人次，累计升入区内初中班学生222人。

四、麦盖提县泰山幼儿园

泰山幼儿园位于英巴扎路10号，始建于1961年，是一所县级公办全日制幼儿园，隶属教育局管辖，股级单位。原名为麦盖提县托儿所，1985年，更名为麦盖提县中心幼儿园。2005年，由于得到山东泰安、肥城市的对口支援，再次更名为麦盖提县泰山幼儿园。全园占地面积1.2万平方米，拥有两幢教学楼、一幢住宅楼，教学楼总建筑面积5489.55平方米，内设多媒体教室、办公室、财务室、阅览室、电脑室、会议室、舞蹈室、健身房、医务室、广播室等，有幼儿专用餐厅。每个教学班由幼儿活动室、午休室、卫生间、衣帽间组成，每班配置幼儿专用桌椅、移动黑板、杯架、消毒柜、保温桶、电视机、电冰箱、洗衣机、消毒灯、VCD、图书柜、幼儿专用高低床和床上配套用品、衣帽柜、办公桌；幼儿食堂配置消毒柜、电冰箱、蒸饭车、饺子机、切菜机、和面机、打蛋机、电烤箱、幼儿餐桌。2010年年底，开设班级25个，在园幼儿1175人，其中维吾尔族幼儿占全园幼儿总数的62.5%。实行民、汉幼儿混合编班，使用维、汉两种语言进行授课，实行日托制管理。2010年，全园在编教职工97人（公办38人、自聘59人），由维、汉、苗、乌兹别克等多民族组成，其中本专科学历41人，其余为中专、高中学历。园内环境优美，处处花团锦簇，硬件配置齐全，为孩子的学习成长创造良好的育人环境。

1991—2010年，幼儿园先后获“自治区级文明单位”“自治区三八红旗集体”“自治区巾帼建功先进集体”“喀什地区巾帼建功先进集体”“喀什地区级花园式学校”“喀什地区学前教育先进集体”等称号。

五、麦盖提县刀郎幼儿园

麦盖提县刀郎幼儿园位于麦盖提县新城路，建于2010年9月，是一所“三合一”农村幼儿园（由麦盖提镇幼儿园、巴扎结米乡中心幼儿园、库木库萨尔乡中心幼儿园合建），隶属县教育局管辖，股级单位。占地面积5765平方米，建筑面积4929.34平方米，活动面积2572平方米，绿化面积1550平方米。开设15个班级，其中中班11个、大班4个。在园幼儿730人，其中少数民族712人、汉族28人。生源来自麦盖提镇享受低保的学前儿童，以及巴扎结米乡、库木库萨尔乡部分学前儿童。有教职工33人，其中少数民族11人、汉族22人。有党员6人。实行民、汉幼儿混合编班，使用维、汉两种语言进行授课，实行日托制管理。教育教学设施及生活设备均按自治区农村“双语”幼儿园标准配备，对符合条件的幼儿实行全部免费。

第四章　职业技术教育和自学考试

第一节　职业技术教育

一、职业高中

1987年，为培养发展麦盖提县经济所需的职业技术人员的需求，按照中央“关于教育体制改革的决定”精神，经县委、县人民政府批准设立职业高中学校。

1996年8月，职业高中经自治区教委上报国家审定为省级重点职业高中，成为当时自治区内唯一一所少数民族重点职业高中。当年，学校开设9个专业，班级10个，在校学生484人，教职工45人。

1998 年 6 月，职业高中经自治区教委改建为麦盖提县职业中等专业学校，在喀什地区教委、县教育局直接管理下进行教学。改建后，面向全地区招生，学制为三年，每年教学时间 40 周（其中复习考试 4 周），实习采取分散与集中相结合的方法进行。课程设分政治课、文化课、专业课和实习四类。其中，政治课参照普通高中课程设置，增加专业思想和职业道德教育内容。文化课又分公共课、相关文化课、选修课三类：公共课包括语文、数学、体育、国家通用语言 4 门，语文、数学、体育用维吾尔语言授课；相关文化课包括物理、化学、生物、地理、历史，一般只选其中两门。专业课分基础课、专业技术课、选修课三类。实习包括教学实习和生产实习。

从 2000 年 9 月开始，县人民政府和教育局在招生方面实行放宽政策，职业中专班在全县范围内招生，3 年内共招生 350 人。另外，组织教师开办备用劳动力培训及实际运用技术培训班，发挥职业教育的作用，形成多种形式的职业教育体系。在职业中专教育方面给予优惠政策，学费由 1600 元减至 600 元，增加了招生数量。

2002 年，麦盖提县职业中专被地区确定为劳动预备役培训基地。

2004 年起，为吸引学生报考职业中专，对上职业中专的学生，学校减免其学杂费、住宿费，且每生每月补助生活费 40 元。

2005 年 9 月起，为抢救传承刀郎木卡姆非物质文化遗产，确保刀郎木卡姆后继有人，职业中专开办 1 个刀郎木卡姆专业班，当年招收学员 35 人。

2006 年，县职业中专学校开设有计算机应用、国家通用语言、养殖、温室种植、木卡姆、汽车、摩托车修理、缝纫、刺绣、手工业、餐厅服务员、房屋装修、艺术等专业，设 24 个班，在校生 1036 人（职业中专 17 个班学生，625 人），教职工 50 人（专任教师 37 人）。当年 10 月，县委、县人民政府将县职业中专改名为麦盖提县职业中学，同时挂“麦盖提县职业中专”牌子。

2007 年秋季起，国家实施中职国家助学金政策，每生每学年享受助学金 1500 元。2009 年秋季起，国家对中等职业学校实施免学费政策。

2010 年秋季起，自治区对麦盖提县中职学生实施“三免一补”政策。是年，职业中专在校学生 783 人，教职工 58 人（专任教师 46 人）。

二、初中、高中职业教育

2000 年 9 月起，麦盖提县初中职业教育起步，因地制宜实施“2 + 1”分流（两年初中 + 一年职业教育）。当年在克孜勒阿瓦提乡中学等 7 所中学开办职业初中班，招收学生 315 名；课程分文化课、专业课两门，文化课与专业课的课时比为 1：1。文化课设置与普通初中一样，专业有农业技术、园艺、畜牧养殖。

2001 年 9 月起，全县各乡中学每年都要招 1 ~ 2 个职业初中班，初中职业教育规模逐年扩大，开设的专业也越来越多。到 2008 年年底，全县开设“2 + 1”教学模式的职业初中班 26 个，在校学生 1170 人。是年，组织初中、高中毕业未升学的学生开展“3 + X”职业技能培训 4 期，培训 9511 人。

2009 年，职业初中班停办。2010 年，高中、初中毕业生“3+X”职业教育分流班停办。

第二节　自学考试

1991—2010 年，维吾尔族考生报考的有政治理论、语文、汉语翻译、法律 4 个专业（本、专科）；汉族考生报考的有汉语言文学、行政管理、会计、法律、英语、新闻等 12 个专业（本、专科）。维吾尔文报考专业，学制均为专科2年制，汉文除汉语言文学专业为本科4年外，其余专业均为2年制。

截至2010年，维吾尔族考生5600人（次），取得毕业证书的366人；汉族考生954人（次），取得毕业证书的21人。

第五章 继续教育

第一节 成人扫盲

1991年，麦盖提县实施高标准成人扫盲工作。各乡党政领导亲自蹲点办扫盲班，效果显著。在解决教师方面，各乡聘请退休教师、大中专毕业返乡青年、中小学教师担任扫盲班教师。

1995年，喀什地区在莎车县召开扫盲及农民文化学校现场会后，县人民政府制定下发《麦盖提县成人教育发展规划》，与各乡签订扫盲工作责任书。是年，全县举办3期培训班，培训6071人，其中脱盲1756人。

1996年11月，麦盖提县成人扫盲工作通过地区和自治区的高标准验收，脱盲率98.2%。

1997年，为防止复盲，全县各乡高度重视巩固提高工作，组织3119人参加初级文化（即小学）补习班学习，组织1120人参加初级中等文化（即初中）补习班学习，组织已脱盲人员2830人参加巩固班补课。

1998年，全县青壮年非文盲率98.3%，基层单位扫盲工作达标率100%，复盲率5%以下。乡级农牧民文化技术学校办学面92.3%，乡村农牧民文化技术培训面85%。

1999年2月，为迎接扫盲工作“国检”，县教育局开展扫盲工作检查4次，组织剩余文盲1190人参加脱盲考试，对3年内脱盲人员进行复查考试。当年9月，麦盖提县扫盲工作顺利通过“国检”。

2000年，麦盖提县扫盲指标反弹、滑坡，有青壮年文盲4917人，占青壮年人数的5.5%，针对复盲比例较高问题，县人民政府采取有效措施加以整改，组织青壮年文盲连续强化培训。至2005年，青壮年文盲减至169人。

到2010年，有乡级农牧民文化技术学校10所，办学面100%，农牧民文化技术教学点培训面94%。全县青壮年非文盲率99.75%，基层单位扫盲工作达标率100%，复盲率控制在3%以内。是年，麦盖提县被评为“自治区‘两基’工作先进县、市、区”，获三等奖（奖金20万元）。

第二节 教师学历和职称

1991年以来，麦盖提县通过招聘、在职提高等途径，教师学历层次逐年提升，获取初、中、高级职称人数不断增加。

截至2010年，麦盖提县中小学教职工2551人。其中，小学教师1436人、中学教师1119人、职高教师58人、幼儿园教师145人。教师中本科学历826人，专科学历1378人，中专学历524人，高中学历30人。教职工中具有高级职称的90人、中级职称808人、初级职称1343人。

1991—2010 年麦盖提县教师学历情况表

表 29-5-1

年度（年）	高校毕业			中师（人）	高中（人）	初中（人）
	合计（人）	本科（人）	专科（人）			
1991	531	45	486	826	60	64
1992	554	45	509	848	62	50
1993	556	46	510	871	65	51
1994	571	49	522	861	72	54
1995	571	45	526	883	73	54
1996	647	67	580	839	75	56
1997	725	110	615	793	75	56
1998	816	127	689	842	50	8
1999	727	156	571	984	50	8
2000	856	234	622	919	50	8
2001	849	243	606	869	51	8
2002	971	247	724	1023	45	6
2003	1046	286	760	966	36	6
2004	1268	324	944	886	32	5
2005	1402	400	1002	813	30	4
2006	1556	475	1081	802	31	4
2007	1591	500	1091	703	29	0
2008	1850	551	1299	598	32	0
2009	1987	607	1380	530	30	0
2010	2204	826	1378	524	30	0

第三节　科技文化培训

一、农村科技文化教育培训

1997 年以前，农牧民科技文化教育培训工作由各乡镇负责抓。1997 年，麦盖提县成立成人教育委员会，办公室设在教育局，配备专职干部 2 人；各乡镇建立农牧民文化技术学校，配备专职干部 15 人；农牧民文化技术学校校委会成员 97 人。其中，校长、副校长 28 人、教务主任 19 人、专职教师 18 人、兼职教师 74 人。全县各行政村和居委会建立文化技术教学点 116 个。

2000 年，全县有青壮年劳动力 6.7 万人，文化技术受训面 28.87%。至 2005 年，累计培训未就业大中专院校毕业生 1850 人，培训主要内容是计算机应用、国家通用语言强化培训、园艺业、设施农业。每期培训时长 6 个月。

2006 年起，麦盖提县启动劳务输出培训工作。至 2010 年年底，麦盖提县先后组织 871 名富余劳动力到内地城市参加专业技能培训，基本掌握现代化专业技术。是年，全县组织各类人员参加免费下岗再就业培训、创业培训、大中专毕业生就业培训1.37万人次;举办县、乡、村三级培训班603期，县、乡、村各类培训投入9.8万元，发放科普资料2万多份，接受各类文化技术培训2.49万人次。

2007年，为解决农村经济发展的关键农林技术，针对部分青壮年劳动力素质偏低、技能偏差的问题，麦盖提县将技术培训作为劳动力转移的重要环节，开展县、乡两级培训：在县城主要由县党校、职业中专学校、职业教育学校等机构对劳动力进行不同岗位、工种技能培训；在农村主要是协调农口部门专业技术骨干到9个乡、1个镇开展适合当地农业发展的关键技术培训。县、乡、村累计举办各类技术培训班640期，参培2.74万人次。

2008年，麦盖提县加大向农牧民推广科普文化知识宣传力度，通过开展“科技之夏”“科技之冬”科技文化卫生法律“四下乡”、科普宣传周、宣传月等活动，组织涉农部门、文教卫生等行业，累计开展各类大型科普宣传活动5次，累计接受咨询2000人次，免费发放各类药品价值5000元，发放科普图书2万份。组织乡（镇）1300名农村妇女开展林果业技能培训；举办县、乡、村三级各类农牧民实用技术培训班660期，培训2.72万人次。

2009年，麦盖提县开展科学实用技术下乡入户工作，重点将村级干部、村民小组组长和农村青壮年劳动力确定为主要培训对象，以确保每个农户至少有一个“科技明白人”为目标，有针对性地开展为期60天的农林实用技术培训，举办县级培训班68期、乡级培训班105期、村级培训班535期，其他类别的培训班42期，参培累计2.82万人次。在各类培训活动中，县、乡、村三级共投入资金28万元，发放科普宣传资料6.5万份。

2010年，麦盖提县突出发展林果业，在全县推广林果栽培技术。利用冬春60天时间，举办培训班750期，县、乡、村共投入资金28万元印发科普宣传资料6.5万份、培训学员3万人次，基本实现每户1～2人掌握实用技术或技术更新目标。全县青壮年劳动力9.21万人，受训面32.87%。

1991—2010年麦盖提县农牧民科技文化教育情况表

表29-5-2

年度（年）	乡镇科技文化学校数（个）	村级教学点/班（个）	达标学校数（个）			设施设备			教职工（人）		培训人数（人）	培训面（%）
			一类	二类	三类	教室（间）	图书资料（册）	实验基地（亩）	专职	兼职		
1991	12	112	2	4	2	125	50625		13	280	13985	30
1992	12	112	2	4	2	125	52245	80	13	280	13978	30
1993	12	114	2	3	4	134	55480	125	13	314	13586	31
1994	12	114	2	4	4	132	60225	145	18	326	13811	31
1995	12	115	2	4	4	129	65250	160	18	343	13839	30
1996	12	115	3	5	3	138	65780	160	18	343	13754	31
1997	12	116	3	5	2	140	68200	180	18	362	12929	31
1998	12	116	3	5	3	142	69150	180	18	368	13730	31
1999	12	116	3	5	3	142	70180	190	20	380	14418	31
2000	12	116	3	5	2	145	70625	195	20	393	20141	32
2001	12	118	3	5	4	147	71605	195	20	393	20942	32

续表 29-5-2

年度（年）	乡镇科技文化学校数（个）	村级教学点 / 班（个）	达标学校数（个）			设施设备			教职工（人）		培训人数（人）	培训面（%）
			一类	二类	三类	教室（间）	图书资料（册）	实验基地（亩）	专职	兼职		
2002	12	116	3	5	4	150	112506	70	18	412	21814	33
2003	13	122	4	5	4	128	94250	8	18	426	22784	34
2004	13	134	4	6	3	133	103720	28	18	404	23256	32
2005	13	134	5	5	3	137	108085	20	17	377	24270	33
2006	10	132	7	1	2	134	111380	20	16	375	24874	33
2007	10	132	7	1	2	132	121806	20	17	349	27447	33
2008	10	132	7	1	2	141	140733	270	99	347	27291	32
2009	10	124	8	1	1	132	153802	270	97	286	27959	32
2010	10	133	9	1	0	167	170889	280	98	294	30262	32

1991—2010 年麦盖提县农牧民实用技术培训情况表

表 29-5-3

年度（年）	开办培训班期数（人）	参加培训人员数（人）	培训内容	培训时间	培训单位
1991	5	258	畜牧、林业、机械	3 天	科技局
1992	5	289	畜牧、林业、机械	3 天	科技局
1993	6	312	畜牧、林业、机械	3 天	科技局
1994	6	323	畜牧、林业、机械	3 天	科技局
1995	6	325	畜牧、林业、机械	3 天	科技局
1996	5	290	畜牧、林业、机械	3 天	科技局
1997	8	320	畜牧、林业、机械	3 天	科技局
1998	8	355	畜牧、林业、机械	3 天	科技局
1999	8	340	畜牧、林业、机械	3 天	科技局
2000	8	345	畜牧、林业、机械	3 天	科技局
2001	8	333	畜牧、林业、机械	3 天	科技局
2002	56	1792	畜牧、林业、机械	5 天	科技局
2003	68	2065	畜牧、林业、机械	5 天	科技局
2004	57	1547	畜牧、林业、机械	5 天	科技局
2005	27	1281	畜牧、林业、机械	5 天	科技局
2006	36	1531	畜牧、林业、机械	5 天	科技局
2007	36	2642	防治害虫、畜牧、林业、机械	5 天	科技局
2008	26	2385	滴灌技术、畜牧、林业、机械	5 天	科技局
2009	27	2734	畜牧、林业、机械、西红柿栽培	5 天	科技局
2010	21	3092	设施林业、机械、温室	5 天	科技局

二、农牧民科技文化学校

1999年，为切实抓好农牧民科技文化培训，麦盖提县在全县9个乡、1个镇成立农村农牧民科技文化学校10所，各乡镇政府的乡镇长、副乡镇长分别任农牧民科技文化学校校长、副校长。全县9个乡、1个镇农牧民科技文化学校工委成员81人。

2007年，各乡镇调整充实农牧民科技文化学校工委人员，新增校工委成员24人。2008年，再次对全县9个乡、1个镇成人教育专职干部进行充实，新增专职干部24人。

1991—2010年麦盖提县青壮年劳动力文化技术培训情况表

表29-5-4

年度（年）	青壮年劳动力（人）	参加培训（人）	青壮年受训率（%）
1991	46428	13985	30.12
1992	46358	13978	30.15
1993	43776	13586	31.13
1994	44371	13811	31.12
1995	44799	13839	30.89
1996	44181	13754	31.13
1997	42097	12929	30.70
1998	43767	13730	31.37
1999	45058	14418	31.98
2000	62431	19349	30.90
2001	65659	20890	31.82
2002	66254	20907	33.07
2003	65845	22037	33.47
2004	68682	22390	32.60
2005	73673	24270	32.94
2006	75299	24874	33.03
2007	82034	27447	33.46
2008	84955	27291	32.12
2009	88184	28238	32.02
2010	92064	30262	32.87

三、劳务输出技能培训

2006年，麦盖提县劳务输出技能培训正式启动，每年选一批青壮年赴国内企业实训。

2010年5月，麦盖提县职业技能实训基地建成。当年培训学员23期2263人。培训的工种有砌筑工、混泥土工、电焊工、木工、钢筋工、中西面点、美发等。经过培训，当年输出劳务368人。

2006—2010 年麦盖提县劳务输出培训情况表

表 29-5-5

年度（年）	培训人数（人）	培训内容	培训时间	培训地点
2006	159	制织	2 个月	浙江
2008	92	制鞋	1 年	青岛
2009	72	制鞋	1 年	广东东莞
2009	42	制鞋	1 年	广东东莞
2010	342	制鞋	1 年	广东东莞
2010	164	制鞋	1 年	广东东莞

第六章　教师队伍

第一节　师资来源

1991—1998 年，教师来源主要以国家分配为主，少数依靠政府招聘、学校自聘。1998 年后，国家大学生统一分配政策取消，教师来源主要是招录、招聘。1998 年，部分代课教师通过自治区统考转为正式教师。从 2007 年起，为缓解西部地区师资紧缺局面，国家按计划为西部地区统一补充特岗教师和少量“三支一扶”、免费师范生、定向国家通用语言师资委培生，把握不超编原则，面向全国不断引进教师人才，教师队伍逐年扩大。

1991—2010 年麦盖提县教师人数情况表

表 29-6-1

年度（年）	合计（人）	小学		中学	职高（个）	幼儿园（个）
		公办教师（人）	代课教师（人）	公办教师（人）		
1991	1481	936	820	520	15	10
1992	1514	958	820	531	15	10
1993	1543	975	820	543	15	10
1994	1558	982	820	551	15	10
1995	1581	986	820	570	15	10
1996	1617	1023	820	569	15	10
1997	1649	1056	820	568	15	10
1998	1716	1115	691	576	15	10
1999	1769	1149	691	595	15	10

续表 29-6-1

年度（年）	合计（人）	小学		中学	职高（个）	幼儿园（个）
		公办教师（人）	代课教师（人）	公办教师（人）		
2000	1833	1209	691	598	23	11
2001	1777	1153	641	588	22	19
2002	2045	1364	587	643	20	18
2003	2054	1311	492	701	26	16
2004	2191	1383	398	751	27	30
2005	2249	1316	340	864	35	34
2006	2393	1351	272	930	35	77
2007	2323	1306	152	908	41	68
2008	2480	1324	162	987	47	122
2009	2547	1308	0	1036	46	157
2010	2758	1436	0	1119	58	145

第二节　教师培训

一、继续教育培训

1996 年起，麦盖提县按照自治区教育厅统一安排，中小学教师每 5 年为一轮的“继续教育”培训工作开始实施。至 2010 年，全县累计参加自治区、地区中小学教师“继续教育”培训 4503 人，合格率 99%。

二、“双语”培训

2003 年，麦盖提县启动“一年制”双语教师培训。2008 年，启动“两年制”双语教师培训。截至 2010 年，全县参加各级各类双语师资培训的教师 349 人。其中，参加地区级培训 143 人（初中教师 38 人、小学教师 105 人）；参加自治区级 187 人（高中教师 18 人、初中教师 62 人、小学教师 105 人、幼儿园教师 2 人）；参加国家级培训 19 人（高中教师 11 人、初中教师 4 人、小学教师 4 人）。

三、骨干培训

1992 年，县教育局教师进修学校培训教师 37 人。2000 年起，国家、自治区、地区举办各级各类学科骨干教师培训。至 2010 年，全县累计参加骨干教师培训 1263 人。

四、校长培训

1992 年，麦盖提县参加地区在莎车县举办的第二期小学校长岗位培训 31 人。1997—1999 年，参加地区中小学校校长持证上岗培训 129 人。2000 年，参加地区校长岗位培训 45 人。至 2010 年，累计培训校长 475 人次，其中到内地培训 3 人、乌鲁木齐挂职提高培训 7 人，全县中小学校长持证上岗培训率 100%。

五、校本培训

2003 年，麦盖提县中小学启动课改。2003—2010 年，教育局按照上级主管部门要求选派校领导、教师 184 人次到北京、上海、南京、天津、乌鲁木齐、石河子等地参加中小学教师新课改集中培训和观摩学习。培训结束后，各校组织校本培训，由参训校领导、学科带头人、骨干教师举办专题讲座、辅导报告，利用多媒体光盘、远程教育网络对学校教师反复进行培训，教师参培覆盖面 100%。2005 年，麦盖提县被自治区教委确定为“以校为本教研制度建设基地”。

六、其他培训

2010 年，国家启动“国培计划”教师培训项目，教育局选派教师参加包括国培计划在内的集中面授、远程网络直播、送培下乡、教学观摩、名师辅导等各级各类培训，全年累计培训教师 1348 人。

1991—2010 年麦盖提县教职工参加各类培训情况表

表 29-6-2

年度（年）	参加继续教育人数（人）	参加校长岗位培训人数（人）	参加各类骨干教师培训人数（人）	参加校本培训人数（人）	参加双语培训人数（一年以上）（人）	来麦盖提县支教教师数（包括援疆教师和实习支教生）（人）	信息技术教育师资培训（人）
1991	—	—	—	1237	—	—	—
1992	—	—	—	1302	—	—	—
1993	—	—	—	1329	—	—	—
1994	102	—	9	1356	—	—	—
1995	234	—	8	1387	—	—	—
1996	278	—	12	1402	—	—	—
1997	254	129	15	1408	—	—	—
1998	295	—	16	1578	—	—	—
1999	235	—	15	1609	—	3	—
2000	251	45	62	1634	—	—	—
2001	305	—	48	1687	—	—	—
2002	327	—	53	1698	—	3	50
2003	312	61	51	1701	26	—	—
2004	231	22	101	1721	23	—	52
2005	305	—	119	1763	68	13	112
2006	323	78	106	1795	52	17	52
2007	380	11	124	1878	56	71	23
2008	371	31	104	1898	46	79	—
2009	218	98	162	1922	41	125	48
2010	418	—	318	1938	37	131	—

第三节　教师待遇

中华人民共和国成立以后，教师被誉为“人类灵魂的工程师”，受到党和国家的重视，受到了社会各界的尊重。麦盖提县各级党政部门都比较关心教师，特别是中共十一届三中全会以后，通过落实党的知识分子政策，教师的社会地位和政治地位有了更大提高。

一、尊师重教

每年教师节来临之际，各级党政领导深入学校慰问教师，召开庆祝会表彰优秀教师，号召全社会都来关心和支持教师，尊重教师。

1994 年 1 月，《中华人民共和国教师法》正式施行，县委、县人民政府研究成立麦盖提县学习贯彻《中华人民共和国教师法》领导小组，在全社会掀起宣传《中华人民共和国教师法》的高潮。是年 9 月 9 日教师节，县委、人大、政府、政协四大班子主要领导与各族教师共庆佳节，表彰优秀教师 100 人，县直各单位为学校捐款 13.09 万元，个人捐款 1700 元。

1999 年 7 月 27 日，县委书记高建军为教育捐款 1.2 万元，设立“高建军捐资助教基金奖”，奖励教育教学工作成绩突出的学校领导或教师。

2000 年 5 月，县第一小学校长阿不都外力·买买提因办学业绩突出，被评为“全国先进工作者”，受邀参加全国“五一”劳动节观礼活动。

至 2010 年，全县教师中被评为国家级优秀教师 10 人、自治区级优秀教师 41 人、地区级优秀教师 48 人、被自治区授予“特级教师”称号 4 人。

二、改善住房

为使全县教师安心教育、乐于从教，全县各级党政千方百计改善教师住房条件，或为教职工修建宿舍，或划拨土地给教职工修建住房。从 1999 年起，县委、县人民政府开始实施“安居工程”，全县教师住房条件逐年改善。从 2009 年起，国家开始实施农村教师周转房政策，教师住房难问题进一步得到解决。

三、落实工资政策

1991—2010 年，麦盖提县教师工资按月足额及时发放。艰苦偏远地区津贴、岗位津贴、计划生育奖励补贴，浮动、固定工资，知识分子补贴、知识分子书报费等政策及时落实到位。

探亲假、病假、事假严格按国家规定执行，对特殊情况做到特事特办，体现关爱。

四、落实职称政策

1991 年，实施的是教师专业技术职务聘任制，职称与工资挂钩。1997—2004 年，教师每年通过考试晋升职称。2005—2006 年，喀什地区连续两年停止晋职考试，凡符合条件的教师都予以晋职。截至 2010 年，全县教师中评定管理岗八级 5 人、副高级职称 107 人、中级职称 861 人、初级职称 1771 人。

第七章　教育行政管理

第一节　教育经费及管理

1991 年以来，为保障教育投入的“三个增长”，麦盖提县人民政府不断增加教育经费财政预算，对农村义务教育保障经费、双语幼儿园补助经费、中等职业教育资助经费、普通高中教育助学金资助经费以及教育费集体提留资金、教育费附加（人民教育基金等）、地县乡教育投入、教育收取的经费、彩票公益金、各种捐资助学款等，做到专款专用，合法合规合理。特别是农村义务教育保障经费由教育局核算中心集中记账、分户核算、集中档案管理，形成核算、监督、服务于一体的“校财局管校用”管理模式，提高了工作效率，促进财务工作规范化，避免以任何理由、任何方式截留、滞留、挤占、平调、挪用。

2008—2009 年，麦盖提县清理出“两基”欠款 2341 万元，通过多种渠道筹措资金，欠款全部还清。1994 年，麦盖提县教育经费投入 1983.6 万元。2010 年，增加到 1.96 亿元，增长 9 倍。

1991—2010 年麦盖提县教育经费支出情况表

表 29-7-1

年度（年）	总支出（万元）	基建支出（万元）	占总支出（%）	新建校舍（平方米）	工资总额（万元）	占总支出（%）	行政和业务总支出（万元）	占总支出（%）	勤工俭学支出（万元）	占总支出（%）
1991	875	74	8.46	5437	—	—	—	—	57	6.51
1992	907	87	9.59	4224	—	—	—	—	42	4.63
1993	915	107.6	11.76	5177	—	—	—	—	91	9.95
1994	1592	164.5	10.33	4160	—	—	5	0.31	95	5.97
1995	2042	147.2	7.21	6139	—	—	6	0.29	84	4.11
1996	2287	174.8	7.64	6288	—	—	6.2	0.27	47.8	2.09
1997	2372	140	5.9	5240	—	—	6.3	0.27	96.5	4.07
1998	3138	98	3.12	15331	—	—	7	0.22	204.5	6.52
1999	3339	148	4.43	3845	—	—	10	0.30	123	3.68
2000	3809	158	4.15	3846	—	—	15	0.39	184	4.83
2001	5298	—	—	8266	—	—	20	0.38	190	3.59
2002	5894	—	—	8458	—	—	25	0.42	200	3.39
2003	6568.22	—	—	14538	—	—	30	0.46	287	4.37
2004	8100.30	42	0.52	15036	5664	69.92	36	0.44	268	3.31
2005	9747.83	36	0.37	12167	6624	67.95	40	0.41	393	4.03
2006	10803.46	23	0.02	10641	7296	67.53	83	0.77	448	4.45
2007	13251	60	0.45	18859	8101	61.14	96	0.72	349	2.63
2008	17039	—	—	13793	8118	47.64	987	5.79	—	—
2009	23993	5724.89	23.86	69202	8134	33.9	1935	8.06	—	—
2010	22118.49	6544.36	29.59	40572	10977	49.63	1680	7.60	—	—

第二节 教育研究管理

一、教研队伍

1991 年，教研室配专职教研员 6 人。

1998 年，教研室有专职教研员 5 人，兼职教研员 40 人。

2003 年，有专职教研员 6 人，兼职教研员 42 人。

2010 年，为加强对教研活动的指导，县教育局选拔 126 名骨干教师组建教育专家团，承担新任教师岗前培训、校本培训、“双语”培训、教材教法培训、指导校本教研等工作任务。

二、课题研究

麦盖提县于 1999 年 11 月被教育部确定为全国农村艺术学校教育实验县，承担 21 世纪农村学校艺术教育课程开设研究（二级实验课题研究任务），核心是开齐开足艺术课。2000 年初，教育局成立麦盖提县中小学艺术教育工作领导小组、课题实验小组、实验动态编委会等专门组织机构，增设艺术教育办公室。通过组织人员深入全县学校，对农村学校艺术教育现状进行调研，因地制宜制定《农村学校艺术教育实验方案》。2005 年 10 月，麦盖提县承担的实验课题顺利结题，课题研究成果获国家级一等奖。

（一）研究实效

1999 年起，经过 7 年努力，课题研究顺利结题。解决了师资不足、课时不足、教学器材不足等问题，使全县艺术课实现“开齐开足”目标。

（二）主要成果

1. 学生艺术素质不断提高。在第七、第八、第九届全国中小学绘画书法作品大赛中，获一等奖 52 人、二等奖 150 人、三等奖 142 人、优秀奖 37 人；在自治区中小学绘画书法大赛中获优秀奖 415 人。1999 年以来，112 名学生分别考入北京艺术学院、新疆艺术学院、喀什师范学院等艺术院校及艺术专业；职业中专刀郎木卡姆班学员毕业 80 人，有的与内地艺术团体签约，有的进入县刀郎艺术团成为骨干演员。

2. 艺术教师不断成长。2002 年，1 名教师参加自治区文化厅举办的“新世纪首届自治区农牧区文艺调演”，获优秀演员奖。2003 年，2 名艺术课教师被团中央评为“乡村青年文化名人”，被聘为新疆艺术学院民间音乐艺术兼职教师。2004 年，1 名教师在中央电视台举办的“清逸・佳雪杯 CCTV 西部民歌电视大赛”中获拉弹类金奖。2005 年，3 名教师的示范课录像参加全国农村学校艺术教育实验县（市）青年教师优秀录像课评选活动，分别获小学音乐课二等奖、中学美术课三等奖。

3. 校本教研成效显著。全县艺术教师在教研、小课题研究中，撰写论文 285 篇。

4. 出台并推广课堂教学法。各学校立足于课堂教学实践，总结出师生平等对话法、学生小组合作法、创设情境法、生活迁移法等适合麦盖提县学生的教学法，在全县学校推广，改善了死气沉沉的课堂，使艺术课的质量整体提高。

三、教学研究

1991—2002 年，县教育局教研室教研员队伍人员不足，力所能及地开展了宏观层面的教研，实质性的教研由各学校自行把握，有创新，有弊端，各有所长，不统一，不规范。

2003 年，第二小学和第二中学先行启动课改实验后，教研室先后组织 10 名经验丰富的教师到央塔克乡小学、吐曼塔勒乡小学和红光农场小学、红光中学进行教学展示，举办课改理论专题讲座。第一期《麦盖提教育信息》编印下发，为广大教师交流教学经验提供平台，参与分享教学经验的教师越来越多，教研工作迈出可喜进步。

2005 年，麦盖提县被自治区教委确定为“以校为本教研制度建设基地”。教育局教研室按照“以校本教研制度建设求发展”的思路，指导各学校广泛开展校本教研活动。9 月，召开全县校本教研经验交流会，推广各学校成功的校本教研经验。

2009 年 12 月，县第一小学被中国基础教育教学研究会评为“全国首批作文教研百强名校”。

2010 年 3 月—10 月，教育局选派 17 名县级教学能手赴地区参赛。其中，1 名教师获“喀什地区第三届初中数学教学能手”称号，1 名教师获“喀什地区第三届初中物理教学能手”称号，9 名教师获“课堂教学一等奖”，5 名教师获“课堂教学二等奖”，1 名教师获“高中数学教学能手”称号。3 名教师代表喀什地区赴乌鲁木齐参加新疆维吾尔自治区教研室举办的第二届“双语”数学、物理、化学、生物教学优质课评比活动。其中，1 名教师获数学学科一等奖，1 名教师获生物学科一等奖，1 名教师获化学教学二等奖。截至 2010 年年底，教育局组织教学论文撰写活动，70 篇教学论文获国家级一、二、三等奖；15 篇教学论文获自治区级一、二、三等奖；7 名教师在中国教育学会举办的课件制作比赛中获奖；41 名教师在自治区级、地区级教学能手比赛中获奖。组织师生参加国家级、自治区级各种学科竞赛和作文竞赛，参赛师生累计 1536 人次。其中，27 名学生获国家级奖项；664 名学生获自治区级奖项；15 名教师获“国家级园丁指导奖”；68 名教师获“自治区级园丁指导奖”。

2000—2010 年麦盖提县教师参加教学比赛获奖情况表

表 29-7-2

姓　名	工作单位	级别	奖次	时间（年）	比赛类别
李艳琰	县二中	地区级	三等奖	2000	地区中学英语教师技能大赛
张　英	县二中	地区级	二等奖	2001	地区第一届中学生物教师技能大赛
阿布力米提·努尔	县一中	地区级	一等奖	2001	地区第一届初中地理教师综合本领赛
贺欢欢	县一小	地区级	二等奖	2001	地区小学美术教师技能大赛教学基本功
李艳琰	县二中	地区级	三等奖	2002	地区中学英语优质课
赵振荣	县一小	地区级	二等奖	2003	地区第一届科学教学能手比赛
张　英	县二中	地区级	一等奖	2004	地区第二届中学生物教师技能大赛
黄　敏	县一小	地区级	三等奖	2005	地区第七届数学课堂教学比赛
木合塔尔·司马义	县一中	地区级	三等奖	2005	地区第二届高中地理教师综合本领赛
阿依努尔·艾买提	吐曼塔勒乡中学	地区级	二等奖	2006	地区第一届数学课堂教学比赛
努尔艾买提·阿布都外力	县一中	地区级	二等奖	2006	地区第二届物理教师能手比赛
买买提明·阿不都热合曼	县一中	地区级	教学能手	2006	地区第二届教学能手评选
哈尼克孜·买买提	尕孜库勒乡中学	自治区级	三等奖	2006	自治区大中专院校教师双语演讲比赛
衣明·瓦衣提	二乡中学	地区级	二等奖	2006	地区第二届教学能手比赛
任　砾	县一小	地区级	二等奖	2006	地区第二届小学音乐教学能手比赛
贺欢欢	县一小	地区级	二等奖	2006	地区第二届小学美术教学能手大赛
阿不都卡的尔·阿不都克力木	吐曼塔勒乡中学	地区级	一等奖	2006	地区第二届教学能手比赛
黄　敏	县一小	地区级	二等奖	2007	地区数学课堂教学比赛
买买提明·阿不都热合曼	县一中	自治区级	一等奖	2007	自治区第二届中小学教学能手评选活动
阿不都热合曼 . 艾沙	县一中	地区级	三等奖	2007	自治区首届双语课堂比赛

续表 29-7-2

姓　名	工作单位	级别	奖次	时间（年）	比赛类别
赵振荣	县一小	地区级	二等奖	2007	地区小学科学教学能手比赛
汉姑丽・艾则孜	县一中	地区级	二等奖	2007	地区首届双语优质课比赛
希尔艾力・阿不都热衣木	县一小	地区级	二等奖	2008	地区第一届双语教师优质课比赛
阿丽屯古・艾依提	吐曼塔勒乡中学	地区级	优秀	2008	作品展示与评比
艾合买提江.卡斯木	县一中	地区级	一等奖	2009	地区模范公开课
阿布力米提・努尔	县一中	地区级	一等奖	2009	地区第二届高中地理教师综合本领赛
海日古・阿不来提	县一中	地区级	一等奖	2009	地区第二届初中地理教师综合本领赛
赵振华	县一小	地区级	三等奖	2009	数学课堂教学比赛
阿依古・白克热	央塔克乡团结中学	地区级	二等奖	2010	地区第三届数学课堂教学比赛第三届
阿依努尔・艾买提	吐曼塔勒乡中学	地区级	二等奖	2010	地区第三届物理课堂教学比赛第三届
韦志永	县二中	地区级	三等奖	2010	地区第三届数学课堂教学比赛
毛　娟	县二中	地区级	教学能手	2010	地区第三届初中物理教学能手评选
茹克耶・阿布来提	县一小	地区级	一等奖	2010	地区第二届中学理科双语教学优质课生物
希尔艾力・阿不都热衣木	县一中	地区级	一等奖	2010	地区第二届双语教师物理优质课比赛
茹克耶・阿布来提	县一中	自治区级	一等奖	2010	自治区教研室双语教学优质课生物
阿西古丽・玉努斯	县一中	地区级	一等奖	2010	地区第二届双语数学优质课比赛
阿西古丽・玉努斯	县一中	地区级	一等奖	2010	自治区第二届双语数学优质课比赛
塔力甫・吾布力	县一中	地区级	教学能手	2010	地区第三届民语系教学能手评选活动
亚库普江・图尔荪	县一中	地区级	一等奖	2010	地区第二届双语优质课比赛
亚库普江・图尔荪	县一中	地区级	二等奖	2010	自治区第二届双语优质课比赛
杜雪梅	县一小	地区级	一等奖	2010	地区第三届语文教学能手比赛

2001—2010 年麦盖提县教师论文获奖、发表情况表

表 29-7-3

姓　名	工作单位	论文题目	奖次发表	时间（年）	级别	举办单位
阿不都卡的尔・阿不都克力木	吐曼塔勒乡中学	《灭火器装置改变》	发表	2001	自治区级	新疆教育杂志
张　英	县二中	《生物教学中学生表达能力的培养》	一等奖	2004	自治区级	新疆生物学会

续表 29-7-3

姓　名	工作单位	论文题目	奖次发表	时间（年）	级别	举办单位
阿不都卡的尔·阿不都克力木	吐曼塔勒乡中学	《收集废气并处理装置》	发表	2006	自治区级	新疆教育杂志
阿不都卡的尔·阿不都克力木	吐曼塔勒乡中学	《向静水直跳有危险》	发表	2007	自治区级	新疆教育杂志
张　英	县二中	《生物教学中概念的还原与建构例析》	二等奖	2007	自治区级	新疆生物学会
努尔艾合买提·胡加买提	县一中	《论教学实际应用现代教育技术》	三等奖	2007	国家级	中国教育学会
李瑞芬	县二小	《治理班级四绝》	二等奖	2008	国家级	中国教育学会
李　芳	县二小	《浓浓深情　涓涓细流》	三等奖	2008	国家级	中国教育学会
罗曼华	县二小	《浅谈一年级班级管理》	二等奖	2008	国家级	中国教育学会
张　艳	县二小	《读书好 多读书 读书好》	三等奖	2008	国家级	中国教育学会
艾买提·吐尔地	央塔克乡中学	《怎样提高国家通用语言语言水平》	发表	2008	自治区级	新疆中小学教师
张　英	县二中	《高三生物专题复习策略之我见》	二等奖	2008	自治区级	新疆生物学会
牟方平	县二中	《直观教学的两例自制教具》	三等奖	2008	自治区级	新疆生物学会
敬启茂	县二中	《挖掘教材，发展学生》	三等奖	2008	国家级	全国基础教育论文评选
吐拉洪·阿布力孜	县一中	《传统美德永放光芒》	优秀奖	2008	国家级	中国民族
马春芬	县一小	《数学与生活》	一等奖	2009	国家级	中国教育学会
穆　兰	县一小	《浅谈如何把语文教学与作文教学有机结合起来》	二等奖	2009	国家级	中国教育学会
赵　云	县一小	《教育教学的“十要十忌”》	三等奖	2009	国家级	中国教育学会
贺君学	县一小	《六年级学生心理初探》	三等奖	2009	国家级	中国教育学会
潘光兰	县一小	《如何让学生更准确地理解运用词语》	二等奖	2009	国家级	中国教育学会
马　虹	县一小	《老师——孩子身边的榜样》	二等奖	2009	国家级	中国教育学会
杨国亮	县一小	《中考作文需要“过五关斩六将”》	三等奖	2009	国家级	中国教育学会
汪明华	吐曼塔勒乡中心小学	《课堂笔记的重要性》	三等奖	2009	国家级	中国教育学会
宁美茹	吐曼塔勒乡中心小学	《浅谈小学生作文教学》	二等奖	2009	国家级	中国教育学会
刘晓铃	吐曼塔勒乡中心小学	《如何挖掘教材中练习题的教学价值》	三等奖	2009	国家级	中国教育学会
赵安贤	吐曼塔勒乡中心小学	《小学信息技术教学初探》	三等奖	2009	国家级	中国教育学会
何菊萍	吐曼塔勒乡中心小学	《新课改对语文教师的挑战》	二等奖	2009	国家级	中国教育学会
宋春艳	五一林场小学	《浅谈课外阅读教学》	二等奖	2009	国家级	中国教育学会
沈　琳	五一林场小学	《浅谈语文教学中的朗读》	三等奖	2009	国家级	中国教育学会

续表 29-7-3

姓　名	工作单位	论文题目	奖次发表	时间（年）	级别	举办单位
王玉荣	五一林场小学	《怎样复习才更有成效》	三等奖	2009	国家级	中国教育学会
刘凤莲	五一林场小学	《浅谈小学生阅读习惯和能力的培养》	二等奖	2009	国家级	中国教育学会
杨美仪	央塔克乡中心小学	《浅谈怎样调动教师的积极性》	二等奖	2009	国家级	中国教育学会
黄晓燕	央塔克乡中心小学	《浅谈新课标下的小学数学教学》	二等奖	2009	国家级	中国教育学会
文　洁	央塔克乡中心小学	《让孩子成为学习的主导者》	三等奖	2009	国家级	中国教育学会
袁龙峰	央塔克乡中心小学	《班主任工作感悟点滴》	一等奖	2009	国家级	中国教育学会
吴金花	央塔克乡中心小学	《班级管理之我见》	二等奖	2009	国家级	中国教育学会
颜铁玲	央塔克乡中心小学	《小学语文教学的生命》	二等奖	2009	国家级	中国教育学会
王映萍	央塔克乡中心小学	《给学生一个“情感的课堂”》	三等奖	2009	国家级	中国教育学会
赵雅萍	央塔克乡中心小学	《浅谈学生自信心的培养》	二等奖	2009	国家级	中国教育学会
朱静蔚	央塔克乡二农场小学	《浅谈农村教学中该如何推进素质教育》	二等奖	2009	国家级	中国教育学会
易　林	红光农场学校	《浅谈班主任管理工作》	三等奖	2009	国家级	中国教育学会
刘经国	红光农场学校	《如何创设体育课堂教学环境》	二等奖	2009	国家级	中国教育学会
王瑞娟	红光农场学校	《把心贴近孩子，把快乐给孩子》	二等奖	2009	国家级	中国教育学会
杨　磊	县教育局	《浅谈小学“双语”教学》	二等奖	2009	国家级	中国教育学会
孟　薇	县泰山幼儿园	《幼儿分享阅读》	三等奖	2009	国家级	中国教育学会
汤智颖	县泰山幼儿园	《浅议分享阅读对幼儿阅读能力的影响》	二等奖	2009	国家级	中国教育学会
沙迪克·买买提明	尕孜库勒乡中学	《中学体育教学在政治思想教育中的作用》	发表	2009	自治区级	新疆日报
沙迪克·买买提明	尕孜库勒乡中学	《小孩从小引导保护环境》	发表	2009	自治区级	新疆日报
沙迪克·买买提明	尕孜库勒乡中学	《和谐社会与农村教育》	发表	2009	国家级	亚洲中心日报
沙迪克·买买提明	尕孜库勒乡中学	《对学生的心理教育不容松懈》	发表	2009	国家级	亚洲中心日报
阿丽屯古·艾依提	吐曼塔勒乡中学	《在学校培养有道德学生从家庭开始》	发表	2009	自治区级	新疆中小学教学
蔡祥鹏	县二中	《上好音乐欣赏课，我们还缺点什么》	一等奖	2009	自治区级	自治区骨干教师优质论文
蔡祥鹏	县二中	《音乐教学中的德育渗透》	三等奖	2009	自治区级	自治区骨干教师优质论文
何菊萍	央塔克乡中心小学	《新课改对语文教师的挑战》	二等奖	2009	国家级	中国教育学会
潘光兰	县一小	《如何让学生更准确的理解运用词语》	二等奖	2009	国家级	中国教育学会

续表 29-7-3

姓　名	工作单位	论文题目	奖次发表	时间（年）	级别	举办单位
宁美如	县一小	《浅谈小学生作文教学》	二等奖	2009	国家级	中国教育学会
穆　兰	县一小	《浅谈语文教学与作文教学有机地结合起来》	二等奖	2009	国家级	中国教育学会
王映萍	县一小	《给学生一个“情的课堂”》	三等奖	2009	国家级	中国教育学会
罗曼华	县一小	《浅谈一年级班级管理》	二等奖	2009	国家级	中国教育学会
贺君学	县一小	《六年级学生心灵初探》	三等奖	2009	国家级	中国教育学会
马　虹	县一小	《老师——孩子身边的榜样》	二等奖	2009	国家级	中国教育学会
潘光兰	县一小	《班主任做事的几个原则》	三等奖	2010	国家级	中国教育学会
罗曼华	县一小	《浅谈少先队工作》	二等奖	2010	国家级	中国教育学会
穆　兰	县一小	《如何提高识字教学中自主合作探究的实效性》	三等奖	2010	国家级	中国教育学会
李　芳	县一小	《以“批注”促理解》	三等奖	2010	国家级	中国教育学会
张新雯	县一小	《在小学英语教学中如何渗透德育》	三等奖	2010	国家级	中国教育学会
阿孜姑・玉素甫	县三小	《论小学国家通用语言教学》	三等奖	2010	国家级	中国教育学会
帕提古丽・热合曼	县三小	《浅谈如何教好小学语文教材中的笑话寓言童话课程》	三等奖	2010	国家级	中国教育学会
帕提古丽・热合曼	县三小	《如何提高学生的写作兴趣》	三等奖	2010	国家级	中国教育学会
邹丽湘	县二中	《亲其人，更易习其道》	发表	2010	国家级	中国教育学会
邹丽湘	县二中	《提高语文课堂教学效率之我见》	三等奖	2010	国家级	中国教育学会
敬启茂	县二中	《挖掘教材，发展学生》	三等奖	2010	国家级	中国教育学会
沈　琳	五一林场小学	《浅谈对班主任工作的认识》	二等奖	2010	国家级	中国教育学会
张　芳	五一林场小学	《小学生作文辅导之浅见》	三等奖	2010	国家级	中国教育学会
李晓翠	县二中	《真情作文的积累方法》	二等奖	2010	国家级	中国教育学会
武迎春	县二中	《如何提高中学生英语口语教学》	二等奖	2010	国家级	海外英语
塔力甫・吾布力	县一中	《用数列的递推公式求通项公式的几种方法》	三等奖	2010	国家级	教育论坛
司热吉丁・沙吾提	县一中	《研究平抛物体运动是解决类平抛物体运动的关键》	一等奖	2010	国家级	中外教育研究
买买提明・阿不都热合曼	县一中	《谈新课改环境中班主任工作》	一等奖	2010	国家级	科教导刊
阿迪力・阿克木	县一中	《数学思想与生物解题》	一等奖	2010	国家级	中外教育研究
吐尔松古・买提肉孜	县一中	《班主任在指导品德较差的学生方面的作用》	发表	2010	自治区级	新疆中小学教学

续表 29-7-3

姓　名	工作单位	论文题目	奖次发表	时间（年）	级别	举办单位
吐尔松古·买提肉孜	县一中	《高中国家通用语言教学中引导基础较差学生的几个方法》	发表	2010	自治区级	新疆中小学教学
阿米娜·阿不力孜	县一中	《浅谈民族心理对国家通用语言学习的影响》	优秀奖	2010	国家级	中国基础教育研究杂志
吾斯曼·那买提	吐曼塔勒乡中学	《如何在语文中培养学生创新精神》	一等奖	2010	国家级	《科学》杂志
阿丽屯古·艾依提	吐曼塔勒乡中学	《怎样培养学生学习语文的兴趣》	一等奖	2010	国家级	《科学》杂志
阿不都卡的尔·阿不都克力木	吐曼塔勒乡中学	《灭火器装置改变》	发表	2001	自治区级	新疆教育杂志

2008—2010 年麦盖提县教师课件获奖情况表

表 29-7-4

姓名	工作单位	课件名称	奖次	时间（年）	举办单位
刘彩霞	县二小	弃射门	二等奖	2008	中国教育学会
高建华	县二小	富饶的西沙群岛	三等奖	2008	中国教育学会
刘　芳	县一小	小学数学录像课	二等奖	2008	中国教育学会
袁龙峰	央塔克乡中心小学	长方体和正方体的表面积	三等奖	2009	中国教育学会
韩志军	央塔克乡中心小学	黄河是怎样变化的	三等奖	2009	中国教育学会
任　砾	县一小	课堂唱歌教学录像课	二等奖	2009	中国教育学会
帕提古丽·热合曼	县三小	小学美术《佳作欣赏》	三等奖	2010	中国教育学会

第三节　教育督导

1994 年，麦盖提县人民政府教育督导室成立，主要职能是督政、督教、督学。代表县人民政府或受县人民政府教育行政部门的委托，对乡（镇、场）人民政府教育工作进行综合监督检查指导，对各乡学区（2003 年 8 月，改称乡教育办）、学校和其他教育机构进行评价、监督、指导，并向县人民政府进行反馈，以提供调控依据，常用的方法是调查、分析、评估、依法行政等。

一、督学队伍

1994—2004 年，人民政府教育督导室有主任 1 人，督学 1 人。

2005 年，有主任 1 人，督学 2 人，兼职督学 5 人。

2007 年 10 月 10 日，根据麦盖提县机构编制委员会《关于麦盖提县教育督导室机构编制方案的通知》文件规定：麦盖提县教育督导室机构规格相当于副科级，核定全额事业编制 3 人，从县教育事业编制总额内解决。

2008 年 8 月，为加强全县教育督导工作，经麦盖提县人民政府研究决定，成立麦盖提县人民政府教育督导团，有总督学 1 人、副总督学 10 人、专职督学 8 人、兼职督学 18 人。下设办公室，办公室设在人民政府教育督导室，设办公室主任 1 人，副主任 1 人。

2009 年，为迎接国家对麦盖提县“两基”工作的检查验收，麦盖提县聘任教育督学 4 人，聘期为 2009 年 4 月 1 日至 10 月 31 日。

2010 年，为贯彻落实自治区“两基”工作表彰会议精神，加强教育督导机构和督导队伍建设，推动教育督导工作发展，对教育督导队伍进行充实、调整，有总督学 1 人，副总督学 10 人，专职督学 10 人，兼职督学 16 人。督导团下设人民政府教育督导室，督导室主任 1 人，副主任 2 人，干部 2 人。

二、督导活动

1996 年，麦盖提县教育督导室充分发挥职能作用，狠抓“两基”督导工作，于 1998 年 11 月在喀什地区率先通过自治区的验收，经过两年的巩固提高，顺利通过自治区复验。

2000 年 5 月，县人民政府发布《禁止单位和个人使用童工童商的通告》，教育督导室与工商、公安等部门组成检查组，先后两次历时半个月，对个体工商户违规使用童工进行清查，22 户个体工商户被罚款 6500 元，14 户停业整顿，辍学儿童重返校园 160 多人。9 月 4—8 日，对 19 所学校开展素质教育 12 项活动普及工作专项督查，督查结果下发至各学校，对整改情况进行抽查。

2003 年，教育督导室与县纪检委纠风办、发展计划局组成专项检查组，历时 5 天时间对县直及 9 个乡 1 个镇的中小学及教学点，进行教育收费大检查 1 次，发现红光中学初三毕业班在暑假期间违规收取补课费，经教科局核实后，作出免去校长王福喜职务处理决定，并在教育系统通报。

2004 年 9 月 21—28 日，教育督导室、纠风办、物价局抽调人员组成督查组，采取抽查方式对 21 所中小学教育收费情况进行专项督查，检查项目有学费、杂费、借读费、计划外生费、住宿费、信息技术课费等各种收费情况，发现全县中小学的信息技术课费、借读费、住宿费、计划外生收费未及时按新标准收取，个别学校（教学点）的收费没有收费卡或收费票据不规范，责令相关学校进行整改。

2005 年春季，人民政府教育督导室对学校收费、订阅教辅资料等情况开展专项督查。是年，按照地区、县有关文件要求，对全县学校进行素质教育综合督导检查，检查内容包括学校工作计划、总结、教学管理、教务管理、教材教辅管理、“双语”教学工作、课程改革工作、教师培训工作、后勤管理及育人环境、“一费制”收费检查、监督、指导情况、“双免”工作开展情况等。事后，教育督导室下发督导通报，提出整改建议和意见。

2008 年 11 月 26—28 日，为督促全县各学校抓好教育教学管理等工作，及迎接地区教育工作年度考核，县人民政府教育督导室对县城学校进行综合督导检查，对存在的问题要求有关学校加以整改。

2009 年 1 月，为督促各乡（镇）政府加大力度落实扫盲各项工作，人民政府教育督导室分别于 1 月、2 月连续对各乡（镇）扫盲工作开展情况进行专项督查 4 次，对各乡（镇）存在的问题提出整改建议。3 月，县“两基”工作督导团对全县各乡（镇）“两基”迎“国检”各项准备工作情况进行拉网式检查，重点检查普及程度、办学条件、学校管理和校园文化建设等情况，向各乡（镇）及时通报存在的问题，限期整改。为全面了解和掌握全县中小学安全稳定情况和学生到校情况，督促学校及时排查和消除学校安全隐患，巩固提高“两基”成果，人民政府教育督导室分别于 6 月、9 月、10 月 3 次对全县中小学、村级学校的校园安全管理工作及控辍保学工作进行综合督查，重点督查各学科上课、备课、批改作业、教研活动工作，对语文、数学、国家通用语言三门学科进行抽考，对各学校控辍保学工作、双语教育模式三教学开展情况、学校值班管理、消防设备管理、用电安全、食堂管理、校园文化建设方面存在的问题、隐患进行通报。

2010 年 5 月，为全面了解县城内民办幼儿园办学情况，排查民办幼儿园各类安全隐患，县人民政府教育督导室对县城内 10 所民办幼儿园进行专项督查。通过检查，发现民办幼儿园普遍存在未经教育行政部门审批，教室面积、活动场地达不到最基本的办园标准，师资水平不符合办园条件，住宿条件差，游戏设施简陋，基本没有大型玩具，餐饮卫生条件极差，安全隐患严重。督导室及时向县委、县人民政府汇报，县人民政府作出立即停办各民办幼儿园的批示。

第四节 勤工俭学

从 1991 年开始，教育局安排专人负责勤工俭学工作，与各乡教育办、各学校签订责任书，将勤工俭学工作纳入日常工作中，把勤工俭学作为学校工作的重要内容进行督导检查。2008 年，全县中小学生停止开展拾棉花等勤工俭学活动。

1991—2007 年麦盖提县中小学学生勤工俭学情况表

表 29-7-5

年度（年）	参加学生人数（人）	总收入（元）	人均收入（元）
1991	25013	545625	21.81
1992	26810	663195	24.74
1993	27493	580739	21.12
1994	29824	1001296	33.57
1995	31585	651932	20.64
1996	32813	759390	23.14
1997	35128	937601	26.69
1998	38362	1847703	48.16
1999	39809	1205800	30.29
2000	41034	1345300	32.79
2001	41601	1726400	41.50
2002	41662	1153900	27.70
2003	41671	1576700	37.84
2004	41916	1252000	29.87
2005	41564	2474000	59.52
2006	40889	1058000	25.87
2007	38830	1087000	27.99

第三十编　科学技术

1991—2010 年，麦盖提县科技部门历经多次机构改革，但职能从未弱化，县委、县人民政府始终加强了对科技工作的重视和领导，建立了科技人才，尤其是拔尖人才脱颖而出的激励管理机制，科技人才队伍逐年壮大，科技人才从 1991 年的 1997 人增至 2010 年的 3684 人，其中拔尖人才 32 人。认真制定科技兴麦各时期计划，落实三级干部科技责任制，充分利用“科普宣传日”“科技活动周”“科技之冬”，加强科技宣传和实用技术培训，免费向农口部门、农牧民发放科技书刊、光盘，每户农牧民掌握 1 ~ 3 门实用技术。积极对上争取项目资金，加强技术条件和基础建设，开展“三高一优”栽培示范试验、畜牧良繁良育和科技成果的运用与推广，粮、棉、瓜、果、菜的品质有所提升，畜禽出栏率、商品率有较大提高，科技兴县迈出坚实一步。

第一章　机构队伍

第一节　机　构

一、科学技术委员会

1991 年，麦盖提县科学技术委员会实有人数 8 人，其中主任 1 人、副主任 1 人、干部 5 人、工人 1 人。

1994 年 6 月，麦盖提县科学技术委员会有编制 6 人，实有人数 5 人。

1997 年，核定编制 3 人，实有 4 人。

1998 年，政府机构改革撤销麦盖提县科学技术委员会，成立麦盖提县人民政府教育与科学技术局。

二、科学技术局

2000 年 9 月，批准成立麦盖提县人民政府科学技术局，简称“科技局”。

2003 年 1 月，科技局实有工作人员 3 人，其中领导 2 人、干部 1 人。

2003 年 5 月，经机构改革，撤销麦盖提县人民政府科学技术局，与县教育局合并成立麦盖提县人民政府教育与科学技术局。6 月，调整内部机构，成立科技办，配备科技干事 1 人。

2005 年 5 月，经县委、县人民政府研究，科学技术职能从教育与科学技术局分离，成立麦盖提县人民政府科学技术局，属二级局。6 月，科技局在政府办公楼三楼挂牌办公。

2008 年，麦盖提县人民政府科学技术局核定编制 4 人，其中领导职数 3 个、干部 1 人。

2010年，经县委、县人民政府研究决定，麦盖提县人民政府科学技术局增加工勤编1人（司机），编制增加到 5 人，其中领导职数 2 个、干部 2 人、工勤 1 人。

三、科学技术协会

1995 年，科学技术协会单独设立，事业编制 3 人，工勤 1 人。其中，主席 1 人、副主席 1 人、干部 1 人、驾驶员 1 人。

1998 年 2 月，科学技术协会、科学技术委员会与教育局合并，更名为麦盖提县人民政府教育与科学技术局。

2005 年 5 月，撤销麦盖提县人民政府教育与科学技术局，组建县科学技术协会、科学技术局和教育局。科学技术协会在科学技术局挂牌，实行两块牌子、同一套领导班子。

2008 年 12 月，科学技术协会核定全额事业编制 3 人，其中领导职数 1 个（科技局局长兼职）、干部 2 人。

2010 年，科学技术协会有编制 3 人，实有 3 人。

四、科教兴麦领导小组

1999 年 12 月，正式成立麦盖提县科教兴麦领导小组。主要负责贯彻落实党和国家、自治区关于科技工作的方针、政策、法规，制定该县科技发展战略规划和科技政策、法规；会同有关部门拟定科技体制改革方案和措施；协同有关部门运用法律、行政、经济手段，加强对科技工作调控，推动科技事业发展和全县社会科技进步。

2001 年 4 月，科教兴麦领导小组人员增加到 37 人，领导小组办公室设在县科技局。

2005 年 3 月，科教兴麦领导小组人员增加到 45 人，领导小组办公室设在县科技局。

2006 年 6 月，科教兴麦领导小组人员增加到 50 人，领导小组办公室设在县科技局。

2009 年 10 月，因人事变动，经县委、县人民政府研究决定，调整科教兴麦领导小组成员，人员缩减至 39 人。领导小组办公室设在县科技局。

2010 年 11 月，科教兴麦领导小组人员缩减至 37 人，领导小组办公室设在县科技局。

五、学术团体

2003 年 12 月，成立麦盖提县消费者协会，协会属社会组织，在市场监督局挂牌，无编制，工作人员从内部调整使用。

2005 年 10 月，成立麦盖提县刀郎民间艺人协会，会员 36 人。

2007 年 8 月，成立麦盖提县农村农民用水者协会 128 个，会员 325 人。

2008 年 12 月，成立麦盖提县多浪羊（刀郎羊）协会，会员 512 人。

第二节　科技队伍

1991 年，全县拥有各类专业技术人员 1997 人。

1992 年，麦盖提县为各乡配备科技副乡长、农业技术员，为农村经济合作社配备科技副主任，部分村委会配备科技副村长。

1993 年，麦盖提县形成县、乡、村三级科普网络。全面开展专业技术职称评定工作，选拔第一届县级科技拔尖人才 32 人，其中推选地区级拔尖人才 2 人，全部享受县财政每人每月 30 元特殊津贴。

2001 年，开展第二批县级拔尖人才的选拔工作，入选 12 人，其中推选地区级拔尖人才 2 人，全部享受县财政给予每人每月 50 元特殊津贴。

2006 年，评选第一批科技特派员 31 人。

2007 年年底，全县拥有各类专业技术人员 3684 人。

2009 年，评选第二批科技特派员 72 人，制定科技特派员管理办法。

2010 年，成立麦盖提县农牧民专业技术人员职称领导小组。

第二章　科技战略与规划

第一节　科技战略

2001 年，麦盖提县委、麦盖提县人民政府作出关于实施“科教兴麦”的决定，“科教兴麦”的主要目标：到 2005 年工农业总产值达到 5.28 亿元。

一、工业科技

实施“工业强县”战略，加快优势资源转换战略步伐，提升新型工业化建设的发展水平，通过招商引资、扶优扶强、组织关键技术攻关和引进推广先进技术，带动产业升级，促进工业经济实现持续快速健康发展。

建立技术创新中心，加快企业创新步伐。加强县级重点骨干企业技术创新中心的建设工作，选择一批优强企业，加快建立县级技术创新中心。通过加强科技研发、协作攻关，加快新产品的开发和新技术、新工艺的消化吸收，实现产品的延伸和技术升级，提高产品的科技含量，促进企业的科技进步。

采用高新技术，提升传统产业。引进新技术、新工艺、新设备，提高企业的技术装备水平，加快采用高新技术改造传统产业的步伐。普遍推广计算机辅助设计、辅助制造等应用技术，推动部分产品的设计、产品制造及质量检测逐步实现自动化；推广计算机信息管理系统，提高工业生产管理水平。

二、农业技术

重点开发推广标准化种植和养殖技术，提高种植业和养殖业的核心竞争力。引进、选育、推广一批优良新品种，优化品种结构，提高优良品种覆盖率。着眼农村经济发展全局，开发一批技术含量高、附加值高、市场前景好的新产品，加速产业化，以技术链延伸价值链，打造产业链，培育一批有核心竞争力的企业和产业。

加强农业科技示范园区建设。以现代农业综合开发建设为契机，整合资源，因地制宜，突出特色，发展现代设施农业、优质高效农业、绿色生态农业、休闲观光农业和农副产品深加工业，扶持粮食、棉花、红枣、核桃、温室大棚等设施农业；完善产业链，培育产业核心竞争力，促进特色产业现代化。

加快农业科技创新与服务体系建设。建立和完善科技特派员工作长效机制，鼓励科技人员到农村、企业开展技术服务，领办、创办农民科技合作组织、农村专业技术协会，为当地特色产业发展提供技术支撑。到 2020 年，培养建设一支 100 名以上人员组成的创业型或有偿服务型科技特派员队伍。培育农村科技服务中介机构，建立形式多元化、能力专业化、服务信息化、组织网络化的农技推广服务体系。

三、医疗卫生科技

推进人口与健康、公共卫生安全等方面新技术、新产品研究及推广应用，建设多层次、现代化的社会安全防控保障体系和医疗保障体系；引进防范重大疫情和公共安全突发事件预警、控制和处置技术，保障人民生命健康安全。

四、生态保护技术

农业上重点抓好一批农业科技示范园区建设，做好大气、土壤和环境监测，采用有机、绿色、无公害生产技术进行生产开发，提高农业开发的经济、社会和生态效益。工业上通过加快废旧资源的综合利用和工业企业“三废”的循环使用，推动循环经济的试点工作，实现资源节约和可持续利用。城乡建设方面上开展城镇和农村可再生能源建筑应用技术、建筑减灾防灾技术、生活垃圾处理技术、饮用水安全保障技术、城镇中水系统成套技术的研究、试点示范和推广应用。利用现代信息技术推进数字化城市管理，全面提升城市智能化、精细化管理水平。

五、安全生产和防灾减灾技术

加大安全生产的研发投入及新产品、新技术、新工艺的引进和科技成果转化力度。引进开发煤矿和非煤矿山、火灾爆炸、危险化学品等重大生产事故监控预警与应急救援技术；引进食品危害物快速有效监测、检测技术，构建重大食品安全事故应急体系，加快建立食品安全、安全生产、防灾减灾等公共安全技术支撑体系；引进自然灾害监测预警技术，提高防范突发性自然灾害的能力和水平。

六、星火专项行动

强化县科技综合服务中心服务功能，推动科技进步与创新，促进企业创新能力，加快科技成果转化；实施农民科技培训和农村科普专项行动，提高农牧民科技文化素质和科技致富能力；实施农村科技服务专项行动，构建适应市场经济体制的新型农村科技服务体系；实施重大农业、林业、畜牧业、工业技术转化专项行动，加快科技成果的转化和应用，大力发展优质、高产、高效、生态、安全的农林牧和工业产品；实施农村信息化促进专项行动，加快科技政策、市场信息进村入户；实施科技扶贫专项行动，加快贫困农民脱贫致富。

七、科技创新基地和基础条件平台建设

按照“整合、集成、共享、提升”的思路，以科技综合服务中心建设为中心，集成科技特派员工作站、科技成果宣传及科普活动示范（展示）、科技培训、青少年科技活动、科技成果评估功能为一体，适应现代化科技服务和规范管理需求。建设科技成果信息共享、成果交易和转化平台，完善乡、村两级农业科技推广体系。制定技术交易激励政策措施，开拓企业和农村两个市场，营造推动科技成果转化的政策引导环境、中介服务环境和金融投资环境。整合企业和政府部门的科技资源，培育建设一批科技成果转化基地。建立科技服务网络平台和知识产权服务平台，提高综合服务能力；鼓励发展科技评估、科技咨询、知识产权、成果推广科技中介服务。

八、科技成果转化激励机制

鼓励企业成为技术创新投入、知识产权产出和技术成果转化应用的主体，成为创新要素聚集地。引导企业加大技术创新投入，建立企业技术研发投入激励机制，鼓励科技型中小企业加大研发投入力度。发挥企业技术机构的作用，解决企业发展的关键技术难题，开发新技术、新产品、新设备和新工艺，对引进技术和设备进行消化吸收再创新。完善政策扶持和引导机制，鼓励企业加大研发投入，建立各方优势互补、利益共享、风险共担的合作机制，推动多元化科技投入体系的建立。

第二节　科技规划

1991—2000年，“八五”计划至“九五”计划期间，以科技为依托全县大力推广粮、棉优良品种，小麦有“唐山6898”“新冬2号”“喀冬1号”，以“唐山6898”为主栽培品种。玉米有“京早8号”“墨单8621”。棉花以“军棉一号”取代“108夫”。栽培模式主要为大面积推广粮食“两早配

套”、棉花“矮、密、早”和“地膜覆盖”种植技术。

2001年，实施“十五”计划，到2005年工农业总产值达5.28亿元（其中农业总产值4.57亿元，工业总产值7130万元）。农民人均纯收入每年增加150元。

“十五”计划总体目标：“科教兴农”是“科教兴麦”的重要组成部分，“科教兴农”是“十五”计划科技工作的首要任务，以开发适用技术，引进推广先进科技成果、高新技术及健全良种繁育体系为重点，利用多学科综合手段，以不断提高农业资源利用率、劳动生产率和投入产出率为目标，积极开展科技工作。到2005年“科技兴农”的具体目标是：积极推广农作物优良品种，良种覆盖率达95%以上；畜牧业良种改良率达85%以上；化肥利用率、饲料转化率和有效浇灌利用率提高10%；加强对棉花、小麦、玉米以及林果、畜禽的新品种繁育技术和主要农作物、畜禽病虫害的预报防治技术的引进；加强对增、节水和生态环境保护等方面的试验、示范，科技进步对农业增长的贡献率达40%，农村劳动生产率和农牧区生态持续发展。

“十一五”计划总体目标：21世纪初，科技进步在经济增长中的贡献率达50%，万人拥有各类科学技术人员300人，科学技术在优化产业结构、转变经济增长方式、提高经济效益方面发挥主导作用，县域综合科技能力达到全疆中等水平。“科技兴农”目标：科技进步对农业经济增长中的贡献率达50%，良种覆盖率达96%以上，畜禽良种覆盖率达80%以上，化肥利用率、饲料转化率、灌溉水的有效利用率提高20%左右。建立健全农村社会化科技服务体系，每年培训农牧民3万人次，每村最少有2名农民技术员，每户农民有1个科技明白人。“科技兴工”目标：围绕本地特色资源，加大科技开发力度，加快企业技术改造，消化吸收引进的新技术、新设备、新工艺，提高产品质量和经济效益。千方百计创造出具有本县知识产权的新产品，提高企业竞争能力。科技进步对工业增长的贡献率达到50%，企业专利申请量实现零突破。

第三章　科　研

第一节　产业项目

1991—2002年，主要针对种植业、畜牧业、林业与园艺、水利、工业与乡镇企业、农机等方面开展科研攻关，种植业方面以努力扩大培肥耕地，提高单产，力争粮食平均单产325千克/亩，棉花平均皮棉突破100千克/亩，豆类平均单产60千克/亩。分别开展长绒棉地膜栽培的研究和冬小麦、玉米主栽品种问题的探讨，关于玉米制种的综合技术研究，两旱配套吨粮田栽培技术的研究等。畜牧业方面开展提高品质、繁殖成活率及商品率，繁荣市场，加速农牧业协调良性循环的发展研究。林业与园艺方面开展逐步扩大植树造林面积，保护现有的胡杨林面积，逐年增大封滩育林面积，提高成活率研究；改造更新现有的老果园，提高果品品质、增加品种、立足出口创汇研究。开展桑蚕园丰产栽培技术、蚕茧高额丰产研究，温室大棚蔬菜栽培丰产技术的研究。水利方面针对提高水利利用系数、开源节流、保持水土平衡、增大利用库容量、调节洪枯余缺开展研究。工业与乡镇企业方面以促进扩大工业生产的发展，逐步调整工业比例，增加收入为目标，巩固完善县办工厂，积极兴办乡镇企业，充分利用富余的劳动力，合理开发新资源，提高劳动效率为目标，主要研究棉短绒深加工技术、甘草甜味素生产技术、渔业资源开发技术。农机方面主要开展冬小麦和玉米精量播种方法的研究。

2003 年，承担实施优质棉基地建设项目、棉花高密度大面积单产 120 千克和 150 千克高产攻关项目，以及农业试验、示范、推广项目 36 项，通过实施，为农村产业结构调整提供科学的依据。

2008 年，申报国家科技计划项目 2 个，即：多浪羊（刀郎羊）繁育技术服务体系项目、“科技减灾”项目。申报自治区科技星火计划项目 1 项；组织实施自治区“农村科技信息村村通工程”项目。

2010 年，争取国家级科技富民强县项目《“瀚海”牌棉花优质高效生产技术集成示范与产业化开发》；争取科技特派员项目 3 个，分别为：“多浪羊（刀郎羊）羔羊育肥技术示范与推广项目”“麦盖提县核桃产业培育项目”和“科技特派员工作制度建设项目”。争取山东省日照市援疆项目 1 个，拟开展枣树研究、枣产品研发。争取喀什地区科技项目 2 个，即：林业局实施的绿色红枣精品园示范基础建设项目、疾控中心实施的农村生活饮水卫生现状调查及改进措施项目。喀什地区一把手工程项目 1 个。

第二节　科技成果与推广

1991 年，麦盖提县科委上报的《麦盖提县国民经济与社会发展总体规划》荣获喀什地区科技成果三等奖，成果推广麦盖提县及各乡（镇）。

1992 年，“麦盖提县 20 万亩棉花单产皮棉连续三年突破百公斤技术推广”获新疆维吾尔自治区人民政府科学技术进步二等奖，该技术在全新疆推广。

1993 年，“麦盖提县综合防治技术应用推广”获喀什地区科技成果四等奖，成果推广麦盖提县及各乡（镇）。

1994 年，“麦盖提县秸秆还田培肥土壤肥力技术推广”获喀什地区科技成果四等奖，成果推广麦盖提县及各乡（镇）。

1994 年，“环形滚动式钉齿残膜清捡机研制推广”获喀什地区科技成果特等奖，1995 年获新疆维吾尔自治区人民政府三等奖，成果推广于全疆。

1995 年，“推广多浪羊（刀郎羊）养殖，发展肉羊生产”获喀什地区科技成果三等奖，成果推广麦盖提县及各乡（镇）。

1996 年，“棉花高产攻关应用技术推广”获喀什地区科技成果四等奖，成果推广麦盖提县及各乡（镇）。

1998 年，麦盖提县科委上报的“塔里木盆地绿洲双百斤皮棉配套技术推广”获中华人民共和国科学技术部二等奖，成果推广于全疆，并列为研究项目。

1999 年，“中棉 23 在新疆干旱棉区的生育表现及栽培要点”被《农业科技》评选为优秀论文。

1998 年，“新疆高产棉花群体生长发育规律”被全国第二届青年农学会评为优秀论文。

2000 年，吴玉新被国家环保局、农业部、科技部及共青团中央评为秸秆禁烧和综合利用先进个人。

2001 年，麦盖提县科技局上报的“喀什地区棉田障碍因素调查分析、对策研究与示范”获新疆维吾尔自治区人民政府三等奖，在全疆示范推广。

2002—2005 年根据麦盖提县产业结构调整，县科技部门配合农口做好优良品种的引进、试验、示范和推广等工作。

2006 年，成功引种棉花优良品种—“中棉 35”“9907”“新陆中 15 号”“新陆中 13 号”。

2007 年，推广棉花高密度种植模式，大力示范棉花高标准节水灌溉技术。

2008 年，重点推广小拱棚、温室大棚等设施农业技术和多熟制种植模式。

2009—2010 年，推广科技成果示范基地，分别是希依提墩乡大棚示范基地、央塔克乡多浪羊（刀郎羊）繁育示范基地、尕孜库勒乡设施葡萄栽培示范基地、克孜勒阿瓦提乡设施农业栽培示范基地、库木库萨尔乡高新技术示范基地。

第四章　科技普及

第一节　科技服务

1991—2010 年，麦盖提县科技部门重点加强县、乡、村三级科技服务网络建设，围绕品种抓好农业技术推广工作和技术培训，逐步建立和健全县级科技推广服务机构。乡级成立科技办，选拔和配备专业人员担任为科技副乡长。村级设立科技小组，配备科技副村长。县、乡、村始终坚持为农业生产提供产前、产中、产后科技服务，全面加强质量管理，降低成本，提高经济效益。站在全局高度积极寻找和培养新的经济增长点，依托资源和市场开发新产品，优化产品结构和产业结构。在“九五”“十五”计划期间，争取引进棉纺加工棉浆粕加工技术，提高产品的附加值；引进砖瓦生产设备试制生产空心砖、新型灰沙砖、轻型建筑砌块等新产品。门窗生产上引进新型材料，满足市场的需要，提高现有产品质量。引进自然降解地膜生产技术、渠道防渗膜和大棚膜生产技术，开发适应市场需求新产品。扩大塑料编织袋厂的生产规模，改进生产条件。引进开发棉籽综合利用和深加工技术，生产品质优异的高档食用植物油和精致面点食品。以适应本地养殖业的发展，积极开发混合饲料新品种。以市场为导向，以本地资源为基础，提出 2 ~ 3 个有一定规模的新项目进行可行性研究，作为项目贮备。

第二节　科技宣传

1991—2000 年，由科技部门牵头，在全县广泛开展科学普及宣传工作，每年利用“科技活动周”“科普宣传日”“科技三下乡”“科技之冬”举办科技宣传培训活动，分别就种植业、林果业、畜牧业等方面的内容，采取讲课、参观、座谈和交流等形式开展科学技术宣传。共举办各类科技培训 97 期。其中，县、乡举办 65 期，培训农牧民技术人员 5100 人，参培农牧民 5.6 万人次。

2001 年，科技局主办《麦盖提县科技信息》，出刊 58 期，不定期发行。主要从互联网、相关科技杂志和报刊上摘录刊登适合本地农、林、水、牧、医疗卫生、加工等方面的科技知识，以及发明创造、经验和论文。组织开展“科技活动周”“科普宣传月”“科技之冬”“科技三下乡”科技宣传活动，受训 5000 人次，发放宣传资料 3000 份。

2002 年，开展科技咨询、看病送药、发放科技资料。咨询服务 5000 人次，看病送药 1000 人次，发放科普宣传材料 3000 份。

2003 年，以“依靠科学，战胜非典”为重点，在全县范围内紧急开展防治非典科普宣传活动，发放非典宣传单 5 万份、宣传材料 10 万份，设立非典宣传咨询点 14 个，出动宣传车 50 车次，投入资金 82 万元购置防护服、隔离服、体温计、防护口罩等，购置消毒药剂过氧乙酸 2600 千克。

2004年，以“科技以人为本，全面建设小康”为主题，开展科技周宣传活动，悬挂横幅43条，张贴标语589个，免费诊治病人907人次，展出宣传图片30多幅，发放宣传单8800多份，免费发放药品3000多盒（支），畜牧部门免费发放丙硫苯咪唑片等驱虫药，以及螨净等药浴液，价值2800元。出动宣传车1辆，咨询服务9980人次。

2005年，举办麦盖提县首届农林牧科普知识大奖赛，挂横幅138条（含乡镇），张贴标语1000张，办科普宣传栏100多个，设立科普知识咨询点107个，出动宣传车44车次，发放科普图书1650册、科技明白卡5400张，发放药品价值400元。

2006年，科技局牵头组织卫生局、农技中心、种子管理站、市场监督局等相关单位开展科技活动周宣传活动，开展咨询、义诊，并发放药品、药具和科普宣传资料，挂横幅143条（含乡镇），张贴标语1200张，办科普专栏137个，设立科普咨询点137个，出动宣传车50车次，发放科普图书2000余册、科技明白卡7100张，展出科普展板137块。

2007年，以“创新、和谐、发展”为主题，开展科技活动周宣传活动，挂横幅140条，张贴标语1250张，办科普宣传栏100多个，设立科普知识咨询点32个，咨询服务5260人次，举办培训班5期，培训人员540人次，出动宣传车15车次，发放科普图书1450册、科技明白卡9560张，发放药品价值3350元。

2008年，以“普及安全知识、构建和谐家园、科技知识进万家”为主题，开展科技活动周宣传活动，悬挂横幅130条（含乡镇），张贴标语1150张，办科普宣传栏110多个，设立科普知识咨询点35个，咨询服务6260人次，举办培训班9期，培训人员1240人次，出动宣传车13车次，发放科普图书1550册、科技明白卡9860张，发放药品价值3500元。

2009年，以“倡导自主创新、传播科学文明、建设新型喀什”为主题，开展科技活动周宣传活动，悬挂横幅135条，张贴标语1155张，办科普宣传栏120多个，设立科普知识咨询点35个，咨询服务6500人次，举办培训班11期，培训人员1300人次，出动宣传车15车次，发放科普图书2000册、科技明白卡9960张，发放药品价值4500元。

2010年，以“携手建设创新型新疆”“倡导自主创新、科普惠及民生、实现科学文明生活”的活动主题。开展科技活动周宣传活动，悬挂横幅140条，张贴标语1200张，办科普宣传栏130多个，设立科普知识咨询点38个，咨询服务7000人次，举办培训班15期，培训人员3000人次，出动宣传车30车次，发放科普图书资料1.5万册（本）、科技明白卡1万张，发放药品价值5000元。

第三节　科技培训

1991—2000年，由科技部门牵头，相关部门配合，在全县广泛开展科学普及工作。

2001年，举办6期培训班，其中汉族班2期、少数民族班4期。参加培训人员205人（汉族班76人、少数民族班129人）。培训内容为计算机应用技术社会化。举办第十二届“科技之冬”活动，共培训农牧民6.9万人次，县、乡投入资金20万元印发各类培训教材、图书资料12万份，共有1110名青壮年劳动力取得农民技术员资格，占青壮年劳动力的10%，普及推广先进农业生产实用技术21项。

2002年，麦盖提县科技局成立计算机培训中心，由于场地问题把200台电脑配备给县直有关学校，委托学校对公职人员进行培训，同时解决学校计算机教学问题；制定《麦盖提县农牧民技术培训计划》，把农牧民农村实用技术培训工作落到实处，全年培训2.5万户；举办第十三届“科技之冬”

活动，共培训农村党员、基层干部、农民 2.1 万人次，印发各类培训教材、图书资料 1.6 万份，免费发放《麦盖提县农村实用技术培训教材汇编》500 册，共有 1210 名青壮年劳动力取得农民技术员资格。

2003 年，举办第十四届“科技之冬”活动，从 2003 年 1 月 6 日开始至 16 日结束，县、乡两级共培训农村党员、基层干部、农民 2.1 万人次。其中，培训农村党员、基层干部 3475 人次；培训青年团员 1.1 万人次；培训妇女 8100 人次；培训专业户、示范户 2808 人次。各乡镇向农民发放科技培训材料 1 万份，县、乡、村三级共投入经费 20 余万元。

2004 年，开展第十五届“科技之冬”“科技、文化、卫生”三下乡活动，全年开展各类技术培训 215 期，培训 2.3 万人次，发放各类实用技术资料、科普宣传材料和技术明白卡 12 万份；县教科局和农办组织农口部门 15 名具有丰富实践经验和理论水平的技术人员奔赴各乡镇农林场进行巡回授课，主要讲授农林牧方面的内容。培训乡镇技术骨干 3475 人次；培训农村示范户、专业户、青年团员、基干民兵 2 万人次，培训 2.35 万人次。

2005 年，开展第十六届“科技之冬”活动，在县级培训中，共培训乡镇干部、技术人员 1141 人次；在乡级培训中，共培训村级干部、技术员、示范户、专业户、青年团员、基干民兵 1.35 万人次。县乡两级共培训 1.47 万人次。

2006 年，麦盖提县“科技兴麦”领导小组办公室实施“科技兴新素质工程”培训方案。培训目标是确保每个农户至少有 1 个“科技明白人”；培育“科技兴新素质工程”示范乡（镇）、村；县委党校、农机培训中心、培育以县职业中专、再就业培训基地为核心，以各乡镇党校、农民文化技术学校为辅的“科技兴新素质工程”培训基地；组织专家编写汉、维两种语言文字的专用培训教材和挂图；培养适应科技培训的一批师资人才；重点培训乡科级领导干部、企事业单位管理人员、乡村干部和农口部门技术人员、农村党团员和基干民兵、在岗职工、待岗职工、转岗职工、农村中学毕业生（职业教育“2+1”）、种植大户、养殖大户、林果业大户。在第十七届“科技之冬”活动中，县、乡、村三级共投入经费 9.8 万元，发放科普资料 2 万多份，从 1 月 3 日开始至 3 月中旬结束，受训 2.32 万人次。其中，县级干部受训 17 人次；乡科级干部受训 555 人次；村级干部受训 3553 人次；农牧民群众受训 1.91 万人次。

2007 年，麦盖提县在开展十八届“科技之冬”活动中，印发《麦盖提县劳动力转移技能培训实施意见》，推进麦盖提县农村劳动力转移技能培训工作，培训活动从 2007 年 1 月 18 日开始至 2 月 5 日结束，共受训 1.41 万人次。其中，县级干部受训 13 人次；乡科级干部受训 430 人次；村级干部受训 2950 人次；农牧民群众受训 1.08 万人次。县、乡、村三级共投入经费 9.8 万元，发放科普资料 4.6 万份。

2008 年，科学技术局落实《麦盖提县星火学校实施方案》，培养一批农村专业技术人才队伍和新型现代农民，奠定农业产业化、农村城镇化、农牧民知识化、农村信息化建设基础，农牧民科技致富能力得以提高，农村劳动力在城镇务工的竞争力得以提升。举办第十九届“科技之冬”培训活动，从 1 月 23 日开始，3 月 5 日结束。县、乡、村共受训 1.53 万人次。其中，县级干部受训 17 人次；乡科级干部受训 455 人次；村级干部受训 3050 人次；农牧民群众受训 1.18 万人次。在该次活动中，县、乡、村三级共投入经费 18.5 万元。

2009 年，科教兴麦领导小组在县职业中专举办命名挂牌仪式，命名职业中专为“星火学校”，命名 9 个乡为“星火教育乡”；1 月 5 日至 2 月 28 日，举办第二十届“科技之冬”活动，开展县、乡、村三级技术培训 53 天，受训 1.73 万人次。其中，县级干部受训 21 人次；乡科级干部受训 520 人次；村级干部受训 3150 人次；农牧民群众受训 1.38 万人次。在该次活动中，县、乡、村三级共投入经费

25万元，发放科普资料5.6万份。根据地区的安排，组织行业部门和乡镇村的农业技术干部，参加由自治区专家、塔里木农业大学专家赴麦专业技术讲座5期。

2010年，加强对农牧民科技培训工作的领导，落实农牧民科技培训工作，提高农牧民科技文化素质和生产技能，对麦盖提县“农牧民科技培训”领导小组进行调整和充实；举办第二十一届“科技之冬”活动，从2009年12月9日开始，2010年2月24日止，县、乡、村三级连续培训75天。县科技局牵头组织，从农口部门抽调20名具有丰富实践经验和理论水平的技术人员奔赴128个行政村进行授课，以红枣核桃栽培、管理、病虫害防治等主要内容，共举办县、乡、村三级培训班750期，受训2.24万人次。其中，县级干部受训320人次；乡科级干部受训328人次；村级干部受训3750人次；农牧群众受训1.8万人次。在培训中，农村科技人员受训890人次，青壮年受训1.74万人次，妇女受训4100人次。

第四节　科技活动

从2001年起，每年5月的第三周被定为“全国科技活动周”，麦盖提县科技活动周自2001年开始，截至2010年，连续举办10届，由科技局牵头，组织农机局、卫生局、畜牧兽医局、安监局、计生委、林业局、市场监督管理局、农机中心、种子管理站等20多个单位在刀郎文化广场联合开展科技宣传活动，活动主要通过摆放科普知识展板、设立咨询台、悬挂横幅、发放科普宣传材料、光盘等形式，分别围绕科普教育、食品药品安全、农机安全生产、种植养殖技术、计生知识、生态环保、应急避险、健康生活等与百姓生活密切相关的热点问题进行宣传，累计咨询服务9.63万人次。

第五节　科技示范

1991—2001年，根据麦盖提县农业产业结构调整总体布局，科技局配合农口做好优良品种引进、试验、示范和推广等工作。引进品种有“中棉35”“9907”“新陆中15号”“新陆中13号”，在全县示范推广。麦盖提县申请注册“瀚海”牌棉产品商标，列全国十大知名品牌之一。

2002年，麦盖提县建设科技示范村和科技示范户。按照科技示范村主要考核指标，各乡村把科技工作纳入议事日程，安排专人分管科技工作，保障专项活动经费，村两委带头参加各类科技活动；各示范村做到有科技活动场所、科普宣传栏、图书阅览室，订阅相关科普读物报刊100份以上；举办各类实用技术培训班2天，培训村党员、干部、农民；示范村的科技示范户占全村总户数的10%以上。

2003年，发展养殖科技示范户274户，其中有50只以上多浪羊（刀郎羊）的养殖户207户、50头以上牛的养殖户62户、养鸡大户5户。

2004年，调整产业结构，积极探索，勇于实践，配合农口技术人员做好“中棉35”和“9907”“9911”优良品种的引进，在全县及各乡（镇）示范推广面积达36万亩。在发展畜牧业方面，各乡（镇）都积极主动建立畜牧养殖示范小区、畜牧专业村，动员畜牧养殖专业户入驻小区，安排乡（镇）畜牧站为农民群众提供相关技术服务，落实相关优惠政策，使畜牧养殖小区、畜牧专业村朝着科学饲养、科学管理的方向发展，发挥畜牧小区、畜牧专业村的科技示范带动作用。

2005年，在每个乡（镇）建立1～2个100亩以上的农业科技成果转化示范基地，主要有棉花高密度栽培、膜下滴灌、激光平地、立体农业种植、人工授精、测土配方施肥，以加速农业实用技术向解放生产力转化。

2006年，配合农业部门引进棉花优良品种“中棉35”“9907”“新陆中15号”“新陆中13号”；根据各乡（镇）土壤结构、管理水平、灌溉模式等客观条件，适当调整机械作业模式、株行距设定、田间管理要求，把棉花增产措施落实到实践中，皮棉平均单产120千克，部分高产田达到150千克～180千克。开展棉花膜下滴灌技术试验7000亩。

2007年，积极推广棉花高密度栽培种植模式，把原宽膜1膜4行1.3万株左右密度增加到了1.6万株左右；大力示范推广棉花高标准节水灌溉新技术，把发展设施农业作为农民增收的重要支柱产业之一加以培育；积极扶持林果业，引进示范优良果树新品种，推广普及林业科技与科普知识。

2008年，全县有农业科技成果转化示范基地4个，即希依提墩乡大棚示范基地，央塔克乡多浪羊（刀郎羊）繁育示范基地，库木库萨尔乡林果业高新技术示范基地，尕孜库勒乡设施葡萄栽培示范基地。央塔克乡、克孜勒阿瓦提乡的设施农业栽培示范基地已建立并在运行中。

2009年，推行县乡领导和县直单位“林果示范园”“林果责任园”工程，县级领导和科级领导连片示范园面积不少于200亩，乡村主要领导林果责任园不少于100亩，共确定领导干部林果业示范园、责任园1.76万亩。

2010年，建立“农村科技信息村村通”示范户技术服务平台，共有示范户99户。

第五章 科技管理与知识产权

第一节 科技政策实施与管理

一、科技政策实施

2007年，麦盖提县制定实施《麦盖提县科技三项费用管理办法（试行）》，推进三项费用规范化管理。同年，制定实施《麦盖提县科技发展规划》及《麦盖提县全民科学素质行动计划纲要》。

二、科技计划项目管理

为进一步完善科技计划项目管理工作，促进科技计划项目的公开、公正、规范和高效运行，麦盖提县明确提出自然科学基金、重点实验室科研专项、科技支撑、高技术研究发展、重大科技专项、中小企业技术创新基金、科技成果转化专项资金、“星火”、“火炬”、科技兴新、科技支疆专项、国际科技合作、少数民族特培科研专项、科研院所创新与发展专项资金、科技基础条件平台建设、科技特派员专项、决策咨询专项、青年科技创新人才培养工程18类计划项目，根据科技发展规划，发布项目指南和领域，确定项目申报时间、渠道、方式。最后采用网上申报的方式，通过“新疆科技计划管理信息系统”申报科技厅综合计划管理部门发布。

三、民营科技管理

民营科技是全县科技重要组成部分，加快发展民营科技企业是一项重要工作。受条件制约，民营科技在发展中存在许多的问题，其中影响最大的就是知识更新缓慢、科技研发和创新能力低等。通过不断创新和发展，对科技信息、咨询、技术推广和服务体系进一步加强，并在解决生产中的关键技术上取得了新突破。1991—2010年，麦盖提县发展各类自然科学技术人员3000人。

第二节　人才管理

积极培育基层科技创新人才，进一步加强基层优秀青年创新创业人才的培养。每年在基层遴选一批优秀青年科技创新人才，着重培养造就一支具有较强创新意识、较高科学素养和市场经营管理理念的基层青年企业家创新创业队伍。制定并落实主管领导亲自抓的机制，根据科技人才的专业特长有针对性地抓好业务培训，做好科技人才的年度考核评比、单位鉴定、个人总结。制定不定期开展谈话谈心活动，认真听取科技人才在工作、生活中存在的问题、困难及意见建议，及时协调，改进工作，解除科技人才后顾之忧。为认真贯彻科技兴麦战略，建立健全科技人才管理机制，营造有利于专业技术拔尖人才脱颖而出的良好环境，建设一支高素质的科技人才队伍，充分发挥拔尖人才在全县三个文明建设中的骨干作用，结合本县实际，制定《麦盖提县专业技术拔尖人才管理办法》和《科技特派员管理办法》。麦盖提县人民政府于2007年从各农口部门聘请科技特派员31人，加大对创业型科技特派员的选聘和支持力度。根据产业发展格局，31名科技特派员覆盖全县各乡（镇）进行农业技术服务，充分发挥科技特派员的作用。

第三节　知识产权保护

知识产权是指人类智力劳动产生的智力劳动成果所有权。它是依照各国法律赋予符合条件的著作者、发明者或成果拥有者，在一定期限内享有的独占权利，一般认为它包括版权（著作权）和工业产权。版权（著作权）是指创作文学、艺术和科学作品的作者及其他著作权人依法对其作品所享有的人身权利和财产权利的总称；工业产权则是指包括发明专利、实用新型专利、外观设计专利、商标、服务标记、厂商名称、货源名称或原产地名称等在内的权利人享有的独占性权利。

麦盖提县知识产权保护工作按照“平等保护、全面保护、依法保护、共同参与、标本兼治”的总体要求，加大对知识产权保护力度。坚持科技和知识产权工作“两手抓”，在日常工作中把知识产权的保护与科技管理工作有效结合起来，在科技管理中不断强化知识产权的保护与利用，在知识产权的保护与利用中不断推进科学技术的发展与深化。

建立健全知识产权管理制度，发放技术贸易许可证；建立技术合同认定制度，依法保护合法技术交易；建立商品广告信息审检制度，依照《中华人民共和国广告法》对广告信息内容进行审查，依法打击并处理虚假广告等违法问题；建立科技信息定期发布制度，为全县企业和上级主管部门提供技术、产品、成果转让及国家有关行业政策信息。1995—2010年，全县专利申请27件，授权11件。

1995—2010年麦盖提县授权专利一览表

表30-5-1

序号	专利名称	专利编号	专利类型	申请日期	申请人（单位）
1	残膜清捡机	95228104.X	实用新型	1995.11.28	麦盖提县农业机械修造厂
2	地震报警器	03243766.8	实用新型	2003.04.08	艾力·若孜
3	全自动轮胎气压无线报警器	200320100584.7	实用新型	2003.10.11	吾买尔江·买海提

续表 30-5-1

序号	专利名称	专利编号	专利类型	申请日期	申请人（单位）
4	可改变大小的服饰	200920277304.7	实用新型	2009.12.22	商素素
5	车用电加热器	200920140310.8	实用新型	2009.07.08	马宏亮
6	农田筑埂机	200920140364.4	实用新型	2009.08.06	马志华
7	农用喷雾机	201020153917.2	实用新型	2010.04.09	马志华
8	多层共挤超薄耐压塑料滴灌带	201020260247.4	实用新型	2010.07.16	喀什宏邦节水灌溉设备工程有限公司
9	机动车灯自动警告器	201010177594.5	实用新型	2010.05.20	吐尔孙·尼亚孜
10	充气式发动机	201010171457.0	发明专利	2010.05.20	吐尔孙·尼亚孜
11	气压水泵	201010177618.7	发明专利	2010.05.20	吐尔孙·尼亚孜

第四节　专利管理

为激发全民创新创业精神，弘扬创新创业文化，营造“鼓励创新、支持创业”的氛围，鼓励创新成果取得专利权，提高发明专利的数量和质量，推动自主知识产权的研究开发应用，促进发明专利的实施和商用化，奖励为麦盖提县经济社会发展做出突出贡献的专利权人和发明人，县科技局结合本县实际，制定起草《麦盖提县发明专利奖励管理办法》，并指导全县知识产权保护工作；组织实施《中华人民共和国专利法》《中华人民共和国技术合同法》，管理全县专利工作和技术市场。充分利用“科技活动周”“三下乡”“宣传活动日”，组织开展知识产权宣传宣讲和培训。开展知识产权培训 23 期，受训人员 563 人次；发放知识产权资料 1 万余份。

第六章　气　象

第一节　机构队伍

1991 年，麦盖提县气象站建站初隶属于喀什地区中心气象站，人员编制 5 人，实有人数 5 人。

1992 年 6 月 1 日，根据新疆维吾尔自治区人民政府和自治区气象局文件通知，麦盖提县气象站更名为麦盖提县气象局。

2007 年，根据中国气象局决定，麦盖提县气象局业务级别由一般气象观测站调整为基本气象站。人员编制增加到 10 人，实有人数 10 人。

2009 年 1 月，根据气发〔2008〕202 号文件，站名由麦盖提国家一级气象观测站更名为麦盖提国家基本气象观测站。

2010 年，麦盖提县气象局下设气象台、综合管理科、防灾减灾科、气象服务中心、人影办 5 个科室，主要承担地面气象观测、农业气象观测、天气预报服务、农业气象信息服务、人工影响天气和防雷检测等工作。

第二节　公共气象服务

一、主要服务内容

24 小时预报、三天天气预报、周预报、十天预报、短期气候预测、中长期气候预测、短期气候评价、气象预警信息预测及发布、决策气象服务、农业气象服务信息、专题预报、实时气象报告、人影简报等。

二、主要服务手段

24 小时预报、三天天气预报：每日通过麦盖提广播电台向社会公众发布预报信息。

周预报、十天预报：按时通过县党政内网及手机短信形式向县委、县人民政府及各相关单位提供服务。

短期气候预测、中长期气候预测、短期气候评价、决策气象服务、农业气象服务信息、专题预报：按时形成纸质材料，由气象局工作人员及时向县委、县人民政府及各相关单位负责人报送，同时通过党政内网向各乡（镇）及有关人员发送预报信息。

遇有重大天气过程时，及时通过气象预警信息平台向社会公众发布气象预警信息。

根据天气变化情况，结合各农作物生长状况，及时制作并通过各类传媒发布农业气象服务信息、实时气象报告，提示做好相关农业生产工作。

为进一步加强气象防灾减灾工作，不断增强气象灾害防御能力，2010 年，初步建成气象信息员队伍，共 167 人，信息服务站及信息员、协理员覆盖全县 128 个行政村，覆盖率 100%。在全县 10 个乡（镇）均成立气象服务工作领导小组和农村气象信息服务站。

第三节　人工影响天气

为大力开展人工防雹及增雨作业，麦盖提县气象局于 2005 年成立人工影响天气领导小组，并经喀什地区气象局及麦盖提县人民政府共同出资，为麦盖提县气象局购买防雹作业车辆 1 台。麦盖提县人影办在喀什地区人影办及麦盖提县委、县政府的领导和管理下，积极做好增雨、防雹以及冬、春季的增雪等人影业务工作，为麦盖提县的农业生产及防灾减灾保驾护航。

第三十一编　文化旅游

麦盖提县文化体育广播影视和旅游事业在县委、县人民政府的坚强领导下，始终植根于中华优秀传统文化沃土，坚决落实少数民族文化发展方针政策，挖掘其精华，服务社会，服务人民，满足人民群众日益增长的精神文化需要。

1991—2000 年，麦盖提县文化、体育、广播影视事业在全社会的关注、关心、支持、配合下，有新的起色。文化活动经常开展，遍及机关单位和乡村。麦盖提县站在弘扬中华优秀文化的高度，创造性开发刀郎文化，不断丰富刀郎文化的时代内涵，后发赶超，异军突起，走向全国和世界，倍受上级主管部门认可。1996 年，麦盖提县跻身全国文化先进县行列。群众体育以民间体育为主，基本与文化活动融为一体，竞技体育优势不减，摔跤、拳击在参加自治区、地区组织的比赛中，获得多项奖牌。大喇叭进村，通响率 90% 以上，将党的声音传到千家万户。电视信号逐步向乡村辐射，电视渐入寻常百姓家。电影放映从城镇走向农村，国家农村电影放映“2131”工程启动，农民享受免费看电影。广播、电视、电影的兴起，改善了全县人民文化生活单调的局面，渐至成为不可或缺的精神食粮。

2001—2010 年，全国文化工作者迎来文化的春天，进入文化大发展时期，中共中央、国务院加大对文化基础设施的投资力度，基层文化体育广播电视阵地简陋状况有了大的改观。全县有县文化馆 1 个、乡（镇）场文化站 10 个、村（社区）文化室 135 个、户外活动场所 137 个；刀郎文化向纵深发展，广场文化活动兴起，每年各类文化活动开展的周期在 10 个月以上；县城有大型体育场馆 2 座，乡村均有篮球场、排球场、羽毛球场、摔跤场、帕普孜场、萨哈迪场，竞技体育保持在地区中上游水平；加强广播电视基础设施建设，广播电视转播质量大提升，全县广播综合人口覆盖率 100%；有线电视传输步入数字时代，50 套卫视节目进入寻常百姓家庭，电视覆盖率达 90% 以上；传统电影设备被数字电影设备所取代，继续实施国家农村电影放映“2131”工程，年均放映 1600 场次，观众年均 40 万人次；旅游事业被纳入县委、县人民政府重要工作规划，“刀郎木卡姆”“刀郎麦西莱甫”“刀郎农民画”等丰富的文化旅游资源开始开发，初步打造了沙漠、原始胡杨林、湿地、库区等景点。

截至 2010 年，麦盖提县先后被中国特产之乡推荐暨宣传活动组织委员会授予“中国刀郎木卡姆之乡”“中国刀郎麦西莱甫之乡”“中国刀郎农民画之乡”“中国刀郎羊之乡”称号。“刀郎木卡姆”和“刀郎麦西莱甫”被国务院列入国家非物质文化遗产名录，受到特殊保护。

第一章　文化艺术

第一节　机　构

一、行政机构

（一）文化体育广播影视局（文化局、体育运动委员会、广播电视局）

1991 年，文化局编制 4 人，领导职数 1 个，实有 6 人；内设群众文化办公室、电影、文艺工作办公室，财务室，文化市场管理办公室；下辖单位有文工团、文化馆、图书馆、电影发行放映公司、人民电影院、业余体校。县广播电视局内设办公室、广播电视管理科、总编室、业务部，有职工 38 人。县体育行政管理机构是体育运动委员会，领导职数 1 个，专职干部 6 人，工人 1 人。

2000 年，文化局、体育运动委员会合并，成立文化体育局。

2003 年，党政机构改革，文化局、体育运动委员会和广播电视局合并，成立文化体育广播影视局，编制 10 人，领导 5 人，设党委书记 1 人，局长 1 人，副局长 3 人，其他工作人员 5 人。成立 3 个党支部（局机关党支部、广电党支部、退休职工党支部）。

2006 年，旅游职能从经济贸易局划入文化体育广播影视局，由文化体育广播影视局 1 名副局长分管。

2010 年，文化体育广播影视局编制 10 人，领导职数 4 个，实有工作人员 11 人，中共党员 9 人。下设行政办公室、文化市场稽查大队、广播电视执法大队、旅游执法大队。

（二）文化市场稽查大队

2007 年，成立文化市场稽查大队，核定参照公务员管理编制 4 人，实有 3 人，隶属于文化体育广播影视局。

（三）广播电视稽查大队

2007 年 12 月，广播电视稽查大队成立，隶属于文化体育广播影视局。核定参照公务员管理编制 3 人，实有 3 人。

二、事业机构

1. 文化馆

1991 年，县文化馆隶属于文化局，编制 5 人，实有工作人员 5 人。

2000 年，县文化馆编制 9 人，实有工作人员 9 人。

2003 年，县文化馆隶属文化体育广播影视局，全额预算管理，核定全额拨款事业编制 14 人，领导职数 1 个，实有工作人员 9 人。

2010 年，有编制 14 人，领导职数 1 个，实有工作人员 10 人。

2. 文工团（刀郎艺术团）

1991 年，文工团隶属于文化局，事业编制 30 人，实有 11 人。

2003 年，更名为麦盖提县刀郎艺术团，隶属麦盖提县文化体育广播影视局，股级，事业单位，编制 30 人，因对外演出需要，增加人员 15 人，列入县财政供养人员，实有 45 人。

2004 年，编制 30 人，实有 51 人（含县财政供养人员）。

2010 年，编制 30 人，实有 96 人。

3. 图书馆

1991 年，图书馆实有职工 7 人，其中维吾尔族 6 人、汉族 1 人。

1998 年，核定编制 3 人，领导职数 1 个，实有工作人员 5 人。

2003 年，明确为全额拨款事业单位，编制 7 人，实有 7 人。

2006 年，编制 7 人，领导职数 1 个，工勤人员 1 人，实有工作人员 5 人。

2010 年，编制 7 人，实有 6 人，其中维吾尔族职工 5 人、汉族职工 1 人。

4. 文物保护管理所

1991 年，机构未成立，文化局安排 1 名副局长分管文物保护工作。

1998 年，文物保护管理所正式成立，编制 3 人，实有专业人员 3 人。

2010 年，编制 3 人，实有 2 人。

5. 电影发行公司（电影院）

1991 年，电影发行公司有职工 9 人，电影院有职工 3 人。全县流动放映队 17 个，放映员 51 人。

1995 年，电影院和电影发行放映公司合并为电影公司，实有工作人员 18 人。

2005 年，电影公司改制为农村电影放映管理站，副科级，设领导职数 1 名，设立 5 个放映队，实有工作人员 13 人，其中在编人员 3 人、聘用人员 10 人。

2008年，更名为农村数子电影服务管理中心，核定编制3人，领导职数1个，实有工作人员3人，聘用人员 10 人。

6. 业余体育学校

1991 年，业余体校隶属麦盖提县体育运动委员会，编制 8 人。2000 年，隶属文化体育局，编制 8 人。2003 年，隶属文化体育广播影视局，定编为 8 人，实有职工 10 人。有田径、拳击、自由式摔跤和古典式摔跤等 4 个专业体育队伍。田径队员 40 人，拳击运动员 20 人，自由式摔跤队员 15 人，古典式摔跤队员 15 人。

7. 广播电视局（电视台）

1991 年，广播电视局（电视台）实有职工 10 人，其中汉族 8 人、维吾尔族 2 人。

2003 年 5 月，广播电视局撤销，并入县文化体育广播影视局。广播站和电视台合并为广播电视台，机构设置为副科级，实有 18 人（含中共党员 12 人），其中领导职数 2 个、职工 16 人。

8. 广播站

1991 年，广播站实有职工 15 人，其中维吾尔族职工 8 人、汉族 7 人，含记者 8 人、播音员 3 人。

1997 年，广播站编制 17 人，领导职数 2 个，实有工作人员 17 人，其中少数民族 3 人、妇女 3 人、中共党员 3 人。2003 年 5 月与电视台合并。

9. 旅游执法大队

2008 年 5 月，成立县旅游执法大队，隶属文化体育广播影视局。核定事业管理编制 5 人，实有 2 人。其职能是对旅游景点、旅游商品销售依法进行监督管理。2010 年，实有 4 人。

第二节　文化设施

一、文化馆

麦盖提县文化馆 1985 年建成，为砖混 3 层，面积 780 平方米，与文化局机关一起办公。1996 年，因召开第五届全国万里边疆文化长廊建设现场会，县财政解决 10 万元进行维修。2005 年，因拆迁新建的原因，文化馆迁至图书馆办公（县图书馆迁至县青少年活动中心）。2007 年，新建框架五层文化馆，建筑面积 1573 平方米。由于资金不足，一层作价为工程款，归建筑商所有。2008 年，文化体育广播影视局机关、文化馆迁入新楼办公。

二、文化站（室）

从 2006 年开始，国家投资的乡（镇）文化站、村（社区）文化室建设项目资金陆续到位，新建一批乡镇文化站和村（社区）文化室，功能齐全，为开展常态化文化活动奠定坚实的基础。截至 2010 年，全县 9 个乡、1 个镇均设有文化站，128 个村、7 个社区均有文化室。以下重点介绍 5 个文化站。

（一）尕孜库勒乡文化站

占地面积 560 平方米。2010 年，阅读 7200 人次，借阅图书 3600 人次。20 个村文化室全年共接待群众 2.16 万人次。

（二）库木库萨尔乡文化站

占地面积 570 平方米。2010 年，阅读 5100 人次，借阅图书 2880 人次。12 个村文化室全年共接待群众 7680 人次。

（三）央塔克乡文化站

占地面积 615 平方米。2010 年，阅读 8280 人次，借阅图书 4140 人次。23 个村文化室全年接待群众 2.484 万人次。

（四）库尔玛乡文化站

占地面积 560 平方米。2010 年，阅读 5100 人次，借阅图书 2880 人次。9 个村文化室全年共接待群众 8300 人次。

（五）麦盖提镇文化站

占地面积 593 平方米。2010 年，阅读 1.1 万人次，借阅图书 6500 人次。7 个社区文化室全年共接待群众 1.1 万人次。

三、文化广场

麦盖提县刀郎文化广场于 2003 年 4 月 16 日开工，10 月 1 日落成，总投资 1800 万元。地处县城中心，南北长 337.6 米，东西宽 199.8 米，面积 67452 平方米，合 102 亩，其中绿地 2.27 万平方米，占 33.58%；水面 874 平方米，占 1.3%；建筑 3152 平方米，占 4.67%；花岗岩地面 1.88 万平方米，占 27.8%；广场砖地面 2.2 万平方米，占 32.6%。2004 年 12 月，被命名为县级爱国主义教育基地。

广场以历史、文化、艺术雕塑、中西合璧的廊柱、亭廊建筑、庄严肃穆的汉白玉国旗台、华表和栏杆、椭圆形水池与典雅的拱桥等有形建筑为主体，通过对称布置的草坪花卉、园林植物、各色图案的花岗岩和广场砖地面、现代科技的变频同步音乐喷泉、形状别致的灯具及其他景观的烘托，重点展现中华民族悠久的历史文化和博大的人文精神以及新疆独特的民俗风情和麦盖提刀郎文化之乡的魅力。

广场简要划分为政治活动区、历史文化艺术观瞻区、廊柱舞池娱乐区、亭廊休闲娱乐区、鱼池拱桥喷泉景观区、绿地花卉园林植物生态区。

广场主要设施有：四川汉白玉浮雕栏杆和 11.6 米不锈钢旗杆组成的国旗台；有高 2.6 米、重 1.8 吨，铸有“真金作鼎，百神率服”的四足方形青铜鼎两尊，是国家团结的象征，代表和平与昌盛。高 11.58 米的房山汉白玉华表 1 根。高 7 米、直径 0.9 米的柏坡黄花岗岩浮雕文化柱 10 根。直径 0.9 米的花岗岩圆球 10 个。华表象征中华历史文化之师表，10 根文化柱寓意为麦盖提县 9 个乡 1 个镇，浮雕内容为 10 个主题，涵中华五千年历史文明，琢历史风云人物，展近现代大事，现新疆丝绸之路和麦盖提县刀郎民俗民风，华表、文化柱、石球之数寓意为 21 世纪。

四、图书馆（室）

1991 年，麦盖提县图书馆位于县城老广场西北角，与文化馆共在一处办公，办公面积 300 平方米，设立维汉借书处，维汉成人阅览室，维汉少儿阅览室，维汉资料室等功能室。截至 2005 年，总藏书量 2.44 万册，其中维文图书 6100 册、汉文图书 1.48 万册，维汉报纸 40 种 1006 册，维汉杂志 60 种 1771 册，维汉少儿图书 703 册。

2006 年，图书馆搬迁到新修建的活动中心二楼，面积 1100 平方米。国家配置电子图书接收设备，配套设备运行费，借阅环境更为舒适。

2009 年，图书馆被自治区文化厅评为三级图书馆。

2010 年，总藏书量 3.22 万册。其中，维文图书 7742 册，汉文图书 1.75 万册，维文少儿图书 448 册，汉文少儿图书 455 册，维文报纸 24 种 767 册，汉文报纸 26 种 618 册，维文杂志 60 种 2742 册，汉文杂志 61 种 1484 册，VCD 光碟 502 片。

五、影剧院

1991 年，影剧院位于英巴扎北路，内设座位 500 个。

2005 年，因城市规划建设原因，影剧院拆除，新建商品房 3 栋。

2006 年，麦盖提县没有影剧院，机构和人员并入农村电影放映管理站。

第三节　群众文化活动

一、县城文化活动

1991 年起，麦盖提县城文化活动以主题活动为主，活动形式有合唱、歌舞、小品等。全县年均开展大型活动 10 场次，平均每场观众 2000 ~ 2500 人；县直 100 多个单位年均自办文化活动 12 场次，95% 以上的干部职工参与其中。

2003 年，文化广场建成后，文化体育广播影视局认真贯彻自治区宣传文化部门的要求，有计划、有主题持续开展“百日广场”文化活动，每年从 5 月开始到 10 月底结束，文化体育广播影视局将节庆文化和各行业的宣传月、宣传周、宣传日活动全部纳入其中，列出每周活动时间表，按时组织实施，文化活动丰富多彩。年均举办“百日广场”文化活动 34 场次（每场平均观众 1200 人以上）。

2009 年后，为拉动旅游发展，拓展了“百日广场”文化活动内涵，不局限于 5—10 月，活动主题改版为“激情刀郎天天乐”，单位职工、城镇居民轮流上阵，每晚活动时间两个小时，传统文化、刀郎文化相互交织，吸引各族群众和县外游客前来观看，既丰富群众的业余文化生活，又提升麦盖提县的知名度。

二、农村文化活动

1991 年起，各乡村文化活动围绕爱党爱国、民族团结、科学文明等主题进行，内容广泛，形式多样，既有歌唱类、舞蹈类，又有小品类、才艺表演类。全县 9 个乡、128 个村每年平均开展各类文化活动 1800 场次，每场参与群众平均 300 人次。2001 年，自治区人民政府授予麦盖提县“农村群众文化活动先进县”称号。2004 年，团中央授予麦盖提县“全国农村青年科技文化活动先进县”称号。2005 年，中国乡土艺术协会授予央塔克乡、尕孜库勒乡、库木库萨尔乡“中国特色文化乡镇”称号。

2006—2010 年，每年利用冬季 3 个月开展“三下乡”活动，其中电影下乡、图书下乡各有 2000 场次。各乡（镇）文化站图书室、村文化活动室全天候免费开放，方便农民群众借阅书刊、观看爱国主义及科技电教片。

三、校园文化活动

1991—2010 年，全县中小学校（幼儿园）年均 90 所，年均在校生 3.52 万人，各学校（幼儿园）年均举办大型校园文化活动 180 场次，每场次参与学生合计 3 万人次；各学校（幼儿园）参加教育系统组织的以弘扬中华传统文化为主的各类文艺展演、评选活动，累计 270 场次，每场次参与学生合计 2.7 万人次。文化活动形式多样，有歌咏比赛、舞蹈表演、国学经典诵读、小品、快板等。各学校把校园文化活动作为思想政治工作、德育工作的重要组成部分。坚持以党的教育方针为指导，以培养共产主义接班人为己任，弘扬中华优秀文化，不断向社会、向各族家庭辐射正能量，学校办学水平不断提升。

1999—2006 年，县财政累计投入资金 245.9 万元用于购买音乐美术器材，满足学校艺术课教学、开展艺术活动需要；在自治区举办的中小学生书画作品比赛中，全县获奖学生 224 人，教师获指导奖 4 人；在第五届全国中小学美术作品大赛中，麦盖提县获奖师生 42 人，其中银奖 2 人、铜奖 1 人、优秀奖37人、辅导奖2人。

2007年，麦盖提县获得“全国农村学校艺术教育实验县（市）”二级课题成果一等奖，县推荐的音乐录像课《我是木卡姆继承人》、美术录像课《用精美的方法装饰葫芦》获得国家级二等奖。

四、老年文化活动

1991—2005年，麦盖提县老年文化活动场所在总工会院内，有1间大礼堂400平方米，内有乒乓球、台球、康乐棋、麻将、音响等娱乐设施，老年人主要集中在大礼堂进行一些文化活动。2006年，县总工会搬迁至县人民政府大院新建办公场所办公，内设书画室2间、排练房1间、阅览室1间、乒乓球室4间、棋牌室2间、台球室1间、康乐棋室1间、健身房2间。活动室一年四季开放，没有休息日，每日开放8小时（平均参加活动30人次），全年累计开放2920小时，参加活动1.1万人次，满足离退休人员对精神文化的需求，老年人生活质量得到提高，做到“老有所乐”。

2006年之后，老干局每年组织老年书画展览活动5场次，每次参展书画作品上百幅，年均展出书画作品500幅，展出持续15天，观赏群众3.75万人；有8幅老干部作品被收入喀什地区老干部书画展作品集；每年春节期间，老干部书法爱好者免费为各族群众书写、提供春联作品1000幅。老年人有了自我展示的平台，使老年人“老有所为”。

至2010年，老年广场舞队发展到16支450人，人员构成以退休人员为主，带动县城居住的老年朋友纷纷参与其中。老年广场舞、健身舞、交际舞活动在每日早晨和晚间开展，累计1.2万场次。老年人常年参加文化健身活动，身体得到锻炼，精神获得愉悦，少有生病，生活自理能力强。

五、节庆文化活动

麦盖提县委、县人民政府坚持举办大型节庆文化活动，以此提振各族刀郎儿女投身改革开放、建设中国特色社会主义的精气神，弘扬中华优秀文化，打造刀郎文化品牌，凝聚爱国主义民族精神。

1991—1999年，麦盖提县节庆文化活动主要以歌咏比赛为主，比较单一。2003年之后，刀郎文化广场建成，节庆文化活动有了展示的大舞台，形式逐步丰富起来，有歌咏比赛、舞蹈（刀郎舞、广场舞、健美操、标准舞、集体舞）大赛、小品大赛、卡拉OK比赛、业余歌手演唱比赛、有奖舞会、秧歌、腰鼓、社火表演、书画摄影展、女性“四自”精神歌咏比赛、“漂亮脸蛋露出来、美丽长发飘起来”长发风采大赛，有送春联、焰火晚会、灯展、游园活动等；内容紧紧围绕党的中心工作，以歌颂党、歌颂社会主义、歌颂改革开放取得的伟大成就，讴歌民族团结、讴歌新人新事新风尚为主题，全面展现“伟大祖国好、社会主义好、共产党好、改革开放好、民族团结好、解放军好”。

至2010年，举办迎新年晚会20场次，观众累计1万人次；举办春节联欢活动28场次，观众累计2.1万人次；举办元宵节社火活动7场次，观众累计2.38万人；举办“三八”妇女节文艺演出10场次，观众累计5000人次；举办“五一”劳动节庆祝活动20场次，观众累计2万人次；举办“五四”青年节纪念活动8场次，1.6万人次；举办“六一”儿童节文艺会演10场次，观众累计2万人次；举办“七一”建党主题文化活动20场次，参与职工累计1.4万人次；举办“十一”国庆节文艺会演20场次，观众累计3万人次；举办诺鲁孜节文化活动2届22场次，参与群众14.9万人次。

六、文化交融

麦盖提县聚居着汉、维吾尔、回、哈萨克等13个民族，人口分布的显著特点是大杂居、小聚居。

麦盖提县各族群众，互相尊重风俗习惯、生活习惯，相互学习语言文字，不同民族的节日大家共同过。库尔玛乡红光村最为典型，那里的维吾尔族群众说汉语，都带有浓浓的甘肃腔。各乡（镇）场的维吾尔族年轻人都喜欢踩高跷、划旱船、扭秧歌、舞狮、舞龙、扎彩灯、放烟花爆竹等活动，每年积极参加麦盖提县举办的春节元宵节社火盛会；而汉族群众很多人学会了跳刀郎舞、民族舞、维吾尔语。各民族文化在麦盖提县相互影响、相互促进，中华文化与各民族文化交相辉映，异彩纷呈。

20世纪90年代以来，麦盖提县委、县人民政府每年都要举办春节大型系列文化活动，旨在弘扬中华优秀传统文化，凝聚人心，增强各族群众对中华文化的认同。特别是在元宵节当天，来自县直各单位、各乡（镇）精心准备的秧歌、刀郎舞、新疆舞、舞狮、舞龙、踩高跷、划旱船等社火节目在县城主要街道行进表演，数万名各族群众夹道观赏，快乐和幸福溢于言表，整个县城热闹非凡，节日气氛格外浓厚，其场面震撼人心，令人难忘；元宵节当晚，文化广场人山人海，观看灯会、烟花晚会的各族群众人头攒动，络绎不绝，各族群众沉浸在传统文化的包围之中，尽情地品味浓浓的中国年，流连忘返。

2003年，麦盖提县委决定在全县普及推广刀郎舞、交谊舞、扇子舞、广场舞等，各单位立刻行动起来，利用业余时间认真组织学习、训练，各族干部群众积极响应。2004年起，麦盖提县每年举办诺鲁孜节庆典，各族干部群众组队，在庆典上踊跃表演自己擅长的各族舞蹈。从2005年起，县宣传、文化部门利用“百日广场”（“激情刀郎天天乐”）主题文化活动，把刀郎舞、交谊舞、扇子舞、广场舞等融入其中，县直各单位职工、城镇居民轮流上阵表演，一些外来游客也兴致勃勃加入其中，各族干部群众、学生尽情享受文化带来的愉悦和快乐。在这些重大的文化活动中，各族群众之间的感情不断加深，这种多民族的文化交融，促进麦盖提县各族人民共同团结奋斗、共同繁荣发展的良好局面的形成。

第四节　文学艺术

一、文学创作

1991—2010年，麦盖提文学爱好者笔耕不辍，创作发表一批在当地有一定影响的文学作品。体裁丰富多样，有小说、诗歌、剧本、散文、散文诗、歌词等，字数在500万字以上。创作这些作品的作者大多生活在麦盖提县，或者曾经在麦盖提县生活过，大多是刀郎人写刀郎。作品从不同的侧面反映刀郎儿女在改革开放的时代背景下美好的生活、奔放的情感，具有浓郁刀郎文化乡土气息、生活气息，语言特点突出，有着大漠戈壁的味道，生动朴实，真挚感人。

麦盖提县文学爱好者创作的主要作品情况表

表31-1-1

作者	性别	族别	创作情况
木台力甫·色依提	男	维吾尔族	1997年，创作剧本《刀郎麦西莱甫》，荣获全国少数民族文学创作“骏马奖”；《麦盖提道歉麦西莱甫》《麦盖提沙哈地麦西莱甫》《麦盖提猎手麦西莱甫》《莎车卡群麦西莱甫》《喀什茶馆麦西莱甫》《库车园林麦西莱甫》等剧本，编入新疆人民出版社出版的《中国维吾尔麦西莱甫》一书。2009年，木台力甫·色衣提与阿迪力买买提·图兰共同创作出版了《维吾尔刀郎民间口头文学精粹麦盖提部分》
侯宇振	男	汉族	2006年，散文集《在刀郎舞之乡》出版发行
刘德奇	男	汉族	1991—2010年期间，在《喀什日报》发表诗歌《热情好客刀郎人》《乡巴佬逛县城》，在《胜利报》发表纪实文学《包黑子》，在《刀郎文艺》发表诗歌《大美刀郎》，散文《走进刀郎　感受刀郎　品味刀郎》《我惹事申非的全过程》等
秦　钟	男	汉族	1999年10月创作的《漠日》《夜听叶河》《麦盖提小刀》收入《喀什文苑》特刊；2008年，散文《放歌大漠吟大桥》，获第十二届橡树全球华文文学奖；散文《农家来了丹顶鹤》获自治区科技进步二等奖

续表 31-1-1

作者	性别	族别	创作情况
张立雪	男	汉族	1991 年 3 月，诗歌《等待春天》《热爱春天》发表于《喀什日报》。1993 年 6 月，散文诗《大漠印象》收入《当代青年散文诗 1 千家》。1994 年，诗歌《地毯》发表于《文学港》。1996 年 10 月，诗歌《爱的历程》收入《中国当代情诗精选》。1997 年 3 月，散文诗《家园》收入《中国当代微型散文诗选》；6 月《大漠观日》发表于《喀什文苑》。1999 年 10 月，诗歌《圣地》发表于《喀什文苑》；同月，散文诗《漠乡雨季》《西部女人》《秋天印象》收入《喀什文苑》特刊
王战利	男	汉族	1995 年，散文《故乡的泉》《母亲的布鞋》发表于《喀什日报》。2002 年，散文《晶莹的泪》发表于《喀什日报》。2005 年，散文《窗前葵花》《选择》发表于《喀什日报》
李明强	男	汉族	作品散见于《中华诗词》《中华辞赋》《诗词月刊》《昆仑诗词》《中国诗词月刊》《诗词百家》《长白山诗词》《东海诗词》《天山天池诗刊》《诗词世界》等刊物

二、歌舞创作

1991—2010 年，麦盖提县刀郎艺术团（文工团）创作大量的文艺节目，有歌舞、说唱和小品，主要是歌舞。这些创编作品歌颂改革开放以来，在党和政府的正确领导下，刀郎大地越变越美、刀郎儿女过上的幸福生活，表达了爱党、爱国、爱社会主义的情感，地域特色突出，艺术特点鲜明，生活气息浓厚。

1991—2010 年麦盖提县刀郎艺术团主要创编节目情况表

表 31-1-2

序号	节目名称	节目类种	创作时间（年）
1	《刀郎之乡的欢乐》	集体舞	1995
2	《犯罪》	小品	1995
3	《等待》	歌伴舞	1995
4	《渔民舞》	集体舞	1995
5	《水闸边上》	小品	1997
6	《农民父亲》	歌曲	1999
7	《刀郎羊》	说唱	2004
8	《家里没有女人》	双人说唱	2004
9	《歌唱麦盖提》	热瓦甫弹唱	2004
10	《喀什姑娘》	女子集体舞	2004
11	《送温暖》	歌伴舞	2005
12	《卷发女郎》	歌曲	2005
13	《农民的愿望》	歌伴舞	2007
14	《时代之恋》	女子集体舞	2006
15	《唢呐之声》	女子集体舞	2007
16	《姑娘之心》	女子集体舞	2007

续表 31-1-2

序号	节目名称	节目类种	创作时间（年）
17	《惊讶》	女子集体舞	2007
18	《茶之恋》	说唱	2007
19	《恰比亚提木卡姆》	集体舞	2007
20	《刀郎青年》	集体舞	2008
21	《跳不完的麦西莱甫》	集体舞	2008
22	《麦西莱甫者》	集体舞	2008
23	《河边的姑娘》	女子集体舞	2008
24	《婚礼麦西莱甫》	集体舞	2008
25	《磨面舞》	女子集体舞	2008
26	《青春》	集体舞	2008
27	《各民族一家亲》	说唱	2009
28	《阿曼尼莎汗与刀郎姑娘们》	女子集体舞	2010
29	《朱拉麦西莱甫》	集体舞	2010

第五节　文　物

一、文物收藏

1991—2010 年，县文物保护管理所累计收藏文物 132 件。其中，1000 年前的文物 1 件，500 年前的文物 9 件。

二、文物保护

1991 年，自治区文物保护办公室、喀什地区文物保护管理所联合在麦盖提县进行第二次文物古迹、古坟普查，留存相关资料，向自治区、喀什文物部门报送有关文物资料。1995 年，自治区文物局、喀什文物管理所根据文化部门报送的资料，确定麦盖提县文物古迹、古坟的等级。1996 年，县人民政府转发自治区文物局文件，确定央塔克乡库木麻扎及库克吐倪力克阿塔木坟地、克孜勒阿瓦提乡克孜力齐坟地、希依提墩乡希依提墩坟地、艾合买提尕孜库勒乡卡孜坟地 5 个古坟为县级保护区。是年，派 1 名专业人员参加在乌鲁木齐举办的文物保护专业人员培训班，为期 15 天。

1998 年，县人民政府下发文件，正式成立麦盖提县文物保护管理所，配专业人员 3 人。地方财政拨款 1.8 万元，使文物保护地点标识牌、说明黑板、界线桩、保护人员等“四有”工作按要求得以落实。按照自治区人民政府下发文件要求，县人民政府把文物保护工作列入经济社会发展计划，列入城市、乡村和城镇总体规划，列入财政预算、列入管理体制改革、列入各级领导责任制，做到“五列入”。

2000 年，新疆大学有关专家到麦盖提县调研文物古迹，购买群众收藏的古物，并转赠麦盖提县 7 件文物，其中摇篮 1 个、纺车 3 件、翻地车 1 件、马殿 2 件。

2001 年，文物保护管理所工作人员经过 1 个月的调查研究，整理出昂格特勒克乡克力齐布格热汗坟地和斋呐克布格热汗坟地、库木库萨尔乡古丽齐曼合倪木坟地、巴扎结米乡诺鲁孜墩坟地和恰齐力克坟地、库尔玛乡麦丽开阿尔色兰汗合倪木坟地、央塔克乡阿恰墩坟地、克孜勒阿瓦提乡库依鲁克阿塔木坟地和卡热萨卡力阿塔木坟地 9 个古坟的初步资料。2002 年，县文体局向自治区文物局报送 9 个坟地的调研资料，申请保护等级。

2007 年，文化体育广播影视局派出工作人员 10 人，组成普查组 2 个，深入到 9 个乡、1 个镇、88 个村（农林场）实地调查，全面、系统地摸清全县非物质文化遗产资源的种类、数量、分布状况、生存环境、濒危程度、保护现状及存在问题等情况，普查到非物质文化遗产种类 113 个。

2008 年，在自治区、地区文物局的指导下，对全县不可移动文物进行普查，确定全县有不可移动文物点 25 处，其中古墓葬 11 处、现代代表性建筑 14 处。

2010 年，麦盖提县制定《麦盖提县第三次非物质文化遗产与古籍普查工作实施方案》，成立由 7 人组成的非遗普查组，利用 20 天时间对麦盖提县非遗资源进行全面普查，利用 4 个月时间对麦盖提县古籍进行普查。在普查过程中，普查小组对 13 个民间体育、艺术普查项目进行详细记录、摄像、拍照、录音。普查结束后，申报国家级非物质文化遗产项目 2 项、自治区级非物质文化遗产项目 2 项。是年 6 月，文化体育广播影视局按自治区文化厅、地区文化局要求，举办了非物质文化遗产日活动，发放文物法、非遗问答宣传单 500 份，参与人数 650 人，各族群众文物保护意识增强。

1991—2010 年麦盖提县 5 个重点保护墓地情况表

表 31-1-3

文物保护名称	所在地	分布面积（平方米）	保护面积（平方米）	批文	备注
库木墓地	麦盖提县央塔克乡	30000	30000	麦盖提县人民政府〔1996〕5	县级
克克塔里克阿塔木墓地	麦盖提县央塔克乡	25000	25000	麦盖提县人民政府〔1996〕5	县级
希衣提墩墓地	麦盖提县希依提墩乡	88000	88000	麦盖提县人民政府〔1996〕5	县级
艾合买提卡孜墓地	麦盖提县尕孜库勒乡	2000	2000	麦盖提县人民政府〔1996〕5	县级
克孜勒奇墓地	麦盖提县克孜勒阿瓦提乡	84800	84800	麦盖提县人民政府〔1996〕5	县级

第六节　文化市场发展及管理

一、娱乐行业

麦盖提县娱乐行业起步于 20 世纪 80 年代，其后，逐步发展起来，助力文化产品向文化产业逐渐推进。至 2010 年，麦盖提县具有合法经营资格的娱乐行业经营户 81 家，从业人员 96 人。其中，歌舞娱乐场所 5 家（其中迪吧 2 家、音乐餐厅 3 家），音像制品经营单位 18 家，网吧经营场所 8 家，电子游戏厅 8 家，打字复印店 14 家，印刷企业 2 家，装饰装潢店 5 家，台球 21 家。

二、图书和音像制品经营

截至 2010 年，全县有国营书店 1 家（麦盖提县新华书店），个体书店 4 家，音像店 18 家，全部集中在县城。书店规模不大，主要经营图书、教材教辅、挂历、期刊等。音像店主要销售录像带、录音带、VCD（DVD）光盘等，基本满足各族群众需求。

三、美术品经营

刀郎农民画作为国内外业内人士认可的画种，市场前景看好。20 世纪 90 年代中期，刀郎美术品（农民画、葫芦画等）交易活动开始在民间出现，部分农民画家受益；还有少量农民画在各类展出、评选活动中被外国游客购买，价格在 1200 元左右。2005 年 5 月，库木库萨尔乡农民画合作社开通销售网，麦盖提县刀郎农民画开始在网上销售，每幅画价格 150 ~ 400 元，售出较少，经济效益不明显。2010 年，农民画家年创作作品 5000 幅，300 名知名画家作品销量较好，年收入 2.5 万 ~ 3.5 万元。

四、文艺培训

麦盖提文艺培训工作主要由县文化馆、文工团、青少年活动中心、职业中专承担，为麦盖提县培养了一批又一批文艺人才。

1996 年，县文化馆、文工团联合办班，培训舞蹈、美术、书法专业人员 25 人。

1997—2006 年，县文化馆举办培训班 10 期，培训农村基层文化艺术专职人员 190 人、农民画家 25 人。

2007 年，县刀郎艺术团、职业中专联合培训刀郎木卡姆民间艺人 40 人。

2008—2010 年，县刀郎艺术团、青少年活动中心联合成立刀郎花朵少儿艺术队，累计培训学生 280 人，创作节目 36 个，演出 60 场次，观众累计 9 万人次。

五、广告业

（一）广播电视台广告

1991—2010 年，县广播电视台免费广告业务主要有教育局招生广告、劳动人事局招工招干广告、医疗卫生广告等。付费广告有企业广告和私人广告，按时间长短和物价部门核定标准收费，年均收入 10 万元左右。

（二）民营广告

1991—2010 年，麦盖提县民营广告公司有 9 家，其中 5 家业务量较大，主要设计制作宣传广告、宣传版面，年利润 20 万 ~ 50 万元。

六、市场管理

麦盖提县文化市场管理坚持贯彻执行上级部门文化市场管理各项政策、法规。强化服务管理，定期组织各类文化经营户培训，常态化开展以“扫黄打非”为内容的文化市场执法检查；成立一支由社会各界组成的义务监督队伍，设立文化市场监督举报统一电话“12318”。

（一）场所审批

1991—2010 年，文化市场管理部门按照文化、公安部门要求，严格审批程序，根据经营户提出申请，实地查看距学校、医院距离、场地面积等，对具备条件的，按规定审批发放全国统一的文化经营许可证，所有从业人员实现持“四证”（文化经营许可证、治安管理证、营业证、税务登记证）营业，证件不齐全，禁止营业。

（二）文化市场稽查

1991—2006 年，文化主管部门没有设立执法机构，与工商部门联合开展执法检查。2007 年，县文化稽查大队成立，县人民政府根据上级相关文件精神，结合麦盖提县实际，先后制定实施《麦盖提县文化市场管理条例》《市场巡查制度》《信息通报制度》《举报奖励制度》《大案要案上报制度》等一系列管理制度和办法。之后，县文化稽查大队依法对全县文化市场经营户进行常规检查和专项检查，开展打击盗版图书、盗版教辅教材、无证照经营、娱乐行业违法经营等专项行动，对存在问题的经营业主进行处罚，责令其限期整改，娱乐行业、图书经营、音像制品经营等逐渐规范，经营业主守法经营意识逐渐增强，文化市场逐步得以净化。

2005—2010 年麦盖提县文化市场稽查情况表

表 31-1-4

年份（年）	出动人员（人次）	检查次数（次）	问题处理情况
2005	169	64	督促文化经营业主对 45 个问题及时整改
2006	108	43	3 家游戏厅停业整顿
2007	125	52	4 家网吧停业整顿，经济处罚从业人员 6 人
2008	461	157	对科技网吧、北方网吧作出限期 1 个月整改处理
2009	300	56	吊销 4 家游戏厅文化经营许可证
2010	120	51	关停所有游戏厅

（三）扫黄打非

1997 年以来，县委、县人民政府重视扫黄打非工作，每年召开相关会议 2 次，开展大型拉网式清查 3 次，“扫黄打非”办工作人员例性常规检查多次，对不法行为进行严厉打击，效果显著。

1997—2010 年麦盖提县扫黄打非清查情况表

表 31-1-5

年份（年）	收缴非法音像制品（盒）	收缴非法书籍（册）	黄色录像带（盒）	黄色影碟（张）	处理情况
1997	20	50	—	—	取缔非法场所 1 家
1998	—	—	2	1	经济处罚，批评教育
1999	—	—	3	56	经济处罚，批评教育
2000	—	—	—	50	经济处罚，批评教育
2001	230	412	—	—	经济处罚，批评教育
2002	372	973	—	73	经济处罚，批评教育
2003	83	—	—	—	经济处罚，批评教育
2004	132	—	158	304	经济处罚，涉案人员拘留 15 天
2005	1633	52	—	—	经济处罚，批评教育
2006	5218	239	—	702	经济处罚，涉案人员拘留 15 天
2007	—	241	—	690	经济处罚，涉案人员拘留 15 天
2008	—	47	—	412	经济处罚，批评教育
2009	1753	61	—	—	经济处罚，批评教育
2010	5019	274	—	—	经济处罚，批评教育

第二章　广播影视

第一节　广　播

一、发展情况

1991 年，县广播站只有一套播控系统。

1993 年，县广播站投资 20 万元分别购置 1 台 1000 瓦、1 台 100 瓦电子管调频立体声发射机和 2 套播控系统。实现每日 3 次，共 4 小时用维、汉两种语言播出自办节目。

1994 年，麦盖提县广播站更名为麦盖提人民广播电台；经自治区广播电视局批准，麦盖提县广播站呼号改为麦盖提人民广播电台，每日用维、汉两种语言播出自办节目 3 次 4 小时。

1996 年，广播电台购入广播级开盘录音机 4 台，录音质量进一步提高。

1998 年，由广播电台编辑、播音主持人尹新慧录制的广播节目《共和国的旗帜》，在参加喀什地区优秀广播节目（汉语）评比中，获文艺类节目一等奖。

1999 年，县财政投资 8 万元新建砖木结构综合机房 90 平方米，集录音、播控、发射、维修于一体。是年，“西新工程”启动，县广播电台在国家项目资金支持下，新添 1000 瓦调频广播发射机 2 部，价值 30 万元。

2001 年，县广播电台在国家项目资金支持下，新添 300 瓦调频立体声广播发射机 2 部，用于维、汉广播节目传输。

2002 年，“大喇叭进村工程”启动，县自筹资金 80 万元在全县 484 个点新装大喇叭 1242 个，实现大喇叭进村全覆盖，获地区“大喇叭进村工作先进单位”称号。由广播电台编辑、播音主持人尹新慧采制的广播通讯《买合苏木老人和他的三块小黑板》，参加新疆维吾尔自治区优秀广播节目（汉语类）评比，获专题类节目三等奖，参加喀什地区优秀广播节目（汉语类）评比，获专题类节目一等奖；由广播电台记者、编辑李文华采写的新闻稿《栽下梧桐树，引来投资商》，参加喀什地区优秀广播节目（汉语类）评比，获消息类节目二等奖；由广播电台记者、编辑李文华撰写的新闻述评《麦盖提农民想什么干什么》，参加喀什地区优秀广播节目（汉语类）评比，获评论类节目二等奖。

二、广播人口覆盖率

1991—2001 年，麦盖提县广播主要覆盖县城和乡（镇）所在地，少数村有大喇叭，部分群众听不到广播，广播人口覆盖率 70%。

2002 年，“大喇叭进村工程”启动，广播人口覆盖率提升到 95.4%。之后，国家解决了大喇叭运行电费、维修费，“大喇叭进村工程”持续推进，农村广播人口覆盖率逐年上升。至 2010 年，广播人口覆盖率 100%。

第二节　电　视

1991—1999 年，麦盖提县闭路电视采用 300 兆传输，只能传输 15 套上星节目，还停留在模拟信号阶段。2000—2010 年，采用 500 ~ 700 兆传输，实现 50 套上星节目传输目标，传输信号接近数字信号标准。其间，自办节目紧扣时代主题，内容不断丰富，播出质量不断提高。1994 年，县电视台获自治区广电局颁发的“1994 年度技术维护先进集体”荣誉；2003 年，广播电视台被地区广播电视局评为中共十六大暨“两会”安全播出先进单位，被县委、县人民政府评为年度“双文明”单位；2004 年，广播电视台获自治区广电局颁发的“年度技术维护管理工作先进单位”称号，获地区“西新工程”先进单位称号；2005 年，获地区“广播电视先进单位”称号。

一、电视人口覆盖

1991—2000 年，全县电视人口覆盖率保持平稳；2001—2005 年，电视人口覆盖率大幅度提升；2006—2010 年，受电信网络电视冲击，归口统计电视人口覆盖率有所下降，但总体电视人口覆盖率仍处上升趋势。

1991—2010 年电视人口覆盖率情况表

表 31-2-1

年份（年）	全县人口数（人）	人口覆盖率（%）
1991	172829	90.00
1992	175802	90.00
1993	177675	90.00
1994	181050	90.00
1995	184478	90.00
1996	186965	90.00
1997	192413	90.00
1998	194327	90.00
1999	199744	90.00
2000	191894	90.00
2001	192505	97.03
2002	195515	96.01
2003	201044	96.03
2004	210843	96.03
2005	219329	98.03
2006	222676	85.00
2007	228541	85.00
2008	235972	89.00
2009	240280	89.00
2010	255171	89.00

二、电视业务发展

1991年，县广播电视局设立有线电视台，使用300兆隔频系统网络传输15套中央台及部分省区台上星节目。

1993年，有线电视实现全县联网，有1300多户县直机关、企事业单位、学校单位职工家庭可以收看到7套中央电视台及部分省区电视台上星节目。

1996年，有线电视前端由300兆隔频系统升级为550兆邻频系统，节目传送量达到34套。

1998年，县财政投资18万元新建砖木平房256平方米，改善办公条件。当年国家“村村通工程”开始实施，解决卫星广播电视节目地面接收设施3套，价值30万元。

2001年，在国家项目资金支持下，有线电视前端由550兆邻频系统升级为750兆邻频系统，主传输干线由电缆更换为光缆。

2003年，广播电台、电视台合并为广播电视台，电视有效覆盖率83%；县广播电视台实施“西新工程”项目，新添1000瓦无线电视发射机2部及附属设备，价值100万元。

2006年，全县有线电视主干线电缆改为光纤。

2008年，“西新工程”项目配送广播电视发射塔设备器材，价值400万元，新建广播电视发射塔110米。

2010年，为改善互联网给电视业带来的冲击，扩大用户，增加收入，广播电视台通过与上级主管部门合作的方式，加强网络电视建设，实现模拟信号向数字信号的转换，高清电视画面进入人们生活。截至2010年，国家免费配备广播电视“户户通”接收设备4万余套，价值4000余万元，实现广播电视信号全覆盖。

三、专题片拍摄

1993年，麦盖提电视台与新疆电视台配合拍摄刀郎木卡姆、刀郎麦西莱甫大型文学艺术片。

1994年，县电视台配合参与新疆电视台刀郎木卡姆、刀郎麦西莱甫大型文学艺术片剪接、编辑工作，制作完成后，新疆电视台通过卫星电视向全国播放，提升了外界对刀郎文化的了解。

1995年，县电视台录制完成专题片《叶河大桥竣工庆典》(维汉两种语言)，在县电视台黄金时段播出。

1997年，县电视台配合新疆电视台完成《刀郎麦西莱甫》大型文艺专题片维译汉工作，在中央电视台播放，被广播电影电视部、国家民族事务委员会授予“天马奖”。

2002年，县电视台配合中央电视台《中华民族》栏目拍摄制作《悠悠卡龙情》，宣传报道央塔克乡民间老艺人阿不都吉力力·肉孜培养卡龙琴传承人的故事。

2003年10月，录制完成专题片《文化广场竣工庆典》(维、汉两种语言)，在县电视台黄金时段播出。

2004年9月，县人民政府投资30万元邀请新疆电视台拍摄大型歌舞剧《刀郎麦西莱甫》，该剧在新疆电视台农村天地栏目播出，共播出8次。同年，广播电视台录制专题片《城市天山杯竞赛宣传片》(维、汉两种语言)，在县电视台黄金时段播出。

2005年，县广播电视台配合中央电视台3套完成《魅力刀郎》专题片摄制，6名民间艺人应邀参与拍摄。当年，该片在中央电视台播出。

2008年9月，县电视台制作全国第十三届青歌赛刀郎传人获银奖专题片、刀郎木卡姆专题片，分别在新疆电视台、喀什电视台、县广播电视台播出，大力推介刀郎文化艺术。

第三节　电影放映

一、城镇电影放映

1991 年，电影发行放映平稳，城镇居民看电影人数较多，县影剧院每天放映 3 场，每场平均观众 800 人次。

1994—1995 年，电视的兴起，电影发行接近瘫痪，放映滑坡，电影片租、工作人员工资等费用得不到落实，县委、县人民政府作出决定，将影剧院和电影发行放映公司合并为麦盖提县电影公司，实行包场放映电影，职工工资和放映费纳入财政预算。为扶持电影公司，凡放映爱国主义题材影片，县委宣传部都下发通知，要求各单位组织职工购票观看。

1998—2000 年，县电影公司超额完成放映任务，连续 3 年被自治区电影公司评为“电影放映模范单位”。

2004 年，电影公司开始在刀郎文化广场免费放映电影，当年放映 12 场次，观众 1.2 万人次。

2005—2006，县电影公司连续两年获地区电影公司表彰奖励。

2008 年，国家广播电影电视总局给麦盖提县配发数字电影放映设备 4 套，并解决了放映费，实行公益放映，数字电影进入人们生活。全年在文化广场放映电影 19 场次，观众 1.9 万人次。

2010 年，为全县职工、学生放映教育影片 33 场次，其中在文化广场放映 16 场次，观众累计 7.55 万人次。

二、农村电影放映

1991—1993 年，各乡（镇）都成立放映队，农民群众看电影费用和放映员工资从乡统筹支出，平均每年放映电影 600 场次，观众 6 万人次。

1994—1996 年，乡（镇）电影放映实行包场，不再向农民收取电影费，年均放映电影 900 场（次），观众 9 万人次。

1997 年，农村电影放映“2131”工程启动，当年放映电影 800 场（次），观众 8 万人次。

2003 年，国家广播电影电视总局给麦盖提县配发价值 28 万元的放映设备，县委、县政府给电影公司配备 4 辆摩托车、2 台放映机，县财政拨款 1 万元用于电影放映费。当年，电影公司下乡放映电影 750 场（次），观众 7.5 万人次。

2004 年 9 月，县委、县人民政府研究决定，成立农村电影放映管理中心，组建 5 个乡村放映队，招聘 13 名放映员纳入财政供养，固定工资每月 500 元，确定每放映 1 场电影解决 80 元放映费。至 2007 年，农村电影放映管理中心下乡累计放映电影 2410 场（次），观众 24.1 万人次。

2008 年，农村数字电影服务管理站成立，放映设备更新换代，放映队增加至 6 个，当年下乡巡回放映 1684 场，观众 16.8 万人次。

2010 年，农村电影放映工作按照“2131 工程”要求，在 10 个乡镇巡回放映电影，完成公益放映任务 1686 场，观众 16.7 万人次。

第三章　图　书

第一节　图书馆

一、图书馆藏

1991年，县图书馆总藏量9280册。其中，维文图书3200册，汉文图书5300册，维汉报纸15种（数量330册），维汉杂志25种（450册）。到2005年，总藏量2.438万册。其中，维文图书6100册，汉文图书1.48万册，维汉报纸40种1006册，维汉杂志60种1771册，维汉少儿图书703册。到2010年，总藏量3.22万册。其中，维文图书7742册，汉文图书1.75万册，维文少儿图书448册，汉文少儿图书455册，维文报纸24种767册，汉文报纸26种618册，维文杂志60种2742册，汉文杂志61种1484册，VCD光碟502盘。

二、图书借阅

1991年，累计办理借书证1275个，成人借书人数累计1.3万人次，阅览人数累计3.4万人次，儿童阅览人数累计2.7万人次。

1994年，借阅图书和报刊的人数明显增加，累计图书借阅1.1万人次，报纸、杂志借阅累计10.49万人次。

2001年，图书馆借阅累计3800人次，阅览累计5000人次。其中，寒、暑假期间，小读者累计借阅书刊1600人次。

2007年，外借室、阅览室、少儿室等窗口累计接待各类读者阅览3.5万人次，累计借阅图书6万册。每周平均开放时间56小时，查找咨询信息70人次。

2010年，阅读图书资料5532人次，外借图书1792本（册）。是年，图书馆开展麦盖提县第三届“天山杯”读书节宣传活动1次，活动期间向读者推介图书目录，500名读者参与阅读活动；在图书馆内设立主题橱窗，适时组织小学生集体阅读活动，参阅300人次。

三、图书下乡

1991—1998年，图书馆工作重点是派业务干部下乡指导各乡镇文化站（室）工作，帮助乡村管理人员对图书进行分类、编目。

2000年，图书馆重点开展“图书服务宣传周”活动和“全民读书月”活动，向各乡（镇）文化站、村文化室送图书7000册、书架15个；开展科普巡回宣传4次。

2004年，图书馆重点开展文化“四下乡”活动，抽调业务骨干组成服务队，帮助各乡（镇）场培训图书管理员两批40人次；为各乡（镇）文化站送去高质量、实用性强的科技图书2000册；向农民讲解科技、文化、体育等方面的知识，受教育累计2000人次。

2006年5月29日，借助图书馆周活动之机，图书馆工作人员在县第一小学开展读书谈感想活动，参加活动110人。

2007年，按照地区有关部门安排部署，麦盖提县制定下发《麦盖提县开展“捐书惠农活动实施方案”》，成立麦盖提县“捐书惠农”活动领导小组。宣传部门利用广播电视等媒介宣传“捐书惠农”重要意义，动员各乡（镇）、各单位及社会各界进行募捐。在“捐书惠农”发放仪式上，为各乡村文化站室捐赠各类书籍 8.2 万册，充实农村文化阵地资源，农村群众人均拥有图书量提高至 1.3 本。实施农家书屋工程，当年完成 2 家。

2008 年，图书馆在自治区文化厅帮助下建成电子图书阅览室，面积 130 平方米，安装 21 台电脑，连接 10 兆光纤，可供 20 人同时上网阅读。电子阅览室安装 ITB25 万册电子图书阅读系统；安装文化信息资源共享工程系统；每台电脑安装监控系统和图书电子管理器；安装图文馆电子化管理系统及图创系统。电子阅览室每周开放 6 天。

2010 年，全县农家书屋发展到 47 家，每家书屋配备各类图书 1532 本、VCD 光碟 23 盒。

第二节　新华书店

1991 年，新华书店有职工 27 人，其中维吾尔职工 23 人。1994 年，企业改制人员分流，保留职工 4 人。2006 年机构改革，更名为喀什地区新华书店麦盖提连锁分店，接受喀什地区新华书店垂直管理，人、财、物划归地区新华书店，党组织属地管理。实有人员 4 人。2010 年，人员增加 2 人，实有 6 人。

一、经销种类

新华书店主要经营图书、教材教辅、期刊、音像制品、电子出版物、学生文化用品等。

二、服务社会

1991—2010 年，新华书店每年及时为全县城乡学校提供教材，保证教学用书和学生课本 100% 到位；每年参与“东风工程”“农家书屋”工程，免费给乡（镇）文化站、村文化室发放杂志、科技图书、音像制品和农家书屋图书；面向广大群众需求，丰富图书种类，不断提高服务质量。

三、图书销售

1991 年以来，新华书店为应对图书销售市场的竞争，不断改进经营方式，拓展业务范围，取得明显效益。截至 2010 年，累计销售额 7414.77 万元。

第四章　体　育

第一节　场馆设备

一、体育场馆

1991 年，麦盖提县城有 1 个综合体育场，体育场内设有简易足球场 1 个、土质 400 米环形田径跑道、1 座 660 平方米篮球训练馆和 4 个室外篮球场，其中能容纳 2000 人室外看台篮球场 1 个；有标准排球场 2 个、1993 平方米射击场 1 个，设有叼羊比赛场和摔跤场。

2002 年，县财政府出资 231.74 万元新建体育馆 1 座，占地面积 57 亩，设置室内拳击场、摔跤场，室外有篮球场、排球场、羽毛球场、足球场、400 米环形跑道等，可以举办各种大型体育赛事。

2007 年，南方电网援助资金 220 万元实施体育馆升级改造，建成标准草坪足球场 1 个、田径场 1 个（内有 400 米塑胶跑道 8 条、铅球比赛场地 1 个、撑竿跳高场地 1 个、跳远场地 1 个、标枪场地 1 个）、篮球场 2 个、羽毛球场（排球场）3 个、门球场 1 个、五人制足球场 2 个。刀郎中学建成后，室外体育场与刀郎中学共享。

截至 2010 年，全县乡村都有篮球场、排球场（羽毛球场）、乒乓球室，大部分村设有民间体育场地，可举行帕普孜、斗羊、斗鸡、摔跤、颈力拔河等民间体育项目。

二、运动设备及器材

1991—2010 年，为满足城镇居民健身需求，麦盖提县分期在刀郎文化广场、刀郎公园、体育馆安装健身设施；县直各单位、各乡镇场、社区响应全民健身号召，根据经济能力添置部分健身设施，一些经济条件好的单位还修建篮球场、排球场，配齐乒乓球、拔河绳等运动器材，为各族群众搭建健身平台。

截至 2010 年，全县中小学校有乒乓球台案 197 张、台球案 32 个、康乐球案 202 副、秋千 24 个、天桥 52 个、山羊 77 个、单杠 180 副、双杠 136 副、高低杠 90 副、跳高架 105 双，篮球、排球、足球共 2700 个，铅球 15 套 90 个、标枪 150 根、运动垫子 1050 个，满足学校体育教学及学生开展体育活动的需要。

第二节　群众体育

一、全民健身

（一）场所建设

为满足全县人民健身需求、方便各族群众开展健身活动，2003—2010 年，麦盖提县新建刀郎文化广场、刀郎公园、体育馆、总工会职工之家、青少年活动中心、老干部活动中心等公共健身、休闲、娱乐场所。配有健身器材和活动器具；各社区都规划出健身休闲场地，逐步配齐健身器材；各单位也相继成立职工之家，配有乒乓球、台球、跑步机、室外健身器材等设施，有条件的单位都建有篮球、排球、羽毛球“三位一体”共用球场；各学校都按“普九”标准配齐体育器材，篮球场、排球场、足球场均符合标准化建设要求；所有乡村都有篮球、排球、羽毛球“三位一体”球场和乒乓球室、台球室。大部分村设有民间体育场地。

（二）开展活动

1991—2010 年，在文体部门的引导和各学校带动下，“发展体育运动，增强人民体质”形成共识，越来越多的群众加入到健身队伍。县城的刀郎文化广场、刀郎公园、体育馆，每日清晨和傍晚，健身的人群络绎不绝，有的使用健身器材健身，有的听着音乐打太极拳、舞太极剑、跳广场舞，有的跑步、健步行走；各社区每月开展文体活动 2 次，平日里利用健身设施自行活动；各单位干部职工做广播操形成制度；全县各中小学、幼儿园坚持做眼保健操、课间操，每周开设 3 ～ 4 节体育课，每日上午有 30 分钟大课间活动、下午有 40 分钟课外活动，保证学生体育锻炼时间，增强师生体质；在农村，传统体育与民间体育融为一体的文体活动广泛开展，周周有活动，参与者众多，场面壮观。随着全县健身活动的不断深入，参与健身的各族群众越来越多，人民群众的身体素质不断增强，精神面貌越来越好，工作学习的劲头越来越足。

二、职工体育

麦盖提县职工体育由县总工会、文体部门牵头实施，每年组织开展篮球、排球比赛各 5 场次，每次 23 个篮球代表队、10 个排球代表队参加角逐，平均每场观众 600 人次；每年举办象棋、国际象棋比赛 3 次，每次参与比赛的爱好者平均 80 人次；每年举办钓鱼比赛 1 次，150 名钓鱼爱好者参与；每年举行长跑比赛 2 次，每次参与职工 2000 人次；每年举办自行车比赛 1 次，参与职工 200 人次；

每年举办拔河比赛 2 次，每次参与职工代表队 10 个，每个代表队 20 人，平均每场观众 500 人次；每年举办广播操比赛 1 次，参与职工代表队 20 个，每个代表队 100 人，观众 2500 人次；每年举办健美操比赛 1 次，参与职工代表队 30 个，每个代表队 50 人，观众 2100 人次。通过职工体育活动的开展，使职工的业余生活丰富了，体质增强了，精神面貌为之一振。

三、老年体育

麦盖提县老干部工作局本着“老有所为、老有所乐”宗旨，每年组织老年人参加县、地区组织的老年体育活动，不断为老年人提供健身活动的机会，促进老年人体质健康。每年春节、“五一”、“七一”、“十一”等重大节日，都组织老干部开展门球、麻将、扑克、象棋、乒乓球、台球、钓鱼等比赛。

1995 年，喀什地区南四县老年棋类比赛在麦盖提县举办，来自麦盖提、叶城、莎车、泽普、石油基地的老干部代表 25 人参加比赛。

1996 年，喀什地区举办首届老干部运动会，麦盖提县老干局组织 10 名老干部参加门球、中国象棋两个项目比赛，麦盖提县离退休老干部代表队获门球比赛第二名的好成绩。

1997 年，喀什地区在岳普湖县举办离退休老干部运动会，运动会设门球、麻将、中国象棋等比赛项目，麦盖提县离退休老干部代表队 15 人参加，获中国象棋比赛第二名的好成绩。

1998—2000 年，南四县循环开展门球、中国象棋、乒乓球比赛，麦盖提县老干部局均派出老干部代表队参加。

2003 年，组织部分老干部参加地区在泽普县举办的老年门球、象棋、麻将比赛。

2004 年，组织 42 名老干部参加地区在莎车、泽普县举办的老年门球、象棋、麻将比赛。同年，在刀郎文化广场开辟老年露天舞场；县财政投资 100 万元新建老干部活动中心 1000 平方米。

2005 年 3 月，为丰富老干部业余文化生活，从喀什市请来太极拳教练和健身操教练，普及太极拳和健身操；4 月，县老干部代表队到塔西南石油基地参加南四县门球比赛；6 月，麦盖提县离退休老干部参加地区老干局组织的迎“七一”门球比赛；9 月，麦盖提县老干局组织部分老干部参加地区在泽普县举办的老年门球、象棋、麻将比赛，获得第三名。同年，在县城设立老年娱乐场所 3 个，各种活动器材齐全。

2006 年，组织门球队参加南四县、石油基地门球比赛；在春节、“五一”、“十一”期间与总工会联合举办棋类、扑克、乒乓球等比赛活动；10 月，参加地区举办首届老干部太极拳、太极剑比赛，麦盖提老干部代表队获得集体二等奖和 2 个单项奖。

2007 年 10 月，组织老干部参加喀什地区老干部运动会。

2008 年 4 月，举办“迎奥运”老干部门球邀请赛，5 支代表队 60 名离退休干部参加比赛。12 月，自治区体育局授予杜成文“群众喜爱的社会体育指导员”称号。

四、幼儿体育

1991—2009 年，全县公办幼儿园 1 所，年均在园儿童 259 人，累计举办幼儿运动会 18 场次，参与儿童 4662 人次。运动项目有跳绳、拍球、绑腿接力、滚轮胎、踢毽子等趣味活动。

2010 年，全县公办幼儿园 41 所，在园儿童 6495 人，举办幼儿运动会 82 场次，参与儿童 1.3 万人次。运动项目有跳绳、传球、抛接球、赶球走（跑）、夹球行进、运球走、滚球、滚轮胎、踢毽子等趣味活动。

第三节　少数民族传统体育

麦盖提县民族体育历史悠久，种类较多，主要有摔跤、叼羊、赛马、斗鸡、斗牛、斗狗、帕普孜、萨哈迪、达瓦孜、押加、秋千等，以赛马、叼羊、摔跤、斗鸡、帕普孜最为活跃，农闲时节，群众自发组织，每当比赛，群情激奋，气氛热烈。

1991—2010年，各乡镇举办大型传统体育赛事1200场次，主要项目有摔跤、斗羊、斗鸡、斗狗、帕普孜等，累计参与1200万人次。

（一）摔跤

麦盖提县农牧区群众喜闻乐见的传统体育之一。1991—2010年，每年大型摔跤活动一般在每年节假日或农闲季节进行，比赛一般在居委会与居委会之间，乡与乡、村与村之间进行。民间摔跤活动与专业的摔跤运动有一定的差别，民间规则只是大家约定俗成的。麦盖提专业摔跤队运动员来自农民摔跤好手，他们经过业余体校专业训练，运动成绩会不断提高，其中佼佼者代表麦盖提县参加地区、自治区和国家相关比赛。

（二）帕普孜

维吾尔族具有悠久历史的民间体育运动项目之一。麦盖提县大多数乡村建立帕普孜球队。1983年，帕普孜项目被列入全国少数民族传统体育运动项目。1991—2010年，麦盖提县帕普孜球队先后参加过全国、自治区举办的少数民族传统体育运动会和农民体育运动会，为麦盖提县争得荣誉。

（三）萨哈迪

维吾尔族人传统体育游戏之一。1991—2010年，萨哈迪主要在麦盖提县乡村开展，每逢节假日或农闲季节都有进行。它由秋千游戏发展而来，秋千向两边荡，萨哈迪立杆高度视场地大小而定，高度一般在10米以上，顶端圆盘上设两组对称秋千绳，下垂离地面1米高。萨哈迪以转轮形式呈圆周荡起，由4 ~ 12个人把持下部操纵杆驱动顶端圆盘转动使两侧秋千荡起，坐在秋千上的人便慢慢离开地面，旋转越快，荡得越高。

（四）达瓦孜

维吾尔族民间古典技艺，维吾尔语为“走大绳”，又称“高空走绳”。1991—2010年，多在喜庆节日举行。20世纪90年代，在麦盖提县吐曼塔勒乡、希依提墩等乡村兴起并逐渐发展。吐曼塔勒乡的牙生·阿吾提一家人成为达瓦孜技艺的领头人。2004年3月，牙生·阿吾提刚满3岁的儿子阿迪力·牙生在10米高、50米长的钢丝上表演“达瓦孜”绝技，新华社进行了宣传报道。

（五）斗鸡

农牧区群众喜闻乐见的传统活动之一。1991—2010年，一般在乡（镇）巴扎日或节假日举行，一场斗鸡要持续半小时至一小时，甚至更长时间，斗鸡不像斗羊那样“豪爽大度”，胜者往往对败者穷追猛打。

（六）斗狗

农牧区群众喜闻乐见的传统活动之一。1991—2010年，多在乡（镇）巴扎日、节日举行。一场斗狗往往持续较长时间，两狗相斗中，如其中一只出现呻吟哀叫、呲牙嚎犬、夹尾痴立、逃跑现象，即视为斗败。

（七）斗羊

农牧区群众喜闻乐见的传统活动之一。1991—2010年，多在乡（镇）巴扎日、节日举行。斗羊时，主持人将两只羊放入场内，使用一些刺激手段令其发怒寻斗，被激起斗志的斗羊在一次相互猛烈抵撞后，退几步继续前冲抵撞，如此反复数次，直至其中一只斗羊舔身摇首或后退不前，胜负即分。斗羊有一种奇怪有趣的现象，只要一只羊做出上述怯败动作，胜利的另一只羊决不穷追，不再寻斗。

（八）押加（颈力拔河）

麦盖提县较为普及，被列为全国民运会表演项目。1991—2010 年，每逢节假日或农闲季节都有进行。比赛由两人进行，双方各自把绳子套在脖子上，两人相背，将赛绳经过腹胸部从裆下穿过，然后趴下，双手着地，赛绳拉直，绳子中间系一红布为标志，垂直于中界。听到比赛开始的口令后，两人用力互拉前爬（爬拉动作模拟大象）。用腿腰肩颈的力量拖动布带奋力向前爬，以将红布标志拉过河界者为胜。

第四节　学校体育

1991—2010 年，麦盖提县各中小学坚持贯彻《学校体育工作条例》，推行《中小学生体质健康标准（试行）》，通过体育课和课余体育活动，开展学校体育活动。每年举行 1 次运动会，开展田径、足球、篮球、排球、乒乓球以及趣味运动等项目比赛，师生参与率 95%。

一、课时设置

（一）小学阶段

1991—1999 年，体育课每周 3 课时，课外活动每周 3 课时。2000—2010，低段（一年级至二年级）每周 4 课时，中高段（三年级至六年级）每周 3 课时；课外活动每周 5 课时。

（二）初中阶段

1991—1999 年，体育课每周 2 课时，课外活动每周 2 课时。2000—2010 年，每周 3 课时，课外活动每周 4 课时。

（三）高中阶段

1991—1999 年，体育课每周 2 课时，课外活动每周 2 课时。2000—2010 年，每周 3 课时，课外活动每周 3 课时。

二、教师配备

（一）小学阶段

1991—2010 年，体育教师配备基本标准为每 5 ～ 6 个班配备 1 名体育教师，这期间，全县小学年均 822 个班，年均配备体育教师 137 ～ 164 名。

（二）中学阶段

1991—2010 年，体育教师配备基本标准为每 6 ～ 7 个班配备 1 名体育教师，这期间，全县中学年均 237 个班，年均配备体育教师 33 ～ 39 名。

三、体育锻炼达标

各中小学全面开展体育达标活动，学校实行国家训练标准，学校利用体育课及课外活动时间有计划组织学生开展体育锻炼达标活动，每个项目均安排体育教师负责。

（一）小学生体育锻炼达标测试项目及达标情况

按照国家体育锻炼达标要求，各小学坚持开展男女生肺活量、50 米跑、坐位体前屈、1 分钟跳绳、仰卧起坐、50 米 ×8 往返跑等项目测试工作。1991—2010 年，全县小学生体育锻炼年均综合达标率 100%。

（二）中学生体育锻炼达标测试项目及达标情况

按照国家体育锻炼达标要求，各中学坚持开展男女生 50 米跑、100 米跑、10 米 ×4 往返跑、10 秒 25 米往返跑、3 分钟 25 米往返跑、掷实心球（2 千克）、推铅球（3 千克）、屈臂悬垂，男生 1000 及 1500 米跑、引体向上、双杠臂屈伸和女生 800 米跑、1 分钟仰卧起坐、斜身引体等项目测试工作。1991—2010 年，全县中学生体育锻炼年均综合达标率 99.5%。

四、学校体育运动会

（一）小学运动会

1991—2010 年，全县公办小学年均 75 所，年均在校生 2.54 万人，累计举办运动会 75 场次，累计参与学生 187.5 万人次。运动会项目有 50 米短跑、60 米短跑、投掷垒球、接力、跳高、立定跳远、掷实心球、球类等。

（二）中学运动会

1991—2010 年，全县中学年均 15 所，年均在校生 9803 人，累计举办运动会 15 场次，累计参与学生 14.7 万人次，运动项目有田径、球类等。

第五节　竞技体育

一、运动项目

麦盖提县竞技运动的重点项目有田径、摔跤、拳击、篮球、足球、排球（沙滩排球）等，其中田径、摔跤、篮球、足球、排球属于传统运动项目，起步早，开展也较为普遍。拳击和沙滩排球开始于 20 世纪 90 年代，普及率较低，原因是这些项目没有纳入学校课程，主要依赖业余体校培养运动员。

二、体育锻炼

麦盖提按照国家《全民健康素养促进行动规划》，全面落实《全民健身条例》和《亿万农民健康行动》，在全县机关、企事业单位、社会团体以及各乡村广泛开展群众性体育活动和健身活动。各行业组织开展多层次、多项目的群众性体育锻炼活动，参加体育锻炼人口比例稳步提高；加强公共场所体育活动设施建设，重点推进健身步道、健康主题公园、学校体育设施、全民健身活动中心等建设，鼓励机关、企事业单位的体育设施向社会开放。

截至 2010 年，麦盖提组织各类体育活动 1020 场次。其中，县城组织群众体育活动 240 次，参加锻炼 60 万人次；农村组织体育活动 780 场次，参加锻炼 190 万人次。

三、体育比赛及竞技成绩

1991—2010 年，麦盖提县摔跤队、田径队、自行车队、柔道队在参加的自治区、地区比赛中获得较好成绩。

1991—2010 年麦盖提县运动员参加自治区比赛获奖情况表

表 31-4-1

年份（年）	比赛项目	奖牌数（枚）
1992	自治区第三届“青运会”摔跤	2 枚金牌、2 枚银牌
	自治区第三届“青运会”女子柔道	1 枚金牌

1992—2010 年麦盖提县参加地区竞技体育比赛获奖情况表

表 31-4-2

年份（年）	比赛项目	名次（名）
1992	古典式摔跤	团体第 1 名和体育道德风尚奖
1993	古典式摔跤	团体第 2 名
1993	田径	团体第 7 名
1994	古典式摔跤	团体第 2 名
1994	自由式摔跤	团体第 3 名
1994	田径	团体第 7 名
1995	自由式摔跤	团体第 1 名
1995	古典式摔跤	团体第 3 名
1995	田径	团体第 4 名
1995	拳击	团体第 1 名
1996	自由式摔跤	男子组第 3 名
1996	排球比赛	男子组第 3 名
1996	田径	团体第 5 名
1997	自由式摔跤	团体第 3 名
1997	古典式摔跤	团体第 3 名
1997	田径	团体第 4 名
1998	自由式摔跤	团体第 3 名
1998	古典式摔跤	团体第 3 名
1998	田径	团体第 6 名
1999	古典式摔跤	团体第 1 名
1999	田径	团体第 5 名
2000	古典式摔跤	团体第 3 名和体育道德风尚奖
2000	自由式摔跤	团体第 3 名
2000	田径	团体第 3 名
2001	自由式摔跤	团体第 3 名
2001	田径	团体第 5 名
2001	拳击	团体第 3 名
2002	田径	团体第 5 名
2004	自由式摔跤	团体第 1 名
2004	古典式摔跤	团体第 2 名

续表 31-4-2

年份（年）	比赛项目	名次（名）
2004	田径	团体第 1 名
2004	男子沙滩排球	团体第 4 名
2004	拳击	团体第 2 名
2005	自由式摔跤	团体第 4 名
2005	获古典式摔跤	团体第 4 名
2005	田径	团体第 5 名
2005	拳击	团体第 2 名
2005	男子沙滩排球	团体第 4 名
2007	排球	男子第 2 名
2007	乒乓球	男、女第 2 名
2007	沙滩排球	男、女第 1 名
2007	田径	团体第 2 名
2007	拳击	团体第 2 名
2007	自由式摔跤	男、女第 1 名
2007	古典式摔跤	团体第 2 名
2008	沙滩排球	男子组第 1 名、女子组第 2 名
2008	乒乓球	男、女第 1 名
2008	拳击	团体第 3 名
2008	田径	团体第 3 名
2008	自由式摔跤	男、女第 1 名
2008	古典式摔跤	男子第 2 名
2009	自由式摔跤	男、女第 2 名
2009	古典式摔跤	男子第 3 名
2009	拳击	团体第 3 名
2009	沙滩排球	男、女第 1 名
2009	田径	团体第 3 名
2009	乒乓球	女子第 1 名、男子第 2 名
2010	国际象棋	团体第 2 名

第六节　体育产业

1991—2010 年，麦盖提县体育产业主要包括公益性体育产业（健身场所、体育培训机构）和经营性体育产业（体育彩票经销部）。20 年间，麦盖提县体育产业发展不平衡，公益性产业发展迅速，体育技术培训机构比较单一，经营性产业比较落后。

一、公益性产业

（一）室外健身场所

1. 刀郎文化广场，2003 年建成。广场内两处集中设置健身器材，随处能进行广场舞、交谊舞等活动。

2. 刀郎公园，2005 年建成。园内健身器材随处可见，随处能进行广场舞、交谊舞等活动。

3. 体育场，2007 年改造完善。建有篮球场、足球场、门球场、五人制足球场、400 米环形跑道。

4. 乡（镇）体育场所，早在 20 世纪 80 年代就建有篮球场、排球场（羽毛球场）等，后经改造，由土场地变成沥青、水泥场地。

（二）室内健身场所

1. 体育馆，2002 年新建，2007 年续建，建有摔跤场、拳击场。

2. 青少年活动中心，2007 年建成，内设乒乓球室、跆拳道厅、舞蹈排练厅。

3. 工会俱乐部（老干部活动中心），内设棋牌室、乒乓球室、舞厅、台球室。

这些健身场所免费向公众开放，吸引各族群众不断加入到体育锻炼的行列。

（三）培训机构

县业余体校是麦盖提县仅有的体育培训机构，有教练员 9 人，年均参加训练的学员 105 人。常年开设田径班、排球班、足球班、摔跤班、拳击班。培训对象以中、小学生为主，实行免费制。培训项目主要为篮球、排球（沙滩排球）、足球、乒乓球、摔跤、田径、拳击等，利用每天早、晚及节假日进行训练。2005—2010 年，生源有所下降，主要保留摔跤队、拳击队和排球（沙滩排球）队。20 年间，业余体校累计培训 2100 余名学生，为自治区体育专业队输送运动员 13 人，累计考入大专体育班 17 人、中专体育班 17 人，累计向地区业余体校输送学生 42 人；所培养的运动员累计参加全国性比赛 26 人次、自治区比赛 33 人次，地区级竞技比赛 174 人次。

二、经营性产业

1991—2010 年，麦盖提县没有体育用品专营店，基本与超市、文具店、百货店融为一体，篮球、排球、乒乓球、运动服等体育用品都能买上。体育彩票销售于 2003 年年底开始，至 2010 年，全县有体彩销售点 3 家，由地区体彩中心直管，体彩销售店主按规定将销售金打入体彩中心专用账户，体彩中心按时向各销售店返还 7% 的提成。麦盖提县体彩彩民较少，3 家体彩销售店收入甚微。

第五章　旅　游

第一节　旅游资源

一、文化资源

麦盖提县有悠久的文化历史，是中国西部的一块文化宝地，是“刀郎文化”的发祥地和“维吾尔乐舞之母”阿曼尼沙罕的故乡，是国内外知名的原生态文化区。其中，库木库萨尔乡 1996 年被文化部授予“中国民间艺术之乡”称号。2004 年 9 月，麦盖提县被中国特产之乡推荐暨宣传活动组织委员会命名为“中国刀郎羊之乡”。2005 年 4 月，麦盖提县被中国特产之乡推荐暨宣传活动组织委员会命名为“中国刀郎木卡姆之乡”“中国刀郎麦西莱甫之乡”“中国刀郎农民画之乡”。以“刀郎木卡姆”“刀郎麦西莱甫”和“刀郎农民画”为代表的“刀郎文化”，作为中华优秀文化的一朵奇葩，不仅在国内影响深远，还屡次走出国门，走向世界舞台，享誉中外。

二、自然资源

麦盖提县是世界沙漠旅游资源最丰富的地方之一，神秘莫测的塔克拉玛干大沙漠连绵起伏、浩瀚无垠，千百年来一直都是国内外探险家挑战的圣地。胡杨风光美丽妖娆，连片原始胡杨林一望无际，颇为壮观，有“生而千年不死、死而千年不倒、倒而千年不朽、朽而千年不散”的传说。面积2万余亩、有“地球绿肺”美誉的东河滩湿地，植被茂密、万物丛生，一片原始生态景象，充满无限的生机。碧波荡漾的吉仁勒玛水库中布满无数大大小小的岛屿，春夏秋冬四季四景，美不胜收。另外，还有叶尔羌河中游大桥夕阳风光、民族风情浓郁的大巴扎等都令人流连忘返。

（一）旅游资源分类统计

根据《旅游资源分类、调查与评价》（GB/T 18972—2003）的要求对麦盖提旅游资源进行全面统计和单体评价，统计结果显示，麦盖提拥有5个主类、19个亚类、36个基本类，分别占相应类型的87.5%、58.1%、23.2%。

（二）旅游资源综合评价

根据国家标准和专家意见，对麦盖提县旅游资源进行评价，其拥有的五级和四级旅游资源单体如下表所示：

麦盖提县五级、四级旅游资源情况表

表 31-5-1

级别	旅游资源	说明
五级	麦盖提刀郎文化	世界与国家非物质文化遗产
	塔克拉玛干沙漠	中国第一大沙漠、世界第二大流动性沙漠
	农民画之乡	名扬海外
四级	吉仁勒玛水库	沙漠边缘滨水生态环境
	塔克拉玛干沙漠	中英联合探险队出发点遗址
	原始胡杨林	集沙漠、胡杨、湿地、河流于一体
	罕库勒水库	沙漠边缘湿地生态环境
	前进水库	县域内离沙漠最近的水域
	叶尔羌河	塔里木河的支流

第二节 景区景点

一、刀郎文化广场

刀郎文化广场地处县城中心，南北长340米，东西宽200米，占地面积102亩，于2003年4月16日始建，同年10月1日落成。广场以历史、文化、艺术雕塑为主题，配以中西合璧的廊柱、亭廊建筑小品，庄严肃穆的汉白玉国旗台、华表和栏杆，椭圆形水池与典雅的拱桥等有形建筑，通过对称布置的草坪花卉、园林植物，各色图案的花岗岩和广场砖地面，现代科技的变频同步音乐喷泉，形状别致的灯具及其他景观的烘托，展现了中华民族悠久的历史文化和博大的人文精神，以及新疆独特的民俗风情。

刀郎文化广场布局分为政治活动区、历史文化艺术观瞻区、廊柱舞池娱乐区、亭廊休闲游乐区、鱼池拱桥喷泉景观区和绿地花卉园林植物生态区。

刀郎文化广场不仅是全县各族群众政治、文化、娱乐、休闲、健身活动场所，也是游客参观了解本地风土人情、地域文化，尤其是刀郎文化的一个最具代表性的场所。是全县各族群众精神文化生活的主阵地、爱国主义教育基地，在推动全县精神文明建设的进程中，发挥了巨大的作用。

二、吉仁勒玛水库

吉仁勒玛水库位于县城北面，吐曼塔勒乡境内，距县城 25 千米。水面面积 2.3 万亩，蓄水量 3500 万立方米，湖中布满了无数大大小小的岛屿、奇花、异草，候鸟随处可见，湖面宽阔洁净、碧波荡漾。金秋时节，水草花朵盛开，整个水面一片猩红，犹如铺了一层红地毯，美不胜收。

三、沙漠

麦盖提县处于塔克拉玛干沙漠西南边缘，辖区面积 1.52 万平方千米，沙漠面积达到 90%，N39 旅游探险线路便是沿北纬 39 度线横穿塔克拉玛干沙漠的“生命之路”。N39 的历史可以追溯至一个多世纪前的 1895 年、1899 年瑞典探险家斯文·赫定两次穿越塔克拉玛干沙漠，发现了楼兰古城。从那以后，N39 的名字便被众多考古学家、探险家与越野爱好者所熟知，到麦盖提县旅游的中外游客、探险家和科学家们络绎不绝。1993 年，中英联合探险队历时 60 天成功穿越塔克拉玛干沙漠，成为被普遍认可的人类首次成功穿越。2004 年 1 月 23 日，中日联合探险队沿北纬 39 度路线由西向东穿越塔克拉玛干沙漠，全程迂回距离超过 1500 千米，历时 73 天成功穿越，实现人类历史上未曾实现的壮举。

四、原始胡杨林

胡杨是新疆古老的珍奇树种之一，在中国古籍中又称胡桐或梧桐，维吾尔语称它为“托克拉克”，意为最美丽的树。它有着“生而千年不死、死而千年不倒、倒而千年不朽、朽而千年不散”的四千年美好传说。由于它具有惊人的抗干旱、御风沙、耐盐碱的能力，因而被赞誉为“沙漠英雄树”，胡杨林场距县城 90 千米，胡杨林连片 25.82 万亩。

五、叶尔羌河大桥

1991 年，启动叶尔羌河大桥修建工程，1994 年 11 月 21 日正式通车，桥长 937 米，宽 8.5 米，建设总投资 3600 万元。大桥雕栏玉砌、凌空飞架、如巨龙饮涧、如长虹卧波吸引国内外游人的目光，加上大桥周边丰富的湿地资源，春夏秋冬，四季四景，成为麦盖提县重要的旅游观光景点。

第三节　旅游服务

一、餐饮

麦盖提美食种类繁多，民族餐厅 100 多家，低端、中端、高端兼有，选择余地较大。常见的有拉面、拌面、炒面、抓饭、大盘鸡、烤包子、薄皮包子、烤羊肉串、烤全羊、烤鱼、羊杂碎、凉皮子、馕等。还有刀郎人独有的美食，令人向往，如哈勒瓦、亚尔玛饭、库恰饭、尧不旦汤面、库尔其馕、杏仁混沌、搅团、玉米面条、玉米饺子、窝窝饭、玉米粒肉粥、苜蓿馄饨、苜蓿烤包子、红烧肉、土品种甜瓜、西瓜等，这些都是刀郎农家的传统美食。

二、特产

（一）胡杨蘑菇

麦盖提盛产被誉为沙漠“黑珍珠”的“胡杨”牌野生蘑菇。野生“胡杨”蘑菇是胡杨树叶沉积腐烂后的菌类产品，纯属天然绿色食品，经有关专家鉴定，它含有果氨酸、丙氨酸、酪氨酸等6种人体所需的氨基酸，尤其是具有独特的降血脂、防癌抗癌之功效。同时，还具有味甘、质脆、香嫩三特点，尤其用其干品炒肉更是餐桌上的特色美味佳肴，深受广大消费者青睐。1993年，中英联合探险队穿越塔克拉玛干沙漠住宿麦盖提时，一名英国探险家品尝后，连声称赞。1996年，在麦盖提县召开的全国边疆文化长廊现场会上，区内外嘉宾品尝后，赞不绝口。麦盖提县曾几次与新疆林科院、农科院等几家科研机构合作，进行人工培植，但几经实验，未获成功，更加体现了其珍贵身份（干品卖到每千克1000元）。1999年，麦盖提野生“胡杨”蘑菇经国家商标局审定注册。

（二）多浪羊（刀郎羊）

多浪羊（刀郎羊）又称麦盖提羊、刀郎羊，是麦盖提县土种羊与阿富汗的瓦尔吉尔肥羊杂交的肉脂兼用型绵羊品种。

麦盖提县是多浪羊（刀郎羊）原产地，多浪羊（刀郎羊）是麦盖提县的主体畜种，新疆维吾尔自治区的名特优地方养殖良种，也是自治区重点保护并大力发展的地方优良小畜品种。1999年，麦盖提县“多浪羊（刀郎羊）”商标注册成功，建立了多浪羊（刀郎羊）繁育基地，开展多浪羊（刀郎羊）提纯复壮工作，数量占绝对优势，已经成为新疆维吾尔自治区乃至全国知名的地方优良品种。“多浪羊（刀郎羊）”在注册商标前，曾叫“麦盖提大尾羊”“麦盖提羊”，它是麦盖提县农民通过长期的自然选育而培育出的一个优良肉羊畜种，具有生长发育快、早熟、体格大、抗逆性强、双胎率和繁殖率较高、个体产肉率高、肉质鲜嫩、性情温顺。育肥后一般体重都在50千克以上，最大个体可达150千克，种公羊市场价在3万元以上。

（三）其他

此外，还有灰枣、骏枣、冬枣、核桃、杏子、甜瓜、枸杞、沙棘、葡萄、大芸、甘草等土特产，四季瓜果飘香，应有尽有。

三、住宿

全县有中档宾馆1家、一般宾馆4家，有床位500多个。其中，麦盖提县招待所后改为县迎宾馆，位于县棉麻公司对面，宾馆内设有标间58个，客房内配备齐全。

四、购物

全县有大型商场2个、超市2家，位于文化广场两侧，县城交通便利，主要经营服装鞋帽、日用百货、电器、土特产等。在旅游景区景点设立旅游纪念品、旅游商品、民族手工艺品商店（专柜），主要经营刀郎文化绣、十字绣、刀郎农民画、葫芦画、烙铁画、油画、沙砾画、刀郎民族乐器、木碗、木勺、器皿等传统手工制品；红柳编筐、凳、桌、花瓶等手工艺品；艾德莱斯裙子、衬衣、领带、包包、丝巾、帽子等特色服饰，旅游纪念品、旅游商品、民族手工艺品琳琅满目，别具刀郎文化特色。

2010年，县供销合作联社与乌鲁木齐市邦得利房地产公司联合开发建成集商铺、宾馆、写字楼和住宅楼于一体的刀郎巴扎，建筑面积3.5万平方米，总投资8000万元，有大小商铺100个，商品种类繁多。

第四节　旅游效益

一、客源市场现状

据统计，2005—2010 年，全县游客累计 30 万人，其中外国游客约 1000 人，主要来自欧洲、日本。5 年旅游年均收入约 600 万元。旅游业年收入占 2010 年 GDP 的 0.3%，低于国内平均水平（3.81%）。

二、客源特征分析

因为游客数量较少，且比较分散，调查与统计比较困难。2005—2010 年，全县日均游客 160 人，大部分游客都是慕名“刀郎文化”而来，目的是欣赏原生态刀郎木卡姆、刀郎麦西莱甫表演以及刀郎农民画；少部分游客到麦盖提县是为观赏沙漠、胡杨风光。

第三十二编　刀郎文化

麦盖提县是刀郎文化的发祥地。“刀郎木卡姆”“刀郎麦西莱甫”“刀郎农民画”等民间艺术及其他刀郎文化元素总称为“刀郎文化”。刀郎文化作为中华优秀文化的组成部分，既有中华文化的共性，又有其鲜明的文化个性，地域特点和民族特色突出。

“刀郎木卡姆”“刀郎麦西莱甫”有着悠久的文化历史。进入21世纪以来，党和国家加大非物质文化遗产的保护力度，使原生态的民间艺术焕发出生机，发展迅猛。麦盖提县优秀的“刀郎木卡姆”“刀郎麦西莱甫”民间艺人先后多次应邀出访法国、英国、日本、荷兰、比利时等国，在国际上产生一定影响；先后派出20批次200多人次在北京、成都、广州、重庆、杭州、苏州、台北等国内城市开展文化艺术交流，在国内享有较高的知名度和影响力。1996—2010年，麦盖提县先后获文化部、中央电视台、全国特产之乡推荐暨宣传活动组织委员会等上级部门授予的称号。

“刀郎农民画”则兴起于中华人民共和国成立后的60年代后期、70年代初期，当时得到县、乡政府及文化主管部门高度认可和扶持，发展顺畅，1996年，被文化部命名为“现代民间绘画之乡”。为推动“刀郎农民画”持续发展，县、乡两级累计投入400余万元用于“刀郎农民画”发展，加强接班人队伍培训。从2000年开始，教育系统还将刀郎文化纳入中小学的艺术教育课程，为发展民间艺术打下坚实基础。至2010年，麦盖提县有知名农民画家300人，绘画爱好者2000人，年创作量5000幅，共创作农民画2.8万幅，有1100幅作品先后在国内外100多个城市展出。其中，6幅作品被国外相关机构收藏，128幅作品被国内相关机构收藏，200幅作品在国内报刊发表、转载，382幅作品获奖。出版发行《刀郎农民画册》两集8000册。刀郎农民画是刀郎人的生活缩影，体现刀郎人征服自然、敢为人先的顽强意志和苦中寻乐、奋发向上的乐观主义精神，已积蓄成为刀郎人不可或缺的精神食粮，蔚为西北边陲、大漠边沿一道靓丽的风景。

刀郎文化从历史中走来，与时俱进，为推动麦盖提县政治文明、精神文明和物质文明建设向纵深发展发挥着不可替代的作用。

第一章　刀郎木卡姆

第一节　历史沿革

“刀郎木卡姆”历史悠久，至今没有追溯到源头。主要分布在塔里木盆地西北部以叶尔羌河至塔里木河流域为中心的刀郎地区维吾尔族民间。它是一种融歌、舞、乐为一体的综合表演艺术，是中华民族文化艺术的宝贵遗产，千百年来在刀郎维吾尔人中以口传、心授等形式世代相传。

中华人民共和国成立后，党和国家对少数民族文化事业非常关心和大力支持，麦盖提县在自治区宣传、文化主管部门的帮助下，开展对“刀郎木卡姆”的挖掘、整理、研究和抢救工作。

1955年，自治区文联的专家组织“刀郎木卡姆”整理小组，为麦盖提县刀郎木卡姆建立档案。

1962年，根据自治区党委宣传部和自治区文联的安排，自治区音乐家协会专家一行2人到麦盖提县，用钢丝录音机为“刀郎木卡姆”录音，给刀郎弹拨乐器和“刀郎木卡姆”演唱者照相，建立历史档案，把“刀郎木卡姆”定为9套木卡姆，还整理出“艾合坦木调子”和“康巴尔罕”等一套刀郎民间歌曲（也称刀郎小调），并录音建立档案。

1986年，新疆人民广播电台部分编辑和艺术人员来麦盖提县，对“刀郎木卡姆”进行考察，初步查清“刀郎木卡姆”名称和排列顺序。

1992年，自治区木卡姆研究会专家到麦盖提县，指导“刀郎木卡姆”挖掘、整理、研究小组开展工作，对全县9个乡、1个镇和130个村进行调查，与180多名木卡姆演唱者和民间乐师进行座谈，全面系统地整理出“刀郎木卡姆”。

1993年，麦盖提县文化局召开“刀郎木卡姆”研讨会，进一步确定“刀郎木卡姆”的名称、唱词、排列顺序。

1994年，麦盖提县召开新疆维吾尔自治区首届“刀郎木卡姆”理论研讨会，就“刀郎木卡姆”名称、排列顺序、“刀郎木卡姆”历史、“刀郎木卡姆”音乐结构等诸项课题进行研讨，关于9套木卡姆名称、次序和歌词的准确性，得到与会者一致公认。

改革开放以来，特别是中共十六大以来，党和国家加大非物质文化遗产的保护、抢救力度，麦盖提县积极申报，“刀郎木卡姆”艺术得到空前发展，享有一定地位，在国内外赢得较高声誉。2005年11月，“新疆维吾尔木卡姆”被联合国教科文组织评审确定为世界非物质文化遗产，麦盖提县“刀郎木卡姆”涵盖其中。2006年6月，麦盖提县“刀郎木卡姆”被列入国家级非物质文化遗产名录。

第二节　刀郎木卡姆的组成

“刀郎木卡姆”现今保存流传的有9套木卡姆，分别是巴希巴雅宛、孜尔巴雅宛、区尔巴雅宛、奥坦巴木卡姆、勃姆巴雅宛、丝姆巴雅宛、朱拉木卡姆、多尕买特巴雅宛、胡代克巴雅宛。

每套“刀郎木卡姆”都由木凯迪曼、且克脱曼、赛乃姆、赛尼凯斯、色勒利玛5部分组成，作为前缀有散版序唱的不同节拍、节奏的歌舞套曲。“刀郎木卡姆”乐器有卡龙琴、刀郎热瓦普、刀郎艾捷克、手鼓。每曲“刀郎木卡姆”的长度约为6～9分钟，唱词全部是纯粹的刀郎维吾尔民谣，曲调高亢粗犷，风格纯真古朴。9套“刀郎木卡姆”全部弹唱一遍一般需要60分钟左右，主要由领唱者把控。一般情况下不会一次性把9套“刀郎木卡姆”演唱一遍，为增强娱乐性和教益，总是与“刀郎麦西莱甫”有机结合在一起，两者相辅相成、相得益彰。

第三节　刀郎木卡姆的特点

“刀郎木卡姆”作为刀郎民俗文化，具有以下艺术特色。

一、独特性

“刀郎木卡姆”有着多层次文化积淀，包括塔里木土著文化、漠北草原文化的回鹘文化和蒙古文化。“刀郎木卡姆”与刀郎维吾尔人民日常生活息息相关，简单、明了地表达着纯朴的情感，具有极强的生命力。

二、群众性

刀郎木卡姆不受环境、场地的制约，乐声起处，无论男女老少，都会情不自禁地手舞足蹈。

三、代表性

它始终代表着刀郎地区的文化特征，各种传统节日、庆典和人际往来的群众性集会，“刀郎木卡姆”皆不可或缺。

四、即兴性

“刀郎木卡姆”在遵循传统结构模式的同时，其唱词、段落反复、伴奏手法、旋律装饰等方面又具有相当程度的即兴性，从而达到传统继承和个人创造的最佳结合。

第四节　刀郎木卡姆的价值

一、艺术价值

“刀郎木卡姆”全面体现刀郎维吾尔人的文化传统，是研究本民族传统音乐、舞蹈、文学、说唱等艺术发展的重要依据，是刀郎维吾尔人文化的杰出代表，是刀郎民众心智的结晶，是刀郎维吾尔人日常生活的重要组成部分，是刀郎维吾尔人历史、社会生活、精神风貌的缩影。

二、社会价值

作为刀郎人精神寄托的“刀郎木卡姆”，在各种群众娱乐集会上有着很高的使用率。它已深深渗透到刀郎维吾尔人社会生活的各个方面，成为刀郎维吾尔人不可或缺的精神食粮，对于促进刀郎地区经济发展、民族进步，人与自然、人与人、民族与民族之间的团结进步，构建和谐社会，具有巨大的推动作用。

三、经济价值

“刀郎木卡姆”是麦盖提县重要的文化旅游资源之一。“刀郎木卡姆”艺术早在20世纪60年代就在首都舞台亮相，受到党和国家的关怀，毛泽东、刘少奇、朱德、周恩来等党和国家领导人接见了全体演员。之后，“刀郎木卡姆”艺术先后20次参加国内外文化盛典，均有精彩表现，获得诸多荣誉，大大提升麦盖提的知名度。进入2000年后，每年慕名而来的游客在5000人以上，其目的就是一睹“刀郎木卡姆”的艺术风采，给当地带来一定的旅游收入。“刀郎木卡姆”为麦盖提县旅游业发展发挥了积极作用。

第二章　刀郎麦西莱甫

第一节　历史沿革

“刀郎麦西莱甫”历史悠久，至今没有追溯到源头，是远古刀郎人在狩猎和生产劳动实践中创造出来的民间舞蹈，是中华民族文化遗产中的艺术瑰宝。它与民间民俗融为一体，主要流传于塔里木盆地西北缘以叶尔羌河至塔里木河流域为中心的刀郎地区维吾尔民间，以麦盖提县传承最为广泛。“刀郎麦西莱甫”艺术完整地表述了打猎全过程，循序渐进，自始至终体现团结互助、勤劳勇敢的精神。

在漫长的社会历史发展的进程中，刀郎维吾尔人将各种生活素材不断充实到“刀郎麦西莱甫”之中，舞蹈内涵更为丰富。作为发祥地的麦盖提县，刀郎人极具艺术天赋，世代相传，小孩会说话就会唱歌，会走路就会跳舞。

中华人民共和国成立后，“刀郎麦西莱甫”被注入新时代的血液，服务社会、服务人民、服务时代的功能日益显著，历经沧桑的艺术焕发了青春，已经成为当地群众日常生活中不可或缺的精神食粮。

改革开放以来，特别是中共十六大以来，党和国家加大非物质文化遗产的保护、抢救力度，麦盖提县积极申报，“刀郎麦西莱甫”艺术得到空前发展，在国内外享有一定的地位和较高声誉。2005年11月，“新疆维吾尔木卡姆”被联合国教科文组织评审确定为世界非物质文化遗产，麦盖提县“刀郎麦西莱甫”涵盖其中。2006年6月，麦盖提县“刀郎麦西莱甫”被国务院列入国家级非物质文化遗产名录。

第二节　刀郎麦西莱甫的组成

“刀郎麦西莱甫”包含“刀郎木卡姆”演唱、群众自娱舞蹈、餐饮、文学艺术表演以及各种游戏。主要有节日麦西莱甫、喜庆婚娶麦西莱甫、接待麦西莱甫、邀请麦西莱甫、轮流做东麦西莱甫、道歉麦西莱甫、单身汉麦西莱甫、惩罚麦西莱甫、苦命人麦西莱甫、和解麦西莱甫、丰收麦西莱甫、迎雪麦西莱甫、萨哈迪麦西莱甫13种表演形式。

在“刀郎木卡姆”歌舞音乐的伴奏下群众的自娱性舞蹈是“刀郎麦西莱甫”的主要内容。每套“刀郎木卡姆”节拍、节奏不同的各段乐曲又将这种舞蹈区分成5个阶段：第一阶段，木凯迪曼；第二阶段，且克脱曼；第三阶段，赛乃姆；第四阶段，赛尼凯斯；第五阶段，色勒利玛。

各轮群众自娱舞蹈之间，一般还安排抢黛热、递鼓、对诗、猜谜、献茶联句等游戏和“烤包子”“榨油”“结疙瘩”“照相”“娶两个老婆”等调侃、娱乐性惩罚节目，极大地丰富了“刀郎麦西莱甫”的表现表演形式。人们用歌声消除愁闷，用舞蹈驱散疲惫，在悠悠夸张的表演中得到心灵的满足。

第三节　刀郎麦西莱甫的特点

刀郎麦西莱甫之所以能够长期流传，生命力极强，受到专家学者的重视和人民群众的喜爱，主要是因为这项艺术有着独特的艺术特点，丰富了中华优秀文化的内容。

一、保持原生态

刀郎麦西莱甫由于地理环境相对闭塞，受其他维吾尔舞蹈的影响较少，始终保持着塔里木土著民族歌舞浓郁的原生态特色。其舞姿变化无穷，热情奔放，参与人数众多，阵容庞大；不受时间地点限制，不论什么时间，不论在广场、果园、庭院、田间地头均可举办。

二、形式不拘一格

刀郎麦西莱甫不同于其他麦西莱甫从头到尾都是一个动作，而是双人对舞、群舞兼而有之，且舞蹈与各种表演、惩罚游戏互相穿插，观赏性强，人人既是参与者也是表演者，而表演者又是观众，可轮流调节休息。

三、培养人的摇篮和熔炉

刀郎麦西莱甫既是培养刀郎麦西莱甫民间艺术家的摇篮，也是陶冶刀郎人的情操、青少年健康成长的熔炉。

四、日常生活不可或缺

刀郎麦西莱甫既是调剂农村群众单调文化生活的好办法，也是刀郎维吾尔人日常生活的重要组成部分。

第四节　刀郎麦西莱甫的价值

一、艺术价值

“刀郎麦西莱甫”曲调旋律和舞姿没有受到其他麦西莱甫或地方音乐的影响，始终保持着浓郁的地方特色和民族特色，属于典型的原生态艺术。“刀郎麦西莱甫”折射刀郎维吾尔人社会的方方面面，丰富的内容和基本特征以及传承历史，在整个中华民族乐舞文化中实属罕见，发掘、保护“刀郎麦西莱甫”，对丰富中国乐舞文化具有十分重要的推动作用。

二、社会价值

“刀郎麦西莱甫”是刀郎维吾尔人自娱自乐的一种文化活动，内容丰富，使用频率高。每逢举办“刀郎麦西莱甫”，刀郎人都身着节日盛装，不顾路途遥远，聚集到规定的场合参加“刀郎麦西莱甫”盛会。每次活动都能增长人的知识，教人学会做人的道理，是培养锻炼民间艺术家的摇篮，对促进社会稳定、建设和谐社会发挥一定作用。

三、经济价值

“刀郎麦西莱甫”是麦盖提县重要的文化旅游资源之一。20 世纪 60 年代，“刀郎麦西莱甫”首次登上首都舞台，受到毛泽东等党和国家领导人的赞许。之后，在党和政府的关怀和重视下，“刀郎麦西莱甫”20 多次在国内外文化盛典亮相，屡获好评，屡次获奖，名声大震，成为麦盖提一张响亮的名片。进入 2000 年后，每年慕名而来的游客络绎不绝，到麦盖提县一睹“刀郎麦西莱甫”艺术的风采，给当地带来一定的旅游收入。“刀郎麦西莱甫”为麦盖提县旅游业发展发挥了积极作用。

第三章　刀郎农民画

第一节　起源与发展

中华人民共和国成立后，民间业余美术创作受到国家大力支持，成为宣传农村革命的主要手段。1966—1976 年，在特殊的政治环境下，陕西户县业余美术创作被提升为社会主义文化加以认识，作为一种样板美术被全国奉为典范，引领全国农村业余美术的创作导向。在全国各地蓬勃发展的革命思想的推动下，麦盖提县农民中也兴起了一股绘画热，首先在库木库萨尔乡、央塔克乡自发兴起，随着不断繁荣，扩展到希依提墩乡、克孜勒阿瓦提乡、巴扎结米乡和吐曼塔勒乡，形成具有群众基础的正式队伍，以库木库萨尔乡最为集中。业余画家们绘画的选材主要集中在画毛泽东、解放军和人民公社、农业学大寨、工业学大庆等题材上。20 世纪 70 年代，麦盖提县这一股绘画群体的画作正式称为“麦盖提农民画”。1970 年年初，在县委、县人民政府的支持下，县文化馆将 20 多名农民绘画爱好者集中起来进行培训，培养一批农民画家。1975 年，县委、县人民政府为了加强对农民画队伍的指导，把 1 名美术专业人员调入县文化馆，每年农闲时期举办绘画创作培训班。其中，1975 年，举办 1 期 129 名农民画骨干参加的创作学习培训班，为期半年。还派骨干画家前往陕西户县参观学习，取得宝贵经验。麦盖提农民画与国内各地农民画一脉相承，为中国民间绘画发展做出重要贡献。

20世纪80年代，麦盖提县农民画进入迅速发展时期，农民画创作队伍继续壮大。这一时期，延续“县文化馆集中骨干培训”的模式，经过培训的农民业余美术创作者，绘画技艺提高很快，涌现出更为年轻的领军人物，作品先后在北京、杭州、乌鲁木齐、喀什等地展出，获各级政府奖励，一些作品在疆内外报刊发表，优秀作品受到国内外关注。

进入20世纪90年代，县人民政府对农民画的扶持力度不断增大，麦盖提县农民画创作队伍不断壮大，绘画作品名气越来越大，每年财政有专项拨款用于培训、推广工作，进一步激发农民画家的创作积极性。1996年，库木库萨尔乡被文化部命名为“现代民间绘画之乡”，成为当时为数不多的全国画乡之一。

进入21世纪，麦盖提县委、县人民政府把农民画作为文化品牌纳入到经济社会发展，加大推介、交流力度，优秀作品层出不穷，受到越来越多的国内外专家关注，优秀作品被国内外艺术博物馆收藏数量增大，获奖数量急剧增加。2005年，麦盖提县申报非物质文化遗产时，把“麦盖提农民画”定为“刀郎农民画”上报，但因时间较短原因，申报国家级非物质文化遗产未获得成功。县委、县人民政府没有削弱对刀郎农民画的培植力度，通过重点抓好接班人培养、多渠道艺术交流等行之有效的措施，使刀郎农民画步入健康发展轨道，成为麦盖提社会主义精神文明建设的一支不可忽视的力量。至2010年，麦盖提县累计举办培训班45期，培训骨干500人次，刀郎农民画以年产5000幅的创作量步入产业化发展轨道。

第二节　刀郎农民画的特点

麦盖提刀郎农民画是中国现代民间绘画艺术百花园中一枝瑰丽夺目的奇葩，既没有受传统绘画的束缚，也没有照搬现代绘画的固有模式，而是以相对独立的民族艺术风格，广泛反映地域的民风民俗、民族文化、日常生活、劳动成果以及对美好未来的憧憬与追求。刀郎农民画家善于在劳动和生活中以敏锐的目光捕捉到一幅幅精彩绝伦的画面，并将其跃然纸上，幽默中透视矛盾，夸张中充满情绪宣泄，构成“刀郎农民画”别具一格的艺术特色。

一、笔浓重彩，色彩鲜明

刀郎农民画作画颜料早年用水粉广告颜料，随着社会发展和便于长期保存收藏，2006年后，基本使用丙烯颜料作画。先用铅笔勾勒初稿再着色，在着色过程中基本不用清水调和，不拘于固有色或条件色，尽可能用颜料本色着色，显得非常浓厚、鲜艳，追求一种强烈的、鲜明的色彩效果，画中的每个物体都采用不同的颜色区别开来，既花俏又易于分辨，着实耀眼，具有吸引力，极富于装饰情绪。

二、比例不循常规

在造型处理上追求酣畅淋漓的主观宣泄，形成一种夸张、变形、纯朴自然的造型特征。刀郎农民画家的画风没有受到传统画的束缚，它不拘泥于一般透视规律，画面形象实中透虚，虚中有实，小的物体夸大，大的物体缩小，不受比例尺的约束，完全从自我表现形式的需要出发，引领和启发观众从小中见大、大中晓理的联想，寓意深刻。

三、物象随意摆置

不拘泥于一般的透视规律，不循常理，画面中物象有横排竖摆、竖排横放的，有歪的、斜的、曲的、直的，大大小小，林林总总，超越常规，大胆归置，自由奔放，但整体和谐，不失大雅。

四、情感淳朴自然

贴近实际、贴近生活是刀郎农民画生存发展的前提和基础，刀郎农民画家把刀郎人勇于与自然抗争、笑看人生的态度表现得淋漓尽致。并告诉人们一个哲理：人在恶劣的环境中是可以生存的，人一定能够征服大自然、驯服大自然，尽管路途遥远也难免曲折，但未来一定美好。

五、内容繁多想象丰富

刀郎农民画家除了把握地域特色外，日常生活的各个部分都是他们取材的对象，天上、地下、过去、现在、将来，人物、动物、植物，休闲、娱乐、劳动，调侃、谈情、说爱、嫁娶，林林总总取材，看到什么就画什么，想到什么就画什么，什么内容拿手就画什么，现实和理想交织在一起，随心所欲，任意发展。

六、手法简单形式简洁

刀郎农民画家没有经过严谨的绘画训练，画作多是平面性的勾画，以浓和艳来凸显整体效果，造型大胆，手法自由，简洁明了，让人一看就能读懂。但每个画家的风格不是千篇一律，各有各的特长。

第三节　刀郎农民画的价值

一、艺术价值

刀郎农民画作品有一个共同的特点，那就是打破生活，大胆想象，重新创造，以此来彰显自身特色风格，耐人寻味。通过这种创作方式创作出来的作品，具有独特的艺术和审美价值。

二、社会价值

麦盖提刀郎农民画经过 50 年的发展，成就显著，在中国农民画领域独树一帜，不乏优秀作品被国外顶级艺术博物馆收藏。它不仅是刀郎人喜爱的艺术，也是麦盖提县社会经济发展、精神文明建设、民族团结、社会和谐的催化剂、正能量。

三、经济价值

麦盖提县越来越多的农民，农忙时劳作，农闲时作画，不仅丰富了业余生活，还通过作画实现了增收致富。截至 2010 年，麦盖提县有 2000 多名农民画家或爱好者，每年创作量在 5000 幅以上，一些经典作品被国外游客或国内爱好者购买，售价 600 ~ 1200 元；还有一些作品在国内市场上也有出售，画作价格 150 ~ 400 元。从事农民画创作的农民增加了收入来源，实现了脱贫致富。刀郎农民画是麦盖提县重要的文化旅游资源之一，县委、县人民政府计划将库木库萨尔乡打造为刀郎画乡景区，将刀郎农民画培植为特色产业，推动旅游业发展。

1991—2010 年麦盖提县知名农民画家创作情况表

表 32-3-1

序号	作者	性别	族别	创作情况（幅）	代表作
1	艾尔肯 · 司依提	男	维吾尔族	创作上千幅作品，被评为全国十大农民画家之一	《赶巴扎》《享受》《寻宝》获自治区第一届文化艺术节鼓励奖，《在打麦场上》参加全国现代画乡画展，获得自治区文联二等奖，《幸福》《牲口巴扎》获自治区三等奖
2	依明 · 帕托	男	维吾尔族	创作作品 60 幅	《地下泉水》《花》等获得文化部奖励，《女民间艺人》获自治区三等奖

续表 32-3-1

序号	作者	性别	族别	创作情况（幅）	代表作
3	热依木·色力木	男	维吾尔族	创作作品 360 幅	《打猎》获自治区级一等奖
4	热合曼·阿皮孜	男	维吾尔族	创作作品 560 幅	《丰收之歌》《计划生育》参加法国、美国国际画展
5	吾斯曼·阿巴斯	男	维吾尔族	创作作品 400 幅	《致富了家庭》《征途之乐》《后果》等参加全国及国际画展
6	吐尔逊·司地克	男	维吾尔族	创作作品 180 幅	《全家乐》《顺利之路》等参加全国及国际画展
7	吾买尔·克里木	男	维吾尔族	创作作品 60 幅	《育肥》《打猎》等参加全国及国际画展
8	买海提·阿曼	男	维吾尔族	创作作品 30 幅	《钓鱼》等参加国际画展
9	古力尼沙·买海提	女	维吾尔族	创作作品 50 幅	《育花人》《巧手》等参加全国及国际画展
10	阿曼古丽·热合曼	女	维吾尔族	创作作品 50 幅	《刀郎麦西莱甫》《节日》等参加全国画展
11	阿布都米吉提·吐拉	男	维吾尔族	创作作品 250 幅	《欢送》等参加全国画展
12	阿力木江·吾买尔	男	维吾尔族	创作作品 17 幅	《卖炭翁》被收入《中国新疆·麦盖提县农民画集》

第四节　优秀作品介绍

麦盖提刀郎农民画之所以能够经久不衰，富有生命力，走向了世界，就是因为其作品都留下了时代的烙印。刀郎人生于斯，长于斯，身居戈壁，面对沙漠，将目光锁定在社会极为关注的生态上，用绘画向我们追问着生命的价值和意义。

麦盖提刀郎农民画的每一个场景、每一个细节，都是在平缓、清淡、朦胧的色彩中，让人感受到粗犷而又隐藏着细腻。粗犷与细腻，两种风格在刀郎农民画中奇特地融合在一起，却让人产生独特的心灵感悟。其作品始终洋溢着鲜活性和生动性，始终贯穿着源于自然、天人合一的清新感和生命气息，传播着正能量。

看着刀郎农民画，仿佛在听一首飘然而至的悠扬抒情曲，就在歌声传入耳膜的一瞬间，人与自然的阻隔被融化了，心扉敞开了，歌声悄然沁入心脾，让心灵得到净化、宁静。

一大批优秀刀郎农民画，紧扣“人与自然和谐共存”“可持续发展”的时代主题，将民间艺术与弃恶扬善的人道主义精神与画作空间质感完美结合，体现画家肩负使命担当和强烈的社会责任感。

以下重点介绍 4 幅有代表性的画作。

一、《鸡蛋的魅力》

一只绘有传统民族图案的母鸡肚子中是一枚大大的鸡蛋，鸡蛋内部有一群维吾尔族农民在捡鸡蛋，而画面的右侧是一位妇女在饲养母鸡，母鸡四周有洗衣机、冰箱、摩托车和风扇等电器。这幅画其实讲了一个关于养鸡致富的故事，贴近农民的现代生活，具有丰富的想象力。

二、《欢乐的春天》

作品将准备春耕的牛作为画面的主要角色，四周画上艳丽的花草和欢快呱呱叫的青蛙，色彩极为鲜亮，呈暖色调，触笔自由奔放，不受时空界限，表现出春天万物复苏、生机盎然，寓示着播种季节到了。

三、《赶巴扎》

用夸张的手法描绘维吾尔族乡亲们坐着毛驴车、满载农副产品赶巴扎的场景，画面充满乐呵呵的气氛，揭示出各族人民对幸福生活的满足感。

四、《分配》

描绘的是国家发给农民一个西瓜，经过了从上级到下级的过程，从地、县、乡到村到农民手上时只剩下一小块了。但是农民却不知道中央其实发给他的是一个完整的西瓜，他觉得能够有这些就已经非常高兴了。作品一方面反映了农民的朴实可爱，另一方面映射出一些地方仍有克扣现象。

第四章　非物质文化传承与发展

第一节　非物质文化遗产

按照文化部、自治区文化厅、地区文体局申报非物质文化遗产的要求，2005 年 8 月，中共麦盖提县文化体育广播影视系统党委书记刘德奇带领文化体育广播影视局副局长穆台力甫・司依提、广电台干部叶伟、政府办公室秘书汪少康，前往乌鲁木齐市开展非物质文化遗产申报工作，在自治区艺术研究所所长、自治区非物质文化遗产传承保护研究中心主任、研究员李季莲，自治区艺术研究所副所长、自治区非物质文化遗产传承保护研究中心副主任、研究员周吉的指导和帮助下，进展顺利，仅用 7 天时间就完成《刀郎木卡姆》《刀郎麦西莱甫》《刀郎农民画》的所有申报材料，在规定期限内上报自治区文化厅。9—10 月，经专家评审，确定将《刀郎木卡姆》《刀郎麦西莱甫》上报文化部。2006 年之后，加大非物质文化遗产普查力度，逐年将一些符合条件的民间艺术申报为地区级、自治区级、国家级非物质文化遗产。

2006—2010 年，麦盖提县被列入县级非物质文化遗产名录 7 个、地区级 5 个、自治区级 5 个、国家级 3 个，拥有县级传承人 33 人、地区级传承人 22 人、自治区级传承人 5 人、国家级传承人 3 人。

一、非遗项目

（一）国家级非遗入选项目

刀郎木卡姆　2006年6月，入选第一批国家级非物质文化遗产名录，代表性传承人玉素因・亚亚、阿布都吉力力・肉孜。

刀郎麦西莱甫　2006 年 6 月，入选第一批国家级非物质文化遗产名录，代表性传承人热合曼・卡德尔。

（二）自治区级非遗入选项目

刀郎木卡姆　2006 年，入选第一批自治区级非物质文化遗产名录，代表性传承人艾山・努来克、艾海提・托合提。

刀郎麦西莱甫　2006 年，入选第一批自治区级非物质文化遗产名录，代表性传承人塔力甫・库完、吾斯曼・斯迪克。

维吾尔族刀郎舞　2010 年，入选第二批自治区级非物质文化遗产名录，代表性传承人热合木・卡德尔。

刀郎乐器制作技艺　2010 年，入选第二批自治区级非物质文化遗产名录，代表性传承人艾麦尔·依米尔。

刀郎卡龙琴演奏技艺　2010年，入选第二批自治区级非物质文化遗产名录，代表性传承人阿布都吉力力·肉孜。

（三）地区级非遗入选项目

2006—2010年，麦盖提县“刀郎木卡姆”、“刀郎麦西莱甫”、维吾尔族刀郎舞、刀郎乐器制作技艺、刀郎卡龙琴弹奏技艺入选地区级非物质文化遗产名录，代表性传承人分别为穆太力普·买买提、帕提古·热合曼、艾麦尔·吾斯曼、艾麦尔·依米尔、阿布都热西提·吾斯曼。

（四）县级非遗入选项目

2009年10月8日，县人民政府公布县级非遗项目7个，分别是刀郎木卡姆、刀郎麦西莱甫、维吾尔族萨哈迪、维吾尔族卡龙琴艺术、刀郎民歌、刀郎民间狩猎、维吾尔族乐器制作技艺。

二、非物质文化遗产代表性传承人

（一）阿布都吉力力·肉孜

阿布都吉力力·肉孜，男，维吾尔族，1929年6月出生于央塔克乡阿克艾格孜村。9岁时随父亲学习演奏刀郎热瓦甫和“刀郎木卡姆”套曲，跟随著名的卡龙琴大师司马义·艾合买提学习弹热瓦甫、演奏卡龙琴和击手鼓。他是知名的“刀郎木卡姆”演唱者、卡龙演奏家、国家级非物质文化遗产项目代表性传承人，麦盖提县“刀郎木卡姆”协会会员，央塔克乡文化站“刀郎木卡姆”辅导员，为10余名青年教授卡龙琴技艺。

1992—2009年，他与同伴应文化部、中央电视台、中国艺术研究所、中国艺术馆、杭州、沈阳、乌鲁木齐、台北等部门和城市邀请表演“刀郎木卡姆”，受到专家学者及观众的好评。应法国、日本、英国、荷兰、比利时等国家有关机构邀请表演“刀郎木卡姆”，受到国外友人的好评。2004年1月，他与同伴参加中央电视台举办的“西部民歌电视大赛”，弹唱的“刀郎木卡姆”巴西巴雅宛、孜尔巴雅宛套曲获拉弹类“金杯奖”；同年，麦盖提县刀郎木卡姆代表队参加中央电视台举办的“清逸佳雪杯”民歌大奖赛，获金奖，他是代表队主要演员之一。2006年9月，麦盖提县刀郎木卡姆代表队在自治区举办的“首届新疆民间文化艺术节”中获“金手鼓”奖，他是主要演员之一。

（二）玉素音·亚亚

玉素音·亚亚，男，维吾尔族，1938年出生于央塔克乡克亚克勒克吾依村一个农民家庭，系“刀郎木卡姆”首席演唱者、手鼓演奏家，国家级非物质文化遗产传承人，现任麦盖提县“刀郎木卡姆”协会会长，央塔克乡文化站“刀郎木卡姆”辅导员。14岁就开始演唱刀郎木卡姆，演唱风格与众不同，曲调准确无误，嗓音粗犷而洪亮。玉素因·亚亚以自己独特的高音，被巴楚、莎车、泽普、叶城等地的木卡姆艺人们所熟悉。

1992—2009年，他与同伴应文化部、中央电视台、中国艺术研究所、中国艺术馆、杭州、沈阳、乌鲁木齐、台北等部门和城市邀请表演“刀郎木卡姆”，受到专家学者及观众的好评。应法国、日本、英国、荷兰、比利时等国家有关机构邀请表演“刀郎木卡姆”，受到国外友人的好评。2004年1月，他与同伴参加中央电视台举办的“西部民歌电视大赛”，弹唱的“刀郎木卡姆”巴西巴雅宛、孜尔巴雅宛套曲获拉弹类“金杯奖”；同年，麦盖提县刀郎木卡姆代表队参加中央电视台举办的“清逸佳雪杯”民歌大奖赛，获金奖，他是代表队主要演员之一。2006年9月，麦盖提县刀郎木卡姆代表队在自治区举办的“首届新疆民间文化艺术节”中获“金手鼓”奖，他是主要演员之一。

（三）艾山·努来克

艾山·努来克，男，维吾尔族，1938年出生于央塔克乡克亚克勒克吾依村一个农民家庭，刀郎艾捷克演奏家，自治区级非物质文化遗产传承人。现为麦盖提县“刀郎木卡姆”协会会员，央塔克乡文化站“刀郎木卡姆”辅导员，培养“刀郎木卡姆”传承人 10 人。

14 岁时向名师学习拉弹刀郎艾捷克、弹唱“刀郎木卡姆”。1986 年，作为麦盖提“刀郎麦西莱甫”舞蹈团成员，在乌鲁木齐全国少数民族体育运动会开幕式上表演。2003 年，作为新疆民间艺术团成员，参加“第九届巴黎国际艺术节”。2004 年 1 月，他与同伴参加中央电视台举办的“西部民歌电视大赛”，弹唱的“刀郎木卡姆”巴西巴雅宛、孜尔巴雅宛套曲获拉弹类“金杯奖”。

（四）艾海提·托合提

艾海提·托合提，男，维吾尔族，1950 年 11 月 17 日出生于央塔克乡央塔克村一个“刀郎木卡姆”演唱世家，系著名的“刀郎木卡姆”演唱者、热瓦甫手，自治区级非物质文化遗产传承人。他应邀从事县文体广电局开办的“刀郎木卡姆”接班人培训班的教学工作，培养名徒 15 人。现为麦盖提县“刀郎木卡姆”协会会员，央塔克乡文化站“刀郎木卡姆”辅导员。12 岁时，随著名“刀郎木卡姆”演唱家、卡龙演奏师、刀郎热瓦甫演奏家学习刀郎热瓦甫弹奏，并从父亲那里学习弹唱“刀郎木卡姆”。1986 年，被新疆艺术学院聘为民间音乐艺术兼职教师。2003 年，作为新疆民间艺术团成员，参加“第九届巴黎国际艺术节”。

（五）塔里甫·库万

塔里甫·库万，男，维吾尔族，1938 年 11 月 5 日出生于尕孜库勒乡库木西买里村，著名“刀郎木卡姆”演唱者、鼓手，自治区级非物质文化遗产传承人。从小随祖父、三叔学习弹唱“刀郎木卡姆”，25 岁成为有名的“刀郎木卡姆”演唱者，可以独立弹唱 9 套“刀郎木卡姆”。塔里甫·库万为弘扬传承刀郎文化，精心培养儿子，他的儿子能够独立演唱 9 套“刀郎木卡姆”，成为他的接班人。

（六）吾斯曼·斯迪克

吾斯曼·斯迪克，男，维吾尔族，1949 年出生于库木库萨尔乡胡木旦买里村，著名“刀郎木卡姆”演唱者、鼓手演奏家，自治区级非物质文化遗产代表性传承人。从小跟着父亲参加各种“刀郎麦西莱甫”演出活动。他在父亲及环境的熏陶下，对“刀郎木卡姆”产生极大的兴趣，经父亲的精心调教，很快学会 9 套“刀郎木卡姆”。如今他已成为知名的民间艺术家，培养徒弟 6 人。

（七）艾麦尔·依米尔

艾麦尔·依米尔，男，维吾尔族，1971 年 9 月出生于央塔克乡布隆浪喀村 2 组，著名“刀郎木卡姆”乐器制作者，自治区级非物质文化遗产代表性传承人，培养徒弟 14 人。自幼跟着爷爷、父亲学习刀郎乐器制作，因心灵手巧，很快便掌握刀郎乐器制作技艺，成为本地集弹唱、制作刀郎乐器第一人。他制作的乐器外形精美，声音响亮，音色标准，不仅深受当地刀郎民间艺人的欢迎，而且深受国内外友人的喜爱。

（八）热合木·卡德尔

热合木·卡德尔，男，维吾尔族，1943 年出生于巴扎吉米乡库台勒克村，著名刀郎民间舞蹈传承人，国家级非物质文化遗产代表性传承人。为新疆维吾尔自治区古典文学木卡姆研究会会员、新疆舞蹈家协会会员，喀什地区舞蹈协会、戏剧协会会员，麦盖提县“刀郎木卡姆”协会理事。1958 年，参加乡业余文工队。1959 年，进入县文工团工作。2003 年退休。其间，积极参加县里组织的挖掘、收集、整理“刀郎木卡姆”的工作；他创作的 30 多个节目受到喀什地区的嘉奖，其中《我高兴地参加麦西莱甫》《花园故乡》《繁荣吧，刀郎》《可爱的情人》等歌曲，在新疆人民广播电台播放；他善于发现人才，培养“刀郎木卡姆”弟子 100 多人。1992 年 11 月，他赴北京参加“维吾尔十二木卡姆理论研讨会”。1993 年，他创作的刀郎舞蹈在“中国沈阳国际秧歌节”获好评。2004 年 1 月，他与同伴参加中央电视台举办的“西部民歌电视大赛”，弹唱的“刀郎木卡姆”巴西巴雅宛、孜尔巴雅宛套曲获拉弹类“金杯奖”。

第二节　非物质文化传承保护措施

从2005年着手申报非物质文化遗产开始，麦盖提县就成立非物质文化遗产传承保护领导小组，在文化体育广播影视局设立非物质文化遗产传承保护中心办公室，按照上级主管部门和县非物质文化遗产传承保护领导小组的要求，开展麦盖提县非物质文化遗产项目传承保护工作，弘扬刀郎文化艺术，推动刀郎文化健康发展。

2006年5月，麦盖提县非物质文化遗产传承保护中心办公室起草《麦盖提县非物质文化遗产传承保护措施》，措施中明确各乡（镇）、县直各单位的职责任务，提出各级传承人入选条件和享受待遇，要求县乡村互相配合，对申报成功的和正在继续申报的非物质文化遗产开展全面保护。经县委研究确定后，下发各乡（镇）、各单位实施。是年6月，麦盖提县非物质文化遗产传承保护领导小组安排文化部门组成两个普查组，利用两个月时间对全县非物质文化进行全面普查，收集整理资料，建立档案，为继续申报非遗项目打下基础。当年，县发改委将非物质文化遗产传承保护工作纳入麦盖提县“十五”计划。

2007年，经县财经领导小组研究，确定地方财政投资40万元在央塔克乡克亚克勒克吾依村果园修500平方米刀郎木卡姆演艺大厅，为弘扬刀郎文化搭建展示的平台，实现文化与旅游的融合。是年7月，将5名年轻民间艺人招入刀郎艺术团。是年9月，麦盖提县职业中专开设“刀郎木卡姆”班，确定每年招生40人，学制3年，国家承认中专学历。各中小学将“刀郎木卡姆”“刀郎麦西莱甫”纳入艺术教育课。

2008年，成立麦盖提县“刀郎木卡姆”民间艺人协会，入会会员36人，选举玉素因·亚亚为“刀郎木卡姆”民间艺人协会主席。为12名民间艺人办理农转非，并纳入城市居民最低生活保障。对3户住房条件差的民间艺人，县财政拨款3.9万元用于住房改造。对县级、地区级、自治区级、国家级非物质文化遗产代表性传遗人建立档案。

2006—2010年，举办民间艺人培训班，共培训刀郎木卡姆、刀郎麦西莱甫、刀郎农民画骨干700人次，组织20批次200名民间艺人参加国际国内文化艺术交流。出版发行《刀郎木卡姆》《刀郎》《文化视野中的刀郎文化》《刀郎农民画》《刀郎民歌》等书刊和音像制品。兑现各级非物质文化遗产代表性传遗人待遇。重大节日期间，县乡领导对知名传承人进行慰问。各乡（镇）还免除民间艺人义务工和解决生产生活中一些困难，调动民间艺人传承弘扬刀郎文化的积极性。

第三节　刀郎文化艺术交流

1992年，艾尔肯·司依提的农民画作品《享受》被一名法国农民画爱好者购买收藏。

1995年，全国第五次边疆万里行文化长廊现场会主会场设在麦盖提，与会的2000名文化界名人和各级领导观摩央塔克乡农民运动会、库木库萨尔乡农民画，与会代表给予高度评价。

1996年，县财政拨款8万元出版发行《刀郎农民画》2000册。

2001年11月，麦盖提县成功举办全疆乡（镇）农村文化工作现场会。现场会上，县委书记介绍麦盖提县农村文化活动经验，与会人员观看央塔克乡、尕孜库勒乡、库木库萨尔乡、县第一小学群众文化活动和校园文化活动。

2003 年 12 月，中国艺术研究会特邀麦盖提县“刀郎木卡姆”民间艺人在北京召开的“中国少数民族艺术遗产保护及当代艺术发展国际学术研讨会”上作专场演出；同月，11 幅刀郎农民画入选文化部对外展览中心与美国子午线艺术展览公司联合举办的“古道新彩——中国西部丝绸之路美术作品展览”会，在美国各州巡回展览两年。

2004 年 1 月，应中央电视台邀请，麦盖提县挑选部分演员、部分民间艺人组成刀郎木卡姆组合参加中央电视台举办的西部民歌电视大赛；同月，参加中央电视台举办的“清逸佳雪杯”民歌大赛。3 月，中央电视台开通 15 频道《民歌—中国》，邀请县民间艺人演奏“刀郎木卡姆”。

2005 年 11 月 10 日至 12 月 10 日，8 名民间艺人参加日本丝绸之路音乐舞蹈节演出。

2006 年 3 月，8 名民间艺人组成的“刀郎木卡姆”弹唱队赴英国演出。

2007 年 4 月，县民间艺人应邀参加在法国和日本举办的“守望家园—中国非物质文化遗产专场晚会”。5 月，民间艺人应邀参加在重庆举办的非物质文化遗产演出活动。

2008 年 4 月，11 名年轻刀郎艺人参加全国第十三届青年歌手大赛；5 月，自治区在麦盖提县召开全疆群艺馆、文化馆长会议，观摩刀郎文化民间艺术。6 月，12 名民间老艺人参加全国非物质文化宣传展演活动和中国新疆国际民族舞蹈节。

2009 年 11 月 24—30 日，麦盖提县民间艺人参加第四届中国新疆冰雪旅游节暨旅游博览会表演“刀郎木卡姆”，农民画家现场作画，多家媒体采访报道盛况。

第四节　刀郎文化专著

1991—2010 年，麦盖提县委、县人民政府为宣传、推介刀郎文化，扩大刀郎文化的影响，多次拨款，邀请专家、学者撰写刀郎文化专著，由疆内外出版社出版发行。出版的主要书籍名录见下表。

1991—2010 年麦盖提县刀郎文化专著出版情况表

表 32-4-1

年份（年）	书　名	类别	发行数量
1996	《维吾尔“刀郎木卡姆”》	书籍	2500 册
1996	《刀郎之乡摄影作品集》	摄影	2000 册
1996	《刀郎农民画》	画册	2000 册
1996	《“刀郎木卡姆”录音带》	音像品	2000 套
2004	《刀郎之魂》	书籍	6000 册
2004	《“刀郎木卡姆”VCD》	音像品	2000 套
2006	《麦盖提县刀郎农民画》	画册	3000 册
2007	《人文视野中的刀郎文化》	书籍	5000 册
2007	《刀郎》	书籍	10000 册
2009	《刀郎民歌》VCD、DVD	音像品	2000 套

第五节　刀郎文化荣誉

1991 年，热依木·赛里木的作品《打猎》在《中国日报》和《香港之窗》合办的“国际民间绘画展”上获二等奖。

1995 年，麦盖提县被文化部、人事部评为“全国文化模范县”。

1996 年，央塔克乡被文化部授予“刀郎麦西莱甫之乡”。

1997 年，在美国纽约举办的国际画展中，吐尔逊·艾则孜的《祖先与前辈》获特等奖。

2000 年 10 月，在文化部举办的“中国农民画联展暨上海金山第三届旅游节”上，艾尔肯·司依提的《杂技驯兽》获优秀奖。

2001 年 1 月，在“首届秀洲·中国农民画艺术节”上，艾尔肯·司依提的《猎手》入选展出。11 月，麦盖提县成功举办全疆乡（镇）农村文化工作现场会，央塔克乡被授予“群众文化先进之乡”。

2002 年 5 月，在陕西举办的“好猫杯”中国现代民间绘画精品展中，艾尔肯·司依提的《“刀郎麦西莱甫”》入选并展出。

2003 年 12 月，文化部对外展览中心与美国子午线艺术展览公司联合举办的“古道新彩——中国西部丝绸之路美术作品展览”中，麦盖提县 11 幅刀郎农民画入选。

2004 年 1 月，在中央电视台举办的西部民歌电视大赛中，刀郎民间艺人弹唱的“刀郎木卡姆”《巴希巴雅宛》《孜尔巴雅宛》获拉弹类“金杯奖”；同月，在中央电视台举办的“清逸佳雪杯”民歌大奖赛中，麦盖提县代表队获得金奖和民歌保护奖。9 月，在浙江嘉兴举办的全国第七届艺术节上，8 幅刀郎农民画作品参展，1 幅作品入选作品集；全国特产之乡推荐暨宣传活动组织委员会命名麦盖提县为“中国刀郎羊之乡”。是年，6 幅农民画参加陕西户县农民画展，1 幅作品获一等奖。

2005 年 4 月，全国特产之乡推荐暨宣传活动组织委员会命名麦盖提县为“中国刀郎农民画之乡”“中国刀郎木卡姆之乡”“中国刀郎麦西莱甫之乡”。11 月，麦盖提县被中国乡土艺术协会授予“中国特色文化乡镇”称号。

2006 年 5 月，麦盖提县“刀郎木卡姆”“刀郎麦西莱甫”列入中华人民共和国非物质文化遗产保护名录。6 月，依明·帕托和全国 47 名画家赴法国参加中国文化周活动，麦盖提县 12 幅农民画在欧洲 8 国展出，1 幅作品获一等奖、1 幅被收藏，依明·帕托被授予“中欧文化艺术特使”称号。7 月，在第二届中国农民书画展中，艾尔肯·司依提的《布市场》《叶尔羌河的夜晚》入选展出，《叶尔羌河的夜晚》获三等奖。9 月，麦盖提参加自治区举办的首届民间文化艺术节，获“金手鼓”奖和组织奖。

2007 年 6 月，吐逊·艾则孜的《刀郎麦西莱甫》被确定为自治区第一个文化遗产日首日封封面。10 月，在第三届中国农民画艺术节上，艾尔肯·司依提的《刀郎艾捷克演奏》获银奖、《巴扎》获优秀奖。

2008 年 4 月,11 名青年刀郎艺人参加全国第十三届青年歌手电视大奖赛，获原生态组银奖。5 月，在乌鲁木齐举办的“中国·新疆国际民族舞蹈节”上，麦盖提县选送的 60 幅作品中 52 幅入选《中国·新疆农民画获奖作品集》。10 月，在苏州举办的纪念改革开放 30 周年中国农民画展中，麦盖提 5 幅作品入选《2008 中国农民画画展作品集》。11 月，麦盖提县被文化部命名为“中国民间文化艺术（刀郎麦西莱甫）之乡”。是年，县文化体育广播影视局被中国新疆国际民族舞蹈节组委会授予“中国新疆农民画展组织奖”。

2010 年，在自治区第六届青歌赛上，麦盖提县代表队获原生态组第一名，代表自治区参加全国第十四届青歌赛获原生态唱法铜奖，自治区人民政府奖励 30 万元。

第三十三编　医疗卫生

1991年以来，麦盖提县委、县人民政府抓住改革开放的大好时机，坚持把医疗卫生事业放在优先发展的地位，不断加大经费投入，持续引进项目和人才，加强对外交流与合作，取得了显著成就；实行计生工作领导责任制，持续开展“婚育新风进万家”活动，加强优生优育政策宣传，落实计划生育奖励优惠措施，控制全县人口有计划增长。

1991—2002年，麦盖提县在农村实行的合作医疗制度，因主客观原因，几经起伏。至2003年12月，麦盖提县在多年实施农村合作医疗的基础上，正式启动新型农村合作医疗改革试点工作。2004年，疾病预防体制实行改革，提升了疾病、传染病防控能力。2005年12月，第一家民营医疗机构批准成立。2007年，实现医疗机构网络化管理，县人民医院被确定为城镇职工基本医疗保险、商业保险和城镇低保医疗救助定点医院。2009年开始，县卫生部门根据《中共中央国务院关于深化医药卫生体制改革的意见》，完善合作医疗管理制度，落实基本药物制度、基本药物合理使用制度，实行基本药物零差率销售；将专业公共卫生机构人员经费纳入政府预算全额安排，落实人均基本公共卫生服务经费不低于15元政策。2010年，乡镇标准化卫生院、村（社区）标准化卫生室建设完成，县、乡、村（社区）三级医疗预防保健网络基本形成，群众看病难、看病贵问题得到缓解。是年，麦盖提县全面启动九类国家基本公共卫生服务项目。

截至2010年，全县有公立卫生机构151个，其中县级5个、乡（镇）卫生院11个、村（社区）卫生室135个。全县规模较大的民营医院2个、个体门诊部11个、个体诊所38个。全县医疗机构有床位675张。先后获“自治区新型农牧区合作医疗先进试点县”“自治区婚育新风进万家活动先进县”“自治区计划生育优质服务先进县”称号。

第一章　机构队伍

第一节　行政机构

一、卫生局

1991年，卫生局编制9人，领导职数2个，实有10人。

2003年4月，成立中共麦盖提县卫生系统委员会。

2010年，卫生局编制7人，领导职数3个，实有5人。内设党委办公室、行政办公室、基层卫生与妇幼保健办公室、疾病控制办公室、医政办公室、科教办公室、法规监督办公室。

二、爱国卫生运动委员会办公室

1991—2010年，爱国卫生运动委员会办公室核定编制7人，领导职数1个。实有5人。

三、人口和计划生育委员会（计生局）

1991年，计划生育委员会（含计生指导站）编制10人（含计生协会编制3人），实有10人（其中计生协会干部2人）。

1997年10月，计划生育委员会编制7人，领导职数2个。实有7人，其中中共党员5人。

1998年3月，计划生育委员会更名为计划生育局。

2006年5月，计划生育局更名为人口和计划生育委员会。

2008年4月，成立中共麦盖提县人口和计划生育系统委员会。

2010 年，人口和计划生育委员会编制 7 人，领导职数 3 个。内设办公室、规统科、宣教科、政策法规科、流动人口管理办公室。实有 7 人，其中中共党员 7 人。

四、直属机构

（一）公共卫生监督所

卫生局公共卫生监督所 2007 年 2 月成立，隶属卫生局。核定参照公务员管理编制 12 人，含领导职数 1 个。实有 4 人。

（二）地方病防治办公室

麦盖提县地方病防治办公室 2007 年 5 月成立，隶属卫生局。核定参照公务员管理编制 3 人，含领导职数 1 个。实有 1 人。

（三）农牧区新型合作医疗办公室

麦盖提县农牧区新型合作医疗办公室 2008 年 8 月成立，隶属于卫生局。核定参照公务员管理编制 15 人，领导职数 2 个。实有 12 人。

第二节　专业机构

一、防疫站（疾控中心）

1991 年，防疫站有人员 35 人，其中卫技人员 27 人、主治医师 6 人、领导 2 人。内设科室 6 个。

2004 年，非典疫情过后，麦盖提县为加强疾病控制工作，提高疾病控制水平，将县防疫站更名为疾病控制中心。有人员 25 人，其中领导 2 人、中级职称 4 人、初级职称 13 人、无职称的 1 人、财务人员 2 人、工人 3 人。

2006 年，有人员 28 人，其中副主任医师 1 人、主治医师 4 人、技术人员 18 人、其他人员 5 人。

2010 年，在编人员 45 人，其中专业技术人员 42 人（副高 4 人、中级 9 人、助理 12 人、员级 17 人）、工勤人员 3 人（高级工 2 人、中级工 1 人）。内设科室 6 个。

二、妇幼保健站

1991 年，妇幼保健站编制 30 人，其中领导职数 2 个、专业技术岗位 27 人、工勤人员岗位 1 人。实有 9 人。

1997 年，实有 12 人。

2007 年，实有 21 人。

2010 年，实有 23 人。

第三节　医疗机构

一、县人民医院

1991 年，人民医院为正科级事业单位。全院 253 人，其中领导 3 人、正式在职职工 191 人、县内自聘 59 人。

1997 年，县人民医院编制 225 人，领导职数 3 个，人民医院党支部隶属于卫生系统党委，有党员 14 人，内设行政办、医务科、护理部、门诊、内科、外科、妇产科、五官科、传染科、检验科、药剂科、手麻科、预防保健科、放射科、总务科、信息科、洗衣房。实有 211 人。

2003 年，全院正式职工 194 人，其中卫生技术人员 161 人，卫技人员占职工总数的 82.99%；副高级职称 3 人，中级职称 31 人，初级职称 127 人，各级医务人员构成比例 1∶7∶21；医生 59 人，医技人员 27 人，护理人员 75 人，医护比例 1∶1.3，行政管理人员 13 名。科室设置有办公室、医务科、护理部、院内感染办、财务科、总务科、门诊科、内科、普外科、骨科、妇产科、儿科、急诊科、功能科、药剂科、检验科、放射科、供应室。

2005 年，全院正式职工 193 人，其中卫生技术人员 163 人，卫技人员占职工总数的 84.46%，职称构成：副高级职称 2 人，中级职称 41 人，初级职称 135 人，各级人员构成比例 1∶20∶62。

2006 年，有职工 235 人，副高 1 人，中级 38 人、初级 128 人、员级 38 人；学历结构：本科 16 人，大专 129 人，中专 90 人。

2007 年，增设内一科、内二科、五官科。

2010 年，有职工 265 人。其中卫生技术人员 430 人（正式在职职工 175 人、县内自聘 51 人），其他人员 103 人；中专 168 人，大专 266 人，本科 65 人，其他 34 人；初级 156 人，中级 40 人，副高 30 人，正高 3 人；取得执业医师资格证 53 人、执业助理医师资格证 15 人，护士执业证 199 人。

二、维吾尔医医院

1991 年，维吾尔医医院有 6 名医护人员。

1997 年，医院编制 35 人，实有人数 35 人，其中女职工 25 人。内设护理部、门诊、病房。

1998 年，设立党支部。

2001 年，医护人员 37 人。

2009 年，升格为副科级单位，在编人员 36 人，专业技术人员 32 人，其中医师专业维吾尔医 10 人、药剂专业维吾尔医 5 人。

2010 年，编制 35 人，领导职数 2 个，实有 39 人。其中聘用 5 人、妇女 24 人。内设行政办、人事办、医务科（科教、预防保健、院感办、信息及病案管理）、护理部、门诊部（妇科、皮肤科、心内科、药剂室、理疗室）、住院部、功能科（检验室、超声室、放射室）财务室、后勤保卫管理科、供应室。

三、民营医疗机构

（一）济民医院

2005 年 12 月，经喀什地区卫生局批准成立麦盖提县济民医院，是一个自负盈亏、自主经营、独立核算的民营综合医疗服务机构。医院占地面积 6000 平方米，住院部 1200 平方米，门诊部 260 平方米，病床 24 张，当年就诊病人 874 人，住院病人 700 人，手术 215 例。医院内设内科、外科、妇科、产科、骨科、泌尿科、化验室、B 超室、X 光室等科室。有职工 24 人，其中副高级职称专家 2 人、中级技术骨干 4 人。

2010 年 8 月，麦盖提县济民医院成立党支部，隶属于麦盖提县经贸系统党委，有中共党员 6 名。

（二）康乐医院

2009 年 10 月，经喀什地区卫生局批准成立，是一个民营综合医疗服务机构。医院占地面积 2450 平方米，住院部 1600 平方米，门诊部 8500 平方米，病床 45 张，当年就诊病人 890 人，住院病人 725 人。医院内设内科、外科、妇科、中医科、维吾医科、康复科、医学检验科等科室。有职工 28 人。

四、乡（镇）卫生院

1991 年，全县乡卫生院 10 个。卫生技术人员 142 人，有病床 312 张。

1995 年，全县乡卫生院 10 个。有卫生技术人员 177 人，比 1991 年增加 35 人，增长 24.65%；

设病床320张，比1991年增加8张，增长2.56%。各乡卫生院配备了B超、心电图、检验、放射、电子血压计等78台医疗设备。

2000年，全县乡卫生院10个。专业卫生技术人员200人，比1995年增加23人，增长12.99%；拥有病床330张，比1995年增加10张，增长3.13%。

2005年，全县乡卫生院10个。专业卫生技术人员210人，比2001年增加10人，增长5%；拥有病床340张，比2001年增加10张，增长3%。

2010年，全县乡卫生院10所，新建麦盖提镇卫生院1所。卫生技术人员455人，比2005年增加245人，增长116.6%；拥有床位520张，比2005年增加180张，增长52.9%。各乡镇卫生院均配备X光机、超声波诊断仪、心电图机、半自动生化仪、生物显微镜、洗胃机、尿分析仪、手术床（液压）、无影灯、麻醉机（简易）、多普勒胎儿听诊器、急救箱、吸引器、观片灯、离心机、干燥箱、电热恒温培养箱、一次性器具毁形器、计算机、救护车、口腔综合治疗台、五官科椅、除颤器、妇科检查器械、血球计数器、气管切开包等医疗设备，比1995年增加23种医疗器械，增长4.6倍。

1998—2010年麦盖提县乡镇卫生院就诊、住院情况表

表33-1-1

年份（年）	门诊人次	住院人次	病床使用率（%）	建筑面积（平方米）
1998	122280	6339	57.6	5216
1999	140251	6123	58.5	5216
2000	144165	5698	55.5	5416
2001	96004	4839	48.7	5461
2002	101986	4478	48.5	5481
2003	98715	5527	45.7	6221
2004	91032	5760	52.1	6304
2005	99074	6501	59.5	6712
2006	116130	8341	64.1	6712
2007	108224	9483	67.6	7536
2008	104614	10690	79.6	8776
2009	105017	11302	83.7	8965
2010	113685	12961	87.3	12052

麦盖提县乡镇卫生院医疗设备情况表

表33-1-2

设备名称	数量（台）	型号	购置年份（年）	使用情况
婴儿培养箱	10	YP930	2004	良好
电动吸引器	10	DFX-23e	2005	良好
测尿仪	10	优利特	2006	良好

续表 33-1-2

设备名称	数量（台）	型号	购置年份（年）	使用情况
辐射式新款抢救台	10	HKN-93	2006	良好
医用保健吸氧机	10	LRY-1-5A-W	2006	良好
血球仪	10	BC-2100	2007	良好
半自动生化仪	10	SBA-610	2007	良好
电解质分析仪	10	AC9900	2008	良好
X 光机	10	XD51-20.40/100	2008	良好
B 超	10	YO-800B	2008	良好
红外线乳腺诊断仪	10	AD-1202	2009	良好
微波多功能治疗仪	10	KWBZ-1A	2009	良好
心电图机	11	MI770-84563RCVA	2010	良好
多参数监护仪	11	PC-9000B	2010	良好

第四节　卫生队伍

1991 年，全县卫生专业技术人员 252 人。1995 年，全县医务人员 362 人，比 1991 年增加 110 人，增长 43.65%。2000 年，全县医务人员 302 人，比 1995 年减少 60 人，下降 16.57%。2005 年，全县医务人员 496 人，比 2000 年增加 194 人，增长 64.24%。2010 年，全县医务人员 528 人，比 2005 年增加 32 人，增长 6.45%。

1991—1996 年，卫生队伍较为薄弱。1997 年后，随着国家卫生体制改革、医疗改革的深入推进以及援疆工作的高位启动，卫生事业步入快车道，卫生队伍逐年扩大，医疗条件、医疗水平都有大的提升。1997 年，第一批山东泰安市援疆医生安排到县人民医院工作，通过传帮带，提升骨干人员专业技术水平。1999 年开始，在援疆医疗专家的指导下，以岗位培训为主，对助理及员级职称卫生专业技术人员进行培训，至 2002 年全部轮训一遍，卫生队伍业务水平和技术能力得到提升。2003 年，在山东新泰和泰安市设立培训基地。5 年中，采取分期分批送出去培训的方式，培养技术骨干 10 人，促进了医疗技术水平提高。其间，参培人员在国家级刊物发表论文 49 篇，开展新技术、新项目研究 58 项，一批中青年技术骨干成为医院的中坚力量、一支结构合理的人才梯队逐步形成。2009 年开始，侧重管理层人员培训，分批组织骨干医师和卫生院院长赴山东等地医院研修学习，提升中上层干部管理能力和水平。持续加强乡村医生在岗培训，轮训乡村医生 455 人，乡村医生整体医疗水平得到提升。

2010 年，进一步加大培训力度，覆盖所有医疗机构，全县投入培训费用 35 万元，共派出医务人员赴其他省市、自治区、地区进修、短期培训、继续教育 1965 人次，自办专业理论培训 2342 次（其中医生 120 次、护士 100 次），参训 1.17 万人次（其中医疗 6500 人次、护理 5200 人次），护理技术操作培训 240 次，参训 3200 人次，开展全院性医疗护理业务查房 1090 次，在国家级刊物发表论文 24 篇，开展新技术、新项目 19 项。

1998—2010年麦盖提县卫生技术人员情况表

表33-1-3

年份（年）	卫生技术人员（人）	其中		
		医师（人）	护士（人）	医技（防疫）人员（人）
1998	291	142	118	31
1999	301	144	125	32
2000	302	144	126	33
2001	498	189	134	41
2002	393	151	136	43
2003	403	161	136	43
2004	419	165	132	49
2005	496	81	124	49
2006	537	171	128	32
2007	568	257	122	66
2008	508	123	122	74
2009	502	167	117	47
2010	528	233	132	45

第二章　医疗卫生体制改革

第一节　公费医疗改革

1991—1998年，公费医疗管理委员会办公室设在卫生局。1992年，根据县委扩大会议精神要求，公费医疗由各单位自行管理，公费医疗费由公费医疗管理委员会向各单位核拨。1993年，公费医疗费用实行计划单列，由县财政局按照县人民政府审批的年度预算直接拨给公费医疗委员会统一管理使用。为缓解公费医疗不足，节省开支，麦盖提县依据自治区、地区相关文件精神，结合麦盖提县实际，对公费医疗管理体制进行调整，县卫生局在经费核拨、支出管理、转院审批等方面建立规章制度，层层负责，逐级审批；为了既能保证享受公费医疗的患者就医方便，及时医治，又防止交叉就医，增加开支，实行就地定点就医，各医疗机构密切配合，坚持本地医疗机构能医治的病不转上级医院，控制经费支出；执行“国家出大头，自己掏一点，两条腿走路”的方针；实行定额包干，将全年门诊、住院经费按工龄档次计算个人全年定额，并包干给定点医院（门诊取药限3天量，费用不得超过10元），超过的部分费用医院自理，节余归医院留用;严格限定公费医疗报销范围。1998年，县人民政府对公费医疗制度不断摸索、改进，根据本县实际制定下发公费医疗管理规定的通知，对公费医疗经费的使用、管理及享受标准做出新规定，明确全县行政事业单位干部、国家正式职工为公费医疗享受范围，公费医疗费用由县财政负担一部分，定为人均享受标准350元。1999—2010年，卫生局将公费医疗管理移交给劳动就业保险管理局统一管理。

第二节　疾病预防体制改革

1991—2003年，麦盖提县疾病预防工作由县防疫站负责。非典之后，县委、县人民政府为从容应对突发公共卫生事件，健全疾病预防体制，于2004年在防疫站基础上组建疾病预防控制中心。

2007年，成立公共卫生监督所，防疫部门食品卫生监督职能移交至卫生监督所。

第三节　城镇医疗卫生体制改革

一、医疗服务改革

麦盖提县认真贯彻医疗卫生体制改革精神，引入竞争机制，鼓励、支持和引导非公有制医疗机构介入，逐步形成以公有医疗服务为主体非公有医疗服务为补充的医疗卫生服务体系。2005年12月，第一家规模较大的民营医院济民医院落地麦盖提县。到2010年，民营医院发展到8家（其中较大规模的2家），随着医疗机构总量增加，各族群众就医更为方便。

二、人事制度改革

2004年，麦盖提县在城镇公有医疗机构实行竞争激励机制，全面推行以聘用制为核心，以“病人选择医生”为切入点，逐步建立以按需设岗、公平竞争、择优录用、合同管理为主要内容的新型用人制度，严格准入，畅通出口，进一步加快卫生事业单位人事和分配制度改革。

三、药品管理改革

1991—2003年，麦盖提县城镇医疗机构有自行采购药品的权力，由医疗机构的药房具体管理。2004年，《喀什地区药品集中招标采购监督管理实施办法》出台，麦盖提县卫生主管部门按照相关要求，取消医疗机构的药品采购权，由卫生主管部门统一招标，集中采购，规范对药品的监督管理，初步解决药品价格偏高、药品质量偏低的问题。2005年，执行由地区集中招标采购药品为主、县卫生局统一招标为辅的药品规定。2009年开始，县卫生主管部门根据《中共中央国务院关于深化医药卫生体制改革的意见》，落实基本药物制度、基本药物合理使用制度，实行基本药物零差率销售，将基本药物全部纳入医疗保障报销目录。

四、城镇医疗保险改革

国家医疗保险适用于机关事业单位、国有企业、私营企业的职工、个体工商户及城镇居民，按工资比例和特定的缴费标准缴纳保险费，享受住院医疗费用按比例报销的保险待遇。国家城镇职工医疗保险从1992年开始试点，1998年12月14日正式实施，麦盖提县同步实施。截至2010年，麦盖提县参加基本医疗保险职工4.77万人，实现全覆盖。国家城镇居民基本医疗保险从2007年开始试点的，2010年在全国铺开。2007—2010年，麦盖提县城镇居民累计参加城镇基本医疗保险5642人，占城镇居民总数的20.95%。

第四节　新型农村合作医疗

1991—2010年，麦盖提县农村合作医疗经历了取消、恢复、改革，向新型农村合作医疗迈进的过程。1991年，全县农村群众参加合作医疗的人口覆盖率96.2%。1993年，国务院委托农业部下发取消各种升级达标活动文件，把合作医疗当成是农民负担予以取消，1998年恢复合作医疗，但在收取农民各种费用上，停止“代扣代收”，农民自行缴费，由于收费困难，参加合作医疗人数大幅度滑坡，每况愈下。至2002年，参加合作医疗人口覆盖仅为54%。

2002年10月，《中共中央、国务院关于进一步加强农村卫生工作的决定》和卫生部、农业部、财政部《关于建立新型农村合作医疗制度的意见》出台后，县委、县人民政府于2003年向自治区提出新型合作医疗试点申请并获得批准。经过几个月的筹备，于2003年12月20日正式启动新型农村合作医疗试点工作。2004年3月，麦盖提县根据国务院、自治区关于推行新型农牧区合作医疗制度和卫生工作会议精神，成立新型农牧区合作医疗工作领导小组，制定实施方案；7月开始在县域内全面实行新型农牧区合作医疗（简称“新农合”）制度，成立新农合管理中心，县委对新农合收费标准进行认真研究，确定农村群众每人每年缴纳5元、财政补助每人每年30元缴费标准，当年新农合覆盖率64%，此后逐年上升。2006年12月，各乡镇、场成立新农合管理办公室和监督委员会，各村相应成立由村两委班子成员和村民代表参加的新农合管理小组，新型农村合作医疗工作不断规范，全县参加新农合农民11.76万人，占农业人口的97.15%，其中贫困人口、五保户参保率100%。到2010年，全县参加新农合农民16.62万人，覆盖率100%。

第三章　卫生管理

第一节　卫生行政管理

麦盖提县卫生行政管理职能发挥正常，在行风治理、公共卫生应对、制度建设、医疗市场监督、药品招标等方面，工作力度持续加大，确保卫生事业健康、有序发展。

一、医德医风治理

1991—1999年，县卫生行政部门坚决贯彻“谁主管、谁负责”和“管行业必须管行风”原则，加强对医疗机构和医疗服务行为的依法监管，加强对医疗服务质量、医德医风经常性定量监督检查；强化以人为本的职业道德、职业纪律、职业责任教育，努力培育“一切以病人为中心”的服务理念，积极引导各级医疗单位充分发扬救死扶伤的人道主义精神，以社会效益为最高准则。2000年，推行办事公开，完善“纠、评、建”相互促进的纠正行业不正之风工作机制；推广政务公开，增强决策透明度，主动接受社会监督；组织创建“十佳医院”“十佳卫生院”活动；在卫生系统持续开展“救死扶伤、忠于职守、爱岗敬业、满腔热忱、开拓进取、精益求精、乐于奉献、文明行医”活动。2004年，抓医德医风教育，开展行风评议工作，解决卫生领域存在的药品回扣、大药方、开单提成、收受红包，以及服务态度生硬等行业作风问题，建立良好的医患关系。2006年，县卫生局与各医疗卫生单位签订纠风目标责任书，严肃查处红包、回扣、开单提成和乱收费等群众反映的热点问题，全年处理投诉案件1起，涉案金额50元，当事人受到党纪处分。2010年，麦盖提县成立卫生系统纠风领导小组，年初与各医疗单位签订纠风目标责任书。各医疗机构在监管下，做到按照收费标准执行收费，公示药品价格，公开“医院对社会、科室对医院、个人对科室”服务承诺；做到药品集中采购实行100%的招标，使全县广大人民群众得到实惠。其间，卫生局制定下发《麦盖提县医院管理年活动实施方案》，对各级医疗单位开展“以病人为中心，提高医疗服务质量”为主题的医院管理年活动，进行严格检查。

二、制度建设

在前些年制度的基础上，2000年，建立健全各项制度，落实岗位责任，实行考核考评办法。2004年，监督医疗单位落实首诊负责制、会诊制度、手术病人术前讨论制度、疑难病历的讨论制度、危重病人报告制度、三级医师查房制度以及护士“三查七对”制度，促进护理工作规范化、科学化、正规化发展，切实提高医疗服务质量。支持医院不断完善目标责任制，引进竞争机制，加大改革力度；落实“一日清单”制度，让老百姓看“明白病”，用“明白药”。2005年，卫生局以医疗机构管理年为契机，严抓各医疗机构制度落实，努力提高医疗管理质量和服务水平。2005年后，一些制度进一步更新优化。

三、医疗机构监管

2004年，进一步抓好药品招标采购工作，杜绝假药进入市场。2005年，对11家经营不规范的民营医疗机构责令整改，对3家违规增设床位的个体诊所给予警告，责令整改；对2家中医诊所超范围开展西医诊疗业务，给予没收非法所得处理；取缔无证经营的地下诊所1家，没收97种药品，价值566.65元。卫生局严格医疗广告审批程序，杜绝虚假医疗广告欺骗患者和以义诊名义变相收取费用行为；对全县公立医疗机构186名医务人员持证上岗情况进行检查。2007—2010年，定期对医疗市场进行检查、整顿、查处，累计检查26家诊所1家门诊部。对8家违规诊所进行罚款处理；对19家违规诊所和1家违规门诊部作出停业整改处理。严肃查处医疗机构聘用非卫生技术人员行医违法行为，严格准入制度。坚持依法管血、规范用血，严格临床用血管理。完成73家医疗机构年度校验工作。

第二节 卫生监督管理

1991—1999年，麦盖提县卫生监督工作不够规范。2000年，健全卫生监督机构，工作进入法治轨道，监督力度不断加大，医疗市场、食品卫生、学校食堂、保健品市场等得到治理，不断规范。

一、医疗市场监督

2003年，医疗卫生监督人员定期不定期对医疗市场进行整顿，清理无证行医者。2008年，对3家医院、8家门诊、40家个体诊所进行监督检查，出动监督员150人次；对3家违规个体诊所给予警告处理；对1家发生医疗事故的医院给予罚款处理；对1家超范围经营的诊所进行罚款处理；对1家不能规范操作村卫生室进行罚款处理，严厉打击医疗行业违规违纪行为。对在保健品店开展医疗活动的医生进行罚款处理。

二、食品卫生监督

2003年，以食品卫生为监督重点，规范食品从业人员持证上岗，遏制有传染病人员从事食品加工销售，2261名食品从业人员接受体检，发放健康证2105个，对体检不合格的31名从业人员，劝离工作岗位。开展食品从业人员法律法规培训，20名卫生系统干部分片同时举办培训班10期，培训人数5310人次。年内查获过期食品61种690千克，价值8975元；对106家不符合规定的摊点进行警告，对其中 54 家给予罚款处理，对 39 家作出停业整顿处理。2004 年，监督管理部门在节日期间食品安全大检查中，查处违规违法经营户 192 户，对 51 个经营户进行行政处罚，控制场所 45 处，控制物品 60 多件。强化预防性体检与卫生许可证发放工作，1432 户实施重点监督，开展预防性健康检查 7892 人次，卫生许可证监督 4904 户次，发放卫生许可证 1285 户，发放健康证 2554 人，对检查出有职业禁忌症的 51 人全部劝离工作岗位。2005 年，全县预防性健康体检 2778 人，发放健康证 2580 人。其中检查出有职业禁忌症的 54 人全部劝离工作岗位。查处违规违法经营户 286 户，查获过期食品 46 种，查处过期变质食品 680 千克，案值 4540 元。对 6 户经营户作出行政处罚，罚款 1790 元。控制场所 17 处，控制物品 35 件。开展保健食品产品说明书、标签内容进行专项治理，对调味品、饮料、乳制品、熟肉制品、婴幼儿配方奶粉、婴幼儿辅助食品、食品批发店整治，重点检查生产厂家、保质期及包装有无损坏情况、上级文件上标识的不合格奶粉，共检查 57 家，对 7 家店内过期不合格 5 种 61 袋婴幼儿奶粉进行没收处理。2008 年，卫生监督部门对食品及公共场所从业人员健康体检 2816 人，对 34 名体检不合格者劝离工作岗位。食品量化 168 户，监督户数 4228 户，监督覆盖率 100%。重点检查《食品添加剂使用卫生标准》落实情况，检查食品单位 563 户次，出动执法人员 376 人次、车辆 78 台次，确定整治重点区域 23 个，整治重点单位 106 个，整治重点产品 66 个，抽取食用油等 5 个批次食品送检。

三、学校卫生监督

2006 年，举办餐饮业及学校食堂食品卫生量化分级管理培训，对食堂采购、储存、加工中容易造成食物中毒或者其他食源性疾病的重要环节进行重点监督指导。2008 年，对学校、幼儿园开展拉网式卫生监督执法检查，出动卫生监督员 50 人次，对 39 家存在问题的食堂下达卫生监督整改意见书，对 10 家卫生差或达不到量化分级要求的学校食堂、幼儿园食堂、乡政府食堂责令停业整改。

四、专项活动

2007 年，卫生部门开展阶段性专项检查，出动车辆 20 台次，出动卫生监督员 400 人次，查出过期化妆品 45 种、无明确标识化妆品 23 种，没收 221 瓶（袋）；取缔无证经营地下诊所 3 家，对 4 家超范围从事医疗诊疗活动的机构进行经济处罚。开展元旦、春节、“五一”、“十一”、“两会”期间卫生专项检。2009 年，监督部门对食品经营单位进行专项监督检查，投入监督人员 200 人次，对县城内 20 家打馕店进行检查，对 1 家打馕店作出停业整顿处理，对 2 家打馕店作出经济处罚。开展元旦、春节、“五一”卫生专项检查，查获 20 种过期变质食品 45 千克，案值 221.1 元。2010 年，卫生监督部门开展阶段性专项检查和整治工作，出动车辆 39 台次，出动卫生监督员 1562 人次，重点对全县 13 所中学、47 所小学（含托儿所的 18 家）进行 2 轮普遍检查，对 3 所中学卫生差、未进行量化分级的 4 个食堂分别作出停业整顿和罚款处理；对于 5 家未进行量化的学校食堂责令其立即整改。检查餐饮、冰水制售、冰激凌制售 340 户次。

第四章　医疗服务

第一节　人民医院

一、医疗技术

1991—1997 年，麦盖提县人民医院设置临床科室 9 个、医技科室 5 个、职能科室 5 个，开设普外科、骨科、妇产科、心内科、传染科、儿科、五官科、手麻科、急诊科、放射科、检验科、功能科 12 个专科。

1998 年，县人民医院开展二等甲级医院创建工作。通过创建，设置科室达到标准，诊疗科目得到健全，医院管理得到规范，医疗服务、患者安全、医护质量等管理持续改进，医院的软、硬件建设同步发展，服务能力和诊疗水平全面提升。1999 年，顺利通过上级验收。

2003—2010 年，为巩固二甲医院创建成果，县人民医院继续加强医疗设施建设的投入，先后购进高中档医疗设备。加强医务人员业务培训，提高操作运用新设备的能力。注重学科建设和技术创新，每年选送 20 名业务骨干到上海、天津、山东、自治区等全国著名医院及院校进修学习。山东对口援疆医疗专家先后 11 批帮助县人民医院加强人才队伍建设，医疗新技术、新项目不断涌现，形成院有重点、科有特色、人有专长的良好格局。先后开展颅脑手术、胰、十二指肠切除术、钛合金内固定术（锁骨）、直肠癌根治术、慢性粒细胞性白血病巨脾切除术，胃穿透、胰腺穿透、门静脉破裂修补术，新式剖宫产术、广泛性皮肤撕脱植皮术、巨大结石取除术、腹腔镜下系列切除术以及检验、病理等新技术、新业务 30 多项。

二、设备

（一）业务用房

1991 年，县人民医院占地面积 4.3 万平方米，业务用房建筑面积 5070 平方米。其中当年自筹资金 144.5 万元新建砖混结构住院部 2600 平方米，四合院平房布局。

2003 年，总投资 490 万元。其中，国债资金 240 万元、县财政拨付 100 万元，其余部分医院自筹。新建砖混四层外科楼 1 栋，建筑面积 4200 平方米。

2004 年，争取国债资金 72 万元改建传染病房 480 平方米，结构为砖混平房。当年，拆除平房住院部，新建职工住宅楼 1 栋。

2006 年 9 月 6 日，由中国南方电网援建的县人民医院综合楼竣工，建筑面积 3500 平方米，砖混四层结构，总投资 470 万元。其中 A 楼一、二、三层为病房，四层为院行政楼。B 楼负一层和一层为商铺，二、三层为病房，设急诊科、心内科，各楼层有电梯和护理站，各病房有中心供氧、传呼、电话。

2007 年，总投资 280 万元（国家投资 250 万元、自筹 30 万元）扩建外科二楼 3300 平方米。

2010 年 11 月 16 日，完成总投资 2638 万元、面积 1.48 万平方米的医疗大楼招标工作。

（二）床位

1991 年以来，县人民医院发展较快，管理和医疗服务水平不断提升，就诊住院病患者逐年增多，床位数随着增长。到 2010 年，开放床位 240 张。

（三）医疗设备

1991—1998 年，麦盖提县人民医院添置医疗设备不多。

1999—2007 年，县人民医院先后购置麻醉机、眼科显微镜、治疗床、500MA 双床双球管 X 光机、彩色 B 超、全自动大生化分析仪、心电监护仪、动态心电图、平板运动仪、四床遥测、阴道镜、检验净化台、动态血压监测仪、冷冻试剂冰箱、依维柯牌农村医疗巡回救护车、CR 系统、腹腔镜、多功能麻醉机、血凝仪、血球计数仪、骨创伤治疗仪、12 导心电图机、多参数监护仪、牙科治疗机（椅）、深度喉镜、西门子螺旋 CT、500MAX 光机、宫腔镜、彩色 B 超、工业洗衣机、熨烫机、消毒机、烘干机、彩色多普勒超声诊断系统、智能程控生物组织脱水机、切片机，住院楼集中供氧、呼叫系统，电子胃镜、多参数监护仪、全自动大生化分析仪、全自动尿有形成分析装置、彩色超声图文工作站43种医疗设备，总投资4228万元。医疗设备总量增加，医院硬件实力进一步得到增强，陈旧落后的局面得到改观，为开展新业务创造条件。

三、医护

（一）管理

1991—2010年，县人民医院在“文明医院”“医院管理年”“医疗质量万里行”“创建优质护理服务工作”及“县级医院标准化建设”“等级医院评审、复审”过程中，着力推进护理管理组织体系建设，护理技能操作流程进一步规范，从18项技能操作增加至50项技能操作。对全院特别是急诊科、手术室、新生儿室、产房、消毒供应中心等重点科室的护士进行公共及专科应急知识培训、应急演练，提高应急反应能力。其间，按卫生局下发的18项护理操作规程，每月开展大练兵活动1次，全院护理操作技术合格率85%。2000—2010年，县人民医院强化“三分治疗，七分护理”理念，持续开展“护士千日无差错”竞赛活动，每季度举办1次，设基础护理技术操作50项，全院护士护理操作技术合格率100%。

（二）制度建设

1991—2010年，麦盖提县人民医院用制度管人，管理水平逐步提升，运行日趋规范，医患关系更为融洽，经济效益明显提高。20年间，先后建立完善护理质量管理制度、护士长夜查房制度、护理会诊制度、护理查房制度、护患沟通及告知制度、安全管理制度、护理风险防范管理制度、压疮登记（预报）制度、护士管理制度、护理新技术及新业务准入管理制度10项医护工作制度，业务院长、科主任、护士长每日督促检查，各项制度在实际工作中得以落实。

（三）优质护理服务

1991—2009年，县人民医院深化“以病人为中心”理念，注重人文精神和职业素质培养，提高服务能力和专业技术水平，对医院护理人员进行护士基础礼仪培训，提高护理人员服务素质；严格护理制度，落实护理三级查房或二级查房制度，每季度1次大检查，加强供应室的管理，提高无菌操作意识，使护理工作效率和服务质量不断提高。2010年，改革护理工作模式，实施优质护理服务，结合医院优质护理服务工作计划和方案，公开护理项目和流程，落实和推进优质护理服务，为患者提供全程、连续、专业和人性化服。

四、医疗共建

1998—2009年，县人民医院共接收山东援疆医疗专家14人，为县人民医院医护人员展示普外、泌尿、脑外、骨科、妇产科等各种手术及适宜技术62例，举办业务讲座297期，举办“心肺复苏技术”培训班6期、开展“三基三严”培训11次，举办科室业务培训87场次。山东援疆医疗专家帮助县人民医院在山东新泰和泰安市设立培训基地，县人民医院先后选派17名医务人员赴山东新泰市人民医院、泰安市人民医院进行为期3个月的免费进修培训。其间，县医院医护人员发表论文49篇，开展新技术、新项目58项。

2010年，县人民医院先后与喀什地区第一人民医院、喀什地区第二人民医院、自治区人民医院、山东烟台107医院、山东省日照市人民医院签订结对框架协议，通过开展学术讲座、手术示范、教学查房、医疗管理指导等，拓宽服务项目，提升服务功能。先后被喀什卫校、巴州卫校确定为临床实习医院。

1991—2010 年麦盖提县人民医院患者医治情况表

表 33-4-1

年份（年）	门诊就诊人数（人）	病房工作量（人）	实有床位数（张）	病床周转率（%）	病人治愈率（%）	病人好转率（%）
1991	50813	4618	145	87.36	82.38	12.69
1992	42334	4531	145	71.79	89.4	7.18
1993	30006	4304	150	74.87	91.9	5.24
1994	56822	5030	150	83.44	89.26	7.75
1995	41430	5552	175	75.35	81.03	16.7
1996	38532	5312	158	77.39	79.99	17.19
1997	47630	3655	130	80.84	79.61	18.04
1998	17484	3647	142	55.85	76.42	21.01
1999	9990	3476	124	52.48	69.05	29.31
2000	21671	3360	130	60.59	64.25	34.07
2001	31362	4427	130	61.91	65.16	32.55
2002	36926	4970	130	70.74	68.38	29.32
2003	30441	5245	129	96.21	68.44	28.35
2004	32661	6528	141	99.99	58.96	36.85
2005	30618	6477	140	91.61	51.32	44.69
2006	23177	7936	140	102.37	58.01	38.57
2007	19678	9115	170	105.55	61.81	35.35
2008	16622	10492	170	128.88	63.01	34.11
2009	17141	12079	170	145.50	58.77	38.59
2010	41207	14292	240	71.17	50.6	46.1

1991—2010 年麦盖提县人民医院手术情况表

表 33-4-2

年份（年）	总人数（人）	外科人数（人）	妇产科人数（人）	五官科人数（人）
1991	241	199	42	0
1992	238	202	36	0
1993	236	117	119	0
1994	242	146	96	0
1995	270	165	105	0
1996	330	207	120	3

续表 33-4-2

年份（年）	总人数（人）	外科人数（人）	妇产科人数（人）	五官科人数（人）
1997	438	275	159	4
1998	485	319	161	5
1999	532	353	172	7
2000	601	387	193	21
2001	665	402	239	24
2002	685	436	229	20
2003	808	432	349	27
2004	996	608	386	2
2005	899	474	425	0
2006	1055	566	455	34
2007	1133	612	484	37
2008	1235	606	569	60
2009	1444	689	675	80
2010	2386	919	1211	256

第二节　维吾尔医医院

一、医疗技术

1991—2010 年，维吾尔医医院注重弘扬维吾尔医药传统文化，开展维吾尔医特色专科，坚持走中西医结合道路。充分发挥维吾尔医医药特长，使用成熟剂、排除剂熬药等特殊方法对白癜风、牛皮癣、神经性皮炎、过敏性皮炎、黑斑、带状疱疹、红斑狼疮、斑疹、湿疹、斑秃、脱发、肺心病、气管炎、银屑病、体虚症及内科心脑血管病等顽症进行治疗，疗效明显，解除各族患者病痛。

二、设备

（一）业务用房

1991 年，业务用房 70 平方米。1997 年医院扩建，占地面积 1.1 万平方米，业务用房 300 平方米。2000 年，医院业务用房增加至 775 平方米。2001 年，新建 1048.8 平方米的门诊住院综合楼投入使用。2009 年，业务用房增加至 1350 平方米。

（二）床位

县维吾尔医医院设立床位 50 张。20 年间，床位使用率最低为 21%，最高为 90.6%，起伏较大，平均使用率 58%。

（三）医疗设备

1991—2010 年，县维吾尔医医院增添医疗设备 7 台，其中 2002 年 1 台、2009 年 6 台。20 年间，新设备引进较少，主要原因是资金不足和维吾尔医所开展的业务有所限制。

麦盖提县维吾尔医医院医疗设备情况表

表 33-4-3

年份（年）	设备名称	数量	型号	生产厂家	使用情况
2002	半自动生化分析仪	1 台	A-6	北京松上技术有限公司	良好
2009	B 型超声诊断仪	1 台	DC-3	深圳迈瑞生物医疗电子股份有限公司	良好
	数字式心电图机	1 台	ECG-1201	深圳市邦健电子有限公司	良好
	便携式多参数监护仪	1 台	MEG-2000	上海希森美康医院电子有限公司	良好
	电解质分析仪	1 台	IMS-972	深圳市希热恒医用电子有限公司	良好
	尿液化学分析仪	1 台	HT-150	桂林市华通医用仪器有限公司	良好
	X 线诊断机	1 台	F99-ICT	北京万东有限公司	良好

三、业务开展

1991—2010 年，县维吾尔医医院治疗的病症种类不断增加，门诊就诊患者每年平均 8483.6 人，最多达到 1.56 万人，年均治愈率 83%，年均好转率 97.6%。详情见下表。

1991—2010 麦盖提县维吾尔医医院医疗情况表

表 33-4-4

年份（年）	门诊总人次	门诊平均日人次	院总人次	治愈率（%）	好转（%）	病床使用率（%）	期内出院人数（人）
1991	4152	11.4	126	74	84	21	126
1992	4667	12.8	153	72.3	88	28	153
1993	5213	14.3	141	78.2	92	32	141
1994	5010	13.7	185	81.4	94	35	185
1995	5420	14.8	208	83.3	95	39	208
1996	6852	18.8	165	86.5	99	41	165
1997	7560	20.9	112	87.4	100	43	112
1998	8752	23.9	169	81.2	100	45	169
1999	8932	21.3	246	81.8	100	69	246
2000	9673	20.5	258	83.2	100	90	258
2001	11350	31.09	172	77.6	100	51	172
2002	10369	28.4	218	81.8	100	57	218
2003	9881	27.07	185	76.4	100	53	185
2004	10607	29.06	213	85.3	100	54	213
2005	12270	33.01	190	76	100	41.4	190

续表 33-4-4

年份（年）	门诊总人次	门诊平均日人次	院总人次	治愈率（%）	好转（%）	病床使用率（%）	期内出院人数（人）
2006	13704	35.36	772	89.9	100	104	772
2007	15574	40.90	623	82.6	100	90.6	623
2008	9581	25.13	393	88.5	100	86	393
2009	5034	39.53	588	87.3	100	90	588
2010	5071	43.44	1740	87.2	100	90	1740

第五章　计划生育

第一节　政策法规

一、生育政策

1993年，麦盖提县人民政府下发《关于麦盖提县贯彻实施自治区计划生育办法实施细则的通知》，全面实施《新疆维吾尔自治区计划生育办法》。2002年，根据2001年12月颁布的《中华人民共和国人口与计划生育法》，县人民政府把全面实行计划生育政策作为国家的基本国策来执行，规定生育两个以上子女的，生育间隔不少于3周年。2003年，麦盖提县落实2002年11月新疆维吾尔自治区第九届人民代表大会常务委员会第三十一次会议审议通过的《新疆维吾尔自治区人口与计划生育条例》修订案。2007年，县人民政府按照2006年5月新疆维吾尔自治区第十届人民代表大会常务委员会第二十四次会议审议通过的《关于修改〈新疆维吾尔自治区人口与计划生育条例〉的决定》执行。

2010年6月，遵照新疆维吾尔自治区第十一届人民代表大会常务委员会第十八次会议审议通过的《关于修改〈新疆维吾尔自治区人口与计划生育条例〉的决定》，县人民政府决定：城镇居民取消申请领取独生子女父母光荣证、计划生育父母光荣证，农村少数民族夫妻自愿终身只生育（含收养）两个以下子女不再生育的，可以申请领取计划生育父母光荣证。是年，自治区印发《生育服务证发放与管理办法（试行）通知》，县计生委按照《通知》精神做好生育服务证发放与管理工作，坚持依法行政，提高工作效率，保障群众合法权益。

二、奖励政策

1993年，县人民政府依据1992年7月实施的《新疆维吾尔自治区计划生育办法》第三十七条的规定，落实独生子女保健费、职工5%奖励金、农民一次性奖励金等政策。2002年，县人民政府落实新疆维吾尔自治区第九届人民代表大会常务委员会第三十一次会议修订的《新疆维吾尔自治区人口与计划生育条例》第二十八条规定。2003—2005年，麦盖提县实行《农村部分计划生育家庭奖励扶助制度》。2006年，县人民政府开始在计划生育家庭中实行《独生子女死亡伤残家庭扶助制度》。2007年，县人民政府按照自治区计生委、教育厅联合下发的《农村领取“两证”家庭子女报考区内高校和内地新疆高中班及区内初中班考生加分的实施方案》执行相关政策。2008年起，县人民政府把农村计划生育家庭自愿少生育1个或2个孩子的少数民族夫妻、离婚及丧偶已领取计划生育“两证”的农村少数民族女性纳入奖励范围。2009年，县人民政府执行《自治区“少生快富”工程（农牧民领证家庭一次性奖励3000元）》政策。截至2010年，全县农牧民计划生育家庭获一次性奖励的1344户，每户3000元，发放奖励资金403.2万元；城镇计划生育家庭获一次性奖励的268户，发放奖励资金79万元;下岗职工和城镇无业居民计划生育获一次性奖励的345户，发放奖励金14.02万元。是年，兑现计划生育“三项制度”奖励资金853万元。

第二节　宣传教育

1991—2010年，麦盖提县计生宣传工作主要围绕“婚育新风进万家活动”开展。根据国家、自治区的要求，走大联合、大宣传、出精品的路子，采取丰富多样的形式，创新“婚育新风进万家活动”内容，扩大“婚育新风进万家活动”宣传影响力，推动全县计划生育工作全面发展。

1991年，县委宣传部、计划生育委员会、县广播站联合举办计划生育有奖征文宣传活动，征集维汉文稿件97篇，播出57篇。“三八”妇女节县妇联举办计划生育宣传会演，演出计划生育节目34个。全县9个乡、1个镇、3个农林场930名计划生育宣传员、1980名计划生育积极分子，开展了声势浩大的宣传活动，召开党团员座谈会90次、群众座谈会1400人次、节育对象座谈会1660人次、宗教教职人员座谈会287次；发放宣传品5551份、宣传材料1.5万份，印发简报87期，办宣传专栏924次，黑板报1815块，张贴标语7980条，广播宣传9055次，宣传覆盖率100%。

1994年，县计生部门大力宣传党和国家晚婚晚育和优生优育政策、《中华人民共和国人口与计划生育法》、《计划生育技术服务管理条例》、《社会抚养费征收管理办法》、《流动人口计划生育工作管理办法》、《新疆维吾尔自治区人口与计划生育条例》，以及计划生育家庭奖励制度、保障制度、救助制度、优惠制度和农村计划生育领证家庭子女考学加分政策、提高农村领证家庭农村合作医疗报销比例政策，引导各族干部群众转变生育观念，提高实行计划生育的自觉性。

1998年，县计生部门将生育文化纳入乡村（社区）传统文化中，宣传“晚婚晚育、少生优生、生男生女一样好、女儿也是传后人、男女平等和计划生育丈夫有责”等新型婚育观念。对采取不同避孕措施的对象分别进行定期随访，及时掌握孕情，以提高避孕措施的有效率，降低失败率。坚持对流动人口育龄妇女同管理、同服务，指导其掌握2个以上避孕方法及相关知识。开展男性生殖健康宣传、培训活动，使更多的男性了解和掌握生殖健康知识。

2004年，麦盖提县被确定为“喀什地区婚育新风进万家活动示范县”。计生部门协调县文工团编排文艺节目50个，深入乡村巡回演出42场。计生部门组织人力在全县各乡、村公路沿线刷写大型宣传标语300条，营造浓厚的计划生育氛围。各乡（镇）开展集中培训10次，累计培训人员2万人次；开展对育龄群众面对面宣传258场次，参与群众17万人次。其中，央塔克乡优先组织计划生育家庭参与青年科技文化节等活动，在活动场地悬挂计划生育横幅，张贴计生小标语，播放计划生育科教片，组织乡计生服务站人员现场咨询服务；吐曼塔勒乡组建“婚育新风进万家活动”宣传服务小分队，深入农户开展面对面宣传教育，帮助计生贫困户解决生产、生活、生育中的困难和问题，让计生户以及周围的群众切实感受到计划生育给自己带来的实惠和好处；尕孜库勒乡结合该乡特点，以乡、村两级人口学校、文化站（室）为阵地，通过乡文化站、村文化室提供计生科技图书，提高育龄群众对政策法规、避孕节育、生殖保健、婚育新风等知识的知晓率。

2006年，县计生委加强计划生育宣传活动，将“政策法规”“奖励优惠”“关爱女孩”“生殖保健”等宣传教育工作纳入全年的人口与计划生育宣传教育工作计划，制订和下发实施方案，在全县范围内开展计划生育宣传教育工作。各乡（镇）结合科技、文化、卫生“三下乡”活动，开展计生科普宣传、生殖保健、优生优育科技知识宣传，除了“三下乡”活动外，每个月安排干部深入乡村开展 1 次大型集中宣传；部分乡组建计生宣传服务小分队，排练以计划生育为主题的节目，将计划生育知识融入其中，奔赴各村巡回演出。

2010 年，县计生委定做扑克、围裙、手提包等实用计生宣传品 10 万份，入户宣传时发放给群众，宣传品入户率 95%；在县城、乡村张贴悬挂计划生育横幅标语 1356 条，做到计划生育政策家喻户晓；春节期间，开展关爱留守儿童、健康幸福过大年宣传慰问活动，看望慰问留守儿童管护家庭 160 户，送上党和政府的温暖。

第六章　药事管理

第一节　药品采购管理

一、药品采购目录管理

2009 年，国家基本药物目录第七版总品种数 307 种，其中化学药品 205 种、中药品种 102 种。麦盖提县按照《国家基本药物临床应用指南》（基层部分），全面推进国家基本药物目录实施工作，覆盖 25 个中医病（症），对应西医疾病 71 个。

二、药品采购具体办法

1991—2000 年，各医疗单位购买药品，先向主管局申报，经主管局批准后方可采购。

2001 年起，新修订的《中华人民共和国药品管理法》颁布实施，医药市场全面放开，麦盖提县药品管理纳入依法管理轨道，全县所有药品经营单位的药品实行集中招标采购，参与地区开展的药品集中招标采购工作，药品价格明显降低。2008 年，全县医疗机构中标药品及一次性医用耗材价值 1275 万元，使全县广大人民群众得到实惠。

2009 年 7 月以后，全县医疗单位全部在自治区药品采购网集中采购药品，药品准入进一步规范。县卫生局在药品招标采购过程中，组织全县医疗单位药房主任实地考察中标供药企业，详细了解供药企业的情况，特别生产资质、生产工艺、国家检测报告、生产许可证等，方与医药企业签订合同。

第二节　医院药房和社会零售药店管理

一、制度管理

1991—2000 年，麦盖提县相关部门依据《中华人民共和国药品管理法》（1984 年版），制订下发《麦盖提县药品质量监督管理岗位职责》和《麦盖提县药品市场（社会零售药店）管理办法》，全县医院药房和社会零售药店遵照执行，主管部门定期检查执行情况。2001 年，麦盖提县相关部门根据新修订的《中华人民共和国药品管理法》，对《麦盖提县药品质量监督管理岗位职责》和《麦盖提县药品市场（社会零售药店）管理办法》进行修改完善。从当年开始，全县医院药房和社会零售药店遵照执行，主管部门采取普遍检查与抽查相结合的方式对执行情况加大检查力度。至 2010 年，全县

24 个县、乡公立及私立医疗机构药房均能严格落实岗位职责，5 家药品零售药店均能按照《管理办法》从事经营活动。

二、药监电子监管

1991—2008 年，麦盖提县没有药监电子监管网络系统。2009 年，麦盖提县启动药监电子监管网络系统建设工程。至 2010 年，全县 29 家涉药单位全部并入药监电子监管网络系统，其中医疗机构 24 家、药品零售药店 5 家。

三、“规范药房”建设

麦盖提县医疗机构“规范药房”建设始于 2010 年，当年，全县 4 家县级医疗机构、13 家乡级卫生院设有药房，128 家村级卫生室设有药品室。在县卫生局的统一领导下，县、乡、村三级医疗机构同时开展“规范药房”建设工作。至年末，达标率分别为县级 100%、乡级 100%、村级 88%。

第七章　卫生防疫

第一节　公共卫生

1991—2008 年，麦盖提县基本公共卫生服务工作未启动。2009 年，国家卫生部、财政部、人口计生委联合印发《关于促进基本公共卫生服务逐步均等化的意见》，卫生部下发《国家基本公共卫生服务规范（2009 年版）》，自治区卫生厅下发《自治区基本公共卫生服务工作实施方案（试行）》。麦盖提县为贯彻落实 3 个文件精神，成立基本公共卫生服务工作领导小组，下设办公室，设在县卫生局。县疾控中心、县妇幼保健站、县合作医疗办公室、乡卫生院免费开展保健服务、孕产妇保健服务、老年保健服务，提供预防接种、传染病防治、慢性病管理、重性精神病管理等基本公共卫生服务。

2010 年，麦盖提县启动城乡居民健康档案、健康教育、慢性病健康管理、老年人健康管理、重型精神疾病管理等 9 项基本公共卫生服务项目，实施 4 类重大公共卫生项目。进一步明确基本公共卫生服务管理职能，完善公共卫生服务规范和考核制度，健全工作机制和管理制度，严格项目、资金管理和考核，确保基本公共卫生服务规范有序推进。全年新建居民健康档案 2.08 份（其中城镇新建档 730 份、农村新建档 2 万份），累计建档 16.89 万份，累计建档率 38.46%。纳入新高血压患者管理 4671 人，累计管理 1.51 万人，累计管理率 25.29%。纳入新糖尿病患者管理 1437 人，累计管理 3280 人，累计管理率 39.76%。纳入新增老年人慢病管理 6497 人，累计管理 2.44 万人，累计管理率 69.56%。纳入新增重性精神病患者管理 257 人，累计管理 1404 人，累计管理率 40%。继续开展农村孕产妇住院分娩补助、农村育龄妇女补服叶酸预防神经管缺陷、农村妇女“两癌”检查项目，完成 15 岁以下儿童乙肝疫苗查漏补种工作。

第二节　疾病防治

一、碘缺乏病预防

1991 年，卫生行政部门、疾病预防控制中心联合工商行政管理等相关部门，定期对盐业市场进行监督、检查，严禁单位和个人购进或贩运非碘盐和不合格碘盐，农村群众合格碘盐使用率75%；向婚前及生育期妇女发放碘化油丸。

1992年，县卫生部门自行购进优质加碘盐134吨，食品公司购进优质加碘盐223.61吨投入市场。随机检查农户3357户，食用户占65.65%；检查1.28万人，食用人数占68.93%。为2.4万名0～16岁人群注射碘化油制剂。

1993年，地方病办公室购进优质碘盐218吨销往各乡，对食用碘盐情况进行监督监测，随机检查3726户，食用户占81.2%；检查13391人，食用人数占78.2%。同年，对全县甲状腺发病情况进行监测，7～14岁儿童6095人，甲状腺肿大1147人，肿大率18.81%，患病429人，患病率7.03%；15～45岁人群9323人，甲状腺肿大1809人，肿大率19.46%，患病1012人，患病率10.85%。

1994年，麦盖提县制定下发《麦盖提县2000年消灭碘缺乏病行动方案》，购进碘盐447吨销往各乡，对食用碘盐的情况进行监督监测，随机检查2450户，食用户占79.7%；检查1.05万人，食用人数占79.69%。对全县甲状腺发病情况进行监测，0～14岁儿童3198人，甲状腺肿大479人，肿大率15%，患病195人，患病率6%；15～45岁人群4454人，甲状腺肿大562人，肿大率12.6%，患病406人，患病率9%。

1995年，地方病防治部门查出地甲病患者852人，给2925人补碘。1996年，地方病防治部门检查456人，发现地甲病患者117人，患病率25.65%。对易患人群注射碘化油制剂、发放碘化油胶丸1423人，对缺碘地区提供碘油释放器5000个。1997年，地方病防治部门检查300人，检查出地甲病患者68人，患病率22.66%；对易患人群补碘47人；对3050户居民的碘盐进行监测，合格率68.1%。

2000年，地方病防治部门加强市场碘盐销售管理，对122个销售点抽样调查，不合格点1个。对8所学校的1056名儿童进行甲状腺检查，查出地甲病患者16人，患病率1.5%。2001年，地方病防治部门对全县9个乡、1个镇、220户城乡居民食用加碘盐进行调查，普及率70%；抽查城乡4个学校1089名学生，地方性甲状腺肿88名，患病率8.08%。

2002—2005年，地方病防治部门采取广播、电视、上街宣传等形式，对碘缺乏病进行宣传，发放宣传单12万份；对城乡3.39万户12.11万人使用加碘盐情况进行检查，使用率78%。

2006年，麦盖提县县防治碘缺乏病健康促进项目工作于4月19日正式启动，县人民政府成立领导小组，制定下发《麦盖提县中央补助碘缺乏病健康促进实施方案》。经地方病防治部门随机抽查，农村碘盐食用率66%，城市加碘盐使用率90%；当年向农村人口免费发放碘盐1114.84吨，平均每人每年2千克，发放53.4万人次，碘盐覆盖率98%，食用率100%。

2007—2010年，地方病防治部门免费发放碘化油丸，应服用碘化油丸7.19万人，实际服用碘化油丸7.19万人，碘化油丸服用率100%。截至2010年，农村合格碘盐使用率95.2%，城市居民使用碘盐率100%，麦盖提县碘缺乏病得到有效控制。

二、伤寒病防治

1996年，巴扎结米乡、希依提墩乡、吐曼塔勒乡、麦盖提镇发现伤寒病36例，县防疫部门对病人及时隔离治疗。为预防伤寒病再次发生，工商、防疫、爱卫会等单位对全县的饮食服务行业的环境卫生进行全面检查，相关医疗单位对易感人群7.05万人进行伤寒疫苗接种。

2000年6月，吐曼塔勒乡发生伤寒病77例，县疾病预防控制中心抽调医务人员20人，及时控制疫情。7月23日，77名伤寒病患者治愈出院。

三、慢性传染病防治

（一）结核病防治

1991 年起，麦盖提县启动结核病筛查工作，对查出的病人实行免费治疗。是年，医疗机构治疗结核病患者 295 人，治愈率 100%；复治患者 70 人，治愈率 98%。

2007 年，医疗机构启动结核病耐药性基线调查，初诊 1057 人，胸透异常 368 人，涂阳 55 人，新发涂阳 40 人，复发 14 人。截至 2010 年，全部患者得到有效治疗。

（二）艾滋病防治

1. 宣传教育

1991—2010 年，麦盖提县疾控中心利用各种宣传方式进行艾滋病防治知识宣传，印发宣传单 21 万份、宣传手册 6.6 万册，张贴标语 1.2 万张，出动宣传车 96 次，制作宣传栏 342 期，悬挂横幅 1900 条，张贴宣传画 6.2 万张，接受宣传群众累计 620 万人次。其中，2005 年，围绕“遏制艾滋，履行承诺”宣传主题，出动艾滋病宣传人员 186 人，宣传车 12 辆；制作宣传录音带 11 盒，录像带 4 盒，宣传挂画 199 张；播放电视讲座 12 小时，发放宣传单 4.2 万张，悬挂横幅 750 条，设立咨询服务台 11 个，受教育 8.6 万人次。

2. 医疗救助

2007 年，为贯彻国家“四免一关怀”政策，将艾滋病毒感染者及病人纳入社会救助体系，提供医疗救助。为自愿接受艾滋病咨询、检测的人员免费提供咨询和初筛检测服务；为感染者孕妇免费提供预防母婴传播治疗和咨询，为经济困难患者免费提供治疗药品、免费 CD4T 淋巴细胞检查等。

四、非典防疫

2003 年 4 月 21 日，自治区党委印发《关于切实做好防治“非典”工作有关事宜的紧急通知》后，麦盖提县委迅速成立以县委书记为组长，县长为常务副组长，卫生局、疾控中心、人民医院等相关单位党政负责人为成员的非典型肺炎防治工作领导小组，展开非典型肺炎预防控制工作。卫生行政部门立即制定防治非典型肺炎疫情的预案，成立专家组、疫情调查组、消毒处理组、后勤保障组、疫情报告组和宣传报道组，组织和带领卫生防疫、医院等部门迅速投入到非典防治工作之中。

（一）加强保障

全县医疗防疫单位组建 3 个疫情流调梯队和 3 个医疗梯队，各级医疗单位储备各种防非物资价值 81.7 万元。县人民医院重点开展疑似病人的诊断和转诊，镇卫生院做好疑似病人的收治工作，两所医院分别布置隔离病区，专门接收非典疑似病人和发热留观病人；隔离区内安排医疗医技人员 20 人，分两个梯队进行轮班工作。

（二）加强宣传教育

卫生部门先后在县乡主要街道宣挂横幅 45 条，张贴标语 1210 条，发放宣传单 4 万余份，设置防非咨询点 14 个，开展咨询 15 天，累计咨询服务 5 万人。

（三）做好疫情上报

在防疫期间，卫生系统各级医疗单位启动 24 小时预防疫情值班工作模式，公开 24 小时疫情直报电话，及时准确上报疫情，做到不漏报，不迟报，不瞒报。

（四）重点场所防疫

卫生防疫部门对县域中小学校、学前班、幼儿园开展卫生监督检查和预防非典的宣传教育工作，指导学校相关工作人员对教室、办公室、学生活动场地进行消毒，开展卫生防疫工作；每天对学校消毒情况检查 2 次，时时监测在校学生发热情况，实行每日上报制度。

（五）加大流调力度

卫生防疫站的人员及时对外地来麦盖提县的人员进行流行病学调查，累计调查 280 人次。

（六）加强监督

卫生监督人员和有关部门人员对医疗机构、药品市场、食品市场每日进行监督检查，杜绝哄抬物价、造假、售假、欺骗群众行为。

（七）设卡检查

交通、公安等部门分别在希依提墩乡、央塔克乡、尕孜库勒乡交通要道处设置健康检查处，对来往人员进行体温检查和车辆消毒。全县出动检查车辆 14 万车次，检查过往人员 70 万人次，对其中 9 名发热人员送留验站留验观察。

五、职业病防治

1991—2010 年，麦盖提职业病防治工作持续开展，每年进行 1 次检查或抽检，累计对全县接触粉尘作业的 9400 人建档，对 5780 人次进行尘肺拍片检查，对疑似患者 360 人送往莎车县人民医院复查，对确诊患者及时治疗。

六、免疫规划落实

（一）"四苗"接种

1991—2010 年，麦盖提县常规免疫接种的疫菌苗主要为麻疹疫苗、脊髓灰质炎活疫苗（俗称麻痹糖丸）、百日咳疫菌苗、流脑疫苗、乙肝疫苗、流感疫苗、卡介苗等。其中基础性疫苗是麻疹、脊髓灰质炎糖丸、三联（百白破）、卡介苗，称为"四苗"。20 年间，"四苗"覆盖率平均 94.3%，其中乡村人口接种 96.2%、城镇居民接种 96.5%、学校（幼儿园）学生接种 90.1%。

（二）甲型 H1N1 流感疫苗应急接种

2009 年，甲型 H1N1 流感在美国大面积暴发，蔓延到包括中国在内的 214 个国家和地区。9 月 8 日，卫生部宣布中国成为世界上第一个可以应用甲型 H1N1 流感疫苗的国家。10 月初，麦盖提县防疫部门对全县一线医疗卫生人员及一线维稳人员、电网服务人员、交通一线人员、教师、学生进行甲型 H1N1 流感疫苗应急接种 2 次，全县接种 8087 人。

（三）计划免疫宣传

1991—2010 年，麦盖提县持续开展儿童脊髓灰质炎疫苗强化免疫接种宣传活动活动，全县累计挂横幅 85 条、发放宣传单 2.37 万张、粘贴宣传标语 3185 张、制作"预防接种是健康的保障"为主题的免疫规划宣传海报 8700 张、甲型 HINI 流感预防知识宣传画 3000 张、制定"打针防病有好处、子女健康才能富"为题的手提袋 1200 个，分别发放在 150 个宣传点发放，现场参与咨询的群众 1.1 万人次。利用节假日开展 DPV 强化免疫、扩大免疫规划、乙肝疫苗接种、甲流疫苗接种宣传活动，累计发放宣传单 4.27 万张、悬挂横幅 200 幅、制作板报 2200 期，咨询服务累计 8.27 万人次。

麦盖提县疾病预防控制中心仪器设备情况表

表 33-7-1

年份（年）	设备名称	数量（台、个）	使用状况
1998	紫外线风光检测器	1	良好
2000	全自动生化分析仪	1	良好

续表 33-7-1

年份（年）	设备名称	数量（台、个）	使用状况
2001	722 风光光度计	1	良好
	无油真空泵	1	良好
	血凝仪	1	良好
2002	紫外可见风光光度计	1	良好
	生物安全柜	1	良好
2003	紫外线空气消毒器	1	良好
	酶标仪	1	良好
2004	气象色谱仪	1	良好
	血液分析仪	3	良好
	电解质分析仪	1	良好
2005	全自动血球计数仪	1	良好
2006	预真空高压消毒柜	1	良好
	台式高压消毒器	1	良好
2008	液象色谱仪	1	良好
	原子银光光度计	1	良好

第八章　卫生保健

第一节　妇幼保健

麦盖提县妇幼保健站业务用房 1531 平方米，设立床位 40 张。开设儿童保健科、妇女保健科、婚前体检中心、健康教育科、妇产科、儿科、药房、B 超心电图室、检验科等临床、保健职能科室。拥有大型宫颈液基细胞制片机、三维立体彩色 B 超机、电子阴道镜、妇科治疗仪、全自动生化检测仪、全自动血球计数仪等先进医疗设备。主要开展妇女保健、儿童保健、孕产期保健、计划生育技术服务、妇儿科常见病、功能辅助检查、农村住院分娩、增补叶酸、艾滋病乙肝梅毒检测、免费婚检、宫颈癌筛查、新生儿疾病筛查等服务项目。

一、新法接生

1991—2010 年，麦盖提县采取宣传、奖励等措施，在农村推行“一观察、二无菌、三正确、四防治”新法接生工作，经过 20 年的发展，新法接生、住院分娩率不断上升，孕产妇死亡率逐年下降。详情见下表。

1991—2010 年麦盖县县新法接生情况表

表 33-8-1

年份（年）	新法接生		住院分娩	
	人数（人）	新法接生率（%）	人数（人）	住院率（%）
1991	2511	81.31	519	16.86
1992	2416	86.97	947	34.09
1993	2075	90.93	1188	52.06
1994	1979	91.87	583	27.07
1995	1719	89.86	472	24.67
1996	942	81.56	693	37.54
1997	1114	90.79	855	41.01
1998	970	50.52	616	24.41
1999	899	64.35	694	34.48
2000	947	67.07	896	39.06
2001	995	80.3	754	34.62
2002	626	89.2	905	47.83
2003	1793	49.45	1389	63.14
2004	2411	83.54	1690	58.56
2005	3362	90.28	3012	80.88
2006	2817	85.57	2483	75.43
2007	3171	93.93	2769	92.02
2008	3488	97.08	3170	88.23
2009	3814	98.35	3658	94.33
2010	4300	98.74	4167	95.68

二、孕产妇系统管理

1991—2010 年，麦盖提县全面实施孕产妇系统管理，下发《关于进一步加强妇幼保健工作的意见》。全县婴儿活产数不断上升，孕产妇系统管理率不断上升，孕产妇死亡率逐年下降。2008 年开始开展产后访视工作，完善孕产妇系统管理。详情见下表。

1991—2010 年麦盖提县孕产妇系统管理情况表

表 33-8-2

年份（年）	产妇数（人）	活产数（人）	孕产妇系统管理	
			人数（人）	管理率（%）
1991	3088	3079	375	12.18
1992	2796	2778	685	14.07
1993	2316	2282	1061	46.49
1994	2185	2154	522	24.23
1995	1913	1904	394	20.6
1996	1848	1846	1476	79.96
1997	2082	2085	1351	64.8
1998	2536	2524	1861	73.73
1999	2091	2073	1621	78.2
2000	2308	2294	1798	78.38
2001	2190	2178	1768	81.18
2002	1892	1903	1751	83.03
2003	2203	2200	1974	89.73
2004	2911	2886	2291	85.9
2005	3776	3724	2402	86.81
2006	3292	3292	2482	75.39
2007	3365	3376	2554	75.65
2008	3592	3593	2863	79.68
2009	3882	3878	3161	81.51
2010	4358	4355	3509	80.57

三、妇女病筛查

1991—2010 年，为落实初级卫生保健 13 项指标，经县人民政府批准，县妇幼保健站对县直各机关企单位、学校及乡镇育龄妇女进行妇科病检查，对筛查出来的病患人员及时报医疗机构纳入治疗范围。各年度已筛查出的病人全部得到治疗。详情见下表。

1991—2010 年麦盖提县妇女病常见病筛查情况表

表 33-8-3

年份（年）	应检人数（人）	实查人数（人）	筛查率（%）	患病人数（人）	患病率（%）	治愈率（%）
1991	1578	526	33.3	7	1.33	100
1992	1741	757	43.48	10	1.32	100
1993	4949	1561	31.54	6	0.38	100
1994	2922	910	31.14	3	0.32	100
1995	2282	1253	54.91	8	0.64	100
1996	20796	2940	14.13	695	23.63	100
1997	22599	4329	19.16	1310	30.26	100
1998	23560	5614	23.83	1781	31.72	100
1999	19915	7311	36.71	1535	20.99	100
2000	00606	6960	30.79	1317	18.92	100
2001	20550	10017	48.74	999	9.97	100
2002	20739	13114	63.23	2490	18.99	100
2003	20748	13114	63.21	2490	18.99	100
2004	28714	17803	62	3314	18.61	100
2005	28800	21987	76.34	5067	23.05	100
2006	27998	20686	73.88	6409	30.98	100
2007	22128	15303	69.16	6076	39.70	100
2008	18143	12247	67.50	4014	32.78	100
2009	10064	7140	70.95	3078	43.11	100
2010	6865	5137	78.83	2713	52.81	100

四、儿童保健及系统管理

1991—2010 年，麦盖提县高度重视儿童保健及系统管理工作。儿童保健及系统管理业务主要包括 7 岁以下儿童保健管理和 3 岁以下儿童系统管理。在具体工作中，提倡母乳喂养，开展新生儿访视工作。20 年来，儿童保健及系统管理工作逐步规范，婴儿死亡率、新生儿死亡率逐年下降。详情见下表。

1991—2010 年麦盖提县儿童保健及系统管理情况表

表 33-8-4

年份（年）	7 岁以下儿童保健管理			3 岁以下儿童系统管理		
	儿童总数（人）	人数（人）	管理率（%）	儿童总数（人）	人数（人）	管理率（%）
1991	14054	1405	10	8664	1126	13
1992	16560	2152	13	11170	2067	18.5
1993	15546	2565	16.5	8939	1891	21.15
1994	16655	3165	19	9356	2118	22.64
1995	13739	3229	23.5	5850	1779	30.41
1996	28032	7008	25	11424	6978	61.09
1997	25321	7344	29.00	8993	7344	81.66
1998	24658	7768	31.50	9940	7768	78.15
1999	23697	8160	34.43	9617	8160	84.85
2000	22796	7112	31.20	9175	7112	77.51
2001	18220	7325	40.20	8178	7074	86.50
2002	17529	6625	37.79	7381	6121	82.93
2003	16563	8039	48.54	7586	6719	88.57
2004	21244	9536	51.67	10134	7888	85.72
2005	21553	11629	62.00	9986	7893	87.31
2006	21538	11441	62.41	9973	8773	87.97
2007	21636	13506	62.42	10205	7755	75.99
2008	22335	16803	75.23	10428	8516	81.66
2009	23625	18305	77.48	10946	8956	81.82
2010	23946	18679	78.00	11258	9159	81.36

第二节　初级卫生保健

1991—2010 年，麦盖提县把初级卫生保健工作的重点放在农村。2004 年，县人民政府制定下发《麦盖提县农村初级卫生保健项目实施意见》，之后每年择时开展“合理用药、母亲安全、关爱儿童”三大活动，惠及 95% 的妇女儿童；为提高农村孕产妇的住院分娩率，稳步降低孕产妇死亡率和婴儿死亡率，降低孕产妇的医药费用，对每个住院孕妇制定最高限价，平产限价 100 元，参加新型合作医疗者，从大病统筹基金中报销，采取此项措施后，孕产妇住院分娩人数逐年上升，婴儿死亡率逐年下降；实行乡村医生每护送 1 名产妇到乡镇卫生院分娩奖励 10 元钱鼓励措施，杜绝乡村医生在孕妇家中接生现象，全县农村孕妇住院分娩率 100%。2006 年，县财政出资 1.85 万元培训乡村医生 178

人，乡村医生补助由过去每人每月 50 元提高到 80 元，使乡村医生业务水平不断提高，工作积极性增强；36 月龄儿童普服维生素 A 两轮，计 1.7 万人，对儿童进行营养监测。截至 2010 年，县直单位累计制作 25 个图文并茂的宣传版面，设立在人口密集处，进行卫生宣传；县卫生局累计出资 4.61 万元在农村沿街墙面印刷初级卫生保健永久性标语 470 幅，营造浓厚的社会氛围；县卫生局累计举办维、汉文初级卫生保健知识广播讲座 13 次，向广播站投稿 83 份，在电视台播放《预防痢疾》《营养与健康》等 16 个专题宣传片，累计免费发放喀什地区健康教育所《卫生宣传》报 4000 份。通过宣传，农村群众逐步养成喝开水、饭前便后洗手、定点大小便的良好习惯，卫生意识初步形成。

第三节　健康保健

一、实施世行贷款“卫九”妇幼卫生子项目

2003—2005 年，麦盖提县卫生部门全力实施世行贷款“卫九”妇幼卫生子项目，重点围绕“降低孕产妇死亡率和婴幼儿死亡率”开展相关工作。由县妇幼保健站制定相关实施方案，按孕产妇死亡实际情况，每季度或半年召开一次孕产妇死亡评审会议，针对孕产妇死亡原因，提高医务人员诊疗技术，从各个环节有针对性进行业务培训提高诊断及治疗方面能力，再通过每月例会或者专题业务培训提高专业技术人员保健管理和服务能力，从而有效降低孕产妇死亡，保障母婴安全。全县孕产妇死亡率、新生儿破伤风发病率比上年明显下降。出生新生儿无一例破伤风。按照贫困县实行平产住院最高限价标准，贫困孕产妇在县级以上医疗机构分娩，平产收费不得超过 250 元，在乡级卫生院分娩，不得超过 150 元执行。

二、宣传教育

2003 年，县卫生、计生和教育部门相互配合，加大生殖健康宣传力度，翻印 2 万份维、汉文宣传材料，发放到全县各族群众手中，宣传自我保健知识和婴幼儿保健知识。在县、乡人员聚集街头设立妇幼保健大型公益广告牌。为乡、镇卫生院制作妇女保健知识宣传板 10 面；县文工团排练群众喜闻乐见小品节目、歌舞，深入乡村巡回演出。各乡镇卫生院利用世界卫生日、艾滋病防治宣传日、“三八”妇女节、“六一”儿童节等时间节点，开展大型宣传活动，发放宣传资料 9000 份，活动覆盖 2 万人次。利用妇幼保健三级网络，深入孕产妇家中面对面动员孕产妇住院分娩，宣传平产收费限价、贫困孕产妇救助等优惠政策；组织举办孕妇培训班，住院分娩好处多现场讲座，使妇幼保健知识进村入户。2004—2005 年，发放健康教育扑克 2000 盒，普及妇幼保健知识。

三、保健食品监督

2005 年，县妇幼保健站与卫生监督部门对保健食品生产单位执行《保健食品良好生产规范》情况进行监督检查。在全县范围内开展对保健食品产品说明书、标签内容的违法情况进行专项治理工作，严肃查处未取得保健食品生产卫生许可证违法生产保健食品行为，对检查过程中发现的 2 种 13 瓶（盒）宣传疗效的保健品进行没收。2009 年，县妇幼保健站与卫生监督部门在保健食品专项整治中，查验保健食品进货合格证、生产厂家、批准文号，重点对调节血糖类、减肥类、抗疲劳类三类保健食品违法添加药物进行抽查，规范经营者经营行为；对县城 1 名在保健品店开展医疗活动的医生进行罚款处理。

第四节　婚姻保健

麦盖提县婚姻保健业务主要是婚前体检。1991—2003 年，业务正常开展。2004—2010 年，取消婚前体检强制性措施，倡议登记结婚的青年男女可以自愿选择是否进行婚前体检，督促乡村开展婚检宣传不够，群众的认识不到位，适龄青年婚检意识不强，导致婚检工作滑坡，很少有人进行婚前健康检查。详情见下表。

1991—2010 年麦盖提县婚前医学检查情况表

表 33-8-5

年份（年）	应检人数（人）	实检人数（人）	实捡率（%）	其中疾病检出	
				人数（人）	检出率（%）
1991	340	340	100	12	3.5
1992	335	335	100	5	1.49
1993	378	378	100	22	5.85
1994	530	376	70.94	4	1.06
1995	155	155	100	2	1.29
1996	247	223	64.26	2	0.89
1997	309	297	96.11	5	1.68
1998	463	437	94.38	16	3.66
1999	377	377	100	4	1.06
2000	578	578	100	2	0.35
2001	691	691	100	1	0.14
2002	2082	761	36.55	4	0.53
2003	2256	1040	46.1	42	4.04
2004	6772	0	0	0	0
2005	6986	0	0	0	0
2006	4080	0	0	0	0
2007	4074	0	0	0	0
2008	2506	0	0	0	0
2009	2650	0	0	0	0
2010	2066	0	0	0	0

第九章　爱国卫生与献血

第一节　爱国卫生

一、城镇卫生

1991—2010 年，麦盖提推行城镇垃圾分类收集处理和资源回收利用，逐步实现生活垃圾处理减量化、资源化、无害化；加大对建筑工地、农贸市场、城中村、城乡接合部等环境卫生整治力度；抓背街小巷、卫生死角、占道摊点、乱搭乱建、噪声扰民、污水横流等突出问题的整改治理；监督规范活禽经营市场秩序，逐步完善“禽类定点屠宰、白条禽上市”制度；重点抓输配水设施改造、饮用水水源地规范化建设和水源保护区污染综合整治、供水水质检测能力建设等工作；加强城镇居民健康教育和健康促进，深入开展“讲文明、树新风、除陋习”活动，以常见病、多发病防治以及全民健康素养养成为重点，推动全民健康生活方式形成；利用广播、电视、热线电话、互联网等媒体，发动城镇社区市民、学校志愿者参与，促进健康知识进单位、进社区、进家庭，加强健康教育和健康促进，不断提升群众健康素质水平；开展烟草防控知识宣传，在全社会营造控烟良好氛围，对重点地区、重点人群进行干预，戒烟的人越来越多，领导干部主动发挥控烟示范带头作用，无烟单位、无烟学校数量逐年增加，到 2010 年，全县所有学校均为无烟学校。

（一）环境卫生治理

1. 常态化检查

1991—2010 年，爱卫会制订《麦盖提县县城公共卫生管理办法》，每年开展环境卫生大检查 4 次、评比 4 次、通报 4 次，每月抽检 1 次，累计出动检查人员 1300 人，推进各单位室内外卫生、绿化、硬化、亮化、美化等工作不断完善；累计整顿卫生死角 43 处，住宅区 35 处，累计清除垃圾 2.48 万吨，清除“四害”滋生场所 8 处，切断疫病传播源。累计整顿乱设摆摊点 54 处，明确 18 处卫生老大难责任地段。根据检查结果，累计评出卫生甲级单位 41 个、乙级单位 68 个、丙级单位 27 个；全县城镇生活垃圾无害化处理率 80%，城镇生活污水处理率 85%，成人吸烟率下降 3%，城区国家卫生县城 11 大项创建指标初步达标。

2. 专项治理

1998—2002 年，爱卫会 14 个成员单位连续 3 年联合检查，治理整顿公共卫生“脏、乱、差”现象，对街道、死角、居民区、农贸市场、城乡接合部等卫生情况进行反复督促检查。2005—2009 年，爱卫会联合县环保各委员部门，连续 5 年开展“整顿不法排污企业、保障群众健康”环保专项活动，对全县排污严重的企业、个体工商户进行持续监督，销毁处理医疗垃圾 17.5 吨，清理生活垃圾污物 1250 吨，整顿卫生死角 13 处，住宅区 15 处；爱卫会组织成员单位对县直各单位卫生进行 35 次大规模检查评比，评选出卫生先进单位 110 个。110 个单位改建水冲式厕所，农户新建厕 4800 个，其中合格厕所 4221 个，“脏、乱、差”得到治理。

3. 宣传教育

1991—2010 年，借助 4 月爱国卫生月，爱卫会利用宣传单、广播、电视等形式宣传《新疆维吾尔自治区爱国卫生工作条例》《公共场所管理条例》等法规，发放宣传单 5000 份，开展街头咨询服务12天，普及卫生知识，宣传面覆盖城乡，96%的群众受到教育。

（二）卫生县城创建

2004年，麦盖提县开展“天山杯”卫生县城创建活动，把卫生县城创建作为提高县城卫生管理水平的有效载体，努力形成发展计划、财政、卫生计生、食药监、建设、农业、畜牧业、环保、水利、教育、工商、文体广电、交通、妇联、团委等部门齐抓共管、全社会参与的工作格局，推进卫生县城创建工作持续健康发展。是年，印发宣传材料2.76万份，张贴宣传标语1.7万张，出动宣传车宣传5天，提高各族群众知晓率。2007年，麦盖提县开展自治区卫生县城创建活动，出动宣传车20台次，制作宣传栏4块，挂宣传横幅26条，发宣传单4000份，利用广播、电视等宣传媒介持续宣传20天，主要宣传食品卫生知识；推行餐馆、食堂量化分级管理制度，食堂和餐饮单位建立原料进货索证明制度得到落实；培训餐饮业负责人112人次，与餐饮业负责人签订餐饮消费安全承诺书。

二、农村卫生

（一）防病措施

1991年以来，各乡（镇）场为推动卫生工作，落实“一宣四管一大搞”防病措施，推行一户一厕、一户一瓶（暖水瓶）、一户一拍（蝇拍）做法，开展卫生检查评比，村民素质有所提高，卫生意识得到加强，饮用开水习惯初步养成，房舍卫生和环境卫生质量初见起色。截至2010年，一户一厕率94.6%（合格率85%），一户一瓶率100%，一户一拍率100%，卫生清洁户占总户数的45%。

（二）垃圾污水处理

2000年起，麦盖提县垃圾污水处理设施和服务逐步向农村延伸，推广“户集、村收、镇运、区域处理”垃圾收运处理模式。至2010年，对生活垃圾污水进行处理的行政村比率提高到60%。

（三）文明卫生村、户创建

从2003年开始，根据创建卫生社区（村）单位标准，农村文明卫生村、户创建活动全面铺开，开展农业面源污染防治、畜禽养殖污染防治，推进畜禽粪污综合治理、利用，实施农村清洁工程和环境连片整治。至2010年年底，全县65%的村委会、农户达到县级文明卫生标准，60%的行政村道路硬（柏油）化，灰尘满天的现象得到遏制。

（四）饮水安全工程建设

1991—1993年，麦盖提县为农村居民打浅井水1.65万口，占农户的53%，逐步解决饮用涝坝水问题。1994年之后，麦盖提县农村加快饮水安全工程建设，全面提高农村集中式供水受益人口比例。截至2010年，农村集中式供水人口比例提高到55%；在有条件的地方，优先采取城镇供水管网延伸或建设跨村、跨乡镇连片集中供水工程等方式，发展规模化集中供水，统筹解决农村学校饮水安全问题。加强饮用水卫生监测能力建设，至2010年，农村生活饮用水水质卫生监测覆盖率60%，初步具备水质指标检测能力。

（五）卫生厕所建设

2010年，麦盖提县根据上级部门卫生厕所项目要求，举办培训班，县人民政府领导与各乡（镇）场领导签订项目实施责任书，将任务分解到月，按月上报工作进度，年终统一考核，实行一票否决。是年，成立农村卫生厕所建设领导小组，县委、县人民政府分管领导担任组长、副组长，相关单位负责人为成员。以县爱卫办人员为主成立农村改厕技术指导小组，负责项目具体实施、日常组织管理和技术指导。农村卫生厕所技术指导小组每月组织人员对建设工作进行督导，全面把握全县整体进度情况。在检查督导过程中，对各乡镇、场参加卫生厕所建设人员进行培训，讲解要点和技术要求，提高基层工作人员能力水平。全县乡村修建卫生户厕1.69万个，户厕率占农户的36%。乡镇卫生院、学校、集贸市场等公共场所全部完成无害化卫生公厕建设。

（六）预防控制“四害”

1991—2004 年，麦盖提县爱国卫生委员会一直把灭鼠、灭蚊蝇、灭蟑螂等工作纳入农村爱国卫生工作范围，每年 4 月“爱国卫生月”都要开展该项工作。2005 年 3 月 25 日，《新疆维吾尔自治区爱国卫生工作条例》颁布，5 月 1 日正式实施。之后，各乡镇、场每年在“爱国卫生月”依照《新疆维吾尔自治区爱国卫生工作条例》落实相关责任，坚持定期有针对性开展春秋季灭鼠和夏季灭蚊蝇、灭蟑螂等专项防控活动，帮助指导农户开展预防控制“四害”工作，确保“四害”密度控制在国家规定标准范围之内。发动群众参与病媒生物防治工作，实施以环境治理为主的综合预防控制策略，整治病媒生物滋生地，防止病媒生物传播的疾病发生流行。规范农药管理和用药技术，减少环境污染。

第二节　献　血

1991 年，麦盖提县采血献血工作由县人民医院承担。血的来源主要依靠各单位组织动员职工义务献血，也有社会人员零散献血。1993 年，喀什地区中心血站成立，严把血液质量关，向喀什地区各级临床用血机构提供合格血液。

2001 年起，莎车血站在麦盖提县设立流动采血车进行规范采血，麦盖提县献血工作纳入莎车血站工作范围，全县各医疗机构所需血浆由莎车血站提供。

第三十四编　精神文明建设

1991—1999 年，麦盖提县坚持把精神文明建设与经济建设同谋划、同部署、同实施，以“三优一学”“四有”“五讲四美三热爱”“五爱”、民族团结等教育活动为抓手，开展整顿市容市貌、除害灭病、植树造林、种花种草、治理“脏、乱、差”、治理交通秩序和社会秩序等活动；开展学雷锋、做好事、讲文明、树新风等文明礼貌月活动，移风易俗，净化社会风气；持续开展文明单位、“五好家庭”、遵纪守法户、军民共建单位评选表彰活动，扎实推进友谊乡、友谊村、友谊单位、友谊学校（友谊班级）、友谊居委会、友谊街、友谊大院结对工作。上述活动的开展，使全县各族群众的政治素质、道德素质和文明水平稳步提升。

2000—2010 年，精神文明创建工作重点转移。2002 年，自治区党委将每年 3 月定为“公民道德建设月”。之后，麦盖提县文明委以《公民道德建设实施纲要》为指针，持续组织开展全县公民道德教育活动，以公民基本道德规范和社会公德、职业道德和家庭美德规范为主要内容，推进以德治县进程。在每年“公民道德建设月”期间，麦盖提县先后开展文明县、文明村（镇）、文明行业、文明社区、文明单位、文明家庭创建等精神文明创建活动，弘扬社会正气，培育公民爱国主义民族精神，唱响“共产党好、社会主义好、改革开放好、伟大祖国好、民族团结好、解放军好”时代主旋律，各行各业、各单位结合实际，以各种形式践行社会主义核心价值观。城乡面貌发生巨大变化，县城扩容，承载能力增强，各项社会事业全面进步，注重城乡统筹发展，生态环境进一步改善；民主法治建设、党的建设加强，全县呈现出社会主义物质文明、精神文明、政治文明、生态文明协调发展的新局面，先后 2 次获“自治区精神文明建设先进县”称号。截至 2010 年，全县有自治区级文明单位 26 个，地区级文明单位（乡镇、村、社区）27 个，县级文明单位（乡镇、村、社区）90 个。

第一章　机　构

第一节　领导机构

1991—2010 年，县精神文明建设活动委员会主任由县委主要领导兼任，副主任由县长、分管县领导兼任，形成主要领导亲自抓、分管领导协调抓、职能部门具体抓、党政工青妇齐抓共管的领导机制。其间，县委多次调整充实精神文明建设活动委员会成员，健全工作机制，下设宣传组、文明城市建设组、群众文化活动组、科技卫生组、法制建设组、文明学校建设组、优质服务组、党建组，各小组按照工作职责开展工作。

第二节　工作机构

1991—2010 年，县文明办为正科级单位，编制 2 人，正科级领导 1 人、副科级领导 1 人。主要职责：组织实施全县精神文明建设规划；指导全县精神文明建设的创建活动；承担对全县文明单位、文明乡（镇）和文明行业的创建、验收、命名提出意见；做好精神文明建设的日常管理工作；完成县委、县人民政府及宣传部交办的有关事项。

第二章　文明创建

第一节　保障机制

1991—2010年，麦盖提县先后制订下发《精神文明建设公约》《文明单位标准》《麦盖提县精神文明建设规划和检查验收标准》《文明城市守则》《麦盖提县创建文明村标准及管理办法》《关于麦盖提县创建自治区精神文明建设先进县实施方案》《麦盖提县争创自治区精神文明建设先进县具体整改方案》《关于麦盖提县精神文明建设活动的实施意见》《麦盖提县精神文明创建活动安排意见》《关于开展冬季精神文明建设工作的实施意见》《精神文明基本知识百题问答和精神文明建设应知应会》《关于进一步深化精神文明创建的通知》《精神文明建设要点》《麦盖提县争创自治区精神文明建设先进县宣传口号》《麦盖提县关于实施文明单位帮建"123"工程安排意见》《麦盖提县关于评选"十星级文明户""文明家庭"有关事宜的通知》等文件，各创建单位遵照执行，麦盖提县精神文明创建工作得以整体推进。

第二节　文明城市建设

一、市容市貌改善

1991年起，城建部门组建环卫大队，环卫工人每日对各主要街道进行清扫。1995年起，各单位门前实行"三包""五包"，环境卫生、公共设施得以保障；教育系统每年组织师生开展公共场所小广告、"牛皮癣"小广告清理4次，消除城市污点。1998年，对县城文化路、英买里路等路段4.33千米实施旧路拓宽改造。2003年，新建刀郎文化广场、刀郎公园，广场、公园绿化树种上千种，文化、健身设施齐全，成为市容市貌亮点；各单位每年更新道路两旁护栏公益广告内容4次，丰富街道色彩。2005—2006年，县城主要街道两旁新建标志性住宅楼，陈旧街景焕然一新。2007年，完成环城东路（工业园区道路）延伸10.71千米，形成四通八达的县城道路网；道路两旁的绿化、梧桐树栽种实现全覆盖。2008—2009年，建设刀郎小区商住楼1112套，总建筑面积11.87万平方米，完成县城扩容，建筑群景观为麦盖提形象增光添彩。2010年，完成2.28千米高标准南网大道建设，道路两旁种满多种错落有致的风景树，成为进入麦盖提县城的迎宾大道。

二、讲文明、树新风

1991年以来，县文明委、文明办动员、组织、协调全县各单位抓住文明礼貌月、法制宣传月、爱国卫生月、安全生产月、党风廉政建设月，集中开展"讲文明、树新风"活动，以月促年。各学校组织师生在校内外开展"学雷锋、做好事"、践行公民道德20字基本道德规范、爱国卫生运动等活动。各行业部门走上街头服务群众、宣传群众，规范市民言行，制止不良现象。截至2010年，全县组建学雷锋志愿服务队454个，志愿服者累计18.2万人次，做好事3.9万件；爱国卫生月累计清理垃圾1.37万吨，规范乱摆摊设点及流动摊点275处；开展各类法制宣传累计760场次，受教育累计110.23万人次；累计悬挂法制宣传横幅290条；张贴法制宣传标语3460条；散发法制宣传单11.5万份；向群众提供咨询1.1万人次；县广播电台累计播发交通宣传稿300篇；交警累计向群众发放道路交通安全手册6.6万本；县纪检委累计举办预防职务犯罪法制图片展20次，展出挂图240幅，发放关于贪污贿赂、渎职侵权、控告申诉等内容的卡片1万份。

三、文明城市创建

2007年是县文明城市创建关键之年，全县上下积极配合，狠抓落实，文明城市创建工作有序推进。6月3日，县委召开自治区精神文明先进县申报前期准备工作部署会议，对创建工作进行周密安排，全县各单位主要负责人参加会议；7月23日，县委召开自治区精神文明先进县创建工作推进会，观摩三级文明单位创建成果，肯定成绩，找出差距，指明方向，全县各单位主要负责人参加会议；7月26日，由县委宣传部牵头，组织公安局、总工会、团委、妇联、工商局、城建局、文化体育广播影视局、教育局、卫生局等部门督察城市环境治理、创建工作建档、软硬件建设等情况，对存在的问题进行整改责任分解，要求相关责任单位必须在两个月之内整改完毕，分两个大组持续开展整改"回头看"工作，年底之前全面完成创建自治区精神文明建设先进县各项工作任务。2008年，经自治区精神文明建设委员会检查验收，麦盖提县被命名为"自治区精神文明建设先进县"。之后，麦盖提县没有松劲，要求各单位常抓不懈，盯住薄弱点做实做细。2010年5月，经自治区精神文明建设委员会复查验收，麦盖提县继续保持"自治区精神文明建设先进县"称号。

第三节　文明村镇建设

1991年以来，全县各乡镇村干群齐上阵，开展环境卫生整治活动，清除杂草杂物、乱堆乱放、生活垃圾，落实门前"三包"责任制，累计清除垃圾、杂物7200吨，村民养成早晨打扫门前卫生的习惯。各乡镇开展"十星级文明户"评选活动，评选出"十星级文明户"4.2万户、"卫生清洁户"4.6万户。农村基层党组织组织党员干部群众学习道德模范先进事迹，选树黄英杰等一批先进典型，加以宣传；在村民中普及文明礼仪知识，普及面95%；制定完善村规民约，倡导科学文明生活方式，破除婚丧嫁娶、封建迷信等陈规陋习，乡村呈现社会主义新风尚。截至2010年，创建地县两级文明村镇16个，其中：

县级文明示范村7个：巴扎结米乡贝勒克其村、希依提墩乡希依提墩村、尕孜库勒乡麦迪尼帕合特勒克村、尕孜库勒乡麦盖提帕合特勒克村、克孜勒阿瓦提乡克孜勒其村、克孜勒阿瓦提乡塔尔吾斯塘村、库尔玛乡恰斯村。

县级文明示范乡镇4个：麦盖提镇、巴扎结米乡、希依提墩乡、库尔玛乡。

地区级文明示范村5个：巴扎结米乡贝勒克其村、尕孜库勒乡麦迪尼帕合特勒克村、尕孜库勒乡麦盖提帕合特勒克村、克孜勒阿瓦提乡克孜勒其村、克孜勒阿瓦提乡塔尔吾斯塘村。

第四节　文明行业建设

一、措施

1991年，县精神文明办公室结合麦盖提县实际，制订下发《麦盖提县文明行业标准》，要求各相关行业遵照执行。2001年起，全县各单位都确定了负责精神文明建设的领导和工作人员，把创建工作纳入重要议事日程，各行业均制定创建工作长远计划和近期目标，各行业内部均建立一套有利于精神文明建设健康发展的监督、制约、考核和激励机制；把精神文明工作与经济工作（业务工作）同部署、同考核，逐级负责，层层保证，奖优罚劣；各行业强化职业道德教育，截至2010年，各行业专业知识和业务操作培训率 100%，岗位规范知晓率 100%，岗位规范执行率 98%，不断提高干部职工业务水平和服务质量；有效化解职工矛盾纠纷，解决单位和职工实际问题，群众满意率 95% 以上。

二、成果

1991 年以来，县文明办每年对全县各行各业精神文明建设工作进行 1 次全面、系统专项考核。截至 2010 年，创建自治区、地区、县三级文明行业 70 个，其中：

县级文明示范窗口单位 11 个：国税局、地税局、工商局、人民银行、公路段、运管站、县第一小学、客运站、城镇工商所、农发行营业厅、农行营业厅。

地区级文明示范窗口单位 2 个：地税局（城镇税务大厅）、工商局（城镇工商所）。

自治区级文明示范窗口单位 1 个：国税局。

青年文明号集体 13 个：自治区级 1 个、地区级 6 个、县级 6 个。

巾帼文明岗 43 个：自治区级 3 个、地区级 16 个、县级 24 个。

第五节　文明社区建设

1991 年以来，县精神文明办公室在文明社区创建中，结合麦盖提县实际，开展组织领导好、思想教育好、服务群众好、文化生活好、环境卫生好、治安秩序好、创建活动好“七好社区”建设。每年县文明办对社区文明建设工作进行半年和年终专项检查 2 次，充分发挥督促、指导作用，评选出先进集体和个人进行大会表彰，检查结果与社区年终综合考核挂钩。社区在文明办指导下，结合文明标准制定实施细则和推进计划，认真组织实施。截至 2010 年，创建地县两级文明社区 9 个，其中：

县级文明社区 7 个：乌尔达库勒社区、古再尔社区、帕合塔巴扎社区、巴扎结米社区、博勒卡吾斯塘博依社区、英巴扎社区、英买里社区。

地区级文明社区 2 个：乌尔达库勒社区、帕合塔巴扎社区。

第六节　文明单位创建

1991 年以来，麦盖提县文明单位创建工作持续开展，各单位环境面貌大为改善，硬件建设逐年完善；职工精神状态良好，文明意识不断增强，清风正气局面已经形成。

1991—1997 年，文明办重点开展县级文明单位创建工作，通过验收的单位、村、居委会共 51 个。

1998 年，文明委命名县粮食局、农业发展银行、工商局、第三中学 4 个单位为县级文明单位。

1999 年，文明办推荐库尔玛乡红光村、农业银行、农资公司 3 个单位为自治区级文明单位，推荐农业发展银行、公路段、第三中学、粮食局 4 个单位为地区级文明单位，推荐气象局、自来水公司、运管站、养路费征稽站 4 个单位为县级文明单位。对棉麻公司、种子公司、建设银行、职业中专、第一中学、物资公司、百货公司、食品公司、糖烟酒公司、农机公司、石油公司、央塔克乡 12 个单位暂缓命名。

2000 年，县国税局、电信局、邮政局、公路段、人民银行、第一小学、自来水公司、工商银行、财产保险公司、修造厂、工商局、地税局、农业发展银行成功创建自治区文明单位；地区级文明单位创建成功的有气象局、运管站、尕孜库勒乡工商所、四十三团工商所、城镇工商所、财政局、公安局；县级文明单位创建成功的有土地管理局、新华书店、幼儿园、客运站、技术监督局、尕孜库勒乡税务所、四十五团税务所。恢复棉麻公司、种子公司、农机公司、央塔克乡、第一中学、职业中学、石油公司、建设银行地区级文明单位称号。

2002 年，获自治区级文明单位称号的有运管站、教育局；地区级文明单位有客运站、幼儿园、电力公司、种子公司。粮油厂、物资公司被取消地区级文明单位称号。

2006 年，获得自治区级文明单位有供电公司，地区级文明单位有第二中学、县人民医院、药监局、养路费征稽站，县级文明单位有劳保局、维吾尔医医院、妇幼保健站、园艺场、希依提墩乡中学、希依提墩乡中心小学、央塔克乡卫生院、央塔克乡中学、吐曼塔勒乡中心小学、吐曼塔勒乡一村小学。

2008 年，县文明办配合自治区、地区文明办对 15 个自治区级文明单位、村镇、10 个地区级文明单位、村镇进行届满复验，全部通过复验。

2009 年，获自治区级文明单位称号 2 个、地区级 1 个、县级 14 个。

2010 年，县文明办配合自治区、地区文明办对 2 个自治区级文明单位、19 个地区级文明单位、村镇、示范窗口进行届满复验，全部通过复验。

第七节　文明家庭建设

1991 年以来，县文明办根据上级文明办不同时期的要求，不断完善文明家庭评比标准，持续开展文明家庭评选活动。评选文明家庭采取自评、互评、单位评、文明办评的方式进行，鼓励毛遂自荐。

截至 2010 年，全县累计评出“五好文明家庭”4.5 万户，“遵纪守法户”1.9 万户，“巾帼科技致富示范户”157 户（妇女致富带头人 1856 名），“平安家庭”4.63 万户，“十星级”文明户 4.2 万户。

第三章　思想道德教育

第一节　爱国主义教育

1991 年以来，麦盖提县把爱国主义教育作为一项经常性工作来抓，重点突出对青少年群体的教育。截至 2010 年，全县开展庆祝“七一”建党节、“十一”国庆节为主题的爱国主义教育活动累计 129 场次，累计印发宣传材料 6.45 万份；向各单位、各乡（镇）累计赠送爱国主义书籍 2 万册；制作书法美展版面、宣传板报累计 705 件（块），受教育群众、学生累计 7.74 万人次。全县各级团组织贯彻落实《麦盖提县青少年爱国主义教育实施方案》，组织团员青年举行集体宣誓仪式累计 258 场，参与青少年累计 1.29 万人次；县直各单位团支部组织团员青年累计开展阅读革命书刊活动 1440 次，参加人数累计 7.2 万人次；各级学校团组织开展“三义”（爱国主义、集体主义、社会主义）教育活动累计 900 场次，累计 97.2 万师生受教育；各级学校团组织开展“祖国在我心中”为主题的歌咏比赛、演讲比赛、文艺表演活动，累计 1800 场次，参与师生累计 216 万人次；各级学校团组织开展“爱祖国、爱家乡、讲团结”主题教育活动，引导未成年人爱祖国、学“双语”、强本领，争做中国特色社会主义接班人，累计开展活动 180 场次，师生受教育累计 21.6 万人次。全县各单位、各乡（镇）、各中小学广泛开展“热爱伟大祖国、建设美好家园”主题教育活动累计 1980 场次，参加人数累计 138.6

万人次。电影放映部门在各乡（镇）场放映爱国主义教育片累计 38 场次，在县直各单位及企业放映爱国主义教育片累计 20 场次，在县直各学校放映爱国主义教育片累计 32 场次，观看的各族干部、群众、学生累计 9.88 万人次。

第二节　未成年人思想道德建设

1991 年以来，麦盖提县未成年人思想道德建设工作，始终围绕“从增强爱国情感做起，弘扬以爱国主义为核心的伟大民族精神；从确立远大志向做起，树立和培育正确的理想信念；从规范行为习惯做起，培养良好道德品质和文明行为；从提高基本素质做起，促进未成年人的全面发展”四项主要任务，在学校广泛持续开展爱国主义教育、马克思主义“五观”教育、民族团结教育、“五个认同”教育、公民道德教育、“四有”教育以及素质教育。截至 2010 年，在各类教育活动中，累计评选出优秀团员 1120 人、先进班集体 880 个、优秀少先队员 3.77 万人。累计受团地委表彰的优秀少先队员 4 人，“三好学生”3 人。被评为自治区级“三好学生”1 人。累计受团地委表彰的优秀辅导员 2 人。县级表彰优秀辅导员 10 人。民族团结联谊累计结对子 5020 对。县关心下一代工作委员会聘请的 8 名离退休老干部、老模范，到县直 8 所小学开展讲传统活动累计 160 场次，加强对青少年的教育引导。各学校开展“永远跟党走”“我为队旗增光彩”主题歌咏比赛、演讲比赛、文艺表演以及“民族精神代代传”等活动，累计 2580 场次，覆盖所有小学生。教育系统在县直小学组织开展“给解放军叔叔的一封信”为主题征文比赛 1 次，学生全员参与，征集优秀稿件 3000 篇，向上级推荐 10 篇，县第二小学 1 名学生获自治区一等奖。县第一小学、第二小学、第三小学、第四小学、第一中学、第三中学、职业中专等学校开展“我与诚信紧握手、文明与我结伴走”“我们都是学雷锋的标兵”为主题诚信教育实践活动，累计 280 场次，学生全员参与。县第一小学少先大队被团中央授予“全国优秀少先队大队”称号。

第三节　“四德”教育

1991 年以来，麦盖提县每年召开 1 次表彰大会，累计表彰“四德”教育先进集体 1000 个、公德模范 6000 名、道德模范 3000 名，表彰他们在公益事业中热心服务社会的高尚精神，表彰他们干一行、爱一行的职业道德，表彰他们“勤俭持家、尊老爱幼”的家庭美德，表彰他们“扶弱济贫”的崇高品德。

一、公德、品德教育

1991 年以来，麦盖提县在精神文明建设中，持续开展公德、品德教育，在社会各个层面形成浓厚氛围，取得实效。这期间，全县各族干部群众积极参与公益事业，诚心帮助困难群体，展现“一方有难、八方支援”的社会主义公德精神和崇高的个人品德。

（一）热心公益事业

1. 青年志愿服务

1993 年，团县委持续开展“边疆青年志愿学雷锋、献真情”、创建“文明号”活动，组建义务服务队 27 支，办好事 87 件。

1994 年，团县委开展“服务万村”“跨世纪雏鹰”活动。各级团组织组建科技服务队 78 个，承包贫困户 147 户，建立长期义务网点 57 个，建立“服务万村”示范村 11 个，创建东河滩青年植树造林基地。

1995 年，团县委组织广大团员开展“青年志愿者学雷锋”活动，组成服务队 217 支，清除垃圾 12 吨。

1998 年，在公民道德建设月，团县委组织 1 次“告别不文明行为承诺千人签名”活动。县直机关、学校、街道、青年团员利用双休日开展 3 次大规模便民服务活动，参加人数 2100 人次，接受服务者 7000 人次；是年，团县委在各乡及各单位建立青年志愿者服务站（服务队）120 个，开展扶贫帮困、抢险救灾、义务植树等活动。

2010 年，县团委开展“青年志愿者服务”活动，组织青少年义务植树 4.3 万棵 1650 亩。组织青少年打扫街道、文化广场卫生、擦洗街边栏杆 2 次，参加活动师生 1 万人次。是年，县卫生系统组织 12 支医疗服务队巡回义诊 4.48 万人次。

2. 公民道德建设

1997 年，在公民道德建设月，文明办发动全县各单位开展上街便民服务活动 3 次，8000 名干部职工参与打扫环境卫生、维护交通秩序、擦车修车、兑换残破币、送医送药、辨假防伪等活动。是年，县文明办在全县开展学雷锋青年志愿者活动、“心连心、手拉手”活动、“讲文明、树新风”活动、“希望工程最后一轮捐募”活动、“扶贫帮困”活动，参与者 8.1 万人次。

2003 年 2 月，县委宣传部制定下发《关于深入开展“公民道德建设月”活动的实施意见》，130 个单位组织“诚信”主题活动，参与 3.3 万人次。

2004 年 2 月，县委宣传部下发《关于深入开展“公德建设、法制建设宣传月”活动的实施意见》，全县各单位组织各族干部、职工、师生开展“学雷锋、见行动”活动 150 场次，每场平均参与 100 人次。

2009 年，在公民道德建设月，各单位组织干部职工在城南工业园区开展为期 3 天义务植树造林活动，参加干部职工 1300 人次，植树 11.7 万棵；卫生、计划生育部门选派医疗人员，开展义务测血、看病、免费孕检、宣传传染病防治法、计划生育法等活动 4 次，受服务群众 1200 人次；金融系统义务开展兑换陈旧人民币和其他便民服务活动 4 次，受服务群众 200 人次。

（二）帮助困难群体

1. 工商界帮扶

1992 年，克孜勒阿瓦提乡个体户给该乡托儿所捐款 360 元、给残疾人捐款 1.92 万元。

1993 年，县个体工商户给残疾人捐款 1.5 万元；是年，麦盖提县因下大雨，棉花受到灾害，个体工商户救灾 690 亩，出义务工 1103 个。

1994 年，县个体户向受洪水灾害群众捐款 1500 元；8 月，由于受冰雹灾害，吐曼塔勒乡、库尔玛乡灾情较重，个体工商户捐款捐物折合人民币 4.7 万元。

1996 年，在扶贫帮困活动中，个体工商户慷慨解囊，踊跃为 2 户因火灾事故而造成惨重损失的个体运输户捐款 3 万元；1 名个体户捐款 10.2 万元用于办教育、捐面粉 200 袋支援受灾人民。

1997 年，在开展的“支农献爱心”活动中，广大个体工商户捐款 1.36 万元，捐粮 5500 千克，价值 1.5 万元。

1998 年，个体工商户为农村贫困户、受灾户捐款 6.3 万元；在第 17 个民族团结月活动中，个体户自发为吐曼塔勒乡 1 名汉族受灾个体户捐款 4000 元。

1999 年春，部分乡村农民缺吃少穿，全县个体户捐款 1.2 万元；夏季，麦盖提县遭受历史特大洪灾，个体工商户捐物价值 2.2 万元。

2001年，在“扶贫帮困献爱心”活动中，个体工商户捐款4000元。2002年，个体户捐款11.93万元资助困难个体工商户161户；9月15日，个协结合“光彩服务周”活动，给敬老院捐款3580元、面粉25袋、食用油50千克。

2003年，20户个体工商户主动参与捐款、捐物活动，筹集现金3万元和价值8万元物资送往灾区。

2008年，私营企业、个体工商户为汶川灾区捐款9.8万元。

2009年，个体工商户在“捐书惠农”活动中，捐出6000元购买农业科技书籍和各类图书赠送给农民。

2. 团组织帮扶

1994年，团县委组织团员青年开展“青年志愿者学雷锋”活动，给147户贫困户捐款5003元、衣物460件、图书1万册。

1995年，团县委组织团员青年开展“青年志愿者学雷锋”活动，向贫困户捐款7665元。

2010年，团县委动员全县团员青年向青海玉树灾区捐款4550元、衣物8900件，还为1名白血病患儿筹得爱心捐款12万元。

3. 妇联组织帮扶

2000年，全县各级妇女干部与715户贫困户结对子，为他们送去面粉、衣物、生活用品等，折合人民币5306元；各族妇女参与“爱心助残”活动，为残疾人捐款3450元；乡镇妇女干部开展“扶贫帮困送温暖活动”，慰问孤寡妇女、残疾妇女120人次，捐款8450元、煤5吨、面粉3750千克、衣服200套，解决她们过冬问题。

2007年，县妇联通过向社会发出捐款倡议书的形式，号召广大妇女为麦盖提县永昌建筑公司1名白血病患者、央塔克乡1名脑瘫患儿和2名特困职工捐款4万元。

2009年，县妇联在全社会发出“每人一元钱，撑起一片天”爱心捐助倡议后，各族妇女为县第二中学患重型再生障碍性贫血病学生捐款6.59万元。

4. 工会组织帮扶

2008年，工会会员向汶川特大地震灾区捐款合计3.43万元。

5. 干部职工帮扶

1996年，孤寡老人许某某家中厨房着火，工商局干部自发捐款1000元，帮助其解决暂时困难。

2002年12月26日，工商局在文化广场举行个体户喜迎中共十六大献爱心现场会，将各族干部职工捐献的140袋面粉和1.4万吨煤炭发放给70名特困户。

2003年，巴楚、伽师县发生强烈地震，全县各族干部职工捐款176.8万元用于灾区重建。

2005年1月，全县各族干部职工为东南亚海啸受灾国家和地区捐款1.7万元。

2008年，民政干部职工为孤儿购买衣服、鞋子等生活用品价值1.12万元。全体运管站职工为孤儿院送25寸电视机2台，送慰问金800元。

2009年，全体客运站干部职工向儿童福利院送慰问金500元。

2010年，公安干警为家中遭受火灾的1名民警捐款1万元。县第一小学全体师生为孤儿捐助1990元。是年，全县各族干部群众向青海玉树灾区群众捐款20.4万元。

二、职业道德教育

1991—2010年，麦盖提县各单位按照文明委的要求，根据行业特点，开展了多种形式的职业道德教育，取得了较好成效。

县妇联组织全县“巾帼岗”（组）参加“巾帼文明岗”争创活动，被授予自治区级“巾帼文明示范岗”3个、被授予地区级“巾帼文明示范岗”19个、被授予县级“巾帼文明示范岗”1400个。开展“千名农村妇女学用林果业实用技术”竞赛活动10次，表彰女能手3000名。组织各乡（镇）开展人人争当“拾棉女能手”“种植女能手”，家家争当“11个工程示范户”活动，有9人次获自治区“三学三比”女能手称号，129人次获县级女能手，2.69万人次参加“三学三比”活动，占妇女总数的98.6%。先后举办“巾帼科技致富示范户”“巾帼科技致富示范户”评选活动5次，评选“巾帼科技致富示范户”785户，“三户达标”户6781户，选出妇女致富带头人1856人次。

公安系统被自治区公安厅评为“全疆优秀人民警察”1人，被县委评为“优秀干警”14人，被县委授予“英勇顽强、智擒顽敌”称号8人；8名干警分别立二等功、三等功。在喀什检察分院举办的侦监部门岗位练兵竞赛中获办案能手个人第三名1人，被授予“喀什地区检察机关预防职务犯罪工作先进个人”1人，被评为县级破案能手15人。

教育系统坚持抓教师队伍职业道德建设，被国务院评为“全国先进工作者”1人，教育部评为“全国优秀教师”2人，被教育部评为“全国教育系统先进工作者”1人。

麦盖提镇英巴扎居委会治保干部吾斯曼·卡德尔为保护当事人生命安全光荣牺牲，被司法部追认为“全国模范人民调解员”，被自治区人民政府追认为“革命烈士”。

团县委开展“青年岗位能手”评选活动10次，涌现出“青年岗位能手”1300人次。持续开展争创“青年文明号”活动，涌现出“青年文明号”集体100个，其中自治区级1个、地区级6个、县级93个。

金融、税务、工商、医院等窗口单位持续开展“争当优质服务标兵”“学技术比贡献”“行业树新风”“宣传优质服务”等活动10次，参加活动4.21万人，评出“优质服务标兵”4200人。

三、家庭美德教育

1991—2010年，麦盖提县持续开展各种家庭美德教育活动。县妇联在农村家庭中开展“美德进农家”活动；县个体劳动者协会开展“五好文明个体户”评选活动；县公安系统开展“好警嫂”评选活动。截至2010年，全县评选表彰自治区、县两级“五好文明家庭”2.94万户;评选表彰县级“美德之家”1.54万户；评选表彰县级“五好文明个体户”200户；表彰“好警嫂”5人次。

四、公仆意识教育

1997年，麦盖提县委发出《关于广泛开展“做人民公仆、树行业新风、创文明单位”活动的通知》。县委要求在党政机关和各级干部中切实加强勤政为民、无私奉献教育，突出抓好改善服务态度，提高服务质量，清除不正之风和腐败现象，树立为人民服务的公仆意识。

1998年4月，麦盖提县遇到罕见的低温天气，农业生产遇到极大困难，县委组织全县党员干部开展“支援农业，争做人民好公仆”活动。全县千名党员干部下到各乡村，与农民群众一起大干15天，战胜低温天气，完成35万亩棉花抢播任务。

1999年，县委常委、常务副县长贺永祥被自治区人民政府授予“十佳公仆”称号，县委号召全县干部向贺永祥学习，做人民好公仆。

2003年，麦盖提县遭受地震灾害，县委抽调137名副科级以上领导干部带领12个工作组深入乡村30天，克服重重困难，和受灾群众一道圆满完成抗震救灾、重建家园工作。

2009年4月中旬，麦盖提县遭受大风沙尘袭击，全县各级领导干部400人投身抗灾自救前线，带领各族群众把灾害造成的损失降到最低。

第四节　法制教育

1991年以来，麦盖提县法制教育工作紧扣“二五”“三五”“四五”“五五”普法目标任务，通过宣传、培训、组织学习等形式持续开展，全县法制工作水平逐年提高，干部群众法制意识不断增强，学法、知法、懂法、守法、用法的社会氛围日益浓厚。

截至2010年，各单位组织干部群众学习的法律法规有《中华人民共和国宪法》《中华人民共和国刑法》《中华人民共和国教育法》《中华人民共和国义务教育法》《中华人民共和国教师法》《新疆维吾尔自治区保护消费者合法权益条例》《中华人民共和国工会法》《中华人民共和国妇女权益保障法》《中华人民共和国消费者权益保护法》《中华人民共和国野生动物保护法》《中华人民共和国森林法》《中华人民共和国婚姻法》《中华人民共和国未成年人保护法》《预防和制止家庭暴力规定》《中华人民共和国反不正当竞争法》《中华人民共和国道路交通安全法》《中华人民共和国税法》《新疆维吾尔自治区宗教事务管理条例》《治安条例》《中华人民共和国安全生产法》《新疆维吾尔自治区民族团结教育条例》《中华人民共和国行政诉讼法》《中华人民共和国合同法》23部，开展学法活动12.48万次，参加学法考试的公职人员8.4万人次；举办法律知识竞赛120场次，参与1.2万人次；举办各类法律法规培训班50期，参加培训2500人次。县妇联开展“三八”妇女节维权周活动120场次，受教育6万人次；在县文化广场开展大型反家庭暴力宣传活动，宣传《中华人民共和国妇女权益保障法》《中华人民共和国婚姻法》《中华人民共和国未成年人保护法》等法律知识，悬挂横幅280条，张贴标语3060条，散发传单9.31万份，接受群众咨询3600人次，受教育5700人次。工商局以“明明白白消费”“和谐消费年”等为主题展开“3·15”消费者权益保护法宣传活动20场次，出动宣传车560次1680辆，发放宣传单3.2万张，张贴标语8000张，悬挂横幅200条，制作宣传板报20期，提供咨询6825人次；受理消费者投诉1292起，投诉解决率100%；销毁41.4万元假冒伪劣物品，为消费者挽回经济损失105.28万元。开展联合打假执法行动400次，出动检查人员1.17万人次，车辆7120台次，检查各类市场、经营主体6.56万户次。县交警大队民警深入乡村学校和人流量较集中地区域，宣传交通法规，利用县广播电台播发交通宣传稿300篇，开展宣传讲解60次，发放宣传单2万份、道路交通安全手册4000本，出动警力800人次，出动警车400辆次，受教育100万人次。累计抽调160名政法骨干组成巡回宣讲组，下社区进行《中华人民共和国宪法》《中华人民共和国刑法》《中华人民共和国道路交通安全法》《中华人民共和国婚姻法》《新疆维吾尔自治区宗教事务管理条例》等法律法规的巡回宣讲340场次，受教育群众14万人次。县检察院与工商、税务等行政执法单位联合开展预防职务犯罪法制宣讲189场次，与广播电台联合开展预防职务犯罪法制宣传220次，与县纪检委联合举办预防职务犯罪法治图片展20场次，接待群众法律咨询800件，受教育干部1.2万人次。县政法委召开法制副校长（辅导员）聘用大会，为全县12所中学、县直3所小学聘请兼职法制副校长和法制辅导员各15人。县司法局开展“12·4”法制宣传日活动20场次，受教育1万人次。县总工会对全县2家国有企业、28家私营企业签订劳动合同情况进行全面检查，组织法律培训班1期，30家企业法人代表参加培训，重点学习《中华人民共和国劳动法》《中华人民共和国合同法》《中华人民共和国公司法》3部法律，当年签订集体合同16家，签订工资集体协议26家，签订女职工特殊权益保护专项集体合同10家。

第四章 文明共建

第一节 军（警）民共建

一、军民共建

1998 年，武警中队参支援地方建设，帮助驻地植树 1 万株，抢险救灾 15 起，救助孤寡老人 7 人。

2001 年 3 月，麦盖提县成立优抚安置对象和优抚安置事业单位人员普查领导小组，办公室设在县民政局，主要负责包括退伍军人在内的优抚安置对象和优抚安置事业单位人员工作。

2003 年起县文明办每年组织庆“八一”篮球友谊比赛，所有共建单位参与其中。

2004 年 1 月，县四大班子领导对春节期间仍然坚守工作一线的县武装部、独立连、公安派出所、武警中队、预备役部队全体指战员进行节日慰问。

2005 年 8 月，县四大班子领导、全县军民共建单位深入县武装部、独立连、公安派出所、武警中队、南疆军区农副业基地，开展“双拥”慰问活动，宣传人民解放军在保卫边疆、建设边疆、开发边疆方面的巨大贡献，号召各族群众学习解放军的高尚品质，教育各族群众热爱人民子弟兵，把拥军热情转化为支持部队建设的实际行动。是年，武警中队自卫哨兵发现在距离中队 100 米处，两辆面包车相互发生碰撞，情况较为危急，中队迅速出动兵力救援，将车内受伤者送往医院抢救，避免人员伤亡。

2008 年，县人武部官兵整修县城街区，植树 1000 株，绿化面积 50 亩；武警中队全体党员自行组织爱民活动，为 10 名孤寡老人送上慰问金、大米、面粉、食用油等生活用品，帮助他们整理院落、打扫卫生。

2009 年，古尔邦节期间，民政部门为自谋职业退伍军人发放补助金 11.9 万元，为军队移交政府安置的退休职工发放生活费 17.93 万元。在“八一”建军节、国庆节，县四大班子领导走访对老复员退伍军人、拥军模范进行慰问，发放慰问金 3.4 万元。

2010 年，县人武部出动车辆 30 台次，为巴扎结米乡抢种红枣苗 30 亩。是年，麦盖提县发生特大洪水灾害，武警麦盖提县中队快速组织兵力，按照预案携带救灾装备、器材投入抗洪救援，与各族群众一起将险情化解，挽回经济损失上百万元。民政部门为军队移交退休职工发放生活费 23.1 万元，为老复员退伍军人实施安居建房，合计补助资金 7.8 万元。截至年底，全县军民共建单位 70 个。

二、警民共建

1991 年，县公安交警在 4—9 月持续开展交通法律法规宣传，各族群众交通安全意识不断增强。

1992 年，县公安局全体干警帮助社区孤寡老人买面、送柴火、看病等 70 次。

2005 年，交警大队向群众发放交通安全宣传单 10 万份，制作发放警民联系卡 500 张、交通安全宣传展板 20 块，翻录交通安全宣传磁带 200 盘，悬挂交通安全宣传横幅 23 条，出动宣传车流动宣传 320 次，在各社区、各单位展出交通安全图片 2040 次，累计受教育 16.8 万人次，宣传覆盖率 93.3%。

2006 年，交警大队推行优质服务，对偏远乡（镇）和农林团场开展上门办牌办证服务，检验摩托车 195 辆，办理摩托车驾驶证 311 个、牌照 1510 副。

2007 年，公安系统组织开展“捐书惠农”活动，捐献各类图书、杂志等 317 本。

2010 年，交警大队开展“文明交通行动计划”宣传活动，以“关爱生命、文明出行”为主题，以“六倡导、六摒弃、六抵制”为重点内容，深入机关、学校、企业、社区开展宣传活动 10 次，开展交通安全讲座和交通安全课 10 次，发放宣传材料 2000 份，张贴宣传标语 20 条，发放交通安全宣传画 100 张，摆放交通事故案例“警示录”图版 50 次，受教育 2 万人次。

第二节　街企共建

1991 年，麦盖提县个协组织私营企业演出队编排精彩节目 12 个，在社区和企业单位巡回演出 70 场次，参与群众 2.1 万人次；私营企业为麦盖提县教育事业捐款 8.15 万元。

2004 年，白云热力有限责任公司为乌尔达库勒社区提供就业岗位 40 个。

2005 年，新疆喀什大漠坊酒业有限公司为古再尔社区提供就业岗位 80 个，设立“大漠坊扶贫基金”，对考入大中专院校的 20 名贫困学生发放助学金 8.3 万元。

2008 年，喀什宏邦节水灌溉设备工程有限公司为城镇待业人员提供就业岗位 150 个；麦盖提泰昆油脂有限责任公司为城镇待业人员提供就业岗位 80 个；新疆枣都土特产开发有限公司为城镇待业人员提供就业岗位 60 个。

2009 年，30 户私营业主参与扶贫助学活动，捐款 3 万元，得到资助贫困学生 10 人。

2010 年，麦盖提天海绿洲枣业有限公司为城镇待业人员提供就业岗位 80 个。

截至 2010 年，工业园区 6 个企业与城镇 7 个社区结成共建单位，在春节、古尔邦节累计慰问城镇贫困居民 115 户，累计发放慰问金 5.75 万元；免费为社区居民提供结婚用车累计 60 辆次；帮助社区改善办公条件捐资 30 万元。

第五章　民族团结教育

第一节　宣传教育

1991—2010 年，麦盖提县利用广播、电视、《刀郎农民报》、网络等各类媒介，宣传党的民族政策、宗教政策、惠民富民政策，宣传改革开放以来取得的伟大成就和民族团结先进典型，宣传民族区域自治制度在新疆的伟大实践，宣传中国共产党的正确领导、社会主义制度的优越性和社会主义现代化建设所取得的辉煌成就，宣传新疆在党的领导下发生的翻天覆地的变化和各族人民同甘共苦开发建设保卫边疆的历史业绩，宣传改革开放 30 年来全国全区的巨大成就和历史性变化。以“军爱民、民拥军、军民团结一家亲”“各族群众离不开解放军、解放军离不开各族群众”为主题，开展“双拥”工作大总结、大宣传、大行动、大表彰活动。组织开展“双语”教育、新疆内地高中班、疆内初中班、农村劳动力转移等典型事迹系列巡回报告活动。组织开展民族团结联谊、收集民族团结故事、表彰和宣传民族团结先进典型活动，唱响“共产党好、社会主义好、祖国大家庭好、改革开放好、民族团结好、人民解放军好”主旋律。把民族团结教育融入西部大开发的主旋律之中，实施“得民心工程”，扶贫帮困，为各族群众办好事、实事。开展马克思主义“五观”“四个认同”“三个离不开”教育，突出抓好新疆“三史”教育；开展“一帮一、结对子”活动；推进民族团结先进典型事例进教材、进课堂、进学生头脑工作；开展民族团结知识竞赛；开展“千家万户话团结”“抓机遇、谈发展、看前景”有奖征文活动；开展“五观”万人大宣讲活动；开展“我身边的民族团结故事”演讲比赛；开展民族政策执行情况大检查；开展思想教育及模范单位创建活动。召开座谈会、研讨会、报告会，举办电影周文艺演出、图片展览、歌咏比赛，强化各民族共同繁荣发展意识。20年来，麦盖提县累计开展各类民族团结宣传教育活动1.11万次，各族干部、群众、学生参与活动21万人次，辐射到城乡各个层面，受教育面100%。

麦盖提县委按照自治区党委文件精神，确定每年“民族团结教育月”活动主题，制订实施方案和活动计划。1991年，围绕“民族团结思想教育，旗帜鲜明地反对民族分裂主义”主题，以集中学习、写心得体会、演讲、文艺表演等形式为载体开展民族团结教育月活动。1996年，以“民族团结和军民团结”为主题开展“双先”表彰活动，发挥广播、电视、报纸宣传教育作用，宣传民族团结进步先进典型。2000年，以西部大开发为重要结合点，以表彰民族团结先进典型为重要形式，以为群众办实事为立足点，开展民族团结联谊、歌咏比赛、演讲比赛、知识竞赛、讲故事比赛、评选先进等系列活动。2001年，结合“三个代表”重要思想学习教育活动，加强马克思主义民族理论和党的民族宗教政策的学习，实施“得民心”工程。2002年，各单位、各乡（镇）以迎接中共十六大胜利召开为主题，开展民族团结教育月活动。2005年，各单位以庆祝新疆维吾尔自治区成立50周年、落实科学发展观、构建社会主义和谐社会、开展“保持共产党员先进性”教育等活动为重点，开展民族团结教育月活动。2008年，各单位、各乡（镇）开展“畅谈辉煌成就·携手团结奋进”为主题的大宣讲活动，举办“六好”教育文艺晚会、“双语”演讲比赛、征文竞赛、板报比赛、爱国主义教育影片放映等活动。2009年，开展以“感恩伟大祖国、建设和谐麦盖提”为主要内容的活动。2010年，县委印发《关于在全县建立并实施民族团结教育长效机制的意见》，各单位、各乡（镇）场遵照落实，开展学习贯彻《中华人民共和国民族区域自治区法》《新疆维吾尔自治区民族团结教育条例》活动。其中教育系统开展马克思主义“五观”、民族团结、公民道德建设为主要内容的学习教育活动，举办“我身边的民族团结故事”演讲比赛，举办以“热爱伟大祖国、建设美好麦盖提”为主题的文艺演出、有奖知识竞赛、“百万青少年民族团结手拉手”联谊等系列活动；县宣传部门发放《民族团结教育读本》3745本，做到机关党员干部人手1本；县民宗委结合实际制订下发《“爱国宗教教职人员‘讲团结、讲和谐、讲稳定’巡回宣讲活动”方案》，开展向民族团结模范王艳娜学习活动。

1991—2010年，在民族团结进步创建活动中，麦盖提县各行各业挖掘、表彰民族团结模范人物，颂扬先进人物感人事迹和崇高精神，激励各族干部群众坚决反对民族分裂、维护民族团结、维护社会稳定。1993年，县个体劳动者协会评选民族团结模范181人。1995年，自治区公安厅授予县公安局“民族团结先进集体”称号。1999年12月，县委召开首届民族团结表彰大会，表彰民族团结先进集体5个、先进个人114人，号召全县各族党员干部群众向先进学习，争做民族团结模范。2001年4月28日，县委、县人民政府下发《关于命名表彰民族团结模范先进集体、先进个人的决定》，对3年来民族团结进步事业中取得显著成绩和做出突出贡献的先进集体22个和先进个人46人予以命名和表彰奖励。2003年，在民族团结教育月，教育系统党委表彰民族团结先进集体36个、先进个人27个、“十佳文明家庭”5户和“五好”先进个人25人。

截至2010年，麦盖提县创建自治区级民族团结进步模范单位1个、地区级1个、县级28个；获全国民族团结进步模范个人1人、自治区级2人、县级169人。

第二节　民族团结事迹

一、红光村

红光村是一个以汉族和维吾尔族为主、由9个民族、20多个省份杂居的小村庄，23年来，红光村各民族之间始终坚守重大节日互相往来、婚丧嫁娶互相参与、风俗习惯互相尊重、急难困苦互相帮助、先进文化技术互相学习的“五个互相”守则，各民族之间唇齿相依、相互促进，视民族团结为生命，用朴实行动践行着民族团结的点点滴滴，用发自内心的真挚情感引领着民族团结大旗迎风飘扬，为社会稳定和长治久安奠定坚实基础。2001年，被麦盖提县评为“民族团结模范单位”。2004年，获“喀什地区民族团结先进单位”。

（一）风俗习惯互相尊重，奠定团结基础

红光村的18个村民小组，每个村民小组都是3个或3个以上不同民族相互杂居，特别是村巴扎沿街的53间家小店铺，各民族错落有致，多年来大家彼此互相尊重，从未发生冲突，相安无事。据不完全统计，红光村民汉之间、各民族之间相互通婚的现在就有24对，红光村汉族与莎车、叶城、和田等地的维吾尔群众在生产、交往中建立感情、成为好友的超过400户，常年往来的超过300户，在当地传为佳话。

（二）急难困苦互相帮助、增进民族感情

汶川、雅安、玉树地震，红光村9个民族不论贫富，98%的群众在没有组织的情况下献出自己的爱心，累计通过民政部门或慈善部门捐款数十万元。每年春耕时节，汉族农资老板都会自愿给困难的民族老乡欠农资，金额高达120余万元。3组村民阿不力克木患尿毒症，在村党总支的带头下，其他各族群众积极行动，2天时间捐款6800余元；为了挽救9队姑娘蔡金艳的生命，全村村民纷纷慷慨解囊，捐助医疗费7680元；12队村民阿依提拉·阿不力孜，生病住院因交不起医疗费而生命垂危，全村村民主动为其捐款8000余元，3名村干部又主动帮其借款6000余元；15组一位普通的维吾尔族农民买买提·吐地找到村党总支，拿出650元，请求党总支对家庭困难的汉族学生进行帮助；17组的桥面有几个大坑，13组42岁的卡米力吐孙和了一车水泥把坑补平了，方便了汉族老乡出行。长期以来，无论哪个民族的家庭或个人出现生产生活上的困难，全村都会主动伸出援助之手，共渡难关。

（三）先进文化技术互相学习、实现共同繁荣

在红光村，各族群众在农业技术上相互学习已经形成了优良的传统。汉族群众在枣树管理、棉田管理、小麦打药除草等方面积极向少数民族群众传授经验和窍门，3队农民沙飞在红光村被维吾尔群众笑称为“土专家”，对维吾尔族农民的请教，他从不保留。2组的泥瓦工师傅续继雄，有6个少数民族徒弟，他的精心教导下，成为名符其实的“大师傅”。平时汉族群众向少数民族群众学习刀郎舞、萨满舞，少数民族群众向汉族群众学习交谊舞、广场舞已经成为常事，通过文化、技术深入交流，许多少数民族群众学会甘肃方言、打麻将、划拳，一些汉族群众也学会少数民族的农民画、雕花、刀郎舞等，通过各族群众的相互学习，红光村各项事业得到全面发展，全村人均纯收入一直名列前茅。

（四）重大节日互相往来、加强民族交流

在红光村，无论是古尔邦节还是春节，大家一直保持着各民族礼尚往来的好习惯，过年过节了，总要相互走一走。许多汉族群众家中建起了民族式的地毯房，方便招待客人，12组党员木沙·库完，每年家中的汉族客人就有上百人。12组村民艾海买提吐荪每到春节都要去80多户汉族朋友家中拜年，古尔邦节期间，汉族居民总要为节日中的维吾尔群众准备一台丰富多彩的文化节目，春节期间，维

吾尔群众也自发地为汉族群众准备文艺节目。每年“三八”“五一”“十一”等节日，各族群众也要聚集在场部的小广场上热闹热闹，交流交流感情，增进团结。

（五）婚丧嫁娶互相参与、增加民族互信

红光村谁家有个红白喜事，左邻右宿都会相互转达，不同民族都会相互参与。在红光村的红白宴席上，全村都要举行两场，一场宴请汉族群众，一场宴请维吾尔族群众。

这些年来，红光人深深感到，只有团结才有稳定，才有发展，才有群众的安居乐业，红光人的美好生活得益于民族团结。

二、五一林场

五一林场成立于 1959 年。生活着汉族、维吾尔族、回族、藏族等 4 个民族，少数民族占总人口的 52%，汉族占 48%，形成了以维吾尔族、汉族为主，各民族嵌入式居住的特点。长期以来，五一林场依托深厚的民族团结基础，积极探索“到人、管用、有效”的民族团结途径，使民族团结延伸到社会的方方面面，融入干部群众生活的点点滴滴，有力促进各民族和睦相处、和衷共济、和谐发展，凝聚起各民族共同团结奋斗、共同繁荣发展的强大合力。

（一）“七个坚持”，使民族团结之花常开长盛

1. 坚持领导示范引领

林场 7 名班子成员坚持率先垂范、以身作则，带头加强民族团结，与 47 户 192 名各族群众结对认亲，影响和带动全场各族干部群众投身于民族团结进步事业，自觉维护民族团结、珍惜民族团结。

2. 坚持推动嵌入式居住

林场历届领导班子坚持推动各民族相互嵌入式社会结构形成。截至目前，204 户汉族家庭与 221 户少数民族家庭的房与房相邻、院与院相接，人与人相知，实现了由空间互嵌拓展到经济、文化、社会和心理互嵌，形成密不可分的共同体。

3. 坚持开展民族团结活动

林场党组织坚持带领各族干部群众常态化开展民族团结活动，在聚聚聊聊、说说唱唱中化解矛盾、消除隔阂，增进感情、拉近距离，以实际行动汇聚起民族团结的强大正能量。活动开展以来，林场各级党组织举办民族团结活动 700 余场次，为群众办好事实事 1380 余件，密切了干群关系，增进了各民族感情，促进了民族团结。

4. 坚持文化引领

林场党组织坚持带领各族干部群众常态化开展中华优秀传统文化活动，为各族群众共唱共跳、共娱共乐创设平台。通过文化引领，达到文化交融、情感融合，林场各族群众的中华民族共同体意识进一步增强。

5. 坚持以宣传教育为抓手

长期以来，林场党组织坚持将民族团结教育贯穿于国民教育、干部教育、社会教育的全过程，向各族群众宣传党的惠民政策、民族政策、法律法规、马克思主义“五观”“五个认同”“三个离不开”，引导各族群众感党恩、听党话、跟党走。如努尔买买提·木沙夫妻长期受党的教育，民族团结思想根深蒂固，含辛茹苦收养汉族女孩事迹在刀郎大地广为流传。

6. 坚持以进步创建为载体

林场党组织坚持以民族团结进步创建活动为抓手，大力开展民族团结“好村民”“好邻居”“好家庭”等微创行动，评选“好村民”51 人、“好邻居”56 户、“好家庭”85 户，使民族团结进步理念渗透到社会各个细胞。

7. 坚持从娃娃抓起

林场小学、幼儿园每周安排民族团结教育课2节，每年开展校园文化活动2次，弘扬中华优秀文化，各族学生在共同成长的过程中，牢固树立起中华民族共同体意识。

（二）以“六个相互”，促进各民族交往交流交融

1. 相互尊重风俗习惯

长期以来，林场各族群众形成嵌入式居住特点，在风俗习惯上互相尊重、互相包容、互相欣赏、互相融入。如由汉族和维吾尔族组成的家庭就有两个，结婚多年，夫妻相互尊重风俗习惯，互敬互爱。

2. 相互学习语言

林场各族群众在长期的交往交流中，互相学习语言，90%以上的民、汉群众都能讲一口流利的“双语”。如汉族群众何正慧在与维吾尔族群众交往中学会了一口标准的维吾尔语。

3. 相互帮困解难

长期以来，林场形成了各民族互帮互助的优良传统，无论哪个民族的家庭或个人出现生产生活困难时，大家都会主动伸出援助之手，共渡难关。

4. 相互交往交流

林场各族群众在长期的共同生产、生活中，形成了相互串门、拉家常的习惯，在点点滴滴交往中建立起牢固可靠的民族情谊。特别是在节日期间，维吾尔族群众都要到汉族群众家中去拜年，给孩子压岁钱；维吾尔族群众邀请汉族群众做客，举办“文化大院”活动，共同跳刀郎舞、扭秧歌等。

5. 相互参与婚丧嫁娶

民、汉群众互相参加婚丧嫁娶活动，已经成为一种常态。在汉族群众办丧事时，维吾尔族群众主动给去世的汉族老人抬棺材、守灵。如林场群众郑开年去世时，邻居阿不都克尤木主动到他家里为老人守灵，下葬时还为老人抬棺材。

6. 相互学习生产技术

长期以来，林场充分发挥汉族农户擅长农业生产技术的优势，手把手教会少数民族群众果树拉枝、整形、修剪和病虫害防治以及疏花疏果等方面的技术。如老党员廖存益在林场生活30多年，坚持向民族群众传授林果业管理技术，他带出的徒弟不计其数。

五一林场自建长以来，历任领导班子坚持不断地致力于民族团结进步事业，使林场呈现出“各族群众和睦相处，邻里守望相助，人心思定奔小康”的民族团结大好局面，到20世纪90年代，人均收入超过全县平均水平达到5000元以上，摘掉贫困帽子。进入2000年以来，林场人均纯收入率先突破万元，居全县乡镇场前列。

三、黄英杰

黄英杰，男，汉族，中共党员，四川人。1997年来到麦盖提县库木库萨尔乡少数民族人口占99.97%的托万哈迪勒克村落户，通过辛勤努力成为村里的富裕户。他致富不忘乡亲，少数民族群众谁家有困难他都出钱出力尽量帮助；他利用懂维吾尔语的优势，耐心为村民讲解农业科学技术，指导农民做好田间管理，逐渐成为村民的主心骨，赢得村民的拥戴。2008年，在全村党员公开推选下，黄英杰当选为村党支部书记，成为麦盖提县为数不多的汉族村党支部书记。

四、陈奎仁与巴托·达吾提

陈奎仁，汉族，河南信阳人。巴托·达吾提，维吾尔族，麦盖提人。他们都是麦盖提县央塔克乡博勒喀村设施农业生产基地承包温室大棚的农民。2007年，巴托·达吾提搞大棚，陈奎仁手把手地教巴托·达吾提种大棚蔬菜，挣了2.1万元。同年11月，天气转冷，陈奎仁的大棚需要加火炉取暖，

巴托·达吾提为陈奎仁免费砌了 12 个炉子，解决大棚冬季种植蔬菜问题。

第六章　考核管理

第一节　规划管理

1991—2010 年，为全面提升文明单位、村镇和文明户的创建质量，实现创建工作规范化、制度化和科学化，麦盖提县先后制定 7 个精神文明建设三年规划，规划内容包括“讲文明、树新风”系列活动、思想道德建设、文明县城创建工作、未成年人思想道德建设工作、群众性精神文明创建活动、保障措施六个方面。县文明委坚持规划先行，严格推行规划管理；文明办在规划实施过程中，加强常态化指导、督促；各单位以县级规划为依据，结合单位实际，制定本单位三年规划及各年度实施方案，有计划推进软、硬件建设，有效杜绝“文明牌匾到手、创建工作到头”的问题。县文明委按照《文明单位管理办法》和《文明村镇管理办法》的规定，对各级文明单位、村镇、社区和文明户实行届期制动态管理，每3年为一届，做到三年一大评、一年一小评，各项日常工作情况纳入动态管理范围，营造出优胜劣汰、不进则退的竞争氛围，将被动保牌变为主动提升，提高文明单位、村镇、社区和文明户的“含金量”。

第二节　考核评比

1991—2010 年，县文明委按照精神文明建设目标管理责任制的规定，对各级文明单位、村镇社区和文明户采取年度考核、日常考核和检查验收的办法进行考核。在考核评比前，根据各单位、各行业实际制定考核评比办法；在考核中，以实地查看、访谈为主，查阅档案资料为辅，注重实际效果；科学运用考核验收结果，重奖先进，对不落实、完成工作不得力的单位、村镇、社区和文明户，视情节轻重，给予批评、限期整改、撤销文明单位称号、停发精神文明建设奖励工资处理，奖罚分明，激励先进，推动后进。截至 2010 年，县文明委先后制订下发《麦盖提县创建文明行业标准及管理办法》《麦盖提县创建文明乡村标准及管理办法》《麦盖提县创建“十星级文明户”标准及管理办法》《文明单位管理办法》《麦盖提县精神文明建设工作考核办法（试行）》等文件，规范精神文明考核评比工作，保障考核评比工作方向不偏、导向明确、客观公正。

第七章　破陋习　树新风

第一节　破除封建迷信

1991 年以来，县精神文明建设委员会出台各项文件、通知，要求领导干部党员以身作则、率先垂范，自觉抵制封建迷信。文明办利用广播、电视、专题会议等多种形式说明封建迷信的危害性，用大量的案例告知人们封建迷信害人害己；各单位组织广大党员干部签订承诺书，向社会公开承诺；

文明办发挥群众和舆论监督作用，在媒体上公开举报电话，号召社会各界对党员干部违规行为进行监督举报，鼓励干部职工之间相互监督，做到有报必查；在城镇开展整治封建迷信专项活动，除陋习、正党风、顺民风、树新风。截至2010年，全县党员干部职工累计签订承诺书1.33万人次，向社会公开承诺抵制封建迷信活动，自觉接受社会监督；县文明办开展城镇整治封建迷信专项活动40次，受教育干部职工群众116万人次。

1991年以来，各村“两委”班子成员率先在村民大会上承诺：坚决抵制封建迷信，在生活中约束自己行为、端正自己态度、以身作则。村党支部在公示栏张贴公告及公开信，引导村民实行监督权利；组织召开村民大会讨论，把破除迷信写入《村规民约》。截至2010年，全县共有行政村129个。文明办累计在各村开展整治封建迷信活动40次，开展评选、表彰文明户活动40次，全县乡村文明户达90%；张贴宣传公告5160张、发放公开信2580封；召开村民大会讨论《村规民约》387次，所有村制订《村规民约》，成立村级事务理事会。这些措施遏制了麦盖提县乡村迷信活动的蔓延。

第二节　净化社会风气

1991年以来，县纪委、文明办加大明察暗访频次，开展专项行动，打击封建迷信活动、赌博行为以及利用婚丧嫁娶、乔迁、生日、满月、升学、升迁大操大办收受礼金等行为，对领导干部，一经查实，给予党纪政纪处分。截至2010年，县纪委、文明委累计下发相关文件60个，常态化开展明察暗访，组织专项行动80次，下达整改通知1.04万份。

1991年以来，为有效遏制农村陈规陋习，推进乡风、民风建设，塑造健康、文明、向上的社会风气，维护各族群众正常的生产秩序，构建和谐稳定的社会主义新农村，麦盖提县从强化教育入手，抓住村干部这个关键，持续开展打击不良风气活动：对农民采取教育为主、打击为辅的手段，建立相互监督机制；对乡村党员干部，发挥群众、社会监督作用，公开举报电话，号召村民监督举报，把党纪政纪挺在前，一路问责。截至2010年，麦盖提县每年派出工作队10个，利用冬季农闲时间，在10个乡镇开展为期1个月的禁赌、讲卫生、讲文明等宣传教育活动，形成村民普遍参与局面，为创建文明村奠定坚实基础。

第三节　良风美德

1991年以来，县文明办把中华民族传统美德教育分成优秀的道德品质、优良的民族精神、崇高的民族气节、高尚的民族情感以及良好的民族习惯5个板块有序推进，在党政机关、企事业单位、学校、社区、乡村开展传统美德教育，突出尊老爱幼、夫妻和睦、科学教子、勤俭节约、邻里互助等教育，弘扬爱国主义、集体主义思想，倡导仁爱、诚信、正直、忠诚、自强的传统美德。截至2010年，各单位、各学校累计开展良风美德教育活动80场次，受教育52.8万人次，评出最美家庭650户、尊老爱幼模范个人1.37万人；各单位围绕“互相信任、彼此忠诚、互敬互爱、同甘共苦”十六字方针，开展夫妻和睦教育，评选出“夫妻和睦家庭”1.3万户；全县各级学校成立家长学校，累计举办家庭教育培训班2960期，培训家长3.52万人次；各单位开展“节约一度电、节约一滴水、节约一张纸”活动，累计开展勤俭节约宣传教育活动80次，向群众发放宣传单24万份，各单位办公经费下降10%；县文明办累计在全县范围开展“善待他人，友好共处，建设友好邻里关系”主题教育活动20次，弘扬“互敬、互信、互助、互让、互谅”的良风美德，推进“邻里守望相助”建设。

第三十五编　人民生活

1991—2010 年，麦盖提县委、县人民政府带领全县各族人民乘着改革开放的东风，铆足干劲，大力发展各项事业，促进人民生活和保障水平不断提高。

1991 年是麦盖提县从计划经济到商品经济改革探索阶段的最后一年，完成商品经济体制的建立。1992—2002 年，麦盖提县市场经济体制框架初步建立，经济社会各项事业得到发展，其间，1994 年麦盖提叶河大桥竣工通车，彻底解决麦盖提县交通闭塞、各族人民出行难问题，1999 年乌鲁木齐至喀什市铁路开通，进一步改善交通环境，促进麦盖提县商贸物流快速发展，2001 年起，部分群众开始使用手机、“小灵通”等无线通信工具，城市居民添置高档家电、家具增多，摩托车、电动车成为年轻人喜爱的交通工具，私家小轿车逐渐进入家庭。

2003—2010 年，麦盖提县社会主义市场经济体制日趋完善，城乡经济、各项社会事业进入快速发展时期。城区 9 条主干道拓展 22.7 千米，私家车逐步发展到 705 辆；新修和改造农村公路 575 千米，实现“农村公路村村通”目标；城区街道新增绿化面积 12.4 万平方米。全县累计拥有住宅固定电话 1.26 万户（其中乡村 6315 户），拥有移动电话 7.67 万户，拥有国际互联网 4451 户。房地产业发展迅猛，沿街平房大量拆除，商住楼一栋接一栋建成，干部职工住房难有了较大改善。加强棚户区改造，建成一大批廉租房、公租房，累计搬入新居的城镇居民、农民 5198 户；坚持“三个文明”一起抓，新建刀郎文化广场、刀郎公园等一批公共设施，为城镇居民休闲、娱乐、健身搭建舒适的平台。广播电视人口覆盖率 100%，乡、村（社区）文化阵地全面改善，城乡文化活动普遍开展，各民族文化和谐交融，奠定麦盖提县各项事业不断向前发展的坚实基础。公检法、教育、文化、林业、畜牧等办公楼建成，改善了机关单位办公条件。办学条件较大改善，“普九”教育实现全覆盖，“双语”教学全面推开，“两基”教育通过国家验收，教育均衡化发展起步。三级医疗预防保健服务体系不断完善，城镇居民累计参加医疗保险 5.48 万人，农民参加新农合累计 16.62 万人，参合率 100%，群众就医难、看病贵问题得到缓解。城镇居民最低生活保障人数累计 1.21 万人，参加城镇失业保险人数累计 5824 人，参加城镇医疗保险人数累计 9554 人，参加城镇养老保险人数累计 5644 人，农村参加养老保险人数累计 9.09 万人，农村居民最低生活保障人数累计 2.01 万人。全县就业和再就业人数累计 6758 人，零就业家庭实现动态清零；农村富余劳动力转移人数累计 2.8 万人次，农村富余劳动力转移收入累计 3007 万元。截至 2010 年，全县国有职工人均年收入 2.79 万元，是 1991 年的 11.8 倍；集体单位职工人均年收入 2.21 万元，是 1991 年的 11.9 倍；城镇居民（职工）人均年支出 9007.22 元，是 1991 年的 3.5 倍。全县农民年均纯收入 4951 元，是 1991 年的 4.1 倍，人均年支出 669.71 元，是 1991 年的 2.62 倍。

第一章　城镇人民生活

第一节　职工收入与支出

一、收入

（一）国有单位职工收入情况

1991—2010 年，麦盖提县国有单位职工收入来源主要是工资。详见职工各年度人均收入及增减情况表。

1991—2010 年麦盖提县国有单位职工年均劳动报酬情况表

表 35-1-1

年度（年）	在岗人员（人）	年人均工资（元）	年人均比上年增（减）资（元）
1990	4822	2355.47	—
1991	5197	2353.90	-1.57
1992	5230	2858.37	504.47
1993	5563	3114.15	255.78
1994	6091	4386.14	1271.99
1995	6671	5180.48	794.34
1996	7055	5706.73	526.25
1997	7702	6052.58	345.85
1998	7777	7266.94	1214.36
1999	7013	8495.65	1228.71
2000	6838	10578.24	2082.59
2001	6559	11105.96	527.31
2002	6435	12927.89	1821.93
2003	6589	12877.22	-50.67
2004	6110	15778.23	2901.01
2005	6338	15592.14	-186.06
2006	6444	14346.45	-1245.69
2007	6167	21010.12	6663.67
2008	6986	21871.89	861.77
2009	7772	28054.22	6182.33
2010	8720	27886.24	-167.98

（二）集体单位职工收入情况

1991—2010 年，麦盖提县集体单位职工收入来源主要是工资。详见各年度人均收入及增减情况表。

1991—2010 年麦盖提县城镇集体单位职工年均劳动报酬情况表

表 35-1-2

年度（年）	在岗人员（人）	年人均工资（元）	年人均比上年增（减）资（元）
1990	2493	1645.17	—

续表 35-1-2

年度（年）	在岗人员（人）	年人均工资（元）	年人均比上年增（减）资（元）
1991	2517	1846.76	201.59
1992	3312	1806.52	–40.24
1993	2647	1719.68	–86.84
1994	2218	2798.02	1078.34
1995	2090	3303.35	505.33
1996	3229	3764.32	460.97
1997	2135	4363.47	599.15
1998	2775	7494.77	3131.3
1999	2345	5671.64	–1823.13
2000	2213	6615.45	943.81
2001	1716	6499.42	–116.03
2002	1096	10101.28	3601.86
2003	873	7919.82	–2181.46
2004	753	9780.88	1861.06
2005	741	10534.41	753.53
2006	768	9128.91	–1405.5
2007	718	16850.97	7722.06
2008	1373	8595.05	–8255.92
2009	205	23146.34	14551.29
2010	224	22138.39	–1007.95

（三）奖励补贴、抚恤金收入

根据自治区计生委文件精神，麦盖提县人民政府对实行计划生育的机关事业单位离退休人员一次性奖励 2000 元。

抚恤金根据《军人抚恤优待条件》规定，抚恤金标准调整为：烈士发放工资 80 个月；因公牺牲为 40 个月、病故为 20 个月。丧葬费根据自治区、地区《关于调整我区职工死亡丧葬补助标准的通知》文件，从 2004 年 7 月 1 日起重新调整丧葬补助费标准，调整为享受 2 个月自治区上年度职工平均工资。

二、支出

1991—2010 年，全县城镇居民（职工）消费支出整体上与收入增长成正比。详见各年度人均消费支出及增减情况表。

1991—2010 年麦盖提县城镇居民（职工）社会商品消费支出情况表

表 35-1-3

年度（年）	居民数（人）	消费额（万元）	人均消费（元）	人均消费比上年增减数（元）
1990	23924	3884	1623.47	—
1991	24983	6527	2612.58	989.11
1992	25989	8130	3128.25	515.67
1993	27004	8189	3032.51	−95.74
1994	27915	11382	4077.38	1044.87
1995	29215	8971	3070.68	−1006.7
1996	29896	9045	3025.49	−45.19
1997	30506	7744	2538.52	−486.97
1998	30504	12263	4020.13	1481.61
1999	30512	9558	3132.54	−887.59
2000	25116	8803	3504.94	381.4
2001	27147	7707	2838.99	−665.95
2002	27753	7547	2719.35	−119.64
2003	27986	8388	2997.21	277.86
2004	28663	7970	2780.59	−216.62
2005	29736	10174	3421.44	640.85
2006	29707	13263	4464.6	1043.16
2007	30706	16546	5388.52	923.92
2008	32023	22727	7097.09	1708.57
2009	32588	27253	8362.89	1265.8
2010	35345	31836	9007.22	644.32

第二节　衣食住行和生活用品

1991—1995 年，职工平均每年人均收入 2294.87 元，消费不高。在衣着方面，具备四季服装，但服装款式、色彩比较单一，面料以化纤、混纺为主，部分职工有毛料、呢料、皮质服装，民族妇女喜欢穿绸、缎裙，少数人有高档裘皮衣帽；低挡皮鞋、皮靴比较普遍。在饮食方面，除了米、面、油、水果比较充足，肉、蛋、奶、蔬菜供应不足，价格偏高，摄入量有限。在春节、古尔邦节期间饮食最为丰富。民族居民日常以馕、拉面为主，少数家庭经常去餐馆用餐。在住房方面，还没有进入商品房时代，职工都住单位福利房，土木结构住房居多，砖木、砖混结构住房较少，面积在40 ~ 60平方不等，人均不到20平方米。在出行方面，设有短途、长途客运班车，长途客运班车可直达乌鲁木齐市。职工家庭有1 ~ 3辆自行车，部分家庭购买了摩托车，少数家庭购买了小轿车，开始有职工外出旅游。在生活用品方面，职工家庭家具齐全，新式组合家具很普遍，彩电、洗衣机、录音机、电风扇、缝纫机齐全，液化气、电饭锅、冰箱、固定电话、录放机、照相机、功放音响设备、VCD开始普及。少数民族职工家庭生活用品略显简单，主要是对新生事物的接受能力不强，经济不宽裕所致。

1996—2000年，职工平均每年人均收入7620.03元，比前5年平均增加5325.16元，收入增幅较大，刺激了消费水平提高。在衣着方面，具备多套四季服装，服装款式、色彩丰富起来，开始有人追求时尚，穿毛料、呢料、皮质服装比较普遍，民族妇女对绸、缎裙仍旧比较钟爱，穿戴高档裘皮衣帽的妇女占40%，进口服装进入人们视线，购买者为数不少；各种款式、档次皮靴、皮鞋、凉鞋应有尽有，都能消费得起。在饮食方面，米、面、油、水果充足有余，肉、蛋、奶、蔬菜摄入量比前5年大大增加，汉族居民日常餐桌与春节、古尔邦节期间饮食差别不大，一日三餐，追求色香味俱全，荤素搭配；民族居民日常饮食依然少不了馕、拉面、抓饭，这是生活习惯所致；餐馆、酒店菜品丰富，炒菜、燕馍、花卷、抓饭、烩面、包子、烤包子（帕尔木丁）、薄皮包子、清炖羊烤肉、烤羊肉、烤全羊、油塔子（油花卷）、曲曲（馄饨），花样繁多，味道各异，举家用餐、朋友聚会人群众多，餐饮业生意兴隆。在住房方面，政府开始实施房改政策，对职工原住公房进行房改，由职工按照房改标准进行购买，大多数职工居住房改房，住房结构、面积没有变化。在出行方面，全面开通至乡镇线路车，职工家庭普遍购买摩托车、电瓶车，购买私家车的职工多起来，职工外出旅游逐渐成为常态。在生活用品方面，职工家庭家具多样化、时尚化，少数家庭使用太阳能热水器或电热水器洗澡，大部分家庭把VCD机更换成DVD机，背投电视开始流行，少数家庭购买手机、家用摄像机。部分少数民族职工家庭可以达到汉族职工家庭摆设水准。

2001—2005年，职工平均每年人均收入8967.16元，比前5年平均增加1347.13元，经济更显宽裕。在衣着方面，港台及欧美服装进入市场量有所增加，服装面料、款式、色彩令人眼花缭乱，上海、广州等新潮服装越来越受到各族职工，特别是青年女的喜爱；大多数民族妇女穿着跟着时代走，穿戴高档裘皮衣帽的妇女很普遍；在饮食方面，除了一日三餐必须之外，追求吃好人群大量增加，聚餐频繁，餐饮业兴隆。在住房方面，大多数职工变化不大，少数职工购买了商品房。在出行方面，职工普遍骑摩托车上下班，自行车已成为职工工作之余体育锻炼的工具；开私家车的职工不断增加，利用休假旅游已成为一种生活方式，乘坐飞机外出旅游的职工大有人在。在生活用品方面，职工家庭家具多样化、时尚化，家用摄像机、飞利浦及国产手机等用品开始普及，使用诺基亚、三星、摩托罗拉等国际名牌手机的人越来越多，年轻人MP3、MP4音乐播放器几乎人手一部，部分家庭购买了液晶电视；少数家庭开始使用台式电脑，通过互联网QQ聊天、玩游戏、购物，部分家庭使用太阳能热水器或电热水器洗澡。少数民族职工家庭现代科技生活用品比汉族职工少，接受新事物能力有一定提升，但变化不明显。

2006—2010年，职工平均每年人均收入1.59万元，比前5年平均增加7004.77元，收入增幅很大，消费水平进一步提升。在衣着方面，欧美及港台服装大量涌入市场，内地新潮服装仍是各族职工所爱，在服饰选择上呈现出追潮流、赶时髦、追星的特点，讲究品牌、名牌，以穿大牌子为荣。在饮食方面，一日三餐讲究营养，喝咖啡、品茶、享用美食已成为生活方式的一种。在住房方面，随着房地产业兴起，沿街开发建设大量商住楼、集资房、商品房，房价较低，商住楼约500元/平方米，一套房子6万元左右；集资房每套10万元左右；商品房每套12～20万元。大部分职工和部分城镇居民购买商住楼、集资房、商品房，部分职工购买2套，住房装修很普遍，城镇职工居住条件有了大的改善。第一批廉租房、公租房建设竣工，部分低收入职工、困难居民率先入住；廉租房、公租房后续建设按计划推进，城镇居住条件改善实现全覆盖指日可待。在出行方面，私家车满地跑，开私家车上下班人群增多，电动摩托车悄然兴起，逐渐成为出行的主要交通工具，休假旅游乘坐飞机已不成问题。在生活用品方面，家家都有台式电脑，部分家庭还拥有笔记本电脑，普遍使用互联网QQ聊天、玩游戏、购物，普遍使用太阳能热水器或电热水器洗澡。苹果、三星等智能手机在国内市场出现，少数职工购买使用，通过手机上网购物、聊QQ、玩游戏，液晶电视在职工及部分居民家庭普及。

第三节　通　信

1991年，麦盖提县通信业务属于县邮电局，通信基础设施、基础手段较落后。1996年后，电信业务加大投入，全县实现电话交换程控化，传输数字化。1998年，随着麦盖提县经济社会的发展，人们在日常生活、工作中对通信的需求越来越大，国家为满足人们对通信的需求以及适应社会主义市场经济的要求，邮政、电信两大领域各自分营，业务也进行分离，移动从电信析出。2000年，联通从邮政析出，至此麦盖提县通信业形成电信、移动、联通相互竞争的格局。通信事业的大发展，改变了人们沟通交流方式，从1991年传输速率低的传统函件、电报，到1994年的无线寻呼，再到1999年8月2G基站在麦盖提建立，实现手机上网零的突破，再到2009年3G牌照的发放，麦盖提县正式跨入智能手机3G互联网时代，通信业为麦盖提县经济社会健康发展提供保障，人民群众生产、生活更加便捷。

截至2010年，电信局完成县城市话管道、户线小区建设20个，完成1240交换机2000线硬件安装扩容工程建设，实现全县范围内的交换程控化、传输数字化；城镇开通小灵通基站47个，发展小灵通用户6058户；完成县城CDMA基站建设15个；发展城镇互联网用户4451户。移动公司在县城建有3G基站1个、2G基站207个。联通公司在县城有营业网点13个，2G基站14个、3G基站4个。全县市话用户1.35万户，比1991年增加1.31万户，增长97.04%；移动电话用户7.67万户，比1997年增加7.66万户，增长99.91%；电信业务总收入3900万元，比2004年增加2880万元，增长73.85%。

第四节　储　蓄

麦盖提县城镇储蓄人群主要是各单位的职工，居民农民存款所占份额有限。

1991年，城镇居民储蓄存款余额为1.75亿元，其中职工存款1.13亿元。

1995年，城镇居民储蓄存款余额为3.66亿元，其中职工存款1.3亿元。城镇居民储蓄存款余额比1991年增加2.09亿元，增长119.43%；职工存款比1991年增加0.17亿元，增长15.04%。

2000年，城镇居民储蓄存款余额为6.35亿元，其中职工存款2.33亿元。城镇居民储蓄存款余额比1995年增加2.69亿元，增长75.3%；职工存款比1995年增加1.03亿元，增长79.23%。

2005年，城镇居民储蓄存款余额11.43亿元，其中职工存款3.78亿元。城镇居民储蓄存款余额比2000年增加5.08亿元，增长80%；职工存款比2000年增加1.45亿元，增长62.23%。

2010年，城镇居民储蓄存款余额27.05亿元，其中职工存款6.75亿元。城镇居民储蓄存款余额比2005年增加15.62亿元，增长136.66%；职工存款比2005年增加2.97亿元，增长78.57%。

1991—2010年麦盖提职工存款情况表

表35-1-4

年份（年）	储蓄存款余额（元）	职工存款金额数（人）	职工存款年度增减数（元）
1991	17478.8	11300	—
1992	21647.4	11800	500
1993	24435.6	12300	500
1994	29335.9	12900	600
1995	36625	13000	100
1996	44493	14100	1100
1997	55867	15500	1400
1998	60244	17500	2000
1999	51396	20100	2600
2000	63465	23300	3200
2001	74963	26800	3500
2002	90247	31500	4700
2003	100211	34500	3000
2004	109007	38900	4400
2005	114325	37800	-1100
2006	126535	25800	-12000
2007	155109	38300	12500
2008	172271	47100	8800
2009	195811	54700	7600
2010	270543	67500	12800

第二章　农牧区人民生活

第一节　农牧民收入与支出

一、收入

1991—2010 年，麦盖提县农民收入主要依赖棉花种植、林果业、畜牧业、蔬菜种植、富余劳动力转移等。详见各年度人均收入及增减情况表。

1991—2010 年麦盖提县农民年人均纯收入及增减情况表

表 35-2-1

年份（年）	人口数（人）	人均纯收入（元）	与上年相比增减数（元）
1990	146031	1112.00	—
1991	147846	1210.16	100.16
1992	149813	1213.20	3.04
1993	150671	1218.00	4.8
1994	153135	1430.00	212
1995	155263	1667.60	237.60
1996	157069	1594.61	–72.99
1997	161907	1761.46	166.85
1998	163823	1862.27	100.81
1999	169232	1231.00	–631.27
2000	166778	1381.00	150
2001	165358	1504.00	123
2002	167762	1719.00	215
2003	173058	1960.00	241
2004	182180	2140.00	180
2005	189593	2360.00	220
2006	192969	2604.00	244
2007	197835	2884.00	280

续表 35-2-1

年份（年）	人口数（人）	人均纯收入（元）	与上年相比增减数（元）
2008	203949	3591.00	707
2009	207692	4320.00	729
2010	219826	4951.00	631

二、支出

1991—2010 年，全县农村居民生活消费支出整体上与收入增长成正比。详见各年度人均消费支出及增减情况表。

1991—2010 年麦盖提县乡村居民社会商品消费支出情况表

表 35-2-2

年度（年）	居民数（人）	消费额（万元）	人均消费（元）	人均消费比上年增减数（元）
1990	146031	2435	166.75	—
1991	147846	3775	255.3	88.55
1992	149813	5065	338.09	82.79
1993	150671	7545	500.76	162.67
1994	153135	5251	342.9	-157.86
1995	155263	6150	396.1	53.2
1996	157069	8216	523.08	126.98
1997	161907	9885	610.54	87.46
2001	165358	2291	138.55	-471.99
2002	167762	3302	196.83	58.28
2003	173058	3769	217.79	20.96
2004	182180	4992	274	56.23
2005	189593	5354	282.39	8.39
2006	192969	6038	312.9	30.51
2007	197835	6814	344.43	31.53
2008	203949	9805	480.76	136.33
2009	207692	12203	587.55	106.79
2010	219826	14722	669.71	82.16

第二节 衣食住行与生活用品

一、衣

1991—1999年，随着社会发展，市场也逐步繁荣起来，布料种类繁多，人们对衣料的选择比较讲究，不仅颜色要好，而且要“柔”要“挺”，显得舒适潇洒。呢绒面料多为春秋服装及冬大衣；化纤布为面、人造棉为芯的滑雪衫在青少年中流行，代替传统的布面棉花芯的棉袄。特别是进入2000年后，人们的衣着由原来的一套穿几季变成一季几套衣。随着生活水平的提高，人们的衣着观念已从过去的“御寒遮体”走向追求美观、时髦。由布衣、化纤布为主，逐步走向毛料、皮草兼顾。衣着支出变化由购买材料自己加工，逐步过渡到购买成品服装。

1991—1999年，人们穿的鞋袜以手工布鞋和加工粗糙、笨重的皮鞋为主，为了耐穿，在鞋底打鞋掌。2000年后，有皮面牛筋底耐穿耐磨的旅游鞋，妇女由平跟鞋改为高跟鞋，冬季穿漂亮又保暖的高腰靴子。妇幼胶鞋由单一的黑色变为五彩缤纷，并绘有花纹图案，由保暖型、适用型向漂亮、时尚型追求。

二、食

1991—2000年，农村居民日常饮食水准比较低，县、乡人民政府为改善现状，1991—1993年为农村居民打浅井水1.65万口，占农户的53%，逐步解决饮用涝坝水问题。1994年之后，麦盖提县农村加快饮水安全工程建设，全面提高农村集中式供水受益人口比例。至2010年，农村集中式供水人口比例提高到55%，农村生活饮用水水质卫生监测覆盖率60%。

1991—2000年，农户主食有小麦粉，辅以大米，主要食用棉籽油；一日三餐以馕、拉面、汤面为主，抓饭不常见。2001—2010年，农村居民生活水平逐步改善，人均粮食年消费量为110千克、肉食品消费量80千克。

三、住

1991—2000年，农村群众大部分居住土木结构平房，居住砖木、砖混结构房较少。从2004年实施抗震安居和安居富民工程后，农民群众居住条件逐步改善。至2010年，农民住房改造3.25万套，完成计划任务的94.39%。

1991年以来，县委、县人民政府在农村倡导“一户一厕”，卫生部门和乡镇利用爱国卫生月积极宣传“一户一厕”的好处，逐步推进“一户一厕”工程。截至2010年，全县农村“一户一厕”率达94.6%。

1991—2000年，麦盖提县农村家庭没有大宗家具，大部分农家就是用几个箱子和炕头的大柜子放置被褥和衣物。2001—2010年，农民家庭摆设变化比较大，部分农户家庭也有大立柜、梳妆台、沙发等时尚家具。

四、行

1991—2000年，县城至各乡通上了柏油路，村级道路均为土路，农村交通比较落后。居民交通工具主要以毛驴车、自行车为主，出行相对不便。2001—2005年，村级完成油路20千米、砂石路159千米。毛驴车基本被淘汰，自行车比较普遍，摩托车数量不断增加，电动车开始进入农村，农民出行大有改善。

2005年10月1日，麦盖提县城乡公交公司成立，购进中巴车32辆投放到县城至各乡（镇）。2006年年底，全县9个乡、1个镇、3个农林场和38个行政村通上了公交车。2007年，县境内班车线路达到 12 条，县城至各乡班次、频次增加。2008 年，全县 9 个乡农村客运班线和农村公交线路全部实行循环发班，增加频次，群众出行更加便捷。

五、用

1991—2010 年，农村居民取暖、做饭主要使用柴火、煤。1991—1994 年，麦盖提县电力供应能力有限，农民家庭照明使用煤油灯或清油灯。1995 年后，电力公司供电覆盖到农村，农户逐步用上了电，一些电器如电风扇、电视机、录音机等进入农户家庭。进入 21 世纪后，国家实行农网改造，电价实行同网同价，农户家庭照明用具与城镇无异。2000 年后，农户家庭拥有洗衣机、VCD、DVD 等，开始使用固定和移动电话。至 2010 年，少数农民家庭开始拥有冰箱、空调、音响、电脑（2006 年普及率 2%、2009 年增长 1.5%、2010 年增长 1.7%。）、太阳能热水器（电热水器）、电饭煲、网络电视等家用电器。

第三节　通　信

一、电信

1991—1998 年，各乡设邮电所，通信业务未与邮政业务分开。1993 年，电信局改造央塔克乡、尕孜库勒乡、克孜勒阿瓦提乡的农话中继线路。1995 年，央塔克乡安装 04PM 型 256 门数字程控电话交换机 1 部，架设室外铁塔天线 10 米；吐曼塔勒乡安装 O4PM256 门数字程控电话交换机 1 部，架设室外铁塔天线 36 米；库尔玛乡安装 HJD—O4G128 门数字程控电话交换机 1 部，架设室外铁塔天线 36 米；克孜勒阿瓦提乡安装 HJD—04G256 门数字程控电话交换机 1 部，架设室外铁塔天线 36 米；尕孜库勒乡安装 HJD—04G128 门数字程控电话 1 部，架设室外塔天线 32 米。

1999 年，各乡设电信所，与邮政分家。是年，希依提墩乡 128 门远端用户单元扩容至 256 门；吐曼塔勒乡 256 门远端用户单元扩容至 384 门；尕孜库勒乡 128 门远端用户单元扩容至 256 门；克孜勒阿瓦提乡 256 门远端用户单元扩容至 384 门。新建库木库萨尔乡程控交换点 256 门交换机；新建昂格特勒克乡 128 门交换机，全县 12 个农话交换网点全部实现交换程控化、传输数字化。

2006 年，电信建小灵通基 7 个站，对 10 个乡镇中兴 9210—数据设备（ADSL）进行扩容。是年，开通库木库萨尔乡、昂格特勒克乡 ADSL 宽带业务。

2007 年，红光农场、央塔克乡、克孜勒阿瓦提乡、库木库萨尔乡、昂格特勒克乡、园艺场 6 个接入网点营业厅及机房建成，完成喀什地区本地网郊县环二的 DWDM 改造工程，实施全县接入网传输层的结构优化和升级。

2008 年，完成希依提墩乡和克孜勒阿瓦提乡的 450D 基站工程。

2009 年，开通希依提墩乡英也尔村、尕孜库勒乡先拜巴扎村 2 个 CDMA 基站。

截至 2010 年，中国电信辖乡镇场分支机构 9 个，分别为希依提墩电信客户服务部、央塔克电信客户服务部、吐曼塔勒电信客户服务部、尕孜库勒电信客户服务部、克孜勒阿瓦提电信客户服务部、库木库萨尔电信客户服务部、昂格特勒克电信客户服务部、库尔玛电信客户服务部、红光农场电信客户服务部。

二、移动

1991—2004 年，移动公司没有开通农村业务。2005 年，中国移动开始在农村开展“村村通”工程，喀什移动公司麦盖提县营业部成立。2006—2010 年，各乡（镇）场先后建成 2G 基站 69 个。麦盖提镇、巴扎结米乡、希依提墩乡、央塔克乡、吐曼塔勒乡、克孜勒阿瓦提乡、库木库萨尔乡、昂格特勒克乡、库尔玛乡等移动电话业务先后开通。

三、联通

1991—1999年，联通公司未成立。2000年，正式从邮政析出，成立联通公司，建成2G基站1座。截至2010年，联通公司建乡级营业网点9个，建2G基站9个、3G基站6个。

第三章　人民生活调查

第一节　2010年综合情况调查

一、人口增长情况

2010年，麦盖提县人口出生率21.76‰，较2005年年均增长1.59%，人口自然增长率12.42‰。

二、城乡人民收支情况

2010年，城镇在岗职人均收入2.79万元，比2005年增长79.35%；集体单位在岗职工收入2.21万元，比2005年增长110.47%；农村居民人均纯收入4951元，比2005年增长109.78%。城镇居民（职工）年人均支出9000元，比2005年增长164.7%；农民人均支出700元，比2005年增长133.33%。

三、社会保障情况

2010年，全县有社会敬老院10个、儿童福利院1个，床位240张。全县参加城镇养老保险5644人，较2005年年均增长14.60%；参加城镇医疗保险9554人，较2005年年均增长2.6%；参加城镇失业保险5824人，较2005年年均增长1.98%。全县参加新型农村合作医疗16.62万人，较2005年增长37.22%；参加农村养老保险9.08万人，较2005年增长93倍。全县城镇居民最低生活保障1.21万人，较2005年增长41.7%；农村居民最低生活保障2.01万人，较2005年增长21倍。

四、就业情况

2010年，全县实现就业再就业5032人，比2005年增加2664人，增长率112.5%；职业技能培训1.27万人。农村富余劳动力转移2.8万人，较2005年年均增长26.69%，收入3007万元，较2005年年均增长33.03%。城镇登记失业人员629人，失业率3.43%，低于地区下达的指标数。

五、社会事业发展情况

2010年，小学学龄儿童入学率99.69%，比2005年提高0.04个百分点；初中升学率51%，比2005年提高20个百分点。全县广播人口覆盖率100%，比2005年提高12.4个百分点；电视人口覆盖率100%，比2005年提高1.7个百分点。卫生技术人员528人，比2005年增加32人，增长率6.45%。其中医师233人，比2005年增加52人，增长率64.2%；护士250人，比2005年增加141人，增长率129.36%；卫生防疫人员45人，增长率100%。县境内公路里程903.88千米。拥有民用汽车2310辆，比2009年增加301辆，增长率15.06%。邮电业务总量4058万元，比2005年增加2606万元，增长率179.48%。拥有移动电话7.98万户，比2005年增加5.14万户，增长率180.56%；拥有互联网4451户，比2005年增加4041户，增长9.86倍。

六、调查结论

以上调查数据基本涵盖麦盖提县人民生活的各个方面。数据客观真实地反映了麦盖提县经过改革开放20年的发展，人民生活不断得到改善，寻常百姓的日子过得越来越好。

第二节 问题分析

1991—2010年，麦盖提县经济社会各项事业取得显著成就，人民生活水平年年有所提升。但是，在调查中也发现一些问题。

一、经济收入普遍较低

2001年以来，国家和地方政府出台的一系列惠民举措给麦盖提县的民生带来新的变化。在麦盖提县，低保覆盖率已经达到前所未有的程度；学生上学基本不用花钱、农村孩子从3岁开始就能免费享受到双语教育；教师享受阳光工资，并拥有了更多的进修机会：产妇顺产不用缴费，大病小病都有医疗保障：60岁以上老人每个月可以领取国家发放的保障金。村民们忧虑的不是穿衣吃饭，而是如何提高现金收入，改善生活，让孩子接受更高层次的教育。横向比，与全疆、全国的发展差距仍然较大。

（一）贫困面积较大，贫困人口较多。麦盖提县属于贫困县，贫困面较大，贫困人口较多，部分村贫困程度较深。农户收入较低，大多数农村居民收入依靠农牧业，收入来源单一，加上人均拥有土地面积有限，增收乏术，人们生活普遍维持在温饱水平。

（二）收入增长慢，物价涨幅过快。基层反映最强烈的是工资收入过低。例如，某乡干部月收入1200元，不到浙江退休工人养老金的1/2；以新疆各地州公务员“阳光津贴”为例，乌鲁木齐市干部每年2.1万元，其他补助也不减，而麦盖提县处级干部到7000元、科级干部5000元、科员3000元，其他补助没有。尽管低保标准调高，但是低保家庭却感到生活水平有所下降，主要原因是物价上涨过快，除了面粉以外，各种食品、基本日用消费品都有大幅度上涨。以当地居民常用消费的一些食品为例，羊肉价格50～60元/千克、青椒10元/千克、芹菜7元/千克、洋葱4.5元/千克。

（三）农业人口劳动力转移难度大。2008年前，农村经济一直都是麦盖提县的主要产业，农业投入主要以劳动力为主，缺乏大规模资金，附加值有限，经济规模小。

（四）少数民族大学生和中专生就业机会少。由于受制经济结构单一的局限，大中专毕业生就业去向单一，比较理想的取向只有两条，一个是考公务员，另一个是当教师。在选择专业时，一些家长要求子女读管理或者读师范专业，原因是好就业。

（五）内地投资拉动当地就业效果不明显。尽管有不少到麦盖提投资的内地企业，但可能因语言和文化习惯等原因，这些内地企业更倾向于招收本地汉族员工，对本地劳动力的吸纳能力有限，本地劳动力多数只能从事重体力劳动，劳动强度大、工资待遇低。

二、教育发展环境有待改善

财政预算内教育投入逐年提高，贫困学生助学体系进一步完善。2006—2010年，县财政预算内教育事业费拨款逐年增长，保证教育投入总量逐年增长趋势。调查中发现，乡镇及以下的基础教育硬件设施虽然达到，但是仍然存在很多问题，首要问题是教师待遇低，教师月基本工资1200～1300元，加上阳光工资800～1040元，共收入2300元左右。乡村一级小学、中学教师月收入2000元左右，学前双语教师月收入只有500元左右，物价飞涨，生活成本提高飞快，2000元工资已经很难满足日常开支，一些额外任务加重教师负担，致使中小学教师比较短缺。

三、社保机制有待完善

（一）低保标准较低，低保覆盖力度不够。低保标准是按照当地物价的实际最低消费标准进行设定的，把生存线标准作为生活线标准，不仅没有考虑到肉、蛋、奶等营养食品消费，甚至都没有最基本的蔬菜消费，如此标准的制定必然使低保金额仅仅维持生存，而距离“有尊严的生活”标准很远。

（二）监督机制不完善。尽管配合低保政策的出台，政府制定低保款项落实保障制度，建立健全财务规章制度，规定款项每季度第一个月发放到位，由社区、乡镇报账员发放，不得由民政员发放，要求加强对低保资金的管理和监督，确保专款专用。然而，在落实过程中却仍然存在问题。

（三）办理程序烦琐。医保方面存在的问题主要是申请和报销程序烦琐。例如：如果村民要申请医疗救助，则要经过四个步骤，而在第一步“申请”程序中，要在住院3日内向本人户籍所在地村、居委会提出救助申请，并填写城乡医疗救助金申请、审批表一式4份。同时，提供低保证、五保证、优抚证、城镇居民基本医疗保险证、新型农牧区合作医疗证、县级以上定点医疗机构诊断证明或病史资料等相关证明。

第三十六编　人　物

1991—2010年，麦盖提县委、县人民政府，在上级党委的正确领导下，带领各族刀郎儿女战天斗地，艰苦奋斗，锐意改革，开拓进取，致力于麦盖提县政治、经济、社会各项事业、生态环境建设，取得令人瞩目的成就。在建设“美好麦盖提”的实践中，各行各业涌现出大批先进人物，他们以实际行动践行社会主义荣辱观，争先创优，无私奉献，以榜样的力量，不断引领全县各族人民为麦盖提更加美好的明天贡献力量。

第一章　人物传

吾斯曼·卡德尔，男，维吾尔族，1960年6月出生，新疆麦盖提县人。中共党员，自1982年起担任麦盖提镇英巴扎居委会调解员、治保主任。

1991—1995年间，先后调解各类纠纷273起，协助公安机关抓获罪犯28人次、抓获赌徒76人次、破获刑事案件13起，清缴赃款、赃物价值达5.6万元。单独抓获盗窃犯11人，帮教“两劳”人员和失足青年60多人。1995年7月6日凌晨，在调解一起家庭纠纷时遇害身亡，牺牲时年仅35岁。

吾斯曼·卡德尔牺牲后，司法部追认他为“全国模范人民调解员”，自治区人民政府追认他为“革命烈士”。喀什地委、行署在全地区开展向吾斯曼·卡德尔学习活动。

吾斯曼·卡德尔曾获县级“优秀团支部书记”称号，10次被评为县级“先进工作者”，3次被评为县级“民族团结模范”，2次被评为县级“优秀共产党员”和县“综合治理先进个人”，连续4届当选为镇人大代表。他在调解、治保工作岗位上，无限忠于党，热爱各族群众，识大体，顾大局，讲团结，无私奉献，临危不惧，把做好人民调解工作和维护社会稳定当作自己的神圣职责，把自己的人生追求和全部精力倾注于调解、治保事业之中，用鲜血和赤诚谱写了保护群众利益、维护社会稳定的共产党人的时代正气歌。

第二章　人物简介

一、阿布都外力·买买提（全国先进工作者）

阿布都外力·买买提，男，维吾尔族，1948年11月出生，新疆麦盖提县人，1966年参加工作，1975年加入中国共产党。1976—2007年，一直担任麦盖提县第一小学校长兼书记。该校素质教育、艺术教育走在全区前列，受到地区、自治区、国家教育主管部门的高度评价。1998年被评为“自治区优秀教育工作者”。1999年，被自治区教委评为“自治区优秀校长”；6月，出席第三次全国教育大会，受到党和国家及自治区领导亲切接见。2000年5月，被国务院评为“全国先进工作者”，赴北京参加了“五一”观礼活动；7月，被自治区教委评为“特级教师”。2001年9月，获教育部“全国教育系统先进工作者”称号。

二、贺永祥（全国民族团结进步模范个人）

贺永祥，男，汉族，1947年出生于陕西榆林，中共党员。1967年，风华正茂的贺永祥从榆林农校毕业，响应国家号召到新疆工作。贺永祥从20岁进疆开始，30年间，他先后任麦盖提县商业局秘书、石油公司经理、商业局副局长、劳动人事局副局长、昂格特勒克乡党委书记、常务副县长等职。1999年4月，贺永祥被自治区人民政府授予“十佳公仆”称号；9月，被国务院授予“全国民族团结进步先进个人”称号。

三、玉素甫·塔西（全国优秀教师）

玉素甫·塔西，男，维吾尔族，1966年10月出生于新疆疏勒县，中共党员。1987年，毕业于喀什师范学院，被分配到麦盖提县吐曼塔勒乡中学任教。1989年，调整到央塔克乡中学任教。1995年调入麦盖提县第一中学任教，并担任教务主任。2009年，调到尕孜库勒乡中学担任校长。2002年9月，被评为地区“三育人”先进个人;12月，被评为自治区“青少年科技活动优秀组织者”。2004年，被国务院评为“全国优秀教师”。

四、曾坚（全国优秀教师）

曾坚，女，汉族，广东揭西人，1959年9月生，中共党员，大专学历。1977年高中毕业后留校任教，先后担任麦盖提县第二中学教师、教务副主任、副校长、党支部书记。在30年教学生涯中，她曾担任数学、政治、英语、音乐、体育、化学等学科教学工作。1995年，被教育部评为“全国优秀教师”。1998年7月，被评为地区级专业技术先进工作者。2001年，被评为县级“专业技术拔尖人才”，并被聘为麦盖提县科协顾问。2004年，被自治区人民政府评为“特级教师”。

五、裴承裕（自治区‘两基’工作先进个人）

裴承裕，男，汉族，1955年1月生，甘肃省山丹县花寨乡人。1985年加入中国共产党。从1989年起，先后被选为麦盖提县第五届、第六届、第七届、第八届、第九届县委委员。1993年，担任县第二中学副校长。1998年2月，被任命为麦盖提县教育系统党委书记，兼县人民政府教育督导室主任。2003年起，担任县人大常委会副主任，兼县教育系统党委书记、县人民政府教育督导室主任。1987年、1992年，先后被喀什地区教委评为“喀什地区优秀教师”。1993年，被麦盖提县委、县人民政府评为“麦盖提县首批科技拔尖人才”，享受特殊津贴。1999年，被喀什地委组织部评为“喀什地区优秀党务工作者”。2004年，被喀什地区教育工委、教育局评为“喀什地区先进教育工作者”。2010年，被自治区人民政府评为“自治区‘两基’工作先进个人”。

六、牟君梅（自治区特级教师）

牟君梅，女，汉族，四川人，1963年生，大专学历。1981—1986年，在新疆生产建设兵团第三师43团小学任教。1987年起，调入麦盖提县第二小学任教。1998年，被共青团喀什地区委员会评为“喀什地区十佳辅导员”。2004年，被自治区人民政府评为“特级教师”。

七、阿提古·亚森（自治区特级教师）

阿提古·亚森，女，维吾尔族，1975年5月生，新疆麦盖提县人。于1993年，从喀什师范学校毕业后到麦盖提县第一小学担任音乐教师。自2002年后，先后当选为麦盖提县第十届、自治区第十一届人大代表，第十三届、十四届县人大代表及人大常委会委员。2009年9月，调入县教育局工作，担任团委副书记。1995年10月，在喀什地区教育处举办的音乐教师专业技能大赛中，获第一名。2001年，在喀什地区教育处小学音乐教师技能大赛中，获“教学基本功一等奖”。2005年，在教育部举办的全国农村学校艺术教育实验县（市）青年教师优秀录像课评选活动中，获小学音乐课二等奖。2009年，被自治区人民政府评为“特级教师”。

八、秦立军（山东优秀援疆教师）

秦立军，男，汉族，1964年12月生，山东省新泰人。1980年参加工作，1986年加入中国共产党，大学本科毕业，援疆前系山东泰安新泰四中高级教师，兼教导处主任。2002年8月，到麦盖提县第二中学开展支教工作，系第四批山东援疆教师，兼教研室主任、教研组长、高三年级组长。2003年，被喀什地区教育工委评为“喀什地区优秀教师”“优秀共产党员”。

九、马善金（山东优秀援疆教师）

马善金，男，汉族，1965 年 2 月生，1986 年参加工作。2002 年 8 月，到麦盖提县第二中学开展支教工作，系第四批山东援疆教师。到麦盖提县二中后，承担高三语文教学任务，兼文科班班主任。2004 年，被喀什地区教育工委评为“喀什地区优秀教师”。

第三章　人物表

麦盖提县获国家级荣誉称号人物一览表

表 36-3-1

姓　名	性别	籍贯	民族	出生年月	职　务	何年授何荣誉
贺永祥	男	陕西	汉族	1947	县委常委、常务副县长	1999 年，获国务院“全国民族团结进步模范个人”称号
阿布都外力·买买提	男	新疆	维吾尔族	1948.11	第一小学校长	2000 年，获国务院“全国先进工作者”称号，赴北京参加“五一”观礼活动
玉素甫·塔西	男	新疆	维吾尔族	1966.10	第一中学校长助理	2004 年，获国务院“全国优秀教师”称号

麦盖提县获部级荣誉称号人物一览表

表 36-3-2

姓　名	性别	籍贯	民族	出生年月	职　务	何年授何荣誉
吾斯曼·卡德尔	男	新疆	维吾尔族	1960.6	麦盖提镇英巴扎居委会调解主任	1995 年，司法部追认“全国模范人民调解员”
曾　坚	女	广东	汉族族	1959.9	第二中学党支部书记	1995 年，获教育部“全国优秀教师”称号
阿布都外力·买买提	男	新疆	维吾尔族	1948.11	第一小学校长	2001 年 9 月，获教育部“全国教育系统先进工作者”称号

麦盖提县获自治区级荣誉称号人物一览表

表 36-3-3

姓　名	性别	籍贯	民族	出生年月	职　务	何年授何荣誉
吾斯曼·卡德尔	男	新疆	维吾尔族	1960.6	麦盖提镇英巴扎居委会调解主任	1995 年，自治区人民政府追认“革命烈士”
胡长山	男	甘肃	汉族	1953.5	库尔玛乡红光农场党支部书记	1995 年，自治区劳动模范
贺永祥	男	陕西	汉族	1947	县委常委、常务副县长	1999 年，自治区“十佳公仆”
陈正伟	男	甘肃	汉族	1945.6	修造厂车间主任	2000 年，自治区劳动模范
吾不力·艾依提	男	新疆	维吾尔族	1953.7	库尔玛乡恰斯村党支部书记	2005 年，自治区劳动模范
布买热木·买合苏木	女	新疆	维吾尔族	1966.6	克孜勒阿瓦提乡奥依巴格村	2010 年，自治区劳动模范

麦盖提县受自治区表彰的优秀党员、优秀党务工作者一览表

表 36-3-4

姓名	性别	民族	出生年月	入党时间	现所在单位及职务	获表彰年份（年）	荣誉称号
陆守均	男	汉族	1936.1	1961.9	时任县农机公司经理	1993	自治区优秀共产党员
吐拉甫·沙地克	男	维吾尔族	不详	不详	时任克孜勒阿瓦提乡色日克坤村党支部书记	1994	自治区优秀共产党员
申友志	男	汉族	1949.10	1972.07	时任尕孜库勒乡副乡长兼先拜巴扎村党支部书记	2001	自治区优秀共产党员
布买热木·买合苏提	女	维吾尔族	1975.5	2000.7	时任克孜勒阿瓦提乡奥依巴格村支部副书记	2004	自治区优秀共产党员

麦盖提县教育系统受自治区表彰人物一览表

表 36-3-5

姓　名	性别	族别	出生年月	工作单位	职务	荣誉称号	授予单位	授予时间
阿不都外力·买买提	男	维吾尔族	1948.11	第一小学	校长	特级教师	自治区人民政府	2000.7
吾斯曼·买买提	男	维吾尔族	1961.7	希依提墩乡中学	教务副主任	特级教师	自治区人民政府	2005.3
曾　坚	女	汉族	1959.9	第二中学	党支部书记	特级教师	自治区人民政府	2005.3
牟君梅	女	汉族	1963.2	第二小学	教师	特级教师	自治区人民政府	2005.3
古扎拜尔·买买提	女	维吾尔族	1964.6	第一小学	副校长	特级教师	自治区人民政府	2005.3
阿提古·亚森	女	维吾尔族	1975.5	第一小学	教师	特级教师	自治区人民政府	2009.5
玉素甫·塔西	男	维吾尔族	1966.10	第一中学	校长助理	特级教师	自治区人民政府	2009.5
萨艾提·祖农	女	维吾尔族	1954.3	克孜勒阿瓦提乡中学	教师	特级教师	自治区人民政府	2009.5
裴承裕	男	汉族	1955.1	教育系统	党委书记	“两基”工作先进个人	自治区人民政府	2010.2
吾布力卡斯木·司地克	男	维吾尔族	1973.9	教育局	基教股副股长	“两基”工作先进个人	自治区人民政府	2010.2
买买提·古甫尔	男	维吾尔族	1964.3	克孜勒阿瓦提乡中学	校长	“两基”工作先进个人	自治区人民政府	2010.2

麦盖提县离休干部一览表

表 36-3-6

序号	姓名	性别	族别	籍贯	出生年月	工作时间	入党时间	离休时间	备注
1	武根虎	男	汉族	山西灵石县	1916.8	1936.3	1941.2	1980.1	去世
2	郝　宝	男	汉族	甘肃武都县	1927.7	1947.1	1949.3	1982.1	去世
3	肉孜·库万	男	维吾尔族	新疆巴楚县	1918.6	1949.9	—	1982.4	去世
4	宋益山	男	汉族	河南虞城县	1911	1949.7	1950.3	1982.4	去世
5	陈绍林	男	汉族	四川安岳县	1921	1947.4	1948.8	1982.5	去世
6	邢志安	男	汉族	陕西汉中市	1921.10	1948.11	1949.9	1982.6	去世

续表 36-3-6

序号	姓名	性别	族别	籍贯	出生年月	工作时间	入党时间	离休时间	备注
7	赵兴才	男	汉族	四川彭泽县	1920	1949.9	—	1982.8	去世
8	刘育英	男	汉族	甘肃天水市	1927.12	1949.9	—	1982.8	去世
9	胡芳林	男	汉族	陕西城固县	1906.4	1948.3	1949	1982.8	去世
10	孙柏森	男	汉族	陕西长安县	1912	1948.3	1949.6	1982.8	去世
11	李贵春	男	汉族	吉林永吉县	1923.12	1945.11	1946.3	1982.8	去世
12	吴治海	男	汉族	陕西渭南市	1923.5	1949.5	—	1982.11	去世
13	姚永福	男	汉族	陕西阴县	1929	1947.3	—	1983.1	去世
14	王义先	男	汉族	四川巴中县	1922	1947.1	—	1983.1	去世
15	何维民	男	汉族	甘肃临洮县	1924	1949.8	1947.1	1983.1	去世
16	张金楼	男	汉族	河北宁津县	1919	1947.1	1947.1	1983.1	去世
17	王岩金	女	汉族	山东莒南县	1928	1949.1	1947.9	1983.1	去世
18	赵登成	男	汉族	甘肃酒泉市	1922.12	1949.9	—	1983.11	去世
19	艾则孜·色买提	男	柯尔克孜族	新疆阿克陶县	1923	1949.9	1960.2	1983.12	去世
20	玉素甫·吾斯曼	男	维吾尔族	新疆麦盖提县	1921.3	1949.9	—	1983.12	去世
21	王如新	男	汉族	新疆莎车县	1920	1949.9	—	1983.2	去世
22	杨在林	男	汉族	甘肃酒泉市	1924.11	1949.9	—	1983.3	去世
23	王兴明	男	汉族	山东商河县	1927.12	1947.2	1948.2	1983.3	去世
24	王清云	男	汉族	陕西蓝田县	1923	1949.6	1959.1	1983.4	去世
25	袁忠民	男	汉族	河南西平县	1923	1949.2	1973.5	1983.4	去世
26	艾来顺	男	维吾尔族	新疆疏勒县	1922.9	1949.9	—	1983.5	去世
27	苏春枝	男	汉族	陕西洋县	1922	1949.4	1949.1	1983.6	去世
28	赵生祥	男	汉族	甘肃武都县	1911	1936.6	1938	1983.6	去世
29	罗金山	男	汉族	河南卢氏县	1914.7	1947.1	1947.8	1983.6	去世
30	梅跃江	男	汉族	陕西山阳县	1923.1	1948.3	1948.1	1983.6	去世
31	吴桂荣	男	汉族	陕西镇巴县	1924.1	1947.3	1947.6	1983.6	去世
32	宋崇民	男	汉族	河南商丘市	1914.9	1947.12	1948.11	1983.7	去世
33	李景贤	男	汉族	河南商丘市	1927.7	1948.3	1949.5	1983.7	去世
34	李明亮	男	汉族	山西离石县	1920	1945.6	1946.4	1983.8	去世
35	李晓甫	男	汉族	河南许昌市	1921.11	1948.8	1948.12	1983.8	去世
36	钟子岐	男	汉族	广东梅县	1928.2	1949.5	1956.8	1984.1	去世
37	郝继昌	男	汉族	山东菏泽市	1932.5	1949.9	—	1984.2	健在
38	刘宗友	男	汉族	陕西南郑县	1926.11	1948.1	1956.6	1984.5	去世
39	彭怀旺	男	汉族	陕西榆林市	1929	1947.9	1949	1984.6	去世
40	郭连贵	男	汉族	河南新乡县	1926.11	1940.1	1945.5	1984.6	去世
41	梁　权	男	汉族	广东连州市	1927.9	1949.6	—	1984.6	去世
42	郭芳亭	男	汉族	河南郸城县	1925	1948.8	—	1985.11	去世

续表 36-3-6

序号	姓名	性别	族别	籍贯	出生年月	工作时间	入党时间	离休时间	备注
43	闫成美	男	汉族	辽宁省复县	1926.1	1948.1	1949.7	1985.2	去世
44	李振山	男	汉族	陕西西安市	1926	1949.9	—	1985.3	去世
45	卢国江	男	汉族	辽宁建昌县	1926.2	1948.11	—	1985.3	去世
46	韩凤山	男	汉族	山西汾阳县	1930	1946.9	1948.6	1985.5	去世
47	王树学	女	汉族	河北抚宁县	1921.2	1949.9	—	1985.5	去世
48	汪克顿	男	汉族	甘肃武山县	1929	1949.8	—	1985.6	去世
49	梁国昌	男	汉族	广东三水县	1928.12	1948.7	1957.2	1985.6	去世
50	杨长发	男	汉族	四川南部县	1926	1949.9	1951	1985.9	去世
51	陈景德	男	汉族	四川光安县	1930.7	1949.9	—	1986.6	去世
52	赵洪成	男	汉族	山东莒南县	1930.6	1946.6	1949.6	1986.8	去世
53	臧纪元	男	汉族	河北静海县	1923.1	1949.1	1949.1	1987.11	去世
54	刘运章	男	汉族	河北武强县	1921	1948.4	1949	1987.4	去世
55	买合苏提·玉素甫	男	维吾尔族	新疆麦盖提	1926.4	1949.9	—	1987.8	去世
56	王忠义	男	汉族	山西侯马县	1926.3	1948.1	1949.3	1987.8	健在
57	吐建新	男	维吾尔族	新疆英吉沙县	1930.3	1949.9	—	1988.1	去世
58	聂华洋	男	汉族	湖北广水市	1930.9	1949.6	1980.9	1988.3	去世
59	凤元仪	男	汉族	安徽广德县	1930.12	1949.5	—	1988.3	去世
60	张德成	男	汉族	四川南部县	1927	1948.3	1949.5	1988.4	去世
61	刘进桢	男	汉族	山东平度县	1929.8	1949.4	—	1988.6	去世
62	刘绍全	男	汉族	陕西吴堡县	1929.12	1941.3	1948.12	1989.1	去世
63	张文升	男	汉族	山东鲁县	1927.11	1947.6	1948.1	1989.7	去世
64	王德政	男	汉族	内蒙察右旗	1928	1949.1	1949	1990.4	去世
65	赵献珪	男	汉族	甘肃漳县	1931	1949.7	1956.6	1992.1	去世
66	冯志礼	男	汉族	山西吉县	1932.2	1947.9	1948.12	1992.11	健在
67	王栓成	男	汉族	河南修武县	1933.11	1945.6	1956.9	1992.12	去世
68	张上一	男	汉族	甘肃天水市	1929.2	1949.08	1986.11	1992.2	去世
69	杨效兰	女	汉族	甘肃临洮县	1934.3	1949.7	1986.11	1992.3	去世
70	林和清	男	汉族	四川岳池县	1930.12	1949.6	—	1992.4	去世
71	张敏	男	汉族	四川成都市	1928.6	1948.3	1948.12	1992.4	去世
72	柴春茂	男	汉族	山西洪洞县	1928.6	1945.3	1947.8	1992.4	去世
73	葛发胤	男	汉族	陕西西乡县	1928.9	1949.1	1949.11	1992.9	去世
74	牛叶义	男	汉族	山东惠民县	1927.1	1948.11	1951.1	1993.3	去世
75	于国兰	女	汉族	山东烟台市	1936.6	1949.1	—	1993.8	健在
76	郭芳亭	男	汉族	四川旺沧县	1929.12	1947.1	1949.3	1994.7	去世
77	孙华山	男	汉族	甘肃酒泉市	1932.12	1949.9	1962.9	1994.8	去世
78	方玉山	男	汉族	安徽颍上县	1934.12	1949.2	1954.6	1999.6	去世

附　录

一、大事记（2011—2019年）

2011年1月

12—14日，日照港集团公司一行7人到麦盖提县对新规划工业园、物流园、养殖基地、刀郎羊良种场进行考察；在县委三楼会议室召开座谈会，日照援疆指挥部就日照港有关项目与麦盖提县委、县政府进行座谈对接，县委书记王胜平、日照援疆指挥部总指挥孟青等参会。

24日，县委召开四大班子领导联席会议。传达学习地区国防动员委员会第十次会议及自治区政法工作等会议精神。会议强调，要加强国防和人民武装工作，建强总部，建好、管好、用好民兵预备役队伍，形成县乡村三级保障。会议要求，县四大班子领导和全县各级党政要紧紧围绕“到‘十二五’末农民人均纯收入达到1万元，‘十二五’期间GDP要按25%的增速增长”的奋斗目标，进一步细化分解工作任务，把发展任务分解化，把稳定任务责任化，全力推进麦盖提县跨越式发展和长治久安目标任务的实现。要着力抓好土地承发包管理工作，将土地承发包作为各级党政党风廉政建设责任的重要内容，联系乡镇的县级领导要切实履行对所联系乡的督查和指导责任，及时深入所联系乡开展调研，进一步完善农村土地的承发包管理制度，确保乡村两级的公共积累田能公开、公平、公正的承发包。会议听取有关领导关于对3个拟开发建设项目合法性、合理性、可行性、可控性等方面风险评估汇报。会议研究决定，通过招商引资引进民间资本，对3个市场进行开发建设。

31日，县委四大班子有关领导及县直有关单位领导，前往第三师前进水库管理处、四十五团、四十六团、南疆军区后勤基地走访慰问，就进一步加强交流合作，推动麦盖提区域经济跨越式发展和长治久安与走访慰问单位主要领导进行座谈。

2011年3月

8—11日，日照市领导带领日照市经贸代表团一行11人赴麦盖提县开展产业援疆活动，考察投资环境，洽谈合作事宜。考察结束后，3月10日与麦盖提县签订合作项目6个，合同总金额12.1亿元。其中，棉纺加工项目4个，合同金额10亿元，建设规模为25万锭纺纱；羊毛精深加工项目1个，合同金额1.5亿元，建设规模2000吨；农副产品深加工项目1个，合同金额6000万元，建设规模1万吨。

20日，县四大班子领导、日照城乡规划研究院、县财政、国土、水利、交通、城建、电力、巴扎结米乡、希依提墩乡等单位主要负责人对城西工业园区、南网大道规划进行专题研究讨论，会议要求，由城建、交通、水利等相关部门紧密配合日照城乡规划研究院，进一步做好规划的修订、完善工作。

27日，自治区人防办、地区人防办领导来麦盖提，在县委四楼会议室就“刀郎·财富”商业地下街项目开发进行签约，并到项目开工现场参加开工仪式。

2011年4月

18日，自治区党委书记张春贤一行到麦盖提县考察调研，张春贤提出5点要求：一是一定要牢固树立执政为民的理念。二是牢固树立群众观念，充分尊重群众意愿。三是根据自治区党委“民生建设年”的要求，要狠抓民生建设，把好事办好。四是要重视社会管理创新工作，还要重视社会管理的理论创新。五是重视意识形态领域的创新工作。

2011 年 5 月

15 日，县委召开县四大班子领导周例会。会议审阅、讨论并通过东威集团关于麦盖提县东威·锦绣华城的发展规划。会议要求，各联系乡（镇）的四大班子领导要深入联系点，指导督促各乡（镇）重点抓好农业生产管理、农产品销售、防洪、安居富民四项工作。

22 日，县委召开县四大班子领导周例会。经会议研究决定，由县财政对往年节余的项目资金进行调整使用，先行筹集 1000 万元用于建设南网大道工程项目的实施。

2011 年 6 月

7—10 日，自治区党委巡视二组到麦盖提县巡视检查工作，7 日，在县迎宾馆二楼会议室召开巡视组工作见面会，与县委、县政府班子成员及县人大、县政协主要领导谈话；8 日，前往麦盖提县尕孜库勒乡麦迪尼帕合特勒克村等地点座谈查看；9 日，在县迎宾馆二楼会议室听取麦盖提县近 3 年来重点项目实施情况汇报，并前往两个重点项目建设现场实地查看。

17—18 日，山东省委领导及自治区、地区领导一行到麦盖提县，对城西工业园、五征集团万亩现代农业示范园和喀克夏勒新农村建设情况、亚胡木丹村安居富民工程、山东援建刀郎中学进行考察。县委主要领导、日照市对口支援麦盖提县工作指挥部领导陪同。

25—27 日，日照市代表团一行 39 人到麦盖提县考察，举行日照援助麦盖提县的轮椅捐赠和山东五征集团捐赠希依提墩乡 10 辆垃圾清运车捐赠仪式。县四大班子相关领导、日照援疆工作指挥部成员陪同。27 日上午在县迎宾馆二楼会议室举行日照市产业援疆签约仪式，麦盖提县人民政府分别与日照中大机械有限公司、日照双洪港机械电子有限公司签订果脯加工、健身器材出口加工、装配基地农业机械加工项目。

2011 年 7 月

8—9 日，中国南方电网领导一行抵达麦盖提县考察南方电网援建项目；在巴扎结米乡恰木古鲁克村举行南方电网援建机电井竣工投产仪式；在县实验中学举行南方电网援建县实验中学教学楼竣工暨“双语”教育奖励资金捐助交接仪式。

28 日上午，县委召开县四大班子会议暨招商引资领导小组全体成员会议，专题研究通过县人民政府与山东龙马重工集团有限公司关于共同打造“刀郎文化暨沙漠风光旅游产业带”、麦盖提县城市西区综合体开发建设项目之战略合作框架协议书。

2011 年 9 月

5—8 日，召开中国共产党麦盖提县第十次代表大会。

16—21 日，麦盖提县组成 31 人党政代表团前往阿克苏市、轮台县、若羌县、民丰县、和田县、皮山县考察，学习纺织企业管理经验以及红枣（核桃）收购、加工、销售的好经验。

2011 年 10 月

14 日，麦盖提县与新疆电视台在县文化广场联合拍摄刀郎红枣麦西莱甫专题片，县四大班子领导、县直各单位干部职工 3000 余名参加拍摄活动。

19 日晚，县委召开县四大班子领导周例会。会议指出，红枣产业是麦盖提县到 2015 年实现农民人均纯收入过 1 万元的富民支柱产业。会议强调，做好今年的枣子销售工作要进一步加强组织领导，充分发挥销售协会作用，确定 10 月 25 日为统一打枣、开称日。研究决定对枣农实行奖励政策，枣农每卖 1 千克混级枣奖 1 元钱专用肥，枣农每卖 1 千克一级枣奖 3 元钱专用肥，枣农每卖 1 千克特级枣奖 5 元钱专用肥，奖励肥枣农可自行选择。

27 日，县委召开县四大班子会议，就全县红枣采摘、交售工作进行专题研究和安排部署。会议强调，红枣兴则农民兴，红枣兴则产业兴，红枣稳则民心稳，全县各级党政领导要坚定信念，切实加强红枣交售、收购各个环节的宣传、教育和引导工作，引导农民坚定发展红枣产业信心，引导企业认清红枣市场形势，正确对待红枣的收购工作，确保红枣有序交售，确保企业盈利、农民得实惠。

2012 年 1 月

1 日，中共麦盖提县委十届二次全委（扩大）会议在县会议中心召开，县委书记王胜平作题为《变化变革　敢于担当　务求实效　奋力推进麦盖提县跨越式发展和长治久安》的报告。

29 日，县委召开四大班子例会。研究通过刀郎文化旅游园区总体规划、南网大道绿化方案；听取第八届村委会换届、15 件民生实事进展情况。对 15 件实事再次明确第一责任人、具体责任人；对英买里路、刀郎路、民生路西延伸，以便与 S310 省道高速贯通进行研究部署。

2012 年 3 月

13 日，麦盖提县召开全县干部大会，地委组织部宣布文福来任中共麦盖提县委书记的决定，地委书记作重要讲话，文福来作表态发言。县四大班子领导、各乡镇党委书记、乡镇长、县直各单位党政主要负责人参加会议。

14 日，县委在迎宾馆二楼会议室召开科技副县长、兵团挂职干部任免宣布会议，宣布 4 人的职务任命决定。

16 日下午，县委召开县农业生产现场会总结会，县委书记文福来提出抓好现场会安排各项工作措施的落实；开拓创新，提升农业生产水平；加快民生工程建设进度等工作要求，县政府相关领导、各乡党委书记、乡长、农口各单位主要负责人参加会议。

19—21 日，麦盖提举办迎新春刀郎文化大展演欢庆诺鲁孜活动，县委书记文福来代表县委、县人民政府向全县各族人民致以节日的问候和美好的祝愿，会上宣读关于命名《县级非物质文化遗产代表性传承人》的决定，向 26 名民间艺人颁发证书和礼品。

25 日上午，麦盖提县第十五届人民代表大会第二次会议开幕。会议听取《政府工作报告》《2011 年国民经济和社会发展计划执行情况与 2012 年计划草案的报告》《2011 年地方财政预算执行情况和 2012 年地方财政预算草案的报告》。不是人大代表的县四大班子领导、政协麦盖提县十三届委员会委员及各部门负责人列席会议。

2012 年 4 月

29 日，县委召开县四大班子会议。听取英买里路西延、民生路西延、刀郎路西延工程和文化路改造的工作进展情况。会议决定，5 月在全县范围内开展一次解放思想大讨论活动，活动方案由县委宣传部、组织部进一步细化，确定 5 月 3 日召开全县解放思想大讨论活动动员大会。

2012 年 5 月

22 日，县委召开县四大班子领导会议。听取四大班子领导所分管工作及有关工作情况的汇报，对稳定、城市经济、农业农村、“解放思想、更新观念、促进发展、确保稳定”大学习、大讨论、大提高活动、万名干部赴基层、第 31 个民族团结教育月活动进行安排部署。

2012 年 7 月

2—3 日，“第四届中国新疆国际旅游摄影节暨第五届玛纳斯文化旅游节”摄影团赴麦盖提县，参观库木库萨尔乡农民画，刀郎文化广场“千人盛装刀郎麦西莱甫”歌舞表演活动，并前往巴扎结米乡库台勒克村参观民族庭院，了解民族文化、生产、生活情况。

2012 年 8 月

17 日下午，地区召开“五五”普法总结表彰暨“六五”普法动员电视电话会议，麦盖提县被评为全国“五五”普法先进县，县委书记文福来代表麦盖提县作典型发言。

2012 年 9 月

9 日，麦盖提县召开“五五”普法总结表彰暨“六五”普法动员大会、县委文化工作会议、生态环境保护工作会议、庆祝第 28 个教师节暨表彰大会。县四大班子领导，检法两院主要领导，各乡（镇）党委书记、乡（镇）长及宣传干事，农林场、县直机关、人民团体、企事业单位、驻麦各单位党政主要领导参加会议。

26 日，县委召开贯彻落实基层组织建设年推进会。与会人员对尕孜库勒乡帕合特勒克村服务群众和克亚克勒克乌依村组织活动场所建设，巴扎结米乡亚胡木旦村深化村级民主政治建设，希依提墩乡喀克夏勒村建立村企联建工作制度、发挥村党支部在维护社会稳定、促进发展、增加农民收入中的战斗堡垒作用等工作进行观摩。观摩结束后，在县委党校四楼报告厅进行总结，就如何进一步推进农村基层组织工作建设提出要切实增强抓基层、打基础、固根基的责任感和使命感；深入推进万名干部赴基层转变作风服务群众活动；紧紧围绕“六个有”目标任务，全面提升基层组织建设水平。

2012 年 10 月

19 日，县委在迎宾馆二楼会议室举行麦盖提・中国国际城市主题文化设计院签约仪式。签约仪式上，县委书记文福来详细介绍麦盖提县丰富的旅游资源及享誉世界的刀郎文化。仪式上，以县委、县政府的名义聘请国家发改委调研员姜鸿树、中国国际城市主题文化设计院院长付宝华等 8 名为中国刀郎文化策划实施、投资运营、传播推广等方面的首席顾问，并向其颁发聘任书。县人民政府与中国国际城市主题文化设计院签订地域主题文化战略策划协议。

2012 年 11 月

19 日，麦盖提县启动“万人培训、万人就业”民生工程。全县用 5 个月时间完成 1.2 万人的培训目标，实现就近就地转移就业 9000 人以上。

2013 年 1 月

10 日上午，中国人民政治协商会议麦盖提县第十三届委员会第三次会议在县实验中学会议室开幕。

11 日上午，麦盖提县第十五届人民代表大会第三次会议在县会议中心开幕。县人民政府县长向大会作《政府工作报告》。《报告》全面回顾 2012 年度各方面工作都取得的新进展、新突破、新成效，提出 2013 年政府工作的基本思路、经济社会发展主要预期目标和任务措施。

2013 年 3 月

14—31 日，全县各级领导干部职工、各乡（镇）农民群众，积极投身春季防风固沙生态林建设，完成 9000 亩植树造林任务。

15 日上午，麦盖提县有关县领导第三师四十六团、前进水库的有关领导在县委三楼会议室召开会议，就麦盖提县与第三师四十六团、前进水库管理处因 10 万亩防风固沙生态林基地建设所发生的土地争议等有关事宜进行沟通交流。

2013 年 4 月

11 日，县委召开会议，传达学习地委主要领导在叶河流域五县调研时的讲话精神，并对当前重点工作进行安排。

2013 年 5 月

10 日，麦盖提县邀请上海清河文化传播有限公司董事长、博士费滨海在县会议中心举办精心打造刀郎文化旅游产业系列讲座，县直单位副科级以上干部参加，旨在打造精品刀郎文化旅游线路、开拓刀郎文化旅游产业发展空间。讲座结束后，上海清河文化传播有限公司董事长、博士费滨海、新疆全景旅游规划研究院院长高波被麦盖提县聘为刀郎文化旅游发展首席顾问，并长期致力于保护、传承、弘扬刀郎文化和旅游景区的打造提升工作。

27 日，央视《乡村大世界》栏目组走进喀什地区麦盖提县，录制的节目展示了麦盖提县刀郎民间艺术、特色农副产品和独特的维吾尔族风情。

2013 年 6 月

18 日 20 时许，麦盖提县遭遇历史罕见的特大冰雹袭击，给人民群众生产生活和财产安全造成重大损失。灾情发生后，县四大班子领导及时赶赴一线，察查灾情，慰问受灾农户，指导开展自救工作。

2013 年 7 月

13 日，麦盖提县“刀郎乡里”“刀郎画乡”开园。喀什地委、地区行署、山东省援疆指挥部、自治区政协教科文卫体委员会、地区人大工委、喀什日报社、地区科技局、地区经信委、地区文体局（新闻出版局）以及县委四大班子领导、日照市援疆指挥部、驻麦团场、喀什监狱、地区各大旅行社负责人、“刀郎乡里”旅游景区投资商、河南商会成员、县直各单位、各乡（镇）负责人以及新闻媒体记者参加。

2013 年 8 月

3 日，麦盖提县成立十万亩防风固沙生态林基地建设工程指挥部，注册成立麦盖提县刀郎林业发展有限责任公司，从县林业局账户划拨 500 万元作为注册资金。

7 日，麦盖提县召开全县城市道路交通环境集中整治工作动员大会，县城市道路交通环境集中整治工作领导小组成员和交警大队、工商局、城管大队等单位工作人员参加会议。

21 日，县委召开县四大班子领导联席会议，研究畜牧局提交《关于加快现代畜牧业发展的意见》《关于发展现代畜牧业的扶持政策》和招投标、政府采购工作事宜，成立县招投标（政府采购）工作领导小组。明确规定凡项目建设资金在 30 万元以上的必须进行招投标，政府采购的范围和金额严格按照喀什地区政府集中采购有关要求执行，严格遵守相关法律法规。

2013 年 9 月

9 日，麦盖提县召开第 29 个教师节庆祝表彰大会。县委书记文福来等四大班子领导参加会议，县委书记文福来作重要讲话。会上对 10 名“优秀校长”、20 名“优秀班主任”、70 名“优秀教师”予以表彰。

16 日，麦盖提县刀郎乡里、刀郎画乡和刀郎文化广场被评为国家 AAA 级旅游景区。

17 日，麦盖提县首个以塔克拉玛干沙漠探险为题材的纪念馆建成开业。

21 日，县委召开四大班子领导联席会议，会议研究通过《麦盖提县关于进一步加强宣传文化队伍建设的实施方案》，对近期重点工作进行安排部署。

28 日，麦盖提县“庆国庆、颂祖国”文艺会演拉开帷幕。14 支代表队的 2000 多名干部职工参加。文艺会演以“唱响红歌经典、共建魅力麦盖提”为主题，由县委宣传部、县总工会、妇联、文化体育广播影视局主办。

28—29 日，全国人大常委会原副委员长司马义・铁力瓦尔地一行，在地区人大领导和县委书记文福来等陪同下，对刀郎文化旅游业的发展、刀郎文化产业园的建设、红枣产业发展等情况进行调研，并与老干部、劳动模范座谈。

2013 年 10 月

3 日，县委召开四大班子领导会议，会议研究 2013 年度农业用水水费征收标准，综合水价指标为 31.36 元 / 千立方米；对公共积累田超定额标准用水量采用累计加价征收水费制度，全县 24.04 万亩乡村公共积累田超定额累计加价水费为 812.46 万元，水费计征标准在综合水价指标 31.36 元 / 千立方的基础上加收 33.8 元 / 亩；2013 年度实际征收水费总额 4042.16 万元。为鼓励农民实施高效节水工程的积极性，对农民 30 年承包地实施高效节水种植棉花地块减免 50% 水费，其余 50% 的水费均摊到该乡其他常规农作物水费中。

12 日，县委书记文福来带领麦盖提县党政代表团一行赴日照学习考察，推进山东对口援麦工作，学习日照市的先进经验，对接产业援疆项目。

27—29 日，喀什地区以现代文化引领文化强区建设现场会在麦盖提县召开，自治区党委宣传部、喀什地委、行署领导、地直相关部门领导，各县市分管宣传、教育、文体、旅游等工作的县领导，县四大班子领导、各单位党政主要领导，疆内外媒体记者共 500 余人参加会议。与会人员实地观摩县文化广场、央塔克乡“刀郎乡里”景区、县第一小学校园文化建设、刀郎文化创意产业园、库木库萨尔乡库木库都克村农家书屋、库木库萨尔乡“刀郎画乡”景区、尕孜库勒乡文化站、尕孜库勒乡加拉墩村文化阵地，并在县会议中心召开座谈会。麦盖提、英吉沙、泽普、塔什库尔干、伽师、叶城和喀什市帕哈太克里乡分别作交流发言。

2013 年 11 月

28 日，新疆卫视大型走基层综艺节目《掀起你的盖头来—走进麦盖提》栏目组到麦盖提县“刀郎画乡”拍摄。

2013 年 12 月

9 日上午，县委召开县四大班子领导联席会议，会议听取重点工作汇报，对高标准抓好农田水利基本建设和防风固沙生态林基地建设、开展职业技能培训、对上争取项目资金工作、规范建筑市场秩序等重点工作进行安排部署。

2014 年 1 月

3—4 日上午，麦盖提县召开中共麦盖提县委十届四次全委（扩大）会议。县四大班子领导、法检两院主要领导、县直单位、乡（镇）、村（社区）代表、企业代表、离退休干部代表共 341 人参加会议。会议全面总结 2013 年度工作，明确 2014 年工作总体要求、工作思路和奋斗目标，确定实施“十大工程”和“十五件民生实事”，对工作实绩突出的 2 个先进乡镇、5 个先进单位、3 个文化旅游建设先进单位、3 个生态文明建设先进单位、5 个优秀企业、14 个先进村（社区）、19 个红枣种植示范户、10 个核桃种植示范户、2 个养殖示范大户、10 个刀郎羊养殖示范户、11 个环境卫生达标示范户及 20 个弘扬刀郎文化先进个人予以表彰。

4 日下午，县委召开县四大班子领导联席会议，集中学习《党政机关厉行节约反对浪费条例》和《党政机关国内公务接待管理规定》，要求各级党政领导干部要不折不扣推动《条例》《规定》全面贯彻落实。会议决定成立教育工作、村财乡管村用工作调研组，利用一周时间开展调研。各乡（镇）按照“连续担任村党支部书记 5 年以上或累计担任村支部书记 10 年以上、连续 3 年考核优秀、年龄 50 岁以下、初中以上文化程度”的标准，各推选 1 名优秀村党支部书记，按照公务员的待遇标准聘为县级财政供养的公务员，一聘 3 年，连续两次通过聘用考核的，终身享受公务员待遇。

7 日上午，县委召开常委会议，专题研究 2014 年塔克拉玛干沙漠生态长廊建设工程有关事宜。会议要求认真做好塔克拉玛干沙漠生态长廊春、秋两季植树造林的准备工作，确保 2014 年春季造林 2.24 万亩，秋季造林 2.1 万亩。

13 日，县委召开县四大班子领导会议，听取各口分管工作县领导关于县委十届四次全委（扩大）

会议确定的“十大工程”和“十五件民生实事”的实施方案及责任分解方案，村财乡管村用、教育工作调研组调研情况汇报，对有关事宜进行研究和安排部署。决定新建规划一路、规划二路，新建绿化休闲广场。

14日，新疆电视台2014年春晚短片摄制组走进麦盖提，拍摄千人麦西莱甫场景及反映汉族、维吾尔族等民俗民风、刀郎民俗文化的外景小现场短片，以点带面反映新疆民生建设以及民族融合的和谐生活。新疆电视台2014年春晚确定在全疆设3个小现场，南疆片区现场拍摄点设在麦盖提县。

2014年2月

20日上午，麦盖提县在会议中心召开各级干部深入基层“访民情惠民生聚民心”活动动员大会，县四大班子领导、检法两院领导、各乡（镇）党委书记、农林场负责人、县直各单位党政主要负责人、各住村工作组组长参加会议。会上，县委书记文福来作动员讲话。

21日，麦盖提县召开2014年民生工程暨重点项目推进会，会议主要任务是贯彻落实地委扩大会议和县委十届四次全委（扩大）会议精神以及喀什地区民生工程暨重点项目启动会精神，研究部署麦盖提县民生工程和重点项目建设任务，扎实推进民生工程和重点项目建设顺利实施。

2014年3月

3日，麦盖提县95个“访民情、惠民生、聚民心”工作组全部驻村开展工作。

11日上午，麦盖提县召开党的群众路线教育实践活动动员会，在全地区率先启动活动。自治区第六督导组、地区第七督导组全体成员到会督导，地区领导及地区驻各县市督导组副组长、县市教育实践活动领导小组办公室副主任莅临观摩。

18日，麦盖提县开通公共微信平台“圆梦麦盖提”，传播社会正能量。

19日，麦盖提县举办庆祝诺鲁孜系列活动。县委书记文福来在启动仪式上致辞。麦盖提县第三次全国经济普查文化产业核查认定工作全部结束，经初步核查汇总统计，全县有文化及相关产业个体经营户124个（不含兵团，下同）；有文化单位36个，其中法人13个、产业活动单位23个。

29日，自治区党委常委肖开提·依明在麦盖提县主持召开党的群众路线教育实践活动座谈会，自治区第六督导组领导、地委领导、地区第七督导组领导、县四大班子领导参加会议。县委书记文福来汇报群教活动开展以来的工作情况，肖开提·依明、自治区第六督导组领导分别作重要讲话。

2014年4月

3日，为深入扎实推进“访民情、惠民生、聚民心”活动，麦盖提县召开各级干部深入基层“访民情惠民生聚民心”活动座谈会，会议主要任务是认真学习贯彻3月23日自治区党委书记张春贤在莎车县喀群乡14名驻村工作组组长座谈会上的重要讲话和常委肖开提·依明在听取麦盖提县党的群众路线教育实践活动情况汇报后的重要讲话精神，交流“访民情、惠民生、聚民心”活动一个月来取得的经验，分析问题，安排部署下一个阶段的工作任务，力促“访民情、惠民生、聚民心”活动深入开展，取得实效。地区群众路线教育实践活动督导组成员，县四大班子领导，各乡（镇）党委书记、农林场负责人，县直各单位1名主要负责人，自治区、地区和县直单位住村工作组组长，县群众路线教育实践活动督导组副组长，县群众路线教育实践活动“访民情惠民生聚民心”活动领导小组办公室全体成员参加会议。

4—6日，麦盖提县四大班子领导深入各自联系点开展为期3天的调研活动，诚心诚意听取群众的意见建议，真心实意为群众办实事解难事。共征求到有价值的意见建议22条，为群众办实事、解难事9件，形成高质量的调研报告31篇。

11日，麦盖提县召开全面深化改革工作协调会，对《中共新疆维吾尔自治区委员会贯彻落实

〈中共中央关于全面深化改革若干重大问题决定〉的实施意见》提出的17类75项全面深化改革内容，进行明确责任、细化分工。

24日，麦盖提县组织县级领导及乡（镇）、县直单位主要负责人赴喀什监狱接受警示教育，通过在押人员现身说法，教育引导领导干部自觉加强党性修养和品德修养，树立正确的世界观、人生观、价值观。

28日，县委召开县四大班子领导联席会议，听取分管领导关于当前各项工作进展情况的汇报，对麦盖提县开展党的群众路线教育实践活动和“访民情惠民生聚民心”活动进行专题研究部署，地区群教活动第七督导领导出席会议，就麦盖提县开展好群教活动和“访惠聚”活动提出指导性意见。

2014年5月

8日，麦盖提县召开第33个民族团结教育月活动动员大会，对新形势下加强民族团结工作进行动员部署。此次民族团结教育月活动以“民族团结　从我做起”为主题。

17日，“塔克拉玛干的婚礼”集体婚礼首场活动在麦盖提县刀郎文化广场举行。此活动系2014年新疆网络文化节下乡活动的启动项目，新疆电视台现场直播婚礼盛况。自治区党委、地委、县四大班子领导参加99对新人的集体婚礼，县委书记文福来在婚礼现场致辞。

29日，麦盖提举办“情系刀郎、大爱无疆”爱心捐赠仪式，广东元邦集团、广州胜特科技公司、广州莎德钢琴制造公司、青岛基诺生物科技公司、青岛澳瑞公司、昆仑银行乌鲁木齐市分行等企业和山东师范大学，为县青少年活动中心和少工委捐赠数码琴、书包、校服、文具等物资，折合资金100余万元。

2014年6月

11—13日，新疆电视台《现代文化引领美好生活》直播特别节目（汉、维、哈语3个频道），连续3天对麦盖提县刀郎木卡姆和刀郎麦西莱甫、刀郎农民画、刀郎羊比赛等进行直播，向全国观众展示“刀郎文化”独特魅力和麦盖提县以现代文化引领各族群众幸福生活的美好画面。

12日，麦盖提县委班子民主生活会在县迎宾馆二楼会议室召开，县委书记文福来首先代表班子进行对照检查。14名常委依次进行对照检查，开展批评与自我批评。自治区党委常委肖开提·依明作重要讲话，自治区副主席、自治区第十督导组组长吉尔拉·衣沙木丁作点评讲话，地委领导就贯彻落实肖开提·依明常委重要讲话精神提出具体要求，县委书记文福来代表县委班子作表态发言。自治区第十督导组、自治区政协、自治区纪委、地委、地区第七督导组领导等人出席专题民主生活会。县人大、政府班子主要负责人列席会议。

19—21日，麦盖提县在县委党校、实验中学举办入党积极分子集中培训班，全县292名入党积极分子参加培训。此次培训由县委组织部主办，分为民汉两个培训班。

2014年7月

“七一”建党节期间，全县各级党组织开展“重温入党誓词”主题教育活动，广大党员面对鲜红的党旗，表达为党的事业奋斗终生的决心和愿望。

9日下午至10日上午，县委召开县委十届五次全委（扩大）会议，结合麦盖提县实际，对麦盖提社会稳定和长治久安工作作专题部署，动员全县广大党员干部进一步统一思想认识，进一步增强政治自觉，切实担当起维护社会稳定和长治久安的政治责任和历史使命，团结带领各族群众，努力建设团结和谐、繁荣富裕、文明进步、安居乐业的社会主义麦盖提。县四大班子领导、法检两院领导，自治区、地区和县住村工作组组长，县直各单位党政主要负责人，各乡（镇）党委书记、乡（镇）长，各村（社区）党支部书记、社区主任，离退休老干部、企业和商会代表共486人参加会议。

2014 年 8 月

14 日，县委召开 2014 年第十八次县委委员（扩大）会议，会议要求分管部门善始善终搞好群众路线教育实践活动，以强烈的忧患意识加强和改进党的建设特别是作风建设，注重建立长效机制，着力解决政治坚强和“四风”突出问题，让各族群众看到开展教育实践活动带来的新气象、新面貌、新成果。

27 日，麦盖提县举办以“加强基层党员干部道德修养”为主题的第六次思想理论大讲堂，聘请中国管理科学研究所专家为全县副科级以上领导干部授课。

同日，麦盖提百幅刀郎农民画晋京汇报展览，麦盖提被授予“中国农民画麦盖提基地”，中国农民书画研究会王旭林会长亲临会场授牌。

2014 年 9 月

11—12 日，麦盖提县与上海清河文化公司合作联合举办以“生态·环境·生命·健康”为主题的“2014 院士春秋论坛”，中国科学院的谢联辉、魏宝文、叶大年、李德仁、李崇银、杨雄里、苏国辉、樊明武 8 名中国两院院士，高校、科研机构、医学专家、企业家代表 64 人参加论坛，通过《麦盖提科学宣言》。县委书记文福来在开幕式上作题为《相聚麦盖提　共圆中国梦》的主题演讲报告。

2014 年 10 月

25 日，麦盖提县启动秋季植树造林活动，造林 2.6 万亩，投入劳力 5 万余人。

27 日，麦盖提县召开表彰民族团结进步模范集体、个人和扶贫开发工作先进单位和个人会议，表彰了模范集体 21 个、模范个人 30 人；扶贫开发先进单位 5 个、先进个人 10 个；命名了 109 个民族团结进步创建模范单位。

28 日，山东援疆“电视送农户、文化进万家”项目首发仪式在麦盖提县库木库萨尔乡举行，山东省政协领导一行带着山东省委、省人民政府的重托及山东人民的深情厚谊，为库木库萨尔乡、巴扎结米乡、希依提墩乡、央塔克乡困难群众捐赠电视机 3500 台，价值 370 万元。

2014 年 12 月

2 日，县委组织的 3 年 6 期村级后备干部培训班第一期——村党支部书记后备干部培训班开班，县委书记文福来在开班仪式上作重要讲话。每期全脱产培训 4 个月、回乡村锻炼 4 个月，确定每期培训人员 120 人。

31 日，麦盖提县举办刀郎文化产业园开园暨“外交官看世界”展、2015 祝愿世界和平撞钟活动。邀请中国前驻外大使姚培生、刘振堂、为麦盖提县作出贡献的代表、劳动模范、优秀共产党员、民族团结模范代表、老干部等 108 名嘉宾撞响和平钟，迎接 2015 年，祈愿世界和平。

2015 年 1 月

3 日，召开县委十届六次全委（扩大）会议，总结 2014 年工作，部署 2015 工作任务。会期 1 天，全县县四大班子领导，各乡（镇）、县直各单位党政主要负责人，农林场负责人，乡镇党务副书记，各级住村工作组组长，企业代表共 475 人参加会议。县委书记文福来作题为《变化变革　敢于担当　凝心聚力　攻坚克难　奋力夺取麦盖提社会稳定和长治久安的新胜利》的工作报告，对 2014 年度 4 个先进乡（镇）、31 个先进单位、18 个先进村（社区）进行表彰，宣布新选聘 12 名村党支部书记为“县聘制干部”。

31 日，召开“访民情惠民生聚民心”活动表彰动员大会，总结交流 2014 年“访惠聚”工作，表彰先进集体 13 个、先进个人 65 人，安排部署 2015 年工作任务。

2015 年 2 月

5 日，县委召开经济工作会议，总结 2014 年经济工作，分析当前经济形势，部署 2015 年重点任务，动员全县各级党政、各族干部群众主动适应经济发展新常态，坚定信心、攻坚克难，努力推动全县经济平稳健康发展。

14 日，县委召开县直机关党（工）委书记抓基层党建工作述职评议会议，要求党（工）委书记增强主业意识，切实履行好抓党建第一责任人的职责。

2015 年 3 月

20 日，“印象刀郎麦盖提”介绍说明会在北京举行。县委书记文福来，俄罗斯、乌克兰、阿塞拜疆、哈萨克斯坦、吉尔吉斯斯坦、白俄罗斯、立陶宛和摩尔多瓦等国驻华使馆代表；中国前驻外大使姚培生、刘振堂、徐贻聪、董津义、陈文照、李长华、鲍树生、仇伯华、杨世祥和上海清河文化传播有限公司董事长费滨海出席会议并观看麦盖提风光片，听取麦盖提县相关情况、麦盖提刀郎文化园及“一带一路”情况介绍。

27 日，麦盖提县城市投资发展有限公司成立，公司注册资本 1 亿元。

2015 年 4 月

7 日，麦盖提县 2014 年度新增扶贫专项项目获自治区批准。项目总投资 639 万元，主要实施畜牧养殖、庭院经济发展、刺绣机购置等 6 个项目，建成后可使 1065 户贫困户实现脱贫。

2015 年 5 月

9 日上午，县委召开会议，听取《麦盖提刀郎画乡创国家 4A 级旅游景区总体规划》工作汇报，分析查找影响和制约麦盖提县文化旅游业发展的突出问题，并就创建 AAAA 级旅游景区，加快推进文化旅游产业融合发展进行专题研究部署。会议决定，县财政筹资 200 万元用于刀郎乡里二期建设，力争 6 月底前建成投用；县财政筹资 1800 万元、县旅游局争取资金 200 万元加强资金保障，打造沙漠探险游，启动国家级沙漠公园及唐王湖湿地公园一期建设，完善刀郎画乡景区功能，积极争创国家 AAAA 级旅游景区。

12 日，县委召开第八次县委常委扩大会议，传达学习《刘云山、赵乐际同志在“三严三实”专题教育工作座谈会上的讲话》，研究讨论《麦盖提县关于在县处级以上领导干部中开展“三严三实”专题教育实施方案》。

26 日，县委召开会议，会议审议通过《麦盖提县刀郎画乡创建国家 AAAA 级旅游景区总体规划》，明确文化旅游、刀郎画乡二期和沙漠特种旅游开发建设、刀郎乡里和刀郎湖景区二期建设总负责人，要求县旅游局、央塔克乡、库木库萨尔乡和相关部门通力配合，加快推进景区建设。

28 日，麦盖提县《永恒的刀郎》精品刀郎音乐舞台剧在刀郎大剧院首演。该剧由国内文艺界领军人物与麦盖提县刀郎艺术团共同打造，总投资 500 余万元，是一台既具有新疆特色，又具有刀郎文化魅力的经典剧目。

2015 年 6 月

15 日，县委召开会议，听取新疆全景旅游规划研究院高波院长和山东日照王文昌董事长对日照“刀郎部落”“创造新疆模式探讨—日照麦盖提联手打造旅游新业态”项目可行性分析，就加快推进“文化旅游产业 + 产品销售 + 电子商务综合平台融合发展”进行专题研究部署。

24 日，日照市与麦盖提县对口援疆工作座谈会在县会议中心举行。县委书记文福来简要回顾新一轮援疆尤其第二批日照干部到达麦盖提县后援疆工作开展情况，并就做好支援工作提出继续加大对文化旅游产业发展的援助力度、加大对生态建设（风沙治理）的援助力度、加大产业援疆及专业技术人才援助培训力度 4 项建议。

30 日，县委召开庆祝中国共产党成立 94 周年暨“七一”表彰大会，对全县 30 个基层党组织、

50 名优秀共产党员、31 名优秀党务工作者进行表彰。

2015 年 7 月

24 日，CCTV—7《乡村大世界—走进麦盖提》完成第 2 季节目录制。

2015 年 8 月

1 日，麦盖提县召开软弱涣散基层党组织整顿工作座谈会，对麦盖提县软弱涣散基层党组织整顿工作进行“回头看”，找准找实问题，强化工作责任，部署下一步工作。

22—23 日，CCTV—7《乡村大世界—走进麦盖提》播出。

30—31 日，麦盖提举办以“发展·创新·融合·共生”为主题“2015 院士春秋论坛”系列活动，邀请陈冀胜、秦伯益、唐希灿、戚发轫、腾吉文、汪集暘、孙汉董、严加安、黄其励和陈鲸 10 名中国科学院和中国工程院院士参加，通过 10 名院士共同署名的《麦盖提春秋论坛共识》。

2015 年 9 月

9 日，麦盖提县召开庆祝第 31 个教师节暨表彰大会，对 50 名具有历史责任感、为人师表、立德树人、专业过硬的“四好老师”进行表彰。

10—11 日，自治区防沙治沙工作现场经验交流暨培训会议在麦盖提县召开。

2015 年 10 月

17 日，自治区文联“送欢乐、下基层”文化惠民演出活动在麦盖提县举行。

20 日，麦盖提县举办 2015 年“秋品红枣香、共诉刀郎情”第三届红枣、核桃王评选大赛。

2015 年 11 月

23 日，喀什地区“乡村百日文体活动”在麦盖提县吐曼塔勒乡文化广场正式启动。

29 日，县委召开第二十次县委常委扩大会议，对全县扶贫开发和稳定工作进行安排部署。计划实现 2016 年 25 个贫困村、2017 年 14 个贫困村全面脱贫。

2015 年 12 月

24—25 日，中共麦盖提县委十届七次全委扩大会议在县大剧院召开。县四大班子领导、法检两院领导、县直单位党政主要负责人，乡（镇）场党委书记、乡（镇）场长，村（社区）党支部书记、社区主任、住村工作组组长、企业及离退休老干部代表共 458 人参加会议。县委书记文福来作题为《凝心聚力　攻坚克难　为全面建成小康社会、推进麦盖提社会稳定和长治久安而奋斗》的工作报告，全面客观总结麦盖提县“十二五”工作，明确提出“十三五”工作的指导思想、奋斗目标、总体思路和主要任务，对 2016 年工作作出全面安排部署。会上，11 个乡（镇）场分别作表态发言，对 4 个先进乡（镇）、10 个先进单位、12 个先进村（社区）、20 名就业创业先进个人进行表彰（对表彰的先进集体和先进个人仅颁发奖牌和荣誉证书），对 11 个“九星级”、2 个“十星级”村级党组织进行授星，签订党建、计划生育、安全生产、环境保护 4 个目标管理责任书。

31 日，县委举办“迎新年”游园活动，县委政府机关、教育系统、财税金融商经系统、人事社保住建交通系统、希依提墩乡等 17 个方队进行舞蹈表演。

同日，麦盖提县在刀郎文化产业园举办迎新年祝愿世界和平撞钟仪式，共同祈愿 2016 年世界和平。

2016 年 1 月

4 日，县委召开县委常委扩大会议，传达学习《自治区党委办公厅自治区人民政府办公厅印发〈关于开展农村土地清理工作的意见〉的通知》《自治区党委办公厅关于印发〈贯彻《党委（党组）意识形态工作责任制实施办法》的实施细则〉的通知》《中共中央办公厅　国务院办公厅印发〈关于完善审计制度若干重大问题的框架意见〉及相关配套文件的通知》精神，研究召开县处级以上领导干部“三严三实”专题民主生活会，全县经济工作、扶贫开发、稳定工作、群团工作会议和“两会”等事宜。

2016 年 3 月

2 日，全县各乡（镇）场、县直各单位组织人员进入沙漠造林点植树。县四大班子领导以上率下，参与各自联系点的植树造林。

25 日，麦盖提县召开宣传思想文化工作会议，对 2015 年度 18 个先进单位、35 名先进个人进行表彰。

29 日，麦盖提县召开农业农村工作暨春季农业生产推进会，认真贯彻落实自治区党委、地委农村工作会议精神；实地观摩 5 个乡的 12 个点，县委书记文福来作重要讲话。

2016 年 4 月

17 日，县委召开麦盖提县招商引资企业协调会，专题研究招商引资企业发展中存在的问题，协调推进麦盖提宏祺纺织有限责任公司、麦盖提县丝路地毯有限公司落地建设有关事项。

18 日，自治区党委第九巡视组一行在麦盖提县开展巡视工作。

同日，国家林业局领导一行到麦盖提县实地考察调研塔克拉玛干沙漠百万亩防风固沙生态林造林基地。

28 日，麦盖提县召开“两学一做”学习教育工作会议，安排部署全县学习教育具体任务。会议传达习近平对“两学一做”学习教育的重要指示精神，县委书记文福来就开展好“两学一做”学习教育提出五点意见。

2016 年 5 月

10 日，麦盖提县举办首届旅游行业技能竞赛，全县各餐饮酒店、各乡（镇）服务站点 79 名选手参加角逐。

25 日，麦盖提县召开民族团结进步表彰命名大会，授予 30 个单位为“麦盖提县民族团结进步模范集体”称号，授予 62 人为“麦盖提县民族团结进步模范个人”称号，命名 307 个单位为麦盖提县民族团结进步创建模范单位。

2016 年 6 月

19 日，麦盖提县召开塔克拉玛干沙漠百万亩防风固沙生态林管理工作现场推进会，对管护到位、树木长势良好的 6 个乡（镇）和 8 个县直单位予以表彰奖励，分别给予每个乡（镇）10 万元和每个县直单位 2 万元治沙造林工作经费补助。

25 日，麦盖提县在第十二届中国新疆喀什·中亚南亚商品交易会上举办刀郎文化旅游暨招商推介活动，邀请国内外客商参与麦盖提县的开发和建设。

30 日，麦盖提县召开庆祝中国共产党成立 95 周年暨表彰基层党组织、优秀共产党员大会，共表彰 30 个先进党组织、65 名优秀共产党员。

2016 年 7 月

30 日，中国证监会动员 3 家爱心企业为麦盖提县捐赠 4600 万元，助力脱贫攻坚。全国人大常委会副委员长艾力更·依明巴海到麦盖提县视察调研，出席希依提墩村扶贫捐赠仪式并作重要讲话，对麦盖提县脱贫攻坚工作给予充分肯定，提出希望和要求。

2016 年 8 月

20 日，麦盖提县成功举办新疆塔克拉玛干 N39° 沙漠旅游启动仪式。该项目按照“一心、五区”

（综合服务中心和低空飞行区、沙漠竞技活动区、N39° 赛车区、水上活动区、沙漠活动区）进行功能布局，打造集沙漠探险旅游、N39° 沙漠赛事活动、沙漠休闲体验为一体的沙漠旅游目的地。填补新疆沙漠探险特种旅游的空白，形成沙漠探险游、百万亩防风固沙生态林和唐王湖湿地公园生态体验游为一体的全域旅游体系。

29 日，中共麦盖提县第十一次党员代表大会开幕。

2016 年 9 月

6 日，政协麦盖提县第十四届委员会第一次会议开幕。

7 日，麦盖提县第十六届人民代表大会第一次会议开幕。

6—12 日，麦盖提县举办以“科学・艺术・自然・和谐”为主题的“2016 院士春秋论坛”，通过 12 名院士共同署名的《麦盖提科学宣言》。

29 日，麦盖提县“电视送农户、文化进万家”电视发放仪式在巴扎结米乡举行，山东省日照市对口支援麦盖提县工作指挥部为全县 10 个乡（镇）捐赠电视 8000 台，价值 844 万元。

2016 年 10 月

2 日，麦盖提县举行“全民免费体检活动”启动仪式，推进全民健康体检工程，落实自治区党委安排部署。

5 日，麦盖提县 26 幅刀郎农民画入选第十一届中国艺术节“在希望的田野上——中国农民画精品展”。

2016 年 12 月

12 日，麦盖提县旅游局被人力资源和社会保障部、国家旅游局授予“全国旅游系统先进集体”称号。

2017 年 1 月

20 日，江苏金昇集团与麦盖提县签订 1000 万元扶贫合作框架协议。

30 日，麦盖提县各级党政主要领导赴村开展国旗下宣讲，向各族群众宣传解释喀什地委、行署取消一切无偿用工和“五严禁、五提倡”重大惠民决定。

2017 年 2 月

11 日，麦盖提县获“自治区文明县”称号。

13 日，麦盖提县在刀郎文化广场举行富余劳动力转移就业欢送会，欢送 400 名青年赴山东济南、青岛，安徽合肥、福建晋江等地务工。

15 日，县委召开第五次县委常委会议，研究选派科级干部任社区“第一书记”、选派县直单位干部到社区工作、从优秀村党组织书记中考录（招聘）乡（镇）公务员和事业编制人员等相关事宜。

2017 年 3 月

29 日，麦盖提县举行以“让沙漠披色彩　让生命更健康”为主题的植树志愿者签名、捐赠活动。

2017 年 4 月

22 日，县委召开第十一次县委常委（扩大）会议暨第六次县委理论中心组学习，学习习近平《在中央政治局第三十九次集体学习时的讲话》《在中央全面深化改革领导小组第三十三次会议上的讲话》和《中共中央办公厅、国务院办公厅印发〈关于依法治理民族事务促进民族团结的意见〉的通知》《自治区党委办公厅、自治区人民政府办公厅印发〈关于加大对口援疆支持脱贫攻坚力度的实施意见〉的通知》《自治区党委办公厅关于印发〈自治区各级党委（党组）理论学习中心组学习实施办法〉的通知》《自治区党委关于紧紧围绕社会稳定和长治久安总目标深化全面从面从严治党的意见》《自治区党委办公厅印发〈关于建立全面从严治党“七个一”工作机制的实施意见〉等四个文件的通知》《2017 年自治区脱贫攻坚工作要点》《新疆维吾尔自治区去极端化条例》等有关文件法规，学习贯彻 4 月 21 日地委扩大会议精神。

27 日，麦盖提县为 550 名富余劳动力赴其他省市务工举行欢送仪式，地委领导、地区相关部门领导、麦盖提县四大班子领导、日照市对口援疆指挥部领导、县直单位主要负责人、各乡（镇）分管负责人、就业技能大培训学员代表以及务工人员家属代表约 2000 人参加仪式。

2017 年 6 月

12 日，县委召开第十四次县委常委会议，专题研究部署脱贫攻坚工作和部分乡撤乡设镇事宜。

20 日，县委召开第十五次县委常委会议，研究通过规模较大村拆分工作事宜，安排部署近期重点工作。

29 日，麦盖提县召开庆祝中国共产党成立 96 周年暨先进基层党组织、优秀共产党员、优秀党务工作者表彰大会。

2017 年 7 月

20 日，山东省对口支援喀什地区“光明行”惠民行动在麦盖提县启动，山东大学第二附属医院眼科主任、教授张晗带领 15 人的团队为麦盖提县 60 名白内障患者实施复明手术。

26 日，麦盖提县刀郎民俗旅游一条街创业就业基地开园。

29 日，麦盖提县召开村（社区）聘请民营企业家及致富带头人任职大会，动员部署 183 名民营企业家和致富带头人到村（社区）任职。

2017 年 8 月

3 日，全国人大常委会副委员长艾力更·依明巴海与中央纪委驻中国证监会纪检组长王会民一行莅临麦盖提县调研脱贫攻坚工作并出席扶贫捐赠仪式。

31 日，麦盖提县举行“内地就读大学生山东日照援疆助学金”发放仪式，295 名大学生受益。

2017 年 9 月

2 日，麦盖提县旅游局获全国“巾帼文明岗”称号。

21 日，“山东人游喀什”旅游包机日照团赴麦盖提县，开启“寻梦丝绸之路、探秘喀什噶尔”之旅，助推麦盖提县打造旅游之城。

2017 年 10 月

13 日，麦盖提县举行 2017 年疆内普通高校贫困大学生援疆助学金发放仪式，为 948 名疆内贫困大学生累计发放助学金 284.4 万元。

27 日，县委组织第十四次县委理论中心组学习，学习中国共产党第十九届中央委员会第一次全体会议公报和习近平在中国共产党第十九次全国代表大会上所作的报告（《决胜全面建成小康社会、夺取新时代中国特色社会主义伟大胜利》）。

2018 年 1 月

11 日，县委召开中共麦盖提县委十一届四次全委（扩大）会议，县委书记文福来作题为《以习近平新时代中国特色社会主义思想为指引　聚焦总目标　打好攻坚战　努力开创麦盖提全面建成小康社会新局面》的报告。会议的主要任务是深入学习贯彻习近平新时代中国特色社会主义思想，贯彻落实以习近平为核心的中共中央治疆方略特别是社会稳定和长治久安总目标，贯彻落实中央经济工作、农村工作会议和自治区党委九届四次全体会议、经济工作会议及地委扩大会议精神，总结 2017 年工作，部署 2018 年任务，动员全县广大党员干部不忘初心、牢记使命，聚焦总目标、打好攻坚战，努力开创麦盖提全面建成小康社会新局面。

2018 年 3 月

12 日，麦盖提县举行 1000 名建档立卡贫困青年赴内地就业欢送仪式，1000 名建档立卡贫困青年赴广西三创科技有限公司、厦门弘汉光电科技有限公司、安徽宣城信发来科技有限公司就业。

15 日，恒大集团、天山农牧业发展有限公司、麦盖提县三方在麦盖提县委常委会议室召开“安格斯”肉牛产业发展协商会议。

2018 年 4 月

10 日，县委书记文福来赴中国井冈山干部学院参加第十一期县委书记“学习贯彻习近平新时代中国特色社会主义思想，加强党性修养”专题培训班。

2018 年 5 月

15 日，麦盖提县召开 2018 年第四次脱贫攻坚现场推进会，总结和推广深度贫困村在脱贫攻坚工作中好的经验和做法，对下一步脱贫攻坚工作进行安排部署。

2018 年 6 月

14 日上午，恒大集团、天山农牧业发展有限公司、麦盖提县三方在麦盖提县迎宾馆二楼会议室召开会议，就“安格斯”肉牛采购事宜进行协商。

17 日，县委召开群众工作推进会，县四大班子领导、县直各单位主要领导、各乡（镇）党委书记、各村（社区）第一书记参加会议，观摩尕孜库勒乡巴格阿瓦提村“大宣讲”活动、博孜库木村合作社牲畜托养、异地扶贫搬迁工程、罕库勒村“三新”活动及就近就业情况等。

29 日，麦盖提县召开“新担当 · 新作为　争当新时代先锋”表彰动员大会。

2018 年 7 月

21 日，县委书记、叶尔羌河麦盖提县段总河长文福来带领县水利局领导和各乡级河段河长对全县段的叶尔羌河及提孜那甫河进行巡查。

24 日，日照市发改委领导带领日照市两区两县和日照经济技术开发区、山海天旅游度假区一行 20 人赴麦盖提县调研，对接、推进“县村结对”携手奔小康有关工作。

2018 年 8 月

1 日，麦盖提召开第六次脱贫攻坚现场会，总结和推广脱贫攻坚工作中好的经验和做法，对下一步脱贫攻坚工作进行安排部署。

2018 年 9 月

4 日上午，县委召开第六次县委理论中心组学习，传达学习习近平《在同南疆五地州负责同志座谈时的讲话》《在新疆考察工作结束时的讲话》《在第二次中央新疆工作座谈会上的讲话》精神和陈全国书记在《在中国共产党新疆维吾尔自治区第九次代表大会上的报告》精神。

12 日，中央办公厅督查室一行莅临麦盖提塔克拉玛干沙漠百万亩防风固沙生态林、N39° 沙漠探险基地、库木库萨尔乡库木库萨尔村调研指导工作。

15 日，麦盖提县举行恒大集团捐资麦盖提县发展肉牛产业仪式，中央纪委国家监委驻中国证监会纪检监察组组长、中国证监会党委委员王会民，地委行署领导，深圳证券交易所领导，恒大集团领导等人出席仪式。

23 日，中央新疆办调研组领导一行莅临麦盖提调研塔克拉玛干沙漠百万亩防风固沙生态林建设情况。

29 日，自治区党委第八巡视组入驻麦盖提县开展脱贫攻坚专项巡视。

2018 年 10 月

27 日，麦盖提县召开红枣文化旅游节，400 余名来自山东、自治区有关领导和疆内外红枣采购商、加工营销商、行业协会、知名电商、红枣科研单位及各大新闻媒体出席活动。

30 日，中央第六巡视组一行莅临麦盖提县开展脱贫攻坚专项巡视。

2018 年 11 月

14 日，江苏金昇实业股份有限公司与麦盖提县正式签约 24 万锭精梳环锭纺纱生产项目。

2018 年 12 月

9 日，麦盖提县召开全县基层组织建设、群众工作、冬季文化体育活动现场推进会，县四大班子领导，各乡镇党委书记、组织员、宣传干事等 70 余人参加会议。

20 日，央视七套《乡村大世界》系列节目“丰收中国”走进新疆·麦盖提专场在北京成功录制，参与节目录制的人员分为“刀郎羊队”和“刀郎红枣队”，倾力推介麦盖提，展示麦盖提县文化建设成果、特色美食及脱贫攻坚取得的成效，山东日照市派出强大演出阵容到场助威。

2019 年 1 月

13 日，县委召开中共麦盖提县委十一届五次全委（扩大）会议，县委书记文福来作题为《坚定不移聚焦总目标　打赢脱贫攻坚收官战　为决胜全面建成小康社会而努力奋斗》的报告。会议的主要任务是坚持以习近平新时代中国特色社会主义思想为指导，深入贯彻落实中共十九大、十九届二中、三中全会精神和习近平总关于新疆工作的系列重要讲话、指示批示精神，贯彻落实中共中央治疆方略特别是社会稳定和长治久安总目标，贯彻落实中央经济工作会议、农村工作会议和自治区党委九届六次全体会议、经济工作会议以及地委扩大会议精神，总结 2018 年工作，部署 2019 年任务，动员全县各族干部群众聚焦总目标、专注抓落实，确保社会大局和谐稳定，打赢脱贫攻坚收官战，为决胜全面建成小康社会而努力奋斗，以优异成绩向中华人民共和国成立 70 周年献礼。

2019 年 2 月

1 日，麦盖提县召开中央第六巡视组巡视反馈问题整改动员大会。会议的主要任务是深入贯彻落实习近平关于脱贫攻坚专项巡视、扶贫开发、新疆工作的重要讲话和指示批示精神，贯彻落实中共中央治疆方略特别是社会稳定和长治久安总目标，贯彻落实中央第六巡视组对新疆维吾尔自治区开展脱贫攻坚巡视情况反馈会议精神，贯彻落实自治区脱贫攻坚“冬季攻势”动员部署会议和地区贯彻落实中央脱贫攻坚专项巡视反馈意见整改动员会议精神，对抓好中央第六巡视组专项巡视反馈问题的整改工作进行全面动员部署，为打好打赢脱贫攻坚战奠定坚实的基础。

16 日，麦盖提县召开脱贫攻坚誓师大会，部分县领导、各乡（镇）党委书记、25 个专项行动组牵头单位负责人分别向县委递交 2019 年脱贫攻坚责任书和中央第六巡视组反馈问题整改责任书，立下军令状。

17 日，麦盖提县召开义务教育标准化建设和均衡发展工作动员会，主要任务是深入贯彻落实习近平新时代中国特色社会主义思想和中共十九大精神，贯彻落实国家、自治区和地区关于推进义务教育标准化建设和均衡发展工作的要求，以社会稳定和长治久安总目标为统领，对全县义务教育标准化建设和均衡发展工作进行再动员、再部署，确保打赢义务教育标准化建设和均衡发展攻坚战，顺利通过地区、自治区、国家评估验收。

21 日，麦盖提县召开推进全面从严治党加强党风廉政建设和反腐败斗争工作会议，会议的主要任务是深入学习贯彻习近平新时代中国特色社会主义思想和中共十九大精神，学习贯彻十九届中央纪委三次全会精神特别是习近平总书记的重要讲话精神，学习贯彻自治区党委九届六次全会、自治区纪委九届四次全会、地委扩大会议、地区推进全面从严治党加强党风廉政建设和反腐败斗争工作会议精神，聚焦社会稳定和长治久安总目标，回顾总结2018年工作，研究部署2019年任务，坚定不移地推动全面从严治党向纵深发展、向基层延伸，为实现总目标、决战脱贫摘帽提供坚强保障。

25日，麦盖提县举办2019年第二批1000人有组织转移内地援疆省市就业欢送仪式，自治区党委脱贫攻坚帮助指导组、自治区人社厅、地区人社局、麦盖提县四大班子领导、相关单位主要领导及脱贫攻坚群众代表、务工人员家属代表等2500余人参加欢送仪式。

28日，麦盖提县召开机构改革动员会议，主要任务是坚持以习近平新时代中国特色社会主义思想为指导，深入贯彻落实中共十九大和十九届二中、三中全会精神，贯彻落实习近平关于深化党和国家机构改革的重要论述，贯彻落实中共中央治疆方略特别是社会稳定和长治久安总目标，贯彻自治区党委九届五次、六次全体会议和自治区、地区机构改革动员大会精神，精心组织实施麦盖提县机构改革工作，为实现麦盖提社会稳定和长治久安、决胜全面建成小康社会提供体制机制保障。

2019年3月

4日，麦盖提县召开扶贫领域警示教育大会，会议的主要任务是深入贯彻落实习近平关于整治扶贫领域作风问题的重要指示批示精神，贯彻落实自治区党委关于推进扶贫领域腐败和作风问题专项整治的部署要求，贯彻落实2月25日在和田召开的全区扶贫领域警示教育大会精神，动员全县各级党政特别是领导干部，以高度的政治自觉、思想自觉、行动自觉，加强扶贫领域腐败和作风问题专项整治，为打好打赢脱贫攻坚战提供有力保障。

18日，麦盖提县举行利泰丝路纺织有限公司纺纱项目奠基仪式，喀什地委、自治区工信厅、江苏金昇集团、江苏金昇集团领导及自治区、喀什地区相关部门领导、县四大班子领导等出席仪式。

2019年4月

11日，自治区党委副书记、人民政府主席雪克来提·扎克尔一行到麦盖提县新疆五征绿色农业发展有限公司、库木库萨尔乡“安格斯”肉牛养殖基地、塔克拉玛干沙漠百万亩防风固沙生态林指导调研工作。

22日，中央扫黑除恶专项斗争督导组到麦盖提县指导调研工作。

24日，中国期货业协会领导一行到麦盖提县调研脱贫攻坚工作。

2019年5月

1日，麦盖提县召开文化旅游工作推进会暨旅游景区开园仪式，县四大领导班子领导、自治区和地区驻村工作队队长、各乡镇场主要领导、县直各单位主要领导及全县各族干部群众参加开园仪式和系列活动。

5日，中央新疆工作调研组一行赴麦盖提县调研指导工作。

22—25日，2019中国环塔（国际）汽车摩托车拉力赛在麦盖提进行为期4天3个赛段的比赛。

2019年6月

15日，中山大学领导一行到麦盖提县调研百万亩防风固沙生态林，并与麦盖提县签约中山大学援建麦盖提县防风固沙生态林建设项目。

2019年8月

21日，中科院、工程院院士李德仁一行到麦盖提县调研指导。

30日，自治区党委副书记、教育工委书记李鹏新一行到麦盖提镇民生社区、城南工业园区枣都红枣交割库，库木库萨尔乡牛场、胡木丹买里村调研。

2019 年 9 月

3 日，自治区党委副书记、人民政府主席雪克来提·扎克尔一行到库木库萨尔乡托万塔瓦尔克斯克村、托万库木库萨尔村、尕孜库勒乡试验场村调研。

16—17 日，中国证监会、自治区发改委领导一行到百万亩防风固沙林基地、库木库萨尔乡牛场、尕孜库勒乡先拜巴扎村、希依提墩乡希依提墩村连心桥幼儿园、惠民新村、枣都现代农业股份有限公司调研。

19 日，国务院原副总理吴桂贤一行到麦盖提县调研塔克拉玛干沙漠百万亩防风固沙生态林基地、刀郎农民画产业发展情况，举行教育扶贫爱心捐赠仪式。

2019 年 10 月

16 日，第六师五家渠市师市领导一行到麦盖提县第九幼儿园、“安格斯”肉牛第六、第七繁育基地，央塔克乡玉奇于孜莫村调研，在麦盖提县迎宾馆二楼会议室召开对口支援座谈会，举行捐赠仪式。

23 日，新疆喀什（麦盖提）丝路文化胡杨节在县叶尔羌河生态文化园开幕。深圳市文化广电旅游体育局、新疆林科院经济林研究所、喀什地区文化广播电视和旅游局、申银万国期货有限公司、县四套班子领导、检法两院等主要领导以及来自全国各地的红枣专家、企业家、媒体人出席仪式。同日，麦盖提县在生态文化园传承中心召开灰枣产业和文化旅游推介会。

2019 年 11 月

21 日，中山大学领导一行到麦盖提县中山大学防风固沙生态林、央塔克乡玉奇于孜莫村调研，举行中山大学防风固沙生态林揭幕仪式。

2019 年 12 月

2 日，自治区党委书记陈全国一行到麦盖提县调研。

6 日，召开自治区党委第一巡视组对麦盖提县委脱贫攻坚专项巡视“回头看”情况反馈会议。自治区党委巡视工作领导小组领导出席会议，对抓好巡视整改工作提出具体要求；自治区党委第一巡视组向麦盖提县委反馈巡视意见；喀什地区人大工委副主任、麦盖提县委书记文福来主持会议，就做好巡视整改工作作表态发言。

二、重要文件（2011—2019 年）

2011 年

3 月 19 日，麦盖提县委下发《县直机关、企事业党组织单位出席中国共产党麦盖提县第十次代表大会代表选举工作实施方案》。

10 月 18 日，麦盖提县委、县人民政府下发《麦盖提县“十二五”时期教育事业发展规划（2011—2015 年）》《麦盖提县中长期教育改革和发展规划纲要（2010—2020 年）》。

12 月 27 日，麦盖提县委、县人民政府下发《麦盖提县中长期人才发展规划（2011—2020 年）》。

2012 年

4 月 17 日，麦盖提县委、县人民政府下发《关于进一步推进农村“五下乡”“六进村”工作实施意见》。

5月3日，麦盖提县委下发《关于在全县深入开展“解放思想、更新观念、促进发展、确保稳定”大学习、大讨论、大提高活动的实施意见》。

5 月 10 日，麦盖提县委下发《关于在全县开展党员领导干部回乡宣讲活动的实施方案》。

5 月 19 日，麦盖提县委下发《关于开展军民共建美好精神家园活动的实施方案》。

8 月 27 日，麦盖提县委、县人民政府下发《关于进一步加强人民政协提案办理工作的意见》。

10 月 23 日，麦盖提县委、县人民政府下发《关于促进农民收入持续大幅增长的实施意见》。

2013 年

2 月 17 日，麦盖提县委下发《关于表彰 2012 年度扶持企业发展先进集体和招商引资工作先进个人的决定》。

2 月 25 日，麦盖提县委下发《麦盖提县深入开展各级干部转变作风服务群众活动实施意见》。

8 月 28 日，麦盖提县委下发《关于加快现代畜牧业发展的意见》。

9 月 7 日，麦盖提县委下发《关于表彰 2013 年优秀校长、优秀班主任和优秀教师的决定》。

2014 年

4 月 20 日，麦盖提县委下发《关于开展各级干部深入基层“访民情惠民生聚民心”活动的实施意见》。

4 月 25 日，麦盖提县委下发《关于深入开展“军民共建美好精神家园活动”的实施方案》。

8 月 5 日，麦盖提县委下发《麦盖提县贯彻落实中共中央、自治区和地区〈建立健全惩治和预防腐败体系 2013—2017 年工作规划〉实施意见》。

8 月 7 日，麦盖提县委下发《中共麦盖提县委员会贯彻落实〈中共中央关于全面深化改革若干重大问题的决定〉的实施意见》。

12 月 25 日，麦盖提县委下发《关于成立麦盖提县五一林场党委的通知》。

2015 年

4 月 8 日，麦盖提县委下发《关于成立麦盖提县大学生志愿服务西部计划项目工作领导小组的通知》。

6 月 28 日，麦盖提县委下发《麦盖提县农村党员参与村级事务管理办法》《麦盖提县软弱涣散基层党组织整顿工作责任追究管理办法（试行）》。

10 月 23 日，麦盖提县委、县人民政府下发《关于命名麦盖提县民族团结进步创建模范单位的决定》。

2016 年

1 月 12 日，麦盖提县委下发《麦盖提县委、驻麦团场党委关于推进融合发展的若干意见》。

2 月 27 日，麦盖提县委下发《中共麦盖提县委员会关于表彰“访民情惠民生聚民心”活动 2015 年度先进工作组和先进个人的决定》。

5 月 29 日，麦盖提县委、麦盖提县人民政府下发《关于命名民族团结进步创建模范单位的决定》《关于表彰民族团结进步模范集体和模范个人的决定》。

6 月 30 日，麦盖提县委下发《中共麦盖提县委员会关于表彰先进基层党组织和优秀共产党员的决定》。

8 月 15 日，麦盖提县委下发《中共麦盖提县委关于调整县委常委分工的通知》。

11 月 4 日，麦盖提县委下发《关于成立麦盖提县网络安全和信息化工作委员会的通知》。

2017 年

3 月 1 日，麦盖提县委下发《中共麦盖提县委员会关于表彰“访民情惠民生聚民心”驻村工作 2016 年度先进工作队、先进工作者和优秀组织单位的决定》。

4月13日，麦盖提县委下发《中共麦盖提县委关于县委常委工作分工的通知》。

5月11日，麦盖提县委下发《关于撤销和成立部分党组的通知》。

11月3日，麦盖提县委下发《关于深入学习宣传贯彻落实党的十九大精神以习近平新时代中国特色社会主义思想为指导开创麦盖提社会稳定和长治久安新局面的工作方案》。

12月24日，麦盖提县委下发《关于撤销和成立部分党（工）委、党组和党总支的通知》。

2018年

2月12日，麦盖提县委下发《关于调整县委常委分工的通知》。

3月17日，麦盖提县委下发《关于表彰到村任职优秀民营企业家及致富带头人的决定》。

4月5日，麦盖提县委下发《麦盖提县贯彻落实新发展理念坚决打好"三大攻坚战"的实施方案》。

6月29日，麦盖提县委下发《关于表彰"新担当·新作为　争当新时代先锋"先进集体、先进个人的决定》。

7月19日，麦盖提县委下发《关于2017年度领导班子和领导干部（绩效）考核定等结果的通知》。

11月1日，麦盖提县委下发《关于成立中共麦盖提县网络安全和信息化工作委员会的通知》。

2019年

3月5日，麦盖提县委下发《麦盖提县2019年脱贫摘帽实施方案》。

5月14日，麦盖提县委下发《关于2018年度领导班子和领导干部（绩效）考核定等结果的通知》。

6月29日，麦盖提县委下发《关于表彰先进基层党组织、优秀党务工作者、优秀共产党员的决定》。

11月17日，麦盖提县委下发《麦盖提县关于落实党建工作责任制五项机制的意见（试行）》。

12月31日，麦盖提县委下发《关于表彰刘绍见等104名优秀援疆干部人才的决定》。

三、艺文

（一）近体诗　新体诗　散文诗　散文选录

近体诗

双调踏莎行·功名大漠千秋鉴（外一首）

胡延龄

死亡之海，风虐沙残，大漠侵县城郊掩。刀郎人民熬煎苦，欣喜五星红旗展。引水绿洲，林网条田，三北林带镶翠边。十多五好新农村，疆树榜样国誉范。

薪火传承，科学领先，进军大漠战旗艳。修路打井人尽责，引水造林风沙敛。经济用材，林果药草，绿化大漠蔚壮观。防风固沙百万亩，功名瀚海千秋鉴。

鹧鸪天·观舞《维吾尔姑娘》

难得大漠舞袖轻，犹似叶河鸿鹄影。可鉴瑶池朦胧月，婀娜舞飘沙枣风。

三春柳，火样红，戈壁大漠送温情。凝目绿洲碧如海，仙风潇洒民族情。

作者简介：胡延龄，1937年2月生于安徽萧县，河南农业职业学院首届毕业生，进修于新疆农业大学。在疆从事棉花研究工作近30年，曾任中国农科院棉花研究所特聘研究员、驻苏丹共和国首席棉花专家。业余爱好诗词创作，作品曾多次获奖，为中国国学研究会会员、中国楹联学会会员，入编《中华六十年诗人大典》《中国文艺界名人库》。

七绝·胡杨秋韵（外一首）

李明强

霜信初临大漠边，胡杨尽意弄秋妍。
犹疑黄蝶由谁使，齐聚枝头不肯迁。

七律·纪念新疆维吾尔自治区成立六十周年

天山南北谱春秋，六秩峥嵘大美留。
戈壁苍茫横玉带，树阴清寂绕棉畴。
惠民尽得安居乐，聚力同随叠鼓遒。
际此东风西度日，喜看七色著丝绸。

作者简介：李明强，1997年参加工作，现任麦盖提县人大常委会法制工委主任，系新疆维吾尔自治区诗词学会会员。作品散见于《中华诗词》《中华辞赋》《诗词月刊》《昆仑诗词》《中国诗词月刊》《诗词百家》《长白山诗词》《东海诗词》《天山天池诗刊》《诗词世界》等刊物。

新体诗

啊！胡杨林（外一首）

侯宇振

在月夜颠荡的塔克拉玛干
在想象无法涉猎的西北边缘
苍苍茫茫，茫茫苍苍
偌大一个世界
刹那间，凝成翠绿一点
颤微微，跌进如涛似浪的地平线
辐射出，天地的辽远

啊！胡杨林，我的胡杨林
是一张立体唱片
录制了历史
录制了欢乐与辛酸
随着地球的深呼吸
日日夜夜，不停旋转
带着风雨，带着雷电
播放彩虹和音响
播放富有弹性的时间

烈日，常常穿一件金质的工作服
潇洒地走向蓝天撑起的工间
只消轻轻一个眼神
就沸腾了大漠不羁的情感
连云霞也似中暑的彩鸟
轻悠悠，落进胡杨林丰满的胸间
惊起漠风如柱，撒一张薄薄纱幔
慢慢地，又叠成轻柔的漪涟
皎皎明月，象银舟一湾
在常新的林海荡漾
畅快，轻松，自然
偶尔溅几朵浪花
挂上向你致意的树尖
那是玩捉迷藏的星星
在醉意朦胧的夜空眨眼

啊！胡杨林，我的胡杨林
是一幅浩瀚的画卷
叶尔羌河，塔里木河，是蠕动的燃料
高高的胡杨树是杆杆大笔如椽
绘制神奇的雄鹿、负重的骆驼
绘制调皮的小松鼠举着蘑菇伞
走进每一个美丽的宠物传说
走进每一块痴情者的心田

在东方的大漠里

绿色的仪仗挺进大漠黎明的浩瀚里
绿色的衣裙和黑色的秀发被漠风扬起

一柄柄铁镐扬起
一把把坎土曼扬起
开出一篷篷太阳花
结出一串串爱情的甜蜜

我凝视着一片废弃的地窝子
凝视着一个泛黄的记忆
骆驼队阴郁的蹄音震荡着沙漠
一束束苦豆子摇曳孤寂
这一切已成为装订成册的历史
第一代拓荒者拥抱着青春离去
铺开一路的野麻花在漠风里
漾起小海子蓝蓝的涟漪
在胡杨林怀抱的唐王城下
在叶尔羌河两岸肥沃的土地上
回响着卡龙琴悠美的乐趣

沸腾的激情在熠熠的阳光里泛滥
叮咚的驼铃在悠长的鼓面上敲击
东方神秘的大漠
涌动着潮吻和活泼的新绿
疏勒河畔的荒芜已经远去
喀什绿洲的彩釉上
展开大漠人翩翩的丝路花雨

作者介绍：侯宇振，男，汉族，籍贯河南，1957年生，中共党员，复转军人。先后在麦盖提县宣传部、新疆维吾尔自治区建行工作，系新疆维吾尔自治区作家协会会员。在部队时开始文学创作，迄今出版散文集《在刀郎舞之乡》，发表诗歌、散文上千首（篇），至今笔耕不辍。

大美刀郎（外一首）

刘德奇

走进刀郎，品味刀郎，
刀郎之乡是个好地方。
这里的刀郎文化美名扬，
这里遍野见牛羊，
这里四季瓜果香，
这里美食特别棒，
这里处处好风光，
这里的人们最好客呀，

勤劳朴实最大方。

走进刀郎，品味刀郎，
刀郎之乡是个好地方。
我爱刀郎木卡姆高亢粗狂，
更爱刀郎麦西莱甫自由奔放；
我爱刀郎农民画造型夸张，
更爱那刀郎羊个大体壮；
我爱塔克拉玛干胸怀宽广，
更爱红柳胡杨生命力顽强；
我爱刀郎湖碧波荡漾，
更爱叶尔羌河终年流淌。

走进刀郎，品味刀郎，
刀郎之乡是个好地方。
唱出的全是动人的歌，
跳起的全是优美的舞，
画出的全是生活的畅想，
传播的全是人间的正能量。

热情好客刀郎人

远方贵客您请坐，
先来吃点瓜和果，
要想吃啥尽管说，
现在安排给你做。
清炖羊肉已下锅，
抓饭烤肉马上熟，
敞开肚子尽情吃，
肚子不饱别怨我。
刀郎歌舞可听说，
咱们共同跳一曲，
款待不周请谅解，
欢迎再次来做客。

作者简介：刘德奇，男，汉族，1963年5月出生于四川射洪，大专学历。1981—1986年，在阿克苏市36105部队服役。1986年退役，在新疆生产建设兵团第一师七团工作。1991年，选调麦盖提县工作至今，先后在乡镇、县政府办、文体广电系统、档案（馆）局担任领导工作。业余爱好书法、文学创作，发表作品30余首（篇），系新疆维吾尔自治区书法家协会会员、新疆维吾尔自治区作家协会会员。

大漠观日（外一首）

张立雪

无风　大漠静如处子
寂寞苦苦挣扎　不肯撤退
空洞的氛围让人难耐
我心渴望充实
去突围暗夜的边际
迎接黎明时刻

日　亮出脸庞
万道容光
瞬间包围了我的等待
并浸润我的双眼
一切的空虚
此时都被填满燃烧的思想
大漠的波浪　于远古而凝固
仿佛涛声阵阵
向人们诉说的
都是岁月的真诚

日　升腾升腾
光明　无边无边
日子的步履铿锵有力
在生命的蓝图上行走
而我　抱负着执念
向东方的光芒走去
渐行渐远　渐行渐远

地　毯

毛　源自草原戈壁的羊
分离的过程　不同凡响
造就了无畏的工匠
织　是一种快乐的愿望
女人细腻如微的素养
在咏叹中悠扬
古老的审美

被创意成生活的观赏

华丽　是鞠躬尽瘁的辞章
毛的人生张扬人性光芒
扬弃腐朽　保留真谛
民族风情铺展幸福时光

作者简介：张立雪，男，汉族，1963年1月出生，本科学历，在麦盖提县从事教育工作36年。习作小说、诗歌、散文诗、散文、楹联等零零散散见诸于疆内外报纸、杂志近100首（篇），多次获得省级诗歌大赛奖。

散文诗

胡杨林

秦　钟

生着，一千年不死，站着，一千年不倒，躺下，一千年不朽。这不是文化人的渲染，也不是什么抒情和夸张。

敲敲这伟岸的风骨，有铁的铮铮铜的铿锵。嗅嗅这醉人的气味，有青松的高洁，有古柏树腊梅的幽香。冰雹击出的裂痕，流淌的是——勇士的豪情英雄的骨血，走近她，我们可以与历史对话，寻找出张骞出使西域，唐僧降魔除妖走敦煌。

胡杨魂里，装满了月牙泉的故事，溢满了岑参诗的凄凉。触摸一下胡杨泪，千古传奇生眼底，凭吊胡杨魂，无限岁月起沧桑。莫道浮云能蔽日，西域遍地都有梧桐招凤凰。

胡杨的风景美如画，胡杨的精神万古扬。胡杨就是英雄的树，胡杨就是今朝的伟儿郎。改革开放奏凯歌，胡杨精神放光芒。宜将剩勇诣戈壁，激情飞溅颂胡杨。

作者简介：秦钟，1952年7月生于陕西省蓝田东郊，系中国散文学会会员，新疆维吾尔自治区作家协会会员、新疆吾尔自治区诗词学会会员。1975年开始发表作品，热心于小说、散文、诗歌、评论的学习与写作，在《中国文化报》《中国民族报》《中国名流》《新疆日报》《西部》等报纸、杂志及“原创力量网”“江山文学”“红袖添香”“西部文学”等网络平台发表各体作品几十万字。

散　文

故乡的泉（外一篇）

王战利

我的故乡在秦岭山下的一个小村庄，村东头有汪泉潭，我就是喝着泉水长大的。

夏天，泉水冰澈刺骨，冬天，泉水却又是热的，冒出一团团袅娜的雾云。故乡的姑娘吃着粗粮淡饭，喝着这山泉水，竟一个个出落得水灵灵的，象开遍了满山满谷的迎春花，难怪村里人都称它“神水。”

清澈的泉水，四季长流，喝在嘴里，甜在心头，像甘甜的乳汁，年复一年默默地赐给了父老乡亲，奉献给了南来北往的路人。这里是交通要道，行人喜欢在泉口歇歇脚，用热心人留下的粗瓷碗，喝着泉水，吃着干粮，好继续赶路。司机们，总爱停下来，给车加满水，再灌上一桶，接着向秦岭顶峰行驶。

记得在我要离别山村，到昆仑山戍守边关时，村东头冯大爷把我带到泉边，拍着我的肩说："娃呀，你看这泉眼不大，四季长流，既不为干旱而枯竭，又不因严冬而凝结，为啥？深处有力量。人也要学会储蓄知识，只要有坚定的目标，艰难会使人更加充实！"

多少年头过去了，这淳朴亲切的乡音仍伴着淙淙的泉水声在我耳边回响，她撩起了我对幼稚无知童年的回忆，她冲洗出我清新而完美的记忆，激励着我在人生的大道上不断求索，教我有像故乡泉水一样清澈透亮，为边疆各族人民献身的胸怀。

前不久，小时的伙伴来信说，这些年，故乡的变化日新月异，家家有余粮，户户有存款，盖起了"别墅"，日子过得红火火的。如今，大伙自愿出钱，在那眼泉上修建了水塔，自来水通向十里八乡。昔日穷乡僻壤的故乡风貌在变，生产方式和生活水平在变，人的思想面貌也在变。我深信，随着改革开放的不断深入，故乡将以崭新的姿态，展现在后辈人的面前。

美不美乡中水，亲不亲故乡人。塞外的各族人民就是我们每个开发建设者的亲人，浩瀚的大漠宝地是我的第二故乡，身边永不停息的叶尔羌河仿佛也融进了故乡的甘泉，愿这浓浓的乳汁哺育更多的优秀儿女。

选 择

初春时节，我离别爱人，从塔克拉玛干大沙漠回到阔别十二年的江南。母亲捧着我的脸颊默默端详片刻，老泪纵横地说："长高啦，变结实啦，是个真正的男子汉了。"

是的，我成熟了。当年，列车曾载着一个幼稚的幻想西去

——十六岁的我悄悄拿上户口簿来到新疆。

现实是严酷的。粗野、狂吼的漠风，荒芜、凄凉的戈壁，考验着每一个拓荒者。徘徊、消极、忧愁像"紧箍咒"整日折磨着我。

一天，我随吾斯曼大叔赶毛驴车去"死亡之海"挖红柳根，在这古老的世界，我却寻到了希望。纤纤芦苇、高大的胡杨和随风摇曳的红柳，默默生长在贫瘠的盐碱滩。没有奢望，没有卑微，忠实驻守在属于自己的哨位。于是，人生的交响曲为我奏鸣了高亢的乐章。砍土曼、毛驴车、推土机，曹雪芹、歌德、托尔斯泰……磨炼着体格，净化着灵魂，充实着生活。攀着岁月的车轮，多思奋争的我，随着一片片绿洲向沙漠深处的扩展，塑造出强者坚毅的群像一首首诗，一篇篇力作，谱写着崭新的生活。爱情随之也闯进我这个被遗忘的角落。接着我以青年作家的身份，调进江南一家有名的出版社工作。

"儿呀，把你媳妇也赶快调回来。照片拿出来．让妈好好看看。"母亲的疼爱声，把我从静夜的沉思中惊醒："和你一起去新疆的富有，前年就当上了聚财公司的大经理。整天小车进，小车出；邻居你二虎哥是大学的教授，听说过几天还要留洋去；小英子虽说是个体户，可钞票大把大把朝兜里装。就你……这回可得好好享享福，补补吃过的苦。"我苦笑着默认了，咋样给母亲解释呢？

在陌生的生活圈里，安逸舒适的工作环境，灯红酒绿的社交活动，越来越使我空虚，心中渐渐涌起无限的沉闷和懊悔。慢慢地，我的笔秃了，才尽了……

秋末，我独自徘徊在动物园。站在负重骆驼的铁杆前，我回想起大漠一个老猎人的话："千里马不能离开辽阔的草原，肥美的猎物来自于艰险的山峪！"北去的大雁牵起我对大漠的回忆。失去大漠，我心中留下难以填补的空虚。我思恋大西北，思恋那催我奋进的塔克拉玛干。

大漠！请等待着，我将扑进你热乎乎的胸膛。

作者简介：王战利，男，汉族，1963年10月出生于陕西蓝田，本科学历，喀什地区作家协会会员，新疆维吾尔自治区作家协会会员。1982年至今，先后在麦盖提县农机局、广播站、人民政府办公室、电视台、宣传部、政协办公室工作，工作经历较为丰富。业余爱好文学创作和新闻写作，大量作品散见于疆内外报纸、杂志，多篇作品获奖。

（二）刀郎农民诗歌选录

歌颂我们的党

卡地尔·马木提

给予我们的好政策
是我们亲爱的党
我要从心灵深处
歌颂我们伟大的党

党是我们的太阳
给予了我们温暖
让我们心里亮堂
我们的心永远向党

乡村道路多么通畅
出行再不会浪费时光
因为有了我们的党
人民心里格外亮堂

贫困不用犯惆怅
党给我们克服的力量
插上腾飞的翅膀
各族儿女进小康

各族儿女皆兄妹
共产党母亲
平等对待
祖国处处　和谐繁荣

党引导我们
走在正确的道路上
我们用劳动的成果
感恩你　祝福你

党

阿巴斯·艾则孜

伟大祖国的怀抱
装满了我们的幸福
各民族儿女丰衣足食
家里应有尽有

强大的祖国是靠山
有梦想就能实现
即使你有种种困难
党会从生下来就管

我们拆除了耙子墙
人人住进了安居富民房
三不愁两保障
生活天天在变样

党的恩情似海深
我用真心感党恩
实心踏地跟党走
小康生活慨而康

向祖国致敬

布海里且木·阿布拉

祖国啊，我爱你在心中
说不尽对你的感恩之情
没有你就没有我幸福
是你带领我们走向光明

祖国啊，女儿向你致敬
是你照亮了我幸福之路
因此我有了不屈的意志
你的怀抱就是美丽山河

祖国啊，你是爱的源泉
你是大地万物生命之源
没有你哪有我们的快乐

未来是我们共同的期盼

伟大的党

艾山江·艾海提

军民一家鱼水情
期待军队大阅兵
无数鲜花已备好
朵朵鲜花向北京

祖国华诞七十年
人民幸福心中甜
国富民强军威振
百姓安居心中暖

伟大祖国是我家
我为祖国感骄傲
试看天下谁能比
唯我中华大地好

我爱祖国爱中华
为你自豪把你夸
亿万儿女齐欢唱
祝愿祖国更强大

国庆快乐

努尔古丽·阿布力孜

伟大中国共产党
引领我们向前方
七十华诞七十载
大地山河变模样

祖国大庆在今朝
美丽山河无限好
衣食无忧百姓乐
欢天喜地歌舞好

乔迁之喜安居房

有水有电抗震强
祝愿祖国千万年
永远前进立东方

日新月异发展快
景秀山河百花开
伟大中国共产党
引领我们奔小康

伟大的中华大地

麦麦提力·阿不都克里木

伟大的中华大地
盛世七十年
各族同胞一家亲
幸福又美满

伟大的中华大地
因为有了党
祖国山河美如画
天地新气象

中国人民解放军
威武又神圣
保家卫国为人民
使命真光荣

伟大的中华大地
七十年喜庆
如今我们已脱贫
幸福在人间

（三）刀郎民歌选录

刀郎木卡姆歌词

第一木卡姆　巴希巴雅宛

（赛乃姆第二曲）

白兔子呀，黑兔子，
它的窝在树林里；
情人你常常来看我，
我也抽空去看你。

第一木卡姆　巴希巴雅宛

（赛尼凯斯第二曲）

半夜我睡得正甜，
你飞马过了我门前；
虽然一句话都没有说，
但把情火再一次点燃。

第二木卡姆　孜尔巴雅宛

（木凯迪曼第一曲）

我自己的遭遇够受，
为你的处境够发愁；
那些无依无靠的人儿，
使我心灵血泪浇透。

第二木卡姆　孜尔巴雅宛

（色勒利马第一曲）

我都怨你我的情人，
是你毁了我的生命；
是你把我扔进烈火，
把我烧尽了灰烬。

第三木卡姆　区尔巴雅宛

（且克脱曼第四曲）

我爱得发狂，爱的难受，
真爱那黑眉毛的丫头；
她那暗送秋波的眼睛，
使我的灵魂折磨透。

第三木卡姆　区尔巴雅宛

（赛乃姆第一曲）

我闲逛在你的果园里，
枝头上的桃子真甜蜜；
你嘴里是否含着冰糖，
亲亲嘴唇甜透心脾。

第四木卡姆　奥坦巴雅宛

（且克脱曼第一曲）

我在平时是蓝天的雄鹰，
在你面前失魂落魄昏沉沉；
如果你想知道真实价值，
本是一块闪闪的金银。

第四木卡姆　奥坦巴雅宛

（赛尼凯斯第二曲）

都说我漆黑一团，
我却是洁白如玉；
黑草籽大地的罪愆，
难在我身上寻觅。

第五木卡姆　勃姆巴雅宛

（色勒利玛第三曲）

请问乌鸦去何方？
要去远处的情人旁；
我看着情人已经知足，
心儿仍然把她向往。

第五木卡姆　勃姆巴雅宛

（赛尼凯斯第二曲）

苹果花儿不是好花，
别看它红得醉人心；
别人的情人你莫缠，
别看她张口笑盈盈。

第六木卡姆　丝姆巴雅宛

（赛尼凯斯第二曲）

向左飞过一株玫瑰，
向右飞过一株玫瑰；
两株花中夜莺啼鸣，
优美的歌声令人迷醉。

第六木卡姆　丝姆巴雅宛

（色勒利玛第二曲）

枣红马呀，黑骏马，
引进翘首；
这个夜晚你快跑，
情人等候。

第七木卡姆　朱拉

（赛尼凯斯第一曲）

你的生命，我的生命，
本是一条命；
为了你呀，我的一切，
可以牺牲。

第七木卡姆　朱拉

（且克脱曼第一曲）

都说我走了又来了，
我自己情愿；
为情人挨了皮鞭子，
我自己心甘。

第八木卡姆　多尕买特巴雅宛

（且克脱曼第一曲）

我说别抓我的胳膊，
你却抓得紧；
刚刚燃起的情火啊，
烧了我的心。

第八木卡姆　多尕买特巴雅宛

（色勒利玛第一曲）

这是苹果树的枯柴，
这是木瓜树的枝头；
我夜不能寐，辗转反侧，
这是否我情人的引诱。

第九木卡姆　胡代克巴雅宛

（赛乃姆第一曲）

我种的花儿鲜艳生辉，
我种的奥斯曼如翡翠；
给你奥斯曼画眉毛，
为此你把我亲一回。

第九木卡姆　胡代克巴雅宛

（赛尼凯斯第一曲）

你高高地站在房顶，
如同刚开的玫瑰一般；
请下来和我倾吐衷情，
好比两滴水共进一坛。

（四）刀郎麦西莱甫歌词选录

第四曲　乌依纳松

你向这边暗送秋波，
他向这边挤眉弄眼；
你秀发上的红头绳，

让众人跳的通宵达旦。

来吧，情人赶快来，
和我们一起跳起来；
抛弃那些清规戒律，
不管谁人把谁爱。

院里的水井无井盖，
我扔进了一块白石头；
我们互相望着跳，
敌人、朋友看个够。

第七曲　在百灵鸟鸣叫的果园里

在那百灵鸟鸣叫的果园里，
盛开的花朵分外鲜艳；
我在情火中煎熬的时候，
笃心的情人有苦难言。

情人名叫阿依汗，
她确像月亮一般；
穿着都是白衬衣，
纽扣似珍珠一串串。

我夜不能寐心有愁，
眼泪将衣服湿透；
见面的时间还多长，
我一直将情人等候。

第十曲　莱莉古丽

我愿做好人的伴侣，
我愿和他如影身随；
给他手中的热瓦普琴，
愿做一根弦，绝不后悔。

我向河水扔一只苹果，
它不下沉而在水面漂浮；
在我心窝一直燃烧的，

是你情人种下的烈火。

我在房顶向远处眺望，
但不知情人在何方；
我只愿为你受苦受难，
此外没有其他愿望。

第十三曲　我愿做你的百灵鸟

我愿给情人做个百灵鸟，
愿在你的树枝上啼叫；
花儿绽开了百灵鸟高兴，
让我做一次幸福鸟。

你的门前是一座花园，
你在花丛中非常鲜艳；
日夜想着你，得了相思病，
再不要让我心烦意乱。

这是苹果树的枝头，
还是木瓜树的树干，
睡眠已经离我而去，
是不是情火在捣乱。

第十四曲　玩吧，沙力汗

我想去地里割小麦，
又害怕麦秆在四处散开；
我想和你一起游玩，
为的是让你心花盛开。

如你觉得旱烟苦辣，
可以加快冰糖来抽；
听说你准备抛弃我，
这样你心里是否好受？

房前房后是苜蓿地，
它的四周是沙枣林；
你那如蜜糖的话语，

牢牢捕住了我的心。

第十八曲　原谅我吧，情人

整个宇宙充满鲜花多好，
四周变成花的海洋多好；
我只发生了一次过错，
情人把他原谅了多好。

那位少女情人一大堆，
你我都不爱，非常干脆；
但我已经有了你这情人，
除了你，我谁也不追随。

你的眉毛啊，你的双眼，
很像那荒野上的清泉；
假如我有什么过错，
情人啊，只能由你来清算。

第十九曲　愿做阿木巴勒吗

阿木巴勒啊，玩得欢，
茶壶的水在壶中转；
喝就只能喝开水，
生水不能肚里灌。

你可以做阿木巴勒，
也可以做州道台；
走钢丝的日子里，
望你小心又轻快。

阿木巴勒在明处办事，
道台大人在暗处指挥；
我们俩去墙后面，
请你把我亲一回。

一个是阿木巴勒的姑娘，
一个是道台大人的姑娘；
说她们都是麻脸，
这是天花赐给的吉祥。

索　引

说明：

一、本索引各主题词按英文字母顺序排列。同音字按声调排列，首字相同者按第二字音序排列，依次类推。

二、索引名称后的数字表示内容所在页码。

三、索引词一般采用中心词和简称。

A

B

E

F

G

H

K

L

M

N

R

S

T

W

X

Y

Z

编后记

经过多年努力，《麦盖提县志（1991—2010）》即将问世，时逢全面建成小康社会之年和实现第一个一百年目标之年，也是全国地方志事业实现“两全目标”之年，具有深远的历史意义，谨以此书，向中华民族实现伟大复兴中国梦迈出可喜的一步献礼！

麦盖提县是全疆较早启动二轮修志工作县市之一，始于2006年，由于推进措施不力和工作重心转移等原因，二轮修志工作两启两搁，成效不大，又三次启动，方成正果。麦盖提县二轮修志第一次启动是2006年6月16日，县委制定下发《关于成立麦盖提县续志编纂委员会的通知》，制定《麦盖提县志（1991—2005）实施方案》和编目框架，对编纂人员进行责任分工和业务培训，与供稿单位主要领导签订责任书，由于跟进措施不到位，前紧后松，致使二轮县志编纂工作搁浅。2015年3月2日，麦盖提县再次启动二轮修志工作，在自治区地方志编委会廖运建、杨志虎、宋水平等同志的指导下，精心将下限调至2010年，增设了刀郎文化、旅游、红枣、刀郎羊等县域特色编章，2015年资料收集取得一定进展。2016年，因工作重心、力度和人员向自治区专项工作转移，二轮修志再度搁浅。为全面实现地方志工作“两全目标”。2019年3月，在县委、县人民政府的高度重视下，麦盖提县第三次启动二轮修志工作。

第三次启动二轮修志工作后，县委、县人民政府把落实地方志工作“两全目标”作为本届县委、县政府的政治责任，将地方志编修工作的重大意义上升到服从、服务于维护新疆工作总目标大局，责成分管县领导负总责，一抓到底。从抽调精兵强将，压实责任，关心关爱，解决困难问题多处入手，形成强大的合力，提振了编纂专班人员完成“两全目标”的信心和决心。编纂专班人员自加压力，充分发挥主观能动性，实行了编目责任包干，制定了编纂进度表，倒排工期，紧抓老大难单位不放松，通盘考虑，全面跟进，编统结合，压茬推进，把以往耽误的时间抢回来，提高效率，创造奇迹，后发赶超。经过不到8个月时间的努力，于2019年12月中旬形成《麦盖提县志（1991—2010）》送审稿，共40编、197章、752节、约160万字。2020年1月中旬，经自治区地方志编委会地县志工作处初审后，我们又集中精力进行了编目、章节调整和内容修改完善，再度形成除概述、大事记、附录外共36编、191章、741节、约150万字的评审稿。2020年6月上旬提交终审稿，7月中旬经自治区地方志编委会终审后，我们根据终审意见逐一逐条进行修改，形成除概述、大事记、附录外共36编、183章、663节、161余万字的终审稿。

这20年，尽管时间不长，但很不平凡，在中国共产党的英明领导下，麦盖提县各族人民团结一心、斗志昂扬、攻坚克难、砥砺奋进、各项事业都取得了巨大成就，经济较快发展，人民生活水平大幅提高，民族团结进步，社会政治大局稳定。细细品味，回顾历史，走进书中，就犹如走进麦盖提，我们相信此书能为你提供参谋助手作用，了解一个真实的麦盖提，看到一个奋发向上的麦盖提。

《麦盖提县志（1991—2010）》编纂成书，是众多人士心智的结晶，归功于这个伟大的时代。一是得益于县委、县人民政府的坚强领导和高度重视，编修期间，给予编纂人员大力支持和帮助，关心关爱，促进二轮修志工作顺利开展。二是得益于自治区地方志编委会的关心支持，党组书记、副主任廖运建高度重视，亲临麦盖提县动员，并派员蹲点指导，持续跟进，让我们少走弯路并写出特色，确保质量，地区史志的领导也给予县志编修工作最大的支持。三是得益于全县各单位和社会各界的积极配合，二轮修志在文字资料、图片资料征集过程中，得到全县各乡（镇、场）、各单位、各部门、各行业的大力支持与全力配合，确保修志工作的顺利完成，为编纂成志稿奠定了基础。四是得益于有关单位的大力协助，帮助我们把握政治关、保密关、史实关。五是得益于特别能吃苦、特别能战斗、特别能奉献，耐得住寂寞和枯燥的编纂团队。在此，向所有关心、支持麦盖提县志编纂工作的单位、领导和相关人员表示衷心感谢！

由于专业水平和资料的限制，加之经验不足、能力有限，对资料的挖掘、运用和语言的表述方面难免有不妥之处，敬请各位领导、专家和广大读者批评指正。

麦盖提县地方志编纂领导小组委员会办公室

2020 年 7 月